དཔལ་ལྡན་ཚོགས་གཉིས་ཞུ་གཉེར་བསྒྲུབས་པ་ལས། །མཁྱེན་བརྩེའི་འོད་དཀར་ངེས་གསང་གྲུ་ཆར་འཕེབས། །
གངས་ཅན་མཁས་གྲུབ་ཡོངས་ཀྱི་གཙུག་རྒྱན་མཆོག །མཚོ་སྐྱེས་རྡོ་རྗེ་འགྲོ་བའི་བླ་མར་འདུད། །

མངའ་རིས་པཎ་ཆེན་པདྨ་དབང་རྒྱལ་གྱིས།

༡༩

༄༅། །གསང་ཆེན་སྔ་འགྱུར་བའི་སྡོམ་གསུམ་ཕྱོགས་བསྒྲིགས་བཞུགས་སོ།།

པོད་བཞི་པ།

ཀུན་མཁྱེན་ཀློང་ཆེན་རབ་འབྱམས་སོགས་ཀྱིས་མཛད།

སི་ཁྲོན་བོད་ཡིག་དཔེ་རྙིང་བསྡུ་སྒྲིག་ཁང་གིས་བསྒྲིགས།

རྒྱལ་ཁབ་དཔེ་མཛོད་དཔེ་སྐྲུན་ཁང་།

དཀར་ཆག

༄༅། །སྔགས་ཀྱི་སྤྱི་དོན་ཚངས་དབྱངས་འབྲུག་སྒྲ་ཞེས་བྱ་བ་བཞུགས་སོ། །

ཀུན་མཁྱེན་ཀློང་ཆེན་རབ་འབྱམས།

ཨོཾ་སྭ་སྟི་སིདྡྷཾ། སྔགས་ཀྱི་སྤྱི་དོན་ཚངས་དབྱངས་འབྲུག་སྒྲ་ཞེས་བྱ་བ། དཔལ་ཀུན་ཏུ་བཟང་པོ་ལ་ཕྱག་འཚལ་ལོ། །ཆོས་རྣམས་བྱེད་པོ་ཡེ་ནས་རྣམ་གྲོལ་རང་བཞིན་བཟང་། །མཉམ་པའི་བདག་ཉིད་ཀུན་ནས་མ་བསླད་མཁའ་དང་མཚུངས། །ཆོས་རྣམས་རང་བཞིན་བྱ་བ་རྣམ་དག་དམིགས་མེད་དབྱིངས། །ཡིད་ཆོས་བྱེད་དང་བྱ་འགྱུར་ཀུན་བཟང་ཡབ་ཡུམ་འདུད། །ཆོས་སྐུའི་མཁའ་ལ་གཟུགས་སྐུ་རྣམ་དག་རོལ་པའི་སྤྲིན། །ཐེག་མཆོག་གསང་ངག་སྒྲ་དང་རབ་ལྡན་འབྲུག་སྒྲོག་ཟབ། །གདུལ་བྱ་གང་འདུལ་ཁྲོ་ཆགས་རྣམ་གྲོལ་ཆར་གྱི་རྒྱུན། །རྒྱུད་རབ་ལྷན་བྱེད་ཞི་ཁྲོའི་ཚོགས་ལ་དང་བས་འདུད། །དོན་གྱི་སྙིང་པོ་གསང་སྔགས་རྡོ་རྗེ་ཐེག །ཚིག་དོན་རྣམ་བཀྲ་གསལ་བར་ངེས་བྱའི་ཕྱིར། །རྒྱལ་དགོངས་མ་འཁྲུལ་སྔགས་ཀྱི་སྤྱི་ཡི་དོན། །ཅུང་ཟད་བཀྲོལ་གྱི་མཁས་ཀུན་དགའ་བར་མཛོད། །

དེ་ལ་འདིར་ཡང་དག་པར་རྫོགས་པའི་སངས་རྒྱས་དཔལ་ཀུན་ཏུ་བཟང་པོ་ཐབས་མཁས་ལ་ཐུགས་རྗེ་ཆེ་བའི་མངའ་བདག་དེས། ཆོས་ཀྱི་དབྱིངས་ཀྱི་ཕོ་བྲང་ཆེན་པོ་ནས་མ་གཡོས་བཞིན་དུ་རང་བཞིན་ཐུགས་རྗེའི་བྱིན་གྱིས་རླབས་ཀྱི་རང་སྣང་ལས། སྐུ་གསུང་ཐུགས་ལྷུན་གྲུབ་སྟུག་པོ་བཀོད་པའི་རྒྱན་ཉིད་དུ་རིགས་ལྔའི་སངས་རྒྱས་ཀྱི་རྣམ་པར་བཞེངས་ཏེ། ཕྱོགས་བཞི་དུས་བཞིའི་སངས་རྒྱས་ཐམས་ཅད་ཀྱི་ཐུགས་རྡོ་རྗེ་གཉིས་སུ་མེད་པའི་རང་བཞིན་གྱི་དཀྱིལ་འཁོར་ཉིད་ལས་མི་གཞན་པའི་མངའ་ཐང་ཆེན་པོ་ལ་དབང་བསྒྱུར་བས། རྡོ་རྗེ་སེམས་དཔའ་ལ་སོགས་པ་འབྲས་བུ་སེམས་དཔའ་རྣམས་ལ་ཟབ་ཅིང་རྒྱ་ཆེ་བའི་ཆོས་ཕུན་སུམ་ཚོགས་པ་གསང་སྔགས་རྡོ་རྗེ་ཐེག་པ

གསུངས་ཏེ། སྣང་བ་གསུམ་གྱིས་འདུལ་བར་བྱ་བའི་ཁམས་རང་བཞིན་གྱིས་གྲོལ་བར་མཛད་པ་ལས། རྒྱལ་བ་དགོངས་པའི་བརྒྱུད་པ། རིག་འཛིན་བརྡའི་བརྒྱུད་པ། གང་ཟག་སྙན་བརྒྱུད་གསུམ་ལས། དང་པོ་ནི་ཀུན་ཏུ་བཟང་པོ་སངས་རྒྱས་ཐམས་ཅད་ཀྱི་བདག་ཉིད་དེས་དབང་ཕྱུག་ཆེན་པོའི་འོག་མིན་དུ་འབྲས་བུ་བྱང་ཆུབ་སེམས་དཔའ་བརྗོད་དུ་མེད་པ་དང་གཉིས་སུ་མེད་པར་བཞུགས་ཏེ། དེ་ཉིད་དང་ལྡན་ཅིག་པའི་འཁོར་རྣམས་ལ་ཟབ་མོའི་དབང་གསུམ་བསྐུར་བས་བརྗོད་བྱ་དོན་གྱི་རྒྱུད་རྟོགས་ཏེ། རང་དོན་དུ་སངས་རྒྱས་སོ། །དེ་ནས་གཞན་དོན་དུ་ཞུ་བ་ཐུན་མོང་ལམ་སྟེགས་གཉིས་པའི་ཕུལ་བས་སྟོན་པ་ཐུགས་རྗེ་སྐྱེས་ཏེ། གསུངས་པ་ཞལ་གྱིས་བཞེས་ཏེ་སྤྲོ་བ་གཉིས་མཛད་པ་ལས། སྟོན་པའི་ཐུགས་རིག་པའི་ཡེ་ཤེས་ཀྱི་ཁྱད་པར་ལས། ཐུན་མོང་བཅའ་བཞིའི་སྟོན་པ་དྲུག་སྤྲོས་ཏེ། ཐུན་མོང་ལམ་སྟེགས་ཀྱི་ཐེག་པ་མཐའ་དག་གསུངས་པ་དང་། སྟོན་པས་ཆོས་ཚུལ་འདི་ཉིད་འཆད་པའི་ཚུལ་དྲུག་མཛད་ནས་འོག་མིན་དུ་གསུངས་པ་ཉིད་གཉིས་དུས་མཚུངས་པར་བསྟན་པའི་རྒྱུད་ཐ་དད་པར་འབྱུང་བའོ། །དེ་ལའང་གསུམ་སྟེ། གནས། སྟོན་པ། འཁོར་ཕུན་སུམ་ཚོགས་པ་རྒྱས་པར་བཤད་པའོ། །

དང་པོ་ལའང་བཞི་སྟེ། སྒྲ་དོན། མཚན་ཉིད། དབྱེ་བ། རྩོད་པ་སྤོང་བ་སྟེ། དང་པོ་ནི། ཨ་ཀ་ནིཥྛའི་སྒྲ་ལས་དམན་པར་མ་གྱུར་པའམ་འོག་མིན་པ་སྟེ་གོང་མར་གྱུར་པའི་དོན་ཏོ། །གཉིས་པ་ནི། གནས་སུ་གྱུར་པ་གང་ཞིག་དུས་གང་ན་ཆོས་འཕགས་པའི་གནས་གཞན་མེད་པ་སྟེ་འོག་མིན་ཙམ་གྱི་མཚན་ཉིད་དོ། །ཆོས་སྐུའི་འོག་མིན་གྱི་མཚན་ཉིད་ནི། མཐར་ཐུག་གི་བགྲོད་བྱའི་གནས་ཡིན་པ་གང་ཞིགགཟུགས་སྐུ་གཉིས་ཀྱི་འཆར་གཞིའི་རྟེན་བྱེད་པ། ལོངས་སྐུའི་ངེས་པ་ལྔ་ལྡན་སྣང་བའི་གནས་སུ་གྱུར་པ་གང་ཞིག །སྤྲུལ་སྐུའི་འཆར་གཞིའི་རྟེན་བྱེད་པ། སྤྲུལ་སྐུ་ནི་གཙང་མའི་གནས་གང་ཞིག །འཇིག་རྟེན་དུ་སྣང་བའི་གནས་ཀྱི་མཆོག་ཡིན་པའོ། །དེ་ཡང་འཇིག་རྟེན་གྱི་ཁམས་དང་ཞིང་ཁམས་ཀྱི་ཁྱད་ནི། སྤྲུལ་སྐུས་གདུལ་བའི་ཞིང་དང་། ལོངས་སྐུ་དང་ཆོས་སྐུའི་ཞིང་གི་ཁྱད་ཡོད་དོ། །

གསུམ་པ་དབྱེ་བ་ལ་གསུམ་སྟེ། ཆོས་སྐུ་ལོངས་སྐུ་སྤྲུལ་སྐུ་འོག་མིན་ནོ། །དང་པོ་ནི། མཐའ

དབུས་ཕྱོགས་ཆ་གང་དུའང་བཞག་ཏུ་མེད་ཅིང་སྤྲོས་པ་ཐམས་ཅད་དང་བྲལ་བའི་ངོ་བོ་སངས་རྒྱས་ཀྱི་མཐར་ཐུག་གམ་བགྲོད་བྱ་དམ་པ་སྟེ་ཡང་དག་དོན་གྱི་འོག་མིན་ཞེས་བྱའོ། །དེ་སྐད་དུའང་ཀུན་བྱེད་ལས། སྟོན་པ་ཆོས་སྐུའི་གནས་ནི་འདི་ལྟ་སྟེ། །འོག་མིན་ཆོས་ཀྱི་དབྱིངས་ཀྱི་ཕོ་བྲང་སྟེ། །ཡང་དག་དོན་གྱི་འོག་མིན་དེ་རུ་བཤད། །ཅེས་སོ། །ལོངས་སྐུའི་འོག་མིན་ནི་ཆོས་སྐུའི་དབྱིངས་ལས་ཡེ་ཤེས་ཆེན་པོའི་སྣང་བ་རང་བྱུང་བ་འོད་ཀྱི་གཞལ་ཡས་ཁང་དང་གཙོ་འཁོར་དུ་སྣང་བ་ཡེ་ཤེས་ལྔའི་རིགས་སུ་ལྷུན་གྱིས་གྲུབ་ཅིང་དུས་ཐམས་ཅད་དུ་འཕོ་འགྱུར་མེད་པ་སྟེ། སྒྱུ་འཕྲུལ་རྡོ་རྗེ་ལས། གཙང་མའི་རིས་དག་སྤྱངས་པ་ཡི། །འོག་མིན་ཆེན་པོའི་གནས་མཆོག་ནི། །རིགས་བདག་ཕྱུག་རྒྱ་ལྷུན་གྲུབ་སྐུ། །གཅིག་དང་དུ་མ་རྣམ་སྤྱངས་པ། །སངས་རྒྱས་ཀུན་གྱི་སྤྱི་གཟུགས་ཏེ། །གདོད་མའི་ཐེག་ཆེན་མཛོད་ཉིད་ཕྱིར། །སྒྲིབ་པ་མཐའ་སྤྱངས་གདུལ་བྱ་ལ། །སྐད་ཅིག་གིས་ནི་གནང་བ་མཛོད། །ཅེས་སོ། །དེ་ཡང་གཙང་གནས་སྤྱངས་ཞེས་པ་ནི་དེ་ལས་འདས་པ་སྟེ། འཇིག་རྟེན་གྱི་སྣང་བ་ལས་འཕགས་པ་ཡིན་གྱི་དེའི་ཡ་རོལ་ན་ཡོད་པའི་ངེས་པ་མེད་དེ། སངས་རྒྱས་གང་ན་བཞུགས་པའི་རང་སྣང་ཡིན་པའི་ཕྱིར་རོ། །དེའང་བཟང་སྤྱོད་ལས། རྡུལ་གཅིག་སྟེང་ན་རྡུལ་སྙེད་སངས་རྒྱས་རྣམས། །ཞེས་པའི་རྡུལ་ཕྲ་རབ་ཀྱི་ནང་ནའང་མི་བཞུགས་ཞེས་མི་བསམ་ཞིང་། དེ་ནའང་ལྷུན་གྲུབ་སྟུག་པོ་བཀོད་པའི་ཞིང་རྣམ་པར་མ་འགགས་སོ། །དེ་ནའང་གནས་ཀྱི་ཕྱོགས་གློས་ཕྱོགས་ཆར་ཆད་པ་གཅིག་ཏུ་བཙལ་མི་དགོས་ཏེ། ཆོས་ཀྱི་དབྱིངས་རྣམ་པར་དག་པའི་དབང་ལས། ཡོན་ཏན་གྱི་ཁྱད་པར་གང་དུ་སྣང་བ་དེ་ཉིད་རྒྱལ་བའི་དཀྱིལ་འཁོར་དུ་ཤེས་པར་བྱའོ། །དེ་ལྟ་བུའི་གནས་དེ་ཉིད་འོག་མིན་ཆེན་པོ་ཞེས་བྱ་སྟེ་སངས་རྒྱས་ཉིད་ཀྱི་རོལ་པ་ལས་གཞན་གྱི་ལོངས་སྤྱོད་མ་ཡིན་པའི་ཕྱིར་རོ། །དེས་ན་རྣམ་པར་སྣང་མཛད་དེ་བཞིན་གཤེགས་པའི་རིགས། མི་བསྐྱོད་པ་རྡོ་རྗེའི་རིགས། རིན་ཆེན་འབྱུང་ལྡན་རིན་པོ་ཆེའི་རིགས། འོད་དཔག་མེད་པདྨའི་རིགས། དོན་ཡོད་གྲུབ་པ་ལས་ཀྱི་རིགས་ཏེ་སོ་སོའི་དཀྱིལ་འཁོར་ཚོམ་བུ་ནམ་མཁའ་དབྱིངས་ཀྱི་མཐས་ཀླས་པར་རང་སྣང་ལྷུན་གྱིས་གྲུབ་པའོ། །དེ་ལྟར་སྣང་བའི་སྐུ་དང་ཡེ་ཤེས་ཀྱི་སྣང་བ་དེ་ཡང་གཅིག་ཏུ་མ་གྲུབ་སྟེ་སྣ་ཚོགས་སུ་སྣང་ཞིང་། དུ་མར་མ་གྲུབ་སྟེ་ལོངས་སྐུ་དེ་ཉིད་གཅིག་གི་རང་སྣང་ཡིན་པའི་ཕྱིར་རོ། །

དེ་ལྟ་བུའི་ཞིང་དང་སྐུ་དང་ཡེ་ཤེས་སུ་སྣང་བ་ནི་སངས་རྒྱས་ཐམས་ཅད་ཀྱི་རང་སྣང་ལོངས་སྤྱོད་རྫོགས་པ་སྐུའི་སྤྱི་གཟུགས་ཏེ་ཐམས་ཅད་ཀྱི་སྤྱོད་ཡུལ་མ་ཡིན་ལ་སངས་རྒྱས་ལོངས་སྐུ་རྣམས་ཀྱི་མཐུན་པའི་སྣང་བའོ། །དེ་ན་སྣང་བའི་གཙོ་འཁོར་དེ་དག་ཐེག་པ་ཆེན་པོའི་ཆོས་ཐུན་མོང་མ་ཡིན་པའི་མཛོད་ཡིན་ཏེ། སངས་རྒྱས་ལོངས་སྤྱོད་རྫོགས་སྐུའི་དང་ཡིན་པའི་ཕྱིར་རོ། །ད་ལྟར་སྣང་བ་དེ་ཡང་སྒྲིབ་པ་མཐའ་དག་སྤངས་པའི་ཚེ་སྣད་ཅིག་དེ་ཉིད་ཆོས་སྐུ་དང་སྤྲུ་ཕྱི་མི་ཕྱེད་པར་སྣང་བ་ཡིན་ནོ། །གདུལ་བྱ་ལ་སྣང་ཞེས་པས་ས་ཐོབ་པའི་སྤྱོད་ཡུལ་མ་ཡིན་ཏེ། སྒྲིབ་པ་མཐའ་དག་སྤངས་ཞེས་པ་དེ་མ་ཚང་བའི་ཕྱིར་རོ། །གནས་དེའི་ཡོན་ཏན་སྣང་ཚུལ་ནི། སྒྱུ་འཕྲུལ་རྒྱ་མཚོ་ལས། འཇིག་རྟེན་གནས་ཀྱི་འོག་མིན་ལས། །ཉིས་འགྱུར་དུ་ནི་དཔགས་པ་ཡིན། །ངོ་བོ་མཐའ་གསུམ་ལས་འདས་པ༑ ༑ཡོན་ཏན་ལྷ་ཡི་བདག་ཉིད་དེ། །མ་སྤངས་རྒྱན་རྫོགས་གཞལ་ཡས་ཁང་། །གྲུ་བཞི་སྤྱི་བོའི་འཁྲིལ་པ་གནས། །ཞེས་པས། ལོངས་སྐུའི་རང་སྣང་དག་པའི་ཞིང་ཁམས་ཡིན་པས་ན། གཙང་མའི་འོག་མིན་དང་། སར་གནས་ཀྱི་སྣང་བ་རང་བཞིན་སྤྲུལ་སྐུའི་འོག་མིན་གཉིས་ལས་སྣང་བ་དེ་ཉིད་འཕགས་སོ། །དེ་ལྟ་བུའི་ཞིང་གི་ངོ་བོ་ཡོད་མེད་རྟག་ཆད་སྤྲོས་པའི་མཐའ་གསུམ་ལས་འདས་ཤིང་། སྐུ་གསུངས་ཐུགས་ཡོན་ཏན་ཕྲིན་ལས་མི་ཟད་པ་རྒྱན་གྱི་འཁོར་ལོའི་ཡོན་ཏན་ལྔའི་རང་བཞིན་ཅན་སྣང་བའི་རྒྱན་ཕུལ་དུ་ཕྱིན་པས་སྤྲས་པའི་གཞལ་མེད་ཁང་ནམ་མཁའི་དབྱིངས་ཀུན་ཏུ་ཁྱབ་པར་སྣང་བའོ། །དེ་ཡང་གང་དུ་དབྱིངས་དང་ཡེ་ཤེས་གཉིས་སུ་མེད་པར་འདྲེས་པའི་གནས་དེ་ཉིད་དུ་སངས་རྒྱས་ལོངས་སྐུའི་སྣང་བ་དེ་ཉིད་འཆར་བ་ཡིན་ཏེ། དབུ་མ་ཆོས་དབྱིངས་སུ་བསྟོད་པ་ལས། དབང་ཕྱུག་ཆེན་པོའི་གནས་མཆོག་དང་། །འོག་མིན་དེ་ཉིད་རྣམ་མཛེས་པ། །ཤེས་པ་གསུམ་པ་གཅིག་ཉིད་དུ། །འདྲེས་པར་གྱུར་ན་བདག་སྨྲའོ། །ཞེས་སོ། །དབང་ཕྱུག་ཆེན་པོ་ནི་ལོངས་སྐུ་ཉིད་དེ་ཆོས་ཐམས་ཅད་ཀྱི་འབྱོར་བ་དམ་པ་ལ་དབང་བསྒྱུར་པའི་ཕྱིར་རོ། །དེ་ལྟ་བུ་ཉིད་སངས་རྒྱས་ཐམས་ཅད་ཀྱི་ལོངས་སྤྱོད་རྫོགས་པ་སྐུ་སྤྱིའི་སྣང་བ་ཡིན་པས་སྣང་བ་མི་འདྲ་བ་ཐ་དད་དུ་བཞག་པ་མེད་ཀྱང་། རྒྱལ་བ་སོ་སོས་བྱང་ཆུབ་བརྙེས་པའི་ལོངས་སྐུའི་ཞིང་ཚ་ནས་ལོངས་སྐུའི་ཁམས་སོ་སོར་ཕྱེ་བ་ཙམ་དུ་ཟད་དེ། ཐེག་བསྡུས་ལས། །བདག་ཏུ་འཛིན་པ་མེད་པའི་ཕྱིར། །གནས་ལ་ཐ་དད་

ཡོད་མ་ཡིན། །སྔོན་གྱི་རྗེས་སུ་འབྲངས་བས་ཀྱང་། །དེ་ལ་དགག་པ་ཐ་དད་འབྱེད། །ཅེས་སོ། །དེ་ལྟར་རང་སྣང་ལོངས་སྐུའི་ཞིང་དུ་སངས་མ་རྒྱས་ན་འཇིག་རྟེན་དུ་སྤྲོན་མ་བཀོད་པ་ནས་འགྲོ་བའི་དོན་མཛད་མི་ནུས་ཏེ། རྒྱན་སྟུག་པོ་བཀོད་པའི་མདོ་ལས། ཡང་དག་སངས་རྒྱས་འོག་མིན་དུ། །སངས་རྒྱས་མ་གྱུར་འདོད་ཁམས་སུ། །སངས་རྒྱས་མཛད་པ་མི་མཛད་དོ། །ཞེས་སོ། །དེ་ཉིད་རྒྱལ་བ་ཁམས་གསུམ་ལས་འདས་པས་གནས་ཀྱང་དེའི་སྐབས་བརྗོད་དེ། དེ་ཉིད་ལས། གཟུགས་མེད་འདོད་དང་གཟུགས་རྣམས་དང་། །འདུ་ཤེས་མེད་པ་དེ་བཞིན་ཏེ། །གནས་ལས་འདས་སོ་སངས་རྒྱས་དབང་། །བཞུགས་སོ་སྟུག་པོའི་དཀྱིལ་འཁོར་ན། །ཞེས་སོགས་གནས་དེར་རང་སྣང་དག་པའི་དཀྱིལ་འཁོར་ལ། རང་བཞིན་རྫོགས་པ་ཆེན་པོ་ཨ་ཏི་ཡོ་གའི་ཆོས་ཕུན་སུམ་ཚོགས་པ་རང་བཞིན་བྱིན་གྱི་རླབས་ཀྱིས་ཐུགས་སེམས་དཔའ་ལ་སྟོན་པ་ཀུན་ཏུ་བཟང་པོ་ཉིད་ལོངས་སྐུར་སྣང་བས་གསུངས་ཏེ། གསང་སྙིང་ལས། དེ་བཞིན་གཤེགས་པ་ཉིད་ལ་ཆེད་དུ་གླེང་ངོ་ཞེས་པ་དང་། གཞན་ལས་ཀྱང་ཚུལ་དེ་དང་མཐུན་པར་གསུངས་སོ། །

གསུམ་པ་སྤྲུལ་སྐུའི་འོག་མིན་ལ་གཉིས་ཏེ། གདུལ་བྱ་ལ་གནས་པའི་དོན་དུ་རང་བཞིན་སྤྲུལ་སྐུའི་ཞིང་དང་འབྲེལ་མའི་དོན་དུ་གཙང་མ་རིས་ཀྱི་འོག་མིན་བསྟན་པའོ། །དང་པོ་ནི། དབུས་ན་འོག་མིན་ཁང་བུ་བརྩེགས་པའི་སྟུག་པོ་བཀོད་པ། ཤར་ན་མངོན་པར་དགའ་བ། ལྷོ་ན་རིན་པོ་ཆེས་བརྒྱན་པ། ནུབ་ན་བདེ་བ་ཅན། བྱང་ན་ལས་རབ་གྲུབ་པའི་ཞིང་ལྟར་འཁོར་ས་བཅུའི་སེམས་དཔའ་ལ། སྟོན་པ་རིགས་ལྔའི་ཆོས་ཐེག་པ་ཆེན་པོ་ཐུན་མོང་དང་ཐུན་མོང་མ་ཡིན་པའི་རྣམ་གྲངས་ཞལ་དང་ལྡུགས་ལས་འོད་ཟེར་འཕྲོས་པའི་རྒྱ་ལས་རང་སྣང་ཞིང་། མེ་ལོང་ལྟ་བུའི་སྣང་བས་སྨིན་པ་སྦྱོང་བར་འདོད་དེ། གསང་སྙིང་ལས། འོག་མིན་བླ་མེད་གནས་མཆོག་ཏུ། །སྐུ་ནི་རྣམ་པར་སྣང་མཛད་ཚུལ། །བྱང་ཆུབ་སེམས་དཔའི་འཁོར་རྣམས་ལ། །དེ་བཞིན་གསུང་མཆོག་མི་སྨྲ་སྟེ། །སྐུ་ཡིས་ཆོས་རྣམས་འཇལ་བར་སྟོན། །མེ་ལོང་བསྟན་པའི་ཚུལ་བཞིན་དུ། །དངོས་ཀྱི་མདོག་ངན་ཐམས་ཅད་སེལ། །འཁོར་གྱི་དེ་བཞིན་སྐུ་བལྟས་ན། །བྱང་ཆུབ་སྒྲིབ་པ་གཏིང་དཔག་མེད། །མེ་ལོང་བཞིན་དུ་སྐུ་ལ་སྣང་། །དེ་ནས་ས་བཅུ་རིམ་གྱིས་འབྱོར། །བླ་མེད་བྱང་ཆུབ་ཡང་དག་ཐོབ། །ཅེས་སོ། །དུས་ནི་

མི་ཟད་རྒྱན་གྱི་འཁོར་ལོ་སྟེ་རྟག་པར་རོ། །ཁྱད་པར་དུ་ཞི་བ་དང་ཁྲོ་བོའི་དཀྱིལ་འཁོར་རིགས་ལྔ་མངོན་པར་སྣང་བས་རྣལ་འབྱོར་དང་རྣལ་འབྱོར་ཆེན་པོའི་ཐེག་པ་གསུངས་སོ། །ཞིང་དེ་ཡང་འཇིག་རྟེན་ལས་འཕགས་པས་སྟེང་ཞེས་བརྗོད་དེ། ཀུན་བྱེད་ལས། སྟོན་པ་ལོངས་སྤྱོད་རྫོགས་པའི་གནས་བསྟན་ཏེ། འཇིག་རྟེན་མཚན་མ་ཀུན་གྱི་སྟེང་གྱུར་པ། །གནས་ཀྱི་འོག་མིན་ཁང་བུ་བརྩེགས་པ་ཡི། །གཞལ་ཡས་ཁང་དེ་གནས་ཀྱི་འོག་མིན་བཤད། །ཅེས་སོ། །འཁོར་ཡང་སེམས་དཔར་བཤད་དེ། དེ་ཉིད་ལས། སྟོན་པ་ལོངས་སྤྱོད་རྫོགས་པའི་འཁོར་བསྟན་པ། །མོས་སྤྱོད་བཞི་ཡི་ས་ལས་འདས་པ་ཡི། །དང་པོ་རབ་ཏུ་དགའ་བའི་ས་མནན་ནས། ས་བཅུ་ཆོས་ཀྱི་སྤྲིན་གྱི་ས་པ་རྣམས། །དེ་ནི་ལོངས་སྤྱོད་རྫོགས་པའི་འཁོར་དུ་བསྟན། །ཞེས་སོ། །ཆོས་ཀྱང་སྐུ་དང་ཡེ་ཤེས་ཀྱི་དགོངས་པས་སྟོན་ཏེ། དེ་ཉིད་ལས། ཡེ་ཤེས་ལོངས་སྤྱོད་འོག་མིན་བཞུགས་པ་ཡི། །ས་བཅུ་པ་ཡི་བྱང་ཆུབ་སེམས་དཔའ་ལ། །བྱང་ཆུབ་སེམས་དེ་སྐུ་དང་ཡེ་ཤེས་བཤད། །ཅེས་སོ། །ཇི་ལྟར་བཤད་ན་དེ་ལ། ལོངས་སྤྱོད་རྫོགས་སྐུ་རང་གི་ངོ་བོས་སྟོན། །ཞེས་སོ། །

གཉིས་པ་འདྲེས་མའི་ཚུལ་དུ་གཙང་རིས་ཀྱི་འོག་མིན་བསྟན་པ་ནི། མི་མཇེད་ལ་སོགས་འགྲོ་བ་སེམས་ཅན་གྱི་སྣང་བ་དང་མཐུན་པའི་གནས་ཀྱི་མཆོག་རང་རང་གི་འཇིག་རྟེན་དེའི་གཟུགས་ཀྱི་ཁམས་བསམ་གཏན་བཞི་པའི་གཙང་མ་རིས་ཀྱི་ལྷ་ལྷའི་གནས་ཀྱི་འོག་མིན་རགས་པའི་དངོས་པོ་མ་ཡིན་པ། དང་བ་འོད་ཀྱི་རང་བཞིན་ལས་གྲུབ་པའི་གནས། གཞལ་ཡས་ཁང་ལ་སོགས་པ་བཀོད་པའི་བྱེ་བྲག་སྣ་ཚོགས་པས་བརྒྱན་པ་དེར། འཇིག་རྟེན་དུ་སངས་རྒྱས་འབྱུང་བའི་ཚེ་སྤྲུལ་པའི་དང་པོ་ལོངས་སྐུ་དང་ཆོས་མཐུན་པ་མཚན་དཔེས་བརྒྱན་པའི་སངས་རྒྱས་སུ་བསྟན་ནས། ལྷ་དང་གྲུབ་པ་དང་རིག་སྔགས་འཆང་གི་དབང་པོ་ཚད་མེད་པ་ལ་བྱ་བ་དང་། སྤྱོད་པ་དང་། རྣལ་འབྱོར་གྱི་རྒྱུད་ལ་སོགས་པ་དང་། ཕ་རོལ་ཏུ་ཕྱིན་པ་ལ་སོགས་པའི་ཐེག་པ་དུ་མས་འདུལ་བར་ཀུན་ཏུ་སྟོན་ཏེ། དེ་སྐད་དུའང་ལེགས་པར་གྲུབ་པའི་རྒྱུད་ལས། གཙང་མའི་འོག་མིན་རྣམ་མཛེས་པར། །གྲུབ་པ་དབང་པོ་ལ་སོགས་པ། །རིག་སྔགས་གཟུངས་སྔགས་རྣལ་འབྱོར་དང་། །རྒྱུད་ཆོས་དུ་མས་ཚིམ་པར་མཛད། །ཅེས་སོ། །གཞན་ཡང་སློབ་དཔོན་སངས་རྒྱས་གསང་བས་མཛད་པའི་སྤྱན་འགྲེལ་ལས།

དོན་གྱི་འོག་མིན་ཆོས་ཀྱི་དབྱིངས་ཏེ་སངས་རྒྱས་བཞུགས་གནས་ཡིན་ཞིང་དེའི་གོང་ན་གཞན་མེད་པའི་ཕྱིར་རོ། །རྟགས་ཀྱི་འོག་མིན་དབྱིངས་དང་ཡེ་ཤེས་དབྱེར་མེད་ཀྱི་རྟགས་སུ་གཞལ་ཡས་ཁང་གི་དབྱིབས་དང་ཁ་དོག་ཏུ་སྣང་བ་སྟེ་ལོངས་སྤྱོད་རྫོགས་སྐུའི་བཞུགས་གནས་ཡིན་ཞིང་ཆོས་ཀྱི་དབྱིངས་མཚོན་བྱེད་ཀྱི་རྟགས་དེའི་གོང་ན་གཞན་མེད་པའི་ཕྱིར་རོ། །རིག་པའི་འོག་མིན་དངོས་པོའི་གནས་ལུགས་ཇི་ལྟ་བ་བཞིན་རྟོགས་པ་རིག་པའི་ཡེ་ཤེས་ཏེ། དག་པ་གཉིས་ལྡན་གྱི་ཆོས་སྐུའི་བཞུགས་གནས་ཡིན་ཞིང་དེའི་གོང་ན་རིག་པ་གཞན་མེད་པའི་ཕྱིར་རོ། །གསང་བའི་འོག་མིན་ཡུམ་གྱི་མཁའ་སྟེ། གསང་བ་སྐུའི་བཞུགས་གནས་ཡིན་ཞིང་། མི་གནས་ཡོན་ཏན་གོང་ན་གཞན་མེད་པའི་ཕྱིར་རོ། །རྟོགས་པའི་འོག་མིན་ལས་དང་པོ་པས་འོག་མིན་གྱི་གཞལ་ཡས་ཁང་སྒོམ་པ་སྟེ། ལྷག་པའི་ཏིང་ངེ་འཛིན་གྱི་དཀྱིལ་འཁོར་གྱི་བཞུགས་གནས་ཡིན་ཞིང་། དོན་སྤྱི་འཛིན་བྱེད་ཀྱི་རྟོག་པ་དེའི་གོང་ན་གཞན་མེད་པའི་ཕྱིར་རོ། །འཇིག་རྟེན་གནས་ཀྱི་འོག་མིན་གཙང་མ་རིས་ཀྱི་ལྷ་ལྔའི་ཡང་སྟེང་སྟེ། འཕགས་པ་རྣམས་ཀྱི་བཞུགས་གནས་ཡིན་ཞིང་གཟུགས་ཁམས་ཀྱི་གནས་དེའི་གོང་ན་གཞན་མེད་པའི་ཕྱིར་རོ། །ཞེས་པའི་དོན་དྲུག་འབྱུང་ཡང་སྔ་མའི་ཁོངས་སུ་འདུ་སྟེ། དོན་དང་རིག་པའི་འོག་མིན་ཆོས་སྐུར་འདུ་ཞིང་། རྟགས་ཀྱི་ལོངས་སྐུ་གཞན་གསུམ་སྤྲུལ་སྐུར་འདུ་སྟེ། གནས་ཀྱི་འོག་མིན་ཡིན་ལ། གསང་པ་དང་། རྟོགས་པའི་འོག་མིན་ནི་སྤྲུལ་སྐུའི་ལམ་ཉམས་སུ་ལེན་པས་དེའི་ཁོངས་སུ་འདུའོ། །བཞི་པ་སྟོན་པ་སྤྱང་པ་ནི། རྒྱུད་གསུངས་པའི་གནས་རང་སྣང་ལོངས་སྐུའི་ཞིང་དུ་གདུལ་བྱ་རང་རྒྱུད་པ་མེད་ན་ཆོས་བསྟན་པའི་དགོས་པ་མེད་ཅིང་། དོན་རྟགས་ཀྱི་དཀྱིལ་འཁོར་ཡང་གདུལ་བྱ་ལ་བསྟན་གྱི་རང་གི་ཐུགས་ཀྱི་སྤྲུལ་པ་ལ་བསྟན་མི་དགོས་ཏེ། སྤྲུལ་པ་ལ་རྟོག་པ་མེད་པའི་ཕྱིར་རོ། དེ་ནས་རང་རྒྱུད་པའི་འཁོར་དང་སྤྲུལ་པ་གཉིས་ཀའོ་ཞེས་ཟེར་རོ། །དེ་ནི་ཁྱེད་ཀྱི་དགོངས་པ་མ་ལོན་པར་སྣང་སྟེ། སྤྲུལ་པའི་གདུལ་བྱ་ཡོད་པའི་ཆོས་བསྟན་པའི་དགོས་པ་ཡོད་དེ་ཕྱི་རབས་གསང་བདག་གིས་འཆད་པའི་དགོས་པ་ཡོད་པའི་ཕྱིར་དང་། དོན་རྟགས་ཀྱི་ཆེད་དུ་གདུལ་བྱ་ལ་བསྟན་པ་མ་ཡིན་གྱི་རང་སྣང་ལ་ལོངས་སྤྱོད་རྫོགས་པའི་ཡོན་ཏན་ལྷུན་རྫོགས་སུ་ཤར་བ་སྟེ་མེ་ལོང་གི་ངོས་ལ་གཟུགས་བརྙན་སྣང་བ་བཞིན་ནོ། །སྤྲུལ་པ་ལ་རྟོག་པ་མེད་ཀྱང་ཡེ་

ཤེས་ཡོད་པས་དེ་ཉིད་ཀྱིས་ཆོས་ཉན་ཞིང་འཛིན་པར་བྱེད་དོ། །གལ་ཏེ་སྤྲུལ་པ་ལ་རིག་པའི་ཡེ་ཤེས་མེད་ན་ཤཱཀྱ་ཐུབ་པ་དང་གསང་བདག་ལ་སོགས་པའི་ཇི་ལྟ་བ་ཇི་སྙེད་པ་མཁྱེན་པའི་ཡེ་ཤེས་མི་མངའ་བར་ཐལ་བའི་སྐྱོན་ཡོད་དེ། ལུང་གིས་ཀྱང་གནོད་དེ།དེ་བཞིན་ཐུགས་ཀྱི་ཁྱད་པར་ལས། །རང་སྣང་རྒྱལ་བའི་སེམས་རྫོགས་དང་། །ཞེས་དང་། དེ་བཞིན་གཤེགས་པ་ཉིད་ལ་ཆེད་དུ་གླེང་ངོ་། །ཞེས་པ་དང་། དེ་བཞིན་ཉིད་ཀྱིས་དབྱིངས་ཉིད་དབང་བསྒྱུར་ཡེ་ཤེས་དཀྱིལ་འཁོར་ཐུགས་རྗེའི་ངང་། །རང་སྣང་བ་ཉིད་ངོ་འཛིན་གཟུགས་བརྙན་སྐྱུ་མ་རྣམ་དག་གསལ་བ་ནི། །ཞེས་པ་ལ་སོགས་པས་གནོད། མདོར་ན་སངས་རྒྱས་ཀྱི་སྐུ་གསུམ་དང་རྣམ་པར་འཕྲུལ་པ་དང་ཞིང་ཁམས་བསམ་གྱིས་མི་ཁྱབ་ཅིང་ཚད་མེད་དེ། སྡོང་པོ་བཀོད་པ་ལས། སྤུ་ཡི་རྩེ་མོ་གཅིག་ལ་ཡང་། །ཞིང་རྣམས་བྱེ་བ་བསམ་མི་ཁྱབ། །སྣ་ཚོགས་དབྱིབས་ཀྱང་ཐ་དད་དེ། །དེ་དག་འདྲེས་པར་གྱུར་བ་མེད། །ཅེས་གསུངས་པས། ནམ་མཁས་གང་དུ་ཁྱབ་པར་ཆོས་སྐུ་དང་ལོངས་སྐུས་ཁྱབ་ཅིང་། སེམས་ཅན་གྱིས་གང་དུ་ཁྱབ་པར་སྤྲུལ་པའི་སྐུ་དང་ཕྲིན་ལས་ཀྱིས་ཁྱབ་པས་བདེ་བར་གཤེགས་པའི་ཞིང་ཁམས་ལ་ཕྱོགས་དང་རིས་སུ་ཆད་པ་མེད། ཞིང་འདི་ཉིད་ཀྱི་གོང་ན་གཞན་དག་བསམ་གྱིས་མི་ཁྱབ་བརྗོད་ཀྱིས་མི་ལོང་བ་ཡོད་པ་རྟོགས་པར་བྱ་ཞིང་། མ་དག་པར་སྣང་བ་ཡང་རང་གི་སྣང་བ་ཙམ་ལས་དག་པའི་ཞིང་དུ་བལྟ་བར་བྱ་སྟེ། ཉི་ཟླའི་སྣང་བ་དག་པ་མ་ཡིན་མོད་ཀྱི། དམུས་ལོང་རྣམས་ཀྱིས་མ་མཐོང་བ་བཞིན་དུ་ཤེས་པར་བྱའོ། །རྣམ་པར་གཞག་པ་འདི་ནི་ཤིན་ཏུ་དཀའ་བའི་གནས་ཏེ་གསལ་བར་བསྟན་པ་ཡིན་ནོ། །

གཉིས་པ་རིག་འཛིན་བརྒྱུད་པ་ཡང་གཉིས་ལས། རིག་འཛིན་མི་མ་ཡིན་པའི་བརྒྱུད་པ་ནི། སྟོན་པ་ཉིད་ཀྱི་སྤྲུལ་པ་རིགས་གསུམ་དུ་སྣང་བར་མཛད་དེ། ལྷ་ཀླུ་གནོད་སྦྱིན་གསུམ་ལ་བརྒྱུད་པ་ཡང་། འཇམ་དཔལ་མཁྱེན་པའི་མངའ་བདག་ཏུ་གྱུར་པ་ནི། གཙོ་བོར་ཟབ་མོའི་ཕྱོགས་ཀྱི་འགྲོ་བའི་དོན་མཛད་པ་ལས་ལྷ་བའི་ཕྱོགས་སྟོན། སྤྱན་རས་གཟིགས་ཐུགས་རྗེའི་མངའ་བདག་ཏུ་གྱུར་ཏེ། གཙོ་བོར་བྱམས་སྙིང་རྗེས་བསྐྱབ་པའི་ཕྱོགས་ཀྱི་དོན་མཛད་པ་སྐྱབ་པའི་ཕྱོགས་སྟོན། ཕྱག་ན་རྡོ་རྗེ་མཐུ་སྟོབས་ཀྱི་མངའ་བདག་ཏུ་གྱུར་ཏེ། གཙོ་བོ་ཐབས་མཁས་པའི་དྲག་ཤུལ་ཕྱོགས་ཀྱི་དོན

མཛད་པས་སྤྱོད་པའི་ཕྱོགས་སྟོན། ཁ་ཅིག་རེ་རེས་ཀྱང་ལྷ་གྲུབ་སྤྱོད་པ་གསུམ་ཀ་བསྟན་པར་བཞེད་དེ། དེ་ཡང་འཇམ་དཔལ་གཞོན་ཚུལ་མཛེས་པའི་སྐུ་དང་ལྡན་པས། ལྷ་རྣམས་ཀྱི་ལུས་དང་བསམ་པ་དང་མཐུན་པར་བསྟན་ཏེ་ལྷ་གནས་སུ་གྲགས་པ་ན་ཕྱོགས་སྐྱོང་ལ་བཤད། དེས་ལྷ་ཚངས་པ་རིན་ཆེན་འོད་འབར་ལ། དེས་ཚངས་པ་སྐྱེ་དགུའི་བདག །ཚངས་པ་ཀུན་གྲོལ། གཙུག་ཕུད་འཛིན། དེས་ལྷ་དབང་བརྒྱ་བྱིན་ལ། དེས་ཚོམ་བུ་འབུམ་སྡེ་ལ། ལྷ་རྣམས་ཀྱང་བྱང་ཆུབ་སེམས་དཔའི་ཚུལ་འཛིན་ཞིང་སངས་རྒྱས་ཀྱི་གདུང་སོབ་པར་འགྱུར་རོ། །སྤྱན་རས་གཟིགས་བདུད་རྩི་སྨན་གྱི་སྐུ་དང་ལྡན་པ་དེས། ཀླུ་གདུག་པ་ཅན་གྱི་ལུས་དང་བསམ་པ་དང་མཐུན་པར་ཀླུ་རྒྱལ་རིགས་སྐྱེ་ན་ནག་པོ་ལ་བསྟན། དེས་ཀླུ་མོ་མ་མ་ཁ་འདུལ། དེས་ཀླུ་མོ་འདུལ་ཚང་མ། དེས་ཀླུ་ཡིད་འོང་དགའ། དེས་ཚོམ་བུ་འབུམ་སྡེ་ལ་བཤད་དེ་སྤྱར་བཞིན་དུ་གྱུར་ཏོ། །ཕྱག་ན་རྡོ་རྗེས་འཇིགས་ཚུལ་འབུམ་བསྡིགས་པའི་སྒྲ་དང་ལྡན་པས་གནོད་སྦྱིན་གནས་སུ་གནོད་སྦྱིན་གྱི་ལུས་དང་བསམ་པ་དང་མཐུན་པར་གནོད་སྦྱིན་ཀུན་ཏུ་བཟང་པོ་ལ་བསྟན། དེས་གནོད་སྦྱིན་གྲགས་ལྡན་ཕྱོགས་སྐྱོང་ལ། དེས་གནོད་སྦྱིན་ཚོམ་བུ་འབུམ་སྡེ་ལ་བཤད་དེ་སྤྱར་བཞིན་དུ་གྱུར་ཏོ། །

གཉིས་པ་རིག་འཛིན་མི་དང་མི་མ་ཡིན་གཉིས་ལ་བརྒྱུད་པ་ནི། སངས་རྒྱས་ཤཱཀྱ་ཐུབ་པ་མྱ་ངན་ལས་འདས་པར་དགོངས་ནས་འཁོར་བསྡུས་ཏེ། ཐེ་ཚོམ་ཆོད་ཅིག་པར་བསྐུལ་བས་འཁོར་གྱི་ནང་ནས་རིག་འཛིན་གྱི་རྒྱལ་པོ་ཀུ་མ་ཛ་ར་ཞེས་བྱ་བ་སྟན་ལས་ལངས་ཏེ། དྲི་བ་ལྔ་དྲིས་པའི་དང་པོ་གསང་སྔགས་ནམ་འབྱུང་ཞེས་པའི་ལན་དུ། སྤྱིར་བྱུང་ཚུལ་བཅུ་གཉིས་ཀྱིས་ཐེ་ཚོམ་འབྱུང་བར་ལུང་བསྟན་པ་ལས། ཁྱད་པར་ལུང་ཆེ་ངེས་པར་བསྟན་པའི་ཚུལ་ལས། ང་ནི་འདི་ནས་མི་སྣང་ནས། །ལོ་ནི་བརྒྱ་དང་བཅུ་གཉིས་ནས། །ལྷ་གནས་གསུམ་དུ་གྲགས་པ་ཡི། །བསྟན་པའི་སྙིང་པོ་དམ་པ་ཞིག །འཛམ་གླིང་ཤར་གྱི་ཕྱོགས་མཚམས་ཀྱི། །མི་ལས་སྐལ་ལྡན་རིགས་ཅན་ཏེ། །རྒྱལ་པོ་ཛ་ཞེས་བྱ་བ་ལ། །སྔོན་དུ་ལྟས་སྣང་སྣང་གྱུར་པ། །དྲགས་ཤུལ་ཅན་ཞེས་བྱ་བའི་རྩེར། །གྲོགས་ཀྱི་སེམས་ཅན་དམན་པའི་ལུས། །ལང་ཀའི་བདག་པོ་ལ་སོགས་ལ། །ལག་ན་རྡོ་རྗེས་གནང་བར་འགྱུར། །ཞེས་ལུང་བསྟན་ཏེ་མྱ་ངན་ལས་འདས་སོ། །དེ་ལོ་ཉི་ཤུ་རྩ་བརྒྱད་ནས་དམ་པའི་རིགས་ཅན་ལྔ་ནང་དུ་

མཉམ་པར་འཇོག་པ་ལས་ལངས་པ་དང༌། འཇིག་རྟེན་གྱི་སྟོན་པ་ཐུབ་པར་གྱུར་པས་རྨུག་ཆད་པར་དུས་སོ། །ཀུན་ཀྱང་རང་རང་གི་ རྫུ་འཕྲུལ་གྱི་བྱ་བས་ཟ་ཧོར་གྱི་ཡུལ་ཁམས་ཞེས་བྱ་བའི་ཉེ་འཁོར་ན༑ དཔལ་ཕྱག་ན་རྡོ་རྗེའི་ཞབས་ཀྱིས་བཅགས་པ། རི་མ་ལ་ཡ་གནམ་ལྕགས་ཡོད་པའི་རྩེ་ཞེས་བྱ་བ་ཞིག་ན། རྩེ་མོ་ན་རི་དྭགས་ཀྱི་རྒྱལ་པོ་སེང་གེས་འཁྲབ་པར་གྱུར་པ། འདབ་ཤོད་ན་གཅན་གཟན་སྟག་གི་ཕྲེང་བ་ཡོད་པ། རྩ་བ་དང་སྡོང་པོ་ཤུན་པ་པགས་པ་ལོ་མ་འབྲས་བུ་སྨན་སྣ་ཚོགས་ཀྱི་ཤིང་སྐྱེས་པ། ངོས་ལ་བྲག་དཀར་པོ་སེང་གེས་ཁྲི་ཚུགས་བཅའ་བ་འདྲ་བ་ཡོད་པ་དེའི་རྩེ་ལ་འདུས་ཏེ། ཤིན་ཏུ་ཉམ་ཐག་པའི་ང་རོས་གདུང་བ་གསུམ་གསུམ་བཏོན་པས་ཕྱོགས་བཅུའི་རྒྱལ་བས་གསན་ནས། ཐམས་ཅད་ཀྱིས་གསང་བའི་བདག་པོ་ལ་བསྐུལ་བས། གསང་བའི་བདག་པོས་རིགས་ཅན་ལྔ་ལ་མངོན་སུམ་དུ་སྣང་བར་མཛད་ནས་ལྔའི་རིགས་གྲགས་ལྡན་ཕྱོགས་སྐྱོང༌། ཀླུ་འཇོག་པོ། གནོད་སྦྱིན་སྐར་མདའ་གདོང༌། སྲིན་པོ་བློ་གྲོས་ཐབས་ལྡན། མི་ལས་སྐལ་ལྡན་དགེ་སློང་ལི་ཙ་བྲི་དྲི་མ་མེད་པར་གྲགས་པ་ཞེས་བྱའོ། །དེ་ལྟར་དམ་པའི་རིགས་ཅན་ལྔ་ལ་གསང་སྔགས་ཀྱི་ཆོས་འཁོར་བསྐོར་རོ། །དེའི་ཚེ་སྲིན་པོ་བློ་གྲོས་ཐབས་ལྡན་གྱིས་གསང་སྔགས་ཀྱི་རྒྱུད་རྣམས་ཚིག་དང་ཡི་གེར་བསྡུས་པའི་བྱིན་རླབས་མི་ཡུལ་དུ་སྣང་བའོ། །

གསུམ་པ་གང་ཟག་རྣ་བར་བརྒྱུད་པ་ནི། དེའི་བྱིན་རླབས་ཀྱིས་ཟ་ཧོར་གྱི་ཡུལ་ཨ་པར་ཏ་མུ་ཏའི་སྐལ་ལྡན་རྒྱལ་པོ་ཛ་ཞེས་བྱ་བ་དེ་རི་མ་ལ་ཡའི་ཤར་ངོས་ལ་ཏི་ཤ་ཨ་སུ་ར་ཞེས་བྱ་བ་གནོད་སྦྱིན་གྱི་ཕུག་པ་ཡོད་དེ་སྔོ་ཐྲ་གམ་ལ་ངོ་མཚར་གྱི་རི་མོ་རང་བྱུང་བ། ཕུག་ན་རཏྣ་ཟུར་བརྒྱད་ལ་ཉི་ཟླའི་རི་མོ་རང་སྣང་བ། བྲག་དེའི་སྤྱི་བོར་བྱ་ཀ་ལཏྐ་ཀ་ཞེས་བྱ་བ་དོན་གཉིས་པར་མི་སྒྲོག་པར་བྱེད་པའི་ཚང་བཅས་པ་དེར་གང་ཟག་སྐལ་ལྡན་གྱི་བགྲོད་པ་ལས། དེ་མ་ཡིན་གྱི་མ་ཕྱིན་པས་གནས་ཁྱད་པར་ཅན་དེ་ན་བཞུགས་པའི་ཚེ་ན། དུས་དེར་རྨིས་ལྟས་ཐུན་མོང་མ་ཡིན་པ་བདུན་ཤར་ཏེ། དང་པོ་དེའི་རྩེ་མོར་དཔལ་ཕྱག་ན་རྡོ་རྗེ་བྱོན་ཏེ། སྐུའི་ཁྲོན་ལས་འོད་སྟོན་པོ་འཕྲོས་པས་འཇིག་རྟེན་ཐམས་ཅད་བསྲེགས་ནས་མི་སྣང་བར་བྱས། གསུང་གི་སྒྲ་འབྲུག་སྟོང་ལྡིར་བ་ལྟ་བུ་ཐོས། ཐུགས་ལས་རྡོ་རྗེ་འབར་བ་ཞིག་ཤར་ནས་རྒྱལ་པོའི་ཐུགས་ཀར་ཐིམ་པ་རྨིས། ཉི་མ་འོད་འབར་བ་སྤྱི་བོར

ཐིམ། ཟླ་བ་འོད་འབར་བ་ཞིག་ཤར་ནས་རྐང་མཐིལ་དུ་ཐིམ་ནས་སྣང་སྲིད་ཐམས་ཅད་ལྷོ་བ་ནས་འཕྲོ་བ་སྨིས་སོ། །

གཉིས་པ་ནི། དེ་བཞིན་གཤེགས་པ་ཐམས་ཅད་ཆོས་ཀྱི་བགྲོ་བ་མཛད་ཅིང་ཉི་ཟླ་ལ་ཆིབས་ནས་ཆོས་ཀྱི་འཁོར་ལོ་བསྐོར་ཞིང་། སྲིད་གསུམ་ཁ་ལོ་གྱེན་དུ་བསྒྱུར་བ་ཞིག་སྨིས་སོ། །གསུམ་པ་ནི༔ ནམ་མཁའི་འོད་ལས་གསེར་གྱི་སྙིང་པོ་ཅན་གྱི་ཁ་དོག་ནི་འཐིབས། ཆོ་འཕྲུལ་འབྲུག་སྒྲ་གོ་བར་སླ་ཞིང་སྙན་པ་དང་ཚེམ་པ་ནི་གྲགས། རཏྣ་སྣ་ཚོགས་ཀྱི་རྨུག་པ་ནི་འཐིབས། རཏྣ་བཻ་ཌཱུརྱའི་འོད་ནི་ལྷུང་། སྣང་སྲིད་གསལ་བའི་གློག་ནི་འཁྱུག །རཏྣའི་ཆར་མངོན་པར་འབབ་པ་ཞིག་སྨིས་སོ། །བཞི་པ་ནི། ལོ་ཀའི་བསྟན་བཅོས་ཀུན་གྱི་འགྱུར། རཏྣ་འབར་བའི་སྒྲོན་མེ་འབར་བས་སྣང་སྲིད་ཀྱི་མུན་པ་ནི་བསལ། བདུད་རྩི་སྨན་གྱི་ཆུ་རྒྱུན་བྱུང་བས་འགྲོ་བ་ཐམས་ཅད་ཀྱི་གཙང་སྙིང་ནི་སྦྱངས། འགྲོ་བ་ཐམས་ཅད་ཀྱང་ཧོ་ཧེ་རྣལ་འབྱོར་ཞེས་སྒྲ་དི་རི་རི་སྒྲོགས་པ་ཞིག་སྨིས་སོ། །ལྔ་པ་ནི། སྤྲིན་གྱི་ནང་ནས་ཉི་མའི་དཀྱིལ་འཁོར་རཏྣ་སྣ་ཚོགས་ཀྱི་འོད་ཟེར་ཅན་ཞིག་འབར་བའི་དཀྱིལ་ནས་རཏྣ་སྨུག་པོ་དཔལ་གྱི་བེའུ་སྒྲོམ་འོད་དང་བཅས་པ་ཕྱི་ནང་ཐམས་ཅད་གསལ་བར་སྣང་བའི་ནང་ནས་གསེར་གྱི་གླེགས་བམ་ལ་བཻ་ཌཱུརྱའི་ཞུན་མས་རྒྱུ་རང་མཐུན་དུ་བྲིས་པའི་གླེགས་བམ་མང་པོ་སྐར་མདའ་ཐང་ལ་ལྷུང་བ་བཞིན་འབབ་པ་ཞིག་སྨིས་སོ། །དྲུག་པ་ནི། གླེགས་བམ་དེ་དག་ལས་བྱང་ཆུབ་སེམས་དཔའ་མང་པོ་དང་། རིག་འཛིན་ལྷ་དང་ལྷ་མོ་ཚད་མེད་པའི་ཡོན་ཏན་སྒྲོག་ཅིང་མཆོད་བསྟོད་སྐོར་གློག་བྱེད་པ་སྨིས་སོ། །བདུན་པ་ནི། ནམ་མཁའི་སྤྲིན་གསེབ་ནས་ལུང་བསྟན་པའི་སྒྲ་བྱུང་སྟེ། ལས་དང་སྐལ་བར་རབ་ལྡན་ཞིང་། རྒྱལ་བས་འབྱུང་བར་ལུང་བསྟན་པའི། །བསོད་ནམས་ཆེན་པོ་དྲ་མ་ཁྱོད། །སྤྲུལ་པར་ཇི་ལྟར་ལུང་བསྟན་ཞིང་། ད་ལྟའི་དུས་འདིར་མངོན་ཤར་གྱི། །འཁོར་བར་སྙིང་པོ་བྱ་བའི་ཕྱིར། །ང་ཡི་ཆོ་འཕྲུལ་བྱིན་རླབས་ཀྱིས། །བསྟན་པའི་སྙིང་པོ་དམ་པ་ཞིག །སྐལ་ལྡན་ཁྱོད་ལ་བསྟན་པར་བྱ། །མ་ལ་ཡ་ཞེས་བྱ་བའི་རྩེར། །དགོན་པ་ཆེན་པོའི་གནས་ཤིག་ཏུ། །ཡེ་ཤེས་སྙིང་པོ་ཅན་རྣམས་ཀྱི། །གསང་བ་བྱ་བའི་དམ་པ་ཞིག །ཡོད་ཀྱི་གསང་བ་ནན་ཏན་གྱི། །དེ་ལ་སེམས་ཀྱི་མེ་ལོང་གིས། །མངོན་དུ་གསལ་བར་རྟོགས་མ་ཐག །སངས་རྒྱས་ས་ལ་

སྐལ་བ་མཉམ། །བདེ་བ་ཅན་ཞེས་བྱ་བར་ནི། །འོད་ཀྱི་རྒྱལ་པོ་ཞེས་བྱ་བའི། །ཀུན་རིག་བདེ་བ་ཆེན་པོར་འགྱུར། །རྡོ་རྗེ་གསང་ཆེན་གསང་བ་ཡི། །དམ་པའི་མཛོད་གཉིས་གཅིག་ལ་ནི། །ལྷ་དང་མི་ཡི་རིག་འཛིན་ལ། །རིམ་པས་བརྒྱུད་དེ་གྲགས་པར་འགྱུར། །ཞེས་གྲགས་པར་སྨྲས། དེ་ནས་ནང་པར་སད་དེ་རབ་ཏུ་དགྱེས་ནས་ཉིད་ཀྱི་འཁོར་རྣམས་བསྡུས་ནས། སྨི་ལམ་བྱུང་བའི་ལོ་རྒྱུས་གསུངས་པ། མདང་གསུམ་བདག་ལ་སྨི་ལམ་འདི་ལྟར་བྱུང་། རི་མ་ལ་ཡ་གནམ་ལྕགས་ཡོད་རྩེ་ལ། །ཕྱག་ན་རྡོ་རྗེའི་ཕོ་བྲང་གནས་བཞུགས་ཏེ། །སྐུ་ལས་འོད་འཕྲོས་སྣང་སྲིད་བྱེ་དོར་བྱས། །གསུང་གི་སྒྲ་ཡིས་ལོ་ཀ་གཡོ་ཞིང་འགྱུལ། །ཐུགས་ལས་འོད་བྱུང་བདག་གི་སྙིང་ཀར་ཐིམ། །ཉི་ཟླ་སྤྱི་བོ་རུབ་པའི་མཐུལ་དུ་ནུབ། །བདག་གི་ལྟོ་ནས་སྣང་སྲིད་འཕྱོ་བ་སྨྲས། །དང་པོའི་སྨིས་ལྟས་བག་ཆག་བྱུང་བའི་རྟགས། །དེ་ནས་བདག་ལ་སངས་རྒྱས་མང་པོ་རྣམས། །སྨད་བྱུང་གསང་བའི་དོན་ལ་བགྲོ་བ་མཛད། །ཉི་ཟླ་པདྨ་སེང་གེ་ཁྲི་སྟེང་ན། །ཆོས་ཀྱི་འཁོར་ལོ་འགྲོ་ལ་བསྐོར་ཞིང་སྨྲས། །གཉིས་པ་ཡིན་ཏེ་ཆོས་ལ་དབང་ཐོབ་རྟགས། །དེ་ནས་མཁའ་ལ་རཏྣའི་སྤྲིན་གསེབ་ནས། །སྟོན་པའི་འབྲུག་སྒྲ་གསལ་བའི་གློག་འགྱུ་སྟེ། །རཏྣ་ཆོས་ཀྱི་ཆར་པ་འབབ་པ་སྨྲས། །སྨི་ལམ་གསུམ་པ་ཡིན་ཏེ་དགེ་བའི་ལྟས། །འགྲོ་ལ་ཐུགས་རྗེའི་ཆོས་ཀྱི་ཆར་འབེབས་རྟགས། །དེ་ནས་ལོ་ཀ་རཏྣས་གང་བྱས་ཏེ། །ནོར་བུ་འོད་འབར་འགྲོ་བའི་མུན་པ་བསལ། །བདུད་རྩི་སྨན་གྱི་ཆུ་རྒྱུན་འབབ་པ་ཡིས། །འགྲོ་བའི་ནད་རྙིང་གཏན་ནས་སྦྱངས་བྱས་ནས། །འགྲོ་ཀུན་རྣལ་འབྱོར་ཞེས་ནི་གྲགས་པར་འགྱུར། །བཞི་པ་ཡིན་ཏེ་འདི་ཡང་དགེ་བའི་ལྟས། །འགྲོ་ཀུན་རྣལ་འབྱོར་གྲལ་དུ་བཞག་པ་ཡིན། །དྲུག་པ་སྨི་ལམ་གླེགས་བམ་དེ་དག་ལ། །སངས་རྒྱས་བྱང་ཆུབ་རིག་འཛིན་མང་པོའི་ཚོགས། །ཡོན་ཏན་སྒྲ་སྒྲོག་མཆོད་སྐོར་བྱེད་པ་སྨྲས། །སྨད་བྱུང་ཆེ་བ་སྟོན་པའི་སྔ་ལྟས་ཡིན། །ཐ་མ་ནམ་མཁའི་དབྱིངས་རྣམ་སྤྲིན་གསེབ་ནས། །ཚོ་འཕྲུལ་རང་སྒྲ་བདག་ལུང་བསྟན་པའི་ཚིག །རིམ་གྱིས་གསང་བ་གྲགས་པའི་སྒྲ་སྒྲོགས་སྨྲས། །གསང་བ་དམ་པ་རྒྱ་ཆེར་སྒྲོག་པའི་ལྟས། །ཞེས་གསུངས་པ་དང་། གོང་གི་སྨི་ལམ་གྱི་ཚིགས་སུ་བཅད་པ་དག་ཀྱང་བརྗོད་ནས། སྨི་ལམ་འདི་དག་དང་སྦྱར་ན་བདག་ངེས་པར་སྐལ་བ་དང་ལྡན་པར་ངེས་ཞེས་གསུངས་པ་ལས། འཁོར་རྣམས་ཀྱིས་ཀྱང་དེ་ལྟར་ལེགས་སོ་ཨ་ལ་

ལ་ཞེས་ངོ་མཚར་དུ་གསོལ་ཏེ། ཡང་བཀའ་སྩལ་པ། དེ་ལྟར་ཡིན་ཕན་ཆད་ཕོ་བྲང་གི་རྩེ་མོར་ཕྱིན་ལ་ཆོ་འཕྲུལ་གྱིས་དེ་ལ་དམིགས་པ་བཅས་ཏེ། མཆོད་པ་དང་སྒྲུབ་པ་ཆེན་པོ་ཞིག་བྱས་ན་དགའ་བ་ཆེན་པོ་ཞིག་སྐྱེ་བར་ངེས་པས། བདག་ཡང་ཐོག་ཏུ་གཤེགས་སོ་གསུངས་ཏེ་བྱོན་པ་ལས། རྨི་ལམ་ཇི་ལྟར་བྱོན་པའི་ངོས་ཤིག་ལ། རཏྣ་སླུག་པོ་ལས་གྲུབ་པའི་བཛྲ་པཱ་ཎིའི་སྐུ་ཁྲུ་གང་བ་ཞིག་མཐོང་ནས་རྒྱལ་པོ་དགྱེས་ནས་ཕྱག་དང་སྐོར་བ་བྱས་ནས་ཚིགས་སུ་བཅོད་པ། སྔོན་ཆོ་གང་ནས་བསྒྲུབ་པ་ཡི། །ལས་ཀྱིས་མཛལ་བའི་ལྷ་མཆོག་ནི། །བསྐལ་བར་གཞལ་ཡང་མི་གཏང་ངོ་། །འདྲེན་པ་མཆོག་དཔལ་ལ་སོགས་གྲངས། །མོས་པའི་གཟུངས་ཀྱི་ལྷ་མཆོག་འཛིན། །ཞེས་གསོལ་ནས་ཐུགས་དམ་དུ་བྱས་ཏེ། རྒྱལ་པོ་ཡིད་གོངས་བས་རྟགས་འདི་དག་དང་ལྡན་ན། རི་བོ་འདི་དཔལ་ཕྱག་ན་རྡོ་རྗེའི་རང་བཞིན་དུ་ངེས་པ་དང་། རིག་འཛིན་གྲུབ་པ་ཐོབ་པའི་གནས་ཡིན་པར་གཏམ་སྙིང་པ་ཐོས་པ་དང་། གཙན་གཟན་གདུག་པ་ཅན་ཡང་དགེ་བ་ཅན་ལ་མངོན་དུ་ཕྱོགས་པའི་ཚུལ་དང་སྦྱར་ན། འགྲུབ་པར་ངེས་པ་འགྲུབ་སྙམ་ནས་སྒྲུབ་པ་གཟུགས་བརྙན་དེ་ལ་བརྟེན་ནས་ཟླ་བ་བདུན་པའི་རྨི་ལམ་མཐུན་པའི་གླེགས་བམ་དེ་དག་ལ་རབ་ཏུ་དགའ་བའི་ཚུལ་གྱིས་གསུང་གི་སྒྲར་བཀླགས་ནས་ཚིག་གཅིག་ཀྱང་བརྡ་མ་འཇལ་ནས་ཐེ་ཚོམ་དུ་གྱུར་ནས། ཨེ་མ་ཧོཿ སྔགས་ཀྱི་ཚུལ་རྟགས་སྦྱར་ན་གླེགས་བམ་འདི་དག་ལས་ངོ་མཚར་དུ་གྱུར་པའི་དོན་ཆེན་པོ་ཞིག་ཡོད་པར་ངེས་ཏེ། བདག་གིས་མི་རྟོགས་པ་ཅི་ཉེས་སྙམ་དུ་བཤུམ་མོ། །དེ་ནས་ཅུང་ཟད་ཅིག་ནས་ཐེ་ཚོམ་གྱི་རྟོག་པ་དེ་དག་ཞི་ནས། ལོ་ཀ་འདི་ན་འདི་དག་བརྡ་འཇལ་བ་སུ་ཡོད་ཅེས་བསྒྲགས་ནས། ཟ་ཧོར་རྒྱལ་པོ་ཨུ་པ་རཱ་ཛ་ཞེས་བྱ་བ་མཁྱེན་པ་ཆེ་བར་ཡོད་དོ་ཞེས་ཟེར་ནས། ཕོ་ཉ་བ་བཏངས་ལོ་རྒྱུས་ཞིབ་ཏུ་གསོལ་ནས་སྤྱན་དྲངས་པས་མ་གནང་སྟེ། གལ་ཏེ་བདག་གིས་མ་ཤེས་ན་དེར་ཕྱིན་པའི་ཚུལ་མ་ཡིན་གྱི་བསམས་ནས་འདིར་སྐྱོལ་ཞེས་སྨྲས་སོ། །དེར་རྒྱལ་པོར་བསྙད་པས་གླང་པོ་ཆེ་ལ་བཀལ་ཏེ་གདན་དྲངས་པས་ཚིག་གཅིག་ཀྱང་བརྡ་མ་འཇལ་ཏེ། བདག་གི་སྤྱོད་ཡུལ་དུ་མ་གྱུར་པས་རྒྱལ་པོ་ཉིད་ཀྱི་ཐུགས་ཀྱིས་རྗེས་སུ་དཔག་འཚལ་སླར་ཕར་བཟྲངས་སོ། །དེ་ནས་འདི་ཁྲིའི་རྒྱལ་པོ་ལག་ཐུང་དང་། ཡུམ་སྒྲའི་ལྦ་བ་ཅན་གྱི་བུ་དགེ་སློང་ཀུ་ཀུ་རཱ་ཛ་ཞེས་བྱ་བ་ཆེ་ལོ་སྟོང་ཐུབ་བྱང་ཆུབ་སེམས་དཔའ་རིན་ཆེན་

མང་གི་སྤྲུལ་པ་དེ་ལ་བསྟན་པས། རྡོ་རྗེ་སེམས་དཔའ་ཞལ་མཐོང་གི་ལེའུ་རྫོགས་ཏེ་བསྒྲུབ་པས། ཞལ་མཐོང་སྟེ་ལུང་བསྟན་པ། གསང་བདག་དང་མཇལ་ནས་གསུངས། དེས་རྒྱལ་པོ་ལ་བཤད་ཟེར་བ་ཡོད་དེ། འགྲེལ་སྒྲུབ་ནས་གསལ་བས་འདིར་མ་བཤད་དོ། །འདིར་རྒྱལ་པོ་ཉིད་ཀྱི་ཐུན་མོང་མ་ཡིན་པར་རིག་སྟེ། སྔར་སངས་རྒྱས་ཀྱི་ཆོས་ཐོས་པ་ལས་བྱུང་བ་བཞིན་དུ་སྒྲིབ་པ་སྦྱངས་པ་དང་ཚོགས་བསགས་པ་རྒྱ་ཆེན་པོ་བྱས་ནས་བརྟགས་པས། སྒྱུ་འཕྲུལ་དྲྭ་བ་རྡོ་རྗེ་སེམས་དཔའ་ཞལ་མཐོང་གི་ལེའུ་དང་བཟ་འཛལ་བར་གྱུར་ཏོ། །དེ་བཞིན་དུ་བསྒྲུབས་པས་རྡོ་རྗེ་སེམས་དཔའི་ཞལ་གཟིགས་ཏེ། གླེགས་བམ་ཐམས་ཅད་རྫོགས་པར་གསོལ་བ་བཏབ་པས། རྡོ་རྗེ་སེམས་དཔས་བཀའ་སྩལ་པ། རིགས་ཀྱི་བུ་དེ་ལྟར་ན་རང་གི་ཕུང་པོ་སྐྱོངས་ཤིག །ཁྱོད་ཀྱི་སྟོན་པ་ནི་གསང་བའི་བདག་པོ་ཡིན་གྱི། དེའི་དོན་མ་ལུས་པ་སྟོན་པར་འགྱུར་རོ། །དེ་ནས་དགའ་བ་ཆེན་པོ་སྐྱེས་ཏེ། དེ་བཞིན་ཏུ་བསྐྱེད་རིམ་གྱི་ཕུང་པོ་སྦྱངས་པས། ས་དག་ཀུང་ཆེར་གཡོས་ཏེ། བཛྲ་པཱ་ཎིའི་ཞལ་མངོན་སུམ་དུ་གཟིགས་ནས་དེ་ཉིད་ཀྱི་ཚེ་བཛྲ་པཱ་ཎིའི་བརྟུལ་ཞུགས་མཛད། རྡོ་རྗེ་ནམ་མཁའ་ལ་སྤྲར་ནས། ཧཱུྃ་ཧཱུྃ་རྡོ་རྗེ་འདུལ་བ་ལ་སོགས་པའི་ཚིག་དང་སྔགས་བརྗོད་པས་ལོ་ཀའི་དྲེགས་པ་ཅན་ཐམས་ཅད་རྡོ་ཁབ་ལེན་གྱིས་ལྕགས་བསྡུས་པའི་ཚུལ་དུ་འཁོར་དུ་བསྡུས། རྡོ་རྗེ་གསང་བའི་མིང་སོ་སོར་བཏགས་ནས་ལུང་གསང་སྒོར་ཕྱེ་སྟེ། དམ་པའི་མཛོད་སུམ་བརྒྱ་ཆེར་བཤད་པ་ནི། རྒྱུད་ཡན་ལག་བཅོ་བརྒྱད་ལ་སོགས་པར་གསུངས་ཏེ། དེ་ལྟར་ཕྱག་ན་རྡོ་རྗེས་རྒྱལ་པོ་ཛ་ལ་གསུངས། དེས་ཀུ་ཀུ་རཱ་ཛ་ཆེམ་བུ་འབུམ་སྡེ་ལ་གསུངས། དེས་རྒྱལ་པོ་ཨིནྡྲ་བོ་དྷི་ཆེན་པོ་འཁོར་ཆེམ་བུ་ཁྲི་དང་བཅས་པ་ལ་གསུངས། དེས་སིདྷ་རཱ་ཛ་ཆེམ་བུ་སྟོང་ལ། དེས་ཨུ་པ་རཱ་ཛ་ཆེམ་བུ་ལྔ་བརྒྱ་ལ། དེས་ཨིནྡྲ་བོ་དྷིའི་སྲས་མོ་གོ་མ་འཁོར་ཆེམ་བུ་བརྒྱ་དང་བཅས་པ་ལ་གསུངས་ཏེ། དེ་ཐམས་ཅད་ཆེམ་བུའི་ཚོགས་བསྒྲུབས་པས་རིག་འཛིན་ཐོབ་པར་གྱུར་ཏོ། །དེ་ལྟར་སངས་རྒྱས་གསང་བའི་ལམ་རིམ་དུ་གསུངས་པ༔ གསང་བའི་བདག་པོ་མངོན་གཤེགས་ནས། །ལྷ་ཀླུ་གནོད་སྦྱིན་སྲིན་པོ་དང་། །མི་ལས་སྐལ་ལྡན་འདུས་པ་ལས། །དབང་པོས་ཇི་ལྟར་ལུང་བསྟན་དུས། །རྒྱལ་བུ་རིག་ཅན་ལྟས་ཤར་ནས། །འབྲེལ་པས་སྣང་བ་མངོན་བརྟགས་པས། །ཐུགས་ཀྱི་སྒྲུབ་པ་མངོན་རྫོགས་ཏེ། །དེ་ཉིད་བསྒོམས་

ནས་དེ་ཉིད་འགྲུབ། །བསྙེན་པའི་དངོས་གྲུབ་དེ་ནས་ཐོབ། །དོན་དམ་བཅུད་ཀྱིས་དེ་ནས་རྒྱས། །འདོད་པའི་བསམ་པ་དེ་ནས་འགྲུབ། །སློབ་པའི་ལྷ་དང་དེ་རུ་མཇལ། །དེ་ནས་ཧཱུྃ་རྡོར་གདན་སྟེང་གི། །འཛམ་གླིང་ཤར་གྱི་ཕྱོགས་མཚམས་སུ། །ཕོ་བྲང་རིན་ཆེན་དམ་པ་དེར། །བཀྲ་ཤིས་པ་ཡི་ཁང་པ་རུ། །ཀུ་ཀུ་རཱ་ཛ་ཨིནྡྲ་བོ་དྷི་དང་། སིདྡྷ་ཨུ་པ་རཱ་ཛ་དང་། །བྲམས་མོ་གོ་མ་ས་ལ་སོགས། །སྤྲུལ་འཕྲུལ་ལྡ་བའི་དབང་ཐོབ་ནས། །ཚོགས་ཀྱི་དཀྱིལ་འཁོར་མངོན་བསྒྲུབས་ནས། །རྡོ་རྗེ་འཆང་སར་མངོན་དུ་གཤེགས། །ཞེས་རིག་འཛིན་བརྒྱད་པ་ཁོ་ནའོ། །དེ་ཡང་ཏནྟྲ་སྡེ་བཅོ་བརྒྱད་དུ་ཕྱེ་བ་ནི། སྐུའི་རྒྱུད་གསུམ། གསུང་གི་རྒྱུད་གསུམ། ཐུགས་ཀྱི་རྒྱུད་གསུམ། ཡོན་ཏན་གྱི་རྒྱུད་གསུམ། ཕྲིན་ལས་ཀྱི་རྒྱུད་གསུམ། སྤྱི་རྒྱུད་གསུམ་སྟེ་བཅོ་བརྒྱད་དོ། །དེ་ལ་སྐུའི་སྐུ་རྒྱུད་གླང་པོ་རབ་འབོག །སྐུའི་གསུང་རྒྱུད་གླང་པོ་ཆུར་འཇུག །སྐུའི་ཐུགས་རྒྱུད་སངས་རྒྱས་མཉམ་སྦྱོར། གསུང་གི་སྐུ་རྒྱུད་རི་བོ་བརྩེགས་པ༔ གསུང་གི་གསུང་རྒྱུད་པདྨ་དབང་ཆེན། གསུང་གི་ཐུགས་རྒྱུད་ཟླ་གསང་ཐིག་ལེའོ། །ཐུགས་ཀྱི་སྐུ་རྒྱུད་རྩེ་མོ་འདུས་པ། ཐུགས་ཀྱི་གསུང་རྒྱུད་གཅིག་ལས་འཕྲོས་པ། ཐུགས་ཀྱི་ཐུགས་རྒྱུད་གསང་བ་འདུས་པ། ཡོན་ཏན་གྱི་སྐུ་རྒྱུད་སྒྲོན་མེ་འབར་བ། ཡོན་ཏན་གྱི་གསུང་རྒྱུད་བདུད་རྩི་ས་མ་ཡ་འབུམ་སྡེ། ཡོན་ཏན་གྱི་ཐུགས་རྒྱུད་དཔལ་མཆོག་དང་པོ། ཕྲིན་ལས་ཀྱི་སྐུ་རྒྱུད་དཔལ་ཕྲེང་དཀར་མོ༔ ཕྲིན་ལས་ཀྱི་གསུང་རྒྱུད་མ་མོ་རྒྱུད་ལུང་། ཕྲིན་ལས་ཀྱི་ཐུགས་རྒྱུད་ཏ་མ་ལ་འབུམ་སྡེ། སྤྱིའི་སྐུ་རྒྱུད་ཐབས་ཞགས། སྤྱིའི་གསུང་རྒྱུད་ས་མ་ཡ་བཀོད་པ། སྤྱིའི་ཐུགས་རྒྱུད་གསང་བ་སྒྱུ་འཕྲུལ་ལོ། །དེ་ལྟར་ཕྱེ་ནས་རྒྱལ་པོ་ཛ་ལ་བཤད་དོ། །ཐོས་ཆུང་ལོག་སྨྲའི་བློ་མིག་ཅན་གྱི་རིགས་ཁ་ཅིག་ན་རེ། སྔགས་རྙིང་མའི་རྒྱུད་ལ་ལ་ཡང་དག་པ་མ་ཡིན། རྒྱ་གར་ན་མི་འདུག་ཟེར་བ་སོགས་ནི། རང་གི་བློ་གྲོས་ཀྱི་མིག་ལོང་བ་ཡིན་ཏེ། རྒྱ་གར་གྱི་ཐང་བི་ཏ་རིའི་གཙུག་ལག་ཁང་ན་རྙིང་མའི་ཆོས་སྐོར་རྒྱུད་ཀྱི་རྒྱ་དཔེ་བཞུགས་པས་མཚན་ཡི་གེར་བཀོད་ན་བཀའ་རྒྱས་པ་ཙམ་བཞུགས་པར་གྲགས། དེ་སྐད་དུ་དཀོན་མཆོག་བརྩེགས་པ་ལས། འོད་སྲུངས་ང་དང་ང་འདྲ་བའི་གང་ཟག་གིས་ཚོད་གཟུང་དུ་རུང་གི་གཞན་དག་ནི་ལས་ཡིན་ཏེ་ལོག་པར་ལྟུང་བའི་ཕྱིར་རོ། །ཞེས་དང་། མདོ་སྡེ་རྒྱན་དུ། མི་རིག་པ་ཡི་གཟུགས་ལ་མི་རིགས་ན། །ཐེ་ཚོམ་ཟ་བའི་ཆོས་ལ་སྨྲོས་ཅི་དགོས། །དེ་བས་བཏང་

སློམས་བཞག་ལ་ཉེས་པ་མེད། །ཅེས་དང་། རྣམ་འགྲེལ་ལས། མ་མཐོང་ཕྱིར་ན་མེད་པ་མིན་ཏེ། །
ཞེས་སོགས་གསུངས་པས། ཆོས་ཀྱང་ཡང་དག་པ་ནི་སངས་རྒྱས་ཀྱིས་གསུངས་ཏེ། སྤྲུལ་སྐུ་དེ་ལ་
སྟོན་འབྱུང་གི་ད་ལྟ་མེད་དོ་ཞེས་ཀྱང་མི་བསམ་སྟེ་རྟག་ཏུ་མོས་པའི་ངེས་འབྱུང་ལ། དེས་མདོ་དང་
རྒྱུད་སྟར་མ་གྲགས་པ་གསལ་བར་མཛད་པའང་སྲིད་པས་སྐུར་པ་མི་གདབ་པ། ཆོས་གང་ལ་ཐར་
པའི་ལམ་དུ་འཇུག་ཅིང་འཁོར་བ་སྤང་བར་སྟོན་པ་ཐམས་ཅད་སངས་རྒྱས་ཀྱི་གསུང་རབ་ཚད་མར་
བཞག་སྟེ། རྒྱུད་བླ་མ་ལས། ཁམས་གསུམ་དག་ན་ཉོན་མོངས་སྤོང་བྱེད་གསུང་ཞི་བའི་ཡོན་ཏན་
བརྗོད་པར་མཛད་པ་གང་། དེ་ནི་དྲང་སྲོང་གསུང་ཡིན་ལྡོག་པ་གཞན། །ཞེས་སོ། །སངས་རྒྱས་ནི་
རྟག་པར་བཞུགས་པས་གདུལ་བྱའི་དོན་མཛད་ལ། བྱིན་རླབས་ཀྱི་བཀའ་ཡང་རི་དང་ཤིང་དང་པདྨ་
དང་དཔག་བསམ་གྱི་ཤིང་དང་། སྐྱེས་པ་དང་། བུད་མེད་དང་། བུ་མོ་དང་། བྱ་དང་། རི་དྭགས་ལ་
སོགས་ཆོས་ཀྱི་རྣམ་གྲངས་ཀྱི་སྒྲ་བྱུང་བ་དེ་ཡང་བཀར་གསུངས་པ་ཡོད་ན། སྔར་བྱུང་གི་ད་ལྟ་མི་
སྲིད་ཅེས་ལོག་པར་མི་ལྟ་སྟེ། བྱིན་གྱིས་བརླབས་པ་དག་འབྱུང་སྲིད་པའི་ཕྱིར་རོ། །དེས་ན་གང་ལ་
ཡིད་ཆེས་པ་དམ་པར་བཟུང་ནས་ཡི་དམ་དུ་བྱས་པ་འཐད་ཀྱི། གཞན་ལ་སྐུར་བ་ནམ་ཡང་གདབ་
པར་མི་བྱའོ། །གསང་སྔགས་རྙིང་མའི་ནང་ནས་རྫོགས་པ་ཆེན་པོའི་ཆོས་འགའ་ཞིག་ལས་ལྷ་གནས་
གསུམ་དང་འོག་མིན་དུ་གསུངས་པ་རྣམས་གསང་བའི་བདག་པོ་ཕྱག་ན་རྡོ་རྗེ་དང་། རྡོ་རྗེ་སེམས་
དཔའ་ལ་སོགས་པས་ཚིག་ཏུ་བཏུས་ཏེ་གསེར་གྱི་གླེགས་བམ་ལ་བཻཌཱུར་ཡ་ཞུན་མས་བྲིས་ཏེ། རྒྱ་
རང་མནན་དུ་བྱས་ཏེ་དགོངས་པའི་རྩལ་བདུན་གྱི་ནམ་མཁའ་ལ་སྦས་པ་ལ། ད་ལྟར་གསང་བའི་
རྒྱུད་སྡེ་རྣམས་མིའི་ཡུལ་དུ་ཇི་ལྟར་བབས་པ་ནི། རྒྱུད་ལ་ལ་རྒྱལ་པོ་ཨིནྡྲ་བོ་དྷི་ཆེན་པོའི་དོན་དུ་བྱུང་།
རྒྱུད་ལ་ལ་རྒྱལ་པོ་ཛའི་ཁང་ཐོག་ཏུ་གླེགས་བམ་གྱི་ཆར་པ་བབས། རྒྱུད་ལ་ལ་མིའི་ཡུལ་ནས་བྱུང་།
རྒྱུད་ལ་ལ་གནོད་སྦྱིན་དང་སྲིན་པོ་དང་གཤིན་རྗེའི་ཡུལ་ནས་བརྒྱུད་དེ་བྱུང་། རྒྱུད་ལ་ལ་སྦྱང་བའི་
དོན་ལྡན་རྣམས་ཀྱི་དོན་རི་མ་ལ་ཡའི་རྩེ་ནས་བྱུང་། རྒྱུད་ལ་ལ་འོག་མིན་གྱི་གནས་ནས་རྒྱ་མཚོའི་
གླིང་དུ་བརྒྱུད་དེ་བྱུང་། རྒྱུད་ལ་ལ་མཁའ་འགྲོ་མའི་གནས་ནས་བརྒྱུད་དེ་བྱུང་བའོ། །འོ་ན་ཇི་ལྟར་
ན་སྟོན་བཅོམ་ལྡན་འདས་འཛམ་བུའི་གླིང་ན་བཞུགས་པའི་དུས་སུ། སྤྲུལ་པའི་ཉན་ཐོས་རྡུ་འཕྲུལ

དང་ལྡན་པ་དག་གླིང་འདི་ནས་གཞན་དུ་གཤེགས་པ། ནམ་མཁའ་ལ་ལམ་བྱུང་ནས་འགྲོ་བ་རྒྱལ་པོས་གཟིགས་ཏེ། འཁོར་རྣམས་ལ་ཇི་ཡིན་དྲིས་པས། འདི་ནི་དེ་བཞིན་གཤེགས་པའི་འཁོར་སྤྲུལ་པའི་ཉན་ཐོས་དག་གླིང་གཞན་དུ་གཤེགས་པ་ཡིན་ནོ་ཞེས་གསོལ་བས། ནམ་མཁའ་ལ་འགྲོ་བ་འདི་ལྟ་བུ་གང་གི་མཐུ་ཡིན་ཞེས་པས། སངས་རྒྱས་ཀྱི་མཐུ་ཡིན་ཞེས་གསོལ་བས། རྒྱལ་པོའི་ཞལ་ནས་དེ་བཞིན་གཤེགས་པ་ནི་གང་། སངས་རྒྱས་ནི་སུ་ཞིག་ཡིན་གསུངས་པས། དེ་བཞིན་གཤེགས་པ་སངས་རྒྱས་བཅོམ་ལྡན་འདས་ཤཱཀྱ་ཐུབ་པ་ཞེས་བྱ་བ་ད་ལྟ་བྱ་རྒོད་ཕུང་པོའི་རི་ལ་སོགས་པའི་གནས་ན་འཁོར་དགྲ་བཅོམ་པ་དང་བཅས་ནས་བཞུགས་སོ་ཞེས་གསོལ་བས། རྒྱལ་པོས་བཀའ་སྩལ་པ། དེ་ལྟ་བུའི་སྐྱེས་བུ་དེ་བདག་གི་ཁབ་ཏུ་སྤྱན་དྲངས་ཤིག་གསུངས་པས། བཅོམ་ལྡན་འདས་འཁོར་དགྲ་བཅོམ་དང་བཅས་པ་སྤྱན་དྲངས་ཏེ་གདུགས་ཚོད་སྤྱར་ཏེ། རྒྱལ་པོས་གསོལ་པ། བདེ་བར་གཤེགས་པའི་སྟོབས་དང་མི་འཇིགས་པ་ལ་སོགས་པ་ཆེ་བའི་ཡོན་ཏན་འདི་དག་གང་ལས་བྱུང་ཞེས་གསོལ་བས། བཅོམ་ལྡན་འདས་ཀྱིས་བཀའ་སྩལ་པ། དགེ་བའི་ཚོགས་རྣམ་པར་དཀར་བ་བསགས་པ་ལས་བྱུང་ཞེས་སོ། །རྒྱལ་པོས་གསོལ་པ། བདག་ཀྱང་དེ་བཞིན་དུ་སྤྱོད་པར་བགྱི་གནང་ཞེས་གསོལ་བས། བཀའ་སྩལ་པ། དེ་ལྟར་ལེགས་ཤིག །ཁྲིམས་དང་བཙུན་མོ་སྤྱངས་ལ་རབ་ཏུ་བྱུང་སྟེ་ཕ་རོལ་ཏུ་ཕྱིན་པ་དྲུག་སྒྲུབས་ཤིག་ཅེས་བཀའ་སྩལ་པས། རྒྱལ་པོས་གསོལ་པ། དེ་ལྟར་མི་ནུས་ཏེ་བཙུན་མོ་དང་བཅས་པར་བྱང་ཆུབ་ཐོབ་པའི་ཆོས་ཤིག་ཞུ་འཚལ་ཞེས་གསོལ་པ་དང་། སྐད་ཅིག་དེ་ཉིད་ལ་རིགས་དྲུག་པའི་དཀྱིལ་འཁོར་སྣང་བར་མཛད། དབང་བསྐུར་ཏེ། དཔལ་ཕྱག་ན་རྡོ་རྗེ་ལ་བཀའ་བསྒོས་ཏེ། སྔོན་གྱི་སངས་རྒྱས་རྣམས་ཀྱི་དགོངས་པ་མཛད། དུས་ལ་བབས་པས་ཤོད་ཅིག་ཅེས་པས་སངས་རྒྱས་ཐམས་ཅད་མཉམ་པར་སྦྱོར་བའི་རྒྱུད་རྟོགས་པ་བཅུ་སློབ་བུའི་དོན་དུ་བཤད་དོ། །དེ་ནས་རྒྱལ་པོས་རྒྱུད་ལྔ་སྡེའི་དོན་ཐུགས་སུ་ཆུད་དེ་བསྒྲུབས་པས། འཁོར་འབུམ་ཚོ་དང་བཅས་པ་རིག་པ་འཛིན་པའི་ས་ཐོབ། གདམས་ངག་ཁྲིའི་མཁན་པོ་ལ་བཞག་གོ། །གསང་འདུས་ལོ་རྒྱུས་ལས། གཞན་གོང་བཞིན་ལ། སྐད་ཅིག་དེ་ཉིད་ལ་སྟོན་པ་རྡོ་རྗེ་འཆང་གི་ཆ་ལུགས་སུ་མཛད་དེ་འོག་མིན་དུ་གཤེགས་ནས་གསང་འདུས་གསུངས་ཞེས་ཟེར་རོ། །ཡང་དེ་ལས། ཨིནྡྲ་བོ་དྷི་ཞེས་པ་དང་པོའི་མགོན་པོ་སྟེ། ཨོ་རྒྱན་ཡུལ་གྱི་རྒྱལ་པོ་མིན་པར་བཤད་

པ་དང་། ཡང་རྣམ་པ་ཅིག་ཏུ་ན། ཨིནྡྲ་བོ་དྷི་ཆེན་པོའི་སྲས་རྒྱལ་པོ་ཛ་ཞེས་བྱ་བའི་སྐུ་རིང་ལ། ཟ་ཧོར་གྱི་ཡུལ་ན་དྲག་ཤུལ་ཅན་གྱི་རི་མ་ལ་ཡ་ཞེས་བྱ་བ་ཡོད་དེ། རི་དེ་ཡང་རྩེ་མོ་ན་རི་དྭགས་ཀྱི་རྒྱལ་པོ་སེང་གེ་འཁྲབ་པ་ཡོད་པ། འདབས་ལ་གཅན་གཟན་སྟག་གི་ཚང་ཡོད་པ། ལོགས་ལ་བྲག་དཀར་པོ་སེང་གེ་གནམ་དུ་མཆོང་བ་འདྲ་བ་ཡོད་པ་དེ་ལ་ཤིང་སྣ་ཚོགས་འབྲས་བུར་ལྡན་པ་སྐྱེས་པ། དེའི་ཤར་ཕྱོགས་ན་ཀྲི་ཤ་ཨ་ནུ་ཏ་ར་ཞེས་བྱ་བའི་བྲག་ཕུག་ཡོད་པས་སྔོ་ལ་ངོ་མཚར་ཅན་གྱི་རི་མོ་རང་བྱུང་དུ་ཡོད་པ། བུ་དཀར་རིན་པོ་ཆེ་ཟུར་བརྒྱད་ཉི་ཟླའི་རོལ་མོ་རང་སྣང་བ་སྦྱི་བོ་ན་བྱ་ཀ་ལན་ཏ་ཀའི་ཚང་བྱས་པ། རྩ་བར་བདུད་རྩིའི་ཆུ་མིག་ཡོད་པ། མདུན་ན་མེ་ཏོག་སྣ་ཚོགས་པའི་ཚལ་ཡོད་པ༔ ཤིང་གི་ཡལ་ག་ཕྱོགས་བཞིར་གྱེས་པ། དུས་བཞིའི་གནོད་པ་ལས་སྐྱོབ་པ། ཤིང་དེའི་འབྲུ་སྨན་དུ་གྱུར་ཏེ། ཟོས་པས་ནད་སྣ་ཚོགས་སེལ་བ། རི་དེའི་རྐེད་པ་ན་མཁར་ཡང་ཐོག་གསུམ་ཡོད་པའི་བར་ཁང་ན། སྐལ་ལྡན་གྱི་རྒྱལ་པོ་ཛ་ཉིད་བཞུགས་ཏེ། དེ་ཡང་སངས་རྒྱས་མྱ་ངན་ལས་འདས་ནས་ལོ་ཉི་ཤུ་རྩ་བརྒྱད་ལོན་པའི་ཚེ། ཆོ་འཕྲུལ་ཆེན་པོའི་ཟླ་བའི་རྒྱལ་གྱི་ཉི་མ་ལ་ངོ་མཚར་ཅན་གྱི་ལྟས་སྣ་ཚོགས་བྱུང་ནས། རྒྱལ་པོ་འཁོར་དང་བཅས་པས་མཆོད་པ་རྒྱ་ཆེན་པོ་བཤམས་ནས། དེས་ནུབ་མོ་ཕོ་བྲང་གྲོང་ཁྱེར་དང་བཅས་པ། རི་བོ་མེ་རི་འབར་བའི་རྩེ་མོ་དང་བཅས་འོད་ཀྱིས་གང་བར་བྱས་སོ། །དེའི་རྗེས་སུ་བདེ་བར་གཤེགས་པའི་ཐུགས་རྗེས། བསྟན་པ་གསང་སྔགས་ཀྱི་ཆོས་ཀྱི་འཁོར་ལོ་བསྐོར་བའི་དུས་ལ་བབ་སྟེ། དཔལ་གསང་བའི་བདག་པོ་ཕྱག་ན་རྡོ་རྗེ་མངོན་པར་གཤེགས་ཏེ༔ འཁོར་དམ་པའི་རིགས་ཅན་ལྔའི་རིགས་གྲགས་ལྡན་མཆོག་སྐྱོང་། ཀླུ་རྒྱལ་འཇོག་པོ། གནོད་སྦྱིན་སྐར་མདའ་གདོང་། སྲིན་པོ་བློ་གྲོས་ཐབས་ལྡན། མི་ལས་སྐལ་ལྡན་ལི་ཙ་བྱི་དྲི་མ་མེད་པ་དང་ལྔ་འདུས་པ་ལས། རྡོ་རྗེ་ཐེག་པའི་ཆོས་འཁོར་བསྐོར་ཞིང་། སྲིན་པོ་བློ་གྲོས་ཐབས་ལྡན་གྱིས་ཡི་གེར་བསྡུས་པའི་བྱིན་རླབས་གནང་ངོ་། །དེའི་དུས་སུ་རྒྱལ་པོ་ཛ་ལ་རྨིས་ལྟས་བདུན་ཤར་ཚུལ་གོང་དུ་སྨོས་པ་ལྟར་ལ། དེ་ནས་ཡབ་རྒྱལ་པོ་ལ་ག་ཐུང་དང་ཡུམ་སྐྲའི་ལྭ་བ་ཅན་གྱི་བུ་དགེ་སློང་ཀུ་ཀུ་རཱ་ཛ་བྱ་བ་མཁྱེན་པ་ཆེ་ཞིང་། རྒྱལ་པོ་ཨིནྡྲ་བོ་དྷི་སློབ་མ་ཡིན་པར་དགོངས་ཏེ་སྨམ་ནས། གླང་པོ་ཆེའི་ཁལ་དུ་བྱས་ཏེ་སློབ་དཔོན་ཀུ་ཀུ་རཱ་ཛ་ལ་བསྐྱལ་ཏེ་དོན་འགྲོལ་བར་ཞུས་པས། སློབ་དཔོན་དེས

ཀྱང་དང་པོ་མ་མཁྱེན་ཏེ་འདི་སྐད་སྨྲས་སོ། །འཕགས་པ་ནི་ཐུགས་རྗེ་རེ་ཆུང་། བདག་ནི་ལས་འཕྲོ་རེ་ཞན། ཏཀྵ་ནི་ཚིག་གཅིག་ཙམ་ཡང་མ་རྟོགས་ཞེས་ཡན་ལག་ས་ལ་བརྡབས་པས། དེའི་ནུབ་མོ་རྨི་ལམ་དུ་དཔལ་རྡོ་རྗེ་སེམས་དཔའ་ཉིད་ཀྱི་ཞལ་བསྟན་ནས། རིགས་ཀྱི་བུ་སེམས་མ་ཞི་བར་སྤྲོ་བ་བསྐྱེད་ལ་གང་རྟོགས་པ་དེའི་གཞུང་ལྟར་སྒྲུབས་ཤིག་གསུངས་སོ། །

དེ་ནས་ནམ་ལངས་ནས་གླེགས་བམ་ལ་གཟིགས་པས། དཔལ་གསང་བ་སྙིང་པོའི་གཞུང་ལས། རྡོ་རྗེ་སེམས་དཔའ་ཞལ་མཐོང་གི་ལེའུ་ཐུགས་སུ་ཆུད་དེ། དེའི་གཞུང་བཞིན་བསྒྲུབས་པས། དཔལ་རྡོ་རྗེ་སེམས་དཔའི་དཀྱིལ་འཁོར་དང་བཅས་པའི་ཞལ་མཐོང་སྟེ། རིགས་ཀྱི་བུ་དངོས་གྲུབ་ཅི་འདོད་གསུངས་པ་ལ། དངོས་གྲུབ་རྣམ་པ་གསུམ་འཚལ་ཏེ། དེ་ལ་གླེགས་བམ་འདི་རྣམས་ཀྱི་དོན་ཤེས་པ། འགྲོ་བ་མཐའ་དག་གི་དོན་འགྲུབ་པ། མཐར་བླ་ན་མེད་པའི་བྱང་ཆུབ་འགྲུབ་པ་ཞིག་འཚལ་ལོ་ཞེས་ཞུས་པས། དེ་བཞིན་དུ་གྱུར་ཅིག་གསུངས་ནས་མི་སྣང་བར་གྱུར་ཏེ། དེར་སློབ་དཔོན་ཆེན་པོ་ཀུ་ཀུ་རཱ་ཛས་གླེགས་བམ་དེ་དག་གཟིགས་པས། ཚིག་དོན་ཐམས་ཅད་ཐུགས་སུ་ཆུད་དེ་ཏཀྵ་ཤི་བཅོ་བརྒྱད་དུ་ཕྱེ་བ་ཡིན་ནོ་སྐད། འཆད་ལུགས་གཅིག་ལ་གོང་ལྟ་བུའོ། །བབ་ཚུལ་འདི་དག་འགྱུར་ཕྱི་མ་དང་ཁུང་མཐུན་པར་འབྱུང་སྟེ། དཔལ་འཁོར་ལོ་སྡོམ་པའི་རྒྱུད་ཕྱི་མ་ལས། བཅོམ་ལྡན་འདས་མྱ་ངན་ལས་འདའ་ཁར་འཇམ་དཔལ་གྱིས་ཞུས་པ། བདེ་བར་གཤེགས་པའི་བསྟན་པ་འདི་ཁོ་ནར་འདུག་གམ་ཞེས་གསོལ་པས། བཀའ་སྩལ་པ། ང་ནི་མྱ་ངན་འདས་འོག་ཏུ། །ལོ་ནི་བརྒྱ་དང་བཅུ་གཉིས་ན། །བསྟན་པའི་སྙིང་པོ་དམ་པ་ཞིག །མི་ལས་སྐལ་ལྡན་མཆོག་གྱུར་པ། །རྒྱལ་པོ་ཛ་ཞེས་བྱ་བ་ལ། །ཐུགས་རྗེ་ལྡན་པའི་བྱིན་རླབས་ཀྱིས། །ལག་ན་རྡོ་རྗེས་སྟོན་པར་འགྱུར། །ཞེས་དང་། གསང་བའི་སྙིང་པོའི་རྒྱུད་ཕྱི་མ་ལས། རེ་ཞིག་སྐྱོད་དང་ལྡན་པའི་མི། །དེ་མིང་རྒྱལ་པོ་ཛ་ཞེས་བྱ། །ལག་ན་རྡོ་རྗེའི་མཐུས་སྣང་འགྱུར། །ཞེས་དང་། མདོ་ཆེན་པོ་ལས། མི་ཡི་གནས་ཀྱི་འཛིག་རྟེན་ཁམས། །གླིང་བཞི་པ་ལ་འཛམ་གླིང་གི། །དྲག་ཤུལ་ཅན་ཞེས་བྱ་བའི་རི། །གནོད་སྦྱིན་འདུལ་བའི་གནས་ཡིན་ཏེ། །ཆོས་འཛིན་རིགས་ཀྱི་སྒྲུབ་གནས་ཡིན། །ཞེས་མདོ་རྒྱུད་དུ་མ་ནས་གསུངས་ཏེ། རྒྱུད་ལ་ལ་མིའི་གནས་ནས་བྱུང་བ་ནི། ཧཱུ་ཐ་སཾ་གྲ་ཧའི་རྒྱུད་དེ། འདི་སྐད་དུ། མི་ཡི་

ཡུལ་དུ་བབས་ནས་སུ། །སེམས་ཅན་ཀུན་གྱི་དོན་བྱའི་ཕྱིར། །རྡོ་རྗེ་ཐེག་པ་མཆོག་སྒྲོར་ཞིག །མགོན་
པོ་རབ་ཏུ་གཤེགས་པར་མཛོད། །ཅེས་པས་རི་རབ་ཀྱི་རྩེ་མོ་དེ་ཉིད་ནས་སྤྲུལ་པ་དཔག་ཏུ་མེད་པ་
འཛམ་བུའི་གླིང་ཡུལ་ཉི་ཤུ་རྩ་བཞིར་བཀྱེ་སྟེ། ལྷོ་ཕྱོགས་གྱད་ཀྱི་ཡུལ་ནགས་ཚལ་དྲ་བ་ཅན་གྱི་མདོ།
སྐྱེས་བུ་འབྱུང་བའི་གནས་ཞེས་བྱ་བ་དེར་འཕགས་པ་འཇམ་དཔལ་དུ་སྤྲུལ་ནས། འཇམ་དཔལ་གྱི་
ལེའུ་ཁྲི་དྲུག་སྟོང་དང་། བཤད་རྒྱུད་ཚིག་འདུས་པ་ལེའུ་ཉིས་སྟོང་བདུན་བརྒྱ་བ་དང་དཀའ་བ་ཡོངས་
སུ་སྦྱོད་པའི་རྒྱུད་ཤློ་ཀ་སུམ་བརྒྱ་དྲུག་ཅུ་ལ་སོགས་པ་བཤད་དོ། །བསིལ་བའི་ཚལ་དུ་སྟོན་པ་རིགས་
གསུམ་མགོན་པོས་ཀྱི་ཡ་ཐམས་ཅད་བཤད་དོ། །ནུབ་ཕྱོགས་ཨོ་རྒྱན་གྱི་ཡུལ་དུ་མཆོད་རྟེན་དཔལ་
འབྲས་ཀྱི་ནང་། གཙྙོ་ལའི་དྲི་གཙང་ཁང་རིག་པ་མེད་པའི་གདུགས་ཅན་གྱི་ནང་དུ། སྟོན་པ་རྡོ་རྗེ་
འཆང་ཆེན་ཧེ་བཛྲ་དུ་སྤྲུལ་ནས། དགྱེས་པ་རྡོ་རྗེ་འབུམ་ཚོ་ལྔའི་བདག་ཉིད་བཤད་རྒྱུད་བཞི་དང་
བཅས་པ་བཤད་དེ་འཛམ་བུའི་གླིང་ཁྲོད་པར་ཅན་གྱི་ཡུལ་ཉི་ཤུ་རྩ་བཞིར། སྟོན་པ་རྡོ་རྗེ་འཆང་ཆེན་
པོས་བདེ་མཆོག་འཁོར་ལོའི་བཤད་རྒྱུད་དང་བཅས་པ་བཤད་དོ། །རི་མ་ལ་ཡ་གནམ་ལྕགས་ཡོད་པའི་
རྩེ་ལ་འཇམ་དཔལ་གཤིན་རྗེ་གཤེད་དུ་སྤྲུལ་ནས་གཤིན་རྗེ་གཤེད་ཀྱི་རྒྱུད་ཁ་ཅིག་གསུངས་སོ། །དུར་
ཁྲོད་བརྒྱད་ཀྱི་གནས་སུ་སྟོན་པ་ཧེ་རུས། སངས་རྒྱས་ཐོད་པ། རྡོ་རྗེ་གདན་བཞི། མ་ཧཱ་མཱ་ཡཱ་ལ་
སོགས་པ་བཤད་དོ། །སྒྲི་ཁྲོད་ཀྱི་གྲོང་ཁྱེར་དུ་གསང་སྔགས་ནང་གི་རྒྱུད་མང་པོ་གསུངས་སོ། །རི་
བྱ་རྐང་ཅན་དུ་ཡང་གསུངས། དེ་ལྟར་དུ་མི་ཡུལ་དུ་གསུངས་པ་ཞེས་དེ་རྣམས་ཀྱང་ཁ་ཅིག་ནི་མཁའ་
འགྲོ་མ་དང་ལྷ་ཀླུ་རྣམས་ཀྱིས་སྤྱན་དྲངས་ཏེ་ཕྱིས་གྲུབ་པ་ཐོབ་པ་རྣམས་ཀྱིས་དེ་དག་གི་ཡུལ་ནས་
སྤྱན་དྲངས། ཁ་ཅིག་ནི་དུས་དེ་ཉིད་ནས་མི་ཡུལ་དུ་བརྒྱུད་དོ། །གནོད་སྦྱིན་དང་། སྲིན་པོ་དང་།
གཤིན་རྗེའི་གནས་ནས་འབྱུང་བ་ནི། གནོད་སྦྱིན་གྱི་གནས་ནས། དཔལ་རྡོ་རྗེ་གུར་གྱི་རྒྱུད་ལ་སོགས་
པ་གནོད་སྦྱིན་གྱི་དེད་དཔོན་གསང་བ་པས། སློབ་དཔོན་མཐུ་སྟོབས་རྣ་ཛ་ལ་ཕྱིས་བཤད་དོ། །སྲིན་
པོའི་ཡུལ་ནས་བྱུང་བ་ནི་དཔལ་འབྱུང་བ་དང་དཔལ་དམ་པའི་རྒྱུད། དེའི་ཡན་ལག་དང་བཅས་པ་
བྱང་ཆུབ་སེམས་དཔའ་བློ་གྲོས་རྒྱ་མཚོས་གྲོང་ཁྱེར་དགའ་བ་ཅན་དུ་སློབ་དཔོན་ཨིནྡྲ་བོ་དྷི་བར་མ་
ལ་བཤད་དོ། །གཤིན་རྗེས་ཡུལ་ནས་བྱུང་བ་ནི་དགྲ་ནག་གི་རྒྱུད་ཁ་ཅིག་དང་། ཁ་ཐུན་ཟླ་གསང་

ལ་སོགས་པ་གཤིན་རྗེའི་རྒྱུད་མང་པོ་སློབ་དཔོན་ལ་ལི་ཏ་བཛྲ་གྱིས་སྤྱན་དྲངས་ཏེ་སློབ་དཔོན་འཇམ་དཔལ་བཤེས་གཉེན་ལ་བཤད། ཡང་ལུང་རི་མ་ལ་ཡའི་རྩེ་ར་ལག་ན་རྡོ་རྗེས་མཆན། ཨ་ནུ་ཡོ་གའི་མདོ་རྣམས་དམ་པའི་རིགས་ཅན་ལྔ་ལ་གསུངས་པ་ནི་ཏཐཱ་སྟེ་བཅོ་བརྒྱད་དུས་མཚུངས་ཞེས་པའང་སྣང་ངོ་། །དེ་ཡང་ཀྲི་ཡ་རྣམས་ལྷ་ར་ཋ་སེར་བབས། ཡོ་ག་རྣམས་མེ་རི་འབར་བར་བབས། མ་ཧཱ་ཡོ་ག་རྣམས་རྒྱལ་པོ་ཛའི་ཁང་ཐོག་ཏུ་བབས། ཨ་ནུ་ཡོ་ག་རྣམས་རི་མ་ལ་ཡ་གནམ་ལྕགས་ཡོད་པའི་རྩེ་ལ་བབས། ཨ་ཏི་ཡོ་ག་རྣམས་ཨོ་རྒྱན་ཌྷ་ན་ཀོ་ཥའི་གླིང་དུ་བབས། རྒྱུད་སྡེ་གཞན་རྣམས་ནི་དངོས་སུ་ཕྱུ་ཏི་བབས་པ་ཡིན། ཨ་ཏི་ཡོ་ག་ནི་དེ་ལྟར་མ་ཡིན་ཏ། རྡོ་རྗེ་སེམས་དཔའི་སློབ་མ་ལྷའི་བུ་ཀུན་དགའ་སྙིང་པོ་ཞེས་བྱ་བ། རྒྱལ་པོ་ཨུ་པ་རཱ་ཛ་དང་། སྣང་གསལ་འོད་ལྡན་གཉིས་ཀྱི་སྲས་མོ་སུ་དྷརྨའི་སྲས་སུ་འཁྲུངས་ཤིང་། འོག་མིན་དུ་དཔལ་རྡོ་རྗེ་སེམས་དཔའ་ལ་རང་བཞིན་རྫོགས་པ་ཆེན་པོའི་དབང་དང་། ཡང་གསང་བླ་ན་མེད་པའི་གདམས་པ་དང་བཅས་པ་ཡོངས་སུ་རྫོགས་པར་ཞུས་ཏེ་གནས་པ་ལས། དེ་ནས་སྔར་གྱི་སངས་རྒྱས་ཀྱིས་གསུངས་པའི་སྡེ་སྣོད་དང་། ཁྱད་པར་དུ་རང་བཞིན་རྫོགས་པ་ཆེན་པོའི་རྒྱུད་འབུམ་ཕྲག་དྲུག་ཅུ་རྩ་བཞི་ཐུགས་ལ་བཞུགས་པ་རྣམས་རི་མ་ལ་ཡ་རིན་པོ་ཆེ་རྣམ་པར་སྤྲུལ་པའི་རྩེ་མོར་རྡོ་རྗེ་དབྱིངས་ཀྱི་མཁའ་འགྲོ་མ་བདེ་བའི་རོ་ལྡན་མ་དང་། བདེ་བྱེད་སེར་མོ་ཡོན་ཏན་མཐའ་ཡས་པའི་མཁའ་འགྲོ་མ་གཉིས་ཀྱིས་ཞུས་ཏ། ལོ་གསུམ་དུ་ཡི་གེར་བཀོད་ནས་མཁའ་འགྲོ་མ་རྣམས་འདུ་བའི་ཕུག་ཏུ་བཞུགས་སོ། །དེ་ཡང་རྙིང་མ་ལའང་བྱ་རྒྱུད་སྤྱོད་རྒྱུད། དེ་གཉིས་ཀའི་རྒྱུད་། རྣལ་འབྱོར་རྒྱུད་གསུམ། ཕྱི་མ་ལ་རྣལ་འབྱོར་ཙམ་དང་། རྣལ་འབྱོར་བླ་མེད་དེ་ནང་ཚན་ཕྱེ་ན་རྒྱུད་སྡེ་བཞིའོ། །བཀའ་བརྒྱད་སྤྱིའི་རྒྱུད་ལའང་། ལྷ་སྤྱོད་འདུས་པ་ནམ་མཁའ་ཆེའི་རྒྱུད། ཆེ་མཆོག་རོལ་པ་རྩ་བའི་རྒྱུད། ཁྲག་འཐུང་རོལ་པ་རྩ་བའི་རྒྱུད། གཤིན་རྗེ་རོལ་པ་རྩ་བའི་རྒྱུད། རྟ་མཆོག་རོལ་པ་རྩ་བའི་རྒྱུད། ཕུར་པ་རོལ་པ་རྩ་བའི་རྒྱུད། མ་མོ་རོལ་པ་རྩ་བའི་རྒྱུད། རིག་འཛིན་རོལ་པ་རྩ་བའི་རྒྱུད། དྲག་སྔགས་རོལ་པ་རྩ་བའི་རྒྱུད་རྣམས་གསུངས་སོ། །དེ་ཡང་རྩ་རྒྱུད་ཕྱི་མའི་རྒྱུད། ཕྱི་མའི་ཕྱི་མའི་རྒྱུད། མ་ཚང་བ་ཁ་སྐོང་བའི་རྒྱུད། འབྱེད་པར་བྱེད་པ་ལྡེ་མིག་གི་རྒྱུད་དང་ལྔའོ། །དེ་ཡང་སྟོན་པ་ནི་ཀུན་ཏུ་བཟང་པོ་སྐུ་རྒྱུད་འཆད་པའོ། །ཆོས་ནི་གོང་དུ

སྨོས་པའི་རྒྱུད་སྡེ་རྣམས་སོ། །

སྡུད་པ་པོ་ནི་རིག་འཛིན་རྡོ་རྗེ་ཆོས་ཏེ། མིའི་ཐོད་པ་ཅན་རྡོ་རྗེ་དྲག་པོ་རྩལ་ཞེས་བྱ་བས་བསྡུས་ནས་ཡི་གེར་བཀོད་པའོ། །དོན་ཚན་ནི་ཀྲི་ཡ་ནས་ཨ་ཏིའི་བར་ཏེ་དྲུག་གོ། །དེ་ནས་རྒྱུད་རྣམས་མཁའ་འགྲོ་དང་སྡེ་བརྒྱད་ལ་གཏད་ནས་སྦྱིན་པར་བརྩམ་པའི་ཚེ་སོ་སོའི་གནས་སུ་སྦྱིན་པར་འདོད་དེ།། བློ་མ་མཐུན་པ་ལས་མཁའ་འགྲོ་མ་ལས་ཀྱི་དབང་མོ་ཆེས། དུར་ཁྲོད་བསིལ་བའི་ཚལ་གྱི་མཆོད་རྟེན་བདེ་བྱེད་བརྩེགས་པ་ཞེས་བྱ་བའི་ནང་དུ་སྦས་སོ། །

དེ་ནས་དུས་ཕྱིས་སློབ་དཔོན་བརྒྱད་ཀྱིས་འདོན་པར་འདོད་དེ་དེར་ཚོགས་ནས་མཁའ་འགྲོ་མ་ལ་གཏོར་མ་ཕུལ་གསོལ་བ་བཏབ་པའི་ཚེ་མཁའ་འགྲོ་མ་རྣམས་ཀྱིས་འདི་སྐད་ཞུས་སོ། །ཨེ་མ་ཧོ།། སྐུ་ནི་ལྷར་གསལ་གསུང་ནི་སྔགས་སུ་སྒྲོགས། །ཐུགས་ནི་མཉམ་ཉིད་རྡོ་རྗེ་ལྟ་བུའོ། །སྤྲུལ་པ་སྣ་ཚོགས་འགྲོ་བའི་སློབ་དཔོན་བརྒྱད། །བཀའ་ནི་ཅི་སྨུལ་གསུང་ནི་གང་གསུངས་ཉན། ཞེས་ཞུས་པས། ཨེ་མ་ཧོ་འདུས་པའི་འཁོར་ཚོགས་མ་མོ་ཌཱ་ཀི་དང་། །བདུད་དང་གཤིན་རྗེ་ལ་སོགས་བདག་ལ་ཉོན། །བཀའ་བཞིན་བྱེད་པ་ཁྱེད་རྣམས་མཆོད་བྱེད་པ། །སྒྲིམ་བུ་དགུ་པོ་དེ་རྣམས་ཁུར་ལ་ཞོག །ཅེས་གསུངས་པས། སློབ་དཔོན་ཧཱུཾ་ཀ་ར་ལ་ཧེ་རུ་ཀ་གལ་པོ་ལ་སོགས་པ་ཡང་དག་ཐུགས་ཀྱི་རྒྱུད་རྣམས་གཏད། འཇམ་དཔལ་བཤེས་གཉེན་ལ་འཇམ་དཔལ་གསང་རྒྱུད་ལ་སོགས་གཤིན་རྗེའི་རྒྱུད་རྣམས་གཏད། ཀླུ་སྒྲུབ་ལ་རྟ་མཆོག་རོལ་པ་ལ་སོགས་པདྨ་གསུང་གི་རྒྱུད་རྣམས་གཏད། སློབ་དཔོན་པདྨ་འབྱུང་གནས་ལ་བི་ཀོ་ཏ་མ་ལ་སོགས་ཕུར་པ་ཕྲིན་ལས་ཀྱི་རྒྱུད་རྣམས་གཏད། བི་མ་ལ་མི་ཏྲ་ལ་བདུད་རྩི་རོལ་པའི་རྒྱུད་སོགས་བདུད་རྩི་ཡོན་ཏན་གྱི་རྒྱུད་རྣམས་གཏད། ཛྙ་ན་སཾ་སྐྲི་ཏ་ལ་རྒྱུད་ལུང་འབུམ་ཏིག་ལ་སོགས་མ་མོའི་རྒྱུད་རྣམས་གཏད། རོ་མྦུ་གུ་ཧྱ་དྭེ་ཛ་ཙནྡྲ་ལ་སྐུའི་རྒྱུད་དྲེགས་པ་འདུས་པ་སོགས་འཇིག་རྟེན་དྲེགས་པ་ཅན་གྱི་རྒྱུད་རྣམས་གཏད། ཕུང་བྱེད་ཤཱནྟིཾ་གརྦྷ་ལ་དྲག་སྔགས་ཤེལ་ཕྲེང་དཀར་པོའི་རྒྱུད་སོགས་དམོད་པ་དྲག་སྔགས་ཀྱི་རྒྱུད་རྣམས་གཏད། བདེ་གཤེགས་འདུས་པའི་རྒྱུད་རྣམས་སློབ་དཔོན་ཐུན་མོང་དུ་གཏད་ནས། སླར་ཡང་མཆོད་རྟེན་དུ་བཅུག་གོ། །སོ་སོར་གཏད་པའི་རྒྱུད་རྣམས་ཡོངས་སུ་རྒྱས་པར་བྱའོ། །

དེས་ནས་སློབ་དཔོན་ཆེན་པོ་པདྨས་སྔར་མཆོད་རྟེན་དེ་ཉིད་བདེ་གཤེགས་འདུས་པ་བཏོན་ནས་ཡང་ལེ་ཤོད་ཀྱི་བྲག་ཕུག་ཏུ་བདེར་འདུས་ཀྱི་དཀྱིལ་འཁོར་ཞལ་ཕྱེ་ནས་བསྒྲུབས་པས་ཕྱག་རྒྱ་ཆེན་པོ་མཆོག་གྲུབ་རིག་འཛིན་བརྒྱད་ལ་བདེར་འདུས་ཀྱི་དབང་བསྐུར་ནས་རིག་འཛིན་བརྒྱད་ཀྱི་བླ་མ་ཡང་མཛད། དེ་ནས་སློབ་དཔོན་པདྨ་བོད་དུ་སྤྱན་དྲངས། བསམ་ཡས་སུ་ཕེབས་ནས་རྒྱལ་པོ་ཁྲི་སྲོང་ལྡེའུ་བཙན་རྗེ་བློན་འབངས་དང་བཅས་བརྒྱད་ལ་བདེ་གཤེགས་འདུས་པའི་དབང་བསྐུར། རིགས་ཀྱི་མེ་ཏོག་དོར་བ་ན། རྒྱལ་པོའི་མེ་ཏོག་དབུས་སུ་ཆེ་མཆོག་ལ་བབ། གནུབས་ནམ་མཁའི་སྙིང་པོའི་མེ་ཏོག་ཤར་ཡང་དག་ལ་བབ། གནུབས་སངས་རྒྱས་ཡེ་ཤེས་རིག་འཛིན་ལྷོ་གཤིན་རྗེ་ལ་བབ། ངན་ལམ་རྒྱལ་བ་མཆོག་དབྱངས་ནུབ་དབང་ཆེན་ལ། ཇོ་མོ་མཚོ་རྒྱལ་གྱི་མེ་ཏོག་བྱང་རྡོ་རྗེ་གཞོན་ནུ། འབྲོག་བན་དཔལ་གྱི་ཡེ་ཤེས་ཀྱི་མེ་ཏོག་ཤར་ལྷོ་མ་མོ་ལ། རླངས་དཔལ་གྱི་མེ་ཏོག་ནུབ་བྱང་དྲེགས་པ་ཀུན་འདུལ་ལ་བབ། པ་གོར་བཻ་རོ་ཙ་ནའི་མེ་ཏོག་བྱང་ཤར་དམོད་པ་དྲག་སྔགས་ལ་ཕོག་ཅིང་། ཐམས་ཅད་དུས་སོ་སོའི་གྲུབ་པ་ཐོབ་བོ། །

འོ་ན་གསང་སྔགས་སྙིང་མའི་དཔེ་ཙམ་རྒྱ་གར་ན་ཡང་མི་བཞུགས་སམ་སྙམ་ན། རྒྱལ་བློན་སྔ་དར་གྱི་དུས་སློབ་དཔོན་ཞི་བ་འཚོ། པདྨ་འབྱུང་གནས། བི་མ་ལ་མི་ཏྲ་ལ་སོགས་པས་པཎྜི་ཏ་བགྱིས། བཻ་རོ་ཙ་ན་དང་། གཉགས་ཛྙཱ་ན་ཀུ་མཱ་ར། ཅོག་གྲོ་ཀླུའི་རྒྱལ་མཚན། རྨ་རིན་ཆེན་མཆོག །ཨ་ཙར་ཡ་ཡེ་ཤེས་དབྱངས་ལ་སོགས་པས་ལོ་ཙཱ་བགྱིས་ཏེ། ཕྱི་ནང་གི་རྒྱུད་སྡེ་མ་ལུས་པ་བོད་དུ་བསྒྱུར་བ་ཡིན། འདིར་ཡི་གེས་འཇིགས་པས་རྒྱས་པར་མ་འཀོད་དོ། །མན་ངག་རྫོགས་པ་ཆེན་པོ་ཤིན་ཏུ་གསང་བ་ཀུན་གྱི་སྤྱོད་ཡུལ་དུ་མ་གྱུར་ཏེ་རྡོ་རྗེ་གདན་གྱི་འོག་ཏུ་སྦས་ལ། ཁྱིམ་བདག་དགེ་ལྡན་བཟང་པོ་དང་། ཡུམ་སྣང་གསལ་དགེ་ལྡན་མ་གཉིས་ལ་སྲས་ཤྲཱི་སིངྷ་འཁྲུངས་ཏེ། ལོ་བཅོ་ལྔ་ལ་སློབ་དཔོན་ཧ་ཏི་ཧ་ལའི་དྲུང་དུ་སྒྲ་ཚད་བརྩི་བ་སོགས་རིག་གནས་ལྔ་ལ་མཁས་པར་བསླབས། ལོ་ཉི་ཤུ་རྩ་ལྔ་ལ་ཐེག་པ་མཆོག་གི་རྒྱུད་ལུང་མན་ངག་དང་བཅས་པའི་དབང་ཁྲིད་ཞུས་ནས་ཉམས་སུ་བླངས། ཤྲཱི་སིངྷས་བག་ཙམ་བཏོན་ནས་བཻ་རོ་ཙ་ན་ལ་བཤད། ལྷག་མ་སྦས་ནས་ཡོད་པ་བི་མ་ལ་རྒྱ་གར་ན་བཞུགས་དུས་བོད་ཡུལ་ན་རྒྱལ་པོའི་བླ་མཆོད་ཉང་ཏིང་འཛིན་བཟང་པོ་ཞེས་བྱ་བ

ཤའི་སྤྱན་གྱིས་གླིང་བཞི་དུས་གཅིག་ལ་གཟིགས་པ་ཞིག་ཡོད་པ་དེས་པཎ་ཆེན་གྱི་ཡོན་ཏན་གཟིགས་ནས་རྒྱལ་པོ་ཁྲི་སྲོང་ལྡེའུ་བཙན་ལ་རྒྱ་མཚན་ཞུས་ཏེ། རྒྱལ་པོས་རྒྱ་གར་རྒྱལ་པོ་ལ་གསེར་གྱི་འབུལ་བ་བསྐུར་ནས། ཕྱིའི་ལོ་ཙཱ་བ་རང་དུ་བཙུག་པའི་སྙིང་ནང་དང་། བི་མ་ལ་མི་ཏྲ་དཔོན་གཡོག་གིས་རྒྱལ་པོ་དང་པཎྜི་ཏ་རྣམས་ལ་ཞུ་བ་ཕུལ་བ། བདག་བོད་དུ་མཆིས་ཕན་ཆད། བོད་དུ་སྔོན་ཆད་ཡོངས་སུ་མ་གྲགས་པའི་ཆོས་སྐོར་ཞིག་བསྒྱུར་དགོས་བྱས་པས། པཎྜི་ཏ་རྣམས་ན་རེ། རྡོ་རྗེ་གདན་གྱི་འོག་ན་མན་ངག་གི་ཆོས་སྦས་ནས་ཡོད་པ་དེ་འོ་སྐོལ་རྒྱ་གར་ལ་སྤྱོད་དབང་མེད་ན་ཡང་། ཁྱོད་བོད་དུ་འགྲོ་བ་ལ་ཤིན་ཏུ་ཡུས་ཆེ་བ་ཡིན་པས། ཇི་ལྟར་རིགས་པ་ཐོན་ལ་ཁྱེར་ཟེར་བས། བི་མ་ལ་དཔོན་གཡོག་གིས་ཆོས་མ་ལུས་པ་སྤྱན་དྲངས་ནས་རྒྱ་གར་གྱི་དཔེ་རྩད་ཆོད་ཅེས་གྲགས། བི་མ་ལ་བསམ་ཡས་སུ་ཕེབས། མདོ་སྔགས་སྤྱི་དང་། ཁྱད་པར་ཐེག་དགུ། རྫོགས་ཆེན་གྱི་སྡེ་གསུམ་ཆོས་མཐའ་དག་བསྒྱུར་ནས། མཐར་རྒྱ་ནག་རི་བོ་རྩེ་ལྔར་སངས་རྒྱས་སྟོང་གི་བསྟན་པ་གནས་ཀྱི་བར་དུ་བཞུགས་ཤིང་ལོ་བརྒྱ་ན་སྤྲུལ་པ་རེ་བོད་དུ་འབྱོན་པར་ཞལ་གྱིས་བཞེས་པ་ཡིན་ནོ། །དེ་རྣམས་ནི་བརྒྱུད་པ་གསུམ་གྱི་གསང་སྔགས་ཀྱི་བབས་ཚུལ་སྤྱིར་བསྟན་པ་སྟེ། ད་ནི་བྱེ་བྲག་ཏུ་ཆོས་ཀྱི་རང་བཞིན་གདན་ལ་དབབ་པའི་ཚུལ་ལ་གཉིས་ཏེ། ཐེག་པ་ཐུན་མོང་བ་དང་ཐུན་མོང་མ་ཡིན་པའི་ལུགས་སོ། །དང་པོ་གསུམ་སྟེ། སྒྲ་དོན་དང་། དབྱེ་བ། འབྲས་བུའོ། དང་པོ་ནི། ཡ་ནའི་སྒྲ་ལས་ཐེག་པ་སྟེ་གང་ལ་བསྟན་ནས་བགྲོད་པར་འདོད་པས་ཕྱིན་ཅིང་སྐྱེལ་བ་ཞེས་ཏེ། སྟོད་པ་ལས། ཐེག་པ་འདི་ནི་མཁའ་འདྲ་གཞལ་མེད་ཁང་། །དགའ་སྐྱིད་བདེ་བ་མངོན་པར་ཐོབ་བྱེད་ཐེག་པའི་མཆོག །དེ་གང་ཞེ་ན་སེམས་ཅན་ཐམས་ཅད་མྱ་ངན་འདས། །ཞེས་སོ། །

གཉིས་པ་ལ་གཉིས་ཏེ། སྤྱིར་དབྱེ་བ་དང་བྱེ་བྲག་ཏུ་དབྱེ་བའོ། །དང་པོ་ནི་སེམས་ཅན་གྱི་རྒྱུད་ཀྱི་ཉོན་མོངས་པ་འདུལ་བའི་ཕྱིར། སངས་རྒྱས་ཀྱི་ཐུགས་རྗེས་གང་ལ་གང་འདུལ་དུ་བསྟན་པས་ཐེག་པའི་རྣམ་གྲངས་ཀྱང་འདི་ཉིད་ཁོ་ནར་ངེས་སོ་ཞེས་འཆད་པ་མེད་དེ། ལང་ཀར་གཤེགས་པ་ལས། སེམས་ཅན་རྣམས་ནི་ཡོངས་དྲང་ཕྱིར། །ཐེག་པ་ཐ་དག་ངེས་བཤད་དོ། །འདི་ཞེས་དམིགས་སུ་ཡོད་མ་ཡིན། །ཞེས་སོ། །དེ་ཡང་རེ་ཞིག་བསྡུ་ན་འབྲས་བུ་ལ་དགོངས་ཏེ་གཅིག་ཏུ་གསུངས་པ་

ཡིན། དམ་པའི་ཆོས་པདྨ་དཀར་པོ་ལས། ཐེག་པ་གཉིས་སུ་ཡོད་མ་ཡིན། །ཞེས་དང་། ཀུན་བྱེད་ལས། ཡོད་ནི་གཅིག་ལས་མེད་པ་ལས། །ཞེས་སོ། །ཡང་རྒྱུ་དང་འབྲས་བུ་ལ་དགོངས་ནས་གཉིས་ཏེ། ཆེན་པོ་དང་ཆུང་ངུ་ལ་དགོངས་ནས་གཉིས་སུ་གསུངས་ཏ། དཔལ་འབྱུང་བཞི་ཟད་པའི་རྒྱུད་ལས། རྒྱུ་ཆོས་རྣམས་དང་འབྲས་བུའི་ཕྱིར། །ཐེག་པ་དེ་ཡང་རྣམ་པ་གཉིས། །ཞེས་དང་། ཡེ་སྒྲོན་ལས། ཆེ་ཆུང་རིམ་པའི་བློ་ཡོད་ཕྱིར། །ཐེག་པའི་གྲངས་ཀྱང་དེ་བཞིན་ཏེ། །བསྡུ་ན་ཆེ་ཆུང་རྣམ་གཉིས་ཡོད། །ཅེས་སོ། །ཡང་ཆེ་འབྲིང་གིས་དབྱེ་བའི་ཉན་རང་ཐེག་པ་ཆེན་པོ་སྟེ་གསུམ་དུ་གསུངས་ཏེ། མདོ་སྡེ་རྒྱན་ལས། སྦྱོར་བ་དང་ནི་ཚོགས་དག་ལ། །བསམ་པ་དང་ནི་བཤད་ཉིད་དང་། །སྒྲུབ་པའི་རབ་ཏུ་དབྱེ་བ་ཡིས། །ཐེག་པ་རྣམ་པ་གསུམ་དུ་འདོད། །ཅེས་དང་། གསང་བ་ཐིག་ལེ་ནོར་བུའི་རྒྱུད་ལས། ཕྱི་ནང་གི་རིམ་པས་ཀྱང་གསུམ་དུ་བཤད་དེ། ཕྱི་ནང་གསང་བའི་ཐེག་པ་གསུམ། །དམ་པའི་ཆོས་ཀྱང་རབ་ཏུ་གསུངས། །ཞེས་སོ། །ཡང་རྒྱུའི་ཐེག་པ་གསུམ་འབྲས་བུ་དང་བཞིར་ཡང་བཤད། འཇམ་དཔལ་སྒྱུ་འཕྲུལ་དྲྭ་བ་ལས། ཐེག་པ་གསུམ་གྱི་ངེས་འབྱུང་ལ། །ཐེག་པ་གཅིག་གི་འབྲས་བུར་གནས། །ཞེས་དང་། བམ་བརྒྱད་ལས། བསམ་གྱིས་མི་ཁྱབ་བསྟན་པ་འདི། །བརྒྱད་ཁྲི་བཞི་སྟོང་རྣམ་གྲངས་ཀྱང་། །ཐེག་པའི་སྒོ་ནི་གསུམ་དུ་གསུངས། །གསང་ཉིད་ཐེག་པར་བསྡུས་དང་བཞི། །ཞེས་སོ། །ཡང་རྣམ་གྲངས་བསྡུ་བ་ལྟར་བཤད་དེ། གསང་སྙིང་ལས། ཐེག་པ་བཞི་ཡི་ངེས་འབྱུང་ལ༑ ༑ཐེག་པ་གཅིག་གི་འབྲས་བུར་གནས། །ཞེས་དང་། ལང་ཀར་གཤེགས་པ་ལས། ལྷ་ཡི་ཐེག་དང་ཚངས་པའི་ཐེག །དེ་བཞིན་དུ་ནི་ཉན་ཐོས་དང་། །དེ་བཞིན་གཤེགས་དང་རང་རྒྱལ་གྱི། །ཐེག་པ་ཐ་དད་པར་བཤད་དོ། །ཞེས་སོ། །ཡང་སྒྱུ་འཕྲུལ་གྱིས་གོང་འོག་དབྱེ་བའི་དྲུག་ཏུ་ཡང་བཤད་དེ། ཀུན་བྱེད་ལས། ངེས་པར་ཐོབ་པའི་ཐེག་པ་དྲུག །ཅེས་སོ། །བདུན་དུ་ཡང་བཤད་དེ། དཀྱིལ་འཁོར་བསྡུ་པ་ལས། ལྷ་དང་མི་དང་ཉན་ཐོས་དང་། །རང་སངས་རྒྱས་དང་བྱང་ཆུབ་སེམས། །གསང་བ་ཕྱི་དང་ནང་གཉིས་ཏེ། །དེ་ལྟར་ཐེག་པ་བདུན་དུ་བཤད། །ཅེས་སོ། །བརྒྱད་དུ་ཡང་བཤད་དེ་། ནམ་མཁའ་ཆེ་ལས། དེ་ལྟར་ཐེག་བརྒྱད་ལས་འདས་པའི། །ཞེས་དང་། དགུར་ཡང་བཤད་དེ། ཀུན་བྱེད་ལས། བྱུང་ནི་ཐེག་པ་དགུ་རུ་བྱུང་། །ཞེས་སོ། །ཡང་སོར་བཞག་ལྷ་མིའི་ཐེག་པ་གཉིས། ཕྱི་

རོལ་པའི་སྒྲེ་ལྷ། ནང་པའི་རིམ་དགུ། འོད་གསལ་རྫོ་རྗེ་སྙིང་པོའི་ཐེག་པ་དང་བཅུ་དྲུག་ཏུ་ཡང་བཤད་དེ༑ སྙིང་པོ་ཉི་མ་སྣང་བྱེད་ཀྱི་རྒྱུད་ལས། ཐེག་པའི་དང་པོ་བཅུ་དྲུག་མགོན། །ཞེས་དང་། ཡང་བསམ་གྱིས་མི་ཁྱབ་པར་བཤད་དེ། ལང་ཀར་གཤེགས་པ་ལས། ཇི་སྲིད་སེམས་ནི་འཇུག་པའི་བར། །ཐེག་པའི་མཐའ་ལ་ཐུག་པ་མེད། །ཡང་གནས་ལུགས་ལ་ཐེག་པ་ཞེས་བདགས་པ་ཙམ་ལས་གྲུབ་པ་མེད་དེ། དེ་ཉིད་ལས། སེམས་ནི་ནམ་ཞིག་གྱུར་པ་ན། །ཐེག་པ་མེད་ཅིང་འགྲོ་བའང་མེད། །ཅེས་སོ། །མདོར་ན་ཐམས་ཅད་བློའི་རིམ་པ་ལས་སྣང་བ་ཙམ་ལས་བློ་ངོ་བོ་ཉིད་ཀྱིས་དག་པའི་རྣལ་འབྱོར་པ་རྣམས་ལ་ནི་ཐེག་པ་ཞེས་པའང་གཞི་ནས་མེད་པའི་ནམ་མཁའ་བཞིན་དུ་ཤེས་པར་བྱའོ། །

གཉིས་པ་བྱེ་བྲག་ཏུ་དབྱེ་བ་ལ་གཉིས་ཏེ། ཁྱད་པར་འཕགས་ཚུལ་དང་། གསང་སྔགས་ཉིད་བཤད་པའོ། །དང་པོ་ནི། རིམ་པ་བཞིན་ཉན་རང་གི་ཐེག་པ་དང་། སངས་རྒྱས་ཀྱི་ཐེག་པ་དང་། ཐེག་པ་ཆེན་པོ་རྣམས་ཀྱི་ཕྱི་མ་ཕྱི་མ་མཆོག་སྟེ། མདོ་སྡེ་རྒྱན་ལས། ཉན་ཐོས་རྣམས་ཀྱི་འགྱུར་པས་ནི། །འཇིག་རྟེན་པ་ནི་ཟིལ་གྱིས་གནོན། །རང་སངས་རྒྱས་ཀྱི་འགྱུར་པས་ནི། །ཉན་ཐོས་ཉིད་ཀྱང་ཟིལ་གྱིས་གནོན། །དེ་ཡིས་བྱང་ཆུབ་སེམས་དཔའ་ཡི། །འགྱུར་པའི་ཆར་ཡང་མི་ཕོད་དོ། །དེ་ཡིས་དེ་བཞིན་གཤེགས་པ་ཡི། །འགྱུར་པའི་ཆར་ཡང་མི་ཕོད་དོ། །ཞེས་སོགས་ཐེག་ཆེན་དེ་ཡང་ཁྱད་པར་འཕགས་ཚུལ་གྱི་རྣམ་གྲངས་མང་ནའང་བསྡུ་ན་བདུན་དུ་འདུས་ཏེ། མདོ་སྡེ་རྒྱན་ལས། དམིགས་པ་ཆེ་བ་ཉིད་དང་ནི། །དེ་བཞིན་སྒྲུབ་པ་གཉིས་དག་དང་། །ཡེ་ཤེས་བརྩོན་འགྲུས་བརྩམ་པ་དང་། །ཐབས་ལ་མཁས་པར་གྱུར་པ་དང་། །ཡང་དག་སྒྲུབ་པ་ཆེན་པོ་དང་། །སངས་རྒྱས་ཕྲིན་ལས་ཆེན་པོ་སྟེ། །ཆེན་པོ་བདུན་དང་ལྡན་པའི་ཕྱིར། །ཐེག་ཆེན་ཞེས་ནི་ངེས་པར་བརྗོད། །ཅེས་སོ། །དེ་ལས་ཀྱང་གསང་སྔགས་འབྲས་བུའི་ཐེག་པ་ཁྱད་པར་འཕགས་ཏེ། ཚུལ་གསུམ་སྒྲོན་མེ་ལས། དོན་གཅིག་ན་ཡང་མ་རྨོངས་དང་། །ཐབས་མང་དཀའ་བ་མེད་ཕྱིར་དང་། །དབང་པོ་རྣོན་པོའི་དབང་བྱས་པས། །སྔགས་ཀྱི་ཐེག་པ་ཁྱད་པར་འཕགས། །ཞེས་དང་། མདོ་གདམས་ངག་འབོགས་པའི་རྒྱལ་པོར། འཇམ་དཔལ་གྱིས་སྟོན་པ་ལ། འདྲེན་པའི་ཐེག་པ་གསུམ་པོ་དག །བཅོམ་ལྡན་ངེས་པར་གསུངས་ལགས་ན། །རྒྱུ་འབྲས་ལྷུན་གྲུབ་ཏུ་སྦྱོད་ཅིང་། །སངས་རྒྱས་གཞན་ནས་མི་འཚོལ་བའི། །

ངེས་པའི་ཐེག་པ་ཅེས་མ་གསུངས། །ཞེས་ཞུས་པའི་ལན་དུ། སྟོན་པས། རྒྱ་ལ་མོས་པ་རྒྱུ་ཆོས་ཀྱི། འཁོར་ལོ་རབ་ཏུ་བསྐོར་བྱས་ནས། །རྡོ་རྗེ་ཐེག་པའི་ཉེ་ལམ་ནི། །མ་འོངས་དུས་ན་འབྱུང་བར་འགྱུར། ། ཞེས་སྔགས་ནི་འབྲས་བུ་ལམ་དུ་བྱེད་པ་དང་། སངས་རྒྱས་རང་ལ་ཡོད་པ་ངེས་དོན་མཐར་ཐུག་གི་ཐེག་པ་སྟེ། ལུང་འདི་གཉིས་ཀྱིས་སྡོམ་གསུམ་རབ་དབྱེར། ཕ་རོལ་ཕྱིན་པའི་སྤྲོས་བྲལ་ལས། །ལྷག་པའི་ལྟ་བ་ཡོད་ན་ནི། །ལྟ་དེ་སྤྲོས་པ་ཅན་དུ་འགྱུར། །ཞེས་པ་ལ་གནོད་དེ། ལུང་སྔ་མའི་མ་རྫོངས་པ་དང་། དབང་པོ་རྣོན་པོ་ཞེས་པ་ནི། མདོ་ལས་སྔགས་ཤེས་རབ་ཏུ་ཞུགས་པའི་ལྟ་བའང་དེའི་ཁྱད་པར་ཉིད་དང་། ལུང་ཕྱི་མའི་རྒྱུ་འབྲས་ལྷུན་གྲུབ་ཏུ་ཞེས་སོགས་ཀྱིས་རྡོ་རྗེ་ཐེག་པ་ཟུང་འཇུག་བདེ་བ་ཆེན་པོའི་ཡེ་ཤེས་མངོན་དུ་བྱེད་པའོ། །དེ་ཡང་རྡོ་རྗེ་གུར་ལས། དམན་པ་རྣམས་ལ་བྱ་བའི་རྒྱུད། ། བྱ་མིན་རྣལ་འབྱོར་དེ་ལྷག་ལ། །སེམས་ཅན་མཆོག་ལ་རྣལ་འབྱོར་མཆོག །རྣལ་འབྱོར་བླ་མེད་དེ་ལྷག་ལའོ། །ཞེས་སྨྲ་མ་སྨྲ་མ་བས་ཕྱི་མ་ཕྱི་མ་མཆོག་ཏུ་གསུངས་སོ། །

གཉིས་པ་སྔགས་ཉིད་བཤད་པ་ལ་གཉིས་ཏེ། རྒྱུད་སྡེ་བཞིར་གྲངས་ངེས་པའི་རྒྱུ་མཚན་དང་། རྣམ་གྲངས་སོ་སོར་བསྟན་པའོ། །དང་པོ་ལ་ལྔ་ལས། དང་པོ་མི་རིགས་བཞི་ལ་དགོངས་ནས་གསུངས་པ་ནི། བྲམ་ཟེ་ཁྲུས་དང་གཙང་སྦྲ་གཙོ་འཁོར་སྟོན་པ་ལ་བྱ་རྒྱུད། རྗེའུ་རིགས་ཕྱི་ཁྲུས་དང་གཙང་སྦྲ་ནང་ངོ་ཚ་དང་ཁྲེལ་ཡོད་ཀྱིས་གནས་པ་ལ་སྤྱོད་རྒྱུད། རྒྱལ་རིགས་ཡོན་ཏན་དང་འབྱོར་པས་ཡུལ་སྐྱོང་བ་ལ་རྣལ་འབྱོར་རྒྱུད། དམངས་རིགས་གཙང་བཙོག་ཆུང་ཞིང་ཉོན་མོངས་རགས་པར་སྤྱོད་པ་ལ་བླ་མེད་རྒྱུད་གསུངས་ཏེ། བདེ་མཆོག་རོལ་པའི་རྒྱུད་ལས། བྱ་བ་བྲམ་ཟེ་གཙང་དང་བསྟུན། །སྤྱོད་པ་རྗེའུ་རིགས་དེ་བས་ལྷག །རྣལ་འབྱོར་རྒྱལ་པོའི་འཁོར་ཚོགས་མང་། །གཞི་དམངས་གདོད་ནས་གྲོལ་བ་སྟེ། །གཞན་དུ་སུ་ལའང་མ་བསྟན་པར། །མཛེས་མ་ཁྱོད་ལ་བསྟན་པ་ནི། །ཞེས་དང་། དུར་ཁྲོད་རྒྱན་གྱི་རྒྱུད་ལས། བྲམ་ཟེ་རྒྱལ་རིགས་རྗེའུ་རིགས་དང་། །དམངས་རིགས་གདོལ་བ་འདུལ་དོན་དུ། །རྒྱུད་ནི་རྣམ་པ་བཞིར་གདུངས་ཏེ། །བྱ་སྤྱོད་རྣལ་འབྱོར་བླ་མེད་དོ༔ ༔ཞེས་སོ། །

གཉིས་པ་གང་ཟག་གི་བློ་རིགས་བཞི་ལ་དགོངས་ནས་གསུངས་པ་ནི། དབང་པོ་ཐ་མ་ལ་བྱ་བ།

འབྲིང་ལ་སྤྱོད་པ། རབ་ལ་རྣལ་འབྱོར། ཡང་རབ་བླ་མེད་དེ། གུར་དུ་ལུང་སྟར་དྲངས་ཟིན་པ་ལྟར་རོ༑ ༑གསུམ་པ་དུས་ལ་ལྟོས་ནས་བཞིར་གསུངས་ཏེ། བསྐལ་པ་དང་པོ་རྫོགས་ལྡན་གྱི་དུས་སུ་བྱ་རྒྱུད། སུམ་ལྡན་གྱིས་དུས་སུ་སྤྱོད་རྒྱུད། གཉིས་ལྡན་ལ་རྣལ་འབྱོར་རྒྱུད། རྩོད་ལྡན་ལ་བླ་མེད་དོ། །ལྷ་ཐམས་ཅད་ཡང་དག་པ་འདུས་པའི་རྒྱུད་ལས། རྫོགས་ལྡན་དང་པོ་བྱ་བའི་རྒྱུད། །སུམ་ལྡན་གཉིས་པ་སྤྱོད་པའི་རྒྱུད། །གཉིས་ལྡན་གསུམ་པ་རྣལ་འབྱོར་རྒྱུད། །རྩོད་ལྡན་བཞི་པ་བླ་མེད་དོ། །དུས་བཞི་ལ་ནི་དགོངས་ནས་ཀྱང་། རྒྱུད་ཀྱང་རྣམ་པ་བཞིར་བཤད་དོ། །ཞེས་སོ། །

བཞི་པ་སྤྱད་གཞི་འདོད་ཆགས་ཀྱི་འཇུག་ཚུལ་བཞི་ལ་དགོངས་ནས་བཞིར་གསུངས་ཏེ། རྫོགས་ལྡན་གྱི་དུས་སུ་ཉོན་མོངས་པ་ཤས་ཆུང་བས་བལྟས་པས་ཚིམ་པ་ལ་བྱ་རྒྱུད་དེ། རྡོ་རྗེ་གཙུག་ཏོར་ལས། དཀར་པོས་རས་ལ་བརྟག་བྱ་ཞིང་། །དཀྱིལ་འཁོར་གྱི་ནི་ལྷ་ཚོགས་རྣམས། །མོ་ཡང་ཕོ་ལ་བལྟ་བ་དང་། །ཕོ་ཡང་མོ་ལ་བལྟ་བ་བྲི། །ཞེས་སོ། །སུམ་ལྡན་གྱི་དུས་སུ་བགད་པས་ཚིམ་པའི་འདོད་ཆགས་བྱུང་སྟེ་དེའི་དོན་དུ་སྤྱོད་པའི་རྒྱུད་དེ། རྣམ་སྣང་མངོན་བྱང་ལས། མགོན་པོ་རལ་པའི་ཐོར་ཚུགས་ཅན། །དེ་ཡི་གཡོན་ཕྱོགས་ལྷ་མོ་ནི། །ཅུང་ཟད་མིག་གི་འཛུམས་བཅས་བྲི། །ཞེས་སོ། །གཉིས་ལྡན་གྱི་དུས་སུ་རེག་ཅིང་འཁྱུད་པས་ཚིམ་པའི་འདོད་ཆགས་ཅན་ལ་རྣལ་འབྱོར་རྒྱུད་དེ། དཔལ་མཆོག་དང་པོ་ལས། དཀྱིལ་འཁོར་གྱི་ནི་ལྷ་ཚོགས་རྣམས། །དཔྱང་པ་ཡིད་ཙམ་བསྣམ་པར་བཞག །ཞེས་སོ། །དེ་ནས་ཡོ་གའི་ལྷ་རྣམས་ཕྱག་རྒྱ་འབྲེལ་བར་འགྱུར་ངོ་། །རྩོད་ལྡན་གྱི་དུས་སུ་དབང་པོ་གཉིས་སྦྱོར་གྱི་འདོད་ཆགས་ཅན་འདུལ་དོན་དུ་བླ་མེད་དེ། བརྟག་གཉིས་ལས། པོ་ལ་ཀཀྐོ་ལ་སྦྱར་བས། །དེ་ཡི་བདེ་བ་ཁྱད་པར་འཕགས། །ཞེས་དང་། གསང་འདུས་ལས། དབང་པོ་གཉིས་ཀྱིས་སྦྱོར་བ་ཡིས། །དངོས་པོ་ཐམས་ཅད་བརྟག་པར་བྱ། །ཞེས་དང་། བདེ་མཆོག་རྩ་རྒྱུད་ལས། མཚན་མ་གཉིས་ལ་བསྣུགས་བྱས་ཏེ། །སྣུགས་པས་མཁའ་འགྲོ་མ་ལ་སྦྱར། །ཞེས་སོ། །འདོད་ལྷའི་རིམ་པ་ཡང་བཞག་སྟེ། གཞན་འཕྲུལ་དབང་བྱེད་ཀྱིས་བལྟས་པས་ཚིམ་པ་ལ་བྱ་བ། འཕྲུལ་དགའ་བགད་པས་ཚིམ་པ་ལ་སྤྱོད་པ། དགའ་ལྡན་ལ་སོགས་ལག་བཅང་ལ་རྣལ་འབྱོར། སུམ་ཅུ་རྩ་གསུམ་མན་ཆད་དབང་པོ་གཉིས་སྦྱོར་བ་བླ་མེད། སམྦུ་ཊ་ལས། བལྟས་དང་བགད་དང་

ལག་བཅང་དང་། །གཉིས་གཉིས་འཁྲུད་པ་གང་ཡིན་ལ། །སྲིན་བུ་ཡི་ནི་ཚུལ་གྱིས་སུ། །རྒྱུད་ནི་རྣམ་པ་བཞིར་གསུངས་སོ། །ཞེས་སོ། །

ལྷ་པ་ལྷ་བཞིའི་རྗེས་སུ་འཇུག་པ་ཕྱིན་ཅི་ལོག་པ་བཞི་ནི། གཏི་མུག་ཚངས་པ་གཙང་སྦྲ་ཆོས་སུ་སྨྲ་སྟེ། བསམ་གཏན་ཕྱི་མ་ལས། འདག་ཆལ་དག་གིས་བགོས་པའི་གོས། །དྲི་མ་མེད་པར་འགྱུར་བ་བཞིན། །ལུས་ལ་མཆོད་སྦྱིན་གྱིས་བགོས་ལ། །འབབ་སྟེགས་བཀྲུས་པ་དེ་ཡིས་དག །ཅེས་པའི་ཚུལ་གྱིས་བྱ་རྒྱུད་དོ། །ཞེ་སྡང་ཁྱབ་འཇུག་འཚེ་བ་ཆོས་སུ་སྨྲ་བའི་དོན་དུ་སྤྱོད་རྒྱུད་དེ། ལེགས་པར་གྲུབ་པ་ལས། རྒྱལ་རིགས་ལ་ནི་རྒྱལ་རིགས་དང་། །བྲམ་ཟེ་ལ་ནི་བྲམ་ཟེ་བསད། །རྣམ་སྣང་མངོན་བྱུང་ལས། ཨེ་མ་ཧོ་གསོད་པ་འདི་ནི་བཟང་། །བསད་པས་བྱང་ཆུབ་ཐོབ་པར་བྱེད། །ཅེས་སོ། །ང་རྒྱལ་བརྒྱ་བྱིན་རྗེས་སུ་གཟུང་བའི་ཕྱིར་རྣལ་འབྱོར་རྒྱུད་དེ། །དབང་ཕྱུག་འཁོར་པ་ལྔ་ཡི་རྒྱུད། །རྣལ་འབྱོར་ཡང་དག་བཤད་པ་འོ། །ཞེས་སོ། །འདོད་ཆགས་ཅན་དབང་ཕྱུག་ནི་འདོད་ཆགས་ཆོས་སུ་སྨྲ་སྟེ། གཱཾ་ཧཾ་བུད་མེད་མེ་ཡིན་ཏེ། །དེ་ཡི་ཉེ་གནས་ཐབ་ཁུང་ཡིན། །ཞེས་པ་འདུལ་བ་བླ་མར་གསུངས་ཏེ། གསང་འདུས་ལས། བུད་མེད་གཟུགས་དང་མདངས་བཟང་མ། །ལོ་གྲངས་བཅུ་དྲུག་ལོན་པ་ལ། །བྱིན་གྱིས་བརླབས་ཏེ་ལན་གསུམ་དུ། །དབེན་པར་མཆོད་པར་རབ་ཏུ་བརྩམས། །

གཉིས་པ་རྣམ་གྲངས་སོ་སོར་ངེས་པ་ལ་ཕྱི་ནང་གཉིས་སོ། །དང་པོ་ལ་གསུམ། བྱ་སྤྱོད་རྣལ་འབྱོར། དང་པོ་ལ་གཉིས། ངེས་ཚིག་ནི་ཀྲི་ཡ་སྟེ། ཁྲུས་དང་གཙང་སྦྲ་གཙོ་བོར་སྟོན་པ་བྱ་རྒྱུད་དེ། དབྱེ་ན་གསུམ་ལས། གཞི་ཆོས་རྣམས་ངོ་བོ་ཉིད་མེད་པར་རྟོགས་ནས་ལྷ་ཡེ་ཤེས་སེམས་དཔའ་རྒྱལ་པོ་ལྷ་བུ་ལ་དངོས་གྲུབ་འདོད་པའི་གཞིར་བྱེད་དོ། །ལམ་ནི་ལྷ་བསྐྱེད་ནས་མཆོད་པ་འབུལ་བས་དེ་ཁོ་ན་ཉིད་ལ་སོགས་པས་དཀའ་སྤྱད་དང་གཙང་སྦྲའི་རང་བཞིན་ལ་བརྟེན་ནོ། །འབྲས་བུ་མི་ཚེ་བཅུ་དྲུག་ན་སངས་རྒྱས་ནས་བྱང་ཆུབ་ཐོབ་པར་འདོད་དེ། ཀུན་བྱེད་ལས། ཀྲི་ཡས་བདག་དང་ལྷ་གཉིས་རྗེ་ཁོལ་ཚུལ། །མི་ཚེ་བཅུ་དྲུག་འབད་པས་གྲོལ་བ་ཐོབ། །ཞེས་སོ། །སྤྱོད་པའི་རྒྱུད་ལའང་གཉིས། ངེས་ཚིག་ཨུ་པ་ཡ་སྟེ་སྤྱོད་པ་ཀྲི་ཡ་དང་མཐུན་ཞིང་སྒོམ་པ་ཡོ་ག་དང་མཐུན་ནས་གཉིས་བཅས་ཀྱི་ཐེག་པ་ཞེས་སོ། །དབྱེ་ན་གསུམ། གཞི་ངོ་བོ་ཉིད་མེད་པའི་ཤེས་རབ་དང་ལྷ་གཉིས་དམ་ཚིག་པ

དང་ཡེ་ཤེས་པའི་ཚུལ་དུ་མཉམ་པར་འདོད་པའི་ཐབས་ལ་དངོས་གྲུབ་འདོད་པའི་རྟོགས་པའོ། །ལམ་དེ་ལྟར་བསྒོམ་ཞིང་ཀྲི་ཡ་ལྟར་གཙང་སྦྲ་སྤྱོད་པས་མི་ཚེ་བདུན་ནས་གྲོལ་བར་འདོད་པ་འབྲས་བུ་སྟེ། ཕྱི་མ་ལས། ཨུ་པ་བདག་དང་ལྷ་གཉིས་མཉམ་པོར་མཐོང་། །གྲོགས་པོའི་ཚུལ་གྱིས་དངོས་གྲུབ་སྟེར་འདོད་པ། །མི་ཚེ་བདུན་ན་གྲོལ་བའི་དངོས་གྲུབ་ཐོབ། །ཅེས་སོ། །རྣལ་འབྱོར་གྱི་རྒྱུད་ལའང་གཉིས། ངེས་ཚིག་ནི་ཡོ་ག་སྟེ་སེམས་ཀྱི་གཙོ་ལ་ལྟ་སྤྱོད་གཉིས་གྲོགས་སུ་འདོད་པའོ། །དབྱེ་ན་གསུམ་ལས། གཞི་ངོ་བོ་ཉིད་མེད་པའི་ཤེས་རབ་དང་། བདག་ལྟར་གསལ་བ་ལ་ཡེ་ཤེས་པ་ཆུ་ལ་ཆུ་བཞག་པ་ལྟར་གནས་པས་གཞིར་བྱེད་པའོ། །ལམ་དེ་ལྟར་བསྒོམ་ཞིང་གཙང་སྦྲ་ཀུན་ཏུ་སྤྱོད་པ་གྲོགས་སུ་ལྡན་པས། མི་ཚེ་གསུམ་ན་སྟུག་པོ་བཀོད་པའི་སར་གྲོལ་བར་འདོད་དེ། ཕྱི་མ་ལས། ཡོ་ག་སྟུག་པོ་བཀོད་འདོད་པ། །མི་ཚེ་གསུམ་ན་གྲོལ་བར་འདོད། །ཅེས་སོ། གསང་སྔགས་ནང་པ་གསུམ་སྟེ། དང་པོ་རྣལ་འབྱོར་པའི་རྒྱུད་ལའང་གཉིས་ལས། ངེས་ཚིག་ནི་མ་ཧཱ་ཡོ་གའི་སྒྲ་ལས་ཐབས་ཀྱི་རྣལ་འབྱོར་བསྐྱེད་པ་དང་། རླུང་གཙོ་བོར་གྲོལ་བར་བཤད་དོ། །

དབྱེ་ན་གསུམ་ལས། ཡེ་ནས་དག་པའི་ལྷའི་དཀྱིལ་འཁོར་རླུང་གི་བྱེད་པའོ། །ལམ་ནི་དེ་དག་སྒོམ་པའོ། །འབྲས་བུ་ནི་ཚེ་འདི་ཉིད་ལ་གྲོལ་བར་འདོད་པ་སྟེ། ཡེ་ཤེས་རོལ་པ་ལས། བསྐྱེད་དང་རྫོགས་པའི་རིམ་པ་ལས། །ཡེ་ཤེས་རླུང་གིས་ལས་བྱེད་ཅིང་། ནམ་མཁའི་འཇོ་བ་རབ་རྫོགས་པའི། །ཚེ་གཅིག་གིས་ནི་རབ་གྲོལ་ལོ། །ཞེས་སོ། །ཤེས་རབ་མའི་རྒྱུད་ལའང་གཉིས་ལས། ངེས་ཚིག་ནི་ཨ་ནུ་ཡོ་ག་སྟེ་ཤེས་རབ་རྫོགས་པའི་རིམ་པ་དབྱིངས་དང་ཡེ་ཤེས་གཉིས་མེད་དུ་འདོད་པའོ། །དབྱེ་ན་གཉིས་ལས། གཞི་ཡེ་ནས་དག་པ་ལྷའི་རང་བཞིན་དབྱིངས་དང་ཡེ་ཤེས་གཉིས་སུ་མེད་པའོ། །ལམ་དེ་ཉིད་སྒོམ་པའོ། །འབྲས་བུ་ཚེ་འདིར་བདེ་བ་ཆེན་པོའི་སྐུ་མངོན་དུ་བྱེད་པའོ། །ཐིག་ལེ་མཆོག་གི་རྒྱུད་ལས། འོད་གསལ་བ་ཡི་མཚན་ཉིད་འདི། །དབྱིངས་དང་ཡེ་ཤེས་གཉིས་མེད་པར། །བདེ་བ་ཆེན་པོ་སུ་བསྒོམ་པ། །འབྲས་བུ་ཚེ་འདིར་རྫོགས་སངས་རྒྱས། །ཞེས་སོ། །གཉིས་སུ་མེད་པའི་རྒྱུད་ལའང་གཉིས་ལས། ངེས་ཚིག་ནི། ཨ་ཏིའི་སྒྲ་ལས། སྐྱེ་བ་མེད་པའི་ངོ་བོ་ཉིད་ཀུན་གྱི་སྙིང་པོ་ལ་འཇུག་པས་ཆོས་ཐམས་ཅད་ཡེ་ནས་སངས་རྒྱས་པའི་དོན་ནོ། །དབྱེ་བ་ནི་གསུམ་ལས།

གཞི་སྣང་སྲིད་འཁོར་འདས་ཀྱི་ཆོས་སོ་ཅོག་ཡེ་ནས་སངས་རྒྱས་པའི་རང་བཞིན་ནོ། །ལམ་བསྐྱེད་རྫོགས་གཉིས་སུ་བླང་དོར་རེ་དོགས་ལས་འདས་པར་བྱེད་པའོ། །འབྲས་བུ་ལྷུན་རྫོགས་ཀུན་ཏུ་བཟང་པོའི་ས་ལ་དུ་ལྟ་ཉིད་ནས་གནས་པར་མཐར་ཕྱིན་པར་བྱེད་པ་སྟེ། ཐེག་པ་འདིར་ཐམས་ཅད་རྫོགས་པ་སྟེ། ལེ་ལག་ལས། མཉམ་ཉིད་དོན་རྟོགས་རང་རིག་རྒྱལ་པོ་དང་། །བླ་མེད་དོན་རྟོགས་ཐབས་ཆེན་འདི་དག་ཏུ། །རྒྱ་མཚོ་ཆེན་པོར་ཆུ་ཀླུང་ཀུན་བབས་ལྟར། །རྣམ་པར་ཐར་པ་བསམ་ཡས་མ་ལུས་འདུས། །ཞེས་སོ། །འདི་དག་ནི་སྨིན་བྱེད་དབང་གི་རིམ་པ་གཉིས། །དང་པོ་ནི། རྒྱུད་སྡེ་གང་དུ་དབང་བཞི་ཚང་བ་མི་སྟོན་ཞིང་། ཁྱད་པར་དུ་རིག་པའི་དབང་ཙམ་ལས་མི་འདོད་པ་ནི་ཕྱི་པ་སྟེ། དཔལ་ཡེ་ཤེས་གསང་བའི་རྒྱུད་ལས། བུམ་པ་ཆུ་ཡིས་དབང་བསྐུར་བས། །བྱ་བའི་རྒྱུད་ལ་ཞུགས་པ་སྟེ། །ཅོད་པན་གྱིས་ནི་དབང་བསྐུར་བས། །སྤྱོད་པའི་རྒྱུད་ལ་ཞུགས་པ་ཡིན། །རྡོ་རྗེ་དྲིལ་བུ་བྱིན་པ་ཡིས། །རྣལ་འབྱོར་རྒྱུད་དུ་རྟོགས་པ་དང་། །ཞེས་སོ། །ཡེ་ཤེས་ཐིག་ལེ་ལས། ཆུ་ཡི་དབང་བསྐུར་ཅོད་པན་དབང་། །བྱ་བའི་རྒྱུད་ལ་རབ་ཏུ་གྲགས། །རྡོ་རྗེ་དྲིལ་བུ་དེ་བཞིན་མིང་། །སྤྱོད་པའི་རྒྱུད་ལ་རབ་ཏུ་གསལ། །ཕྱིར་མི་ལྡོག་པ་ཡི་ནི་དབང་། །རྣལ་འབྱོར་རྒྱུད་དུ་གསལ་བར་བྱ། །དེ་ནས་དྲུག་གི་བྱེ་བྲག་དབང་། །དེ་ནི་སློབ་དཔོན་དབང་ཞེས་བྱ། །རྣལ་འབྱོར་བླ་མ་ཡི་ནི་མཚན། །གསང་བ་ཡི་ནི་དབང་རྒྱལ་བཤད། །ཤེས་རབ་ཡེ་ཤེས་བླ་ན་མེད། །བཞི་པ་དེ་ལྟར་དེ་བཞིན་ནོ། །ཞེས་བུམ་པའི་དབང་ཡན་ཆད་ཕྱི་པའོ། །རྒྱུད་སྡེ་གང་དུ་དབང་བཞི་རྫོགས་པར་བསྐུར་བ་ནང་པ་ཡིན་ཏེ། གསང་བ་འདུས་པ་ལས། བུམ་པའི་དབང་བསྐུར་དང་པོ་སྟེ།། གཉིས་པ་གསང་བའི་དབང་བསྐུར་དང་། །གསུམ་པ་ཤེས་རབ་ཡེ་ཤེས་ཏེ། །བཞི་པ་དེ་ཡང་དེ་བཞིན་ནོ། །ཞེས་སོ། །

གསུམ་པ་འབྲས་བུ་ལ་གཉིས་ཏེ། ངེས་ཚིག་དང་དབྱེ་བའོ། །དང་པོ་བིདྱཱ་དྷ་ར་ཞེས་པས། བིདྱཱ་དྷ་ནི་རིག་པ་སྟེ། ཤེས་རབ་ཡེ་ཤེས་ཀྱི་སངས་རྒྱས་ཀྱི་གདུང་ངོ་། །དྷ་ར་ནི་འཛིན་ཞིང་འཆང་བ་སྟེ། དོན་ལ་སློབ་པ་པའམ་ལྡན་པ་ཡིན་ནོ། །གཉིས་པ་ལ་གཉིས་ཏེ། དབྱེ་བ་སྤྱིར་བསྟན་པ་དང་། རང་བཞིན་བྱེ་བྲག་ཏུ་བཤད་པའོ། །དང་པོ་ནི། དྲི་མེད་བཤགས་རྒྱུད་ལས། རྣམ་སྨིན་ཚེ་དབང་ཕྱག་རྒྱ་ལྷུན་གྱིས་གྲུབ། །ཅེས་པས། རྣམ་པར་སྨིན་པའི་རིག་འཛིན་ནི། ཚེ་ལ་དབང་བའི་རིག་

འཛིན། ཕྱག་རྒྱ་ཆེན་པོའི་རིག་འཛིན། ལྷུན་གྱིས་གྲུབ་པའི་རིག་འཛིན་ནོ། །དང་པོ་མཚན་ཉིད་གསུམ་ལྡན་ཏེ། ཡི་དམ་ལྷའི་རྣལ་འབྱོར་དུ་སྨིན་པ། ལུས་རྣམ་སྨིན་གྱི་གཟུགས་ལས་གནས་མ་གྱུར་པ་ལུས་རྒྱུ་དང་བྲལ་ནས་ཕྱག་རྒྱ་ཆེན་པོའི་སྐུ་ཐོབ་པ་སྟེ། རྫམ་གློག་ལས། ཡིད་ཀྱིས་ལྷ་ཡི་གཟུགས་བཟུང་ཞིང་། །ལུས་ཀྱི་རྒྱ་མདུད་གྲོལ་གྱུར་ནས། །ཕྱག་རྒྱའི་སྐུ་ཉིད་གསལ་གྱུར་པ། །ལུས་རྒྱུ་དང་བྲལ་ནས་ཕྱག་རྒྱ་ཆེན་པོའི་སྐུ་ཐོབ་པ་སྟེ། །ཞེས་སོ། །གཉིས་པ་ནི། རྣམ་སྨིན་གྱི་ལུས་རྡོ་རྗེ་ལུས་སུ་གྱུར་ཏེ་དེ་ཉིད་མ་སྤངས་པར་སངས་རྒྱས་ཀྱི་ས་ལ་སྦྱོར་བས་ཕུང་པོའི་ཟག་པ་མེད་ཅིང་ཡེ་ཤེས་ཀྱི་བློ་སྐྱེས་པ་སྟེ། ལུས་དང་ཕུང་པོར་བཅས་པ་ཡི། །གནས་པར་དབང་བའི་རིགས་གྲུབ་ཕྱིར། །ལྷག་རྫོགས་འབྱུང་ལས་ལུས་བཅས་འདས། །ཟག་བཅས་ཟད་པའི་རིགས་ཆེན་ཏེ། །ཇི་ལྟར་བཅད་ཀྱང་བཟློག་པ་མིན། །རང་དབང་ཐོབ་པའི་དབུགས་དབྱུང་ཕྱིར། །སྐབས་སུ་བདེན་པ་བར་མ་མཐོང་། །ཞེས་སོ། །

གསུམ་པ་ནི་རང་གི་ལུས་གང་བསྒོམ་པའི་ཆ་བྱད་དུ་དབང་གྱུར་པ་སྟེ། ཞུས་ལན་ལས། རང་ལུས་རྒྱལ་བའི་ཕྱག་རྒྱ་ཆེ། །བསྒོམ་པས་མངོན་དུ་གྱུར་པའི་ལྷ། །མཚན་དང་དཔེ་བྱད་མངོན་ཤེས་ལྡན། །ཕྱག་རྒྱ་ཆེན་པོའི་རིག་འཛིན་གྲགས། །ཞེས་སོ། །འོ་ན་སངས་རྒྱས་དངོས་སུ་གྱུར་མོད་སྙམ་ན༏ ད་དུང་སྒྲིབ་པ་མཐའ་དག་དང་མ་བྲལ་བས་བསྒྲུབ་དགོས་ཏེ། འདི་ལྟར་མངོན་རྟོགས་རྒྱན་ལས། སངས་རྒྱས་ཉིད་ནི་ཐོབ་པ་དང་། །ཞེས་པས། དང་པོ་སངས་རྒྱས་ཐོབ་པར་བཤད་ཀྱང་། ས་ལྷག་མའི་དྲི་མ་སྦྱང་དགོས་པར་གསུངས་པ་བཞིན་དུ་འདིར་ཡང་ཤེས་པར་བྱ་སྟེ། རྡོ་རྗེ་ལས། བྱང་ཆུབ་ཕྱག་རྒྱའི་ཆ་ལུགས་སྐུ། །མཚན་དང་དཔེ་བྱད་ལ་སོགས་པས། །ཆ་ལུགས་མངོན་དུ་གྱུར་ན་ཡང་། །ཞི་བ་དེ་ཉིད་མཐོང་བ་མིན། །ཞེས་སོ། །

བཞི་པ་ནི་སྤངས་པ་དང་། རྟོགས་པ་མཐར་ཕྱིན་པས་སངས་རྒྱས་ཏེ། རྡོ་རྗེ་ལས། སྔ་མའི་རིགས་ལས་མཐུ་རྫོགས་པས། །བཤད་པ་བཞིན་དུ་དྲི་མ་སྦྱངས། །སངས་རྒྱས་པ་ཡི་ཤེས་རབ་གསུམ། །ལྷུན་གྱིས་གྲུབ་པའི་རིག་འཛིན་ནོ། །ཞེས་སོ། །གཉིས་པ་རང་བཞིན་དབྱེ་བྲག་ཏུ་བཤད་པ་ལ་བཞི་སྟེ། རྣམ་པར་འཕྲུལ་པའི་སྐྱེ་བ། ཟག་པ་མེད་པའི་བསྡུས་ཚུལ། ཕ་རོལ་ཕྱིན་པའི་རྫོགས

ཚུལ། མཐར་ཐུག་པའི་རྫོགས་ཚུལ་ལོ། །དང་པོ་ནི་རིག་འཛིན་དེ་དག་གིས་འགྲོ་བའི་དོན་དུ་མིའི་གཙོ་བོ་འཁོར་ལོས་སྒྱུར་བའི་རྒྱལ་པོ་དང་། ལྷའི་གཙོ་བོ་ཚངས་པ་དང་བརྒྱ་བྱིན་ལ་སོགས་པ་དང་། ཚངས་པ་ཆེན་པོའི་སྐྱེ་བར་སྤྲུལ་ནས་གང་ལ་གང་འདུལ་གྱི་དོན་བྱེད་དོ། །ཁ་ཅིག་རྣམ་སྨིན་གྱིས་མི། ཚེ་དབང་གིས་ལྷ། ཕྱག་རྒྱ་ཆེན་པོས་ཚངས་པ། ལྷུན་གྲུབ་ཀུན་གྱི་རོལ་བར་བཞེད་དེ་འགལ་བ་མེད་དོ། །གཉིས་པ་ལ་རྣམ་སྨིན་ཚོགས་སྦྱོར་བ་མཐར་ཐུག་གིས་དང་། ཚེ་དབང་མཐོང་ལམ་མན་ཆད་སློབ་པའི་ས་དང་། ཕྱག་རྒྱ་ཆེན་པོ་འཕགས་པའི་ཡེ་ཤེས། མཐོང་སྒོམ་གྱི་རྟོགས་པ་ཁྱད་པར་ཅན་གྱི་ས་དང་། ལྷུན་གྲུབ་སངས་རྒྱས་ཀྱི་སས་བསྡུས་ཀྱང་། དེ་ཐམས་ཅད་ཕྱོགས་གཅིག་ཏུ་ཁྱད་པར་གྱིས་བསྡུས་ཏེ། དེར་ངེས་པར་མཐོང་དུ་བྱེད་པ་སྟེ། དཔེར་ན་ལྕགས་ཀྱུས་ཟིན་པའི་ཉ་ཆུ་ནང་ན་ཡོད་ཀྱང་སྐམ་སར་བཏོན་པ་དང་འདྲའོ། །དེ་ཡང་འཕགས་པའི་ཡེ་ཤེས་ཀྱི་ཆ་ནས་ཕྱག་རྒྱ་ཆེན་པོ་དང་། སྐྱེ་ཤི་མེད་པའི་ཆ་ནས་ཚེ་དབང་དུ་བཏགས་པའོ། །གཞན་ཡང་སར་ཆུད་པ། ས་ལ་གནས་པ། སར་སྨིན་པ་སྟེ་གསུམ་དུའང་བཤད་དེ། །ཁ་ཅིག་དང་པོ་ཚེ་དབང་ཕྱག་རྒྱ་བརྒྱད་པ་ལྷུན་གྲུབ་བཅུ་པར་འདོད་པ་ནི་སྒྱུ་འཕྲུལ་གྱི་དགོངས་པ་མ་ཡིན་ཏེ། དེ་ཚེ་བཅུ་དྲུག་ཡན་ཆད་ཀྱི། སྐུ་ལྔ་ལྷུན་གྱིས་རྫོགས་པ་ནི། །ཞེས་པ་དང་། ལུས་མ་བོར་སངས་རྒྱས་པ། །ཞེས་ལྷུན་གྲུབ་སངས་རྒྱས་སུ་བཤད་པ་དང་འགལ་ཞིང་ཚེ་དབང་དང་ཕྱག་རྒྱའི་མཚན་ཉིད་མ་ཆད་པར་སྣང་ངོ་། །གསུམ་པ་ནི་རིམ་གྱིས་པས་ཕ་རོལ་ཕྱིན་པ་བཅུ་རིམ་གྱིས་སྦྱངས་ཤིང་ས་བཅུ་འཕར་བར་སྟོན་ལ། ཅིག་ཅར་པས་མྱུར་དུ་རྫོགས་པ་སྟེ། དེའང་ཆོས་ཐམས་ཅད་ལ་ཡོངས་སུ་འཛིན་པ་མེད་པ་དང་སྦྱིན་པས་ཕ་རོལ་ཕྱིན་པ་འབྲས་བུ་དང་བཅས་པ་རྩོལ་བ་མེད་པར་ལྷུན་གྲུབ་ཀྱིས་རྫོགས་པར་བསྟན་ཏོ། །དེ་བཞིན་དུ་མཉམ་ཉིད་དུ་རིགས་པས་གོས་པ་མེད་པ་དང་བླང་དོར་མེད་པ་ནི་ཚུལ་ཁྲིམས་སོ། །འཁྲུགས་པ་མེད་པ་དང་ཡེ་ཤེས་ཀྱི་མཚན་ཡོངས་སུ་རྫོགས་པ་ནི་བཟོད་པའོ། །ཉམས་པ་མེད་པ་དང་བྱ་སྦྱོར་ཚོགས་སུ་འགྱུར་བ་ནི་བརྩོན་འགྲུས། དབང་པོ་ཡུལ་ལ་འཇུག་ཀྱང་མཉམ་ཉིད་ལས་མི་གཡོ་ཞིང་ཆོས་ཀྱི་རང་བཞིན་ལ་གནས་པ་ནི་བསམ་གཏན་ནོ། །རང་བཞིན་ཕྱིན་ཅི་མ་ལོག་པ་རྟོགས་པས་དངོས་པོ་དང་མཚན་མར་འཛིན་པ་ལས་འདས་པ་ནི་ཤེས་རབ་བོ། །བདག་ཀྱང་གཞན་དོན་དུ་འགྱུར་

བ་ཐབས་སོ། །ཞིང་དང་སྤྱོད་ཡུལ་ཡང་དག་ཏུ་འགྱུར་བ་ནི་སྨོན་ལམ་མོ། །མི་མཐུན་པའི་ཕྱོགས་ཀྱིས་ཡོངས་སུ་མི་བརྗི་བ་ནི་སྟོབས་སོ། །དོན་ཇི་ལྟ་བ་བཞིན་རྟོགས་པ་ནི་ཡེ་ཤེས་ཏེ། ཕ་རོལ་ཏུ་ཕྱིན་པ་ས་བཅུ་ལྡན་གྱིས་རྫོགས་པས་ས་བཅུ་པ་དང་། རིང་མོ་ཞིག་ཏུ་སྦྱངས་མི་དགོས་པར་མྱུར་དུ་རྫོགས་པར་འགྱུར་རོ། །ཡོན་ཏན་ནི་ས་དང་པོ་སྐད་ཅིག་སྔ་ཕྱི་མེད་བཞིན་དུ་སངས་རྒྱས་བརྒྱའི་ཞལ་བལྟ་བ་ལ་སོགས་པ་བརྒྱ་ཕྲག་བཅུ་གཉིས་མངོན་དུ་བྱེད་དེ། ཕལ་པོ་ཆེ་ལས། ཏིང་འཛིན་བརྒྱ་དང་སངས་རྒྱས་བརྒྱ་རྣམས་མཐོང་བྱེད་ཅིང་། །ཞིང་བརྒྱ་བསྐྱོད་ཅིང་རབ་ཏུ་སྣང་བྱེད་ཀུན་ཏུ་འགྲོ། །སེམས་ཅན་བརྒྱ་སྨིན་ཆོས་ཀྱི་སྒོ་ལ་འགོད་པར་བྱེད། །བསྐལ་པ་བརྒྱར་འཇུག་ལུས་བརྒྱ་རབ་ཏུ་སྟོན་པར་བྱེད། །རྒྱལ་བའི་སྲས་ཀྱང་བརྒྱ་ཡི་གྲངས་ཚང་རབ་ཏུ་སྟོན། །དེ་ཡི་གོང་ན་སྨོན་པ་སྟོབས་ལྡན་ཚད་ཀྱང་མེད། །ཅེས་སོ། །དེ་བཞིན་དུ་ས་གཉིས་པར་སྟོང་ཕྲག་བཅུ་གཉིས། གསུམ་པར་འབུམ་ཕྲག་བཅུ་གཉིས། བཞི་པར་བྱེ་བ་བརྒྱ་ཕྲག་བཅུ་གཉིས། ལྔ་པར་བྱེ་བ་སྟོང་ཕྲག་བཅུ་གཉིས། དྲུག་པར་བྱེ་བ་ཁྲག་ཁྲིག་བཅུ་གཉིས། བདུན་པར་ཁྲག་ཁྲིག་འབུམ་ཕྲག་བཅུ་གཉིས། བརྒྱད་པར་སྟོང་ཆེན་འབུམ་ཕྲག་གཅིག་གི་རྡུལ་གྱི་གྲངས་དང་མཉམ་པ། དགུ་པར་འབུམ་ཕྲག་བཅུའི་རྡུལ་དང་མཉམ་པ། བཅུ་པར་བརྗོད་དུ་མེད་པའི་གྲངས་དང་མཉམ་པའི་སངས་རྒྱས་ཀྱི་ཞལ་བལྟ་བ་དང་། ཆོས་ཉན་པ་དང་། ཞིང་གཡོ་བར་བྱེད་པ་དང་། འོད་ཀྱིས་གསལ་བར་བྱེད་པ་དང་། ཞིང་དེ་དག་ཏུ་འགྲོ་བ་དང་། སེམས་ཅན་སྨིན་པར་བྱེད་པ་དང་། ཆོས་སྒོ་འབྱེད་པ་དང་། ཏིང་ངེ་འཛིན་ལ་མཉམ་པར་འཇོག་པ་དང་། དུས་སྐད་ཅིག་མ་གཅིག་སྐལ་པ་དུ་མར་སྟོན་ཞིང་། བསྐལ་པ་དུ་མར་སྐད་ཅིག་མ་ཅིག་སྟོན་པ་དང་། སྔོན་དུ་ཕྱི་མའི་མཐའ་དེ་སྙེད་ལ་གཟིགས་པ་འཇུག་པ་དང་། རང་གི་ལུས་སངས་རྒྱས་ཀྱི་སྐུ་དུ་མར་འཕྲུལ་པ་དང་། དེ་རེ་རེ་ལའང་འཁོར་དུ་མས་བསྐོར་བར་སྟོན་པ་རྣམས་སྐད་ཅིག་སྔ་ཕྱི་མེད་པར་འབྱུང་ངོ་། །

བཞི་པ་མཐར་ཐུག་པའི་ཐོབ་ཚུལ་ནི། དེ་ལྟར་ས་བཅུ་རྫོགས་ནས་འོད་ཟེར་མང་པོ་བཀྱེ་སྟེ་སེམས་ཅན་གྱི་དོན་མཛད་པ། བཅུ་གཅིག་ཀུན་ཏུ་འོད་ཀྱི་ས་དང་། ཡེ་ཤེས་ཀྱི་སྣང་བ་དང་། ཐུགས་རྗེ་ཆེན་པོས་ཆགས་པ་མེད་པ་བཅུ་གཉིས་མ་ཆགས་པདྨ་ཅན་གྱི་ས་དང་། ཆོས་ཐམས་ཅད་དབང་

མཐར་ཐུག་པ་ལྷུན་གྱིས་རྫོགས་པ་བཅུ་གསུམ་རྡོ་རྗེ་འཛིན་པའམ། ཡི་གེ་འཁོར་ཚོགས་ཆེན་ནམ། ཁྱད་པར་ཆེན་པོའམ། རིག་པ་འཛིན་པའི་ས་ཞེས་བྱ་བ་ལྷུན་གྱིས་རྫོགས་པའོ། །དེ་ཡང་ས་བཅུ་གསུམ་པ་འདི་ཉིད་ཆོས་སྐུ་སྒྲིབ་དང་བྲལ་བའི་ཆ་ནས་ཁྱད་པར་ཆེན་པོ་དེའི་ངང་ལས་ལོངས་སྐུའི་འཆར་གཞི་བྱེད་པས་ཡི་གེ་འཁོར་ཚོགས་ཆེན། དེ་ཉིད་ཀུན་གྱི་བླ་མ་ཡིན་པས་རྡོ་རྗེ་འཛིན་པ། ཡེ་ཤེས་མཐར་ཐུག་གི་ངོ་བོ་ཡིན་པས་རིག་པ་འཛིན་པ་ཞེས་ཡོན་ཏན་གྱི་ཆ་ནས་དེ་སྐད་དུ་གྲགས་སོ། །

ས་འདི་དག་ལ་སྐབས་ཀྱི་གདང་བུ་ལྟར་མཐོ་དམན་ཡོད་པ་མ་ཡིན་ཏེ། སངས་རྒྱས་གཅིག་གི་ངོ་བོ་ལ་སྐུ་གསུམ་གྱི་ཆ་ནས་དེ་སྐད་ཅེས་བརྗོད་དོ། །ཡོན་ཏན་གྱིས་ཕྱེ་བའི་དེ་དང་དེ་ལས་མང་བར་ཡང་གསུངས་ཏེ་བདེ་བ་ཚད་མེད་པ་བཅུ་བཞི་པ་བདེ་བ་ཆེན་པོ། བཅོ་ལྔ་པ་ཏིང་ངེ་འཛིན། བཅུ་དྲུག་པ་ཡེ་ཤེས་བླ་མ་ཞེས་གྲགས་ཤིང་། དོན་གྱི་ངོ་བོ་ལ་གྲུབ་བསལ་མེད་པ་གཅིག་ཏུའང་བཤད། ཀུན་ཏུ་བཟང་པོ་དབྱེ་བ་མེད་པ་རྫོགས་པ་ཆེན་པོ་ས་གཅིག་པ་སྟེ། ཀུན་བྱེད་ལས། གཅིག་ནི་ཀུན་བྱེད་བྱང་ཆུབ་སེམས་ཀྱི་ས། །ཞེས་སོ། འབྲས་བུ་བཤད་ཟིན་ཏོ།། །།

སྤྱི་དོན་གཉིས་པ་ཐུན་མོང་མ་ཡིན་པ་ལ་གསུམ་སྟེ་རྫོགས་པ་ཆེན་པོ་སྡེ་གསུམ་གྱི་རྣམ་གྲངས་བཀོད་པ། རྒྱུད་ཀྱི་འཆད་ཐབས་བསྟན་པ། མཇུག་དགེ་བ་བསྔོ་བའོ། །དང་པོ་ལ་གཉིས་ལས། འོག་མ་ལས་འཕགས་ཚུལ་ཁྱད་པར་ཅན་གྱི་གསང་ཆེན་ཉིད་བཤད་དོ། །དང་པོ་ནི། བྱང་ཆུབ་སེམས་ཀུན་བྱེད་རྒྱལ་པོ་ལྟ་བ་ནམ་མཁའ་དང་མཉམ་པའི་རྒྱུད་ལས། ཀྱེ་སེམས་དཔའ་ཆེན་པོ་འདི་ཉོན་ཅིག འཁོར་གྱི་སྟོན་པ་རྣམས་གསུམ་གྱིས། །བསྟན་པ་གསུམ་ནི་གོལ་སྒྲིབ་མེད། །དེ་ཡང་ཇི་ལྟ་བུ་ཞེ་ན། ངེས་པར་ཐོབ་པའི་ཐེག་པ་དྲུག །རྫོགས་པ་ཆེན་པོ་གོལ་སར་བསྟན། །ཞེས་པ་ནས། རྫོགས་པ་ཆེན་པོ་རྒྱུ་འབྲས་གཉིས་ལྟར་ན། ཨ་ནུ་ཡོ་གར་གོལ་བར་བཤད། །ཅེས་སོ། །འོན་ཇི་ལྟ་བུ་ཞེ་ན། ཀྱེ་སེམས་དཔའ་ཆེན་པོ། རྫོགས་པ་ཆེན་པོའི་ལྟ་སྤྱོད་ནི། །རྒྱུ་འབྲས་གྲུབ་དང་མི་འདྲ་སྟེ། །ལྟ་སྤྱོད་བྱང་ཆུབ་སེམས་འདི་ནི། །ནམ་མཁའ་ལྟ་བུའི་རང་བཞིན་ཏེ། །ཞེས་དང་། ལྟ་བ་སྒོམ་མེད་དམ་ཚིག་བསྲུང་དུ་མེད། །ས་ལ་སྦྱང་མེད་ལམ་ལ་བགྲོད་དུ་མེད། །ཕྲིན་ལས་རྩོལ་མེད་དབང་ལ་བསྐུར་དུ་མེད། །སྒོ་གསུམ་རྩོལ་མེད་དཀྱིལ་འཁོར་བསྐྱེད་དུ་མེད། །རྒྱུ་འབྲས་གཉིས་མེད་ནམ་མཁའ་ལྟ

བུ་འོ། །ཞེས་དང་། གང་ཟག་བླང་དོར་བྱེད་པ་དེས། །བྱང་ཆུབ་ནམ་ཁའ་དེ་མི་འགྲུབ། །བླང་ཞིང་དོར་བ་གོལ་སྒྲིབ་བོ། །ཞེས་སོ། །

གཉིས་པ་ཁྱད་པར་ཅན་གྱི་གསང་ཆེན་ཉིད་བཤད་པ་ལ་སྐོར་གསུམ་སྟེ། ཕྱི་སེམས་སྡེ། ནང་ཀློང་སྡེ། གསང་བ་མན་ངག་གི་སྡེའི་སྐོར་དེ་ལའང་བགོད་པ་ཆེན་པོ་ལས། འོན་ཀྱང་རང་ཉིད་འདས་འོག་ཏུ། །འདི་ལྟར་རྣམ་པར་སྣང་བར་འགྱུར། ཡིད་ཅན་རྣམས་ལ་སེམས་ཀྱི་སྡེ། །ནམ་མཁའ་ཅན་ལ་ཀློང་གི་སྡེ། །རིམ་རྩོལ་བྲལ་ལ་མན་ངག་སྡེ། ཞེས་སོ། །དེ་འང་ཕྱི་ནང་གི་ཆོས་རྣམས་དོན་གཞན་ནམ་དཀྱིལ་འཁོར་ལ་སོགས་པ་མཐའ་གཅིག་ཏུ་ཞེན་པ་རྣམས་ལ་གཉིས་འཛིན་རང་རྒྱུད་པ་སྤང་པའི་ཕྱིར་ཐམས་ཅད་རང་བྱུང་ཡེ་ཤེས་ཀྱི་རོལ་པ་སྟེ། མ་དག་པའི་སྣོད་བཅུད་དང་བཅས་པ་སེམས་ཀྱི་འཁྲུལ་སྣང་དག་པ་མྱང་འདས་ཀྱི་སྣང་བ་དང་རོལ་པར་བསྟན་པས་གཉིས་མེད་མཐའ་གྲོལ་ཆེན་པོར་དབྱིངས་སུ་སྦྱུད་པའི་དགོས་པ་ཡོད་དོ། །

གཉིས་པ་རྒྱུད་ཀྱི་འཆད་ཐབས་བསྟན་པ་ལ་གཉིས་ཏེ། ངོ་བོ་ངོས་བཟུང་བ། འཆད་ཐབས་དང་གཉིས་སོ། མུ་ཏིག་ཕྲེང་བ་ལས། ཨེ་མ་ཧོ་རྡོ་རྗེ་འཛིན་པ་ཉོན། །དེ་ཉིད་རྣམ་པར་བཤད་བྱ་བ། དོན་གྱི་རྒྱུད་དང་སེམས་ཀྱི་རྒྱུད། །ཅེས་པའི་དོན་གྱི་རྒྱུད་ལའང་ཐབས་རྒྱུད་དང་། རང་བཞིན་གྱི་རྒྱུད་གཉིས། དང་པོ་ལའང་མཚོན་བྱ་ཐབས་ཀྱི་རྒྱུད་དང་། མཚོན་བྱེད་ཐབས་ཀྱི་རྒྱུད་དོ། །དེའང་དེ་ཉིད་ལས། གཞི་གཅིག་ངོ་བོའི་ཁྱད་པར་ལས། མཚོན་བྱ་དང་ནི་མཚོན་བྱེད་མེད། །ཅེས་སོ། །

གཉིས་པ་རང་བཞིན་གྱི་རྒྱུད་ནི། རིག་པ་རང་འོད་སྒྲོན་མ་དང་བཅས་ཏེ། དེ་ཉིད་ལས། དེ་བཞིན་གཤེགས་པའི་རང་བཞིན་ནི། །རྒྱུད་ཀྱི་སྙིང་པོ་རབ་ཏུ་དབྱེ། །འཁོར་དང་འདས་པ་གང་གིས་ཀྱང་། །འདི་ཉིད་ཤེས་པ་མ་ཡིན་ཏེ། །མི་འགྱུར་རྡོ་རྗེའི་རང་བཞིན་ཅན། །རང་རྒྱུད་མཚོན་པའི་གཞི་གཅིག་པའི། །རང་བཞིན་སྟོང་པ་ཉིད་དུ་གཅིག །རྫོགས་པའི་སངས་རྒྱས་བསྐྱེད་པའི་ཡུམ། །ཞེས་སོ། །གཉིས་པ་ཚིག་རྒྱུད་འཆད་པ་ནི། བཤད་ཐབས་ཀྱི་མན་ངག་མང་ནའང་། འདིར་གསང་ཆེན་བླ་ན་མེད་པའི་རྒྱུད་བཅུ་བདུན་གྱི་དགོངས་པའི་རྗེས་སུ་འབྲངས་ནས་ཆིངས་ཆེན་པོ་ལྔ་དང་ཡན་ལག་བཞིས་ཤེས་པར་བྱ་བ་ནི། ཉི་ཟླ་ཁ་སྦྱོར་ལས། ལོ་རྒྱུས་དོན་གྱིས་མ་བཤད་ན། །གསང་

ཆེན་ངེས་པའི་བཀའ་འདི་ལ། ཡིད་མི་ཆེས་པའི་སྐྱོན་དུ་འགྱུར། །རྒྱ་བའི་དོན་གྱིས་མ་བཤད་ན། ། ཆོས་རྣམས་རིག་པར་མི་འདུས་པས། །མཐའ་ཡས་པ་ཡི་སྐྱོན་དུ་འགྱུར། །ཡོ་གའི་དོན་གྱིས་མ་བཤད་ན༑ ༑ཐེག་པའི་རྣ་ཤན་མི་ཕྱེད་པས། །ཆེ་ཆུང་རིག་པ་དོན་མེད་འགྱུར། །ཚིག་གི་དོན་གྱིས་མ་བཤད་ན། །རྒྱུད་རྣམས་རིམ་པར་གསལ་བའི་ཚིག །འབྲུས་མི་ཚོམ་པའི་སྐྱོན་དུ་འགྱུར། །དགོས་ཆེན་དོན་གྱིས་མ་བཤད་ན། །རྫོགས་ཆེན་བྱ་བརྩལ་མེད་པ་ལ། དོན་མེད་པ་ཡི་སྐྱོན་དུ་འགྱུར། ། ཞེས་སོ། །ཡན་ལག་བཞི་ནི་རིག་པ་རང་གྲོལ་ལས། ཁྱུང་ཆེན་མཁའ་ལྡིང་ལྟ་བུའི་བློས། །དོན་གྱི་ཁོག་རྣམས་ཕུབ་སྟེ་བཤད། །སྟག་མོ་འཚོངས་སྟངས་ཤེས་རབ་བློས། །དོན་གྱི་ས་ཆེན་བཅད་དེ་བཤད། །རུས་སྦྲུལ་ནུར་འགྲོས་ལྟ་བུའི་བློས། །ཡི་གེའི་འབྲུ་རྣམས་ཚོམ་པར་བཤད། །ཅེས་པ་དོན་གྱི་ཁོག་དབུབ། དཀྱུས་ཀྱི་ས་བཅད། ཚིག་གི་དོན་བཤད། མན་ངག་གི་དོན་བསྡུ་བ་དང་བཞིའོ། ། ཕུན་ཚོགས་པ་ལྔའི་ཆིངས་ཀྱིས་འཆད་དགོས་ཏེ། དེ་ཡང་ཐུན་མོང་མ་ཡིན་པ་དང་། ཐུན་མོང་གི་གླེང་གཞི་གང་རུང་ཅིག་ལས་མི་འབྱུང་ལ། འདིར་རང་བཞིན་རྫོགས་པ་ཆེན་པོ་གསང་ཆེན་ངེས་པའི་རྒྱུད་རྣམས་ཐུན་མོང་མ་ཡིན་པ་དང་། ཐུན་མོང་བ་གཉིས་སུ་འབྱུང་བ་ནི། ཆོས་དབྱིངས་དོན་གྱི་འོག་མིན་དུ། རང་བྱུང་གི་རིག་པའི་སྟོན་པ་འཕོ་འགྱུར་མ་མཆིས་པ། ཆོས་བླང་བ་དང་དོར་བ་མེད་པའི་རང་བཞིན། འཁོར་རང་ལས་ཐ་མི་དད་པ་ཡེ་ཤེས་རོལ་པའི་འཁོར་ཏེ། ཉིད་ལ་ཉིད་ཆེད་དུ་གླེང་བས་འདི་སྐད་བདག་གིས་བཤད་པའམ་བསྟན་པའི་དུས་གཅིག་ན་ཞེས་འབྱུང་ལ། ཚིག་གི་རྒྱུད་དེ་ཉིད་གང་དུ་བྱུང་བས་ཉམས་སུ་ལེན་པའི་སྐབས་སུ་དོན་སྟུད་ཐ་དད་འབྱུང་བ་ལ་འདི་སྐད་བདག་གིས་ཐོས་པ་དུས་གཅིག་ན་ཞེས་གླེང་གཞི་གཉིས་སུ་བཀའ་སྩལ་པ་ཡིན་ནོ། །དེ་དག་ཅུང་ཟད་མདོར་བསྡུས་པས་ཀྱང་གསང་ཆེན་སྔགས་ལ་སློབ་པའི་རིམ་པ་མདོར་བསྟན་ཙམ་ཞིག་གོ་ནུས་པའི་དབང་དུ་བྱས་ནས་བློ་གྲོས་དང་རྩོལ་པ་དམན་པ་འགའི་དོན་དུ་བསྟན་པའོ། །དེ་ལྟར་རྒྱུད་དོན་ཟབ་ཅིང་རྒྱ་ཆེའི་འཕགས་བློས་སྤྱོད་ཡུལ་གནས་ཅན་མཆོ། །མཁའ་ལྟར་རབ་ཞི་རྟོག་པ་ཀུན་བྲལ་གཟོད་ནས་འདུས་མ་བྱས། །ཇི་སྙེད་ཇི་བཞིན་གཟིགས་པའི་གསང་ཆེན་ཤིན་ཏུ་རྨད་བྱུང་མཐའ་ཡས་གང་། །རྒྱལ་བའི་ཐུགས་རྗེས་འགྲོ་ལ་སྣང་བྱའི་གནས་རིའི་ཁྲིད་འདིར་ཅུང་ཟད་གསལ། །འདི་ལྟའི་དགེ་བ་འོད་དཀར་རྟོག་མེད་དེས། །རབ་

རིབ་རྨོངས་པའི་འགྲོ་བ་མ་ལུས་པ། །འོད་གསལ་གདོད་མའི་སྣང་བ་མངོན་གྱུར་ནས། །ཕྱམ་གཅིག་འགྱུར་མེད་ཞིང་ལ་སྤྱོད་པར་ཤོག །ཚུལ་འདི་སྐལ་བཟང་སློབ་བུའི་མཆོག་གྱུར་པ། །བློ་བཟང་དགེ་བའི་འབྱུང་གནས་དམ་པ་དང་། །དད་ལྡན་གཙོང་ཕོད་སྲི་ཞུའི་མཆོག་གྱུར་པ། །ཤཱཀྱ་ཡེ་ཤེས་བཟང་པོས་བསྐུལ་བའི་ངོར། །ཇི་བཞིན་དོན་གཉིས་སྤྱོད་པའི་རྣལ་འབྱོར་པས། །རྒྱུད་དོན་ཟབ་མོ་རང་བཞིན་མངོན་ཕྱུང་ནས། །གངས་རི་ཐོད་དཀར་རིན་ཆེན་སྙིང་པོའི་མགུལ། །ཨོ་རྒྱན་རྫོང་ཞེས་བྱ་བའི་གནས་སུ་བཀོད། །སྔགས་ཀྱི་སྤྱི་དོན་ཚངས་དབྱངས་འབྲུག་སྒྲ་ཞེས་བྱ་བ། །

དཔལ་ཨོ་རྒྱན་གྱི་སློབ་དཔོན་བློ་ལྡན་མཆོག་སྲེད་ཀྱིས་རྗེས་སུ་བཟུང་ཞིང་སྔགས་དང་ཕ་རོལ་ཏུ་ཕྱིན་པའི་ཆོས་ཚུལ་རྒྱ་མཚོ་ལ་མང་དུ་ཐོས་ཤིང་ལེགས་པར་སྦྱངས་པའི་མི་ཏོག་རྒྱུན་ཆགས་པས་བློའི་པད་མཚོ་གང་བར་བྱས་པ། ཐེག་པ་མཆོག་གི་རྣལ་འབྱོར་པ་ཀློང་ཆེན་རབ་འབྱམས་ཀྱིས། འབྲུག་གི་ལོ་དབྱར་ཟླ་ར་བའི་ཚེས་བརྒྱད་བཀྲ་ཤིས་ཀྱི་ཉི་མ་ཤར་བ་ལ་ལེགས་པར་བགྱིས་པའོ། །མངྒ་ལཾ།། །།

༄༅། །མ་ཧཱ་སནྡྷི་བཛྲ་ཏ་མོ་ཧླཱ་ན་ཧྲཱིཿད་ཡ་མནྟྲ་སྭཱ་ར་ཨནྟྲ་བི་ཤུདྡྷ་ཏ་མོ་ས་ཏ་ན་མ་བི་ཛ་ཏ་ར།

མནྟྲ་ཡཱ་ནཿ

༄༅། །རྫོགས་པ་ཆེན་པོ་འོད་གསལ་རྡོ་རྗེ་སྙིང་པོའི་ལམ་མཆོག ། སྡོམ་གསུམ་བསྟན་པའི་སྒྲོན་མེ་ ཞེས་བྱ་བ་བཞུགས་སོ། །

རིག་འཛིན་ཀུན་བཟང་ཤེས་རབ།

རྒྱ་གར་སྐད་དུ། མ་ཧཱ་སནྡྷི་བཛྲ་ཏ་མོ་ཧླཱ་ན་ཧྲཱིཿ ད་ཡཾ་མནྟྲ་སྭཱ་ར་ཨནྟྲ་བི་ཤུདྡྷ་ཏ་མོ་ས་ཏ་ན་མ། བོད་སྐད་དུ། རྫོགས་པ་ཆེན་པོ་འོད་གསལ་རྡོ་རྗེ་སྙིང་པོའི་ལམ་མཆོག་སྡོམ་གསུམ་བསྟན་པའི་སྒྲོན་མེ་ཞེས་བྱ་བ། བླ་མ་དང་ཐམས་ཅད་མཁྱེན་པ་ལ་ཕྱག་འཚལ་ལོ། །སྟོན་པ་ཀུན་གཟིགས་འཇིག་རྟེན་གསུམ་མགོན་བཅོམ་ལྡན་ལྷ་ཡི་ལྷར་གྱུར་པ། །བཅོམ་གསེར་མདོག་འདྲ་བ་མཚན་དཔེས་རབ་སྤྲས་དྲི་མེད་ཟླ་བའི་ཞལ། །རང་བཞིན་རྡུལ་བྲལ་སྒྲིབ་མེད་ཐུགས་མངའ་ལྷ་མིའི་མཆོད་སྡོང་ཟས་གཙང་སྲས། །ནམ་མཁའི་མཐའ་ཀླས་འགྲོ་ཁམས་རྗེས་མཐུན་རིམ་གསུམ་ཆོས་འཁོར་བསྐོར་དེར་འདུད། །རང་བྱུང་འཆི་མེད་སྐུ་གསུམ་རྣམ་འགྲོས་འགྲོ་འདྲེན་རིག་འཛིན་པད་མའི་རྒྱལ། །རྒྱལ་སྲས་མཚུངས་མེད་སྲིད་གསུམ་རྣམ་འདྲེན་འདྲེན་མཆོག་རྨད་བྱུང་སྤྲུལ་པའི་སྐུ། །སྐུ་བཞི་དབྱེར་མེད་ཡེ་ཤེས་རྣམ་རོལ་རོལ་པ་མ་འགགས་ལྷུན་གྱིས་རྫོགས། །རྫོགས་པ་བླ་མེད་བྱང་ཆུབ་རྣམ་གྲོལ་གྲོལ་ལམ་སྟོན་མཆོག་ཁྱོད་ཕྱག་འཚལ། །སྟོན་བྱོན་རྒྱལ་བའི་གཤེགས་ཤུལ་ཞི་གྱུར་ཆགས་བྲལ་དམ་པའི་ཆོས། །བླ་མེད་བྱང་གྲོལ་ཡོངས་དག་ལམ་གྲོགས་འཕགས་ཚོགས་དགེ་འདུན་དང་། །འདུལ་འཛིན་སེམས

དཔའ་གསེར་རིའི་ཁྲེང་ལྟར་རིམ་བྱོན་རྒྱ་བོད་ཀྱི། །དགྲ་བཅོམ་ལོ་པཎ་མཁས་གྲུབ་བརྒྱུད་བཅས་བླ་མ་དམ་པ་མཆོད། །རྒྱ་ཆེན་ཐེག་པའི་བྱེ་བྲག་བགྲང་ཡས་ཀྱང་། །མདོ་སྔགས་རྒྱུད་སྡེའི་ཟབ་གནད་དགུ་སྒྲིལ་ཆོས། །ཐེག་པ་རིམ་དགུར་མ་འདུས་ཡེ་མེད་གསུངས། །དེ་ཡི་ཡང་བཅུད་གནད་དྲིལ་སྡོམ་པ་གསུམ། །རྫོགས་ཆེན་ཨ་ཏིའི་རིང་ལུགས་ཉེ་ལམ་སྟེ། །དེའང་གང་ཟག་གཅིག་གིས་རྒྱུད་ཐོག་ཏུ། །སྡོམ་གསུམ་སོ་སོའི་ཆོ་ག་ལ་བརྟེན་ནས། །རིམ་གྱིས་ཐོབ་ནས་ཚང་ལ་མ་ནོར་བར། །གསུམ་ཀ་གདན་ཐོག་གཅིག་ཏུ་བསྲུང་བའི་ཚུལ། །མདོར་བསྡུས་འགྲེལ་ཆགས་གོ་བདེ་བལྟས་ཆོག་བཀོད། །ལྷ་དང་བླ་མས་བཀའ་གནང་བྱིན་གྱིས་རློབས། །

དེ་ལའང་སྤྱི་དོན་དང་པོ་སྡོམ་གསུམ་སྤྱིའི་མཚན་ཉིད་མདོ་ཙམ་བཤད་པ་དང་། བྱེ་བྲག་སོ་སོའི་བསྲུང་ཚུལ་རྒྱས་པར་བཤད་ཅིང་གནད་ཀྱི་དམིགས་བསལ་གསལ་བར་སྟོན་པ་དང་གཉིས་ལས། དང་པོ་ནི། འོ་སྐོལ་གྱི་སྟོན་པ་ཐབས་མཁས་ཤིང་ཐུགས་རྗེ་ཆེ་བ་ཤཱཀྱའི་རྒྱལ་པོ་དེ་ཉིད་མ་ག་དྷ་རྡོ་རྗེའི་གདན་དུ་མངོན་པར་རྫོགས་པར་སངས་རྒྱས་པའི་ཚུལ་བསྟན་ནས་རིགས་གསུམ་གྱི་གདུལ་བྱ་ལ་དགོངས་ནས་བཀའ་འཁོར་རིམ་པ་གསུམ་བསྐོར་བའི་ཆོས་སྡེ་སྣོད་རིན་པོ་ཆེ་གསུམ་དང་རྒྱུད་སྡེ་བཞི་གཞན་ཡང་སྟོན་པ་འདི་ཉིད་བསྐལ་པ་དཔག་ཏུ་མེད་པའི་སྔོན་རོལ་ནས་མངོན་པར་བྱང་ཆུབ་སྟེ། ཆོས་ཀྱི་སྐུ་ལས་མ་གཡོས་བཞིན་དུ་ལོངས་སྐུ་དང་སྤྲུལ་སྐུ་དང་ཆོས་སྐུའི་ཚུལ་དང་གང་ལ་གང་འདུལ་གྱི་སྐུར་བཞེངས་ནས། གདུལ་བྱའི་ཉོན་མོངས་པ་ཇི་སྙེད་འདུལ་བའི་གཉེན་པོར་དེ་སྙེད་ཀྱི་ཆོས་གསུངས་པ་རྣམས་མདོར་བསྡུ་ན་སྡོམ་པ་གསུམ་དུ་འདུ་སྟེ། དེའང་སངས་རྒྱས་ཀྱི་བསྟན་པའི་གཞི་མ་སོ་ཐར་གྱི་སྡོམ་པ་དང་། བསྟན་པའི་གཞུང་ལམ་བྱང་ཆུབ་སེམས་དཔའི་བསླབ་བྱ་དང་། བསྟན་པའི་སྙིང་པོ་རིག་འཛིན་སྔགས་ཀྱི་སྡོམ་པ་སྟེ་དེ་གསུམ་ཀ་དང་ལྡན་པ་ལ་སངས་རྒྱས་ཀྱི་བསྟན་པ་ཞེས་གསུངས་ཏེ། སློབ་དཔོན་པདྨས། སྡོམ་གསུམ་སངས་རྒྱས་བསྟན་པ་ཡིན། །ཞེས་གསུངས། དེ་ཡང་སོ་ཐར་གྱི་སྡོམ་པས་གཞན་གནོད་གཞི་དང་བཅས་མི་མཐུན་པའི་ཕྱོགས་ཀྱི་ཉེས་པ་མཐའ་དག་སྤོང་བ་དང་། བྱང་སེམས་སྡོམ་པས་ནི་དེའི་སྟེང་དུ་གཞན་ཕན་གྱི་དགེ་བ་མཐུན་ཕྱོགས་མཐའ་དག་བསྒྲུབ་པ་དང་། དེའི་སྟེང་དུ་སྔགས་སྡོམ་གྱི་རང་གི་སེམས་རྫོགས་པར་བྱེད་པ་སྟེ།

སྡིག་པ་ཅི་ཡང་མི་བྱ་ཞིང་། །དགེ་བ་ཕུན་སུམ་ཚོགས་པར་སྤྱོད། །རང་གི་སེམས་ནི་ཡོངས་སུ་འདུལ། །འདི་ནི་སངས་རྒྱས་བསྟན་པ་ཡིན། །ཞེས་གསུངས་སོ། །

སྤྱི་དོན་གཉིས་པ་བྱེ་བྲག་སོ་སོའི་བསྲུང་ཚུལ་རྒྱས་པར་བཤད་པ་ལ་གསུམ་སྟེ། ཡོ་ག་རྡོ་རྗེ་རྩེ་མོ་ལས། སོ་སོར་ཐར་དང་བྱང་ཆུབ་སེམས། །རིག་འཛིན་སྔགས་ཀྱི་ངོ་བོའོ། །ཞེས་གསུངས་པས་དེ་ལ་སྐབས་འཛོགས་པ་ལྟར་རིམ་པ་བཞིན་དུ་མཚན་ཉིད་རྒྱུའི་ཐེག་པ་ནས་འབྲས་བུ་སྔགས་ཀྱི་ཐེག་པའི་བར་དུ་སྟེ། དེ་ལའང་དང་པོ་ཐེག་པ་ཐུན་མོང་གི་སྐྱབས་སུ་འགྲོ་བའི་སྡོམ་པ་ནས་འཇུག་དགོས་པའི་ལུང་ནི། ཨོ་རྒྱན་རིན་པོ་ཆེས་སྒྲུབ་ཆེན་གྱི་གཞུང་རྣམས་ནས། ཀྱེ་རིགས་ཀྱི་བུ་རྣམས་ཡོན་ཏན་ཐམས་ཅད་ཀྱི་གཞི་མ་དམ་པའི་ཆོས་ཐེག་པ་ཆེན་པོ་འདི་ཉིད། སྡོམ་པ་གསུམ་ལས་བྱུང་བས། དཀོན་མཆོག་གསུམ་ལ་སྐྱབས་སུ་སོང་། །ཞེས་གསུངས་སོ། །དེས་ན་གསང་སྔགས་སྙིང་མའི་ཐེག་པ་དགུའི་འཇུག་སྒོ་ལ། དང་པོ་སྡོམ་པ་དང་དམ་ཚིག་ཐམས་ཅད་ཀྱི་གཞི་རྟེན་སྐྱབས་སྡོམ་ཡིན་ཏེ། དམ་ཆོས་མངོན་པ་ལས། སྡོམ་པ་ཀུན་ལ་ཡོད་མོད་ཀྱི། །སྐྱབས་སུ་མ་སོང་བ་ལ་མེད། །ཅེས་སོ། །དེ་བཞིན་དུ་སྐྱབས་སུ་འགྲོ་བའི་སྡོམ་པ་མེད་ན་རིག་འཛིན་མན་ཆད་ཀྱི་སྡོམ་པ་མི་སྐྱེ་སྟེ། སློབ་དཔོན་པདྨས། བསྙེན་གནས་དང་། སྔགས་ཀྱི་སྡོམ་པ་མན་ཆོད་ཀྱི་ཐོག་མར་སྐྱབས་འགྲོ་གསུམ་གྱི་སྡོམ་པ་བསྐྱེད་དགོས་པས། སྡོམ་པ་མཐའ་དག་གི་རྟེན་དུ་རུང་བ་ཞེས་བགྱིའོ། །གསུངས་པ་དང་། སློབ་དཔོན་དབྱིག་གཉེན་གྱི་མངོན་པ་མཛོད་ལས་ཀྱང་། སོ་ཐར་སྡོམ་པའི་རྟེན་གང་ཞེ་ན་སྐྱབས་སུ་འགྲོ་བའོ། །འདིས་མྱ་ངན་ལས་འདས་པའི་གྲོང་ཁྱེར་དུ་འགྲོ་བའི་ལམ་སྟོན་པར་བྱེད་པས་ན་གནས་ཞེས་བྱའོ། །གཞི་ཞེས་བྱ་བ་དང་རྟེན་ཞེས་བྱ་བ་འདི་གང་ན་ཡོད་པ་ན་སོ་སོ་ཐར་པ་ཡོད་ལ། འདི་གང་ན་མེད་པ་ན་སོ་སོ་ཐར་པའི་སྡོམ་པ་མེད་དོ། །ཅེས་གསུངས་པས། སྐྱབས་སྡོམ་ལ་བརྟེན་ནས་སོ་ཐར་སྡོམ་པ། སོ་ཐར་ལས་བརྟེན་ནས་བྱང་སེམས་སྡོམ་པ། བྱང་སེམས་ལས་བརྟེན་ནས་རིག་འཛིན་སྔགས་ཀྱི་སྡོམ་པ་རྣམས་རིམ་པར་སྐྱེ་བར་བཞེད་པས། སྐྱབས་སྡོམ་ནི་སྡོམ་པ་གསུམ་པོའི་གཞིའམ་རྟེན་ནམ་རྩ་བ་ལྟ་བུར་གསུངས་སོ། །

དེ་ལའང་དང་པོ་སྡོམ་པ་མ་འཐོབ་པ་ཐོབ་པར་བྱེད་པའི་ཐབས། ཐོབ་པ་མི་ཉམས་བསྲུང་

བའི་ཐབས། ཉམས་ན་ཕྱིས་འཆོས་པའི་ཐབས་དང་གསུམ་སྟེ། དང་པོ་མ་ཐོབ་ཐོབ་པར་བྱེད་པའི་ཐབས་ཀྱི་སྡོམ་ཚིག་ལོགས་སུ་གསལ་ལ། གཞན་ཡང་དབང་ཆེ་ཕྲ་ཐམས་ཅད་ཀྱི་ཐོག་མར་སྐྱབས་སུ་འགྲོ་བའི་སྡོམ་པ་འོང་བས་གོ་སླའོ། །

འདིར་འཐོབ་པ་མི་ཉམས་བསྲུང་བའི་ཐབས་དང་། ཉམས་ན་ཕྱིས་འཆོས་པའི་ཐབས་གཉིས་སོ། །དང་པོ་ལའང་དགུ་སྟེ། དགག་པའི་བསླབ་བྱ་གསུམ། བསྒྲུབ་པའི་བསླབ་བྱ་གསུམ། ཆ་མཐུན་གྱི་བསླབ་བྱ་གསུམ་མོ། །དེ་ལ་དང་པོའི་དང་པོ་ནི། མྱ་ངན་འདས་མདོ་ལས། གང་ཞིག་སངས་རྒྱས་སྐྱབས་སོང་བ། །དེ་ནི་ཡང་དག་དགེ་བསྙེན་ཏེ། །ནམ་དུའང་ལྷ་ནི་གཞན་དག་ལ། །སྐྱབས་སུ་འགྲོ་བ་མ་ཡིན་ནོ། །ཞེས་པས། ཕྱི་རོལ་པའི་ལྷ་ཚངས་པ་དང་། ཀུ་ཡོང་དང་། ཁྱབ་འཇུག་དང་། དབང་ཕྱུག་ཆེན་པོ་ལ་སོགས་པ་འཇིག་རྟེན་གྱི་ལྷ་མཐུ་བོ་ཆེ་རྣམས་ལ་སྐྱབས་སུ་མི་འགྲོ། གཞན་ཡང་འཇིག་རྟེན་ན་དྲག་རྩལ་ཆེ་བའི་ལྷ་འདྲེ་མཐུ་བོ་ཆེ་དང་། ཀླུ་ཆེན་པོ་དང་། ཡུལ་ལྷ་གཞི་བདག་དང་མཁར་གྱི་རྩེ་ལྷ་ལ་སོགས་པ་གང་ལའང་སྐྱབས་སུ་མི་འགྲོ་སྟེ། ཁོང་རང་རྣམས་ཀྱང་འཁོར་བའི་སྡུག་བསྔལ་ལས་མ་ཐར་བའི་ཕྱིར་རོ། །དེ་དག་ལ་སྐྱབས་སུ་འགྲོ་བ་ནི་ལོག་པའི་ལྟ་བ་ཡིན་པར་རིག་པར་བྱའོ། །

གཉིས་པ་ནི། མདོ་སྡེ་མ་ལས། དམ་པའི་ཆོས་ལ་སྐྱབས་སོང་བ། །འཚེ་ཞིང་གནོད་པའི་སེམས་དང་བྲལ། །ཞེས་པས། ཆོས་ཀྱི་མཚན་ཉིད་ཞི་ཞིང་འཚེ་བ་དང་བྲལ་བ་ཡིན་པས། སྤྱིར་སྲོག་ཆགས་ཆུང་སྟེ་གྲོག་སྦུར་དང་རྗེ་ཤིག་ཡན་ཆད་ཆེ་ཕྲ་ཐམས་ཅད་ལ་འཚེ་བ་སྤང་དགོས་ཏེ། གསོད་པ་དང་། གོ་རར་འཇུག་པ། མི་ནུས་བཞིན་རྨོ་བ། མི་ཐེག་བཞིན་འགེལ་བ། ཤ་གཅོད་པ། སྣ་འབུག་པ། སྦྲུ་འབྲེག་པ། ཁྲག་འབྱིན་པ། བྲེད་སྔངས་ཆེན་པོས་འདེབས་པ་ལ་སོགས་པའི་གནོད་འཚེ་མཐའ་དག་ལུས་ངག་ཡིད་གསུམ་གྱི་སྒོ་ནས་ཅི་ནུས་ཀྱིས་སྤང་བ་ལ་བསླབ་པར་བྱའོ། །

གསུམ་པ་ནི། ཡང་སྡེ་མ་ལས། དགེ་འདུན་ལ་ནི་སྐྱབས་སོང་བ། །མུ་སྟེགས་ཅན་དང་འགྲོགས་མི་བྱེད། །ཅེས་པས། དེ་ཡང་བོད་ཀྱི་ཡུལ་འདིར་མུ་སྟེགས་དངོས་སུ་མི་འབྱུང་ཡང་། གཟུགས་ཆ་ལུགས་ཅི་འདྲར་འདུག་ཀྱང་ཆོས་དང་མི་མཐུན་པར་སྤྱོད་ན་མུ་སྟེགས་དང་འདྲ་བར་གསུངས་པས

སྲུང་དགོས་ཏེ། སློབ་དཔོན་པདྨས། ལྷ་སྤྱོད་རྟག་ཆད་དུ་འཛིན་པའི་མི་དང་འགྲོགས་ན་སྡོམ་པ་ཉམས། དེ་དང་ལྷ་སྤྱོད་མཐུན་ན་སྡོམ་པ་འཚོར་བ་ཡིན། ཞེས་གསུངས་པས། དེ་རྣམས་དང་འགྲོགས་ན་དང་པོ་དེ་རྣམས་ཀྱི་སྤྱོད་པ་ལ་མི་དགའ་ཡང་། བར་དུ་མི་དགའ་བ་མེད། ཐ་མར་རང་ཡང་དེ་ལྷ་བུར་འགྲོ་བས་རབ་ཏུ་བསྒྲིམ་སྟེ་སྲུང་བར་བྱའོ། །གཞན་ཡང་མི་སྡིག་ལ་ཧམས་པ་རྣམས་སུ་སྡེགས་དང་མཐུན་པ་ཡིན་པས་ཅི་ནུས་ཀྱི་སྲུང་དགོས་པར་གསུངས་སོ། །

གཉིས་པ་བསྒྲུབ་པའི་བསླབ་བྱ་གསུམ་གྱི་དང་པོ་ནི། སངས་རྒྱས་ལ་སྐྱབས་སུ་སོང་ན་ཐ་ན་སླཙྪ་དུམ་བུ་ཡན་ཆད་ལ་གུས་པ་སྒྲུབ་ཞེས་པས། སངས་རྒྱས་ཀྱི་སྐུའི་རྟེན་ལུགས་སུ་བླུགས་པ་དང་རིས་སུ་བྲིས་པ་འབུར་དུ་བཏོད་པ་རྣམས། བཤིག་པ་དང་། གཏའ་མར་འཇོག་པ་དང་། རིན་ཐང་གཅོད་པ་ལ་སོགས་པའི་མ་གུས་པ་མི་བྱ་བར་གུས་པ་སྒྲུབ་དགོས་ཏེ། ཐ་ན་སླཙྪའི་ཆག་དུམ་ཙམ་དང་བྲིས་པས་རྩེད་མོ་ལ་བྱས་པའི་སྐུ་གཟུགས་ཙམ་ལའང་སངས་རྒྱས་དངོས་ཀྱི་འདུ་ཤེས་བཞག་ནས་ཕྱག་མཆོད་བཀུར་སྟི་བྱེད་འོ་བརྒྱལ་བའི་གནས་རྣམས་སུ་གཞུགས་མི་འཇུག་ཅིང་འབྱུང་བཞིའི་གནོད་པས་མི་འཇིག་པར་བྱའོ། །

གཉིས་པ་ནི། ཆོས་ལ་སྐྱབས་སུ་སོང་ན་ཆོས་ཡི་གེ་འབྲུ་གཅིག་ཡན་ཆད་ལ་གུས་པ་སྒྲུབ་ཞེས་པས། དེ་བཞིན་གཤེགས་པའི་གསུང་པོ་ཏི་གླེགས་བམ་ལ་སོགས་པ་ཉོ་ཚོང་དང་། གཏའ་མར་འཇོག་པ། རིན་ཐང་གདབ་པ། ཚིག་དོན་ལ་བཟང་ངན་དབྱེ་བ་ལ་སོགས་མ་གུས་པར་མི་བྱ་སྟེ། ལྷའི་དབང་པོས་ཞུས་པའི་མདོ་ལས། ཁ་ཕྱིར་ཚོང་དང་དྲག་ཕྱིར་བསླུ། །དེ་ཡི་གཅོད་སྤྱོངས་བྱེད་པ་རྣམས། །མནར་མེད་ལ་སོགས་དམྱལ་བར་ནི། །སྐྱེས་བུ་མདའ་འཕངས་བཞིན་དུ་འགྲོ། །ཞེས་དང་། རྣམ་པར་ཐར་པ་ཐམས་ཅད་བསྟུས་པའི་མདོ་ལས། འཇམ་དཔལ་དམ་པའི་ཆོས་སྤོང་བའི་ལས་ཀྱི་སྒྲིབ་པ་ནི་ཤིན་ཏུ་ཕྲ་སྟེ། དེ་བཞིན་གཤེགས་པས་གསུངས་པའི་ཆོས་ལ་ལ་ནི་བཟང་བར་འདུ་ཤེས། ལ་ལ་ནི་ངན་པར་འདུ་ཤེས་ན་དམ་པའི་ཆོས་སྤངས་པའོ། །དེ་བཞིན་དུ། འདི་ནི་རིགས་སོ། །འདི་ནི་མི་རིགས་སོ། །ཞེས་དང་། འདི་ནི་བྱང་ཆུབ་སེམས་དཔའི་བསླབ་པའོ། །འདི་ནི་བྱང་ཆུབ་སེམས་དཔའི་བསླབ་པ་མ་ཡིན་ནོ་ཞེས་པ་སོགས་སྨྲ་བར་མི་བྱ་སྟེ། སྔ་མ་ལས། འཇམ་དཔལ་དམ་པའི་ཆོས་སྤངས

པ་དེས་ནི་དེ་བཞིན་གཤེགས་པ་ལ་སྐུར་པས་བཏབ་པ་ཡིན་ནོ། །སངས་རྒྱས་མཐོང་བར་མི་འདོད་པ་ཡིན་ནོ། །དེ་ནི་དམྱལ་བ་ན་གནས་པ་དེ་མཐར་ཕྱིན་པར་ངེས་མི་སླུའོ། །ཞེས་གསུངས་པས། རྒྱལ་བའི་བཀའ་ལུང་ཚད་མ་རྣམས་ལ་མ་གུས་པའི་ཚིག་དེ་དག་མི་སྨྲ་བ་དང་། ཆོས་ཀྱི་རྟེན་ཐ་ན་གསུང་རབ་ཀྱི་ཡི་གེ་འབྲུ་གཅིག་ཡན་ཆད་ལ་ཆོས་དཀོན་མཆོག་དངོས་ཀྱི་འདུ་ཤེས་བཞག་ནས་ཕྱག་མཆོད་བཀུར་སྟི་བྱེད་པ་དང་། འོ་བརྒྱལ་བའི་གནས་རྣམས་སུ་བཞུགས་མི་འཇུག་ཅིང་འབྱུང་བཞིའི་མི་འཇིག་པར་བྱའོ། །

གསུམ་པ་ནི། དགེ་འདུན་ལ་སྐྱབས་སུ་སོང་ན་ཐ་ན་དགེ་འདུན་གྱི་གཟུགས་ཐང་ཤམ་ཙམ་ལྷན་པ་ཡན་ལ་གུས་པ་སྐྱབས་ཞེས་པས། དགེ་འདུན་ནི་འདོད་ཆགས་མེད་པ། ཞེ་སྡང་མེད་པ། གཏི་མུག་མེད་པའི་དགེ་བ་བསྒྲུབ་པ་དང་སྤྱོད་པ་དང་ཉམས་སུ་ལེན་པ་དང་། འཛིན་པ་རྣམས་ཡིན་ཏེ། དམ་པའི་ཆོས་པད་མ་དཀར་པོའི་མདོ་ལས་དགེ་འདུན་ནི་ཆོས་ལ་སྤྱོད་པའོ། །ཞེས་གསུངས་པས། དེ་ལྟ་བུའི་དགེ་འདུན་ལ་ངན་སྨྲས་དང་སྐུར་འདེབས་དང་ཙོ་འདྲི་དང་བརྙས་པ་དང་རྩོད་པ་ལ་སོགས་མི་བྱ་ཞིང་དད་གུས་དང་ཕྱག་དང་ཞེ་ས་དང་མཆོད་པ་དང་། ཐ་ནའང་ལྷན་པ་སེར་པོ་གྲུ་བཞི་བཏབ་པ་ཡན་ཆད་ལ་དགེ་འདུན་དཀོན་མཆོག་དངོས་ཀྱི་འདུ་ཤེས་བཞག་ནས་བསྙེན་བཀུར་བ་ལ་བསླབ་པར་བྱའོ། །

གསུམ་པ་ཆ་མཐུན་གྱི་བསླབ་བྱ་གསུམ་གྱི་དང་པོ་ནི། དུས་དུས་སུ་དཀོན་མཆོག་མཆོད་པ་ལ་བརྩོན་ཞེས་དང་། རྟག་ཏུ་ཅི་ཟ་ཅི་འཐུང་ཕུད་ཀྱིས་མཆོད་ཞེས་པས། དུས་ཆེན་བཞི་དང་། ཟླ་གཅིག་དུས་དང་ཉ་སྟོང་བརྒྱད་གསུམ་དང་ཚེས་བཅུ་དང་ཉེར་དགུ་དང་ཉི་ཟླ་གཟའ་ཟིན་སོགས་ལ་དཀོན་མཆོག་གི་མཆོད་པ་གྲུབ་ཚད་ལ་འབད་པ་དང་། རྟག་ཏུ་ཅི་ཟ་ཅི་འཐུང་གིས་ཕུད་དང་ཐ་ནའང་ཆུ་གཙང་མ་ཧུབ་རེ་འཐུང་ཡང་དེའི་ཕུད་དཀོན་མཆོག་མཆོད་པ་ལ་བསླབ་པར་བྱའོ། །དེ་ཡང་རང་ལ་རྒྱུ་ཅི་ཙམ་འབྱོར་པ་བཞིན་དཀོན་མཆོག་ལ་མཆོད་པའང་དེ་བཞིན་རྒྱུ་ཅི་ཆེ་ལ་བསླབ་པར་བྱ་སྟེ་རྒྱུ་ལས་མ་གཏོད་པའི་མཆོད་པ་མི་བཏུབ་པས་ཉིན་ཞག་ཕྲུག་རེ་ལའང་མཆོད་པ་གཙང་མ་ཚར་རེ་བཟོ་བ་ཡན་ཆད་ཅི་འགྲུབ་འགྲུབ་ལ་བསླབ་པར་བྱའོ། །

གཉིས་པ་ནི། ནང་ནུབ་སྐྱབས་འགྲོ་ལ་བརྩོན་ཞེས་པས། རབ་ཉིན་མཚན་དུས་དྲུག་གམ་ནང་རེ་ནུབ་རེ་བཞིན་སྐྱབས་འགྲོ་བརྒྱ་རྩ་རེ། འབྲིང་ཉིན་ཞག་ཕྱུག་རེ་ལ་བརྒྱ་རྩ་རེ། ཐ་ནའང་ནང་ནུབ་བདུན་གསུམ་བདུན་གཉིས་ཡང་ཐ་བདུན་རེ་ཡན་ལ་ཆགས་མེད་དུ་བསླབ་པར་བྱའོ། །དེའི་ཕན་ཡོན་ཡང་། འཕགས་པ་ཉི་མ་འཁོར་ལོའི་མདོ་ལས། སངས་རྒྱས་སྐྱབས་སུ་སེམས་ཅན་སུ་འགྲོ་བ། །བདུད་རྣམས་བྱེ་བས་བསད་པར་མི་ནུས་ཏེ། །ཚུལ་ཁྲིམས་འཆལ་ཞིང་བློ་ནི་འཁྲུལ་ཟེན་ཀྱང་། །དེ་ནི་ངེས་པར་སྐྱེ་བའི་ཕ་རོལ་འགྲོ། །ཞེས་དཀོན་མཆོག་གསུམ་ཀ་ལ་སྦྱར་ནས་གསུངས་པ་སོགས་ཕན་ཡོན་བརྗོད་ལས་འདས་ཀྱང་གཞུང་རྣམས་སུ་གསལ་ལ་འདིར་མ་སྤྲོས་སོ། །

གསུམ་པ་ནི། ན་ཚ་སྡུག་བསྔལ་ཅི་བྱུང་ཡང་དཀོན་མཆོག་གསུམ་མ་གཏོགས་ཐབས་གཞན་མི་བཙལ་ཞེས་པས། ལུས་ལ་ན་ཚ། སེམས་ལ་སྡུག་བསྔལ་ལ་སོགས་པ་མི་མཐུན་པའི་རྐྱེན་ཅི་བྱུང་ཡང་བདེ་བ་མེད་པའི་སར་མི་བཙལ་ཡོད་པའི་སར་བཙལ་བར་བྱ་དགོས་པར་གསུངས་པས། དང་པོ་མཎྜལ་དང་མཆོད་པ་ལྷ་ལ་སོགས་བཤམས་ལ་དཀོན་མཆོག་གསུམ་ལ་ཕུལ་ཏེ་སྐྱབས་འགྲོ་ཅི་འགྲུབ་ཀྱི་མཐར། བླ་མ་དམ་པ་རྡོ་རྗེ་འཛིན་པ་ཆེན་པོ་ལ་སོགས་པ་སངས་རྒྱས་དང་བྱང་ཆུབ་སེམས་དཔའ་ཐམས་ཅད་བདག་ལ་དགོངས་སུ་གསོལ། བདག་གིས་ནད་དང་གནོད་པ་རྐྱེན་ངན་བར་ཆད། འབྱུང་པོ་མི་དང་མི་མ་ཡིན་པའི་གནོད་པ་ཐམས་ཅད་མི་འབྱུང་ཞིང་ཞི་བ་དང་། བཀྲ་ཤིས་བདེ་ལེགས་ཕུན་སུམ་ཚོགས་པར་འབྱུང་བར་མཛད་དུ་གསོལ། ཞེས་གསོལ་བ་གདབ་བོ། །གཞན་ཡང་དཀོན་མཆོག་ལ་མཆོད་པ་ཅི་འགྲུབ་དང་། དགེ་འདུན་ལ་བསྙེན་བཀུར་བྱ་བ། གསུང་རབ་བཀླག་པ། སྣ་ཚོགས་གདབ་པ། ཆོས་སྐྱོང་དང་འབྱུང་པོ་ལ་གཏོར་མ་བཏང་བ་ལ་སོགས་ཚོགས་བསགས་ཚད་ཀྱང་སྐྱབས་འགྲོའི་རྒྱུར་འགྲོ་བས་ཅི་མང་དུ་བྱ། གལ་ཏེ་དེས་ཀྱང་མ་ཕན་ན། དཀོན་མཆོག་ལ་བྱིན་རླབས་མི་འདུག །ཆོས་མི་བདེན་པ་ཡིན་འདུག་སྙམ་པའི་ལོག་ལྟ་སྐྱེ་མི་རུང་། བདག་རང་གིས་ལས་ངན་ཟད་པའི་དུས་ན་སོས་ཏེ་ཡང་སྙོམས་དུ་བསམས། མོ་ཐོན་རྩིས་སོགས་གཞན་མི་བཙལ་བར་སྐྱབས་འགྲོ་འབའ་ཞིག་ལོ་འབད་པར་བྱའོ། །ཞེས་གསུངས་སོ། །གཞན་ཡང་ཕྱོགས་དང་ཕྱོགས་མཚམས་གར་འགྲོ་ཡང་དཀོན་མཆོག་གསུམ་མ་གཏོགས་སྐྱབས་གཞན་མི་བཙལ་ཏེ། དཀོན་མཆོག

ལ་མཆོད་པ་ཕུལ་ལ་ཕྱི་ནང་གི་བར་ཆད་མི་འབྱུང་ཞིང་འདོད་པའི་དོན་ཐམས་ཅད་འགྲུབ་པར་གསོལ་བ་གདབ། བྱེ་བྲག་ཕྱོགས་གང་དུ་འགྲོ་བ་དེའི་ལྷ་ལ་གསོལ་བ་བཏབ་ན་ཕྱི་ནང་གི་བར་ཆད་གང་གིས་ཀྱང་མི་ཚུགས་ཏེ། སང་ལྷ་བུ་ཤར་དུ་འགྲོ་ན་དེ་རིང་ལྷ་བུ་ནས་མཆོད་པ་དང་མཎྜལ་བཤམས་ལ། ཕྱོགས་དེའི་སངས་རྒྱས་དང་བྱང་ཆུབ་སེམས་དཔའ་ལ་སྐྱབས་འགྲོ་ཅི་འགྲུབ་ཀྱི་རྗེས་ལ་གསོལ་བ་གདབ་པ་ནི། ན་མོ་བླ་མ་རྡོ་རྗེ་འཛིན་པ་ལ་སོགས་པ་སངས་རྒྱས་དང་བྱང་ཆུབ་སེམས་དཔའ་ཐམས་ཅད་བདག་ལ་དགོངས་སུ་གསོལ། བདག་ས་ཕྱོགས་ཚུགས་འདི་ཚུན་ཆད་དུ་འགྲོ་བས། ཚུར་མ་འཁོར་གྱི་བར་དུ་མི་དང་མི་མ་ཡིན་པའི་བར་ཆོད་མི་འབྱུང་ཞིང་། བཀྲ་ཤིས་བསམ་དོན་འགྲུབ་པར་མཛད་དུ་གསོལ། ཞེས་གསོལ་བ་གདབ་ལ་འགྲོ། དེ་རིང་མ་གྲུབ་ན་ཡང་ནམ་འགྲོ་བའི་ཚེ་དེ་ལྟར་བྱའོ། །ཕྱོགས་གང་དོན་ཅི་འདྲ་གཅིག་གཉེར་དུ་འགྲོ་ཡང་། དཀོན་མཆོག་གསུམ་མ་བརྗེད་པར་བྱའོ། །ཞེས་སློབ་དཔོན་པདྨས་གསུངས་སོ། །གཞན་ཡང་རྒྱལ་མཚན་དམ་པའི་མདོ་ལས། གཙུག་ལག་ཁང་སྟོང་པའམ། རིའི་ཕུག་གམ། ནགས་ཚལ་ལམ། དུར་ཁྲོད་ལ་སོགས་པ་འཇིགས་ཤིང་སྐྱི་གཡའ་བའི་གནས་དེ་དག་ཏུ་དགྲ་དང་ཆོམ་རྐུན་དང་གཅན་གཟན་ལ་སོགས་པའི་འཇིགས་པ་མཐོང་ན་སངས་རྒྱས་ཡིད་ལ་དྲན་པ་དང་། ཆོས་ཡིད་ལ་དྲན་པ་དང་། དགེ་འདུན་ཡིད་ལ་དྲན་པ་ཙམ་གྱིས་འཇིགས་པ་ཐམས་ཅད་ལས་སྐྱོབས་པར་འགྱུར་ཏེ། ཐ་ན་ཆོས་གོས་དུར་སྨྲིག་དྲན་པ་ཙམ་གྱིས་ཀྱང་འཇིགས་པ་ལས་ཐར་བར་འགྱུར་རོ། །ཞེས་གསུངས་སོ། །དེ་ལྟར་དཀོན་མཆོག་གསུམ་ལ་སྐྱབས་སུ་འགྲོ་བའི་ཕན་ཡོན་དྲན་པར་བྱས་ནས་དུས་གསུམ་དུ་དཀོན་མཆོག་གསུམ་ལ་སྐྱབས་འགྲོ་དང་མཆོད་པ་རིམ་གྲོ་བྱ་དགོས་ཏེ། མདོ་ལས། ཚོང་དཔོན་ལས་དང་པོ་པའི་བྱང་ཆུབ་སེམས་དཔས་ཉིན་གཅིག་བཞིན་དུ་སྙིང་ཐག་པ་རུས་པའི་གཏིང་ནས་སེམས་ཅན་ཐམས་ཅད་ཀྱི་དོན་དུ་དུས་གསུམ་དུ་དཀོན་མཆོག་གསུམ་ལ་མཆོད་པ་རིམ་གྲོའི་བྱ་བ་མི་གཏང་བར་བྱའོ། །ཚོང་དཔོན་གྱི་བུ་གཞན་ཡང་ལས་དང་པོ་པའི་བྱང་ཆུབ་སེམས་དཔས་སྙིང་ཐག་པ་རུས་པའི་གཏིང་ནས་སེམས་ཅན་ཐམས་ཅད་ཀྱི་དོན་དུ་དཀོན་མཆོག་གསུམ་ལ་སྐྱབས་སུ་འགྲོ་བའི་ཡི་དམ་མི་གཏང་བར་བྱའོ། །ཞེས་གསུངས་སོ། །

སྤྱི་དོན་གསུམ་པ་ཉམས་ན་ཕྱིས་འཚོས་པའི་ཐབས་ལ་འང་། སྐྱོན་ཡོན་དང་། གཏང་ཐོབ་དང་། འཚོས་ཐབས་དངོས་དང་གསུམ་ལས། དང་པོ་ནི། དཔེར་ན་རྒྱལ་པོ་གང་གིས་བཀའ་འོག་ན་ཡོད་པ་དེའི་ཁྲིམས་ལས་མ་འདས་ན་རྗེས་དང་བྱ་དགའ་ཐོབ་ཅིང་འདས་ན་ཆད་པ་རབ་འབྲིང་ཐ་གསུམ་ཕོག་པ་བཞིན་དུ། སངས་རྒྱས་ཀྱི་གསུང་བཞིན་སྐྱབས་སུ་འགྲོ་བའི་བསླབ་བྱ་དགུ་པོ་དེ་དག་ཉམས་ན་རབ་རྫོགས་པའི་སངས་རྒྱས་ཐོབ། འབྲིང་ཉན་ཐོས་དང་རང་སངས་རྒྱས་ཐོབ། ཐ་མའང་མཐོ་རིས་གསུམ་གྱི་བདེ་བ་ཐོབ་པ་ཡིན་ལ། ཉམས་ན་ངན་སོང་གསུམ་གྱི་ཆད་པ་ཕོག་པའོ། །དེས་ན་རྟག་ཏུ་འཁོར་བའི་ཉེས་དམིགས་དྲན་པའི་སྒོ་ནས་བུ་གཅིག་པོ་དགྲ་ལག་ཏུ་ཚུད་པའི་ཕ་མ་བཞིན་སེམས་ཅན་ཐམས་ཅད་ཀྱི་དོན་དུ་སྐྱབས་སུ་འགྲོ་བ་ལ་བསླབ་པ་དང་། སྐྱེས་བུ་དམ་པ་ལ་བརྟེན་ནས་ཆོས་ཀྱི་རྗེས་སུ་འཇུག་ཅིང་ཆོས་དང་མཐུན་པར་སྤྱོད་པ་ལ་བསླབ་པར་བྱའོ། །

གཉིས་པ་སྐྱབས་སུ་འགྲོ་བའི་སྡོམ་པའི་གཏོང་ཐོབ་ཀྱི་དུས་གང་ཞེ་ན། ཐོབ་པའི་དུས་ནི་འཆི་བ་མི་རྟག་པ་རྒྱུད་ལ་སྐྱེས་ནས་ལས་རྒྱུ་འབྲས་ལ་ཡིད་ཆེས་པས་འཁོར་བའི་ཉེས་དམིགས་མཐོང་བས། ངེས་པར་དཀོན་གསུམ་ལ་སྐྱབས་སུ་འགྲོ་བའི་བསམ་པ་སྐྱེ་ལ། དེ་སྐྱེས་པའི་དུས་སུ་བླ་མ་དཀོན་མཆོག་གི་སྤྱན་སྔར་སྐྱབས་སུ་འགྲོ་བའི་ཚིག་བརྗོད་པ་གསུམ་གྱི་ཐ་མ་ལ་ཐོབ་ཅིང་། ལས་རྒྱུ་འབྲས་དང་དཀོན་མཆོག་གསུམ་ལ་ལོག་ལྟ་སྐྱེས་པ་དང་། སྐྱབས་སུ་འགྲོ་བའི་བསླབ་བྱ་རྣམས་ཉམས་པ་དང་། ཉིན་ཞག་ཕྲུགས་གཅིག་ལ་དྲུག་ཏུ་ཕྱེ་བ་དེའི་ཆ་གཅིག་འདས་ཀྱི་བར་དུ་དཀོན་མཆོག་གསུམ་མ་དྲན་ན་སྐྱབས་སུ་འགྲོ་བའི་སྡོམ་པ་གཏང་བ་ཡིན་ནོ། །ཞེས་གསུངས་སོ། །

གསུམ་པ་འཚོས་ཐབས་ནི། སློབ་དཔོན་པད་མས་སོ་སོ་ཐར་པ་ལ་སོགས་པ་སྡོམ་པ་མཐའ་དག་གི་རྟེན་དུ་རུང་བ་ནི། སྐྱབས་འགྲོའི་སྡོམ་པ་ཞིག་ན་དེ་ལ་བརྟེན་པའི་སྡོམ་པ་ཐམས་ཅད་ཀྱང་འཚོར། སོར་འཇུག་པ་ལ་ཡང་། སྐྱབས་འགྲོའི་སྡོམ་པ་སོར་འཇུག་པས་ཆོག་སྟེ། དེ་ཡང་རང་གི་དཀོན་མཆོག་གསུམ་ལ་ཕྱག་འཚལ་སྟེ། དེའི་སྤྱན་སྔར་སྡོམ་པ་བླངས་པས་ཆོག་གོ། །ཞེས་གསུངས་པས་ཉམས་པ་དང་འཚོར་ན་དེ་བཞིན་ནམ་སྔར་ལྟར་བླངས་སོ། །གཞན་ཡང་སྐྱབས་སུ་འགྲོ་བའི་དགོས་ཆེད། སྡོམ་པ་བསྲུང་བའི་ཕན་ཡོན། མ་བསྲུང་བའི་ཉེས་དམིགས། མདོར་ན་དཀོན་མཆོག

གསུམ་ལ་བཀུར་སྟི་རིམ་གྲོ་བྱས་པའི་ཕན་ཡོན། མ་བྱས་པའི་ཉེས་དམིགས་རྣམས་ཞིབ་པར་གཞུང་རྣམས་སུ་གསལ་ལ་འདིར་མདོར་བསྡུས་ཙམ་མོ། །དེ་ཡན་ནི་སྐྱབས་སྡོམ་གྱི་བསླབ་བྱའི་རིམ་པ་སོང་ངོ་། །

དེ་ནི་དོན་གཉིས་པ་སོ་ཐར་གྱི་སྡོམ་པའི་བསྲུང་ཚུལ་རྒྱས་པར་བཤད་པ་ལ་གསུམ་སྟེ། སྡོམ་པ་མ་ཐོབ་པ་ཐོབ་པར་བྱེད་པའི་ཐབས། ཐོབ་པ་མི་ཉམས་བསྲུང་བའི་ཐབས། ཉམས་ན་ཕྱིས་འཆོས་པའི་ཐབས་གཉིས་སོ། །དང་པོ་ལའང་ངོ་བོ་དང་། དགོས་ཆེད་དབྱེ་བ་བསྲུང་ཚུལ་དང་བཞིའོ། །དང་པོ་སོ་ཐར་སྡོམ་པའི་ངོ་བོ་གང་ཞེ་ན། ངེས་འབྱུང་ཡིན་ཏེ་འཁོར་བ་ལས་ངེས་པར་འབྱུང་ནས་ལྷག་མེད་ཀྱི་མྱང་འདས་ཐོབ་པར་འདོད་པའི་བསམ་པ་ཁྱད་པར་ཅན་གྱི་སྒོ་ནས་ལུས་ངག་ཡིད་གསུམ་གྱི་མི་དགེ་བ་གཞན་གནོད་གཞི་དང་བཅས་པ་སྤང་བའི་སེམས་དགེ་བའི་ས་བོན་དང་ལྡན་པ་ནི་ངེས་འབྱུང་གི་ཚུལ་ཁྲིམས་ཏེ། སུམ་བརྒྱ་པ་ལས། ངེས་པར་འབྱུང་བའི་ཚུལ་ཁྲིམས་སྡུག་བསྔལ་སྤང་། །ཞེས་དང་། འདུལ་བ་ལུང་རྣམ་འབྱེད་ལས། ལུས་ཀྱི་སྡོམ་པ་ལེགས་བསྡོམ་སྟེ། །ངག་གི་སྡོམ་པའང་ལེགས་པར་བསྡོམ། །ཡིད་ཀྱི་སྡོམ་པ་ལེགས་བསྡོམ་པས། །ཐམས་ཅད་དུ་ནི་སྡོམ་པ་ལེགས། །ཀུན་ཏུ་སྡོམ་པའི་དགེ་སློང་ནི། །སྡུག་བསྔལ་ཀུན་ལས་རབ་ཏུ་གྲོལ། །ཞེས་གསུངས་པས། དེ་ལྟ་བུའི་སྤང་སེམས་ཀྱི་སྡོམ་པ་ལ་ཐང་ལྷོད་མེད་པ་གཅིག་ཡོད་ན་ཚུལ་ཁྲིམས་དང་ལྡན་པ་ཞེས་བརྗོད་དེ། སློབ་དཔོན་ཞི་བ་ལྷའི་ཞལ་ནས། སྤང་བའི་སེམས་ནི་ཐོབ་པ་ལས། །ཚུལ་ཁྲིམས་ཕ་རོལ་ཕྱིན་ཞེས་བཤད། །ཅེས་དང་། མྱ་ངན་ལས་འདས་པ་ཆེན་པོ་ལས། དེ་ལྟར་རབ་ཏུ་བྱུང་ནས་ཚུལ་ཁྲིམས་ཡོངས་སུ་བསྲུང་སྟེ་སྤྱོད་ལམ་མི་ཉམས་པ་དང་། སྤྱོད་ལམ་མཛེས་པ་དང་། ཉེ་བར་མི་འགྱུར་བ་དང་། ཆུང་ངུ་ནས་ཉེས་བྱས་ཕྲ་མོའི་བར་ཡང་འཇིགས་པའི་སེམས་བསྐྱེད་ཅིང་བསྲུང་བ་ནི་སྤང་བའི་སེམས་རྡོ་རྗེ་ལྟར་བརྟེན་པའོ། །ཞེས་སོ། །དེ་ལས་ལོག་པ་ནི། ཚེ་འདིའི་ལྟོ་གོས་ཀྱི་ཕྱིར་དང་། ནད་དང་རྒྱལ་པོའི་ཆད་པ་ལ་སོགས་ལས་སྐྱོབས་འདོད་ཀྱི་སྡོམ་པ་བསྲུང་བ་ནི་འཇིགས་སྐྱོབས་ཀྱི་ཚུལ་ཁྲིམས་དང་། ཕྱི་མ་ལྷ་མིའི་གོ་འཕང་ཙམ་ཐོབ་པར་འདོད་པའི་ཕྱིར་སྡོམ་པ་བསྲུང་བ་ལེགས་སྨོན་གྱི་ཚུལ་ཁྲིམས་ཏེ། དེ་གཉིས་ནི་ངེས་འབྱུང་གི་བསམ་པ་ཉམས་པས་སོ་ཐར་གྱི་སྡོམ་པར་མི་འགྱུར་ཏེ། མ་

དག་པའི་ཚུལ་ཁྲིམས་སམ་ལོག་པའི་ཚུལ་ཁྲིམས་ཞེས་གསུངས་པས། ཐར་པ་ཐམས་ཅད་མཁྱེན་པ་ཐོབ་པ་མ་ཡིན་ཏེ། འདུལ་བ་ལུང་ལས། ཀུན་དགའ་བོས་བྲམ་ཟེའི་བུ་མོ་ལ་མཐོ་རིས་ཀྱི་ཡོན་ཏན་སྐྱབས་སུ་འགྲོ་བ་ལས་བྱུང་བའི་ཚུལ་བཤད་པས། བཅོམ་ལྡན་འདས་ཀྱི་བཀའ་སྩལ་པ། ཀུན་དགའ་བོ། དེ་ནི་མ་ལགས་ཏེ་སྲིད་པའི་བདེ་བ་གཉེར་བ་དེ་ནི་སྐྱེས་བུ་མ་རབས་ཞེས་བྱའོ། །དེ་བས་ན་ཐར་པའི་ཡོན་ཏན་ཡོངས་དག་པར་སྒྲོགས་ཤིག །ཅེས་དང་། སློབ་དཔོན་པད་མས། སྲིད་པར་སྐྱེ་ལ་འདུན་དང་བྲལ་བ་ཡི། །ཚུལ་ཁྲིམས་དྲི་མེད་རྣམ་དག་རྟག་ཏུ་བསྲུང་། །ཞེས་གསུངས་སོ། །

གཉིས་པ་དགོས་ཆེད་ནི། སའི་སྙིང་པོའི་མདོ་ལས། རིགས་ཀྱི་བུའམ་རིགས་ཀྱི་བུ་མོ་གང་གིས་ངས་བསྟན་པའི་སོ་སོར་ཐར་པ་ལ་རྩ་བ་བཞི་མ་ཉམས་ཏེ་ཡོངས་སུ་དག་པ་ནི། ང་ཡང་དེའི་སྟོན་པ་ཡིན། དེ་ཡང་ངའི་ཉན་ཐོས་ཡིན་པས། ངའི་རྗེས་སུ་འབྲངས་བས་ངའི་ཆོས་ལ་བདེ་བར་གནས་པའི་གང་ཟག་དེ་ཚུལ་ཁྲིམས་ཀྱི་ཕུང་པོར་གནས་པ་ཡིན་ནོ། །ཅེས་སོ། །ཨོ་རྒྱན་རིན་པོ་ཆེའི་ཞལ་ཆེམས་ལས་ཀྱང་། ཐར་པའི་ལམ་ལ་གཞེགས་པའི་བོད་ཀྱི་བཙུན་པ་རྣམས། །མི་ཆོས་ནང་ནས་ཐར་པའི་ལམ་ལ་སོང་། །ཕ་མ་གཉེན་བཤེས་བོར་ལ་ཆགས་པ་མེད་པར་གྱིས། །སྐྲ་བཞར་སྟོན་པའི་ན་བཟའ་ཆོས་གོས་གོན་ལ་རབ་ཏུ་བྱུང་། །མཁན་པོ་སློབ་དཔོན་ཁྲིམས་སྤྱངས་མཛད་པའི་དགེ་འདུན་ལ། །གུས་པས་དགེ་ཚུལ་དགེ་སློང་བྱང་སེམས་སྡོམ་ཁྲིམས་ལོངས། །བསླབ་པའི་རིམ་པ་ཉེས་བྱས་མེད་པར་བསྲུང་བར་གྱིས། །གཞུང་སྣང་བཅས་དང་ལྟུང་བཟེད་བགྲུ་ལ་སོགས། །མཁན་སློབ་དགེ་འདུན་བགྲེས་པོ་རྣམས་ཀྱི་བྱ་བ་དང་། །མཎྜལ་ཆག་ཆག་གདབ་ལ་བྱི་དོར་བྱ། །མཆོད་པ་ལ་སོགས་མཛེས་པ་བཀོད་ལེགས་བྱེད། །ཁྲོད་དང་ཐོ་རང་མ་ཉལ་དགེ་སྦྱོར་གྱིས། །འདུལ་ཁྲིམས་ཉེས་པ་བཤགས་ཤིང་གསོ་སྦྱོང་གྱིས། །བསླབ་པ་ཤེས་བཞིན་ཟུངས་ལ་ཕམ་ལྟུང་མེད་པར་བྱ། །དགེ་འདུན་སྡེ་གྲར་འདུག་ལ་ཁྲིམ་པའི་གནས་མི་འདུག །ཁྱད་པར་བུད་མེད་མ་དང་སྲིང་མོ་ཡིན་ཡང་བརྟེན་མི་བྱ། །ཀུན་གྱིས་མཆོད་གནས་ཡིན་པས་ཁ་ན་མ་ཐོ་སྤོངས། །དེ་ལྟར་བྱས་ན་འདིར་བདེ་ཕྱི་མ་ལམ་སྣ་ཟིན། །ཞེས་གསུངས་སོ། །

སྤྱི་དོན་གསུམ་པ་དབྱེ་བ་ནི། སོ་ཐར་ལ་རིགས་བརྒྱད་སྟེ། །དེ་ལའང་རྟེན་གྱི་དབྱེ་བ་དང་།

ཆོས་གང་དབྱེ་བ་གཉིས་ལས། རྟེན་གྱི་དབྱེ་བ་ནི་བསྙེན་གནས་དང་དགེ་བསྙེན་ཕ་མ་གཉིས། དགེ་ཚུལ་ཕ་མ་གཉིས། དགེ་སློང་ཕ་མ་གཉིས། བར་སློབ་མ་དང་བརྒྱད་དུ་གསུངས་ལ། ཆོས་གང་དབྱེ་ན་དགེ་བསྙེན་བསྙེན་གནས་བར་སློབ་མ་དགེ་ཚུལ་དགེ་སློང་གི་ཚོ་ག་སྟེ། མཛོད་ལས། སོ་སོ་ཐར་པ་རིགས་རྣམ་བརྒྱད། །ཅེས་སོ། །དེ་ཡང་རྫས་སུ་བསྡུ་ན་བཞིར་འདུས་ཏེ། དགེ་བསྙེན་ཕ་མ་གཉིས་རྫས་རིགས་གཅིག །བསྙེན་གནས་རིགས་གཅིག །དགེ་ཚུལ་ཕ་མ་གཉིས་དགེ་སློང་མ་དང་གསུམ་རིགས་གཅིག །དགེ་སློང་ཕ་མ་གཉིས་རྫས་རིགས་གཅིག་ཏེ་བཞིར་འདུས་པ་ནི། སྡུ་མ་ལས། རྫས་སུ་རྣམ་པ་བཞི་ཡིན་ཏེ། ཞེས་པའི་དོན་ནོ། །

སྤྱི་དོན་བཞི་པ་ཐོབ་པ་མི་ཉམས་བསྲུང་ཚུལ་གྱི་རྣམ་དབྱེ་རྒྱས་པར་བཤད་པ་ལས། དགེ་བསྙེན་དང་། བསྙེན་གནས་དང་། དགེ་ཚུལ་དང་། དགེ་སློང་དང་བཞི་སྟེ། མཛོད་ལས། སྤང་བྱ་ལྔ་བརྒྱད་བཅུ་དང་ནི། །ཐམས་ཅད་སྤང་བར་མནོས་པ་ལས། །དགེ་བསྙེན་དང་ནི་བསྙེན་གནས་དང་། །དགེ་ཚུལ་ཆེད་དང་དགེ་སློང་ཉིད། །ཅེས་སོ། །དེ་ལའང་དབྱེ་ན་ཁྲིམ་པའི་ཕྱོགས་ཀྱི་དགེ་བསྙེན་དང་རབ་ཏུ་བྱུང་བའི་ཕྱོགས་གཉིས་སོ། །དང་པོ་ཁྲིམ་པའི་ཕྱོགས་ཀྱི་དགེ་བསྙེན་ལའང་རིགས་བདུན་ཏེ། དེ་གང་ཞེ་ན་བྱེ་བྲག་སྨྲ་བའི་ལུགས་ཏེ། མིང་ཆེན་གྱི་མདོ་ལས་གསུངས་པ་ནི།སྐྱབས་གསུམ་འཛིན་པའི་དགེ་བསྙེན་དང་། སྣ་གཅིག་བསྲུང་བ་དང་། སྣ་འགའ་བསྲུང་བ་དང་། ཕལ་ཆེར་བསྲུང་བ་དང་བཞི། འདུལ་མདོན་གཉིས་ལས་གསུངས་པའི་ཡོངས་རྫོགས་བསྲུང་བ་དང་ལྔ། ཚོ་འཕྲུལ་བསྟན་པའི་མདོ་ལས་གསུངས་པའི་ཚངས་སྤྱོད་དགེ་བསྙེན་དང་གོ་མི་དགེ་བསྙེན་གཉིས་ཏེ་བདུན་ནོ། །

དེ་རྣམས་སོ་སོའི་བསྲུང་ཚུལ་གྱི་དམིགས་གསལ་ནི། དང་པོ་སྐྱབས་གསུམ་འཛིན་པའི་དགེ་བསྙེན་ནི་ཀུན་གྱི་ཐུན་མོང་དང་པོའི་གཞི་རྟེན་ཏེ་གོང་དུ་བཤད་པ་བཞིན་ནོ། །སྣ་གཅིག་བསྲུང་ཞེས་པ་ནི་སྲོག་གཅོད་སྤང་བ་ཙམ་མོ། །སྣ་འགའ་བསྲུང་བ་ནི་གསོད་རྐུ་རྫུན་གསུམ་གྱིས་གང་རུང་གཅིག་བསྲུང་བ་དང་འདོད་ལོག་སྤང་བའོ། །ཕལ་ཆེར་བསྲུང་ཞེས་པ་ཆང་སྤང་མི་ནུས་པས་རྩ་བ་བཞི་བསྲུང་བ་ལ་རྩ་བཞི་འཛིན་པའི་དགེ་བསྙེན་ཞེས་པའོ། །ཡོངས་རྫོགས་བསྲུང་ཞེས་པ་ནི་རྩ་བཞི་ཆང་ལྔ་སྟེ། རྩ་བ་བཞི་ནི་སྲོག་གཅོད། མ་བྱིན་ལེན། འདོད་ལོག་སྤྱོད། བརྫུན་སྨྲ་བ་དང་བཞི། ཆང་དང་

ལྔ་སྤང་བའོ། །ཚངས་སྤྱོད་དགེ་བསྙེན་ལ་རྩ་བ་བཞི་ཆང་དང་ལྔ། དེའི་སྟེང་དུ་མི་ཚངས་པར་སྤྱོད་པ་ཆ་དང་བཅས་སྤང་བའོ། །གོ་མིའི་དགེ་བསྙེན་ནི་བསྙེན་གནས་ཡན་ལག་བརྒྱད་པ་སྟེ་ཉིན་ཞག་གཅིག་པའི་སྡོམ་པའོ། །དེའི་བསྲུང་བྱ་ཡང་སྲོག་གཅོད་པ། མ་སྦྱིན་པར་ལེན་པ། མི་ཚངས་པར་སྤྱོད་པ། བརྫུན་སྨྲ་བ། ཆང་སྤང་བ། གར་སོགས་ཕྲེང་སོགས་བསྡོམ་པས་གཅིག །མལ་ཆེ་མཐོ་བསྡོམ་པས་གཅིག །དུས་མ་ཡིན་པའི་ཁ་ཟས་དང་བརྒྱད་བསྲུང་བའོ། །དེ་རྣམས་ནི་ཁྱིམ་པའི་ཕྱོགས་ཀྱི་སྡོམ་པ་སྟེ་གང་ནུས་ཁས་ལེན་པར་གསུངས་སོ། །

གཉིས་པ་རབ་ཏུ་བྱུང་བའི་ཕྱོགས་ལ་གསུམ་སྟེ། བར་མ་རབ་བྱུང་དང་། དགེ་ཚུལ་དང་། དགེ་སློང་ངོ་། །དེ་ལ་དང་པོ་བར་མ་རབ་བྱུང་ཞུས་ནས་དེའི་བསྲུང་བྱ་ལ་བཟོ་བ་གསུམ་ཕྱོགས་མཐུན་དང་བཞི་སྟེ། དང་པོ་རྟགས་ཆ་ལུགས་བཟོ་བ་ནི། ཁྱིམ་པའི་རྟགས་ཆ་ལུགས་སྤངས་ནས། རབ་ཏུ་བྱུང་བའི་རྟགས་ཆ་ལུགས་སྒྲུབ་པའོ། །

གཉིས་པ་བསམ་པ་བཟོ་བ་ནི། འཇིག་རྟེན་ཁྱིམ་པའི་བསམ་པ་མཐའ་དག་སྤངས་ནས། རབ་ཏུ་བྱུང་བའི་བསམ་པ་སེམས་ཅན་ཐམས་ཅད་ཀྱི་དོན་དུ་མྱ་ངན་ལས་འདས་པ་སྒྲུབ་སྙམ་པའི་བསམ་པ་བརྟེན་པོ་ལ་གནས་པའོ། །

གསུམ་པ་མིང་བཟོ་བ་ནི། ཁྱིམ་པའི་རྟགས་ཆ་ལུགས་དང་བསམ་པ་བཟོས་པའི་བརྗེད་ཐོ་ཡིན་པས། ཁྱིམ་པའི་མིང་སྤངས་ནས་རབ་ཏུ་བྱུང་བའི་མིང་ནས་བརྗོད་པའོ། །

བཞི་པ་རྟགས་ཆ་ལུགས་ཉམས་པའི་ཕྱོགས་མཐུན་ནི། གོས་ལ་དཀར་པོའི་རིགས་དང་ཁ་ཚར་ཅན་གྱི་རིགས། ཐམས་ཅད་ཁ་དོག་གཅིག་པ། ཚོན་ཆེན། སྐྲ་དང་ཁ་སྤུ་རིང་པོར་འཇོག་པ་སོགས་ཁྱིམ་པའི་སྤྱོད་པ་རྣམས་དང་། མུ་སྟེགས་ཀྱི་རྟགས་སྤྱོད་ལམ་བརྟུལ་ཞུགས་དང་དཀའ་ཐུབ་རྣམས་སྤང་ནས། རབ་ཏུ་བྱུང་བའི་རྟགས་གཙང་སྦྲ་དང་ཆ་བྱད་དང་བརྟུལ་ཞུགས་ལ་གནས་པར་བྱའོ། །དེ་དག་ནི་ཇི་སྲིད་མཤིའི་བར་དུ་བསྲུང་བ་སྟེ་བར་མ་རབ་བྱུང་གི་བསླབ་བྱའོ། །འདི་ལྟར་བར་མ་རབ་བྱུང་ཁོ་ན་བསྒྲུབ་ནས་དགེ་ཚུལ་མི་ཞུ་བའི་ལུགས་ཀྱང་ཡོད་དོ། །དེའི་སྟེང་དུ་དགེ་ཚུལ་ཞུས་ན། འོད་ལྡན་ལས་གསུངས་པའི་བསླབ་པ་བཅུ་ནི། སྲོག་བཅད། མ་བྱིན་ལེན། མི་ཚངས་སྤྱོད། རྫུན་དང

རྩ་བ་བཞི། ཆང་དང་ལྔ། གླུ་གར་དང་དྲུག །འཕྲེང་སོགས་དང་བདུན། མལ་སྟན་ཆེ་བ་དང་བརྒྱད། ཕྱི་དྲོའི་ཁ་ཟས་དང་དགུ། གསེར་དངུལ་ལེན་པ་དང་བཅུ་བསྲུང་བའོ། །དེའང་རྩ་བ་བཞི་ལ་འདས་ན་ཕམ་པ་དང་འདྲ་བའི་ཉེས་བྱས་ཏེ་སྡོམ་པ་འཆོར་བས་ཤིན་ཏུ་བསྲུང་དགོས་སོ། །ཡན་ལག་ཕྱི་དྲོའི་ཁ་ཟས་སོགས་དྲུག་ལས་འདས་ན་བཤགས་བྱའི་ཉེས་བྱས་ཏེ་བཤགས་པར་བྱའོ། །བཅུ་ཁའི་ཕྱོགས་མཐུན་རྣམས་ནི་བསྡོམ་བྱའི་ཉེས་བྱས་ཏེ་སླར་བསྡོམ་པར་བྱའོ། །དེའང་རིས་པ་ལྔ་དང་བྲལ་དགོས་པར་གསུངས་ཏེ། སེམས་ཅན་ཀྐྱཻ་ཞིག་ལ་སྲུང་ཞེས་སེམས་ཅན་རིས་པ་དང་། ཡུལ་ཀྐྱཻ་ཞིག་ལ་སྲུང་ཞེས་ཡུལ་རིས་པ་དང་། ཟླ་གཅིག་དང་ལོ་གཅིག་སོགས་བསྲུང་ཞེས་དུས་རིས་པ་དང་། འཐབ་མོ་ཆེ་མ་གཏོགས་སྲུང་ཞེས་ཚེ་རིས་པ་དང་། དགེ་ཚུལ་གྱི་སྡོམ་པའི་བསྲུང་བྱ་བཅུའི་ནང་ནས་འདི་བསྲུང་འདི་མི་བསྲུང་སྙོམས་པའི་རིས་པ་དང་བྲལ་བ་གཅིག་དགོས་པར་གསུངས་པས་བསླབ་པ་བཅུ་ཡན་ལག་མ་ཚང་བར་མེད་པར་ཡུལ་དུས་གནས་སྐབས་ཐམས་ཅད་དུ་བསྲུང་ངོ་། །དེའང་དགེ་ཚུལ་གྱི་སྡོམ་པ་ཉམས་པའི་རྒྱུ་ནི། གོང་དུ་རབ་བྱུང་སྒྲུབ་དུས་ཁྲིམ་པ་དང་མུ་སྟེགས་པའི་རྟགས་ཆ་ལུགས་ཕྱོགས་མཐུན་དང་བཅས་པ་སྤངས་ནས་རབ་བྱུང་གི་རྟགས་ཆ་ལུགས་ལེན་པར་ཁས་བླངས་ནས་ཕྱིས་སྤང་ལེན་མི་བྱེད་པ་དང་། རང་གི་མཁན་པོ་ལ་མ་གུས་པས་བརྙས་པ་དང་།མཁན་པོའི་མིང་ཆུང་དུ་ནས་བརྗོད་པ་ལས་ཉམས་པ་སྟེ་དེ་དག་ནི་ཤིན་ཏུ་སྤང་དགོས་སོ། །དེ་དག་ནི་དགེ་ཚུལ་གྱི་བསླབ་བྱའི་རིམ་པའོ། །

སྤྱི་དོན་གསུམ་པ་དེའི་སྟེང་དུ་བསྙེན་པར་རྫོགས་ན་དགེ་སློང་གི་ཁྲིམས་ལ་ཉིས་བརྒྱ་ལྔ་བཅུ་རྩ་གསུམ་ཞེས་སྨོས་ཏེ། དེའང་རྩ་བ་ཕམ་པ་སྡེ་བཞི་དང་། དགེ་འདུན་ལྷག་མའི་སྡེ་བཅུ་གསུམ་དང་། སྤང་བའི་འདུ་ཤེས་སུམ་ཅུ་དང་། ལྟུང་བྱེད་ཀྱི་ཆོས་དགུ་བཅུ་དང་། སོ་སོར་བཤགས་པར་བྱ་བའི་ཆོས་སྡེ་བཞི་དང་། ཉེས་བྱས་བརྒྱ་རྩ་བཅུ་གཉིས་རྣམས་ནི་དགེ་སློང་གི་ཁྲིམས་ཉིས་བརྒྱ་ལྔ་བཅུ་རྩ་གསུམ་ཡིན་ཏེ། དེའང་དང་པོ་དགེ་སློང་གི་སྡོམ་པ་ཤོར་བའི་ཕམ་པ་བཞིའི་དང་པོ་ནི། སྡོམ་ལ། མི་ཚངས་སྤྱོད་དང་། ཅེས་པ་ནི། ཁ་དང་འོག་སྒོ་དང་བཤད་མེད་མོ་མཚན་གསུམ་དུ་བདེ་བ་ལས་སུ་མྱོང་ན་ཕམ་པའོ། །

གཉིས་པ། རྐུ་བ་དང་། ཅེས་པ། བྲེ་དོ་ཡན་ཆད་རི་བ་གཅིག་བརྐུས་ནས་ད་ངས་ཐོབ་སྙམ་པའི་བློ་སྐྱེས་ན་ཕམ་པའོ། །

གསུམ་པ། མི་ལ་གསད་པར་མི་བྱ་བ། ཅེས་པ། མི་དངོས་དང་། མིར་ཆགས་པ་མའི་ལྟོ་བ་ན་ཡོད་པ་གཉིས་གང་ཡང་རུང་བ་ལ། རང་གི་གསད་ཀྱང་རུང་། གཞན་ལ་གསོད་དུ་བཅུག་ཀྱང་རུང་སྟེ། མི་དེ་ནམ་ཤི་ཙ་ན་ཕམ་པའོ། །བཞི་པ་བརྫུན་དུ་སྨྲ་ཞེས་པ། མི་ཆོས་བླ་མའི་བརྫུན། རང་ལ་ཡོན་ཏན་མེད་པར་ངས་མི་ལ་བརྫུན་འདི་བྱས་ན། འདི་ལ་ཡོན་ཏན་ཡོད་སྙམ་ནས་མིས་བསྙེན་བཀུར་བྱེད་པ་དང་། སྙན་གྲགས་འོང་སྙམ་ནས། མངོན་ཤེས་མེད་པར་ཡོད་ཟེར་བ་དང་། ཏིང་ངེ་འཛིན་མེད་པར་ཡོད་ཟེར་བ་དང་། ལྷ་མ་མཐོང་བར་མཐོང་ཟེར་བ་དང་། འདྲེ་མ་མཐོང་བར་མཐོང་ཟེར་ན་ཕམ་པའོ། །

བཞི་པོ་དེ་གང་བྱུང་ཡང་སྡོམ་པ་འཆོར་རོ། །ཆོས་བཞི་འདིར་ནི་གསུངས་པ་ཡིན་នོ། །སངས་རྒྱས་དངོས་ཀྱི་གཞན་དོན་དུ་གསུངས་པའོ། །

སྤྱི་དོན་གཉིས་པ་དགེ་འདུན་གྱི་ལྷག་མའི་སྡེ་བཅུ་གསུམ་གྱི་དང་པོ་ནི། སྡོམ་ལ། ཁུ་བ་ཅེས་པ། རང་གི་ལུས་ཟུང་ཕྱུང་ན་ལྷག་མའོ། །གཉིས་པ། འཛིན་ཅེས་པ། ཆགས་པའི་སེམས་ཀྱིས་བུད་མེད་ཀྱི་ལུས་ལ་ལག་པས་འཛུས་ན་ལྷག་མའོ། །གསུམ་པ། འཁྲིགས་ཚིག་ཅེས་པ། བུད་མེད་ལ་ཆགས་པའི་གཏམ་བྱས་ན་ལྷག་མའོ། །བཞི་པ། བསྙེན་བཀུར་ཅེས་པ། བུད་མེད་ལ་ཁྱེད་ང་ལ་ཆགས་པ་སྤྱོད་དུ་བཅུག་ན་བསྙེན་བཀུར་ཆེ་བྱས་ན་ལྷག་མའོ། །ལྔ་པ། གཉེན་ཅེས་པ།སྐྱེས་པ་བུད་མེད་ཀྱིས་གཉེན་བར་བྱས་ན་ལྷག་མའོ། །དྲུག་པ། ཁང་པ་ཞེས་པ། སགཞི་བདག་པོ་ཅན་ལ་ཡོ་བྲོས་བྱས་པའི་ཁང་པ་རང་ལ་རན་པའི་ཁང་པ་གཅིག་བརྩིག་ཁུ་རུང་། ཁེ་སྣམ་གྱི་དེ་བས་ཆེ་བྱས་ན་ལྷག་མའོ། །བདུན་པ། ཁང་ཆེན་ཞེས་པ། སགཞི་བདག་པོ་ཅན་ལ་ཡོ་བྲོས་བྱས་པའི་དགེ་འདུན་གྱི་གཙུག་ལག་ཁང་རན་པ་གཅིག་བརྩིག་ཁུ་རུང་། ཁེ་སྣམ་བྱས་ནས་དེ་བས་ཆེ་བྱས་ན་ལྷག་མའོ། །བརྒྱད་པ། གཞི་མེད་ཅེས་པ། དགེ་སློང་གཞའ་མ་གཅིག་ལ་རང་མི་མགུ་བའི་ཕྱིར། དེ་ཕམ་ལྟུང་གང་ཡང་མ་བྱུང་བར་སྐུར་པ་འདེབས་ན་ལྷག་མའོ། །དགུ་པ། བག་ཙམ་ཞེས་པ། དགེ་སློང་གཞའ་མ་སྡོམ་པ་དང

ལྡན་པ་གཅིག་ལ། །རང་མི་མགུ་བས་དེ་བུད་མེད་དང་འགྲོགས་ནས་བྱུང་བའམ། ཤ་བ་ཕོ་མོ་ཆགས་པ་སྤྱོད་པ་མཐོང་བ་ལྟ་བུ་ལས་བརྟེན་ནས་སྐུར་པས་འདེགས་ན་ལྷག་མའོ། །བཅུ་པ། དགེ་འདུན་དབྱེན་ཞེས། སྡེ་པ་གཉིས་ཀྱི་བར་དུ་དབྱེན་བྱས་ནས་དེ་གཉིས་འཐབ་ཏུ་བཅུག་ན་ལྷག་མའོ། །བཅུ་གཅིག་པ། དེ་རྗེས་ཕྱོགས་ཞེས་པ་ནི། མི་གཅིག་གིས་གཅིག་ལ་ སླ་བའི་རོགས་རམ་བུ་འདེགས་ན་ལྷག་མའོ། །བཅུ་གཉིས་པ། ཁྱིམ་སུན་འབྱིན་ཅེས་པ། ཁྱིམ་པའི་དྲུང་དུ་ཤ་ཟ་བ་དང་། ཆང་འཐུངས་བ་དང་ཚོངས་ལྟོ་ཟ་བ་ལ་སོགས་པའི་སྤྱོད་པ་བྱས་ནས། ཁྱིམ་པ་རྣམས་མ་དད་དེ་སྨུན་འབྱིན་ན་ལྷག་མའོ། །བཅུ་གསུམ་པ། བཀའ་བློ་མི་བདེ་ཞེས་པ། རང་ལ་ཕམ་ལྟུང་བྱུང་བ་ལ་གྲོགས་པོ་གཅིག་གིས་ཁྱོད་ལ་ཕམ་ལྟུང་བྱུང་བ་དེ་ཙུག་མ་བཞག་པར་བཤགས་སྡོམ་གྱིས་ཟེར་བ་ལ། དེའི་ཁ་ལ་མི་ཉན་པར་དེ་ཙུག་བཞག་ན་ལྷག་མའོ། །ལྷག་མ་བཅུ་གསུམ་པོ་དེ་བྱུང་ན། སྡོམ་པ་ཤོར་ནི་མི་ཤོར་ཏེ། སྡོམ་པ་ཉམས་ཏེ་འགྲོའོ། །དགེ་སློང་བཅུ་གསུམ་གྱི་དྲུང་དུ་དངོས་པོ་བརྗོད་ལ་བཤགས་སྡོམ་བྱའོ། །

སྤྱི་དོན་གསུམ་པ་སྤང་བའི་འདུ་ཤེས་སུམ་ཅུའི་དང་པོ་ནི། སྡོམ་ལ། དཔེན་པ་སྐྱབས་ཡོད་འདུག་ཅེས་པ། ཁྲིམས་རོགས་མེད་པར་ཁང་པའམ་ཕུག་པར་ བུད་མེད་དང་ལྷན་ཅིག་ཏུ་འདུག་ན་ལྟུང་བའོ། །གཉིས་པ་ནི། སྡོམ་ལ། འཆང་བ་ཅེས་པ། རང་གོས་བྱིན་གྱིས་མ་བརླབ་པར་ཞག་བཅུ་ལས་འདས་པར་འཆང་ན་ལྟུང་བའོ། །གསུམ་པ། འབྲལ་ཞེས་པ། ཆོས་གོས་རྣམ་གསུམ་པོ་དགེ་འདུན་གྱིས་གནང་བ་མ་གཏོགས་པའི་ཞག་གཅིག་བྲལ་ཡང་ལྟུང་བའོ། །བཞི་པ། འཛོག་པ་ཞེས། རང་གི་ཆོས་གོས་གསུམ་བྱིན་གྱིས་མ་བརླབ་པར་ཟླ་བ་གཅིག་འདས་ན་ལྟུང་བའོ། །ལྔ་པ། འཁྲུར་འཛུག་ཅེས་པ། རང་གི་གོས་སྙིང་པ་བུད་མེད་ཉེ་དུ་མ་ཡིན་པ་ལ་འཁྲུར་འཛུག་ན་ལྟུང་བའོ། །དྲུག་པ། ལེན་པ་ཞེས། བུད་མེད་ཉེ་དུ་མ་ཡིན་པ་ལ་ཆགས་པའི་སེམས་ཀྱིས་གོས་ལེན་ན་ལྟུང་བའོ། །བདུན་པ། སློང་ཞེས་པ། རང་ལ་གོས་ཡོད་བཞིན་དུ་མེད་པ་ཙུག་བྱས་ནས་ཁྱིམ་པ་ལ་གོས་སློང་ན་ལྟུང་བའོ། །བརྒྱད་པ། སྟོད་གཡོགས་སྨད་གཡོགས་བཅས་ཞེས་པ། ཐང་མེད་པ་ཙུ་ཤམ་རེ་རེ་ཡོད་བཞིན་དུ་ཁྱིམ་པ་ཉེ་དུ་མ་ཡིན་པ་ལ། རིན་ཐང་ཀ་ལས་ལྷག་པར་བྱས་ཏེ་བླངས་ནས་ཚོག་བྱེད་ན་ལྟུང་བའོ། །དགུ་པ། རིན་ཐང་ཞེས་པ། གོས་གཞན་གྱི་རང་ལ་སྦྱིན་པར་བློས་དཔག་པ་ལ། དེ་ལས་ལྷག་པར

ཡག་པ་སློང་ན་ལྟུང་བའོ། །བཅུ་པ། སོ་སོར་ཞེས་པ། གོས་གཅིག་བཅོལ་བ་ལས། དགེ་སློང་གཉིས་སོང་མས་ངེད་གཉིས་ལ་སོ་སོར་གོས་རེ་སློང་ཟེར་ན་ལྟུང་བའོ། །བཅུ་གཅིག་པ། བསྐུར་བ་ཞེས་པ། མི་གཅིག་ལ་རང་གི་གོས་ཉར་བཅུག་པའམ་བྱེད་དུ་བཅུག་པ་ལ། གོས་དེ་མ་ཚར་བར་གནད་ལ་བོར་ཞིང་འདོད་ན་ལྟུང་བའོ། །བཅུ་གཉིས་པ། སྒོམ་ལ། སྲིན་བལ་ཅེས་པ། སྟན་སར་པ་བྱེད་ན། སྲིན་བལ་འབའ་ཞིག་ལས་བྱེད་ན་བཞན་མ་འདྲེས་པ་ནི་འདྲེས་པའི་སྟན་བྱེད་ན་ལྟུང་བའོ། །བཅུ་གསུམ་པ། འབའ་ཞིག་ཞེས་པ། མོན་ལུག་བལ་ནག་པོ་འབའ་ཞིག་གི་སྟན་གསར་པ་བྱེད་ན་ལྟུང་བའོ། །བཅུ་བཞི་པ། ཆ་གཉིས་ཞེས་པ། དགེ་སློང་སྟན་གསར་པ་བྱེད་ན་བལ་དཀར་ནག་གཉིས་བསླེབ་པ་ལ་སྟན་བྱེད་ན་ལྟུང་བའོ། །བཅོ་ལྔ་པ། དྲུག་ཅེས་པ། རང་གི་སྟན་སར་པ་བྱེད་ན། དེ་དགེ་འདུན་གྱི་གནང་བ་མ་ཐོབ་པར་ལོ་དྲུག་ཚུན་ཆད་དུ་རང་གིས་མི་འཛིན་ནས་མ་ཟད་བར་སྤྱང་ན་ལྟུང་བའོ། །བཅུ་དྲུག་པ། མཐོ་གང་ཞེས་པ། གདིང་བ་སར་པ་བྱེད་ན། དེ་ཁ་དོག་མི་སྡུག་པར་བྱ་བའི་དོན་དུ། གདིང་བ་རྙིང་པ་བདེ་བར་གཤེགས་པའི་མཐོ་གང་བ་ལྷན་པར་བྱའོ། །དེ་མི་ལྷན་ན་ལྟུང་བའོ། །བཅུ་བདུན་པ། ལམ་དང་ཞེས་པ། དགེ་སློང་བལ་ཡོད་ན་དཔག་ཚད་གསུམ་དུ་ཁུར་དུ་རུང་། དེ་བས་རིང་དུ་ན་ལྟུང་བའོ། །བཅྭ་བརྒྱད་པ། འཁྲུ་བ་ཅེས་པ། བུད་མེད་ཉེ་དུ་མ་ཡིན་པ་ལ་འཁལ་བ་དང་། འཁྲུ་བ་ལ་སོགས་པ་བྱེད་དུ་བཅུག་ན་ལྟུང་བའོ། །བཅུ་དགུ། གསེར་དངུལ་ཞེས་པ། རིན་པོ་ཆེའི་ཐ་སྙད་གདགས་སུ་བཏུབ་པ་བྱིན་བརླབ་མ་བྱས་པར་རང་གི་ལག་པས་རེག་གམ་འཛིན་ན་ལྟུང་བའོ། །ཉི་ཤུ་པ། མངོན་མཚན་ཅན་ཞེས་པ་རང་གི་མངོན་མཚན་ཅན་གྱི་སྤྱོད་པ་སྣ་ཚོགས་པ་བྱེད་ན་ལྟུང་བའོ། །ཉེར་གཅིག་པ། ཉོ་ཚོང་ཞེས་པ། དགེ་སློང་གི་ཉོ་ཚོང་རྣམ་པ་སྣ་ཚོགས་བྱེད་ན་ལྟུང་བའོ། །ཉེར་གཉིས་པ། ལྷུང་བཟེད་ཅེས་པ། རང་གི་ལྷུང་བཟེད་བྱིན་བརླབ་མ་བྱས་པར་ཞག་བཅུ་བར་དུ། བཅང་ན་ལྟུང་བའོ། །ཉེར་གསུམ་པ། གཉིས་ཞེས་པ། རང་ལ་ལྷུང་བཟེད་གཅིག་ཡོད་བཞིན་དུ་ཚོགས་བྱེད་ན་ལྟུང་བའོ། །ཉེར་བཞི་པ། ཐ་ག་ཞེས་པ། ཁྱིམ་པ་མ་ལ་ཐག་བཅོལ་ནས་བཏན་པ་མ་བྱིན་ན་ལྟུང་བའོ། །ཉེར་ལྔ་པ། བྱིན་འཕྲོག་ཅེས་པ། དགེ་སློང་ལ་སོགས་གང་ཡང་རུང་བ་གཅིག་ལ། རང་གིས་གོས་སམ་ཀ་ཆ་གཅིག་བྱིན་ནས་བློ་འགྱུར་ནས་མི་སྟེར་ནས་ཚུལ་ལ་འདོད་ན་ལྟུང་བའོ། །ཉེར་དྲུག་པ།

སྟོན་ཟླ་བ་ཆུང་ཞེས་པ། དབྱར་ཚུར་དུ་ཞུགས་ནས་དགག་དབྱེ་མ་ཕྱོན་པར་ཚོལ་ནས་བྱུང་བ་དང་ཚོལ་གྱི་ནང་གི་རྙེད་པ་ཚོགས་སུ་མི་འགོད་པར་རང་གཅིག་པུའི་བྱེད་ན་ལྟུང་བའོ། །ཉེར་བདུན་པ། དགོན་པ་ཞེས། རང་གི་ཆོས་གོས་བྱིན་བརླབས་བྱེད་པ་དེ་རང་།སྡེ་གཞན་དུ་དོན་གཉེར་ལ་འགྲོ་བའམ། མ་ལྡོག་ནས་ཆོས་གོས་གཞན་ལ་བཏམ་ན། ཞག་དྲུག་བར་དུ་བཏམ་དུ་རུང་། དེ་ལས་འདས་ན་ལྟུང་བའོ། །ཉེར་བརྒྱད་པ། རས་ཆེན་ཞེས་པ། དབྱར་ཆར་འབབ་པའི་གོས་རས་ཆེན་ལུས་ལ་བཅང་བར་བྱའོ། །དབྱར་ཟད་ནས་རས་ཆེན་ཟླ་བ་ཕྱེད་ཀྱི་བར་དུ་ལུས་ལ་བཅང་དུ་རུང་། དེ་བས་ལྷག་པར་བཅང་ན་ལྟུང་བའོ། ། ཉེར་དགུ་པ། བསྔོས་པ་ཞེས། དགེ་འདུན་ལ་བསྔོས་པའི་ཀ་ཆ་རང་ལ་བསྒྱུར་ན་ལྟུང་བའོ། །སུམ་ཅུ་པ། བསོག་འཇོག་ཅེས་པ། རང་ཉིད་ན་ན་ཞུན་མར་དང་བུ་རམ་དང་སྦྲང་རྩི་དང་བུ་རམ་གྱི་དབུ་བ་རྣམས་ཞག་བདུན་བར་དུ་བྱིན་གྱིས་བརླབས་ལ་ལོངས་སྤྱོད་པར་བྱའོ། །དེ་ལས་འདས་ན་ལྟུང་བའོ། །དེས་སྤང་བའི་འདུ་བྱེད་སུམ་ཅུའོ། །

སྤྱི་དོན་བཞི་པ་ལྟུང་བྱེད་ཀྱི་ཆོས་དགུ་བཅུའི་དང་པོ་ནི། ཤོམ་ལ་ཤེས་བཞིན་ཞེས་པ། རང་ཤེས་བཞིན་མི་ཤེས་ཟེར་ནས་བརྫུན་དུ་སྨྲ་ན་ལྟུང་བྱེད་དོ། །གཉིས་པ། མ་བསྙོས་ཞེས་པ། དགེ་འདུན་གྱི་མ་བསྙོས་པའི་ལས་རང་ཤེས་སུ་བྱེད་ན་ལྟུང་བྱེད་དོ། །གསུམ་པ། ཡང་ཡང་ཞེས་པ། ཟས་གདན་གཅིག་པས་ཉིན་གཅིག་ལེན་གཉིས་སོགས་ཡང་ཡང་ཟ་ན་ལྟུང་བྱེད་དོ། །བཞི་པ། ཁྲིམ་ཞེས་པ། མིའི་ཁྲིམ་དུ་ཁྲིམས་རྫོགས་མེད་པར་འགྲོ་ན་ལྟུང་བྱེད་དོ། །ལྔ་པ། བསམ་བཞིན་ཞེས་པ། བསམ་བཞིན་རྫུན་དུ་སྨྲ་ན་ལྟུང་བྱེད་དོ། །དྲུག་པ། འདྲེན་མ་ཞེས་པ། རང་མ་བོས་པར་ཆོས་སྟོན་ལ་བླུར་འགྲོ་ན་ལྟུང་བྱེད་དོ། །བདུན་པ། རྐུན་མ་ཞེས་པ། རྐུར་འགྲོ་བ་དང་ལམ་སུ་འགྲོགས་ནས་རྐུན་མ་དེའི་སྐྱེལ་མ་གྲོས་རོག་བྱེད་ན་ལྟུང་བྱེད་དོ། །བརྒྱད་པ། མཆོད་ཅེས་པ། ཕྱི་རོལ་པའི་རྟེན་ལ་ཕྱག་དང་མཆོད་པ་བྱེད་ན་ལྟུང་བྱེད་དོ། །དགུ་པ། སྟོན་ཞེས་པ། བུད་མེད་ལ་ཁྲིམས་རོག་མེད་པར་ཆོས་སྟོན་ན་ལྟུང་བྱེད་དོ། །བཅུ་པ། ཤོམ་ལ། སྐྱོན་ཞེས་པ། མིའི་སྐྱོན་ནས་སྨྲས་ན་ལྟུང་བྱེད་དོ། །བཅུ་གཅིག་པ། དགེ་སློང་ཕྲ་མ་བྱེད་ཅེས་པ། དགེ་སློང་ཕྲ་མ་བྱེད་ན་ལྟུང་བྱེད་དོ། །བཅུ་གཉིས་པ། སྡོགས་བྱེད་ཅེས་པ། དགེ་སློང་གི་གཏིང་སྐྱོན་ཐམས་ཅད་བྱེད་ན་ལྟུང་བྱེད་དོ། །བཅུ་གསུམ་པ། ཕྲ་

མ་ཅེས་པ། དགེ་སློང་གཉིས་ཀྱི་བར་དུ་དབྱེན་བྱས་ནས་དེ་གཉིས་ཕྱེས་ན་ལྟུང་བྱེད་དོ། །བཅུ་བཞི་པ། འདོན་ཞེས་པ། བསྙེན་པར་མ་རྫོགས་པའི་དྲུང་དུ། བཀའ་ལུང་གི་མདོ་འདོན་ན་ལྟུང་བྱེད་དོ། །བཅོ་ལྔ་པ། གནས་ངན་ལེན་ཞེས་པ། བསྙེན་པར་མ་རྫོགས་པའི་དྲུང་དུ་ཕམ་པ་དང་ལྷག་མ་དང་ལྟུང་བ་རྣམས་བརྗོད་ན་ལྟུང་བྱེད་དོ། །བཅུ་དྲུག་པ། ཆོས་ཞེས་པ། མི་ཆོས་བླ་མའི་བརྫུན་ཀུ་རེ་ཙམ་དུ་སྨྲས་ན་ཡང་ལྟུང་བྱེད་དོ། །བཅུ་བདུན་པ། བཤེས་ངོར་བྱེད་ཅེས་པ། བཤེས་ཀྱི་ངོར་བརྫུན་བྱེད་རོག་བྱེད་ན་ལྟུང་བྱེད་དོ། །བཅོ་བརྒྱད་པ། ཁྱད་དུ་གསོད་ཅེས་པ། དགེ་སློང་གཞན་འདུལ་བའི་མདོ་འདོན་པ་ལ་འདིས་ཅི་བྱེད་ཟེར་ནས་ཁྱད་དུ་གསོད་ན་ལྟུང་བྱེད་དོ། །བཅུ་དགུ་པ། སྡོམ་ལ། ས་བོན་ཞེས་པ། འབྲུ་ལ་སོགས་པ་སྐྱེ་བར་ནུས་པ་ལ། གཞན་གྱིས་རུང་བ་མ་བྱས་པར་རང་གིས་བསྲེག་པ་ལ་སོགས་པ་བྱེད་ན་ལྟུང་བྱེད་དོ། །ཉི་ཤུ་པ། འཕྱ་བ་ཅེས་པ། གཞན་ལ་གནོགས་འཕྱས་བྱེད་ན་ལྟུང་བྱེད་དོ། །ཉེར་གཅིག་པ། བསྒོ་བ་ཅེས་པ། དགེ་སློང་ངམ་དགེ་འདུན་གཞན་གྱིས་བསྒོ་བའི་ཚིག་དེ་མི་ཉན་པར་ལོག་པར་བཅུག་ན་ལྟུང་བྱེད་དོ། །ཉེར་གཉིས་པ། ཁྲི་ཞེས་པ། དགེ་འདུན་གྱི་ཁྲི་ལ་གནང་བ་མ་ཐོབ་པར་སྡོད་ན་ལྟུང་བྱེད་དོ། །ཉེར་གསུམ་པ། གདིང་བ་ཞེས་པ། དགེ་འདུན་ནམ་གཞན་གྱི་ཁྱིམ་དུ་རྩྭ་ལ་སོགས་པ་བཏིང་ནས་རང་ལངས་པའི་དུས་སུ་མ་བསྡུས་ན་ལྟུང་བྱེད་དོ། །ཉེར་བཞི་པ། སྒྲོད་པ་ཞེས། དགེ་འདུན་གྱི་ནང་ནས་བཟའ་མི་བསྒྲད་ནས་བཏང་ན་ལྟུང་བྱེད་དོ། །ཉེར་ལྔ་པ། ཕྱིས་གནོན་ཞེས་པ། དགེ་སློང་ལ་སོགས་པ་ཕྱི་རྐན་དུ་བསྐྱིལ་ནས་དེ་གནོན་ན་ལྟུང་བྱེད་དོ། །ཉེར་དྲུག་པ། དབྱུང་བ་ཞེས་པ། དགེ་འདུན་ལ་སོགས་པའི་ཐོག་གམ་རྩིག་པ་ལ་བཙུགས་པའི་ཤིང་འབྱིན་ན་ལྟུང་བྱེད་དོ། །ཉེར་བདུན་པ། འདེབས་ཞེས་པ་ནི། ས་སྲོག་ཆགས་ཅན་ལ་རྡོ་སྒྲིལ་བ་དང་། ཆུ་ཚན་པོ་བ་ལ་སོགས་པ་བྱེད་ན་ལྟུང་བྱེད་དོ། །ཉེར་དགུ་པ། སྡོམ་ལ། མ་བསྐོས་ཞེས་པ། དགེ་འདུན་གྱི་མ་བསྐོས་པར། རང་དགའི་བུད་མེད་ལ་ཆོས་སྟོན་ན་ལྟུང་བྱེད་དོ། །སུམ་ཅུ་པ། ཉི་མ་ནུབ་ཅེས་པ་ནི། དགེ་འདུན་གྱི་བསྐོས་ཀྱང་བུད་མེད་ལ་ཉི་མ་ནུབ་ནུབ་ཏུ་ཆོས་སྟོན་ན་ལྟུང་བྱེད་དོ། །སོ་གཅིག་པ། ཟས་ཞེས་པ། ཟས་ཀྱི་ངོར་བུད་མེད་ལ་ཆོས་སྟོན་ན་ལྟུང་བྱེད་དོ། །སོ་གཉིས་པ། ཆོས་གོས་ཞེས་པ། དགེ་སློང་མ་ཉེ་དུ་མ་ཡིན་པ་ལ། ཆོས་གོས་ལ་སོགས་པ་ཆགས་པའི་སེམས་ཀྱིས་བྱིན་ན་ལྟུང་བྱེད་དོ། །

སོ་གསུམ་པ། གཉིས་དག་ཅེས་པ། དགེ་སློང་མ་ཉེ་དུ་མ་ཡིན་པའི་གོས་ཆགས་སེམས་ཀྱིས་བསླབ་ན་ལྟུང་བྱེད་དོ། །སོ་བཞི་པ། དོན་མཐུན་ཞེས་པ། ཁྲིམས་རོགས་མེད་པར་བུད་མེད་དང་ལམ་དུ་འགྲོགས་ན་ལྟུང་བྱེད་དོ། །སོ་ལྔ་པ། གྲུ་དང་ཞེས་པ། གྲུ་གཅིག་ཏུ་བུད་མེད་དང་གཉིས་ཞུགས་ནས་གྲུ་ཐད་ཀར་མི་གཅོད་པར་གྲུ་དེ་ཆུ་ལ་ཡར་འགྲོ་ཕར་འགྲོ་བྱེད་ཅིང་སྟོད་ན་ལྟུང་བྱེད་དོ། །སོ་དྲུག་པ། དགེ་སློང་མ་ལ་གཡོར་བཅུག་ཅེས་པ། རང་ཆགས་པའི་སེམས་ཀྱིས་བུད་མེད་ཉེ་དུ་མ་ཡིན་པ་ལ་ཟས་གཡོར་བཅུག་ནས་ཟ་ན་ལྟུང་བྱེད་དོ། །སོ་བདུན་པ། སྡོམ་ལ། ཡང་ཡང་ཞེས་པ། ལྟོའི་དུས་མིན་པར་ཟས་ཡང་ཡང་ཟ་ན་ལྟུང་བྱེད་དོ། །སོ་བརྒྱད་པ། འདུག་གནས་གཅིག་ཅེས་པ།གནས་གཅིག་ཏུ་མི་ན་བར་ཟས་བསྐྱར་ཞིང་ཟ་ན་ལྟུང་བྱེད་དོ། །སོ་དགུ་པ། ཕྱེ་དང་བཅའ་ཞེས་པ། ཟས་སྐྱེར་མི་བྱུང་ན་རང་གིས་འགྲངས་ཅིག་བླངས། དེ་ལས་ལྷག་པ་ལེན་ན་ལྟུང་བྱེད་དོ། །བཞི་བཅུ་པ། དུས་མིན་ཞེས་པ། ཉི་མ་ཡོལ་ནས་གནང་བ་མེད་པའི་ཟས་ཟ་ན་ལྟུང་བྱེད་དོ། །ཞེ་གཅིག་པ། བསོགས་འཇོག་ཅེས་པ། བྱིན་ལེན་མ་བཤིག་པར་འཇོག་ན་ལྟུང་བྱེད་དོ། །ཞེ་གཉིས་པ། ཁ་ནས་མིང་ཞེས་པ། ཟས་བྱིན་མ་བྱས་པར་ཁར་མིད་ན་ལྟུང་བྱེད་དོ། །ཞེ་གསུམ་པ། བསོད་ཅེས་པ། ཟས་བསོད་སྐོམས་བྱེད་པས་ རང་མི་ན་བར་གྲོགས་པོས་མ་ཆོར་བར་སྣག་ཏུ་ཟོས་ན་ལྟུང་བྱེད་དོ། །ཞེ་བཞི་པ། སྡོམ་ལ། སྲོག་ཆགས་བཅས་ཞེས་པ། ཆུ་སྲོག་ཆགས་དང་བཅས་པ་ལ་རང་ལ་རྒྱུས་ཡོད་བཞིན་དུ་ལོངས་སྤྱོད་ན་ལྟུང་བྱེད་དོ། །ཞེ་ལྔ་པ། ཉལ་སར་འདུག་ཅེས་པ། ཁྱིམ་པ་ཆགས་པ་སྤྱོད་པ་མཐོང་ནས་དེའི་རྩར་ཉལ་ལམ་འདུག་ན་ལྟུང་བྱེད་དོ། །ཞེ་དྲུག་པ། དམག་ཅེས་པ། དམག་གི་གསེབ་ཏུ་བལྟར་འགྲོ་ན་ལྟུང་བྱེད་དོ། །ཞེ་བདུན་པ། ཞག་གཉིས། ཞེས་པ། དམག་གི་གསེབ་ཏུ་ཞག་གཉིས་ལས་ལྷག་པར་སྡོད་ན་ལྟུང་བྱེད་དོ། །ཞེ་བརྒྱད་པ། བཤམས་བཀྲུག་འགྲོ་ཞེས་པ། དམག་གི་རུ་ཤོམ་པ་བྱེད་ན་ལྟུང་བྱེད་དོ། །ཞེ་དགུ་པ། བརྡེག་ཅེས་པ། རང་ཁྲོ་འཁྲུགས་རྨས་ནས་གཞན་ལ་བརྡེག་ན་ལྟུང་བྱེད་དོ། །ལྔ་བཅུ་པ། གཟས་ཞེས་པ། རང་ཁྲོས་འཁྲུགས་ནས་གཞན་ལ་བརྡེག་པར་བརྩམས་ན་ལྟུང་བྱེད་དོ། །ང་གཅིག་པ། གནས་ངན་ལེན་ཞེས་པ། རང་ལྟུག་མ་དང་ལྟུང་བ་བྱུང་བ་ཆ་ཡོད་བཞིན་དུ་བཤགས་སྡོམ་མི་བྱེད་ན་ལྟུང་བྱེད་དོ། །ང་གཉིས་པ། སྡོམ་ལ། བདེ་ཞེས་པ། དགེ་སློང་

གཅིག་ལ་རང་མི་མགུ་ནས། དེ་ལ་དོན་དུ་བྱེད་པའི་ཕྱིར། རང་གི་དྲོ་ཞྙོག་ཏུ་ཐོས་ནས་བློ་བདེ་བར་བྱས་ཏེ། ཁོ་དྲོ་ཡོལ་བཅུག་ན་ལྟུང་བྱེད་དོ། །ང་གསུམ་པ། མེ་ཞེས་པ། གཞན་དོན་དུ་ཕན་སེམས་ཀྱི་བྱེད་དགོས་པ་ལ་དུས་དྲན་མི་བྱེད་པར་མེ་ལ་རེག་ན་ལྟུང་བྱེད་དོ། །ང་ལྔ་པ། བསྙེན་པ་མ་རྫོགས་ཞེས་པ། རང་བསྙེན་པར་མ་རྫོགས་པ་དང་ས་གཅིག་ཏུ་ནུབ་གཉིས་པས་ལྷག་པར་ཉལ་ན་ལྟུང་བྱེད་དོ། །ང་དྲུག་པ། ཆོས་ཞེས་པ། རང་གི་གྲོགས་པོ་གཅིག་ལ་བཅོམ་ལྡན་འདས་ཀྱི་སྡོམ་པའི་བར་ཆད་དུ་གྱུར་པའི་ཆོས་གསུངས་པ་རྣམས་གསུངས་ཀྱང་། དེ་མི་བདེན་ཟེར་ནས་ཁྲིད་དུ་གསོད་ན་ལྟུང་བྱེད་དོ། །ང་བདུན་པ། སྨྲ་བ་ཞེས་པ། རང་གི་ཤེས་བཞིན་དུ་སྡིག་ཅན་ཆོས་ལ་སྐུར་པ་འདེབས། ཁྲིད་དུ་གསོད་པའི་མི་དང་གཏམ་སྨྲ་བ་དང་གྲོགས་འབྲེལ་བྱེད་ན་ལྟུང་བྱེད་དོ། །ང་བརྒྱད་པ། དགེ་ཚུལ་ཞེས་པ། དགེ་སློང་རྣམས་ལ། དགེ་ཚུལ་གཅིག་ན་རེ། བཅོམ་ལྡན་འདས་ཀྱིས་འདོད་པ་སྤྱང་བའི་ཆོས་གསུངས་ཀྱང་། དེ་མི་བདེན་ཟེར་ནས་ཁྲིད་དུ་གསོད་ན། དགེ་སློང་དེ་དང་ཞག་གཅིག་ཀྱང་འགྲོགས་ན་དགེ་སློང་ལ་ལྟུང་བྱེད་དོ། །ང་དགུ་པ། ཁ་དོག་བསྒྱུར་ཞེས་པ། དགེ་སློང་གིས་ཁ་དོག་བསྒྱུར་བ་ཅེས་པ། དགེ་སློང་གིས་གོས་ཁ་དོག་སྔོན་པོའམ། དམར་པོའམ། དུར་སྨྲིགས་སམ། སེར་པོ་གང་ཡང་རུང་བར་ཁ་དོག་མ་བསྒྱུར་བར་གནང་བ་ནི་ལྟུང་བྱེད་དོ། །དྲུག་ཅུ་པ། རིན་པོ་ཆེ་ཞེས་པ། རང་གི་སེམས་བསྐྱེད་མ་ཐོབ་པར་རིན་པོ་ཆེ་ལ་རེག་ན་ལྟུང་བྱེད་དོ། །རེ་གཅིག་པ། ཚ་བའི་དུས་ཞེས་པ། བཅོམ་ལྡན་འདས་ཀྱི་དབྱར་ཚད་དུས་སུ་ཟླ་བ་ཕྱེད་ཕྱེད་བཞིན་ཁྲུས་བྱ་བར་གསུངས་རང་གི་ལུས་ཐམས་ཅད་ལ་གཅེར་བུར་ཁྲུས་བྱའོ། །དེ་ལས་ལྷག་པར་གཅེར་བུར་ཁྲུས་བྱེད་ན་ལྟུང་བྱེད་དོ༑ ༑རེ་གཉིས་པ། སྲོག་ལ། དུད་འགྲོ་ཞེས་པ། རང་གི་དུད་འགྲོ་གསད་ཀྱང་རུང་གཞན་ལ་གསོད་བཅུག་ཀྱང་སྟེ། དེ་ཤི་ཙམ་ན་ལྟུང་བྱེད་དོ། །རེ་གསུམ་པ། འགྱོད་པ་ཞེས་པ་ནི། དགེ་སློང་གཅིག་ལ་རང་མི་མགུ་བས་དེ་ལ་དོན་དུ་བྱེད་ན། དགེ་སློང་དེ་འགྱོད་པ་བསྐྱེད་ནས། སྡུག་བསྔལ་དུ་གཞུག་ན་ལྟུང་བྱེད་དོ། །རེ་བཞི་པ། སོར་མོ་ཞེས་པ། རང་གི་གཞན་ལ་གཡའ་རྒོག་ན་ལྟུང་བྱེད་དོ། །རེ་ལྔ་པ། རྩེ་ཞེས་པ། རང་ཆུ་ལ་རྩེད་མོ་བྱེད་ན་ལྟུང་བྱེད་དོ། །རེ་དྲུག་པ། ལྷན་ཅིག་ཅེས་པ། བུད་མེད་དང་ཁྲིམས་རོག་མེད་པར་ཁྱིམ་མམ་ས་གཅིག་ཏུ་ཉལ་ས་གཅིག་ན་ལྟུང་བྱེད་དོ། །རེ་བདུན་པ། སྡངས་

བྱེད་པ། རང་གིས་གཞན་གཅིག་ལ་ཀུ་རེ་བྱེད་ཀྱང་རུང་བསྡིགས་ཀྱང་རུངས་ཏེ་བྲིད་དངངས་སུ་བཙུག་ན་ལྟུང་བྱེད་དོ། །རེ་བརྒྱད་པ། སྦྲིད་ཅེས་པ། རང་གི་སྦྲས་ཀྱང་རུང་གཞན་ལ་སྦྲིད་དུ་བཙུག་ཀྱང་རུང་སྟེ། གཞན་གྱི་ཀ་ཆ་ཀུ་རེར་སྦྲས་ན་ལྟུང་བྱེད་དོ། །རེ་དགུ་པ། གདིང་མེད་ཅེས་པ། རང་གིས་གཞན་གྱི་གོས་བདག་པོའམ་གོན་དང་ཞེས་པའམ། གནང་བའི་གདིང་མེད་པར་ཁོའི་གོས་གོན་ནས་ཚུད་གསན་ན་ལྟུང་བྱེད་དོ། །བདུན་ཅུ་པ། གཞི་མེད་ཅེས་པ། རང་དགེ་སློང་གཅིག་ལ་མི་མགུ་བས་ཁྲོས་འབྲུགས་ནས་དགེ་སློང་དེ་ལ་ལྷག་མ་དང་ལྟུང་བའི་གཞི་མེད་པར་སྐྱུར་པ་འདེབས་ན་ལྟུང་བྱེད་དོ། །དོན་གཅིག་པ། སྐྱེས་པ་མེད་པར་ལམ་འགྲོགས་འགྲོ་ཞེས་པ། སྐྱེས་པའི་ཁྲིམས་རོགས་མེད་པར་བུད་མེད་དང་འགྲོགས་ན་ལྟུང་བྱེད་དོ། །དོན་གཉིས་པ། སྟོམ་ལ། རྐུ་ཞེས་པ། རྐུན་མ་རྐུར་འགྲོ་བ་དང་རང་འགྲོགས་ནས་འགྲོ་ན་ལྟུང་བྱེད་དོ། །དོན་གསུམ་པ། ཉི་ཤུ་མ་ལོན་ཞེས་པ་ལོ་ཉི་ཤུ་མ་ལོན་པར་དགེ་སློང་བྱེད་ན་ལྟུང་བྱེད་དོ། །དོན་བཞི་པ། རྐོ་ཞེས་པ། དགེ་སློང་གིས་ས་རྐོས་ན་ལྟུང་བྱེད་དོ། །དོན་ལྔ་པ། མགྲོན་ཞེས་པ། གཞན་གྱིས་མ་ལོན་པར་མགྲོན་དུ་ཕྱིན་ན་ཟས་ཟ་བའམ་ཡང་ན་མགྲོན་དུ་བོས་ཀྱང་ཟླ་བ་བཞི་ལས་ལྷག་པར་ཟ་ན་ལྟུང་བྱེད་དོ། །དོན་དྲུག་པ། བསླབ་པ་ཞེས། བདག་དགེ་སློང་བྱས་པ་ལ། དགེ་སློང་མང་པོ་རྣམས་སམ། གཅིག་ན་རེ། ཚེ་དང་ལྡན་པ་ཁྱོད་ལ་ངས་བསླབ་པའི་ཆོས་རྣམས་བསླབ་ཟེར་བ་ལ། རྨོངས་པ་ཁྱོད་ཀྱི་ཁས་ང་མི་ཉན། འདུལ་བ་མཁས་པ་གཞན་ལ་བསླབ་ཟེར་ན་ལྟུང་བྱེད་དོ། །དོན་བདུན་པ། འཐབ་ཅེས་པ། དགེ་སློང་གཞན་འཐབ་པ་ལ་ཕྲོག་ཉན་བྱེད་པ་དང་། རང་གཞན་ལ་འཐབ་ཏུ་འགྲོ་བར་བྱེད་ན་ལྟུང་བྱེད་དོ། །དོན་བརྒྱད་པ། མི་སྨྲ་བར་འགྲོ་བ་ཞེས་པ། དགེ་སློང་རྣམས་ཀྱིས་བསླབ་པའི་ཆོས་གཏན་ལ་འབེབས་པ་གླེང་བ་ལ་མི་ཉན་པར་ཅང་མི་སྨྲ་བར་ལངས་ནས་འགྲོ་བ་ནི་ལྟུང་བྱེད་དོ། །དོན་དགུ་པ། མི་གུས་ཞེས་པ། དགེ་སློང་གི་བསླབ་ཆོས་ལ་མི་གུས་པ་བྱེད་ན་ལྟུང་བྱེད་དོ། །བརྒྱད་ཅུ་པ། ཆང་འཐུངས་ཞེས་པ། འབྲུའི་ཆང་དང་། བཅོས་པའི་ཆང་དང་། ཆང་རྣམས་ལ་མྱོས་པར་འགྱུར་བ་རྣམས་འཐུངས་ན་ལྟུང་བྱེད་དོ། །གྱ་གཅིག་པ༔ དུས་མིན་པ་ཞེས། གྲོང་དུ་དུས་མ་ཡིན་པར་འགྲོ་བ་ལ། གཞན་ལ་མི་སྨྲ་བར་འགྲོ་ན་ལྟུང་བྱེད་དོ། །གྱ་གཉིས་པ། སྟོམ་ལ། ཟས་བཅས་ཞེས་པ། དྲོ་དུས་སུ་མི་ཟ་བར་ཉི་མ་ཡོལ་མ་ཡོལ་ཚོད་མི་ཤེས

པར་ཟས་ཟ་ན་ལྟུང་བྱེད་དོ། །གྱུ་གསུམ་པ། སྐྱ་རེངས་ཞེས་པ། ཁྱིམ་པའི་གན་དུ་ཉི་མ་དང་པོ་ནུབ་ནས་སྐྱ་རེངས་དང་པོ་མ་ཤར་བར་དུ་འགྲོན་ལྟུང་བྱེད་དོ། །གྱུ་བཞི་པ། དལ་སྡོད་ཅེས་པ། རང་གི་ བླངས་པའི་བསླབ་པ་ལ་མི་གུས་ནས་ཁྱད་དུ་གསོད་ཅིང་། མི་ཤེས་པ་ཙུག་བྱས་ནས། གཞན་སོ་སོར་ཐར་པའི་མདོ་འདོད་པ་རྣམས་ལ་བདག་གིས་དལ་བར་སྡོད་པའི་ཆོས་ཤེས་ཟེར་ནས་བརྙན་དུ་སྨྲན་ ལྟུང་བྱེད་དོ། །གྱུ་ལྔ་པ། ཁ་བྲེས་ཞེས་པ། རང་གི་ཡག་པར་འདོད་པའི་ཆེད་དུ། བ་སོའམ། རུས་ པའམ། རྣ་ཅོའམ་ལྕུགས་ལ་སོགས་པ་ཁ་བྲེས་བྱས་ནས་གཞན་ལ་རྒྱུན་འཕྲེང་ལ་སོགས་པ་བཟོ་ བཅོལ་ན་ལྟུང་བྱེད་དོ། །གྱུ་དྲུག་པ། ཁྲི་རྐང་ཞེས་པ། རང་ཉིད་ཁྲི་བྱེད་ན་ཁྲིའི་རྐང་པ་ལ་ཁྲུ་གང་བས་ རིང་བྱེད་ན་ལྟུང་བྱེད་དོ། །གྱུ་བདུན་པ། གདིང་ཞེས་པ། དགེ་སློང་གི་གདིང་བ་བྱེད་ན་རིང་དུ་བདེ་ བར་གཤེགས་པའི་ཁྲུ་གསུམ་ཞིང་དུ་ཁྲུ་དོ་བྱེད། དེ་བས་ལྷག་ན་ལྟུང་བྱེད་དོ། །གྱུ་བརྒྱད་པ། གཡན་ པ་ཞེས་པ་ནི། དགེ་སློང་གི་གཡན་པ་བཀབ་པའི་ཚད་ནི། རིང་དུ་བདེ་བར་གཤེགས་པའི་མཐོ་བཞི། ཞིང་དུ་མཐོ་དོ་བྱའོ། །དེ་བས་ལྷག་ན་ལྟུང་བྱེད་དོ། །གྱུ་དགུ་པ། རས་ཆེན་ཞེས་པ། དབྱར་གྱི་གོས་ རས་ཆེན་གྱི་ཚད་ནི། རིང་དུ་བདེ་བར་གཤེགས་པའི་མཐོ་དྲུག ། ཞིང་དུ་མཐོ་ཕྱེད་དང་གསུམ་མོ། ། དེ་བས་ལྷག་ན་ལྟུང་བྱེད་དོ། །དགུ་བཅུ་པ། བདེ་གཤེགས་ཆོས་གོས་ཞེས་པ། བདེ་བར་གཤེགས་ པའི་ཆོས་གོས་ཀྱི་ཚད་ལས་ལྷག་པར་བྱེད་ན་ལྟུང་བྱེད་དོ། །དེ་ལ་བདེ་བར་གཤེགས་པའི་ཆོས་གོས་ ཀྱི་ཚད་ནི་འདི་ཡིན་ཏེ། རིང་དུ་བདེ་བར་གཤེགས་པའི་མཐོ་བཅུ། ཞིང་དུ་མཐོ་དྲུག་གོ། །དེ་རྣམས་ ནི་ལྟུང་བྱེད་འབའ་ཞིག་གི་ཆོས་དགུ་བཅུ་སྟེ། དེ་ཡང་བཤགས་པ་འབའ་ཞིག་གིས་དག་ནུས་པས་ ལྟུང་བྱེད་འབའ་ཞིག་པ་ཞེས་པའོ། །

སྤྱི་དོན་ལྔ་པ་སོ་སོར་བཤགས་པར་བྱ་བའི་ཆོས་སྡེ་བཞིའི་དང་པོ་ནི། སྡོམ་ལ། གྲོང་ཞེས་པ ནི༔ དགེ་སློང་མ་གྲོང་དུ་རང་ཉིད་འཚོ་བའི་བསོད་སྙོམས་བྱེད་པ་ལ་ཟས་སློང་ནས་སྤྱོད་པའོ། ། གཉིས་པ། ཁྱིམ་ཞེས་པ་ནི། སྦྱིན་བདག་གི་ཁྱིམ་དུ་རང་ལ་ཟས་སྐོམ་མང་པོ་འདྲེན་དུ་བཅུག་ནས ཆེར་ཟོས་པའོ། །གསུམ་པ། བསླབ་སྡོམ་ཞེས་པ་ནི། ཁྱིམ་གྱི་བསླབ་པའི་སྡོམ་པ་བྱིན་པའི་སྦྱིན་ བདག་ལས་ཟས་སྐོམ་མེད་བཞིན་དུ་ཡང་ཡང་སློངས་ཏེ་ལོངས་སྤྱོད་པའོ། །བཞི་པ། དགོན་ཞེས་པ

ནི༑ ཁྲིམ་པ་སོགས་ཀྱིས་ཟས་འདྲེན་པའི་ཚེ། དགོན་པ་འཛིག་བཅས་ཀྱི་སར་ཆོམ་རྐུན་ཡོད་མེད་མ་བརྟག་པར་ཟས་ལ་ལོངས་སྤྱོད་པའོ། །དེ་ནི་སོ་སོར་བཤགས་པར་བྱ་བའི་ཆོས་བཞི་སྟེ། འདི་དག་སྒྲི་སྟགས་ཀྱི་སྒོ་ནས་སོ་སོར་བཤགས་དགོས་པས་ན་སོར་བཤགས་ཞེས་བྱའོ། །

སྤྱི་དོན་དྲུག་པ་ཉེས་བྱས་བརྒྱ་དང་བཅུ་གཉིས་ཞེས་གྲགས་པ་ལ་སྡེ་ཚན་བརྒྱད་དེ། གོས་བགོ་བའི་སྡེ། སྤྱོད་ཡུལ་དུ་འགྲོ་བའི་སྡེ། སྟན་ལ་འདུག་པའི་སྡེ། ཟས་བློང་བའི་སྡེ། ཟས་ཟ་བའི་སྡེ། ལྷུང་བཟེད་ལ་ལོངས་སྤྱོད་པའི་སྡེ། ཆོས་བཤད་པའི་སྡེ། བསྒྲུབ་པའི་ཚུལ་ལས་གྱུར་པའི་སྡེའོ། །

དང་པོ་གོས་བགོ་བའི་སྡེ་ལ་ཤམ་ཐབས་དང་སྟོད་གཡོགས་གཉིས་སོ། །དང་པོ་ནི། སྡོམ་ལས། ཤམ་ཐབས་ལ་ཡང་རྣམ་པ་བདུན། །ཞེས་པ་ནི། ཤམ་ཐབས་ཀྱི་ཡར་མཐའ་དང་མར་མཐའ་མདུན་རྒྱབ་གཉིས་མཐོ་དམན་མེད་པ་ཟླུམ་པོར་བགོ་བར་བསླབ་པ་དང་། ཧ་ཅང་བརྫེས་པ་མ་ཡིན་པ་དང་། ལོང་བུ་མན་ཆད་དུ་ཧ་ཅང་འཛོལ་བ་མ་ཡིན་པ་དང་མདུན་དུ་གླུ་གླང་པོ་ཆེའི་སྣ་ལྟར་འཕྱངས་པ་མ་ཡིན་པ་དང་། སྐེ་རགས་ཀྱི་གོང་དུ་ཤིང་ཏ་ལའི་ལོ་མ་ལྟར་ལྟེབ་པ་མ་ཡིན་པ་དང་། སྐེ་རགས་ཀྱིས་བར་ན་འབྲུའི་ཕུར་མ་ལྟར་ཕྲེར་འབུར་བ་མ་ཡིན་པ་དང་། སྐེ་རགས་ཀྱིས་སྟེང་དུ་སྦྲུལ་མགོའི་གདེངས་ཀ་ལྟར་མཐོ་དམན་དུ་འདུག་པ་མ་ཡིན་པ་རྣམས་ལ་བསླབ་པར་བྱའོ། །

གཉིས་པ། སྟོད་གཡོགས་ལ་ཡང་རྣམ་གསུམ་ནི། ཅེས་པའི་དང་པོ་ཆོས་གོས་ཀྱི་མདུན་རྒྱབ་གཉིས་མཉམ་པར་བཟླུམ་པོར་བགོ་བ་དང་། ཧ་ཅང་བརྫེས་པ་དང་ཧ་ཅང་འཛོལ་བ་ལྟར་མ་ཡིན་པར་བསླབ་པར་བྱའོ། །གསུམ་པ། ཤིན་ཏུ་བསྡམས་ལ་སོགས་པ་ལྔ་ཅེས་པ་ནི། དྲན་པ་དང་ཤེས་བཞིན་གྱི་ལུས་ངག་ཤིན་ཏུ་བསྡམས་པ་དང་། གོས་ཚག་ལེགས་པར་བགོ་བ་དང་སྤྱོད་ལམ་གྱི་དུས་སུ་ཅ་ཅོའི་སྒྲ་བསྒྲུང་བ་དང་། མིག་ཕན་ཚུན་གཡེང་བར་མི་བྱ་བ་དང་། གཉའ་ཤིང་གང་ཙམ་དུ་བལྟ་བ་ལ་བསླབ་བོ། །བཞི་པ། མགོ་གཡོགས་ལ་སོགས་རྣམ་པ་ལྔ་ཞེས་པ། གོས་ཀྱི་མགོ་མི་གཡོགས་པ་དང་། གོས་ཀྱི་མཐའ་མི་བརྫེ་བ་དང་། སྟོད་གཡོགས་ཕྲག་པ་གཡོན་པ་ལ་མི་བཟར་བ་དང་། ལག་པ་གཉའ་ཁུང་དུ་མི་བསྣོལ་བ་དང་། ལྟག་མིག་མི་བལྟ་བར་ཁྲིམ་གཞན་དུ་འགྲོ་བ་ལ་བསླབ་པར་བྱའོ། །ལྔ་པ། མཆོངས་ལ་སོགས་པ་རྣམ་པ་ལྔ་ཞེས་པ། འགྲོ་ན་མི་མཆོངས་བ་དང་། འདུག་པ་ན་

རྐང་པ་མི་བརྐྱང་བ་དང་། རྐང་པའི་རྗེང་བཙུགས་ཏེ་ཙོག་པུའི་མི་འགྲོ་བ་དང་། རྐང་པའི་རྗེང་པ་བརྟེགས་ཏེ་བྲང་པས་མི་འགྲོ་བ་དང་། ལག་གཉིས་དཀྱུར་མི་བརྟེན་པར་འགྲོ་བ་ལ་བསླབ་པར་བྱའོ། ། དྲུག་པ། ལུས་ལ་སོགས་པ་རྣམ་པ་ལྔ་ཞེས་པ། ལུས་གཙུས་ཤིང་མི་བསྒྱུར་བ་དང་། ལག་པ་ཤར་ཤར་མི་གཡུག་པ་དང་། མགོ་བོ་མི་གཡུག་པ་དང་། གཞན་དང་འཕྲག་པ་སྦྲད་དེ་མི་འགྲོ་བ་དང་། གཞན་དང་ལག་པ་མི་སྦྲེལ་བར་འགྲོ་བ་ལ་བསླབ་པར་བྱའོ། །

དོན་གསུམ་པ་སྟན་ལ་འདུག་པའི་སྡིའི་སྡོམ་ལ། འདུག་པར་བྱ་བ་དགུ་ཞེས་པ། སྡོད་མི་ཞེར་བར་སྟན་ལ་མི་འདུག་པ་དང་། སྟན་ལ་མ་བརྟགས་པར་མི་སྡོད་པ་དང་། ལུས་ཐམས་ཅད་ལྗིད་ཀྱིས་ཕབ་ནས་འཕངས་མི་བརྟབ་པ་དང་། རྐང་པ་བརྐྱང་ནས་བསྐོལ་བར་མི་འདུག་པ་དང་། བརླ་གཉིས་མི་བསྐོལ་བར་འདུག་པ་དང་། ལོང་བུ་གཅིག་སྟེང་དུ་གཅིག་མི་བརྩེགས་པ་དང་། ཁྲི་འོག་ཏུ་རྐང་པ་མི་བཀུག་པ་དང་མི་གདང་པ་དང་། འདོམས་མི་མཐོང་པར་སྟན་ལ་འདུག་པ་ལ་བསླབ་པར་བྱའོ། །

དོན་བཞི་པ་ཟས་བླངས་པའི་སྡིའི་སྡོམ་ལ། བྱིན་ལེན་བྱ་བ་བརྒྱད་ཅེས་པ། ཟས་ལེགས་པར་བླངས་བ་སྟེ། ཟས་ལྷུང་བཟེད་ཁ་ལས་མཐོ་བར་མི་ལེན་པ་དང་། འབྲས་ཆེན་དང་ཚོད་མ་སོགས་སྨུ་དང་ཁ་ད་ཆད་ལེན་པ་དང་། བཟང་ངན་མཉམ་པར་མི་ལེན་པ་དང་། ཐར་ཆགས་སུ་མི་ལེན་པར་ཐད་རྒྱལ་དུ་ལེན་པ་དང་། ལྷུང་བཟེད་ལ་ཟུར་མིག་བལྟས་ཏེ་ལེན་པ་དང་། ཟས་མ་འོང་བར་ལྷུང་བཟེད་མི་ཟེད་པ་དང་། སྤྱར་ཟས་བྱུང་བ་སྦས་ནས་སླར་མི་ཟེད་པ་དང་། སྣོད་གཞན་བཟའ་བ་དང་བཅའ་བའི་སྟེང་དུ་ལྷུང་བཟེད་མི་ཟེད་པ་རྣམས་ལ་བསླབ་པར་བྱའོ། །

དོན་ལྔ་པ་ཟས་ཟ་བའི་སྡེ་ལ་ལྔ་སྟེ། དང་པོ། སྡོམ་ལ། ཟས་ལ་ལེགས་པར་བྱ་བ་དྲུག་ཅེས་པ། དུས་དང་འགལ་བར་མི་བཟའ་བ་དང་། ཁམ་ཧ་ཅང་ཆུང་བ་མ་ཡིན་པ་དང་། ཧ་ཅང་ཆེ་བ་མ་ཡིན་པ་དང་། ཁམ་རན་པར་ཟ་བ་དང་། ཁམ་མ་བཟས་པར་ཁ་མི་གདང་བ་དང་། ཁ་ཟས་ཀྱིས་བཀང་སྟེ་མི་སྨྲ་བ་རྣམས་ལ་བསླབ་པར་བྱའོ། །གཉིས་པ། ཙུག་ཙུག་ལ་སོགས་རྣམ་པ་ལྔ་ཞེས་པ། ཟས་ཟ་ཚེ་ཙུག་ཙུག་མི་བྱ་བ་དང་། ལྕབ་ལྕབ་མི་བྱ་བ་དང་། ཧུ་ཧུ་མི་བྱ་བ་དང་། ཕུ་ཕུ་མི་བྱ་བ་དང་། ལྕེ་ཕྱི་རོལ་

དུ་ཕྱུང་སྟེ་ཟས་མི་ཟ་བར་བསླབ་པར་བྱའོ། །གསུམ་པ། འབྲུ་ནས་ཐ་དད་མི་བྱེད་པ་ལྔ་ཞེས་པ། འབྲུ་རེ་རེ་ནས་ཐ་དད་དུ་ཕྱེ་བར་མི་བྱ་བ་དང་། ཟས་ལ་སྐྱོན་བལྟས་ཏེ་གཞན་ལ་མི་འཕྱ་བ་དང་། མཁུར་བ་མི་ཡོ་བ་དང་། ཁན་སྒྲ་མི་བྱ་བ་དང་། ཁམ་སོས་མི་བཅད་པར་ཟས་ལེགས་པར་བཟའ་བ་རྣམས་ལ་བསླབ་པར་བྱའོ། །བཞི་པ། ལག་པ་བལྡག་ལ་སོགས་པ་ལྔ་ཞེས་པ། ལག་པ་ལ་ཟས་ཆགས་པ་མི་བལྡག་པ་དང་མཛུབ་མོས་ལྷུང་བཟེད་མི་འབྲོག་པ་དང་། ལག་པ་མི་སྤྲུག་པ་དང་། ལྷུང་བཟེད་བསྐྱམ་བསྐྱམ་མི་བྱེད་པ་དང་། ཟས་ལ་མཆོད་རྟེན་འདྲ་བར་བྱས་ཏེ་མི་བཟའ་བ་རྣམས་ལ་བསླབ་པར་བྱའོ། །ལྔ་པ། སྣོམ་ལ་འཕྱས་ལ་སོགས་པ་རྣམ་པ་བཞི་ཞེས་པ། རང་གི་བྲུང་ན་འདུག་པའི་དགེ་སློང་གི་ལྷུང་བཟེད་ལ་ཕྱས་མི་གདགས་པ་དང་། ཟས་ཀྱི་ལག་པ་འབག་པས་ཆུ་སྣོད་ལ་མི་རེག་པ་དང་། བྲུང་ན་འདུག་པའི་དགེ་སློང་ལ་ཟས་དང་འབགས་པའི་ཆུ་མི་གཏོར་བ་དང་། ཁྱིམ་པ་འདུག་པ་ལ་མ་དྲིས་པར་ཆུ་དང་འབགས་པ་ཁྱིམ་གཞན་དུ་མི་དབོ་བར་བསླབ་པར་བྱའོ། །དྲུག་པ། ལྷུང་བཟེད་ལ་ལོངས་སྤྱོད་པའི་སྡེ་ནི། ལྷུང་བཟེད་ལ་ཡང་རྣམ་བཅུ་ཞེས་པ། ལྷུང་བཟེད་ནང་དུ་ཟས་ཀྱི་ལྷག་མ་བླུགས་ཏེ་མི་བཞག་པ་དང་། འོག་གཞི་མེད་པའི་ས་ཕྱོགས་སུ་ལྷུང་བཟེད་མི་བཞག་སྟེ། ས་རྗེན་དང་། གད་ཁ་དང་། གཡང་ས་དང་། ས་ཆ་བང་རིམ་ཅན་དང་། ས་གཟར་པོ་ལ་ལྷུང་བཟེད་མི་བཞག་ཅིང་བདེ་སར་བཞག་པ་དང་འགྲེངས་ཏེ་ལྷུང་བཟེད་མི་བཀྲུ་བ་དང་། གད་ཀ་དང་། ས་གཟར་པོ་དང་། འབབས་ཆུ་དྲག་པོའི་རྒྱུན་ལས་ལྡོག་སྟེ་མི་བཀྲུ་བ་དང་། བདེ་སར་ལྷུང་བཟེད་དང་། སྣོད་སྤྱད་བཀྲུ་བ་དང་། ལྷུང་བཟེད་ཀྱི་ཆུ་མི་བཅུ་བ་རྣམས་ལ་བསླབ་པར་བྱའོ། །

དོན་བདུན་པ་ཆོས་སྟོན་པའི་སྡེ་ལ་བདུན་ཏེ། དང་པོ། འགྲེངས་བར་བྱེད་ལ་སོགས་པ་ལྔ་ཞེས་པ། མི་ན་བར་འདུག་པ་ལ། རང་ལངས་ཏེ་ཆོས་མི་བཤད་པ་དང་། མི་ན་བར་ཉལ་བར་འདུག་པ་ལ་ཆོས་མི་བཤད་པ་དང་། མི་ན་བར་སྟན་མཐོན་པོ་ལ་འདུག་པ་ལ་རང་སྟན་དམའ་བ་ལ་འདུག་སྟེ་ཆོས་མི་བཤད་པ་དང་། མི་ན་བར་མདུན་དུ་འགྲོ་ཞིང་ཆོས་མི་བཤད་པ་དང་། མི་ན་བར་ལམ་དུ་འགྲོ་བ་ལ་རང་ལམ་གྱི་འགྲམ་ནས་འགྲོ་ཞིང་ཆོས་མི་བཤད་པ་རྣམས་ལ་བསླབ་པར་བྱའོ། །

གཉིས་པ། མགོ་གཡོགས་ལ་སོགས་རྣམ་པ་ལྔ་ཞེས་པ། མི་ན་བར་གོས་ཀྱི་མགོ་གཡོགས

པ་དང་། ཆོས་གོས་དང་ཞམ་ཐབས་བཟྲེས་པ་དང་། གོས་ འཕྲུག་པ་ལ་བཟར་བ་དང་། ལག་པ་གཉའ་ཁྲུང་དུ་བསྣོལ་བ་དང་། དཔུང་ཁར་བསྣོལ་བ་ལ་ཆོས་མི་བཤད་པ་སོགས་ལ་བསླབ་པར་བྱའོ། །

གསུམ་པ། དོ་ཀེར་ཅན་ ལ་སོགས་པ་ལྔ་ཞེས་པ། མི་ན་བར་སྐྲ་དོ་ཀེར་ཅན་དང་། ཞྭ་གོན་པ་དང་། མགོ་ཅོད་པཎ་ཅན་དང་། མགོ་འཕྲེང་བ་ཅན་དང་། མགོ་ལ་ཐོད་བཅིངས་པ་ལ་ཆོས་མི་བཤད་པར་བསླབ་པ་བྱའོ། །བཞི་པ། གླང་ཆེན་ལ་སོགས་ཞོན་པ་ལྔ་ཞེས་པ། མི་ན་བར་གླང་ཞོན་པ་དང་། རྟ་ཞོན་པ་དང་། ཁྱོགས་བྱས་པའི་སྟེང་ན་འདུག་པ་དང་། ཤིང་རྟ་ལ་སོགས་པ་ཞོན་པའི་སྟེང་ན་འདུག་པ་དང་། མཆིལ་ལྷམ་གོན་པ་ལ་ཆོས་མི་བཤད་པར་བསླབ་པར་བྱའོ། །ལྔ་པ། ལག་ན་མཁར་བ་ལ་སོགས་དྲུག་ཅེས་པ། མི་ན་བར་ལག་པ་ན་མཁར་བ་བཟུང་བ་དང་། ལག་ན་གདུགས་ཐོགས་པ་དང་། ལག་ན་མཚོན་ཐོགས་པ་དང་། ལག་ན་རལ་གྲི་ཐོགས་པ་དང་། ལག་ན་དགྲ་སྟ་ཐོགས་པ་དང་། གོ་གོན་པ་ལ་ཆོས་མི་བཤད་པ་ལ་བསླབ་པར་བྱའོ། །

དོན་དྲུག་པ་བསྲུབ་པའི་ཚུལ་ལས་གྱུར་པའི་སྡེ་ལ་གཉིས་ཏེ། དང་པོ་མི་ན་བ་རྣམ་པ་བཞི་ཞེས་པ། མི་ན་བར་ལངས་ཏེ་གཤང་གཅི་མི་བྱ་བ་དང་། དོན་དྲུག་པ་བསྲུབ་པའི་ཚུལ་ལས་གྱུར་པའི་སྡེ་ལ་གཉིས་ཏེ། དང་པོ་མི་ན་བ་རྣམ་པ་བཞི་ཞེས་པ། མི་ན་བར་ལངས་ཏེ་གཤང་གཅི་མི་བྱ་བ་དང་། ཆུ་ནང་དུ་གཤང་གཅི་དང་། མཆིལ་མ་དང་། སྣབས་དང་། སྐྱུགས་པ་དང་། ཟླུགས་པ་རྣམས་མི་དོར་བར་བསླབ་པར་བྱའོ། །

གཉིས་པ། མི་ན་བར་རྩྭ་སྔོན་པོའི་སྟེང་དུ། གཤང་གཅི་དང་། མཆིལ་མ་དང་། སྣབས་དང་། སྐྱུགས་པ་དང་། ཟླུགས་པ་རྣམས་མི་དོར་བ་དང་། རང་ལ་དགྲ་འཇིགས་བྱུང་བ་མི་གཏོགས་པ་ཤིང་མི་ལུས་གང་ཙམ་ལས་མཐོ་བ་ལ་མི་འཛེག་པ་རྣམས་ལ་བསླབ་པར་བྱའོ། །འདི་དག་ཉེས་པ་ཕྲ་མོའི་རང་བཞིན་ཡིན་པས་ཉེས་བྱས་ཞེས་བྱའོ། །དེ་དག་ནི་བཀའ་ལུང་སོ་སོ་ཐར་པའི་མདོ་དང་མདོ་རྩ་བ་སོགས་ནས་བཤད་པའི་དགེ་སློང་གི་ཁྲིམས་གཉིས་བརྒྱ་དང་ལྔ་བཅུ་རྩ་གསུམ་སྡེ་ཐོབ་པ་མི་ཉམས་པར་བསྲུང་བའི་ཚུལ་ལོ། །དེའང་ངེས་པ་ལྔ་དང་བྲལ་དགོས་པར་གསུངས་ཏེ། གནས་ངེས་པ་དང་བྲལ་བ་ནི། གནས་གང་དུ་སྡོད་ཀྱང་བསྲུང་། དུས་ངེས་པ་དང་བྲལ་བ་ནི། དུས་ཐམས་ཅད་དུ

བསྲུང་། ཆོ་ངེས་པ་དང་བྲལ་བ་ནི། འཐབ་འཁྲུག་དང་སྐྱིད་བྱེད་པ་སོགས་གནས་སྐབས་ཐམས་ཅད་དུ་བསྲུང་། ཡན་ལག་ངེས་པ་དང་བྲལ་བ་སྡོམ་པའི་ཡན་ལག་མ་ཚང་བ་མེད་པར་བསྲུང་། ཡུལ་ངེས་པ་དང་བྲལ་བ་སྡོམ་པ་དང་འགལ་བ་བསྐྱེད་པའི་ཡུལ་མཐའ་དག་ལ་དམིགས་ཏེ་བསྲུང་བའོ། །དེའང་དཔེ་ལ་གདམས་པ་ནི། བསྙེན་པར་རྫོགས་ནས་ལོ་བརྒྱ་ལོན་པའི་དགེ་སློང་ལྷ་བུར་ཁྱད་པར་མེད་པར་བསླབ་དགོས་སོ། །ཞེས་པ་ནི། བསྙེན་པར་རྫོགས་ནས་ལོ་བརྒྱ་ལོན་པའི་དགེ་སློང་གིས་བསླབ་པ་གང་ལ་བསླབ་པར་བྱ་བ་དེ་ལ་དེ་རིང་བསྙེན་པར་རྫོགས་པས་བསླབ་བོ། །དེ་རིང་བསྙེན་པར་རྫོགས་པའི་དགེ་སློང་གི་བསླབ་པ་གང་ལ་བསླབ་པར་བྱ་བ་དེ་ལ་བསྙེན་པར་རྫོགས་ནས་ལོ་བརྒྱ་ལོན་པས་ཀྱང་བསླབ་པའོ། །རང་གི་མཁན་པོ་ལ་ཕའི་འདུ་ཤེས་ཉེ་བར་བཞག་ནས་ཧི་སྲིད་འཚོའི་བར་དུ་བསྙེན་བཀུར་བར་བྱའོ། །མཁན་པོས་ཀྱང་བུའི་འདུ་ཤེས་ཉེ་བར་བཞག་ནས་ཤི་བའམ་གསོན་གྱི་བར་དུ་ནད་གཡོག་བྱའོ། །གཞན་ཡང་གྲོགས་ཕལ་པ་ཚངས་པ་མཚུངས་པར་སྤྱོད་པ་རྣམས་དང་། གནས་བརྟེན་རྣམས་དང་།བར་མ་རྣམས་དང་། གསར་བུ་རྣམས་ལ་གུས་པ་དང་ཞེ་ས་བྱས་ནས་རང་ཉིད་དུལ་བར་གནས་པ་ལ་བསླབ་པར་བྱའོ། །གཞན་ཡང་ལུང་ནོད་པ་དང་། ཀླག་པ་དང་། ཁ་ཏོན་བྱ་བ་དང་། སོ་སོ་ཐར་པའི་མདོ་འདོན་པ་དང་། ཕུང་པོ་ལ་མཁས་པ་དང་། ཁམས་དང་སྐྱེ་མཆེད་དང་རྟེན་ཅིང་འབྲེལ་པར་འབྱུང་བ་ལ་མཁས་པ་དང་། གནས་དང་གནས་མ་ཡིན་པ་ལ་མཁས་པར་བྱ་བ་དང་། མ་ཐོབ་པ་འཐོབ་པར་བྱ་བ་དང་། མ་རྟོགས་པ་རྟོགས་པར་བྱ་བ་དང་། མངོན་དུ་མ་བྱས་པ་མངོན་དུ་བྱ་བའི་ཕྱིར་ཐམས་ཅད་མཁྱེན་པའི་བཀའ་བཞིན་དུ་སྒྲུབ་པ་ལ་བརྩོན་པ་མི་འདོར་བར་བྱའོ། །

༄ སྤྱི་དོན་གསུམ་པ་ཉམས་ན་ཕྱིས་འཚོས་པའི་ཐབས་ལ་གཉིས་ཏེ། དང་པོ་ནི་ཕམ་པ་བཞི་བྱུང་ན་སྡོམ་པ་རྩ་བ་ནས་འཆོར་བས་སྔར་བཞིན་ལེན་དགོས་པར་བཞེད་དོ། །ལྷག་མ་བཅུ་གསུམ་བྱུང་ན་དགེ་སློང་བཅུ་གསུམ་གྱི་དྲུང་དུ་དངོས་པོ་རྣམས་བརྗོད་ལ་བཤགས་བསྡོམ་བྱའོ། །གཞན་ཡང་སྤང་བའི་འདུ་བྱེད་སུམ་ཅུ་དང་། ལྟུང་བ་འབའ་ཞིག་དགུ་བཅུ་དང་། སོ་སོར་བཤགས་པར་བྱ་བའི་ཆོས་སྡེ་བཞི་དང་། ཉེས་བྱས་བརྒྱ་རྩ་བཅུ་གཉིས་རྣམས་ནི། དགེ་སློང་གཅིག་ཡན་ཆད་ཀྱི་དྲུང་དུ

དངོས་པོ་གང་བྱུང་བ་རྣམས་བརྗོད་ལ་བཤགས་བསྡོམ་བྱའོ། །ལས་བསྒྲུབ་པ་གཙོར་བྱེད་པའི་དགེ་སློང་ཡིན་ན། དགེ་སློང་གི་དབང་པོ་དངོས་སུ་མེད་ཀྱང་བཏུབ་པ་ཡིན་ལ། དཀོན་མཆོག་གསུམ་གྱི་སྤྱན་སྔར་ས་བཅུའི་དགེ་འདུན་དང་བཅས་པ་དབང་པོར་བཞུགས་པར་བསམ་ནས། ཕྱག་དང་མཆོད་པ་དང་སྟོབས་བཞིའི་སྒོ་ནས་བཤགས་པས་འདག་པར་གསུངས་སོ། །

གཉིས་པ་མ་བསྲུང་བའི་ཉེས་དམིགས་ནི། གང་ཟག་གཞན་ལ་ལྟ་སྨོས་ཀྱང་ཅི་དགོས། བསྒོམ་བསྒྲུབ་གཙོར་བྱེད་པའི་དགེ་སློང་ཡིན་ཡང་ཐར་བའི་ས་ལམ་ལ་ཤིན་ཏུ་བསྒྲིབ་པར་གསུངས་ཏེ༑ སྤྱོད་འཇུག་ལས། དེ་ལྟར་ལྟུང་བ་སྟོབས་ལྡན་དང་། །བྱང་ཆུབ་སེམས་སྟོབས་ལྡན་པ་དག །འཁོར་བ་རེས་ཀྱི་འདྲེན་བྱེད་ན། །ས་ཐོབ་པ་ལ་ཡུན་རིང་ཐོགས། །ཅེས་གསུངས་པས་དཔྲལ་བའི་མིག་ལྟར་རབ་ཏུ་སྲིམས་ཏེ་བསྲུང་བར་བྱའོ། །དེ་དག་ནི་དགེ་སློང་གི་སྡོམ་པའི་བསླབ་བྱ་ལེགས་པར་གཏན་ལ་ཕབ་ཟིན་ཏོ།། །།

༄ ད་ནི་སྤྱི་དོན་གསུམ་པ་ཆོས་ཅི་བྱེད་ཐེག་པ་ཆེན་པོའི་ལམ་དུ་འགྲོ་བར་བྱེད་པ་བྱང་སེམས་སྡོམ་པའི་བསླབ་བྱ་རྣམ་པར་དབྱེ་བ་ལ་གསུམ་སྟེ། དང་པོ་སྡོམ་པ་མ་ཐོབ་པ་ཐོབ་པར་བྱེད་པའི་ཐབས། འཐོབ་ན་མི་ཉམས་བསྲུང་བའི་ཐབས། ཉམས་ན་ཕྱིར་འཆོས་པའི་ཐབས་སོ། །

དང་པོ་མ་ཐོབ་འཐོབ་པར་བྱེད་པའི་ཐབས་ཀྱིས་སྡོམ་ཆོག་ལོགས་སུ་གསལ་ལ། འདིར་ཐོབ་པ་མི་ཉམས་བསྲུང་ཐབས་དང་། ཉམས་པ་ཕྱིར་འཆོས་ཐབས་སོ། །དང་པོ་ལ་ལྔ་སྟེ། ངོ་བོ་དབྱེ་བ་རྟེན་དང་བསྲུང་ཚུལ་འཕེལ་ཐབས་སོ། །དང་པོ་སེམས་བསྐྱེད་ཀྱི་ངོ་བོ་ནི། གཞན་གྱི་དོན་དུ་ཡང་དག་པར་རྫོགས་པའི་བྱང་ཆུབ་འདོད་པ་སྟེ། མངོན་རྟོགས་རྒྱན་ལས། སེམས་བསྐྱེད་པ་ནི་གཞན་དོན་ཕྱིར། །ཡང་དག་རྫོགས་པའི་བྱང་ཆུབ་འདོད། །ཅེས་གསུངས་སོ། །གཉིས་པ་དབྱེ་ན་མང་ཡང་མདོར་བསྡུ་ན་སྨོན་པའི་སེམས་དང་འཇུག་པའི་སེམས་གཉིས་ལས་ཏེ། སྤྱོད་འཇུག་ལས། བྱང་ཆུབ་སེམས་དེ་མདོར་བསྡུ་ན། །རྣམ་པ་གཉིས་སུ་ཤེས་བྱ་སྟེ། །བྱང་ཆུབ་སྨོན་པའི་སེམས་དང་ནི། །བྱང་ཆུབ་འཇུག་པ་ཉིད་ཡིན་ནོ། །ཞེས་སོ། །དེ་གཉིས་ཡང་བསམ་པ་དང་སྦྱོར་བས་ཁྱད་དུ་བྱས་པ་ནི། སྨོན་པ་ནི་འགྲོ་འདོད་པ་དང་འདྲ་སྟེ། རྫོགས་པའི་སངས་རྒྱས་ཐོབ་པར་འདོད་པའི་བསམ་པ་ཡིན་ལ།

འཇུག་པ་ནི་དེའི་ཆོས་ལ་སྦྱོར་བ་འགྲོ་བཞིན་པ་ལྟ་བུ་སྟེ། སྤྱོད་འཇུག་ལས། འགྲོ་བར་འདོད་དང་འགྲོ་བ་ཡི། །བྱེ་བྲག་ཅི་བཞིན་ཤེས་པར་ལྟར། །དེ་བཞིན་མཁས་པ་འདི་གཉིས་ཀྱི། །བྱེ་བྲག་རིམ་བཞིན་ཤེས་པར་བྱ། །ཞེས་པ་ནི། སྨོན་པ་ལས་ཕྱི་མ་འབྱུང་ཚུལ་དང་།སྨོན་པ་སྔོན་པ་ལས་ཕྱི་མ་འཇུག་པ་ཁྱད་པར་དུ་འཕགས་ཚུལ་ལོ། །

གསུམ་པ་སྡོམ་པའི་རྟེན་གྱི་གང་ཟག་ནི། ཐེག་པ་ཆེན་པོའི་རིགས་དང་ལྡན་པ། དཀོན་མཆོག་གསུམ་ལ་སྐྱབས་སུ་སོང་བ། སོ་ཐར་གྱི་རིགས་བདུན་དང་ལྡན་པ་ནི་བྱང་ཆུབ་སེམས་དཔའི་སྡོམ་པ་རྟེན་དུ་བཤད་དེ། དེའང་གང་ལས་བཤད་ཅེ་ན། དང་པོ་ནི་བྱང་ཆུབ་སེམས་དཔའི་ས་ལས་བཤད་པ་དང་། གཉིས་པ་ནི་བྱང་ཆུབ་ལམ་སྒྲོན་ལས་བཤད་པ་དང་། གསུམ་པའང་དེ་ཉིད་ལས་བཤད་པ་སྟེ། སོ་སོ་ཐར་པ་རིགས་བདུན་གྱི། །རྟག་ཏུ་སྡོམ་གཞན་ལྡན་པ་ལ། །བྱང་ཆུབ་སེམས་དཔའི་སྡོམ་པ་ཡི། །སྐལ་བ་ཡོད་ཀྱི་གཞན་དུ་མིན། །ཞེས་སོ། །དབུ་མ་ལྟར་ན་སེམས་བསྐྱེད་ལེན་འདོད་ཀྱི་བསམ་པ་གང་ཡོད་དུ་སྐྱེ་ལ་རྟེན་སོ་ཐར་མི་དགོས་གསུངས་ཀྱང་གློང་ཆེན་པའི་ལུགས་འདི་གཉིས་ནི་དོན་གྱི་མི་འགལ་བར་གོ་སྟེ། དབུ་མ་ལྟར་སེམས་བསྐྱེད་དུས་སོ་སོ་ཐར་པའི་སྡོམ་པ་མིང་མ་བཏགས་ཀྱང་། དོན་འདྲ་བར་སྲོག་མི་གཅོད་པར་དམ་བཅའ་ནུས་པ་ལ་སོགས་པ་དགོས་པས། དེའི་ཚནས་རྟེན་འདྲ་རུང་དུ་ངེས་ཏེ། དོན་ལ་གནོད་པ་ལས་བློ་ལོག་པ་ཞིག་ལ་སྐྱེ་ངེས་སོ། །སོ་སོར་ཐར་བའི་སྡོམ་པ་གང་རུང་བསྡོམ་ནུས་པ་ཞིག་མེད་ན་གང་ལའང་མི་སྐྱེ་སྟེ། སེམས་བསྐྱེད་དེ་ཉིད་ཀྱི་བསླབ་པ་དང་འགལ་བའི་ཕྱིར་རོ། །ཞེས་གསུངས་སོ། །དག་པོ་རིན་པོ་ཆེས་ཀྱང་དེ་དང་མཚུངས་པར་གསུངས་ཏེ། བྱང་སེམས་སྡོམ་པའི་རྟེན་དུ་སོ་སོ་ཐར་པའི་སྡོམ་པ་དགོས་པ་ཅིའི་ཕྱིར་ཞེ་ན། དཔེ་དང་ལུང་དང་འཐད་པ་སྟེ། རྒྱུ་མཚན་གསུམ་གྱི་སྒོ་ནས་རྟེན་དུ་དགོས་པ་རིགས་པར་བྱའོ། །དེ་ལ་དང་པོ་ནི། དཔེར་ན་འཁོར་ལོ་བསྒྱུར་བའི་རྒྱལ་པོ་ཆེན་པོ་དེ་སྤྱན་དྲངས་ཤིང་བཞུགས་སུ་གསོལ་བའི་གནས་ནི། ལུད་དང་ལྷན་ལྷིན་ལ་སོགས་པ་མི་གཙང་བས་ཁྱབ་པའི་ས་ཕྱོགས་མ་ཡིན་ཏེ། ཁང་བཟང་ལེགས་པ་བྱི་དོར་བྱས་པ། རིན་པོ་ཆེ་ལ་སོགས་པའི་རྒྱན་དུ་མས་སྤྲས་པ། ཡིད་དུ་འོང་བ་གཅིག་ཡིན་པ་ལྟར། བྱང་ཆུབ་ཀྱི་སེམས་ཀྱིས་རྒྱལ་པོ་དེ་ཡང་བསྐྱེད་ཅིང་བཞུགས་སུ་གསོལ་བའི་

གནས་ནི། ལུས་ངག་ཡིད་གསུམ་མི་དགེ་བའི་ལས་བསྡོམ་པ། སྡིག་པའི་དྲི་མས་གོས་པའི་རྒྱུད་ལས་མ་ཡིན་ཏེ། ལུས་ངག་ཡིད་གསུམ་གྱི་སྡིག་པའི་དྲི་མ་དང་བྲལ་བ། སྡོམ་པའི་ཚུལ་ཁྲིམས་ཀྱི་ལེགས་པར་བརྒྱན་པའི་ལུས་ལ་བསྐྱེད་ཅིང་བཞུགས་སུ་གསོལ་བ་ཡིན་ནོ། །ལུང་ནི། མདོ་སྡེ་རྒྱན་གྱིས་སེམས་བསྐྱེད་ཀྱི་སྐབས་ལས། སྡོམ་པ་རྒྱ་ཆེན་དེ་ཡི་རྟེན། །ཞེས་གསུངས་ཏེ། དེ་ཡང་བསྙེན་གནས་ཀྱི་སྡོམ་པ་ནི། ཉིན་ཞག་གཅིག་པའི་སྡོམ་པ་ཡིན་པས་རྒྱ་ཆུང་ལ། རིག་བདུན་པ་དེ་ནི། དཔྱར་མི་ཡིན་པས་སྡོམ་པ་རྒྱ་ཆེན་པོ་སྟེ། དེས་ན་རིག་བདུན་ནི་སེམས་བསྐྱེད་ཀྱི་རྟེན་དུ་གསུངས་པ་ཡིན་ནོ། །ཞེས་གསུངས་སོ། །འཐད་པ་ནི། སོ་སོ་ཐར་པའི་སྡོམ་པ་ནི། གཞན་ལ་གནོད་པ་གཞི་དང་བཅས་སྤང་པ་ཡིན་ལ། བྱང་ཆུབ་སེམས་དཔའི་སྡོམ་པ་ནི་གཞན་ལ་ཕན་འདོགས་པ་ཡིན་ཏེ། གནོད་པ་ལས་མ་ལོག་པར་ཕན་བཏགས་ཐབས་མེད་པའི་ཕྱིར་རོ། །ཞེས་སོ། །དེས་ན་རྟེན་སོ་ཐར་གྱི་སྡོམ་པ་ཐོབ་ནས་བསྡོམ་ནུས་པས། དེའི་སྟེང་དུ་བྱང་ཆུབ་སེམས་བསྐྱེད་གཉིས་ཀྱི་སྡོམ་པ་བླངས་ནས་ཚུལ་བཞིན་ཉམས་མེད་དུ་དམ་པར་བསྲུང་ན་ལམ་ལྔ་ས་བཅུ་མངོན་པར་བྱེད་པར་བསུངས་སོ། །

བཞི་པ་མི་ཉམས་པར་བྱ་བའི་ཕྱིར་བསྲུང་ཚུལ་ལ་གསུམ་སྟེ། སྨོན་འཇུག་སོ་སོའི་བསྲུང་ཚུལ་དང་། གཉིས་ཀའི་ཐུན་མོང་དུ་སེམས་བསྐྱེད་གཉིས་མི་ཉམས་པར་བྱ་བའི་ཕྱིར་བསྲུང་ཚུལ་ལོ། །དེ་ལ་དང་པོའི་དང་པོ་སྨོན་པ་སེམས་བསྐྱེད་ཀྱི་བསླབ་བྱ་ལའང་གཉིས་ཏེ། དགོས་ཆེད་མདོ་ཙམ་དང་བསྲུང་ཚུལ་རྒྱས་པར་བཤད་པ་ལས། དང་པོ་ནི། སློབ་དཔོན་པད་མས། སེམས་ཅན་གྱི་དོན་དུ་རྫོགས་པའི་སངས་རྒྱས་ཐོབ་པར་འདོད་པ་སྨོན་པའི་སེམས། དེ་ལྟར་ཁས་བླངས་ཤིང་མ་ཐོབ་པ་འཐོབ་པར་བྱེད་པས་ན་སྨོན་པའི་སེམས་བསྐྱེད། དེའི་མི་མཐུན་པའི་ཕྱོགས་སྤང་བར་བྱེད་པས་སྡོམ་པའོ། །དེས་ན་ཐོག་མར་སྨོན་པ་ནི་གལ་ཆེ་སྟེ། སྨོན་པ་བྱང་ཆུབ་ཀྱི་སེམས་ལ་བློ་སྦྱང་ན་འཇུག་པ་ཤུགས་ལས་འོང་ཞིང་། སྨོན་པའི་སེམས་མ་སྐྱེས་ན་འཇུག་པ་འགྲུབ་མི་སྲིད་དེ། མེད་པ་མི་འབྱུང་བའི་རྒྱུ་འབྲས་སོ། །ཞེས་གསུངས་པ་དང་། བྱང་ཆུབ་སེམས་དཔའི་ས་ལས་ཀྱང་། འཇུག་པ་སེམས་བསྐྱེད་བྱེད་པ་ལ་སྔོན་དུ་སྨོན་པ་སེམས་བསྐྱེད་འགྲོ་དགོས་པར་བཤད་དོ། །

གཉིས་པ་བསྲུང་ཚུལ་རྒྱས་པར་བཤད་པ་ལས། སྡོམ་ནི། སེམས་ཅན་བློ་མི་གཏད་པ་དང་། །

སེམས་བསྐྱེད་ཕན་ཡོན་དྲན་བྱ་དང་། །ཡང་ཡང་བྱང་སེམས་སྦྱང་བ་དང་། །དཀར་ནག་ཆོས་བརྒྱད་བླང་དོར་བསླབ། ལྷ་པོས་སློན་པའི་བསླབ་བྱ་བསྡུས། །ཞེས་སོ། །དེ་ལ་དང་པོ་སེམས་ཅན་བློས་མི་གཏང་བ་ལ་བསླབ་པ་ནི་བྱང་ཆུབ་ཀྱི་སེམས་མི་འཆོར་བའི་ཐབས་ཏེ། མ་དྲོས་པས་ཞུས་པའི་མདོ་ལས། བྱང་ཆུབ་སེམས་དཔའ་ཆོས་གཅིག་དང་ལྡན་ན། རྣམ་པ་ཐམས་ཅད་ཀྱིས་མཆོག་དང་ལྡན་པའི་སངས་རྒྱས་ཀྱིས་ཆོས་རྣམས་ཡོངས་སུ་འཛིན་ཏོ། །ཆོས་གཅིག་པོ་དེ་གང་ཞེ་ན། སེམས་ཅན་བློས་ཡོངས་སུ་མི་གཏང་བའི་སེམས་སོ། །དེ་ཡང་སེམས་ཅན་གང་དག་གིས་བདག་ལ་མི་རིགས་པ་གཅིག་བྱེད་པས།བདག་དེ་ལ་སེམས་རྒྱུང་རིང་ནས་ཤ་ཚ་དང་བྲལ་ཏེ། ཕྱིན་ཆད་ཁྱོད་ལ་ཕན་ཐོགས་པའི་དུས་གཅིག་བྱུང་ནའང་མི་བདག །གནོད་པ་ལས་བཟློག་པའི་དུས་བྱུང་ཡང་མི་བཟློག་སྙམས་པའི་སེམས་སྐྱེ་བ་ནི་སེམས་ཅན་བློས་གཏང་བ་ཡིན་ནོ། །དེ་ཡང་སེམས་ཅན་ཐམས་ཅད་བློས་གཏང་བ་ལ་ཟེར་རམ། གཅིག་ཙམ་བློས་གཏང་བ་ལ་ཟེར་ཞེ་ན། སེམས་ཅན་ཐམས་ཅད་བློས་སྤང་བ་ནི། ཉན་རང་རྣམ་གཉིས་མ་ཡིན་པའི་ཁྲ་དང་སྤྱང་ཀི་ལ་ཡང་མི་འོང་སྟེ། དེས་ན་སེམས་ཅན་གཅིག་ཙམ་བློས་གཏང་བས་ཀྱང་ཐུན་ཆོད་ཀྱིས་ནང་ཁོངས་སུ་གཉན་པོས་མ་སླེབ་ན་བྱང་སེམས་འཆོར་རོ། །དེ་ལྟར་སེམས་ཅན་བློས་སྤང་ཞིང་བསླབ་བྱ་གཞན་ལ་གནས་ན། བྱང་ཆུབ་སེམས་དཔར་ཁས་ལེན་པ་ནི་ཤིན་ཏུ་མི་འཐད་དེ། དཔེར་ན་བུ་གཅིག་པོ་གསད་ནས་བུའི་རྫས་ལ་སོགས་པོ་དང་འདྲའོ། །དེ་བས་ན་སེམས་ཅན་བདག་ལ་ཕན་འདོགས་པ་རྣམས་ལ་བྱང་ཆུབ་སེམས་གང་ནས་འཆོར་ཏེ། གནོད་པ་བྱེད་པ་ལ་འཆོར་དོགས་ཡོད་པས། དེ་ལ་ཁྱད་པར་དུ་སྙིང་རྗེ་བསྐྱེད་པས་ཕན་བདེ་བསྒྲུབ་པར་བྱའོ། །འདི་ནི་དམ་པ་རྣམས་ཀྱི་ཆོས་ལུགས་ཡིན་ཏེ། ཇི་སྐད་དུ། ཕན་བཏགས་ལན་དུ་གནོད་བྱས་ན། །ཡང་ལན་སྙིང་རྗེ་ཆེན་པོར་བསྔུན། །འཛམ་བུ་གླིང་གི་སྐྱེས་མཆོག་ནི། །ཉེས་པའི་ལན་ཡང་ལེགས་པར་འདོན། །ཞེས་གསུངས།

གཉིས་པ་སེམས་བསྐྱེད་པའི་ཕན་ཡོན་དྲན་པ་ལ་བསླབ་པ་ནི། བྱང་ཆུབ་ཀྱི་སེམས་མི་ཉམས་པའི་ཐབས་ཏེ། བྱང་ཆུབ་ལམ་སྒྲོན་ལས་ཀྱང་། དེ་ལྟར་སློན་པའི་སེམས་དག་གིས། །བསྐྱེད་པའི་ཡོན་ཏན་གང་ཡིན་པ། །དེ་ནི་སྡོང་པོ་བཀོད་པ་ཡི། །མདོ་ལས་བྱམས་པས་རབ་ཏུ་བཤད། །ཅེས་པ་ལ

སོགས་པ་གསུངས་ཏེ། དེ་ཡང་མདོ་དེ་ཉིད་ལས། སེམས་བསྐྱེད་པའི་ཕན་ཡོན་དཔེ་ཉིས་བརྒྱ་སུམ་ཅུ་ཙམ་གྱིས་སྒོ་ནས་གསུངས་པ་ལ། དེ་དག་ཐམས་ཅད་སེལ་བར་བྱེད་པས་ན་རྣམ་ཐོས་སྲས་ཀྱི་བུ་ལྟ་བུའོ། །ཞེས་པ་ལ་སོགས་པ་ནི་གཞན་དོན་འབྱུང་བའི་ཕན་ཡོན་ནོ། །ཉོན་མོངས་པའི་དགྲ་ལས་རྒྱལ་བར་བྱེད་པས་ན་མདུང་ལྟ་བུའོ། །སྡུག་བསྔལ་ཐམས་ཅད་ཀྱི་ཤིང་གཙོད་པར་བྱེད་པས་སྟ་རེ་ལྟ་བུའོ། །ཞེས་པ་ལ་སོགས་པ་ནི་མི་མཐུན་པའི་ཕྱོགས་ཐམས་ཅད་གཙོད་པའི་ཕན་ཡོན་ནོ། །བསམ་པ་ཐམས་ཅད་ཡོངས་སུ་རྫོགས་པར་བྱེད་པས་བུམ་པ་བཟང་པོ་ལྟ་བུའོ། །འདོད་པ་ཐམས་ཅད་ཡོངས་སུ་སྒྲུབ་པར་བྱེད་པས་ཡིད་བཞིན་གྱི་ནོར་བུ་རིན་པོ་ལྟ་བུའོ། །ཞེས་པ་སོགས་ནི་མཐུན་པའི་ཕྱོགས་ཐམས་ཅད་འགྲུབ་པའི་ཕན་ཡོན་ཡིན་ནོ། །དེ་ལྟ་བུའི་ཕན་ཡོན་དེ་དག་དྲན་པར་བྱས་པས། ཕན་ཡོན་ཅན་གྱི་བྱང་ཆུབ་ཀྱི་སེམས་དེ་ལ་རྗེས་ཆེ་ཞིང་མཆོག་ཏུ་འཛིན་པར་འགྱུར་རོ། །དེ་ལྟར་གྱུར་པས་ཉམས་སུ་བླང་ནས་མ་ཉམས་པར་སྐྱོང་བར་འགྱུར་བ་ཡིན་ནོ། །དེས་ན་ཕན་ཡོན་དེ་དག་རྟག་ཏུ་དྲན་པར་ཡང་ཞིང་། ཐ་ན་ཐུན་ཚོད་ཀྱིས་ཁོངས་སུ་ཡང་ལན་རེ་དྲན་པར་བྱའོ། །

གསུམ་པ་ཚོགས་གཉིས་བསགས་པ་ལ་བསླབ་པ་ནི། བྱང་ཆུབ་ཀྱི་སེམས་ཀྱི་སྟོབས་བསྐྱེད་པར་བྱེད་པའི་ཐབས་ཏེ། བྱང་ཆུབ་ལམ་སྒྲོན་ལས་ཀྱང་། བསོད་ནམ་ཡེ་ཤེས་རང་བཞིན་གྱི། །ཚོགས་ནི་ཡོངས་སུ་རྫོགས་པའི་རྒྱུ། །ཞེས་པ་ལ་སོགས་པ་གསུངས་ཏེ། དེ་ཡང་བསོད་ནམས་ཀྱི་ཚོགས་ནི་ཆོས་སྤྱོད་བཅུ་དང་། བསྡུ་བའི་དངོས་པོ་བཞི་ལ་སོགས་པ་ཐབས་ཀྱིས་ཆ་འདི་ཡིན་ལ། ཡེ་ཤེས་ཀྱི་ཚོགས་ནི་དེ་དག་འཁོར་གསུམ་ཡོངས་དག་ཏུ་ཤེས་པ་ལ་སོགས་པ་ཤེས་རབ་ཀྱི་ཆ་འདི་དག་ཡིན་ཏེ། དེ་ལྟར་ཚོགས་གཉིས་བསགས་པས་རང་གིས་རྒྱུ་ལ་བྱང་ཆུབ་སེམས་ཀྱིས་སྟོབས་སྐྱེ་བ་ཡིན་ནོ། །དེས་ན་ཚོགས་གཉིས་པོ་དེ་རྟག་ཏུ་བསགས་ཤིང་། ཐ་ན་ཐུན་ཚོད་ཀྱིས་ནང་ཁོངས་སུ་ཡང་ལན་རེ་བསགས་པར་བྱའོ། །ཚོགས་ཀྱི་གཏམ་ལས་ཀྱང་། དེ་རིང་བདག་གིས་བསོད་ནམས་དང་། །ཡེ་ཤེས་ཚོགས་ནི་གང་བྱ་དང་། །སེམས་ཅན་ཕན་པ་གང་བྱ་ཞེས། །བྱང་ཆུབ་སེམས་དཔའ་རྟག་ཏུ་བསམས། །ཞེས་གསུངས།

བཞི་པ་ཡང་དང་ཡང་དུ་བྱང་ཆུབ་ཀྱི་སེམས་སྦྱོང་བ་ལ་བསླབ་ཞེས་པ་ནི། བྱང་ཆུབ་ཀྱི་སེམས

འཕེལ་བའི་ཐབས་ཏེ། བྱང་ཆུབ་ལམ་སྒྲོན་ལས། བྱང་ཆུབ་སྨོན་པའི་སེམས་དག་སྐྱེས་ནས་ནི། །འབད་པ་མང་པོ་ཀུན་ཏུ་འཕེལ་བྱ་ཞིང་། །ཞེས་གསུངས་ཏེ། དེ་ཡང་བྱང་ཆུབ་རྒྱུའི་སེམས་སྦྱང་བ་དང་། བྱང་ཆུབ་དངོས་ཀྱི་སེམས་སྦྱང་བ་དང་། བྱང་ཆུབ་སྤྱོད་པའི་སེམས་སྦྱང་བ་དང་གསུམ་དུ་ཤེས་པར་བྱའོ། །དེ་གསུམ་ལ་སྦྱང་པས་བྱང་ཆུབ་ཀྱི་སེམས་དེ་འཕེལ་བ་ཡིན་ནོ། །དེ་ལ་དང་པོ་ནི་སེམས་ཅན་རྣམས་ལ་བྱམས་པ་དང་སྙིང་རྗེའི་སེམས་རྟག་ཏུ་བསམ་པའམ། ཐ་ནའང་ཐུན་ཚོད་ཀྱི་ནང་ཁོངས་སུ་ལེན་རེ་བསམས་པའོ། །

གཉིས་པ་བྱང་ཆུབ་དངོས་ཀྱིས་སེམས་སྦྱང་བ་ནི། སེམས་ཅན་གྱི་དོན་དུ་སངས་རྒྱས་ཐོབ་པར་འདོད་པའི་བློས་ཉིན་ལན་གསུམ་མཚན་ལན་གསུམ་དུ་བསམས་པའམ། སེམས་བསྐྱེད་ཀྱིས་ཆོ་ག་རྒྱས་པར་བྱ་བའམ། ཐ་ན་ཐུན་ཚོད་ཀྱི་ནང་ཁོངས་སུ། སངས་རྒྱས་ཆོས་དང་ཚོགས་ཀྱི་མཆོག་རྣམས་ལ། །བྱང་ཆུབ་མ་ཐོབ་བར་དུ་བདག་ནི་སྐྱབས་སུ་མཆི། །བདག་གིས་སྦྱིན་ཚོགས་བགྱིས་པ་འདི་དག་གིས། །འགྲོ་ལ་ཕན་ཕྱིར་སངས་རྒྱས་འགྲུབ་པར་ཤོག །ཅེས་བརྗོད་པའོ། །

གསུམ་པ་བྱང་ཆུབ་སྤྱོད་པའི་སེམས་སྦྱང་བ་ལའང་གཉིས་ཏེ། གཞན་ལ་ཕན་འདོགས་པའི་སེམས་སྦྱང་བ་དང་། རང་གི་རྒྱུད་དག་པའི་སེམས་སྦྱང་བའོ། །དེ་ལ་དང་པོ་ནི། རང་གི་ལུས་དང་ལོངས་སྤྱོད་དང་། དུས་གསུམ་གྱི་དགེ་བ་ཐམས་ཅད་གཞན་གྱི་ཕན་བདེའི་དོན་དུ་བསྔོ་ཞིང་གཏོང་བའི་སེམས་བསྐྱེད་པའོ། །གཉིས་པ་རང་གི་རྒྱུད་དག་པའི་སེམས་སྦྱང་བ་ནི། རྟག་ཏུ་ཚུལ་ཁྲིམས་ལ་བསྒོ་བཀྲངས་བྱ་ཞིང་སྡིག་པ་དང་ཉོན་མོངས་པ་ལ་འཛེམ་པའོ། །

བཞི་པ་ལའང་གཉིས་ཏེ། དང་པོ་ནི། ནག་པོའི་ཆོས་བཞི་སྤང་ཞིང་དཀར་པོའི་ཆོས་བཞི་བསྒྲུབ་པ་ནི། བྱང་ཆུབ་ཀྱི་སེམས་དེ་མི་བརྗེད་པའི་ཐབས་ཏེ། དེ་ལ་དང་པོ་ནག་པོའི་ཆོས་བཞི་ནི། འོད་སྲུང་གིས་ཞུས་པའི་མདོ་ལས། འོད་སྲུངས་བྱང་ཆུབ་སེམས་དཔའ་ཆོས་བཞི་དང་ལྡན་ན་བྱང་ཆུབ་ཀྱི་སེམས་མི་བརྗེད་པར་འགྱུར་ཏེ། བཞི་གང་ཞེ་ན་འདི་ལྟ་སྟེ། ཞེས་པ་ལ་སོགས་པ་གསུངས། གཉིས་པ་དཀར་པོའི་ཆོས་བཞི་ཡང་། ཇི་སྐད་དུ། འོད་སྲུངས་བྱང་ཆུབ་སེམས་དཔའ་ཆོས་བཞི་དང་ལྡན་ན་སྐྱེ་བ་ཐམས་ཅད་སྐྱེས་མ་ཐག་ཏུ་བྱང་ཆུབ་ཀྱི་སེམས་མངོན་དུ་འགྱུར་ཏེ། བྱང་ཆུབ་ཀྱི་སྙིང་པོ་

ལ་འདུག་གི་བར་དུ་བར་མ་དོར་བཇོད་པར་མི་འགྱུར་རོ། །བཞི་པ་གང་ཞེ་ན་འདི་ལྟ་སྟེ། ཞེས་པ་ལ་སོགས་པ་གསུངས་སོ། །དེ་དག་གི་དོན་བསྡུ་ན་ནག་པོའི་ཆོས་བཞིའི་གཉེན་པོར་དཀར་པོའི་ཆོས་བཞི་བརྟེན་པར་གསུངས་ཏེ། དེ་ལ་ནག་པོའི་ཆོས་བཞིའི་དང་པོ་ནི། བླ་མ་དང་མཁན་པོ་དང་སློབ་དཔོན་དང་སྦྱིན་གནས་ལ་སོགས་པ་མཆོད་འོས་དག་ལ་བསླུ་སེམས་ཀྱིས་རྫུན་སྨྲ་སྟེ་མགོ་བསྐོར་ན། དེ་དག་གི་ཚོར་རུང་མ་ཚོར་རུང་དགྱེས་རུང་མ་དགྱེས་རུང་། ཁ་ཆེ་རུང་ཆུང་རུང་། མགོ་འཁོར་རུང་མ་འཁོར་རུང་། ཐུན་ཚོད་ལས་འདས་པར་གཉན་པོས་མ་སླེབ་ན་བྱང་སེམས་འཚོར་རོ། །དེའི་གཉེན་པོར་དཀར་པོའི་ཆོས་དང་པོ་ཤེས་བཞིན་དུ་སྲོག་གི་ཕྱིར་ཡང་རྫུན་མི་སྨྲ་བ་དེ་ལ་གནས་པར་བྱའོ། ། ནག་པོའི་ཆོས་གཉིས་པ་ནི་གཞན་འགྱོད་པའི་གནས་མི་ཡིན་པ་ལ་འགྱོད་པ་བསྐྱེད། གཞན་གྱིས་ཆོས་དགེ་སེམས་ཅི་བྱས་ཐམས་ཅད་ལ་འགྱོད་པ་བསྐྱེད་དུ་བཞུགས་པའི་བསམ་པས་འགྱོད་པ་བསྐྱེད་པ་སྟེ། ཁོ་འགྱོད་པ་སྐྱེས་རུང་ཐུན་ཚོད་ཀྱི་ནང་ཁོངས་སུ་གཉན་པོས་མ་སླེབ་ན་བྱང་སེམས་འཚོར་རོ། །དེའི་གཉེན་པོར་དཀར་པོའི་ཆོས་གཉིས་པ་སེམས་ཅན་ཐམས་ཅད་དགེ་བ་ལ་འགོད་ཅིང་། དེའང་ཐེག་པ་ཆེན་པོའི་དགེ་བ་ལ་འགོད་པ་དེ་ལ་འབད་པར་བྱའོ། །ནག་པོའི་ཆོས་གསུམ་པ་ནི། ཡུལ་བྱང་ཆུབ་སེམས་དཔའ་སེམས་བསྐྱེད་པའི་གང་ཟག་གཅིག་ལ་ཞེ་སྡང་བས་དེའི་སྐྱོན་བརྗོད་པ་སྟེ། དེ་ཡང་ཐ་མལ་གྱི་སྐྱོན་བརྗོད་ཀྱང་རུང་། ཆོས་ཀྱི་སྐྱོན་བརྗོད་ཀྱང་རུང་། ངོར་ཡང་རུང་ལྐོག་ཏུ་ཡང་རུང་། དམིགས་ཀྱིས་ཕྱེ་ཡང་རུང་མ་ཕྱེས་ཀྱང་རུང་། འཇམ་པོས་ཀྱང་རུང་རྩུབ་མོས་ཀྱང་རུང་། ཐོས་ཀྱང་རུང་མ་ཐོས་ཀྱང་རུང་། དགའ་ཡང་རུང་མ་དགའ་ཡང་རུང་། ཐུན་ཚོད་ཀྱི་ནང་ཁོངས་སུ་གཉན་པོས་མ་སླེབ་ན་བྱང་སེམས་འཆར་རོ། །དེའི་གཉེན་པོར་དཀར་པོའི་ཆོས་གསུམ་པ། སེམས་བསྐྱེད་པའི་བྱང་ཆུབ་སེམས་དཔའ་ལ་སངས་རྒྱས་ཀྱི་འདུ་ཤེས་བསྐྱེད་ཅིང་དེའི་ཡོན་ཏན་ཕྱོགས་བཅུར་བརྗོད་པ་དེ་ལ་འབད་པར་བྱའོ། །ནག་པོའི་ཆོས་བཞི་པ་ནི། སེམས་ཅན་གང་ཡང་རུང་བ་ལ་གཡོ་སྒྱུའི་བསམ་པས་ཟོལ་ཟོག་ཅི་བྱས་དེ་ཁོས་ཚོར་རུང་མ་ཚོར་རུང་། ཁོ་ལ་གནོད་རུང་མ་གནོད་རུང་སྟེ། རུང་ཚོད་ཀྱི་ནང་ཁོངས་སུ་གཉན་པོས་མ་སླེབ་ན་བྱང་སེམས་འཚོར་རོ། །དེའི་གཉེན་པོར་དཀར་པོའི་ཆོས་བཞི་པ་སེམས་ཅན་ཐམས་ཅད་ལ་གཡོ་སྒྱུ་མ་ཡིན་པར་ལྷག་པའི་བསམ་པ་ལ་གནས་པར་བྱའོ། །

ཞེས་ལྷག་པའི་བསམ་པ་ནི། རང་དོན་གྱི་འཁྲིས་མེད་པར་གཞན་ལ་ཕན་འདོད་ཀྱི་བསམ་པ་བརྟན་པོ་ལ་གནས་པར་བྱའོ། །ཞེས་པའོ། །

སྤྱི་དོན་ལྔ་པ་བྱང་ཆུབ་ཀྱི་སེམས་འཕེལ་ཐབས་ལ་གསུམ་སྟེ། སེམས་དེ་མི་ཉམས་པར་གཟུང་བ་དང་། དྲི་མ་དག་པར་བྱ་བ་དང་། དགེ་བ་སྤེལ་བའི་ཐབས་སོ། །དེའང་དག་པར་བྱ་བ་དང་སྤེལ་བར་བྱ་བ་གང་ཞེ་ན། དེ་ལ་དང་པོ་སྨོན་པ་དང་འཇུག་པའི་རང་བཞིན་ལ་གནས་པ་ནི་སེམས་གཟུང་བའོ། །གཉིས་པ་དེའི་མི་མཐུན་པའི་ཕྱོགས་སྤང་བའི་ཕྱིར་འབད་པ་ནི། །དག་པར་བྱ་བའོ། །གསུམ་པ་བདག་གི་བདེ་བ་དང་སེམས་ཅན་གྱི་སྡུག་བསྔལ་བརྗེ་བ་ལ་སྤེལ་མར་བྱ་བ་ནི་སེམས་སྤེལ་བའོ། །ཞེས་གསུངས་སོ། །

སྤྱི་དོན་གསུམ་པ་ཉམས་ན་ཕྱིས་འཚོས་ཐབས་ལ་གསུམ་སྟེ། ཉམས་པའི་རྒྱུ་དང་རྐྱེན་དང་འཚོས་ཐབས་དངོས་སོ། །དང་པོ་ནི་སྨོན་པ་སེམས་བསྐྱེད་ཉམས་པའི་རྒྱུ་གསུམ་སྟེ། སེམས་ཅན་བློས་སྤང་བ་དང་། ནག་པོའི་ཆོས་བཞི་བསྟན་པ་དང་། མི་མཐུན་པའི་སེམས་བསྐྱེད་པས་འཚོར་རོ། །གཉིས་པ་དེའི་ཉམས་བྱེད་ཀྱི་རྐྱེན་གསུམ་ནི། ཞུམ་དང་སྙིང་ལུག་པ་དང་ལམ་འོག་མར་ཞུགས་པ་ཡིན་ཏེ། དང་པོ་ཞུམ་པ་ནི་བདག་འདྲ་བས་གཞན་དོན་མི་ནུས་སྙམ་ན་གཏང་བས། དེའི་གཉེན་པོར་གཟེངས་བསྟོད་པའོ། །གཉིས་པ་སྙིང་ལུག་ནི། སེམས་བསྐྱེད་ཀྱི་ཕན་ཡོན་མ་མཐོང་ཞིང་། ཆོས་ཕྱིར་དཀའ་སྤྱད་ཀྱི་ཉེས་པ་མཐོང་ནས་སྙིང་ལུག་ན་གཏང་བས། དེའི་གཉེན་པོར་སེམས་བསྐྱེད་ཀྱི་ཕན་ཡོན་བསམ་ནས། བཟོད་ཅིང་བློ་སྤྲོད་པ་བསྐྱེད་པའོ། །གསུམ་པ་ལམ་འོག་མར་ཞུགས་པ་ནི། ཐེག་ཆེན་ལས་ཉན་རང་གི་ལམ་འོག་མ་མཆོག་ཏུ་འཛིན་ན་གཏང་སྟེ། རྣམ་སྣང་མངོན་བྱང་ལས། ཉན་ཐོས་དང་རང་སངས་རྒྱས་ཀྱི་ལམ་གྱིས་བླ་ན་མེད་པའི་འབྲས་བུ་ལས་སྐལ་པ་ཆེན་པོ་བརྒྱ་ཁྲིས་རིང་ཞེས་སོ། །དེ་བས་ཐེག་ཆེན་གྱི་ཕན་ཡོན་ཚད་མེད་དེ། རིན་ཆེན་ཕྲེང་བ་ལས། རང་གི་དོན་ལ་མི་བལྟ་ཕྱིར། །གཞན་དོན་རོ་གཅིག་དགའ་བ་གང་། །ཡོན་ཏན་འབྱུང་གནས་ཐེག་ཆེན་ཏེ། །ཞེས་པ་ཉན་རང་གི་ལམ་ལ་མཆོག་ཏུ་མི་འཛིན་པའོ། །དེ་ལྟར་སེམས་བསྐྱེད་གཏང་ན་བྱང་ཆུབ་ལས་རིང་ཞིང་འཁོར་བ་དང་ངན་སོང་གི་སྡུག་བསྔལ་ལ་ཚད་མེད་དོ། །ཅེས་གསུངས་སོ། །

སྤྱི་དོན་གསུམ་པ་ཉམས་ན་ཕྱིས་འཆོས་ཐབས་དངོས་ནི་སྔར་བཞིན་བླང་པའམ། རྟེན་ལ་སོགས་པའི་དྲུང་དུ་གནང་ཞིང་འགྱོད་པས་སྟོབས་བཞིའི་སྒོ་ནས་བཤགས་བསྡམ་ལེགས་པར་བྱས་ནས་བླང་བར་གསུངས་སོ། །

སྤྱི་དོན་གཉིས་པ་འཇུག་པ་སེམས་བསྐྱེད་ཀྱི་བསླབ་བྱ་ལའང་གཉིས་ཏེ། མི་ཉམས་པར་བསྲུང་ཚུལ་དང་། ཉམས་པ་ཕྱིས་འཆོས་ཚུལ་ལོ། །དང་པོ་ལའང་བཞི་སྟེ། སྨོན་འཇུག་གཉིས་ཀྱི་ཁྱད་པར་དང་། འཇུག་སེམས་ཀྱི་དབྱེ་བ་དང་།བསླབ་གསུམ་སྤྱིའི་དོན་མདོ་ཙམ་བཤད་པ། བྱེ་བྲག་སོ་སོའི་བསྲུང་ཚུལ་རྒྱས་པར་བཤད་པའོ། །དང་པོ་ནི། སྔ་མ་སྨོན་པ་ལས་ཕྱི་མ་འཇུག་པ་ཁྱད་པར་འཕགས་ཚུལ་ནི། སྡོང་པོ་བཀོད་པའི་མདོ་ལས། རིགས་ཀྱི་བུ་ནམ་གང་བླ་ན་མེད་པར་ཡང་དག་པར་རྫོགས་པའི་བྱང་ཆུབ་སྨོན་པ་དེ་དག་ནི་དཀོན་ནོ། །དེ་བས་ཀྱང་གང་བླ་ན་མེད་པ་ཡང་དག་པར་རྫོགས་པའི་བྱང་ཆུབ་ཏུ་ཆས་པའི་སེམས་དེ་དག་ནི་ཤིན་ཏུ་དཀོན་ནོ། །ཞེས་པ་དང་། སྤྱོད་འཇུག་ལས་ཀྱང་། བྱང་ཆུབ་སྨོན་པའི་སེམས་ལས་ནི། །འཁོར་ཚེ་འབྲས་བུ་ཆེར་འབྱུང་ཡང་། །བྱང་ཆུབ་འཇུག་པའི་སེམས་བཞིན་དུ། །བསོད་ནམས་རྒྱུན་ཆགས་འབྱུང་བ་མིན། །ཞེས་སོ། །དམ་བཅས་ཁྱད་དུ་བྱས་པ་ནི། །སྨོན་པ་སེམས་ཅན་ཀྱི་དོན་དུ་སངས་རྒྱས་ཐོབ་པར་འདོད་པས་འབྲས་བུ་ལ་དམ་བཅའ་བ་ཡིན་ལ། འཇུག་པ་སངས་རྒྱས་ཐོབ་པར་བྱེད་པའི་རྒྱུ་སྡོམ་པ་གསུམ་ཉམས་སུ་ལེན་པར་འདོད་པས་རྒྱུ་ལ་དམ་བཅའ་བ་ཡིན་པས་འཇུག་པའི་སེམས་མེད་ན་སྨོན་པ་འཕེལ་བ་དང་རྫོགས་པར་མི་འགྱུར་ཏེ། རྡོ་བོ་ཆེན་པོའི་ལམ་སྒྲོན་ལས། འཇུག་སེམས་སྡོམ་པའི་བདག་ཉིད་མ་གཏོགས་པས། །ཡོངས་དག་སྨོན་པ་འཕེལ་བར་འགྱུར་མ་ཡིན། །རྫོགས་པའི་བྱང་ཆུབ་སྡོམ་པ་སྤྱིལ་འདོད་པས། །དེ་ཕྱིར་མཁས་པས་འདི་ནི་ནྟག་ཏུ་བླངས། །ཞེས་གསུངས་སོ། །གཉིས་པ་འཇུག་པ་སེམས་ལ་དབྱེ་ན་གསུམ་སྟེ། སློབ་དཔོན་པད་མས། གཞན་དོན་དུ་སངས་རྒྱས་ཐོབ་པར་བྱ་བའི་ཕྱིར། །དེའི་སྤྱོད་པ་སྒྲུབ་པར་འདོད་པ་ནི་འཇུག་པའི་སེམས། །དེ་ལྟར་ཁས་བླང་ཞིང་རྒྱུད་ལ་སྡོམ་པའམ། མ་ཐོབ་འཐོབ་པར་བྱེད་པ་འཇུག་པའི་སེམས་བསྐྱེད། དེའི་སྤྱོད་པ་རྒྱུན་དུ་སྒྲུབ་ཅིང་མི་མཐུན་པའི་ཕྱོགས་སྤང་བ་ནི་འཇུག་པའི་སྡོམ་པའོ། །ཞེས་གསུངས་སོ། །

སྤྱི་དོན་གསུམ་པ། བསླབ་གསུམ་སྤྱིའི་དོན་མདོ་ཙམ་བཤད་པ་ནི། དེའང་འཇུག་སེམ་སྡོམ་པའི་གཙོ་བོ་བསླབ་པ་གསུམ་ཡིན་ཏེ། དེ་གང་ཞེ་ན། ལྷག་པ་ཚུལ་ཁྲིམས་ཀྱི་བསླབ་པ་དང་། ལྷག་པ་སེམས་ཀྱི་བསླབ་པ་དང་། ལྷག་པ་ཤེས་རབ་ཀྱི་བསླབ་པའོ། །དེ་ལྟར་ཡང་།བྱང་ཆུབ་ལམ་གྱི་སྒྲོན་མ་ལས། འཇུག་པའི་སེམས་ཀྱིས་བདག་ཉིད་སྡོམ་གནས་པས། །ཚུལ་ཁྲིམས་བསླབ་པ་གསུམ་ལ་ལེགས་བསླབ་ན། །ཚུལ་ཁྲིམས་བསླབ་པ་གསུམ་ལ་གུས་ཆེར་འགྱུར། །ཞེས་གསུངས།དེ་ལ་ལྷག་པ་ཚུལ་ཁྲིམས་ཀྱི་བསླབ་པ་ནི། སྦྱིན་པ་དང་ཚུལ་ཁྲིམས་དང་བཟོད་པ་གསུམ་ཡིན་ནོ། །ལྷག་པ་སེམས་ཀྱི་བསླབ་པ་ནི་བསམ་གཏན་ཡིན་ནོ། །ལྷག་པ་ཤེས་རབ་ཀྱི་བསླབ་པ་ནི་ཤེས་རབ་ཡིན་ནོ། །བརྩོན་འགྲུས་ནི་གསུམ་ཆར་གྱི་གྲོགས་ཡིན་ནོ། །དེ་ལྟར་ཡང་། མདོ་སྡེ་རྒྱན་ལས། བསླབ་གསུམ་དབང་དུ་བྱས་ནས་ནི། །རྒྱལ་བས་ཕ་རོལ་ཕྱིན་པ་དྲུག །ཡང་དག་བཤད་དེ་དང་པོ་གསུམ། །ཐ་མ་གཉིས་ཀྱི་རྣམ་པ་གཉིས། །གཅིག་ནི་གསུམ་ཆར་ལ་ཡང་གཏོགས། །ཞེས་གསུངས་སོ། །དེའི་ཕྱིར་ན། སྡོམ་ནི། སྦྱིན་དང་ཚུལ་ཁྲིམས་བཟོད་པ་དང་། །བརྩོན་འགྲུས་བསམ་གཏན་ཤེས་རབ་སྟེ། །དེ་ལྟར་རྣམ་པ་དྲུག་པོ་འདིས། །འཇུག་པའི་སེམས་བསྐྱེད་བསླབ་བྱ་བསྡུས། །ཞེས་པའོ། །ལག་བཟང་གྱི་ཞུས་པའི་མདོ་ལས་ཀྱང་། བྱང་ཆུབ་སེམས་དཔའ་སེམས་དཔའ་ཆེན་པོ་མྱུར་དུ་མངོན་པར་རྫོགས་པར་བྱང་ཆུབ་པར་བྱ་བའི་ཕྱིར། ཕ་རོལ་ཏུ་ཕྱིན་པ་དྲུག་པོ་འདི་དག་ལ་རྟག་པར་རྒྱུན་དུ་ཡོངས་སུ་རྫོགས་པར་བྱའོ། །དྲུག་པོ་གང་ཞེ་ན་འདི་ལྟ་སྟེ། སྦྱིན་པའི་ཕ་རོལ་ཏུ་ཕྱིན་པ་དང་། ཚུལ་ཁྲིམས་ཀྱི་ཕ་རོལ་ཏུ་ཕྱིན་པ་དང་། བཟོད་པའི་ཕ་རོལ་ཏུ་ཕྱིན་པ་དང་། བརྩོན་འགྲུས་ཀྱི་ཕ་རོལ་ཏུ་ཕྱིན་པ་དང་། བསམ་གཏན་གྱི་ཕ་རོལ་ཏུ་ཕྱིན་པ་དང་། ཤེས་རབ་ཀྱི་ཕ་རོལ་དུ་ཕྱིན་པ་སྟེ། ཞེས་གསུངས་སོ། །དེ་ལ་ཕ་རོལ་ཕྱིན་པ་དྲུག་ནི་རང་དང་གཞན་གྱི་དོན་ཡོངས་སུ་རྫོགས་པར་བྱེད་པའི་ལམ་གྱི་ངོ་བོ་ཡིན་ཏེ་སེར་སྣ་ལ་སོགས་པ་ཉོན་མོངས་པའི་སྒྲིབ་པ་དག་ནས་འབྲས་བུ་སྐུ་གསུམ་འགྲུབ་པར་བྱེད་པ་སྟེ། དེ་ཡང་བདོག་པའི་དངོས་པོ་གཞན་ལ་གཏང་བ་སྦྱིན་པ། གཞན་ལ་གནོད་པའི་ཁ་ན་མ་ཐོ་བ་སྤང་བ་ཚུལ་ཁྲིམས། གཞན་གྱི་གནོད་པ་ལ་སེམས་མི་འཁྲུགས་པ་བཟོད་པ། དགེ་བ་བསྒྲུབ་པ་ལ་སེམས་སྤྲོ་བ་བརྩོན་འགྲུས། སེམས་རྩེ་གཅིག་ཏུ་འཛིན་པ་བསམ་གཏན། དོན་དམ་པའི་བདེན་པའི་ཤེས་པ་ཤེས

རབ། ཅེས་གསུངས་སོ། །དེ་དག་ཀྱང་གོ་རིམ་བཞིན་དུ་རྒྱུ་དང་འབྲས་བུའི་ཚུལ་གྱི་སྔ་མ་ལ་བརྟེན་ནས་ཕྱི་མ་སྐྱེ་བར་བཤད་དེ། དེའང་སྦྱིན་གཏང་ནུས་ཤིང་ལོངས་སྤྱོད་ལ་མ་ཆགས་ན་ཚུལ་ཁྲིམས་དང་ལྡན། ཚུལ་ཁྲིམས་དང་ལྡན་ན་བཟོད་པར་ནུས། བཟོད་པ་དང་ལྡན་ན་བརྩོན་འགྲུས་རྩོམ་ནུས། བརྩོན་འགྲུས་དང་ལྡན་ན་ཏིང་ངེ་འཛིན་སྐྱེ། ཏིང་ངེ་འཛིན་ལ་མཉམ་པར་བཞག་པས་ཡང་དག་པའི་ཤེས་རབ་སྐྱེ་ཞེས་གསུངས་པ་དང་། མཆོག་དམན་གྱི་ཁྱད་པར་ཡང་། སྦྱིན་པ་དམན་པ་ཡིན་ལ། ཚུལ་ཁྲིམས་ནི་མཆོག་ཡིན་ནོ། །དེ་བཞིན་དུ་སྔ་མ་ལས་ཕྱི་མ་མཆོག་ཡིན་པས་བཟང་ངན་གྱི་རིམ་པ་དང་། དེ་དག་སྔ་མ་ནི་འཇུག་སླ་ཞིང་བསླབ་པ་དང་རྗོགས་པ་སླ་བས་རགས་པ་ཡིན་ལ། ཕྱི་མ་ཕྱི་མ་ནི་འཇུག་དཀའ་བས་ཕྲ་ན་ཡིན་པས་དེ་དག་རིམ་གྱིས་གཅིག་ལ་གཅིག་བརྟེན་ནས་སྐྱེ་དགོས་པར་གསུངས་ཏེ། མདོ་སྡེ་རྒྱན་ལས། སྔ་མ་ལ་བརྟེན་ནས་ཕྱི་མ་སྐྱེ། དམན་དང་མཆོག་ཏུ་གནས་ཕྱིར་དང་། །རགས་པ་དང་ནི་ཕྲ་བའི་ཕྱིར། །དེ་དག་རིམ་པར་བསྟན་པ་ཡིན། །ཞེས་སོ། །

སྤྱི་དོན་བཞི་པ་བྱེ་བྲག་སོ་སོའི་བསྲུང་ཚུལ་རྒྱས་པར་བཤད་པ་ལ་དྲུག་གོ། །དེ་ལ་དང་པོ་སྦྱིན་པའི་ཕ་རོལ་ཏུ་ཕྱིན་པ་ལ་བརྒྱད་དེ། དང་པོ་སྦྱིན་པ་དང་མི་ལྡན་པའི་སྐྱོན་བསྟན་པ་ནི། དེ་ཡང་གང་ཞིག་སྦྱིན་དང་མི་ལྡན་ན་རང་ཡང་རྟག་ཏུ་བཀྲམ་པས་སྡུག་བསྔལ་ཏེ། ཕལ་ཆེར་ཡི་དྭགས་སུ་སྐྱེ། གལ་ཏེ་མི་ལ་སོགས་པར་སྐྱེས་ན་ཡང་། དབུལ་ཞིང་འཕོངས་ནས་ཉམས་ཐག་པར་གྱུར་པའོ། །དེ་ལྟར་ཡང་། འཕགས་པ་སྡུད་པ་ལས། སེར་སྣ་ཅན་ནི་ཡི་དྭགས་སུ་སྐྱེ་བར་འགྱུར། ཅི་སྟེ་མིར་སྐྱེས་ན་ཡང་དེ་ཚེ་དབུལ་པོར་འགྱུར། །ཅེས་སོ། །ཡང་སྦྱིན་པ་དང་མི་ལྡན་ན་གཞན་དོན་ཡང་མི་ནུས་ལ་བྱང་ཆུབ་ཡང་མི་ཐོབ་སྟེ། མདོ་ལས་སྦྱིན་གཏང་མ་མྱུང་ལོངས་སྤྱོད་མེད། །སེམས་ཅན་བསྡུ་བར་ཡང་མི་ནུས། །བྱང་ཆུབ་འཐོབ་པ་ལྟ་ཅི་སྨོས། །ཞེས་གསུངས་སོ། །

གཉིས་པ་ཡོན་ཏན་ནི། སྦྱིན་པ་དང་ལྡན་ན། རང་ཡང་སྐྱེ་བ་ཐམས་ཅད་དུ་ལོངས་སྤྱོད་དང་ལྡན་ནས་བདེ་བ་ཐོབ་པ་ཡིན་ཏེ། འཕགས་པ་སྡུད་པ་ལས། བྱང་ཆུབ་སེམས་དཔའི་སྦྱིན་པས་ཡི་དྭགས་འགྲོ་བ་གཅོད། །སྤྱོད་ཚེ་ལོངས་སྤྱོད་མཐའ་ཡས་འཐོབ་པར་འགྱུར། །ཞེས་སོ། །ཡང་སྦྱིན་པ་དང་ལྡན་ན་བླ་མེད་ཀྱི་བྱང་ཆུབ་ཀྱང་བསྒྲུབ་པར་སླ་བ་ཡིན་ཏེ། བྱང་ཆུབ་སེམས་དཔའི་སྡེ་སྣོད་ལས།

སྦྱིན་པ་གཏང་ལ་བྱང་ཆུབ་རྙེད་མི་དཀའ། །ཞེས་གསུངས། ཡང་ཁྱིམ་བདག་དྲག་ཤུལ་ཅན་གྱིས་ཞུས་པའི་མདོ་ལས། སྐྱོན་ཡོན་སྤྱིལ་མར་གསུངས་ཏེ། གང་སྦྱིན་པ་དེ་ནི་སྲེད་པ་ཟག་པར་བྱེད་དོ། །ཁྱིམ་ན་ཞེན་པ་ནི་སྲེད་པ་གཞན་པ་འཕེལ་བའོ། །སྦྱིན་པ་དེ་ནི་ཡོངས་སུ་མི་འཛིན་པའོ། །གང་ཁྱིམ་ན་ཞེན་པ་ནི་འཛིན་པ་དང་བཅས་པའོ། །བྱིན་པ་དེ་ནི་འཇིགས་པ་མེད་ཅིང་བདེ་བའོ། །ཁྱིམ་ན་ཞེན་པ་ནི་འཇིགས་པ་མེད་ཅིང་བདེ་བའོ། །ཁྱིམ་ན་ཞེན་པ་ནི་འཇིགས་པ་དང་བཅས་ཤིང་སྡུག་བསྔལ་བའོ། །གང་བྱིན་པ་དེ་ནི་ཉོན་མོངས་པ་སྤང་བར་འགྱུར་ཞིང་བྱང་ཆུབ་ཀྱི་ལམ་ལ་ཉེ་བར་སྟོན་པའོ། །གང་ཁྱིམ་ན་བཞག་པ་ནི་ཉོན་མོངས་པ་འཕེལ་ཞིང་བདུད་ཀྱི་ཕྱོགས་ལ་ཉེ་བར་བསྟན་པའོ། །བྱིན་པ་ནི་ལོངས་སྤྱོད་ཆེན་པོར་འགྱུར་ཞིང་ཟད་མི་ཤེས་པའོ། །ཁྱིམ་ན་གཞན་པ་ནི་ལོངས་སྤྱོད་ཆེན་པོར་མི་འགྱུར་ཞིང་ཟད་པའོ། །བྱིན་པ་དེ་ནི་སྐྱེས་བུ་དམ་པའི་ལས་ཏེ་སངས་རྒྱས་ཐམས་ཅད་ཀྱིས་བསྔགས་པའོ། །ཁྱིམ་ན་ཞེན་པ་ནི་སྐྱེས་བུ་ངན་པའི་ལས་ཏེ་བྱིས་པའི་སྐྱེ་བོས་བསྔགས་པའོ། །ཞེས་དང་། དེ་ཉིད་འདུས་པ་ལས། ཆོས་རྣམས་ནང་ནས་སྦྱིན་པ་མཆོག །བྱས་ནས་བསོད་ནམས་འཕོབ་པར་འགྱུར། །སྦྱིན་པའི་ཕ་རོལ་ཕྱིན་རྫོགས་ནས། །མྱུར་དུ་རྫོགས་པའི་སངས་རྒྱས་འཐོབ། །ཞེས་གསུངས་སོ། །

གསུམ་པ་སྦྱིན་པའི་ངོ་བོ་ནི། མ་ཆགས་པའི་སེམས་ཀྱི་བདོག་པ་ཡོངས་སུ་གཏང་བའོ། །དེ་ལྟར་ཡང་བྱང་ཆུབ་སེམས་དཔའི་ས་ལས། སྦྱིན་པའི་ངོ་བོ་གང་ཞེ་ན། མ་ཆགས་པ་དང་ལྡན་ཅིག་སྐྱེས་པའི་སེམས་གང་ཡིན་པ་དང་། དེས་ཀུན་ནས་བསླབས་པ་སྦྱིན་པར་བྱ་བའི་དངོས་པོ་གཏང་བའོ། །ཞེས་གསུངས་སོ། །

བཞི་པ་དབྱེ་བ་ནི། འཕགས་པ་འཇིག་རྟེན་འཛིན་གྱི་དྲིས་པས་ལུང་བསྟན་པའི་མདོ་ལས། །ཟང་ཟིང་གི་སྦྱིན་པས་ནི་བསོད་ནམས་ཀྱི་ཚོགས་རྫོགས་ལ། ཆོས་ཀྱི་སྦྱིན་པས་ནི་ཡེ་ཤེས་ཀྱི་ཚོགས་རྫོགས་ཏེ། འདི་གཉིས་ནི་རྣམ་པ་ཐམས་ཅད་མཁྱེན་པ་ཉིད་བསྒྲུབ་པར་བྱེད་པའོ། །ཞེས་གསུངས་པས། དང་པོ་ཟང་ཟིང་གི་སྦྱིན་པ་ནི། ཡུམ་སྟོང་པ་ལས། མགོ་རྐང་ལག་གཏང་ཅིང་ཞུམ་པའི་སེམས་ཀྱང་མེད། བདོག་པ་ཐམས་ཅད་གཏང་ཞིང་རྟག་ཏུ་ཞན་པ་མེད། །ཆོས་རྣམས་རང་བཞིན་ཡ་མ་

བརླར་ཤེས་ནས། །བདག་གི་ཤ་ཡང་གཏང་ལ་ཞུམ་པའི་སེམས་ཡང་མེད། །དེ་ཚེ་ཕྱི་རོལ་དངོས་པོ་གཏང་བ་སློས་ཅི་དགོས། །ཞེས་གསུངས་པས་རང་ལ་རྫས་དང་ཡོ་བྱད་རྩོལ་བ་དྲག་པོས་བསྒྲུབ་པ་མ་ཡིན་པའི་ཤུག་འབྱུང་ལ་ཇི་ལྟར་ཡོད་པ་བཞིན་སྙིང་པོ་བླང་བའི་དུས་ད་ལྟ་ཡིན་པས་སེར་སྣས་མི་བཅིང་ནས་མཆོད་སྦྱིན་ལ་གཏང་དགོས་པར་གསུངས་སོ། །ད་ལྟ་སྦྱིན་པ་མ་གཏང་ན་འཆི་ཁར་གཏང་འདོད་ཀྱང་དབང་མི་འོང་། ཉོན་མོངས་པ་བསྐྱེད་པའི་རྒྱུ་བྱེད་སེར་སྣས་མཚམས་སྦྱོར་ནས་ཡི་དྭགས་སུ་སྐྱེ་བ་ཡིན་པས་བཟང་བ་དང་བཏུང་བ་དང་གོན་པ་དང་གནས་མལ་ལ་སོགས་པ་ཇི་ལྟར་འཚམས་པ་དང་འོས་པའི་སྦྱིན་པ་གཏང་བ་ལ་བསླབ་པར་བྱའོ། །དེ་ལའང་དབྱེ་ན་གསུམ་སྟེ། གཏོང་བ་དང་གཏོང་བ་ཆེན་པོ་དང་། ཤིན་ཏུ་གཏོང་བའོ། །དེ་ལ་དང་པོ་གཏོང་བ་ཞེས་བྱ་བ་ནི། ཟས་དང་། གོས་དང་། ཤིང་རྟ་དང་། གླང་པོ་ཆེ་གཞན་ལ་སྦྱིན་པའོ། །གཏོང་བ་ཆེན་པོ་ཞེས་བྱ་བ་ནི། བུ་དང་བུ་མོ་དང་ཁྱིམ་ཐབས་སྦྱིན་པའོ། །ཤིན་ཏུ་གཏོང་བ་ཞེས་བྱ་བ་ནི་བྱ་དཀའ་བ་སྟེ། མགོ་དང་། མིག་དང་། ལག་པ་དང་། རྐང་པ་ལ་སོགས་པ་གཏོང་བའོ། །

གཉིས་པ་ཆོས་ཀྱི་སྦྱིན་པ་ལའང་གཉིས་ལས། དང་པོ་ཟང་ཟིང་གི་སྦྱིན་པ་ལས་ཆོས་ཀྱི་སྦྱིན་པ་ལས་ཁྱད་པར་དུ་འཕགས་ཚུལ་ནི། ཐར་པ་ཆེན་པོ་ཕྱོགས་སུ་རྒྱས་པའི་མདོ་ལས། སྟོང་གསུམ་ཡོངས་སུ་གང་བའི་སེམས་ཅན་གྱི་སྲོག་བསྐྱབས་ཤིང་སྦྱིན་པ་བྱིན་པ་བས་ཐེག་པ་ཆེན་པོའི་མདོ་སྡེའི་དོན་ཚིག་གམ་ཤོ་ལོ་ཀ་གཅིག་གཞན་ལ་བསྟན་ན་བསོད་ནམས་དཔག་ཏུ་མེད་པར་ཆེའོ། །དེ་ཅིའི་ཕྱིར་ཞེ་ན། ཟང་ཟིང་གི་སྦྱིན་པ་ནི་སོ་སོའི་སྐྱེ་བོ་དང་ཐུན་མོང་གི་སྦྱིན་པ་ཡིན་ཏེ། དེའི་ཚེ་དང་པོ་ལོངས་སྤྱོད་བསྐྱེད་པར་ཟད་ཀྱི། ཐེག་པ་ཆེན་པོའི་ཆོས་ཀྱི་སྦྱིན་པ་ནི་སོ་སོའི་སྐྱེ་བོ་དང་མི་མཐུན་པ་སྟེ། སེམས་ཅན་གྱི་བྱང་ཆུབ་ཀྱི་རྩ་བ་བསྐྱེད་པར་བྱའོ། །ཐེག་པ་གསུམ་གྱི་ཡེ་ཤེས་ཀྱི་སྲོག་སྐྱོང་པར་བྱེད་པའོ། །ཞེས་གསུངས་སོ། །

གཉིས་པ་ཆོས་ཀྱི་སྦྱིན་པ་དང་དངོས་ལའང་གསུམ་སྟེ། སྨྱུ་གུ་དང་། སྣག་ཚ་དང་། གླེགས་བམ་སྦྱིན་པ་ནི་ཆུང་ངུའོ། །སྐལ་བ་ཇི་ལྟ་བ་བཞིན་དུ་ཉན་ཐོས་དང་། རང་སངས་རྒྱས་དང་བླ་ན་མེད་པའི་ཆོས་སྟོན་པ་ནི་ཆེན་པོའོ། །བླ་ན་མེད་པའི་བྱང་ཆུབ་ཏུ་འཛིན་དུ་འཇུག་ཅིང་། ནམ་མཁའ་ལྟར་

བསམ་གྱིས་མི་ཁྱབ་པའི་ཆོས་སྟོན་པ་ནི་ཤིན་ཏུ་ཆེན་པོའོ། །དེ་ལྟར་ཆོས་ཀྱི་སྦྱིན་པ་གཏང་ན་བྱམས་པའི་སྦྱིན་པ་འང་ཡིན་ལ། མཐར་ཐུག་ཏུ་འཁོར་བའི་འཇིགས་པ་ལས་སྐྱོབས་ཕྱིར་མི་འཇིགས་པའི་སྦྱིན་པ་འང་ཡིན་པར་གསུངས། རྒྱལ་པོ་དང་། ཆོམ་རྐུན་དང་། རི་རྒྱ་གླིང་རྒྱ་བསྡམས་པ་དང་། གཅན་གཟན་གྱི་འཇིགས་པ་དང་། ནད་གདོན་དང་ཆུ་ལ་སོགས་པ་དག་གི་སྐྱབས་བྱེད་པ་ནི། གནས་སྐབས་སུ་མི་འཇིགས་པའི་སྦྱིན་པ་གསུངས་སོ། །དེའང་བྱང་ཆུབ་སེམས་དཔའ་ཁྱིམ་པས་གཙོ་བོར་ཟང་ཟིང་གི་སྦྱིན་པ་གཏང་ལ། རབ་ཏུ་བྱུང་བས་གཙོ་བོར་མི་འཇིགས་དང་། བྱམས་པ་དང་། ཆོས་ཀྱི་སྦྱིན་པ་གཏང་བ་ལས། ཟང་ཟིང་གི་སྦྱིན་པ་རླབས་པོ་ཆེའི་མགོ་འདོན་བྱས་ན་ཐོས་བསམ་བསྒོམ་གསུམ་གྱི་གེགས་སུ་འགྱུར་བས་རབ་ཏུ་བྱུང་བས་ཡོ་བྱད་ལ་མི་ཆགས་ཤིང་ཟང་ཟིང་གི་སྦྱིན་པའི་མགོ་མི་འདོན་པར། ཚུལ་ཁྲིམས་དང་ཏིང་ངེ་འཛིན་དང་ཤེས་རབ་ཀྱིས་མགོ་འདོད་པ་དང་ཆོས་ཀྱི་སྦྱིན་པ་གཏང་བ་ལས་སངས་རྒྱས་ཀྱི་བསྟན་པ་དང་མཐུན་པའི་རབ་ཏུ་བྱུང་བར་གསུངས་སོ། །དེའང་ཤུགས་འབྱུང་གིས་རང་ལ་འདོག་པ་དང་ཅི་ཡོད་གོང་ནས་བཤད་པ་བཞིན་སེར་སྣས་མི་བཅིང་བར་སྦྱིན་བདག་གི་རྒྱུ་ཆུད་མི་ཟོས་པ་དང་། རང་གཞན་ཚོགས་རྫོགས་པའི་ཆེད་དུ་མཆོད་སྦྱིན་གཏང་དགོས་སོ། །

ལྔ་པ་སོ་སོའི་མཚན་ཉིད་ནི། དེའང་ཡུལ་དང་དངོས་པོ་དང་བསམ་པ་མ་དག་པས་མི་གཏང་སྟེ། དྲང་སྲོང་རྒྱལ་བས་ཞུས་པའི་མདོ་ལས་བཤད་པའི་དོན་བསྡུ་ན། ཡུལ་མ་དག་པ་ནི་དབུལ་བ་དང་ཕོངས་པ་བོར་ནས་ཕྱུགས་པ་དང་བརྒྱུག་པ་ཆོམ་རྐུན་སོགས་དང་། དངོས་པོ་མ་དག་པ་ནི། དུག་མཚོན་དང་བསད་ཤ་དང་ཆང་སོགས། བསམ་པ་མ་དག་པ་ནི་ལན་ལ་རེ་བ་དང་རྣམ་སྨིན་ལ་རེ་བ་སོགས་གསུངས་པས། དེའི་འགྲེལ་གྱི་གཞན་ལའང་སྦྱར་ཤེས་པར་བྱའོ། །དེ་དག་ལ་རྣམ་པར་སྨིན་པ་གཏན་ནས་མེད་པ་མ་ཡིན་ཏེ། དཔེར་ན་ཞིང་ཚ་སྒྲོ་ཅན་ལ་ས་བོན་རན་པ་བཏབ་པས་སྨྱུ་གུ་རན་པ་ལས་མི་སྐྱེ་བཞིན་འབྲས་བུ་མཆོག་ཏུ་སྨིན་པར་མི་འགྱུར་བ་དང་། ཁྱད་པར་དུ་དུག་མཚོན་དང་བསད་ཤ་ལ་སོགས་དངོས་པོ་མ་དག་པའི་སྦྱིན་པ་གཏང་ན་རྣམ་སྨིན་ཚ་ལ་རྒྱུབ་པར་བཤད་པའོ། །དེ་བས་ན་ཡུལ་དང་དངོས་པོ་དང་བསམ་པ་དག་ན་རྒྱུ་ཆུང་དུ་ཡང་འབྲས་བུ་ཆེན་པོར་སྨིན་ཏེ། འཕགས་པ

འོད་སྲུངས་ལ་མཛེ་མོ་གཅིག་གིས་འབྲས་ཆུ་ཤུང་ཟན་ཕུལ་བས་དགའ་ལྡན་དུ་སྐྱེ་བ་ལྷ་བུའོ། །

དྲུག་པ་སྦྱིན་པ་སྤྱེལ་བ་ནི། སྦྱིན་པ་གསུམ་པོ་དེ་དག་ཤུང་དུ་ཡིན་མང་པོར་བསྒྱུར་བའི་ཐབས་ཏེ། བྱང་ཆུབ་སེམས་དཔའི་སྡེ་སྣོད་ལས། ཤ་རིའི་བུ། བྱང་ཆུབ་སེམས་དཔའ་མཁས་པ་ནི། སྦྱིན་པ་ཤུང་ངུ་ཡང་མང་པོ་བྱེད་དེ། ཡེ་ཤེས་ཀྱིས་སྟོབས་ཀྱི་ལྷག་པར་བྱེད་དོ། །ཤེས་རབ་ཀྱིས་སྟོབས་ཀྱི་རྒྱས་པར་བྱེད་དོ། །བསྔོ་བའི་སྟོབས་ཀྱིས་དཔག་ཏུ་མེད་པར་བྱེད་དོ། །ཞེས་གསུངས། དེ་ལ་ཡེ་ཤེས་ཀྱིས་ལྷག་པར་བྱེད་ཅེས་པ་ནི། འཁོར་གསུམ་ཡོངས་དག་ཏུ་ཤེས་ནས་སྦྱིན་པའི་བསོད་ནམས་མང་པོ་འབྱུང་བའི་དོན་དུའོ། །ཤེས་རབ་ཀྱི་སྟོབས་ཀྱིས་རྒྱས་པར་བྱེད་ཅེས་པ་ནི། སྦྱིན་པ་གང་གཏང་ཡང་དང་པོར་སེམས་ཅན་ཐམས་ཅད་སངས་རྒྱས་ལ་འགོད་པའི་ཆེད་དུ་གཏང་། བར་དུ་སྦྱིན་པའི་དངོས་པོ་ལ་ཞེན་པ་མེད། མཐར་སྦྱིན་པའི་རྣམ་སྨིན་རེ་བ་དང་བྲལ་ན་སྦྱིན་པའི་བསོད་ནམས་རྒྱས་པ་འཐོབ་པའོ། ། འཕགས་པ་སྡུད་པ་ལས་སྦྱིན་པ་དངོས་པོ་ལ་གནས་པ་མེད་པར་བྱེད། དེ་ནི་ནམ་དུའང་རྣམ་པར་སྨིན་པ་རེ་བ་མེད། དེ་ལྟར་གཏང་བ་ལ་མཁས་པ་ཐམས་ཅད་གཏང་བ་སྟེ། ཆུང་ངུ་གཏང་ལ་མང་པོ་དཔག་ཏུ་མེད་པར་འགྱུར། ཅེས་གསུངས། བསྔོ་བའི་སྟོབས་ཀྱི་དཔག་ཏུ་མེད་པར་བྱེད་ཅེས་པ་ནི། སྦྱིན་པ་དེ་དག་སེམས་ཅན་ཐམས་ཅད་ཀྱིས་དོན་དུ་བླ་ན་མེད་པའི་བྱང་ཆུབ་ཏུ་བསྔོས་ན་དཔག་ཏུ་མེད་པར་འགྱུར་བའི་དོན་ནོ། །དེས་ན་བྱང་ཆུབ་སེམས་དཔའི་ས་ལས། འབྲས་བུ་ལ་ལྟ་ཞིང་སྦྱིན་པར་མི་བྱེད་དོ། །སྦྱིན་པ་ཐམས་ཅད་བླ་ན་མེད་པ་ཡང་དག་པར་རྫོགས་པའི་བྱང་ཆུབ་ཏུ་བསྔོ་བར་བྱེད་དོ། །ཞེས་སོ། །

བསྔོ་བ་ནི། འཕེལ་བ་གཅིག་ཕུར་མ་ཟད་ཀྱིས་མི་ཟད་ཀྱིས་མི་ཟད་པར་ཡང་འགྱུར་ཏེ། འཕགས་པ་བློ་གྲོས་མི་ཟད་པས་ཞུས་པའི་མདོ་ལས། བཙུན་པ་ཤ་ར་དྭ་ཏིའི་བུ། དཔེར་ན་ཆུའི་ཐིགས་པ་རྒྱ་མཚོ་ཆེན་པོར་ལྷུང་བ་ནི། བསྐལ་པའི་མཐར་ཐུག་གིས་བར་དོར་ཟད་པ་མེད་དོ། །དེ་བཞིན་དུ་དགེ་བའི་རྩ་བ་བྱང་ཆུབ་ཏུ་བསྔོས་པ་ནི་བྱང་ཆུབ་ཀྱིས་སྙིང་པོ་ལ་ཐུག་གིས་བར་དུ་བར་མ་དོར་འགག་ཡང་ཟད་པར་མི་འགྱུར་རོ། །ཞེས་གསུངས་སོ། །

བདུན་པ་སྦྱིན་པ་དག་པར་བྱེད་པ་ནི། བསླབ་པ་ཀུན་ལས་བཏུས་པ་ལས། སྟོང་ཉིད་སྙིང་རྗེའི་

ཆེན་པོ་ཅན། །སྤྱོད་པས་བསོད་ནམས་དག་པར་འགྱུར། །ཞེས་གསུངས་ཏེ། །སྦྱིན་དེ་དག་སྟོང་པས་ཟིན་པ་ནི། འཁོར་བའི་རྒྱུ་མི་འགྱོ་ལ། སྙིང་རྗེས་ཟིན་པས་ནི་ཐེག་པ་དམན་པའི་རྒྱུར་མི་འགྱོ་སྟེ། མི་གནས་པའི་མྱ་ངན་ལས་འདས་པ་འབའ་ཞིག་གིས་རྒྱུར་འགྱོ་བས་ན་དག་པའོ། །དེ་ལ་སྟོང་པས་ཟིན་པ་ནི། གཙུག་ན་རིན་ཆེན་གྱིས་ཞུས་པའི་མདོ་ལས། སྦྱིན་པ་ནི་སྟོང་པ་ཉིད་ཀྱིས་རྒྱ་བཞིས་གདབ་པར་གསུངས་ཏེ། ཇི་སྐད་དུ་རྒྱ་བཞིས་གདབ་ནས་སྦྱིན་པར་བྱེད་དོ་ཞེས་ན། ནང་སྟོང་པ་ཉིད་ཀྱིས་རྒྱས་གདབ་པ་དང་། ཕྱི་སྟོང་པ་ཉིད་ཀྱིས་རྒྱས་གདབ་པ་དང་། སེམས་ཅན་སྟོང་པ་ཉིད་ཀྱིས་རྒྱས་གདབ་པ་དང་། བྱང་ཆུབ་སྟོང་པ་ཉིད་ཀྱིས་རྒྱས་གདབ་པ་སྟེ། རྒྱ་བཞི་པོ་དེ་དག་གིས་རྒྱས་གདབ་ནས་སྦྱིན་པ་སྦྱིན་པར་བྱེད་དོ། །ཞེས་གསུངས། སྙིང་རྗེས་ཟིན་པ་ནི་སེམས་ཅན་རྣམས་ཀྱི་སྦྱིའམ་བྱེ་བྲག་གིས་སྡུག་བསྔལ་མ་བཟོད་ནས་སྦྱིན་པའོ། །

བརྒྱད་པ་སྦྱིན་པའི་འབྲས་བུ་ནི། མཐར་ཐུག་དང་གནས་སྐབས་གཉིས་སུ་ཤེས་པར་བྱའོ། །དེ་ཡང་མཐར་ཐུག་གིས་ནི་བླ་ན་མེད་པའི་བྱང་ཆུབ་འཐོབ་སྟེ། དེ་ལྟར་ཡང་བྱང་ཆུབ་སེམས་དཔའ་རྣམས་ཀྱི་སྦྱིན་པའི་ཕ་རོལ་ཏུ་ཕྱིན་པ་ཡོངས་སུ་རྫོགས་པར་བྱས་པ་ན། བླ་ན་མེད་པ་ཡང་དག་པར་རྫོགས་པར་བྱང་ཆུབ་ཏུ་མངོན་པར་རྫོགས་པར་འཚང་རྒྱ་བར་འགྱུར་རོ། །ཞེས་གསུངས་སོ། །གནས་སྐབས་སུ་ནི། ཟང་ཟིང་གི་སྦྱིན་པ་གཏང་བས་མི་འདོད་ཀྱང་རང་ལ་ལོངས་སྤྱོད་ཕུན་སུམ་ཚོགས་པར་འགྱུར་རོ། །གཞན་ཡང་སྦྱིན་པས་བསྡུས་ནས། །མཆོག་པ་སྒྱུར་བར་བྱེད་ནུས་སོ། །དེ་ལྟར་ཡང་བྱང་ཆུབ་སེམས་དཔའི་ས་ལས། ཟས་སྦྱིན་པས་ནི་སྟོབས་ཆེན་འགྱུར། །གོས་སྦྱིན་པས་ནི་ཁ་དོག་ལྡན། །བཞོན་པ་སྦྱིན་པས་བདེར་འགྱུར་བརྟེན། །མར་མེ་སྦྱིན་པས་མིག་དང་ལྡན། །ཞེས་གསུངས། མི་འཇིགས་པའི་སྦྱིན་པ་བཏང་བས་ནི་བདུད་དང་བར་ཆད་ཀྱིས་མི་ཚུགས་པར་འགྱུར་བའོ། །དེ་ལྟར་ཡང་རིན་ཆེན་ཕྲེང་བ་ལས། འཇིགས་དང་མི་འཇིགས་སྦྱིན་པ་ཡི། །བདུད་རྣམས་ཀུན་གྱི་མི་ཚུགས་ཤིང་། །སྟོབས་པོ་ཆེའི་མཆོག་ཏུ་འགྱུར། །ཞེས་གསུངས། ཆོས་ཀྱི་སྦྱིན་པ་གཏང་ནས་ནི། སངས་རྒྱས་དང་མྱུར་དུ་མཇལ་ནས་འགྲོགས་པ་དང་འདོད་པ་ཐམས་ཅད་མྱུར་དུ་འཐོབ་པའོ། །དེ་ལྟར་ཡང་རིན་ཆེན་ཕྲེང་བ་ལས། ཆོས་ཉན་པ་དང་སྦྱིན་པ་དག །སྒྲིབ་པ་མེད་པར་བྱས་པ་ཡིས། །

སངས་རྒྱས་རྣམས་དང་འགྲོགས་པ་ཉིད། །འདོད་པ་མྱུར་དུ་འཐོབ་པར་འགྱུར། །ཞེས་གསུངས་སོ། ། སྤྱིར་སྦྱིན་པ་ཐམས་ཅད་ཀྱི་ནང་ནས་ལུས་དང་ཆོས་སྦྱིན་གཉིས་བསོད་ནམས་ཆེ་སྟེ། དུས་འཁོར་ལས། རྟ་དང་གླང་པོ་བསོད་ནམས་སྟོབས་འགྱུར་ཏེ། །བུ་དང་ཆུང་མ་དག་ནི་འབུམ་འགྱུར་རོ། །ལུས་ནི་སྦྱིན་པ་བྱེ་བར་འགྱུར་བ་སྟེ། །ཆོས་ཀྱི་སྦྱིན་པ་གྲངས་མེད་དག་ཏུ་འགྱུར་ཞེས་གསུངས་སོ། །

སྤྱི་དོན་གཉིས་པ་ཚུལ་ཁྲིམ་ཀྱི་ཕ་རོལ་ཏུ་ཕྱིན་པ་རྒྱས་པར་བཤད་པ་ལ་བདུན་ཏེ། དེའང་དང་པོ་ཚུལ་ཁྲིམས་དང་མི་ལྡན་པའི་སྐྱོན་བསྟན་པ་ནི། གང་ཞིག་སྦྱིན་པ་དང་ལྡན་ཡང་ཚུལ་ཁྲིམས་དང་མི་ལྡན་ན། ད་ལྟ་བ་རྣམ་པར་དག་པ་ལྟ་བུའི་ལུས་ཕུན་སུམ་ཚོགས་པ་མི་འཐོབ་བོ། །དེ་ལྟར་ཡང་དབུ་མ་འཇུག་པ་ལས། སྐྱེ་བོ་ཚུལ་ཁྲིམས་རྐང་པ་ཆག་གྱུར་ན། །སྦྱིན་པས་ལོངས་སྤྱོད་ལྡན་ཡང་ངན་འགྲོར་ལྟུང་། །ཞེས་དང་། དབྱིག་གཉེན་གྱི་ཚུལ་ཁྲིམས་ཀྱི་གཏམ་ལས། རྒྱ་མཚོ་དང་ནི་གླིང་རྫེས་ཀྱི། །ཁྱད་པར་དག་ནི་གང་ཡིན་པ། །སྦྱིན་པ་དང་ནི་ཚུལ་ཁྲིམས་ཀྱི། །ཁྱད་པར་དག་ནི་དེ་ཡིན་ནོ། །གང་ཞིག་འདོད་པའི་སེམས་ཀྱིས་ནི། །ལོ་བརྒྱར་སྦྱིན་པ་བྱིན་པ་བས། །གང་ཞིག་ཉིན་གཅིག་ཚུལ་ཁྲིམས་ནི། །བསྲུང་བ་དེ་ལ་ཁྱད་པར་འཕགས། །ཞེས་གསུངས་སོ། །ཡང་ཚུལ་ཁྲིམས་དང་ནི་མི་ལྡན་ན། །དམ་པའི་ཆོས་དང་མི་འཕྲད་དོ། །དེ་ལྟར་ཡང་ཚུལ་ཁྲིམས་དང་ལྡན་པའི་མདོ་ལས། ཇི་ལྟར་མིག་མེད་གཟུགས་མཐོང་མི་ནུས་ལྟར། །དེ་ལྟར་ཚུལ་ཁྲིམས་མེད་ན་ཆོས་མི་མཐོང་། །ཞེས་གསུངས། ཡང་ཚུལ་ཁྲིམས་དང་མི་ལྡན་ན། ཁམས་གསུམ་འཁོར་བ་ལས་མི་ཐར་རོ། །དེ་ཡང་མདོ་སྡེ་མ་ལས། ཇི་ལྟར་རྐང་མེད་ལམ་འཇུག་ག་ལ་ནུས། །དེ་བཞིན་ཚུལ་ཁྲིམས་མེད་ན་ཐར་མི་འགྱུར། །ཞེས་གསུངས། ཡང་ཚུལ་ཁྲིམས་དང་མི་ལྡན་ན་སངས་རྒྱས་ཀྱི་ལམ་འཇུག་མ་ཚང་བས་བླ་མེད་ཀྱི་བྱང་ཆུབ་མི་ཐོབ་བོ། །

གཉིས་པ་ཚུལ་ཁྲིམས་དང་ལྡན་པའི་ཡོན་ཏན་ནི། སའི་སྙིང་པོ་འཁོར་ལོ་བཅུ་པའི་མདོ་ལས། འདི་ལྟ་སྟེ་ས་ཆེན་པོ་འདི་ལ་བརྟེན་ནས་རྩི་ཤིང་དང་ལོ་ཏོག་དང་ཤིང་ག་ལ་བ་དང་ནགས་ཚལ་ལ་སོགས་པ་སྐྱེའོ། །དེ་བཞིན་དུ་ཚུལ་ཁྲིམས་ཀྱི་རྩ་བ་འདི་ལ་བརྟེན་ནས་དགེ་བའི་ཆོས་ཐམས་ཅད་འཕེལ་ཞིང་སྐྱེ་བར་འགྱུར་རོ། །ཞེས་པ་དང་། དེ་ལྟར་ཡང་འཕགས་པ་སྡུད་པ་ལས། ཁྲིམས་ཀྱི་དུད་

འགྲོའི་འགྲོ་བ་དུ་མའི་ངོ་བོ་དང་། མི་ཁོམ་པ་བརྒྱད་སྤང་དེའི་དལ་བ་རྟག་ཏུ་རྙེད། ཅེས་གསུངས། ཡང་ཚུལ་ཁྲིམས་དང་ལྡན་ན། བདེ་ལེགས་ཐམས་ཅད་ཀྱི་བཞི་རྟེན་འགྲུབ་པ་ཡིན་ནོ། །དེ་ལྟར་ཡང་བཤེས་པའི་སྤྲིང་ཡིག་ལས། ཁྲིམས་ནི་རྒྱུ་དང་མི་རྒྱུ་ས་བཞིན་དུ། །ཡོན་ཏན་ཀུན་གྱི་གཞི་རྟེན་ལེགས་པར་གསུངས་ཞེས་སོ། །ཡང་ཚུལ་ཁྲིམས་དང་ལྡན་ན། ཞིང་ས་གཤིན་པོ་དང་འདྲ་སྟེ། དེ་ལ་བརྟེན་ནས་ཡོན་ཏན་གྱི་ལོ་ཏོག་ཐམས་ཅད་འཕེལ་བར་འགྱུར་བ་ཡིན་ནོ། །དེ་ལྟར་ཡང་དབུ་མ་འཇུག་པ་ལས། ཡོན་ཏན་ཚུལ་ཁྲིམས་ཞིང་དུ་རྣམ་འཕེལ་ན། །འབྲས་བུ་ཉེར་སྤྱོད་ཆད་པ་མེད་པར་འགྱུར། །ཞེས་གསུངས། ཡང་ཚུལ་ཁྲིམས་དང་ལྡན་ན་ཏིང་ངེ་འཛིན་གྱི་སྒོ་དུ་མ་ཡང་སྐྱེའོ། །དེ་ལྟར་ཡང་ཟླ་བ་སྒྲོན་མའི་མདོ་ལས།ཉོན་མོངས་མེད་པའི་ཏིང་འཛིན་མྱུར་ཐོབ་སྟེ། འདི་ནི་ཚུལ་ཁྲིམས་རྣམ་དག་ཕན་ཡོན་ནོ། །ཞེས་གསུངས། ཡང་ཚུལ་ཁྲིམས་དང་ལྡན་ན། སྨོན་ལམ་ཅི་ལྟར་བཏབ་པ་བཞིན་འགྲུབ་བོ། །དེ་ལྟར་ཡང་ཡབ་སྲས་མཇལ་བའི་མདོ་ལས། །ཚུལ་ཁྲིམས་རྣམ་དག་གང་བསྲུང་བས། །སྨོན་ལམ་ཐམས་ཅད་འགྲུབ་པར་འགྱུར། །ཞེས་གསུངས། ཡང་ཚུལ་ཁྲིམས་དང་ལྡན་ན་བྱང་ཆུབ་བསྒྲུབ་སླ་བ་ཡིན་ནོ། །དེ་ལྟར་ཡང་མདོ་དེ་ཉིད་ལས། ཁྲིམས་གཙང་ཕན་འདོག་མང་བས་ན། བྱང་ཆུབ་བསྒྲུབ་པར་ཡང་མི་དཀའ། ཞེས་གསུངས། དེ་ལ་སོགས་པའི་ཕན་ཡོན་སྣ་ཚོགས་ཡོད་དེ། ཇི་སྐད་དུ། ཚུལ་ཁྲིམས་དང་ལྡན་པའི་མདོ་ལས། ཚུལ་ཁྲིམས་ལྡན་པས་སངས་རྒྱས་འབྱུང་དང་འཕྲད། ཚུལ་ཁྲིམས་ལྡན་པ་རྒྱན་རྣམས་ཀུན་གྱི་མཆོག །ཚུལ་ཁྲིམས་ལྡན་པ་དགའ་བ་ཀུན་གྱི་གནས། །ཚུལ་ཁྲིམས་ལྡན་པ་འཇིག་རྟེན་ཀུན་གྱིས་བསྟོད། །ཞེས་གསུངས་སོ་གསུམ་པ་ཚུལ་ཁྲིམས་ཀྱི་ངོ་བོ་ནི། །ཡོན་ཏན་ཀུན་དང་ལྡན་པ་ཡིན་ཏེ། ཇི་སྐད་དུ། བྱང་ཆུབ་སེམས་དཔའི་ས་ལས། ཡོན་ཏན་བཞི་དང་ལྡན་པ་ནི་ཚུལ་ཁྲིམས་ཀྱི་ངོ་བོ་ཡིན་པར་རིག་པར་བྱ་སྟེ། བཞི་གང་ཞེ་ན། ཕ་རོལ་པོ་ལས་ལེགས་པར་ཡང་དག་པར་བླང་བ་དང་། བསམ་པ་ཤིན་ཏུ་རྣམ་པར་དག་པ་དང་། ཉམས་པར་གྱུར་ན་ཕྱིར་གསོ་བར་བྱེད་པ་དང་། མི་ཉམས་པར་བྱ་བའི་ཕྱིར་གུས་པ་བསྐྱེད་ནས་དྲན་པ་ཉེ་བར་གནས་པའོ། །

བཞི་པ་ཚུལ་ཁྲིམས་ལ་དབྱེ་ན་གསུམ་སྟེ། དཀོན་མཆོག་བརྩེགས་པ་ལས། འོད་སྲུངས་དེ་ལ

བྱང་ཆུབ་སེམས་དཔའི་ཚུལ་ཁྲིམས་ནི་རྣམ་པ་གསུམ་སྟེ། སྡོམ་པའི་ཚུལ་ཁྲིམས་དང་། དགེ་བའི་ཆོས་རྣམས་སྡུད་པའི་ཚུལ་ཁྲིམས་དང་། སེམས་ཅན་གྱི་དོན་བསྒྲུབ་པའི་ཚུལ་ཁྲིམས་སོ། །དེ་ལ་སྡོམ་པའི་ཚུལ་ཁྲིམས་ཀྱིས་ནི་མི་དགེ་བ་ལས་སེམས་བསྲུང་བ་ཡིན་ནོ། །དགེ་བའི་ཆོས་སྡུད་པའི་ཚུལ་ཁྲིམས་ཀྱིས་ནི་དགེ་བའི་རྩ་བ་མངོན་པར་བསྒྲུབ་པ་ཡིན་ནོ། །སེམས་ཅན་གྱི་དོན་བྱེད་པའི་ཚུལ་ཁྲིམས་ཀྱིས་ནི་གཞན་ལ་ཕན་པ་ལྷུར་ལེན་པ་ཡིན་ནོ། །ཞེས་སོ། །དེ་དསུམ་གྱི་ནང་ནས་སྡོམ་པའི་ཚུལ་ཁྲིམས་འདི་གལ་ཆེ་སྟེ། བྱང་བའི་སྟན་ལ་དབབ་པ་བསྡུས་པ་ལས། ཚུལ་ཁྲིམས་རྣམ་པ་གསུམ་པོ་དེ་དག་ལས་འདི་ལྟ་སྟེ། སྡོམ་པའི་ཚུལ་ཁྲིམས་འདི་ནི་སྡུད་པར་བྱེད་པ་དང་འཛིན་པར་བྱེད་པ་སྟེ། དེ་བསྡམ་ཞིང་བསྲུང་ན་དེ་ལས་གཞན་དག་ཀྱང་བསྡམ་ཞིང་བསྲུང་བར་འགྱུར་ལ། དེ་མ་བསྡམ་ཞིང་མ་བསྲུང་ན་དེ་ལས་གཞན་དག་ཀྱང་མ་བསྡམ་ཞིང་མ་བསྲུང་བར་འགྱུར་བས། དེའི་ཕྱིར་བྱང་ཆུབ་སེམས་དཔའི་སྡོམ་པའི་ཚུལ་ཁྲིམས་ཉམས་ན་སྡོམ་པ་ཐམས་ཅད་ཉམས་པ་ཡིན་པར་བརྗོད་པར་བྱའོ། །ཞེས་གསུངས་པས། དེ་ལ་དང་པོ་སྡོམ་པའི་ཚུལ་ཁྲིམས་གང་ཞེ་ན། སྤྱིར་སེམས་ཅན་ཐམས་ཅད་ཀྱི་དོན་དུ་ལུས་ངག་ཡིད་གསུམ་གྱི་སྒོ་ནས་མི་དགེ་བ་མཐའ་དག་བསྡམ་པར་བྱེད་པ་ཡིན་ལ། ཁྱད་པར་དུ་སྡོམ་པའི་ཚུལ་ཁྲིམས་ཞེས་པ་ལ། ཐུན་མོང་དང་ཐུན་མོང་མ་ཡིན་པ་གཉིས་སོ། །དང་པོ་ཐུན་མོང་ནི་སོ་སོར་ཐར་པ་རིག་བདུན་གྱི་སྡོམ་པ་སྟེ། བྱང་ཆུབ་སེམས་དཔའི་ས་ལས། དེ་ལ་བྱང་ཆུབ་སེམས་དཔའི་སྡོམ་པའི་ཚུལ་ཁྲིམས་ནི། སོ་སོ་ཐར་པའི་སྡོམ་པ་ཡོངས་དག་པར་བླང་བའི་རིག་བདུན་པོ་དགེ་སློང་དང་དགེ་སློང་མ་དང་དགེ་སློབ་དང་དགེ་ཚུལ་དང་དགེ་ཚུལ་མ་དང་དགེ་བསྙེན་དང་དགེ་བསྙེན་མའི་ཚུལ་ཁྲིམས་གང་ཡིན་པ་སྟེ། དེ་ཡང་ཁྱིམ་པ་དང་རབ་ཏུ་བྱུང་བའི་ཕྱོགས་ལ་ཅི་རིགས་པར་བྱའོ། །ཞེས་གསུངས་སོ། །ཐུན་མོང་མ་ཡིན་པ་ནི། དེའི་སྟེང་དུ་བྱང་སེམས་སྨོན་འཇུག་གཉིས་ཀྱི་སྡོམ་པ་སྟེ། ས་སྡེ་ལས། རབ་ཏུ་བྱུང་བའི་བསླབ་པ་བརྗོད་པ་དེ་དག་གི་སྟེང་དུ་སྨོན་འཇུག་གི་སེམས་བསྐྱེད་ཐོབ་ལ་མ་ཉམས་པར་ཡོད་པ་ལ་ནི་བྱང་ཆུབ་སེམས་དཔའ་རབ་ཏུ་བྱུང་བའོ། །ཞེས་གསུངས་པས། སོ་ཐར་རིག་བདུན་དང་བྱང་སེམས་སྨོན་འཇུག་གཉིས་ཀྱི་སྡོམ་པའི་བསྲུང་བྱ་དེ་དག་གི་ཉེས་སྤྱོད་ཆ་དང་བཅས་པ་ལས་གཞན་དོན་དུ་སེམས་བསྲུང་བ་ནི་སྡོམ་པའི་ཚུལ་ཁྲིམས་ཏེ་ལྟག

པ་ཚུལ་ཁྲིམས་ཀྱི་བསླབ་པ་ཞེས་བྱའོ། །དེ་ལྟ་བུའི་སྡོམ་པ་དང་ལྡན་པ་དེ་ལ་བྱང་ཆུབ་སེམས་དཔའི་དགེ་སློང་ཞེས་བརྗོད་པའོ་གསུངས་སོ། །དེ་ཡང་རང་གཅིག་པུར་ཞི་བདེ་འདོད་པའི་སྡོམ་པ་ནི། ཉན་ཐོས་ཀྱི་ཚུལ་ཁྲིམས་ཡིན་པས་དེ་ལ་ཚུལ་ཁྲིམས་རྣམ་པར་དག་པ་ཞེས་མི་བརྗོད་དོ། །ཡུམ་སྟོང་པ་ལས། གལ་ཏེ་བསྐལ་པ་བྱེ་བར་དགེ་བའི་ལས་ལམ་བཅུ། །སྤྱོད་ཡང་རང་རྒྱལ་དགྲ་བཅོམ་ཉིད་ལ་འདོད་བསྐྱེད་ན། །དེ་ཚེ་ཚུལ་ཁྲིམས་སྐྱོན་བྱུང་ཚུལ་ཁྲིམས་ཉམས་པ་ཡིན། །སེམས་བསྐྱེད་དེ་ནི་ཕམ་པ་བས་ཀྱང་ཤིན་ཏུ་ལྕི་ཞེས་གསུངས་པས་ཐེག་དམན་ཉན་རང་གི་ལུགས་ལྟར་རང་པོ་ནའི་ཆེད་དུ་མ་ཡིན་པར་སེམས་ཅན་ཐམས་ཅད་སངས་རྒྱས་ཐོབ་པའི་ཆེད་དུ་བསྒྲུང་སྙམ་པའི་སེམས་བསྐྱེད་དང་། འཇིག་རྟེན་ཐམས་ཅད་ཚུལ་ཁྲིམས་ལ་འགོད་པར་འདོད་པའི་བསམ་པ་དང་ལྡན་ན་ཚུལ་ཁྲིམས་ཀྱི་ཕ་རོལ་ཏུ་ཕྱིན་པའོ། །ཞེས་གསུངས་སོ། །

གཉིས་པ་དགེ་བ་ཆོས་སྡུད་ཀྱི་ཚུལ་ཁྲིམས་ནི། ཚོགས་གཉིས་དང་ཕ་རོལ་ཏུ་ཕྱིན་པ་དྲུག་གིས་བསྡུས་པའི་ཡོན་ཏན་མ་སྐྱེས་པ་བསྐྱེད། སྐྱེས་པ་སྤེལ་ཞེས་པ། སྐྱབས་འགྲོ་ནས་སངས་རྒྱས་ཀྱི་ཡོན་ཏན་གྱི་བར་གྱི་བར་དགེ་བའི་ཆོས་བསྡུད་པ་ལ་ཅི་རིགས་པར་སློབ་པ་སྟེ། དེ་ཡང་གང་ཞེ་ན། བྱང་ཆུབ་སེམས་དཔའི་ས་ལས། བྱང་ཆུབ་སེམས་དཔའི་ཚུལ་ཁྲིམས་ལ་བརྟེན་ཅིང་གནས་ན་ཐོས་པ་དང་བསམ་པ་དང་བསྒོམ་པ་གཅིག་པུར་དགེ་བ་ལ་བརྩོན་པར་བྱེད་དོ། །བླ་མ་རྣམས་ལ་བཀུར་སྟི་དང་རིམ་གྲོ་བྱེད་པ་དང་། ནད་པ་ལ་རིམ་གྲོ་དང་ནད་གཡོག་བྱེད་པ་དང་། ལེགས་པ་སྦྱིན་ཅིང་ཡོན་ཏན་བསྔགས་པ་དང་། གཞན་གྱི་བསོད་ནམས་ལ་ཡི་རང་ཞིང་ཉེས་པ་ལ་བཟོད་པ་དང་། དགེ་བ་བྱང་ཆུབ་ཏུ་བསྔོ་ཤིང་སྨོན་ལམ་འདེབས་པ་དང་། དཀོན་མཆོག་མཆོད་ཅིང་བརྩོན་འགྲུས་བརྩམས་པ་དང་། བག་ཡོད་པར་གནས་པ་དང་། བསླབ་པ་དྲན་པ་དག །ཤེས་བཞིན་གྱི་བསྲུང་བ་དང་། ཉེས་པའི་སྒོ་བསྲུང་ཞིང་ཟས་ཀྱི་ཚོད་ཤེས་པ་དང་། ནམ་གྱི་ཆ་སྟོད་ཆ་སྨད་ལ་མི་ཉལ་བར་རྣལ་འབྱོར་ལ་བརྩོན་པ་དང་། སྐྱེས་བུ་དམ་པ་དང་དེ་དག་བའི་བཤེས་གཉེན་ལ་བརྟེན་པ་དང་། རང་གིས་འཁྲུལ་པ་ལ་བརྟག་ནས་དེ་འཆག་ཅིང་གཏང་བ་སྟེ། དེ་ལྟ་བུའི་ཆོས་རྣམས་བསྒྲུབ་པ་དང་། བསྲུང་བ་དང་རྣམ་པར་འཕེལ་བར་བྱེད་པ་ནི་དགེ་བ་ཆོས་སྡུད་པའི་ཚུལ་ཁྲིམས་ཞེས་བྱའོ། །གསུངས་སོ། གཞན་

ཡང་ལུས་དང་ངག་གིས་དགེ་བ་བསགས་པ་གང་ཅི་ཡང་རུང་བ་དང་། ཐོས་བསམ་བསྒོམ་གསུམ་གཅིག་པུ་ལ་བརྩོན་པ་དེ་དག་ཐམས་ཅད་ནི་མདོར་བསྡུས་ན་དགེ་བ་ཆོས་སྡུད་ཀྱི་ཚུལ་ཁྲིམས་ཏེ། ལྷག་པ་སེམས་ཀྱི་བསླབ་པ་གཙོ་བོར་སྟོན་པའོ། །

གསུམ་པ་སེམས་ཅན་དོན་བྱེད་ཀྱི་ཚུལ་ཁྲིམས་ལ་གསུམ་སྟེ། ལུང་ལས། ལམ་བཅུ་ཕ་རོལ་ཏུ་ཕྱིན་པ་དྲུག་བསྡུ་དངོས་བཞི་ཞེས་པས་དང་པོ་དགེ་བ་བཅུའི་ལས་ཀྱི་ལམ་ལ་བསླབ་པ་ནི། ལུང་སྡེ་མ་ལས། རྣམ་བཅུ་སྤང་ཞིང་ལམ་བཅུ་རྫོགས་པར་སྤྱད། །ཅེས་པས། མི་དགེ་བ་རྣམ་པ་བཅུ་སྤང་ཞིང་དགེ་བ་བཅུའི་ལམ་རྫོགས་པར་སྤྱོད་དགོས་ཏེ། དེ་གང་ཞེ་ན། སྲོག་གཅོད་པ་སྤང་གི་སྟེང་དུ་སྲོག་འདོན་བྱ་ཞིང་ཚེ་སྐྱབས། མ་བྱིན་ལེན་སྤང་གི་སྟེང་དུ་སྦྱིན་པ་གཏང་། མི་ཚངས་སྤྱོད་པ་སྤང་གི་སྟེང་དུ་གཞན་ཚངས་པར་སྤྱོད་པ་ལ་འགོད། རྫུན་སྤང་གི་སྟེང་དུ་བདེན་པའི་ཚིག་གིས་གཞན་བསླུ། ཕྲ་མ་སྤང་གི་སྟེང་དུ་གཞན་མི་མཐུན་པ་བསྡུམ། ངག་འཁྱལ་སྤང་གི་སྟེང་དུ་དོན་དང་མཐུན་པར་སྨྲ། བརྣབས་སེམས་སྤང་གི་སྟེང་དུ་ཆགས་པ་མེད་པར་བྱིན། གནོད་སེམས་སྤང་གི་སྟེང་དུ་བྱམས་ཤིང་ཕན་བཏགས། ལོག་པར་ལྟ་བ་སྤང་གི་སྟེང་དུ་ཡོངས་དག་པར་ལྟ་བ་ལ་གོམས་པར་བྱ་སྟེ། འོད་སྲུངས་ཀྱིས་ཞུས་པའི་མདོ་ལས། མི་དགེ་སྲོག་གཅོད་མ་བྱིན་ལེན། །མི་ཚངས་སྤྱོད་དང་རྫུན་ཕྲ་མ། དབྱེན། །ཚིག་རྩུབ་ངག་འཁྱལ་བརྣབས་སེམས་བྲེད། །གནོད་འགྱུར་ལོག་ལྟ་ཀུན་སྤང་སྟེ། །ཚེ་བསྐྱབ་སྦྱིན་བཏང་ཚངས་སྤྱོད་གནས། །བདེན་སྨྲ་གཞན་བསྡུས་དོན་ལྡན་ཚིག །ཞི་ཞིང་དལ་སྨྲ་མ་ཆགས་སྦྱིན། །བྱམས་སེམས་ཕན་བརྩོན་ཡང་དག་བལྟ། །ཞེས་གསུངས་པའོ། །དེའང་དགེ་བ་བཅུ་སྤྱོད་པའི་དགོས་པ་གང་ཞེ་ན། སའི་སྙིང་པོ་འཁོར་ལོ་བཅུ་པའི་མདོ་ལས། རིགས་ཀྱི་བུ་འཁོར་ལོ་བཅུ་ཞེས་པ་ནི་ཆོས་གཞན་ལ་མི་གདགས་ཀྱི་དགེ་བ་བཅུའི་ལས་ཀྱི་ལམ་ཉིད་ཡིན་པར་ཤེས་པར་བྱའོ། །འཁོར་ལོ་རྣམ་པ་བཅུ་པོ་འདི་དག་དང་ལྡན་པ་ལ་བྱང་ཆུབ་སེམས་དཔའ་སེམས་དཔའ་ཆེན་པོ་ཞེས་བྱ་སྟེ། སྡིག་པ་ཐམས་ཅད་ལས་རྣམ་པར་གྲོལ་བ་དང་། དགེ་བའི་ཆོས་རྣམས་ཐམས་ཅད་ཡིད་བཞིན་དུ་རྫོགས་པ་དང་། མྱུར་དུ་མྱ་ངན་ལས་འདའ་བའི་རྒྱ་མཚོ་ཆེན་པོ་ཡོངས་སུ་འགེངས་པ་དང་། ཐབས་མཁས་ཆེན་པོའི་ཡེ་ཤེས་ཀྱི་འོད་ཀྱི་སྣྲེ་བོ་ཐམས་ཅད་ཡོངས་སུ་སྨིན་པར་བྱེད་ཅིང་ཕན་པ་དང

བདེ་བ་ཡོངས་སུ་ཐོབ་པར་བྱེད་དོ། །དེ་ཅིའི་ཕྱིར་ཞེ་ན་རིགས་ཀྱི་བུ། སྔ་མ་འདས་པའི་སངས་རྒྱས་བཅོམ་ལྡན་འདས་ཐམས་ཅད་ཀྱིས་ཀྱང་མི་དགེ་བ་བཅུ་ཡོངས་སུ་སྤངས་ཏེ། དགེ་བ་བཅུའི་ལས་ཀྱི་ལམ་འདི་ཡོངས་སུ་བསྟུགས་ཤིང་སྤྱོད་པས་འབྲས་བུ་ཐོབ་པར་འགྱུར་རོ། །ཞེས་གསུངས་པས། མི་དགེ་བཅུ་སྤང་ཞིང་། དགེ་བ་བཅུའི་ལས་ཀྱི་ལམ་ལ། ནན་ཏན་གྱི་བསླབ་པར་བྱའོ། །

གཉིས་པ་ཕ་རོལ་ཏུ་ཕྱིན་པ་དྲུག་གི་སྒོ་ནས་སེམས་ཅན་གྱི་དོན་བྱ་བའི་ཚུལ་ཁྲིམས་ནི། ཐེག་པ་ཆེན་པོའི་མན་ངག་བསྟེན་པའི་མདོ་ལས། སེར་སྣ་ལ་ཞེན་པ་རྣམས་ལ་སྦྱིན་པའི་ཕ་རོལ་ཏུ་ཕྱིན་པ་བསྟན་ནས་ཡོངས་སུ་ཐར་བར་བྱེད་དོ། །འཆལ་པ་ལ་ཞེན་པ་རྣམས་ལ་ཚུལ་ཁྲིམས་ཀྱི་ཕ་རོལ་ཏུ་ཕྱིན་པ་བསྟན་ནས་ཡོངས་སུ་ཐར་བར་བྱེད་དོ། །གནོད་སེམས་ཅན་ལ་བཟོད་པའི་ཕ་རོལ་ཏུ་ཕྱིན་པ་བསྟན་ནས་ཡོངས་སུ་ཐར་བ་བྱེད་དོ། །ལེ་ལོ་ཅན་ལ་བརྩོན་འགྲུས་ཀྱི་ཕ་རོལ་ཏུ་ཕྱིན་པ་བསྟན་ནས་ཡོངས་སུ་ཐར་བར་བྱེད་དོ། །སེམས་རྣམ་པར་གཡེངས་པ་ལ་བསམ་གཏན་གྱི་ཕ་རོལ་ཏུ་ཕྱིན་པ་བསྟན་ནས་ཡོངས་སུ་ཐར་བར་བྱེད་དོ། །ཤེས་རབ་འཆལ་པ་རྣམས་ལ་ཤེས་རབ་ཀྱི་ཕ་རོལ་ཏུ་ཕྱིན་པ་བསྟན་ནས་ཡོངས་སུ་ཐར་བར་བྱེད་དོ། །ཅེས་པ་དང་། དྲི་མ་མེད་པར་གྲགས་པར་བསྟན་པའི་མདོ་ལས། དབུལ་པོ་རྣམས་ནི་སྦྱིན་པས་སྡུད་དོ། །འཆལ་བ་རྣམས་ནི་ཚུལ་ཁྲིམས་ཀྱིས་སྡུད་དོ། །ཁོང་ཁྲོ་ཅན་རྣམས་ནི་བཟོད་པས་སྡུད་དོ། །ལེ་ལོ་ཅན་རྣམས་ནི་བརྩོན་འགྲུས་ཀྱིས་སྡུད་དོ། །སེམས་རྣམ་པར་གཡེངས་བ་རྣམས་ནི་བསམ་གཏན་གྱིས་སྡུད་དོ། །ཤེས་རབ་འཆལ་པ་རྣམས་ནི་ཤེས་རབ་ཀྱིས་སྡུད་དོ། །ཅེས་སོ། །

གསུམ་པ་བསྡུ་དངོས་བཞི་ནི། སྐྱེས་རབས་ལས། སྦྱིན་པའི་གཡབ་མོས་ལེགས་བོས་ནས། །ཉན་པར་སྨྲ་བའི་གཏམ་བྱས་ཏེ། །དོན་མཐུན་པ་ཡི་བག་ཕབ་ལ། །དོན་སྤྱོད་གྲོས་ཆེན་གདབ་པར་བྱ། །ཅེས་སོ། །དེ་ཡང་སྦྱིན་པ་དང་། ཚིག་སྙན་པ་དང་། དོན་སྤྱོད་པ་དང་། དོན་མཐུན་པ་བཞི་ལས། དང་པོ་སྦྱིན་པ་ནི་ཟང་ཟིང་གི་སྦྱིན་པ་སྟེ། གོང་དུ་བཤད་བཞིན་ཀུན་སློང་གི་བསམ་པ་མ་དག་པ་དང་། ཡུལ་མ་དག་པ། དངོས་པོ་མ་དག་པ་མ་ཡིན་པའི་བསམ་པ་དང་ཡུལ་དང་དངོས་པོ་དག་པ་གསུམ་གྱི་སྒོ་ནས་གཏང་སྟེ་སྦྱིན་པས་བསྡུ་བའོ། །

གཉིས་པ་ངག་སྨན་པས་བསྒྲུ་བ་ནི། ཟླ་བ་སྒྲོན་མ་ལས། ཟླ་རྒྱས་བཞིན་འཛུམ་དུལ་བ་དང་། །ཏན་རབ་དང་ནི་གསར་བུ་ལ། །རྟག་ཏུ་གསང་པོར་སྨྲ་བ་དང་། །དེས་ཤིང་ང་རྒྱལ་མེད་པར་བྱ། །འཇིག་རྟེན་ཡིད་དུ་འོང་བའི་གཏམ། །རིག་པས་དུས་སུ་སྨྲ་བར་བྱ། །སྣ་ཚོགས་གཡེང་བར་འགྱུར་བའི་ཚིག །འཇིགས་པས་ནམ་ཡང་སྨྲ་མི་བྱ། །ཞེས་དང་། སྤྱོད་འཇུག་ལས། སྨྲ་ན་ཡིད་ཕེབ་འབྲེལ་བ་དང་། །དོན་གསལ་ཡིད་དུ་འོང་བ་དང་། །ཆགས་དང་ཞེ་སྡང་སྤོང་བ་དང་། །འཇམ་ཞིང་རན་པར་སྨྲ་བར་བྱ། །ཞེས་གསུངས་པའི་ཚུལ་གྱི་ངག་སྨན་པས་བསྒྲུ་བའོ། །

གསུམ་པ་དོན་སྤྱོད་པས་བསྡུ་ཞེས་པ་ནི། ཆོས་སྟོན་པ་ཡིན་ཏེ་དེ་ཡང་གདུལ་བྱའི་བློ་རིགས་རབ་འབྲིང་ཐ་གསུམ་གསུངས་པ་ལ། དབྱེ་ན་རབ་ལ་གསུམ། འབྲིང་ལ་གསུམ། ཐ་མ་ལ་གསུམ་ལ་སོགས་པ་ཇི་སྙེད་ཡོད་པར་བཤད་ལ། བློ་རིགས་དེ་དག་རང་རང་དང་འཚམས་པའི་ཆོས་སྟོན་ཤེས་དགོས་པར་གསུངས་སོ། །དེ་ནས་གཞན་ལ་ཆོས་སྟོན་པར་འདོད་པ་རྣམས་ཀྱང་ཐོག་མར་གདུལ་བྱའི་བློ་ཚོད་ཤེས་པར་བྱས་ནས་ཆོས་སྟོན་དགོས་ཏེ། བློ་དམན་པའི་རིགས་ལ་ཟབ་ལ་རྒྱ་ཆེ་བའི་ཆོས་སྟོང་བ་ཉིད་ལ་སོགས་པ་ཐེག་པ་ཆེན་པོ་མི་བཤད་ནས་ལས་རྒྱུ་འབྲས་དང་སྐྱབས་སུ་འགྲོ་བ་དང་སོ་ཐར་པ་རིག་བརྒྱད་ལ། ཁྱིམ་པ་དང་རབ་ཏུ་བྱུང་བའི་ཕྱོགས་ལ་ཅི་རིགས་པ་རིམ་གྱིས་སློབ་པའི་ཆོས་སྟོན་པའོ། །བློ་མཆོག་རྣམས་ལ་ཐེག་པ་འོག་མའི་ཆོས་དེ་དག་ཁོང་དུ་ཆུད་པར་བྱས་པའི་སྟེང་དུ་ཟབ་ལ་རྒྱ་ཆེ་བའི་ཆོས་ཐེག་པ་ཆེན་པོ་ཁོ་ན་སྟོན་པར་བཤད་དོ། །དེ་ལྟར་ཡང་མདོ་ལས་ཆོས་ཐམས་ཅད་སྟོང་པར་བཤད་པས། སྦྱིན་པ་ལ་སོགས་པ་མི་དགོས་ཞེས་པ་དང་། སྔགས་ནས་ཉོན་མོངས་པ་འདོད་ཆགས་དང་ཤ་ཆང་སོགས་སྤང་མི་དགོས་པར་བཤད་ཅེས་པ་ལ་སོགས་པ་ནི་སྒྲ་ཇི་བཞིན་པ་མ་ཡིན་པས་བཤད་པར་མི་བྱའོ། །ཞེས་གསུངས་སོ། །

བཞི་པ་དོན་མཐུན་པས་བསྡུ་ཞེས་པ་ནི། ཆོས་སྟོན་མཁན་རང་ཡང་ཞི་དུལ་དང་ལྡན་དགོས་པར་སྟོན་ཏེ། རང་ཉིད་མ་ཞི་མ་དུལ་བར་གཞན་འདུལ་བར་མི་ནུས་པས། ཐོག་མར་རང་ཉིད་ཞི་དུལ་ལ་སོགས་པ་དང་ལྡན་པར་བྱ་དགོས་ཏེ། ཡོན་ཏན་མཐའ་ཡས་པར་བསྟོད་པ་ལས། འགའ་ཞིག་རང་ཉིད་མ་དུལ་བཞིན་དུ་རིག་པར་ལྡན་པའི་ཚིག་སྨྲ་ཡང་། རང་གི་ཚིག་དང་འགལ་བར་སྤྱོད་པས

གཞན་དག་འདུལ་བར་མི་ནུས་ཞེས། ཁྱོད་ཀྱི་དགོངས་ཏེ་དེ་སྐད་འགྲོ་བ་མཐའ་དག་ཐུགས་ལ་བཞག་མཛད་ནས། རེ་ཞིག་བདག་ཉིད་མ་དུལ་བ་དག་དུལ་བར་མཛད་ཕྱིར་བརྩོན་པ་ལགས། ཞེས་དང་། དཀོན་མཆོག་བརྩེགས་པ་ལས། མ་རྒྱལ་བས་ནི་བསྒྲལ་མི་ནུས། །མ་གྲོལ་བས་ནི་སྒྲོལ་མི་ནུས། །ལོང་བས་ལམ་ཡང་སྟོན་མིས་ནུས། །གྲོལ་བས་སྒྲོལ་བར་བྱེད་པར་ནུས། །མིག་ལྡན་ལོང་ལ་ལམ་སྟོན་ནུས། །ཞེས་དང་། ཡུམ་བར་མ་ལས་ཀྱང་། བདག་ཉིད་ཀྱང་སྲོག་གཅོད་པ་སྤང་བ་ཡིན། གཞན་ཡང་སྲོག་གཅོད་པ་སྤང་བ་ལ་བསྐུལ་བ་ཡིན། །སྲོག་གཅོད་པ་སྤང་བའི་ལེགས་པར་བརྗོད་པ་ཡིན། ཞེས་དང་། ཡང་བདག་ཉིད་ཀྱང་སྦྱིན་པ་གཏང་བ་ཡིན། ཞེས་པ་སོགས་དེའི་འགྲེལ་གསུངས་པས། གཞན་གྱི་མིག་འདྲེན་བཟང་པོར་འགྲོ་བའི་ཆེད་དང་། རང་གིས་ཀྱང་སྡོམ་པའི་ཚུལ་ཁྲིམས་མི་འཆལ་བའི་སླད་དུ་གཞུང་ནས་ཇི་སྐད་བཤད་པའི་དོན་ལ་རང་ཉིད་ཀྱང་གནས་པ་ལ་དོན་མཐུན་པས་བསྡུ་ཞེས་པ་སྟེ་དེ་ལའང་དབྱེ་བ་བཞི་མཛད་པ་ནི། གང་ཞེ་ན། དགེ་བཅུ་མི་དགེ་བཅུ་ལ་སོགས། །རྒྱུ་འབྲས་ཕྲ་ཞིང་ཕྲ་བ་ལ། །རྟག་ཏུ་ཁྱད་དུ་མི་གསོད་པར། །འཛེམ་པ་དོན་མཐུན་དང་པོ་ཡིན། །སྡོམ་པ་གསུམ་གྱི་བླངས་དོར་དག །སོ་སོར་ལེགས་པར་ཤེས་བྱས་ནས། །སངས་རྒྱས་གསུངས་བཞིན་ཚེ་ནུས་སུ། །སྒྲུབ་པ་དོན་མཐུན་གཉིས་པ་ཡིན། །ཞེས་པའི་ཚིགས་བཅད་དེ་གཉིས་ནི་གོ་སླའོ། །གཟུགས་སྒྲ་དྲི་རོ་ལ་སོགས་པ། །འདོད་པའི་ཡོན་ཏན་མཐའ་དག་རྣམས། །ཆོས་ཀྱི་མི་མཐུན་ཕྱོགས་ཤེས་ནས། །ཆོག་ཤེས་དོན་མཐུན་གསུམ་པ་ཡིན། །ཡུལ་ལ་བརྟེན་ནས་ཆགས་པ་དང་། །ལུས་དང་སེམས་ཀྱི་འདུ་འཛི་དང་། །རྣམ་གཡེང་ཀུན་ལ་ཐག་བསྲིང་ནས། །བས་མཐའ་དང་ནི་དགོན་པ་སུ། །དབེན་གནས་དོན་མཐུན་བཞི་པ་ཡིན། །ཞེས་པ་ནི་རྣམ་གཡེང་མེད་པར་དབེན་པའི་གནས་སུ་ལམ་ཉམས་སུ་བླང་དགོས་པར་བསྟན་པའོ། །གཞན་ཡང་ཐབས་ལ་མཁས་པས་དངོས་སམ་བརྒྱུད་ནས་སེམས་ཅན་ལ་ཕན་པའི་དོན་སྒྲུབ་པ་ལ་བསྡུ་བའི་དངོས་པོ་བཞིས་གཞན་དགའ་བར་བྱེད་ཅིང་གནས་སྐབས་སུ་མངོན་པར་མཐོ་བ་དང་མཐར་ཐུག་ངེས་པར་ལེགས་པའི་ས་བོན་དགེ་བ་འདེབས་ཤིང་གཞན་བདེ་ལྷུར་ལེན་པ་ལ་བརྩོན་དགོས་ཏེ། སྤྱོད་འཇུག་ལས། བདག་གིས་ལུས་དང་ལོངས་སྤྱོད་དང་། །དུས་གསུམ་དགེ་བ་ཐམས་ཅད་ཀུན། །སེམས་ཅན་རྣམས་ཀྱི་དོན་བསྒྲུབ་ཕྱིར། །འཕངས་པ་

མེད་པར་གཏང་བར་བྱ། །ཞེས་པས། དེ་ལྟ་བུའི་བསམ་པ་དང་སེམས་ཅན་གྱི་དོན་ཆེན་པོ་མཐོང་ན། ཐེག་པ་ཐུན་མོང་དུ་བཀག་པ་དག་ཀྱང་ཉེས་པར་མི་འགྱུར་ཞིང་གནང་བ་ཡིན་ཏེ། སྤྱོད་འཇུག་ལས། དེ་ལྟར་རིག་བྱ་གཞན་དོན་ལ། །རྟག་ཏུ་བརྩོན་པར་གནས་པར་བྱ། །ཐུགས་རྗེ་མངའ་བས་རིང་གཟིགས་ནས། །བཀག་པ་རྣམས་ཀྱང་དེ་ལ་གནང་། །ཞེས་གསུངས་སོ། །ཚུལ་ཁྲིམས་འདི་གསུམ་གྱིས་ལམ་བསླབ་པ་གསུམ་བསྒྲུབ་ཅིང་ཚོགས་གཉིས་རྫོགས་ནས་སངས་རྒྱས་པའི་ཚེ་སྡོམ་པའི་ཚུལ་ཁྲིམས་ཀྱི་སྤྱང་པ་ཕུན་སུམ་ཚོགས་པ་སྒྲིབ་གཉིས་བག་ཆགས་དང་བཅས་པ་སྤྱང་པ་ཐོབ་པར་བྱེད་དོ། །དགེ་བ་ཆོས་སྡུད་ཀྱི་ཚུལ་ཁྲིམས་ཀྱི་རྟོགས་པ་ཕུན་སུམ་ཚོགས་པ་ཇི་ལྟ་བ་དང་ཇི་སྙེད་པ་མཁྱེན་པ་ལ་སོགས་པ་འཐོབ་བོ། །སེམས་ཅན་དོན་བྱེད་ཀྱི་ཚུལ་ཁྲིམས་ཀྱིས་འཕྲིན་ལས་ཕུན་སུམ་ཚོགས་པ་གང་ལ་གང་འདུལ་དུ་དེ་དང་འཚམས་པའི་དོན་གཉིས་ལྷུན་གྲུབ་ཏུ་འབྱུང་བའི་རྒྱུ་ཅན་ཐོབ་པ་ཡིན་ནོ། །ཞེས་སོ། ཆེད་དུ་བརྗོད་པའི་ཚོམས་ལས། དགེ་སློང་ཚུལ་ཁྲིམས་ལ་གནས་ཤིང་། །དབང་པོ་རྣམས་ཀྱང་བསྡོམ་པ་དང་། །ཟས་ཀྱི་ཚོད་ནི་རིག་པ་དང་། །མི་ཉམས་པ་ལ་བརྩོན་པ་སྟེ། །ཉིན་མཚན་སྙོམ་ལས་མི་བྱེད་པ། །མྱ་ངན་འདས་པ་མྱུར་དུ་འཐོབ། །ཞེས་གསུངས་སོ། །

ལྔ་པ་ཚུལ་ཁྲིམས་སྤེལ་བར་བྱེད་པ་ནི། །ཡེ་ཤེས་དང་ཤེས་རབ་དང་བསྔོ་བ་གསུམ་གྱིས་སྤེལ་བ་སྔེ་གོང་དུ་བསྟན་པ་ལྟར་རོ། །

དྲུག་པ་ཚུལ་ཁྲིམས་དག་པར་བྱེད་པ་ནི། སྟོང་པ་དང་སྙིང་རྗེས་ཟིན་པར་ཟིན་པ་སྔེ་གོང་བཞིན་ནོ། །

བདུན་པ་ཚུལ་ཁྲིམས་ཀྱི་འབྲས་བུ་ནི། མཐར་ཐུག་དང་གནས་སྐབས་གཉིས་སུ་ཤེས་པར་བྱའོ། །དེ་ལ་མཐར་ཐུག་ཏུ་ནི་བླ་ན་མེད་པའི་བྱང་ཆུབ་འཐོབ་སྟེ། དེ་ལྟར་ཡང་བྱང་ཆུབ་སེམས་པའི་ས་ལས། བྱང་ཆུབ་སེམས་དཔའི་ཚུལ་ཁྲིམས་ཀྱི་ཕ་རོལ་ཏུ་ཕྱིན་པ་ཡོངས་སུ་རྫོགས་ནས། བླ་ན་མེད་པ་ཡོངས་དག་པར་རྫོགས་པའི་བྱང་ཆུབ་ཏུ་མངོན་པར་རྫོགས་པར་འཚང་རྒྱ་བར་འགྱུར་རོ། །ཞེས་གསུངས་སོ། །གནས་སྐབས་སུ་ནི་མི་འདོད་ཀྱང་འཁོར་བའི་བདེ་སྐྱིད་ཕུན་སུམ་ཚོགས་པ་ཐམས་ཅད་འཐོབ་བོ། །དེ་ལྟར་ཡང་བྱང་ཆུབ་སེམས་དཔའི་སྡེ་སྣོད་ལས། ཤཱ་རིའི་བུ་དེ་ལྟར་ཚུལ་ཁྲིམས་

ཡོངས་སུ་དག་པའི་བྱང་ཆུབ་སེམས་དཔའ། ལྷ་དང་མིའི་དཔལ་འབྱོར་ཕུན་སུམ་ཚོགས་པ་མྱོང་བར་མི་འགྱུར་བ་གང་ཡང་མེད་དོ་ཞེས་གསུངས། འཁོར་བའི་བདེ་སྐྱིད་དེས་ཀྱང་ཟིལ་གྱིས་མི་ནོན་པར་བྱང་ཆུབ་ཀྱི་ལམ་ལ་འཇུག་པར་འགྱུར་ཏེ། སྲིད་མེད་ཀྱི་བུས་ཞུས་པ་ལས། ཚུལ་ཁྲིམས་ཀྱི་ཕུང་པོ་དེ་ལྷ་བུ་དང་ལྡན་པའི་བྱང་ཆུབ་སེམས་དཔའ་དེ། འཁོར་ལོས་བསྒྱུར་བའི་རྒྱལ་སྲིད་ལས་ཡོངས་སུ་མི་ཉམས་ཏེ། དེ་ལ་ཡང་བག་ཡོད་ཅིང་བྱང་ཆུབ་འདོད་པ་ཡིན། བརྒྱ་བྱིན་ལས་ཡོངས་སུ་མི་ཉམས་ཏེ། དེ་ལའང་བག་ཡོད་ཅིང་བྱང་ཆུབ་འདོད་པ་ཡིན། ཅེས་གསུངས་སོ། །ཡང་ཚུལ་ཁྲིམས་དང་ལྡན་པར་དེ་མི་དང་མི་མ་ཡིན་པ་རྣམས་ཀྱིས་མཆོད་ཅིང་བསྙེན་བཀུར་བར་འགྱུར་ཏོ། །ཇི་སྐད་དུ། དེ་ཉིད་ལས། ཚུལ་ཁྲིམས་ཀྱི་ཕུང་པོ་གནས་པའི་བྱང་ཆུབ་སེམས་དཔའ་ལ་ལྷ་རྣམས་ཀྱིས་རྟག་ཏུ་ཕྱག་བྱས་པ་ཡིན། ཀླུ་རྣམས་ཀྱིས་རྟག་ཏུ་བསྟགས་པ་ཡིན། གནོད་སྦྱིན་རྣམས་ཀྱིས་རྟག་ཏུ་བསྟོད་པ་ཡིན། དྲི་ཟ་རྣམས་ཀྱིས་རྟག་ཏུ་མཆོད་པ་ཡིན། བྲམ་ཟེ་དང་རྒྱལ་རིགས་དང་ཚོང་དཔོན་དང་ཁྱིམ་བདག་རྣམས་ཀྱིས་རྟག་ཏུ་གསོལ་བ་ཡིན། སངས་རྒྱས་རྣམས་ཀྱིས་རྟག་ཏུ་དགོངས་པ་ཡིན། ལྷ་དང་བཅས་པའི་འཇིག་རྟེན་གྱིས་རྟག་ཏུ་དབང་བསྒྱུར་བ་ཡིན། ཅེས་གསུངས་སོ། །

སྒྱི་དོན་གསུམ་པ་བཟོད་པའི་ཕ་རོལ་ཏུ་ཕྱིན་པ་རྒྱས་པར་བཤད་པ་ལ་བརྒྱད་དེ། དང་པོ་བཟོད་པ་དང་མི་ལྡན་པའི་སྐྱོན་ནི། གང་ཞིག་སྦྱིན་པ་ཚུལ་ཁྲིམས་གཉིས་དང་ལྡན་ཡང་། བཟོད་པ་དང་མི་ལྡན་ན།དེ་ལ་ཁོང་ཁྲོང་སྐྱེའོ། ཁོང་ཁྲོ་སྐྱེས་ན་ནི་སྦྱིན་པ་དང་ཚུལ་ཁྲིམས་ལ་སོགས་པ་སྔར་བྱས་ཀྱིས་དགེ་བ་ཐམས་ཅད་དུས་གཅིག་ལ་ཟད་པར་འགྱུར་རོ། །དེ་ལྟར་ཡང་བྱང་ཆུབ་སེམས་དཔའི་སྡེ་སྣོད་ལས། ཁོང་ཁྲོ་བ་ཞེས་བྱ་བ་ནི། བསྐལ་པ་སྟོང་དུ་བསགས་པའི་དགེ་བའི་རྩ་བ་འཇོམས་པ་སྟེ། ཞེས་གསུངས། བྱང་ཆུབ་སེམས་དཔའི་སྤྱོད་པ་ལ་འཇུག་པ་ལས་ཀྱང་། བསྐལ་པ་སྟོང་དུ་བསགས་པ་ཡི། །སྦྱིན་དང་བདེ་གཤེགས་མཆོད་ལ་སོགས། །ལེགས་སྤྱད་གང་ཡིན་དེ་ཀུན་ཀྱང་། ཁོང་ཁྲོ་གཅིག་གིས་འཇོམས་པར་བྱེད། །ཅེས་གསུངས་སོ། །ཡང་བཟོད་པ་དང་མི་ལྡན་ན། ཞེ་སྡང་ཁོང་དུ་ཞུགས་པས་མདའ་དུག་ཅན་ཁོང་དུ་ཞུགས་པ་དང་འདྲ་སྟེ། ཡིད་ལ་ཟུག་རྔུ་ལངས་དགའ་བདེ་དང་ཞི་བ་མི་མྱོང་སྟེ། ཐ་ན་གཉིད་ཀྱང་མི་ཐེབ་པའོ། །ཞེས་སོ། །ཡང་བཟོད་པ་དང་མི་ལྡན་ན། ཁོང་

དུ་ཞེ་སྡང་ཞུགས་པས་ཕྱི་རོལ་དུ་ཁྲོ་གཏུམ་འབྱུང་སྟེ། དེས་མཛའ་བཤེས་དང་གཡོག་འཁོར་ཐམས་ཅད་སྐྱོ་ཞིང་སྲུན་ནས་ནོར་ཟས་བྱིན་ཡང་འཁོར་དུ་མི་བཏུབ་པའོ། །དེ་ལྟར་ཡང་དེའི་མཛའ་བཤེས་སྐྱོ་བར་འགྱུར། །སྦྱིན་པས་བསྡུས་ཀྱང་བརྟེན་མི་བྱེད། །ཅེས་གསུངས་སོ། ཡང་བཟོད་པ་དང་མི་ལྡན་ན་བདུད་ཀྱིས་གླགས་རྙེད་ནས་བར་ཆད་འདྲུག་གོ། །དེ་ལྟར་ཡང་བྱང་ཆུབ་སེམས་པའི་སྡེ་སྣོད་ལས། སེམས་སྡང་བར་གྱུར་པ་ལ་བདུད་ཀྱིས་གླགས་རྙེད་ནས་བར་ཆད་འདྲུག་གོ། །ཞེས་གསུངས་སོ། །ཡང་བཟོད་པ་དང་མི་ལྡན་ན། སངས་རྒྱས་ཀྱིས་ལམ་ཕ་རོལ་ཏུ་ཕྱིན་པ་དྲུག་ཏུ་མ་ལོངས་པས་བླ་ན་མེད་པའི་བྱང་ཆུབ་མི་འཐོབ་བོ། །དེ་ལྟར་ཡང་། འཕགས་པ་སྡུད་པ་ལས། སྡང་ཞིང་བཟོད་དང་བྲལ་ལ་བྱང་ཆུབ་ག་ལ་ཡོད། །ཅེས་གསུངས་སོ། །

གཉིས་པ་ཡོན་ཏན་ནི། དེ་ལས་བཟློག་སྟེ་བཟོད་པ་དང་ལྡན་ན། དེ་ཉིད་དགེ་བའི་རྩ་བ་རྣམས་ཀྱི་ནང་ནས་མཆོག་ཏུ་འགྱུར་བ་ཡིན་ནོ། །དེ་ལྟར་ཡང་། སྤྱོད་འཇུག་ལས། ཞེ་སྡང་ལྟ་བུའི་སྡིག་པ་མེད། །བཟོད་པ་ལྟ་བུའི་དཀའ་ཐུབ་མེད། །དེ་བས་བཟོད་ལ་ནན་ཏན་དུ། །སྣ་ཚོགས་ཚུལ་གྱིས་བསྒོམ་པར་བྱ། །ཞེས་དང་ཡང་བཟོད་པ་དང་ལྡན་ན་བླ་མེད་ཀྱི་བྱང་ཆུབ་ཐོབ་བོ། །དེ་ལྟར་ཡང་ཡབ་སྲས་མཇལ་བའི་མདོ་ལས། ཁྲོ་བ་སངས་རྒྱས་ལམ་མིན་ཞེས། །རྟག་ཏུ་བྱམས་པ་བསྒོམ་པ་ན། །བྱང་ཆུབ་དེ་ལས་སྐྱེ་བར་འགྱུར། །ཞེས་གསུངས། བཤེས་སྤྲིང་ལས། འདི་ལྟར་བཟོད་མཚུངས་དཀའ་ཐུབ་མ་མཆིས་པས། །ཁྱོད་ཀྱིས་ཁྲོ་བའི་གོ་སྐབས་དབྱེ་མི་བགྱི། །ཁྲོ་བ་སྤང་བས་ཕྱིར་མི་ལྡོག་པ་ཉིད། །ཐོབ་པར་འགྱུར་བར་སངས་རྒྱས་ཞལ་གྱིས་བཞེས། །ཞེས་གསུངས་སོ། །

གསུམ་པ་བཟོད་པའི་ངོ་བོ་ནི། ཅི་མི་སྙམ་པ་སྟེ། བྱང་ཆུབ་སེམས་དཔའི་ས་ལས་ཀྱང་། །ཟང་ཟིང་མེད་པའི་སེམས་དང་སྙིང་པོ་འབའ་ཞིག་གི་ཅི་མི་སྙམ་པ་གང་ཡིན་པ་འདི་ནི། མདོར་བསྡུས་ན་བྱང་ཆུབ་སེམས་དཔའི་བཟོད་པའི་ངོ་བོ་ཉིད་ཡིན་པར་རིག་པར་བྱའོ། །ཞེས་གསུངས། བཞི་པ་དབྱེ་བ་ལ་གསུམ་སྟེ། གཞན་གནོད་དང་དུ་ལེན་པའི་བཟོད་པ་དང་། སྡུག་བསྔལ་ལ་ཅི་མི་སྙམ་པར་བསྒོམ་པ་དང་། ཆོས་ལ་ངེས་པར་སེམས་པའོ། །དང་པོ་ལའང་གསུམ་སྟེ། དང་ལེན་དང་། ཕན་འདོགས་དང་དྲིན་ཆེ་བར་བསྒོམ་པའོ། །དེ་ལ་དང་པོ་གནོད་པར་བྱེད་པ་དང་དུ་ལེན་པ་ནི། གཞན་གྱིས

རང་ལ་གནོད་པ་བསྐྱལ་བ་བའམ། ངན་དུ་བརྗོད་པའམ། སྐུར་པ་འདེབས་པ་ལ་སོགས་པ་བྱུང་ན། དེ་ལ་སེམས་འཁྲུག་པར་མི་བྱ། འཁོན་དུ་མི་བཟུང་། ཡུལ་ལ་གྱོད་མི་བཀལ་ཏེ། རང་གིས་སྐྱེ་བ་སྔ་མ་གཞན་ལ་ཕར་དེ་ལྟར་བྱས་པའི་ལས་ངན་ཡིན་པར་ཤེས་པར་བྱ་སྟེ། སྤྱོད་འཇུག་ལས། བདག་གིས་སྔོན་ཆད་སེམས་ཅན་ལ། །འདི་འདྲ་བ་ཡི་གནོད་པ་བྱས། །དེ་བས་སེམས་ཅན་འཚེ་བྱེད་པ། ། བདག་ལ་གནོད་པ་འདི་བྱུང་རིགས། །ཞེས་གསུངས་སོ། །དེ་འང་ཇི་ལྟར་བཟོད་པར་བྱ་ཞེ་ན། སྡུད་པ་ལས། ལུགས་དབྱུག་མཚོན་དང་གསང་དང་བཅིངས་དང་བརྡེག་པ་དང་། མགོ་གཅོད་པ་དང་། རྣ་བ། རྐང་ལག །སྣ་གཅོད་དང་། འཇིག་རྟེན་སྡུག་བསྔལ་ཇི་སྙེད་བདག་གིས་བཟོད་སྙམ་དང་། བྱང་ཆུབ་སེམས་དཔའ་བཟོད་པའི་ཕ་རོལ་ཕྱིན་ལ་གནས། །ཞེས་དང་། དཀོན་མཆོག་སྤྲིན་གྱི་མདོ་ལས། ཇི་ལྟར་ན་བྱང་ཆུབ་སེམས་དཔའི་བཟོད་པ་ཕུན་སུམ་ཚོགས་པ་ཡིན་ཞེ་ན། གང་གི་བྱང་ཆུབ་སེམས་དཔའ་དེ་ལ་སྨོད་པའི་མ་དེའི་ཕ་མའམ་ཉེ་དུ་ལ་སྨོད་པའམ། མཁན་པོ་དང་སློབ་དཔོན་ལ་སྨོད་པའི་ཚིག་ངན་དུ་བརྗོད་པ་ཐོས་པའམ། སངས་རྒྱས་སམ་ཆོས་སམ་དགེ་འདུན་ལ་མི་སྙན་པ་བརྗོད་པ་ཐོས་ན་མི་ཁྲོ་ཞིང་གནོད་པར་མི་སེམས། འཁོན་དུ་མི་འཛིན་ཏེ་བཟོད་ཅིང་དང་དུ་ལེན་ན་བྱང་ཆུབ་སེམས་དཔའི་བཟོད་པ་ཕུན་སུམ་ཚོགས་པ་ཡིན་ནོ། །ཞེས་པ་དང་། བློ་གྲོས་རྒྱ་མཚོས་ཞུས་པའི་མདོ་ལས། ལྷག་པའི་བསམ་པ་ཕུན་སུམ་ཚོགས་པའི་བྱང་ཆུབ་སེམས་དཔའ་དེ་ལ་སེམས་ཅན་གཞན་གྱི་གཡོས་སམ་སྨད་དམ། ངན་དུ་བརྗོད་དམ། གནོད་པ་བྱས་ཀྱང་བཟོད་ཅིང་། གཤེ་ཡང་སླར་མི་གཤེ། བརྡེག་ཀྱང་སླར་མི་བརྡེག །འཁྲོས་ཀྱང་སླར་མི་ཁྲོ། འཁྲུགས་ཀྱང་སླར་མི་འཁྲུགས་ཏེ་བཟོད་ཅིང་དང་དུ་ལེན་ནོ། །ཞེས་གསུངས་སོ། །གཞན་གྱིས་བཀུར་བྱེད་ཕྱག་འཚལ་བསྟོད་པ་དང་སྙན་གྲགས་པ་བཟོད་པ་བསྒོམ་མི་དགོས་ཏེ། རང་ཐོག་ཏུ་བཀལ་བའི་དུས་ན་བཟོད་པས་རྐྱེན་ཐུབ་པ་དང་། གཉན་པོས་དང་དུ་བླང་ཞིང་བཟོད་པར་བྱའོ། །

གཉིས་པ་ཕན་འདོག་པར་བསྒོམ་པ་ནི། གནོད་བྱེད་ལ་བརྟེན་ནས་བཟོད་པ་བསྒོམ། བཟོད་པ་བསྒོམ་པས་སྡིག་པ་བྱང་། སྡིག་པ་བྱང་བས་ཚོགས་སོགས། ཚོགས་སོགས་པས་སངས་རྒྱས་ཏེ། དེས་ན་གནོད་བྱེད་འདི་དོན་གྱི་ཕན་འདོགས་ཆེན་པོ་ཡིན་པས་བཟོད་པར་བྱ་སྟེ། དེ་ལྟར་ཡང་། འདི་

དག་ལ་ནི་རྟེན་བཅས་ནས། །བཟོད་པས་བདག་སྡིག་མང་དུ་བྱང་། །ཞེས་གསུངས་སོ། །

གསུམ་པ་དྲིན་ཆེ་བར་བསྒོམ་པ་ནི། བྱང་ཆུབ་བསྒྲུབ་པ་ལ་བཟོད་པའི་ཕ་རོལ་ཏུ་ཕྱིན་པ་མེད་དུ་མི་བཏུབ་ལ། བཟོད་པ་ལ་གནོད་བྱེད་མེད་དུ་མི་བཏུབ་སྟེ། དེས་ན་གནོད་བྱེད་འདི་ཚོས་ཀྱི་གྲོགས་པོ་དྲིན་ཆེན་ཡིན་པས་གནོད་པ་ལ་བཟོད་པར་བྱའོ། །དེ་ལྟར་ཡང་། བྱང་ཆུབ་སྤྱོད་པའི་གྲོགས་གྱུར་པ། བདག་གིས་དགྲ་ལ་དགའ་བར་བྱ། འདིས་ནི་བདག་དོན་བསྒྲུབ་པས་ན། དེ་ཕྱིར་བཟོད་པའི་འབྲས་བུ་འདི། ཐོག་མར་འདི་ལ་འབབ་འོས་ཏེ། འདི་ལྟར་དེ་ནི་བཟོད་པའི་རྒྱུ། །ཞེས་གསུངས་སོ། །

དོན་གཉིས་པ་སྡུག་བསྔལ་ལ་ཅི་མི་སྙམ་པར་བསྒོམ་པ་ནི། གནོད་པ་བྱེད་མཁན་དེ་རང་གི་ཚེ་ཐོག་མ་མེད་པ་ནས་མ་ཡིན་ལ། མ་དེ་ལས་ངན་པའི་དབང་དུ་སོང་བས་སྨྱོ་བ་དང་ཁྲད་མེད་དེ་སེམས་ཅན་ལ་གནོད་པ་དང་རྣམ་པར་འཚེ་བ་དང་ངན་དུ་བརྗོད་པ་ལ་སོགས་པས། ལས་ཀྱི་རྣམ་པར་སྨིན་པས་དམྱལ་བ་དང་། ཡི་དྭགས་དང་། དུད་འགྲོ་ལ་སོགས་པར་ལྟུང་བར་འགྱུར་ལ། བདག་གིས་དེ་རྣམས་ཀྱིས་ལས་ཀྱི་འབྲས་བུ་ཤེས་བཞིན་དུ་བཟོད་པར་མི་བྱེད་ན་སེམས་ཅན་ཐ་མལ་པ་དང་ཁྱད་མེད་པར་འགྱུར་ཞིང་། ངན་སོང་གི་དུཿཁ་ལ་བལྟས་ན། ད་ལྟའི་གནོད་པ་ཅུང་ཟད་འདི་ཅིའི་ཕྱིར་བཟོད་པར་མི་བྱེད་དེ། དེ་བས་ན་ཕྱོགས་བཅུའི་སེམས་ཅན་ཇི་སྙེད་པ་དེ་དག་གིས་བདག་ལ་གཤེ་བའམ། སྡིགས་སམ་སྨོད་དམ་བཤུང་ངམ་ཆིག་རྡུབ་མོ་སླའམ། མཚོན་ཆ་བརྡེག་གམ་དུམ་བུར་གཏུབ་པར་གྱུར་ཀྱང་བདག་གིས། སེམས་ཅན་དེ་དག་ལ་འཁྲུགས་པའི་སེམས་བསྐྱེད་པར་མི་བྱའོ། །དེ་ཅིའི་ཕྱིར་ཞེ་ན། སེམས་ཅན་འདི་དག་ནི་སེམས་ཅན་དམྱལ་བ་དང་། དུད་འགྲོ་དང་། གཤིན་རྗེའི་འཇིག་རྟེན་ལ་མངོན་པར་ཕྱོགས་ཤིང་མི་དགེ་བའི་ལས་ལ་སྤྱོད་པ་དག་གོ། །བདག་ནི་ཐམས་ཅད་མཁྱེན་པ་ཉིད་དུ་སེམས་བསྐྱེད་པ་ཡིན་ཞིང་སེམས་ཅན་ཐམས་ཅད་ཡོངས་སུ་མི་གཏང་བའོ། །སྒོམས་པར་བྱ་གསུངས་སོ། །

གསུམ་པ་ཆོས་ལ་ངེས་པར་སེམས་པ་ལའང་གཉིས་ཏེ། དང་པོ་ཆོས་ཀྱི་ཕྱིར་དཀའ་ཐུབ་དང་བརྟུལ་ཞུགས་ཀྱི་མི་སྐྱོ་བར་དགའ་བའི་སེམས་ཀྱིས་དང་དུ་བླང་བ་ནི། དེ་ཡང་བྱང་ཆུབ་སེམས་

དཔའི་ས་ལས། གནས་ལ་བརྟེན་པའི་སྡུག་བསྔལ་ལ་སོགས་པའི་སྡུག་བསྔལ་བརྒྱད་དང་དུ་བླངས་བར་གསུངས། དེ་ཡང་དོན་འདི་རྣམས་ཡིན་ཏེ། རབ་ཏུ་བྱུང་ནས་ཆོས་གོས་དང་བསོད་སྙོམས་ལ་སོགས་པའི་རྩོལ་བའི་སྡུག་བསྔལ་དང་། དཀོན་མཆོག་དང་བླ་མ་མཆོད་ཅིང་བསྙེན་བཀུར་བ་དང་། ཆོས་ཉན་པ་དང་བཤད་པ་དང་ཁ་ཏོན་དང་བསྒོམ་པ་དང་ནམ་གྱི་ཆ་སྟོད་ཆ་སྨད་ལ་མི་ཉལ་བར་རྣལ་འབྱོར་ལ་བརྩོན་པ་དང་། སེམས་ཅན་གྱིས་དོན་སྣ་མ་བཞིན་དུ་བཅུ་གཅིག་པོ་བྱེད་པ་ལ་སོགས་པའི་རྩོལ་བ་ལས་བྱུང་བའི་སྡུག་བསྔལ་ཏེ། ངལ་བ་དང་དུ་བླངས་པ་དང་ཚ་བ་དང་གྲང་བ་དང་བཀྲེས་པ་དང་སྐོམ་པ་དང་སེམས་ཀྱི་འཁྲུགས་པ་ལ་སོགས་པ་ཐམས་ཅད་ཀྱིས་མི་སྐྱོ་བར་དང་དུ་ལེན་པའོ། །དེ་ཡང་དཔེར་ན་ནད་དྲག་པོའི་སྡུག་བསྔལ་ཞི་བར་བྱ་བའི་ཆེད་དུ། གཏར་ཀ་ལ་སོགས་པའི་སྡུག་བསྔལ་དང་དུ་ལེན་པ་བཞིན་ནོ། །ཞེས་གསུངས། དེ་ལྟར་ཆོས་ཀྱི་སྡུག་བསྔལ་དང་དུ་བླངས་ནས། འཁོར་བའི་གཡུལ་ངོ་བཟློག་ཅིང་ཉོན་མོངས་འདི་དགྲ་བོ་འཇོམས་པ་ནི་དཔའ་བོ་ཆེན་པོ་ཡིན་ནོ། །དེ་ཡང་། སྤྱོད་འཇུག་ལས། སྡུག་བསྔལ་ཐམས་ཅད་ཁྱད་གསད་ནས། །ཞེ་སྡང་ལ་སོགས་དགྲ་འཇོམས་པ། །དེ་དག་རྒྱལ་བྱེད་དཔའ་བོ་སྟེ། །ཞེས་སོ། །གཞན་ཡང་མཁན་པོ་དང་སློབ་དཔོན་དང་གྲོགས་པོ་ལ་སོགས་པའི་རྒྱ་གད་དང་། གཞན་དག་གི་སྤྱོད་པ་མཐོ་དམན་དུ་གྱུར་པ་ཐམས་ཅད་བཟོད་ཅིང་འཁོན་དུ་འཛིན་པ་དང་ཁོང་ཁྲོ་བ་སྤང་ལ་བདེ་བར་གནས་པར་བྱའོ། །ཞེས་གསུངས། གཉིས་པ་ནི། དེའང་ཡུལ་མང་བས་སེམས་གཅིག་པུ་འདུལ་བར་བསྟན་པ་ནི། དེ་ཡང་ཁྲོ་བའི་ཡུལ་མང་བས་རེ་རེའི་ལེན་བྱས་ན་མི་འགྲུབ་པའམ་ཞི་དུས་མེད་པས་བཟོད་པར་བྱ་བའི་ཚུལ་ནི། གནོད་པའི་ཡུལ་མང་མི་བསྲུན་གྲངས་མེད་པས། རེ་རེ་ཞིང་ཡང་གདུལ་བར་ཡང་མི་ལང་། སེམས་གཅིག་གདུལ་བས་ཐམས་ཅད་དུལ་འགྱུར་བ། སེམས་འདུལ་བརྟུལ་ཞུགས་བསྲུང་ལ་ནན་ཏན་མཛོད། ཞེས་ཀློང་ཆེན་པས་གསུངས་པ་དང་། སྤྱོད་འཇུག་ལས་ཀྱང་། སེམས་ཅན་མི་བསྲུན་ནམ་མཁའ་བཞིན། །དེ་དག་གཞོམ་གྱིས་ཡང་མི་ལང་། །ཁྲོ་བའི་སེམས་ནི་གཅིག་བཅོམ་ན། །དགྲ་དེ་ཐམས་ཅད་ཆོམ་དང་འདྲ། །ཞེས་སོ། །དེ་ཡང་ཁྲོས་པའི་རང་བཞིན་སྟོང་ཉིད་དུ་བསྟན་པ་ནི་ཤིང་རྟ་མཛོད་ལས། གཞན་ཡང་མི་སྟན་པ་དང་གནོད་པ་དེ་དག་ལ་ངོ་བོ་ཅི་འདུག་ཅེས་བརྟག་ན་མཁའ་བཞིན་

སྟོང་པའི་རང་བཞིན་ལས། དགའ་དང་མི་དགའ་ཞོར་གོད་ལེགས་ཉེས་མེད། །དེ་ལ་གཉིས་སུ་བཟུང་ཡང་དོན་མེད་ཀྱིས། །ཐམས་ཅད་མཉམ་ཉིད་ངང་ལ་ནན་ཏན་མཛོད། །ཅེས་གསུངས་པ་དང་། འདི་ལྟར་གནོད་པ་བྱེད་པའི་གཟུགས་དང་རང་གི་གཟུགས་གཉིས་རྟུལ་ཕྲན་ཆ་མེད་པས། གནོད་བྱེད་དང་གནོད་བྱར་མ་གྲུབ་ལ། གཉིས་ཀའི་སེམས་ནི་ཕྱི་ནང་གང་ནའང་མི་དམིགས་པས་གནོད་བྱེད་དང་གནོད་བྱར་མ་གྲུབ་ཅིང་། །འོའི་ཚིག་ཀྱང་བརྟགས་ན་ངོ་བོ་གང་དུའང་མ་གྲུབ་པའི་ཕྱིར་གནོད་བྱེད་དང་། གནོད་པ་དང་། གནོད་ཡུལ་གསུམ་ཀ་སྟོང་པའི་རང་བཞིན་ལ་ནི་དགའ་མི་དགའ་དང་། ལེགས་ཉེས་དང་། ཞོར་གོད་གང་ཡང་མེད་པས། གནོད་པ་ལྟར་སྣང་ཡང་ངོ་བོ་མ་གྲུབ་པས་སྒྱུ་མ་དང་མིག་ཡོར་ལ་སོགས་པ་ཀུན་རྫོབ་ཏུ་སྒྱུ་མའི་དཔེ་བརྒྱད། དོན་དམ་པར་ནམ་མཁའ་ལྟ་བུའི་བཟོད་པ་སྒོམ་པར་བྱའོ། །ཞེས་སོ། །སྤྱོད་འཇུག་ལས། དེ་ལྟར་ཤེས་ནས་སྒྱུལ་པ་ལྟའི། །དངོས་པོ་ཀུན་ལ་ཁྲོ་མི་འགྱུར། །ཞེས་དང་། ཡེ་ནས་སྐྱེ་བ་མེད་པའི་སྟོང་ཉིད་ཀྱི་དོན་ལ་བརྟག་ནས། དེ་ཉིད་ལས། དེ་ལྟར་སྟོང་པའི་དངོས་རྣམས་ལ། །ཐོབ་པ་ཅི་ཡོད་ཤོར་ཅི་ཡོད། །ཅེས་དང་། མི་དགའ་ཅི་ཡོད་དགའ་ཅི་ཡོད། །དེ་ཉིད་དུ་ནི་བཙལ་བྱས་ན། །ཞེས་དང་། ཐམས་ཅད་ནམ་མཁའ་འདྲ་བ་ཉིད། །བདག་འདྲས་ཡོངས་སུ་བཟུང་བར་བགྱི། །ཞེས་སོ། །

ལུ་ཕ་གྲུབ་ཚུལ་ནི་ཤིང་རྟ་ལས། དེ་ལྟར་ཐབས་དུ་མས་བསྒོམ་ན་བཟོད་པ་ཚེག་མེད་པར་འགྲུབ་པར་གསུངས་ཏེ། གནོད་པའི་རྐྱེན་གྱིས་བཟོད་པ་འགྲུབ་ཚུལ་བསྟན་པ་ནི། གནོད་ལས་བརྟེན་ནས་བཟོད་པའི་ལེགས་པ་འགྲུབ། སྙིང་རྗེ་དང་ནི་བྱམས་སོགས་ཡོན་ཏན་སྐྱེ། །བྱང་ཆུབ་གྲོགས་འགྱུར་དགྲ་ལ་སྟོན་པ་བཞིན། །ཀུས་དང་སྒྲོ་བས་བཟོད་པ་ཉེ་བར་བསྟན། །ཞེས་པས། གནོད་པ་དེའི་ཚེ་ཡིད་མི་བདེ་བ་ལ་སོགས་པའི་སྡུག་བསྔལ་ཅུང་ཟད་ཀྱིས་རྐྱེན་བྱས་ནས་སྙིང་རྗེ་དང་སྐྱོ་བ་ལ་སོགས་སྐྱེ་བའི་རྒྱུ་ཡིན་པས་ཀྱང་བཟོད་དགོས་ཏེ། སྤྱོད་འཇུག་ལས། གཞན་ཡང་སྡུག་བསྔལ་ཡོན་ཏན་ནི། །སྐྱོ་བས་དྲེགས་པ་སེལ་བར་བྱེད། །འཁོར་བ་པ་ལས་སྙིང་རྗེ་སྐྱེ། །སྡིག་ལ་འཛེམ་ཞིང་དགེ་ལ་དགའ། །ཞེས་གསུངས་སོ། །

དྲུག་པ་བཟོད་པ་སྤེལ་བ་ནི། ཡེ་ཤེས་དང་ཤེས་རབ་དང་བསྒོ་བ་གསུམ་གྱི་སྤེལ་བ་སྟེ་གོང་དུ

སྦྱིན་པའི་སྐབས་སུ་བསྟན་པ་ལྟར་རོ། །

བདུན་པ་བཟོད་པ་དག་པར་བྱེད་པ་ནི། སྟོང་པ་དང་སྙིང་རྗེས་ཟིན་པ་སྟེ་དེའང་གོང་བཞིན་ནོ། །

བརྒྱད་པ་བཟོད་པའི་འབྲས་བུ་ནི། མཐར་ཐུག་དང་གནས་སྐབས་གཉིས་ལས་མཐར་ཐུག་ནི། བླ་ན་མེད་པའི་བྱང་ཆུབ་ཐོབ་སྟེ། དེ་ལྟར་ཡང་བྱང་ཆུབ་སེམས་དཔའི་ས་ལས། བཟོད་པ་རྒྱ་ཆེ་ཞིང་ཚད་མེད་ལ་བྱང་ཆུབ་ཆེན་པོའི་འབྲས་བུ་འབྱུང་བས་འདི་དག་ལ་བརྟེན་ནས། བྱང་ཆུབ་སེམས་དཔའ་བླ་ན་མེད་པ་ཡང་དག་པར་རྫོགས་པར་འཚང་རྒྱ་བར་འགྱུར་རོ། །ཞེས་གསུངས། གནས་སྐབས་སུ་ནི། དེ་ལ་མ་དམིགས་ཀྱང་ཚེ་རབས་ཐམས་ཅད་དུ་གཟུགས་མཛེས་པ་དང་། ནད་མེད་པ་དང་། སྙན་གྲགས་དང་། ཚེ་རིང་བ་དང་། འཁོར་ལོས་བསྒྱུར་བའི་རྒྱལ་སྲིད་ཐོབ། དེ་ལྟར་ཡང་སྤྱོད་འཇུག་ལས། འཁོར་ཚེ་བཟོད་པས་མཛེས་སོགས་དང་། །ནད་མེད་པ་དང་གྲགས་པ་ཡི། །ཤིན་ཏུ་ཡུན་རིང་འཚོ་བ་དང་། །འཁོར་ལོས་བསྒྱུར་བའི་བདེ་རྒྱས་འཐོབ། །ཅེས་གསུངས་སོ། །

སྤྱི་དོན་བཞི་པ་བརྩོན་འགྲུས་ཀྱི་ཕ་རོལ་ཏུ་ཕྱིན་པ་རྒྱས་པར་བཤད་པ་ལ་བདུན་ཏེ། དང་པོ་བརྩོན་འགྲུས་དང་མི་ལྡན་པའི་སྐྱོན་ནི། གང་ཞིག་སྦྱིན་པ་ལ་སོགས་པ་དེ་དག་དང་ལྡན་ཡང་། བརྩོན་འགྲུས་མེད་ན་ལེ་ལོ་ཅན་ཡིན་ཏེ། ལེ་ལོ་ཡོད་ན་དགེ་བ་མི་འགྲུབ། གཞན་དོན་མི་ནུས་བྱང་ཆུབ་མི་ཐོབ་བོ། །དེ་ལྟར་ཡང་བློ་གྲོས་རྒྱ་མཚོས་ཞུས་པའི་མདོ་ལས། ལེ་ལོ་ཅན་ལ་ནི་སྦྱིན་པ་ནས་ཤེས་རབ་ཀྱི་བར་དུ་མེད་དོ། །ལེ་ལོ་ཅན་ལ་ནི་གཞན་དོན་བྱ་བ་མེད་དོ། །ལེ་ལོ་ཅན་ལ་ནི་བྱང་ཆུབ་ཤིན་ཏུ་རིང་ཞིང་རྣམ་པར་རིང་ངོ་། །ཞེས་གསུངས་པས། ལེ་ལོས་རང་དང་གཞན་གྱི་དོན་གང་ཡང་བྱ་བར་མི་ནུས་སོ། །ཚེད་དུ་བརྗོད་པའི་ཚོམ་ལས་ཀྱང་། བརྩོན་མེད་ལེ་ལོར་ལྡན་པ་དག །ལོ་བརྒྱར་གསོན་པ་གང་ཡིན་པས། །བརྩོན་འགྲུས་བརྟན་པོ་བརྩམས་བྱེད་པ། །ཉིན་ཞག་འགའ་ཞིག་གསོན་པ་རྣུང་། །ཞེས་དང་། སྤྱོད་འཇུག་ལས། དེའི་མི་མཐུན་ཕྱོགས་བཤད་པ། །ལེ་ལོ་ངན་པར་ཞེན་པ་དང་། །སྙིད་ལུག་བདག་ཉིད་བརྙས་པ་དང་། །སྙོམ་ལས་བདེ་བའི་རོ་མྱོང་དང་། །གཉིད་ལ་རྟག་པར་སྲེད་པ་དང་། །འཁོར་བའི་སྡུག་བསྔལ་མི་སྐྱོ་ལས། །ལེ་ལོ་ཉེ་བར་སྐྱེ་བར་འགྱུར། །ཞེས་སོ། །དེ་ལ་དམིགས་བསལ་དུ་ནི་བྱ་བ་ངན་ཞེན་གྱི་ལེ་ལོ་དང་། སྙིད་ལུག་གི་ལེ་ལོ། བདག་ཉིད་བརྙས་པའི་ལེ་ལོ།

སྡོམ་ལས་ཀྱི་ལེ་ལོ། སྨད་པའི་ལེ་ལོ་དང་ལྔ་སྟེ། དང་པོ་ནི་འདུ་འཛི་ལོངས་སྤྱོད། རྒྱུ། ཐབ་ཁ། ས་མོ་རྩིས་གསུམ། མཐུ་ངན་སྔགས། གཏོ་གྲོང་ཆོག་ལ་སོགས་པ་ལ་སེམས་གཡེང་བ་ནི་བྱ་བ་ངན་ཞེན་གྱི་ལེ་ལོའོ། །གཉིས་པ་ནི། ཐེག་པ་གོང་འོག་གི་ཆོས་གང་ཡིན་རུང་ཤིན་ཏུ་བྱ་དཀའ་བར་མཐོང་ནས། བདག་ལྟ་བུའི་འབད་པ་བྱས་ཀྱང་བྱང་ཆུབ་མི་ཐོབ་ངེས་སྙམ་ནས་སེམས་གཏང་བ་ནི་སྙིད་ལུག་པའི་ལེ་ལོའོ། །གསུམ་པ་ནི། བདག་འདྲ་བ་ངན་པས་དགེ་སྦྱོར་ལ་བརྩོན་ཡང་མི་འགྲུབ་སྙམ་ནས་སེམས་ཞུམ་པ་ནི་བདག་ཉིད་བརྙས་པའི་ལེ་ལོའོ། །བཞི་པ་ནི། ཉལ་བ་དང་། བསྙེས་པ་དང་། གཉིད་ལོག་པའི་དཀྱིལ་འཁོར་གྱི་བདེ་བ་ལ་ཆགས་པ་ལ་སོགས་སྒོ་གསུམ་ཡང་མ་ཡེང་མཞོར་བ་ནི་སྡོམ་ལས་ཀྱི་ལེ་ལོའོ། །ལྔ་པ་ནི། དགྲ་འདུལ་བ། གཉེན་སྐྱོང་བ། ནོག་རྫས་བསགས་པ། རྨོ་རྐོ་སོ་ནམ། ཚོང་བྱེན་སྐྱེད། རྟ་ཕྱུགས་དུད་འགྲོའི་སྐྱོང་བྲན་ལ་སོགས་པ་བློ་ཕྱིན་ཅི་ལོག་ཏུ་བྲིད་པ་དེ་དག་ནི་མི་དགེ་བ་ལ་ཆགས་པ་ཡིན་ཏེ་སྨད་པའི་ལེ་ལོའོ། །དེ་དག་ནི་སྡུག་བསྔལ་དངོས་ཀྱི་རྒྱུ་ཡིན་པར་བཤད་དོ། ། དེས་ན་རང་རྒྱུད་དུ་གཅར་ནས་མི་མཐུན་པའི་ཕྱོགས་ཀྱི་ལེ་ལོ་དེ་དག་ཅི་འདུག་བརྟག་ནས་སྤང་དགོས་སོ། །དེའང་ཇི་ལྟར་སྤང་ཞེ་ན། པང་དུ་སྦྲུལ་འོང་བ་ལྟར་འདོར་བའམ། མགོ་འམ་གོས་ལ་མེ་ཤོར་བ་གསོད་པ་ལྟར་སྤང་ངོ་། །དེ་ལྟར་ཡང་། སྤྱོད་འཇུག་ལས། དེ་བས་པང་དུ་སྦྲུལ་འོང་ན། །ཅི་ལྟར་རིང་དུ་ལྡང་བ་ལྟར། །དེ་བཞིན་གཉིད་དང་སྙོམ་འོང་ན། །མྱུར་དུ་དེ་དག་བཟློག་པར་བྱ། །ཞེས་དང་། བཤེས་པའི་སྤྲིང་ཡིག་ལས་ཀྱང་། མགོ་འམ་གོས་ལ་གློ་བུར་མེ་ཤོར་ན། །དེ་དག་ཕྱིར་བཟློག་བགྱི་བ་བཏང་ནས་ཀྱང་། །ཡང་སྲིད་མེད་པར་བགྱི་བ་འབད་འཚལ་ཏེ། །དེ་བས་ཆེ་མཆོག་དགོས་པ་གཞན་མ་མཆིས། །ཞེས་གསུངས་སོ། །

གཉིས་པ་བརྩོན་འགྲུས་དང་ལྡན་པའི་ཡོན་ཏན་ནི། གོང་གིས་སྐྱོན་དེ་དག་ལས་བཟློག་སྟེ་བརྩོན་འགྲུས་དང་ལྡན་ན་དཀར་པོའི་ཡོན་ཏན་ཐམས་ཅད་མི་འགྲིབ་ཅིང་འཕེལ་བར་འགྱུར་ཏེ། འཕགས་པ་སྡུད་པ་ལས། བརྩོན་འགྲུས་ཀྱིས་ནི་དཀར་པོའི་ཡོན་ཏན་འགྲིབ་མི་འགྱུར། །ཡེ་ཤེས་མཐའ་ཡས་རྒྱལ་བའི་བང་མཛོད་རྙེད་པར་འགྱུར། །ཞེས་སོ། །ཡང་བརྩོན་འགྲུས་དང་ལྡན་ན། འཇིག་ཚོགས་ཀྱི་རི་བོ་ལས་བརྒལ་བར་ནུས་ཏེ། མདོ་སྡེ་རྒྱན་ལས། བརྩོན་འགྲུས་ཀྱིས་ནི་འཇིགས

ཚོགས་གནས་ནས་གྲོལ། །ཞེས་སོ། །ལུང་ལས་ཀྱང་། བརྩོན་ལ་བྱང་ཆུབ་འདི་གནས་ཀྱི། །མི་བརྩོན་པ་ལ་གནས་མ་ཡིན། །བརྩོན་པས་དགེ་བ་ཐམས་ཅད་སྡུད། །བརྩོན་པས་ཡོན་ཏན་རྣམ་པར་འཕེལ། །ཞེས་སོ། །ཡང་བརྩོན་འགྲུས་དང་ལྡན་ན་བླ་མེད་ཀྱི་བྱང་ཆུབ་མྱུར་དུ་ཐོབ་སྟེ། བློ་གྲོས་རྒྱ་མཚོས་ཞུས་པའི་མདོ་ལས། བློ་གྲོས་རྒྱ་མཚོ། བརྩོན་འགྲུས་བརྩམས་པ་ལ་ནི་བླ་ན་མེད་པ་ཡང་དག་པར་རྫོགས་པའི་བྱང་ཆུབ་དཀའ་བ་མ་ཡིན་ནོ། །དེ་ཅིའི་ཕྱིར་ཞེ་ན། གང་ན་བརྩོན་འགྲུས་ཡོད་པ་དེ་ན་བྱང་ཆུབ་ཡོད་དེ། ལེ་ལོ་ཅན་ལ་ནི་བྱང་ཆུབ་དང་རིང་ཞིང་ལྷག་པར་རིང་ངོ་། །ཞེས་དང་། གང་པོས་ཞུས་པའི་མདོ་ལས་ཀྱང་། རྟག་ཏུ་བརྩོན་འགྲུས་གང་བརྩམས་པ། །བྱང་ཆུབ་ཐོབ་པར་ཡང་མི་དཀའ། །ཞེས་གསུངས་སོ། །

གསུམ་པ་བརྩོན་འགྲུས་ཀྱི་ངོ་བོ་ནི། དགེ་བ་ལ་སེམས་སྤྲོ་བ་སྟེ། ཆོས་མངོན་པ་ལས། བརྩོན་འགྲུས་གང་ཞེ་ན་ལེ་ལོའི་གཉེན་པོ་སྟེ། དགེ་བ་ལ་སེམས་མངོན་པར་སྤྲོ་བའོ། །ཞེས་དང་། མདོ་སྡེ་རྒྱན་གྱི་འགྲེལ་པ་ལས། དགེ་བ་ཡང་དག་སྤྲོ་བ་དང་། ཞེས་བྱ་བ་ནི་ངོ་བོ་ཉིད་དོ། །ཅེས་གསུངས་སོ། །

བཞི་པ་དབྱེ་བ་ནི། མདོ་སྡེ་རྒྱན་ལས། རྒྱལ་བའི་སྲས་རྣམས་གོ་ཆ་སྦྱོར་བའི་བདག་ཉིད་བརྩོན་འགྲུས་ངེས་མེད་བྱས། །རང་དང་གཞན་གྱི་ཉོན་མོངས་ཚོགས་གཞོམས་བྱང་ཆུབ་དམ་པ་ཐོབ་པར་བྱེད། །ཞེས་སོ། །དེ་ལའང་དགེ་བ་བསྒྲུབ་ཅིང་བདུད་བཞི་འཇོམས་པའི་རྒྱུ་གོ་ཆའི་བརྩོན་འགྲུས་དང་། ལམ་ལྔ་ས་བཅུ་རྫོགས་པར་བྱེད་པའི་རྒྱུ་སྦྱོར་བ་དགེ་བའི་ཆོས་སྡུད་པའི་བརྩོན་འགྲུས་དང་། རང་དང་གཞན་གྱི་དོན་འགྲུབ་པའི་རྒྱུ་སེམས་ཅན་དོན་བྱེད་ཀྱི་བརྩོན་འགྲུས་ཏེ། ཆོས་རྣམས་ལ་ལུས་ཀྱི་འབད། ངག་གི་བརྩོན། སེམས་ཀྱི་རྩོལ་བའི་བརྩོན་འགྲུས་གསུམ་ལས། དང་པོ་གོ་ཆའི་བརྩོན་འགྲུས་ནི། བཏང་སྙོམས་དང་ལེ་ལོའི་དབང་དུ་མི་བཏང་བའི་སེམས་གོ་ཆ་དང་ལྡན་པ་སྟེ། དུས་འདི་ནས་བཟུང་ནས་སེམས་ཅན་ཐམས་ཅད་བླ་ན་མེད་པའི་བྱང་ཆུབ་མ་འགོད་ཀྱི་བར་དུ་བདག་གིས་བརྩོན་འགྲུས་མི་དོར་སྙམ་དུ་གོ་ཆ་གོན་པ་སྟེ། དེ་ལྟར་ཡང་། བྱང་ཆུབ་སེམས་དཔའི་སྡེ་སྣོད་ལས། ཤཱ་རིའི་བུ་བསམ་གྱིས་མི་ཁྱབ་པའི་གོ་ཆ་བགོ་བར་བྱ་སྟེ། འཁོར་བའི་ཐ་མ་ཅི་ཙམ་པ་བྱང་ཆུབ་ཀྱིས་ཕྱིར་བརྩོན་འགྲུས་ལྷོད་པར་མི་བྱ་སྟེ། ཞེས་གསུངས། གོ་ཆ་དགོད་པ་བསྟན་པའི་མདོ་

ལས་ཀྱང་། བྱང་ཆུབ་སེམས་དཔས་སེམས་ཅན་རྣམས། བསྐལ་ཕྱིར་གོ་ཆ་བགོ་བར་བྱ། །སེམས་ཅན་ཚད་ནི་མེད་པའི་ཕྱིར། །གོ་ཆ་བགོས་པ་ཚད་མེད་དོ། །ཞེས་གསུངས། འཕགས་པ་བློ་གྲོས་མི་ཟད་པས་ཞུས་པའི་མདོ་ལས་ཀྱང་། དེ་བསྐལ་པ་འདི་སྙེད་གཅིག་ཏུ་གོ་ཆ་བགོ །བསྐལ་པ་འདི་སྙེད་གཅིག་ཏུ་གོ་ཆ་མི་བགོ་ཞེས་བསྐལ་པ་བགྲངས་བར་བྱང་ཆུབ་མི་ཚོལ་གྱིས། བསམ་གྱིས་མི་ཁྱབ་པའི་གོ་ཆ་གོན་པར་བྱེད་དོ། །ཞེས་གསུངས། བྱང་ཆུབ་སེམས་དཔའི་ས་ལས་ཀྱང་། བདག་ནི་སེམས་ཅན་གཅིག་སྡུག་བསྔལ་ལས་ཐར་བར་བྱ་བའི་ཕྱིར་བསྐལ་པ་སྟོང་དང་མཉམ་པར་སེམས་ཅན་དམྱལ་བ་ཁོ་ནར་གནས་དགོས་ན་ཡང་བདག་སྤྲོ་བར་བྱེད་དེ། དུས་ཡུན་ཆེས་ཐུང་བ་དང་། སྡུག་བསྔལ་ཆེས་ཆུང་བ་ལྟ་ཅི་སྨོས་སྙམ་པ་དེ་ལྟ་བུ་ནི་བྱང་ཆུབ་སེམས་དཔའི་གོ་ཆའི་བརྩོན་འགྲུས་ཡིན་ཏེ། ཞེས་གསུངས་སོ། །

གཉིས་པ་སྦྱོར་བ་དེ་དགེ་བའི་ཆོས་སྡུད་པའི་བརྩོན་འགྲུས་ནི། ཕ་རོལ་ཏུ་ཕྱིན་པ་དྲུག་ལ་ལུས་དང་སྲོག་ལ་མི་ལྟ་བར་འབད་པར་བྱེད་པའོ། །དེ་ཡང་ཇི་ལྟར་འབད་ཞེ་ན། བརྩོན་འགྲུས་རྣམ་པ་ལྔས་འབད་དགོས་ཏེ། དང་པོ་ནི། རྟག་ཏུ་བརྩོན་པའི་བརྩོན་འགྲུས་ཞེས་རྒྱུན་མི་ཆད་པར་བརྩམས་པ་སྟེ། དཀོན་མཆོག་སྤྲིན་གྱི་མདོ་ལས། འདི་ལ་བྱང་ཆུབ་སེམས་དཔས་སྤྱོད་ལམ་ཐམས་ཅད་དུ་བརྩོན་འགྲུས་བརྩམས་པས་ན། ཅི་ནས་ལུས་སྐྱོ་བར་མི་འགྱུར་བ་དང་། སེམས་སྐྱོ་བར་མི་འགྱུར་བ་དེ་ལྟར་བརྩམས་ཏེ། འདི་ནི་བྱང་ཆུབ་སེམས་དཔའི་རྟག་པའི་བརྩོན་འགྲུས་ཞེས་གསུངས་སོ། །གཉིས་པ་ནི། གུས་པར་བྱེད་པའི་བརྩོན་འགྲུས་ཏེ། དགའ་བཞིན་སྤྲོ་བཞིན་ལྷུར་བྱེད་པའོ། །གསུམ་ནི༑ མི་གཡོ་བའི་བརྩོན་འགྲུས་ཏེ། རང་གི་རྣམ་རྟོག་དང་། ཉོན་མོངས་པ་དང་། སྡུག་བསྔལ་གྱི་གནོད་པ་ཐམས་ཅད་ཀྱི་མི་གཡོ་བར་བྱ་བའོ། །བཞི་པ་ནི། མི་ཟློག་པའི་བརྩོན་འགྲུས་ཏེ། གཞན་གྱི་འཚེ་བ་དང་། དམུ་རྒོད་དང་འཁྲུགས་པ་དང་ལྟ་བའི་སྡིགས་མ་ལ་སོགས་པ་མཐོང་ནས་མི་ཟློག་པ་སྟེ་འཕགས་པ་རྡོ་རྗེ་རྒྱལ་མཚན་གྱི་མདོ་ནས་འབྱུང་བ་ལྟར་རོ། །ལྔ་པ་ནི། ང་རྒྱལ་མེད་པའི་བརྩོན་འགྲུས་ཏེ། བརྩོན་འགྲུས་བརྩམས་པ་དེས་མཐང་བར་སེམས་པ་མེད་པའོ། །

གསུམ་པ་སེམས་ཅན་གྱི་དོན་བྱ་བའི་བརྩོན་འགྲུས་ལ་གཉིས་ཏེ། དང་པོ་ནི། བསྡུ་ན་བྱ་བ་ལ་

གྲོགས་བྱ་བ་ལ་སོགས་པ་བཅུ་གཅིག་པོ་འབད་པར་བྱེད་པ་ཡིན་ཏེ། གོང་དུ་སེམས་ཅན་དོན་བྱེད་ཀྱི་ཚུལ་ཁྲིམས་སྐབས་དང་གཅིག་གོ། །

གཉིས་པ་བརྩོན་འགྲུས་དེ་དང་མཐར་འབྱུང་བའི་ཕྱིར་རྩོལ་བ་ཆོགས་པར་མི་འཛིན་པའི་བརྩོན་འགྲུས་ནི། དམ་བཅའ་དང་དཀའ་ཐུབ་དང་བརྟུལ་ཞུགས་ལ་སོགས་པ་སྔར་འདི་དང་འདི་བྱས། ད་འདི་དང་འདི་བྱེད་དོ་ཞེས་བརླམ་ཡང་དེ་ལྟ་བུའི་བརྩོན་འགྲུས་རྩབ་རྩུབ་ཀྱི་བྱང་ཆུབ་མི་ཐོབ་པས། ད་ནས་སངས་རྒྱས་མ་ཐོབ་ཀྱི་བར་དུ་དགེ་བ་ལ་ངོམ་ཆོག་མེད་པར་འབད་པ་སྟེ། གླང་པོ་ཆེའི་འགྲོས་སམ། པི་ཝང་གི་རྒྱུད་བཞིན་རྒྱུན་མི་ཆད་པར་ཉམས་སུ་བླང་དགོས་པར་གསུངས་སོ། །ལྔ་པ་བརྩོན་འགྲུས་སྤེལ་བ་ནི། ཡེ་ཤེས་དང་ཤེས་རབ་དང་བསྒོ་བ་གསུམ་གྱི་སྤེལ་བ་སྟེ། གོང་དུ་བསྟན་པ་ལྟར་རོ། །དྲུག་པ་བརྩོན་འགྲུས་དག་པར་བྱེད་པ་ནི། སྟོང་པ་དང་སྙིང་རྗེས་ཟིན་པ་སྟེ་དེའང་གོང་ལྟར་རོ། །བདུན་པ་བརྩོན་འགྲུས་ཀྱི་འབྲས་བུ་ནི། མཐར་ཐུག་དང་གནས་སྐབས་གཉིས་སུ་ཤེས་པར་བྱའོ། །དེ་ལ་མཐར་ཐུག་ཏུ་ནི་བླ་ན་མེད་པར་ཡང་དག་པར་རྫོགས་པའི་བྱང་ཆུབ་ཏུ་མངོན་པར་རྫོགས་པར་སངས་རྒྱས་སོ། །མངོན་པར་རྫོགས་པར་མཛད་རྒྱུ་བར་འགྱུར་རོ། །མངོན་པར་རྫོགས་པར་འཚང་རྒྱའོ། །ཞེས་གསུངས་གནས་སྐབས་ཀྱི་འབྲས་བུ་ནི། འཁོར་བ་ན་གནས་པའི་ཚེ་ཡང་སྲིད་པའི་བདེ་བ་མཆོག་རྣམས་ཐོབ་བོ། །དེ་ལྟར་ཡང་མདོ་སྡེ་རྒྱན་ལས་བརྩོན་འགྲུས་ཀྱིས་ནི་སྲིད་སྤྱོད་བདེ་བ་ཐོབ། །ཞེས་གསུངས་སོ། །

སྤྱི་དོན་ལྔ་པ་བསམ་གཏན་ཞེས་པ་ནི་ཞི་གནས་ཏེ། དེའང་བསྒོམ་ཚུལ་དབྱེ་བ་ཡོན་ཏན་དང་བཅས་པ་ཁྲིད་གཞུང་རྣམས་སུ་གསལ་ལོ། །

སྤྱི་དོན་དྲུག་པ་ཤེས་རབ་ནི་ལྷག་མཐོང་སྟེ། ཕ་རོལ་ཏུ་ཕྱིན་པ་གཞན་རྣམས་ལས་ཆེས་ལྷག་པ་ཡིན་ཞིང་། དེའང་ཐོས་བསམ་བསྒོམ་གསུམ་ལས་ལྷག་མཐོང་གྲུབ་པས་ཉོན་མོངས་པའི་ཚོགས་འཇོམས་ཤིང་ཆོས་དང་ཆོས་ཅན་གྱི་གནས་ལུགས་ཤེས་པས། ཤེས་རབ་ཀྱི་ཕ་རོལ་ཏུ་ཕྱིན་པ་ཞེས་བརྗོད་དེ། དེ་དག་ཀུང་ཁྲིད་རིམ་རྣམས་སུ་གསལ་བས་འདིར་ཡི་གེ་མང་དོགས་ཀྱིས་མ་སྤྲོས་སོ། །དེ་ལྟར་ཕ་རོལ་ཏུ་ཕྱིན་པ་དྲུག་སྡོམ་དུ་མཛད་པ་ནི། ཐར་རྒྱན་ལས། སྦྱིན་པ་ཚུལ་ཁྲིམས་བཟོད་པ་དང་། །

བརྩོན་འགྲུས་བསམ་གཏན་ཤེས་རབ་སྟེ། །དེ་ལྟར་རྣམ་པ་དྲུག་པོ་ཡིས། །འཇུག་པའི་སེམས་བསྐྱེད་བསླབ་བྱ་བསྡུས། །ཞེས་གསུངས་སོ། །དེའང་ཕ་རོལ་ཏུ་ཕྱིན་པ་དྲུག་པོ་དེ་བསྡུ་ན་གང་དུ་འདུ་ཞེ་ན། བསོད་ནམས་དང་ཡེ་ཤེས་ཀྱི་ཚོགས་གཉིས་སུ་འདུས་ཏེ། སྦྱིན་པ་དང་ཚུལ་ཁྲིམས་བསོད་ནམས་ཀྱི་ཚོགས་ཡིན་ལ། ཤེས་རབ་ཡེ་ཤེས་ཀྱི་ཚོགས་སུ་གསུངས་ཤིང་། བརྩོན་འགྲུས་དང་བསམ་གཏན་གཉིས་ཀའི་གྲོགས་སུ་འགྱུར་བ་དང་། ཤེས་རབ་ཀྱི་ཟིན་ན་ལྔ་ཀ་ཡང་ཡེ་ཤེས་ཀྱི་ཚོགས་སུ་འགྱུར་ཏེ། མདོ་སྡེ་རྒྱན་ལས། སྦྱིན་དང་ཚུལ་ཁྲིམས་བསོད་ནམས་ཀྱིས། །ཚོགས་ཡིན་ཤེས་རབ་ཡེ་ཤེས་ཀྱི། །ལྷག་མ་གསུམ་ནི་གཉིས་ཀ་སྟེ། །ལྔ་ཀར་ཡང་ནི་ཡེ་ཤེས་ཚོགས། །ཞེས་པ་དང་། ཇོ་བོ་ཆེན་པོའི་ལམ་སྒྲོན་ལས། ཕ་རོལ་ཕྱིན་པ་ལྔ་བསོད་ནམས་ཀྱི་ཚོགས་ལ། ཤེས་རབ་ཡེ་ཤེས་ཀྱི་ཚོགས་སུའང་བཞེད་དོ། །དེ་ལྟར་དབྱེ་བསྡུ་ཤེས་པ་དང་བྱེ་བྲག་ཕྱེད་པ་ལ་མ་རྨོངས་པ་ནི་གནད་དམ་པའོ། །དེ་ལྟར་ཕ་རོལ་ཏུ་ཕྱིན་པ་དྲུག་གིས་བསྡུས་པའི་དགེ་བ་གང་ལའང་བྱེད་པ་པོ་བདག་ཉིད་དང་བྱེད་པའི་ཡུལ་དང་། བྱས་པའི་དགེ་བ་གསུམ་བྱེད་དུས་ནས་བདེན་ཞེན་མེད་པ་སྤྲུལ་པ་ལྟ་བུའི་བློ་འམ་སྒྱུ་མ་ལྟ་བུའི་སྤྱོད་ན་མྱུར་དུ་སངས་རྒྱས་ཐོབ་སྟེ། དཀོན་མཆོག་སྤྲིན་གྱི་མདོ་ལས། གང་ལ་དགེ་བ་མི་དམིགས་པ་དང་། ཇི་ལྟར་བྱ་བ་མ་དམིགས་པ་དང་། ཡོངས་སུ་འབད་པ་མི་དམིགས་པའི་ཚུལ་གྱིས་བསོད་ནམས་དང་ཡེ་ཤེས་ཀྱི་ཚོགས་བསགས་པར་བྱའོ། །དེ་ཡང་སྒྱུ་མ་ལྟ་བུ་དང་། སྨིག་རྒྱུ་ལྟ་བུ་དང་། མིག་ཡོར་ལྟ་བུ་དང་། སྤྲུལ་པ་ལྟ་བུའི་སེམས་ཀྱི་རྗེས་སུ་བསྒྲུབ་པར་བྱའོ། །ཞེས་སོ། །དེ་ལྟར་ཤེས་རབ་ཀྱི་ལྟ་བ་དག་ཅིང་། ཐབས་ཀྱི་སྤྱོད་པ་དག་ན་ལམ་ལ་གོལ་ས་མེད་པས་སངས་རྒྱས་ཆོག་མེད་པར་འགྲུབ་ཅིང་། མཁའ་ལ་སྤྱོད་པ་ལ་སོགས་པའི་དངོས་གྲུབ་ཀྱང་འགྲུབ་པར་འགྱུར་ཏེ། ཇོ་བོ་རྗེའི་ཞལ་ནས། དེ་ལྟར་ལྟ་བ་མ་རྨོངས་ཤིང་། །སྤྱོད་པ་ཤིན་ཏུ་དག་གྱུར་ན། །གོལ་བའི་ལམ་དུ་མི་འགྲོ་སྟེ། །འོག་མིན་གནས་སུ་འགྲོ་བར་འགྱུར། །ཞེས་དང་། དེ་འབྲས་ཡོན་ཏན་རྫོགས་ཞེས་པས། རང་དོན་ཆོས་ཀྱི་སྐུ་བསམ་གཏན་དང་ཤེས་རབ་ཀྱི་ཐོབ་པར་འགྱུར་ལ། གཞན་དོན་གཟུགས་སྐུ་སྦྱིན་པ་དང་ཚུལ་ཁྲིམས་བཟོད་པས་འགྲུབ་ལ་བརྩོན་འགྲུས་ནི་གཉིས་ཀའི་གྲོགས་སུ་འགྱུར་བར་གསུངས་སོ། །

སྤྱི་དོན་གཉིས་པ་འཇུག་སེམས་ཉམས་ན་ཕྱིར་འཆོས་ཚུལ་ནི། དེའང་ཉམས་པའི་རྒྱུ། ཉམས་པའི་རྐྱེན། ཉམས་པའི་ཉེས་པ་ཉམས་ན་གསོ་ཐབས་དངོས་དང་བཞིའོ། །དང་པོ་ཉམས་པའི་རྒྱུ་རྩ་ལྟུང་འབྱུང་བ་དང་། བསླབ་པ་ཞུལ་བ་དང་། ལོག་ལྟ་སྐྱེས་པ་དང་མི་མཐུན་པའི་སེམས་བསྐྱེད་པ་དང་བཞི་ཡིན་ཏེ། དེའང་གསོ་ཐབས་འོག་ནས་འབྱུང་ངོ་། །

གཉིས་པ་ཉམས་པའི་རྐྱེན་ནི། རྟེན་གཞི་སྨོན་པ་སེམས་བསྐྱེད་ཤོར་ན་འཇུག་པའང་ཉམས་པས། གསོ་ཐབས་ཀྱང་སྨོན་པ་ཉམས་ན་གོང་དུ་སྨོན་པའི་སྐབས་བཞིན་བླང་པས་སོར་ཆུད་ཆོ་འཇུག་པ་ཡང་རང་བཞིན་གྱི་སོར་ཆུད་པར་གསུངས།

གསུམ་པ་ཉམས་པའི་ཉེས་པ་ནི། སྔར་བསགས་ཟིན་གྱི་དགེ་བ་མངོན་དུ་གྱུར་ན་སླད་པས་ཕྱི་མ་ལ་བདེ་བ་མེད་ཅིང་ཐེག་ཆེན་དང་མི་འཕྲད་པ་དང་། དམ་བཅའ་ཉམས་པས་ཀུན་གྱི་སླད་པའི་གནས་སུ་འགྱུར་བ་དང་། ཉེས་པ་ལྗི་བས་ངན་འགྲོར་ཡུན་རིང་དུ་འཁྱམ་པར་གསུངས་སོ། །

བཞི་པ་ཉམས་ན་གསོ་ཐབས་དངོས་ནི། དེ་ལའང་བཞེད་པ་མང་ཡང་། ནག་པོ་བས། གང་ཟག་མཆོག་དམན་བར་གསུམ་ལ་གསོ་ཐབས་ཀྱི་རིགས་གསུམ་གསུངས་པས་དེའི་རྗེས་སུ་འབྲང་ན་ལེགས་པར་རྒྱལ་བ་གློང་ཆེན་རབ་འབྱམས་པས་བཞེད་པས། བློ་དམན་པ་དག་གིས་ཡུལ་བྱང་ཆུབ་སེམས་དཔའི་དགེ་འདུན་གྱིས་དུང་དམ་རྟེན་ཁྱད་པར་ཅན་གྱི་དྲུང་དུ་སོང་སྟེ། ཡན་ལག་བདུན་པ་བྱས་ལ་གསོ་བའམ། ཆེ་གེ་ཞེས་བྱ་བའི་སེམས་དཔའ་ཆེན་པོ་དགོངས་སུ་གསོལ། བདག་མིང་འདི་ཞེས་བགྱི་བ་ལ་ལྟུང་བ་འདི་ཞེས་བགྱི་བ་བྱུང་བ་དེ་སེམས་ཅན་ཐམས་ཅད་ཀྱི་བཤགས་ཀྱིས་དག་པར་མཛད་དུ་གསོལ། ཞེས་ལན་གསུམ་བརྗོད་པ་དང་། ཕ་རོལ་པོས། ཉེས་ལྟུང་དེ་དག་ལ་ཉེས་ལྟུང་དུ་གཟིགས་སམ། ཕྱིན་ཆད་ལེགས་པར་སྡོམ་མམ། ཞེས་པའི་ལན་དུ་རང་གིས། འབྱམས་ལགས། སྡོམ་ལགས་སོ། །ཞེས་བརྗོད་པས་ཉེས་པ་ལས་ཐར་བ་ཡིན་པར་བྱང་ཆུབ་སེམས་དཔའི་ས་ལས་གསུངས་སོ། །ཡང་བར་མ་ལྷའི་བསྐྱེད་རྫོགས་ལ་ནན་ཏན་བྱེད་པ་དག་གིས། རང་རང་གི་ཡི་དམ་ལྷའི་མདུན་དུ། ཡན་ལག་བདུན་པ་བྱས་ལ་བཤགས་པ་སྡོམ་བྱས་པས་ལྡང་བ་ལས་ལྡང་ངོ་། །དེའང་རིག་སྔགས་སྤྱིའི་ལྷ་འཕགས་པ་ནམ་མཁའི་སྙིང་པོ་སྟེ། དེའི་མདུན་དུ་འཆགས་པར་འདོད་ན།

ཉིན་མཚན་གྱིས་བར་མ་ཆོད་པར་བཞུགས་ཏེ། དེའང་གང་བྱུང་དུ་ས་ནས་གཟུང་སྟེ་ནམ་གྱི་ཆ་སྨད་ཀྱི་བར་ལ་ཕྱོགས་བཅུའི་སངས་རྒྱས་དང་བྱང་ཆུབ་སེམས་དཔའ་ཐམས་ཅད་དང་། ཁྱད་པར་དུ་འཕགས་པ་ནམ་མཁའི་སྙིང་པོའི་མཚན་ནས་བརྗོད་ཅིང་ཕྱག་འཚལ་བ་དང་། ཉེས་ལྟུང་གི་སྡིག་པ་འཆགས་པ་རྣམས་དྲག་ལ་རྒྱུན་རིང་བར་བྱས་ཏེ། ཐོ་རངས་ཀར་སོང་བ་ན་འདི་སྐད་བརྗོད་དེ། སྐྱ་རེངས། བདག་གི་འཕྲིན་པ་མཛད་དུ་གསོལ། འཕགས་པ་ནམ་མཁའི་སྙིང་པོ་ལ་བདག་གིས་ཉེས་ལྟུང་བཤགས་ན་དག་པར་མཛད་ནས་དགོངས་ཤིང་བྱིན་གྱིས་བརླབ་ཏུ་གསོལ། ཞེས་ལན་གསུམ་བརྗོད་པས། ཉི་མ་འཆར་ཀ་ན་ཉེས་ལྟུང་དག་པའི་ལྟས། ལུས་སེམས་སྔོན་ལས་བདེ་བ་དང་། ཉི་མའང་འཇམ་པར་འཆར་བ་དང་། ནམ་མཁའ་དག་པ་དང་། རྨི་ལམ་དགེ་བ་སྟོན་པར་གསུངས་སོ། །གང་ཟག་མཆོག་ཁ་ཅིག་གིས་ནི་སྐྱིལ་མོ་ཀྲུང་བཅས་ཏེ། ཐོག་མར་སྒྱུ་མ་དང་རྨི་ལམ་ལྟ་བུའི་ཚུལ་གྱིས་ཉེས་ལྟུང་གང་ཡིན་པའི་མིང་ནས་བརྗོད་དེ། མདུན་གྱི་ནམ་མཁའི་སངས་རྒྱས་སྲས་དང་བཅས་པ་ལ་བཤགས་པའི་རྗེས་ལ། ཉེས་པ་དེ་ཉིད་ནང་དང་ཕྱི་རོལ་དང་དེ་གཉིས་ཀའི་བར་དུ་ངོ་བོ་ངོས་བཟུང་དབྱིབས་ཁ་དོག་ལ་སོགས་པའི་བརྟག་པ་བྱས་པས། གང་ནས་ཀྱང་མ་བྱུང་། གང་དུའང་མི་གནས་གར་ཡང་མི་འགྲོ་བ་ནམ་མཁའི་རང་བཞིན་ཅན་དུ་ཤེས་ནས་དེའི་ངང་ལ་མཉམ་པར་བཞག་པས། ཉེས་ལྟུང་ཐམས་ཅད་ལས་རྣམ་པར་གྲོལ་བ་ཡིན་ཏེ། ཐར་པ་ཆེན་པོ་ཕྱོགས་བཅུ་རྒྱས་པའི་མདོ་ལས། བྱང་ཆུབ་སེམས་དཔའ་ཆོས་བཞི་དང་ལྡན་ན། ཚུལ་ཁྲིམས་ཉམས་པ་དང་། ཉོན་མོངས་པའི་ཁ་ན་མ་ཐོ་བའི་ལས་ཐམས་ཅད་བྱང་བར་འགྱུར་རོ། །བཞི་གང་ཞེ་ན། ཆོས་རྣམས་འོང་བ་མེད་པའི་ཕྱིར་དང་། ཆོས་རྣམས་མི་སྐྱེ་བར་ཤེས་པའི་ཕྱིར་དང་། ཆོས་རྣམས་མི་འགག་པར་མཐོང་བའི་ཕྱིར་དང་། ཆོས་རྣམས་རྒྱུ་དང་རྐྱེན་ལ་རྟེན་ཅིང་འབྲེལ་བར་འབྱུང་བའི་ཕྱིར་ངོ་བོ་ཉིད་ཀྱིས་སྟོང་བ་སྟེ། བཞི་པོ་དེ་དང་ལྡན་ན་ཚུལ་ཁྲིམས་ཉམས་པ་དང་། ཉོན་མོངས་པའི་ཁ་ན་མ་ཐོ་བ་འབྱུང་བར་མི་འགྱུར་རོ། །ཞེས་པ་དང་། ཆོས་ཀྱི་རྒྱལ་པོའི་མདོ་ལས། སེམས་གཅིག་སྟེ་གཉིས་སུ་མེད་པར་ཤེས་ན་སྒྲིབ་པ་ཐབས་ཅད་རྣམ་པར་སྦྱོང་སྟེ། དཔེར་ན་མེ་ལོང་སྟེང་དུ་ལོ་སྟོང་གི་རྡུལ་ཆགས་པ་གོས་ཀྱིས་ཕྱིས་པས་རྡུལ་མེད་པ་དང་མཚུངས་སོ། །ཡང་འདི་ལྟ་སྟེ། དཔེར་ན་ཁང་སྟོང་གི་མུན་པ་མུན་ནག་ལོ་

སྟོང་ལོན་པ་ཡང་མར་མེ་གཅིག་གིས་འདེད་པར་བྱེད་པ་བཞིན་དུ་སེམས་ལ་ངོ་བོ་ཉིད་མེད་པ་ཡང་དག་པའི་བདེན་པ་ཤེས་པས་བསྐལ་པ་གྲངས་མེད་པའི་སྡིག་པ་སྐད་ཅིག་མ་ལ་བྱང་བར་འགྱུར་རོ། །ཞེས་པ་དང་། དོན་དམ་པ་ལ་འཇུག་པའི་མདོ་ལས། ལྷའི་བུ་པད་མ་དཀར་པོའི་གསོལ་པ། འཇམ་དཔལ་ལས་ཀྱི་སྒྲིབ་པ་ཇི་ལྟར་སྦྱོང་བར་བྱ། སྨྲས་པ། ལྷའི་བུ། ལས་ཀྱི་སྒྲིབ་པ་ནི་ལས་ཉིད་ཡེ་ནས་དངོས་པོ་མེད་པར་བྱ། སྨྲས་པ། ལྷའི་བུ། ལས་ཀྱི་སྒྲིབ་པ་ནི་ལས་ཉིད་ཡེ་ནས་དངོས་པོ་མེད་པར་ཤེས་ན་ཚོགས་མེད་པར་དག་པར་འགྱུར་ཏེ། དུང་ལ་སོལ་བས་གོས་པ་ན་རས་ཀྱིས་ཕྱིས་པ་དང་མཚུངས་སོ། །ཞེས་པའོ། །

སྤྱི་དོན་གཉིས་པ་སྨོན་འཇུག་གཉིས་ཀའི་སེམས་བསྐྱེད་མི་ཉམས་པར་བྱ་བའི་བསླབ་བྱ་ནི། ཀློང་ཆེན་པས་ནམ་མཁའི་སྙིང་པོའི་མདོའི་རྗེས་སུ་འབྲང་ནས། བསླབ་བཏུས་སུ་རྩ་ལྟུང་བཅུ་དགུ་གསུངས་ཏེ། རྒྱལ་པོའི་རྩ་བའི་ལྟུང་བ་ལྔ། བློན་པོའི་རྩ་བའི་ལྟུང་བ་ལྔ། ཕལ་པའི་བརྒྱད། ཐུན་མོང་གཉིས་དང་ཉི་ཤུ་སྤང་བ་ལ་བསླབ་བོ། །ཞེས་གསུངས་པ་དང་། བྱང་ཆུབ་སེམས་དཔའི་དོན་བསྡུས་པ་སྡོམ་པ་ཉི་ཤུ་པ་བསྲུང་བ་ལ་བསླབ་ཅེས་པ་གཉིས་སོ། །དེ་ལ་དང་པོའི་དང་པོ་རྒྱལ་པོ་ལ་ངེས་པ་ལྔ་ནི། དཀོན་མཆོག་གསུམ་གྱི་དཀོར་འཕྲོག་པ་དང་། ཚུལ་ཁྲིམས་དང་ལྡན་པའི་དགེ་སློང་ལ་ཆད་པས་གཅོད་པ་དང་། རབ་ཏུ་བྱུང་བ་བསླབ་པ་ལས་འབེབས་པ་དང་། མཚམས་མེད་པ་ལྔ་བྱེད་པ་དང་། ལོག་པར་ལྟ་བ་འཛིན་པའོ། །བློན་པོ་ལ་ངེས་པ་ལྔ་ནི། གྲོང་དང་ལྗོངས་དང་གྲོང་ཁྱེར་དང་། གྲོང་རྡལ་དང་ཡུལ་འཁོར་འཇོམས་པའོ། །ཞེས་པས་གྲོང་ནི་ཡུལ་ཆུང་ངུ། གྲོང་ཁྱེར་ནི་འབྲིང་པོ། གྲོང་རྡལ་ཆེན་པོ། ལྗོངས་ནི་ཡུལ་གྲུ་ཐ་དད་པ། ཡུལ་འཁོར་ནི་ཆེར་གྲོང་དུ་ལངས་པ་ཡིན་པར་གྲགས་སོ། །ཕལ་པ་ལ་ངེས་པ་བརྒྱད་ཀྱི། བློ་མ་སྦྱངས་པ་ལ་སྟོང་པ་ཉིད་སྟོན་པ་དང་། ཐེག་ཆེན་པ་ལ་ཞུགས་པ་ཕྱིར་བཟློག་པ་དང་། སོ་སོ་ཐར་པ་སྤངས་ཏེ་ཐེག་ཆེན་ལ་སྦྱོར་པ་དང་། ཉན་རང་གི་ཐེག་པ་འཛིན་ཞིང་འཛིན་དུ་འཇུག་པ་དང་། རྙེད་བཀུར་གྱི་ཕྱིར་བདག་ལ་བསྟོད་ཅིང་གཞན་ལ་སྨོད་པ་དང་། རང་གི་ཟབ་མོ་བཟོད་པར་སྨྲ་བ་དང་། དཀོན་མཆོག་གསུམ་གྱི་དཀོར་སྦྱིན་ཅིང་ལེན་པ་དང་། ཞི་གནས་པའི་ནོར་ཁ་ཏོན་པ་ལ་སྦྱིན་པའོ། །ཐུན་མོང་བ་སྨོན་པའི་སེམས་གཏང་བ་དང་བཅུ་དགུ། དེའི་

སྙིང་དུ། དཀོན་མཆོག་བརྙེགས་པ་ལས་འཛུག་པའི་སེམས་སྐྱང་སྟེ། དགེ་བ་ལ་མི་སྦྱོར་བ་དང་ཉི་ཤུ་ཡིན་ནོ། །ཞེས་གསུངས་སོ། །དེའང་འདི་དག་བྱང་ཆུབ་སེམས་དཔའ་རྒྱལ་པོའི་ཚུལ་དང་། བློན་པོའི་ཚུལ་དང་། ཕལ་པའི་ཚུལ་ཅན་རྣམས་ལ་འབྱུང་དུ་ཉེ་བའི་ཆ་ནས། རྒྱལ་པོ་ལ་ངེས་པ་ལ་སོགས་པར་བརྗོད་ཀྱི། དོན་ལ་གང་ཟག་གཅིག་གི་རྒྱུད་ལའང་དེ་དག་ཐམས་ཅད་བསྲུང་དགོས་སོ། །གལ་ཏེ་ལྟུང་བ་དེ་དག་བྱུང་ན་ནི་བྱང་ཆུབ་སེམས་དཔར་མི་རུང་བས་གསོ་བ་ལ་འབད་དོ། །

གཉིས་པ་བྱང་ཆུབ་སེམས་དཔའི་དོན་བསྡུས་པ་སྡོམ་པ་ཉི་ཤུ་པ་ལའང་། ཕམ་པའི་གནས་ལྟུང་བཞི་དང་། ཉེས་བྱས་བཞི་བཅུ་རྩ་གཉིས་སྤང་བ་ལ་བསླབ་པ་སྟེ། དེ་ལ་དང་པོ་ཕམ་པའི་གནས་ལྟུང་བཞི་ནི། རྙེད་དང་བཀུར་སྟིར་ཆགས་པ་ཡི། །བདག་བསྟོད་གཞན་ལ་སྨད་པ་དང་། །ཞེས་པ་རྙེད་པ་དང་བཀུར་སྟི་ལ་ཆགས་ནས། དེ་རང་གི་ཐོབ་པར་འདོད་པས་བདག་ལ་བསྟོད་པ་དང་གཞན་ལ་ཤོར་གྱི་དོགས་ནས་ཕྲག་དོག་གི་ཕ་རོལ་གཞན་ལ་སྨད་ན་རྩ་བའི་ལྟུང་བ་དང་པོའོ། །སྡུག་བསྔལ་མགོན་མེད་གྱུར་པ་དང་། སེར་སྣས་ཆོས་ནོར་མི་སྟེར་དང་། ཞེས་པ་སེམས་ཅན་སྡུག་བསྔལ་ཞིང་སྐྱབས་མགོན་མེད་པ་ཆོས་ཞུ་འདོད་པ་ལ་ཆོས་སྟོན་པའི་ནུས་པ་ཡོད་བཞིན་དུ་མི་སྟོན་པ་དང་། དབུལ་ཞིང་འཕོངས་པ་ནོར་ཟང་ཟིང་སློང་དུ་འོང་ན་ཕན་བཏགས་པའི་ནུས་པ་ཡོད་བཞིན་དུ་སེར་སྣས་མི་སྟེར་ན་རྩ་ལྟུང་གཉིས་པ། གཞན་གྱི་བཤགས་ཀྱང་མི་ཉན་པར། །ཁྲོ་བས་གཞན་ལ་འཚོག་པ་དང་། །ཞེས་པ་གཞན་ཉེས་པ་ཅན་གྱི་མི་བཤགས་པ་བཟོད་གསོལ་བྱེད་དུ་བྱུང་ན་འཁོན་དུ་བཟུང་ཞིང་བཤགས་པ་མི་ལེན་པར་འཚོག་ན་ལྟུང་བ་གསུམ་པའོ། །ཐེག་པ་ཆེན་པོ་སྤང་བྱེད་ཅིང་། །དམ་ཆོས་འདྲ་སྣང་སྟོན་པའོ། །ཞེས་པ་ཐེག་པ་ཆེན་པོ་ཟབ་ལ་རྒྱ་ཆེ་བའི་ཆོས་སྤང་ནས་ཉན་རང་གི་ཐེག་པ་དང་ཕྱི་རོལ་པའི་རིག་བྱེད་དང་། མཐུ་དང་སྔགས་དང་། སྨན་དཔྱད་སྒྱུ་རྩལ་སོགས་པ་སྟོན་པ་དང་། མདོར་ན་ཚེ་འདི་འབའ་ཞིག་དོན་དུ་གཉེར་བའི་བསམས་པས་ཆོས་གང་བསྟན་ཡང་དམ་ཆོས་འདྲ་སྣང་དུ་འགྱུར་བས་རྩ་བའི་ལྟུང་བ་བཞི་པར་གསུངས་པའོ། །

གཉིས་པ་ཉེས་བྱས་བཞི་བཅུ་རྩ་གཉིས་ནི་དཀོན་མཆོག་གསུམ་ལ་གསུམ་མི་མཆོད། །ཅེས་པ་རང་ལ་ཡོན་ཏན་ཅི་སྙེས་ཐམས་ཅད་དཀོན་མཆོག་གསུམ་ལ་བརྟེན་ནས་འབྱུང་བ་ཡིན་པས། དཀོན་

མཆོག་གསུམ་ལ་ཉིན་ཞག་ཕྱུགས་གཅིག་གི་ནང་དུ་ལུས་ངག་ཡིད་གསུམ་གྱི་སྒོ་ནས་སྐྱབས་སུ་འགྲོ་བ་དང་མཆོད་པ་མི་བྱེད་ན་ཉེས་བྱས་སོ། །འདོད་པའི་སེམས་ཀྱི་རྗེས་སུ་འཇུག་ཅེས་པ་ཕྱི་འདོད་ཡོན་ནང་སེམས་ཅན་ལ་ཆགས་སེམས་སྐྱེས་པའི་དུས་སུ་དྲན་པ་དང་ཤེས་བཞིན་གྱི་མི་སྲུང་ཞིང་འདོད་པའི་རྗེས་སུ་འཇུག་ན་ཉེས་བྱས་སོ། །རྒན་པ་རྣམས་ལ་གུས་མི་བྱེད་ཅེས་པ། རིགས་དང་ཁྲིམས་དང་ཡོན་ཏན་གྱི་རྒན་པ་ལ་དད་གུས་དང་ཞེ་ས་སོགས་མ་བྱས་ན་ཉེས་བྱས་སོ། །དྲིས་པ་ལ་ནི་ལན་མི་འདེབས་ཞེས་པ། ཆོས་དང་མཐུན་པའི་གྲོས་འདྲི་བ་བྱུང་ན་ཇི་ལྟར་ལེགས་པ་འཚམས་པར་ལན་མ་གདབ་ན་ཉེས་བྱས་སོ། །མགྲོན་པོས་བདག་གིར་མི་བྱེད་དང་། །ཞེས་པ་ཡུལ་གང་ཡང་རུང་བས་མགྲོན་དུ་བོས་ན། ཁྲོད་ཀྱི་དེ་ཀུན་འདྲ་བ་ལ་མི་འོང་སྙམ་དུ་བདག་གིར་མི་བྱེད་ན་ཉེས་བྱས་སོ། །

གསེར་ལ་སོགས་པ་ལེན་མི་བྱེད་ཅེས་པ་དད་པའི་སེམས་ཀྱི་གསེར་ལ་སོགས་པ་རིན་པོ་ཆེ་དང་དུད་འགྲོ་ལ་སོགས་པ་འབུལ་བ་མི་ལེན་ན་ཉེས་བྱས་ཡིན་པས་བླང་ལ་བླ་མ་དཀོན་མཆོག་ལ་མཆོད་པ་དང་། སེམས་ཅན་མ་ནུས་པ་ལ་སྦྱིན་པར་བྱའོ། །ཆོས་འདོད་པ་ལ་སྦྱིན་མི་བྱེད་ཅེས་པ། ཆོས་སྟོན་པའི་ནུས་པ་ཡོད་བཞིན་སེར་སྣས་དཀྲིས་ཏེ་ཆོས་མི་སྟེར་ན་ཕམ་པ་ཡིན་ལ། ཆོས་དེ་བཞག་ན་བྱ་བ་གཞན་ལ་འཇུག་ན་ལྟུང་བའོ། །ཡོག་པའི་འཚོ་བ་དང་དུ་ལེན་ཞེས་པ། ཚུལ་འཆོས་དང་། ཁ་གསགས་དང་སྙེད་པས་སྙེད་པ་འཚོལ་ན་ཉེས་བྱས་སོ། །འཕྱར་དང་རབ་ཏུ་རྒོད་ལ་སོགས་ཞེས་པ། འཕྱར་བ་ནི། ལུས་སྙིག་ཆོས་དང་ཙབ་ཧྲལ་དུ་སྤྱོད་པ་ནང་། ངག་དམུ་ཅོར་སྨྲ་བ་དང་ཡིད་རྟོག་པ་སྣ་ཚོགས་ཀྱི་རྗེས་སུ་འབྲང་བའོ། །རབ་ཏུ་རྒོད་པ་ནི། གཞན་མི་དད་པར་འགྱུར་བའི་བརྒྱག་ཆོས་དང་། དྲག་ཆོས་ཀྱི་སྤྱོད་པ་བྱས་ན་ཉེས་བྱས་སོ། །འཁོར་བ་གཅིག་པུར་བགྲོད་པར་སེམས་ཞེས་པ། རང་གཅིག་པུ་ཞི་བདེ་ཐོབ་ནས་སོས་དལ་དུ་གནས་ཤིང་སེམས་ཅན་གྱི་དོན་ལ་བརྩོན་པར་མི་བྱེད་ན་ཉེས་བྱས་སོ། །གྲགས་པ་ངན་པ་སྲུང་མི་བྱེད་ཅེས་པ། རང་ལ་རྫུན་ཅན་དང་གཡོ་སྒྱུ་ཅན་ལ་སོགས་པའི་གྲགས་པ་ངན་པ་ཡོད་ན་མི་སྲུང་ན་ཉེས་བྱས་སོ། །ཉོན་མོངས་བཅས་ཀྱང་འཆོས་མི་བྱེད་ཅེས་པ། སེམས་ཅན་གཞན་བྱ་བ་མ་ཡིན་པ་ལ་འཇུག་པ་མཐོང་ན། བཅོས་པའི་ནུས་པ་ཡོད་བཞིན་དུ་མི་འཆོས་པར་འདོར་ན་ལྟུང་བའོ། །གཤེ་ལ་ལན་དུ་གཤེ་ལ་སོགས་ཞེས་པ། དགེ་སྦྱོང་གི་ཆོས་བཞི་དང་ལྡན་པར་

བྱེད་དགོས་ལ། སླར་གཤེ་བ་དང་བརྡེག་པ་དང་མཚང་བྲུ་བ་དང་། ངན་དུ་བརྗོད་ན་ཉེས་བྱས་སོ། །ཁྲོས་པ་རྣམས་ནི་ཡལ་བར་འདོར་ཞེས་པ། རང་ལ་གཞན་ཁྲོས་འདུག་ན་ཁྱོད་ཀྱི་ནད་ཁྲུག་གི་སྐབས་དུ་ཡལ་བར་འདོར་ན་ཉེས་བྱས་སོ། །ཕ་རོལ་བཤད་ཀྱི་ཆགས་པ་སྤང་ཞེས་པ། གཞན་གྱི་ཉེས་བྱས་ལ་ཐོས་པའི་གོ་མ་གོ་བྱུང་ནས་འདི་ལྟར་ཡིན་ཞེས་ཞུ་གཏུགས་དང་བཤད་སྒྲོང་བྱེད་དུ་བྱུང་ན་མི་ཉན་པར་སྤངས་ན་ཉེས་བྱས་སོ། །ཁྲོས་པའི་སེམས་ཀྱི་རྗེས་སུ་འཇུག་ཅེས་པ་གཞན་གྱི་བྱེད་སྤྱོད་མཐོ་དམན་དུ་གྱུར་པ་ལ། ཞེ་སྡང་དང་ཁྲོ་བ་བྱུང་ན་གཉེན་པོས་སྤང་ཞིང་བཟོད་པར་མི་བྱེད་ན་ཉེས་བྱས་སོ། །རྙེད་བཀུར་འདོད་ཕྱིར་འཁོར་རྣམས་སྡུད་ཅེས་པ། རྙེད་པ་དང་བཀུར་སྟི་འདོད་པའི་ཆེད་དུ་འཁོར་སྡུད་ན་ཉེས་བྱས་སོ། །ལེ་ལོ་ལ་སོགས་སེལ་མི་བྱེད་ཅེས་པ། དགེ་སྦྱོར་དང་ཆོས་སྤྱོད་ཀྱི་རིམ་པ་བྱེད་དགོས་རྣམས་དུས་སུ་མི་བྱེད་པར་སྙོམ་ལས་དང་ལེ་ལོས་འདའ་བར་བྱས་ན་ཉེས་བྱས་སོ། །ཆགས་པས་བྲེ་མོའི་གཏམ་ལ་བརྟེན་ཞེས་པ། མཐོ་དམན་གྱི་གཏམ་ལ་ཆགས་པས། ཀུ་རེ་དང་བཞད་གད་བྲེ་མོའི་གཏམ་གྱི་འདའ་བར་བྱས་ན་ཉེས་བྱས་སོ། །ཏིང་ངེ་འཛིན་གྱི་དོན་མི་འཚོལ་ཞེས་པ། ཏིང་ངེ་འཛིན་མེད་ན་ཉོན་མོངས་པ་རྩ་བ་ནས་དག་པར་མི་འགྱུར་བའི་ཕྱིར། ཏིང་ངེ་འཛིན་གྱི་དོན་མི་ཚོལ་ན་ཉེས་བྱས་སོ། །

བསམ་གཏན་སྒྲིབ་པ་སྤང་མི་བྱེད་ཅེས་པ། རྒོད་པ་དང་། འགྱོད་པ་དང་། གནོད་སེམས་དང་། རྨུགས་པ་དང་། གཉིད་དང་། འདོད་པ་ལ་འདུན་དང་། ཐེ་ཚོམ་རྣམས་རྒྱུད་ལ་སྐྱེས་ཀྱང་སྤང་བར་མི་བྱེད་ན་ཉེས་བྱས་སོ། །བསམ་གཏན་རོ་ལ་ཡང་དག་བལྟ་ཞེས་པ།ཞི་གནས་ཀྱི་ཏིང་ངེ་འཛིན་ལ་མཆོག་ཏུ་འཛིན་པ་དང་། ཡང་དག་པར་བལྟ་ན་ཉེས་བྱས་སོ། །ཉན་ཐོས་ཐེག་པ་སྤང་བར་བྱེད་ཅེས་པ། ཉན་ཐོས་ཀྱི་ཐེག་པ་ནི་དམན་པས་སྤང་བར་བྱ་བ་ཡིན་ནོ་ཞེས་འདོར་ན་ཉེས་བྱས་ཏེ། བློ་རིམ་ཅན་རྣམས་ཉན་ཐོས་ཀྱི་ཐེག་པ་ནས་རིམ་གྱིས་ཐེག་པ་ཆེན་པོ་ལ་འཇུད་པའི་ཕྱིར་མི་སྤང་ངོ་། །རང་ཚུལ་ཡོད་བཞིན་དེ་ལ་བརྩོན་ཞེས་པ། རང་ལ་བྱང་ཆུབ་སེམས་དཔའི་སྡོམ་པའི་ཚུལ་ཁྲིམས་བསྲུང་བླ་ལ་ཕན་ཡོན་ཆེ་བ་ཡོད་བཞིན་དུ་ཉན་ཐོས་ཀྱི་སྤྱོད་པ་ལ་བརྩོན་པར་བྱེད་ན་ཉེས་བྱས་སོ། །བརྩོན་མིན་ཕྱི་རོལ་བསྟན་བཅོས་བརྩོན་ཞེས་པ། བརྩོན་འགྲུས་བརྩམས་པའི་ཡུལ་མ་ཡིན་པའི་ཕྱི་རོལ་མུ

སྡེགས་ཀྱི་གྲུབ་མཐའ་དང་། མཐུ་དང་སྔགས་དང་། རིག་བྱེད་ལ་སོགས་པ་བརྩོན་པར་བྱས་ན་ཉེས་བྱས་སོ། །བརྩོན་པར་བྱས་ཀྱང་དེ་ལ་དགའ། ཞེས་པ་རང་གི་ཆོས་ལ་གཙོ་བོར་ལྟ་ཞིང་ཕྱིར་པའི་ཆོས་ལ་ཁ་ཅིག་བལྟས་པས་དགའ་ཞིང་སྲེད་ན་ཉེས་བྱས་སོ། །ཐེག་པ་ཆེན་པོ་སྤང་བར་བྱེད་ཅེས་པ། ཤེས་པས་སྲིད་ལ་མི་གནས་ཤིང་། སྙིང་རྗེའི་སྲིད་ལ་མི་གནས་པའི་བརྗོད་བྱ་སྤང་ནས་ཐེག་དམན་པའི་ཆོས་ལ་སྲེད་ཅིང་སྤང་ན་ཉེས་བྱས་སོ། །བདག་ལ་བསྟོད་ཅིང་གཞན་ལ་སྨོད་ཅེས་པ། སྙིང་པ་དང་བཀུར་སྟིའི་ཕྱིར་བདག་ལ་བསྟོད་ཅིང་གཞན་ལ་སྨོད་ན་ཕམ་པ་ཡིན་ལ། ཀུ་རེ་དང་བཞད་གད་མཚང་འབྲུའི་བསམ་པས་བདག་ལ་བསྟོད་ཅིང་གཞན་ལ་སྨད་ན་ཉེས་བྱས་སོ། །ཆོས་ཀྱི་དོན་དུ་འགྲོ་མི་བྱེད་ཅེས་པ་རང་དང་གནས་དུས་ཀྱི་མ་བཀྲལ་ས་ན་ཆོས་དང་གདམས་ངག་ཉན་དགོས་པ་ཡོད་ཀྱང་ང་རྒྱལ་གྱི་དེར་མི་འགྲོ་ཞིང་ཉན་པར་མི་བྱེད་ན་ཉེས་བྱས་སོ། །དེ་ལ་སྨོད་དང་ཡི་གེ་བརྟེན་ཞེས་པ། རང་གནས་དུས་མཚུངས་པའི་ས་ན་དགེ་བའི་བཤེས་གཉེན་ཐེག་པ་ཆེན་པོའི་ཆོས་སྟོན་པ་ཡོད་ན་དེ་ལ་ཕྲག་དོག་གིས་བསམ་པས་ལེགས་པ་ཡིན་ཀྱང་མ་ཡིན་ནོ་ཞེས་སྨོད་པ་དང་། དེས་ཆོས་ཤེས་ཀྱང་མི་ཤེས་ཡི་གེ་ཀློག་པ་ཙམ་ཡིན་ཟེར་ན་ཉེས་བྱས་ཡིན་པས་ང་རྒྱལ་སྤང་ནས་བརྟེན་པར་བྱའོ། །དགོས་པའི་གྲོགས་སུ་འགྲོ་མི་བྱེད་ཅེས་པ། ཆོས་ཟང་ཟིང་ལྟན་ཅིག་ཏུ་སྒྲུབ་པའི་གྲོགས་རྣམས་དང་འགྲོགས་པའི་དུས་སུ་བྱ་བ་ལ་བབ་ཆོད་རེ་རང་གོ་བ་བླང་ན་བྱེད་དགོས་པ་ཡིན་ལ་དེ་ལྟར་མི་བྱེད་ན་ཉེས་བྱས་སོ། །ནད་པའི་རིམ་གྲོ་བྱ་བ་སྤང་། ཞེས་པ་ནད་པ་ནད་ཀྱི་གདུང་བ་མགོན་སྐྱབས་མེད་པ་མཐོང་ན་སྨན་དང་སྨན་པ་ཚོལ་བ་དང་བཟའ་བཏུང་སྦྱིན་པ་ལ་སོགས་པའི་རིམ་གྲོ་འབད་ཆོད་གཅིག་མ་བྱས་པར་དོར་ན་ཉེས་བྱས་སོ། །གཞན་གྱི་སྡུག་བསྔལ་སེལ་མི་བྱེད་ཅེས་པ་སེམས་ཅན་སྡུག་བསྔལ་གྱི་གཟིར་བ་མཐོང་ན། རང་ལ་ནུས་པ་ཡོད་བཞིན་དུ་མི་སེལ་བར་འདོར་ན་ཉེས་བྱས་ཡིན་པས་ཇི་ལྟར་རིག་པས་ཕན་བཏགས་ཅིང་བསལ་བར་བྱའོ། །བག་མེད་རྣམས་ལ་རིགས་མི་སྟོན་ཞེས་པ། རང་རྟག་ཏུ་བག་ཡོད་པར་བྱ་ཞིང་གཞན་བག་མེད་པའི་ལས་ལ་འཇུག་པ་མཐོང་ན། ཇི་ལྟར་རིག་པའི་གདམས་ངག་བསྟན་ཏེ་བག་ཡོད་པ་ལ་སྦྱོར་བར་མི་བྱེད་ན་ཉེས་བྱས་སོ། །བྱས་ལ་ལན་དུ་ཕན་མི་འདོགས་ཞེས་པ་རང་ལ་གཞན་གྱི་ཕན་བཏགས་པའི་ལན། ཕན་གདགས་སུ་ཡོད་

བཞིན་དུ་མི་འདོགས་ན་ཉེས་བྱས་སོ། །གཞན་གྱི་མྱ་ངན་བསལ་མི་བྱེད་ཅེས་པ། སེམས་ཅན་ཤི་བའི་མ་ནོར་ཧླག་པ་ལ་སོགས་པ་ལ་མྱ་ངན་མི་བསལ་ན་ཉེས་བྱས་ཡིན་པས། འདུས་བྱས་ཐམས་ཅད་ལ་མི་རྟག་པ་འདི་ལྟ་བུའི་ཆོས་ཅན་འདི་ལྟ་བུའི་མཚན་ཉིད། ཐམས་ཅད་འདི་ལས་མ་འདས་པ་ཡིན་པས་མྱ་ངན་མ་བྱེད་ཅེས་པས་བསལ་ལོ། །ནོར་འདོད་པ་ལ་སྦྱིན་མི་བྱེད་ཅེས་པ། ནོར་ལ་སེར་སྣས་དགྲིས་ནས་མི་སྟེར་ན་ཕམ་པ་ཡིན་ལ། ལེ་ལོ་དང་གཡེང་བས་མི་སྟེར་ན་ཉེས་བྱས་ཡིན་པས། ཇི་ལྟར་འཚམས་པ་དང་འོས་པ་རེ་དགའ་སྤྲོ་དང་བཅས་པས་སྦྱིན་པར་བྱའོ། །འཁོར་རྣམས་ཀྱིས་ནི་དོན་མི་བྱེད་ཅེས་པ། རང་ལ་བརྟེན་པའི་གང་ཟག་ལ་ཆོས་མི་སྟོན་ཕན་མི་འདོགས་པར་བཏང་སྙོམས་སུ་འཇོག་ན་ཉེས་བྱས་ཡིན་པས། དེ་ལ་རྒྱུད་དང་འཚམས་པའི་ཆོས་སྟོན་ཅིང་ཟས་ནོར་ལ་སོགས་པ་ཇི་ལྟར་འཚམས་པའམ་འོས་པས་ཕན་འདོགས་བྱའོ། །གཞན་གྱི་བློ་དང་མཐུན་མི་འཇུག་ཅེས་པ། བསྟན་ལ་ཞུགས་པའི་གང་ཟག་གཞན་དང་བློ་མཐུན་པར་མི་བྱེད་ན་ཉེས་བྱས་ཡིན་པས། དགོན་པའམ་གནས་བཞིའམ་གྲྭ་ས་ལ་སོགས་པ་གང་དུ་འདུག་ཀྱང་གྲོགས་ཆོས་དང་མཐུན་པ་དང་འགྲོགས་ཤིང་ཅི་བྱེད་དམ་པའི་ཆོས་སུ་བློ་མཐུན་པར་བྱའོ། །

ཡོན་ཏན་བསྔགས་པ་སྨྲ་མི་བྱེད་ཅེས་པ། གང་ཟག་གཞན་དད་པ་དང་བརྩོན་འགྲུས་དང་ཏིང་ངེ་འཛིན་དང་ཤེས་རབ་ཅན་བསྔགས་པར་འོས་པ་ལ་བསྔགས་པ་མི་བརྗོད་ན་ཉེས་བྱས་སོ། །རྐྱེན་དུ་འཚམས་པ་ཚར་མི་གཅོད་ཅེས་པ་རང་ལ་བརྟེན་པའི་གང་ཟག་ལོག་པར་ཞུགས་པ་མཐོང་ན། བཟློག་པའི་ནུས་པ་ཡོད་བཞིན་དུ་ཅི་དགར་གཏང་ན་ཉེས་བྱས་ཡིན་པས། དང་པོ་ཟང་ཟིང་གི་སྦྱིན་པས་ཕན་བཏགས་ལ་བགོ་བར་བྱ། དེས་མ་ཞུམ་ན་བཀའ་བཀྱོན་དྲག་པོའི་སྨྲ་དབབ་པ་དང་། གནས་ནས་དབྱུང་བ་ལ་སོགས་བྱ་ཞིང་སེམས་སྐད་ཅིག་ཀྱང་འདོར་བར་མི་བྱའོ། །རྫུ་འཕྲུལ་ལ་སོགས་སྡིགས་མི་བྱེད་ཅེས་པ། སངས་རྒྱས་ཀྱི་བསྟན་པ་ལ་ཞེ་སྡང་བ་ཕྱི་རོལ་མུ་སྟེགས་བྱེད་ལ་སོགས་པའི་སྡིག་ཅན་རྣམས་ཟང་ཟིང་གིས་བསྡུས་ལ་དད་པར་བྱ། དད་པ་སྨིན་པར་བྱ། སྨིན་པ་གྲོལ་བར་བྱ། དེས་མ་དུལ་ན་གཅིག་ལ་མང་པོར་སྤྲོ་བ་དང་མང་པོ་གཅིག་ཏུ་བསྡུར་བ་ལ་སོགས་པའི་རྫུ་འཕྲུལ་བསྟན་ལ་སྨིན་པ་དང་གྲོལ་བར་བྱ། དེ་ལྟ་བུའི་རྫུ་འཕྲུལ་དང་ནུས་པ་མེད་པས་སྨོན་ལམ་གྱི་བསྔོ་བར་བྱའོ། །

ཞེས་གསུངས་སོ། །དེ་ལྟ་བུའི་བྱང་ཆུབ་སེམས་དཔའི་སྡོམ་པ་ཐོབ་པ་དང་གཏང་དུས་གང་ཞེ་ན། དུས་བརྗོད་ཅེས་སྨྲས་པས། ཐོབ་པ་ནི། དམ་ཆོས་རྫོགས་པ་གསང་བའི་མདོ་ལས། བཅོམ་ལྡན་འདས་དེ་བཞིན་གཤེགས་པ་ཐམས་ཅད་ཀྱི་སྡོམ་པ་ཐོབ་པའི་དུས་གང་ལགས། བཀའ་སྩལ་པ། སེམས་ཅན་པོ། དེ་བཞིན་གཤེགས་པ་ཐམས་ཅད་ཀྱི་སྡོམ་པ་ཐོབ་པའི་དུས་ནི་བླ་མས་གནང་བ་དང་། བྱང་ཆུབ་ཏུ་སེམས་བསྐྱེད་པ་དང་། བློ་མཆོག་ཏུ་གྱུར་པ་དང་། ཆོག་བརྗོད་པ་གསུམ་གྱི་ཐ་མ་ལ་ཐོབ་པའོ། །ཞེས་གསུངས་པའོ། །

གཏང་བ་ནི་ལྷག་པའི་བསམ་པས་སེམས་ཅན་བདག་ཏུ་མ་བཟུང་བ་ན་བྱང་ཆུབ་སེམས་དཔའི་མིང་མེད། སེམས་ཅན་དུས་གཅིག་བློས་སྤང་ཁྲ་དང་སྤྱང་ཀི་ལ་ཡང་མི་ཡོང་བས། བྱང་ཆུབ་སེམས་དཔས་སེམས་ཅན་གཅིག་བློས་སྤང་སྟེ་ཐུན་གཅིག་འདས་ན་བྱང་ཆུབ་ཀྱི་སེམས་གཏང་སྟེ། ནམ་ཉི་མ་མཉམ་པའི་དུས་ཉིན་ཞག་ཕྱུགས་གཅིག་ལ་ཐུན་དྲུག་ཏུ་བྱས་པའི་སྔ་དྲོའམ་སྲོད་འདས་ནས་གུང་གི་ཐུན་ལ་བབ་པ་དང་སེམས་བསྐྱེད་པའི་སྡོམ་པ་འཆོར་བས། སེམས་ཅན་ཐམས་ཅད་ཀྱི་དོན་དུ་ལུས་ལོངས་སྤྱོད་དགེ་བའི་རྩ་བ་ཐམས་ཅད་ལྟོས་པ་མེད་པར་གཏང་སྟེ། ཉེ་བར་འཁོར་གྱི་ཞུས་པའི་མདོ་ལས། ཉེ་བར་འཁོར་ཐེག་པ་ཆེན་པོ་ལ་ཡང་དག་པར་ཞུགས་པའི་བྱང་ཆུབ་སེམས་དཔའ་ནི་ལ་ལ་སྔ་དྲོའི་དུས་ཀྱི་ཚེ་ལྟུང་བ་བྱུང་ན། གུང་གི་དུས་ཀྱི་ཚེ་ཐམས་ཅད་མཁྱེན་པ་ཉིད་ཀྱིས་སེམས་དང་མི་འབྲལ་ལ་བར་གནས་པར་བྱེད་ན། ཐེག་པ་ཆེན་པོ་ལ་ཡང་དག་པར་ཞུགས་པའི་བྱང་ཆུབ་སེམས་དཔའི་ཚུལ་ཁྲིམས་ཀྱི་ཕུང་པོ་ཡོངས་སུ་མ་གཏང་བ་གོ་ན་ཡིན་ནོ། །

གལ་ཏེ་ཉིན་ཕྱེད་ཀྱི་དུས་ཀྱི་ཚེ་ལྟུང་བ་བྱུང་ན་ཕྱི་དྲོའི་དུས་ཀྱི་ཚེ་ཐམས་ཅད་མཁྱེན་པའི་སེམས་དང་མི་འབྲལ་བར་གནས་པ་དང་། དེ་བཞིན་དུ་ཕྱི་འབྲེད་ཀྱི་དུས་སུ་ལྟུང་བ་བྱུང་ན་སྲོད་དང་། སྲོད་ལ་བྱུང་ན་ནམ་གྱི་གུང་དང་། ནམ་གྱི་གུང་ལ་བྱུང་ན་ཐོ་རངས་ཐམས་ཅད་མཁྱེན་པ་ཉིད་ཀྱི་སེམས་དང་མི་འབྲལ་བར་གནས་ཏེ། ཐེག་པ་ཆེན་པོ་ལ་ཡོངས་དག་པར་ཞུགས་པའི་ཚུལ་ཁྲིམས་ཀྱི་ཕུང་པོ་ཡོངས་སུ་ཉམས་པར་གསུངས་སོ། །དེ་ཡང་ལྟུང་བ་དེ་དག་གི་ཕྱོགས་མཐུན་པ། དཔེར་ན། ལོག་ལྟའི་ཕྱོགས་མཐུན་མ་གུས་པ་ཙམ་ནི་ཉེས་བྱས་ནས་ཀུན་ལ་ཤེས་པར་བྱའོ། །དེའང་ལོག་ལྟ་སྤང་བའི་

སེམས་དགེ་བ་ལ་སོགས་པ་ནི་ལྟུང་མེད་ཅེས་བྱ་ལ། ཕྱོགས་མཐུན་གྱིས་ཀྱང་མ་གོས་པ་ནི་ཉེས་མེད་དུ་ཤེས་པར་བྱའོ། །དགེ་བའི་ཕྱོགས་ཇི་སྙེད་པ་ཐམས་ཅད་ལ་བསླབ་བྱ་ཡིན་ཅིང་། ཁྱད་པར་དུ་གཞན་དོན་དང་འབྲེལ་པ་དངོས་ཀྱི་བསླབ་བྱ་ཡིན་ནོ། །

སྡོམ་པ་དེ་ཉམས་ན་བཅོས་པའི་ཐབས་གང་ཞེ་ན། དེ་ཉམས་པ་ནི་ཕྱིར་བཅོས་བསྟན། །ཞེས་སྨོས་པས། དུག་གསུམ་གྱི་ཀུན་ནས་བསླང་པའི་རྩ་བའི་ལྟུང་བ་བྱུང་ན། སྡོམ་པ་གཞི་ནས་བླངས། ཞེ་སྡང་མེད་པར་གཏི་མུག་དང་ཆགས་པས་ཀུན་ནས་བསླངས་ན། དཀོན་མཆོག་རྟེན་ནམ་བྱང་ཆུབ་སེམས་དཔའ་གསུམ་གྱི་སྤྱན་སྔར་བཤགས། ཆགས་པ་རྐྱང་པའམ་ཉེས་པ་ལ་ཉེས་པར་ཤེས་བཞིན་དུ་སྐྱེས་རྣམས་བྱང་ཆུབ་སེམས་དཔའ་གཅིག་གི་མདུན་དུ་བཤགས་བསྡམ་བྱ། ལུས་ངག་ཏུ་མི་གྲུབ་པའི་སེམས་ལ་སྐྱེས་པ་ཙམ་ལ་བསྡོམ་བྱར་གྱུར་ཏེ། སློབ་དཔོན་ཙནྡྲ་གོ་མིའི་སྡོམ་པ་ཉི་ཤུ་པ་ལས། སྡོམ་པ་སླར་ཡང་བླང་བར་བྱ། །ཟག་པ་འབྲིང་ནི་གསུམ་ལ་བཤགས། །གཅིག་གི་མདུན་དུ་ལྷག་མ་རྣམས། །ཉོན་མོངས་མི་སྨྲང་བདག་སེམས་བཞིན། །ཞེས་གསུངས་སོ། །བཀག་པས་དག་པ་དང་། བླང་བས་སོར་ཆུད་པའི་རྒྱུ་མཚན་གང་ཞེ་ན། ཉེ་བར་འཁོར་གྱིས་ཞུས་པའི་མདོ་ལས། ཉེ་བར་འཁོར་ཐེག་པ་ཆེན་པོ་ལ་ཡོངས་དག་པར་ཞུགས་པའི་བྱང་ཆུབ་སེམས་དཔའ་རྣམས་ཀྱིས་བསླབ་པ་ནི་རྗེས་སུ་བསྲུང་བ་དང་བཅས་པ་ཡིན་པར་སློབས་ཤིག །ཉན་ཐོས་ཀྱི་ཐེག་པ་རྣམས་ཀྱིས་བསླབ་པ་ནི་རྗེས་སུ་བསྲུང་བ་མེད་པ་ཡིན་པར་སློབས་ཤིག །ཉན་ཐོས་ཀྱི་ཐེག་པ་རྣམས་ཀྱིས་བསླབ་པ་ནི་རྗེས་སུ་བསྲུང་བ་མེད་པ་ཡིན་པར་སློབས་ཤིག །ཐེག་པ་ཆེན་པོ་ལ་ཡང་དག་པར་ཞུགས་པའི་བྱང་ཆུབ་སེམས་དཔའ་རྣམས་ཀྱི་བསླབ་པ་ནི། བཅོས་སུ་ཡོད་པ་ཡིན་པར་སློབས་ཤིག །ཉན་ཐོས་ཀྱི་ཐེག་པ་རྣམས་ཀྱི་བསླབ་པ་ནི་བཅོས་སུ་མེད་པ་ཡིན་པར་སློབས་ཤིག །ཞེས་གསུངས་པའོ། །དེ་ཡང་རྩ་བ་དང་ཡན་ལག་གི་ཉེས་པ་དེ་དག་མི་འབྱུང་བའི་ཐབས་གང་ཞེ་ན། སྙེད་བཀུར་ལ་ཞེན་འདོད་ཡོན་ཆགས་པ་སྤང་། །ཞེས་སྨོས་པས། བྱང་ཆུབ་སེམས་པས་འདས་པའི་འདོད་པ་ལ་ཡི་རང་བར་མི་ལྟ། ད་ལྟར་གྱི་འདོད་པ་ལ་ཞེན་ཞིང་འཆུམ་པར་མི་བྱ། མ་འོངས་པའི་འདོད་པ་ལ་ཡིད་གདུངས་པར་མི་བྱའོ། །གང་གི་ཕྱིར་ཞེ་ན་བདག་ལ་བསྟོད་ཅིང་གཞན་སྨོད་པ་དང་། འཐབ་པ་དང་རྩོད་པ་ལ་སོགས་པ་ཐམས་ཅད

སྙིང་པ་དང་བཀུར་སྟི་དང་འདོད་ཡོན་ལ་སྲེད་པའི་ཉེས་པ་ཡིན་ཏེ། རྒྱ་ཆེར་རོལ་པའི་མདོ་ལས། འདོད་པའི་ཡོན་ཏན་འཇིགས་བཅས་ཉོན་མོངས་བཅས། །རྩོད་པའི་རྒྱུ་བྱེད་འཁོར་བའི་སྡུག་བསྔལ་རྩ། །འདམ་རྫབ་ཆེ་འདྲ་རལ་གྲིའི་གཤག་ནས་འདྲ། །སྤྲུ་གྲིའི་སོ་ལ་སྦྲང་རྩི་བསྐུས་དང་མཚུངས། །ཇི་ལྟར་སྦྲུལ་གྱི་མགོ་དང་ངན་སྐྱུག་སྣོད། །དེ་ལྟར་འདོད་འདི་མཁས་པ་རྣམས་ཀྱིས་རིགས། །ཞེས་པ་དང་། ལྷག་པའི་བསམ་པས་བསྐུལ་བའི་མདོ་ལས། དམ་པ་འདི་ལས་བྱང་ཆུབ་སེམས་དཔའ་ཆེན་པོས་སྙིང་པ་དང་བཀུར་སྟི་ནི་འདོད་ཆགས་བསྐྱེད་པ་ཡིན་པར་རིག་པར་བྱའོ། །སྙིང་པ་དང་བཀུར་སྟི་ནི་ཁོང་ཁྲོ་དང་ང་རྒྱལ་དང་ དྲེགས་པ་རྩོད་པ་བསྐྱོད་པར་རིག་པར་བྱའོ། །

དེ་བཞིན་དུ་སྙིང་པ་དང་བཀུར་སྟི་ནི་གཡོ་བསྐྱེད་པ་དང་། ངོ་ཚ་མི་ཤེས་པ་དང་། ཁྲེལ་མེད་པ་དང་། བདུད་ཀྱི་ཕྱོགས་པ་ཡིན་པ་དང་། བག་མེད་པའི་རྩ་བ་དང་། དགེ་བའི་རྩ་བ་འཕྲོག་པ་དང་། དཀར་པོའི་ཕྱོགས་ཉམས་པར་བྱེད་པ་དང་། ཡོངས་དག་པར་སྤང་བ་དང་། བསམ་གཏན་དང་ཚད་མེད་པ་ཡོངས་སུ་སྤང་བ་དང་། སེམས་ཅན་དམྱལ་བ་དང་དུད་འགྲོའི་སྐྱེ་གནས་དང་། གཤིན་རྗེའི་འཇིག་རྟེན་དུ་ལྟུང་བར་རིག་པར་བྱའོ། །བྱམས་པ་བྱང་ཆུབ་སེམས་དཔའ་སྙིང་པ་དང་བཀུར་སྟིའི་ཉེས་དམིགས་འདི་ལྟ་བུ་དག་བརྟག་ནས་འདོད་པ་ཆུང་བར་བྱའོ། །ཡོངས་སུ་གདུང་བར་མི་བྱའོ། །ཞེས་གསུངས་པས། སྙིང་པ་དང་བཀུར་སྟི་དོན་དུ་མི་གཉེར་ཞིང་འདོད་ཡོན་ལ་ཆགས་པ་སྤང་བར་བྱའོ། །དེ་ལྟར་གཞན་གྱི་སྦྱིན་པ་དང་བསྙེན་བཀུར་བའི་གནས་ཀྱང་མི་བྱའམ་ཞེ་ན། བདག་ཉིད་འདོད་པ་དོན་དུ་གཉེར་ཞིང་འཛིན་པ་དེ་སྤང་བར་བྱ་བ་ཡིན་ལ་སེམས་ཅན་གཞན་ཚོགས་རྫོགས་པར་བྱ་བའི་ཕྱིར་གང་དང་གང་བྱིན་པ་དེ་བླང་ཞིང་ལོངས་སྤྱོད་པ་དང་། བླ་མ་དཀོན་མཆོག་མཆོད་པ་དང་སེམས་ཅན་འཕོངས་པ་རྣམས་ཟང་ཟིང་གི་སྦྱིན་པས་བསྡུ་བར་བྱའོ། །དེ་ལྟར་བྱང་སེམས་སྡོམ་པའི་བསླབ་བྱ་འདི་དག་ནི། དུས་གསུམ་གྱི་རྒྱལ་བ་ཐམས་ཅད་ཀྱི་བགྲོད་པ་གཅིག་པུའི་ལམ་བཟང་ཡིན་ཏེ། བསྐལ་པ་བཟང་པོ་འདི་ཉིད་ཀྱི་སངས་རྒྱས་སྟོང་རྩ་གཉིས་དེ་དག་རྣམས་ཀྱང་། ཐོག་མར་བྱང་ཆུབ་མཆོག་ཏུ་སེམས་བསྐྱེད། བར་དུ་བསྐལ་པ་གྲངས་མེད་མང་པོར་བྱང་ཆུབ་ཀྱི་སྤྱོད་པ་རླབས་པོ་ཆེ་སྤྱད་པའི་མཐར་མངོན་པར་རྫོགས་པར་སངས་རྒྱས་པའོ། །ཞེས་བསྐལ་བ་བཟང་པོའི་མདོ

ལས་བཤད་པས། འོ་སྐོལ་ཐེག་པ་ཆེན་པོའི་སྒོར་ཞུགས་སོ་ཅོག་རྣམས་ཀྱིས་ཀྱང་བསྟན་པའི་གཞུང་ལམ་ཆེན་པོ་བྱང་ཆུབ་སེམས་དཔའི་སྡོམ་པ་འདི་ལ་བརྩོན་པ་རྒྱ་མཚོས་སྙིང་གི་ཁྲུང་ནུས་པའི་གཏིང་ནས་ཉམས་སུ་ལེན་དགོས་པར་གདམས་པའོ། །དེ་ཡན་ནི་བྱང་ཆུབ་སེམས་དཔའི་སེམས་བསྐྱེད་ཀྱི་བསླབ་སྡོམ་བཤད་ཟིན་ཏོ།། །།

ད་ནི་དོན་བཞི་པ་རིག་འཛིན་སྔགས་ཀྱི་སྡོམ་པ་རྒྱས་པར་བཤད་པ་ནི། དེ་ལ་འདིར་ཐེག་པ་འོག་མ་ལྟར་སློན་ལམ་གྱི་གནད་ལས་ཕྱིས་ལྷོས་པ་ལྟ་བུ་ནི་མ་ཡིན་ཏེ། ད་ལྟ་ཉིད་ནས་མངོན་གསུམ་དུ་རྒྱལ་བའི་མཛད་པ་རྣལ་འབྱོར་པས་ཉམས་སུ་བླང་པས་མཆོག་ཐུན་མོང་གི་དངོས་གྲུབ་ཚེ་འདི་ཉིད་ལ་བདེ་བླགས་སུ་ཐོབ་པར་བྱེད་པའི་ཆོས་གསང་སྔགས་ཀུན་གྱི་མྱུར་ལམ་འདི་ལ་སྤྱི་དོན་གསུམ་སྟེ། དེའང་སྡོམ་པ་མ་ཐོབ་ཐོབ་པར་བྱེད་པའི་ཐབས་དང་། ཐོབ་པ་མི་ཉམས་བསྲུང་བའི་ཐབས། ཉམས་ན་ཕྱིས་འཆོས་པའི་ཐབས་སོ། །དང་པོ་མ་ཐོབ་ཐོབ་པར་བྱེད་པའི་ཐབས་ནི། རྒྱུད་སྡེ་བཞིའི་དབང་ཆོག་རྣམས་ཏེ། དེ་དག་ནི་རང་གཞུང་སོ་སོར་གསལ་ལ། འདིར་ཐོབ་པ་མི་ཉམས་བསྲུང་བའི་ཐབས་དང་། ཉམས་ན་ཕྱིས་འཆོས་པའི་ཐབས་གཉིས་སོ། །དང་པོ་ལའང་བརྒྱད་དེ། ངོ་བོ་དང་ངེས་ཚིག་དང་རྣམ་གྲངས་བསྲུང་ཐབས་ཉམས་པའི་རྒྱུ་ཉམས་པའི་རྟགས་ཉམས་པའི་སྐྱོན་མ་ཉམས་པའི་ཡོན་ཏན་ནོ། །

དེ་ལ་དང་པོ་ངོ་བོ་ནི། སློབ་དཔོན་པད་མས་མཛད་པའི་དམ་ཚིག་རྣམ་བཤད་རྒྱ་མདུད་ལས། དམ་ཚིག་བསྲུང་བར་བྱ་བའི་དོན་ཐམས་ཅད་ལས་མི་འདའ་བར་བྱེད་པ་ནི་དམ་ཚིག་གི་ངོ་བོའོ། །ཞེས་སོ། །

གཉིས་པ་ངེས་ཚིག་ཡང་སྔ་མ་ལས། གང་བསྲུང་བར་བྱ་བ་ཐམས་ཅད་ཚུལ་ལྡན་དུ་བསྲུང་ན་དམ་ཤིང་། གལ་ཏེ་དེ་རྣམས་ལས་ཉམས་པར་གྱུར་ན་ཚིག་པས་ན། དམ་ཚིག་རྣམ་པར་ངེས་སོ། །ཞེས་གསུངས་པའོ། །

སྤྱི་དོན་གསུམ་པ་དམ་ཚིག་གི་རྣམ་གྲངས་ལ་སྤྱི་དང་བྱེ་བྲག་གཉིས་སོ། །དེ་ལ་དང་པོ་སྤྱི་ནི། དམ་ཚིག་རྡོ་རྗེ་གསལ་བཀྲ་ལས། དམ་ཚིག་ནི་སེམས་ཅན་གྱི་རྟོག་པ་འདུལ་བའི་གཉེན་པོར་འབྱུང་

བ་ཡིན་ཏེ། དེའང་སྤྱིར་ནམ་མཁའ་ལ་མཐའ་མེད། དེའི་དབང་གི་དེའི་ཁྱབ་པའི་འཇིག་རྟེན་གྱི་ཁམས་ལ་མཐའ་མེད། དེའི་དབང་གི་དེར་གནས་པའི་སེམས་ཅན་གྱི་གྲངས་ལ་མཐའ་མེད། སེམས་ཅན་གཅིག་གི་རྒྱུད་ལའང་ལོག་རྟོག་གི་གྲངས་བསམ་གྱིས་མི་ཁྱབ་སྟེ། ལ་དོར་བའི་ཚིག་ཏུ་སངས་རྒྱས་ཉིད་ཀྱིས་ཀྱང་མི་མཁྱེན་པའམ་བརྗོད་པས་མི་རྫོགས་ཞེས་བྱའོ། །དེའི་ཕྱིར་རྟོག་པ་དེ་དག་འདུལ་བའི་གཉེན་པོར་དམ་ཚིག་གི་གྲངས་ཀྱང་བསམ་ལས་ཡས་པས། རྒྱལ་བ་ཉིད་ཀྱིས་ཀྱང་བརྗོད་ཀྱི་མི་ལང་སྟེ། བརྗོད་ལས་འདས་ཞེས་པའོ། །འོན་ཀྱང་སྙིགས་མའི་དུས་ཀྱི་སེམས་ཅན་ཚེ་ཐུང་ཞིང་གཡེང་བ་ཆེ་བ་ཤེས་རབ་སྨོངས་པས་རྒྱུད་ཀྱི་དོན་ལ་སྦྱོང་མི་ནུས་པ་རྣམས་ཀྱི་དོན་དུ་བསྲུང་བྱའི་བྱེ་བྲག་ལ་གལ་ཆེ་ལོང་རྣམས་མདོར་བསྡུས་ཏེ། གཞུང་འདིར་ཕྱོགས་གཅིག་ཏུ་བཟུང་ན། ཞེས་གསུངས་པ་ལྟར་རོ། །

གཉིས་པ་བྱེ་བྲག་ལའང་སྤྱི་དང་ཁྱད་པར་གཉིས་ཏེ། དང་པོ་སྤྱི་ལའང་སྔགས་ཕྱི་རྒྱུད་གསུམ་གྱི་རྩ་ལྟུང་མདོར་བསྟན་པ་དང་། ཁྱད་པར་དུ་གསང་སྔགས་ནང་རྒྱུད་བླ་མེད་ཀྱི་དམ་ཚིག་རྒྱས་པར་བཤད་པའོ། །དང་པོ་སྔགས་ཕྱི་རྒྱུད་གསུམ་ནི་བྱེ་རྒྱུད་དང་། སྤྱོད་རྒྱུད་རྣལ་འབྱོར་རྒྱུད་གསུམ་ལས། དང་པོ་བྱ་རྒྱུད་ཀྱི་རྩ་ལྟུང་བཅུ་གསུམ་ནི། གསང་བ་སྤྱི་རྒྱུད་ལས། དེ་རིང་ཕན་ཆད་ཁྱེད་རྣམས་ཀྱིས། །སངས་རྒྱས་ཆོས་དང་དགེ་འདུན་དང་། །རིགས་སྔགས་གསང་སྔགས་ཚོགས་རྣམས་ལ། །དད་པས་རབ་ཏུ་བརྟེན་པར་བྱ། ༡ །རྟག་པར་ཕྱག་རྒྱ་ཆེན་པོ་ལ། །ཁྱད་པར་དུ་ནི་མོས་པར་བྱ།༢།དམ་ཚིག་ཅན་དང་མཛའ་བོ་དང་། །བླ་མ་ལ་ནི་བཀུར་བར་བྱ།༣།ལྷ་རྣམས་ཀུན་ལ་སྡང་མི་བྱ།༤།དུས་མཚམས་དག་ཏུ་མཆོད་པར་བྱ།༥།སྟོན་པ་གཞན་གྱི་གཞུང་མི་མཆོད།༦།རྟག་ཏུ་གློ་བུར་མགྲོན་མཆོད་བྱ།༧། སྲོག་ཆགས་རྣམས་ལ་བྱམས་པའི་སེམས། །རྟག་ཏུ་བརྟེན་པར་ཉེ་བར་བཞག༨ །ཐེག་པ་ལ་ནི་དགའ་རྣམས་ཀྱི། །བསོད་ནམས་དག་ལ་ནན་ཏན་བསྐྱེད།༩།བཟླས་བརྗོད་བྱེད་ལ་འབད་པ་ཡིས། །གསང་སྔགས་སྤྱོད་ལ་བརྩོན་པར་བྱ།༡༠།གསང་སྔགས་རྒྱུད་ལས་བསྟན་པ་ཡི། །དམ་ཚིག་རྣམས་ཀྱང་བསྲུང་བར་བྱ། །དམ་ཚིག་མེད་པ་རྣམས་ལ་ནི། །སྔགས་དང་ཕྱག་རྒྱ་མི་སྦྱིན་ནོ།༡༡།གསང་སྔགས་རྒྱུད་ནི་ལེགས་བསྲུང་ཞིང་། །དེ་ཡང་བདག་གིས་རྟོགས་པར་བྱ།༡༢།ཅེས་སོ། །

གཉིས་པ་སྤྱོད་རྒྱུད་ཀྱི་རྩ་ལྟུང་བཅུ་བཞི་ནི། རྣམ་སྣང་མངོན་བྱང་ལས། དེ་རིང་ཕྱིན་ཆད་ཐུ་ཁྱོད་ཀྱིས། །དམ་ཆོས་སྤང་དང་བྱང་ཆུབ་དང་། །སེར་སྣ་དང་ནི་སེམས་ཅན་ལ། །མནར་སེམས་གནོད་བྱེད་བཞི་པོ་ནི། །རྩ་ལྟུང་ཡིན་ནོ་ཐུན་མོང་དུ། །མི་དགེ་བཅུ་ནི་སྤང་པ་དང་། །སློན་འཇུག་སྡོམ་པ་མ་ལུས་པ། །སྔགས་པས་འབད་དེ་བཟུང་བར་བྱ། །ཞེས་པས་རྩ་ལྟུང་བཞིའི་སྟེང་དུ་མི་དགེ་བཅུ་སྤང་བ་བསྟན་པས་བཅུ་བཞི་ཡིན་ལ། སློན་འཇུག་གཉིས་ནི་སྔགས་ཐུན་མོང་དུ་བཤད་པས་མཉམ་དུ་མི་བགྲངས་སོ། །

གསུམ་པ་རྣལ་འབྱོར་རྒྱུད་ཀྱི་རྩ་ལྟུང་བཅུ་བཞི་ནི། རྡོ་རྗེ་རྩེ་མོ་རྣམ་པར་བཀོད་པའི་རྒྱུད་ལས། དེ་ལས་གཞན་ཡང་བཅུ་བཞི་ནི། །ཕས་ཕམ་པ་ནི་རབ་ཏུ་བཤད། །སྤང་ཞིང་འདོར་བར་མི་བྱ་སྟེ། །རྩ་བའི་ལྟུང་བ་ཞེས་བཤད་ཀྱི། །ཁྱོད་ཀྱི་སྲོག་ཆགས་གསད་མི་བྱ།༡།མ་བྱིན་པ་ཡང་མི་བླང་ངོ།༢། འདོད་ལ་ལོག་པར་མི་སྤྱོད་ཅིང་།༣།རྫུན་དུ་སྨྲ་བར་མི་བྱའོ།༤།ཕུང་ཁྲོལ་ཀུན་གྱི་རྩ་བ་ཡི། །ཆང་ནི་རྣམ་པར་སྤང་བར་བྱ།༥།སེམས་ཅན་འདུལ་ཕྱིར་མ་གཏོགས་པའི། །བྱ་བ་མ་ཡིན་ཐམས་ཅད་སྤང་།༦། དམ་པ་མཉེས་པར་བསྟེན་བྱ་ཞིང་།༧།རྣལ་འབྱོར་པ་རྣམས་བསྙེན་བཀུར་བྱ།༨།ཐེག་པ་དམན་ལ་འདོད་མི་བྱ།༩།སེམས་ཅན་དོན་ལ་རྒྱབ་ཕྱོགས་མིན།༡༠།འཁོར་བ་དག་ཀྱང་སྤང་མི་བྱ།༡༡།རྟག་ཏུ་མྱ་ངན་འདས་མི་ཆགས།༡༢།ལྷ་དང་ལྷ་མིན་གསང་བ་པ། །ཁྱོད་ཀྱིས་བརྙེས་པར་མི་བྱ་ཞིང་།༡༣། ཕྱག་རྒྱ་གཞོན་པ་མཚོན་ཆ་སོགས། །མཆན་མ་འགོང་བར་མི་བྱའོ། །འདི་དག་དམ་ཚིག་ཡིན་པར་བཤད། ༡༡ །ཅེས་སོ། །

༈ གཉིས་པ་ཁྱད་པར་དུ་གསང་སྔགས་ནང་རྒྱུད་ལའང་གསུམ་སྟེ། བསྐྱེད་པ་མ་ཧཱ་ཡོ་ག་ལུང་ཨ་ནུ་ཡོ་ག་རྫོགས་པ་ཆེན་པོ་ཨ་ཏི་ཡོ་གའི་དམ་ཚིག་རྒྱས་པར་བཤད་པ་ལས་ཐུན་མོང་གི་དམ་ཚིག་དང་ཁྱད་པར་གྱི་དམ་ཚིག་གཉིས་སོ། །དེ་ལའང་དང་པོ་ནི་ཐེག་པ་གོང་འོག་ཐམས་ཅད་ཀྱི་བསྲུང་བྱ་ཐུན་མོང་དུ་གྱུར་པས་ན་ཐུན་མོང་ངོ་། །བསྲུང་བྱ་དེ་དག་ལས་མི་འདའ་བར་བྱེད་པས་ན་དམ་ཚིག་གོ། །དེ་ཡང་སེམས་ཅན་གྱི་ལོག་རྟོག་གི་གྲངས་བསམ་གྱིས་མི་ཁྱབ་པའི་དབང་གི་ལོག་རྟོག་དེ་དག་འདུལ་བའི་གཉེན་པོར་དམ་ཚིག་གི་རྣམས་གྲངས་ལའང་བསམ་ལས་འདས་ཀྱང་། འདིར

མདོར་བསྟན་བདག་དོན་ཉེར་གཅིག་དང༌། གཞན་དོན་ཞེ་བཞིར་ཤེས་པར་བྱ། ཞེས་པས། དེ་ལའང་དང་པོ་བདག་དོན་དུ་བསྲུང་བྱ་ཉེར་གཅིག་ནི། དམ་ཚིག་རྣམ་བཤད་རྒྱ་མདུད་ལས། རྒྱན་སོགས་ཆོ་ལོ་མི་འགྱེད་པ། །ལུས་མཛེས་སྣེག་ཆོས་མི་བྱེད་པ། །འདུ་འཚོགས་གཡེང་བ་ལྟད་མོ་ལ་མི་འགྲོ་བ། གསང་སྔགས་ཀྱི་དམ་རྫས་དངོས་གྲུབ་ལེན་སོགས་ཀྱི་དུས་མ་གཏོགས་པ། སྨྱོས་བྱེད་ཀྱི་ཆང་བག་མེད་འབོག་རྒྱལ་དུ་མི་འཐུང་བ། དྲེགས་སྤྱོད་སྣ་ཚོགས་མི་བྱེད་པ། ཁྲེང་སེམས་ཀྱིས་སྤྱོད་པ་འདོར་བ། རྡོ་རྗེ་སློབ་དཔོན་དང་མཆེད་ལྕམ་ལ་མི་སྨོད་པ། འཇིག་རྟེན་ལྷ་ལ་ཕྱག་མི་བྱེད་པ། ཆེ་དགག་དང་ཨང་འདིར་མི་བྱེད་པ། དགེ་བའི་བྱ་བ་བྱེད་པ་ལ་མི་སྨོད་ཅིང༌། སྡིག་པ་མི་དགེ་བ་སྣ་ཚོགས་བྱེད་པ་ལ་མི་བསྔོད་པ། བླ་མེད་བྱང་ཆུབ་བསྒྲུབ་པའི་བྱ་བ་གང་དང་གང་ལ་ལེ་ལོ་དང་ཕྱི་བཤོལ་མི་བྱེད་པ། ཟས་ནོར་ལོངས་སྤྱོད་ཀྱི་དངོས་པོ་དཀར་པོ་དགེ་བའི་ཕྱོགས་སུ་གཏང་བ་ལ། སེར་སྣ་དང་འཛུར་བགེགས་ཀྱིས་མི་འཆིང་བ། གཉིད་ཤོག་ཆུང་བར་བྱེད་པ། རྣམ་གཡེང་བསྐྱུར་བ། ཁྲོ་གཏུམ་དང་ང་རོ་ཆུང་བར་བྱེད་པ། ཡེ་ཤེས་སྟོན་དུ་གཏང་བ། བླ་མའི་བཀའ་སླུལ་མི་ལྡོག་པ། སྡིག་པའི་གྲོགས་པོ་མི་བརྟེན་པ། ལུས་ངག་ཡིད་གསུམ་བག་མེད་པའི་སྤྱོད་པ་རྩུལ་དང་མི་མཐུན་པ་གང་ཡང་མི་བྱེད་པ། གང་དམ་བཅས་པ་དེ་མི་འདོར་བ། ཟས་ནོར་ལོངས་སྤྱོད་འདོད་སྲེད་ལ་ཆོག་ཤེས་ཤིང༌། གཞན་ལ་མངོན་པའི་དཔག་དཔེ་མི་བྱེད་པ་སྟེ་དེ་ལྟར་ཉེར་གཅིག་གོ། །

གཉིས་པ་གཞན་དོན་ཞེ་བཞི་ནི། སྔ་མ་ལས། ཕ་རོལ་ཏུ་ཕྱིན་པ་དྲུག ཆོས་སྤྱོད་བཅུ། འཕྲིན་ལས་རྣམ་པ་བཞིའི་ སྤྱོད་པ། མཐུན་འཇུག་ཐབས་ཀྱི་སྤྱོད་པ་བསྡུ་བའི་དངོས་པོ་ བཞི། ཐེག་པ་རིམ་པ་དགུ། མུ་ཏེགས་དགུ། འགྲོ་དྲུག་གི་སྤྱོད་པ། འཛིན་དང་ཉམས་པ་མེད་པར་སྤྱོད་པ་སྟེ་དེ་ལྟར་བཞི་བཅུ་ཞེ་བཞི་པོ། འགྲོ་བ་སེམས་ཅན་གྱི་དོན་དུ་འགྲོ་བར་འདུག་ན། རང་འདོད་ཀྱི་དྲི་མ་མཐའ་དག་དང་བྲལ་བའི་སྒོ་ནས། ཅི་ཡིན་ཀྱང་ཉམས་སུ་བླང་བར་བྱའོ། །དེ་ལྟར་བདག་གཞན་གྱི་དོན་དྲན་ཤེས་བཞིན་དང་བཅས་པས་བསྲུན་པ་ནི། རྣལ་འབྱོར་དབང་ཕྱུག་ཆེན་པོ་ཡིན་པར་གསུངས་སོ། །

གཉིས་པ་ཁྱད་པར་གྱི་དམ་ཚིག་ལའང་ཐུན་མོང་མ་ཡིན་པ་ཡན་ལག་གི་དམ་ཚིག་དང་རྩ་བའི་དམ་ཚིག་གཉིས་སོ། །དང་པོ་ནི་ཐུན་མོང་མ་ཡིན་པ་ཞེས་ཡོ་གམ་ཆད་ཀྱི་ཐེག་པ་འོག་མ་ཀུན་གྱི་

སྤྱོད་ཡུལ་དུ་མ་གྱུར་པས་ཐུན་མོང་མ་ཡིན་ཞེས་པའོ། །ཡན་ལག་ཅེས་པ་ནི། བསྲུང་བསྡོམ་གྱི་ལེགས་ཉེས་གང་ཡང་རྩ་བའི་དམ་ཚིག་པས་སྟོབས་ཆུང་ལ་ཉམས་ཡང་སོར་ཆུད་སླ་བས་ཡན་ལག་ཅེས་པའོ། །ཞེས་དམ་ཚིག་རྡོ་རྗེ་གསལ་བཀྲ་ལས་གསུངས་ཏེ། དེ་ལྟར་ཐུན་མོང་མ་ཡིན་པའི་ཡན་ལག་ཉི་ཤུ་རྩ་ལྔ་ལས། ཤེས་པར་བྱ་བའི་དམ་ཚིག་ལྔ། སྤྱད་པར་བྱ་བའི་དམ་ཚིག་ལྔ། མི་སྤང་བའི་དམ་ཚིག་ལྔ། དང་དུ་བླང་བའི་དམ་ཚིག་ལྔ། བསྒྲུབ་པར་བྱ་བའི་དམ་ཚིག་ལྔ་སྟེ། དེ་དག་ནི་གསང་སྔགས་ནང་པ་གསུམ་གྱི་འོག་མ་གཉིས་སུ་གཙོ་བོར་སྟོན་པར་གསུངས་ཏེ། དེའང་བློ་མཆོག་རིགས་ཀྱི་སྤྱོས་ན་གཞན་དུ་ཤེས་སོ། །དོན་གཉིས་པ་རྩ་བའི་དམ་ཚིག་འཆད་བཞི་སྟེ། རྩ་བ་བྱང་ཆུབ་སེམས་ཀྱི་དམ་ཚིག་དང་། རྩ་བ་སྐུ་གསུང་ཐུགས་ཀྱི་དམ་ཚིག་གོ། །དང་པོ་རྩ་བ་བྱང་ཆུབ་སེམས་ཀྱི་དམ་ཚིག་ནི། དམ་ཚིག་རྣམ་བཤད་རྒྱ་མདུད་ལས། ཀུན་རྫོབ་བྱང་ཆུབ་སེམས་ལས། དོན་དམ་བྱང་ཆུབ་སེམས་ཀྱི་རྒྱུས་ཐེབས་ཤིང་། ཡེ་གདོད་མ་ནས་ལུས་ལྷའི་རང་བཞིན། ངག་སྔགས་ཀྱིས་རང་སྒྲ། སེམས་ཆོས་ཉིད་ཀྱི་ངང་ཚུལ་ཅན་ལས། གང་དུ་ཡང་མ་གཡོས་མ་འདས་པའི་གློང་དུ་གྱུར་པ་ལས། སེམས་ཅན་ཐམས་ཅད་ཀྱི་ལུས་ངག་ཡིད་གསུམ་ཀྱང་དེ་ལྟ་བུའི་ངོ་ལ་པ་ལས་མ་འདས་པའི་ཕྱིར་ན། དམ་ཚིག་མ་བསྲུང་བའི་ཡེ་བསྲུང་ཆེན་པོར་ལྷུན་གྱིས་གྲུབ་པའོ། །དེ་ལྟ་བུའི་མཚན་ཉིད་ཅན་དུ་མ་ཤེས་ན། ཐེག་པ་ཆེན་པོའི་རྣལ་འབྱོར་པའི་གྲལ་དུ་མི་ཚུད་ཅེས་གྲགས་སོ། །

གཉིས་པ་རྩ་བ་སྐུ་གསུང་ཐུགས་ཀྱི་དམ་ཚིག་ལས། དང་པོ་སྐུའི་དམ་ཚིག་སྟེ། དེ་ལའང་དང་པོ་དམ་ཚིག་བསྲུང་བའི་ཡུལ་དཔེ་དོན་གྱི་སྒོ་ནས་ངོས་བཟུང་བ་ནི། གླང་ཆེན་རབ་འབོག་གིས་རྒྱུད་ལས་དེ་ཡང་དཔེར་ན་མེ་ཏོག་དང་ལོ་འབྲས་ཐམས་ཅད་འབྱུང་བའི་རྒྱུ་ལྗོན་ཤིང་གི་རྩ་བ་ཡིན་པ་བཞིན་དུ། ཚེ་འདི་ཕྱིའི་བདེ་སྐྱིད་མཆོག་ཐུན་མོང་གི་དངོས་གྲུབ་ཐམས་ཅད་དང་དམ་ཚིག་བསྲུང་བར་བྱ་བ་ཐམས་ཅད་ཀྱི་རྩ་བ་ནི་བླ་མ་ཡིན་ཏེ། དེ་ལའང་དབྱེ་བ་དང་དཔེའི་སྒོ་ནས་དམ་ཚིག་བསྲུང་ཚུལ་གཉིས་སོ། །དང་པོ་དབྱེ་བ་ནི། དམ་ཚིག་རྡོ་རྗེ་གསལ་བཀྲ་ལས། སློབ་དཔོན་དྲུག་མཆེད་བཞི་ཞེས་པས། དང་པོ་སློབ་དཔོན་དྲུག་ནི། སྤྱིར་གཅེས་ཀྱི་སློབ་དཔོན། འདྲེན་པའི་སློབ་དཔོན། དམ་ཚིག་དབང་གི་སློབ་དཔོན། ཆགས་ཉམས་སྐོང་བའི་སློབ་དཔོན། ཤེས་རྒྱུད་དགྲོལ་བའི་སློབ་དཔོན།

མན་ངག་ལུད་ཀྱི་སློབ་དཔོན་ནོ། །

གཉིས་པ་དཔེའི་སྒོ་ནས་དམ་ཚིག་བསྲུང་ཚུལ་གྱི་གོ་རིམ་བསྟན་པ་ལའང་དྲུག་སྟེ། སྔ་མ་ལས། དང་པོ་ནི། ཐུན་མོང་གི་སྐྱབས་འགྲོ་སེམས་བསྐྱེད་ཡན་ཆད་ནས་གཞུང་ཉན་པ་ལ་སོགས་པ་ནི་སྤྱིར་གཅེས་ཀྱི་སློབ་དཔོན་ཏེ། དེ་ལ་དམ་ཚིག་བསྲུང་ཐབས་ནི། དཔེར་ན་ཡུལ་ལ་དབང་བའི་རྒྱལ་པོ་ལྟར་བསྲུང་དགོས་ཏེ། རྒྱལ་པོ་དེའི་ཁྲིམས་དང་མི་འགལ་བར་བྱེད་ཅིང་དུས་ཀྱི་བསྙེན་བཀུར་ཙམ་བྱེད་པ་ལྟར། སྤྱིར་གཅེས་ཀྱི་སློབ་དཔོན་དེའི་བསྟན་པའི་སྡོམ་པ་དང་ཚུལ་ཁྲིམས་ལ་སོགས་པ་དང་སྤྱིར་མི་འགལ་བར་བྱེད་ཅིང་། མོས་པའི་ཡུལ་དུ་འཛོག་ཅིང་བསྙེན་བཀུར་བྱ་བའོ། །

གཉིས་པ་ནི། དཀྱིལ་འཁོར་དང་སློབ་དཔོན་གྱི་སྤྱན་སྔར་འདྲེན་མཁན་དེ་ནི་འདྲེན་པའི་སློབ་དཔོན་ཏེ། དེ་ལ་དམ་ཚིག་བསྲུང་ཐབས་ནི། དཔེར་ན་རྒྱལ་ཁྲིམས་ཅན་གྱི་ཡུལ་ན་རྒྱལ་བུ་གཅིག་རྒྱལ་སར་ཕྱུངས་ན་དེའི་སར་ཁྲིད་མཁན་ཁུ་བོས་བྱེད་པ་སྟེ། དེ་ཕྱིན་ཆད་ལ་རྒྱལ་བུའི་ཁུ་བོ་དྲིན་དུ་གཟོ་བ་ལྟར། འདིར་ཡང་དབང་གི་རྒྱལ་སར་འཛུག་པའི་འདྲེན་མཁན་དེ་ལའང་ཁུ་བོ་ལས་ལྷག་པའི་བསྙེན་བཀུར་བྱ་བའོ། །

གསུམ་པ་ནི། དབང་བསྐུར་དང་དམ་ཚིག་མནོས་པའི་སློབ་དཔོན་ནི་དམ་ཚིག་དབང་གི་སློབ་དཔོན་ཏེ། དེ་ལ་དམ་ཚིག་བསྲུང་ཐབས་ནི། དཔེར་ན་རང་གི་མས་ལུས་བསྐྱེད་ཅིང་བརྟེན་པར་བྱས་ཏེ། མི་ཆོས་ཀྱི་རྣམ་བཞག་ལ་སོགས་པའི་རྟེན་དུ་རུང་བར་བྱས་པ་ལྟར། འདིར་ཡང་རྡོ་རྗེ་སློབ་དཔོན་གྱི་དབང་བསྐུར་དམ་ཚིག་ཕོག་སྟེ་གསང་སྔགས་ཀྱིས་སྣོད་དུ་རུང་བར་བྱས་པ་དེ་ལ་ནི་རང་གི་མ་བས་ཀྱང་ལྷག་པའི་ཚུལ་དུ་བསྙེན་བཀུར་བྱ་བའོ། །

བཞི་པ་ནི། གལ་ཏེ་རང་ལ་དམ་ཚིག་གི་ཆགས་ཉམས་བྱུང་ན། དེ་བསྐོང་མཁན་ནི་ཉམས་ཆགས་བསྐང་བའི་སློབ་དཔོན་ཏེ། དེ་ལ་དམ་ཚིག་བསྲུང་ཐབས་ནི། དཔེར་ན་རང་གི་མས་ལུས་བསྐྱེད་ཅིང་བརྟེན་པར་བྱས་ཏེ། མི་ཆོས་ཀྱི་རྣམ་བཞག་ལ་སོགས་པའི་རྟེན་དུ་རུང་བར་བྱས་པ་ལྟར། འདིར་ཡང་རྡོ་རྗེ་སློབ་དཔོན་གྱི་དབང་བསྐུར་དམ་ཚིག་ཕོག་སྟེ་གསང་སྔགས་ཀྱིས་སྣོད་དུ་རུང་བར་བྱས་པ་དེ་ལ་ནི་རང་གི་མ་བས་ཀྱང་ལྷག་པའི་ཚུལ་དུ་བསྙེན་བཀུར་བྱ་བའོ། །

བཞི་པ་ནི། གལ་ཏེ་རང་ལ་དམ་ཚིག་གི་ཆགས་ཉམས་བྱུང་ན། དེ་བསྐྱོང་མཁན་ནི་ཉམས་ཆགས་བསྐང་བའི་སློབ་དཔོན་ཏེ། དེ་ལ་དམ་ཚིག་བསྲུང་ཐབས་ནི། དཔེར་ན་རྒྱལ་ཁྲིམས་ཅན་གྱི་ཡུལ་ན་བུ་ཆུང་གཅིག་གི་རྒྱལ་ཁྲིམས་དང་འགལ་བ་ཞིག་བྱས་ན་བཤགས་པ་དེ་ཕས་བྱེད་པ་ལྟར། འདིར་ཡང་རང་གི་དམ་ཚིག་དང་འགལ་བ་འཁོར་བ་དེ་བཤགས་པར་བྱེད་པའི་སློབ་དཔོན་དེ་ལ་ནི་ཕ་བས་ཀྱང་ལྷག་པའི་ཚུལ་དུ་བལྟ་ཞིང་བཀུར་རོ། །

ལྔ་པ་ནི། གཞུང་གི་ཐོས་བསམ་ལ་བརྟེན་ནས་ཤེས་པའི་རྒྱུད་དགྲོལ་ཏེ་གཞི་ལམ་འབྲས་བུའི་དོན་སྟོན་པ་ནི་ཤེས་རྒྱུད་དགྲོལ་བའི་སློབ་དཔོན་ཏེ། དེ་ལ་དམ་ཚིག་བསྲུང་ཐབས་ནི། དཔེར་ན་མིག་གིས་ཕྱི་ནང་ཐམས་ཅད་གསལ་བར་བྱེད་པ་ལྟར། འདིར་ཡང་ཤེས་རྒྱུད་གྲོལ་བའི་སློབ་དཔོན་གྱིས་གཞི་ལམ་འབྲས་བུའི་ཆོས་སྟོན་པས་ཐམས་ཅད་གསལ་ཞིང་ཤེས་པར་བྱེད་པ་དེ་ལ་ནི་མིག་གི་འབྲས་བུ་ལྟར་བསྲུང་ངོ་། །

དྲུག་པ་ནི། རང་གི་ཉམས་སུ་བླང་བར་བྱ་བའི་མན་ངག་བསྐྱེད་རྫོགས་ཀྱི་དགོངས་པ་ཞུས་དེ་ནི་མན་ངག་ལུང་གི་སློབ་དཔོན་ཏེ། དེ་ལ་དམ་ཚིག་བསྲུང་ཐབས་ནི། དཔེར་ན་སྐྱེས་བུ་གང་དག་ལ་སྙིང་མེད་ན་ཡན་ལག་དང་དབང་པོ་གཞན་ཚང་ཡང་མི་ཕན་ཏེ། ཐམས་ཅད་ཀྱི་རྩ་བ་སྙིང་ཡིན་པ་ལྟར། འདིར་ཡང་ཐེག་པ་ཐམས་ཅད་ཀྱི་བཅུད་དམ། སྙིང་པོ་ལྟ་བུའི་བསྐྱེད་རྫོགས་གཉིས་ཀྱི་དགོངས་པ་སྟོན་པའི་སློབ་དཔོན་དེ་ནི་སྙིང་དང་འདྲ་སྟེ། སྙིང་བས་ཀྱང་ལྷག་པའི་ཚུལ་དུ་ནན་ཏན་གྱི་བསྙེན་བཀུར་བར་བྱ་བའོ། །དེ་དག་ཀྱང་དམ་ཚིག་བསྲུང་ཡུལ་གཉན་ཆེ་ཆུང་གི་དབང་དུ་རིམ་པར་བྱས་པ་སྟེ་སློབ་དཔོན་དྲུག་གི་བསྲུང་ཚུལ་ལོ། །དེ་ཡང་རང་གི་ལུས་ངག་ཡིད་གསུམ་གྱི་སྒོ་ནས་གཡོ་སྒྱུ་ཟོལ་ཁྲམ་ལ་སོགས་མེད་པར། ཡི་དམ་གྱི་ལྷ་ལྟར་དུས་དང་རྣམ་པ་ཐམས་ཅད་དུ་བསམ་ཞིང་རང་གི་ལུས་ངག་ཡིད་གསུམ་གྱི་སྒོ་ནས་དམ་ཚིག་ཚུལ་བཞིན་དུ་བསྲུང་བ་ལ་བསླབ་པའོ། །

དོན་གཉིས་པ་མཆེད་གྲོགས་བཞིའི་དབྱེ་བ་དང་བསྲུང་ཚུལ་གཉིས་ཏེ། དང་པོ་ནི། སྤྱི་མ་ལས། སྤྱིའི་མཆེད། རིང་བའི་མཆེད། ཉེ་བའི་མཆེད། འདྲེས་པའི་མཆེད་དང་བཞིར་བཤད་དོ། །

གཉིས་པ་དཔེའི་སྒོ་ནས་དམ་ཚིག་བསྲུང་ཚུལ་གྱི་གོ་རིམ་བསྟན་པ་ལའང་བཞི་སྟེ། དང་པོ་ནི།

ཡང་སྡེ་མ་ལས། བདེ་གཤེགས་སྙིང་པོའི་སྤྱན་ཞེས། སེམས་ཅན་ཐམས་ཅད་ཀྱི་རྒྱུད་ལ་བདེ་བར་གཤེགས་པའི་སྙིང་པོ་རང་ལ་ཡོད་པ་ལྟར་ཡོད་པས་རང་དང་ཁྱད་མེད་ཅིང་མ་འོངས་པའི་དུས་སུ་ཡང་ཐམས་ཅད་སངས་རྒྱས་ཀྱི་དབྱིངས་སུ་དུ་མ་རོ་གཅིག་པའི་ཕྱིར་ན་སྤྱིའི་མཆེད་ཡིན་པས། དེའི་དམ་ཚིག་བསྲུང་ཐབས་ནི། དཔེར་ན་སྐྱེ་བོའི་ཕ་ཚན་ནང་གཅིག་པའི་ཚུལ་ལྟར་རོ། །

གཉིས་པ་ནི། ནང་པ་སངས་རྒྱས་ཀྱི་བསྟན་པའི་སྐོར་ཞུགས་སོ་ཅོག་རྣམས་རིང་བའི་མཆེད་དེ། དེའི་དམ་ཚིག་བསྲུང་ཐབས་ནི་གྲུ་ནང་གི་མི་ལྟར་རོ། །

གསུམ་པ་ནི། རང་དང་ལྟ་བསྒོམ་སྤྱོད་པ་མཐུན་པ་རྣམས་ཉེ་བའི་མཆེད་དེ། དེའི་དམ་ཚིག་བསྲུང་ཐབས་ནི། བྱན་མོ་གཅིག་གིས་ལག་ནས་འགྲིམ་པའི་ཟས་ལྷན་ཅིག་ཏུ་ཟ་བའི་ཚུལ་ལྟར་རོ། །

བཞི་པ་ནི། བླ་མ་གཅིག་གིས་བསྐྱུས་ཤིང་། དཀྱིལ་འཁོར་གཅིག་དང་མར་མེ་གཅིག་གིས་མདངས་ལ་བལྟས་པ་རྣམས་ནི་འདྲེས་པའི་མཆེད་དེ། དེའི་དམ་ཚིག་བསྲུང་ཐབས་ནི་འཕྲེང་ཐག་གཅིག་གིས་བརྒྱུས་པའི་འཕྲེང་བའམ། རང་གི་སྲོག་ལ་གཅེས་སྤྲས་སུ་འཛིན་པའི་ཚུལ་ལྟར་རོ། །

གསུམ་པ་སློབ་དཔོན་བྱུང་དང་མཆེད་ལྕམ་ཐུན་མོང་དུ་བསྲུང་ཐབས་རྒྱས་པར་བསྟན་པ་ལ་གསུམ་སྟེ། དེའང་སྡེ་མ་ལས། དང་པོ་ལུས་ཀྱི་སྒོ་ནས་བླ་མ་དང་མཆེད་ལྕམ་ཐམས་ཅད་ལ་ཕྱག་དང་བསྐོར་བ་གདན་འདིང་བ་ལ་སོགས་པའི་བཀུར་སྟི་ བྲན་འཁོལ་བཞིན་དུ་བྱ་ཞིང་ངེས་པར་དང་དུ་བླངས། ཟས་ནོར་ལོངས་སྤྱོད་ཀྱི་དངོས་པོ་ཕངས་སེམས་མེད་པར། ཅི་དགྱེས་པ་རྣམས་གུས་ཤིང་སྦྱོ་བ་དང་བཅས་པས་འབུལ། ཁྱད་པར་དུ་འང་། བླ་མའི་སྐུའི་ཆ་ལ་གཏོགས་པའི་ཇོ་མོ་དང་། སྲས་པོ་དང་། སྲས་མོ་དང་། གཅེན་པོ་དང་། གཅུང་པོ་དང་། བླ་མའི་ཡབ་དང་། ལྕམ་སྲིང་ལ་སོགས་པ་ཐམས་ཅད་ལའང་། བླ་མ་དང་ཁྱད་མེད་པའི་ཚུལ་གྱིས་བཀུར་སྟི་བྱ་ཞིང་དམ་ཚིག་བསྲུང་། བླ་མའི་གསུང་གི་ཆ་ལ་གཏོགས་པ། སློབ་མ་ཆོས་ཚུལ་བཞིན་དུ་བྱེད་པ། འགྲོ་དོན་བླ་མ་ལྟར་སྐྱོངས་པ། རྒྱུད་པ་ཡོངས་དག་པར་འཛིན་པ་ལ་སོགས་ཏེ། བླ་མའི་བཀའ་བསྒྲུབ་ལ་ལེགས་པར་ཉན་པར་བྱེད་པ་རྣམས་ལ་ཡང་། བླ་མ་ཉིད་དང་ཁྱད་མེད་པའི་ཚུལ་གྱིས་བཀུར་སྟི་དང་དམ་ཚིག་བསྲུང་། བླ་མའི་ཐུགས་ཀྱི་ཆ་ལ་གཏོགས་པའི། བླ་མ་གཉིས་ཀྱིས་ཐུགས་ལ་གང་བརྩེ་བ་ཉིད་དང་། ཐུགས་ལ་གཅིག་

པ་རྣམས་ལ་བླ་མ་དང་ཁྱད་མེད་པའི་བཀུར་སྟི་དང་གཅེས་སྤྲས་ཞུ་དྲུད་བྱ་ཞིང་དམ་ཚིག་བསྲུང་། ཐ་ན་བླ་མའི་བྲན་གཡོག་ཆིབས་པ་སྒོ་ཁྱི་ཡན་ཆད། མདོར་ན་བླ་མ་དེ་ཉིད་ཀྱིས་སྐྱོངས་ཤིང་། བླ་མའི་ཆ་ལ་གཏོགས་པ་ཐམས་ཅད་ལ་བཀུར་སྟི་ཞུ་དྲུད་གུས་པ་དང་བཅས་པས་བརྩོན་ཞིང་དམ་ཚིག་ལ་གནས་པར་བྱའོ། །བླ་དང་མཆེད་ཀྱིས་མི་གནང་བའི་ཟས་ནོར་ལོངས་སྤྱོད་གང་ལའང་། ཧ་ལ་འབྲུ་ཙམ་ལ་ཡང་མི་འབབ་ཅིང་། བརླམ་སེམས་ཙམ་ཡང་མི་འབབ་ཞིང་། བརླམ་སེམས་ཙམ་ཡང་མི་བྱ། དབུ་ཞྭ་ན་བཟའ་འཆག་ལྷམ་བཞུགས་གདན་གཟིམ་མལ་གཙང་ཁང་བཞུགས་གནས་སྐུ་གྲིབ་ལ་སོགས་པ་མི་འགོང་། རང་གི་འོག་ཏུ་མི་གཞུགས། དལ་ཉེས་པ་ཅི་ཡོད་ན། མཆོད་རྟེན་བཤིག་པ་དང་འདྲ་བར་བཤད། བརྡེག་པ་དང་། གསོད་པ་དང་། རྒྱ་འཕྲོག་ལ་སོགས་པ་དྲག་ཤུལ་གྱི་སྤྱོད་པ། བླ་མའི་སྤྱན་ལམ་དུ་མི་མཛེས་པ་རྣམས་དངོས་སུ་བྱེད་པ་ནི་སྨོས་ཅི་འཚལ་ཏེ། ཀུ་རེ་རྒྱལ་ཀ་རྩེད་མོའི་ཚུལ་ཙམ་དུ་ཡང་དབྱེར་མི་རུང་སྟེ། ལུས་ཀྱི་སྒོ་ནས་བླ་མའི་ཕྱོགས་སུ་ཞབས་ཏོག་ཅི་འགྲུབ་འགྲུབ་བྱའོ། །ངག་གི་སྒོ་ནས་བླ་མ་དང་མཆེད་ལྕམ་ལ་བསྟོད་པ་དང་། སྙན་པའི་ངག་དང་། ཡོན་ཏན་གྱི་བསྔེན་པ་སྒྲོགས་པ་དང་། ཅི་གསུང་བསྒྲུབ་པ་ལ་བརྩོན་པ་ལ་སོགས་པ་ཞུ་དྲུད་བྱ། སྐྱོན་ཡོད་པ་བསྒྲུག །མེད་པ་ལའང་ཡོད་ཅེས་སྒྲུར་པ་འདེབས་པ་ལ་སོགས་པ་དང་། ལན་མོ་བཟློག་ཅིང་། མ་གུས་པའི་ཚུལ་སྒྲོ་སྐུར་འདེབས་པ་རྣམས་ནི། ཞེ་ཐག་པ་ནས་ངན་སེམས་ཀྱི་བརྗོད་པ་ནི་ལྟ་ཅི་སྨོས། ཀུ་རེ་རྒྱལ་ཀ་བྲེ་མོ་བཞད་གད་ཀྱི་ཚུལ་ཙམ་དུ་ཡང་བརྗོད་པར་མི་བྱ་ཞིང་ཚུལ་བསྔོམ་ནས་དམ་ཚིག་ལ་གནས་པར་བྱའོ། །ཡིད་ཀྱི་སྒོ་ནས་བླ་མ་དང་མཆེད་ལྕམ་ལ་གཡོ་སྒྱུ་ཕྲག་དོག །བརྣབ་སེམས་དཔྱད་སེམས། ལོག་རྟོག་གནོད་འཚང་། ཟས་ནོར་ལོངས་སྤྱོད་ལ་རྣམས་པ། ཡིད་བསུང་བརྣབ་སེམས། གནོད་སེམས་ལ་སོགས་པ་ཚུལ་དང་མི་མཐུན་པའི་རིགས་གང་ཡང་སྐད་ཅིག་སེ་གོལ་གཏོགས་པའི་ལོང་བྱ་བ་ཙམ་གཅིག་ཀྱང་མི་འཆང་ཞིང་། དད་པ་མོས་གུས་གདུང་བའི་སེམས་དང་ལྡན་པས་ལྷག་བསམ་རྣམ་དག་གི་སྒོ་ནས་ཅི་དགྱེས་པའི་བྱ་བ་ལ་འབད། མདོར་ན་ལུས་ངག་ཡིད་གསུམ་གྱི་སྒོ་ནས་དུས་དང་རྣམ་པ་ཐམས་ཅད་དུ། བླ་མ་དང་མཆེད་ལྕམ་གྱིས་སྐུ་གསུང་ཐུགས་དང་མི་འགལ་ཞིང་ཞབས་ཏོག་བཀུར་སྟི་ཞུ་དྲུད་ཅི་འགྲུར་ལ་འབད་པར་བྱའོ། །དེ་ལྟར་བཀུར་སྟི་ཞུ་དྲུད

ལ་སོགས་བགྱིས་པའི་ལྡན་འབྲས་ནི་རྒྱས་པར་འོག་ནས་འབྱུང་ངོ་། །

སྤྱི་དོན་གཉིས་པ་གསུང་གི་དམ་ཚིག་གི་དབྱེ་བ་དང་བསྲུང་ཐབས་གཉིས་ལས། དང་པོ་དབྱེ་བ་ནི། དམ་ཚིག་རྡོ་རྗེ་གསལ་བཀྲ་ལས་གསུངས་པའི་དོན་བསྡུ་ན། སྔགས་གསུམ་ཕྱག་རྒྱ་བཞི་ཞེས་པ་ལ། དང་པོ་སྔགས་གསུམ་ནི། རྒྱུ་མ་ནོར་རྩ་བའི་སྔགས། བསྐྱེད་པ་རྐྱེན་གྱི་སྔགས། བསྒྲུབ་པ་ལས་ཀྱི་སྔགས་དང་གསུམ་མོ། །དེ་ལ་དང་པོ་རྒྱུ་མ་ནོར་བ་རྩ་བའི་སྔགས་ནི། ལྷ་ཞི་ཁྲོ་གང་ཡིན་པ་དེའི་ས་བོན་གྱི་ཡིག་འབྲུའོ། །

གཉིས་པ་བསྐྱེད་པ་རྐྱེན་གྱི་སྔགས་ནི། སྐུར་བསྐྱེད་པའི་རྐྱེན་དུ་གྱུར་པའི་སྔགས་ཏེ། གང་གིས་ས་བོན་གྱི་ཡིག་འབྲུ་འམ་ཐུགས་མཚན་ནོ། །གསུམ་པ་སྒྲུབ་པ་ལས་ཀྱི་སྔགས་ནི། ཐུགས་དམ་གྱི་རྒྱུད་བསྐུལ་ཞིང་ཞི་རྒྱས་དབང་དྲག་གི་ལས་བཅོལ་བའི་སྔགས་ཏེ། བཟླ་ཚད་ཀྱི་སྔགས་རིང་ཐུང་ཐམས་ཅད་དོ། །དོན་གཉིས་པ་ཕྱག་རྒྱ་བཞི་ནི། སྐུ་ཕྱག་རྒྱ་ཆེན་པོ། གསུང་ཆོས་ཀྱི་ཕྱག་རྒྱ། ཐུགས་དམ་ཚིག་གི་ཕྱག་རྒྱ། འཕྲོ་འདུ་འཕྲིན་ལས་ཀྱི་ཕྱག་རྒྱ་དང་བཞིའོ། །དེ་ལ་དང་པོ་སྐུ་ཕྱག་རྒྱ་ཆེན་པོ་ནི། ལོངས་སྐུ་དང་སྤྲུལ་སྐུའི་བྱེ་བྲག་ཞི་ཁྲོ་མཐའ་ཡས་པ་རྣམས་ཏེ། དེ་དག་རྣམས་ཀྱང་སྐུ་གསུམ་དང་ལྡན་པས་སྐུ་ཕྱག་རྒྱ་ཆེན་པོ་ཞེས་པའོ། །

གཉིས་པ་གསུང་ཆོས་ཀྱི་ཕྱག་རྒྱ་ལ་གཉིས་ཏེ། བསམ་པ་ཆོས་ཀྱི་ཕྱག་རྒྱ་ཡིག་འབྲུ་བསྒོམ་པ་ཐམས་ཅད་དང་། བརྗོད་པ་ཆོས་ཀྱི་ཕྱག་རྒྱ་ངག་གིས་སྔགས་བརྗོད་པ་ཐམས་ཅད་དེ། དེ་ནི་གོང་གི་སྔགས་གསུམ་གྱི་ཁོངས་སུ་འདུའོ། །

གསུམ་པ་ཐུགས་དམ་ཚིག་གི་ཕྱག་རྒྱ་ལ་བསྡུ་ན་གསུམ་སྟེ། དེ་ལ་དང་པོ་བསམ་པ་དམ་ཚིག་གི་ཕྱག་རྒྱ་ནི། དང་པོ་ལྷ་བསྐྱེད་པའི་དུས་ཀྱི་ཐུགས་མཚན་དང་། ཕྱག་མཚན་དང་ཐུགས་ཡེ་ཤེས་སེམས་དཔའ་དང་། ཐུགས་མཚན་བསྒོམ་པ་རྣམས་སོ། །གཉིས་པ་བཅའ་བ་དམ་ཚིག་གི་ཕྱག་རྒྱ་ནི། ཕྱག་རྒྱ་གང་བཅའ་བའི་དངོས་གཞི་ཉིད་དོ། །གསུམ་པ་མཚོན་བྱེད་དམ་ཚིག་གི་ཕྱག་རྒྱ་ནི། ཡེ་ཤེས་མཚོན་པའི་རྡོ་རྗེ་དང་། དབྱིངས་མཚོན་པའི་དྲིལ་བུ་དང་། དབྱིངས་དང་ཡེ་ཤེས་གཉིས་མེད་མཚོན་པའི་ཕུར་བུ་ལ་སོགས་བཅངས་བ་རྣམས་སོ། །བཞི་པ་འཕྲོ་འདུ་འཕྲིན་ལས་ཀྱི་ཕྱག་ལའང་གཉིས་ཏེ།

དང་པོ་བསམ་པ་ལས་ཀྱི་ཕྱག་རྒྱ་ཞེས་པ་ནི། ཏིང་ངེ་འཛིན་གྱི་འཕྲོ་འདུའི་འཕགས་པའི་རྒྱུད་བསྒྱུལ་ནས་སེམས་ཅན་གྱི་དོན་བྱ་བའོ། །

གཉིས་པ་བཅའ་བ་ལས་ཀྱི་ཕྱག་རྒྱ་ནི། དངོས་སུ་ལུས་ཀྱི་རྣམ་འགྱུར་མཐའ་དག་གིས་བདག་གཞན་གྱི་དོན་ཐམས་ཅད་བསྒྲུབ་པའོ། །ཞེས་སོ། །དེ་ལྟར་གཞི་ལམ་འབྲས་བུའི་ཆོས་ཐམས་ཅད་ཕྱག་རྒྱ་བཞིར་འདུས་ཏེ། དེའང་རང་གི་རིག་པ་ཉིད་ཀྱི་ངོ་བོར་དབྱེར་མེད་པར་རྟོགས་པར་བྱ་བ་དང་། དེ་ལས་མི་འདའ་བ་ནི་གསུང་གི་དམ་ཚིག་ཞེས་བྱའོ། །སྤྱིར་ཡང་ཕྱག་རྒྱའི་ངེས་ཚིག་ནི། མི་འགྱུར་བའི་དོན་དང་། མི་འདའ་བའི་དོན་དང་། བཅའ་བའི་དོན་དང་། འཆང་བའི་དོན་དང་། རྒྱས་འདེབས་པའི་དོན་དུ་ཤེས་པར་བྱའོ། །ཞེས་གསུངས་སོ། །

སྤྱི་དོན་བཞི་པ་བསྲུང་ཐབས་ནི། དམ་ཚིག་རྣམ་བཤད་རྒྱ་མདུད་ལས། རང་གི་ལུས་ངག་ཡིད་གསུམ་གྱི་སྒོ་ནས། བླ་མ་ཡི་དམ་མཁའ་འགྲོའི་དཀྱིལ་འཁོར། སྐུ་གསུང་ཐུགས་སུ་མངོན་པར་སྦྱར་ནས། རྣལ་འབྱོར་རབ་འབྲིང་ཐ་མའི་བློ་རིགས་སམ། དུས་དང་སྦྱར་ཏེ་ཉམས་སུ་རྩེ་གཅིག་པས་བླང་བར་བྱས་ཏེ། དེ་ཡང་རྣམ་འབྱོར་པ་བློ་རབས་ཀྱི་རབ་བློ་བྲལ་གྱི་དང་ནས། རབ་ཀྱི་འབྲིང་དེའི་ངང་ལས་མ་གཡོས་པར་སྣང་སྲིད་གཞིར་བཞེངས་ཀྱི་ས་མ་ཏེ། རབ་ཀྱི་ཐ་མས་ཆུ་བོ་རྒྱུན་གྱི་རྣལ་འབྱོར་འབྲིང་གི་རབ་ཡེངས་མེད་མཉམ་སྦྱོར་གྱི་དགོངས་པ། འབྲིང་གི་འབྲིང་དེའི་ངང་ལས་བདག་དང་ལྷ་དབྱེར་མེད་པས། འབྲིང་གི་ཐ་མས་བདག་དང་ལྷ་བཅིང་གྲོལ་མེད་པར་རྩེ་གཅིག་བསམ་པ་ཡུལ་འདས་ཀྱི་ས་མ་ཏེ། ཐ་མའི་རབ་བདག་ལུས་ལྷའི་དཀྱིལ་འཁོར། བརྗོད་པ་སྔགས་ཀྱི་རང་སྒྲ། ཐ་མའི་འབྲིང་ལྷ་ཡེ་ཤེས་ཀྱི་དཀྱིལ་འཁོར་དང་དམ་ཚིག་གི་དཀྱིལ་འཁོར་འཁོར་དབྱེར་མེད་པའི་ངང་ནས། ཐ་མའི་ཐ་མ་མངོན་བྱང་ལྔ་དང་། ཏིང་ངེ་འཛིན་རྣམ་པ་གསུམ་ལ་སོགས་པ་དང་བཅས་ཏེ། ཉེ་བར་བསྙེན་ཅིང་བསྒྲུབ་པར་བྱ་བ་ནི། འདི་ལྟར་གཏོར་མཆོད་ཚོགས་ཀྱི་འཁོར་ལོ་དང་བཅས་པས། རབ་ཀྱི་རབ་ཆུ་བོའི་རྒྱུན་བཞིན་གོང་ལྟར། བློའི་བྱེ་བྲག་གི་ཚོད་དང་སྦྱར་ཏེ་ཉམས་སུ་བླངས། རབ་ཀྱི་འབྲིང་ཉིན་ལན་གསུམ། མཚན་ལན་གསུམ་དུ་ཉམས་སུ་བླངས། རབ་ཀྱི་ཐ་མས་ཉིན་ཞག་ཕྱུག་གཅིག་ལ་བཟླས་པ་སྔགས་ཀྱི་འཕྲུལ་འཁོར་དང་བཅས་པས། ཚོ་ག་ཡོངས་སུ་རྫོགས་པ་ནི་ཅི་ནས

ཀྱང་འབད་པར་བྱའོ། །འབྲིང་གི་རབ་ཟླ་བ་རེ་རེའི་ཁོངས་སུ་ཆོས་བརྒྱད། བཅུ་ལྔ། ཉེར་གཉིས། ཉེར་ལྔ། གནམ་སྟོང་། ཆོས་བཅུ་སྟེ། དེ་ལྟར་དུས་དྲུག་ལ་འབད། འབྲིང་གི་འབྲིང་ཟླ་བ་རེའི་ཁོངས་སུ། ཉ་སྟོང་བརྒྱད་གསུམ་ཆོས་བཅུ་དང་བཞི་ལ་འབད། འབྲིང་གི་ཐ་མས་ཟླ་བ་ངོ་རེ་ལ་ལན་གསུམ་གསུམ་ཙི་ནས་ཀྱང་འབད། ཐ་མའི་རབ་ཟླ་ངོ་རེ་ལ་ལན་རེ། ཐ་མའི་འབྲིང་ར་བ་བཞིའི་དུས་བཟང་ལ། ཐ་མའི་ཐ་མས་ལོ་རེ་ལ་ལན་རེ་བསྙེན་བསྒྲུབ་ཀྱི་དཀྱིལ་འཁོར་ཞལ་ལ་བསྟན་ཙམ་དང་། གཏོར་མཆོད་ཚོགས་དང་བཅས་པ་ལ་མ་འབད་ན། བྱང་ཆུབ་ཀྱི་ས་བོན་ཐན་སད་ཀྱིས་ཁྱེར་ཉེན་ཡོད་པས་བྱ་བ་གཞན་རྣམས་བསྐྱུར་ཞིང་དེ་དག་འབད་པས་དོན་དུ་གཉེར་བ་གལ་ཆེ། དེ་ལྟ་བུའི་ཚུལ་ཅན་ལུས་ཀྱི་སྒོ་ནས་ལྷ་བསྐྱེད། ངག་གི་སྒོ་ནས་ལྷ་བསྙེན་གྲུ་ཟུར་མ་ཉམས་པ་བཟླ། ཡིད་ཀྱི་སྒོ་ནས་གནས་ལུགས་ཀྱི་དོན་ལ་གནས་པར་བྱེད་པ་ལ་སོགས་ཏེ། དམ་ཚིག་དེ་རྣམས་དང་ལྡན་པས་མཉམ་ཤིང་སྤྱིལ་བསྡོམ་གྱིས་བྱེ་བྲག་རྣམས་རྣལ་འབྱོར་པ་སོ་སོའི་བློ་རིགས་དང་བསྟུན་པར་བྱའོ། །

གསུམ་པ་ཐུགས་ཀྱི་དམ་ཚིག་གིས་དབྱེ་བ་བསྲུང་ཐབས་དང་གཉིས་ལས། དབྱེ་བ་ནི། ལྟ་བ་ཟབ་མོ་དང་། སྤྱོད་པ་སྟན་འགན་ཕྱི་ནང་གསང་སོགས་དང་གསང་སྤྱོད་རྣམས་སོ། །བསྲུང་ཐབས་ནི། ཕྱིར་གསང་བཞི་བར་གསང་བཞི་གསང་བར་འོས་པ། གསང་བར་གཉེར་གཏད་པ་དང་བཞི་ལས། ཕྱིར་གསང་བཞི་ནི། ཡི་དམ་ལྷའི་མཚན། སྙིང་པོ་ལས་སྔགས་དང་བཅས་པ། གཟུངས་མ། གྲུབ་པའི་རྟགས་བྱུང་བ་དང་བཞིའོ། །བར་གསང་བཞི་ནི། བསྒྲུབ་པ་བྱེད་པའི་གནས། བསྒྲུབ་པའི་དུས། བསྒྲུབ་པའི་གྲོགས། བསྒྲུབ་རྫས་དང་བཞིའོ། །དེ་རྣམས་ནི་ཤིན་ཏུ་གསང་ལ། སྒྲུབས་ཤིང་ཉམས་སུ་བླངས། གསང་བར་འོས་པ་ནི། ནང་མཆོད་དང་། གསང་མཆོད། སྨན་རག་གཏོར་མ་སོགས་མཆོད་པའི་བྱེ་བྲག་རྣམས་དང་། ཧཱུཾ། ཕུར་པ། ཁ་ཊྭཱཾ། རྡོ་རྗེ་དྲིལ་བུ་འཕྲེང་བ་ལ་སོགས་པའི་ཕྱག་མཚན་རྣམས་དང་། དམ་རྫས། དཀྱིལ་འཁོར། རུས་པའི་རྒྱན་དྲུག །དུར་ཁྲོད་ཀྱི་ཆས་བརྒྱད་ལ་སོགས་པ་རྣམས། གསང་སྔགས་བླ་མེད་ཀྱི་དབང་ཡོངས་སུ་རྫོགས་པར་མ་ཐོབ་པ་རྣམས་དང་། བློ་ཆུང་ཐེག་དམན་རྣམས་ཀྱི་མཐོང་བར་མི་བྱ་ཞིང་། ཐོད་པ་ལྷག་སྤྱོད་ཀྱི་ཇ་སྦྲ། གསང་བའི་རྫེའུ་ཆུང་། རྐང་གླིང་། བཟླས་པ་འཛབ་སྔགས་ཀྱི་སྒྲ་རྣམས་སྐྱེ་བོ་ཕལ་པས་ཐོས་པར་མི་བྱ། གསང་བར་གཉེར་གཏད་པ་ནི།

མཆེད་ལྕམ་ཕོ་མོའི་གསང་སྤྱོད་ལ་སོགས་པའི་མཚང་རྣམས་དང་། སེམས་ཅན་སྐྱེ་འགྲོ་རྣམས་ཀྱིས་ངན་སྤྱོད་དང་། མདོར་ན་རྡོ་རྗེ་སློབ་དཔོན། མཆེད་དང་ལྕམ་དྲལ། འགྲོ་བ་གང་དང་གང་གི་ལུས་ངག་ཡིད་གསུམ་གྱི་རྣམ་དཔྱོད་གང་དང་། གང་ཚུལ་རིགས་ཐམས་ཅད་གཞན་སུ་ལའང་བསྒྲག་པར་མི་བྱ་ཞིང་། མཐོང་བ་དང་ཐོས་པའི་ཚུལ་ཙམ་ཡང་མི་བསྟན་ཏེ། གླང་ཆེན་རབ་འབོག་གི་རྒྱུད་ལས་ཀྱང་། གསང་སྔགས་གསང་ཞེས་བྱ་བ་ནི། གསང་ལ་སྐྱོན་ཡོད་མ་ཡིན་ཏེ། །སེམས་ཅན་དོན་ཕྱིར་ཤིན་ཏུ་གསང་། །གསང་ཐུབ་དངོས་གྲུབ་མི་ཡལ་བར། །གསང་ཕྱིར་བརྡ་དག་སྣ་ཚོགས་པའོ། །ཞེས་པ་དང་། འོན་དེ་ལྟ་བུ་རྣམས་གང་ལ་གསང་ཞེ་ན། དེ་ཉིད་ལས། དམ་ཉམས་དམ་ལས་ལོག་པ་དག །དམ་མེད་དཀྱིལ་འཁོར་མ་མཐོང་དང་། །གང་ཡང་ཉན་རང་ཐེག་པ་དམན། །འདྲེས་དང་མ་འདྲེས་ལ་སོགས་པ། །བློ་ཆུང་བྱིས་བློའི་རིགས་རྣམས་ལ། །སེམས་ཀྱི་བསྟན་པར་མི་བསམ་ཞིང་། །ལུས་ཀྱིས་ཐམས་ཅད་སྤྲས་ནས་ཀྱང་། །ངག་གི་རྡོ་རྗེའི་ལྡེ་ཡོད་ཀྱང་། །སྒྲ་ཟུར་ཙམ་ཡང་མི་བརྗོད་ཅིང་། །བརྡ་དག་རྣམ་འགྱུར་མཚོན་པས་སོ། །ཞེས་གསུངས་པའི་དོན་གྱིས། མཆེད་ལྕམ་ཐམས་ཅད་ཀྱིས་བརྡ་ཙམ་དང་། རྣམ་འགྱུར་སྟངས་སྟབས་ལ་སོགས་པའི་སྒོ་ནས། གསང་སྔགས་ཀྱི་བྱ་བ་རྣམས་བྱ་ཞིང་། ཚིག་རྗེན་པར་བརྗོད་པ་དང་། དོན་དངོས་སུ་བསྟན་པར་མི་བྱ་ལ། ཤིན་ཏུ་དེས་པས་ཀྱང་ལུས་ངག་ཡིད་གསུམ་དྲན་པ་ཉེར་སྤྱོད་ཀྱི་རྣལ་དུ་ཕབ་པས། རྩ་བ་སྐུ་གསུང་ཐུགས་ཀྱི་དམ་ཚིག་ལ་གནས་པར་བྱའོ། །དེ་ལྟ་བུ་སྐུ་གསུང་ཐུགས་རྩ་བའི་དམ་ཚིག་ལས། སློབ་དཔོན་དྲུག །མཆེད་བཞི་སྐུའི་དང་། སྔགས་གསུམ་ཕྱག་རྒྱ་བཞི་གསུང་གི་དང་། ཕྱིར་གསང་བཞི། བར་གསང་བཞི་སྟེ་བརྒྱད། གསང་བར་འོས་པ། གསང་བར་གཉེར་གཏད་པ་གཉིས་དང་བཅུ་ཡིས། གསང་བཅུ་ཞེས་པ་རྣམས། རྩ་བའི་དམ་ཚིག་མདོར་བསྡུས་པའོ། །

སྒྲི་དོན་ལྔ་པ་ཉམས་པའི་རྒྱུ་ཉི་ཤུ་གསུངས་ཏེ། དེ་ཡང་དཔོན་དང་ཆེ་རབས་ཡབ་ཡོབ་ལ་དགའ། དེ་ཡང་ཉམས་པའི་རྒྱུར་གསུངས། མི་ཆོས་ཀྱི་བར་འདུམ་ཞལ་ལྕེ་གཅོད་པའི་བྱ་བ་རྣམས་ལ་སྤྲོ། དེ་ཡང་ཉམས་པའི་རྒྱུར་གསུངས། ཀོབ་འཕྱོར་ཆེ་བས་རང་ལ་རང་གིས་བསྟོད། དེ་ཡང་ཉམས་པའི་རྒྱུར་གསུངས། གྲུབ་མཐའི་ཁ་འཛིན་ཆེ་བས་གཞན་ལ་སྨོད། དེ་ཡང་ཉམས་པའི་རྒྱུར་གསུངས།

ཟུར་མགོ་རགས་པས་ཚིག་ཟུར་འཛིན་སྐྱེན། དེ་ཡང་ཉམས་པའི་རྒྱུར་གསུངས། །ཁེ་དང་གྲགས་པ་འདོད་པའི་ཕྱིར་འདུ་བ་ཟང་ཟིང་མང་པོ་བརྟེན་པ་ལ་བརྟོན། དེ་ཡང་ཉམས་པའི་རྒྱུར་གསུངས། འདོད་ཡོན་ཟས་ནོར་ལོངས་སྤྱོད་ལ་ཆགས་ཤིང་སྲེད་པས་བཅིངས། དེ་ཡང་ཉམས་པའི་རྒྱུར་གསུངས། རང་གི་ཕྱོགས་ཀྱི་མངའ་རིས་ཆུས་སྲིད་རྒྱལ་ན་དགའ་ཞིང་། གཞན་ཅི་ལྟར་དགེ་ལས་དགེས་མཛོད་ཅེས་སྨྲ། དེ་ཡང་ཉམས་པའི་རྒྱུར་གསུངས། ཆང་དང་ཆེ་བས་བག་མེད་དུ་བཏུང་། དེས་སྐྱོན་གྱི་རྣམས་པ་མང་པོ་བསགས། དེ་ཡང་ཉམས་པའི་རྒྱུར་གསུངས། རྒྱན་དང་ཆ་ལུགས་མང་པོ་འདོགས་ཏེ་སྡིག་ཆོས་སྣ་ཚོགས་བྱེད་ཅིང་རང་མཐོ་སྐྱེས། དེ་ཡང་ཉམས་པའི་རྒྱུར་གསུངས། ལྟ་བ་ལོག །བསྒོམ་པ་ཉེས། སྤྱོད་པ་ཉམས། དེ་ཡང་ཉམས་པའི་རྒྱུར་གསུངས། ཆོས་ལ་ཕྱོགས་རིས་བྱེད་ཅིང་རེས་འཛིག་འདམ་སོར་མང་པོ་སྐྱེན། དེ་ཡང་ཉམས་པའི་རྒྱུར་གསུངས། ཐོས་པ་ཕྲན་ཚེགས་ཀྱིས་ངོམ་སྐྱེན། དེ་ཡང་ཉམས་པའི་རྒྱུར་གསུངས། ཅལ་ཅོལ་མང་པོ་ལབ་དང་ཆེ་སྟེ་སྨྲ་བ་མང་། དེ་ཡང་ཉམས་པའི་རྒྱུར་གསུངས། གསང་སྒོ་གང་ཡང་མི་ཐུབ། དེ་ཡང་ཉམས་པའི་རྒྱུར་གསུངས། གཙང་སྨེ་དང་རྙོག་པ་ཆེ། དེ་ཡང་ཉམས་པའི་རྒྱུར་གསུངས། སྒྲོ་མེད་པ་ལ་སྒྲོ་འདོགས་སྐྱེན། སྐུར་པ་བཏབ་རྒྱུ་མེད་པ་ལ་སྐུར་པ་སྣ་ཚོགས་འདེབས། དེ་ཡང་ཉམས་པའི་རྒྱུར་གསུངས། མཆེད་ཀྱི་འོག་བྲུས་ནས་ཚོད་ཉུལ་མང་པོ་བྱེད། དེ་ཡང་ཉམས་པའི་རྒྱུར་གསུངས། ཉོན་མོངས་འདོད་སྲེད་ཆེ་ཞིང་འཁོར་བ་རིགས་རྒྱུད་བུ་ཚ་མང་པོར་སྤེལ་བར་སྤྲོ། དེ་ཡང་ཉམས་པའི་རྒྱུར་གསུངས། དབེན་པའི་གནས་སུ་རྩེ་གཅིག་གིས་བསྒྲུབ་པ་བྱེད་པ་ལ་གཅིག་ཕུར་མི་ཆགས་ཤིང་། འདུ་བ་མང་པོའི་དཀྱིལ་དུ་འདུག་པར་དགའ། དེ་ཡང་ཉམས་པའི་རྒྱུར་གསུངས། དེ་ལྟ་བུའི་ཆོས་ཅན་རྣམས་ཀྱིས་དམ་ཚིག་ཉམས་པའི་རྒྱུ་ཉི་ཤུ་ཡིན་པས། རྣལ་འབྱོར་ཆེན་པོ་རྣམས་ཀྱིས་གཞིག་གྲོལ་མཛོད།

སྤྱི་དོན་དྲུག་པ་དམ་ཚིག་ཉམས་པའི་སྔ་རྟགས་སྔོན་དུ་འབྱུང་བ་དང་མི་འབྱུང་བ་གཉིས་ལས། དང་པོ་ནི། དམ་ཚིག་ཉམས་པའི་མི་དེ་ལ། ཡ་ང་བའི་རིམས་ལ་སོགས་པ་ཐེབ་ཅིང་། རང་གིས་འདོན་པ་ལ། ད་སྟེ་ནད་འདིས་ང་མི་གཏོང་ཐག་ཆོད་སྙམ་པ་ཡ་ང་བའི་སྡུག་བསྔལ་ཆེན་པོས། གྲི་བ་དང་མཆུ་ནི་སྐམ་པ་ལ་སོགས་ཀྱི་ལྟས་ངན་པ་དང་། གཞན་གྱི་སྣང་བས་གྲོགས་འདུན་གཉེན་

བཞེས་ལ་སོགས་པ་རྣམས་ནད་མགོས་ཀྱིས་དོག་ནས་ཐ་དད་དུ་འབྲོས་ཤིང་བྱེར་ནས་འགྲོ། སླར་ཡི་མུག་ནས་མིག་ནས་མཆི་མ་ལྷག་པར་འགྱུར། ངག་ནས་ཀྱི་ཧུད་ལ་སོགས་པའི་སྨྲེ་སྔགས་འབྱིན། དགྲ་ལ་མཐུ་རྫུག །བགེགས་ལ་ནུས་པ་འབྱིན་མི་ནུས། ངག་ལ་བདེན་པ་མི་འཛུག །འཁོར་དང་ལོངས་སྤྱོད་མཛའ་བཤེས་ཡིད་འོང་གྲོགས་དང་བྲལ། སྐྱེ་བོ་ཡ་ག་ཅན་རྣམས་ཀྱིས་གླེང་ཞིང་ཁ་ཡོག་སྣ་ཚོགས་དང་། རང་མ་ཉེས་པའི་ཁྲལ་འཛལ་དགོས་པ་འབྱུང་། བསམ་པའི་དོན་མི་འགྲུབ། ལས་ལ་འབྲས་བུ་མི་འབྱུང་། བརྩམས་པའི་བྱ་བ་གང་ཡང་མཐར་མི་ཕྱིན་པར་འཕྲོ་ལུས་ནས་ཡིད་འཆུས། ནད་ཀྱིས་གཙེར། དགྲས་འཇིགས། གདམ་ངན་སྣ་ཚོགས་པ་འབྱུང་། མདོར་ན་མི་རུངས་པའི་ལྟས་ངན་སྣ་ཚོགས་བཟ་སྡོལ་དང་བཅས་པ་འབྱུང་བར་འགྱུར་རོ། །

གཉིས་པ་ནི། གལ་ཏེ་དམ་ཚིག་ཉམས་པའི་ཐག་ཆོད་པ་ལ། ཉམས་པའི་རྟག་མི་འབྱུང་བར། སླར་བདེ་ལེགས་ཕུན་ཚོགས་བྱུང་ན་ཤིན་ཏུ་ཡང་ལྕི་ཚེ་འདིར་སྨིན་མ་ནུས་པས་ཕྱི་མར་མནར་མེད་ཆེན་པོར་ལྟུང་ནས་ཐར་མེད་ཀྱི་དུཿཁ་མྱོང་བར་འགྱུར་བའི་སྔ་ལྟས་ཡིན། གལ་ཏེ་དམ་ཚིག་མ་ཉམས་པའམ། ཅི་སྟེ་ཉམས་པ་ལ་སོགས་ལ་གོང་གི་སྐྱོན་རྣམས་བྱུང་ན་ཡང་ཤིང་། ཕྱི་མ་རྗེས་སུ་འབྲང་མ་ནུས་པ་དང་། སྔོན་གྱི་ལས་ཀྱིས་རྣམ་པར་སྨིན་པ་ཟད་པའི་རྟགས་ཡིན་པས་བསྐང་བཤགས་དང་། བསྙེན་བསྒྲུབ་ལ་བརྩོན་པ་སྒྲིབ་དང་བཅས་པས་བྱས་ཏེ། རྣལ་འབྱོར་པ་ཚེ་འཕོས་མ་ཐག་དུ་ཁ་ལ་ཁྱབ་ཀྱི་ཕྱོགས་ནས། རིག་འཛིན་ཆེན་པོའི་གོ་འཕང་ལ་སོགས་པ་བརྙེས་པར་འགྱུར་རོ། །

སྤྱི་དོན་བདུན་པ་དམ་ཚིག་ཉམས་པའི་སྐྱོན་བསྟན་པ་ནི། བྱང་ཆུབ་སེམས་ཀྱིས་དམ་ཚིག་ཉམས་པར་གྱུར་ན། སྐལ་པར་ལུས་ངག་ཡིད་གསུམ་གྱི་དགེ་བ་ཅི་བསགས་ཀྱང་། གཞི་རྟེན་ཙམ་ཡང་མི་འབྱུང་བར། འཁོར་བའི་ཁམས་སུ་ཟག་པར་འགྱུར། སྐུའི་དམ་ཚིག་ཉམས་ན་ཡང་བའི་ནད་གཙོང་ལ་སོགས་པའི་སྡུག་བསྔལ་གྱིས་ཡུན་རིང་པོར་རབ་ཏུ་མནར་བ་དང་། གློ་བུར་ཐོག་རྐོད་ཀྱི་ཚུལ་དུ་གཟེར་དང་གླང་ཐབས་གྲི་རྐོད་ལ་སོགས་པས་ཐེབ་ནས་དུས་མ་ཡིན་པ་འཆི་བ་དང་། མདོར་ན་བྱ་བ་གང་ཡང་མི་འགྲུབ་པ་ལ་སོགས་ལུས་ཀྱི་བདེ་བ་དང་བྲལ་ནས། བསྐལ་པ་གཅིག་ཏུ་རྡོ་རྗེ་དམྱལ་བར་ལྟུང་བར་བྱེད། སྔགས་དང་ཕྱག་རྒྱ་རྒྱུན་ཆད་པའི་སྐྱོན་གྱིས་གསུང་གི་དམ་ཚིག་ཉམས

པར་གྱུར་ན། ཚེ་འདིར་བགེགས་དང་འབྱུང་པོ་རྣམས་བདག་ལ་མི་འཇིགས་པར། ཐོག་རྫུག་མེད་པར་བར་ཆད་བྱེད་དུ་འོང་བ་དང་། ངག་གི་ནུས་པ་ཟད། རྐྱེན་དང་གློ་བུར་ཡེ་འདྲོག་མང་པོ་འབྱུང་། ཆོས་བྱས་པ་ལ་བྱིན་རླབས་དངོས་གྲུབ་མི་འབྱུང་། རང་གིས་རང་ལ་ཡིད་མི་ཆེས་པར་ཤི་ནས་སྐལ་པ་ཆེན་པོ་གཉིས་སུ་རྡོ་རྗེ་དམྱལ་བར་ལྟུང་། སྒྲུབ་པ་ལ་རྟགས་དང་མཚན་མ་མི་འབྱུང་ཞིང་ལས་འགྲངས། དམ་ཅན་སྲུངས་མས་བསྲུངས་སྐྱོབས་མི་བྱེད་ཀྱི་སྟེང་དུ་གཤེད་བྱེད་པར་འགྱུར། གསང་བཙུ་ཉམས་པ་དང་། ཆོས་ལ་ཐེ་ཚོམ། བླ་མ་ལ་ལོག་ལྟ་སྐྱེས་པ་ལ་སོགས་ཐུགས་ཀྱི་དམ་ཚིག་ཉམས་པའི་སྐྱོན་གྱིས་སྐྱོ་སྐྱེ་བརྒྱལ་བ་དང་། འབོག་སྐྱེ་དྲན་པ་ཉམས་པ་དང་། ཡིད་མི་བདེ་ཞིང་འཁྲུགས་ཕྱུ་ཕྱོ་བྱེད། ཉོན་མོངས་པ་ཐམས་ཅད་ཁ་ཡན་དུ་འཚོར། དབང་པོ་ཉམས་པ། ལོང་བ་དང་འོན་པ་དང་ངག་ལྐུགས་དང་། ཞ་གྲུམ་ལ་སོགས་པ་དང་། ངག་འཆལ་ནས་རང་དབང་མེད་པར་ཅལ་ཅོལ་དུ་སྨྲ། ཤེས་པ་མྱོས་ཤིང་འཐིབས་ཀྱིས་ནོན། ལུས་ཀྱི་བཀྲག་མདངས་ཉམས་ནས་གོས་ཀྱི་ཆོས་མི་ལེན་ཧམ་སྐྱ་ཆགས། འགྲོ་བ་ཀུན་གྱིས་ཡིད་དུ་མི་འོང་བས་སྐྱུར་བས་འདེབས། ཅི་བསམ་པ་མི་འགྲུབ། ཤིན་ཏུ་བཀྲེན་ཞིང་ཉམས་ཐག་པར་འགྱུར། ཕ་རོལ་ལ་བསམ་འདུན་ལེགས་པར་གཏད་ཀྱང་། སླར་རྩུབ་ལ་ངན་སྐྱུགས་དང་བཟློག་ཚིག་དྲག་ཤུལ་སྟོན། གང་ཡང་བསྒྲུབ་པ་ལ་དྲོད་རྟགས་མེད་ཅིང་ལྷ་གཡེལ། ཏིང་ངེ་འཛིན་ལས་སུ་མི་རུང་། གཤིས་ངན་དུ་འགྱུར། འབྱུང་པོ་ངན་པས་རྒྱབ་བྱེད་ཅིང་། འདུ་འཛི་དང་རྣམ་གཡེང་ལོག་པའི་ལམ་དུ་འགྱུར། རང་དབང་མེད་པར་ལས་ཀྱི་མཐའ་ལོག་ནས། གཞན་དབང་དུ་འགྲོ་བ་ལ་སོགས་པ་མི་སྡུག་པ་སྣ་ཚོགས་པ་འབྱུང་། ཚེ་འཕོས་ནས་རྡོ་རྗེ་དམྱལ་བར་སྐལ་པ་གསུམ་དུ་གནས་ཤིང་། སྡུག་བསྔལ་གྱི་རྣམ་པ་དཔག་ཏུ་མེད་པ་ཉམས་སུ་མྱོང་བར་འགྱུར། གལ་ཏེ་དེ་ལྟར་ཉམས་པ་གསོ་བ་དང་། བཤགས་པའི་ཉེར་ལེན་མེད་ཅིང་མ་བཤགས་མ་གསོས་ན། སླར་ཉེས་པ་ཤིན་ཏུ་ཡང་ལྕི་ཞིང་། ཚེ་འཕོས་མ་ཐག་ཏུ་མནར་མེད་པའི་རྡོ་རྗེ་དམྱལ་བ་ཞེས། གཞན་དམྱལ་ཁམས་བཅོ་བརྒྱད་པོ་ཐམས་ཅད་ཕྱོགས་གཅིག་ཏུ་དྲིལ་བའི་འབུམ་གྱི་ཆར་ཡང་ཉེ་བར་མི་ཕོད་པའི་སྡུག་བསྔལ་བསྲན་མི་བཟོད་པ། ཡུན་སྐལ་བ་ཀྲང་བར་མཚམས་བཟུང་དུ་མེད་པ་ཉམས་སུ་མྱོང་བར་འགྱུར་ལ། དེ་ལྟ་བུའི་དམྱལ་བ་པ་ལ་ནི། སངས་རྒྱས་བརྒྱའམ་སྟོང་ངམ། ཁྲི་འབུམ་ལ་

སོགས་པའི་ཐུགས་རྗེའི་འོད་ཟེར་དང་། བྱང་ཆུབ་སེམས་དཔའ་གྲངས་མེད་པའི་འཕྲིན་ལས་དང་སྟོབས་རྒྱུན་ཆད་མེད་པར་དེ་ཉིད་གཅིག་པུ་ལ་མཛད་ཀྱང་། རྡོ་རྗེ་དམྱལ་བ་ཆེན་པོར་སྐྱེས་པ་དེ་ལ་ཕན་པར་མི་འགྱུར་ཞིང་། རྡོ་རྗེ་དམྱལ་བ་ཆེན་པོར་སྐྱེས་པའི་དམ་ཉམས་དེ་ནི། སྐལ་པ་ཐེར་འབུམ་ལ་སོགས་སུ་ཡང་ཐོན་པར་མི་འགྱུར་རོ། །འཇིག་རྟེན་དེ་འཇིག་ནའང་། འཇིག་རྟེན་གྱི་ཁམས་གཞན་དུ་འཕོ་ཞིང་། སྐད་ཅིག་ཡུད་ཙམ་གྱི་ཡུན་སྐབས་ཀྱང་མི་འགྱང་བར་སླེབ་ནས། སྔར་བཞིན་བར་མཚམས་མེད་པར་ཤིན་ཏུ་མནར་བར་འགྱུར་རོ། །

ཡན་ལག་གི་དམ་ཚིག་ཉམས་པར་གྱུར་ན་མཐོང་བའི་ཆོས་ལ། མྱོང་བའི་ལས་སྨིན་པར་བྱེད་དེ། སླར་ཡོད་པའང་མེད་པར་འགྱུར་ལ། མེད་ན་དེ་བས་ཀྱང་བཀྲེན་པས་ཉེན་པར་འགྱུར་བ་དང་། ཐེག་ཆེན་གསང་སྔགས་ཀྱི་ཆོས་ལ་འཕྲུས་འདོག་དང་གཤེ་སྐུར་འདེབས་པ་དང་འདུག་ནས། འཇིག་རྟེན་པའི་དངོས་གྲུབ་ཕྲན་ཚེགས་པ་ཙམ་ཡང་མི་འབྱུང་ན། གཞན་མཆོག་དང་ཐུན་མོང་གི་དངོས་གྲུབ་ནི་སྨོས་ཀྱང་ཅི་འཚལ། ལྷ་དང་ཌཱ་ཀི་ཆོས་སྐྱོང་ས་ལ་སོགས་པ་བསྒྲུབ་ཀྱང་མི་འགྲུབ་ཀྱི་སྟེང་དུ་ཤིན་ཏུ་རིང་བར་འགྱུར་རོ། །འགྲོ་བའི་དོན་བྱེད་པ་བརྩམས་ཀྱང་། འགྲོ་དོན་ལྟ་ཞོག་རང་དོན་ཡང་མི་འབྱུང་ཞིང་། བྱིན་རླབས་ཡལ་ནས་རང་གཞན་ལ་ཕན་མི་ཐོགས། ལྟ་སྤྱོད་མི་མཐུན་པར་མུ་སྟེགས་བྱེད་དང་འབྱུང་པོ་ལྟར་ཡ་ཆ་བར་འགྱུར། ཕྱི་མདོ་སྡེའི་སྤྱོད་པ་ཡང་མེད། ནང་གསང་སྔགས་ཀྱི་ལྟ་བ་ཡང་མེད་པར་མུ་སྟེགས་པ་ཉིད་དུ་འགྱུར། ནང་པའི་སངས་རྒྱས་ཀྱི་བཀའི་གྲུབ་མཐའ་དང་བྱིན་རླབས་མེད། ཡེ་ཤེས་ཀྱི་ཆོས་སྐྱོང་ནི་ལྟ་ཅི་སྨོས། འཇིག་རྟེན་པའི་ལྷ་ཀླུ་ལ་སོགས་པས་ནི་སྐྱོབས་པར་མི་བྱེད་ཅིང་གཡེལ་བ་དང་། སླར་ཆེ་སྲོག་གི་གཤེད་བྱེད། མདོར་ན་ཟབ་མོའི་ཆོས་དང་བྲལ། ཚེ་འདིར་མི་རུང་བའི་ལྟས་མང་པོ་དང་བཅས་ནས། ཚེ་འཕོས་མ་ཐག་སྐལ་པ་ངན་སོང་གསུམ་གྱི་སྡུག་བསྔལ་མྱོང་། རྣལ་འབྱོར་པ་ལ་གཟི་བརྗིད་མེད་པར། བྱང་ཆུབ་ཀྱི་མྱུ་གུ་འབྲས་བུ་ཟད་ནས་སྨོ་སྐམ་དུ་འགྱུར་རོ། །

སྤྱི་དོན་བརྒྱད་པ་དམ་ཚིག་མི་ཉམས་པའི་ཡོན་ཏན་ནི། རྣལ་འབྱོར་ཆེན་པོ་སྐུའི་དམ་ཚིག་བསྲུང་ཞིང་མ་ཉམས་པའི་ཡོན་ཏན་ནི། ཚེ་འདིར་ལུས་ལ་ནད་ཙུང་། བཀྲག་མདངས་གཟི་བརྗིད

དང་ལྡན་པར་ཕ་རོལ་ཟིལ་གྱིས་གནོན་པ་དང་། མཛེས་ཤིང་ཡིད་དུ་འོང་བ། ཆུས་དཀའ་སྒྲ་དཀར་དང་གཉེར་མ་མི་འབྱུང་། དབང་པོ་ཐམས་ཅད་གསལ། ཚེ་རིང་འཕོར་འདུ། ཟས་ནོར་ལོངས་སྤྱོད་འཕེལ། རང་བཞིན་གྱི་ཁ་ན་མ་ཐོ་བ་ལ་སོགས་ཉེས་བྱས་ཐམས་ཅད་དག་འགྱུར། སྙིང་ལྡའི་སྲིད་པ། འོག་ཀླུའི་སྲིད་པ། བར་མིའི་སྲིད་པ་གསུམ་ལ་དབང་བསྒྱུར་ཞིང་བདག་ལ་བཀུར་སྟི་ཕུ་དུད་བྱེད། ཐེག་ཆེན་གསང་སྔགས་ཟབ་མོའི་བསྒྲུབ་པ་ཅི་བྱས་ཀྱང་མཐར་ཐོན་ཅིང་ཅི་འདོད་ཀྱི་འབྲས་བུ་འབྱུང་། འཇིག་རྟེན་དང་འཇིག་རྟེན་ལས་འདས་པའི་གྲུངས་མ་ཐམས་ཅད་ལུས་དང་གྲིབ་མ་ལྟར་འགྲོགས་ནས་སྲུང་སྐྱོབ་བྱེད། བར་ཆད་སེལ། ཚེ་འཕོས་ནས་རིག་འཛིན་རྒྱལ་བའི་ཞིང་དུ་སྐྱེ། མཚན་དང་དཔེ་བྱད་བཟང་པོ་རྣམས་ཀྱི་སྤྲས་པར་འགྱུར་བ་ལ་སོགས་པའི་ཡོན་ཏན་དཔག་ཏུ་མེད་པ་འབྱུང་བར་འགྱུར་རོ། །གསུང་གི་དམ་ཚིག་མ་ཉམས་པར་བསྲུངས་བའི་ཡོན་ཏན་ནི། ཡི་དམ་གྱི་ལྷ་ཐམས་ཅད་དགྱེས་ནས་ཅི་འདོད་ཀྱི་དངོས་གྲུབ་སྟེར། གསང་སྔགས་ཀྱི་རིགས་རྒྱུད་འཕེལ། རྒྱུད་པའི་ཟམ་མི་ཆད་ཅིང་དགེ་ལེགས་ཀྱི་ཡོན་ཏན་ཐམས་ཅད་ཟླ་བ་ཡར་གྱི་ངོ་བཞིན་དུ་འཕེལ་བར་འགྱུར་རོ། །མཐུ་དཔུང་དང་བྱིན་རླབས་བསམ་གྱིས་མི་ཁྱབ་པ་འབྱུང་། མི་མཐུན་པའི་ཕྱོགས་ངན་པ་ཐམས་ཅད་ཞི། དཔལ་འབྱོར་ལོངས་སྤྱོད་གཟི་བརྗིད་མངའ་རིས་ཆུས་སྲིད་ལ་སོགས་པ་ཐམས་ཅད་དར་ཞིང་རྒྱས་པར་འགྱུར། སྣང་སྲིད་ཀྱི་ལྷ་འདྲེ་མི་གསུམ་ཟས་ནོར་ལོངས་སྤྱོད་འདོད་དགུ་ཐམས་ཅད་དབང་དུ་འདུ། དགྲ་བགེགས་ལོག་འདྲེན་བར་ཆད་འབྱུང་པོ་ཐམས་ཅད་ཚར་ཆོད་པར་འགྱུར། མདོར་ན་རྣལ་འབྱོར་པའི་གནས་སྐབས་དང་མཐར་ཐུག་གི་ཅི་བསམ་ཐམས་ཅད་འབད་མེད་དུ་འགྲུབ་པར་འགྱུར་བ་ལ་སོགས་ཡོན་ཏན་བསམ་གྱིས་མི་ཁྱབ། ཚེ་འཕོས་ནས་ཀྱང་གསུང་དབྱངས་ཡན་ལག་དྲུག་ཅུ་ལ་སོགས་པ་ཐོབ་པར་འགྱུར་རོ། །ཐུགས་ཀྱི་དམ་ཚིག་མ་ཉམས་པའི་ཡོན་ཏན་ནི། དཀར་པོ་དགེ་ཕྱོགས་ཀྱི་བྱ་བ་བསྒྲུབ་པ་ལ་སོགས་ཅི་བྱེད་ཀྱང་སྐྱོ་དུབ་མེད་པར་སྤྲོ་བ་དང་བཅས་པ་འབྱུང་ཞིང་མཐར་ཕྱིན། སེམས་ཅན་གྱི་དོན་བྱེད་པ་ལ་སྤྲོ་བ་དང་། མཐུན་འཇུག་ཕུན་སུམ་ཚོགས་པ་དང་བཅས་པས་ཡིད་གཞུང་ཞིང་གཞན་ལ་ཕན་པ་རྒྱ་ཆེན་པོ་འགྲུབ། གདམས་པ་ཕྱི་ནང་གསང་སོགས་ཀྱི་སྟོང་སྐལ་ལྡན་ལས་ཅན་འབྱུང་། ཅི་འདོད་ཀྱི་དངོས་གྲུབ་སྟེར། ལྡེམ་དགོངས་ལ་སོགས

པ་དགོངས་པ་ཟབ་མོའི་ཆོས་ཉིད་ལ་མཁས་ཤིང་བྱིན་རྩུད་པར་འགྱུར། ཏིང་ངེ་འཛིན་ལས་སུ་རུང་། རྟོག་པ་ཁྱད་པར་ཅན་རྒྱུད་ལ་སྐྱེ། བྱམས་སྙིང་རྗེ་བྱང་ཆུབ་ཀྱི་རྒྱལ་འབྱུང་བར་འགྱུར། རང་བཞིན་ཡེ་ཤེས་ཀྱི་དཀྱིལ་འཁོར་ལྷ་ཚོགས་ཐམས་ཅད་ཀྱི་དབང་བསྐུར་བྱིན་གྱིས་བརླབ་པར་བྱེད། མདོར་ན་རྣལ་འབྱོར་བའི་དགོངས་པ་ནམ་མཁའ་དང་མཉམ་པའི་ངང་ནས་ལྷུན་འབྲས་ཀྱི་ཡོན་ཏན་བློའི་ཡུལ་ལས་འདས་པ་གནས་སྐབས་མཐར་ཐུག་ཐམས་ཅད་དུ་འཆར་བར་འགྱུར། ཡན་ལག་གི་དམ་ཚིག་མ་ཉམས་པར་བསྲུང་བའི་ཡོན་ཏན་ནི། སྔར་བཤད་པའི་སྐྱོན་རྣམས་ལ་ལོག་པའི་ཡོན་ཏན་མཐའ་དག་དང་ལྡན་པར་འགྱུར། ཕྱི་ནང་གི་བདུད་བཞི་ལ་སོགས་པའི་བདུད་དཔུང་གི་མི་ཐྱི་ཞིང་། ཕར་ལ་འཇོམས་པའི་ནུས་སྟོབས་དང་ལྡན་པར་འགྱུར། ངན་སོང་ཐམས་ཅད་ཀྱང་ཡོངས་སུ་བྱང་ཞིང་སྤྱང་ནུས། ཐེག་པ་ཆེན་པོའི་ལྷ་སྤྱོད་ཀྱི་གཞུང་ཅི་ལྟ་བ་བཞིན་བསྲུངས་བས། འཇིག་རྟེན་དང་འཇིག་རྟེན་ལས་འདས་པའི་ལྷ་ཐམས་ཅད་བདག་ལ་འགོ་ཞིང་། ཅི་དང་ཅི་བསམ་པ་ཐམས་ཅད་མྱུར་དུ་འགྲུབ། མདོར་ན་བདག་གཞན་དོན་གཉིས་ཡོངས་སུ་རྫོགས་པར་འགྱུར་ཞིང་། ཐེག་པ་ཆེན་པོའི་གསང་སྔགས་ཀྱི་དམ་ཚིག་ལ་ཚུལ་བཞིན་དུ་བྱས་ན། ཐེག་པ་འོག་མ་ཉན་རང་ལ་སོགས་པའི་འདུལ་ཁྲིམས་བསླབ་པ་རྣམས་དངོས་སུ་མ་བསྲུངས་ཀྱང་དོན་གྱི་ཉམས་པ་མི་འགྱུར། དམ་པའི་ཆོས་འདུལ་བའི་སྡོམ་ནས་དང་། བྱང་ཆུབ་སེམས་དཔའི་ཕ་རོལ་ཏུ་ཕྱིན་པ་དང་། རིག་པ་འཛིན་པ་སྔགས་ཀྱི་སྡོམ་ནས་ཏེ། བསླབ་པ་གསུམ་པོ་རང་བཞིན་གྱིས་བཞུགས་པར་འགྱུར་རོ། །

དེ་སྐད་དུ་ཡང་བད་སྟོང་བརྩེགས་པ་ལས། སྐྱོན་ཡོན་སྤང་བླང་གཞི་བྱས་ལ། །མ་ཉམས་བསྲུང་ན་དོན་འབྲས་འགྲུབ། །ཉམས་ན་ཡུན་རིང་དུཿཁ་མྱོང་། །དེ་ཕྱིར་དེ་དོན་ལེགས་ཤེས་བྱ། །རྡོ་རྗེ་ཐེག་པར་ཞུར་ཏོ་ཅོག །སྤྱི་དང་བྱེ་བྲག་གང་ལ་ཡང་། །བསྟན་པའི་རྩ་བ་དམ་ཚིག་ཉིད། །རྣམ་པ་མང་པོར་དེ་བཞིན་ནོ། །ཞེས་གྲགས་པས། རྣལ་འབྱོར་པ་རྣམས་ཀྱིས་གསང་སྔགས་རྡོ་རྗེ་ཐེག་པའི་རྩ་ལག་ཏུ་གྱུར་པ་དམ་ཚིག་ལ་གནས་པར་བྱེད་པ་ནི་ཤིན་ཏུ་གལ་ཆེའོ། །

སྤྱི་དོན་གཉིས་པ་ཉམས་ན་སྐོང་བའི་ཐབས་བསྟན་པ་ལ་བདུན་ཏེ། དང་པོ་ནི། རྒྱ་བ་བྱང་ཆུབ་སེམས་ཀྱི་དམ་ཚིག་ཉམས་ན། བླ་མ་མཁས་པ་ཡོངས་སུ་འཛིན་པའི་དགེ་བའི་བཤེས་གཉེན་ལ་བྱང་

ཆུབ་སེམས་ཀྱི་དམ་ཚིག་ཉམས་པ་གསོས་ཏེ། སླར་བྱང་ཆུབ་ཀྱི་སེམས་ལ་གནས་པར་བྱ། གཉིས་པ་སྔགས་ཀྱི་དམ་ཚིག་ཉམས་པར་གྱུར་ན། བླ་མའམ་མཆེད་གྲོགས་གང་ལ་ཉམས་པའི་དྲུང་དུ་ཕྱིན་ལ། ལོངས་སྤྱོད་ཀྱི་རྫས་ཀྱིས་ཁོང་དགྱེས་པར་ཕུལ་ནས། གནོང་འགྱོད་དང་བཅས་པས་ཉེས་ཚིག་ལ་སོགས་ཉམས་པའི་བྱ་བ་གང་བྱས་པ་དེ་བཤགས་ཤིང་། ཕྱིན་ཆད་ཀྱང་དམ་ཚིག་ཉམས་པའི་བྱ་བ་མི་བྱེད་པར་དམ་བཅས་ནས་སླར་དམ་ཚིག་ལ་གནས་པར་བྱ། གལ་ཏེ་རང་གི་མ་སླེབ་པའི་ས་ཕྱོགས་སུ་སོང་བ་དང་། གྲོང་ཆད་དུ་གྱུར་ནས་དངོས་སུ་མི་བཞུགས་ན། དེའི་སྐུ་མཆེད་ཡབ་སྲས་ལ་སོགས་པའི་ཐུགས་ལ་གཅག་པའི་གནད་དུ་ཕྱིན་ལ་སྟར་ལྟར་བཤགས། དུས་ཀྱི་མཆོད་པ་རྒྱ་ཆེར་བཤམས་ནས་ཀྱང་བཤགས། དེ་ཉིད་ཀྱི་བླ་མ་སློབ་དཔོན་བཞུགས་ནའང་འགྱོད་ཚིག་དང་བཅས་པས་སྟར་ལྟར་བཤགས། དེ་ལྟར་མ་འཛོམ་ན། ཁོ་རང་དང་མཉམ་པ་བརྒྱ་རྩ་བརྒྱད་ལ་བཤགས་ཤིང་ཚུལ་བསྡོམ་སོགས་བྱ། དེ་ཡང་མ་འགྲོར་ན་བླ་མ་དེའི་མཆེད་སོགས་རྒྱུས་སུ་ཡོད་པའི་དབང་པོ་ གསུམ་བཀུག །གཏོར་མཆོད་དང་སྤྲིན་ཕྲེག་གི་དཔལ་བཤམས་ནས། དཀྱིལ་འཁོར་ལྷ་ཚོགས་ཀྱི་ཐུགས་དམ་བསྐང་། བསྲེག་ཚོག་བརྒྱ་རྩ་འབུལ་ཞིང་དབང་པོ་གསུམ་ལ་ལོངས་སྤྱོད་ཀྱི་དབུལ་བ་བྱ་སྟེ། གནོང་འགྱོད་དང་བཅས་པས་བཤགས་ཤིང་སླན་ཆད་ཉམས་པའི་ལས་མི་བྱེད་པར་དམ་བཅའ། ཅི་སྟེ་བཤགས་ཀྱང་དངོས་སུ་བཞུགས་པ་དང་དབང་པོ་ལ་སོགས་པས་བཤགས་པ་མི་ལེན་ན་ཐམས་ཅད་སྤྲིལ་གཡང་ལ་མཆོངས་པ་དང་འདྲ་སྟེ། ཡུལ་དང་ཡུལ་ཅན་ཐམས་ཅད་རྡོ་རྗེ་དམྱལ་བར་ལྟུང་བའི་ནང་ནས་ཀྱང་བཤགས་པ་མི་ལེན་པ་སྡིག་ཆེའོ། །དེ་ནས་དུས་མ་འགྱངས་པར་བརྩོན་འགྲུས་དང་ལྡན་པས་མྱུར་དུ་བཤགས་པར་བྱེད་པ་གལ་ཆེའོ། །བཤགས་པ་བྱས་པས་ཚིག་ཉམས་པའི་སྒོ་ནས་ཚོད་ཡོད་ཀྱིས་ཉམས་པའི་རྒྱུ་བསགས་པ་ནི། དེ་བས་ཀྱང་ཉེས་པ་ཆེ་བ་ཉེ་བ་ལྔ་དང་མཚུངས་པར་འགྱུར་བས་སྡིག་ལྕི་བ་སྨྱོང་བར་འགྱུར་རོ། །

གསུམ་པ་གསུང་གི་དམ་ཚིག་ཉམས་པར་གྱུར་ན། ལུས་ངག་ཡིད་གསུམ་སྐུ་གསུང་ཐུགས་ཀྱི་དཀྱིལ་འཁོར་དུ་ངེས་པར་ཤེས་ན་བསྐངས་པར་འགྱུར་ཞིང་། ཚེ་བསྒྲུབ། སྨན་བསྒྲུབ། བམ་སྒྲུབ་སྟེ་སྒྲུབ་པ་གསུམ་གྱིས་བསྐངས། བསྙེན་བསྒྲུབ་རྣལ་མ་བྱ། ངག་གི་སྒོ་ནས་བཤགས་ཚིག་གང་ཤེས་ཚོ

གའི་སྐབས་དང་བསྟུན་ལ་བརྒྱ་སྟོང་ལ་སོགས་པ་མང་དུ་བརྗོད། ཚིག་དང་བཅས་ཏེ་མ་འཕྲོད་ཀྱང་ནང་ནུབ་དུས་གསུམ་དུ། རང་གི་གནས་གསུམ་དུ་བླ་མ་ཡི་དམ་མཁའ་འགྲོའི་དཀྱིལ་འཁོར་གསལ་གདབ་ལ་བཞུགས་ཚིག་བཀླུག་པར་བྱའོ། །

བཞི་པ་ཐུགས་ཀྱི་དམ་ཚིག་ཉམས་པར་གྱུར་ན། ཕྱི་སྣོད་ཀྱི་འཇིག་རྟེན་གཞལ་ཡས་ཁང་། ནང་བཅུད་ཀྱི་སྐྱེ་འགྲོ་ཐམས་ཅད་ལྷ་དང་ལྷ་མོར་ཤེས་ཤིང་། ཆོས་ཐམས་ཅད་སེམས་ཀྱི་དཀྱིལ་འཁོར་དུ་ཐག་ཆོད་དེ་སེམས་རྣམ་པར་མི་རྟོག་པའི་ཏིང་ངེ་འཛིན་གྱི་ཀློང་དུ་ཞུགས་ཤིང་། འཁོར་འདས་ཀྱི་བསྡུས་པའི་ཆོས་ཐམས་ཅད་མ་ཡེང་བློ་ལ་འདྲིས་པར་བྱས་ནས་ཐུགས་ཀྱི་དམ་ཚིག་ཉམས་པ་རང་བཞིན་ངང་གིས་སོར་ཆུད་པར་འགྱུར་ལ། དེ་ལྟར་མ་ཤེས་པ་ནི་གོང་མའི་བཤགས་ཐབས་ཐམས་ཅད་ལ་བརྟེན་པར་བྱ་ཞིང་། དགོངས་པ་ཏིང་ངེ་འཛིན་དུ་མའི་སྒོ་ནས་བཤགས་པར་བྱའོ། །

ལྔ་པ་ཡན་ལག་གི་དམ་ཚིག་ཉམས་པར་གྱུར་ན། གང་ཉམས་པ་རྣམས་ཐ་དད་དུ་བཤགས་ཤིང་གང་ཡིན་སོར་ཆུད་པར་བྱ། ཚོགས་བརྒྱ་རྩ་བརྒྱད་དང་བསྐང་བཤགས་ནར་མ་སྦྱིན་སྲེག་བརྒྱ་རྩ་བརྒྱད་བསྐང་གསོའི་ཆོ་ག་རྣམས་ལ་འབད་པར་བྱ། དེ་ལྟར་ཉམས་སུ་བླངས་ན་ཡན་ལག་གི་དམ་ཚིག་ཉམས་པ་བསྐངས་ཤིང་སོར་ཆུད་པར་འགྱུར་རོ། །མདོར་ན་རྩ་བ་དང་ཡན་ལག་གི་དམ་ཚིག་ཉམས་ཆགས་འགལ་འཁྲུལ་དུ་གྱུར་པ་ཅི་བསགས་མཐོན་དུ་ཕན་ཚུན་རང་རང་གི་མཐོན་པར་རྟོགས་པ་དང་། འོན་ཏེ་ཞར་དང་ཞོར་གྱི་བསགས་ནས་བག་ལ་ཉལ་བ། མཐོན་འགྱུར་དུ་མོད་ཀྱང་། ཡུན་གྱི་སྒྲིབ་པར་འགྱུར་བའི་རྒྱུ་འབྱུང་སྲིད་པས། ལུས་ངག་ཡིད་གསུམ་དཀྱིལ་འཁོར་རྣམ་པ་གསུམ་དང་ལྡན་པའི་ངང་ནས། རབ་དགོངས་པའི་ཀློང་གྱུར་གྱིས་ངང་ནས་བཤགས། འབྲིང་ཡེངས་མེད་དྲན་འཛིན་དང་བཅས་པས་འཁོར་འདས་ཐམས་ཅད་སེམས་ཀྱི་ཆོ་འཕྲུལ་དུ་ཤེས་པར་བྱས་ལ་བཤགས། ཐ་མ་ལུས་ངག་ཡིད་གསུམ་གྱི་སྒོ་ནས་བཤགས་ཐབས་ཀྱི་ཆོ་ག་དང་བཅས་པ་དུ་མ་ལག་ཏུ་བླང་ཞིང་བཤགས་ཏེ། ཉེས་ལྟུང་རྣམས་རབ་ཞག་གཅིག་གིས་མ་བཅད་པ།འབྲིང་ཟླ་བ་མ་འགྱངས་པ། ཐ་མ་ཡང་ལོ་མ་འཁོར་བའི་གོང་དུ་བཤགས་པ་གལ་ཆེའོ། །དེ་ལྟར་མ་བཤགས་མ་ཕྱུགས་ན་ནི་གནས་སྐབས་མཐར་ཐུག་གང་ལ་ཡང་། བདེ་ལེགས་ཀྱི་སྐབས་དང་བྲལ་ནས་སྡུག་བསྔལ་ཉམ་ཐག་ཆེན་

པོའི་འདམ་དུ་བྱིངས་ནས་ཐར་པའི་དུས་སྐབས་མི་འབྱུང་ཞིང་། དམ་ཚིག་མ་ཉམས་པས་ནི་གསང་སྔགས་བླ་མེད་དོན་གྱི་སྙིང་པོའི་བཅུད་ཡུན་མ་འགྱུར་པར་ཐོབ་ནས་རབ་ཚེ་གཅིག་ལུས་གཅིག་གིས་འབྲས་བུ་རྙེད་པར་འགྱུར། འབྲིང་ཚེ་འཕོས་མ་ཐག་ཏུ་རིག་འཛིན་གྱི་ས་ལ་གནས་པར་འགྱུར། ཐ་མ་ཡང་དན་སོང་གསུམ་པོར་རྒྱབ་ཀྱིས་ཕྱོགས། བཟང་པོའི་འགྲོ་དེ་ཉིད་ལས་བརྟེན་ནས་འབྲས་བུ་མི་ཟད་རྒྱ་ཆེར་འཕེལ་བར་བྱེད་དོ། །གནས་སྐབས་སུ་ཡང་ཉེས་པའི་སྐྱོན་མཐའ་དག་དང་བྲལ་ནས་བདེ་ལེགས་ཀྱི་ཡོན་ཏན་བསམ་པ་ཐམས་ཅད་ཆོས་ལྡན་དུ་འགྲུབ་པས། རྣལ་འབྱོར་པ་རྣམས་ཀྱིས་ཤེས་པར་བྱ་ཞིང་ཁྱད་པར་རྨད་དུ་བྱུང་བའི་ལམ་རྒྱུད་ལ་ཞུགས་པར་གྱིསཤིག །

དྲུག་པ་དམ་ཚིག་ཆེན་པོའི་དཔེ་བསྟན་པ་ནི། དམ་ཚིག་མ་ཉམས་པར་བསྲུང་ཞིང་ཐུབ་ན། དམ་ཚིག་ཆེན་པོ་ལ་གནས་ནས་དཔེར་ན་ས་གཞི་ཆེན་པོ་དང་འདྲ་སྟེ་ལེགས་ཉེས་འཁོར་འདས་ཀྱི་སྟོབས་ཐམས་ཅད་སྟོན་པར་བྱེད་པ་ཡིད་བཞིན་གྱི་ནོར་བུ་རིན་པོ་ཆེ་དང་འདྲ་སྟེ་འཇིག་རྟེན་དང་འཇིག་རྟེན་ལས་འདས་པའི་དངོས་གྲུབ་མ་ལུས་པ་འབྱུང་། ནམ་མཁའ་ཡངས་པ་དང་འདྲ་སྟེ་བདེ་ལེགས་ཀྱི་ཡོན་ཏན་ཐམས་ཅད་འབྱུང་ཞིང་གང་ཡང་ལྡན། རྡོ་དབལ་ངར་དང་ལྡན་པའི་མཚོན་ཆ་དང་འདྲ་སྟེ། ཉོན་མོངས་པའི་དྲ་བ་ཐམས་ཅད་འཇོམས་པར་བྱེད། ཕ་མ་དང་འདྲ་སྟེ་དུས་གསུམ་གྱི་རྒྱལ་བ་ཐམས་ཅད་བསྐྱེད་པར་བྱེད། རྒྱ་མཚོ་ཆེན་པོ་དང་འདྲ་སྟེ་དམ་ཚིག་ལས་བྱིན་རླབས་རྒྱ་མཚོའི་བརླབ་ཀྱིས་འཕྲེང་བ་གཡོ་བ་ལྟར་འབྱུང་། མེ་དཔུང་གིས་བསྲེག་བྱ་ཐམས་ཅད་བསྲེག་པ་དང་འདྲ་སྟེ། ལས་མ་དག་པའི་རྣམ་གྲངས་གང་ཡིན་པ་ཐམས་ཅད་བསྲེག་པར་བྱེད། བདུད་རྩི་སྨན་དང་འདྲ་སྟེ་བདག་འཛིན་འཁོར་བའི་གཅོང་ནད་ཐམས་ཅད་གསོ་བར་བྱེད། རྒྱལ་པོ་ཆེན་པོ་དང་འདྲ་སྟེ་ཕ་རོལ་གྱི་གོལ་བ་ངན་པས་མི་རྫི་ཞིང་ལྷ་ངན་ཐམས་ཅད་འཇོམས་པར་བྱེད། ཕྱིའི་རྒྱ་མཚོ་ཆེན་པོ་ལ་ནོར་བུ་ལེན་པའི་དེད་དཔོན་དང་འདྲ་སྟེ་རྒྱུ་འབྲས་ཀྱི་དོན་གང་ཡིན་པ་ཐམས་ཅད་མཐར་ཕྱིན་པར་བྱེད། དམ་ཚིག་ཆེན་པོ་ནི་དཔེ་ཉི་ཟླ་དང་འདྲ་སྟེ་མ་རིག་པ་རྨོངས་པའི་སྨག་རུམ་ཐམས་ཅད་སངས་རྒྱས་པར་བྱེད་ཅིང་། གསང་སྔགས་རྡོ་རྗེ་ཐེག་པའི་ལམ་འབྲས་བུ་དང་བཅས་པའི་ཆོས་ལ་དམ་ཚིག་གནད་ཆེ་ཞིང་། དམ་ཚིག་དང་ལྡན་ན་ཅི་འདོད་པ་ཐམས་ཅད་རང་བཞིན་ལྷུན་གྲུབ་རྩོལ་མེད་རང་

ཆས་སུ་འགྱུར་ལ། དམ་ཚིག་དང་མི་ལྡན་ན་དོན་འབྲས་གང་ཡང་མི་འགྱུར་གི་སྙིང་དུ། སྟུག་བསྔལ་གྱི་འབྲས་བུ་མཐའ་དག་སྨིན་པར་འགྱུར་བའི་ཕྱིར་ན་འདི་ལ་ཤིན་ཏུ་ནན་ཏན་དུ་བྱའོ། །

བདུན་པ་དམ་ཚིག་གི་འབྲས་བུ་མཐར་ཐུག་པ་ནི། སྣང་སྲིད་འཁོར་འདས་ཀྱི་ཆོས་ཐམས་ཅད་ཡེ་གདོད་མ་ནས་རང་བཞིན་སྤྲོས་པའི་མཐའ་དང་བྲལ་བ་ཉིད་དེ་ལས་མ་གཡོས་པ་ནི་ལྟ་བའི་དམ་ཚིག་ཆེན་པོ། དེ་ལྟ་བུའི་དོན་ལ་ཐག་ཆོད་ཅིང་། བྱེད་སྤྱོད་འཛིན་སྣང་གཉིས་འཛིན་གྱི་རྒྱ་མདུད་རང་སར་གྲོལ་ནས་ཆུ་བོ་རྒྱུན་གྱི་རྣལ་འབྱོར་དུ་གྱུར་ནས། རྒྱུན་བཞི་དང་བྲལ་བ་བསྒོམ་པའི་དམ་ཚིག་ཆེན་པོ། ཀློང་ཆེན་པོ་དེའི་དཀྱིལ་འཁོར་དུ་རོལ་པ་མ་འགགས་ཤིང་སྣང་ལམ་དུ་ཕྱ་ལ་ལ་ཁྱེར་བ་སྤྱོད་པའི་དམ་ཚིག་ཆེན་པོའོ། །དེ་དག་ཐམས་ཅད་འུབ་ཆུབ་རྒྱ་ཆད་ཕྱོགས་ལྷུང་དང་བྲལ་ཏེ། མཉམ་ཉིད་ལྷུག་པའི་ངང་ལ་མེར་གྱིས་གནས་པ་འབྲས་བུའི་དམ་ཚིག་ཆེན་པོའོ། །དེ་ཡང་དམ་ཚིག་ཆེན་པོ་ཞེས་བྱ་བ་གཞན་གྱུད་གཅིག་ཏུ་ཡོད་པ་མ་ཡིན་པ་སྟེ། རང་གི་སེམས་ཉིད་འདི་ཀའི་དམ་ཚིག་ཡིན། ཅི་སྙེད་དུ་ཡང་སྣང་བའི་ཆོས་ཐམས་ཅད་རང་གི་རིག་པའི་རྒྱུ་རྐྱེན་དང་བྲལ་བ་ཉིད་དེ་སྙེད་དུ་སྣང་བས། ཡུལ་ཅིར་སྣང་སེམས་ཅི་སྲིད་ཐམས་ཅད་རང་རིག་ཉིད་ལས་གཞན་གང་དུ་འང་མེད། མཐོ་རིས་ངན་སོང་འགྲོ་ལྡོག །སྤྱི་གཙུག་ལ་སོགས་གར་སོང་ཡང་སྙིང་པོའི་དོན་ཉིད་ལས་འདའ་མི་སྲིད་པ་ནི་རང་བཞིན་དམ་ཚིག་ཆེན་པོ་ཡིན། རང་བཞིན་ལྷུན་གྱིས་གྲུབ་པའི་དམ་ཚིག་ཆེན་པོ་ལ་རིག་པ་ཕྱིན་ཅི་མ་ལོག་ན། ཚད་མའི་སྒོ་ནས་གཞལ་བྱ་མངོན་སུམ་དུ་སྣང་བ་དང་། རྟགས་དེ་ལ་བརྟེན་པའི་རྗེས་དཔག་གི་ཆོས་གཉིས་སུ་མེད་པས་ལྟ་བའི་དམ་ཚིག་ཆེན་པོའོ། །དེ་དག་བློ་ལ་འདྲིས་པས་སྤྱོད་ལམ་འཆགས་ཉལ་འདུག་ཟ་འཐུང་ལ་སོགས་ཐམས་ཅད་ཀུན་ཏུ་མ་ཉམས་པ་ནི་ཏིང་འཛིན་རྒྱུན་གྱི་དམ་ཚིག་ཡིན་ཏེ། དེ་དག་ནི་འདས་པ་དང་། མ་འོངས་པ་དང་། ད་ལྟར་བཞུགས་པ་ལ་སོགས་སངས་རྒྱས་ཐམས་ཅད་དང་སྤྱོད་ཡུལ་གཅིག་པ་ཉིད་དོ། །དེ་ལྟར་ནས་བསྲུང་རྒྱུ་ཅི་ཡང་མེད་པས་ཉམས་པ་རྡུལ་ཙམ་ཡང་འབྱུང་མི་སྲིད་དོ། །ཅེས་གསུངས་སོ། །དེ་ཡན་ནི་རིག་འཛིན་སྔགས་ཀྱི་སྡོམ་པའི་བསླབ་བྱ་བཤད་ཟིན་པ་སྟེ། དེ་ལྟར་སྡོམ་པ་གསུམ་གྱི་རྣམ་དབྱེ་རིམ་པར་བསྟན་ནས།

ད་ནི་སྤྱི་དོན་ལྔ་པ་སྡོམ་པ་གསུམ་གང་ཟག་གཅིག་གི་རྒྱུད་ཐོག་ཏུ་ཉམས་སུ་ཇི་ལྟར་བླང་ཚུལ་

ཀྱི་དོན་བསྡུ་ན་གསུམ་སྟེ། དང་པོ་ནི། ཡོན་ཏན་ཡང་ལྡན་ཞེས་པས། དེ་ལ་དང་པོ་སྨོན་པ་དང་དམ་ཚིག་ཐམས་ཅད་ཀྱི་གཞི་རྟེན་སྐྱབས་སུ་འགྲོ་བའི་སྡོམ་པ་ནས་བཟུང་སྟེ། བླ་མེད་ཨ་ཏིའི་བར་དུ་རིམ་བཞིན་འོག་མ་ལས་གོང་མ་ཁྱད་པར་དུ་འཕགས་པ་ཁོ་ན་སྟེ། དེ་སྐད་དུའང་། རྒྱུད་འབུམ་པ་ལས། རྡོའི་རིགས་ཀྱི་ཁྱེ་བྲག་གིས། །བཞུས་པས་ལྕགས་དང་ཟངས་དངུལ་འབྱུང་། །གསེར་འགྱུར་རྩིའི་དངོས་པོ་ཡིས། །ཀུན་ཀྱང་གསེར་དུ་བསྒྱུར་བར་བྱེད། །དེ་བཞིན་སེམས་ཀྱི་ཁྱེ་བྲག་གིས། །རིགས་ཅན་གསུམ་གྱི་སྡོམ་པ་ཡང་། །དཀྱིལ་འཁོར་ཆེན་པོ་འདིར་ཞུགས་ན། །རྡོ་རྗེ་འཛིན་པ་ཞེས་བྱ་བའི། །ཞེས་གསུངས་སོ། །དེའང་རྡོ་ནི་ཕལ་པ་ཡིན་ལ། ལྕགས་ནི་ཉན་ཐོས་ཀྱི་བསླབ་བྱ། ཟངས་ནི་རང་རྒྱལ་གྱི་བསླབ་བྱ། དངུལ་ནི་བྱང་ཆུབ་སེམས་དཔའི་བསླབ་བྱ། གསེར་འགྱུར་གྱི་རྩི་ནི་རྡོ་རྗེ་ཐེག་པའི་བསླབ་བྱ་ཡིན་པར་གསུངས་ཏེ། དེ་ཡང་སྡོམ་པ་གསུམ་རིམ་གྱིས་བླང་ཆེ་ཡོན་ཏན་ཡར་ལྡན་དུ་འགྱུར་ཚུལ་ལོ། །

གཉིས་པ་གནས་འགྱུར་ངོ་བོ་གཅིག་ཚུལ་ཡང་། གསང་བ་ཅོད་པཎ་ལས། དཔེར་ན་རྡོ་ལ་ཟངས་སུ་འགྱུར། །ཟངས་ལས་གསེར་གྱི་རྣམ་པ་སྟེ། །ཟངས་ཀྱི་དུས་ན་རྡོ་མེད་ཅིང་། །གསེར་དུ་གྱུར་པས་ཟངས་མི་སྣང་། །ཞེས་གསུངས་པ་བཞིན་ཏེ་གནས་འགྱུར་ཡར་ལྡན་གཅིག་པར་ཡང་གསུངས་སོ། །དེ་བཞིན་ངོ་བོ་གཅིག་ཚུལ་ཡང་། །གསུམ་ལྡན་གྱི་དུས་སུ། སོ་ཐར་བྱང་སྡོམ་པ་གཉིས་གོང་མ་སྔགས་སྡོམ་དུ་འདུས་པས་གསུམ་ཀ་ངོ་བོ་གཅིག་ལ། ཁས་བླངས་པའི་ཆ་ལས་སོ་སོའི་ཉེས་ལྟུང་མ་བྱུང་བར་དུ་ལྡོག་ཆ་མ་འདྲེས་པར་སོ་སོར་གནས་པར་གསུངས་སོ། །

གསུམ་པ་བསྲུང་བསྡོམ་གྱི་གནད་བཀག་དངོས་ནི། གསང་སྔགས་ཀྱི་དབང་བཞི་མན་ཆད་སྡོམ་གསུམ་རིམ་གྱིས་བླངས་པའི་གསུམ་ལྡན་གྱི་གང་ཟག་གི་གཞན་དོན་དུ་དགོས་པ་ཁྱད་པར་ཅན་མེད་པར་རང་བཞིན་དུ་གནས་པ་ལ་གསུམ་ཀ་རང་ལྡོག་མ་འདྲེས་ཡོངས་རྫོགས་སུ་བསྲུང་དགོས་པར་གསུངས་ཏེ། སྒྱུ་འཕྲུལ་དྲ་བ་ཆེན་པོ་ལས། བླ་མེད་མཆོག་གི་སྡོམ་པ་སྲུ །འདུལ་བའི་དབང་གིས་ཚུལ་ཁྲིམས་དང་། །མ་ལུས་ཀུན་འདུས་རྣམ་པར་དག །ཞེས་སོ། །དེའང་སེམས་ཅན་གྱི་དོན་ཆེན་པོར་འགྱུར་བ་ལ་ནི་སེམས་པ་ཆེན་པོ་སྟོང་ཉིད་སྙིང་རྗེའི་སྙིང་པོ་ཅན་རེ་འགའ་ཙམ་ལ་གནང་སྟེ།

ཕལ་པོ་ཆེ་ལས། གང་དག་སེམས་ཅན་དོན་འགྱུར་བའི། །ཐབས་དེ་རྒྱལ་སྲས་བསླབ་པའི་མཆོག ། སྨིན་ལས་ཆར་ཆེན་འབབས་པ་ཡི། །ལོ་ཏོག་ཕུན་ཚོགས་བྱེད་པ་བཞིན། །ཞེས་སོ། །གཞན་དོན་དུ་འགྱུར་བའི་དགོས་པ་ཁྱད་པར་ཅན་མེད་ན་གོང་མའི་ཡན་ལག་འགའ་ཞིག་དང་། འོག་མའི་རྩ་ལྟུང་འགལ་བའི་ཚེ་འོག་མ་གཙོ་ཆེ་བར་གསུངས། འོག་མའི་ཡན་ལག་དང་གོང་མའི་རྩ་བ་འགལ་བའི་ཚེ། རྣམ་པ་ཐམས་ཅད་དུ་གོང་མ་གཙོ་ཆེ་སྟེ་འོག་མ་གོང་མའི་ངོ་བོར་ཡོད་པའི་ཕྱིར་རོ། །དེ་ཡང་སྤྱོད་འཇུག་ལས། ཆུང་ངུའི་ཕྱིར་ནི་ཆེ་མི་གཏང་། །གཙོ་ཆེར་གཞན་གྱི་དོན་བསམས་སོ། །ཞེས་གསུངས་པའོ། །དེ་དག་ནི་གང་ཟག་གཅིག་གིས་སྡོམ་པ་གསུམ་ཀ་མ་འདྲེས་ཡོངས་རྫོགས་སུ་བསྲུང་ཚུལ་དང་གནང་བཀག་གི་ས་མཚམས་ལུང་དག་བཅས་དོན་འདུས་བཤད་ཟིན་ཏོ།། །།

ད་ནི་ཡོངས་སུ་རྫོགས་པ་གཞུག་གི་དོན་ལ་གསུམ་སྟེ། དང་པོ་ནི། སྡོམ་པ་དང་དམ་ཚིག་ལ་གཅེས་སྤྲས་སུ་དགོས་ཚུལ་བསྟན་པ་ནི། དེ་ལའང་ཐོག་མར་སྐྱབས་སུ་འགྲོ་བའི་སྡོམ་པ་ནས་བརྩམས་ཏེ། སྡོམ་པ་དང་དམ་ཚིག་གི་རྣམ་གྲངས་འདི་དག་སོ་སོར་བསྲུང་བའི་ཕན་ཡོན་དང་མ་བསྲུང་བའི་ཉེས་དམིགས་བཤད་པ་རྣམས་ནི་དྲང་དོན་གྱི་ཆོས་གཞན་རྣམས་ཀྱི་ཕན་ཡོན་བརྗོད་པ་ལྟ་བུ་ནི་མ་ཡིན་པར་གསུངས་ཏེ། ལས་ལེགས་ཉེས་ཀྱི་འབྲས་བུ་ཚེ་འདི་ཉིད་དུ་ངེས་པར་འབྱིན་ནུས་པ་ནི། ད་ལྟ་མངོན་སུམ་དུ་ཀུན་གྱི་སྣང་དུ་སྒྲོང་བས་གྲུབ་པ་འདི་ལྟ་བུའི་གདན་ཚིགས་ལས་མ་འདས་པའི་ཕྱིར། ལས་འབྲས་ལ་ངེས་པར་ཐམས་ཅད་ཡིད་ལོས་ཆེས་བས། ད་ལྟ་ཁྱིམ་ནས་ཁྱིམ་མེད་པར་རབ་ཏུ་བྱུང་བའི་དགེ་ཚུལ་རྣམས་དང་། དགེ་སློང་རྣམས་དང་། སྔགས་པ་རྣམས་དང་། མ་འོངས་པའི་རྗེས་འཇུག་རྣམས་ཀྱིས་ཀྱང་དཔེ་འདི་ལ་རྟག་ཏུ་གཅེས་སྤྲས་མཛད་ནས་དཀྲུས་ནས་བཤད་བཞིན། སྤྱིར་སྡོམ་པ་དང་དམ་ཚིག་ཐམས་ཅད་ལ་ཡིད་ཆེས་པའི་སྒོ་ནས་མིག་བཞིན་བསྲུང་བ་དང་། ཁྱད་པར་དུ་བླ་མ་དང་མཆེད་ལྕམ་གྱི་དམ་ཚིག་སྙིང་དང་འདྲ་བར་བསྲུང་ཞིང་བསྐྱེད་རྫོགས་ཀྱི་ཉམས་ལེན་ལ་ཡེངས་མེད་དུ་བརྩོན་པ་ནི་ལམ་ལ་འཆུག་སོ་མེད་ཅིང་འབྲས་བུ་འཁྲུལ་མེད་དུ་རྟོགས་ངེས་པར་སངས་རྒྱས་ཞལ་གྱིས་བཞེས་སོ། །

གཉིས་པ་ནི་སྡོམ་པ་གསུམ་རྒྱུད་ཀྱི་ཐེག་པ་མཐོ་དམན་དང་སྦྱར་དགོས་ཚུལ་བསྟན་པ་ནི། དེ་

ལའང་གསང་སྔགས་ཀྱི་དབང་བཞི་མན་ཆད་ཀྱི་སྡོམ་པ་དེ་དག་དཔེ་ཐོག་ནས་ཐོབ་པ་དང་ཚིག་ལ་མཁས་པ་དང་གོ་བ་ཡོན་པས་ཀྱང་གོ་མི་ཆོད་དེ། རང་རྒྱུད་ཀྱི་ཐེག་པ་མཐོ་དམན་དང་སྦྱར་ནས་ཉམས་སུ་ལེན་དགོས་པར་ཁོ་ན་གསུངས་ཏེ། སྔགས་འོག་མ་གསུམ་གྱི་ཐེག་པའི་དོན་ལྟ་བསྒོམ་ཉམས་སུ་ལེན་པའི་སྐབས་སུ་བདག་དོན་དུ་འདུལ་ཁྲིམས་གཙོ་བོར་སྤྱོད་པར་གསུངས། སྔགས་བར་མ་གསུམ་གྱི་ཐེག་པའི་དོན་ལྟ་བསྒོམ་ཉམས་སུ་ལེན་པའི་སྐབས་སུ་གོང་འོག་ཆ་སྙོམས་ཀྱི་སྒོ་ནས་བྱང་སེམས་ཀྱི་སྡོམ་པ་དང་། སྔགས་ཕྱི་རྒྱུད་སྤྱོད་ཅིང་དོན་ཆེན་གྱི་སྐབས་སུ་ནང་འགལ་ན་གོང་མ་གཙོ་ཆེ་བར་གསུངས། སྔགས་གོང་མ་ནང་རྒྱུད་གསུམ་གྱི་ཐེག་པའི་དོན་ལྟ་བསྒོམ་ཉམས་སུ་ལེན་པའི་སྐབས་སུ་གསུམ་ཆར་དུ་སྤྱོད་ཅིང་། དོན་ཆེན་གྱི་སྐབས་སུ་ནང་འགལ་བའི་ཚེ་གོང་མ་གཙོ་བར་གསུངས་སོ། །དེ་ལས་ལོག་སྟེ་ཐེག་པ་འོག་མ། སྤྱོད་པ་གོང་མ་ཟེར་བ་ནི་གཞུང་གང་ལས་ཀྱང་མ་བཤད་དོ། །དེ་ནི་སྟོན་བྱུང་སངས་རྒྱས་ཀྱིས་ཀྱང་མཛད་པ་དེ་ལྟར་ཡིན་པས། རྗེས་འཇུག་རྣལ་འབྱོར་པས་ཀྱང་དེ་ལྟར་ཉམས་སུ་ལེན་པར་བྱའོ་ཞེས་གསུངས་སོ། །

གསུམ་པ་ནི། བརྩམ་དགོས་པའི་རྒྱུ་མཚན་བསྟན་པ་ནི། ཨུ་རྒྱན་རིན་པོ་ཆེའི་གསུངས་ལས། མདོར་ན་གྲོལ་བྱེད་གདམས་པ་རྣམས། །མདོ་རྒྱུད་བླ་མའི་བཀའ་ལུང་བཞིན། །སོ་སོར་ཐར་པའི་སྡོམ་པ་དང་། །བྱང་ཆུབ་སེམས་དཔའི་སེམས་བསྐྱེད་དང་། །གསང་སྔགས་དབང་དང་དམ་ཚིག་སྟེ། །སྡོམ་གསུམ་བསླབ་པའི་གཞུང་དང་བསྟུན། །དེ་ལྟར་ལམ་ལ་འཇུག་སོ་མེད། །འདྲ་མིན་དབང་དུ་ངེས་མི་འགྲོ། །ཆོས་བྱེད་ཆོས་ཀྱི་ལམ་དང་འཕྲད། །རྩོལ་བས་བསྒྲོད་ནས་མངོན་སངས་རྒྱས། །འདྲ་མིན་བསླུ་བའི་ཆོས་ལུགས་ཀྱིས། །རྗེས་སུ་འབྲང་རྣམས་བླུན་པ་སྟེ། །སྐྱེ་སྟོན་ལས་ཀྱི་འཕེན་པ་དང་། །གནས་སྐབས་རྐྱེན་གྱིས་བསྒྱུར་ཞེས་ཀྱང་། །ལེགས་བཤད་བླང་དོར་བྱ་རྒྱུ་ཡོད། །བཟང་རྗེས་འབྲང་ཞིང་ངན་པ་འདོར། །མཐར་ཡང་བཏང་སྙོམས་བཞག་པ་ནི། །རང་དབང་ཡོད་པས་དེ་ལྟར་བྱ། །དབང་མེད་ཞུགས་ལ་སྐྱོན་རྣམས་ནི། །རང་གཞན་གང་གཙོ་དེ་གཙོ་བས། །གཞན་དབང་ཤོར་ལ་སེམས་ཀྱིས་བཟློག །འདུན་པའི་གནད་འདི་གལ་ཆེ་བས། །སྡོམ་པ་གསུམ་གྱི་བྱ་བ་ལ། །གཉན་པོས་སྡོམ་བཅས་འདུན་པ་ཞུགས། །ལུས་ངག་ཤུགས་ཀྱི་དེ་རྗེས་འབྲང་། །གདོང་ཐག་འདུན་པས་མ

བཅད་ན། །ཕལ་ཆེར་འདྲ་མིན་དབང་དུ་འཚོར། །དེ་ལ་འབད་པ་དོན་ཡོད་བྱ། །ཞེས་པ་དང་། རྒྱལ་བ་ཀློང་ཆེན་རབ་འབྱམས་པས་ཀྱང་། དེང་སང་ཕལ་གྱི་བློ་མིག་མ་དག་པས། །སྔགས་གསང་ཕ་རོལ་ཕྱིན་གཞུང་སོ་སོའི་ལམ། །འགལ་བར་འཛིན་པས་གཅིག་ཏུ་སྡུད་མི་ཤེས། །དེ་ཕྱིར་དེ་དག་ཕྱོགས་རེའི་མིག་ཅན་ཡིན། །འདིར་ནི་རྒྱུ་འབྲས་ཐེག་པའི་ཟབ་དོན་མཆོག །གཅིག་ཏུ་བསྡུས་ནས་ཉམས་སུ་ལེན་པའི་ཐབས། །ཞེས་དང་། མངའ་རིས་གཏེར་སྟོན་པད་མ་དབང་རྒྱལ་གྱིས། དེང་སང་མ་སྦྱོང་མུ་ཅོར་སྨྲ་བ་རྒྱུས། །རང་གི་ཡེ་ཤེས་རྟུལ་ཙམ་མ་རྟོགས་པར། །རང་བཟོའི་ཚིགས་རྫོངས་རྣམས་ཆེམ་པའི་དུས། །སྐྱབས་དེ་བསམས་ན་སྙིང་ནས་མཆི་མ་བཀྱུ། །མདོ་སྔགས་ལམ་རྣམས་སུ་མེད་འགྲོ་བའི་ཕྱིར། །ཁ་ཚང་མ་ནོར་ལམ་དུ་རྒྱལ་བས་གསུངས། །གངས་ཅན་འདིར་ནི་དེ་དག་ཕྱོགས་རེར་འཛིན། །གཅིག་ཏུ་སེམས་ཀྱང་སྡོམ་གསུམ་མིང་ཙམ་ལུས། །ཁ་ཚང་མ་ནོར་ལམ་དུ་རྒྱལ་བས་གསུངས། །གངས་ཅན་འདིར་ནི་དེ་དག་ཕྱོགས་རེར་འཛིན། །གཅིག་ཏུ་སེམས་ཀྱང་སྡོམ་གསུམ་མིང་ཙམ་ལུས། །ཞེས་གསུངས་པ་བཞིན་དུ་སྟེ། །ཁྱད་པར་དུའང་དེང་སང་གི་སྐབས་འདི་ཚོར་ནི་དུས་ཀྱི་དབང་གི་སྡོམ་གསུམ་གཅིག་ཏུ་སྡུད་ཤེས་པ་ནི་ལྟ་ཞོག །ཕྱོགས་རེའི་མིག་ཅན་ནམ། བློ་མིག་མ་དག་པ་ཤས་ཆེ་བའི་ཕྱིར། འགལ་བར་འཛིན་པ་ཁོ་ན་ལས། གཅིག་ཏུ་སེམས་པ་ནི་སྲིད་པ་ཙམ་མོ། །ཁྱད་པར་དུ་གསང་སྔགས་པར་ཁས་ལེན་འགའ་ཞིག་གི་རང་རྒྱུད་ལ་ལྷ་མིའི་ཐེག་པ་ཙམ་གྱིའང་དྲིའི་མ་གོས་པར་ཚིག་སྐམ་པོ་བཤད་ཤེས་པ་ཙམ་དང་གོ་ཡུལ་རྒྱང་བ་ལ་བརྟེན་ནས་ལྟ་བ་མཐོ་སྐད་ཀྱི་ངང་ནས་སྤྱོད་པ་རྩིང་སྤྱོད་ཁོན་བྱེད་པ་རྣམས་ནི། ཐེག་པ་གོང་འོག་དང་ཕྱི་ནང་གང་ལའང་མི་གཏོགས་པར་གསུངས་ཏེ། བཻ་རོའི་རྣམ་འཕྲུལ་རྒྱ་ལེ་སྤྲུལ་སྐུའི་ཞལ་ནས། སོ་ཐར་གྱི་སྡོམ་པ་བསྲུང་མ་ནུས་པ་ལ་གསང་སྔགས་པ་ཡིན་པར་རློམ་པའི་སྤྱོད་རྩིང་སྤྱོད་པ་རྣམས་ནི་མདོ་སྔགས་གཉིས་ཀར་མི་རུང་སྟེ། སྔགས་གསར་མའི་དམ་ཚིག་གི་སྐབས་ཀྱི་བརྟུལ་ཞུགས་ཉེར་ལྔའི་ཐོག་མ་ནི་རྩ་བཞི་ཆང་དང་ལྔ་ཡིན་ཕྱིར་དང་། རྙིང་མའི་སྐུ་གསུང་ཐུགས་ཀྱི་དམ་ཚིག་ཉེར་བདུན་གྱི་ནང་ཚན་ཀྱང་དེ་དག་ཡིན་ཕྱིར། བྱེ་བྲག་གཞན་རྣམས་ཕར་ཞོག་རྩ་བ་བཞི་པོ་མི་བསྲུང་བ་ནི་འདུལ་བ་ཙམ་དུ་མ་ཟད་སྔགས་ཀྱི་དམ་ཉམས་སུ་འགྱུར་བ་ཉིད་དེ། འཇམ་དཔལ་རྩ་རྒྱུད་ལས། ཚུལ་ཁྲིམས་འཆལ་བས་སྔགས་གྲུབ་པར། །

རྒྱལ་བ་རྣམས་ཀྱིས་མ་གསུངས་ཏེ། །མྱ་ངན་འདས་འགྱུར་འགྱུར་བ་ཡིས། །ཡུལ་དང་ཕྱོགས་ཙམ་མ་ཡིན་ནོ། །ཞེས་གསུངས་སོ། །གཞན་ཡང་སྡོམ་གསུམ་གྱི་སྐབས་འདིར་བསྲུང་ཚུལ་གྱི་བྱེ་བྲག་དཔག་ཏུ་མེད་པ་གསུངས་འདུག་ཀྱང་གཞུང་འདིར་བཀོད་པ་རྣམས་ཀྱི་ཁོངས་སུ་མ་འདུས་པ་དགའ་མི་འདུག་པས་བསྡུས་སོ། །དེ་ཡང་ཆོས་འདི་ལ་ལུང་རྒྱབ་དཔག་ཏུ་མེད་པ་རྒྱ་འདུག་ཀྱང་རྒྱ་ཆེར་ཡི་གེས་ཞེད་ཕྱིར་ཚིག་བསྡུས་ནས་གསར་བུའི་ཉམས་སུ་ལེན་བདེར་བཀོད་པའོ། །རྒྱ་ཆེར་རྟོགས་འདོད་པ་དག་གིས་ནི་མདོ་སྔགས་ཀྱིས་གཞུང་གཞན་རྣམས་སུ་བལྟའོ། །

སྡོམ་གསུམ་གྲུ་གཟིངས་རིམ་གཉིས་བ་དན་ཅན། །སྒོ་གསུམ་བར་མེད་བརྩོན་པའི་རླུང་ཤུགས་ཀྱིས། །རང་གཞན་འཁོར་བའི་སྲིད་མཚོ་ལས་བརྒལ་ནས། །ཐར་པ་རིན་ཆེན་གླིང་དུ་སོན་བྱེད་ཡིན། །དེ་ལྟར་གཞི་ལམ་མངོན་རྫོགས་འབྲས་བུའི་བར། །བགྲང་ཡས་ཐེག་པའི་ཉམས་ལེན་གནད་དྲིལ་བ། །ཚང་ལ་མ་ནོར་འཁྲུལ་མེད་ལམ་བཟང་མཆོག །སྡོམ་གསུམ་བསྟན་པའི་སྒྲོན་མེ་འདི་བསྒྲུབས་སོ། །

མཇུག་བསྡུ་བ་བསྔོ་བ་ནི། ལེགས་བཤད་ཕན་བདེའི་སྤྲིན་ཆེན་ཆེར་གཡོས་ཤིང་། །ཐོས་བསམ་བསྒོམ་པའི་ཤེས་རབ་དབྱར་རྔ་སྒྲོགས། །ལུང་རིགས་མན་ངག་གློག་འཕྲེང་ལས་ཐོན་པའི། །ཆོས་ཆར་བདུད་རྩིས་གདུལ་བྱའི་རྒྱུད་བརླན་ཤོག །ཚད་མེད་དགེ་ཚོགས་རྨད་བྱུང་དེ་ཡི་བདག་དང་འགྲོ་བ་ཀུན། །འབད་མེད་མྱུར་དུ་འཁོར་བའི་སྲིད་དང་ཞི་ལས་རྣམ་གྲོལ་ཞིང་། །འཆུག་མེད་ལམ་བཟང་རྨད་བྱུང་ཞི་བདེ་ཐར་པའི་གླིང་སོན་ཏེ། །བླ་མེད་འབྲས་བུ་ཀུན་མཁྱེན་གོ་འཕང་མཆོག་རབ་མཉེས་པར་ཤོག །

ཤིས་པ་བརྗོད་པ་ནི། ཐེག་མཆོག་དྲི་མེད་ཟབ་ལམ་རྨད་བྱུང་འདིས། །མཁའ་དང་མཉམ་བཟང་ཉི་ཟླ་དཔག་བསམ་དང་། །དེད་དཔོན་ནོར་འཛིན་གྲུ་གཟིངས་འདོད་འབྱུང་ལྟར། །ཕྱོགས་དུས་ཀུན་ཏུ་དགེ་ལེགས་བྱེད་གྱུར་ཅིག །

དེ་ལྟར་བཀའ་ལུང་དྲི་མ་མེད་པའི་རྗེས་སུ་འབྲང་ནས་རྗེ་བཙུན་བླ་མ་དམ་པའི་ཞལ་ཁྲིད་དང་བསྟུན་ཏེ། རིམ་བཞིན་ཕྱོགས་གཅིག་ཏུ་བཀོད་པའི་སྡོམ་གསུམ་བསྟན་པའི་སྒྲོན་མེ་ཞེས་བྱ་བ་འདི་

ནི། ཉེ་གནས་པ་དགེ་སློང་བཀྲ་ཤིས་ཚེ་བརྟན་གྱིས་ཡང་ནས་ཡང་དུ་བསྐུལ་བ་དང་། གཞན་འགའ་ཞིག་གིས་ཀྱང་སྡོམ་པ་དང་དམ་ཚིག་བསྲུང་འདོད་ཀྱང་བསྲུང་མཚམས་གང་ཡིན་ངོ་མི་ཤེས་པར་འདུག་པས་བསྲུང་ཐབས་ཀྱི་ཡི་གེ་གསལ་པོ་འདྲ་མཛད་ན་མ་ཤིའི་བར་དུ་ནན་ཏན་བྱེད་ཅེས་དམ་བཅའི་མཎྜལ་དང་བཅས་ཀྱི་བསྐུལ་བ་ལ་བརྟེན་ནས། བན་སྡོམ་བུ་བ་རིག་འཛིན་ཀུན་བཟང་ཤེས་རབ་ཀྱིས་དཔལ་ཡུལ་རྣམ་རྒྱལ་བྱང་ཆུབ་གླིང་དུ་སྟོན་གསུམ་འབྲས་ལྡན་གྱི་དུས་སུ་ལེགས་པར་སྦྱར་བའི་ཡི་གེ་པ་འང་བཀྲ་ཤིས་ཚེ་བརྟན་ནོ། །དགེའོ། །དགེའོ། །དགེའོ། །

སྡོམ་པ་གསུམ་གྱི་བསྟན་བཅོས་འདིའི་རྒྱུད་པ་ནི་སོ་སོར་ལོགས་སུ་གསལ་ལ། སྤྱིར་ནི་རང་རང་གི་སྡོམ་པ་གསུམ་གང་ལས་ཞུས་པའི་བླ་མ་དེའི་རྒྱུད་པ་སྟེ། དེའང་སོ་ཐར་སྡོམ་པའི་བརྒྱུད་པ་ནི་རང་གི་དགེ་ཚུལ་སློང་གང་ལས་ཞུས་པའི་མཁན་རྒྱུད་དེའོ། །

བྱང་སེམས་སྡོམ་པའི་རྒྱུད་པ་ནི། སེམས་བསྐྱེད་ཀྱི་སྡོམ་པ་གང་ལས་ཞུས་པའི་སློབ་དཔོན་དེའི་བརྒྱུད་པའོ། །རིག་འཛིན་སྔགས་ཀྱི་སྡོམ་པའི་བརྒྱུད་པ་ནི། གསང་སྔགས་ཀྱི་དབང་བཞི་ཡང་དག་པར་གང་ལས་ཐོབ་པའི་བླ་མ་དེའི་བརྒྱུད་པ་སྟེ། བརྒྱུད་པའི་བླ་མ་དེ་དག་ཞིབ་པར་རྟོགས་ཤིང་ཡིད་ལ་བཟུང་ནས་རྟག་ཏུ་གསོལ་བ་བཏབ་པ་ནི་བྱིན་རླབས་ཀྱི་གནད་དམ་པའོ། །ཞེས་པའང་མཎྜ་བྷ་དྲ་པྲཛྙས་སྨྲས་སོ། །

༄ སླར་ཡང་དུས་ངན་སེར་གཟུགས་རྐྱེན་གྱིས་བསྐུལ་ངོ་ཚ། །ཕན་པའི་བློ་མངའ་བསྟན་བཅོས་འདི་ཉིད་བརྩམས་པ་པོས། །ཡིད་བཞིན་གཏེར་ལྟར་མི་མཛད་ཆོས་སྦྱིན་སྤེལ་ཕྱིར་དཔར། །དཔལ་ཡུལ་ཞེས་གྲགས་རྣམ་རྒྱལ་བྱང་ཆུབ་གླིང་དུ་བསྒྲུབས། །ཡི་གེའི་དག་སྦྱོར་ཆོས་འདིའི་ཞུ་བ་པོ། །ཡང་དག་རྐོས་མཁན་བུ་དབྲུག་རྟ་མགྲིན་བཟང་། །ཤིང་བཟོ་བ་སོགས་འབྲེལ་ཐོག་ཐམས་ཅད་ཀྱི། །སྒོ་གསུམ་སྒྲིབ་བྱང་ཚོགས་རྫོགས་སངས་རྒྱས་ཤོག །

༄ བརྩོན་པ་རྒྱ་མཚོའི་ཆུ་གཏེར་ལས་ཐོན་པའི། །རྣམ་དཀར་དྲི་མེད་བསོད་ནམས་རྐང་འཕྲུང་མཆོག །ལྷག་བསམ་ཡལ་འདབ་རབ་རྒྱས་ནམ་མཁར་གདལ། །འགྲོ་ཀུན་ངལ་བསོའི་གྲིབ་བསིལ་རྟེན་གྱུར་ཅིག །རྒྱལ་བསྟན་རྫིང་བུའི་ནོར་འཛིན་ཡོངས་ཁྱབ་ཅིང་། །བསྟན་འཛིན་པད་མོའི

ཚོགས་ཀྱིས་ལེགས་གང་ཞིང་། །མ་རྒན་འགྲོ་བ་དང་མོའི་ཚོགས་རྣམས་ཀུན། །ཉེར་འཚེ་མེད་པར་ཆོས་བཞིན་སྤྱོད་པར་ཤོག །པར་འདི་འགྲོ་ཁམས་ཇི་སྲིད་བར། །འབྱུང་བའི་གནོད་པས་རབ་དབེན་ཞིང་། །སྡུག་བསྔལ་གྱིས་གདུང་སྐྱེ་དགུ་ཡིས། །ཕན་བདེ་འབྱུང་བའི་གཞིར་གྱུར་ཅིག །དགེའོ། དགེའོ། དགེའོ། །

ཨོཾ་སརྦ་བིདྭསྭཱཧཱ། །ཡེདྷརྨཱཧེཏུཔྲབྷཝཱཧེཏུནྟེཥཱནྟཐཱགཏོཧྱབདཏ། ཏེཥཱཉྩཡོནིརོདྷཨེཝཾབཱདཱིམཧཱཤྲམཎཿ ཨོཾསུཔྲཏིཥྛབཛྲཡེསྭཱཧཱ། །ཆོས་རྣམས་གང་དག་རྒྱུ་ལས་བྱུང་བ་དང་། །དེ་ཡི་རྒྱུ་དང་དེ་འགོག་གང་ཡིན་པ། །དེ་བཞིན་གཤེགས་པ་ཉིད་ཀྱིས་བཀའ་སྩལ་ཏེ། །དེ་སྐད་གསུངས་པའི་ཚུལ་ཅན་དགེ་སྦྱོང་ཆེ། །

༄༅། །སྔ་འགྱུར་བསྟན་པ་འཛིན་པའི་སྐྱེས་བུ་རྣམས་ཀྱིས་བསླབ་བྱ་སྡོམ་གསུམ་བསྟན་པའི་སྙིང་པོ་ཞེས་བྱ་བ་བཞུགས་སོ། །

ལྷ་བཙུན་ནམ་མཁའ་འཇིགས་མེད།

རྒྱལ་བ་གང་ཞིག་གདོད་ནས་ཡོངས་གྲུབ་འགྱུར་བ་ཀུན་ཏུ་བཟང་། །ལྷུན་གྱིས་གྲུབ་པའི་འཇའ་ཟེར་གློང་ན་ཞི་དང་ཁྲོ་གར་དཔག་ཏུ་མེད། །བདག་ལུས་འཛིག་རྟེན་རྡུལ་བཞིན་སྤྲུལ་ནས་མཉམ་ཉིད་ངང་དུ་ཕྱག་འཚལ་ཏེ། །རྒྱལ་བ་མཆོག་གི་བསྟན་ལ་ཕན་ཕྱིར་སྡོམ་གསུམ་བསྟན་པའི་སྙིང་པོ་སྤེལ། །

འདིར་སྐལ་པ་མཆོག་དང་ལྡན་པ་སྔ་འགྱུར་བསྟན་པའི་སྒོར་ཞུགས་པ་རྣམས་ཀྱིས་ལམ་གྱི་འཇུག་སྒོ་ཇི་ལྟར་བྱ་བ་དང་ཉམས་སུ་ལེན་པའི་ཚུལ་བཤད་པ་ལ་དྲུག །ཆོས་ཀྱི་ཕུང་པོའི་མཚན་ཉིད་སྤྱིར་བསྟན་པ། ལམ་བསླབ་པ་གསུམ་དུ་འགག་དོན་དྲིལ་བ། དེའི་རྩ་བ་སོ་ཐར་ཡིན་ཚུལ། །སྡོམ་པ་གསུམ་གནད་གཅིག་པ། དེ་སོ་སོར་ལེན་ཅིང་བསླབ་བྱ་བསྟན་པ། གང་ཟག་གཅིག་གི་རྒྱུད་ཐོག་ཏུ་ཉམས་སུ་ལེན་ཚུལ་རྣམས་སོ། །

དང་པོ་ཆོས་ཀྱི་ཕུང་པོའི་མཚན་ཉིད་སྤྱིར་བསྟན་པ་ནི། བདག་ཅག་གི་སྟོན་པ་ཐབས་མཁས་ཐུགས་རྗེ་ཆེ་བ་དེ་ཉིད་ཀྱིས་རྒྱུ་དང་འབྲས་བུའི་ཆོས་ཇི་སྙེད་ཅིག་གསུངས་པ་རྣམས་རྒྱས་པར་ཕྱེ་ན། སྙིང་རྗེ་པད་དཀར་ལས་ཆོས་ཀྱི་ཕུང་པོའི་ཚད་འབུམ་ཕྲག་བཅུར་གསུངས། དེ་བསྡུ་ན། གསང་བ་བསམ་གྱིས་མི་ཁྱབ་པར་ཆོས་ཀྱི་ཕུང་པོ་བརྒྱད་ཁྲི་བཞི་སྟོང་དུ་གསུངས། དེ་ཡང་ཉོན་མོངས་པ་བརྒྱད་ཁྲི་བཞི་སྟོང་གི་གཉེན་པོར་བསྟན་པ་ཡིན་ཏེ། ཨ་ཏི་བཀོད་པ་ཆེན་པོ་ལས། ཚ་བའི་ནད་ལ་ག་བུར

བཞིན། གཉེན་པོའི་དོན་དུ་བསྟན་པའོ། །ཞེས་གསུངས་པས། འདོད་ཆགས་འདུལ་བའི་གཉེན་པོར་འདུལ་བ་ཉི་ཁྲི་ཆིག་སྟོང་། ཞེ་སྡང་གི་གཉེན་པོར་མདོ་སྡེ། གཏི་མུག་གི་གཉེན་པོར་མངོན་པ། །དུག་གསུམ་ཆ་མཉམ་གྱི་གཉེན་པོར་གསང་སྔགས་རྣམས་ཉི་ཁྲི་ཆིག་སྟོང་ངོ་། །དེ་བསྡུ་ན་གསུང་རབ་ཡན་ལག་བཅུ་གཉིས་ཀྱི་ཚུལ་དུ་བསྟན་པ་ཡིན་ཏེ། དེ་ཡང་། མདོ་སྡེ་དབྱངས་བསྙད་ལུང་དུ་བསྟན། །ཚིགས་བཅད་ཆེད་བརྗོད་གླེང་གཞི་དང་། རྟོགས་བརྗོད་དེ་ལྟ་བུ་བྱུང་བ། སྐྱེས་རབས་ཤིན་ཏུ་རྒྱས་པའི་སྡེ། །རྨད་བྱུང་གཏན་ལ་དབབ་པ་སྟེ། །གསུང་རབ་ཡན་ལག་བཅུ་གཉིས་སོ། །ཞེས་སོ། །དེ་བསྡུ་ན་སྡེ་སྣོད་གསུམ་དུ་གསུངས་ཏེ། འོ་མ་ལས་ནི་མར་བཞིན་ནོ། །བསྡུ་བའི་དོན་དུ་བསྟན་པའོ། །ཞེས་སྤྱོད་པ་གཙོ་བོར་སྟོན་པ་འདུལ་བ། །ལྟ་བ་གཙོ་བོར་སྟོན་པ་མདོ་སྡེ། སྒོམ་པ་གཙོ་བོར་སྟོན་པ་མངོན་པའི་སྡེ་སྣོད། དེ་ཡང་གསུང་རབ་ཡན་ལག་བཅུ་གཉིས་ཀྱི་དང་པོ་ལྔ་ནི་ཉན་ཐོས་ཀྱི་མདོ་སྡེ། དྲུག་པ་བདུན་པ་བརྒྱད་པ་དགུ་པ་བཞི་ཐེག་པ་ཆེ་ཆུང་གཉིས་ཀའི་འདུལ་བ། བཅུ་པ་དང་བཅུ་གཅིག་གཉིས་ཐེག་ཆེན་མདོ་སྡེ། བཅུ་གཉིས་པ་ནི་ཐེག་པ་ཆེ་ཆུང་གཉིས་ཀའི་མངོན་པའོ། །ཡང་བཅུ་གཉིས་པོ་ཕལ་ཆེར་རེ་རེར་ཚང་བའང་ཡོད་དེ། །དཔེར་ན་མདོ་སྡེ་ལ། །གང་སློབས་པའི་ཚུལ་གྱི་ཕན་ཡོན་བཅུ་གཟིགས་ནས་གསུངས་པ་དང་། དེ་ཉིད་དབྱངས་ཀྱིས་བསྙད་པ་དང་། སངས་རྒྱས་བྱང་སེམས་ཉན་རང་སོགས་ལུང་བསྟན་པ་དང་། དེ་ཉིད་ཚིགས་སུ་བཅད་པ་དང་། བསྔགས་པ་ཆེད་དུ་བརྗོད་པ་དང་། དེ་ཡང་བཅས་པ་དང་བྱུང་བ་སོགས་ཀྱི་གླེང་གཞི་བརྗོད་པ་དང་། རྒྱུ་འབྲས་ཐམས་ཅད་དཔེ་དང་བཅས་ཏེ་རྟོགས་པ་བརྗོད་པ་དང་། སྔོན་གྱིས་སྦྱོར་བ་ལ་སོགས་དེ་ལྟ་བུ་བྱུང་བ་དང་། བྱང་ཆུབ་སེམས་དཔའི་སྐྱེས་རབས་བརྗོད་པ་དང་། ས་དང་ལམ་དང་གཟུངས་དང་ཏིང་ངེ་འཛིན་ཤིན་ཏུ་རྒྱས་པར་བཤད་པ་དང་། དེ་ཐམས་ཅད་ངོ་མཚར་ཞིང་རྨད་དུ་བྱུང་བར་བསྟན་པ་དང་། དེ་དག་གི་དོན་ཐམས་ཅད་གཏན་ལ་ཕབ་ནས་གསུངས་པ་སྟེ། རྗེ་འབྲི་གུང་པ་འཇིག་རྟེན་གསུམ་གྱི་མགོན་པོའི་རྡོ་རྗེའི་གསུངས་ཀྱང་། ཡན་ལག་བཅུ་གཉིས་གཅིག་ལའང་ཅི་རིགས་ཚང་། ཞེས་གསུངས་སོ། །དེ་ཐམས་ཅད་གང་ཟག་གཅིག་འཚང་རྒྱ་བར་བྱེད་པའི་ཐབས་སུ་དགོས་ཤིང་། གང་ཟག་དེའི་རྒྱུད་ལ་ཉོན་མོངས་པ་དུག་ལྔ་དུག་གསུམ་ཐམས་ཅད་ཤེས་ཆེ་ཆུང་ཙམ་ལས་ཐམས་ཅད་ཚང་བར་ཡོད་པས་ན།

དེ་སྤྱོང་བར་བྱེད་པའི་ཐབས་སམ་གཉེན་པོར་སྡེ་སྣོད་གསུམ་དང་རྒྱུད་སྡེ་ཐམས་ཅད་ལམ་གྱི་རིམ་པ་ཚང་ལ་མ་ནོར་བར་དབང་པོ་རྣོ་རྟུལ་དང་ཐེག་པ་ཆེ་ཆུང་གི་གདགས་གཞི་དང་བྲལ་བར་ཉམས་སུ་བླངས་དགོས་ཏེ། བྱང་ཆུབ་སེམས་དཔའི་སྤྱོད་པ་རྣམས་པར་འཕྲུལ་པའི་མདོ་ལས། འགྲོ་བ་སེམས་ཅན་རྣམས་ལ་མཉམ་པའི་ཐུགས། །ང་ལ་ཐ་དད་འདུ་ཤེས་ནམ་ཡང་མེད། །ཐེག་པ་དམན་པ་གཞན་ལ་ངས་བསྟན་ན། །དེ་ལ་ང་ནི་སེར་སྣའི་སྐྱོན་དུ་འགྱུར། །ཞེས་དང་། དེ་ཉིད་ལས། ང་ནི་མྱ་ངན་འདས་གཅིག་ཐེག་པ་གཅིག །ང་ཡི་ཐེག་པ་ཐ་དད་མེད་པ་སྟེ། །ཡང་དག་ཏུ་ནི་ཐེག་པ་གཅིག་ཏུ་བཞག །དེ་ནི་ཐབས་ཀྱི་ཡུལ་དུ་ཤེས་པར་གྱིས། །ཞེས་དང་། མདོ་སྡེ་དགོངས་པ་ངེས་འགྲེལ་ལས། ཐེག་པ་ཆེ་དང་ཐེག་པ་དམན་པ་ལས། །རང་ཞིན་སྣ་ཚོགས་ཆོས་རྣམས་གང་བསྟན་པ། །དེ་དག་ཉིད་ནི་ཚུལ་གཅིག་ཡང་བསྟན་ཏེ། །དེ་ཕྱིར་ཐེག་པ་སྣ་ཚོགས་ང་མི་སྨྲ། །ཞེས་དང་། རྡོ་རྗེའི་གསུང་ལས་ཀྱང་། ཐེག་པ་ཐམས་ཅད་རིགས་གཅིག་ཐེག་པ་གཅིག །ཅེས་གསུངས་སོ། །

གཉིས་པ་དེ་ཐམས་ཅད་ལམ་བསླབ་པ་གསུམ་དུ་འགག་དོན་དྲིལ་བ་ནི། །འཁོར་ལོ་དང་པོས་སྤྱོད་པ་གཙོ་བོར་སྟོན་པ་འདུལ་བ། །འཁོར་ལོ་བར་པས་ལྟ་བ་གཙོ་བོར་སྟོན་པ་མདོ་སྡེ། །འཁོར་ལོ་ཐ་མས་སྒོམ་པ་གཙོ་བོར་སྟོན་པ་མངོན་པ་སྟེ་སྡེ་སྣོད་རིན་པོ་ཆེ་གསུམ་དུ་གསུངས་ཏེ། །དེ་ཡང་འཁོར་ལོ་དང་པོས་ལྷག་པ་ཚུལ་ཁྲིམས་ཀྱི་བསླབ་པ་བསྟན། །བར་པས་ལྷག་པ་ཏིང་ངེ་འཛིན་གྱི་བསླབ་པ་བསྟན། ཐ་མས་ལྷག་པ་ཤེས་རབ་ཀྱི་བསླབ་པ་བསྟན་པ་ཡིན་ཞིང་། མྱང་འདས་ལས་ཀྱང་། འཁོར་ལོ་དང་པོས་རབ་ཏུ་སྨིན་པར་མཛད། །ཁོར་ལོ་གཉིས་པས་ཤིན་ཏུ་སྨིན་པར་མཛད། །གསུམ་པས་ཤིན་ཏུ་རབ་ཏུ་སྨིན་མཛད་དེ། །ཐུབ་པའི་ཆོས་ཀྱི་འཁོར་ལོ་གསུམ་དུ་སྣང་། །ཞེས་གསུངས་པའང་འདི་ལ་དགོངས་སོ། །བསླབ་པ་རིན་ཆེན་གསུམ་དེ་ཡང་གང་ཟག་གཅིག་གི་རྒྱུད་ཐོག་ཏུ་གོ་རིམ་བཞིན་ཉམས་སུ་བླང་ཞིང་སྔ་མ་ལ་ལྟོས་ནས་ཕྱི་མ་རྣམས་སྐྱེ་བར་འགྱུར་ཏེ། བསླབ་པ་གསུམ་གྱི་མདོ་ལས། དགེ་སློང་དག་ཚུལ་ཁྲིམས་ལ་བརྟེན་ནས་ཏིང་ངེ་འཛིན་སྐྱེ་བར་འགྱུར་རོ། །ཏིང་ངེ་འཛིན་ལ་གནས་ནས་ཤེས་རབ་སྐྱེ་བར་འགྱུར་རོ། །ཤེས་རབ་ལ་གོམས་པར་བྱས་ན་འདོད་ཆགས་དང་ཞེ་སྡང་གཏི་མུག་ལས་སེམས་ཤིན་ཏུ་རྣམ་པར་གྲོལ་བར་འགྱུར་རོ། །ཞེས་དང་། ཚུལ་ཁྲིམས་ལ་ནི་གནས་ན

ཏིང་ངེ་འཛིན་རྣམས་ཐོབ། ཏིང་ངེ་འཛིན་ལ་གནས་ན་ཤེས་རབ་ཤིན་ཏུ་སྒོམ། །ཤེས་རབ་ཀྱིས་ནི་ཡེ་ཤེས་ཕུན་སུམ་ཚོགས་པ་ཐོབ། །ཅེས་སོགས་རྒྱ་ཆེར་གསུངས་སོ།། །།

༄ གསུམ་པ་བསླབ་པ་རིན་པོ་ཆེ་གསུམ་པོ་དེའི་རྩ་བ་སོ་ཐར་ཡིན་ཚུལ་ནི། མ་ཐོབ་པ་ཐོབ་པར་བྱེད་པའི་སྐབས་སུ་ཡང་། །སངས་རྒྱས་ལ་སྐྱབས། ཆོས་ལ་སྐྱབས། དགེ་འདུན་གྲོགས་ཀྱི་འདུ་ཤེས་བསྐྱེད་དགོས་ཤིང་། ལས་ཆོག་ཏུ་ཇི་ལྟར་སྔོན་གྱི་འཕགས་པ་དགྲ་བཅོམ་པ་དེ་དག་གི་བསླབ་པ་ལ་རྗེས་སུ་བསླབ་པོ། །རྗེས་སུ་སློབ་པོ། །རྗེས་སུ་འགྱིད་དོ། །ཞེས་པའི་འདུན་པ་འདི་སྟོན་པ་བཅོམ་ལྡན་འདས་ལ་སློན་པ། དེ་ཇི་ལྟ་བ་བཞིན་ཏུ་བདག་ཀྱང་འཇུག་པའི་དམ་བཅས་པའོ། །ཐོབ་པ་མི་ཉམས་པར་བསྲུངས་བའི་དུས་སུ་ཡང་སོ་སོར་ཐར་པའི་མདོ་འདོན་དུས། །ཤཱཀྱ་སེང་གེ་དེ་ལ་ནི། །སོར་མོ་བཅུ་ཡིན་ཐལ་སྦྱར་ཏེ། །སོ་སོར་ཐར་པ་འདོན་པར་བྱ། །ཞེས་དང་། བཤེས་སྤྲིང་ལས། ཁྲིམས་ནི་རྒྱུ་དང་མི་རྒྱུའི་ས་བཞིན་དུ། །ཡོན་ཏན་ཀུན་གྱི་གཞི་རྟེན་ཡིན་པར་གསུངས་ཞེས་དང་། འདུལ་བ་རྣམས་དབྱེ་ལས། །ཇི་ལྟར་འདི་ན་ཤིང་རྩ་གཙོ་བོ་ཏེ། །རྣམ་པར་འཕེལ་ཏེ་ཀུན་འཛིན་གཉིས་ཀྱི་གཞི། །དེ་བཞིན་དམ་ཆོས་ཚོགས་རྣམས་ཀུན་གྱི་ཡང་། །གཞི་དང་རྩ་བ་སོ་ཐར་ཡིན་པར་གསུངས། །ཞེས་དང་། ཡང་དེ་ལས། སངས་རྒྱས་རྣམས་དང་རང་རྒྱལ་རྣམས་ཀྱིས་ཀྱང་། བྱང་ཆུབ་གང་བརྙེས་ཐུགས་སློབ་རྣམ་དག་པའི། །སེམས་ཅན་དགྲ་བཅོམ་ཡོན་ཏན་ལྡན་པ་རྣམས། །དེ་ཡི་རྒྱུ་ཡང་འདུལ་བ་ཡིན་པར་གསུང་། །ཞེས་སོ། །ཉན་རང་གི་ཉི་ཚེ་བ་ལས། འདུལ་བ་ཁྱད་པར་དུ་འཕགས་ཏེ། །མདོ་རྩའི་རྒྱལ་འགྲེལ་ལས། ལྷག་པའི་དོན་གྱིས་ན་ལྷག་པ་སྟེ། འདི་ནི་ཉི་ཚེ་བ་ལས་ཁྱད་པར་དུ་བྱས། ཞེས་པ་དང་། འདུལ་བ་གསུམ་བརྒྱ་པར། རྫོགས་པའི་བྱང་ཆུབ་དཔལ་ནོར་དབང་བསྒྱུར་ཡིན། །ཞེས་གསུངས་ཤིང་སོ་ཐར་མདོའི་མཆོད་བརྗོད་ལ་ཡང་། ཐམས་ཅད་མཁྱེན་པ་ལ་ཕྱག་འཚལ་ལོ། །བརྩམས་པར་དམ་བཅའ་བ་ཡང་། ཐམས་ཅད་མཁྱེན་པའི་བསླབ་གཞི་རིན་ཆེན་མཛོད། །འཕགས་པའི་ཚོགས་ཀྱི་དབུས་སུ་དབྱེ་བར་བྱ། །གཞུང་དོན་དངོས་ཀྱང་། སངས་རྒྱས་འདུལ་བ་གང་ཆེན་མཚོ། །གཏིང་མཐའ་མེད་པ་ཐམས་ཅད་ཀྱི། །གནས་པའི་སྙིང་དང་སྙིང་པོ་ནི། །སོ་སོའི་ཐར་པ་འདི་ཡིན་ནོ། །ཞེས་སོགས་རྒྱ་ཆེན་གསུངས་ཤིང་། འཇུག་དོན་ཀྱང་། སོ་སོར་ཐར་

པ་བཧྟོན་པ་ཡིས། །བསོད་ནམས་གྲུབ་པ་གང་ཡོད་པ། །དེས་ནི་འཇིག་རྟེན་ལ་ལུས་པ། །ཐུབ་དབང་གོ་འཕང་མྱུར་ཐོབ་ཤོག །ཞེས་དང་པོ་ཕྱག་འཚལ་བའི་སྐབས་གནས་རྫོགས་པའི་སངས་རྒྱས་ཐམས་ཅད་ཀྱིས་གསུངས་པའི་ཆོས་ཀྱི་ཕུང་པོ་ཐམས་ཅད་ཀྱི་གནས་པའི་སྙིང་པོ་གྱུར་པ་སོ་སོར་ཐར་པ། འདི་ཁོ་ན་ལས་གཞན་མ་མཆིས་པ་དང་། གསུམ་པ་འཇུག་དོན་ཀྱང་སྐྱབས་གནས་ཐུབ་པའི་དབང་པོ་ལ་ཡིད་སྨོན་ནས་དེའི་གོ་འཕང་ལ་སེམས་ཅན་ཐམས་ཅད་དགོད་ནུས་པར་གྱུར་ཅིག་པའི་གཞན་ཕན་གྱི་སྨོན་ལམ་ནྟབས་པོ་ཆེ་འདེབས་པའོ། །བསླབ་པ་བྱང་སེམས་ཀྱི་སྡོམ་པའི་རྟེན་དུའང་སོ་སོར་ཐར་པ་མེད་མི་རུང་དུ་དགོས་ཏེ། ཇོ་བོ་ལྷ་གཅིག་གིས། །སོ་སོ་ཐར་པ་རིགས་བདུན་གྱི། །རྟག་ཏུ་སྡོམ་གཞན་ལྡན་པ་ལ། བྱང་ཆུབ་སེམས་དཔའི་སྡོམ་པ་ཡི། །སྐལ་བ་ཡོད་ཀྱི་གཞན་དུ་མིན། །ཞེས་ཐ་ན་སྐྱབས་གསུམ་འཛིན་པའི་དགེ་བསྙེན་ཙམ་གྱི་རྟེན་མེད་པར་གར་ཐོད་ཐོད་ལ་བྱང་སྡོམ་སྐྱེ་བར་དབུ་སེམས་གཉིས་ཀ་ལས་མ་གསུངས་ཏེ། དབུ་མ་ལུགས་ལ་ཡན་ལག་བདུན་སྔོན་དུ་སོང་གིས་སྡོམ་པ་འབོགས་པ་ཡིན་ཏེ། སྤྱོད་འཇུག་ལས། བྱང་ཆུབ་སྙིང་པོར་མཆིས་ཀྱི་བར། །སངས་རྒྱས་རྣམས་ལ་སྐྱབས་སུ་མཆི། །ཆོས་དང་བྱང་ཆུབ་སེམས་དཔའ་ཡི། །ཚོགས་ལའང་དེ་བཞིན་སྐྱབས་སུ་མཆི། ། ཞེས་སྐྱབས་འགྲོའི་སྡོམ་པ་འབོགས་པའི་རྗེས་སུ་སེམས་བསྐྱེད་བླངས་བ་ཡིན་ནོ། །སེམས་ཙམ་པ་ནི། ། ཐོག་མར་སོ་སོར་ཐར་པ་རྒྱུད་ལེགས་པར་སྦྱངས་ཏེ་གཞོད་སེམས་བསྐྱེད་ཀྱི་སྡོམ་པ་སྦྱིན་པ་ཡིན་ནོ། ། བྱང་ཆུབ་སེམས་པའི་སྤྱོད་པ་མཆོག་ཀྱང་ཚུལ་ཁྲིམས་རིན་པོ་ཆེ་ཡིན་ཏེ། ཕར་ཕྱིན་དྲུག་གི་ཡ་གྱལ་ཚུལ་ཁྲིམས་ཡིན་པའི་ཕྱིར་རོ། །

སྤྱངས་པའི་ཡོན་ཏན་བཅུ་གཉིས་ཀྱི་གཙོ་བོའང་ཚུལ་ཁྲིམས་ལ་གནས་པ་ཡིན་ཞིང་། དཀོན་བརྩེགས་ལས་ཀྱང་། གང་ཞིག་དགའ་བའི་ཡིད་ཀྱིས་ནི། ལོ་བརྒྱར་སྦྱིན་པ་སྦྱིན་པ་བས། །གང་གིས་ཉིན་གཅིག་ཚུལ་ཁྲིམས་དག །བསྲུངས་པ་དེ་ནི་ཁྱད་པར་འཕགས། །ཞེས་གསུངས་པ་དང་། ས་དང་ལམ་དང་གཟུངས་དང་ཏིང་ངེ་འཛིན་དང་ཡེ་ཤེས་རྣམས་ཀྱི་རང་གཟུགས་ཀྱང་ཚུལ་ཁྲིམས་རིན་པོ་ཆེ་ཡིན་ཏེ། ཇི་སྐད་དུ། ཡེ་ཤེས་རྣམ་པར་དག་ན་ཚུལ་ཁྲིམས་ཕུན་སུམ་ཚོགས་པའོ། །ཞེས་དང་། རྡོ་རྗེའི་གསུངས་ལས། ཕྱག་ཆེན་ཚུལ་ཁྲིམས་གནད་གཅིག་ཁྱད་པར་ཆོས། །ཞེས་གསུངས། །གསང་སྔགས་རྡོ་

རྗེ་ཐེག་པར་འཇུག་པའི་སྔོན་དུ་ཡང་སོ་བྱང་གཉིས་ནས་རིམ་གྱིས་འཇུག་དགོས་ཤིང་། འདིའི་བཤད་བྱའི་གཙོ་བོར་ཡང་འདི་ཡིན་པའི་དོན་གྱིས་སྔར་བཤད་པ་དང་འོག་ཏུ་འཆད་འགྱུར་ཐམས་ཅད་འདི་ལས་འཕྲོས་པའོ། །དེ་ཡང་དགྱེས་རྡོར་ལས། དང་པོ་གསོ་སྦྱོང་སྦྱིན་པར་བྱ། །དེ་རྗེས་བསླབ་པའི་གནས་བཅུ་ཉིད། །དེ་ནས་བྱེ་བྲག་སྨྲ་བ་བསྟན། །མདོ་སྡེ་པ་ཡང་དེ་བཞིན་ཏེ། །དེ་ནས་རྣལ་འབྱོར་སྤྱོད་སྦྱིན་ཉིད། །དེ་ཡི་རྗེས་སུ་དབུ་མ་བསྟན། །སྔགས་ཀྱི་རིམ་པ་ཀུན་ཤེས་གཉིས་ནི་བསྙེན་རྫོགས་ཏེ་སོ་སོར་ཐར་པས་རྒྱུད་སྦྱངས། དེ་ནས་སེམས་ཙམ་པ་དང་དབུ་མ་ཉིད་ནི་བྱང་སྡོམ། དེ་ནས་རྡོ་རྗེ་པར་བྱ་སྤྱོད་ནས་བླ་མེད་ཀྱི་བར་རིམ་གྱིས་འཇུག་དགོས་པར་གསུངས་པ་དང་། རྡོ་རྗེ་རྩེ་མོ་ལས་ཀྱང་། སོ་སོ་ཐར་དང་བྱང་ཆུབ་སེམས། །རིག་འཛིན་སྔགས་ཀྱི་དམ་ཚིག་སྟེ། །སྡོམ་པ་གསུམ་དང་ལྡན་པ་ནི། རྣལ་འབྱོར་ཁྲུས་ཀྱི་དང་པོ་ཡིན། །ཞེས་དང་། དེ་ཉིད་ལས། སྡོམ་པ་གསུམ་ལ་བཀོད་ནས་ནི། །དེ་ནས་དཀྱིལ་འཁོར་བསྟན་པར་བྱ། །ཞེས་སོ། །གསང་སྔགས་ཀྱི་ཆ་ལག་ཏུའང་ཚུལ་ཁྲིམས་སོ་སོ་ཐར་པ་མེད་མི་རུང་ཡིན་ཏེ། ཁ་སྦྱོར་ལས། ཚུལ་ཁྲིམས་ཀྱི་ནི་བསླབ་པ་དང་། །དགེ་བའི་ཆོས་ནི་སྡུད་པ་དང་། སེམས་ཅན་དོན་བྱེད་ཚུལ་ཁྲིམས་གསུམ། །སོ་སོར་བསྟན་པོར་བཟུང་བར་བགྱི། །ཞེས་རིགས་ལྔ་སྤྱིའི་དམ་ཚིག་ཏུ་གསུངས་པ་དང་། ཡང་དེ་ལས། ལས་ཀྱི་རིགས་མཆོག་ཆེན་པོ་ལ། །སྡོམ་པ་ཐམས་ཅད་ལྡན་པར་ནི། །ཡང་དག་ཉིད་དུ་གཟུང་བར་བགྱི། །ཞེས་རིགས་ལྔ་བྱེ་བྲག་གི་ཚིག་ཏུའང་གསུངས་ཤིང་། བཅས་པའི་ཚུལ་ཁྲིམས་ལས་འགལ་ན། བདེ་གཤེགས་བཀའ་འདས་ཀྱི་རྩ་ལྟུང་ཡང་ངེས་པར་འབྱུང་ངོ་། །ཁྱད་པར་རང་ལུགས་མདོ་དབང་ཆེན་མོ་ནས། བསྙེན་གནས། དགེ་བསྙེན། དགེ་ཚུལ། བསྙེན་རྫོགས་རྣམས་དབང་བསྐུར་གྱི་སྔོ་ནས་རྒྱས་པར་སྦྱིན་དགོས་ལ། དེར་མ་ཟད་ཐེག་རིམ་བཅུ་གཅིག་གི་དབང་བསྐུར་གྱི་རིམ་པ་བཀའ་གཏེར་རྣམས་ནས་མང་དུ་འབྱུང་ལ། །མདོར་བསྡུ་ན། རྡོ་རྗེ་གུར་ལས། །སངས་རྒྱས་ཆོས་དང་དགེ་འདུན་ཏེ། །སྐྱབས་གསུམ་དག་ཀྱང་བདག་ལ་སྟོལ། །ཞེས་སོ་ཐར་རིགས་བདུན་སྐྱབས་སྡོམ་དུ་བསྡུས་ནས་དེའི་སྡོམ་པ་འཛིན་པར་གསུངས་པའོ། །

འོ་ན་དབང་བསྐུར་གྱི་དུས་སོ་ཐར་བྱང་སེམས་གཉིས་ཀའི་སྡོམ་པ་ཐོབ་པར་འགྱུར་ན་གསང་

སྔགས་པ་ལ་སོ་བྱང་གཉིས་ཀྱི་དགོས་པ་མི་འདུག་སྙམ་ན་གོང་གི་མདོ་དབང་སོགས་ཐོབ་ཅིང་དབང་དོན་རྒྱུད་ལ་སྐྱེས་ན་དོན་གྱི་དགེ་སློང་དུ་འགྱུར་ཡང་། །འདུལ་བ་སོ་ཐར་གྱི་ལས་ལ་མི་དབང་ཞིང་སོར་བྱང་གི་སྒོ་ནས་གཞན་རྗེས་སུ་འཛིན་མི་ནུས། སྐྱེ་བ་ཕྱི་མ་རྣམས་སུ་བསྟན་པ་ཡོངས་རྫོགས་ཀྱི་ཞིང་ཁམས་སུ་མི་སྐྱེ། སྐྱེས་ཀྱང་སོ་བྱང་གི་ལམ་དུ་འཇུག་པའི་བསྐལ་བ་མེད། །འབྲས་བུ་སངས་རྒྱས་པའི་དུས་སུ་ཡང་སྔགས་སྤྱོད་པའི་ཞིང་ཁམས་སུ་འདུལ་བ་མ་གཏོགས་མདོ་སྔགས་གཉིས་ཀས་གདུལ་བྱ་འདུལ་མི་ནུས་ཏེ། མི་འམ་ཅིའི་རྒྱལ་པོ་ལྗོན་པས་ཞུས་པའི་མདོ་ལས། རྒྱུ་ལ་བརྟེན་པའི་མཁས་པ་བཅོམ་ལྡན་འདས། །མཐའ་གཉིས་ལྟ་བ་ལྟག་ཏུ་མི་མངའ་བར། །ལས་ཀྱི་ལམ་སྨིན་འབྲས་བུ་ཁོ་ན་གསུངས། །ལྟ་བའི་མུན་བྲལ་མཁྱེན་ལ་ཕྱག་འཚལ་ལོ། །ཞེས་དང་། རྡོ་རྗེའི་གསུངས་ལས། །རྒྱུ་མེད་ན་འབྲས་མི་འབྱུང་། །ཞེས་གསུངས་སོ། །

ཁྱད་པར་དུ་དུས་འཁོར་ལས་དབང་བསྐུར་བའི་རྟེན་རབ་དགེ་སློང་། འབྲིང་དགེ་ཚུལ། ཐ་མ་ཡང་ཡོངས་རྫོགས་ཀྱི་དགེ་བསྙེན་ལ་གནས་པ་དགོས་ཏེ། རྩ་རྒྱུད་ལས། བསླབ་པ་ལྔ་ཡི་གནས་ལྡན་ཞིང་། བྱང་ཆུབ་སེམས་དཔའི་སྡོམ་པ་དང་། གསང་སྔགས་དམ་ཚིག་ལྡན་པ་ནི། །དགེ་བསྙེན་རྡོ་རྗེ་འཛིན་པ་ཡིན། །བསླབ་པ་བཅུ་ཡི་གནས་ལྡན་ཞིང་། །བྱང་ཆུབ་སེམས་དཔའི་སྡོམ་པ་དང་། གསང་སྔགས་དམ་ཚིག་ལྡན་པ་ནི། །དགེ་ཚུལ་རྡོ་རྗེ་འཛིན་པ་ཡིན། །བསླབ་པ་བྱེ་བའི་གནས་ལྡན་ཞིང་། ། བྱང་ཆུབ་སེམས་དཔའི་སྡོམ་པ་དང་། གསང་སྔགས་དམ་ཚིག་ལྡན་པ་ནི། །དགེ་སློང་རྡོ་རྗེ་འཛིན་པ་ཡིན། །ཅེས་སོ། །དེ་བཞིན་དུ་བླ་མའི་མཚན་ཉིད་ཀྱང་། དེ་ལས། དེ་ཉིད་བཅུ་ནི་ཡོངས་ཤེས་པ། ། གསུམ་ལས་དགེ་སློང་མཆོག་ཡིན་ཞིང་། །འབྲིང་ནི་དགེ་ཚུལ་དག་ཏུ་བརྗོད། །ཁྱིམ་ན་གནས་པ་ཐ་མའོ། །ཞེས་སོ། །དགེ་བསྙེན་རྡོ་རྗེ་འཛིན་པ་དེས་ཀྱང་རབ་ཏུ་བྱུང་བའི་རྟགས་དང་མི་ལྡན་པའི་ཕྱིར་ས་ཐོབ་ན་མ་གཏོགས་སློབ་དཔོན་མི་བྱ་སྟེ། དེ་ཉིད་ལས། ས་ཐོབ་མ་གཏོགས་ཁྱིམ་པ་ཡིས། །བླ་མའི་མིང་དུ་མི་བྱའོ། །དེ་ལ་ཐོས་པ་ཡོངས་ཤེས་པ། རྟགས་ཅན་གྱི་ནི་བྱ་བ་མིན། །ཅེས་སོ། །སློབ་མ་དང་ཡོན་བདག་གིས་ཀྱང་ཁྱིམ་པའི་རྡོ་རྗེ་འཛིན་པ་ས་མ་ཐོབ་པ་མཆོད་གནས་དང་ཚོགས་གསོག་པའི་ཞིང་དང་མཆོད་འོས་མི་འཚོལ་ཏེ་དཀོན་མཆོག་ལ་བརྙས་པར་འགྱུར་བའི་ཕྱིར་རོ། །སྡེ་མ་ལས།

ས་ཐོབ་མ་གཏོགས་སློབ་དཔོན་ནི། །ཁྱིམ་གནས་གང་ཆེ་མཆོད་པ་ན། །སངས་རྒྱས་ཆོས་དང་དགེ་འདུན་ལ། མ་གུས་པར་ནི་འགྱུར་བ་ཡིན། །ཅེས་གསུངས་སོ། །ཁྱད་པར་དུ་སྟོན་པ་མྱ་ངན་ལས་འདས་ནས་ལས་རྒྱུ་འབྲས་ཀྱི་དཔང་པོར་དམ་པའི་ཆོས་འདུལ་བ་སོ་སོ་ཐར་པ་ཞལ་སྐྱིན་དུ་མངའ་གསོལ་བ་ཡིན་ཏེ། །སོ་སོར་ཐར་པའི་མདོ་ལས། །ང་ནི་མྱ་ངན་འདས་གྱུར་ནས། །འདི་ནི་ཁྱོད་ཀྱི་སྟོན་པ་ཞེས། །རང་བྱུང་ཉིད་ཀྱིས་གུས་བཅས་པར། །ཉན་ཏན་དགེ་སློང་ཚོགས་མདུན་བསྟོད། །ཅེས་དང་འདུལ་བ་གཞུང་དམ་པར། །ང་མྱ་ངན་ལས་འདས་ནས་སྟོན་པ་སོ་སོར་ཐར་པ་ལ་འཚོལ། །ཞེས་གསུངས་སོ། །དེ་ཡང་ཟླ་བ་ཕྱེད་ཕྱེད་ལ་ངེས་པར་འདོན་དགོས་ཏེ། །འདུལ་བ་གཞུང་དམ་པར། དགེ་སློང་དག་ཁྱོད་ཀྱི་སྟོན་པ་མྱང་ངན་ལས་འདས་པའི་འོག་ཏུ། བདག་ཅག་སྟོན་པ་དང་བསྟན་པ་མེད་དོ་སྙམ་དུ་དེ་ལྟར་ལྟ་བར་མི་བྱ་སྟེ། གང་གི་ཕྱིར་ངས་ཟླ་བ་ཕྱེད་ཕྱེད་ཅིང་སོ་སོར་ཐར་པའི་མདོ་འདོན་པར་བསྟན་པ་དེ་དེང་ཕྱིན་ཆད་སྟོན་པ་དང་བསྟན་པ་ཡིན་ནོ། །ཞེས་སོ། །དེ་བཞིན་དུ་འདུལ་བའི་ལས་རབ་བྱུང་བསྙེན་རྫོགས་སོགས་ལས་བརྒྱ་རྩ་ཡོད་པའི་ཡུལ་དེར་དམ་པའི་ཆོས་གནས་པ་ཞེས་བྱ་བ་ཡིན་ཏེ། འདུལ་བ་ལུང་བར། །བཙུན་པ་ཇི་ཙམ་ན་དམ་པའི་ཆོས་མཆིས་པ་ཞེས་བགྱི། །ཨུ་པཱ་ལི། །ཇི་སྲིད་དུ་ལས་བྱེད་ཅིང་ནན་ཏན་ཡང་ཡོད་པའི་བར་དུ་སྟེ། ལས་བྱེད་ནན་ཏན་བྱེད་པ་ཡང་ཡོད་དམ་པའི་ཆོས་ཡོད་པ་ཞེས་བྱའོ། །ཞེས་དང་། དེའི་མདོ་ལས། ལས་ཀྱང་མེད་ལ་ནན་ཏན་བྱེད་པ་དག་ཀྱང་མེད་ན་དམ་པའི་ཆོས་ཞིག་པ་ཞེས་བྱའོ། །ཞེས་སོགས་རྒྱ་ཆེར་གསུངས་སོ།། །།

༄ བཞི་པ་སྡོམ་པ་གསུམ་གནད་གཅིག་པ་ལ་དྲུག་སྟེ། རང་ལྡོག་མ་འདྲེས་པ། དགག་དགོས་ཡོངས་རྫོགས། ངོ་བོ་གནས་འགྱུར། ཡོན་ཏན་ཡང་ལྡན། གནད་ཀྱིས་མི་འགལ་བ། དུས་སྐབས་གང་གཙོར་སྤྱོད་པའོ། །

དང་པོ་རང་གི་ལྡོག་པ་མ་འདྲེས་པའི་སྡོམ་པ་གསུམ་གནད་གཅིག་པ་ནི། སོ་སོར་ཐར་པ་ཉོན་མོངས་པ་སྤོང་བ་སྟེ། འདུལ་བ་ལུང་བར། འདུལ་བ་མ་ཡིན་པ་བཅུ་ནི་མི་དགེ་བ་བཅུའི་ལས་ཀྱི་ལམ་སྟེ༑ སྲོག་གཅོད་པ་དང་། མ་བྱིན་པར་ལེན་པ་དང་། འདོད་པས་ལོག་པར་གཡེམ་པ་དང་། རྫུན་སྨྲ་བ་དང་། ཕྲ་མ་བྱེད་པ། ཚིག་རྩུབ་མོ་དང་། ངག་འཁྱལ་བ་དང་། བརྣབ་སེམས་དང་། གནོད་སེམས་

དང་། ལོག་པར་ལྟ་བའོ། །

འདུལ་བ་བཅུ་ནི། དགེ་བ་བཅུའི་ལས་ཀྱི་ལམ་བཅུ་སྟེ། །སྲོག་གཅོད་པ་ལས་སླར་ལོག་པ་དང་། དེ་བཞིན་དུ་གཞན་རྣམས་ལ་ཡང་སྦྱར་སྟེ། །ལོག་པར་ལྟ་བ་རྣམས་ལས་སླར་ལོག་པ་རྣམས་སོ། །ཞེས་སོ། །དོན་འདི་ལ་དགོངས་ནས་རྗེ་རྗེའི་གསུང་ལས་ཀྱང་། ཡིད་ཀྱི་རྣམ་གསུམ་གཙོ་བོར་སྤོང་བ་དགོས་ཞེས་གསུངས་པས་སོ། །བྱང་ཆུབ་སེམས་དཔའ་ནི་ཉོན་མོངས་པ་རང་དོན་དུ་སྤྱི་ཙམ་ཡང་མི་སྤྱད་ཅིང་། །གཞན་དོན་དུ་སྤྱད་འོས་པ་ཐབས་ལ་མཁས་པས་སྤྱད་པར་བྱའོ། །སྤྱོད་འཇུག་ལས། ཐུགས་རྗེ་མངའ་བས་རིང་གཟིགས་ནས། །བཀག་པ་རྣམས་ཀྱང་དེ་ལ་གནང་། །ཞེས་སོ། །སྔགས་ལས་ནི་ཉོན་མོངས་པ་ཐམས་ཅད་དབང་བཞིའི་འཁོར་གྱིས་ཉམས་སུ་བླང་ཞིང་། དེ་བས་ན་ཉོན་མོངས་པ་རང་མཚན་སྤོང་བར་གནད་གཅིག་པའོ།། །།

གཉིས་པ་སྡོམ་པ་གསུམ་དག་དགོས་ཡོངས་རྫོགས་ཀྱི་གནད་གཅིག་པ་ནི། དཔེར་ན་ཐམས་ཅད་ལོག་ནས་མཁར་རྩིག་པ་ལྟ་བུ་ནི། རྒྱ་མི་དགེ་བ་སྡོམ་པར་དོན་མཐུན་པས་ན། འདུལ་བ་ལུང་ལས། ཆོས་གང་ཞིག་དངོས་དང་བརྒྱུད་ནས་ཀུན་ཏུ་འདོད་ཆགས་པའི་རྒྱུར་འགྱུར་གྱི་ཀུན་ཏུ་འདོད་ཆགས་དང་བྲལ་བར་མི་འགྱུར་བ་འདི་ནི་ཆོས་མ་ཡིན་འདུལ་བ་མ་ཡིན། སྟོན་པའི་བསྟན་པ་མ་ཡིན་པར་ཤེས་པར་གྱིས་ཤིག །དེ་བཞིན་དུ་ཞེ་སྡང་ལ་སོགས་པའི་བར་ནུས་པ་ཡོད་བཞིན་མི་སྤྱོད་པས་འདོད་པའི་དྲི་མས་མ་གོས་པ་དང་ཕྱི་མས་འདོད་པ་སྤྱད་ཀྱང་། འདོད་པའི་དྲི་མས་མ་གོས་པ་གཉིས་ཀའང་། ཉོན་མོངས་པ་དེ་ཉིད་ལ་བརྟེན་ནས་སྡོམ་པ་རྫོགས་པར་བྱེད་པས་ན་དགག་དགོས་ཀྱི་གནད་གཅིག་པའོ། །རྣམ་པ་ཐམས་ཅད་དུ་འདོད་ཆགས་མི་སྤྱོད་པ་ཉིད་གཙོ་བོ་ཡིན་ན། མ་ནིང་དང་བུ་ཆུང་ལ་སྡོམ་པ་ངེས་པར་སྐྱེ་བར་རིགས་སོ།། །།

གསུམ་པ་ངོ་བོ་གནས་འགྱུར་གྱིས་སྡོམ་པ་གསུམ་པོ་གནད་གཅིག་པ་ནི། །དེ་ཡང་སྐྱབས་གསུམ་འཛིན་པའི་དགེ་བསྙེན་དེས་ཡོངས་རྫོགས་ཀྱི་སྡོམ་པ་མ་ནོས་ན་འོག་མའི་ཡོན་ཏན་ཡར་ལྡན་ཏེ་མིང་ཡོངས་རྫོགས་དགེ་བསྙེན་ཞེས་འབོད་དོ། །དེ་བཞིན་དུ་དགེ་བསྙེན་དེས་དགེ་ཚུལ་དང་། དགེ་ཚུལ་གྱི་བསྙེན་རྫོགས། །དགེ་སློང་གིས་བྱང་སྡོམ་བླངས་ཀྱང་འོག་མའི་སོ་ཐར་གྱི་ཡོན་ཏན་ཡང

ལྡན་ཏེ། །མིང་དགེ་སློང་བྱང་ཆུབ་སེམས་དཔའ་ཞེས་བརྗོད། དེས་གསང་སྔགས་ཀྱི་དབང་ཐོབ་ན་སོ་ཐར་དང་བྱང་སེམས་ཀྱི་ཡོན་ཏན་ཡང་ལྡན་ཏེ། མིང་དགེ་སློང་རྡོ་རྗེ་འཛིན་པ་ཞེས་བྱ་སྟེ། དགྱེས་རྡོར་འབུམ་པའི་རྒྱུད་པའོ་ལུང་དེ་ཁོ་ན་ཡེ་ཤེས་གྲུབ་པ་ཞེས་བྱ་བ་ལས། རྡོ་ཡི་རིགས་ཀྱི་བྱེ་བྲག་གིས། །བཞུགས་པས་ལྕགས་དང་ཟངས་དངུལ་བྱུང་། །གསེར་འགྱུར་རྩི་ཡི་རྣམས་པ་ཡིས། །ཀུན་ཀྱང་གསེར་དུ་འགྱུར་བར་བྱེད། སེམས་ཀྱི་དེ་ཉིད་བྱེ་བྲག་གིས། །རིགས་ཅན་གསུམ་གྱི་སྡོམ་པ་ཡང་། །དཀྱིལ་འཁོར་ཆེན་པོ་འདིར་ཞུགས་ན། །རྡོ་རྗེ་འཛིན་པ་ཞེས་བྱའོ། །ཞེས་དང་། སྒྱུ་འཕྲུལ་དྲ་བ་ལས། སོ་སོར་ཐར་དང་བྱང་ཆུབ་སེམས།། །།

བཞི་པ་ཡོན་ཏན་ཡར་ལྡན་གྱིས་སྡོམ་པ་གསུམ་གནད་གཅིག་པ་ནི། གོང་དུ་བསྟན་པ་ལྟར་སྡོམ་པ་འོག་མ་རྣམས་ཀྱི་ཡོན་ཏན་གོང་མ་ལ་ཡང་ལྡན་ཞིང་། །ཁྱད་པར་དུ་སྔགས་ཀྱི་རྣལ་འབྱོར་པས་སྡོམ་པ་གསུམ་ཀའི་བཅས་པ་ལས་མ་འགལ་བ་དགོས་ཏེ། །སྒྱུ་འཕྲུལ་དྲྭ་ཆེན་ལས། བླ་མེད་མཆོག་གི་སྡོམ་པ་སྲུ །འདུལ་བའི་དབང་གི་དམ་ཚིག་དང་། །བྱང་ཆུབ་སེམས་དཔའི་བསླབ་པ་ཀུན། །མ་ལུས་ཀུན་འདུས་རྣམ་པར་དག །ཅེས་གསུངས་སོ། །དེ་ཡང་སྲོག་གཅོད་པ་ལ་མཚོན་ན། ཁྱིམ་པས་སྲོག་བཅད་ན་སྡིག་པ་ཆེས་ལྕི་ཞིང་དམྱལ་བ་དང་ལྷ་མིན་གྱི་གནས་སུ་སྐྱེ། །ཁྲིམས་ལྡན་དགེ་སློང་གིས་བསད་ན་འབའ་ཞིག་པའི་ལྟུང་བ་འབྱུང་སྟེ། །རྣམ་འབྱེད་དུ་ལྟུང་བ་ཞེས་བྱ་བ་ནི་སེམས་ཅན་དམྱལ་བ་དང་དུད་འགྲོ་དང་གཤིན་རྗེའི་འཇིག་རྟེན་དུ་ལྟུང་བར་བྱེད་པས་ན་ལྟུང་བའོ། །ཞེས་སོ། །བྱང་ཆུབས་སེམས་དཔའ་བསད་ན་སེམས་ཅན་ཐམས་ཅད་ཕ་མར་ཤེས་དགོས་པ་ལ་རང་གི་སྤྱི་རབ་ས་ཀྱི་ཕ་མ་བསད་པའི་ཕྱིར་ཉེས་ཚད་མེད་པ་འབྱུང་། གསང་སྔགས་པས་བསད་ན་བཅུད་ཀྱི་སེམས་ཅན་ཐམས་ཅད་ལྷར་ཤེས་དགོས་ཤིང་བདེ་གཤེགས་སྙིང་པོས་གང་ཁྱབ་སངས་རྒྱས་ཀྱི་སྙིང་པོ་ཅན་ཡིན་པས་དེ་བསད་པའི་ཉེས་པ་འབྱུང་ལ། །མདོན་སྤྱོད་ཀྱང་བསད་པ་གསོ་ནུས་པ་དང་། གཟས་པའི་རྣམ་ཤེས་མཁའ་སྤྱོད་དུ་གནས་སྤར་ཏེ་ཧེ་རུ་ཀའི་ཐུགས་དང་བསྲེས་ནས་ཕུང་པོ་ལྷ་ཚོགས་སུ་མཆོད་ནུས་པའི་གང་ཟག་ཁྱད་པར་ཅན་ནི་ཆེས་དཀོན་མོད། །དེ་ལྟ་མ་ཡིན་པའི་རང་རྒྱུད་དུག་སྔས་ལྡས་པའི་ཕ་རོལ་ལ་གནོད་སེམས་ཀྱི་བསམ་འཁྲོར་ངན་ལས་ཟླས་སྔགས་ཏིང་ངེ་འཛིན་ཙམ་པོ་བས

གཞན་སྲོག་བཅད་པར་གྱུར་ན་དམྱལ་བར་མཆེད་པ་ལས་འོས་མ་མཆིས་པ་བྲལ་ཟེ་ཅ་ནག་ཀྱི་དམྱལ་བར་སྐྱེ་བའི་གཏམ་རྒྱུད་བཞིན་ཏེ། །རྡོ་རྗེའི་གསུངས་ལས། མཐུ་བསྟན་ཙམ་ལས་མངོན་སྤྱོད་གནང་བ་མེད། །ཅེས་སྔགས་ཀྱི་མཐུ་བསྟན་པ་ཙམ་ཡིན་ནོ། །དེས་མཚོན་ནས་མ་བྱིན་ལེན། ལོག་གཡེམ། རྫུན་སོགས་མཐའ་དག་མདོ་སྔགས་གཉིས་ཀ་ནས་ཉེས་པ་ཁྱད་མ་མཆིས་ཤིང་། རྡོ་རྗེའི་གསུངས་ལས་ཀྱང་། ཆོས་ཀྱི་རྒྱལ་པོས་འགྲོ་བ་སྤྱི་ལ་བཅས། །ཞེས་དང་། འདུལ་བར་མི་དགེ་སྔགས་སུ་དགེ་མི་འགྱུར། །སྔགས་ཀྱི་མི་དགེ་དགེ་བར་འགྱུར་མི་སྲིད། །ཞེས་སོ། །མདོར་ན་ལྷ་མའི་ཐེག་པ་ནས་བཟུང་སྔགས་ཀྱི་རྣལ་འབྱོར་མན་ཆད་མི་དགེ་བཅུ་སྤོང་ཞིང་དགེ་བ་བཅུ་དང་དུ་ལེན་པའི་གནད་ཀྱིས། རྡོ་རྗེའི་གསུང་ལས། བཅས་དང་རང་བཞིན་ཁ་ན་མ་ཐོ་གཅིག །ཅེས་དང་། ཉམས་ལས་མཐོབ་ཞེས་པ་ཆེ་གྲོགས་ཡིན། །ཞེས་གསུངས་སོ།། །།

ལྔ་པ་གནད་ཀྱིས་མི་འགལ་བའི་དོན་གྱིས་སྡོམ་པ་གསུམ་གནད་གཅིག་པ་ནི། དེ་ལ་སོ་སོ་ཐར་པ་ནི་བདེན་པ་བཞིའི་སྒོ་ནས་སྤང་བླང་བྱེད་པ་ཡིན་ཏེ། རང་གཞན་མཐའ་དག་གི་སྡུག་བསྔལ་མྱོང་བ་ལ་སྡུག་བསྔལ་དུ་ངོ་ཤེས་ནས་སྡུག་བསྔལ་དེ་ཀུན་འབྱུང་བར་བྱེད་པའི་རྒྱུ་མི་དགེ་བ་མཐའ་དག་འགོག་པ་དང་། མངོན་མཐོ་དང་ངེས་ལེགས་ཀྱི་གོ་འཕང་ཐོབ་པའི་རྒྱུ་དགེ་བ་བཅུ་སོགས་ལམ་དུ་ལེན་ཅིང་བསྟེན་པར་བྱེད་པ་ཡིན་ཏེ། །ཇི་སྐད་དུ་སྡུག་བསྔལ་དུ་ཤེས་པར་བྱའོ། །ཀུན་འབྱུང་སྤང་བར་བྱའོ། །འགོག་པ་མངོན་དུ་བྱའོ། །ལམ་རྒྱུད་ལ་བསྟེན་པར་བྱའོ། །ཞེས་སོ། །བྱང་ཆུབ་སེམས་དཔས་ནི་ཉོན་མོངས་པ་ལམ་དུ་བཏང་། གནད་དུ་བསྟན། སེམས་བསྐྱེད་པ་རྣམས་ཀྱིས་ཉམས་སུ་ལེན་ཅིང་བདག་གཞན་བརྗེ་བ་ཡིན་ཏེ། །རྒྱལ་སྲས་ཐོགས་མེད་པས། ཁེ་དང་རྒྱལ་ཁ་གཞན་ལ་འབུལ། །གྱོང་དང་ཕམ་ཁ་རང་གིས་ལེན། །ཅེས་སོ། །དེ་ཡང་ལས་དང་པོ་པའི་བྱང་སེམས་ཀྱིས་ནི། །བདག་གཞན་ཡོངས་སུ་བརྗེ་མི་ནུས་པས་ན་དམིགས་པས་སྦྱོང་དགོས་པ་ཡིན་ཏེ། །གཏོང་ལེན་གཉིས་པོ་སྤེལ་མར་སྦྱར། །དེ་གཉིས་རླུང་ལ་བསྒྲོན་པར་བྱ། །ཞེས་གསུངས་སོ། །དེ་བཞིན་དུ་གསང་སྔགས་པས་ཀྱང་ཉོན་མོངས་པ་དུག་ལྔ་པོ་ཡེ་ཤེས་ལྔའི་རང་བཞིན་དུ་གནས་བསྒྱུར་ཞིང་དག་པར་བྱ་བ་ཡིན་ནོ། །འོན་བླ་མེད་དུ་རིགས་ལྔའི་དམ་ཚིག་ལ། སྲོག་གཅོད་པ། མ་བྱིན་ལེན་པ། བརྫུན་

མེད་བསྟེན་པ། རྫུན་སྨྲ་བ། ཤ་ཆང་བསྟེན་པར་གསུངས་པ་གང་ཡིན་སྙམ་ན། བཤད་རྒྱུད་དགོངས་པ་ལུང་སྟོན་ལས། མ་སྦྱིན་པ་ལ་བྱང་ཆུབ་སེམས། །ཀུན་རྫོབ་བདེན་པ་རྫུན་སྨྲ་བ། །ཕུང་པོ་སྲོག་གཅོད་གྱུར་པ་སྟེ། །ཚངས་པའི་གནས་བཞི་བུད་མེད་ཡིན། །དགོངས་པ་ཡིས་ནི་བཤད་པ་ལ། །བྱིས་པ་དག་གིས་ཡི་གེར་རྟོགས། །རྡོ་རྗེ་ཐེག་པར་གནས་འདོད་ཀྱང་། །ཆོས་ཉིད་དེ་ཡིས་མི་ཤེས་སོ། །ཞེས་དགོངས་ཏེ་གསུངས་པ་ཡིན་ནོ། །

དྲུག་པ་དུས་སྐབས་གང་གཙོར་སྤྱོད་པའི་སྡོམ་པ་གསུམ་གནད་གཅིག་པ་ནི། དེ་ཡང་གང་ཟག་ལ་དགོངས་པ་ནི། ལམ་སྒྲོན་ལས། དང་པོའི་སངས་རྒྱས་ཆེན་ལས། །རབ་ཏུ་འབད་པས་བཀག་པའི་ཕྱིར། །གསང་བ་ཤེས་རབ་ཡེ་ཤེས་ནི། །ཚངས་པར་སྤྱོད་པས་བླང་མི་བྱ། །ཞེས་བདག་ཅག་གི་སྟོན་པས་དྲང་སྲོང་ཉི་མའི་ཤིང་རྟ་སོགས་དྲང་སྲོང་བྱེ་བ་ཕྲག་མང་པོ་བློ་ཆུང་ཞིང་དོན་ཟབ་མོ་རིང་དུ་སྤོང་བ་རྣམས་གསང་སྔགས་ཀྱི་ལམ་དུ་གཞུག་པའི་ཕྱིར་དང་པོའི་སངས་རྒྱས་ལས་དེ་སྐད་ཅེས་གསུངས་ལ། ཇོ་བོ་བོད་དུ་ཕེབས་དུས་བཙུན་པ་རྣམས་ཙུང་ཟད་ལྷོད་པ་དགག་པ་ལ་དགོངས་ཀྱི། རྣམ་པ་ཐམས་ཅད་དུ་ནི་མ་ཡིན་ཏེ་དུས་འཁོར་ལས། སྔགས་ཀྱི་རྟེན་དགེ་སློང་མཆོག་ཏུ་གསུངས་པ་སྟར་བཤད་པ་བཞིན་ནོ། །དེ་བཞིན་དུ་སྙིགས་མ་ལྔ་ཡི་དམུ་རྒོད་ཀྱི་འགྲོ་བ་འདུལ་བར་དཀའ་བ། དུག་ལྔ་མི་ལྷར་འབར་བ། རྒྱུ་འབྲས་ཁྱད་དུ་གསོད་པ། དགེ་སྡིག་གི་འདོར་ལེན་གོ་ལོག་ཏུ་སྤྱོད་པ། དད་པ་དང་དག་སྣང་ཕྲན་བུ་རེ་མཆིས་ཀྱང་། རྐྱེན་གྱི་འཚུབ་མས་གཏོར་བ། གསུང་རབ་ཀྱི་གོ་དོན་ཙུང་ཟད་རེ་ཡོད་ན་གཞན་མཐོ་དམན་ཀུན་ཁྱད་དུ་གསོད་པ། ཆོས་ཉོན་མོངས་པའི་གཉེན་པོར་མ་སོང་གྲོགས་སུ་གྱུར་པ། ཚེ་འདོད་དང་གསར་འགྲོགས་ཆེ་བ། དགེ་བའི་བཤེས་གཉེན་དང་དགེ་གྲོགས་རྣམས་ལའང་གཞི་མེད་ཀྱི་སྐུར་འདེབས་དང་རྐྱེན་ངན་ཕྲན་བུ་རེ་ལའང་སྒྲོ་འདོགས་ཀྱི་ཅལ་སྒྲོགས་མང་དུ་བཏགས་ཏེ་མུ་ཅོར་སྨྲ་བ། མདོར་ན་རྒྱལ་བའི་དབང་པོ་པདྨ་འབྱུང་གནས་ཀྱི་ཞལ་གདམས་བཀའ་ཆེམས་ལུང་བསྟན་དུ་སྟོན་པའི་དན་རྟགས་ངན་པ་ལྷག་མ་མ་ལུས་པར་ཚང་བའི་དུས་འདིར། སྐལ་ལྡན་གྱི་སྐྱེས་བུ་སྔོན་བསགས་ཀྱི་མཐུ་ཡོད་པ་རྣམས་རྟགས་ཚ་ལུགས་རབ་བྱུང་ལས་གཞན་མི་བྱ་སྟེ། གང་ཟག་གཅིག་གི་རྒྱུད་ཐོག་ཏུ་སངས་རྒྱས་ཀྱི་བསྟན་པ་ཡོད་པའང་མཆིས་ཤིང་། ལ་ལ་དག །

དུས་ཀྱི་དབང་གིས་འདི་ཁོ་ན་ལས་མི་འབྱུང་ཞེས་ལྟ་སྤྱོད་བྱུང་རྒྱལ་དུ་བྱ་བའང་མི་རིགས་ཏེ། རྡོ་རྗེའི་གསུང་ལས། དུས་ཀྱི་འཕེལ་འགྲིབ་ད་ལྟའང་བྱར་ཡོད་ཡིན། ཞེས་དགེ་བཅུ་སྤྱད་པས་ཚེ་དང་ལོངས་སྤྱོད་སོགས་འཕེལ་བ་རྒྱ་འབྲས་མཐོང་ཆོས་སུ་འབྱུང་བོའི། བདག་ཅག་གི་སྟོན་པས་ཀྱང་ལྷ་དང་མི་དང་ལྷ་མ་ཡིན་དང་དྲི་ཟར་བཅས་པའི་འཇིག་རྟེན་ཕལ་པ་རྣམས་ཀྱི་སྣང་ངོར་མཆོག་གི་སྤྲུལ་སྐུ་རབ་ཏུ་བྱུང་བའི་ཆ་ལུགས་སུ་བསྟན་པ་ཡིན། འཇིག་རྟེན་མགོན་པོས། མཐར་ཐུགས་སངས་རྒྱས་ཆོས་ཀྱི་སྐུ། །སྟོབས་བཅུའི་དབང་ཕྱུག་ཚུལ་ཁྲིམས་ཡིན། །ཞེས་གསུངས་ཤིང་། བདག་ཅག་གི་སྟོན་པས། དེ་བཞིན་གཤེགས་པ་ཤཱཀྱ་ཐུབ་པ་ཆེན་པོའི་དྲུང་དུ་རྫའི་ལྷུང་བཟེད་དང་། །མཆིལ་ལྷམ་ཟུང་ཅིག་གདུགས་གཅིག་ཕུལ་ནས་སྔོན་པ་བྱང་ཆུབ་ཏུ་སེམས་བསྐྱེད་པ་ནི། དེ་བཞིན་གཤེགས་པ་ཁྱེད་སྐུ་ཅི་འདྲ་དང་། །སོགས་ཐུགས་བསྐྱེད་པ་ལྟར་རང་ཅག་རྣམས་ཀྱང་སྨོན་ལམ་འདེབས་བཞིན་དུ་ལྟ་སྤྱོད་ཅི་དགར་བྱར་མི་རུང་། འཕགས་པའི་ཡུལ་དུ་པཎ་གྲུབ་ཐམས་ཅད་ཀྱི་གཙུག་གི་ནོར་བུ་ལྟ་བུ་སློབ་དཔོན་ཀླུ་སྒྲུབ་ཡབ་སྲས་སོགས་མཐའ་ཡས་པ་དང་། གངས་ཅན་གྱི་ལྗོངས་འདིར་ཡང་། བཻ་རོ་ཙ་ན། སྐ་ཅོག་རྣམ་གཉིས་སོགས་སུམ་ལྡན་རྡོ་རྗེ་འཛིན་པ་སྐུ་རབ་བྱུང་གི་ཆ་བྱད་ཁོ་ན་མཆིས་པ་དང་། ལོ་ཙྪ་བ་འདི་གསུམ་གྱིས་ནི། འདུལ་བའི་སྐོར་ལ་མི་ཏོག་ཕྲེང་རྒྱུས་ཙམ་མ་གཏོགས་འདུལ་ལུང་དགོངས་འགྲེལ་དང་བཅས་པ་འདུལ་བའི་ཕྱོགས་ཀྱི་བཀའ་བསྟན་བཅོས་འགྱུར་རོ་ཅོག་འདི་གསུམ་ཁོ་ནའི་འགྱུར་ལས་གཞན་མ་མཆིས་པས། དེང་སང་སྔ་འགྱུར་བསྟན་པའི་སྐོར་ཞུགས་རྣམས་ཀྱི་ཕའི་ནོར་ལ་བུས་བདག་ཏུ་བཟུང་ནས་ལོངས་སྤྱོད་པར་བྱོས་ཤིག །ཡང་འགའ་ཞིག །ས་ར་ཧ་དང་། སློབ་དཔོན་པདྨ་སོགས་གྲུབ་བརྙེས་མང་པོས་གསང་སྤྱོད་བརྟུལ་ཞུགས་དང་ཕྱོགས་ལས་རྣམ་རྒྱལ་སོགས་ཉེ་རྒྱུའི་སྤྱོད་པ་མང་དུ་མཛད་འདུག་པ་བཞིན་བདག་ཀྱང་བགྱི་བར་འོས་བསམ་སེམས་ན། ས་ར་ཧ་རིགས་བྲལ་ཟེ་ལས་འབྲུངས། སྲས་སྒྲ་གཅན་འཛིན་ལས་བསྙེན་པར་རྫོགས། ན་ལེནྡྲའི་མཁན་པོ་མཛད། ཀླུ་སྒྲུབ་སོགས་མཁན་བུ་མང་དུ་བྱུང་ཞིང་། དེང་སང་སྡོམ་རྒྱུན་ལ་བྲམ་ཟེ་སྒྲ་གཅན་འཛིན་ཞེས་པ་འདི་ཡིན། སློབ་དཔོན་པདྨ་ཡང་། ཀུན་དགའ་བ་ལ་དགྲ་བཅོམ་པ་ཉི་མ་གྲགས་པ་དང་མཉམ་དུ་བསྙེན་པར་རྫོགས། མཚན་ཤཱཀྱ་སེང་གེར་མངའ་གསོལ་ནས་འཕགས་པའི་ཡུལ་ལ་

སོགས། རྒྱུ་འབྲས་ཀྱི་ཆོས་ཀྱིས་འགྲོ་བ་ལམ་ཡང་དག་པར་བཀོད་པ་ཡིན་པས། དེས་ན་ཅིས་ཀྱང་རབ་ཏུ་བྱུང་བའི་རྟགས་དང་ཆ་ལུགས་ལས་ཉམས་པར་མ་བྱ། མཐར་ས་ར་ཧ་དང་སློབ་དཔོན་པདྨ་སོགས་དང་སྤྱངས་རྟོགས་ཀྱི་ཡོན་ཏན་མཚུངས་པ་ཡོད་ན་རྗེས་སུ་ཡི་རང་བས་དེ་ལྟར་མཛོད་ཅིག །དེ་ཡང་ས་ར་ཧ་ནི་ཉིང་ངེ་འཛིན་གཅིག་གིས་ལོ་བཅུ་གཉིས་ཀྱི་བར་དུ་གནས་པ་ཡོད་ལ། སློབ་དཔོན་པདྨ་སངས་རྒྱས་ཀུན་ལས་ཡོན་ཏན་ལྷག་ཁྱད་པར་དུ་འཕགས་པ་དང་། གང་ཟག་གཞན་གྱིས་བསྒྲོད་མི་ནུས་པའི་དུར་ཁྲོད་རྣམས་སུ་བརྟུལ་ཞུགས་ཀྱི་སྤྱོད་པ་མཛད། །འཆི་མེད་ཀྱི་རིགས་འཛིན་སོགས་མཆོག་ཐུན་གྱི་དངོས་གྲུབ་མ་ལུས་པ་བརྙེས། ལྷ་མ་སྲིན་སྡེ་བརྒྱད་ཐམས་ཅད་དམ་ལ་བཏགས། བདུད་དང་མུ་སྟེགས་དམ་སྲིད་ལོག་པར་འདྲེན་པ་ཐམས་ཅད་ཚར་བཅད། བོད་ཡུལ་སོགས་མཐའ་འཁོབ་ཀྱི་གླིང་ཐམས་ཅད་དུ་ཆོས་ཀྱི་སྒྲོན་མེ་སྦར། འཛིག་རྟེན་གྱི་ཁམས་གཏེར་གྱིས་བཀང་སྟེ་སྐུ་དངོས་སྲིན་པོ་འདུལ་དུ་བཞུགས་ནས་འགྲོ་བའི་དོན་དང་མཐུན་པའི་སྤྲུལ་པ་དཔག་མེད་འགྱེད་ཅིང་བོད་ཀྱི་ཡུལ་དུ་མུ་སྟེགས་མི་བཏང་བ་བསྟན་མ་བཅུ་གཉིས་ལ་གཉེར་དུ་གཏད་དོ། །དེ་བས་ན། ཁ་ཅིག་ཕྱི་རོལ་པ་ཡིན་རྒྱུ་བའི་ཧོ་བ་ཁྲིམས་སུ་བཅད་པ་ལ་ངོ་མཚར་བའི་ཆེད་དུ་བརྗོད་པ་ནི་ཤ་ཐང་ངོ་། །ཡང་གང་ཟག་རང་དོན་དུ་མ་ཆགས་པ་ལ་ནི་འདུལ་བ་ལས་མ་ག་དྷ་བཟང་མོའི་རྟོགས་བརྗོད་པའི་སྐབས་སུ། དགྲ་བཅོམ་པ་རྣམས་ལ་དེ་བཞིན་གཤེགས་པའི་བཀས་མངོན་སུམ་དུ་གནང་བ། གྲོང་ཁྱེར་བུ་རམ་ཤིང་འཕེལ་དུ་ཁྱིམ་བདག་ཕྱུ་མཁན་འདུལ་བ་ལ་དགོངས་ནས། ཐུབ་སྒྲ་གཅན་འཛིན་བཟང་པོས་འཁོར་ལོས་བསྒྱུར་བའི་ཆ་ལུགས་སུ་སྤྲུལ་ནས་འགྲོ་དོན་དཔག་ཏུ་མེད་པ་མཛད་པ་ཡིན་ཞིང་། འདུལ་བ་ཞུ་བར། རབ་ཏུ་བྱུང་བ་དེ་ལ་ནི་ཀ་ཤ་པ་ཙི་སྟོང་རི་བའི་གོས་དང་མི་ལྤ་བརྒྱ་ཤོང་བའི་ཁང་པ་བརྩེགས་པ་དང་། རོ་བརྒྱ་དང་ལྡན་པའི་ཟས་རྣམས་ཀྱང་རྗེས་སུ་གནང་ངོ་། །ཞེས་སོ། །བྱང་ཆུབ་སེམས་དཔའི་སྐབས་སུ་ཡང་། བྱང་ཆུབ་སེམས་དཔའ་ཆོས་འཕགས་རྟེན་དགེ་སློང་ཡིན་ཡང་། བཙུན་མོ་བརྒྱད་ཁྲིའི་དབུས་ན་བཞུགས་ཤིང་འདོད་ཡོན་གྱིས་རྩེ་བ་དང་འགྲོ་བའི་དོན་མཛད་པ་དང་། ཇི་སྐད་དུ་ཡང་། ཇི་ལྟར་གྲོང་ཁྱེར་དབུས་ཀྱི་མི་གཙང་ལུད། །དེ་ཉིད་བུ་རམ་ཤིང་པའི་ཞིང་ལ་ཕན། །དེ་བཞིན་བྱང་ཆུབ་སེམས་དཔའི་ཉོན་མོངས་ལུད། །རྒྱལ་དང་རྒྱལ་བའི་

ཆོས་ལ་ཕན་པར་བྱེད། །ཅེས་སོ། །གསང་སྔགས་ལ་ཡང་དབང་གི་དུས་སུ། རྡོ་རྗེའི་བརྟུལ་ཞུགས།
རིག་མའི་བརྟུལ་ཞུགས། སྤྱོད་པའི་བརྟུལ་ཞུགས་ཕྱི་མ་ལ་ཁ་ཊྭཱཾ་ཀ་ཅང་ཏེའུ། ཐོད་པ། ཚངས་སྐུད།
ཐུས་རྒྱན། ཐོར་ཚུགས། ཞག །རཀྟ། ཐལ་ཆེན། སྟག་ཤམ་སོགས་བྱིན་པ་ནི། དྲོད་ཐོབ་ནས་དུས
ཚོད་དང་འབྲེལ་བར་འཆང་ཞིང་བསྟན་པ་ལ་དགོངས་པ་ཡིན་ཏེ། དུས་འཁོར་འགྲེལ་ཆེན་ལས།
ལས་དང་པོ་པས་རྣལ་འབྱོར་པའི་བྱ་བ་མི་བྱ། །རྣམ་འབྱོར་པས་གྲུབ་པའི་བྱ་བ་མི་བྱ། །གྲུབ་པའི་
ཐམས་ཅད་མཁྱེན་པའི་བྱ་མ་མི་བྱའོ། །ཞེས་སོ། །དེ་དག་གིས་སྡོམ་པ་གསུམ་གང་ཟག་གཅིག་གི་
རྒྱུད་ཐོག་ཏུ་ཉམས་སུ་ལེན་ཚུལ་མ་ནོར་བར་བསྟན་པ་ཡིན་ལ། ཁ་ཅིག་ཚོགས་ལམ་དུ་སོ་ཐར།
སྦྱོར་ལམ་དྲོད་ལ་སྐྱེས་པར་བྱང་སྡོམ། དེ་ནས་སྔགས་སྡོམ་བསྲུང་ཟེར་ཏེ། སྡོམ་པ་ཐམས་ཅད་ལྡན་
པར་ནི། །ཡང་དག་ཉིད་དུ་བཟུང་བར་བགྱི། །སོ་སོར་ཐར་དང་བྱང་ཆུབ་སེམས། །རིག་འཛིན་ནང་
གི་སྡོམ་པའི་ཚོགས། །འདི་ནས་བྱང་ཆུབ་མ་ཐོབ་བར། །ཡང་དག་ཉིད་དུ་བཟུང་བར་བགྱི། །ཞེས་
པའི་ལུང་དང་འགལ། ཡང་ཁ་ཅིག་འོག་མ་གནས་འགྱུར་བས་སྔགས་ཀྱི་དམ་ཚིག་ཁོ་ན་བསྲུངས་
པས་ཆོག་ཟེར་བའང་མི་རིགས་ཏེ། འཇམ་དཔལ་རྩ་རྒྱུད་ལས། སངས་རྒྱས་བསྟན་པ་རིན་ཆེན་སྒྲོན། །
འབར་བའི་སྡོད་ནི་དཀའ་ཐུབ་ཅན། །ངུར་སྨྲིག་འཛིན་པ་ཤཱཀྱའི་སྲས། །དགེ་སློང་རྣམས་ནི་ཡིན་
ཕྱིར་རོ། །ཞེས་དང་། དུས་འཁོར་ལས། ཁྱད་དུ་གསོད་པ་ཡང་ནི་འདིར། །ཞེས་འོག་མའི་བསླབ་བྱ་
ཁྱད་དུ་བསད་ན་ཡན་ལག་ལྟུང་བ་བསྟུད་པ་འབྱུང་བར་གསུངས་སོ། །ཡང་བག་ལ་ཞ་བའང་མི་
འཐད་དེ། སྡོམ་པ་གསུམ་གྱི་མཚན་ཉིད་སོ་སོར་འཛིན་ཅིང་། ལས་ཀྱི་ཆོ་ག་ཐ་དད་པ་དང་། གཞན་
རྗེས་སུ་འཛིན་པའི་འབོག་ཆོག་སོ་སོར་དགོས་ཤིང་། བསླབ་བྱ་ཐ་དད་དུ་སྟོན་དགོས་པའི་ཕྱིར་རོ། །
ཡང་གཏོང་ཐོབ་ཏུ་ང་མི་འདོད་དེ། སྡོམ་གོང་མ་བླང་པས་འོག་མ་གཏོང་བར་གང་ནས་ཀྱང་མ་བཤད་
པའོ། །ཡང་སྔགས་ཀྱི་རྣལ་འབྱོར་པས་སོ་ཐར་གཟོད་ཐོབ་དགོས་པ་ཡོད་ཀྱང་ནི་སྔགས་ཀྱི་སྡོམ་པ་
ཞིག་པར་མི་འགྱུར་ཏེ། སྡོམ་འབྱུང་ལས། རིགས་ཀྱི་བུ་ཡོན་ཏན་ཐམས་ཅད་ཀྱི་གཞི་མ་ལེགས་པར་
གསུངས་པའི་ཆོས་འདུལ་བ་ལས་རབ་ཏུ་བྱུང་བ། སོ་སོར་ཐར་པའི་སྡོམ་པ་ལ་གནས་པ། གསུམ་པ་
ལ་སྐྱབས་སུ་འགྲོ་བའི་ཡིད་ཀྱིས་སྔར་བརྟེན་ཏམ། བརྟེན་པར་སྤྲོའམ། །ཞེས་གསུངས་སོ། །ཡང་སོ་

ཐར་རིགས་བདུན་པོ་ལ་དགེ་ཚུལ་སློང་གིས་བསྙེན་གནས་ལྟ་བུ་སྡོམ་པ་འོག་མ་བླངས་ན་སྡེ་མ་འཇིག་པའི་རྒྱུ་ཡིན་པར་བཤད་དོ། །ཡང་ཚུལ་ཁྲིམས་འཆལ་བ་ནི་གསང་སྔགས་ཀྱི་སྣོད་དུ་རུང་བ་མ་ཡིན་ཏེ། འཇམ་དཔལ་རྩ་རྒྱུད་ལས། ཚུལ་ཁྲིམས་འཆལ་བས་སྔགས་འགྲུབ་པར། །རྒྱལ་བ་རྣམས་ཀྱིས་མ་གསུངས་ཏེ། །མྱ་ངན་འདས་འགྲོར་འགྲོ་བ་ནི། །ཡུལ་དང་ཕྱོགས་ཀྱང་མ་ཡིན་ནོ། །ཞེས་དང་། མགོན་པོ་འབྲི་གུང་པས། ཚུལ་ཁྲིམས་འཆལ་པར་གྱུར་པ་ལ། །གསང་སྔགས་ཡོན་ཏན་མི་སྐྱེ་ཞེས། །ཤིན་ཏུ་གཅེས་པར་གསུངས་ནས་འདུག །རྣལ་འབྱོར་བླ་མེད་རྒྱུད་རྣམས་སུ། །འོག་མའི་ཚུལ་ཁྲིམས་མ་བསྟན་པར། །གོང་མའི་ཡོན་ཏན་མི་སྐྱེ་བས། །མཁར་གྱི་རྨང་གཞི་མེད་པ་ན། །སྐྱུ་མཁར་མཐོན་པོར་མི་འགྲུབ་ལྟར། །ཚུལ་ཁྲིམས་རྨང་དང་བྲལ་བ་ལ། །གསང་སྔགས་ཡོན་ཏན་མི་སྐྱེ་ཞིང་། །གསང་སྔགས་མིང་དང་བྲལ་བར་གསུངས། །ཞེས་སོ། །དེ་བཞིན་དུ་དམ་ཚིག་ཉམས་པས་སིདྡྷི་མི་འགྲུབ་སྟེ། འཇམ་དཔལ་རྩ་རྒྱུད་ལས། དམ་ཚིག་སྦྱོར་བ་ཉམས་པ་ནི། །རབ་འབྱམས་བརྒྱ་བྱིན་ཡིན་ན་ཡང་། །སྔགས་རྣམས་འགྲུབ་པར་མི་འགྱུར་ཏེ། །མི་རྣམས་སློས་ཀྱང་ཅི་ཞིག་དགོས། །ཞེས་གསུངས་སོ། །དེ་ལྟར་གསང་སྔགས་ཀྱི་སྡོམ་བཟུང་གི་སྐབས་སུ་སོ་ཐར་བྱང་སྡོམ་གཉིས་ཀྱང་ཐོབ་པའི་དབང་གིས། དཔུང་བཟང་ལས། རྒྱལ་བ་ངས་གསུངས་སོ་སོར་ཐར་པ་ཡི། །ཚུལ་ཁྲིམས་རྣམ་དག་འདུལ་བའི་བསླབ་པ་ལ། །སྔགས་པ་ཁྲིམས་པས་རྟགས་དང་ཆོ་ག་སྤང་། །ལྷག་མ་རྣམས་ནི་ཉམས་སུ་བླངས་པར་བྱ། །ཞེས་གསུངས་སོ། །སྡོམ་པ་གསུམ་ཀ་མདོར་བསྡུས་ན། །སོར་མོའི་ཐྲེང་བ་ཅན་ལ་ཕན་པའི་མདོ་ལས། སྡིག་པ་ཅི་ཡང་མི་བྱ་ཞིང་། །དགེ་བ་ཕུན་སུམ་ཚོགས་པར་སྤྱད། །རང་གི་སེམས་ནི་ཡོངས་སུ་འདུལ། །འདི་ནི་སངས་རྒྱས་བསྟན་པ་ཡིན། །ཅེས་རྐང་པ་དང་པོས་སོ་ཐར། གཉིས་པས་བྱང་སྡོམ། གསུམ་པས་སྔགས་སྡོམ་གྱི་བསླབ་བྱ་བསྟན་ལ། བདག་ཅག་གི་སྟོན་པའི་གསོ་སྦྱོང་ཡང་འདི་ཡིན་ནོ། །དེ་བཞིན་དུ་འདུལ་བ་རྣམ་འབྱེད་དུ་ཡང་། ལུས་ཀྱི་སྡོམ་པ་ལེགས་པ་སྟེ། །ངག་གི་སྡོམ་པ་ལེགས་པ་ཡིན། །ཡིད་ཀྱི་སྡོམ་པ་ལེགས་པ་སྟེ། །ཐམས་ཅད་དུ་ནི་སྡོམ་པ་ལེགས། །ཐམས་ཅད་བསྲུང་བའི་དགེ་སློང་དག །སྡུག་བསྔལ་ཀུན་ལས་དེ་གྲོལ་ལོ། །ཞེས་སོགས་མཐའ་ཡས་པ་གསུངས་སོ།། །།

ལྔ་པ་སྡོམ་པ་གསུམ་ལེན་ཅིང་བསླབ་བྱ་བསྟན་པ་ལ་གསུམ། སོ་ཐར། བྱང་སྡོམ། གསང་སྔགས་སོ། །དང་པོ་སོ་སོ་ཐར་པའི་སྡོམ་པ་ལ་གཉིས། །ཁྱིམ་པ་དང་། རབ་ཏུ་བྱུང་བའོ། །དང་པོ་ལ་ཡང་གསུམ། སྡོམ་པ་ཐམས་ཅད་ཀྱི་སྔོན་དུ་འགྲོ་བ་སྐྱབས་འགྲོ། །དུས་ཉིན་ཞག་མཐའ་ཅན་དང་འབྲེལ་བ་བསྙེན་གནས་དུས་ཇི་སྲིད་འཚོའི་བར་དུ།ཁས་བླངས་པ་དགེ་བསྙེན་དངོས་སོ། །

དང་པོ་སྐྱབས་གསུམ་འཛིན་པའི་དགེ་བསྙེན་ནི། འོས་ལ་ཕྱག་བྱས་ཏེ་ཙོག་ཙོག་པོར་འདུག་ལ་འདིའི་ལད་མོ་བྱེད་ཅིང་། བཙུན་པ་དགོངས་སུ་གསོལ། བདག་མིང་འདི་ཞེས་བགྱི་བ་དུས་འདི་ནས་བཟུང་སྟེ་ཇི་སྲིད་འཚོའི་བར་དུ། རྐང་གཉིས་རྣམས་ཀྱི་རྣམས་ཀྱིས་མཆོག །སངས་རྒྱས་ལ་སྐྱབས་སུ་མཆིའོ། །འདོད་ཆགས་བྲལ་བ་རྣམས་ཀྱི་མཆོག །ཆོས་ལ་སྐྱབས་སུ་མཆིའོ། །ཚོགས་རྣམས་ཀྱི་མཆོག །དགེ་འདུན་ལ་སྐྱབས་སུ་མཆིའོ། །བདག་དུས་དེང་ནས་བཟུང་ནས་ཇི་སྲིད་མཚོའི་བར། སྐྱབས་གསུམ་འཛིན་པའི་དགེ་བསྙེན་དུ་བཙུན་པས་བཟུང་དུ་གསོལ། ཞེས་ལན་གཉིས་དང་། ལན་གསུམ་པའི་བདག་བརྗོད་ཀྱི་དུས་དུ་སྡོམ་པ་སྐྱེ་བས་ན་བཙུན་པ་ཞེས་མི་བརྗོད་པར། སློབ་དཔོན་གྱིས་བཟུང་དུ་གསོལ། །ཞེས་བརྗོད་ཅིང་། ཐབས་ལེགས་བྱ། དེ་ཡང་བརྗོད་པ་གསུམ་ནི། དཀོན་མཆོག་གསུམ་གྱི་མཚན་ནས་བརྗོད་པ་སྐྱབས་བརྗོད། བདག་མིང་འདི་ཞེས་བགྱི་བ་བདག་བརྗོད་བཙུན་པ་ཞེས་པ་གཞན་བརྗོད་དོ། །འདིས་སོ་ཐར་གྱི་བརྗོད་པ་གསུམ་དང་སྡོམ་པ་ཐོབ་པའི་དུས་གཞན་ཀྱང་འབྲེལ་བར་བྱའོ། །དེའི་མཐར་བསླབ་བྱ་སྟོན་ཏེ། སངས་རྒྱས་ལ་སྐྱབས་སུ་སོང་ནས་འཇིག་རྟེན་པའི་ལྷ་ལ་སྐྱབས་མི་འཚོལ། ཆོས་ལ་སྐྱབས་སུ་སོང་ནས་གསུང་རབ་ལ་བཀུར་བསྟི་བྱ། དགེ་འདུན་ལ་སྐྱབས་སུ་སོང་ནས་གྲོགས་མུ་སྟེགས་ཅན་དང་མི་འགྲོགས་པ་སོགས་ཀྱི་བསླབ་པ་བརྗོད་པར་བྱའོ། །དེའི་གནད་ཀྱིས་རྡོ་རྗེའི་གསུང་ལས།ཕྱི་ནང་ཁྱད་པར་སྐྱབས་འགྲོས་ཕྱེ་པ་སྟེ། ཞེས་གསུངས་པའོ།། །།

གཉིས་པ་བསྙེན་གནས་ལ་ལྔ་སྟེ། དང་པོ་ལེན་པའི་གང་ཟག་ནི། ཁྱིམ་ན་གནས་པའི་སྐྱེས་པ་དང་བུད་མེད་དང་དགེ་བསྙེན་གསོ་སྦྱོང་ལ་གནས་པ་རྣམས་སོ། །གཉིས་པ་དུས་ནི་ཡང་ངོ་མར་ངོ་གཉིས་ཀའི་བརྒྱད་དང་བཅུ་བཞི་དང་བཅོ་ལྔ་རྣམས་ཏེ། མདོ་ལས། དུས་བཟང་པོ་ནི་གསུམ་སྟེ།

ཆོས་བརྒྱད་དང་བཅུ་བཞི་དང་བཅོ་ལྔ་རྣམས་སོ། །དེ་ཅིའི་ཕྱིར་ཞེ་ན། རྒྱལ་པོ་ཆེན་པོ་སྡེ་བཞི་དང་སུམ་ཅུ་རྩ་གསུམ་གྱི་ལྷ་རྣམས་འཛམ་བུའི་གླིང་དུས་ཆོས་ཉན་པའི་དུས་སོ། །ཞེས་སོ། །གསུམ་པ་བླང་ཚུལ་ནི། བཟོད་པ་ལན་གསུམ་གྱི་མཐར་བསླབ་པ་བཟོད་པས་སྡོམ་པ་ཐོབ་ཅིང་སང་ཉི་མ་ཤར་གྱི་བར་དུ་གནས་སོ། །བཞི་པ་ཕན་ཡོན་ནི། བཅོམ་ལྡན་འདས་ཀྱིས་བརྒྱ་བྱིན་ལ། །བསྙེན་གནས་ཡན་ལག་བརྒྱད་བསྲུངས་པ། །དེ་ནི་ང་དང་འདྲ་བར་འགྱུར། །ཞེས་བཀའ་སྩལ་ཏོ། །ལྔ་པ་བསྲུང་བྱ་ནི། བཤེས་སྤྲིང་ལས། འཚེ་དང་ཆོམ་རྐུན་འཁྲིག་པ་རྫུན་དང་ནི། །ཆང་དང་དུས་མིན་ཟས་ལ་ཆགས་པ་དང་། །མལ་གདན་མཐོ་ལ་དགའ་དང་གླུ་དག་དང་། །གར་དང་འཕྲེང་བའི་ཁྱད་པར་རྣམས་སྤོང་ཞིང་། །དགྲ་བཅོམ་ཚུལ་ཁྲིམས་རྗེས་སུ་བྱེད་པ་ཡི། །ཡན་ལག་བརྒྱད་པོ་འདི་དག་དང་ལྡན་ན། །གསོ་སྦྱོང་འདོད་སྤྱོད་ལྷ་ལུས་ཡིད་འོང་བ། །སྐྱེས་པ་བུད་མེད་དག་ལ་སྩལ་བར་བགྱིད། །ཅེས་པས་རྩ་བཞི་སྤོང་བ་ཚུལ་ཁྲིམས་ཀྱི་ཡན་ལག །ཆང་སྤོང་བ་བག་ཡོད་པའི་ཡན་ལག །གླུ་གར་དང་རོལ་མོའི་སྒྲ་དང་འཕྲེང་བ་འཆང་བ་དང་། སྤོས་ཕྱུག་པ་རྣམས་དང་། ཁྲི་གདན་ཆེས་མཐོ་དུས་མིན་གྱི་ཟས་རྣམས་ནི་བརྟུལ་ཞུགས་ཀྱི་ཡན་ལག་སྟེ། དེའི་ཁར་དཀར་གསུམ་བསྟེན་པ་དང་། ཆབ་ལེན་པ་ནི་རྗེ་བོའི་ཕྱག་ལེན་ལས་བྱུང་བ་ཡིན་ནོ། །ཡན་ལག་བརྒྱད་པོ་འདི་དུས་ཇི་སྲིད་འཚོའི་བར་དུ་བསྲུངས་ན་གོ་མིའི་དགེ་བསྙེན་ཞེས་བྱ་བ་སློབ་དཔོན་ཙནྡྲ་གོ་མི་ལྟ་བུ་སྟེ། དབྱིག་གཉེན་གྱིས་འདི་གནས་བརྟན་པའི་སྡེ་པའི་ཆར་བཞེད་པ་ཡིན་ནོ། །ཞར་ལ་དེའི་འཕྲོས་ནི། བྱ་རྒྱུད་དོན་ཞགས་དང་། སྤྱོད་རྒྱུད་གསང་བ་སྤྱི་རྒྱུད་དང་། འཇམ་དཔལ་རྩ་རྒྱུད་རྣམས་ལས་བསྙེན་གནས་གསོ་སྦྱོང་བླང་ཚུལ་དང་། མདོ་དབང་ཆེན་མོ་དང་། བྱང་གཏེར་སོགས་ས་གསུམ་པའི་བསྙེན་གནས་གསོ་སྦྱོང་བླང་ཚུལ་ནི་སྔགས་ནས་གསུངས་པ་ཡིན་པས་ན་དབང་རྗེས་གནང་སོགས་དང་འདྲ་བས་རྟེན་དགེ་སློང་སོགས་ཀྱིས་ཀྱང་བླང་ཞིང་། ཕན་ཡོན་ནི་སྔར་སྡོམ་པ་མ་ཐོབ་པ་ཐོབ། ཐོབ་པ་རྣམས་བརྟན་པར་བྱ་བ་དང་། ཉམས་པ་རྣམས་སླར་གསོས་སོ། །དེ་ལྟར་གོང་དུ་བཤད་པའི་བསྙེན་གནས་ལན་གཅིག་སློབ་དཔོན་ལས་ཐོབ་ནས། རྟག་ཏུ་དུས་བཟང་རྣམས་སུ་རྟེན་གྱི་དྲུང་ངམ་དམིགས་པའི་ཡུལ་དུ་བྱས་ནས་བཟོད་པ་ལན་གསུམ་གྱིས་བླང་ཞིང་བསླབ་པ་བཟོད་པ་རྣམས་རང་གིས་བྱ། སླར་ཡང་སློབ་དཔོན་ལས

བླངས་ནའང་ཏུ་ལེགས་ཤིང་ཚངས་སྤྱོད་དགེ་བསྙེན་གྱིས་ཀྱང་བླང་བ་ནི་རྟ་བ་ཅི་བསྲུང་བྱ་ལ་ཁྱད་མེད་ཀྱང་ཡན་ལག་མཡ་ཆེ་མཐོ་སོགས་ཀྱིས་མང་ཞིང་དགེ་བསྙེན་གསོ་སྦྱོང་ལ་གནས་པ་ཞེས་དགེ་བསྙེན་གཞན་ལས་ཁྱད་དུ་འཕགས་པའོ། །

གསུམ་པ་དགེ་བསྙེན་དངོས་ལ་བཞི་ལས། དང་པོ་དབྱེ་བ་ནི། སྐྱབས་གསུམ་ངོས་འཛིན་པ་དང་། གོ་རིམ་གཉིས་སྔར་བསྟན་ཟིན་ལ། སྣ་གཅིག་སྤྱོད་པ་ནི་སྲོག་གཅོད་པ་སྤོང་བ། སྣ་འགའ་སྤྱོད་པ་ནི་གསོད་པ་དང་རྐུ་བ་སྤོང་བ་ཕལ་ཆེན་སྤྱོད་པ་ནི་དེ་གཉིས་ཀྱི་སྟེང་དུ་རྫུན་སྤོང་བ་སྟེ་དགེ་བསྙེན་རིགས་བདུན་ཡིན་ལ། ཚངས་སྤྱོད་དང་གོ་མི་གཉིས་ཁྱིམ་པ་དང་། རབ་ཏུ་བྱུང་བ་གཉིས་ཀ་མ་ཡིན་པས་བར་མ་དགེ་བ་ཞེས་བྱའོ། །གཉིས་པ་ལེན་ཚུལ་ནི། མཁན་པོར་འོས་པ་ལས་བླངས་ཤིང་བརྗོད་པ་ལན། གསུམ་དང་སྡོམ་པ་དོན་དུ་གཉེར་བ་གང་ཡིན་དེའི་དོན་བསླབ་པ་བརྗོད་པའོ། །གསུམ་པ་བསླབ་བྱ་ནི་གོང་དུ་སྨོས་པ་ལྟར་རོ། །

བཞི་པ་ཕན་ཡོན་ནི། བཤད་པ་རྨི་ནུ་རྩེ་ས་སེང་གེའི་ཕྲུ་གུ་མི་གསོད་པ་དང་། རྒྱལ་པོའི་བུ་མོ་ཆུང་མར་མི་ལེན་པའི་སྡོམ་པ་མནོས་པས་རིམ་གྱིས་བརྟུལ་ཞུགས་མཐར་ཕྱིན་པའི། མྱང་འདས་ཐོབ་པ་ལྟ་བུ་སྟེ། རྗེ་འབྲི་གུང་པས། སྟོན་པའི་མ་འདྲེ་དམ་པའི་ཆོས། །དགག་དང་སྒྲུབ་པའི་བསླབ་པ་ལ། །སྣ་ཅིག་ཙམ་ཞིག་བསྲུངས་ན་ཡང་། །མྱ་ངན་འདས་པ་ང་རེ་སྐྱིད། །ཞེས་སུངས་སོ།། །།

གཉིས་པ་རབ་ཏུ་བྱུང་བ་ལ་གཉིས་ཏེ། དགེ་ཚུལ་དང་། བསྙེན་རྫོགས་སོ། །དང་པོ་དགེ་ཚུལ་ལ་རྣམ་བཞག་བདུན་ཡོད་པའི་དང་པོ་བར་ཆད་དྲི་ཞིང་དགེ་འདུན་ལ་བརྗོད་པ། གཉིས་པ་མཁོ་བའི་ཡོ་བྱད་གཏོད་པ་ནི་བར་མ་རབ་བྱུང་དུ་སྒྲུབ་པ།

གསུམ་པ་བརྗོད་པ་གསུམ་གྱི་སྒོ་ནས་དགེ་ཚུལ་གྱི་སྡོམ་པ། བཞི་པ་གྲུབ་ཚོད་ལྟས་ཏེ་དུས་གོ་བར་བྱ་བ། ལྔ་པ་བསླབ་པ་བརྗོད་པ། དྲུག་པ་ཕན་ཡོན་ནི། ཇི་སྐད་དུ། དགའ་བོ་རབ་ཏུ་བྱུང་བའི་མདོ་ལས། ཁྱིམ་ན་གནས་པ་རྣམས་ནི་མེའི་འོབས་ན་གནས་པ་ལྟ་བུའོ། །

རབ་ཏུ་བྱུང་བ་རྣམས་ནི་བསིལ་ཁང་ན་གནས་པ་ལྟ་བུའོ། །ཞེས་དང་། འདུལ་བ་སུམ་བརྒྱ་པར། །ཉོན་མོངས་དགྲ་གཡུལ་རྒྱལ་བྱེད་ཚུལ་ཁྲིམས་ཏེ། །དགེ་ཚུལ་བརྟུལ་ཞུགས་ཆུ་ལོན་རྟེན་པ

དང་། །འཆི་བའི་མཆེ་བ་འཇིབ་པར་བྱེད་པའི་ཐབས། །རྫོགས་པའི་བྱང་ཆུབ་དཔལ་ནོད་དབང་བསྐུར་ཡིན། །ཞེས་སོ། །བདུན་པ། བསླབ་བྱ་ལ་གཉིས་ཏེ། དགེ་ཚུལ་དངོས་ཀྱི་དང་། ཞར་ལ་དགེ་སློབ་མའི་བསླབ་བྱའོ། །དང་པོ་ལ་ཡང་ཕམ་འདྲའི་སྡེ་ཚན། བཤགས་བྱའི་སྡེ་ཚན། དགེ་སློང་དང་ཤན་འབྱེད་པར་བཤད་པའོ། །དང་པོ་ནི། སྲོག་གཅོད་རྐུ་དང་མི་ཚངས་སྤྱོད། །རྫུན་རྣམས་ཕམ་པ་དག་དང་འདྲ། །ཞེས་འདི་བཞི་ལས་གང་རུང་སྤྱོར་དངོས་རྗེས་གསུམ་ཚང་བ་ཉམས་ན་དགེ་སློང་ལ་ཕས་ཕམ་པ་བྱུང་བ་དང་འདྲ་བས་དགེ་ཚུལ་གྱི་སྡོམ་པ་གཏོང་བ་ཡིན་ནོ། །

གཉིས་པ་བཤགས་བྱའི་སྡེ་ཚན་ནི། མྱོས་འགྱུར་གར་ཕྲེང་མལ་ཆེ་མཐོ། །ཕྱི་དྲོའི་ཁ་ཟས་གསེར་དངུལ་ལེན། །དྲུག་པོ་བཤགས་བྱའི་སྡེ་ཚན་ནོ། །ཞེས་པ་ནི་ལྟུང་བ་དེ་དག་ནམ་བྱུང་དུས། དགེ་སློང་གང་ཡང་རུང་བ་ཞིག་གི་དྲུང་བཤགས་པར་བྱ་ཞིང་། ཁྱད་པར་དུ་གསོལ་སྦྱོང་དང་དགག་དབྱེའི་སྔ་རོལ་དུ་བཤགས་པར་བྱ་དགོས་ཏེ། འདུལ་བའི་ལས་མི་དབང་པའི་ཕྱིར་རོ། །

གསུམ་པ་དགེ་སློང་དང་ཤན་འབྱེད་བར་བཤད་པ་ནི། ཆོས་གོས་ལྷུང་བཟེད་འཆང་བ་འབྲལ། །ས་བརྐོ་རིན་ཆེན་མེ་ལ་རེག །གཏང་ནས་ཟ་ཞིང་ཤིང་གཅོད་འཇིག །བྱིན་ལེན་རྩ་སྔོན་མི་གཙང་འདོར། །གསོག་འཇོག་ཟ་དང་ས་བོན་འཇོམས། །བཅུ་གསུམ་འདི་དག་མ་གཏོགས་པ། །དགེ་སློང་ཉིད་དང་ཁྱད་པར་མེད། །ཅེས་སོ། །དེ་དག་གི་ཟླར་བསྡུ་བ་ནི། འཆང་བའི་ཟླར་བསྡུ་བ་ལ་གོས་རྒྱུ་ཟླ་བར་འཛོ་པ་དང་། འབྲལ་ཟླ་ལ་དགོན་པའི་འབྲལ་སྦྱང་དང་། གསོག་འཇོག་ཟ་བའི་བསྡུ་ལ་གསོག་འཇོག་བྱེད་པ་རྣམས་ཀྱང་གནང་བའོ། །

ཉམས་པ་གསུམ་ནི། ཁྲིམ་པའི་རྟགས་དང་ཆ་ལུགས་སྤྱོང་བ་ཉམས་པ་ནི་གོས་དང་མལ་སྟན་དང་རྒྱན་ཆ་དང་མཚོན་ཆ་དང་སྐྲ་མི་འདྲེག་པ་ང་ཚོང་དང་ཞིང་ལས་མདའ་འཕེན་མཆོང་རྒྱུག་ཚོ་ལོ་རྩེ་བ་སོགས་འཛིག་རྟེན་ཁྲིམ་པའི་བྱ་བ་རྣམས། །རབ་ཏུ་བྱུང་བའི་རྟགས་ཉམས་པ་ནི། །ཀླ་གོས་ཤམ་ཐབས་གདིང་བ་ལྷུང་བཟེད་སོགས་མེད་པའོ། །བསྙས་པས་ཉམས་པ་ནི་མཁན་པོ་སོགས་བསྙེན་པར་རྫོགས་པ་རྣམས་ལ་བཀུར་སྟི་དང་རིམ་འགྲོ་མ་བགྱིས་ཤིང་བསྙས་བྱས་པ་སྟེ་དགེ་ཚུལ་གྱིས་སྲུང་བའི་བསླབ་བྱའོ། །གཞན་ཡང་འདུལ་བ་ཀཱ་རི་ཀ་དང་། །སུམ་བརྒྱ་པ་སོགས་ལས་ཤེས་པར་བྱའོ། །

དེ་ལྟར་དགེ་བསྙེན་ཕ་མ་གཉིས་དང་། དགེ་ཚུལ་ཕ་མ་གཉིས་ལ་རྟེན་གྱི་སྒོ་ནས་མིང་སོ་སོར་བཏགས་ཀྱང་། བསྲུངས་བྱ་དང་ལེན་ཆོག་ལ་ཁྱད་པར་མེད་དོ། །

གཉིས་པ་ཞར་ལ་དགེ་སློབ་མའི་བསླབ་བྱ་ལ་གཉིས་ཏེ། དང་པོ་རྩ་བ་ནི། གཅིག་པུར་འགྲོ་དང་ཆུར་རྒྱ་བ། །སྐྱེས་པར་རེག་དང་ལྷན་ཅིག་འདུག །སྨྱན་བྱ་ཞེས་འཆབ་རྒྱ་བ་དྲུག །ཅེས་སོ། །གཉིས་པ་ཡན་ལག་ནི། གསེར་བཟུང་འདོམས་སྤྱུ་འདྲེག་པ་དང་། །ས་བརྐོ་ཐྱིན་ལེན་གསོག་འཇོག་དང་། །རྩྭ་སྔོན་མི་གཙང་དོར་བ་སྟེ། །དྲུག་པོ་ཡན་ལག་ཆོས་སུ་གསུངས། །ཞེས་པ་སྟེ། འདི་དག་དགེ་ཚུལ་གྱི་བསླབ་བྱ་རྣམས་ཀྱི་སྟེང་དུ་བསྲུངས་དགོས་པ་སྟེ་དགེ་སློབ་མའི་བསླབ་བྱའོ།། །།

གཉིས་པ་བསྙེན་པར་རྫོགས་པ་ལ་སྡོམ་པ་མ་ཐོབ་ཐོབ་པར་བྱེད་པ་དང་། ཐོབ་པ་མི་ཉམས་པར་བསྲུངས་བ་གཉིས་ལས། དང་པོ་ནི། སྟོན་པའི་ཞལ་བཞུགས་དུས་སྔོན་གསུམ་ཤེས་ཆེ་ཞིང་སྒྲིབ་གསུམ་ཤེས་ཆུང་བ་རྣམས་ལ་ནི་ཡེ་ཤེས་ཁོང་ཆུད་དང་ཚུར་ཤོག་སོགས་སྔོན་ཆོག་བཅུས་བསྙེན་པར་རྫོགས་པ་ཡིན་ལ། ཕྱིས་སུ་ཚོགས་ཆེན་པོས་ད་ལྟར་གྱི་ཆོ་ག་ལ་འཇུག་དགོས་ཏེ། དེ་ལ་ཡང་གཉིས། མདོན་གྱུར་བཅུ་ཚང་བས་བསྙེན་པ་རྫོགས་པ་དང་། །དེའི་ཕན་ཡོན་བཤད་པའོ། །

དང་པོ་ནི། སངས་རྒྱས་ཆོས་དང་དགེ་འདུན་དང་། །མཁན་པོ་སློབ་དཔོན་བསྙེན་རྫོགས་འདོད། །ཡོ་བྱད་ཡོངས་སུ་དག་པ་དང་། །གསོལ་དང་ལས་ནི་མངོན་སུམ་མོ། །ཞེས་སོ། །དེའང་སྟོན་པའི་སྐུ་བརྙན་ནི་སངས་རྒྱས་དཀོན་མཆོག །ཡུལ་དབུས་སུ་དགེ་སློང་གསོ་སྦྱོང་ལ་གནས་པ་བཅུ། མཐའ་འཁོབ་ཏུ་ལྔ། ཐ་ན་ཡང་མཁན་པོ་དང་བཅས་པའི་བཞི་ནི་དགེ་འདུན་དཀོན་མཆོག །དེ་དག་གི་ཐུགས་ལ་བཞུགས་པའི་ལས་བརྒྱ་རྩ་སོགས་ནི་ཆོས་དཀོན་མཆོག །མཁན་པོ་ནི་བརྟན་མཁས་ཀྱི་ཡོན་ཏན་དང་ལྡན་པ། དེ་མེད་ན་ཁྲིམ་པའི་རྟེན་ཅན་ལས་ཀྱི་བྱ་བ་ལ་མཁས་པ། སློབ་དཔོན་ནི་ཆོས་དགུ་དང་ལྡན་པ། བསྙེན་རྫོགས་འདོད་པའི་གང་ཟག་ནི་དགེ་བསྙེན་དང་དགེ་ཚུལ་གྱི་སྡོམ་པ་དང་ལྡན་ཞིང་བར་ཆད་དང་བྲལ་བ། འགའ་ཞིག་སྡོམ་པ་འོག་མ་མེད་པར་བསྙེན་པར་རྫོགས་པར་བཤད་ཅེས་སྨྲ་བ་ནི་ཡོད་སྨྲ་ལས་སྡེ་པ་གཞན་པའི་ལུགས་སོ། །ཡོ་བྱད་ནི་ཕ་གུ་པོ་བཏང་བ་དང་ཆོས་གོས་རྣམ་གསུམ་དང་གདིང་བ་ལྷུང་བཟེད་ཚུ་ཚགས་གྲིབ་ཚོད་ཀྱི་ཐུར་མ་སོགས་ཚོགས་པ། གསོལ་

བ་དང་ལས་ནི་བསྙེན་པར་རྫོགས་པའི་ཆོ་གའི་གཙོ་བོ་ལྟ་བུ་སྟེ་མངོན་སུམ་དུ་གྱུར་པ་དགོས་སོ། །དེ་ཡང་གསང་སྟེ་སྟོན་པ་བསྐོས་ནས་ལྐོག་ཏུ་བར་ཆད་དྲི་བ། ཡོངས་སུ་དག་པ་ཚོགས་སུ་ཞུས་ཏེ་གནང་བ་སྦྱིན་པ་དང་། མཁན་པོས་སླར་བར་ཆད་དྲི་ཤིང་མཁོ་བའི་ཡོ་བྱད་གཏད་དེ། གསོལ་བ་དང་ལས་བརྗོད་ཅིང་། བརྗོད་པ་གསུམ་གྱི་བསྙེན་པར་རྫོགས་པ་ཐོབ་པའི་དུས་གོ་བར་བྱས་ཤིང་། སློབ་དཔོན་གྱི་བསླབ་པ་བརྗོད་པ་སོགས་ལས་ཆོག་བཞིན་འགྲུབ་པར་བགྱིས་པའོ། །

གཉིས་པ་ཕན་ཡོན་ནི། འདུལ་བ་ཚིག་ལེར། བསྙེན་རྫོགས་མ་སྨད་གྱུར་པ་དེ། །ལྷ་ཡིས་ཀྱང་ནི་ཕྱག་བྱར་འོས། །ཞེས་དང་། དགེ་སློང་མ་རབ་ཏུ་གཅེས་པའི་མདོ་ལས། དགེ་སློང་ཞེས་བྱ་ཆོས་ཀྱི་རྒྱལ་མཚན་ཡིན། །དགེ་སློང་ཞེས་བྱ་རྡོ་རྗེ་སྲོག་ཤིང་ཡིན། །དགེ་སློང་ཞེས་བྱ་སྡུག་བསྔལ་སྦྱོང་བ་ཡིན། །དགེ་སློང་ཞེས་བྱ་རྒྱལ་བའི་སྲས་པོའོ། །དགེ་སློང་ཞེས་བྱ་ཉོན་མོངས་སྲོག་གཅོད་དེ། །དགེ་སློང་ཞེས་བྱ་ཐར་པའི་ལམ་འགྲོ་ཡིན། །ཞེས་དང་། ཚུལ་ཁྲིམས་ཡོངས་དག་གི་མདོ་ལ་སོགས་པ་ནས་རྒྱ་ཆེར་གསུངས་སོ།། །།

གཉིས་པ་ཐོབ་པ་མི་ཉམས་པར་བསྲུངས་པ་ལ་གསུམ། དག་བྱ་ལྟུང་བ་སྡེ་ལྔ་བཤད་པ། །སྒྲུབ་བྱ་བསླབ་པ་ཡོངས་སུ་སྦྱོང་བ། བདེ་བར་གནས་པའི་རྐྱེན་བཤད་པའོ། །དང་པོ་ལ་ལྔ་ལས། ཕམ་པ། ལྷག་མ། ལྟུང་བྱེད། སོར་བཤགས། ཉེས་བྱས་སོ། །དང་པོ་ནི། མི་ཚངས་སྤྱོད་དང་རྐུ་བ་དང་། །མི་ལ་བསད་པར་མི་བྱ་ཞིང་། །རྫུན་དུ་སླུ་དང་བཅས་པ་ཡི། །ཆོས་བཞི་འདི་ནི་གསུངས་པ་ཡིན། །ཞེས་པ་སྟེ་འདི་བཞི་པོ་དག་ལས་གང་ཡང་རུང་བ་ཉམས་ན། དགེ་སློང་དུ་མི་རུང་དགེ་སྦྱོང་དུ་མི་རུང་། ཤཱཀྱའི་སྲས་སུ་མི་རུང་། ཞེས་དགེ་སློང་ལས་ཉམས་པ་ཡིན་ནོ། །འདི་ལ་ཡང་ཕས་ཕམ་པ། སྦོམ་པོ་ལྕི་བ། ཡང་བ། ལྟུང་བ། ཉེས་བྱས། ལྟུང་བའི་གཟུགས་བརྙན་སོགས་དབྱེ་བ་མང་ཞིང་དེ་ཡང་ཕམ་པ་དངོས་ལ་བཤགས་བསྡོམས་བྱེད་ཐབས་བྱ་རྒྱུད་མེད་ལ། སྦོམ་པོ་ལྕི་བ་ནི་ལྟུང་བ་ནང་མི་མཐུན་པའི་དགེ་སློང་དྲུག་ཡན་ཆད་ཀྱི་དྲུང་དུ་བཤགས། ཡང་བ་ནི་དགེ་སློང་བཞི་ཡན་ཆད་ཀྱི་དྲུང་དུ་བཤགས་སོ། །གཉིས་པ་ལྷག་མ་ནི། ཁུ་བ་འབྱིན་དང་འཁྲིག་ཚིག་བསྙེན་བཀུར་བསྙེན། །ཁང་པ་ཁང་ཆེན་དང་ནི་གཞི་མེད་དང་། །བག་ཙམ་དགེ་འདུན་དབྱེན་དང་དེ་རྗེས་ཕྱོགས། །ཁྱིམ་སུན་འབྱིན་དང

བཀའ་བློ་མི་བདེའོ། །ཞེས་སོ། །འདིས་ལྷག་མ་དངོས་ནི་ལྟུང་བ་བྱིན་གྱིས་བརླབས་པར་བྱ་ཞིང་། །སྡོམ་པོ་ལྕི་བ་ནི་དགེ་སློང་ལྔ་ཡན་ཆད་དང་། །ཡང་བ་ནི་གཅིག་ཡན་ཆད་ཀྱི་དྲུང་དུ་བཤགས་པར་བྱའོ། །ཞར་ལ་མ་ངེས་པ་གཉིས་ནི། དབེན་པར་སྐབས་ཡོད་འདུག་པའོ། །ཞེས་པ་སྟེ་ལྷག་མ་དང་སྤྱོད་ལྟུང་གཉིས་ཀར་མ་ངེས་པའོ། །གསུམ་པ་ལྟུང་བྱེད་ལ་གཉིས། །སྤང་བའི་ལྟུང་བྱེད་དང་། །འབའ་ཞིག་པའོ། །དང་པོ་ནི་བཅུ་ཚན་གསུམ་དུ་བཅད་པའི་དང་པོ། འཆང་བ་འབྲལ་བ་འཇོག་པ་དང་། འབྲུར་འཇུག་པ་དང་ལེན་པ་དང་། སློང་དང་སྤོད་གཡོགས་སྣད་གཡོགས་དང་། རིན་ཐང་སོ་སོར་བསྒྱུར་བའོ།། །།

གཉིས་པ་སྲིན་བལ་འབའ་ཞིག་ཚ་གཉིས་དང་། དྲུག་དང་མཐོ་གང་ལམ་དང་ནི། འབྲུ་བ་དང་ནི་གསེར་དངུལ་དང་། །མངོན་ཙན་ཅན་དང་ཉོ་ཚོང་ངོ་། །གསུམ་པ། ལྟུང་བཟེད་གཉིས་དང་ཐག་གཉིས། །བྱིན་འཕྲོག་སྟོན་ཟླ་ཟ་ཆུང་དང་། དགོན་པ་བ་དང་རས་ཆེན་དང་། །དངོས་པོ་དང་ནི་གསོག་འཇོག་གོ། །ཞེས་སོ། །དེ་དག་ནི་བྱིན་གྱིས་བརླབས་པར་བྱ་བའི་སྡེ་ཚན་ནོ། །

གཉིས་པ་ལྟུང་བྱེད་འབའ་ཞིག་པ་དགུ་བཅུ་ལ། །བཅུ་ཚན་དང་པོ། རྫུན་སྨྲིན་དགེ་སློང་ཕྲ་མ་དང་། སྨྲོ་བསྐྱོགས་བྱེད་དང་སྟོན་པ་དང་། འདོན་དང་གནས་ངན་ལེན་པ་དང་། བཤེས་ངོར་བྱེད་དང་ཁྱད་དུ་གསོད། གཉིས་པ། ས་བོན་འཕྱ་བ་བསྙོ་བ་དང་། །ཁྲི་དང་གདིང་བ་སྤྲོད་པ་དང་། ཕྱིས་སྣོན་འབྱུང་ན་འདེབས་པ་དང་། །རིམ་པ་གཉིས་སུ་རྩིག་པའོ། །གསུམ་པ། མ་བསྐོས་ཉི་མ་ནུབ་པ་དང་། །ཟས་དང་ཆོས་གོས་གཉིས་དག་དང་། །དོན་མཐུན་གྲུ་དང་དབེན་པ་གཉིས། །དགེ་སློང་མ་ཡིས་སྦྱོར་བཅུག་པའོ། །བཞི་པ། ཡང་ཡང་དང་ནི་འདུག་གནས་དང་། །ཕྱེ་དང་བཅའ་དང་སྐོམ་པ་དང་། །འདུས་དང་དུས་མིན་གསོག་འཇོག་དང་། །ཁ་ན་མེད་དང་གསོད་པ་ཉིད། །ལྔ་པ། སྲོག་ཆགས་བཅས་དང་ཉལ་སར་འདུག །འགྲེང་དང་གཅེར་བུ་དམག་དང་ནི། །ཞག་གཉིས་ཤན་བསྒྲུ་འགྲོ་བ་དང་། །རྫིག་དང་གཟའ་དང་གནས་ངན་ལེན། །དྲུག་པ། བདེན་དང་མེད་དང་བདུན་པ་དང་། །བསྙེན་པར་མ་རྫོགས་ཆོས་སྨྲ་དང་། །དགེ་ཚུལ་ཁ་དོག་སྒྱུར་བ་དང་། །རིན་པོ་ཆེ་དང་ཚ་བའི་དུས། །བདུན་པ། དུད་འགྲོ་འགྱོད་པ་སོར་མོ་དང་། །བཙེ་དང་ལྷན་གཅིག་སྡངས་བྱེད་དང་། སྐྲག་དང་གདིང་མེ

གཞི་མེད་དང་། །སྐྱེས་པ་མེད་པར་ལམ་འགྲོ་བའོ། །བརྒྱད་པ། བརྐུ་དང་ཉེ་ཤུ་མ་ལོན་དང་། །བརྔོ་དང་འགྲོན་དང་བསླབ་པ་དང་། །འཐབ་དང་མི་སླ་འགྲོ་བ་དང་། །མི་གུས་ཆར་འབྱུང་དུས་མིན་པའོ། །དགུ་པ། ཟས་བཅས་སྐྱ་རེངས་སྟོད་པ་དང་། །ཁབ་རལ་དང་ནི་ཁྲི་རྐང་དང་། །གདལ་དང་གདིང་དང་གཡན་པ་དང་། །རས་ཆེན་བདེ་གཤེགས་ཆོས་གོས་སོ། །ཞེས་སོ། །འདི་དག་ནི་བཤགས་པར་བྱ་བའི་སྡེ་ཚན་ནོ། །བཞི་པ་སོ་སོར་བཤགས་པར་བྱ་བ་བཞི་ནི། གྲོང་དང་ཁྱིམ་གཞན་ཉིད་དང་ནི༑ །བསླབ་པ་དང་ནི་དགོན་པ་དང་། །སངས་རྒྱས་ཕན་པ་གསུངས་པ་ཡིས། །སོ་སོར་བཤགས་པ་བྱ་བར་གསུངས། །ཞེས་སོ། །འདི་དག་ཀྱང་བཤགས་བྱའི་སྡེ་ཚན་ནོ། །ལྔ་པ་ཉེས་བྱས་བརྒྱད་དང་བཅུ་གཉིས་ནི། ཤན་ཐབས་ལ་ནི་རྣམ་པ་བདུན། །སྟོད་གཡོགས་ལ་ནི་རྣམ་པ་གསུམ། །ཤིན་ཏུ་བསྡམས་ལ་སོགས་པ་ལྔ། །མགོ་གཡོགས་ལ་སོགས་རྣམ་པ་ལྔ། །མཆོངས་ལ་སོགས་པ་རྣམ་པ་ལྔ། །ལུས་ལ་སོགས་པ་རྣམ་པ་ལྔ། །འདུག་པར་བྱ་བ་དགུ་དག་དང་། །བྱིན་ལེན་བྱ་བ་བརྒྱད་རྣམས་སོ། །ཟས་ལ་ལེགས་པར་བྱ་བ་དྲུག །ཙུག་ཙུག་ལ་སོགས་རྣམ་པ་ལྔ། །འབྲུ་ནས་ཐ་དད་རྣམ་པ་ལྔ། །ལག་པ་འདག་པ་ལ་སོགས་ལྔ། །འཕྱ་ལ་སོགས་པ་རྣམ་པ་བཞི། །ལྷུང་གཟེད་ལ་ཡང་རྣམ་པ་བཅུ། །འགྲང་ལ་སོགས་པ་རྣམ་པ་དྲུག །མགོ་བོ་གཡོགས་ལ་སོགས་པ་ལྔ་། །དོ་ཀར་ཅན་ལ་སོགས་པ་ལྔ། །གླང་ཆེན་ལ་སོགས་ཞོན་པ་ལྔ། །ལག་ན་མཁར་བ་རྣམ་པ་ལྔ། ན་བ་རྣམ་པ་བཞི་རྣམས་སོ། །ཞེས་སོ། །དེ་ལྟར་ཉེས་བྱས་བརྒྱ་དང་བཅུ་གཉིས་དང་། ལྟུང་བ་གོང་མ་རྣམས་ཀྱི་ཡན་ལག་གི་ཉེས་བྱས་དང་ཐུན་ཚོགས་ལས་བཤད་པའི་ཉེས་བྱས་དང་བསླབ་པར་བྱ་བའི་ཆོས་མང་པོ་རྣམས་ནི་ཡིད་ཀྱི་བསྡམས་བྱའི་སྡེ་ཚན་ནོ། །གཞན་ཡང་མ་ངེས་པའི་ཆོས་གཉིས་དང་། བསླབ་པར་བྱ་བའི་ཆོས་མང་པོ་དང་། །རྩོད་པ་ཞི་བར་བྱེད་པའི་ཆོས་བདུན་རྣམས་ཀྱང་རྟོགས་པར་བྱའོ།། །།

གཉིས་པ་བསླབ་པ་ཡོངས་སུ་སྦྱོང་བ་ལ་གསུམ། ཚུལ་ཁྲིམས་རྣམ་པར་དག་པ་ལ་གསོ་སྦྱོང་གི་གཞི། ཚུལ་ཁྲིམས་རྣམ་པར་དག་པ་དབྱར་གྱི་གཞི། ཆོས་རྣམ་པར་དག་པ་དགག་དབྱེའི་གཞི་ལས། །དང་པོ་གསོ་སྦྱོང་ལ་དབྱེ་ན། ཞི་གནས། མཐུན་པ། གནོད་པ་སྤོང་བ། བཀྲ་ཤིས་པ། སྡིག་པ་དམན་གྱི་གསོ་སྦྱོང་ངོ་། །ཞི་གནས་ཀྱི་གསོ་སྦྱོང་ནི། དགེ་སློང་མཚན་མོ་དང་ཕྱི་དྲོ་ནང་དུ་ཡང་དག་

འཇོག་ལ་གཞོལ་བ་དང་། ཡང་། མང་དུ་ཐོས་པ་ནགས་ཀྱི་ནང་དག་ཏུ། །ལང་ཚོ་ཡོལ་བ་རྣམས་ཀྱི་གནས་པ་བདེ། །ཞེས་པ་ལྟར། ནགས་འདབ་ལ་སོགས་པའི་དབེན་པར་བསམ་གཏན་ལ་རྩེ་གཅིག་ཏུ་གཞོལ་བའོ། །མཐུན་པའི་གསོ་སྦྱོང་ནི། དགེ་འདུན་ནང་མ་མཐུན་ན་ལྷག་པའི་བསམ་པ་ཕན་ཚུན་འདུམ་པར་བྱས་ཚར་རྗེས་ཕྱོགས་གཅིག་ཏུ་གསོ་སྦྱོང་བྱ་བ་ཡིན་ནོ། །གནོད་པ་སྤོང་བའི་གསོ་སྦྱོང་ནི། ལུང་ལས། ཧ་ཅང་ཆར་ཆེ་ཆར་ཆུང་དང་། །ཁྱི་བ་ནེ་ཙོ་ཆ་ག་པ། །རྒྱལ་པོ་ངན་པ་ཆོས་པ་སྟེ། །དྲུག་པོ་འདི་དག་ཡིན་ཞེས་བྱ། །ཞེས་པའི་གནོད་པ་དྲུག་པོ་དེ་དག་གང་བྱུང་ཡང་དེ་ཞི་བའི་ཆེད་དུ་གསོ་སྦྱོང་བྱ་བའོ། །

བཀྲ་ཤིས་པའི་གསོ་སྦྱོང་ནི། གཙུག་ལག་ཁང་དང་དཀོན་མཆོག་གི་རྟེན་དང་གཏེར་སོགས་ལ་རབ་གནས་ཀྱི་ཆེད་དུ་གསོ་སྦྱོང་བྱེད་པ་ཡིན་ལ། འདི་གསུམ་ལ་ནི་དུས་ཀྱི་ངེས་པ་མེད་དེ་སྐབས་དང་སྦྱར། ཚོ་ག་ནི་འདོན་པ་སློམ་པ་ཙམ་གྱིས་གྲུབ་པའོ། །ཕྱོགས་པ་དམན་གྱི་གསོ་སྦྱོང་ནི། ཆོས་བཅོ་ལྔ་དང་གནས་གང་ལ་བྱ་བ་ཡིན་ཏེ། ལུང་ལས་གསོ་སྦྱོང་བྱའོ། །ཟླ་བ་ཕྱེད་ཕྱེད་ཀྱི་ཆོས་བཅོ་ལྔ་ལའོ། །ཞེས་དང་། དེའི་འགྲེལ་པར། ཆོས་བཅོ་ལྔའི་ཞེས་སྨོས་པས་ནི་བཅུ་བཞི་པའི་གསོ་སྦྱོང་ཡང་བསྡུས་པར་རིག་པར་བྱའོ། །ཞེས་གསུངས་སོ། །དེ་ཡང་ཆོས་ཞག་གིས་ཉིན་ཞག་གི་དོན་མ་ཐུབ་པས། བཅུ་བཞི་པ་དང་བཅོ་ལྔ་པ་གཉིས་ལས། བཅུ་བཞི་པ་ནི་དགེ་སློང་གི་ལོ་དྲི་བར། །རྒྱལ་དང་དབོ་དང་སག་དང་། །ཆུ་སྟོད་ཁྲུམས་དང་སྨིན་དྲུག་སྟེ། །འདི་རྣམས་ཀྱི་ནི་ནག་པོའི་ཕྱོགས། །ཟླ་ཕྱེད་གསོ་སྦྱོང་བཅུ་བཞི་པ། །ཞེས་དང་ཚིག་ལེར་ཁ་བ་པོས་ཀ་དབྱར་རྣམས་ཀྱི། ཟླ་བ་གཉིས་དང་བཞི་ཡི་ནི། །མར་ངོ་ལ་ནི་བཅུ་བཞི་པའི། །གསོ་སྦྱོང་སྡོམ་བརྩོན་དག་གིས་བྱ། །ཞེས་གསུངས་པས་ལོ་གཅིག་ལ་དྲུག་ཏུ་བྱས་པའི་དུས་རེར་ཟླ་བ་གཉིས་རེ་ཡོད་པར་གསོ་སྦྱོང་གཉིས་ཚར་ནས་གསུམ་པའི་སྐབས་སུ་འདོར་བ་ཡིན་ཏེ། གཞུང་དམ་པར། དུས་གཅིག་གི་ཟླ་བ་ཕྱེད་དང་གཉིས་འདས་ནས་ཤིང་ཞག་འདུམས་པར་བྱའོ། །དེ་ལྟར་ན་ལོ་གཅིག་ལ་གསོ་སྦྱོང་བཅུ་བཞི་པ་ནི་དྲུག་གོ། །ལྷག་མ་རྣམས་ནི་བཅོ་ལྔ་པའོ། །ཞེས་གསུངས་སོ། །དེ་ཡང་འདུལ་མཛོད་རྣམས་མར་ངོ་སྔོན་དུ་འགྲོ་བ་ཡིན་ཏེ། ཟླ་བ་ཉ་ཆོས་ཟླ་རངས་འགྱུར། །ཞེས་སོ། །རྒྱ་སྐར་རྣམས་ཀྱི་ཐོག་མ་དབྱུག་པ་ཡིན་ཞིང་། དེས་ཉ་བའི་ཟླ་

བ་སྡུ་མའི་ཆོས་བཅུ་དྲུག་ནས་ལོ་ཟླ་མགོ་བཟུང་སྟེ་རྩིས་པའི་ཟླ་བ་ཕྱེད་གཉིས་འདས་པ་སྨིན་དྲུག་ཟླ་བའི་མར་ངོ་ལ་གསོ་སྦྱོང་བཅུ་བཞི་པ་གཅིག་འབྱུང་ཞིང་དེས་གཞན་རྣམས་ཀྱང་འགྲེའོ། །དེ་ལྟར་གསོ་སྦྱོང་གི་དུས་ངེས་པར་བྱས་ནས། གསོ་སྦྱོང་ཇི་ལྟར་བྱ་ཚུལ་ལ་གཉིས། །ཁྲིམ་པ་དང་། རབ་དུ་བྱུང་བའོ། །དང་པོ་ནི་ཁྲིམ་པས་ཉིན་ཞག་གཅིག་གི་མཐའ་ཅན་ཡན་ལག་བརྒྱད་དང་ལྡན་པར་བླང་བ་སྟེ་སྔར་བཤད་པ་བཞིན་ནོ། །

གཉིས་པ་ལ་ལུང་ན་མ་བཞུགས་ཀྱང་བསྟན་བཅོས་མཁན་པོའི་འདོད་པ་སྒྲུབ་པ་དགེ་ཚུལ་དང་། ལུང་དང་བཅས་པ་དགེ་སློང་གི་གསོ་སྦྱོང་ངོ་། །དང་པོ་ནི་གསོ་སྦྱོང་གི་དུས་ལ་བབ་དུས་གཙུག་ལག་ཁང་བྱི་དོར་བྱ་བ་དང་། དེ་བཞིན་གཤེགས་པའི་སྐུ་བརྟན་ལ་མཆོད་པ་བཤམས། སྟན་བཤགས་པ། གཎྜི་བརྡུང་བ། དྲིས་པའི་ལན་འདེབས་པ། དགེ་འདུན་བསྡུས་ཏེ་ཉི་མ་བགྲང་བ། ཕྱག་འཚལ་བ། མདོ་འདོན་པ། བསྔོ་བ་བྱ་ཞིང་གཞུག་མར་གནས་པ་ལ་གཏོར་མ་སྦྱིན་པ། ཆོས་སྒྲགས་ཀྱི་མདོ་དང་། ཚུལ་ཁྲིམས་ཡོངས་དག་གི་མདོ་འདོན་པ་རྣམས་འགྲུབ་རྗེས། དགེ་ཚུལ་རྣམས་རང་རང་གི་སློབ་དཔོན་དང་མཁན་པོར་དུས་ངེས་མེད་ལ་བྱ་བ་བཤགས་པའི་ཆོག་བྱ་ཞིང་། ཡོངས་དག་འབུལ་བ་ནི་དགེ་འདུན་གསོ་སྦྱོང་ལ་འདུ་བའི་དུས་སུ་བྱ་དགོས་ཏེ། བསྟན་བཅོས་ཀྱི་འགྲེལ་པ་མཁན་པོ་ཆོས་བཤེས་ཀྱི་དགག་དབྱེ་གསུངས་ཕྱིར་འདིར་ནི་གསོ་སྦྱོང་ཡོད། དེ་ལས་གསོ་སྦྱོང་དོན་ནི་ཐ་དད་མིན། ཞེས་པ་ལྟར་སྔགས་ཀྱི་འདོན་པ་སྨྲོས་ཏེ་ཡོངས་དག་འབུལ་བའོ། །དེ་ནས་དགེ་འདུན་གྱི་ལས་ལ་མི་དབང་པོའི་དོན་གྱིས་ཕྱི་རོལ་དུ་འདོར་བར་བྱ་ཞིང་། འོན་ཀྱང་ཁྲིམ་བདག་མགོན་མེད་ཟས་སྦྱིན་ལྟ་བུ་ནི་སོ་ཐར་གྱི་མདོ་ཉན་པར་གནང་བ་ཡིན་ནོ།། །།

གཉིས་པ་ལུང་བཅས་པའི་དགེ་སློང་གི་གསོ་སྦྱོང་ལ་བདུན་ལས། དང་པོ་ལ་གང་ཟག་གང་གིས་བྱ་བ་ནི་དགེ་སྦྱོང་ཐམ་པས་མ་གོས་ཤིང་སྡོམ་པ་གསོ་རུང་ལྡན་པ་རྣམས་ནི་འདུལ་བར་འོས་པ་ཡིན་ལ། སྔར་བཤགས་པར་འོས་པ་རྣམས་བཤགས་བསྡམས་པར་འོས་པ་རྣམས་བྱིན་གྱིས་བརླབས་ཟིན་ན་དང་། མ་གྲུབ་ན་རྒྱུད་ཚོགས་སུ་ལོངས་ཀྱང་སྐབས་འདིར་བྱར་རུང་སྟེ་ལྟུང་མཐུན་བྱིན་གྱིས་བརླབས་པ་དང་འདྲ་བའི་ཕྱིར་རོ། །དེ་ནས་དགེ་འདུན་ཐམས་ཅད་ལྟུང་བ་ནང་མཐུན་པར་

གྱུར་བའི་ལྟུང་བ་ཅན་མཐའ་དག་ཐུན་མོང་དུ་ཕྱིན་གྱིས་བརླབ་པར་བྱའོ། །འདི་ཡན་ཆད་ནི་གསོ་སྦྱོང་བྱ་བར་མ་ཟད་རབ་བྱུང་བསྙེན་རྫོགས་དབྱར་ཁས་ལེན་དགག་དབྱེ་དགེ་འདུན་གྱི་ལས་ཐམས་ཅད་ཀྱི་སྔོན་དུ་འགྲོ་དགོས་པ་ཡིན་ནོ།། །།

གཉིས་པ་ནི་གནས་ལ་བློ་མཐུན་བྱ་བ་སྟེ་གསོ་སྦྱོང་གི་ཐུན་མོང་མ་ཡིན་པའི་སྔོན་འགྲོ་འདི་ནས་བཟུང་བར་བྱ་ལ། འདི་ལ་ཡང་གསོ་སྦྱོང་ལྟ་བུའི་གནས་ལ་བློ་མཐུན་བྱས་པ་མ་ཞིག་ན་དགག་དབྱེ་བསྙེན་རྫོགས་སོགས་ཀྱི་བློ་མཐུན་བྱ་མི་དགོས་ཤིང་། སླར་གསོ་སྦྱོང་རྗེས་མ་རྣམས་ཡང་བློ་མཐུན་བྱ་མི་དགོས། བློ་མཐུན་མ་ཞིག་པའི་ཐ་སྙད་ནི། སྔར་གནས་འདིར་བློ་མཐུན་བྱས་པའི་གྲལ་དེར་ཡོད་པའི་དགེ་སློང་གཅིག་ཙམ་གནས་གང་དུ་མ་ཕྱིན་པར་འདུག་སྟེ་ཡོད་པའི་དགེ་སློང་དེ་ལས་ཀྱི་གྲལ་དེར་འཁོད་པ་ལ་ཟེར་རོ།། །།

གསུམ་པ་ནི་སོ་སོ་ཐར་པའི་མདོའི་ཆེ་བ་བརྗོད་པ་སྟེ། འདིས་འདས་འབྱུང་བརྗོད་པའི་སྐབས་སོག་ཀ་རྣམས་ཀྱི་འདས་པ་དང་ལྟག་མ་ཇི་ཙམ་པ་དེ་ཙམ་མོ། །ཞེས་པ་ལོ་གཅིག་ལ་དུས་བཞིར་བྱས་པའི་དུས་རེར་ཟླ་བ་གསུམ་རེ་ཡོད་པ་དེའི་འདས་པ་དང་། ལྟག་མ་ཇི་ཙམ་ཡོད་བརྟགས་ཏེ་སྐབས་ཐོབ་འདོན་པ་སྨྲོ་དགོས་སོ། །འདི་ལ་དུས་ཚིགས་ལྔ་དང་དྲུག་སོགས་ཞེས་སྨྲ་ན། འོན་དུས་བཞིར་ཕྱེ་བ་ལ་དགོས་པ་གཞན་ཞིག་ཡོད་མ་སྨྲོས་ཞིག །

བཞི་པ་ནི་ནད་པ་དང་རྒྱལ་པོའི་ཆད་པའི་འཇིག་པས་མནར་བའི་དགེ་སློང་གིས་གསོ་སྦྱོར་སྤྱོང་བར་བྱ་བའི་ཆེད་དུ་བྱ་བ་ཡིན་ལ། དེ་འབུལ་སོགས་ནི་སོ་སོར་འཕྲུལ་ཤེས་པར་བྱའོ། །

ལྔ་པ་ནི། སོ་སོ་ཐར་པའི་མདོ་འདོན་པའི་གསོལ་བའི་ལས་བྱ་བ་དང་། རྣམ་པར་བཞག་འཛིན་དུ་གཞུག་པའོ། །

དྲུག་པ་ནི་སོ་སོར་ཐར་པའི་མདོ་འདོན་པ་དངོས་གཞི་ལ་རྣམ་པ་མང་ཡོད་དེ། གཞུང་དམ་པར། སོ་སོར་ཐར་པ་ཀློག་པའི་བྱ་བ་གང་ཞེ་ན། སོ་སོ་ཐར་པ་ཀློག་པ་རྣམ་ལྔ་སྟེ། གསོལ་བ་བྱས་ནས་གླེང་གཞི་བཀླག །ཕས་ཕམ་པ་བཞི་ཡང་བཀླག་ནས། ལྷག་མ་རྣམས་ཐོས་པ་བཞིན་ནོ་ཞེས་སྒྲགས་པར་བྱ་སྟེ། དེའང་སོ་སོ་ཐར་པ་བཀླག་པ་གཉིས་པའོ། །གསོལ་བ་བྱས་ལ་གླེང་གཞི་བཀླག །

ཕས་ཕམ་པ་བཞི་ཡང་བཀླག །དགེ་འདུན་གྱི་ལྷག་མ་བཅུ་གསུམ་ཀྱང་བཀླག་ནས་ལྷག་མ་རྣམས་ནི་ཐོས་པ་བཞིན་ནོ། །ཞེས་སྨྲགས་ན་དེའང་སོ་སོ་ཐར་པ་བཀླག་པ་སུམ་པའོ། །གསོལ་བ་བྱས་ནས་གླེང་གཞི་བཀླག །ཕས་ཕམ་པ་བཞི་ཡང་བཀླག །དགེ་འདུན་གྱི་ལྷག་མ་བཅུ་གསུམ་ཀྱང་བཀླག །མི་མཐོན་པའི་ཆོས་གཉིས་པོ་ཡང་བཀླག་ནས། ལྷག་མ་རྣམས་ནི་ཐོས་པ་བཞིན་ནོ་ཞེས་སྨྲགས་པར་བྱ་སྟེ། དེའང་སོ་སོ་ཐར་པ་བཀླག་པ་བཞི་པའོ། །རྒྱས་པ་སོ་སོ་ཐར་པ་བཀླག་པ་ན། སོ་སོ་ཐར་པ་བཀླག་པ་ལྔ་པ་སྟེ། འདི་ནི་སོ་སོ་ཐར་པ་བཀླག་པའི་བྱ་བའོ། །ཞེས་གསུངས་སོ། །དེ་ཡང་བཀླག་ལུགས་དང་པོ་དང་གཉིས་པ་སོགས་བསྡུས་པ་རྣམས་ནི་གཡེང་བ་ཤིན་ཏུ་ཆེ་བའི་སྐབས་སམ་ཆར་པ་དང་རླུང་སོགས་ཀྱི་བཀླག་པའི་ལོང་ཆེར་མེད་པའི་སྐབས་སུ་བྱ་བ་མ་གཏོགས་རྣམས་པ་བྱའོ། །ཞེས་སོ། །ཡང་དེ་ཉིད་ལས། གང་ན་དགེ་སློང་བཞི་འཁོད་དག་ནི་དེ་རྣམས་ཀྱི་གསོལ་བ་བྱས་ཏེ་གསོ་སྦྱོང་བྱའོ། །ནད་པའི་ཡོངས་སུ་དག་པ་ཡང་བླང་བར་བྱའོ། །ཞེས་དགེ་སློང་བཞི་ལས་མེད་ན་ཡོངས་དག་ལེན་མི་རུང་ངོ་། །

བདུན་པ་ནི། རྐྱང་ཚོགས་སུ་མ་ལོངས་ན་གསོ་སྦྱོང་བྱིན་གྱིས་བརླབས་དགོས་ཏེ། སྡེ་མ་ལས། གལ་ཏེ་འགྲུབ་ན་དེ་ལྟར་ལེགས། ཇི་སྟེ་མ་འགྲུབ་ན་རང་གི་སྟན་ལ་འདུག་སྟེ། ལྷ་རྣམས་དགོངས་སུ་གསོལ་སོགས་བྱིན་གྱིས་བརླབས་པའི་སྡུགས་གསུངས་ཤིང་དགེ་སློང་གཉིས་དང་གསུམ་མཆིས་ན་ཡང་སྡེ་མ་ལས། གང་ན་དགེ་སློང་གཉིས་འཁོད་པ་དེ་ར་ནི་རིམ་པ་དེ་ཉིད་ཀྱིས་གཅིག་བརྗོད་པར་བྱའོ། །གང་ན་དགེ་སློང་གཉིས་འཁོད་པ་དེ་ཉིད་ཀྱིས་གཅིག་ལ་གཅིག་བརྗོད་པར་བྱའོ། །ཞེས་གསུངས་པས། ཚེ་དང་ལྡན་པ་དགོངས་སུ་གསོལ། སོགས་སྡུགས་འདོན་པ་སྦྱོས་ལ་བྱིན་གྱིས་རློབས་སོ། །འདི་དག་གི་སྐབས་དགེ་ཚུལ་གྱི་ཡོངས་དག་ལེན་པར་མི་འཐད་དོ། །ཡང་དགེ་འདུན་རྣམས་མགྲོན་པོ་དང་ལྷན་ཅིག་ལམ་དུ་ཞུགས་ནས་འཇིགས་པ་དང་བཅས་པའི་སར་འདུག་ཏུ་མ་ཁོམ་ན་ལམ་དུ་འགྲོ་བཞིན་པས་གསོ་སྦྱོང་བྱེད་པར་གསུངས་ལ། དེ་ཡང་མ་གྲུབ་ན། ཆོས་རྣམས་ཐམས་ཅད་རྒྱུ་ལས་བྱུང་། སོགས་བརྗོད་པ་ཙམ་གྱིས་ཀྱང་གསོ་སྦྱོང་གི་གོ་ཆོད་པར་གསུངས་སོ།། །།

གཉིས་པ་ཚུལ་ཁྲིམས་རྣམ་པར་དག་པ་དབྱར་གནས་ཀྱི་གཞི་ལ་གཉིས། ཕན་ཡོན་དང་།

དབྱར་ཚུལ་འཛུག་གཉིས་ཀྱི། དང་པོ་ནི། ལུང་ལས། ཆ་དང་སྲོག་ཆགས་གནོད་སྤྱོད་དང་། །ལུས་སྲོག་གནོད་སྤྱོད་རལ་གྲུམ་འཚོས། །དོན་ཆ་ཤུང་དང་ཐོས་སོགས་འཕེལ། །དགག་དབྱེ་སྔ་བརྒྱུད་འབྱུང་ཕྱིར་རོ། །ཞེས་གསུངས།

གཉིས་པ་དབྱར་ཚུལ་འཛུག་ལ་བདུན་ལས། དང་པོ་གང་ཟག་གང་གིས་ཁས་ལེན་པ་ནི། སྡོམ་པ་གསོ་སྦྱོང་ཡན་ཆད་དང་ལྡན་པའི་སྡེ་པ་ལྔ་ཆར་གྱིས་ཁས་བླང་བ་ཡིན་ཏེ། ཇི་སྐད་དུ། སྡེ་པ་ལྔ་ཆར་གྱིས་ཀྱང་ཁས་བླང་བར་བྱ་བ་ཉིད་དོ། །ཞེས་སོ། །

གཉིས་པ་སྔོན་དུ་འགྲོ་བ་ནི། རིང་བའི་སྔོན་འགྲོ་ལ། གཙུག་ལག་ཁང་བྱི་དོར་བྱ་བ་དང་། སྦྱིན་བདག་དང་། ཞལ་ཏ་བ་དང་། སྤྱོད་ཡུལ་གྱི་གྲོང་དང་བསོད་སྙོམས་དང་། སྨན་སྦྱིན་པར་བྱེད་པ་དང་། གནས་ཀྱི་བླ་མ་ཡོད་པ་དང་། འཐབ་བཀྲོལ་ཅན་མེད་ཅིང་མི་འབྱུང་བ་དང་། མདོར་ན་བླ་བ་གསུམ་དུ་གནས་པའི་སྔ་གོན་བྱའོ། །

གསུམ་པ་དུས་ནམ་ཁས་ལེན་པ་ནི། མདོ་རྩ་བར། ཆོས་བཅུ་དྲུག་ལའོ། །དབྱར་ཟླ་འབྲིང་པོ་ཉའི་དེ་ཕྱི་ཉིན་པར་ཀྱིའོ། །དབྱར་ཟླ་ཐ་ཆུང་ཉིའི་འོ། །ཞེས་པས་དབྱར་སྔ་མ་ཡིན་ན་ཧོར་ཟླ་ལྔ་པ་དང་། དབྱར་ཕྱི་མ་ཡིན་ན་དྲུག་པ་ལ་ཁས་བླང་བར་བྱ་བ་འཐད་ལ། ཧོར་ཟླ་དྲུག་པ་ལ་དབྱར་འབྲིང་བྱས་ནས་དབྱར་སྔ་མ་ཁས་བླངས་ན། དབྱར་ཚུལ་འཛུག་ཕྱིས་པ་དང་། དགག་དབྱེ་ཕྱིས་པ་སོགས་ཀྱི་སྐྱོན་འབྱུང་། ཧོར་ཟླ་བཞི་པ་ལས་ཁས་བླང་ན་དེའི་གོས་རས་ཆེན་ཟླ་ཕྱེད་འཆང་གསོལ་པ་ལ་དོན་མེད་པར་འགྱུར་ཞིང་། གཞན་ལུང་གི་ཁུངས་རེ་ནི་ཐམས་ཅད་ལ་འདུག་གོ། །

བཞི་པ་ཉེ་བའི་སྦྱོར་བ་ནི། ཆོས་བཅོ་ལྔའི་ཉིན་དགེ་འདུན་རྣམས་གསོ་སྦྱོང་གྲུབ་པའི་དེ་མ་ཐག་གནས་མལ་སྐོབས་པའི་དགེ་སློང་གཅིག་གམ་དུ་མ་གསོལ་བ་དང་ལས་ཀྱི་བསྐོ་བར་བྱའོ། །དེ་ཡང་དབྱར་གྱི་ཁྲིམས་སུ་བཅའ་བརྗོད་ཅིང་། ཚུལ་ཤིང་བླང་བ་དང་དབྱར་ཁས་བླང་བའི་ཕྱིར་གསོལ་བ་འབབ་ཞིག་པའི་ལས་བྱ་ཞིང་། ཚུལ་ཤིང་ཁྲིམས་ལ་གནས་མལ་རྣམས་རིམ་པས་བཏབ་པར་བྱའོ། །

ལྔ་པ་གནས་གང་དུ་ཁས་ལེན་པ་ནི། རང་རང་གི་གནས་ཁང་སྟེང་གཡོགས་དང་བཅས་པར་ཁས་བླངས་ཤིང་། གཙུག་ལག་ཁང་དུ་མར་ཁས་བླང་ན། དོན་དང་བྱ་བ་ཤུང་བའི་དགོས་པ་མི་འགྲུབ་

པའོ། །

དྲུག་པ་ནི། དབྱར་སྟོ་ཕྱི་གང་ཡིན་ཀྱང་ཟླ་བ་གསུམ་དུ་ཁས་བླང་བ་སྟེ། མདོ་རྩ་བར་དབྱར་གནས་པར་ཁས་བླངས་པར་བྱའོ། །ཟླ་བ་གསུམ་དུའོ། །ལས་ཚིག་ལས། དབྱར་ཕྱི་མ་ཁས་བླང་བ་ཡང་། དབྱར་ཕྱི་མ་ཟླ་གསུམ་དུ་ཁས་བླང་བར་བྱའོ། །ཞེས་པ་ལྟར་ཚེས་བཅུ་དྲུག་གི་ཉིན་གཉེར་བརྟུང་བ་ནས་བཟུང་། ལྟུང་བ་ཐུན་མོང་བ་བྱིན་རླབས་ཀྱི་བར་གསོ་སྦྱོང་ལྟར་གྲུབ་རྗེས་རང་རང་གི་གནས་ཁང་སོགས་སུ་ཁས་བླང་བར་བྱ་ཞིང་། དབྱར་སྟོ་ཕྱིའི་ཁྱད་པར་དུས་དང་འདོན་པ་སྒྲོས་པས་འགྲུབ་སྟེ་དབྱར་གནས་པ་དངོས་གཞིའོ། །ཡང་སྟར་གནས་པར་ཁས་མ་བླངས་ཀྱང་འདུག་པར་དམ་བཅས་ན་ཁས་བླངས་པའི་གོ་ཆོད་དེ། མདོ་རྩར། གནས་པར་ཁས་མ་བླང་པས་གནས་མི་གཏོང་ན་གནས་པ་ཉིད་ཡིན་ནོ། །ཞེས་སོ། །

བདུན་པ་དམིགས་གསལ་ནི། དབྱར་མི་རལ་བའི་ཕྱིར་ཆོས་ལྡན་གྱི་ཕྱིར་དུ་དབྱར་བྱིན་གྱིས་བརླབས་ནས་འགྲོ་བར་བཤད་ལ། ཆོས་དང་ལྡན་པའི་བྱ་བ་ནི། ཚིག་ལེར། ལྷག་པར་བུ་དང་བུ་མོ་དང་། །བག་མ་གཏོང་ལེན་ལ་སོགས་དང་། །ཕ་མ་དཀོན་མཆོག་གསུམ་དང་ནི། །སློབ་དཔོན་ལ་སོགས་དགོས་སྐྱབ་ལ། །ཞག་བདུན་པས་སམ་ལྷག་ཀྱང་རུང་། །ཞེས་གསུངས་པ་ལྟར་རོ། །དེ་ཡང་གང་ཟག་གི་ཆེད་དུ་ཞག་བདུན་དང་། དགེ་འདུན་གྱི་ཆེད་དུ་ཞག་བཞི་བཅུའི་གནང་བ་བྱིན་པ་གཉིས་སོ། །གང་ཟག་གི་ཆེད་དུ་འགྲོ་བའི་དོན་མི་མཚམས་དེར་གང་ཟག་དགེ་སློང་ཆོས་དགུ་ལྡན་ལ་སྟགས་ཀྱིས་བྱིན་རླབས་ཞུས་ཏེ་འགྲོ་བ་ཡིན་ལ། དགེ་འདུན་གྱི་ཆེད་དུ་འགྲོ་བ་ནི། མཚམས་ཀྱི་ཕྱི་རོལ་དུ་འགྲོ་བའི་གང་ཟག་དེ་ལ་དགེ་འདུན་གྱིས་སྦྱོ་བ་བྱ། དེས་ཀྱང་གསོལ་བ་བཏབ་སྟེ་ཞག་བརྒྱད་ནས་བཞི་བཅུའི་བར་ཡུན་ཇི་ཙམ་དགོས་བྱིན་རླབས་བྱའོ། །

དེ་ཡང་ཞག་གཅིག་ནས་བདུན་ཚུན་གང་ཟག་གིས་བྱིན་རླབས་བྱས་ནས་འཐུས་པ་དང་། ཞག་བརྒྱད་པ་ནས་བཟུང་བཞི་བཅུའི་བར། དགེ་འདུན་གྱིས་སྦྱོ་བྱ་དང་གསོལ་བ་གདབ་དགོས་པས་དེ་སྐད་ཅེས་བརྗོད་"ཡིན་ཞིང་། ལ་ལ་དག །ཞལ་བདུན་ཚུན་རང་དོན་དང་། བརྒྱད་ནས་དགེ་འདུན་གྱི་དོན་ལ་འགྲོ་བ་ཡིན་ཟེར་བ་ལ། ཞག་བདུན་ནམ་ལྷག་ཀྱང་རུང་། ཞེས་པས་གནོད་ཅིང་། ལུང་

ལས་ཀྱང་དེ་ལྟར་མ་གསུངས་སོ། །ཡང་སྟོར་ཞག་བདུན་དུ་བྱིན་རླབས་བྱས་ལ་མཚམས་ཀྱི་ཕྱི་རོལ་དུ་བསྟད་དེ། ཕྱིས་སུ་ཡང་ཞག་བཞི་བཅུའི་གནང་བ་མི་འཐད་དེ། ཞག་བཞི་བཅུ་རྩ་གཉིས་ལས་མང་ན་མཚམས་ཀྱི་ཕྱི་རོལ་དུ་གནས་པར་མ་གསུངས་ཏེ། ཟླ་བ་ཕྱེད་གཉིས་ལས་ལྷག་ཙམ་མཚམས་ནང་དེར་གནས་དགོས་པའི་ཕྱིར་ཏེ། གལ་ཏེ་མ་གནས་ན་དབྱར་རལ་བ་ཡིན་ནོ། །

གསུམ་པ་ཆོས་རྣམ་པར་དག་པ་དགག་དབྱེ་ལ་དགུ་ལས། དང་པོ་གོང་ཡུལ་ནི། དགག་དབྱེ་བྱས་པའི་ཉིན་དགེ་འདུན་རྣམས་ཀྱི་ཡིད་ཡུལ་དུ་གྱུར་པའི་ལྟུང་བ་མངོན་གྱུར་ཅན་རྣམ་དག་སྟེ་དགེ་བའི་བསམ་པ་མངོན་དུ་གྱུར་པའི་ཕྱིར་ཏེ། ཇི་སྐད་དུ། ཆོས་རྣམ་པར་དག་པའི་ཕྱིར་དགག་དབྱེ་བྱ། །ཞེས་སོ། །གཉིས་པ་ངེས་ཚིག་ནི། དབྱར་ཟླ་བ་གསུམ་གྱི་རིང་ལྟུང་བ་གླེང་བྲན་ལ་སོགས་པ་བཀག་པ་དེ་ཉིད་དགག་དབྱེའི་ཉིན་པར་གླེང་བའི་སྐབས་དབྱེ་བས་ན་དགག་དབྱེ་ཞེས་བྱའོ། །གསུམ་པ་གང་ཟག་གི་ཁྱད་ཆོས་དྲུག་ལྡན་གྱི་བདེ་བ་ལྔ་ཚར་གྱི་བྱའོ། །བཞི་པ་སྦྱོར་ཆོག་རིང་བ་ནི། སྤྱོད་ཡུལ་བརྗོད་པ་ནས། སེང་གེའི་ཁྲི་བརྒྱན་པའི་བར་སྔར་དབྱར་གནས་ཀྱི་སྐབས་བཞིན་ལ། དགེ་འདུན་ཕན་ཚུན་བཟོད་པར་གསོལ་བ་སོགས་ཆོས་བརྒྱད་ནས་བཅུ་བཞིའི་བར་གྲུབ་པར་བྱའོ། །ལྔ་པ་དུས་ནི། མདོ་རྩ་ར། དབྱར་རྣམས་ཀྱི་ཕྱི་མའི་ཉི་མ་ལའོ། །ཞེས་པ་དབྱར་སྔ་མ་ཡིན་ན་ཧོར་ཟླ་བརྒྱད་པ་དང་། ཕྱི་མ་ཡིན་ན་དགུ་པའི་བཅོ་ལྔ་ལ་བྱང་ཞིང་། དེ་ཡང་དབྱར་གྱི་སྐབས་དེར་རྒྱལ་པོས་ཞོལ་དོར་ན་འདི་ལྟར་བྱ་སྟེ། ཞུ་བར། བཙུན་པ་རེ་ཞིག་དབྱར་གནས་པ་དང་རྒྱལ་པོས་ཞོལ་དོར་ན་དགེ་སློང་དག་གི་ཇི་ལྟར་དགག་དབྱེ་བགྱི། ཞུ་པ་ནི། ཇི་ལྟར་གནས་པ་ཁས་བླངས་པ་བཞིན་ནོ་དབྱར་གྱི་གོས་རས་ཆེན་ཇི་ལྟར་འཆང་བར་བགྱི། ཇི་ལྟར་དགག་དབྱེ་བྱས་པ་བཞིན་ནོ། །ཞེས་སོ། །

དྲུག་པ་ཉེ་བའི་སྦྱོར་བ་ནི། ཆོས་བཅུ་བཞི་དང་བཅོ་ལྔའི་ཉིན་མཚན་གཉིས་ཀ་ཆོས་རྣམ་པར་དག་པ་གཏན་ལ་དབབ། བཅོ་ལྔའི་ཉིན་གཎྜི་བརྡུང་སྟེ་དགེ་འདུན་བསྡུ་བ་ནས་བཟུང་། ལྟུང་མཐུན་བྱིན་རླབས་བྱ་བའི་བར་གསོ་སྦྱོང་ལྟར་ལ། གནས་ལ་བློ་མཐུན་ཞིག་ན་སྐབས་འདིར་དགག་དབྱེའི་གནས་ལ་བླ་མཐུན་པར་བྱ། ན་བ་ལ་སོགས་པའི་རྐྱེན་གྱིས་ལས་ཀྱི་གནས་སུ་འདུ་བར་མ་ནུས་པ་ལ་བདུན་པ་དང་དགག་དབྱེ་འབུལ་དུ་གཞུག་ཅིང་། གོང་དུ་དགེ་ཚུལ་རྣམས་ཀྱི་བཤགས་པ་བྱ་བ་མ་

གཏོགས་ཡོངས་དག་མི་ལེན་ཞིང་། དགེ་སློང་རྣམས་ཀྱང་གསོ་སྦྱོང་བྱས་ན་དགག་དབྱེ་ལ་མ་གྲུས་པར་འགྱུར་བས་མི་བྱ་སྟེ། ཚིག་ལེར། སྔོག་པ་སྨན་གྱི་གསོ་སྦྱོང་ནི། །དགག་དབྱེ་བྱས་ནས་དེ་མི་བྱ། །ཞེས་སོ། །ཡང་དགེ་སློང་འཐབ་དཀྲོལ་ཅན་བྱུང་ན་དགག་དབྱེ་བྱས་ན་འཁྲུག་ལོང་དུ་འགྱུར་གྱིས་དོགས་པས་དེའི་ཚབ་ཏུ་གསོ་སྦྱོང་བྱ་བ་ཡིན་ནོ། །དེ་ནས་དགག་དབྱེ་བྱེད་པ་པོ་བསྔོས་ནས། དགེ་འདུན་དགག་དབྱེ་ལ་ཐུགས་བསྟུན་བྱ་བ་ཡིན་ནོ། །བདུན་པ་དགག་དབྱེ་དངོས་གཞི་ནི། ཚེས་བཅུ་དྲུག་གི་སྐྱ་རེང་འཆར་ཁ་ཙུན་ལ་གྲུབ་པར་བྱ་དགོས་ཏེ། དེ་ཡང་དགག་དབྱེ་བྱེད་པ་པོས་རྩ་དུ་ཐ་བཀྲམས་ལ་སྟུགས་ལན་གསུམ་བརྗོད་པ་ནི། ལྷུང་བའི་དགག་དབྱེའོ། །དེ་ནས་དགེ་ཚུལ་སོགས་ཀྱི་དགག་དབྱེ་ཡང་བྱས་ལ། མཐར་རྫས་ཀྱི་དགག་དབྱེ་བྱའོ། །བརྒྱད་པ་དམིགས་གསལ་ནི། དུས་ཀྱི་དམིགས་གསལ་ནི། དབྱར་ཁས་བླངས་ཏེ་གསོ་སྦྱོང་གཉིས་སམ་གསུམ་ཐལ་རྗེས་རྒྱན་བློ་བུར་ལ་ལྟོས་ནས་དབྱར་གྱི་ནང་དུ་ཆོས་ལྡན་གྱི་བྱ་བས་འགྲོ་དགོས་པ་དང་། དགེ་སློང་འཐབ་དཀྲོལ་ཅན་འོང་བ་ཐོས་ན་དགག་དབྱེའི་ཚོག་མཚན་ཉིད་པ་བྱ་བ་དང་། དགེ་སློང་རེ་རེ་ནས་པར་མི་ནུས་ན་ཚོགས་ཀྱི་དགག་དབྱེ་གོ་བར་བྱ་བ་དང་། གཞི་དང་གང་ཟག་གཞག་པའི་དམིགས་གལ་ནི་ཕམ་པ་མ་གཏོགས་པའི་སྡེ་ཚན་གང་རུང་ནས་མི་གླེང་བ་དང་གང་ཟག་ལ་བརྟེན་པའི་གླེང་གཞི་བཞག་པ་སོགས་སོ། །དགུ་པ་ཞར་ལ་ལྟོངས་རྒྱུ་བ་ནི། དགག་དབྱེ་ཚར་བའི་སང་ཉིད་ཚེས་བཅུ་དྲུག་གམ། དེར་ལོང་མེད་ན་བཅུ་བདུན་སོགས་རྒྱང་གྲགས་གཅིག་གི་བར་དུ་ལྟོངས་རྒྱུ་བར་གསུངས་ལ། དེས་འཇིགས་པས་འགྲོ་མ་ཐུབ་ན་ཉེས་མེད་དོ།། །།

གསུམ་པ་བདེ་བར་གནས་པའི་རྐྱེན་བཤད་པ་ལ་ལྔ། གོས་གཞན་འབྱུང་བའི་རྒྱུ་གཏེར་ལྟ་བུ་སྲ་བརྐྱང་གི་གཞི། གྲང་བ་དང་རྟགས་ཉམས་པ་སྐྱོང་བ་གོས་ཀྱི་གཞི། མི་རུང་བ་ལ་ཕལ་ཆེ་བ་ཀོ་ལྤགས་ཀྱི་གཞི། བཀྲིས་པ་དང་འདུ་བའི་ནད་སེལ་བ་སྨན་གྱི་གཞི། ཆོས་རྣམ་པར་གཏན་ལ་དབབ་པ་གནས་མལ་གྱི་གཞིའོ། །དང་པོ་ནི་ཕན་ཡོན་བཅུ་ཐོབ་ཕྱིར་སྲ་བརྐྱང་གདིང་བ་ཡིན་ལ། གཉིས་པ་གོས་ཀྱི་གཞི་ལ། ཐོག་མར་ཆོས་གོས་རུང་བའི་རྒྱུ་བདུན་ནི། ཚིག་ལེར། བལ་གོས་ཤ་ན་ཉི་འོག་དང་། །རས་གོས་དང་མི་ཟར་མ་དང་། །ཀ་ཏམྦྷ་དང་དུ་ཀུ་ལ། །ཆོས་གོས་རྒྱུ་ནི་རྣམ་པ་བདུན། །ཅེས་སོ། །ཆོས་ནི།

དེ་ཉིད་ལས། སྔོན་པོ་རྩག་དང་དུར་སྨྲིག་རྩེ། །འདི་དག་རུང་བའི་ཆོན་གསུམ་སྟེ། །ཆོན་ཆེན་དག་གིས་ཆོས་གོས་ནི། །ཁ་བསྒྱུར་བྱེད་པ་བཀག་པ་ཡིན། །རྒྱ་སྐྱེགས་ལི་ཁྲན་རྩི་དང་རྩོད། །རྨ་ཤིང་རྩི་དང་མཐིང་ཤིང་མཚལ། །སིན་དྷུ་ར་དང་གུར་གུམ་སྟེ། །འདི་དག་ཆོན་ཆེན་བརྒྱད་དུ་འདོད། །ཅེས་སོ། །རྒྱུ་དང་ཆོས་དེ་དག་ལས་བྱས་པའི་སྣམ་སྦྱར་བླ་གོས། མཐང་གོས། གསུམ་ནི་དགེ་སློང་གི་ཆོས་གོས་རྣམ་གསུམ་སྟེ་འདི་གསུམ་ཁོ་ནས་འཚོ་བ་ལ་ནི་དགེ་སློང་སྦྱང་བའི་ཡོན་ཏན་ལ་གནས་པ་ཞེས་བྱ་བ་ཡིན་ལ། །དེ་ལས་གཞན་པའི་གང་ཟག་བདུན་ལ་ནི་མཁོ་བའི་ཡོ་བྱད་བཅུ་གསུམ་གནང་སྟེ། སྨྲ་མ་ལས། དྲི་མ་ཆེ་དང་ལྷ་ལས་འཕོས། །སྐྱིད་དེ་བ་དང་ཐོས་པ་ཉུང་། །ཡུལ་ཡང་གནས་དང་ཤིག་སྲོ་མང་། །གཉེན་པོ་སོར་རྟག་བདུན་ལ་གནང་། །ཞེས་སོ། །གདིང་བ། རྟུལ་གཟན། ཤམ་ཐབས། རྟུལ་གཟན་གྱི་གཟན། ཤམ་ཐབས་ཀྱི་གཟན། གདོང་ཕྱིས། རྣག་གཟན། གཡན་པ་དགབ་པ། དབྱར་གྱི་གོས་རས་ཆེན། སྣ་བཟོད་མཁོ་བའི་ཡོ་བྱད་བཅུ་གསུམ་སོགས་རབ་འབྱིང་ཐ་མའི་ཚད་དང་ལྡན་པ་དང་། གཞན་ཡང་ཉེ་བར་མཁོ་བ་སྣ་རིགས། ཕུས་འཁྱུད། གཏར་བུ། དྷྭ་བ། ཆུ་ཚགས། ལྷུང་བཟེད། ཕོར་བུ། ཚྭ་སྣོད། ལྷེ་མི་འཁྲོགས་པོ། །གྲི་གུ། ཁབ། སེན་མོ་བཅས་པ། སྐྲ་རེ། སླང་། ཕུར་བུ། བྱ་མ་བུམ། གཞོང་པ། རིལ་བ་སྤྱི་བླུགས། ཆུ་སྣོད། མཁར་གསིལ། སྐྲ་གྲི། ཁབ་རལ་རྣམས་ཀྱང་རུང་བ་ཚད་ལྡན་བཅང་བར་བྱའོ། །

གསུམ་པ་ཀོ་ལྤགས་ཀྱི་གཞི་ནི། ཡུལ་དབུས་སུ་ཀོ་ལྤགས་ཀྱི་ལྷམ་དང་། མཐའ་འཁོབ་ཏུ་ཀོ་ལྤགས་ཀྱི་མལ་གདན་དང་ལྷམ་གཉིས་མིག་ནད་ཅན་དང་། རླུང་ནད་ཅན་དང་། གཞང་འབྲུམ་ཅན་རྣམས་གསུམ་ལ་དོམ་པགས་གདིང་བ་རྣམས་མ་གཏོགས་ཀོ་ལྤགས་ལ་ལོངས་སྤྱོད་པར་མི་བྱའོ། །

བཞི་པ་བཀྲེས་པ་དང་འདུ་བའི་ནད་སེལ་བ་སྨན་གྱི་གཞི་ལ། དུས་རུང་དང་། ཐུན་ཚོད་དང་། ཞག་བདུན་དུ་བྱིན་གྱིས་རློབས་པ། འཚོ་བཅང་གི་སྨན་རྣམས་སོ་སོར་ངོ་ཤེས་པར་བྱ་སྟེ་བསྟེན་པར་བྱའོ། །

ལྔ་པ་གནས་མལ་གྱི་གཞི་ལ། དགེ་སློང་རྣམས་ཀྱི་གཙུག་ལག་ཁང་ལྔ་བརྩེགས། དྲིའི་གཙང་ཁང་བདུན་བརྩེགས། སྒོ་ཁང་གི་སྟེང་བསིལ་གཡབ་ཀྱང་ལྔ་བརྩེགས་སོགས་རྒྱས་པར་ལུང་ལས

ཞེས་པར་བྱའོ།། །།

དེའི་འཕྲོས་ལ་དགེ་སློང་མའི་དགག་བྱ་ལྟུང་བ་སྡེ་ལྔ་ལ། ཕམ་པ་བརྒྱད། ལྷག་མ་ཉི་ཤུ་སྤང་ལྟུང་སོ་གསུམ་འབའ་ཞིག་པ་བརྒྱ་དང་བརྒྱད་ཅུ། སོར་བཤགས་བཅུ་གཅིག །ཉེས་བྱས་བརྒྱ་དང་བཅུ་གཉིས་ཏེ། དྲིལ་བས་སུམ་བརྒྱ་དང་དྲུག་ཅུ་རྩ་བཞི་ཡོད་དེ་ཤེས་པར་འདོད་ན་དགེ་སློང་མའི་རྣམ་འབྱེད་དུ་ལྟ་བར་བྱའོ། །དེ་ཐམས་ཅད་བདེན་པ་བཞིའི་ཚུལ་གྱིས་སྤང་བླང་དགག་སྒྲུབ་བྱ་དགོས་ཤིང་། དེ་ཡང་སྤང་བྱ་ལྡོག་པའི་ཚུལ་ཁྲིམས་ནི། སྡུག་བསྔལ་བདེན་པ་ལ་སྡུག་བསྔལ་དུ་ངོ་ཤེས་པར་བྱས་ནས། སྡུག་བསྔལ་ཀུན་འབྱུང་བའི་རྒྱུ་མི་དགེ་བ་བཅུ་འཁོར་བཅས་སྤོང་ཞིང་། དེ་དག་སྡིག་པ་ལྕི་ཡང་གི་ཁྱད་པར་གྱིས་ཕམ་པ་དང་ལྷག་མ་དང་སྤང་ལྟུང་སོགས་ལྟུང་བ་མཐོ་དམན་བསྟན་པ་ནི་ལུང་རྣམས་འབྱེད་ལས་གསུང་པ་ལྟར་དགག་པ་ནི་མངོན་དུ་གྱུར་པའི་འགོག་པ་བདེན་དང་། བླང་བྱ་འཇུག་པའི་ཚུལ་ཁྲིམས་འཕགས་ལམ་ཡན་ལག་བརྒྱད་རྟོགས་པར་བྱེད་པའི་ཐབས་རབ་བྱུང་སོགས་གཞི་བཅུ་བདུན་གསུངས་པ་ནི་འདུལ་བ་གཞི་ལྟར་ཉམས་སུ་བླང་བ་ནི་ལམ་བདེན་པ་སྟེ། དེ་དག་གི་ལྷན་ཐབས་སུ་གྱུར་པ་འདུལ་བ་ཕྲན་ཚེགས་དང་། དཀའ་བའི་གནས་སེལ་བྱེད་གཞུང་དམ་པ་ལས་བྱུང་བ་ཡིན་ལ། དེ་ཡང་གཅིག་ཏུ་གསུངས་པ་ནི་མཐའ་མ་ངེས་ཏེ་དགག་སྒྲུབ་གནང་གསུམ་ལ་མུ་དགུར་ཡོད་པས་མདོ་རྩ་དང་ཀརྨ་ཤ་ཏཾ་སོགས་ལ་ལྟ་བར་བྱའོ།། །།

༈ གཉིས་པ་བྱང་ཆུབ་སེམས་དཔའི་སྡོམ་པ་ལ་ཡང་། །མ་ཐོབ་པ་ཐོབ་པར་བྱེད་པ་དང་། ཐོབ་པ་མི་ཉམས་པར་བསྲུང་བ་གཉིས་ཀྱི་དང་པོ་ལ་སྡོམ་པའི་ངོ་བོ། ལེན་པའི་གང་ཟག །དབྱེ་བ། བླང་བའི་ཡུལ། ཇི་ལྟར་ལེན་པའི་ཆོ་ག །བླང་བའི་ཕན་ཡོན་དང་དྲུག་ལས། དང་པོ་ནི། བྱམས་པ་དང་སྙིང་རྗེ་སོགས་ཚད་མེད་པ་བཞི་ལས་སྐྱེས་པའི་བྱང་ཆུབ་ཀྱི་སེམས་རིན་པོ་ཆེ་སྡོམ་པའི་ངོ་བོ་ཡིན་ལ། དེའི་ཕྱིར་སྙིང་པོ་མཆོག་ལས། སེམས་ཡང་དག་པར་བསྐྱེད། རྗེས་སུ་བསྐྱེད་པའི་བྱམས་པ་དང་། སྙིང་རྗེ་དང་དགའ་བ་དང་བཏང་སྙོམས་གཞི་ནི་ཚད་མེད་པ་བཞི་སྟེ་མྱ་ངན་ལས་འདས་པའི་ལམ་དུ་བྱེ་བའི་ཕྱིར་རོ། །ཞེས་སོ། །ཡང་ན་ལས་དང་པོ་པས་ཐོག་མར་རང་གི་ཕ་མ་ལ་སྙིང་རྗེ་བསྒོམས། དེ་སེམས་ཅན་ཐམས་ཅད་ལ་སྤེལ། དེ་ནས་བྱམས་པ་ཡང་སྔར་བཞིན་སྒོམ་ལ་སྤེལ། དེ་ནས་བྱང་

ཆུབ་ཏུ་སེམས་བསྐྱེད་པར་གསུངས་སོ། །

གཉིས་པ་ལེན་པའི་གང་ཟག་ནི། རྒྱས་པར་སྔར་བཤད་ཟིན་ལ། འདིར་ཡང་མདོ་སྡེ་རྒྱན་ལས། སྡོམ་པ་རྒྱ་ཆེན་དེ་ཡི་རྟེན། ཞེས་སོ་ཐར་གྱི་སྡོམ་པ་ཐོབ་ཟིན་དགོས་པ་དང་། བྱང་ཆུབ་སེམས་དཔའི་སྡོམ་པ་རབ་ཏུ་བྱུང་བས་ནོད་བ་ལ་མིང་ཡང་བྱང་སེམས་རབ་དུ་བྱུང་ཞེས་བྱ་སྟེ། །ས་སྡེ་ལས། རབ་ཏུ་བྱུང་བའི་བསླབ་པ་བརྗོད་པ་དེ་དག་གིས་སྨོན་འཇུག་གི་སེམས་བསྐྱེད་ཐོབ་པ་ལ་མ་ཉམས་པར་ཡོད་པ་ལ་ནི་བྱང་ཆུབ་སེམས་དཔའི་རབ་ཏུ་བྱུང་བ་ཞེས་བྱ་བ་ཡིན་ནོ། །ཞེས་དང་། མདོ་སྡེ་རྒྱན་ལས་ཀྱང་། རབ་ཏུ་བྱུང་བའི་ཕྱོགས་དག་ནི། །ཡོན་ཏན་ཚད་མེད་རྣམས་དང་ལྡན། །དེ་ལྟར་སྡོམ་བརྟོན་ཁྲིམ་པ་ཡི། །བྱང་ཆུབ་སེམས་རྣམས་མཆོག་ཏུ་བཤད། །ཅེས་གསུངས་སོ། །

གསུམ་པ་དབྱེ་བ་ལ། ཀུན་རྫོབ་བྱང་སེམས་དང་། དོན་དམ་བྱང་སེམས་གཉིས། ཀུན་རྫོབ་ལ་སྨོན་པ་དང་འཇུག་པ་གཉིས་ཏེ། སྤྱོད་འཇུག་ལས། འགྲོ་བར་འདོད་དང་འགྲོ་བ་ཡི། །བྱེ་བྲག་ཇི་ལྟར་ཤེས་པ་ལྟར། །དེ་བཞིན་མཁས་པས་འདི་གཉིས་ཀྱི། །བྱེ་བྲག་རིམ་བཞིན་ཤེས་པར་བྱ། །བྱང་ཆུབ་སྨོན་པའི་སེམས་དང་ནི། །བྱང་ཆུབ་འཇུག་པ་ཉིད་ཡིན་ནོ། །ཞེས་སོ། །

བཞི་པ་བླང་བའི་ཡུལ་ནི། དགེ་བའི་བཤེས་གཉེན་བྱང་ཆུབ་སེམས་དཔའི་སྡོམ་པ་ལ་གནས་པ་དང་། ལུང་གི་གནས་ལ་མཁས་པ། །བསླབ་པ་སྟེར་བའི་ནུས་པ་དང་ལྡན་པ་ལ་བླང་བ་ཡིན་ཏེ། སྡོམ་པ་ཉི་ཤུ་པ་ལས། བླ་མ་སྡོམ་ལ་གནས་ཤིང་མཁས། །ནུས་དང་ལྡན་ལས་བླང་བར་བྱ། །ཞེས་གསུངས་ཤིང་། དགེ་བའི་བཤེས་གཉེན་དེ་ལྟ་བུ་མེད་ན་རང་གི་དམིགས་པས་བླངས་ཏེ། བསླབ་བཏུས་འགྲེལ་པར། དེ་ལྟ་བུའི་དགེ་བའི་བཤེས་གཉེན་མེད་ན། ཕྱོགས་བཅུན་བཞུགས་པའི་སངས་རྒྱས་དང་བྱང་ཆུབ་སེམས་དཔའ་ཐམས་ཅད་མངོན་སུམ་དུ་བསམྒོམས་ནས། སྡོམ་པའང་རང་ཉིད་ཀྱི་སྟོབས་དང་སྦྱར་ནས་བླངས་ཏེ། ཞེས་སོ། །

ལྔ་པ་ཇི་ལྟར་ལེན་པའི་ཆོག་ལ་ཀུན་རྫོབ་དང་། དོན་དམ་གཉིས་སོ། །དང་པོ་ནི། རྒྱ་ཆེན་སྤྱོད་པའི་ལུགས་ལ་སྨོན་འཇུག་ཐ་དད་དུ་བླང་བར་བཞེད་ཀྱང་། ཟབ་མོ་ལྟ་བ་ལྟར་རང་ལུགས་ནི་ཀུན་རྫོབ་དང་དོན་དམ་གཉིས་ཡོད་པའི་ཀུན་རྫོབ་ལ་སྨོན་འཇུག་ཕྱོགས་གཅིག་ཏུ་ལེན་པ་སྟེ། དེ་

ཡང་སྔོན་འགྲོ་རྒྱས་པར་སྤྱོད་འཇུག་ལས་གསུངས་པའི་ཡན་ལག་བདུན་པའམ། བསྡུ་ན་བཟང་སྤྱོད་ལྟར་རྒྱུད་དག་པར་སོང་རྗེས། སྤྱོད་འཇུག་ལས་འབྱུང་བ་ལྟར། བྱང་ཆུབ་སྙིང་པོ་མཆིས་ཀྱི་བར། སོགས་ཀྱིས་སྐྱབས་འགྲོ་དང་། ཇི་ལྟར་སྔོན་གྱི་སོགས་ཤོ་ལོ་ཀ་གཉིས་ཀྱིས་སྨོན་འཇུག་བྱང་ཆུབ་སེམས་ཀྱི་སྡོམ་པ་ནོད་པ་ཡིན་ཞིང་། དེ་ཡང་བརྗོད་པ་ལན་གསུམ་བྱ། དེའི་དགོས་པ་ནི། བརྗོད་པ་དང་པོས་སྨོན་པ། གཉིས་པས་འཇུག་སྡོམ་ཐོབ་པ་ཡིན་ཞིང་། གསུམ་པས་སྨོན་འཇུག་གཉིས་ཀ་ཆེས་ཆེར་བརྟན་པར་འགྱུར་ཏེ། རྒྱ་མཚོ་སྤྲིན་ལས། བརྗོད་པ་དང་པོ་དང་གཉིས་པ་དང་གསུམ་པ་དག་གིས་སྨོན་པ་དང་འཇུག་པ་དང་ཆེས་བརྟན་པའི་མཆོག་ཉིད་ཐོབ་པར་འགྱུར་ཏེ། ཞེས་གསུངས་སོ། །དེ་ནས་རྗེས་དགའ་བ་སྒོམ་པ་ལ་རང་གཞན་གཉིས་ལས། སྔ་མ་ནི། དེང་དུས་བདག་ཚེ་སོགས་དང་། ཕྱི་མ་ནི་བདག་གི་དེ་རིང་སྐྱོབ་པ་སོགས་སོ། །

གཉིས་པ་དོན་དམ་པའི་སེམས་བསྐྱེད་ལེན་པ་ནི་སྤྱང་གོང་ཕྱུག་རྒྱའི་མདོ་ལས་གསུངས་ཤིང་འཕགས་པ་ཀླུ་སྒྲུབ་ཀྱིས་ཕྱག་ལེན་དུ་སྒྲིག་པ་ཇོ་བོའི་ཆོས་ཆུང་བརྒྱ་རྩ་ན་ཡང་བཞུགས་པ་ལས། ཐོག་མར་སྡིག་བཤགས་དེ་ནས་བསོད་ནམས་ལ་རྗེས་སུ་ཡི་རང་བ་དང་ལུས་འབུལ་སྔོན་དུ་སོང་ནས། དངོས་གཞི་སྐྱབས་འགྲོ་དང་སེམས་བསྐྱེད། རྗེས་བསོད་ནམས་བསྔོ་བ་རྣམས་ཡང་དག་པའི་སྒོ་ནས་བྱ་བ་སྟེ། ཕལ་ཆེར་གྱིས་མ་རྟོགས་པའི་ཁྱད་ཆོས་སོ། །

དྲུག་པ་ཕན་ཡོན་ནི། གསང་བ་བསམ་གྱིས་མི་ཁྱབ་པའི་མདོ་ལས། བྱང་ཆུབ་སེམས་ཀྱི་བསོད་ནམས་གང་། །གལ་ཏེ་དེ་ལ་གཟུགས་མཆིས་ན། །ནམ་མཁའི་ཁམས་ནི་ཀུན་བཀང་སྟེ། དེ་ནི་དེ་བས་ལྷག་པར་འགྱུར། །ཞེས་གསུངས་པ་བཞིན་ནོ། །

གཉིས་པ་ཐོབ་པ་མི་ཉམས་པར་བསྲུང་བ་ལ་སྒྲོལ་གཉིས་ཀྱི་དབྱེ་བ་མདོར་བསྟན། རང་ལུགས་རྒྱས་པར་བཤད་པའོ། །དང་པོ་ལ་གཉིས། དབུ་མ་པ་དང་། སེམས་ཙམ་པའོ། །དང་པོ་ནི། ནམ་མཁའི་སྙིང་པོའི་མདོའི་རྗེས་སུ་འབྲངས་ཏེ། བསླབ་བཏུས་ལས་རྒྱལ་པོ་ལ་འབྱུང་བ་ལྔ། བློན་པོ་ལ་འབྱུང་བ་ལྔ། ཕལ་པ་ལ་འབྱུང་བ་བརྒྱད་དེ་བསྡོམས་པས་བཅོ་བརྒྱད། དེ་སྙེད་སྨོན་སེམས་བཏང་བ་ནི་ནམ་སྙིང་གི་མདོར་བྱུང་ཞིང་། དགོན་བརྩེགས་ལས། དེ་སྙེད་འཇུག་སེམས་སྤྱང་བ་སྟེ།

དེ་དག་ནི་རྩ་བའི་ལྟུང་བ་ཉི་ཤུའི། ཡན་ལག་ཕྲ་བ་བརྒྱད་ཅུ་ནི་བསླབ་བཏུས་ལས་གསུངས་པའོ། །གཉིས་པ་སེམས་ཙམ་པ་ལ་སྨོན་པའི་བསླབ་བྱ་དང་། འཇུག་པའི་བསླབ་བྱ་གཉིས། དང་པོ་ནི་དཔལ་ཟླ་འོད་གཞོན་ནུས། སེམས་ཅན་བློས་མི་བཏང་བ་དང་། དེའི་ཕན་ཡོན་དྲན་བྱ་དང་། ཚོགས་གཉིས་བསགས་པར་བྱ་བ་དང་། ཡང་ཡང་བྱང་སེམས་སྦྱང་བ་དང་། དཀར་ནག་ཆོས་བརྒྱད་བླང་དོར་ཏེ། ལྔ་པོས་སྨོན་པའི་བསླབ་བྱ་བསྡུས། ཞེས་སོ། །གཉིས་པ་འཇུག་པ་ལས། བསླབ་པ་ཡོངས་སུ་སྦྱོར་བ་བྱང་ཆུབ་སེམས་དཔའི་སྤྱོད་པ་བཤད་པ་དང་། དེའི་མི་མཐུན་ཕྱོགས་ཀྱི་ལྟུང་བར་འགྱུར་བ་བཤད་པའོ། །དང་པོ་ལ། ཉེས་སྤྱོད་སྡོམ་པས་དགེ་བ་བཅུ་ལ་བསླབ་པ། དགེ་བ་ཆོས་སྡུད་པས་ཕར་ཕྱིན་དྲུག་ལ་སྤྱོད་པ། བསྡུ་བའི་དངོས་པོ་བཞིས་སེམས་ཅན་གྱི་དོན་བྱེད་པའོ། །གཉིས་པ་ནི། སྡོམ་པ་ཉི་ཤུ་པ་ལས། ཉོན་མོངས་དྲག་ལས་བྱུང་བ་ཡི། །སྡོམ་པ་ཞིག་པར་གང་གྱུར་པ། །དེ་ཡི་ཉེས་པ་བཞི་པོ་ནི། །ཕམ་པ་འདྲ་བར་དགོངས་པ་ཡིན། །རྙེད་དང་བཀུར་སྟི་ཆགས་པ་ཡིས། །བདག་བསྟོད་གཞན་ལ་སྨོད་པ་དང་། །སྡུག་བསྔལ་མགོན་མེད་གྱུར་པ་ལ། །སེར་སྣས་ཆོས་ནོར་མི་སྟེར་དང་། །གཞན་གྱིས་བཤགས་ཀྱང་མ་ལེན་པར། །ཁྲོས་ནས་གཞན་ལ་འཚོགས་པ་དང་། །ཐེག་པ་ཆེན་པོ་སྤོང་བྱེད་ཅིང་། །དམ་ཆོས་ལྟར་སྣང་སྟོན་བྱེད་པའོ། །ཞེས་ཕམ་འདྲ་དང་། ཡང་དེ་ཉིད་ལས་ཉེས་བྱས་ཞེ་དྲུག་སོགས་གསུངས་པ་རྣམས་སོ། །

གཉིས་པ་རང་ལུགས་རྒྱས་པར་བཤད་ལ་གཉིས། སྨོན་པའི་དང་འཇུག་པའི་བསླབ་བྱའོ། །དང་པོ་ནི་གཉིས། སྤང་བླང་གི་སྒོ་ནས་བསྲུང་བ་ནི། དཀོན་བརྩེགས་ལས། ཆོས་བཞི་དང་ལྡན་ན་བྱང་ཆུབ་ཀྱི་སེམས་བརྗེད་པར་འགྱུར་ཏེ། བཞི་གང་ཞེ་ན། བླ་མ་དང་མཆོད་པར་འོས་པ་བསླུ་བ་དང་། གཞན་འགྱོད་པའི་གནས་མ་ཡིན་པ་ལ་འགྱོད་པ་བསྐྱེད་པ་དང་། སེམས་བསྐྱེད་པའི་བྱང་ཆུབ་སེམས་དཔའ་ལ་སྐུར་སེམས་བརྗོད་པ་དང་། སེམས་ཅན་ལ་གཡོ་དང་རྒྱུས་སྤྱོད་པའོ། །ཞེས་ནག་པོའི་ཆོས་བཞི་སྤང་བ་དང་། དེ་དག་ལས་ལྡོག་པ་ནི་དཀར་པོའི་ཆོས་བཞི་སྐྱེ་བླང་བྱའོ།། ||

གཉིས་པ་བསྟེན་བྱའི་སྒོ་ནས་བསྲུང་བ་ནི། ཏིང་ངེ་འཛིན་རྒྱལ་པོ་ལས། གཞོན་ནུ་འདུ་ཤེས་བཞི་དང་ལྡན་ན་བྱང་ཆུབ་ཀྱི་སེམས་བརྟན་པོར་འགྱུར་ཏེ། བཞི་གང་ཞེ་ན། ཡང་དག་པ་དགེ་བའི་

བཤེས་གཉེན་ལ་སངས་རྒྱས་ཀྱི་འདུ་ཤེས་དང་། དེས་བསྟན་པའི་ཆོས་ལ་ལམ་གྱི་འདུ་ཤེས་དང་། དེ་སྒྲུབ་པ་རྣམས་ལ་ལམ་གྲོགས་ཀྱི་འདུ་ཤེས་དང་། སེམས་ཅན་རྣམས་ལ་བུ་གཅིག་པའི་འདུ་ཤེས་སོ། །ཞེས་གསུངས་པ་བཞིན་ནོ། །

གཉིས་པ་འཇུག་པའི་བསླབ་བྱ་ལ་གསུམ། ཉེས་སྤྱོད་སྡོམ་པ། དགེ་བ་ཆོས་སྡུད་པ། སེམས་ཅན་དོན་བྱེད་ཀྱི་ཚུལ་ཁྲིམས་སོ། །དང་པོ་ལ་རྟེན་གྱི་སྒོ་ནས་གསུམ་དུ་དབྱེ་བ་དང་། ཐུན་མོང་བ་བཤད་པའོ། །དང་པོ་ལ་རྒྱལ་པོ་ལ་འབྱུང་བ་ལྔ་ནི། དཀོན་མཆོག་གསུམ་གྱི་དཀོར་འཕྲོག་པ། །ཕས་ཕམ་པ་ཡི་ལྟུང་བར་འདོད། །དམ་པའི་ཆོས་ནི་སྤོང་བྱེད་པ། །གཉིས་པར་ཐུབ་པས་གསུངས་པ་ཡིན། །ཚུལ་ཁྲིམས་འཆལ་པའི་དགེ་སློང་གི། །ངུར་སྨྲིག་འཕྲོག་དང་བརྡེག་པ་དང་། །བཙོན་རར་འཇུག་པར་བྱེད་པ་དང་། །རབ་ཏུ་བྱུང་བ་འབེབ་པ་དང་། །མཚམས་མེད་ལྔ་པོ་བྱེད་པ་དང་། །ལོག་པར་ལྟ་བ་འཛིན་པ་དང་། །ཞེས་པ་རྣམས་སོ། །བློན་པོ་ལ་འབྱུང་བ་ལྔ་ནི་གཞན་གོང་རྣམས་རྒྱལ་པོ་དང་འདྲ་བ་ལ། རྒྱལ་པོ་ལ་འབྱུང་བ་ལྔའི་ཚབ་ཏུ། གྲོང་ལ་སོགས་པ་འཇིག་པ་ལྔ། རྩ་བའི་ལྟུང་བར་རྒྱལ་བས་གསུངས། ཞེས་པའོ། །ཕལ་པ་ལ་འབྱུང་བ་བརྒྱད་ནི། བློ་མ་སྦྱངས་པར་སེམས་ཅན་ལ། །སྟོང་པ་ཉིད་ནི་བརྗོད་པ་དང་། །སངས་རྒྱས་ཉིད་ལ་ཞུགས་པ་དག །རྫོགས་པའི་བྱང་ཆུབ་ལས་བཟློག་དང་། །སོ་སོར་ཐར་པ་ཡོངས་སྤངས་ཏེ། །ཐེག་པ་ཆེ་ལ་སྦྱོར་བ་དང་། །སློབ་པའི་ཐེག་ལ་ཆགས་པ་སོགས། །སྤོང་བར་འགྱུར་བ་ཡིན་ཞེས་འཛིན། །ཕ་རོལ་དག་ཀྱང་འཛིན་འཇུག་དང་། །རང་གི་ཡོན་ཏན་བརྗོད་པ་དང་། །རྙེད་པ་དང་ནི་བཀུར་སྟི་དང་། །ཚིགས་བཅད་རྒྱུ་ཡིས་གཞན་སྨོད་དང་། །བདག་ནི་ཟབ་མོ་བཟོད་པ་ཞེས། །ལོག་པ་ཉིད་ནི་སྨྲ་བ་དང་། །དགེ་སློང་ཆད་པས་གཅོད་འཇུག་དང་། །དཀོན་མཆོག་གསུམ་གྱི་ཡོ་བྱད་དང་། །སྦྱིན་པ་ལེན་པར་བྱེད་པ་དང་། །ཞི་གནས་འདོར་བར་བྱེད་པ་དང་། །ཡང་དག་འཇོག་གི་ལོངས་སྤྱོད་རྣམས། །ཁ་ཏོན་བྱེད་ལ་སྦྱིན་པ་རྣམས། །དེ་དག་རྩ་བའི་ལྟུང་བ་སྟེ། །སེམས་ཅན་དམྱལ་བ་ཆེན་པོའི་རྒྱུ། །ཞེས་སོ། །གཉིས་པ་ནི། རྟེན་གསུམ་ག་ལ་ཐུན་མོང་དུ་འབྱུང་བ་ནི། སྨོན་པའི་སེམས་གཏོང་བ་དང་། འཇུག་པའི་སེམས་སྤངས་ཏེ། མདོར་བྲིལ་བས་རྩ་ལྟུང་ཉི་ཤུ་ཡིན་ལ། བསྟན་བཅུ་དྲུག་ཏུ་འདུའོ། །འདི་དག་ལ་ཕས་ཕམ་པར་འགྱུར་བའི་གནས་ནི། ཀུན་

དཀྱིས་ཆེན་པོར་གྱུར་པའི་གནས་ཡིན་ལ། དེ་ཡང་ཕམ་པའི་གནས་རྒྱུན་མ་ཆད་པར་ཀུན་ཏུ་སྤྱོད་པ་དང་། ངོ་ཚ་ཤེས་པ་དང་ཁྲེལ་ཡོད་པ་ཆུང་ངུ་ཙམ་ཡང་མི་བསྐྱེད་པར་དེས་མགུ་བར་བྱེད་ཅིང་དེ་ལ་དགའ་བ་དང་དེ་ལ་ཡོན་ཏན་དུ་ལྟ་བ་འདི་ནི་ཀུན་ནས་དཀྱིས་པ་ཆེན་པོ་ཡིན་ལ། འོན་ཀྱང་ལོག་ལྟ་སྐྱེས་པ་དང་། བྱང་ཆུབ་ཀྱི་སེམས་འདོར་བ་ལ་ནི་དེ་དག་སྐྱེས་པ་ཙམ་གྱིས་ཚོག་སྟེ་ཀུན་དཀྱིས་ཚང་མི་དགོས་སོ། །

གཉིས་པ་དགེ་བའི་ཆོས་སྡུད་པའི་ཚུལ་ཁྲིམས་ལ་ཕ་རོལ་ཏུ་ཕྱིན་པ་དྲུག་ལ་སྤྱོད་པ་ཡིན་ཏེ། བཤེས་སྤྲིངས་ལས། སྦྱིན་དང་ཚུལ་ཁྲིམས་བཟོད་བརྩོན་བསམ་གཏན་དང་། །དེ་བཞིན་ཤེས་རབ་གཞལ་མེད་ཕ་རོལ་ཕྱིན། །འདི་དག་རྒྱལ་མཛོད་སྲིད་པའི་རྒྱ་མཚོ་ཡི། །ཕ་རོལ་ཕྱིན་པ་རྒྱལ་བའི་དབང་པོ་མཛོད། །ཅེས་སོ། །

གསུམ་པ་སེམས་ཅན་དོན་བྱེད་ཀྱི་ཚུལ་ཁྲིམས་ནི། བསྡུ་བའི་དངོས་པོ་བཞིས་འགྲོ་བའི་དོན་བྱེད་པ་སྟེ། དོན་སྦྱིན་པ་དང་སྙན་པར་སྨྲ། །དོན་སྤྱོད་དང་ནི་དོན་མཐུན་པ། །འགྲོ་ཀུན་བསྡུས་པའི་དངོས་པོ་བཞི། །ཞེས་སོ། །སྒྲོལ་ཕྱི་མ་འདི་དག་ནི་རྒྱལ་བའི་དབང་པོ་པདྨ་འབྱུང་གནས་ཀྱི་བཞེད་པ་མཁས་བ་པོ་ཀློང་ཆེན་རབ་འབྱམས་ཀྱིས་བཀྲལ་བ་ཁོ་ན་ཡིན་ལ། གཞན་ཡང་བྱང་ཆུབ་སེམས་དཔའི་སྡེ་སྣོད་རྣམས་དང་། བསླབ་བཏུས། སྤྱོད་འཇུག །བྱང་ས། སྡོམ་པ་ཉི་ཤུ་པ། བྱང་ཆུབ་ལམ་སྒྲོན་སོགས་ཀྱི་གཞུང་འགྲེལ་དང་། ཤིང་རྟ་ཆེན་མོ་སོགས་ལས་ཤེས་པར་བྱོས་ཤིག། ༎

༄ གསུམ་པ་རིག་པ་འཛིན་པ་སྔགས་ཀྱི་སྡོམ་པ་ལ་ཡང་གཉིས་ཏེ། མ་ཐོབ་པ་ཐོབ་པར་བྱེད་པ་དང་། ཐོབ་པ་མི་ཉམས་པར་བསྲུང་བའོ། །དང་པོ་ལ་ལྔ། ལེན་པའི་གང་ཟག །དབྱེ་བ། བླང་བའི་ཡུལ། ཇི་ལྟར་ལེན་པའི་ཆོ་ག །ཐོབ་པའི་ཕན་ཡོན་ནོ། །

དེ་ལ་དང་པོ་ལེན་པའི་གང་ཟག་ནི། སྔར་བཤད་པ་ལྟར་སྡོམ་པ་འོག་མ་གཉིས་ཀྱིས་རྒྱུད་སྦྱངས་ཤིང་། རྡོ་རྗེ་ཐེག་པའི་སྨིན་གྲོལ་བསྐྱེད་རྫོགས་འཕྲིན་ལས་ལ་བློ་ཁ་ཕྱོགས་ཤིང་ཐེ་ཚོམ་དང་སོམ་ཉི་སྤང་པ་སོགས་རྒྱུད་སྡེ་རྒྱ་མཚོ་རྣམས་ལས་རྒྱས་པར་གསུངས་པའི་སྣོད་དང་ལྡན་པ་ཞིག་ངེས་པར་དགོངས་སོ། །

གཉིས་པ་དབྱེ་བ་ལ་སྔགས་གསར་རྙིང་གཉིས་གསར་མ་ལ་དབྱེ་ན། རྒྱུད་སྡེ་གོང་འོག་གཉིས་སུ་དབྱེ་བ། བྱ་སྤྱོད་དང་། རྣམ་འབྱོར་དང་། བླ་མེད་གསུམ་དུ་དབྱེ་བ། ཡོངས་སུ་གྲགས་ཆེ་བ་བཞིར་དབྱེ་བ། བླ་མེད་ལ་ཕ་མ་གཉིས་སུ་ཕྱེ་ནས་ལྔར་དབྱེ་བ། འཇམ་དཔལ་སྒྱུ་འཕྲུལ་དྲྭ་བ་དང་། དུས་ཀྱི་འཁོར་ལོ་བསྣན་ཏེ་དྲུག་ཏུ་དབྱེ་བ། དེའི་སྟེང་དུ་རྣལ་འབྱོར་བླ་མའི་རྒྱུད་ཅེས་ལོགས་སུ་བགྲང་ཏེ་བདུན་དུ་དབྱེ་བ་རྣམས་སོ།། །།

རྙིང་བ་ལ་ཕྱི་རྒྱུད་ཐུབ་པ་དང་། ནང་པ་ཐབས་ཀྱི་རྒྱུད་གཉིས་སུ་དབྱེ་བ། བྱ་སྤྱོད་རྣལ་འབྱོར་བླ་མེད་དང་བཞིར་དབྱེ་བ། ཐེག་པ་དགུར་དབྱེ་བ། ཐེག་པ་བཅུ་གཅིག་ཏུ་དབྱེ་བ། ཀྲི་ཡ་ཨུ་པ། ཡོ་ག །མ་ཧཱ། ཨ་ནུ། ཨ་ཏི་སྡེ་དྲུག་ཏུ་དབྱེ་བ། ཨ་ཏི་ལ་སེམས་ཀློང་མན་ངག་གསུམ་དུ་དབྱེ་བ། ཡང་ན་མདོ་སྒྱུ་སེམས་གསུམ་དུ་དབྱེ་བ་དང་། གཞན་ཐེག་པ་བཞིར་དབྱེ་བ་སོགས་མཐའ་ཡས་སོ། །འོན་ལྟ་མི་ཉན་རང་བྱང་སེམས་སོགས་སྔགས་ཀྱི་ཐེག་པའི་དབྱེ་བསྡུ་ལ་མི་གཏོགས་སོ་སྙམ་ན། དེ་དག་ལ་དབང་བསྐུར་གསུངས་ཤིང་དེ་ཡང་རྡོ་རྗེའི་གསུངས་ལས་མདོ་དང་སྔགས་ཀྱི་ཁྱད་པར་སྔགས་ཡིན་ཏེ་ཞེས་གསུངས་པ་དང་། གསར་རྙིང་གི་དཀྱིལ་འཁོར་མང་པོར་ཡང་ཉན་རང་བྱང་སེམས་འགྲོ་བ་རིགས་དྲུག་སོགས་ལྷར་བཀོད་པ་ཡང་ཡོད་དོ།། །།

གསུམ་པ་བསྐྱེད་རྫོགས་ཀྱི་གདམས་པ་བླང་བའི་ཡུལ་ནི། རིག་འཛིན་པི་མ་ལའི་བཞེད་པ་ཀློང་ཆེན་པས་ཚིགས་སུ་བཅད་པ་ནི། ཁྱད་པར་གསང་སྔགས་བླ་མའི་མཚན་ནི། དབང་དང་སྡོམ་པ་དམ་ཚིག་གཙང་ལྡན་ཞིང་། །རྒྱུད་དོན་མན་ངག་རྒྱ་མཚོའི་ཕ་རོལ་ཕྱིན། །བསྙེན་སྒྲུབ་ལས་སྦྱོར་འཕྲིན་ལས་མངའ་བརྙེས་ཤིང་། །ལྟ་སྒོམ་སྤྱོད་འབྲས་ཉམས་རྟོགས་དྲོད་ཚད་ཐོབ། །བརྩེ་ཆེན་ཐམས་མཁས་གདུལ་བྱ་སྨིན་གྲོལ་འགོད། །བརྒྱུད་པའི་བྱིན་རླབས་སྤྲིན་ཕུང་མ་ཡལ་བ། །དེ་འདྲའི་མཁས་གྲུབ་དཔལ་ལྡན་བླ་མ་བསྟེན། །ཞེས་གསུངས་པའི་མཚན་ཉིད་དང་ལྡན་པ་བསྟེན་དགོས་ཤིང་། གཞན་རྒྱུད་རྣམས་ལས་བླ་མ་དམ་པའི་མཚན་ཉིད་དཔག་ཏུ་མེད་པ་གསུངས་པ་རྣམས་འདི་ལ་མ་འདུས་པ་མེད་དོ།། །།

བཞི་པ་ཇི་ལྟར་ལེན་པའི་ཚུལ་ནི་སྨིན་བྱེད་དང་གྲོལ་བྱེད་གཉིས་ཡིན་ཏེ། རྡོ་རྗེ་རྩེ་མོ་ལས།

སྨིན་པ་དང་ནི་གྲོ་བའི་ལམ། །སངས་རྒྱས་བྱང་ཆུབ་བསྟན་པའི་མཆོག །ཅེས་གསུངས་པས། དེ་ལ་དང་པོ་སྨིན་བྱེད་ཀྱི་དབང་ནི། གནས་དུས་རྟེན་འབྲེལ་ཕུན་སུམ་ཚོགས་པར། རྡུལ་ཚོན་སོགས་ཀྱི་དཀྱིལ་འཁོར་དུ་དབང་བཞི་སྐུ་གོན་དང་འབྲེལ་བར་བྱ་བ་ལེན་པ་ནི་བླ་མེད་ཀྱི་དཀྱིལ་འཁོར་དུ་ཞུགས་པའི་དབང་དུ་བྱས་ལ་གནས་ཡང་བྱ་རྒྱུད་ལ་ཆུ་དབང་དང་ཅོད་པན། སྤྱོད་རྒྱུད་ལ་ཆུ་ཅོད་པན་རྡོ་རྗེའི་དྲིལ་བུ། རྣལ་འབྱོར་རྒྱུད་ལ་རིག་པའི་དབང་ལྔ་དང་ཕྱིར་མི་ལྡོག་པ་རྡོ་རྗེ་སློབ་དཔོན་གྱི་དབང་། བླ་མེད་ལ་བཞི་རྫོགས་སོ་སོའི་མཐའ་རྟེན་བརྟུལ་ཞུགས་གསུམ་ལུང་བསྟན་དབུགས་དབྱུང་གཟེངས་བསྟོད་སོགས་གསུངས། དབང་གི་ཚབ་རུང་ལ་དབང་བཞི་བྱིན་རླབས་ཀྱི་ཚུལ་དུ་སྐུར་བ་སྐུ་གསུངས་ཐུགས་ཀྱི་རྗེས་གནང་བསྟན་བྱེད་ཆུ་དབང་དང་བཅས་པ། རིགས་གཏད་པ་དང་བརླབས་ལུང་སྨིན་པ་གཏོར་མ་དང་ཕྱག་འཚལ་གྱི་དབང་བསྐུར་བ་སྐུ་གསུང་ཐུགས་ཀྱི་རྗེས་གནང་བརྟན་བྱེད་ཆུ་དབང་དང་བཅས་པ། རིགས་གཏད་པ་བརླབས་ལུང་སྨིན་པ་གཏོར་མ་དང་ཕྱག་འཚལ་གྱི་དབང་བསྐུར་བ་སོགས་བཤད་ཅིང་། ཁྱད་པར་རྙིང་མ་ལ་རྒྱས་པར་མདོ་དབང་ཆེན་མོ་དང་། རྒྱུད་ལས་ཕན་པའི་དབང་བཅུ་དང་ནུས་པའི་དབང་ལྔ་སོགས་གསུངས་པ་དང་། རྫོགས་པ་རང་འབྱུང་གི་རྒྱུད་ལས། སྟོན་འགྲོ་ཁྲུས་ཀྱི་དབང་། ཞི་བ་བྱང་ཆུབ་སེམས་ཀྱི་དབང་། ཡེ་ཤེས་རིན་པོ་ཆེའི་དབང་། རིག་པ་བྱང་ཆུབ་དབང་བའི་དབང་། བཀའ་རྟགས་མི་འགྱུར་ཕྱག་རྒྱའི་དབང་། གསང་བ་མཁའ་དབྱིངས་ཐུམ་པའི་དབང་། རྫོགས་ཆེན་རང་སྣང་ལྷ་བའི་དང་། འཁོར་ལོ་རིན་ཆེན་བསྐོར་བའི་དབང་། རྣམ་པར་བཤད་པ་ཚིག་གི་དབང་སོགས་གསུངས་ཤིང་། གཞན་ཡང་སྐུ་ཕྱག་རྒྱའི་དབང་། གསུང་བཟླས་ལུང་གི་དབང་། ཐུགས་ཕྱག་མཚན་གྱི་དབང་། ཡོན་ཏན་མཆོག་གཏོར་གྱི་དབང་། འཕྲིན་ལས་རབ་འབྱམས་ཀྱི་དབང་། ལྷུན་གྲུབ་ཐོད་རྒལ་རིག་པའི་རྩལ་དབང་། རྡོ་རྗེ་རྒྱལ་པོ་བཀའ་རབ་འབྱམས་ཀྱི་དབང་། དམ་རྫས་བྱིན་རླབས་ཀྱི་དབང་། བཏགས་གྲོ་གྱི་དབང་། བསྙེན་སྒྲུབ་རྟེན་རྫས་ཀྱི་དབང་། བཀའ་གཏད་ཆོས་ཀྱི་དབང་། པོ་ཏི་ལུང་གི་ལུང་། གཏུམ་མོ་མེའི་དབང་། གཙོད་དབང་སྒོ་དབྱེའི་དབང་། ཆོས་སྒོ་དབྱེད་པའི་དབང་། སྒྲུབ་པའི་གྲོལ་དབང་ཆེན་མོ་སོགས་བསམ་གྱིས་མི་ཁྱབ་པ་གསུངས་པའོ། །

གཉིས་པ་གྲོལ་བྱེད་བསྐྱེད་རྫོགས་ཀྱི་གདམས་པ་ནི་རྒྱུད་སོགས་ལུང་ནོད་པ་དང༌། ཁྲིད་དང་ངོ་སྤྲོད་སོགས་མན་ངག་ནོད་པ་གཉིས་ཀྱི་དང་པོ་ལ། རྩ་རྒྱུད། བཤད་རྒྱུད། མན་ངག་གི་རྒྱུད། ཆ་མཐུན་གྱི་རྒྱུད། ཕྱི་མའི་རྒྱུད། དེ་དག་གི་འགྲེལ་བ། རྣམ་བཤད། བསྡུས་དོན། སྒྲུབ་ཐབས། དཀྱིལ་ཆོག་དབང་ཆོག་སོགས་དེ་དེར་མཁོ་བའི་ཆོས་ཚན་ཇི་སྙེད་པའོ། །

གཉིས་པ་སྐྱེས་བུ་གསུམ་གྱི་ལམ་རིམ་གྱི་ཁྲིད། བློ་སྦྱོང་གི་ཁྲིད། སྡིག་སྒྲིབ་སྦྱོང་བའི་ཁྲིད། ཡན་ལག་འདུས་པའི་ཁྲིད། བསྲུང་འཁོར་གྱི་ཁྲིད། བསྐྱེད་རིམ་ལྷའི་ཁྲིད། བླ་མའི་རྣལ་འབྱོར་གྱི་ཁྲིད། དབེན་པ་གསུམ་གྱི་ཁྲིད། སེམས་འཛིན་གྱི་ཁྲིད། སྤྲོས་མེད་ཀྱི་ཁྲིད། གཏུམ་མོའི་ཁྲིད། འོད་གསལ་གྱི་ཁྲིད། སྒྱུ་ལུས་ཀྱི་ཁྲིད། རྨི་ལམ་གྱི་ཁྲིད། འཕོ་བའི་ཁྲིད། རླུང་གི་ཁྲིད། རང་ལུས་གཞན་ལུས་ཀྱི་ཁྲིད། གཅོད་ཀྱི་ཁྲིད། དབུ་མའི་ལྟ་ཁྲིད། ཕྱག་རྒྱ་ཆེན་པོའི་ཁྲིད། རྫོགས་ཆེན་ཁྲེགས་ཆོད་ཀྱི་ཁྲིད། ཐོད་རྒལ་སྣང་ཁྲིད་མུན་ཁྲིད་གཉིས། ལམ་ཁྱེར་དྲུག་གི་ཁྲིད་ལ་སོགས་པའོ། །དེ་ལྟར་ཉམས་སུ་ལེན་བྱའི་ངོ་བོ་དེ་དག་ལ་མིང་མང་དུ་བཏགས་པ་ནི་ཕྱག་རྫོགས་དབུ་གསུམ། ཕྱག་ཆེན་ལ་ལྷན་ཅིག་སྐྱེས་སྦྱོར། ལྔ་ལྡན། ཡི་གེ་བཞི་པ། ངོ་ཧ་སོགས་ཡིན་ལ་མི་བྱེད་པའི་སྐོར་སོགས། རྫོགས་ཆེན་ལ་མཁའ་འགྲོ་སྙིང་ཐིག་སོགས་སློབ་དཔོན་པདྨའི་བཞེད་པ་དང༌། སློབ་དཔོན་བི་མ་ལའི་བཞེད་པ་བི་མ་སྙིང་ཐིག་དང༌། གཞན་ཡང་སེམས་སྡེ། ཀློང་སྡེ། མན་ངག་སྡེ་སོགས་ཕལ་ཆེར་ལ་གྲགས་པའི་ཁྱད་པར་ཆོས་མཐའ་ཡས། དབུ་མ་ལ་རབ་ཏུ་མི་གནས་པ། རྣལ་འབྱོར་སྤྱོད་པ། སྔགས་ཀྱི་དབུ་མའོ། །དེ་དག་ལ་རྒྱ་གར་འཕགས་པའི་ཡུལ་དུ་གྲུབ་བརྙེས་བརྒྱད་ཅུ་རྩ་བཞི་སོགས་ལས་གྱེས་པའི་མན་ངག་གི་རིགས་མང་དུ་བྱུང་ཞིང༌། གངས་རིའི་ཁྲོད་འདིར་ཡང་སློབ་ཆེན་པོ་པདྨའི་འདུས་པ་དང་པོ་རྗེ་འབངས་ཉེར་ལྔ། འདུས་པ་བར་མ་ལ་མྱང་ཏིང་འཛིན་བཟང་པོ་སོགས་འཇའ་ལུས་མཁའ་སྤྱོད་དུ་གཤེགས་པ་དགུ་བརྒྱ། འདུས་པ་ཕྱི་མ་ལ་ནི་ཚད་དུ་མ་འཆིས་ཤིང༌། དེ་དག་རྣམས་ཀྱི་གང་ཟག་ནི་རྫོགས་ཆེན་གྱི་རྣལ་འབྱོར་ཤ་སྟག་ཡིན་ལ། ཆོས་ཀྱི་བཀའ་བབས་ཚུལ་ནི་བཀའ་མ་ལྟར་ན། སྒྲ་བསྒྱུར་གྱི་རྒྱལ་པོ་བཻ་རོ་ཙ་ན། དེ་ནས། སྤྱུས། ཉང༌། རྨ། འབོན། སོ་ཟུར། གནུབས། གཉོས། སྲི་འུ་ཆུང༌། དྲགས་ཚང༌། དཔྱལ། སྐྱོ་སྟོན། གཡུལ་ལ་སོགས་དཔག་ཏུ་མེད་ཅིང༌། དེ་དག་ལས་རིམ་པར

བརྒྱུད་དེ་ཕྱིས་སུ་མཁྱེན་རབ་ཀྱི་དབང་པོ་ཀློང་ཆེན་རབ་འབྱམས་པས་རྒྱ་ཆེར་བཀྲལ་བ་ཡིན་ནོ། །ཡང་པཎྜི་ཏ་ག་ཡ་དྷ་ར་དང་། འབྲོག་མི་ལོ་ཙྪ་བ་ནས་བརྒྱུད་པའི་དགྱེས་པ་རྡོ་རྗེའི་རྫོགས་རིམ་དུ་ཁས་འཆེ་བ་ལམ་འབྲས་སུ་གྲགས་པ་ལ་འགྱུར་དྲུག །གྲོལ་བཅུ་གཉིས། ལམ་འབྲས་མི་གཅིག་པ་བཅོ་བརྒྱད་ཡོད་དེ། གྱི་ཇོ། འབྲོམ། ཞང་སྟོན། ཞམ། ཀོ་བྲག་པ། མང་ལམ། ཚ་གན། ཇོ་ནང་། དབང་རྒྱལ། ས་སྐྱ། ལྕེ་སྒོམ། མཐའ་རྟ་པ་སོགས་སོ། །ཕྱག་ཆེན་ལ་རྗེ་བཙུན་ཆེན་པོ་ལྷོ་བྲག་མར་པས་བསྒྱུར་ཏེ། རྣལ་འབྱོར་གྱི་དབང་ཕྱུག་མི་ལ་རས་པ། དེ་ནས་གྲོལ་མང་དུ་བྱུང་སྟེ། ཁྲོ་ཕུ་བ། འབྲུག་པ། ཚལ་པ། ཀརྨ་ཀམ་ཚང་། འབྲི་གུང་པ། གཡའ་བཟང་པ། ཕག་མོ་གྲུ་པ་སོགས་སོ། །ཞི་བྱེད་པ་ནི། དམ་པ་རྒྱ་གར་གྱིས་བརྡ་དང་གསུང་གིས་བསྟན་པ་ལ་བརྒྱུད་པ་ལྔ་ཕྱི་བར་གསུམ་གྱི་དང་པོ་ནི་རྗེ་བཙུན་ཨ་མ་ཇོ་སོགས། བར་པ་ནི་རྨ་སོ་ཀམ་གསུམ་ཐ་མ་ནི། དམ་པ་ཀུན་དགའ། ཕྱུར་ཆེན། ཕྱུར་ཆུང་། བརྫ་ཀྲོ་ཏ་སོགས་སོ། །

སྦྱོར་དྲུག་པ་ནི་རྒྱ་གར་བའི་ལུགས་ལ། ཤ་ར་བ། དཔེ་མེད་འཚོ། །ཉི་མ་དཔལ་ཡེ་ཤེས། ནཱ་རོ་པ༔ །ཁ་ཆེ་པཎ་ཆེན་སོགས་ཀྱི་ལུང་ཡོད་ལ། བོད་དུ་ནི་གྱི་ཇོ་ལོ་ཙྪ་བས་དུས་ཞབས་པ་ལས་ཉན་ཞིང་དེ་ནས་ལུགས་མང་དུ་འཕེལ་ཏེ། རྭ། འབྲོ། ཙ་མི། གཉོས། ཆག །དཔལ། རོང་། རྒྱ། ཚལ། ཀོ་བྲག་པ། འགོས། ཨོ་རྒྱན་པ། ས་སྐྱ། ཇོ་ནང་། ཤྲཱིག་ལུང་པ་སོགས་སོ། །གཞན་ཡང་བསྙེན་སྒྲུབ། གསང་འདུས་དམར་ཁྲིད། ནག་ཁྲིད། དྲིལ་བུ་རིགས་ལྔ་། ནག་པོ་རིམ་བཞི། གཤེད་དམར་སྤྲོས་མེད། འཛིགས་བྱེད་ར་རྩེ་སེམས་འཛིན། ནཱ་རོ་ཆོས་དྲུག །སྐྱ་དྲིལ་ཡིད་བཞིན་ནོར་བུ། རོ་སྙོམས་དྲུག་སྐོར། རས་ཆུང་སྙན་བརྒྱུད་སོགས་རྫོགས་རིམ་གྱི་ཁྲིད་དཔག་ཏུ་མེད་པ་འཆེས་ཀྱང་། དངོས་ཅག་རྣམས་རྫོགས་པ་ཆེན་པོ་ཆ་ལག་དང་བཅས་པ་ལ་ནན་ཏན་འབད་དགོས་ཤིང་། དེ་ཡང་རྫོགས་ཆེན་བཀའ་མ་ལྟར་བསྟན་ཟིན་ལ།། །།

གཏེར་མ་རྣམས་ལ་ཁྱུང་ཆེན་གཤོག་རྫོགས། སངས་རྒྱས་མཉམ་སྦྱོར། དགོངས་པ་ཟང་ཐལ། སྙིང་པོ་གསེར་ཞུན། ཡེ་ཤེས་འོད་མཆོག །ཀློང་གསལ་སྙིང་ཏིག །ཐོས་གྲོལ་ཆེན་མོ། ཀུན་བཟང་དགོངས་འདུས། རྡོར་སེམས་སྙིང་ཏིག །ཡང་ཏིག་ནག་པོ། འཇམ་དཔལ་རྫོགས་ཆེན་རྣམས་དང་།

ཡང་རྫོང་མ། རྡོ་རྗེ་ཟམ་པ། ཨ་ར་རྫོགས་ཆེན་སོགས་བཀའ་མ་དང་ཁྱད་པར་མཁའ་འགྲོ་སྙིང་ཏིག་ལ་སོགས་སྙིང་ཏིག་ཡ་བཞི་དང་། མཛོད་བདུན། ངལ་གསོ་སྐོར་གསུམ། རང་གྲོལ་སྐོར་གསུམ་སོགས་གཞུང་འགྲེལ་པ་བསྡུས་དོན་ཁྲིད་ཡིག་རྣམས་རང་རྒྱུད་དང་འདྲེ་ངེས་པ་ཐོབ་ཅིང་ངོ་སྤྲོད་སོགས་ཁྲིད་གཞུང་གི་སྐབས་སུ་གང་བབས་རྒྱས་བསྡུས་ཅི་རིགས་པ་ཞིག་འདོན་པར་བྱ་བ་སོགས་ལས་ཟབ་མོ་ཐོས་པའི་ཉམས་ལེན་ལ་རྒྱུན་དུ་བརྩོན་པར་བགྱིའོ།། །།

ལྔ་པ་ཕན་ཡོན་ནི། ཇི་སྐད་དུ། འགྲོ་བ་བདེ་བ་ཅན་ལས་རྡོ་རྗེ་སེམས་དཔའ་དང་། །མཚུངས་པའི་རྟོགས་པ་ཉིད་དུ་ཁྱེད་རྣམས་ཕྱིན་པར་འགྱུར། །ཞེས་སོགས་མང་དུ་གསུངས་སོ། །གཉིས་པ་ཐོབ་པ་མི་ཉམས་པར་བྱ་བའི་ཕྱིར་དམ་ཚིག་ལ། བྱ་སྤྱོད་རྣལ་འབྱོར་ཕ་མ་གཉིས་མེད་ཀྱི་རྒྱུད་སོ་སོར་དམ་ཚིག་བཤད་པ་ཡོད་དེ། དེ་ཡང་དུས་འཁོར་ལ་མཆོན་ན་བརྟུལ་ཞུགས་ཉེར་ལྔ། རྩ་ལྟུང་བཅུ་བཞི། ཡན་ལག་བཅོ་ལྔ། རིགས་ལྔའི་དམ་ཚིག་དགོངས་ཏེ་གསུངས་པ་སོགས་ཡོད་ལ། སྤྱིར་བཏང་གི་དབང་དུ་བྱས་པའི། དང་པོ་གསར་མ་ལ། རིགས་ལྔ་སྤྱི། བྱེ་བྲག །རྩ་ལྟུང་། ཡན་ལག །དགོངས་ཏེ་གསུངས་པ་དང་ལྔའོ། །དང་པོ་སྤྱི་ནི། ཇི་ལྟར་དུས་གསུམ་མགོན་པོ་སོགས་ཀྱི་སྔོན་འཇུག་གི་སྡོམ་པ་བླང་ཞིང་བསླབ་བྱ་ལ་སྦྱར་ནས་སྙིང་གི་མདོར་གསུངས་པའི་རྩ་ལྟུང་བཅུ་བཞི་པོ་བསྲུང་བའོ། །གཉིས་པ་བྱེ་བྲག་ལ་ནི། དཀོན་མཆོག་གསུམ་བཟུང་དེ་བཞིན་རིགས། །རྡོ་རྗེ་དྲིལ་བུ་ཕྱག་རྒྱ་དང་། །སློབ་དཔོན་བཟུང་བ་རྡོ་རྗེའི་རིགས། །སྦྱིན་པ་བཞི་སྦྱིན་རིན་ཆེན་ཏེ། །དམ་ཆོས་བཟུང་བ་པདྨ་སྟེ། །མཆོད་པ་རྣམས་ནི་ལས་ཀྱི་རིགས། །ཞེས་པ་ལྟར་རོ། །གསུམ་པ་རྩ་ལྟུང་བཅུ་བཞི་ནི་ཉི་ཟླ་ལྟར་གྲགས་ཆེ་བས་མ་བཀོད་ལ། བཞི་པ་ཡན་ལག་ལ་ཡོངས་གྲགས་པ་བརྒྱད་པ་ནི། དམ་ཚིག་དང་ནི་མི་ལྡན་པའི། །རིག་མ་བསྟེན་པར་དགའ་བ་དང་། །ཚོགས་ཀྱི་འཁོར་ལོ་རྩོད་པ་དང་། །སེམས་ཅན་དད་དང་ལྡན་པ་ལ། །དམ་ཆོས་གཞན་དུ་སྟོན་པ་དང་། །ཉན་ཐོས་ནང་དུ་ཞག་བདུན་གནས་པ་དང་། །སྒྲོར་བ་ལེགས་པར་མ་བྱས་པའི། །སྔགས་མིན་གསང་བ་བསྟན་པ་དང་། །གང་གི་ཕྱག་རྒྱ་མི་མཁས་ལ། །གུས་ཀྱི་ཕྱག་རྒྱ་བསྟན་པ་དང་། །བསྙེན་སོགས་དག་པར་མ་བྱས་པར། །དཀྱིལ་འཁོར་ལས་ལ་འཇུག་པ་དང་། །སྡོམ་པ་གཉིས་ཀྱི་བཅས་པ་ལས། །དགོས་པ་མེད་

པར་འདའ་བའོ། །ཞེས་སོ། །དེ་མ་ཟད་སྙིང་པོའི་ཞབས་ཀྱི་བཞི་ཚན་དུ་བཤད་པ་དང་། སྡོམ་པོ་བརྒྱད་པའི་གཞུང་ལས་བརྒྱད་ཚན་དུ་བཤད་པ་དང་། རྩ་ལྟུང་འགྲེལ་ཆེན་དུ་གྲགས་པ་ལས་ཉི་ཤུ་རྩ་བརྒྱད་དུ་བཤད་པ་ལ། བཅོ་ལྔ་ཚན། བདུན་ཚན། དྲུག་ཚན་རྣམས་སོ། །ལྟ་བ་དགོངས་ཏེ་གསུངས་པ་ནི། དགྱེས་རྡོར་ལས། ཁྱོད་ཀྱི་སྲོག་ཆགས་བསད་པར་བྱ། །སོགས་དང་། དུས་ཀྱི་འཁོར་ལོ། ངེས་པར་རྡོ་རྗེའི་རིགས་ལ་སྲོག་གཅོད་བྱ་སྟེ། སོགས་ནི་སྔར་བཤད་རྒྱུད་དགོངས་པ་ལུང་སྟོན་གྱི་ལུང་དྲངས་པས་གོ་བར་འགྱུར་རོ། །གཞན་ཡང་དབང་བཞི་རེ་རེ་ལ་མཉམ་བཞག་གི་དམ་ཚིག །རྗེས་ཐོབ་ཀྱི་དམ་ཚིག །བསྲུངས་བའི་དམ་ཚིག །བཟང་བའི་དམ་ཚིག །བསྟེན་པའི་དམ་ཚིག་སོགས་གསུངས་པ་རྣམས་གཞན་དུ་རྟོགས་པར་བྱ་ལ། དེའི་ཞར་ལ་དབང་བཞིའི་ངོ་བོ་བཤད་པ་ནི། དང་པོ་བུམ་དབང་ལ་སློབ་དཔོན་གྱི་དབང་གི་ཕྱག་རྒྱའི་དམ་ཚིག་སྦྱིན་ནས་ཡབ་ཡུམ་འཁྲུད་པ་ལས་བྱུང་བའི་རླུང་གི་རེག་བདེ་བདེ་སྟོང་གཉིས་མེད་ཀྱི་རང་རིག་པ་ནི་བུམ་དབང་གི་ངོ་བོ་ཡིན་ལ། གཉིས་པ་གསང་དབང་ནི། བླ་མ་ཡབ་ཡུམ་གྱི་བྱང་སེམས་ལྷེ་ཐོག་ཏུ་མྱངས་པས་རང་གི་མགྲིན་པར་ཡ་ར་ལ་ཨའི་ཡི་གེ་རྩ་བདུན་གྱི་རྣམ་པར་ཡོད་པའི་ནང་དུ་ཁམས་གནས་པ་རྩ་བདུད་དཀྲོལ་ཏེ་དེ་དང་འདྲེས་ཏེ་བྱང་སེམས་འཕེལ་བས་ཞུ་བདེ་ལྷན་སྐྱེས་ཐིག་ལེ་གསུམ་གྱི་ཡེ་ཤེས་བདེ་སྟོང་ཟུང་འཇུག་གི་རྟོགས་པ་སྐྱེས་ཏེ་རང་བཞིན་བརྒྱད་ཅུའི་རྟོག་པ་དབྱིངས་སུ་དག་པ་ནི་གསང་དབང་གི་ངོ་བོར་བཞེད་ཅིང་། གསུམ་པ་ཤེར་དབང་གི་ནི་ཐིག་ལེ་ནོར་བུའི་རྩེ་མོ་ཕབ་དུས་དགའ་བཞིའི་མཐའ་མ་སྣང་མ་འཆད་ཐོབ་གསུམ་གྱི་མཐར་འོད་གསལ་དཔེའི་ལྷན་སྐྱེས་ནི་ཤེས་དབང་གི་ངོ་བོར་བཞེད་ཅིང་། བཞི་པ་ཚིག་དབང་ལ། སྔར་དབང་གསུམ་པའི་ཡེ་ཤེས་ལ་དཔེར་བྱས་ཏེ་ཚིག་ཙམ་གྱིས་ངོ་སྤྲོད་པའི་བསམ་གྱིས་མི་ཁྱབ་པའི་འོད་གསལ་ཆོས་ཀྱི་སྐུ་ཁ་སྦྱོར་ཡན་ལག་བདུན་དང་ལྡན་པ་ནི་དབང་བཞི་པའི་ངོ་བོ་ཡིན་ནོ། །

གཉིས་པ་རྙིང་མ་རང་ལུགས་ཀྱི་དམ་ཚིག་ལ་གཉིས། རྩ་བ་དང་། ཡན་ལག་གོ། །དང་པོ་ལ་གསུམ། སྐུ་གསུང་ཐུགས་ཏེ་དེ་དག་ལ་ཕྱི་ནང་གསང་བ་གསུམ། རྡོ་རྗེའི་སྤུན་དང་སྲིང་མོ་ལ། །བརྙེག་པར་གཟས་པ་བདུན་པར་གྲགས། །འདྲེས་པའི་མཆེད་ལ་ཀུ་རེས་ཀྱང་། །བསྙུན་པར

བརྩམས་ན་བརྒྱད་པ་སྟེ། །བླ་མའི་སྐུ་ཡི་གྲིབ་མར་འགོང་། །དེ་སོགས་བརྙས་བྱེད་དགུ་པའོ། །ཞེས་པའོ། །གཉིས་པ་གསུང་གི་དམ་ཚིག་ནི། རྫུན་དུ་སྨྲ་བ་དང་པོ་སྟེ། །ཕྲ་མ་བྱེད་པ་གཉིས་པ་ཡིན། །གཞན་ལ་ཞེར་འདེབས་ཚིག་བརྗོད་གསུམ། །ཆོས་སྨྲ་སྨོད་པ་བཞི་པ་ཡིན། །ཆོས་སྒྲུབ་པ་ལ་སྨོད་པ་ལྔ༔ །བསྐྱེད་རྫོགས་སྒོམ་ལ་སྨོད་དྲུག་པ། །རྡོ་རྗེའི་མཆེད་དང་ལྕམ་དྲལ་ལ། །གཤེ་སྐུར་སྨོད་པ་བདུན་པར་བརྗོད། །བླ་མའི་ཕྱག་རྒྱ་ཉེ་འཁོར་ལ། །སྐུན་འབྱིན་སྨྲ་བ་བརྒྱད་པ་སྟེ། །བླ་མའི་བཀའ་གཅོག་སྒྲོ་སྐུར་འདེབས། །འདོད་ཚིག་སྨྲ་བ་དགུ་པའོ། །ཞེས་སོ། །གསུམ་པ་ཐུགས་ཀྱི་དམ་ཚིག་ནི། །གཞན་ལ་གནོད་སེམས་དང་པོ་སྟེ། །བརྣབ་སེམས་བྱེད་པ་གཉིས་པ་ཡིན། །རང་དམ་གཞན་གྱི་གྲུབ་མཐའ་ལ། །ལོག་ལྟ་སྐྱེས་པ་གསུམ་པར་གྲགས། །སྤྱོད་པར་ལོག་ལྟ་སྐྱེས་པ་བཞི། །དེ་བཞིན་སྒོམ་པར་སྐྱེས་ན་ལྔ། །ལྟ་བར་སྐྱེས་པ་དྲུག་པ་ཡིན། །ལྟ་དང་སྒོམ་དང་སྤྱོད་པ་གསུམ། །ཡིད་ལ་མི་བྱེད་བདུན་པ་སྟེ། །ཡི་དམ་རྒྱལ་བའི་དཀྱིལ་འཁོར་ལྷ། །ཡིད་མ་ཆེས་པ་བརྒྱད་པ་ལ། །བླ་མ་དང་ནི་མཆེད་ལྕམ་དྲལ། །ཡིད་ལ་མི་བྱེད་དགུ་པའོ། །ཞེས་པ་འདི་རྣམས་ཁོ་བོའི་རྣམ་དཔྱོད་ཀྱིས་བསྡོམས་སུ་བསྟུས་པ་ཡིན་པས་ཉིན་མཚན་དུས་དྲུག་ཏུ་འདོན་པར་བྱ་བ་གལ་ཆེའོ། །

གཉིས་པ་ཡན་ལག་ལ་ལྔ་མཚན་ལྔ་སྟེ། སྤྱད་པར་བྱ་བ། མི་སྤང་བ་དང་དུ་བླང་བ། ཤེས་པར་བྱ་བ། སྒྲུབ་པར་བྱ་བའོ། །དང་པོ་ནི། དམ་ཚིག་གསུམ་བཀོད་ལས། ཏན་ཀ་ན་མ་བྱིན་ལེན་པ་དང་། །མི་ཚངས་སྤྱོད་དང་རྫུན་དུ་སྨྲ་བ་སྟེ། །རྣམ་པ་ལྔ་ནི་ཐབས་མཁས་སྤྱོད་བྱེད་པ། །ཞེས་དང་། གཉིས་པ་ཡང་། དེ་ཉིད་ལས། མི་སྤང་བ་ཡི་དམ་ཚིག་ལྔ་པོ་ནི། འདོད་ཆགས་ཞེ་སྡང་ལ་སོགས་དུག་ལྔ་པོ། །གསང་བ་རྡོ་རྗེའི་དམ་ཚིག་ཆེན་པོ་སྟེ །ཉོན་མོངས་ལྔ་བསྒྱུར་ཡེ་ཤེས་རྣམས་པ་ལྔ། །དུག་ལྔ་མ་སྤང་ཡེ་ཤེས་རྣམས་ལྔར་ལེན། །ཞེས་དང་། གསུམ་པ་ཡང་། དེ་ལས། དང་དུ་བླང་བའི་དམ་ཚིག་རྣམས་ལྔ་པོ༔ །དྲི་ཆེན་དྲི་ཆུ་ལ་སོགས་དམ་རྫས་ལྔ། །ཞེས་དང་། བཞི་པ་ཡང་། དེ་ལས། ཤེས་པར་བྱ་བའི་དམ་ཚིག་ལྔ་པོ་ནི། ཕུང་པོ་ལྔ་དང་འབྱུང་བ་རྣམས་པ་ལྔ། །རྣམ་ཤེས་དབང་པོ་ཡུལ་ལ་སོགས་པ་རྣམས། །ལྷ་དང་དཀྱིལ་འཁོར་རང་བཞིན་ཤེས་པར་བྱ། །ཞེས་དང་། ལྔ་པ་ནི། དེ་ལས། སྒྲུབ་པར་བྱ་བའི་དམ་ཚིག་རྣམས་ལྔ་ནི། ཕུང་པོ་ལྔ་དང་འབྱུང་བ་ལྔ་དང་ནི། །རྣམ་ཤེས་ཡུལ་རྣམས་དཀྱིལ་འཁོར་

སྒྲུབ་བྱེད་པ། །ཏིང་འཛིན་གསུམ་དང་ཆོག་ལྔ་རྫོགས་ནས། །རྒྱལ་བ་རིགས་ལྔའི་དཀྱིལ་འཁོར་སྒྲུབ་བྱེད་པ། །ཏིང་འཛིན་ཆོ་ག་ལྔ་ཡིས་སེམས་རྩོལ་བྱེད། །ཅེས་གསུངས་པ་བཞིན་ནོ། །གཞན་ཡང་རིགས་ལྔའི་དམ་ཚིག །དབང་བཞི་སོ་སོའི་དམ་ཚིག །ནང་པ་ཐབས་ཀྱི་རྒྱུད་ལ། ཁྱད་པར་ཅན་གྱི་དམ་ཚིག་ཉི་ཤུ། སྤྱོད་པ་རྒྱན་དང་། རང་བཞིན་ལྔ་བ་དང་། གལ་མདོ་ངེས་པ་རྣམས་ལ་བཞི་བཞི་དང་། ཕྱི་རྒྱུད་ཐུབ་པ་ལ་སྤྱི། བྱེ་བྲག་ཁྱད་པར་དེ་རེ་མ་ཟད་ལྔ་སྒོམ་སྤྱོད་པའི་དམ་ཚིག །གཞི་ལམ་འབྲས་བུའི་དམ་ཚིག །སྐུ་གསུང་ཐུགས་ཀྱི་དམ་ཚིག །སྐུ་གསུམ་གྱི་དམ་ཚིག །དཀོན་མཆོག་གསུམ་གྱི་དམ་ཚིག་སོགས་རྒྱུད་སྡེ་རྒྱ་མཚོ་ལས་འབྱུང་བ་དང་དེ་དག་གི་གཏོང་ཐོབ་བསྲུངས་ཚུལ་ཕྲ་རགས་སོགས་སྙིག་པ་རྡོ་རྗེའི་གསལ་བཀྲ་དང་ཐེག་མཆོག་མཛོད་དང་ཤིང་རྟ་ཆེན་མོ་སོགས་ལས་ཤེས་པར་བྱ་བ་དང་། དེའི་འཕྲོས་ལ་སྡོམ་པའི་ངོ་བོ་ནི། ཀྲི་ཡ་ལ་ལྟས་པས་ཚིམས་པའི་དགའ་བདེ། དེ་བཞིན་ཨུ་པ་ལ་དགོད་པས་ཚིམས་པ། ཡོ་ག་ལ་ལག་བཅངས་ཀྱིས་ཚིམས་པ། བླ་མེད་ལ་འཁྱུད་པས་ཚིམས་པའི་དུས་ཀྱི་དགའ་བདེ་གང་ཡིན་པ་དེ་སྡོམ་པའི་ངོ་བོ་ཡིན་ཏེ། ཁྱད་པར་བླ་མེད་ལ་བུམ་དབང་གི་དུས་སུ་ཕྱི་ཡུལ་གྱི་སྣང་བ་སྦྱོང་བའི་སྡོམ་པ་སྐྱེ་རྣམ་པར་ཤེས་པའི་སེམས་སྒྱུ་མ་ལྟ་བུའི་སྐུར་བསྟན་པས་སེམས་ཙམ་གྱི་ལྟ་བ་རྟོགས། གསང་དབང་གི་དུས་ནང་ལུས་ལ་བྱང་ཆུབ་ཀྱི་སེམས་མི་ཉམས་པར་འཛིན་པའི་སྡོམ་པ་སྐྱེ། ཆོས་ཐམས་ཅད་འོད་གསལ་སྤྲོས་བྲལ་རབ་ཏུ་མི་གནས་པར་བསམ་པས་དབུ་མའི་ལྟ་བ་རྟོགས། ཤེར་དབང་གི་དུས་གསང་བ་ནོར་བུའི་རྩེ་ར་བདེ་སྟོང་ཟུང་དུ་འཇུག་པའི་སྡོམ་པ་སྐྱེ། བདེ་སྟོང་དབྱེར་མེད་དུ་ཤེས་པས་སྔགས་ནང་མ་གཉིས་ཀྱི་ལྟ་བ་རྟོགས། ཚིག་དབང་གི་དུས་དོན་དམ་བྱང་ཆུབ་ཀྱི་སེམས་ལ་སྦྱོར་བའི་མཚན་མ་འགོག་པའི་སྡོམ་པ་སྐྱེ། བློ་འདས་རིག་པ་བྱང་ཆུབ་ཀྱི་སེམས་སུ་རྟོགས་པས། རིག་པ་རྩལ་དབང་གི་དུས་ཆོས་ཉིད་ཡིད་དཔྱོད་དུ་མ་ལུས་པར་མངོན་སུམ་རྗེན་པར་རིག་པའི་སྡོམ་པ་སྐྱེ། ཆོས་ཐམས་ཅད་འོད་གསལ་ལྷུན་གྲུབ་ཡེ་ཤེས་ཀྱི་སྦུབས་གསང་ཁྱབ་བརྡལ་ཆེན་པོའི་ལྟ་བ་རྟོགས་པའོ། །དེ་ལྟར་གོང་དུ་བཤད་པའི་དམ་ཚིག་ཐམས་ཅད་མདོར་བསྡུས་ན་རང་གི་སེམས་གཡོ་ཁྲམ་ཟོལ་ཟོག་མེད་པར་རྣམ་པར་དག་པའི་ཚུལ་དུ་བསླབ་དགོས་ཏེ། དམ་ཚིག་བཀོད་པའི་རྒྱུད་ལས། དམ་ཚིག་དམ་ཚིག་ཅེས་བྱ་བ། །མདོར་ན་རང་

སེམས་གཙང་མ་བསྲུངས། །འདི་ནི་དམ་ཚིག་རྨད་པོ་ཆེ། །སངས་རྒྱས་ཀུན་གྱིས་བསྟན་པར་མཛད། ། ཅེས་གསུངས་ཤིང་། ཀུན་བྱེད་རྒྱལ་པོ་ལས་ཀྱང་། ཀྱེ་ཀུན་བྱེད་རྒྱལ་པོ་ང་ཡི་དམ་ཚིག་ནི། །སྐྱེ་མེད་ནམ་མཁའ་ལྟ་བུར་ཕྱོགས་འདས་པས། །བསྲུང་དང་མི་བསྲུང་གཉིས་སུ་མེད་པ་སྟེ། །ཀུན་བྱེད་རྒྱལ་པོའི་དམ་ཚིག་རྫོགས་པ་ཡིན། །ཞེས་གསུངས་སོ། །

དྲུག་པ་དེ་ཐམས་ཅད་གང་ཟག་གཅིག་གི་རྒྱུད་ཐོག་ཏུ་ཉམས་སུ་ལེན་པའི་ཚུལ་ནི། ཉིན་མཚན་ཁོར་ཡུག་དུས་བཞི་མཉམ་སྦྱོར་དང་བསྟན་དགོས་ཏེ། དེ་ཡང་ཐོ་རང་ཡེ་ཤེས་རང་གསལ་གདབ་པའི་དུས་རྩ་ཐམས་ཅད་སྟོང་པར་གནས་ཡོད་པས་བྱང་ཆུབ་ཀྱི་སེམས་ཡུན་རིང་དུ་བསྒོམ་པས་རྩ་རྣམས་བྱང་སེམས་ཀྱི་གང་སྟེ་དེའི་ཉིན་མོར་སྒོ་གསུམ་གྱི་བྱ་བ་ཐམས་ཅད་བྱང་ཆུབ་ཀྱི་སེམས་འབའ་ཞིག་ཏུ་འབྱུང་བའི་དགོས་པ་ཡོད། ཟྀན་དག་ཆླབས་བྱས་བདུད་རྩི་རིམ་བུ་སྨན་སྒྲུབ་ཡོད་ན་བསྟེན། བྱང་སེམས་ཀྱི་བསླབ་བྱ་ལས་འགལ་ན་འཕགས་པ་ནམ་མཁའི་སྙིང་པོ་ལ་གསོལ་བ་བཏབ་སྟེ་བཤགས་པ་བྱ། སླར་གཉིད་དུ་འགྲོ་བར་ཉེ་ན་རྨི་ལམ་ཟིན་པའི་འདུན་པ་གཏད་ལ་ཉལ། རྨི་ལམ་ཟིན་པ་སྤྲུལ་བསྒྱུར་ཞིང་ཁམས་སྦྱོང་བ་ལ་བསླབ། ནམ་འདས་སུ་ཉེ་ན་རྣལ་འབྱོར་མའི་གླུས་བསྐུལ་ཏེ་ལྷའི་ང་རྒྱལ་བརྟན་པས་ལྡང་ཞིང་ཆོས་གོས་གསུམ་བགོས་ལ། དཀོན་མཆོག་གི་རྟེན་ཡོད་ན་ཕྱག་འཚལ། མེད་ཀྱང་དམིགས་པ་དང་ལྡན་པས་སྟོན་པའི་ཡོན་ཏན་དྲན་ཞིང་ཡན་ལག་བདུན་པ་རྒྱས་པར་བརྗོད་པ་སེམས་བསྐྱེད་བླང་། བཟང་བཀྲུང་གི་སྔོན་རོལ་དུ་སུ་རུ་པའི་སྒོ་ནས་ཡི་དྭགས་ལ་ཆུ་གཏོར་བཏང་། ཉི་མ་འཆར་དུ་ཉེ་བ་ནས་བཟུང་ཉིན་མོ་སྣང་བ་རྒྱ་ཡིས་འདེབས་པའི་དུས་ཡིན་པས་མངོན་སུམ་གྱི་ཉམས་ལེན་ལ་འབད། ཐུན་མཚམས་སུ་ཆུ་གཏོར་གཏོང་བ། སྔཚྭ་གདབ་པ། རྒྱལ་བའི་བཀའ་བསྒྲག་པ། བཏགས་གྲོལ་འདོན་པ། ཡི་གེ་བྲི་བ་སོགས་ཆོས་སྤྱོད་ཀྱི་བྱ་བ་ལ་བརྩོན། དུས་བཟང་རྣམས་ལ་གསོ་སྦྱོང་དང་། ཚོགས་ཀྱི་འཁོར་ལོ། བདག་འཇུག་བླང་བ་དང་། དཀྱིལ་འཁོར་མཆོད་པ་དང་། སྦྱིན་སྲེག་བྱ་བ་སོགས་ལ་འབད། ཟས་སྤྱོད་ལ་ལོངས་སྤྱོད་ཆེ། དཀོན་མཆོག་གསུམ་རྗེས་སུ་དྲན་པར་བྱས་ལ། འདུལ་བ་ལས། ཟས་ཆ་གསུམ་དུ་བགོས་པའི་ཆ་གཅིག་དཀོན་མཆོག་ལ་འབུལ། གཉིས་པ་དགེ་སློང་ངམ་བྲམ་ཟེ་འམ་རྒྱལ་རིགས་བློ་བུར་བ་འོང་

སྲིད་པས་དེར་བཞག །གསུམ་པ་ལོངས་སྤྱོད་པར་བཤད་ཅིང་། སྤྱོད་བསྡུས་ལས། ཟས་ལ་ཆ་བཞིར་
བགོས་བྱས་ཏེ། །དང་པོར་ལྷ་ལ་བཤོས་གཙང་འབུལ། །དེ་རྗེས་ཆོས་སྐྱོང་བསྲུངས་མ་ལ། །གཏོར་
མ་ཤིན་ཏུ་རྒྱ་ཆེར་བཏང་། །རང་གི་ཟོས་ཤིང་འཐུང་པ་ཡི། །ལྷག་མ་འབྱུང་པོ་ཀུན་ལ་སྦྱིན། །ཞེས་པ་
ལྟར། བླ་མ་སངས་རྒྱས་བྱང་སེམས་ཡི་དམ་ཆོས་སྐྱོང་སྲུང་མ་ལ་ཕུད་ཀྱིས་མཆོད། འཕྲོག་མ་དང་།
དེའི་བུ་ལྔ་བརྒྱ། ཕུད་ལ་དབང་བའི་འབྱུང་པོ་རྣམས་ལ་ཡང་ཆང་ས་ཀྲད་རེ་བྱིན། ཟ་བའི་འདུན་པ་ནི།
རང་གི་ལུས་འདི་ཆོས་སྒྲུབ་པའི་རྟེན་ཡིན་པས་འདུལ་བ་ལུང་ལས་བྱུང་ལྟར་སྨན་གྱི་ཚུལ་དུ་བསྟེན་པ་
དང་། བྱང་ཆུབ་སེམས་དཔའ་རྣམས་ལུས་ཕྱི་ནང་གི་སྲིན་བུ་གསོ་བའི་ཆེད་དུ་བསྟེན་ཏེ། མ་འོངས་པ་
ན་རྒྱུན་བུ་དེ་དག་ཆོས་ཀྱི་འདུལ་བྱར་འགྱུར་བའི་སྨོན་ལམ་བཏབ། གསང་སྔགས་ལྟར་ལ་རང་ལུས་
དཀྱིལ་འཁོར་གྱི་དབུས་སྙིང་གར་རང་ཞེས་རིག་གི་རྒྱལ་པོ་ལྷག་པའི་ལྷ་སྣང་སྟོང་ཡབ་ཡུམ་གསལ་
བཏབ་ལ། ལག་གཡས་དཀར་གཟར་དང་གཡོན་བླུགས་གཟར་ཟས་སྲེག་རྫས་སུ་དམིགས་སུ་
དམིགས་ཤིང་བྱིན་གྱིས་བརླབས་ལ་ལོངས་སྤྱོད་པས། ལྟེ་བའི་གཏུམ་མོའི་མེ་སྦར་བས་རྫས་ཀྱིས་
སྙིང་ཁའི་ལྷ་མཆོད་པར་དམིགས་པས། ཟ་བའི་ཚད་ལྟོ་བའི་གཅིག་ཟས། ཅ་གཅིག་སྐོམ། ཆ་གཅིག་
སྟོང་པར་བཞག་སྟེ་མེ་རླུང་གནས་པས་ཟས་སྐོམ་འཇུ་བའི་བྱ་བ་བྱེད་དོ། །དེ་དག་ཀྱང་འདུལ་བའི་
ཟས་ལ་ལེགས་པར་བྱ་བ་གྲུབ་སོགས་དང་། སྤྱོད་འཇུག་ལས། ཁ་བཀང་བ་དང་སྒྲ་བཅས་དང་། ཁ་
གདངས་ནས་ནི་ཟས་མི་བྱ། །ཞེས་སོགས་གསུངས་པ་ལྟར་བརྟུལ་ཞུགས་དང་ལྡན་པས་ལོངས་སྤྱད།
ཟོས་པའི་ལྷག་མ་དེར་དབང་བའི་འབྱུང་པོ་ལ་ཆངས་ཀྲད་བྱིན་ལ། ཡོན་སྦྱོང་བའི་མཚན་སྒྲོགས་དང་
གཟུངས་འདོན་ཞིང་། འདུལ་བ་ལས། རྒྱལ་པོ་སྦྱིན་བདག་ཉིད་དང་ནི། །སེམས་ཅན་ཕོངས་པ་
གཞན་དག་ཀྱང་། །ཚེ་རིང་ནད་མེད་ཕུན་སུམ་ཚོགས། །གཏན་དུ་བདེ་བ་ཐོབ་པར་ཤོག །ཅེས་དང་།
སྦྱིན་པ་ཆེན་པོར་གྱུར་པ་འདི་ཡི་མཐུས། །ཞེས་སོགས་ཀྱིས་བསྔོ་བ་དང་། མདོ་ཤེར་སྙིང་སོགས་རྒྱས
བསྡུས་ང་ལྕོགས་འདོན། འགྲོ་བའི་ཚེ། འདུལ་བ་ལས། ཤིན་ཏུ་བསྡམས་ལ་སོགས་པ་ལྔ། །ཞེས་
སོགས། ཀུན་སྤྱོད་ཉི་ཤུ་གསུངས་པ་དང་། མི་རྟོག་ཕྲེང་བརྒྱུས་ལས། གླུ་གར་རྒྱན་པོ་འཕེན་རྒྱུག་
སོགས། །ཀུན་ལ་ལྟ་དང་འཇུག་པ་ནི། །ཉེས་བྱས་གདུག་པའི་ཁར་སོན་ནས། །ཚུལ་ཁྲིམས་སྲོག་ལ་

རྐོལ་བའི་རྒྱུ། །ཞེས་དང་། བྱང་ཆུབ་སེམས་དཔའི་བསླབ་བྱ་ལས་ཀྱང་། སངས་རྒྱས་ཕལ་པོ་ཆེ་ནས་སྤྱོད་ཡུལ་ཡོངས་སུ་དག་པ་རྒྱས་པར་གསུངས་པ་དང་། བསྡུས་པར་སྤྱོད་འཇུག་ལས། དོན་མེད་གཡེངས་བར་ལྟ་བ་ནི། །བདག་གིས་ནམ་ཡང་མི་བྱ་སྟེ། །ངེས་པར་སེམས་པས་རྟག་ཏུ་ནི། །མིག་ནི་ཕབ་སྟེ་ལྟ་བར་བྱ། །བལྟ་བ་ངལ་གསོའི་ཆེད་དུ་ནི། །རེས་འགའ་ཕྱོགས་སུ་ལྟ་བར་བྱ། །འགའ་ཞིག་མིག་ལམ་སྣང་གྱུར་ན། །བལྟས་ནས་འོངས་པ་ལེགས་ཞེས་བརྗོད། །ལམ་སོགས་འཇིགས་པ་བརྟག་པའི་ཕྱིར། །ཡང་ནས་ཡང་དུ་ཕྱོགས་བཞུར་བལྟ། །ངལ་སོས་ཁ་ནི་ཕྱིར་བཅས་ནས། །རྒྱབ་ཀྱི་ཕྱོགས་སུ་ལྟ་བར་བྱ། །མདུན་དང་རྒྱབ་ཏུ་ལེགས་བརྟགས་ནས། །འགྲོའམ་ཡང་ན་འོངས་བྱ་སྟེ། །དེ་ལྟར་གནས་སྐབས་ཐམས་ཅད་དུ། །དགོས་པ་ཤེས་ཏེ་དཔྱད་པར་བྱ། །ཞེས་དང་། སྡུད་པར། གཉའ་ཤིང་གང་ཙམ་ལྟ་ཤིང་འགྲོ་ལ་ཉེས་པ་མེད། །ཞེས་གསུངས་པ་ལྟར་བྱ་ཞིང་གནས་ངེས་མེད་དུ་རྒྱུ་བ་དང་། བསོད་སྙོམས་ཀྱི་ཆེད་དུ་འགྲོ་བའི་ཚེ་ཚོས་ཐམས་ཅད་སྒྱུ་མའི་དཔེ་བརྒྱད་ཀྱིས་གཏན་ལ་ཕབ་ཅིང་ཨ་མཐས་དེར་འཛིན་གྱི་སྣང་ཞེན་སྦྱོང་། དུར་ཁྲོད་དང་གཉན་སར་གསང་སྤྱོད་བདེ་ཆེན་རྣལ་འབྱོར་གྱིས་དགེ་སྦྱོར་གྱི་བོགས་འདོན། འདུས་པའི་གནས་ནི། སྤྱིར་དུས་བཞི་མ་ཉམས་སྦྱོར་སྦྱོར་དང་མཐུན་པའི་གནས་བསྟེན་པ་དང་། སློབ་སྤྲིངས་ལས་ཀྱང་། ནགས་ཀླུང་ཆུ་གཙང་ངོགས་བདེ་དབེན་པར་སྐྱིད་པ་གང་། །དེ་ཅི་ལྟ་ཡི་བུ་མོ་དྲི་ཞིམ་བྲུགས་པ་ཡི། །ལན་བུའི་རྒྱན་དུ་ཐོགས་པ་རྒྱུད་མངས་མེ་ཏོག་ཚོགས། །མཛེས་པས་ཐིལ་གཡོན་ལྟ་ཡི་ཆུ་ལའང་ཡོད་འགྱུར་རམ། །རྨ་འབྱུའི་ཤུན་ལོ་ཕུན་སུམ་ཚོགས་པའི་ལྗོན་ཤིང་ལྡན། །ནགས་ཚལ་ལྷོས་མེད་རི་བོའི་ཆུ་རྒྱུན་བསིལ་འབབ་ཆགས་པ་མེད་པའི་གནས། །ཆུ་ཀླུང་ཡངས་པའི་མཐའ་རུ་འབྲས་བུ་མེ་ཏོག་ལྕུང་བས་བརྒྱན་པ་ཡི། །ཉམས་དགའི་བས་མཐའ་ཅི་ཞིག་མེད་དེ་དམྱལ་དོང་ཁྲིམ་གྱིས་བསླུད་དེར་སྡོད། །རི་སུལ་ཡངས་པར་སྐྱེ་བོ་ལྟག་ལྷུག་མེད་པས་རབ་བདེ་བ། །ཉེས་སྤྱོད་རྒྱ་ཆེར་ནགས་ཚལ་སྡོ་འཁྲུགས་ཕྲེང་བས་སྤྲེངས། །ཆུ་དོགས་སྙན་པ་ཤུ་ཆུའི་ལྕུང་སྒྲ་ཇ་ལྟར་སྙན་པ་ཡི། །བདག་ཅག་ཉོན་མོངས་ཡུལ་མ་ཡིན་ཞེས་མགྲོན་ལ་སྒྲོགས་པ་བཞིན། །འདོད་པ་རྣམས་དང་འབྱོར་དང་སྲིད་གསུམ་རྒྱལ་བ་ཡིས། །སྐྱུ་མ་སླིག་སྐྱུ་ཆུ་ཟླ་དབང་རླབས་འདྲ་བར་གསུངས། །ཞེས་དང་། རིག་དང་ནགས་ཚལ་གནས་མོས་པས། །ཡོན་ཏན་

འབྱུང་གནས་འཕེལ་བར་བྱེད། །དབེན་པར་གནས་ལ་བསྟེན་བྱེད་པས། །འདོད་ལྷའི་ཆགས་པ་ཡོངས་སུ་སྤོང་། །དེས་ནས་འདུ་འཛི་མེད་པས་ན། །དགེ་ཆོས་སྐྱོན་གྱིས་ཉམས་མི་འགྱུར། །དེ་ཕྱིར་བྱང་ཆུབ་སེམས་དཔའ་རྣམས། །རྟག་པར་དགོན་པ་བསྟེན་བྱ་ཞིང་། །གྲོང་ཁྱེར་ལ་ནི་ཆགས་མི་བྱ། །ཞེས་དང་། ཏིང་འཛིན་རྒྱལ་པོ་ལས། ལུས་དང་སྲོག་ལ་ལྟ་བ་རབ་སྤོངས་ལ། །སྟོང་ཉིད་ཞི་བ་མཆོག་ཏུ་བསྒོམ་པར་བགྱི། །བརྩོན་བཞིན་རབ་ཏུ་བསྒོམ་པའི་ཡིན་གྱིས་ཀྱང་། །རི་དྭགས་བཞིན་དུ་དགོན་པར་གནས་པར་བགྱི། །ཞེས་གསུངས་པ་ལྟར་བྱའོ། །འདུག་པའི་དུས་འདུལ་བར། འདུག་པར་བྱ་བ་དགུ་དག་དང་། །སོགས་དང་། བྱང་སེམས་པས། སྤྱོད་འཇུག་ལས། རྐང་བརྐྱང་སྟེ་མི་འདུག་ཅིང་། །ལག་པ་མཉམ་པར་མི་མཉེའོ། །གཞོན་པ་མལ་གདན་གནས་དག་ཏུ། །བུད་མེད་གཞན་དང་གཅིག་མི་བྱ། །འཇིག་རྟེན་མ་དད་གྱུར་པ་ཀུན། །མཐོང་ཐོས་འདྲིས་པ་སྤང་བར་བྱ། །ཞེས་གསུངས་པས། རང་རེའི་གྲྭ་པ་ཕོ་མོ་རྣམས་ཀྱང་གནས་ཁང་དང་། ལམ་དུ་འགྲོ་བ་དང་གྲལ་རྣམས་སུ་སྐྱེས་པ་དང་བུད་མེད་མ་འདྲེས་པར་རང་གི་ཁྲུ་ལ་སྡོད་པ་དང་། ཕན་ཚུན་བཞད་གད་སོགས་ཀྱི་གཏམ་མི་གླེང་བ་གལ་ཆེ། ཆོས་ཕྱིར་གྱི་རྣམ་གཡེང་ཙུང་ཟད་ཙམ་ལས་གཞན་པའི་འདུ་འཛི་རྣམས་སྤངས་ཏེ་མཚམས་དང་སྒྲུབ་བཅད་བྱས་ནས་དགེ་སྦྱོར་ཁོ་ན་ལ་གཞོལ་དགོས་ཏེ། སྤྱོད་འཇུག་ལས། ཕན་ཚུན་འདུས་ཤིང་གཏམ་འདྲི་དང་། །ཚིག་གི་སྒྲ་ག་མི་བྱེད་པས། །སྟོང་དབེན་ཉེར་ཞི་དབེན་པ་ལ། །སངས་རྒྱས་རྣམས་ཀྱིས་རབ་ཏུ་བསྔགས། །ཞེས་དང་། རྣལ་འབྱོར་ནང་ལ་གཏམ་ཟེར་ན། །ཡི་གེའི་ཏྟ་ལ་བསྒྲིན་པར་བྱ། །སྒོམ་དང་བཟའ་བ་འདོད་པའི་ཚེ། །ལག་གི་བརྡ་ཡིས་བླང་བར་བྱ། །ཞེས་རྒྱུད་སྡེ་མང་པོ་ནས་གསུང་པ་རྣམས་བྱ་ཞིང་། ཉིན་གུང་གཏུམ་མོ་བསྒོམ། སྐབས་སྐབས་སུ་དག་པ་དང་མ་དག་པའི་སྒྱུ་ལུས་ཀྱི་གདམས་པ་སྦྱངས་ཤིང་། བར་དོའི་གདམས་པ་ལ་ངེས་པ་བརྟན་པོ་ཐོབ་པར་བྱ། ཉི་མ་ནུབ་ཁར་ཐོད་རྒྱལ་གྱི་ཟེར་ལ་བསྒོམ་པ་དང་། རྩ་བ་གསུམ་ཆོས་སྲུང་ལ་ཚོགས་དང་གཏོར་མ་ཕུལ། གཞི་བདག་གཞུག་མར་གནས་པ་ལ་ཡང་གཏོར་མ་བྱིན་པ་དགེ་བའི་སྟོངས་གྲོགས་བཅོལ། བཛོད་ལ་གཏུམ་མོ་བསྒོམ་ཞིང་། ཁྱད་པར་དུ་གཅོད་དམིགས་དང་ལུས་སྦྱིན་བྱ། སྡིག་སྒྲིབ་ཉེས་ལྟུང་ལ་བཤགས་བསྡམས་དྲག་ཏུ་བྱེད་པ་སྟེ། དེ་དག་ནི་སྲོད་ལ་དབང་པོ་གནད་དུ་བསྡུ་བའི་དུས་ཀྱི་ཉམས་ལེན་ནོ། །

དེ་ནས་ནམ་ཕྱེད་ཤེས་བྱ་བུམ་པར་གཞུག་པའི་དུས་ལ། སྤྱོད་འཇུག་ལས། མགོན་པོ་མྱ་ངན་འདས་གཟིམས་ལྟར། །འདོད་པའི་ཕྱོགས་སུ་ཉལ་བར་བྱ། །ཞེས་སྨྲས་བྱང་ལ་བསྟན་པ་སོགས་འོད་གསལ་གྱི་སྔོན་འགྲོ་རྣམས་དང་ལྡན་པར་བྱས་ཏེ་ཆོས་ཐམས་ཅད་འོད་གསལ་སྟོང་པ་ཉིད་དུ་བཅུག་སྟེ་ཉལ་ལ་ཉིན་སྣང་དང་མཚན་སྣང་བསྲེ། འོད་གསལ་དེ་ལས་ལྡང་དུ་ཉེ་བ་ན་སྒྱུ་མའི་ལྷ་སྐུར་ལྡང་བ་དང་། ཟུང་འཇུག་གི་ཉམས་ལེན་ལ་འབད། རྨི་ལམ་འཁྲུལ་པའི་མགོ་རྩོམ་ན་དེ་འཛིན་ཅིང་སྤྲུལ་བསྒྱུར་སོགས་ལ་བསླབ་སོ། །གཞན་ཉོན་མོངས་པ་འདོད་ཆགས་ཤས་ཆེ་དུས་གཏུམ་མོ། །ཞེ་སྡང་ཆེ་དུས་སྒྱུ་ལུས། གཏི་མུག་ཆེ་དུས་འོད་གསལ། ང་རྒྱལ་སེར་སྣ་དང་ཕྲག་དོག་ཤས་ཆེ་དུས་རྨི་ལམ་བསྒོམ་ཞིང་དེ་རྣམས་ཀྱིས་བོགས་འདོན་བྱ། ཡང་རླུང་སེམས་ལྟེ་བར་གནས་དུས་གཏུམ་མོ། སྙིང་ཁར་འོད་གསལ། མགྲིན་པར་རྨི་ལམ། སྤྱི་བོར་གནས་དུས་སྒྱུ་ལུས་བསྒོམ། རང་ཞི་བདེའི་དོན་དུ་གཉེར་འདོད་ན་གཞན་ཕན་བྱང་ཆུབ་ཀྱི་སེམས་བསྒོམ། དགེ་སྡིག་སོགས་རྒྱུ་འབྲས་ལ་ཡིད་མ་ཆེས་ན་འཁོར་བའི་སྡུག་བསྔལ་བསམ། ཚེ་འདིའི་བདེ་བ་ལ་ཆགས་ན་འཆི་བ་མི་རྟག་པ་དང་དལ་འབྱོར་རྙེད་དཀའ་བསམ། ཆོས་བརྒྱད་ཀྱི་རྫུན་རིས་མ་ཞིག་ན་སྒྱུ་མའི་རྣམ་ཐར་སྦྱོང་། ཉོན་མོངས་པའི་མགོ་བོ་མ་ནོན་ན་དཀའ་ཐུབ་དང་བཅུད་ལེན་བསྟེན། ཕ་མ་དང་ཉེ་འཁོར་ལ་ཆགས་ན་ཕ་ཡུལ་གྱི་བཙོན་ར་སྤོངས། མདོར་ན་དུས་རྟག་ཏུ་ལུས་ལྷ་ངག་སྔགས་སེམས་ཆོས་ཉིད་ཀྱི་རོལ་པ་ལས་མ་འདས་པ་གལ་ཆེ། ཁྱད་པར་དུ་ཕོ་བོ་ལྷ་བཙུན་ཡིན་ལ་བྱེད་པ་རྣམས་ཀྱིས་ཁྲིམས་སུ་བཅའ་བ་ནི། རབ་བྱུང་སོགས་ཕ་རོལ་དང་བ་འདྲེན་པ་དང་ཆོས་པའི་སྒྲོལ་རྒྱུན་ལ་ཕན་པའི་སྤྱོད་པ་མ་གཏོགས། སྒྲ་ཐེད་མགོ་བྱེད་པ། གཟན་སོགས། མོན་གོས། སྟོད་གོས། ཞྭ་ཐྲུ་མ་དོ། གྲི་མདུང་། རྩོད་རྩུ་སོགས་རྟགས་ངན་པ་དང་། བོན་མདོས་མོ་སྟོན། འདྲེ་བརྡུང་། ངན་སྔགས། མི་བརྡུང་། ཁྲི་དཀྲིགས། དགོན་གནས་དང་ས་ཞིང་རྩོད་རློས་བྱེད་པ། སྒོར་ས་དང་ས་ཆའི་རིགས་བདག་གིར་འཛིན་པ། བསོད་སྙོམས་ལ་བསྙད་པའི་རྐྱ་ཕྱོགས་དང་གཞོགས་སློང་། བུན་གཏོང་ཁེ་བསྐྱེད་བསྐོར་ཚོང་སོགས་ཆོས་མིན་གྱི་བྱ་བ་མཐའ་དག་གཏན་ནས་མི་བྱེད་ཅིང་། ཁྱད་པར་ཤ་ཚང་བུད་མེད་གསུམ་པོ་འདི་འཁོར་བའི་གཏིང་རྫོ་འདུག་པ་ཡིན་ཏེ། ཤ་ནི་འདུལ་བ་སྔ་མར་རྣམ་གསུམ་དག་པའི་ཤ་གནང་ཟེར

ཀྱང་། འདུལ་བ་ཕྱི་མར་ནན་གྱིས་བཀག་པ་དང་། བྱང་སེམས་ཀྱི་སྡེ་སྣོད་རྣམས་ལ་ཉེས་དམིགས་མང་དུ་གསུངས་ཤིང་། ལང་དཀར་གཤེགས་པ་སངས་རྒྱས་ཐམས་ཅད་ཀྱི་གསུང་རབ་ཀྱི་སྙིང་པོ་ལས་ཉེས་དམིགས་མཐའ་ཡས་པ་གསུངས་པའི་མཐར་དོན་བསྡུས་ཏེ་ཡང་འདི་ལྟར་གསུངས་ཏེ། བྱང་ཆུབ་སེམས་དཔའ་སེམས་ཆེན་གྱི། །ཆང་དང་ཤ་དང་སྒོག་བཙོང་དག །བཟང་ཞིང་བཏུང་བར་མི་བགྱི་བ། །རྒྱལ་བ་ཁྱུ་མཆོག་བཤད་དུ་གསོལ། །དྲི་ངད་འཕགས་པ་མིན་པས་བསྙེན། །མི་སྨན་པར་ཡང་བྱེད་པ་སྟེ། །ཤ་ནི་གཅན་གཟན་རྣམས་ཀྱི་ཟས། །བཟང་མི་རུང་བར་ཐུབ་ཆེན་གསུངས། །ཟོས་ན་ཉེས་པ་གང་ཡིན་དང་། །མ་ཟོས་པ་ཡི་ཡོན་ཏན་དག །ཤ་ཟ་དེ་ལ་གང་ཡོད་པ། །བློ་གྲོས་ཆེན་པོས་ཤེས་པར་གྱིས། །འབྲུལ་པ་དང་ནི་གཉེན་བཤེས་དང་། །ཁུ་ཁྲག་ཁྲག་ལས་བྱུང་བའི་ཕྱིར། །འབྱུང་པོ་རྣམས་ནི་དངངས་འགྱུར་བས། །རྣལ་འབྱོར་ཅན་གྱིས་ཤ་མི་ཟ། །ཞེས་དང་། ཡང་། ཟས་ལ་དྲེགས་པ་སྐྱེ་བར་འགྱུར། །རྟོག་པ་དྲེགས་ལས་བྱུང་བ་སྟེ། །རྟོག་པས་འདོད་ཆགས་རབ་ཏུ་སྐྱེད། །དེ་ཡི་ཕྱིར་ན་བཟར་མི་བྱ། །ཞེས་དང་། ཡང་ཁེ་ཡི་ཕྱིར་ན་སེམས་ཅན་གསོད། །ཤ་ཡི་ཕྱིར་ནི་ནོར་སྦྱིན་བྱེད། །དེ་དག་གཉིས་ག་སྡིག་ཅན་ལས། །ངོ་དོད་འབོད་ལ་སོགས་པར་བཙོ། །གང་གིས་ཐུབ་པའི་ཚིག་འདས་ཏེ། །བསམ་པ་ངན་སཤ་ཟ་སྟེ། །འཇིག་རྟེན་གཉིས་ནི་གཉིག་པའི་ཕྱིར། །ཤཱཀྱའི་བསྟན་ལས་བརྟུལ་ཞུགས་བསླངས། །ཤིན་ཏུ་མི་ཟད་དམྱལ་བར་ཡང་། །སྡིག་གི་ལས་ཅན་དེ་དག་འདོང་། །མ་རུང་ངོ་དོད་འབོད་སོགས་སུ། །ཤ་ཟ་དེ་དག་འཚོད་པར་འགྱུར། །རྣམ་གསུམ་དག་གིཤ་རྣམས་ནི། །མ་བརྟག་པ་དང་མ་བླངས་དང་། །མ་བསྐུལ་བ་ཡང་ཡོངས་མེད་པས། །དེ་བས་གཤ་ནི་མི་ཟའོ། །རྣལ་འབྱོར་ཅན་གྱིསཤ་མི་ཟ། །ང་དང་སངས་རྒྱས་དག་གིས་བཤད། །སེམས་ཅན་གཅིག་ལ་གཅིག་ཟ་བ། །ཤ་ཟན་དག་གི་རིགས་སུ་སྐྱེ། །དྲི་མི་ཞིམ་ཞིང་སྨྱོད་པ་དང་། །སྨྱོན་པ་རྣམས་སུ་སྐྱེ་བར་འགྱུར། །གདོལ་པ་དམེཤ་ཅན་རིགས་དང་། །བཙོ་བླག་མཁན་དུ་ཡང་ཡང་སྐྱེ། །ཕྲ་མེན་རིགས་ཀྱི་སྐྱེ་གནས་དང་། །ཤ་ཟའི་རིགས་སུ་སྐྱེ་བར་འགྱུར། །མི་ཡི་ཐ་མ་དེ་དག་ནི། །སྲིད་དང་བྱི་ལའི་མངལ་དུ་སྐྱེ། །ཞེས་དང་། ཡང་། གླང་པོའི་མཚན་བཅིངས་སྤྲིན་ཆེན་དང་། །མྱང་ངན་འདས་དང་སོར་ཕྲེང་དང་། །ལང་ཀར་གཤེགས་པའི་མདོ་ལས་ཀྱང་། །ངས་ནི་ཤ་ཡང་རྣམ་པར་སྤང་། །སངས་རྒྱས་བྱང་

ཆུབ་སེམས་དཔའ་དང་། །ཉན་ཐོས་རྣམས་ཀྱིས་སྨད་པ་ལ། །ངོ་མི་ཚ་བར་ཟ་བ་ནི། །རྟག་ཏུ་སྨྱོན་པར་སྐྱེ་བར་འགྱུར། །ཤ་ལ་སོགས་པ་སྤྱང་བའི་ཕྱིར། །ཁྲམ་ཟེའི་རིགས་སམ་རྣལ་འབྱོར་ཅན། །ཤེས་རབ་ཅན་དང་ནོར་ལྡན་པར། །དེ་དག་རྣམས་ནི་སྐྱེ་བར་འགྱུར། །མཐོང་དང་ཐོས་དང་དོགས་པ་ཡི༏ ༏ཤ་རྣམས་ཐམས་ཅད་རྣལ་པར་སྨད། །ཤ་ཟན་རིགས་སུ་སྐྱེ་བ་ཡི། །རྟོག་གེ་བ་རྣམས་མི་ཤེས་སོ། །ཇི་ལྟར་འདོད་ཆགས་ཐར་པ་ལ། །བར་ཆད་བྱེད་པར་འགྱུར་བ་བཞིན། །དེ་ལྟར་ཤ་དང་ཆང་ལ་སོགས། །བར་ཆད་བྱེད་པར་འགྱུར་བའོ། །མ་འོངས་པ་ཡི་དུས་ངན་ནི། །ཤ་ཟ་གཏི་མུག་སྨྲ་བ་དག །ཤ་ནི་སྡིག་མེ་རུང་བའོ། །སངས་རྒྱས་ཀྱིས་ནི་བཤད་ཅེས་ཟེར། །ཟས་ལ་སྨན་དང་འདྲ་བ་དང་། །བུ་ཡི་ཤ་དང་མཚུངས་པ་ཡང་། །དྲན་པ་དང་ནི་མི་འཕྲོག་པར། །རྣལ་འབྱོར་ཅན་གྱིས་ཟས་ལ་སྤྱོད། །སེང་གེ་དག་དང་སྟག་རྣམས་དང་། །ཝ་ལ་སོགས་པ་གྲོགས་བྱ་བ། །ངས་ནི་བྱམས་པས་གནས་པ་ལ། །རྣམ་པ་ཀུན་ཏུ་རྟག་ཏུ་སྨད། །ཐར་པའི་ཆོས་དང་འགལ་བའི་ཕྱིར། །མི་རྣམས་དབང་བར་འགྱུར་བའི་ཤ༏ ༏དེ་ཕྱིར་བཟའ་བར་མི་བྱ་སྟེ། །འདི་ནི་འཕགས་པའི་རྒྱལ་མཚན་ནོ། །ལང་ཀར་གཤེགས་པ་སངས་རྒྱས་ཐམས་ཅད་ཀྱི། །གསུང་རབ་ཀྱི་སྙིང་པོ་ལ་ཤ་མི་ཟ་བའི་ལེའུ་སྟེ་དྲུག་པའོ། །ཞེས་གསུངས་པ་དང་། དེ་བཞིན་དུ་རྒྱུད་སྡེ་གོང་འོག་ཐམས་ཅད་ནས་ཀྱང་ཤའི་ཉེས་པ་མང་དུ་གསུངས་ཤིང་། བླ་མེད་དུ་གཏོར་མའི་རྫས་ཀྱི་ཤ་ཡང་རང་བཞིན་གྱིས་ཤི་བའི་ཤ་ལ་བྱེད་པར་བཤད། ཚོགས་ཀྱི་འཁོར་ལོའི་ཤ་ནི་དུར་ཁྲོད་ཀྱི་གསལ་ཤིང་གི་རྩེ་ནས་བསྐྱོན་པའི་མི་རོ་དང་། སྐྱེ་བ་གྲིར་ཤི་བའི་ཤ་དང་། སྐྱེ་བ་བདུན་པའི་ཤ་རྣམས་བཤད་པ་སྟེ། བརྟག་གཉིས་ལས། རྒྱལ་མཚན་དང་ནི་མཆོན་བསྣུན་དང་། །ལན་བདུན་པ་ཡང་བཟའ་བར་བྱ། །ཞེས་དང་། ཐཱ་ལ་ཞེས་པ་ཤ་ལྔ་ལ་བརྡ་མིང་བཏགས་པ་ཡིན་པས། དེ་ཚོགས་ཀྱི་རྫས་སུ་བྱ་བར་གསུངས་སོ། །ཆང་གི་ཉེས་པ་ནི། འདུལ་བར་ཡོངས་རྫོགས་ཀྱི་དགེ་བསྙེན་ཡན་ཆད་ཀྱིས་སྤང་བྱ་ཡིན་པ་དང་། དེར་མ་ཟད་འདུལ་བ་གཞུང་དམ་པར། དགེ་སློང་དག་སྟོན་པ་ང་ལ་དམིགས་ན་ནི་ཆང་མ་འཐུང་ཞིག །མ་བླུད་ཅིག །རྩ་མཆོག་གིས་ཀྱང་མ་རེག་ཅིག །ཅེས་དང་། གལ་ཏེ་ཆང་འཐུང་ན་ང་ནི་དེ་ཡི་སྟོན་པ་མ་ཡིན་ལ། དེ་ནི་ངའི་ཉན་ཐོས་མ་ཡིན་ནོ། །ཞེས་གསུངས། བྱང་ཆུབ་སེམས་དཔའི་སྡེ་སྣོད་རྣམས་ནས་ཀྱང་ཆང་གི་ཉེས་པ་

སུམ་ཅུ་རྩ་ལྔ་ལ་སོགས་པ་གསུངས། སྔགས་སུ་ཡང་རྡོ་རྗེ་སྙིང་པོ་རྒྱན་གྱི་རྒྱུད་ལས། བྱང་ཆུབ་སེམས་ནི་མཆོག་ཏུ་བདེ། །ཆང་གི་བཏུང་བ་སྤང་བར་བྱ། །ཞེས་དང་། རྡོ་རྗེ་རྩེ་མོ་ལས། འབྲུའི་ཆང་དང་བཅོས་པའི་ཆང་དང་། །མྱོས་པར་འགྱུར་བ་དག་དེ་ནས་བརྩམས་སྟེ་སྤང་བར་བྱའོ། །ཞེས་གསུངས་པ་དང་། བླ་མེད་ལ་ཡང་དུས་ཀྱི་འཁོར་ལོ་སོགས་ནས། བཀག་པས། སྡོམ་འབྱུང་ལས་ཀྱང་། ཨོཾ་ཨཱཿཧཱུྃ་ཞེས་བྱ་སྔགས་ཀྱིས། །རྟག་ཏུ་བྱིན་གྱིས་བརླབ་པར་བྱ། །ཧ་ཧོཿཧྲཱི་ཞེས་བྱ་སྔགས་ཀྱིས། །སྦྱང་བ་དང་ནི་རྟོགས་བྱ་ཡི། །ཡི་གེ་སྟས་ནི་ཁ་དོག་འཕྲོས། །ཧོཿཡིས་དྲི་ནི་འཇོམས་པར་བྱེད། །ཡི་གེ་ཧྲཱིཿཡིས་ནུས་པ་བཅོམ། །བདུད་རྩིའི་རྣམ་པར་བསྐྱེན་པར་བྱ། །ཧ་གསུམ་ལ་སོགས་དང་བྲལ་བར། །ཅི་སྟེ་དམ་ཚིག་ཅན་གྱིས་འཐུང་། །དེ་ལ་དུག་འགྱུར་ཐེ་ཚོམ་མེད། །སྔགས་ཀྱི་དངོས་གྲུབ་མི་སྐྱེ་བའི། །སུ་ཞིག་ཆང་གིས་མྱོས་འགྱུར་བ། །དེ་ལ་བགེགས་ནི་མང་པོ་འབྱུང་། །སྔགས་པ་ཆང་གིས་མྱོས་འགྱུར་བ། །ཞེས་པ་ནས། དུ་འབོད་དམྱལ་བར་འཚེད་པར་འགྱུར། །སྔགས་པས་འདི་དག་སྤང་བར་ནི། །སྟོན་གྱི་རྒྱལ་བ་རྣམས་ཀྱིས་གསུངས། །ཞེས་གསུངས་ཞིང་། སྦྲངས་སྦྱིལ་སྦྲར་གསུམ་བྱ་བའི་མང་ཤུང་གི་ཚད་ནི་སྐྱེས་པའི་ཐོད་པ་དུམ་བུ་གཅིག་པ་གང་ཡིན་ཏེ། བརྟག་གཉིས་ལས། སྐྱེ་པའི་ཐོད་པ་ཆ་གཅིག་པ། །ཆང་ནི་བཟང་པོས་ཡོངས་བཀའ་སྟེ། །ཞེས་གསུངས་པ་དང་། ཕག་མོ་ལས་ཀྱང་ཐོད་པའི་དཀྱིལ་འཁོར་ཞེས་ཐོད་པ་ཆང་གི་བཀང་སྟེ་དཔའ་མོ་དྲུག་དང་དཔའ་བོ་དྲུག་བཀོད་ལ་ལག་མཆོད་བྱ་བ་མ་གཏོགས། ཆང་བན་མང་པོ་གྲལ་བསྒྲིག་པར་མ་བཤད། སློབ་དཔོན་པདྨ་དང་བཀླི་པ་གཉིས་ཀྱིས་བདུད་རྩི་དང་འོ་མར་བསྒྱུར་ནས་གསོལ་བ་ཡིན་པའི་ཕྱིར་སྣང་བ་སེམས་སུ་རྟོགས་ངེས་ཤེས་ན་དེ་ལྟར་མཛོད་ཅིག །བུད་མེད་ཀྱང་སྡོམ་པ་གསུམ་ཀའི་ཐོག་མཐའ་ཐམས་ཅད་དུ་བཀག་པ་སྔར་བསྟན་པ་ལྟར་དང་། གཞན་ཡང་བུད་མེད་ལ་ཉེས་པ་མང་དུ་ཡོད་དེ། འདུལ་བ་ཕྲན་ཚེགས་ལས། བུད་མེད་ཁ་ཅིག་ལ་ཉེས་དམིགས་རྣམ་པ་ལྔ་ཡོད་དེ། ཁྲོ་བ་དང་། འཁོན་དུ་འཛིན་པ་དང་། འཁྲུ་བ་དང་། བྱས་པ་མི་བཟོ་བ་དང་། དུག་རྣོ་བའོ། །དགེ་སློང་དེ་དག་ལ་བུད་མེད་ཀྱི་དུག་རྣོ་བ་ནི་འདི་ཡིན་ཏེ། འདི་ལྟར་བུད་མེད་ནི་འདོད་ཆགས་ལྷག་པར་ཆེ་བའོ། །ཞེས་དང་། རིན་ཆེན་ཕྲེང་བ་ལས། བུད་མེད་ཆགས་པ་ཕལ་ཆེར་ནི། །བུད་མེད་ལུས་གཙང་སེམས་ལས་

བྱུང་། །བུད་མེད་ལུས་ལ་དོན་དུ་ནི། །གཙང་བ་ཅུང་ཟད་ཡོད་མ་ཡིན། །ཁ་ནི་ཁ་ཆུ་རུལ་བ་དང་། །སོ་
སྐྱག་མི་གཙང་སྣོད་ཡིན་ཏེ། །སྣ་ནི་སྣབས་རྣག་སྣ་ཆུའི་སྣོད། །མིག་ནི་མིག་རྫུལ་མཆི་མའི་སྣོད། །ལྟོ་བའི་
ཁོང་ནི་བཤང་གཅི་དང་། །གློ་བ་མཆིན་སོགས་སྣོད་ཡིན་པར། །རྨོངས་པས་བུད་མེད་མ་མཐོང་བ། །
དེ་ཡི་ལུས་ལ་ཆགས་པར་བྱེད། །མི་ཤེས་འགའ་ཞིག་མི་གཙང་བའི། །བུམ་པ་རྒྱན་ལ་ཆགས་པ་ལྟར། །
འཇིག་རྟེན་མི་ཤེས་རྨོངས་པ་ཡིས། །བུད་མེད་རྣམས་ལ་དེ་བཞིན་ནོ། །ཞེས་དང་། བཤེས་སྤྲིངས་
ལས། བུད་མེད་གཞོན་ནུའི་ལུས་ནི་ལོགས་ཤིག་ཏུ། །དྲི་ང་བ་དང་སྒོ་དགུ་དོད་པ་དང་། །མི་གཙང་
ཀུན་སྣོད་འདྲ་བ་དགང་དཀའ་ལ། །པགས་པས་གཡོགས་དང་བརྒྱན་ཀྱང་ལོགས་ཤིག་གཟིགས། །
ཞེས་དེ་ལྟ་བུ་དང་ལྡན་པའི་བུད་མེད་ལ་ནི། ལྟ་བར་ཡང་མ་གསུངས་ན་རག་པར་ལྟ་ཅི་སྨོས་ཏེ།
འདུལ་བ་ལས་ཕྱུས་མོ་ཡན་ཆད་ལ་ལྟ་བར་མ་གསུངས་ཤིང་། སྡུ་མ་ལས་ཀྱང་། གཞན་གྱི་ཆུང་མར
མི་ལྟ་མཐོང་ན་ཡང་། །ན་ཚོད་མཐུན་པར་མ་དང་བུ་མོ་དང་། །སྲིང་མོའི་འདུ་ཤེས་སྐྱེད་ཀྱི་ཆགས་
གྱུར་ན། །མི་གཙང་ཉེ་དུ་ཡང་དག་བསམ་པར་བགྱི། །ཞེས་གསུངས་པས། ཤ་དང་ཆང་དང་བུད་
མེད་གསུམ་ལ་མཐོང་ཐོས་དོགས་གསུམ་གྱི་ཉེས་པས་མ་གོས་པ་དང་། མདོར་ན་དཀོན་མཆོག་
དབང་བཙུགས་ཀྱི་དག་འདོན་བྱེད་པ་དང་། ཉེས་པས་དགོས་པར་གྱུར་ན་ཆོས་སྲུངས་དམ་ཅན་རྒྱ་
མཚོའི་བཀའི་ཆད་པ་དྲག་པོ་བསྐུལ་ཞིང་མདོ་བསྒྲུབས་ཀྱི་ཚར་གཅོད་པ་དང་། འདུལ་བ་བཞིན་ལྟུང་
བཟེད་ཁ་སྦྱུབས་པའི་ལམས་བྱེད་རྒྱུ་ཡིན་པས་ངེས་འཚལ་ཞིང་། ལར་སེར་ཆགས་ཡོངས་ལ་དག་
སྣང་འབྱོངས་པ་དང་། དགོས་ཇོ་རྗེའི་སྤྱན་གྲོགས་དད་པ་ཆེ་བ། གྲྭ་རོགས་མ་ནུས་པར་ཕན་གྲོགས
གང་ཆེ་དང་། ན་བ་སོགས་བྱུང་ན་གཡོག་བྱ་ཞིང་། དེ་དག་ལ་གཞི་མེད་དང་བག་ཙམ་གྱི་སྐུར
འདེབས་མི་བྱ། ཟས་བསོད་སྙོམས་པ། གོས་ཕྱུགས་དར་ཁྲིད་པ། གནས་ཤིང་དྲུང་པ་སོགས་དུལ་བ
ནས་བཤད་པ་ལ་བློ་རྩེ་གཏོད་པ་དང་། དཀའ་ཐུབ་དང་བཅུད་ལེན་སོགས་ཆོས་ཐོག་ཏུ་རྐྱེན་གང་
ཐུབ་དང་། སྒྲུབ་པའི་དྲོད་ཚད་དང་ལྟ་དང་རྟགས་དང་རྟེན་རྫས་སོགས་གཞན་ལ་གསང་ཞིང་སྦ་བ་
གནད་ཡིན་པ་དང་། མདོར་བསྡུ་ན། བཤེས་སྤྲིངས་ལས། དད་དང་ཚུལ་ཁྲིམས་གཏོར་དང་ཐོས་པ་ནི། །
དྲི་མེད་ངོ་ཚ་ཤེས་དང་ཁྲེལ་ཡོད་དང་། །ཤེས་རབ་ནོར་བདུན་ལགས་པར་ཐུབ་པས་གསུངས། །ཞེས་

འཕགས་ནོར་བདུན་དང་ལྡན་པ་གལ་ཆེའོ།། །།

སྨྲས་པ། ཇི་ལྟ་ཇི་སྙེད་ཡེ་ཤེས་ཕུལ་བྱུང་བའི། །དུས་གསུམ་རྒྱལ་བ་མ་ལུས་གཅིག་བསྡོམས་པ། །
ཀློང་ཆེན་རབ་འབྱམས་སངས་རྒྱས་གཉིས་པའི་ཞབས། །བཀའ་དྲིན་དྲན་པས་སྙིང་ནས་ཕྱག་བགྱིའོ།༡།
ཆོས་ཀུན་བརྗོད་བྱས་དབེན་པའི་ཡང་རྩེ་ན། །ཐེག་མཆོག་རྒྱལ་པོ་འོད་གསལ་རྫོགས་པ་ཆེ། །རྨད་
བྱུང་འཁོར་ལོའི་འཕྲུལ་འགྲོས་ཇི་ལྟ་བར། །སྒྲིབ་མེད་ས་ལེར་གཟིགས་པ་ཁྱོད་མིན་སུ།༢།གང་གི་
བསྟན་ཞབས་འགྲོ་ཀུན་བསོད་ནམས་ཕུལ། །འདུ་བའི་ནད་ཀྱིས་གཅེས་པ་མངོན་སུམ་དུས། །གྲོང་
སྔགས་ཕལ་ཆེར་རྙིང་མར་ཁས་འཆེ་ངེས། །ཉོན་མོངས་དུག་ལྔ་བྱོལ་ཉོག་སྤྱོད་འདི་ལྟོས།༣།རྒྱུད་
ལས་བཀག་པའི་གྲོང་ཁྱེར་ཚོང་དུས་དབུས། །འཁོར་ཚོགས་བྱུང་རྒྱལ་མང་དུ་རབ་བསགས་ཏེ། །
ཉིང་འཛིན་ཕྱག་ལེན་བྲལ་བའི་ལྷ་སྒྲུབ་སོགས། །སྐད་གསང་དྲག་པོ་དབྱར་རྔ་བཞིན་དུ་སྒྲོགས།༤།
ཆོས་མིན་འཁོར་གྱིས་ཕུལ་བའི་ཡོ་བྱད་རྣམས། །ཁྲུ་གདལ་བུ་སྨད་ཀུན་ལ་ཡོངས་སྦྱིན་པས། །གསང་
སྔགས་བསྟན་ལ་བྱི་དོར་བྱས་ཞེས་ཟེར། །དེ་འདྲའི་ཡོན་མཆོད་བསོད་ནམས་གང་དུ་བསགས།༥།
ལམ་དུ་ཞུགས་དུས་ཤུགས་འགྲོ་དཀྲུས་ཐོག་ནས། །ཕག་དང་བྱི་བ་བྲ་བ་བྱིའུ་སོགས། །ས་རིའི་
འབེན་དུ་བཅས་ནས་ཕོག་གྱུར་ཆེ། །གནས་རྟའི་བ་དན་གྱེན་དུ་སློང་འདི་མཚར།༦།ཕུབ་དང་མདའ་
གཞུ་གྲི་མདུང་རྒྱན་དུ་འཆང་། །ཁྱི་དང་སྤྲེའུ་འདབ་ཆགས་རོལ་ཏུ་ཁྲིད། །གླུ་དང་ཆགས་གཏམ་ཚིག་
རྩུབ་ཅལ་སྒྲོག་སྨྲ། །དེ་འདྲའི་ཁོག་པ་གདོན་གྱིས་མ་ཁེངས་སམ།༧།འདོད་པ་སྤྱོད་ལ་འདབ་ཆགས་
མངོན་སུམ་བཞིན། །ཤ་ཁྲག་མཐོང་ན་སྲིན་པོ་ཁྲོས་པ་འདྲ། །ཚང་གིས་དྲེགས་ཆེ་སྒྲོག་རླུང་བཏེགས་
ལ་འབྲུ། །དེ་ཕྱིར་གསང་སྔགས་བསྟན་པ་མིང་ཙམ་བས།༨།འདི་འདྲ་མཐོང་ཚེ་དབང་ཕྱུག་ཆུང་མར་
བཅས། །སྙིང་རྗེའི་མཆི་མ་དྲག་ཏུ་ལྷུང་ངེས་ན། །འཁོར་བའི་གནས་ལ་འཇིགས་པའི་སེམས་ལྡན་
རྣམས། །དེ་ལ་བསྙེན་བཀུར་མཆོད་པ་གང་དུ་ཕན།༩།ཀྱེ་མ་དེ་འདྲའི་ལྷ་སྤྱོད་མ་བཟོད་ནས། །རྒྱལ་
བའི་གསུང་རབ་མདོ་སྔགས་མ་ལུས་ཀུན། །ཉམས་ལེན་ཚུ་བོ་གཅིག་ཏུ་གཞོལ་འདྲ་བའི། །གནད་
གཅིག་སྡོམ་གསུམ་སྙིང་པོ་འདི་མིན་གང་།༡༠།རྒྱལ་བའི་གསུང་རབ་རང་བཟོས་མ་བསྒྲིབ་པར། །ཇི་
བཞིན་གསལ་དག་དོན་མང་འགག་འགྲེལ་བའི། །བསྟན་བཅོས་འདི་ནི་སྟོང་གསུམ་རིན་པོ་ཆེས། །

བཀང་སྟེ་བརྩལ་ཀྱང་རྙེད་པའི་གོ་སྐབས་ཅི།།༡༡།ཕྱོགས་རེའི་མིག་ཅན་འགའ་ཡིས་སྡོམ་པ་གསུམ། །འགལ་འདུ་མཆིས་སྨྲ་འདི་ལྟའི་དོན་མཐོང་ཆེ། །ལུགས་སུ་ཁས་འཆེ་བའི་དུག་ལྔ་རང་མཚན་དུ་ཅི་དགར་སྤྱོད་འབབ་ཞིག་མཐོང་ནས། རྙིང་མ་བ་ཚད་ལྡན་རྣམས་ཀྱང་ལྟ་སྤྱོད་བྱུང་རྒྱལ་དུ་སྤྱོད་ཀྱི་དོགས་པའི་གཉེན་པོར་དད་ལྡན་མང་པོས་ཀྱི་སློབ་བུ་དུ་མས་བསྐུལ་བའི་རྐྱེན་བྱས་ཤིང་། རང་རེའི་གྲྭ་འབངས་རྣམས་ཀྱང་སྤང་བླང་གི་གནས་སྟོན་པའི་ཁྲིམས་སུ་བཅའ་བའི་ཡི་གེ་ཞིག་མེད་མི་རུང་དུ་ཡོད་པར་བརྟེན། ཆོས་ཐམས་ཅད་བརྗོད་བྱ་དང་བྲལ་བའི་དོན་རྟོགས་པའི་མཐུས་བརྗོད་ཀྱི་ཚིག་ལ་བློ་གྲོས་འབྲུམས་ཀླུས་ཤིང་། རྒྱལ་བའི་དབང་པོ་པདྨ་སམ་བྷ་ཝས་རྗེས་སུ་བཟུང་བའི་རྣལ་འབྱོར་པ་ལྷའི་བཙུན་པ་ཤཱཀྱའི་དགེ་སློང་ཀུན་བཟང་རྣམ་པར་རྒྱལ་བ་ཞེས་བགྱི་བས། ཡངས་པའི་འཛམ་གླིང་ཆེན་པོའི་སྐྲུབ་གནས་ཀུན་ལས་ཁྱད་དུ་འཕགས་པ་དཀྲ་བཅོམ་པ་དུ་མ་རྒྱལ་བསྟན་སྐྱེལ་ཕྱིར་འཚོ་ཞིང་གཞིས་ལ་གནས་བཅས་ཤིང་། རྒྱལ་བུ་ནོར་བཟང་སོགས་ཀྱི་བསྟི་གནས། རྒྱལ་དབང་པདྨས་བདེ་གཤེགས་ཡོན་ཏན་གྱི་ལྷ་ཚོགས། བདུད་རྩི་སྨན་གྱི་དཀྱིལ་འཁོར་དུ་ཞལ་བཀྱ་རྩ་བརྒྱད་ཕྱེ་ཞིང་། གཉགས་བན་ཛྙཱ་ན་ཀུ་མཱ་ར་ཡང་དཀྱིལ་འཁོར་དེ་ཉིད་དུ་གྲུབ་པ་བརྙེས་ནས་འཇའ་ལུས་མཁའ་སྤྱོད་གཤེགས་པའི་སྒྲུབ་གནས་ཁྱད་པར་ཅན། ཡར་ཀླུང་ཤེལ་རི་ལྷའི་ལྡིང་ཁང་དུ། ཆུ་སྟོད་ཟླ་བ་ཉ་ཡོས་སུ་གང་བ་དགེ་མཚན་དུ་མ་དང་ལྡན་པའི་དུས་སུ་བཀོད་པའི། ཡི་གེ་པ་នི་འཕགས་ནོར་བདུན་གྱིས་ཕྱུག་པའི་དཔལ་རི་དགེ་སློང་རིན་ཆེན་དབང་གི་རྒྱལ་པོས་བྱས་པ་སྟེ། །འདིས་ཀྱང་སྔ་འགྱུར་རྒྱལ་བའི་བསྟན་པ་རྣམ་པར་དག་པ་ཕྱོགས་ཐམས་ཅད་དུ་དར་ཞིང་རྒྱས་ལ་ཡུལ་རིང་དུ་གནས་པར་གྱུར་ཅིག །མངྒ་ལཾ།། །།

༄ རྒྱལ་དབང་ལྷ་བཙུན་ཆེན་པོ་ལ་ན་མོ། ཨོཾ་སྭ་སྟི། མོན་བོད་མཚམས་གནས་ཨོ་རྒྱན་པདྨ་ཡིས། །ཕྱི་རབས་དོན་དུ་བྱིན་བརླབས་སྦས་ཡུལ་མཆོག །འབྲས་གཤོངས་ཆར་གདོགས་དོ་ལུང་ཞེས་འབོད་པའི། །སྐྱེ་བོས་བགྲོད་དཀའ་ལུང་ཀྱོག་རི་བྲག་བཙན། །ལྷ་བཙུན་གཉིས་པས་ཞབས་བཅགས་དགོན་གོག་དེར། །སྟོན་ཆེ་མདོ་སྔགས་ཆོས་ཀྱི་གླེགས་བསམ་སོགས། །བརྐྱངས་ནས་ད་བར་བགྲང་བྱ་བརྒྱ་ཕྲག་གསུམ། །ལྷག་བཅས་འདས་ཀྱང་འབྱུང་བས་ཆུད་ཟོས། །གཞན་བདག་ཆོས་

སྤྱང་མཐུ་ཡིན་ཨ་ལ་ལ། །དེང་སང་ཀུན་ལ་སྣང་བའི་བདག་རྐྱེན་ནི། །སྨོན་ལམ་ལས་སད་ཆོས་རྒྱལ་ཞལ་འཆོ་བ། །དབང་ཕྱུག་རྣམ་རྒྱལ་ཐུགས་རྒྱུད་ལྷས་བསྐུལ་ཏེ། །སྙིང་བསྟན་སྤྱི་དང་བྱེ་བྲག་ལ་སྨན་ཕྱིར། །ཆེད་གཏད་གནས་དེ་ར་ཕེབས་ནས་དཔེ་དགོན་པོད། །བཅུ་ཕྲག་གཉིས་ཙམ་ཕྱུངས་ཏེ་བསྣམས་བྱུང་བ། །ཀོ་བོ་ཀཿཐོག་བན་རྒན་སངས་རྡོར་ངའི། །འབྲེན་བྱེད་ལམ་དུ་སོན་པའི་དེ་མ་ཐག །དགའ་སྤྲོད་ཚད་མེད་དང་ནས་དཔེ་འཇལ་ཞུས། །རྒྱལ་པོའི་སྲས་ལའང་ཚིག་གི་ལེགས་སྐྱེས་ཕུལ། །ནམ་མཁའ་འཇིགས་མེད་མཁས་དང་གྲུབ་བརྙེས་ཀྱི། །གྲགས་པས་ས་སྟེང་བཀང་དེའི་རྡོ་རྗེ་གསུངས། །སྡོམ་གསུམ་སྙིང་པོ་འདི་ཉིད་སྔ་འགྱུར་བའི། །ལམ་རིམ་མ་ནོར་ཡང་དག་ཡིན་ཤེས་ནས། །རང་ཟློས་མ་བསླད་ཡི་གེའི་དག་ཞུས་དང་། །མ་ཕྱི་བཤུར་མ་ཀུན་གྱི་གཟིགས་བདེའི་ཁྱད། །དབུ་ཅན་ལུགས་སུ་དཔེ་བཤུས་སྤར་བཏབ་ནས། །སྔ་འགྱུར་ཆོས་ལུགས་འཛིན་པ་ཐམས་ཅད་ལ། །ཆོས་སྦྱིན་བགྱིད་པར་དམ་དུ་འཆའ་འདིའང་། །ངས་བྱས་ངོ་སོ་མ་ཡིན་ལོ་རྒྱུས་ཡིན། །འདི་དོན་ཆེ་བས་ཀུན་གྱི་ཐུགས་ལ་ཞོག །འཕགས་བོད་བཀའ་དང་བསྟན་བཅོས་གཞུང་དཔང་བཀོད། །མན་ངག་ཉམས་ལེན་གནད་དྲིལ་སྡོམ་གསུམ་འདི། །སྟོང་གསུམ་གསེར་གྱིས་གང་བྱིན་དོ་ཟླ་མིན། །ཡིན་ལུགས་ཤེས་མཁན་བྱ་རོག་དཀར་པོའི་དཔེར། །མཐོང་ནས་ཡིད་ཕམ་སྒྲོག་རྒྱར་དྲི་གཞོན་འཚང་། །གྲོགས་དག་སེམས་ཤིག་ཡོད་ན་ནང་དུ་ཁྲུག །དེ་ནི་ཨོ་ལོའི་སེམས་པ་ནགས་སུ་ཤོར། །དགེ་བ་འདི་ཡི་གཤེགས་སྙིང་ཁྱབ་བོ་ཅོག །བླ་མེད་འོད་གསལ་རྫོར་སྙིང་ལམ་ཞུགས་ནས། །ཕྱུམ་གཅིག་ཀུན་བཟང་དགོངས་ཀློང་འུབ་ཆུབ་སྟེ། །ཡང་དག་མངོན་རྫོགས་སངས་རྒྱས་ཐོབ་པར་ཤོག །

ཅེས་པའང་ཀློང་ཆེན་རབ་འབྱམས་ཀྱི་རྣམ་འཕྲུལ་རྗོད་པ་དང་བྲལ་བ་རིགས་བདག་མཚུངས་མེད་རྗེ་བཙུན་ངག་གི་དབང་པོའི་བཀའ་དྲིན་གྱིས་འཚོ་བའི་སྤྲང་འབྱམས་འདུ་ཤེས་གསུམ་པ་སངས་རྒྱས་རྡོ་རྗེས་རང་ལོ་གྱ་གཉིས་སུ་སོན་པ་རབ་ཆེས་དངོས་པོའི་ལོ། གྲོ་བཞིན་ཟླ་བའི་ཤར་ཕྱོགས་ཀྱི་རྒྱལ་བ་དང་པོ་ལ་ནི་པཱ་ལའི་རྒྱལ་སའི་ལྷོ་ནུབ་ཕྱོགས་ཀྱི་རི་བོ་མཐོན་པོའི་མགུལ་ཧྨ་མན་ཞེས་ནགས་ཚལ་གྱི་དྲྭ་བ་འཁྲིགས་པའི་ལྗོངས་ཉམས་དགའ་བའི་མགྲོན་ཁྱིམ་དུ་སྦྱར་བ་སྟེ། འདིས་ཀྱང་ཐུབ་བསྟན་སྙིང་པོ་རྒྱལ་དབང་པདྨའི་རིང་ལུགས་དྲི་མ་མེད་པ་ཕྱོགས་དུས་ཀུན་ཏུ་དབྱར་མཚོ་ལྟར་རྒྱས་

ཞིང་ཡུན་རིང་དུ་གནས་པའི་རྒྱུར་གྱུར་ཅིག །སརྦ་དཱ་ཀལྱཱ་ཎཾ་བྷ་ཝ་ནྟུ།། །།

༄༅། །བཻཌཱུར་ཤུདྡྷསྱ་རཨེཕྃཏྲཀཱཏིཿསྱཙྪཡཕཊཱཤིཀཱསམུཙྪཱཡཧིསསྦྲརསྭཀྲཱཧྀཾགཧྲཱ

ཀཱཤཀཱརནཱམབིཧརཏིསྨ། །

༄༅། །ཨེ་ཝཾ་ལྟོག་སྐར་གྱི་བཅའ་ཡིག་བསླབ་བཏུས་སྡོམ་གསུམ་ལམ་གྱི་སྙིང་པོ་

གསལ་བྱེད་བཻཌཱུར་དག་པའི་མེ་ལོང་

ཞེས་བྱ་བ་བཞུགས། །

ཛོ་བྲག་པདྨ་འཕྲིན་ལས།

ན་མཿམ་ཧཱ་སན྄ཏི་ཡེ། ཆོས་དབྱིངས་རྣམ་དག་རྟོག་པ་མ་ལུས་ཀུན་ནས་བྲལ་བ་གདོད་མའི་རྒྱལ་བ་ཀུན་ཏུ་བཟང་། །མ་འགགས་རྩལ་མདངའ་མི་གཡོ་མི་འགག་རྟོག་འདུལ་ཞི་ཁྲོ་དམ་པ་རིགས་བརྒྱའི་དཀྱིལ་འཁོར་ལྷ། །གཅིག་དང་དུ་བྲལ་བྱང་ཆུབ་སྙིང་པོ་འདུས་མ་བྱས་པའི་དཀྱིལ་འཁོར་ཀུན་དང་གཉིས་མེད་ལྡན། །བླ་མ་མཆོག་ལ་སྒོ་གསུམ་དད་པས་ཐལ་མོ་སྦྱར་ཏེ་སྤྱི་བོས་བཏུད་ནས་གུས་ཕྱག་འཚལ། །

ན་མོ་གུ་རུ་ཝེ། བླ་མ་དམ་པ་རྗེ་བཙུན་པ་རྣམས་དང་ལྷག་པའི་ལྷ་འཁོར་རྒྱ་མཚོའི་རྟལ་སྙིད་དང་བཅས་པ་རྣམས་ལ་ཕྱག་འཚལ་ཞིང་སྐྱབས་སུ་མཆིའོ། །བརྩེ་བ་ཆེན་པོས་བདག་དང་སེམས་ཅན་ཕ་བརྒྱུད་སློབ་མར་བཅས་པ་དུས་དང་རྣམ་པ་ཀུན་ཏུ་བསྐྱང་དུ་གསོལ། ཞེས་མདངའ་རིས་པཎྜི་ཏ་ཆེན་པོ་པདྨ་དབང་རྒྱལ་རྡོ་རྗེའི་གསུང་ལྟོག་སྐར་སྒྲིགས་ཀྱི་བཀའ་ཡིག་རིན་པོ་ཆེ་དབང་གི་རྒྱལ་པོ་རྡོ་རྗེའི་གཟི་འོད་འབར་བ་ཞེས་བྱ་བའི་མཆོད་པར་བརྗོད་པའོ། །

སྭ་སྟི། ཐུགས་རྗེའི་བདག་ཉིད་སྟོན་པ་རྫོགས་པའི་སངས་རྒྱས་དང་། །ཆགས་བྲལ་ལུང་རྟོགས་བསྟན་པ་ཞི་བ་དམ་པའི་ཆོས། །ལྷ་མིའི་མཆོད་འོས་ཚོགས་མཆོག་འཕགས་པའི་དགེ་འདུན་ཏེ། །བསླུ་མེད་སྐྱབས་གསུམ་བྱང་ཆུབ་བར་དུ་གུས་པས་འདུད། །དུས་གསུམ་རྒྱལ་ཀུན་མཁྱེན་བརྩེ་ནུས

པའི་ཞུལ། །གཅིག་བསྡུས་རྒྱལ་བའི་རྒྱལ་ཚབ་ཨོ་རྒྱན་རྗེ། །ཐུབ་དབང་བསྟན་པའི་སྒྲོན་མེ་རྡོ་རྗེ་འཆང་། །འཁོར་ལོའི་མགོན་པོ་མཆོག་དེར་ཕྱག་བགྱིའོ། །

ཞེས་མཆོད་པར་བརྗོད་ནས། ཐུབ་བསྟན་ཨེ་ཝཾ་ལྕོག་སྒར་གྱི་དགེ་འདུན་འདུས་པའི་སྡེའི་བླང་དོར་གྱི་རིམ་པ་གསལ་བར་སྟོན་པའི་བཅའ་ཡིག་བསླབ་བ་ཀུན་ལས་བཏུས་པ་སྡོམ་གསུམ་ལམ་གྱི་སྙིང་པོ་གསལ་བྱེད་བཻཌཱུར་དག་པའི་མེ་ལོང་ཞེས་བྱ་བ་འཆད་པར་བྱ་བ་ལ། སངས་རྒྱས་ཀྱི་བསྟན་པ་རིན་པོ་ཆེར་ཞུགས་པའི་ཉམས་ལེན་ཐམས་ཅད་སྡོམ་པ་གསུམ་དུ་འདུ་ལ། དེ་ལ་ཡང་འཆད་ཚུལ་མང་དུ་ཡོད་ཀྱང་། འདིར་སོ་ཐར། བྱང་སེམས། གསང་སྔགས་གསུམ་གྱི་ལམ་དང་སྦྱར་ཏེ་འཆད་པའི་དང་པོ་སོ་ཐར་ནི་ཁྲིམས་ལྡན་གྱི་སྡེ་འདིར་འཇུག་སྒོ་ཐོག་མར་སོ་སོ་ཐར་བའི་སྡོམ་པ་ལེན་པའི་ཚེ་རབ་བྱུང་གི་གཞིའི་སྐབས་སུ་གསུངས་པ་ལྟར་བར་ཆད་ཀྱི་ཆོས་རྣམས་ལེགས་པར་བརྟག་ཅིང་། ན་རྒན་གཞོན་གྱི་ཁྱད་པར་ཡང་ལོ་ཉི་ཤུ་རྩ་འདྲིན་ལས་བརྒལ་བའི་རྒན་ཞུགས་དང་། ལོ་བཅུ་གཉིས་ལས་གཞོན་པའི་བྱིས་པ་མ་ཡིན་པ། འདུལ་བ་ནས་ལོ་བཅོ་ལྔ་ལོན་པ་བྱ་རོག་སྐྲོད་མི་ནུས་པ་དང་། ལོ་བདུན་མ་ལོན་པ་བྱ་རོག་སྐྲོད་ནུས་པ་སོགས་ཀྱི་ཁྱད་པར་ཡོད་ཀྱང་ཡུལ་དུས་དང་བསྟུན་པའི་རྒན་གཞོན་གོང་གསལ་ལྟར་ལ། རིགས་དང་སྐྱེ་བས་ཁྱད་པར་འཕགས་པ་སོགས་ནི་དེར་མ་ལྟོས་ལ། གཙོ་བོར་གྲྭ་ས་གཞན་དུ་གྲུབ་མཐས་བློ་བསྒྱུར་ཟིན་པའི་རིགས་དང་། བརྐུ། རྫུན་མི་ཚངས་སྤྱོད། སྲོག་གཅོད། དབྱེན་དཀྲུག་སོགས་བསྟན་བཤིག་བྱས་རིགས་དང་། མདོ་བཞིས་ཀྱི་མཚམས་གཅོད་སོང་རིགས་དང་རྩོད་གཞི་ཅན་དང་། འཕྲུལ་རྐྱེན་འགའ་ཞིག་ལ་བརྟེན་པའི་འཇིགས་སྐྲབས་ཀྱི་ཆོས་བྲོས་དང་། མཛེ་ཅན་སོགས་ནད་ཕྱུ་ཅན་དང་། རིགས་ངན་ཁ་གོས་མི་འགྲོ་བ་དང་། ཞྭ་ལོང་འཐེང་པོ་སོགས་ལུས་ཀྱི་བྱི་བྱད་མི་མཛེས་པའི་དབང་པོ་སྐྱོན་ཅན་གྱི་རིགས་ཡིན་མིན་སོགས་ལེགས་པར་བརྟགས་ཏེ་ཞུགས་སུ་རུང་བའི་རིགས་ལ་འཇུག་ཇ་སོགས་ཐོ་ཟུར་གསལ་ལྟར་ལུགས་མཐུན་ཁྲལ་ཆོས་སུ་མ་སོང་བ་དང་། རབ་བྱུང་གི་རྟགས་ཆ་ལུགས་བན་ཆས་ཆ་ཚང་། སྲིགས་ཆས་ཆོས་གོས་ལྷུང་བཟེད། སྦྱར་འདིང་། རྩེ་ཞྭ་སོགས་རུང་མཐུན་ངོས་དགེ་བསྙེན་དང་བར་མ་རབ་བྱུང་དགེ་ཚུལ་ཕན་འཕྲུལ་དུ་སྒྲུབ་ཅིང་། བསྙེན་རྫོགས་ཉེས་མེད་ཕུན་ཚོགས་ལོ་ཉི་

ཤུ་ནས་བསྒྲུབས་ཆོག་ཀྱང་། བསླབ་གྲལ་སོགས་ཀྱི་ཁྱད་ནས་སྒྲུབ་ཐུས་ན་བསླབ་བྱ་ལ་སློབ་མི་ནུས་པའི་སྙིང་ཆོ་ག་ཕྱག་ལེན་སློབ་གཉེར་སོགས་ལ་གནོད་པར་འདུག་པས་རྒྱན་གྲྭར་སླེབ་ཉེ་བའི་སྒྲུབ་འོས་མ་གཏོགས་མི་སྒྲུབ། ཡོངས་རྫོགས་དགེ་བསྙེན་གྱི་བསླབ་པའི་གཞི་ལྔ་དང་། དགེ་ཚུལ་གྱི་བསླབ་བྱ་རྩ་བ་བཞི་དང་ཆང་། གར་སོགས་ཕྲེང་སོགས། ཁྲི་སྟན་ཆེ་མཐོ། ཕྱི་དྲོའི་ཁ་ཟས། གསེར་དངུལ་ལེན་པ་སྟེ་རགས་པ་བཅུ་དང་། ཕྲ་ཞིབ་ཆོས་གོས་ལྷུང་བཟེད་འཆང་འབྲལ་ནས་ས་བོན་འཇོམས་པའི་བར་གྱི་ཉེས་མེད་བཅུ་གསུམ་དང་། གོས་རྒྱུ་ཟླ་འཛོག །དགོན་པའི་འབྲལ་སྤང་། གསོག་འཛོག་རྣམས་དགེ་ཚུལ་ལ་གནང་བ་མ་གཏོགས་ཕྲ་ཞིབ་ཕལ་ཆེར་དགེ་སློང་དང་མཚུངས་པས་སྤང་བླང་ཞིབ་པར་བྱ་ཚུལ་དགེ་ཚུལ་གྱི་ཚིག་ལེ་ལྔ་བཅུ་པ་སློབ་དཔོན་དགེ་འདུན་བཟང་པོས་མཛད་པ་སོགས་སུ་ཤེས་པར་བྱ་དགོས་ལ། དགེ་སློང་རྣམས་ཁྲིམས་ཉིས་བརྒྱ་ལྔ་བཅུ་རྩ་གསུམ་གྱི་བསླབ་བྱ་མཐའ་དག་ལ་འདུལ་བ་ནས་ཇི་ལྟར་བཤད་པར་ལྟར་སློབ་དགོས་ཤིང་། དེ་ལ་ལྟུང་བ་སྡེ་ལྔ་ཤེས་དགོས་པས་ལྔ་ནི་ཕམ་པའི་སྡེ། ལྷག་མའི་སྡེ། ལྟུང་བྱེད་ཀྱི་སྡེ། སོར་བཤགས་ཀྱི་སྡེ། ཉེས་བྱས་ཀྱི་སྡེ་དང་ལྔའོ། །

དེ་ལ་ཕམ་པ་བཞིའི་དང་པོ་མི་ཚངས་སྤྱོད་དངོས་ཁྲིམས་ལྡན་གྱི་སྡེར་ཅུང་ཟད་འབྱུང་དཀའ་ཡང་། དུད་འགྲོ་སྐྱེས་པ་བུད་མེད་སོགས་ལ་དྲུད་པའི་མཐར་ཐུག་སིམ་པ་ཐོབ་ན་ཚངས་སྤྱོད་ལས་ཉམས་པར་གསུངས་པས་དྲན་ཤེས་བསྟེན་དགོས། ཕམ་པ་གཉིས་པ་མ་བྱིན་ལེན་པར་ཡུལ་དུས་རིན་ཐང་གི་ཁྱད་པར་སོགས་དང་། འཇབ་བུས་བརྐུ་བ་དང་། བླ་དཔོན་གྲྭ་ས་ལྷག་འཕྱུར་གྱི་དབང་ཤེད་ལ་བརྟེན་གཞན་གྱི་རྒྱུ་ནོར་སོགས་མཐུས་འཕྲོག་པ་དང་། གྲྭ་པ་ནང་ཁྲུལ་གྱི་འཚོ་བཅང་གི་དངོས་པོ་བཟའ་བཏུང་ཐ་ན་ཁབ་སྐུད་ཡན་ཆད་བརྐུ་འཕྲོག་སློང་གསུམ་གཞོགས་སློང་ཚོང་ཁེ་འབུན་སྐྱིད་སོགས་འོས་མིན་གྱི་བྱ་བ་མཐའ་དག་ལ་ཞིབ་མོར་མ་དཔྱད་ན་སྡོམ་པོར་འགྱུར་བ་ལ་ཆོགས་མེད། གཞན་གྱི་ཇུས་ཆེ་བ་ལྟ་ཅི། རྩང་བ་གྲི་ཁབ་ཙམ་རྙེད་ཀྱང་སྤྲས་ཏེ་ཚགས་བྱར་མི་རུང་སྟེ། མེ་ཏོག་ཕྲེང་བརྒྱུད་ལས། གྲི་ཁབ་ལ་སོགས་རྙེད་གྱུར་ན། །གཙུག་ལག་ཁང་སྐྱོང་དག་ལ་གཏད། །ཇི་ལྟར་ཕྱིན་པ་ལྟར་ཡང་བྱ།

པར་བྱ། །སུ་ཡང་ངོ་ལེན་མེད་ན་ནི། །ཅི་བདེ་བར་ནི་ཚོགས་ལ་དབུལ། །ཞེས་གསུངས་པའི་ཕྱིར། ཕམ་པ་གསུམ་པ་སྲོག་གཅོད་ཀྱི་སྐབས་འདིའི་དངོས་བསྟན་མི་ཡིན་ཀྱང་གཞན་འཆི་བའི་ཐབས་དུག་སྦྱོར་དང་དམག་འཁྲུག་སློང་བ། ངན་སྔགས་ཀྱི་སྦྱོར་བ་སོགས་ཁ་ཡངས་པས་བག་ཟོན་ཆེར་དགོས། ཕམ་པ་བཞི་པ་རྫུན་ལ་འདུ་ཤེས་བསྒྱུར་བའི་རྫུན་ཆླབས་པོ་ཆེ་དང་། སྔགས་པ་འདི་ཟོབ་ཆེ་བས་ལྷ་མཐོང་འདྲེ་མཐོང་མངོན་ཤེས་ནུས་མཐུ་ཡོད་རློམ་གྱིས་ཁྱིམ་པར་མགོ་སྐོར་གྱི་ཐབས་རྟེན་འབྲེལ་དང་། གཙོ་བོར་དགེ་འདུན་དང་མཁན་སློབ་མཆེད་གྲོགས་ཀྱི་དབྱེན་སེལ་འཛུག་གཞན་ལ་ཁ་གཡོགས་སོགས་ལ་བརྟེན་པ་འབྱུང་ཉེ་བས་དྲན་ཤེས་ཀྱིས་ཟིན་པ་དགོས། གཉིས་པ་ལྷག་མ་བཅུ་གསུམ་གྱི་དང་པོ་ལ། སོ་ཐར་ལས། བསམས་བཞིན་དུ་ཁུ་བ་ཕྱུངས་ན་རྨི་ལམ་གྱི་མ་གཏོགས་ཏེ་དགེ་འདུན་ལྷག་མའོ། །ཞེས་གསུངས་པས་ལྷག་མ་དང་པོ་འདི་སྤྱད་ན་སོ་ཐར་གྱི་ལྷག་ལྟུང་། བྱང་སེམས་ཀྱི་རྩ་བ། ཁྱད་པར་གསང་སྔགས་ཀྱི་ལུགས་ལ་རྡོ་རྗེའི་ལུས་ལ་རྩ་རླུང་ཐིག་ལེ་གནས་པ་སྲོག་རྩ་དང་ཆོས་མཚུངས་པས་ཀུན་རྫོབ་རྒྱུའི་ཐིག་ལེ་མ་ཉམས་པ་ལ་འབད་དགོས་ཏེ། དགེ་འདུན་ལྷག་མའི་རལ་གྲི་ཡིས་རང་གི་མགོ་ནི་གཅོད་པར་བྱེད། ཅེས་གསུངས་པའི་ཕྱིར་ཉེས་དམིགས་ལྟེ་བ་ལ་བསམས་ཏེ་འབད་པས་བསྲུང་དགོས་ལ། གནས་སྐབས་སུ་ལུས་སྟོབས་ལང་ཚོ་དབང་པོ་ཉམས་ཤིང་དྲན་པ་དང་ཤེས་རབ་འགྲིབ། མི་མ་ཡིན་འདྲེ་སྲིན་གྱིས་གླགས་རྙེད། ནད་དང་གདོན་འཛུག །ཚེ་ཐུང་བ་སོགས་སྐྱོན་མང་ཞིང་། རྒྱུའི་ཐིག་ལེ་མ་ཉམས་པར་བསྲུངས་ན་སྡོམ་པ་གསུམ་གྱི་རྟེན་བྱེད། ཚུལ་ཁྲིམས་གཙང་བས་ཆོས་སྲུང་འགོ་ཞིང་གྲོགས་བྱེད། ནད་དཀོན། ཚེ་རིང་། ལུས་སྟོབས་རྒྱས། འོད་དང་མདངས་ཆགས་པ་སོགས་འབྱུང་སྟེ། ཚུལ་ཁྲིམས་ལྡན་པའི་དགེ་སློང་འོད་དང་ལྡན། ཞེས་དང་། ཇི་ལྟར་སྤྲུལ་གདུག་ཀླུ་ཆེན་ནག་པོ་ཡང་། །ཚུལ་ཁྲིམས་ལྡན་ལ་གནོད་མེད་གཞན་ཅི་སྨོས། ཞེས་སོགས་གསུངས་པའི་ཕྱིར་རོ། །ལྷག་མ་གཉིས་པ་བུད་མེད་ལ་ཆགས་སེམས་ཀྱིས་རེག་པ་དང་། གསུམ་པ་འཁྲིག་ཚིག་རྗེན་སླ་སྟེ་བཙོག་གཏམ་སྨྲ་བ་དང་། བཞི་པ་ཆགས་ཕྱིར་བུད་མེད་ལ་འཁྲིག་པའི་བསྙེན་བཀུར་གྱི་བསྔགས་པ་བྱེད་པ་དང་། ལྔ་པ་ཁྱིམ་པ་འདུན་མ་བྱེད་པའི་གཉེན་ཁ་བ་དང་། ཞར་བྱུང་དེ་དང་རྗེས་འབྲེལ་བག་རྩིས་རྟ་གཅོག་སོགས་བྱེད་

པ་དང་། དྲུག་པ་ཁང་པ་རང་གི་གནས་ཁང་ལྷ་ཁུ་དང་། བདུན་པ་ཁང་ཆེན་གཙུག་ལག་ཁང་བརྩིག་པ་སོགས་ལུང་བཞིན་བྱ་དགོས་ཀྱང་འདུལ་བ་ཡུལ་སྲོལ་དང་བསྟུན་པའི་དཔེས་ཙུང་ཟད་སླ། བརྒྱད་པ་གཞི་མེད་ཀྱི་སྐྱུར་འདེབས་འདི་མཚང་ཤིན་ཏུ་ཆེ་བས། དགེ་སློང་ཚུལ་ཁྲིམས་རྣམ་དག་ལ་ཕྲག་དོག་དང་གཡོ་སྒྱུས་མཐོང་ཐོས་དོགས་པའི་གཞི་མེད་པར་ཁྲིམས་འཆལ་གྱི་སྐྱུར་འདེབས་མི་བྱ། དགུ་པ་བག་ཙམ་གྱི་སྐྱུར་འདེབས་བྱེད་པ་ནི་དགའ་སྡུག་ཕྲན་ཚེགས་ལ་བརྟེན་པའི་ཅལ་སྒྲོག་གི་ཕམ་པ་བཞི་གང་རུང་གི་སྒྲོ་སྐྱུར་འདེབས་པ་དང་། བཅུ་པ་དགེ་འདུན་གྱི་དབྱེན་འདི་ཤིན་ཏུ་འབྱུང་ཉེ་བས་བདུད་སྡིག་ཞུགས་ཀྱི་ཕྲ་མ་ཅན་དག་གིས་དགེ་འདུན་མཐུན་པ་དབྱེ་བ་དང་། བཅུ་གཅིག་པ་དབྱེན་དེའི་རྗེས་ཕྱོགས་གཙོ་བོར་དགེ་འདུན་དབྱེན་གྱི་གྲོགས་བྱེད་པ་དང་། དེ་བཞིན་དུ་མཁན་སློབ་ཚངས་པ་མཚུངས་པར་སྤྱོད་པའི་གྲོགས་དགེ་རྒན་དང་དགེ་གཞོན་མདོར་ན་ཁྱིམ་པ་ཚུན་ཆད་ཀྱི་ནང་དབྱེན་མི་བྱ་ཞིང་ཆོས་ལྡན་གྱི་ལས་གསོལ་བཞིའི་ཚོགས་ཀྱང་མ་བཟློག་པར་བསླབ་པ་དང་འགལ་བ་དང་། ཁྱད་པར་འདི་དང་རྗེས་འབྲེལ་ཁམས་ཚན་ཕྱོགས་ལངས་ཡུལ་ཚོ་གྲྭ་སྡེབས་ཀྱི་བསྟན་བཤིག་བྱེད་པ་ཡང་འདིར་འདུས་པས་དེ་རིགས་མི་བྱ་བ་གལ་ཤིན་ཏུ་ཆེ་བར་སྣང་། བཅུ་གཉིས་པ་ཁྱིམ་སུན་འབྱིན་གྱི་ལས་ཆང་འཐུང་གླུ་ལེན་བྲོ་འཁྲབ་སོགས་རྩེད་སྤྱོད་རྩ་རྒྱལ་དང་མི་འོས་པའི་བསོད་སྙོམས་ནན་གྱིས་ལེན་པ་བུ་ལོན་དང་འབུན་གཏེ་འཛིན་པ་ཁྲལ་འུ་ལག་འགེལ་བ་སོགས་ལ་བརྟེན་ཁྱིམ་པ་རྣམས་དགེ་འདུན་ལ་མ་དད་པ་སོགས་བྱེད་པ་དེ་ལ་བསྐྲད་པའི་ལས་བྱས་པར་དང་དུ་མི་ལེན་པར་བརྙས་པ་དང་སྐྱུར་འདེབས་བྱེད་པ་དང་། བཅུ་གསུམ་པ་ལྟུང་བ་བྱུང་བ་ལ་ཕྱིར་བཅོས་མི་ཉན་པར་བཀའ་བློ་མི་བདེ་བ་བྱེད་པ་སྟེ་ལྷག་མ་བཅུ་གསུམ་མོ། །འདི་ར་མ་ངེས་པའི་ཆོས་གཉིས་སོ་ཐར་གྱི་མདོར་ཡོད་ཀྱང་ཉིས་བརྒྱ་ང་གསུམ་ལ་མི་འདྲེན་ཕྱིར་འདུལ་འཛིན་རྣམས་གྲངས་ངེས་ཀྱི་སྐབས་སུ་འདྲེན་སྲོལ་མི་སྣང་ངོ་། །གསུམ་པ་སྤང་ལྟུང་སུམ་ཅུའི་སྐབས་ལས་བཅུ་ཚན་དང་པོའི་འཆང་འབྲལ་འཇོག་གསུམ་གྱི་དང་པོ་ལྷག་པོའི་ཡོ་བྱད་གསུམ་ལས་ལྷག་པ་ཞག་བཅུ་འདས་པར་འཆང་བ་ལྟུང་བར་བཤད་ཅིང་། གཉིས་པ་འབྲལ་བ་ནི་ཆོས་གོས་དང་འདིང་བ་སྣམ་སྦྱར་སོགས་ཞག་གཅིག་ཀྱང་མི་འབྲལ་ཞིང་ཉིན་འཁོར་ལྷ་ཁུ་མ་གཏོགས་འབྲལ་སྤང་ངེས་པར་བྱེད་

དགོས། ཆོས་གོས་མེད་པར་ཞག་སྐྱོད་བྱེད་པ་སོགས་མི་རུང་ངོ་། །གསུམ་པ་གོས་རྒྱ་ བླ་འཛོག་ནི་ཡུལ་དུས་ཀྱི་ཁྱད་ནས་ཚུལ་བཞིན་དཀའ། བཞི་པ་འགྲུར་འཛུག་གི་ལྟུང་བ་ནི་དགེ་སློང་མ་ཉེ་དུ་མ་ཡིན་པ་གོས་འགྲུར་འཛུག་པ་དངོས་བསྟན་ཡིན་ཀྱང་ཤུགས་བསྟན་བུད་མེད་ལ་སྨད་གཡོགས་སོགས་འགྲུར་འཛུག་མི་རུང་བ་ཡིན། ལྔ་པ་ལེན་པ་ནི་དགེ་སློང་མ་ལས་གོས་ལེན་པ། དྲུག་པ་སློང་བ་ནི་ཉེ་བ་མ་ཡིན་པའི་ཁྱིམ་པ་ལ་གོས་སློང་བ། དེ་བཞིན་དུ་སྟོད་དཔྱད་གནས་ཁང་འབྲུ་བཟའ་བཏུང་སོགས་སློང་བའོ། །བདུན་པ་སྟོད་གཡོགས་སྨད་གཡོགས་ནི། ཁྱིམ་པས་སྟེར་ན་སྟོད་གཡོགས་སྨད་གཡོགས་ལྷག་པོར་ལེན་པ་དང་། བརྒྱད་པ་རིན་ཐང་ངམ་དཔགས་པ་སློང་བ་ནི་རང་ལ་བསྔོས་པ་མ་འཕངས་བཞིན་དུ་འབུལ་ཡོང་མེད་པར་བླངས་ཏེ་ཐོབ་པ་དང་། དགུ་པ་སོ་སོ་ཞེས་པ་ལྷག་པོར་དཔགས་པ་སློང་པ་དང་། བཅུ་པ་རིན་བསྐུར་བ་ནི་གོས་ཀྱི་རིན་དུ་རིན་པོ་ཆེ་བསྐུར་བ་ལེན་པ་བདག་གིར་བྱེད་པ་སྟེ་བཅུ་ཚན་དང་པོ་དང་། བཅུ་ཚན་གཉིས་པའི་དང་པོ་དགོན་སར་སྲིན་བལ་འབའ་ཞིག་གིས་ནང་ཚངས་བྱས་པའི་སྟན་གསར་པ་བྱེད་པ་དང་། གཉིས་པ་བལ་ནག་དགོན་སར་ལུག་བལ་ནག་པོ་འབའ་ཞིག་གིས་སྟན་བྱེད་པ་དང་། གསུམ་པ་ནི་ཆ་བཞིར་བྱས་པའི་དཀར་པོ་དང་འཕོབ་བལ་ཆ་གཉིས། ནག་པོ་ཆ་གཉིས་ལས་ལྷག་པར་བྱེད་པའོ། དེ་ཡང་གཉའ་བ་ནས་སྐྱེས་པ་ལ་དཀར་པོ། མགོ་དང་རྐང་བ་དང་ལྟོ་བ་ནས་སྐྱེས་པ་ལ་འཕོབ་བལ་ཡིན་ཅེས་བཤད། བཞི་པ་ནི་དེ་ལྟ་བུའི་སྟན་ཡོད་བཞིན་དུ་ལོ་དྲུག་མ་སོང་བར་སྟན་གསར་པ་བྱེད་པ་དང་། ལྔ་པ་ནི་གདིང་བ་རྙིང་པ་བདེ་བར་གཤེགས་པའི་མཐོ་གང་ཚད་ལྡན་ཡོད་བཞིན་དུ་གསར་པ་བཟོ་བ་དང་། དེ་ཡང་ཆུ་ཞིང་ཚད་ལྡན་གྱི་ཁྲུ་ཕྱེད་དོ་མ་གླན་པར་རྙིང་པ་བོར་ཏེ་གསར་པ་འཆང་བའོ། །དྲུག་པ་ནི་དགེ་སློང་རང་གིས་ལམ་དུ་ལུག་བལ་ནག་པོ་སོགས་ཀྱི་ཁུར་པོ་ཤིན་ཏུ་ཆེ་བ་ཆགས་སེམས་ཀྱིས་འཁུར་ན་དཔག་ཚད་གསུམ་ཚུན་ཆད་དང་། དགེ་ཚུལ་སོགས་འཁྱེར་མཁན་ཡོད་བཞིན་དུ་འཁུར་ན་རྒྱང་གྲགས་གཅིག་ཏུ་སོང་ནའོ། །བདུན་པ་ནི་ཉེ་དུ་མ་ཡིན་པའི་དགེ་སློང་མ་ལ་རང་དོན་དུ་བལ་འབྲུ་བ་དང་འཚེད་པ་དང་རྨེལ་དུ་བཅུག་ནའོ། །དེ་བཞིན་དུ་ཉེ་དུ་མ་ཡིན་པ་མཚན་མི་མཐུན་པ་ཡང་དེ་ལྟར་རོ། བརྒྱད་པ་ནི་རང་གི་ལག་གིས་གསེར་དངུལ་ལེན་ལའམ་ལེན་དུ་འཇུག་ནའོ། །དགུ་པ་ནི་མངོན་

མཚན་ཅན་གྱི་སྤྱོད་པ་སྣ་ཚོགས་པ་དག་དང་། རྗེས་སུ་འབྲེལ་བའི་ཕྱོགས་མཚུངས་བུ་ལོན་གཏོང་ཞིང་འབུན་སྐྱེད་ཁེམས་ནོར་གསོག་པ་དང་དུ་ལེན་ཅིང་། དེ་དག་ཀྱང་ཆགས་སེམས་ཁོ་ནས་ཚོད་སྒྲལ་ཅི་ལོན་དུ་བྱེད་པ་འདི་ཁྲིམ་པ་སྲུན་འབྲིན་དང་མངོན་མཚན་ཅན་གྱི་སྤྱོད་པས་དགེ་འདུན་གྱི་སྡེ་ལ་ཁྲིམ་པ་རྣམས་དད་པ་ལྡོག་ཅིང་སྒྲོ་སྐུར་དང་ལས་གསོག་པའི་རྒྱུར་སྣང་བས་དྲན་ཤེས་དང་བག་ཡོད་ལེགས་པར་བསྟེན་དགོས་སོ། །བཅུ་པ་ནི་ཆོས་ལྡན་དང་དགེ་འདུན་གྱི་ཆེད་མ་ཡིན་པའི་རང་དོན་ཁོ་ནས་ཟས་ལས་གཞན་པའི་རིན་པོ་ཆེ་དང་འབྲུ་སོགས་ཉོ་ཚོང་ཁོ་ན་གཙོ་བོར་བྱེད་པ་དང་། ཁྲིམ་པ་ཚོང་བྱེད་པའི་བར་དུ་རྟོགས་འདོད་ཀྱིས་ཞུགས་ཏེ་ཚོང་དང་ཁེ་སྤོགས་སོགས་བྱེད་པ་ནི་བཅུ་ཚན་གཉིས་པའོ། །བཅུ་ཚན་གསུམ་པའི་དང་པོ་ལྷུང་བཟེད་ལྷག་པ་ཞག་བཅུ་ལས་འདས་པར་འཆང་བ་དང་། གཉིས་པ་ལྷུང་བཟེད་ལྡན་པ་ལྷ་མེད་པ་བཟང་པོ་ཡོད་བཞིན་དུ་ལྷུང་བཟེད་གསར་པ་བཞིན་འཚོལ་བ་དང་། གསུམ་པ་ནི་ཐག་པ་ཉེ་དུ་མ་ཡིན་པ་ལ་རང་གི་གོས་རྒྱུ་འཐག་ཏུ་འཇུག་པ་དང་། བཞི་པ་ནི་སྦྱིན་བདག་གིས་ཕུལ་བའི་གོས་རྒྱུ་ཐག་པ་ཉེ་དུ་མ་ཡིན་པར་འཐག་ཏུ་བཅུག་སྟེ་གླ་རྔན་བྱིན་ནས་རྒྱ་བསྐྱེད་དུ་བཅུག་སྟེ་གྲུབ་པ་དང་། ལྔ་པ་ནི་དགེ་སློང་གཞན་ལ་གོས་སམ་ལྷུང་བཟེད་སྦྱིན་ཟིན་ནས་སླར་འཕྲོག་པ་དང་། དྲུག་པ་སྟོན་ཟླ་ཐ་ཆུང་ནི་དབྱར་གནས་པའི་དགེ་འདུན་གྱི་སྙེད་པ་དང་བརྟད་པ་ལས་བྱུང་བའི་གོས་སྦྱིན་པའི་དུས་དགག་དབྱེ་ལས་སྔ་བར་བདག་གིར་བྱས་པ་དང་། དབྱར་གྱི་ནང་དུ་བདག་གིར་བྱས་པའང་དགག་དབྱེའི་ཕྱི་ཉིན་མ་བགོས་པར་བཞག་འཕྲིས་པ་སོགས་སོ། །བདུན་པ་ནི་དགོན་པར་ཆོམ་རྐུན་སོགས་ཀྱི་འཇིགས་པས་ཆོས་གོས་གསུམ་ལས་སྣམ་སྦྱར་ལྷ་བུ་གཞན་དུ་བཞག་ནས་གོས་དེ་དང་བྲལ་ནས་ཞག་བདུན་ལོན་པའོ། བརྒྱད་པ་ནི། དབྱར་གྱི་གོས་རས་ཆེན་དབྱར་གནས་ཀྱི་གོང་ཟླ་བ་གཅིག་གི་སྔ་རོལ་ནས་བཙལ་ཞིང་དབྱར་གནས་ཟླ་བ་གསུམ་དང་། དགག་དབྱེ་ཟིན་ནས་ཀྱང་ཟླ་བ་ཕྱེད་དེ་ཟླ་བ་ཕྱེད་དང་ལྔའི་བར་དུ་བཅངས་ནའོ། །དགུ་པ་ནི་དགེ་འདུན་ནམ་དགེ་སློང་གཞན་ལ་བསྔོས་པའི་རྙེད་པ་རང་ཁོ་ནས་བདག་ཏུ་གཟུང་བ་དང་། བཅུ་པ་གསོག་འཇོག་ནི། ན་སྨན་ཞག་བདུན་དུ་བྱིན་གྱིས་བརླབས་པ་དེ་ལས་ལྷག་པར་བཅངས་པ་དང་། དུས་རུང་སྔ་དྲོ་བྱིན་ལེན་བྱས་པ་ཕྱི་དྲོ་བཅངས་པ་དང་། ཐུན་

ཚོད་དེ་ལས་འདས་པར་བཅངས་པ་སོགས་ཏེ་སྤང་ལྟུང་སུམ་ཅུའོ། །ལྟུང་བྱེད་འབའ་ཞིག་པ་དགུ་བཅུ་ལ་བཅུ་ཚན་དགུ་ཡོད་པ་ཐང་གྲངས་ཙམ་སྨོས་ན་བཅུ་ཚན་དང་པོ་ཤེས་བཞིན་དུ་རྫུན་དུ་སྨྲ་བ་དང་། དགེ་སློང་གཞན་ལ་རིགས་རུས་དང་ཡན་ལག་ཉམས་པ་སོགས་ཀྱི་སྐྱོན་བརྗོད་དང་། དགེ་སློང་དག་ལ་ཕྲ་མ་བཅུག་སྟེ་དབྱེན་བྱེད་པ་དང་། དགེ་སློང་གཞན་གྱིས་རྩོད་པ་དགེ་འདུན་གྱིས་སྐྱོ་སོགས་ཀྱིས་ཞི་བར་བྱས་པ་བཟླུམས་པ་ལྟར་བྱས་ཏེ་དབྱེ་བ་དང་། བུད་མེད་ལ་ཁྲིམས་གྲོགས་མེད་པར་ཚིག་ལྔ་འམ་དྲུག་ལས་ལྷག་པར་ཆོས་སྟོན་པ་དང་། བསྙེན་པར་མ་རྫོགས་པ་དང་ལྷན་དུ་གྲོང་བག་གི་དབང་གིས་ངག་གདངས་སྣ་ཚོགས་ཀྱིས་ཆོས་འདོན་པ་དང་། ཕམ་ལྷག་གང་རུང་དང་ལྡན་པའི་དགེ་སློང་སྔོ་མགུ་སྤྱོད་པ་ལ་བསྙེན་པར་མ་རྫོགས་པའི་སར་གནས་ངན་ལེན་གྱི་ལྟུང་བ་བརྗོད་པ་དང་། བསྙེན་པར་མ་རྫོགས་པའི་མི་ཆོས་བླ་མ་བདེན་པར་སྨྲ་བ་དང་། དགེ་འདུན་གྱི་བྱ་བ་བྱེད་པའི་དགེ་སློང་ལ་དགེ་འདུན་གྱི་རྙེད་པ་མི་རིགས་པ་ལ་བསྔོས་སོ་ཞེས་བཤེས་ངོར་འཕྱ་བ་དང་། འདུལ་བའི་བསླབ་གཞི་ཕྲ་མོ་འདི་དག་གིས་ཅི་བྱ་ཞེས་ཁྱད་གསོད་དེ་བཅུ་ཚན་དང་པོའོ། །བཅུ་ཚན་གཉིས་པ་ནི་མེ་སོགས་ཀྱིས་རུང་བ་མ་བྱས་པའི་ནས་སོགས་འབྲུ་དང་། གླ་སྤང་སོགས་རྩ་བ་དང་། ཤིང་ལྕུང་སོགས་སྡོང་པོ་དང་། བུར་ཤིང་སོགས་ཐུ་གུ་དང་། ཨ་ཙ་ཀ་སོགས་འགགས་པ་སྟེ་ས་བོན་ལྔ་དང་། དེ་དག་ལས་སྐྱེས་པའི་སྐྱེ་བ་དང་། ལྗ་ཀླུ་ཆགས་པའི་ལྗོན་ཤིང་སོགས་རང་གཞན་གྱིས་གཅོད་པ་དང་འཇིག་པ་སོགས་སྐྱེ་འཇིག་གི་ལྟུང་བྱེད་དེ། དེ་བཞིན་དུ་ཁམ་སྐར་སོགས་ཤིང་འབྲས་སྨིན་པ་སྡོང་པོ་ལས་འབེབས་པ་དང་། ལྗོན་ཤིང་དང་མེ་ཏོག་དང་རྩྭ་སོགས་གཅོད་པ། གང་བུ་དང་གྲོ་ནས་ཀྱི་སྦྲུས་སོགས་འཐོག་པ་དང་། སྔག་ལབ་དང་ཞུར་མ་སོགས་རྩ་བ་ནས་ཕྱུངས་པ་སོགས་མདོར་ན་ནས་ཕུང་ལྷ་བུ་ལ་ཕྱོགས་གསུམ་མམ་གཉིས་ནས་མེའི་རུང་བ་དང་། རྗེན་གྱི་རུང་བ་ལོ་མ་སྔོན་པོ་མདོག་འགྱུར་བ་ཙམ་གྱི་རུང་བ་མ་བྱས་པར་བཅོར་མི་རུང་བ་དང་། ཤ་དམར་པོ་ལ་འཁྲུགས་པ་དང་། བསྲེགས་པ་དང་། ཅུང་ཟད་བཙོས་པ་སོགས་ཁ་དོག་བསྒྱུར་བའི་རུང་བ་དང་། དགེ་འདུན་གྱི་ཆེད་དུ་ལྗོན་ཤིང་གཅོད་ན་གཏོར་མ་སྦྱིན་ཞིང་རྒྱུད་ཆགས་གསུམ་པ་འདོན་པ་སོགས་ཞག་བདུན་བྱས་ཏེ་སྟེར་ན་གཅོད་ཅིང་མི་སྟེར་ན་མི་གཅོད་པ་དང་། ཐུན་ཚོད་ཀྱི་རུང་བ་ཉི་ཕྱེད་ཡོལ་

ནས་སྐྱ་རེང་མ་ཤར་བར་ཇ་ཐུར་སྦྲང་སོགས་ལ་ཆུ་གྲང་འདེབས་པའི་རྡུང་ཆུ་དང་། ཤིང་ཏོག་གི་རིགས་ལ་སེན་མོས་རེག་པ་དང་ནེ་ཙོ་སོགས་བྱའི་རིགས་ཀྱིས་མཆུ་བཏབ་པ་དང་། མཚོན་ཆས་རྨ་ཕྱུང་པ་སོགས་ཀྱི་རུང་བ་བྱེད་དགོས་པ་སོགས་རྣམ་གཞག་རྒྱ་ཆེར་ཡོད་དོ། །དགེ་འདུན་གྱི་ཞལ་ཏ་རྩུལ་བཞིན་དུ་བྱེད་པའི་དགེ་སློང་ལ་བདག་གི་ངོར་གནས་མལ་ངན་པ་སྟོབ་པོ་སོགས་དངོས་སམ་ཟུར་གྱི་འཕྱ་འདོད་ཀྱིས་དཔྱས་པ་ཕ་རོལ་གྱིས་གོན་འཕྱ་བའི་ལྟུང་བྱེད་དང་། དགེ་འདུན་གྱི་ཕྱིར་བཙོས་ལ་འགོད་ཕྱིར་ལྟུང་བ་གླེང་བ་ལ་མ་ཐོས་པ་ལྟར་བྱེད་པའམ་ཁྲིད་གསོད་ཀྱི་སྒོ་ནས་ལན་གཞན་འདེབས་པ་བསྒོ་བ་རྣར་གཟོན་པའི་ལྟུང་བྱེད་དང་། དགེ་འདུན་གྱི་ཁྲི་སྟན་སོགས་རང་གིས་དང་པོར་ལོངས་སྤྱད་ཟིན་ནས་མ་བསྡུས་སམ། སྡུད་དུ་མ་བཅུག་གམ། གཞན་ལ་མ་བཅོལ་བར་བླ་གབ་མེད་པར་བཞག་སྟེ་ཆུད་ཟོས་སུ་གཏོང་བ་སོགས་གནས་མལ་ལས་གྱུར་བའི་ལྟུང་བྱེད་དང་། དགེ་འདུན་དབང་བའི་གནས་ཁང་རྣམས་སུ་རྩྭ་དང་ལོ་མ་དང་གདིང་བ་སོགས་བཀྲམ་པ་ལོངས་སྤྱོད་དེ་མ་བསྡུས་སམ། སྡུད་དུ་མ་བཅུག་གམ་གཞན་ལ་མ་བཅོལ་བར་རང་གར་བཞག་སྟེ་སོང་ན་གདིང་བ་ལས་གྱུར་བའི་ལྟུང་བྱེད་དང་། དགེ་སློང་གཞན་ལ་གནོད་སེམས་ཀྱིས་དགེ་འདུན་གྱི་གནས་ཁང་ནས་དགོས་པ་མེད་བཞིན་དུ་སྐྲོད་པའི་ལྟུང་བྱེད་དང་། དགེ་འདུན་གྱི་གཙུག་ལག་ཁང་དུ་སྔར་གནས་པའི་དགེ་སློང་གཞན་ལ་མཐོ་འཚམ་པའི་ཆེད་དུ་ཕྱིས་གནོན་བྱས་ཏེ་འདུག་པ་གནོད་པས་ཟིལ་གྱིས་གནོན་པའི་ལྟུང་བྱེད་དང་། དགེ་འདུན་གྱི་གནས་ཁང་སྟེང་ཐོག་ཊོལ་བ་ལྟ་བུའི་ཉེན་ཅན་ལ་མལ་ཁྲི་རྐང་པ་རྣོན་པོས་ཐུག་ཊོལ་ཕྱུངས་ཏེ་ཉལ་ན་རྩ་བ་འབྱུང་བ་ལ་འདུག་པའི་ལྟུང་བྱེད་དང་། ཤེས་བཞིན་དུ་སྲོག་ཆགས་དང་ལྡན་པའི་ཆུས་རྩྭའམ་ལྕི་བའམ་ས་ལ་ལོ་མ་སོགས་འདེབས་པས་སྲོག་ཆགས་ཤི་ན་འདེབས་པའི་ལྟུང་བྱེད་དང་། གཙུག་ལག་ཁང་སྤྱོད་ལམ་བཞི་ཤོམ་ཡན་ཆད་ཉིན་གཅིག་ལ་ཕ་གུ་རིམ་པ་གཉིས་ལས་ལྷག་པ་བརྩིགས་པ་ལ་ཆར་ཆུའི་འཛིགས་པ་ཡོང་བ་ཤེས་བཞིན་དུ་ཆར་ཆུ་སྐྱོབ་པའི་གཡོགས་མ་བྱས་པ་དང་ཆུ་ཁུང་མ་གཏོད་པ་སོགས་ལྟོས་མེད་དུ་བརྩིག་པ་ནི་རིམ་པ་ལྷག་པར་བརྩིག་པའི་ལྟུང་བྱེད་དེ་བཅུ་ཚན་གཉིས་པའོ། །

བཅུ་ཚན་གསུམ་པ་ནི་དགེ་འདུན་གྱིས་མ་བསྐོས་པར་དགེ་སློང་མ་ལ་ཆོས་སྟོན་པའི་ལྟུང་

བྱེད་དང་། དེ་དང་རྗེས་འབྲེལ་སྐྱེ་བས་གནང་བ་དང་ཁྲིམས་གྲོགས་སོགས་མེད་པར་དཔོན་ས་སོགས་བུད་མེད་ཀྱི་རིགས་ལ་ཆོས་འཆད་པ་དང་གྲོང་འཁྱམས་སོགས་བྱས་ན་དེ་དང་མཚུངས། བསྙོས་པ་ཡིན་ཀྱང་མཚན་ཐོག་ཐག་གི་ཆོས་སྟོན་པའི་དུས་ལྷ་བུ་མ་གཏོགས་ཉེ་མ་ནུབ་ནས་ཀྱང་ཆོས་སྟོན་པའི་ལྟུང་བྱེད་དང་། དེ་བཞིན་རིམ་གྲོ་དང་རྒྱུན་པ་སོགས་ལ་བསྐྱད་དེ་བུད་མེད་ཀྱི་ཁྱིམ་དུ་ཁྲིམས་གྲོགས་མེད་པར་ཞག་ལོངས་བསྡད་ན་ཁྱི་དང་རྨའི་དཔེ་ལྟར་ཉེན་ཆེ་བས་དྲན་ཤེས་ཀྱི་གཉེན་པོས་ཟིན་དགོས། ཟས་གོས་ཙུང་ཟད་ཙམ་གྱི་ཕྱིར་དགེ་སློང་མ་ལ་ཆོས་སྟོན་ནོ་ཟེར་བའི་ལྟུང་བྱེད་དང་། དགེ་སློང་མ་ཉེ་དུ་མ་ཡིན་པ་ལ་མཛའ་བཤེས་ཀྱི་ཕྱིར་གོས་བྱེད་པའི་ལྟུང་བྱེད་དང་། གོས་སྦྱིན་པའི་ལྟུང་བྱེད་དང་། འཇིགས་པའི་ཉེན་མེད་བཞིན་དུ་འགྲོ་འདོད་ཀྱི་ཀུན་ནས་བླངས་ཏེ་དགེ་སློང་མ་དང་ལྷན་ཅིག་ཏུ་རྒྱང་གྲགས་གཅིག་དང་དུ་མར་འགྲོ་བའི་ལྟུང་བྱེད་དང་། གྲུ་ནང་དུ་ལྷན་ཅིག་འདུག་པའི་ལྟུང་བྱེད་དང་། གནས་དབེན་པར་དགེ་སློང་མ་དང་བུད་མེད་དང་ལྷན་ཅིག་ཏུ་སྟན་གཅིག་ལ་འདུག་པའི་ལྟུང་བྱེད་དང་། དེ་བཞིན་དུ་དབེན་པར་བུད་མེད་དང་ལྷན་ཅིག་ཏུ་འགྲེང་བའི་ལྟུང་བྱེད་དང་། དགེ་སློང་མས་སྦྱོར་བཅུག་པའི་ཟས་ཟ་བའི་ལྟུང་བྱེད་དེ་བཅུ་ཚན་གསུམ་པའོ། བཅུ་ཚན་བཞི་པ་ནི་ནད་པ་དང་། དགེ་འདུན་གྱི་ལས་དང་ལམ་དང་། མུ་གེའི་དུས་སོགས་མ་ཡིན་པར་དུས་མིན་དུ་ཁ་ཆར་ཅན་གྱི་ཟས་ཡང་ཡང་ཟ་བའི་ལྟུང་བྱེད་དང་། དེ་བཞིན་དུ་ནད་པ་སོགས་མ་ཡིན་པར་མུ་སྟེགས་ཅན་སོགས་ཀྱི་འདུག་གནས་སུ་ལྷན་ཅིག་ཏུ་གདན་གཅིག་ལས་ལྷག་པར་ཟ་བའི་ལྟུང་བྱེད་དང་། ཁྱིམ་པ་སོགས་སྦྱིན་བདག་དད་ཅན་གྱིས་དུས་རུང་གི་གདུགས་ཚོད་ལྷ་བུ་ལྟུང་བཟེད་གང་བ་གཉིས་གསུམ་ལས་ལྷག་པ་བླངས་ཏེ་ལོངས་སྤྱོད་པའི་ལྟུང་བྱེད་དང་། དགེ་སློང་ཟས་ཟོས་ཟིན་པ་ལ་ལྷག་པོ་མ་བྱས་པར་བཟའ་བཏུང་བཅའ་བ་ཟ་བའི་ལྟུང་བྱེད་དང་། དགེ་སློང་ཟས་ཟོས་ཟིན་ཅིང་སྤྱངས་པ་ལ་སྐབས་འཚོལ་བའི་བསམ་པས་ལྷག་པོར་མ་བྱས་པར་བཟའ་བཅའ་ཟང་འདུག་པའི་ལྟུང་བྱེད་དང་། ལྷག་པོར་བྱ་བ་ནི་བཅས་ལྡན་དགེ་སློང་ཟས་ཟ་བཞིན་པ་ལ་རང་གི་ལག་པ་བཀྲུས་ཏེ་སྦྱིན་ལེན་བྱས་ནས་དགེ་སློང་དེའི་མདུན་དུ་ཙོག་པུར་འདུག་སྟེ་བཙུན་པ་དགོངས་སུ་གསོལ། བདག་མིང་འདི་ཞེས་བགྱི་བ་འཚལ་མ་འཚལ་ལགས་ཏེ་སྤངས་ཤིང་འཚལ་བར་བགྱིས་

པ་ལས་བཟའ་བ་དང་བཅའ་བ་རྙེད་ནས་འཚལ་བར་འཚལ་ན་བཙུན་པས་ལྷག་པར་བགྱིས་ཏེ་བདག་ལ་སྩལ་དུ་གསོལ། ཞེས་ལན་ཅིག་བརྗོད་རྗེས་དགེ་སློང་དེས་ཁམ་གཉིས་གསུམ་ཞིག་ཟོས་ནས་ཁྱོད་ཀྱིར་གྱུར་གྱི་ཅི་བདེར་ལོངས་སྤྱོད་ཅིག་ཅེས་སྨས་ཏེ་གཏང་ངོ་། །དེ་ལྟར་ལྷག་པོར་བྱས་པ་དེ་ཟར་རུང་བའོ། །ནད་པ་དང་། ལམ་དང་། གྲུར་ཞུགས་པ་དང་། འདུས་པ་ཆེན་པོ་སོགས་མ་ཡིན་པར་རང་གར་འདུས་ཤིང་ཟ་བའི་ལྟུང་བྱེད་དེ་འདི་ནི་དེང་སང་བྱེད་པའི་སྐྱོར་ཚེམས་ལྟ་བུར་ཟེར་བ་ཡིན། དུས་རུང་གི་བཟའ་བ་རྣམས་དང་། རྒྱུན་འབྲུམ་སོགས་ཤིང་ཏོག་གི་རིགས་དང་། བུར་ཤིང་སོགས་བཅའ་བ་དང་། ཞོ་འོ་མ་སྐྱོ་ཐུག་སོར་མོ་ལྔའི་རྗེས་མི་མངོན་པ་སོགས་ཀྱི་བཏུང་བ་གླིང་འདིའི་ཉི་མ་ཕྱེར་ཡོལ་ནས་ནང་པར་སྐྱ་རེངས་དང་པོ་མ་ཤར་རྒྱུན་དུས་མིན་ཟོས་སམ་འཐུངས་ན་ཁམ་མམ་ཧུབ་རེ་ལ་ལྟུང་བྱེད་དང་། གསོག་འཇོག་གིས་བཟའ་བཅའ་གང་རིགས་འཆའམ་ཟ་ན་ལྟུང་བྱེད་དང་། སྦྱིན་ལེན་མ་བྱས་པར་ཆུ་དང་སོ་ཤིང་མ་གཏོགས་པར་ལོངས་སྤྱོད་ན་ལྟུང་བྱེད་དང་། དགེ་སློང་རི་ཁྲོད་པ་ལྟ་བུ་སྦྱིན་ལེན་སྟོབས་པོ་མེད་ན་ཟན་གཅོད་ཀྱི་ཚོ་ག་ནི། དགེ་སློང་དེས་ཉིན་གཅིག་ཟན་བཅད་དེ་དེའི་རྗེས་སུ་ཉིན་དང་པོ་ལ་རང་གི་སྤྱར་བ་གང་ཟའོ། །ཉི་མ་གཉིས་པ་ལ་སྤྱར་བ་དོ་ཟ། གསུམ་པ་མན་ཆོད་རང་ཉིད་ཇི་ལྟར་འདོད་པ་ཟ་ཞིང་ཤིང་ཏོག་རུང་བ་མ་བྱས་པ་དང་། སྦྱིན་ལེན་མ་བྱས་པ་གཞན་ཡང་ཟར་རུང་ངོ་། །

ཟ་བའི་ཚེ་བྱང་སྒྲ་མི་སྙན་གྱི་དུས་བྱིན་གྱིས་བརླབས་ཏེ་ཟ་བར་བཤད། ནད་པ་མ་ཡིན་པས་ཁ་ཟས་བསོད་པ་དེ་ཞིམ་བ་ཟོས་ན་ལྟུང་བྱེད་དེ་བཅུ་ཚན་བཞི་པའོ། བཅུ་ཚན་ལྔ་པ་ནི་རང་དོན་དུ་སྲོག་ཆགས་དང་བཅས་པའི་ཆུ་ལ་ལོངས་སྤྱོད་པའི་ཚེ་ཆུ་ཚགས་ལྟ་བུ་མེད་པར་སྤྱོད་ཅིང་ཆུ་འགོག་ཅིང་ཞིང་སྟེང་སོགས་སུ་བསྒྱུར་བ་དང་། སྲོག་ཆགས་ཡོད་པའི་རྩ་ཤིང་གཅོད་ཅིང་མེར་འབུད་པ་དང་ས་བརྐོ་བ་སོགས་ལ་བརྟེན་ནས་སྲོག་ཆགས་ཤི་ན་ལྟུང་བྱེད་དང་། ཁྱིམ་པ་ཕོ་མོ་ཉལ་པོ་བྱེད་པའི་ཁྱིམ་དུ་འདུག་ཅིང་ཕ་རོལ་པོས་ཆོར་ན་ལྟུང་བྱེད་དང་། ཉལ་པོ་བྱེད་པའི་ཁྱིམ་དུ་འགྲེང་ཞིང་འདུག་པ་དེས་ཆོར་ན་ལྟུང་བྱེད་དང་། མུ་སྟེགས་གཅེར་བུ་བའི་དེ་འདྲ་བའི་ཀུན་ཏུ་རྒྱུ་མོ་ལ་རང་གི་ལག་ནས་བཟའ་བཏུང་སྦྱིན་ན་ལྟུང་བྱེད་དང་། དམག་ཚས་པ་ལ་བལྟ་བར་འགྲོ་ན་ལྟུང་བྱེད་དང་།

དམག་གི་ནང་དུ་འགྲོ་དགོས་པའི་རྐྱེན་བྱུང་ན་ཞག་གཅིག་ལས་ལྷག་པར་འདུག་ན་ལྟུང་བྱེད་དང་། དམག་གི་ནང་དུ་འདུག་དགོས་པ་བྱུང་ཡང་མི་སྡོད་པར་དམག་གི་རུ་བཀོད་བྱེད་པ་དང་གཡུལ་བཤམ་པ་གྲུག་པ་སོགས་བྱེད་ན་ལྟུང་བྱེད་དང་། ཁྲོས་འཕྲུགས་རྔམ་པས་དགེ་སློང་ལ་བརྡེག་ན་གྲངས་དེ་སྙེད་ཀྱི་ལྟུང་བྱེད་དང་། ཡང་ཁྲོས་ཏེ་དེ་བཞིན་དུ་དགེ་སློང་ལ་བརྡེག་པར་བརྩམས་ན་ལྟུང་བྱེད་དང་། ཡང་ཕམ་ལྷག་གི་གནས་ངན་ལེན་གྱི་ལྟུང་བ་གང་བྱུང་དགོས་མེད་དུ་འཆབ་པ་སྐྱེ་གསངས་ཏེ་གནས་ན་ལྟུང་བྱེད་དེ། བཅུ་ཚན་ལྔ་པའོ། །

བཅུ་ཚན་དྲུག་པ་ནི་དགེ་སློང་ལ་མགོ་འཚམ་པའི་བསམ་པས་སྦྱིན་བདག་གིས་བསྔོས་པའི་ཟན་གཅོད་ན་ལྟུང་བྱེད་དང་། མེ་འབར་བའམ་མེ་མདག་ལྷ་བུར་ནད་པ་མ་ཡིན་པས་དུས་དྲན་མེད་པར་རེག་ན་ལྟུང་བྱེད་དང་། དགེ་སློང་གང་གིས་དགེ་འདུན་གྱི་ཆོས་ལྡན་གྱི་བྱ་བ་ལ་འདུན་པ་ཕུལ་ཟིན་པ་དེ་ལ་ཁྲོས་པའི་ཡིད་ཀྱིས་འདུན་པ་ཕྱིར་ལེན་ན་ལྟུང་བྱེད་དང་། ནད་པ་དང་ལམ་གྱིས་དུབ་བ་སོགས་མ་ཡིན་པར་དགེ་སློང་དང་བསྙེན་པར་མ་རྫོགས་པའི་དགེ་ཚུལ་དང་འདྲེམ་གང་གི་ཉེ་བར་ལྷན་ཅིག་ཏུ་ནུབ་གསུམ་ལྷག་པར་ཉལ་ན་ལྟུང་བྱེད་དང་། ཆང་འཐུང་བ་སོགས་ལ་སྐྱོན་དུ་མི་འགྱུར་བ་སོགས་དགེ་སློང་སྡིག་པ་ཅན་གྱི་ལྟ་བ་འཛིན་པ་ལ་ཆོས་ལྡན་གྱི་ལས་ཀྱིས་བཟློག་ཀྱང་མི་གཏོང་བ་ལ་ཟློག་ཚིག་ལན་གསུམ་བརྗོད་པའི་ཐ་མར་ཡང་མི་གཏོང་བ་དེས་ཆང་ལས་སོགས་དང་དུ་མི་ལེན་ན་ལྟུང་བྱེད་དང་། དགེ་ཚུལ་ཞིག་ཀྱང་དེ་ལྟར་སྨྲ་ན་ལྟུང་བྱེད་དང་། དེ་ལྟ་བུ་དགེ་སློང་དང་དགེ་ཚུལ་སྡིག་ལྟ་མི་གཏོང་བ་དེ་དང་གནས་གཅིག་ཏུ་ལྷན་ཅིག་ཏུ་ཉལ་བ་དང་ཆོས་དང་ཟང་ཟིང་གི་ལོངས་སྤྱོད་ལྷན་ཅིག་ཏུ་ནུབ་གཅིག་འདས་ན་ལྟུང་བྱེད་དང་། དགེ་སློང་གིས་གོས་ཁ་དོག་མ་བསྒྱུར་བ་དཀར་པོ་གྱོན་པ་དང་། ལྷམ་དང་ལྷུང་བཟེད་ཀྱི་གཡོགས་ལྷ་བུ་བྱས་ན་ལྟུང་བྱེད་དང་། དཀོན་མཆོག་མཆོད་པ་དང་ཆོས་ལྡན་གྱི་བྱ་བ་མ་ཡིན་པར་རང་མི་དབང་བའི་གསེར་དངུལ་གཡུ་སོགས་རྒྱན་དུ་རུང་བའི་རིན་པོ་ཆེ་དང་། མཚོན་ཆ་དང་། རོལ་མོ་སོགས་ལ་དུས་དྲན་མ་བྱས་པར་རང་གིས་རེག་པ་དང་། དགེ་སློང་གཞན་རེག་ཏུ་འཇུག་ན་ལྟུང་བྱེད་དང་། དབྱར་ཟླ་ར་ཆོས་གཅིག་ནས་འབྲིང་པོའི་བཅོ་ལྔའི་བར་གྱི་སོ་གའི་ཟླ་བ་ཕྱེད་དང་གཉིས་དང་། ཤིན་ཏུ་ཚ་བའི་ཡུལ་

དང་། དཀོན་མཆོག་གི་ཕྱིར་དང་ནད་པ་དང་། བཞར་བ་དང་། སྒོག་པ་ཟོས་པ་དང་། མཁར་ལན་སོགས་ཀྱི་དུས་མ་ཡིན་པར་རང་གར་ཁྲུས་བྱེད་ན་ལྟུང་བྱེད་དེ་བཅུ་ཚན་དྲུག་པའོ། །

བཅུ་མཚན་བདུན་པ་ནི་དུད་འགྲོའི་སྐྱེ་གནས་སུ་གཏོགས་པའི་སྲོག་ཆགས་གསོད་འདོད་ཀྱིས་ཀུན་ནས་བླངས་ཏེ་རང་ངམ་གཞན་བསྐོས་པས་ཐུགས་དང་མཚོན་ཆ་སོགས་ཀྱིས་གསོད་པར་བརྩམས་ནས་ཤི་བའི་ཚེ་དེའི་གྲངས་ཀྱི་ལྟུང་བྱེད་དང་། དགེ་སློང་བསྙེན་པར་རྫོགས་ཟིན་ལ་མི་བདེ་བར་བྱ་བའི་སེམས་སམ་བཞད་གད་ལྟ་བུས་ཁྱོད་ལ་སྡོམ་པ་མ་སྐྱེས་སོ་ཞེས་སམ་ཉམས་སོ་ཞེས་འགྱོད་པ་བསྐྱེད་ཚིག་སྨྲས་ན་ལྟུང་བྱེད་དང་། དགེ་སློང་ལ་གག་ཚིལ་ཏེ་གཡའ་སྒོག་པའི་བསམ་པས་སོར་མོས་རེག་ན་ལྟུང་བྱེད་དང་། ཆོས་ལྡན་གྱི་དགོས་པ་མེད་པར་ཆུལ་ལྟེ་བ་ནུབ་ཙམ་ལ་རང་དང་གཞན་རྩེད་མོ་བྱེད་ན་ལྟུང་བྱེད་དང་། བུད་མེད་ཉེ་དུ་མ་ཡིན་པ་དང་སྲུང་མ་དང་ཁྲིམས་གྲོགས་མེད་པར་གནས་ཁང་གཅིག་ཏུ་འདོམ་གང་གི་བར་ཚུན་གྱི་ཉེ་སར་མཚན་མོ་ཉལ་ན་སྐྱ་རེངས་ཤར་བའི་ཚེ་ལྟུང་བྱེད་དང་། དགེ་སློང་ལ་ཕན་འདོད་མ་ཡིན་པར་བཞད་གད་ཀྱི་ཕྱིར་དུ་དཔངས་པར་བྱེད་ན་ལྟུང་བྱེད་དང་། དགེ་སློང་དགེ་ཚུལ་གང་ཡང་རུང་བའི་ཆོས་གོས་ལྷུང་བཟེད་སོགས་མཁོ་བའི་ཡོ་བྱད་ཕན་འདོད་མ་ཡིན་པར་བཞད་གད་ལྟ་བུའི་སེམས་ཀྱིས་སྦེད་པའམ་སྦེད་དུ་འཇུག་ན་ལྟུང་བྱེད་དང་། དགེ་སློང་ལ་སྔར་གོས་སྦྱིན་ནས་ཡང་བཀྲུ་སེམས་ཀྱིས་རང་གིས་ལོངས་སྤྱོད་ན་ལྟུང་བྱེད་དང་། དགེ་སློང་དག་པ་ལ་དགེ་འདུན་ལྷག་མའི་གཞི་མེད་ཀྱི་སྐུར་པ་འདེབས་ན་ལྟུང་བྱེད་དང་། ཁྲིམས་གྲོགས་དང་སྐྱེས་པ་མེད་པར་བུད་མེད་ཉེ་དུ་མ་ཡིན་པ་དང་ཉིན་མཚན་གང་རུང་དུ་རྒྱང་གྲགས་གཅིག་ཚུན་གྱི་ལམ་དུ་འགྲོ་ན་ལྟུང་བྱེད་དེ་བཅུ་ཚན་བདུན་པའོ། །

བཅུ་ཚན་བརྒྱད་པ་ནི་དགེ་སློང་ཆོམ་རྐུན་པ་དང་ལྷན་ཅིག་ལམ་རྒྱང་གྲགས་གཅིག་ཏུ་འགྲོ་ན་ལྟུང་བྱེད་དང་། མཁན་སློབ་དགེ་འདུན་དང་བཅས་པས་བསྒྲུབ་བྱ་ལོ་ཉི་ཤུ་ལོན་པ་ལ་གསོལ་བཞིའི་ཚོགས་བསྙེན་རྫོགས་བྱས་ན་གསོལ་བཞིའི་ཚོ་གའི་བརྗོད་པ་གསུམ་པའི་ཚེ་མཁན་པོ་ལ་ལྟུང་བྱེད་དང་། སློབ་དཔོན་དགེ་འདུན་སོགས་ལ་ཉེས་བྱས་སོ། །དགེ་སློང་གང་དགེ་འདུན་གྱིས་ལག་གི་བླ་བྱེད་པ་ལྟ་བུར་བསྐོས་ཤིང་གནང་བ་མ་གཏོགས་ས་བརྐོ་ན་སྤྱར་བ་གང་བསྐོས་པའི་ཚེ་

ལྟུང་བྱེད་དང་། དགེ་སློང་ལ་སྦྱིན་བདག་གིས་ཟླ་བ་བཞིར་མགྲོན་དུ་བོས་ན་མུ་གེ་བྱུང་བའི་དུས་སམ་ནད་པ་མ་ཡིན་པར་དེ་ལས་ལྷག་པར་བསྟེད་ཅིང་ཟོས་ན་མགུལ་དུ་མིད་པའི་ཚེ་ལྟུང་བྱེད་དང་། དགེ་སློང་གཞན་ལ་འདུལ་བའི་བསླབ་བྱ་སློབ་པར་བསྒོ་བ་ལ་མི་བསླབ་པ་ཁྱད་དུ་གསོད་ན་ལྟུང་བྱེད་དང་། དགེ་སློང་འཐབ་ཟླར་གྱུར་པ་དག་གྲོས་བྱེད་པ་ལ་རྣ་བ་གདད་དེ་ཉན་རྣ་བྱེད་ན་ལྟུང་བྱེད་དང་། དགེ་འདུན་གྱི་ཆོས་ལྡན་གྱི་ལས་བྱེད་པའི་འདུས་སར་གསོལ་བའི་ལས་ཙམ་ཡང་མ་བྱས་ཤིང་མ་གུས་པས་མི་སྨྲ་བར་ལངས་ཏེ་འགྲོ་ན་ལྟུང་བྱེད་དང་། དགེ་འདུན་གྱི་ཆོས་ལྡན་གྱི་ལས་རང་གིས་སྒྲུབ་ནུས་པ་ལ་མ་གུས་པར་བྱེད་ཅིང་མི་ཉན་ན་ལྟུང་བྱེད་དང་། དགེ་སློང་གིས་ཆང་དངོས་དང་དེའི་སྦང་མ་དང་། རྒུན་ཆང་སོགས་ཕབས་མ་བཏབ་པའི་བཙོས་མའི་ཆང་དང་། དེའི་ཚིགས་མ་སོགས་མྱོས་འགྱུར་གྱི་རིགས་འཐུངས་ན་མིད་ཐེངས་རེ་ལ་ལྟུང་བྱེད་དང་། དགེ་སློང་གིས་དུས་མ་ཡིན་པར་ཕྱི་དྲོ་ཁྱིམ་པའི་གྲོང་དུ་འགྲོ་ན་གནས་ཁང་གི་ཉེ་འཁོར་ལས་འདས་པའི་ཚེ་ལྟུང་བྱེད་དེ་བཅུ་ཚན་བརྒྱད་པའོ། །

བཅུ་ཚན་དགུ་པ་ནི་འདི་ལ་གཉིས་ཏེ། དང་པོ་ནི་དགེ་སློང་གང་སྔ་དྲོ་ཁྱིམ་དུ་འགྲོ་ན་སྦྱིན་བདག་ལ་དུས་རུང་གི་ཟས་དུས་ལས་མ་ཡོལ་བར་བྲིམས་ཤིག་ཅེས་མ་བསྒོས་པ་དང་། རང་གར་ཁྱིམ་གསུམ་ཡན་ཆད་དུ་འགྲོ་འདོད་ཀྱིས་འགྲོ་བར་བརྩམས་ན་ཁྱིམ་གསུམ་སྐོར་མ་སྐོར་ཇི་ལྟར་ཡང་ཉེ་འཁོར་འདས་ཚེ་ལྟུང་བྱེད་དང་། གཉིས་པ་ཕྱི་དྲོ་གྲོང་དུ་རྒྱུ་ན་ཁྱིམ་བཞི་ཡན་ཆད་དུ་འགྲོ་འདོད་ཀྱིས་འགྲོ་བར་བརྩམས་ན་ཁྱིམ་བཞིའི་སྒོའི་ཐེམ་པའམ་ཉེ་འཁོར་འདས་ཚེ་ལྟུང་བྱེད་དོ། །དགེ་སློང་གང་རྒྱལ་པོའི་ཁབ་བཙུན་མོ་དང་བཅས་པའི་སར་གདུལ་བྱ་འདུལ་བ་སོགས་ཀྱི་དགོས་དོན་གཞན་མེད་པར་ཉི་མ་ནུབ་ནས་སོང་ན་ཕོ་བྲང་གི་ཉེ་འཁོར་རམ་ཐེམ་པ་འདས་ན་ལྟུང་བྱེད་དང་། དགེ་སློང་གང་གསོ་སྦྱོང་གི་དུས་སུ་སོ་ཐར་གྱི་མདོ་ལན་གཉིས་ཡན་ཆད་ཐོས་ཤིང་མདོའི་དོན་དེ་ལྟར་ཤེས་བཞིན་དུ་བཤད་གད་ཡན་ཆད་ཀྱིས་ཁྱད་དུ་གསོད་པའི་ཚིག་སྨྲས་ན་ཕ་རོལ་གྱིས་དེའི་དོན་གོ་ན་ལྟུང་བྱེད་དང་། དགེ་སློང་གང་བ་སོ་དང་ར་གན་སོགས་ཡུལ་དུས་དེར་རིན་ཐང་ཆེ་བ་ལས་ཁབ་རལ་ཏེ་ཁབ་ཤུབས་བྱེད་ན་བཟོ་རྫོགས་པའི་ཚེ་ལྟུང་བྱེད་དང་། དགེ་སློང་གང་དགེ་འདུན

དབང་བའི་ཁྲི་རྐང་ངམ་མལ་ཁྲི་རྩ་བ་བུ་གར་གཞུག་པ་མ་གཏོགས་པ་ཁྲུ་གང་གི་ཚད་ལས་ལྷག་པར་བཟོ་ན་བཟོ་རྫོགས་པའི་ཚེ་ལྟུང་བྱེད་དང་། དགེ་སློང་གང་དགེ་འདུན་གྱི་གནས་མལ་དུ་ཤིང་བལ་ལྷ་བུ་བཏྲལ་བས་གོས་པར་བྱས་ན་ལྟུང་བྱེད་དང་། དགེ་སློང་གི་གདིང་བ་སྲིད་དུ་བདེ་བར་གཤེགས་པའི་མཐོ་དོ། ཞིང་དུ་མཐོ་ཕྱེད་དོ། ལུས་ཆེ་བ་ལ་དེས་མ་ཆོག་ན་སྲིད་དུ་མཐོ་གང་བསྐྱེད་པ་སྟེ་ཚད་ལྡན་དེ་ལས་ལྷག་པ་བྱེད་ན་ལྟུང་བྱེད་དེ། དེ་ཡང་བདེ་བར་གཤེགས་པའི་མཐོ་གང་དང་གང་ཟག་གི་ཁྲུ་གང་མཉམ་པ་ཡིན་པས་དེའི་ཕྱིར་སྲིད་དུ་བསྐྱེད་པ་དང་བཅས་པའི་ཁྲུ་གསུམ་དང་ཞིང་དུ་ཁྲུ་དོ་དང་སོར་དྲུག་གོ། །

དགེ་སློང་གཡན་པའི་ནད་ཅན་ལ་གཡན་པ་དགབ་པའི་ཚད་སྲིད་དུ་ཁྲུ་དྲུག་ཞིང་དུ་ཁྲུ་གསུམ། དེ་ལས་ལྷག་པར་བྱེད་ན་ལྟུང་བྱེད་དང་། དགེ་སློང་ལ་དབྱར་གྱི་གོས་རས་ཆེན་ཞེས་བྱ་སྟེ་ཆར་བེབས་སྲིད་དུ་ཁྲུ་དགུ། ཞིང་དུ་ཁྲུ་གསུམ་དང་སོར་བཅོ་བརྒྱད། དེ་ལས་ལྷག་པར་བྱེད་ན་ལྟུང་བྱེད་དང་། དགེ་སློང་གི་ཆོས་གོས་སྲིད་དུ་ཁྲུ་ལྔ་དང་ཞིང་དུ་ཁྲུ་གསུམ། དེ་ལས་ལྷག་པར་བྱེད་ན་ལྟུང་བྱེད་དེ་ལྟུང་བྱེད་དགུ་བཅུའོ། །

བཞི་པ་སོ་སོར་བཤགས་བྱའི་སྡེ་ཚན་བཞི་ལས་དང་པོ་ནི་དགེ་སློང་རང་གི་ཉེ་དུ་མ་ཡིན་པའི་དགེ་སློང་མ་ལས་གྲོང་དུ་བཟའ་བཅའ་བླངས་ཏེ་ཟོས་ན་མིད་པའི་ཚེ་སོ་སོར་བཤགས་བྱ་དང་པོ་དང་། དགེ་སློང་དང་ཁྱིམ་པས་མགྲོན་དུ་བོས་པ་ལ་དགེ་སློང་མས་བཟའ་བཏུང་འགྲིམ་བའི་ངོས་མགྲོན་གྱི་བཀོད་ཤོམས་ལོག་པར་བྱེད་པ་མ་བཟློག་ན་སོ་སོར་བཤགས་བྱ་གཉིས་པ་དང་། དགེ་སློང་གང་ཁྱིམ་པ་བསླབ་པའི་སྡོམ་པ་སྦྱིན་པའི་སར་མ་བོས་པར་མགྲོན་དུ་སོང་ནས་ཟས་བླངས་ཏེ་ཟོས་ན་མགུལ་དུ་མིད་པའི་ཚེ་སོ་སོར་བཤགས་བྱ་གསུམ་པ་དང་། དགེ་སློང་གང་དག་གྲོང་ལས་རྒྱང་གྲགས་གཅིག་ལ་སོགས་པ་དགོན་པའི་གནས་འཇིགས་པ་དང་བཅས་པར་ནགས་མ་སྔུལ་བར་ཀུན་དགའ་ར་བའི་ཕྱི་རོལ་ཏུ་བཟའ་བཅའ་རང་གར་ཟ་ན་སོ་སོར་བཤགས་བྱ་བཞི་བའོ། །

ལྔ་པ་ཉེས་བྱས་བརྒྱ་དང་བཅུ་གཉིས་ཞེས་སམ་བསླབ་པའི་ཆོས་མང་པོ་ལ་སྡེ་ཚན་དགུའི་དང་པོ་གོས་ཀྱི་སྡེ་ཚན་ལས་གོས་བགོ་བའི་སྐབས་ཀྱི་ཤམ་ཐབས་ལ་བདུན་ཏེ། ཤམ་ཐབས་ཟླུམ་

པོར་བགོ་བ་ལ་བསླབ་བམ་མཐའི་ཁ་མཉམ་པར་བྱས་ནས་མ་བགོས་པ་དང་། ཕྱུས་མོའི་གོང་དུ་སླེབ་པའི་ཧ་ཅང་བརྗེངས་པ་དང་། ལོང་བུར་རེག་པའི་ཧ་ཅང་འཛོལ་བ་དང་། མདུན་ཕྱོགས་ནར་ཞིང་རྒྱབ་ཕྱོགས་བརྗེངས་པ་གླང་པོ་ཆེའི་སྣ་ལྟ་བུ་དང་། ལྟེ་བའི་གོང་དུ་ཤམ་ཐབས་ཀྱི་མགོ་ལྟེབ་པས་ཏ་ལའི་ལོ་མ་ལྟ་བུ་དང་། བར་ནས་འབྲུའི་ཕུར་མའམ་ཐུམ་བུ་ལྟར་འཕྱུངས་པ་དང་། སྟེང་དུ་སྦྲུལ་མགོའི་གདེངས་ཀ་ལྟར་འཕྱང་བ་སྟེ་བདུན་ནོ། །སྟོད་གཡོགས་ལ་གསུམ་སྟེ་སྣམ་སྦྱར་དང་བླ་གོས་ཧ་ཅང་བརྗེངས་པ་དང་། ཧ་ཅང་འཛོལ་བ་དང་། སྟེང་འོག་གི་མཐའ་གཉིས་ཟླུམ་པོར་བགོ་བ་སྟེ་གསུམ་སོགས་གོས་ཉེས་པ་བཅུ་བྲལ་དུ་མ་བགོས་ན་ཉེས་བས་སོ། །སྡེ་ཚན་གཉིས་པ་ཁྱིམ་དུ་འགྲོ་བའི་སྡེ་ཚན་ལ་ལྔ་སྟེ། གྲོང་ཁྱིམ་དུ་འགྲོ་བའི་ཚེ་དྲན་ཤེས་མ་བསྟེན་པར་རྐང་ལག་བརྒྱང་སྟེ་རྗེང་རྫལ་གྱིས་འགྲོ་བ་དང་། བླ་གོས་དང་མཐང་གོས་སོགས་ཟླུམ་པོར་ལེགས་པར་མ་བགོས་པར་འགྲོ་བ་དང་། ཧབ་གད་སོགས་ཅ་ཅོའི་སྒྲ་སྐད་ཚོགས་སུ་སྒྲོག་ཅིང་འགྲོ་བ་དང་། མིག་བག་ཡངས་སུ་ཕྱོགས་བཅུར་རིང་དུ་བལྟ་ཞིང་གཡེངས་ཏེ་འགྲོ་བ་དང་། གནོད་པ་བྱུང་དོགས་པ་མ་གཏོགས་གཉའ་ཤིང་གང་ཙམ་དུ་བལྟ་ཞིང་འགྲོ་བ་སྟེ་ལྔ་ལས་ཉམས་ན་ཉེས་བྱས་སོ། །མགོ་གཡོགས་སོགས་ལྔ་ནི་རས་ལ་སོགས་པས་མགོ་གཡོགས་པའམ་མགོ་གཏུམས་ཕུར་ཏེ་འགྲོ་བ་དང་། ཆར་ཆུ་སོགས་ལ་ཆོས་གོས་མ་བརྫེས་པར་འགྲོ་བ་དང་། ཆོས་གོས་ཕྲག་པ་གཡས་གཡོན་དུ་གཟར་ཏེ་འགྲོ་བ་དང་། ལག་པ་གཉིས་བརྐྱང་བའི་སོར་མོ་རྣམས་མདུན་ནས་གཉའ་གོང་དུ་བསྣོལ་ཏེ་འགྲོ་བ་དང་། ལག་པ་གཉིས་བརྐྱང་སྟེ་ལྟག་པར་སོར་མོ་བསྣོལ་ཏེ་འགྲོ་བ་སྟེ་ལྔའོ། །མཆོང་བ་ལ་སོགས་ལྔ་ནི་མཆང་བཞིན་དུ་འགྲོ་བ་དང་། སྐྱིད་པ་བརྐྱང་བསྐུམ་བྱེད་ཅིང་འགྲོ་བ་དང་། ཙོག་པུས་འགྲོ་བ་དང་། རྐང་པའི་རྟིང་པ་བཏེག་སྟེ་བྲང་གིས་འགྲོ་བ་དང་། གྲུ་མོ་གཉིས་བརྒྱངས་ཏེ་ལག་པ་དཀུར་བསྟེན་ཏེ་རྐེད་གཟར་ལྟ་བུས་འགྲོ་བ་སྟེ་ལྔའོ། །ལུས་བསྒྱུར་བ་སོགས་ལྔ་ནི་ལུས་བསྒྱུར་བ་སྟེ་གསོར་ལྟ་བུར་སྒྱུར་ཏེ་འགྲོ་བ་དང་། ལག་པ་གར་མཁན་ལྟར་བསྒྱོད་བཞིན་འགྲོ་བ་དང་། མགོ་ཕར་རིལ་ཚུར་རིལ་དུ་སྒྱུར་ཞིང་འགྲོ་བ་དང་། གཞན་དང་ཕྲག་པ་སྦྲད་དེ་འགྲོ་བ་དང་། གཞན་དང་ལག་པ་སྦྲེལ་ཏེ་འགྲོ་བ་དང་ལྔ་རྣམས་ཉེས་བྱས་ཏེ་ཁྱིམ་དུ་འགྲོ་བའི་སྤྱོད་ལམ་ཉི་ཤུ་ལས་ཉམས་པའི་ཉེས་བྱས་སོ། །སྡེ

ཚན་གསུམ་པ་ཁྲིམ་དུ་འདུག་པར་བྱ་བ་ལ་དགུ་སྟེ་སྤྱིན་བདག་གིས་འདུག་ཅིག་ཅེས་མ་བསྒོས་པར་སྟན་ལ་འདུག་པ་དང་། སྟན་ལ་སྲོག་ཆགས་སོགས་ཡོད་མེད་མ་བརྟགས་པར་འདུག་པ་དང་། ལུས་ཐམས་ཅད་ཀྱི་ལྗིད་ཕབ་སྟེ་འཕོངས་བརྗེབ་ཅིང་འདུག་པ་དང་། རྐང་པ་བརྐྱང་པ་བསྣོལ་ཏེ་འདུག་པ་དང་། བརླའི་སྟེང་དུ་བརླ་བཞག་པ་བསྣོལ་ཏེ་འདུག་པ་དང་། ལོང་བུའི་སྟེང་དུ་ལོང་བུ་བཞག་སྟེ་སྐྱིལ་ཀྲུང་ཁྲད་པོར་འདུག་པ་དང་། རྐང་པ་གཉིས་ཀྲིའུ་ལྷ་བུའི་འོག་ཏུ་བཀུག་སྟེ་འདུག་པ་དང་། རྐང་པ་གཉིས་སོ་སོར་ཐག་རིང་དུ་ཕྲལ་ཏེ་འདུག་པ་དང་། འདོམས་ཀྱི་ཕྱོགས་གསལ་སོར་སྟོང་བར་བསྟན་ཅིང་འདུག་པ་སྟེ་འདུག་ཚུལ་དགུ་ལས་ཉམས་པ་དེ་དག་ཉེས་བྱས་སོ། །

སྡེ་ཚན་བཞི་པ་ཟས་བླང་བའི་སྡེ་ཚན་ལ་བྱིན་ལེན་བྱ་བ་སོགས་བརྒྱད་ནི། ཟས་ལེགས་ པར་མ་བླང་བ་དང་། ལྷུང་བཟེད་དགཡོར་པ་སོགས་དང་ཆད་དུ་བླང་བ་དང་། ཚོད་མ་ལྷ་བུའི་བྱ་ནེ་སྟེ་དེང་སང་སྐྱུ་རིང་གྲགས་པ་སུམ་ཆ་ལེན་དགོས་པར་མཉམ་པར་བླང་བ་དང་། བསླབ་གྲལ་མ་བྱས་པར་འདུག་པའི་ཚེ་གྲལ་རིམ་ལྟར་ཐར་ཆགས་སུ་ལེན་པ་དང་། ལྷུང་བཟེད་ལ་མིག་ཟུར་གྱི་བལྟ་བ་ལས་ཡིད་གཏད་དེ་མི་ལེན་པ་དང་། བཟའ་བཅའ་མ་འོངས་པར་ལྷུང་བཟེད་དང་ཕོར་བ་ལྷ་བུ་ཟེད་པ་དང་། ཡང་ཡང་འདོད་པའི་ཕྱིར་སྟར་བྱུང་ཟིན་པ་སྦས་ཏེ་བླངས་པ་དང་། ཟས་ཀྱི་སྟེང་དུ་ལྷུང་བཟེད་དང་ཕོར་བ་བཟེད་པ་སྟེ་བརྒྱད་ལ་ཉེས་བྱས་སོ། །སྡེ་ཚན་ལྔ་པ་ཟས་ཟ་བའི་སྡེ་ཚན་ཉེར་གཅིག་ལས་དང་པོ་ལེགས་པར་བྱ་བ་དྲུག་ནི་ཐམས་ཅད་དུ་འདུལ་བ་དང་མི་འགལ་བར་ལེགས་པར་མ་ཟོས་པ་དང་། ཁམ་ཧ་ཅང་ཆེ་སྟེ་མཁུར་བ་འབུར་བ་དང་། ཁམ་ཆུང་བ་དང་། ཁམ་རན་པ་དང་འཚོ་བར་མ་ཟོས་པ་དང་། ཁམ་ཁར་མ་བྱུང་བར་ཁ་གདངས་བ་དང་། ཁ་ཁམ་གྱི་བཀང་སྟེ་སྨྲས་པ་དྲུག་ལ་ཉེས་བྱས་སོ། །

ཟས་ཟ་བའི་སྒྲ་ཅོག་ཅོག་སོགས་ལྔ་ནི། མངར་བ་ལ་ཙུག་ཙུག་བྱས་པ་དང་། སྐྱུར་བ་ལ་ཅག་ཅག་གྲང་བ་ལ་ཧུ་ཧུ་ཚ་བ་ལ་ཕུ་ཕུའི་ཕྱིར་ཕྱུངས་ནས་ཟ་བ་སྟེ་ལྔ་ལ་ཉེས་བྱས་སོ། །འབྲུ་སོགས་ཐ་དད་དུད་བྱེད་པ་ལྔ་སྟེ། སྲོག་ཆགས་ཡོད་མེད་བརྟགས་པ་སོག་སམ་ཡིན་རྒྱུན་འབྲུམ་དང་ཡོས་ལྟ་བུ་འབྲུ་རེ་རེ་ནས་ཐ་དད་དུ་ཕྱེ་ནས་ཟ་བ་དང་། ཟས་ཞིམ་མངར་སོགས་ལ་ཕྱ་སྨོན་བྱེད་ཅིང་ཟ་བ

དང་། མཁུར་ཚོས་གཡས་གཡོན་དུ་སྒྲོ་ཞིང་ཟ་བ་དང་། ཀན་སྦྲ་ཧོག་ཅིང་ཟ་བ་དང་། ཁམ་འཕྲོ་སོ་ཡིས་བཅད་ཅིང་ཟ་བ་སྟེ་ལྔ་ཉེས་བྱས་སོ། །ལག་པ་བསྡུག་པ་སོགས་ལྔ་ནི་ལག་པས་ཟས་སྙོམས་པ་ལྡེས་བསྡུག་པ་དང་། ལྷུང་བཟེད་དང་ཕོར་བ་སོགས་ལ་སོ་སོར་དང་ལྡེས་འཁྱོག་པ་དང་། ལག་པ་ལ་སྦྱས་ཆགས་པ་སྡུག་པ་དང་། ཟས་དང་བཅས་པའི་ལྷུང་བཟེད་སྐྱོམ་པ་དང་། ཡང་ལྕི་ལྷ་ཕྱིར་ཟས་དང་བཅས་ཏེ་ལག་པས་འདེགས་པ་དང་། ཟས་མཆོད་རྟེན་གྱི་དབྱིབས་ལྟར་འབྲས་པ་བཅོམས་ཏེ་ཟ་བ་དང་ལྔ་ལ་ཉེས་བྱས་ཏེ་ཉེར་གཅིག་གོ། །སྡེ་ཚན་དྲུག་པ་ལྷུང་བཟེད་ཀྱི་སྡེ་ཚན་ལ་ལྷུང་བཟེད་ལ་དཔྱད་པ་སོགས་བཞི་ལས། དང་པོ་རང་གི་དྲུང་ན་གནས་པའི་དགེ་སློང་གི་ལྷུང་བཟེད་ལ་འཕྱ་བའི་ཕྱིར་ལ་བ་དང་། ལག་པ་ཟས་ཀྱི་འབགས་པས་ཆུ་སྣོད་ལ་བཟུང་བ་དང་། དྲུང་ནས་འདུག་པའི་དགེ་སློང་ལ་ཟས་དང་འབགས་པའི་ཆུ་འཐོར་བ་དང་། ཁྱིམ་པ་ལ་མ་དྲིས་པར་ཟས་རང་འབགས་པའི་ཆུས་ཁྱིམ་དུ་མི་འབོ་བ་སྟེ་བཞི་ལ་ཉེས་བྱས་སོ། །ལྷུང་བཟེད་ལ་རྣམ་པ་བཅུའི་དང་པོ་ལྷུང་བཟེད་ཀྱི་ནང་དུ་ཟས་ལྷག་བླུག་སྟེ་དོར་བ་དང་། ལྷུང་བཟེད་རྗེན་པ་བཞག་པ་དང་། གད་ཀ་དང་། གྲོག་ཡང་དང་། གཟར་པོར་དྲིལ་སར་བཞག འགྲེང་བ་བཞིན་དུ་ལྷུང་བཟེད་འཁྲུ་བ་དང་། གད་ཁ་དང་། གཡང་ས་དང་། དཀན་གཟར་པོར་འཁྲུ་བ་དང་། འབབ་ཆུ་དྲག་པོ་འབབ་པའི་རྒྱུན་ལས་བཟློག་སྟེ་ཆུ་བཅུ་བ་རྣམས་ལ་ཉེས་བྱས་ཏེ་ལྷུང་བཟེད་ཀྱི་བཅུའོ། །

སྡེ་ཚན་བདུན་པ་ཆོས་སྟོན་གྱི་སྡེ་ཚན་ལ་ཉེར་དྲུག་ལས་འགྲེང་བ་སོགས་ལྔ་ནི་མི་ན་བ་འགྲེང་བ་ལ་ཆོས་བཤད་པ་དང་། དེ་བཞིན་དུ་འདུག་སྟེ་ཉལ་བ་དང་། སྟན་མཐོ་པོ་ལ་འདུག་པ་དང་། མདུན་དུ་འགྲོ་བ་ལ་ཕྱི་ནས་འགྲོ་ཞིང་བཤད་པ་དང་། ལམ་དུ་འགྲོ་བ་ལ་ལམ་གྱི་འགྲམ་ནས་འགྲོ་ཞིང་བཤད་པ་སྟེ་ལྔ་དང་། མགོ་གཡོགས་སོགས་ལྔ་ནི་མི་ན་བ་ལ་མགོ་གཡོགས་པ་དང་། གོས་བརྗེ་བ་དང་གོས་ཕྲག་པ་གཉིས་སུ་གཟར་བ་དང་། ལག་པ་གཉའ་གོང་དུ་བསྣོལ་བ་དང་། ལག་པ་ལྟག་གོང་དུ་བསྣོལ་བ་ལ་བཤད་པ་སྟེ་ལྔ་དང་། ཊོ་ཉེར་ཅན་སོགས་ལྔ་ནི་མི་ན་བར་སྐྲ་ཊོ་ཉེར་ཅན་ཏེ་ཐོར་ཅོག་ཅན་དང་། ཞྭ་གྱོན་པ་དང་། དར་ལ་སོགས་པས་ཅོད་པན་བཅིངས་བ་དང་། མེ་ཏོག་ལ་སོགས་པའི་ཕྲེང་བས་མགོ་བརྒྱན་པ་དང་། ཐོད་ཀྱིས་མགོ་དཀྲིས་པ་ལ་ཆོས་བཤད་པ་སྟེ་ལྔ་དང་།

གླང་ཆེན་སོགས་ལྔ་ནི་མི་ན་བར་གླང་པོ་ཆེ་ཞོན་པ་དང་། རྟ་ཞོན་པ་དང་། ཁྱོད་ཀྱི་སྟེང་ན་འདུག་པ་དང་། གཞན་ཡང་གཞོན་པ་གཞན་ཞོན་པ་དང་། མཆིས་ལྷམ་གྱོན་པ་ཆོས་བཤད་པ་སྟེ་ལྔ་དང་། འཁར་བ་ལ་སོགས་དྲུག་ནི་མི་ན་བར་ལག་ན་མཁར་བ་ཐོགས་པ་དང་། གདུགས་ཐོགས་པ་དང་། མཚོན་ཆ་ཐོགས་པ་དང་། རལ་གྲི་ཐོགས་པ་དང་། དགྲ་ཆ་སྟེ་མདའ་གཞུ་ཐོགས་པ་དང་། གོ་ཆ་གྱོན་པ་ལ་ཆོས་བཤད་པ་དང་དྲུག་སྟེ་ཞེར་དྲུག་ནི་ཞེས་བྱས་སོ། །སྡེ་ཚན་བརྒྱད་པ་བསྒྲུབ་པའི་སྡེ་ཚན་ན་བ་སོགས་བཞི་ནི་མི་ན་བར་འགྲེངས་ཏེ་བཤད་ལྟི་བྱས་པ་དང་། ཆུ་ཡི་ནང་འབབ་ཞིག་ཏུ་གནས་པ་མ་གཏོགས་ཆུ་ནང་དུ་བཤང་གཅི་མཆིལ་སྣབས་སྐྱུགས་པ་དང་བླུགས་པ་སྟེ་མཆིལ་མ་དོར་བ་དང་། རྩ་སྔོན་པོས་གོ་སྐབས་མེད་པར་ཁྱབ་པ་མ་གཏོགས་བཤང་གཅི་དང་མཆིལ་སྣབས་སྐྱུགས་པ་བླུགས་པ་དོར་བ་སྟེ་གསུམ་དང་། དཔྱུ་པ་རྒྱ་བ་དགག་པའི་སྡེ་ནི་སྟག་གཟིག་སོགས་ཀྱི་གནོད་པ་བྱུང་ན་མ་གཏོགས་ཤིང་ལ་མི་གང་ཙམ་ལས་མཐོ་བར་འཛེགས་པ་སོགས་བཞི་ནི་ཞེས་བྱས་སོ། །འདི་ཡན་གྱི་དགེ་སློང་ཁྲིམས་ཉིས་བརྒྱ་ལྔ་བཅུ་རྩ་གསུམ་གྱི་དངོས་གཞིའི་ལྟུང་བ་ངོ་ཐོ་ལི་ཁྲང་གྲངས་ཙམ་མདོར་བསྡུས་ཏེ་སློས་པ་ཡིན་ལ་སྒྱུར་བའི་ལྟུང་བ་སོགས་རྒྱས་བཤད་དང་སྤང་བླང་ཕྱིར་བཅོས་སོགས་ནི་ཁྲིར་མ་ལང་བས་གཞན་དུ་ཤེས་པར་བྱའོ། །

སྒྲུབ་པའི་བསླབ་པ་ཡོངས་སྦྱོང་གི་གཞི་བཤད་པ་ལ། གསོ་སྦྱོང་དབྱར་གནས་དགག་དབྱེ་གསུམ་དུ་ཡོད་པའི་དང་པོ་ཚུལ་ཁྲིམས་རྣམ་པར་དག་པར་གསོ་སྦྱོང་གི་གཞི་ནི། བསླབ་པ་གསུམ་པོ་དག་གསོ་ཞིང་སྦྱོང་བར་བྱེད་པ་སྟེ། དེ་ལ་ཡང་མཐུན་པའི་གསོ་སྦྱོང་དང་ཞི་གནས་ཀྱི་གསོ་སྦྱོང་གཉིས་ལས་དང་པོས་ནི་ལྷག་པར་ཚུལ་ཁྲིམས་ཀྱི་བསླབ་པ་གསོ་ཞིང་སྦྱོང་བར་བྱེད་ལ་ཕྱི་མས་ནི་ལྷག་པ་ཞི་གནས་ཀྱི་ཏིང་ངེ་འཛིན་གསོ་ཞིང་སྦྱོང་བར་བྱེད། དེ་གཉིས་ཀས་ལྷག་པ་ཤེས་རབ་ཀྱི་བསླབ་པ་གསོ་ཞིང་སྦྱོང་བར་བྱེད་པས་ན་གསོ་སྦྱོང་ཞེས་བྱ་ལ། དེ་ལ་མཐུན་པའི་གསོ་སྦྱོང་ལ་བཅུ་བཞི་པ་དང་། བཅོ་ལྔ་པ་དང་། བཀྲ་ཤིས་ཀྱི་གསོ་སྦྱོང་དང་། གནོད་པ་ཞི་བྱེད་ཀྱི་གསོ་སྦྱོང་དང་། བསྡུམས་པའི་གསོ་སྦྱོང་སྟེ་ལྔ་ལས་མཐུན་པའི་གསོ་སྦྱོང་གཉིས་པོ་འདི་ཧི་སྲིད་བསྟན་པ་གནས་ཀྱི་བར་དུ་གཞིས་བྱེས་ལམ་གསུམ་གང་དུ་ཡང་མ་ཆག་པར་བྱེད་པ་ཤིན་ཏུ་གལ་ཆེ་ཞིང་། སྤྱི་དགེ་འདུན་ཐམས

ཅན་དང་ཁྱད་པར་དགེ་སློང་རྣམས་ན་བ་དང་ཆོས་ལྡན་གྱི་བྱ་བས་གཡེངས་པ་མ་གཏོགས་གསོ་སྦྱོང་ལ་ངེས་པར་འགྲོན་དགོས་ཀྱང་། ཐར་པ་དོན་གཉེར་གྱི་བློ་མེད་པར་ཁྲལ་གྱི་འདུ་ཤེས་ཀྱིས་གསོ་སྦྱོང་ལ་ཕྱོལ་གང་ཐུབ་བྱེད་པ་འདི་ཤིན་ཏུ་མི་རིགས་པས་དགེ་སྐོས་ཀྱིས་ལེགས་པར་བརྟག་དགོས། ནད་པ་སོགས་ལ་འདུན་དག་འདྲི་ཞིང་འབུལ་བའི་ཕྱག་ལེན་ཡོད་ཀྱང་ཞིབ་ཆ་ཆེས་ན་གསོ་སྦྱོང་ཆག་པའི་རྒྱུར་སོང་དོགས་མ་བཀོད། བཀྲ་ཤིས་ཀྱི་གསོ་སྦྱོང་ནི་དུས་ཚིགས་དང་མ་འཁྲིག་ཀྱང་རབ་གནས་སོགས་བཀྲ་ཤིས་པའི་བྱ་བ་བྱེད་དུས་དང་། གནོད་པ་ཞི་བྱེད་ནི་ནད་ཡམས་དང་ཐན་པ་བྱུང་བ་སོགས་ཀྱི་དུས་དང་། བསྡུམས་པའི་གསོ་སྦྱོང་ནི་དགེ་འདུན་གྱི་དབྱེན་དང་རྩོད་པ་ཞི་བྱེད་ཀྱི་ཆེད་དུ་བྱ་བར་གསུངས། གཞན་དུ་གསོ་སྦྱོང་གི་ལེགས་བཤད་ནོར་བུའི་དོ་ཤལ་དང་དུས་བརྗོད་ཀྱི་ལག་ལེན་ནྲར་དུ་བྲིས་ཡོད་པ་ལྟར་རོ། །

གཉིས་པ་ཚུལ་རྣམ་པར་དག་པ་དབྱར་གནས་ཀྱི་གཞི་ནི་མདོ་རྩ་བར། དབྱར་གནས་པ་ཁས་བླང་བར་བྱའོ། །ཟླ་བ་གསུམ་དུའོ། །ཞེས་གསུངས་པས་དབྱར་སྟོ་ཕྱི་གང་ཡིན་ཀྱང་ཁས་བླངས་ཟླ་བ་གསུམ་དུ་བྱས་ཕྱིན་ཚུལ་བཞིན་བྱ་དགོས་ཤིང་། དགག་དབྱེ་གློ་བུར་བ་དགོས་ངེས་བྱུང་ན་ཟླ་ཕྱེད་གཉིས་སོགས་ལ་བྱེད་པར་བཤད་ཀྱང་རྐྱེན་གཞན་མེད་པར་དགག་དབྱེ་གློ་བུར་བ་མི་རིགས་ཤིང་། དེས་ན་དབྱར་གནས་ཟླ་བ་གསུམ་བྱེད་དཀའ་བས་དབྱར་གནས་ཀྱི་སྲོལ་འདུས་སྡེ་འདི་ར་མ་བཏོད་ཅིང་། དབྱར་གནས་མེད་ཕྱིན་གསུམ་པ་ཆོས་རྣམ་པར་དག་པ་དགག་དབྱེའི་གཞི་མ་དགོས་ལ། ལྗོངས་རྒྱུ་སོགས་འདུལ་བ་ལྟར་ཚུལ་ལྡན་དཀའ་ཡང་། དབྱར་ལྗོངས་དང་རི་ཁྲིའི་དུས་ཀྱི་ཆུ་ཞུགས་སོགས་ལམ་ཙམ་མཐུན་ཤས་ཆེ་བས་འདི་སྐབས་ཀྱང་མདའ་རྒྱག་རྡོ་སྐོར་གླུ་བྲོ་གཞས་སོགས་རྩེད་མོའི་རིགས་དང་ཆང་འཐུང་བ་སོགས་བག་མེད་ཀྱི་སྤྱོད་པ་མི་བྱེད། ལྷུང་བྱེད་ཀྱི་བཅུ་ཚན་བདུན་པ་ལས་བྱུང་བ་ལྟར་ཆུ་རྩེད་ཀྱང་འོས་མིན་དུ་གཏོད་བག་གི་སྤྱོད་པ་སྣ་ཚོགས་མི་བྱེད་ཅིང་གཞན་གྱི་མཚང་ནས་འབྲུ་བའི་ཤགས་རྒྱག་སོགས་མི་བྱ་བ་གལ་ཆེ། ཁྱད་པར་ཁྱིམ་པ་དང་བུད་མེད་ཀྱིས་མཐོང་སར་གཅེར་རྒྱུགས་སོགས་སྤྱོད་ལམ་མི་མཛེས་པ་བྱས་ན་བསྟན་པ་ལ་རྨ་འབྱིན་པར་འགྱུར་ཞིང་། སོ་ཐར་སྐབས་འདིར་ཕམ་ལྷག་གང་གི་ཚེ་ཡང་བུད་མེད་ལ་རེག་པ་འཁྲིག་ཚིག་སྨྲ་བ་སོགས

གཏན་ནས་སྤོང་ཞིང་། འདི་དག་ལ་མི་འཛེམ་པར་བུད་མེད་ཀྱི་མཐོང་སར་སྐྱེག་ཚོས་ཀྱི་སྤྱོད་པ་དང་ཟུར་མིག་བལྟ་བ་འཛུམ་རྒོད་སོགས་བྱས་ན་དམྱལ་བར་ངེས་པར་སྐྱེ་བར་འགྱུར་བས་མཁས་མཆོག་བུ་སྟོན་རིན་པོ་ཆེའི་གསུང་སྙིང་གཏམ་གསེར་གྱི་ཐུར་མ་ལས། ལོག་པར་གཡེམས་པས་དམྱལ་བ་བསྡུས་འཇོམས་སུ། །གསལ་ཤིང་འབར་བས་རོ་སྨད་འཕིགས་པར་འགྱུར། །དེ་ནས་མི་རུ་སྐྱེས་ཀྱང་མ་ནིང་འགྱུར། །ཕྱི་ལམ་བུད་མེད་སྤྱད་ནས་རོ་མྱང་ཡང་། །དམྱལ་བ་པད་མ་ལྟར་གས་ནང་དུ་ནི། །ཁྱུམ་པར་འཚེད་ཅིང་གཅུན་གྱིས་འཚོག་འགྱུར་ན། །དངོས་སུ་སྤྱོད་པ་ལྟ་ཡང་སྨོས་ཅི་དགོས། །བུད་མེད་མཐོང་ནས་ཚུལ་མིན་ཡིད་བྱེད་ན། །མིག་ནི་ཟངས་ཞུན་འབར་བས་བསྲེག་པར་བྱེད། །བུད་མེད་གླུ་དབྱངས་ཐོས་ནས་ཆགས་གྱུར་ན། །རྣ་བར་རོ་ཉེ་སྐོལ་མ་བླུག་པར་སྐྱེ། །བུད་མེད་གླུ་དང་གར་ལ་ཆགས་པ་ཡིས། །ལྕེ་བ་ཕྱུངས་ནས་འགྲོད་པར་མི་བྱེད་པ། །ལྕགས་ཀྱི་མེ་མདག་ཆར་བ་ལུས་ལ་འབབ། །གཞན་གྱི་ཆུང་མ་ལ་སྤྱད་རྫུན་སྨྲ་བ། །ངུ་འབོད་ཆེན་པོ་མུན་པས་ཀུན་ཁྱབ་པར། །སྤྱི་བོ་ནས་ཕུག་ལྟེ་ཆུང་བཙུད་ཀྱང་ནི། །སྐད་ཅིག་རེ་རེ་སྐྱེ་ཞིང་གཅོད་པར་བྱེད། །མི་རུ་སྐྱེས་ཀྱང་དམུས་ལོང་འོན་པ་དང་། །ལམ་ཟན་སློང་བ་དག་ཏུ་སྐྱེ་བར་འགྱུར། །དགེ་བསྙེན་མ་ལ་ལོག་པར་གཡེམ་པ་ཡིས། །རབ་ཏུ་ཚ་བར་ཐལ་བའི་ལྟག་མ་ཡང་། །མེད་པར་བསྲེག་ཅིང་ཚེ་རབས་བཞི་བརྒྱ་རུ། །ཟ་མ་དག་ཏུ་སྐྱེ་བར་འགྱུར་བ་ཡིན། །གྲོགས་ཀྱི་ཆུང་མ་བསླུས་ནས་སྤྱད་པ་ཡིས། །རབ་ཚ་ཨ་ལ་ལ་ཞེས་ཟེར་བ་རུ། །སྐྱེས་ནས་ཚ་བའི་རླུང་གིས་ཕྱོགས་བཅུར་འཕྱེར། །ཚེ་རབས་སྟོང་ཕྲག་དུ་མར་ཡི་དྭགས་སུ། །སྐྱེས་ནས་རང་གི་ཤ་ལ་ཟ་བ་དང་། །ཕག་ཏུ་སྐྱེས་ནས་མི་གཙང་ཟ་བ་དང་། །མི་རུ་སྐྱེས་ནས་ཕོ་མཚན་གཅོད་པར་འགྱུར། །བླ་མའི་ཆུང་མ་ལོག་པར་གཡེམ་པ་ཡིས། །སྙིང་རྗེ་ཆེན་པོ་ཞེས་པ་གོང་འོག་ཏུ། །མཚོན་ཆ་གཉིས་ཀྱིས་གཅོད་པར་སྐྱེ་བར་འགྱུར། །མི་རུ་སྐྱེས་ན་བཙས་མ་ཐག་ཏུ་འཆི། །བདག་ཉིད་མི་དབང་བུ་མོ་ལ་སྤྱད་པས། །གླུད་པ་སེང་གེ་སྦྲུལ་གྱིས་རྟེབ་ལོགས་དང་། །རྒྱབ་ནས་སྟག་གིས་ཟ་ཞིང་མེས་བསྲེག་ལ། །ཕྱོགས་རྣམས་ཀུན་ནས་གཤིན་རྗེས་མདའ་འཕེན་འགྱུར། །བུད་མེད་མཚན་མ་སྙན་ངག་གིས་བསྟོད་པ། །སྐྱེ་བ་ལྔ་བརྒྱར་མངལ་གྱི་སྲིན་བུར་སྐྱེ། །ཆགས་པ་སྤྱོད་ཅིང་རེག་ནས་སྨོས་ཅི་དགོས། །ཁྲིམས་འཆལ་ཡུལ་འཁོར་བསོད་

སྡོམས་སྤྱོད་པ་ནི། །ལྟུགས་གོང་མེ་ལྟེ་འབར་བ་ཟ་བར་སྐྱེ། །ཁྲིམས་འཆལ་དགེ་འདུན་བཙུང་བ་འཕྲུངས་པ་ཡིས། །ཟངས་ཞུན་འབར་བ་འཕྲུང་བར་སྐྱེ་བར་འགྱུར། །ཚུལ་ཁྲིམས་འཆལ་པས་ས་ནི་གོམ་གང་དང་། །ཟས་ནི་ཁམ་གཅིག་བཙུང་བ་ཆུ་ཕོར་གང་། །ཙམ་ཞིག་དགེ་འདུན་རྫས་ལ་ལོངས་སྤྱོད་ན། །ལོག་འཚོ་ཡིན་ཏེ་དམྱལ་བར་སྐྱེ་བར་གསུངས། །དེ་སོགས་ཉེས་དམིགས་དཔག་མེད་མདོ་ལས་གསུངས། །ཞེས་གསུངས་པས་མཁས་དབང་འདིས་གསུང་རབ་མང་དུ་གཟིགས་ཤིང་བརྟེ་བས་གདམས་པ་ཡིན་པས་སྙིང་ལ་བཅང་དགོས་སོ། །དགེ་འདུན་གྱི་འཚོ་བ་སྒྲུར་བ་པོ་ཕྱག་མཛོད་གཉེར་ཚང་སོགས་ནས་ཀྱང་རྒྱུ་འབྲས་ལ་ལེགས་པར་བསམ་གཞིགས་ཀྱིས་གཙོ་བོར་གཙུག་ལག་ཁང་རྟེན་དང་བརྟེན་པར་བཅས་པའི་དཀོན་མཆོག་གི་མཆོད་པ་དང་། ཕོགས་ཇ་ཐུག་སོགས་འཕྲལ་ཡུན་དུ་དགེ་འདུན་གྱི་ཞབས་ཏོག་ལ་བརྩོན་པར་བྱེད་ཅིང་། གཙུག་ལག་ཁང་གི་ཐུག་དར་ལྷོག་རྒྱལ་མཚན་ཆུ་ཁེབས་ཡོལ་བ། ཐིགས་ཚགས་ཁང་སྐྱོང་སོགས་ལ་ཡང་ལེ་ཤོར་མེད་པ་དང་། ལྷ་འབངས་རྣམས་ལ་ཡང་ཉེ་རིང་མེད་པར་སྐྱོང་ཞིང་དཀོན་མཆོག་དང་དགེ་འདུན་བསོད་ནམས་ཀྱི་ཞིང་དང་མཆོད་ཡུལ་དུ་ཤེས་པར་བྱ་ཞིང་གུས་པར་བྱ་དགོས། དགེ་འདུན་གྱིས་ཀྱང་ལྷོ་ཕྱིར་ཁོ་ན་དང་ཟ་འདོད་ལ་གཙོ་བོར་བྱས་ཏེ་ཟ་དགའ་འཕྲུང་སྐྱིད་དོན་དུ་གཉེར་བ་མ་ཡིན་པར་དད་ཟས་གཤིན་ཟས་ལྟུགས་ཀྱི་ཐོ་ལུམ་དུ་ཤེས་དགོས། དེ་ལྟར་མིན་པའི་ཞུ་མཁན་གྱིས་ཁྲལ་ལ་བསམས་ཤིང་བཞེས་མཁན་གྱི་ཅི་ཐོབ་ཅི་ལོན་བྱས་ན་དགེ་འདུན་ལོག་འཚོར་སྒྱུར་ཞིང་འཇུ་དཀའ་བས་གཉིས་ཀས་རྒྱུ་འབྲས་གོ་བ་ཞིག་ངེས་པར་དགོས་ཤིང་། དགེ་འདུན་གྱིས་དཀོར་སྤྱོད་སྤྱིར་གང་ནུས་དང་རྒྱུན་གྱི་ཚོགས་འདོན་སོགས་ལ་བརྩོན་པར་མཛད་དགོས། གཞན་ཡང་དམ་པའི་ཆོས་འདུལ་བར་བདེ་བར་གནས་པའི་རྐྱེན་བསྟན་པ་ལ། གོས་མཐའ་གཉིས་སུ་མ་ལྷུང་བ། སྨན་མཐའ་གཉིས་སུ་མ་ལྷུང་བ། གནས་མལ་མཐའ་གཉིས་སུ་མ་ལྷུང་བ་སོགས་ཞིབ་ཆ་མང་དུ་ཡོད་པ་འདིར་བྲིས་ཀྱི་མ་ལང་། དེ་ཡང་རང་གིས་ཁས་བླངས་པའི་དགེ་སློང་དགེ་ཚུལ་དགེ་བསྙེན་སོགས་ཀྱི་ཚུལ་ཁྲིམས་ལས་འདས་ན་ཉེས་དམིགས་ཤིན་ཏུ་ཆེ་སྟེ། ལུང་རྣམ་འབྱེད་ལས། གང་ཞིག་སྟོན་པ་ཐུགས་རྗེའི་བསྟན་པ་ལ། །ཡལ་བར་སེམས་ཤིང་ཅུང་ཟད་འདའ་བྱེད་པ། །དེ་ནི་དེ་ལས་སྡུག་བསྔལ་གཞན་དབང་འགྲོབ། །སྨིག་

ཚུལ་བྲིགས་པས་ཨ་མྲའི་ཚལ་ཉམས་བཞིན། །འདི་ན་ལ་ལ་རྒྱལ་པོའི་ཚིག་ཆེན་ཡང་། །འདས་ན་ལན་འགའ་ཚད་པ་ཐོབ་པར་འགྱུར། །ཐུབ་པའི་བཀའ་ལུང་རྩུལ་མིན་འདའ་བྱེད་པ། །དུད་འགྲོར་སྐྱེ་འགྱུར་ཨེ་ལའི་འདབ་ཀླུ་བཞིན་ཞེས་གསུངས་པའི་ཕྱིར་རྩུལ་བཞིན་བསྲུང་ནུས་ན་དེང་སང་སྙིགས་དུས་འདིར་ཕན་ཡོན་ལྷག་པར་ཆེ་བ་ཡིན་ཏེ། ཟླ་བ་སྒྲོན་མེས་ཞུས་པའི་མདོ་ལས། གང་ཞིག་དམ་ཆོས་རབ་ཏུ་འཇིག་པ་དང་། །བདེ་གཤེགས་བསྟན་པ་འགགས་པར་གྱུར་པའི་ཚེ། །ཉིན་མཚན་དུ་ནི་བསླབ་པ་གཅིག་སྤྱོད་པ། །བསོད་ནམས་དེ་ནི་དེ་བས་ཁྱད་པར་འཕགས་ཞེས་གསུངས་པའི་ཕྱིར། བསླབ་ཁྲིམས་ལས་འདས་ནས་སྤོ་མགུ་དབྱུང་གསུམ་བྱ་དགོས་ཤིང་གནས་དབྱུང་དེ་ཡང་དགེ་སློང་ཉི་ཤུར་ལོངས་པས་བྱ་ཞིང་། གནས་དབྱུང་བྱས་པའི་གང་ཟག་དེ་དང་སྤྱོད་ལམ་གཅིག་པ་དང་གཏམ་འདྲེས་པ་སོགས་མི་བྱ་བར་བཤད་པ་ནི་སོ་ཐར་ཁོ་ནའི་ལུགས་ཡིན་ལ། གསང་སྔགས་ལ་དེ་བས་ཀྱང་དོག་པ་འོག་ཏུ་འཆད་དོ། །དེ་ལྟར་ཆོས་ལྡན་གྱི་ཁྲིམས་གནས་ནས་དབྱུང་བ་དང་ཆད་པས་གཅོད་པ་སོགས་བྱས་ན་ཕན་ཡོན་ཆེར་འབྱུང་བར་བཤད་དེ། མདོ་སྡུད་འདས་ལས། དམ་པའི་ཆོས་བསྲུང་བར་བྱེད་པའི་གང་ཟག་དེས། ཆོས་མ་རུངས་པར་བྱེད་པའི་གང་ཟག་རྣམས་སྒྲོད་ཅིང་ཆད་པས་ཀྱང་གཅོད་པའི་སྐྱེས་བུ་དེ་ནི་བསོད་ནམས་ཚད་མེད་དཔག་ཏུ་མེད་པ་དང་ལྡན་པ་ཡིན་ནོ། ཞེས་གསུངས་པའི་ཕྱིར་མདོར་ན་ཁྲོ་ཡང་སླར་མི་ཁྲོ་བ་དང་། གཤེ་ཡང་སླར་མི་གཤེ་བ་དང་། བརྡེག་ཀྱང་སླར་མི་བརྡེག་པ་དང་། མཚང་འབྲུ་ཡང་སླར་མཚང་མི་འབྲུ་བ་སོགས་དགེ་སྦྱོང་གི་ཆོས་བཞི་ལ་བསླབ་པ་ནི་ངེས་པར་གལ་ཆེའོ། །སོ་ཐར་རྩུལ་ཁྲིམས་ཅན་དན་ནགས་ཀླུང་གི་དྲི་བསུང་འདྲེན་བྱེད་ལེགས་བཤད་རླུང་བཞོན་གྱིས། རྩུལ་མིན་ཉེས་པའི་ཚ་གདུང་ཡོངས་བསིལ་ཞིང་། །ཚངས་སྤྱོད་དགའ་བདེའི་དཔལ་གྱིས་ཆེམ་གྱུར་ཅིག།

གཉིས་པ་བྱང་སེམས་ཀྱི་བསླབ་བྱ་ནི་དབུ་སེམས་གང་རུང་ངམ་གསང་སྔགས་དང་འབྲེལ་བའི་བྱང་སྡོམ་སོ་སོའི་ཆོ་ག་ལ་བརྟེན་ནས་མོས་པའམ་ཡང་ན་སྔགས་ལམ་གྱི་སྔ་འགོན་འཇུག་པའི་ཚེ་ཐོབ་པ་དང་། རྒྱན་གྱི་ཚོགས་འདོན་ལ་བྱང་ཆུབ་སྙིང་པོར་མཆིས་ཀྱི་བར། །ཞེས་སོགས་ཀྱི་སྒོ་ནས་བྱང་སྡོམ་བླངས་ཤིང་ཐོབ་བ་ཡིན་པས་བསླབ་བྱ་མདོར་བསྡུས་ན་ཉེས་སྤྱོད་སྡོམ་པའི་རྩུལ་ཁྲིམས།

དགེ་བ་ཆོས་སྡུད་ཀྱི་ཚུལ་ཁྲིམས་སེམས་ཅན་དོན་བྱེད་ཀྱི་ཚུལ་ཁྲིམས་དང་གསུམ་ལས་དང་པོ་ནི་བྱང་ཆུབ་སེམས་དཔའ་རྒྱལ་པོ་ལ་འབྱུང་བའི་ལྟུང་བ་ལྔ་དང་། བློན་པོ་ལ་འབྱུང་བ་ལྔ་ནི་རྒྱལ་བློན་སོ་སོའི་ལྟུང་བར་ངེས་པས་ཕལ་པ་ལ་འབྱུང་དཀའ་ཞིང་། ཕལ་པ་ལ་འབྱུང་ངེས་པའི་ལྟུང་བ་བརྒྱད་པོ་དང་། ཡན་ལག་གི་ཉེས་བྱས་བརྒྱད་ཅུ་སོགས་ནམ་མཁའི་སྙིང་པོའི་མདོ་དང་བསླབ་བཏུས་སོགས་སུ་རྒྱ་ཆེར་བཤད་པ་འདིར་མ་སྤྲོས། སྨོན་འཇུག་གི་བསླབ་བྱར་སློབ་ཚུལ་རྒྱས་པ་གཞན་ཡོད་ཀྱང་མདའ་རིས་པཎ་ཆེན་རིན་པོ་ཆེའི་སྡོམ་གསུམ་རྣམ་ངེས་ལས། མཁྱེན་རབ་དབང་ཕྱུག་ཀློང་ཆེན་རབ་འབྱམས་ནི། །སྨོན་པའི་བསླབ་བྱ་ཚད་མེད་བཞི་སྒོམ་ཞིང་། །འཇུག་པའི་བསླབ་བྱ་ཕ་རོལ་ཕྱིན་དྲུག་སྤྱོད། །བསྟན་དཀར་ནག་ཆོས་བརྒྱད་འདུ་ཞེས་གསུངས། །ཞེས་གསུངས་པ་ལྟར་སྨོན་སེམས་ཀྱི་བསླབ་བྱ་སེམས་ཅན་ཐམས་ཅད་ཕ་མར་ཤེས་པས་བདེ་བ་དང་འཕྲད་འདོད་ཀྱི་བྱམས་པ་དང་། སྡུག་བསྔལ་དང་བྲལ་འདོད་ཀྱི་སྙིང་རྗེ་དང་། བདེ་བ་དང་ལྡན་པ་ལ་དགའ་བ་དང་། ཉེ་འབྲིང་མེད་པའི་བཏང་སྙོམས་ཏེ་ཚད་མེད་བཞི་དང་། བདག་གཞན་ཐམས་ཅད་བདེ་བ་འདོད་པ་དང་སྡུག་བསྔལ་མི་འདོད་པར་མཉམ་པས་ན་བདག་གཞན་མཉམ་པའི་བྱང་ཆུབ་ཀྱི་སེམས་དང་། གཞན་གྱི་སྡུག་བསྔལ་བདག་ལ་ལེན་ཅིང་བདག་གི་བདེ་བ་གཞན་ལ་གཏོང་བའི་གཏོང་ལེན་བྱང་ཆུབ་ཀྱི་སེམས་སོགས་ངེས་པར་གལ་ཆེ་བ་ཡིན་ཏེ། སྐྱིད་སྡུག་ལམ་འཁྱེར་གྱི་རྩ་ཚིག་ལས། སྐྱིད་ན་བདེ་བ་ཚོགས་སུ་བསྔོ། །ཕན་བདེས་ནམ་མཁའ་གང་བར་ཤོག །སྡུག་ན་ཀུན་གྱི་སྡུག་བསྔལ་འཁུར། །སྡུག་བསྔལ་རྒྱ་མཚོ་སྐེམ་པར་ཤོག །

ཅེས་གསུངས་པའི་ཕྱིར་འདི་དག་གི་དོན་རྒྱུད་ལ་ཁེལ་ངེས་པ་དགོས་ཤིང་། མདོར་ན་མཆོད་འོས་བསྙུ་བ། འགྱོད་མེད་འགྱོད་པ་བསྐྱེད་པ། དམ་པར་སྐུར་འདེབས། འགྲོ་ལ་གཡོ་སྒྱུ་སྤྱོད་པ་སྟེ་ནག་པོའི་ཆོས་བཞི་སྤོང་ཞིང་། དེ་ལས་ལྡོག་པ་དཀར་པོའི་ཆོས་བཞི་དང་དུ་བླངས་བ་སོགས་བྱ་དགོས། འཇུག་པའི་སློབ་བྱ་ལ་ཟང་ཟིང་དང་། མི་འཇིགས་པ་དང་བྱམས་པ་དང་། ཆོས་ཀྱི་སྦྱིན་པ་སོགས་སྦྱིན་པ་རྣམ་པར་བཞི་གཏོང་བ་དང་། སྡོམ་པ་གསུམ་གྱི་ཚུལ་ཁྲིམས་ཡང་དག་པར་སྲུང་བ་ཚུལ་ཁྲིམས། སོས་དལ་དུ་སྡོད་སྐབས་ཆོས་དང་མཐུན་མཐུན་འདྲ་ཞིང་། ཕ་རོལ་པོས་ཚིག་རྩུབ་

སོགས་བྱུང་བའི་ཚེ་ཚིག་ངན་རེའི་ནད་མི་ཐེག་པ་སྤྲུལ་གདུག་པ་དང་འདྲ་བའི་ཞེ་སྡང་མི་བྱ་བར་དྲན་ཤེས་ཀྱི་གཉེན་པོ་བསྟེན་པའི་བཟོད་པ་དང་། ཚེ་འདིའི་བྱ་བཞག་ཚོང་ཁེ་སྤྱོགས་སོགས་ལ་བརྩོན་འགྲུས་ཆེ་ཆེ་ལྟར་སྣང་ཡང་ཆོས་ཕྱོགས་ནས་ཚོགས་རྒྱུན་རིང་བ་ཙམ་ཡང་མི་ནུས་པའི་བྱ་བ་དེ་འདྲ་མི་བྱེད་པར་བརྩོན་འགྲུས་བསྐྱེད་པ་དང་། བསྐྱེད་རྫོགས་སོགས་ཞི་ལྷག་གི་ཏིང་ངེ་འཛིན་ཟབ་མོ་ཉམས་ཁྲིད་དུ་ལུས་ཏེ་སྒྲིང་བའི་བསམ་གཏན་དང་། མདོ་སྔགས་ཀྱི་གསུང་རབ་གང་ལ་ཡང་དོན་དང་དོན་མ་ཡིན་པ་རྣམ་པར་དཔྱོད་པའི་ཤེས་རབ་ཟབ་མོས་ཐོས་བསམ་སྒོམ་གསུམ་ལ་འབད་ཅིང་མདོར་བསྡུ་ན་སེམས་ཅན་སྤྱི་དང་ཐ་ན་ལོང་སྤྲང་བྱ་རི་དྭགས་ཙམ་ལ་ཡང་ཕ་མར་ཤེས་པའི་སྙིང་རྗེའི་རྒྱུས་ཟིན་པའི་སྒོ་ནས་གནོད་པ་ལས་སྐྱོབ་ཅིང་ཕན་པ་བསྒྲུབ་པ་དང་། སྤྱི་སྒོས་གང་གི་ཐད་དུ་ཡང་ཕན་ཚུན་ཁོང་ཁྲོ་ཞི་བཞག་གི་སྒོ་ནས་གནོད་སེམས་མཐའ་དག་སྤངས་ཏེ་བདེ་བར་གནས་པ་གལ་ཆེ་སྟེ། བཤེས་སྤྲིང་ལས། བདག་ནི་འདིས་སྤྱོས་འདིས་བཏགས་ཕམ་པར་བྱས། །འདི་ཡིས་བདག་ནོར་ཕྲོགས་པར་གྱུར་ཏོ་ཞེས། །འཁོན་དུ་འཛིན་པས་འཁྲུག་ལོང་རྣམས་བསྐྱེད་དེ། །ཁོན་འཛིན་རྣམས་སྤངས་བདེ་བར་གཉིད་ཀྱིས་ལོག། །ཅེས་གསུངས་པའི་ཕྱིར་འདི་ཉིད་ངེས་པར་ལག་ལེན་དུ་འདེབས་པ་གལ་ཆེ། དེ་ལྟར་བྱང་སེམས་ཀྱི་བསླབ་བྱ་རྒྱས་པར་བཤད་དུ་ཡོད་ཀྱང་འདིར་མ་སྤྲོས་པས་གཞན་དུ་བལྟའོ། །སྨོན་འཇུག་བྱང་ཆུབ་སེམས་ཀྱི་འོད་དཀར་ཅན། །བྱམས་དང་སྙིང་རྗེའི་ཆ་ཤས་ཡོངས་གང་བས། །འགྲོ་འདིའི་ཉོན་མོངས་ཚ་གདུང་རབ་བཅིལ་ནས། །ཕན་བདེའི་ཀུ་མུད་ཀུན་ནས་རྒྱས་གྱུར་ཅིག །

གསུམ་པ་གསང་སྔགས་རྡོ་རྗེ་ཐེག་པའི་བསླབ་བྱ་དམ་ཚིག་དང་སྡོམ་པ་བསྲུང་ཚུལ་ནི། རྒྱུད་སྡེ་བཞིའམ་དྲུག་གི་དཀྱིལ་འཁོར་ཆེན་པོར་སྨིན་བྱེད་ཀྱི་དབང་ཐོབ་ནས། དེའི་དམ་ཚིག་དང་བསླབ་བྱ་ལ་ནན་ཏན་དུ་བྱེད་དགོས་ཤིང་། ཁྱད་པར་བླ་མེད་ཀྱི་དབང་བཞིའི་དམ་ཚིག་ལ། གུ་རུ་པདྨས། མཉམ་རྗེས་བཟའ་བཅང་བསྲུང་བའི་དམ་ལྔ་དགོས། །ཅེས་གསུངས་པ་ལྟར་དབང་བཞི་རེ་རེ་ལ་ཡང་མཉམ་གཞག །རྗེས་ཐོབ། བཟའ་བ། བཅང་བ། བསྲུང་བ་སྟེ་ལྔ་ཡོད་པ་ལས་བུམ་དབང་གི་མཉམ་གཞག་གི་དམ་ཚིག་ཏུ་བསྐྱེད་རིམ་བསྒོམ་པ། རྗེས་ཐོབ་ལྷ་དང་མི་འབྲལ་ཞིང་ལུས་ཐ་མལ་

དུ་མ་འཁྲུལ་བ། བཟའ་བའི་དམ་ཚིག་ཤ་ལྔ་དང་བདུད་རྩི་ལྔ་ལ་རོལ་བ། བཙང་བའི་དམ་ཚིག་རྡོར་དྲིལ་དང་མི་འབྲལ་བ། བསྲུང་བའི་དམ་ཚིག་སྣོད་བཅུད་ལྷ་དང་གཞལ་ཡས་ཁང་དུ་ཤེས་པའོ། །དེ་བཞིན་དུ་གསང་དབང་ལ་མཉམ་གཞག་ཏུ་གཏུམ་མོ་སྒོམ་པ། རྗེས་ཐོབ་གཏུམ་མོའི་ཉམས་དང་མི་འབྲལ་བ། བཟའ་བ་ཡེ་ཤེས་ཀྱི་བདུད་རྩི་མེར་རོལ་བ། བཙང་བ་རླུང་ཁ་སྦྱོར་ཉེར་གཅིག་རེ་བསྒོམ་པ། བསྲུང་བ་ཐིག་ལེ་མ་ཉམས་པར་བསྲུང་བའོ། །

དབང་གསུམ་པའི་མཉམ་གཞག་ཏུ་དངོས་སམ་ཡེ་རྒྱ་བསྟེན་པ། རྗེས་ཐོབ་བདེ་ཆེན་གྱི་ཉམས་དང་མི་འབྲལ་བ། བཟའ་བ་ཟས་སྒོམ་འཇུག་གི་ཚུལ་དུ་རོལ་བ། བཙང་བ་བྱང་སེམས་ལུས་ལས་མི་ཉམས་པ། བསྲུང་བ་དམ་ཚིག་གི་མུ་དྲ་བསྟེན་པའོ། །དབང་བཞི་པའི་མཉམ་གཞག་ཏུ་ཟུང་འཇུག་གཉིས་མེད་བསྒོམ་པ། རྗེས་ཐོབ་སྤྱོད་ལམ་ཐམས་ཅད་དེའི་ངོར་འཆར་བ། བཟའ་བ་ཆོས་ཉིད་ལ་རོལ་བ། བཙང་བ་གཉིས་མེད་ཀྱི་དོན་དམ་ལ་གནས་པ། བསྲུང་བ་གཉིས་མེད་ཡེ་ཤེས་ལས་མི་འདའ་བ་རྣམས་ལས་འདས་ན་དམ་ཉམས་སུ་འགྱུར་ཞིང་། སྤྱིར་རིགས་ལྔའི་དམ་ཚིག་སོ་སོ་དང་། བླ་ན་མེད་པའི་དམ་ཚིག་སྒོ་གསུམ་སྐུ་གསུང་ཐུགས་ཀྱི་ཕྱག་རྒྱ་ལས་མི་འདའ་ཞིང་མི་སྤང་བ་ནི་བྱང་ཆུབ་སེམས་ཀྱི་དམ་ཚིག་གོ། །དྲི་མེད་བཤགས་རྒྱུད་དུ་ཕྱི་སྒྲོ་འདོགས་ཡོངས་སུ་སྤྱོད་པའི་བླ་མ་སོགས་བཞི་དང་། དམ་ཚིག་གསལ་བཀྲར། སྤྱི་དང་འདྲེན་དང་དམ་ཚིག་དབང་། །ཉམས་ཆག་སྐོང་དང་ཤེས་རྒྱུད་དགྲོལ། །མན་ངག་ལུང་གི་བླ་མ་དྲུག་ཅེས་སོགས་དྲུག་སྟེ་བླ་མ་དེ་རྣམས་ལ་སྐུ་གསུང་ཐུགས་ཀྱི་དམ་ཚིག་གིས་མཚོན་སྒོ་གསུམ་གྱི་ཟོལ་ཟོག་མེད་པར་བཀུར་ཞིང་སྲི་ཞུ་སོགས་ལེགས་པར་བསྟེན་དགོས། དེ་བཞིན་དུ་རྡོ་རྗེའི་སྤུན་ནམ་མཆེད་ཀྱི་དམ་ཚིག་ནི། གསལ་བཀྲ་ལས། སྤྱི་ཡི་མཆེད་དང་ཉེ་བའི་མཆེད། །རིང་བའི་མཆེད་དང་འདྲེས་པའི་མཆེད། །ཅེས་བཤད་པ་ལྟར་རྡོ་རྗེའི་མཆེད་དེ་རྣམས་ལ་བརྩེ་གདུང་དང་གུས་པར་བྱ་དགོས་ཀྱང་། དབང་ལྷན་དུ་ཞུས་པའི་རྡོ་རྗེའི་སྤུན་དང་། རང་ལ་དྲིན་ཆེ་བའི་གནས་ཀྱི་སློབ་དཔོན་དགེ་རྒན་སོགས་ལ་ཡང་དྲིན་དུ་མི་གཟོ་བའི་སྙིང་ཁོན་འཛིན་གཏམ་མེད་གནོད་པ་ཅི་འཁྲོལ་བྱེད་པའི་ངན་སེམས་ཁོང་དུ་འཇུག་པ་ནི་སྡོམ་པ་གསུམ་ག་དང་འགལ་བའི་རྒྱུ་མཚན་འདུལ་བ་ལྟར་ན་གྲོགས་ཚངས་པ་མཚུངས་པར་སྤྱོད་པ་དང་། བྱང་

སྡོམ་ལ་འགྲོ་དྲུག་ལ་མར་ཤེས་དགོས་པ་དང་། གསང་སྔགས་ལ་དཀྱིལ་འཁོར་གཅིག་ཏུ་ཞུགས་ཤིང་མར་མེ་གཅིག་དང་། གཅིག་སེམས་གཅིག་ལ་བལྟ་བ་ཡིན་པར་དེ་དང་འགལ་བས་དམ་ཉམས་ཆེན་པོ་ཞེས་བྱ་བ་ཡིན་ནོ། །དེ་དག་སྐུའི་དམ་ཚིག་ཡིན་པར་བཤད། ཕྱག་རྒྱ་བཞི་དང་། རྒྱུ་རྐྱེན་ལས་ཀྱི་སྔགས་དང་གསུམ་གྱི་བཟླས་བརྗོད་ཆུ་བོའི་རྒྱུན་ལྟར་རམ་ཐུན་བཞི་ཐུན་དྲུག་གི་རྣལ་འབྱོར་དུ་བྱེད་པ་རབ་འབྲིང་ཟླ་བ་གཅིག་ལ་དུས་ཚིགས་དྲུག་གི་དུས་བཟང་བཞིའམ་ཉ་སྟོང་གཉིས། ཐ་མའང་ར་བ་བཞིའམ་ལོ་དུས་སུ་སྨོན་བཟླས་ཚོགས་གཏོར་བྱ་བ་གསུང་གི་དམ་ཚིག །གསང་བ་བཅུའི་དམ་ཚིག་གཞན་དུ་མི་སྨྲ་བ་ནི་ཐུགས་ཀྱི་དམ་ཚིག་དེ་ཡང་བླ་མེད་མི་སྤང་བ་དང་ལྔ་སྔགས་རྒྱུན་མི་བཅད་པ་གཉིས་ནི་བསྒྲུབ་པའི་དམ་ཚིག་བླ་མ་ལ་གུས་པ་དང་། རྡོ་རྗེ་སྤུན་ལ་བྱམས་པ་དང་། གསང་བཅུ་མི་སྤེལ་བ་གསུམ་ནི་བསྲུང་བའི་དམ་ཚིག་སྟེ་འདི་ལྔ་ནི་རྩ་བའི་དམ་ཚིག་གོ་ ཡན་ལག་གི་དམ་ཚིག་བཅུ་ནི། དུག་ལྔ་མི་སྤང་བ་དང་། བདུད་རྩི་ལྔ་དང་དུ་བླང་བ་སྟེ་བཅུ་ཡིན་ཀྱང་རྣལ་འབྱོར་པ་ཆེན་པོ་རྣམས་ཀྱི་སྤྱོད་ཚུལ་ཡིན་ལ། ཕལ་གྱིས་དེ་བཅུ་བསྲུང་དཀའོ། །དེ་ལྟར་རྩ་བའི་དམ་ཚིག་ལྔ་ཉམས་ན་བསྒྲུབ་པ་ཐམས་ཅད་ལོག་པར་འགྱུར་བ་དང་། ལས་ཅི་བརྩམས་པ་མི་འགྲུབ་ཅིང་བར་གཅོད་མང་ཕྱི་མ་ངན་སོང་དུ་སྐྱེའོ། །ཡན་ལག་གི་དམ་ཚིག་ཉམས་ན་ཉན་རང་དང་ཀྱི་ཡོག་གི་ལམ་དུ་གོལ་ཞིང་མཆོག་ཐུན་དངོས་གྲུབ་མི་འབྱུང་བས་ལམ་མཚོ་སྤྱངས་པའི་ཉེས་པས་སླར་ངན་སོང་དུ་ལྟུང་བར་བཤད་དོ། །དེ་ལྟར་རྩ་བ་དང་ཡན་ལག་གི་དམ་ཚིག་ལ་སུམ་བརྒྱ་དྲུག་ཅུར་དབྱེ་བ་ཡོད་ཅིང་། འདི་དག་ཉམས་པའི་མི་དང་ལུང་པ་གཅིག་གི་ཆུ་ལ་ཡང་མི་འཐུང་བ་སོགས་ཤིན་ཏུ་འཛེམ་པར་བྱ་དགོས་ཏེ། བརྗོད་མེད་ལས་རྣལ་འབྱོར་གང་ཞིག་དམ་ཚིག་ཉམས་པ་དང་། སྐད་ཅིག་ཙམ་ཡང་འཕྲད་པར་མི་བྱ་ཞེས། །བཀའ་ལས་བྱུང་ཞིང་དེ་ལྟར་ཇོ་མ་ཐོགས། །གསང་སྔོ་འཚོལ་བས་དབྱེ་གསལ་དཀའ་བ་དང་། །མངོན་ཤེས་མེད་པས་སྐྱོན་ཅན་མ་རྟོགས་ཏེ། །ཉམས་དང་ཚོགས་འདྲེས་ཉམས་པ་བསྐང་བ་དང་། །ཉམས་དང་སྡོད་མིན་རྣམས་ལ་ཆོས་བཤད་དང་། །ཉམས་ལ་མི་འཛེམ་ཉམས་པའི་སྐྱོན་ལ་སོགས། །ཉམས་དང་འགྲོགས་ཤིང་ཉམས་པ་དེ་དག་གི། །ཉམས་གྲིབ་སྐྱོན་གྱིས་གོས་པར་གྱུར་ཏོ་འཚལ། །ཞེས་གསུངས་པའི་ཕྱིར་མདོར་ན་སྔ་འགྱུར་ལ་དམ་ཚིག་

ས་མ་ཡ་འབུམ་སྡེའི་འཆད་ཚུལ་ཡོད་ཀྱང་བསྲུང་བ་ལྟ་ཅི་གྲངས་ངེས་ཙམ་ཡང་ངེས་པ་དཀའ་མོད། འོན་ཀྱང་དུས་འཁོར་ལ་བརྟུལ་ཞུགས་ཉེར་ལྔ་དང་གཞན་ཡང་རྩ་ལྟུང་བཅུ་བཞིའི་བཤད་ཚུལ་སོགས་འདིར་མ་སྤྲོས་ལ། དམ་ཚིག་དེ་རྣམས་ཉམས་ནས་མ་གསོས་ན་ཉམས་པ་ཆེན་པོར་འགྱུར་ཞིང་། དེ་ཡང་སྡོམ་གསུམ་རྣམ་ངེས་ལས། དྲུག་ཆ་འདས་ན་ཐུན་ཚོད་འདས་ཞེས་བྱ། །ཞག་གཅིག་ཟླ་གཅིག་ལོ་གཅིག་ལོ་གཉིས་འདས། །འགལ་ཉམས་འདས་རལ་ཞེས་བརྗོད་དེ་དག་ཀྱང་། །སྙིང་ནས་བཤགས་ན་གསོར་རུང་ཕྱི་རིམ་ལྟི། །ལོ་གསུམ་འདས་ན་གསོར་མི་རུང་བ་ཡིན། །ཞེས་དང་། དེ་དག་གསོ་ཚུལ་ཡང་དེ་ཉིད་ལས། །འགལ་ན་ཚོགས་འཁོར་ཉམས་ན་བདོག་པས་བཀང་། །འདས་ན་བུ་དང་ཆུང་མ་ནོར་སོགས་དང་། །རལ་ན་རང་གི་སྲོག་གིས་གསོ་བར་བཤད། །ཅེས་གསུངས་པའི་ཕྱིར། གཞན་ཡང་སྔགས་སྡོམ་གྱི་སྐབས་འདིར་བཤད་གཞིར་ཤིན་ཏུ་ཆེ་བ་དེ་དག་གཞན་དུ་བལྟ་ཞིང་། གོང་དུ་སྨོས་པ་དེ་དག་མདོ་ཙམ་ཡིན་པས་ནན་ཏན་དུ་བསྲུང་བ་གཅེས་སོ། །རྣམ་དག་དབང་བཞིའི་ཆུ་རྒྱུན་བཟང་པོ་ཡིས། །གདུལ་བྱའི་ཞིང་སར་ལམ་བཞིའི་ས་བོན་ལས། །སྐུ་བཞིའི་འབྲས་བཟང་སྨིན་པས་རྣམ་གྲོལ་གྱི། །དགའ་སྟོན་ཡོངས་སུ་ཁྱབ་པའི་ཕུན་ཚོགས་ཤོག །

དེ་དག་གིས་སྡོམ་གསུམ་སྤྱིའི་བསྲུང་ཚུལ་མདོ་ཙམ་སྨོས་པས་ཁོག་ཕུབ་སྡེ་རྒྱུན་གྱི་བླང་དོར་མདོར་བསྡུས་ཏེ་གསལ་བར་བཤད་པ་ནི། འདུས་སྡེ་འདི་ཉིད་ཀྱི་རྩ་བ་ནི་མངའ་རིས་པཎ་ཆེན་པོ་པད་མ་དབང་རྒྱལ་གྱི་དུས་སུམ་ལྡན་གྱི་འདུས་སྡེ་ཕྱོག་གྲྭ་ཆུང་དུ་ཞིག་འཛུགས་པར་མཛད་པ་གཙོ་བོར་སྔ་འགྱུར་དང་གཞན་ཡང་ཕྱོགས་རིས་སུ་མ་བཅད་པའི་བསྟན་པ་མཐའ་དག་ཉམས་སུ་ལེན་པ་ཞིག་ཡིན་པ་དེའི་བཅའ་ཡིག་མཛད་པའི་མཆོད་བརྗོད་ནི་གོང་དུ་སྨོས་ཟིན་ལ། ཉམས་སུ་བླང་བྱ་དངོས་ནི་དེའི་འཕྲོས་སུ། དེ་ནས་རང་གི་གྲྭ་བ་སྐར་ལ་འཛུག་པ་རྣམས་ལ་བསློ་བ། ཁྱེད་དྲག་ཞན་ཆེ་ཆུང་རྒན་གཞོན་ཀུན་ངའི་གོང་དུ་འབུར་ཆོས་འཇིག་རྟེན་ཀྱི་མ་ཐོང་གཟོས་ལ་བརྟེན་ནས་ཕུགས་སངས་རྒྱས་ཀྱི་བསྟན་པ་འཛིན་ནུས་པའི་གང་ཟག་འགའ་རེ་ཡོད་དུ་བསམས་ནས་བསམ་པ་ལ་ལྷད་འཕྲིས་མེད་པའི་སྐྱོང་ལུགས་འབུར་ལུགས་བྱས་པས་འགའ་ཞིག་རྒྱུད་རེངས། འགའ་ཞིག་བསམ་ལོག་སྐྱེས་འགའ་ཞིག་གི་གྲྭ་པ་ནང་དུ་དབང་ཆེ་བྱས། འགའ་ཞིག་གིས་དམ་

ཚིག་ཁྱད་དུ་གསོད། འགའ་ཞིག་གིས་བསྟན་པའི་དག་ཐེར་བྱེད་པར་མི་གོ། །ཕྱོགས་འཛིན་གྱིས་གཞན་སྨོད་པར་གོ་བ་འགའ་དང་འགའ་ལ་བརྟེན་ནས་བཅའ་ཁྲིམས་ན་རིམས་སུ་བཅས་པ་ཡིན་ཅིང་། ཁྱད་པར་དོན་བསྡུ་ལ་དུས་ཆོད་དང་བསྟུན་པའི་བྱ་ཐབས་བྱེད་དགོས་པ་བྱུང་བས་ཆོས་ཞུ་དགོས་བྱུང་ན་བརྟག་པ་རིགས་མི་གཅིག་པ་ལན་གསུམ་མ་བྱས་བར་མི་ཞུ་བ་དང་། བཤད་དགོས་པ་བྱུང་ན་ཐམས་ཅད་ཀྱོས་མཐུན་དུ་བྱས་ནས་སློབ་བུའི་འདོད་པ་བརྟག་ཐབས་མ་བྱས་པ་དབང་གྲལ་དུ་མི་འཛུག་པ་དང་། སྟེ་བདག་ལ་ཆེ་གྲལ། དགེ་སློང་གཙང་མ་ལ་མགོ་གྲལ་མ་གཏོགས། གྲྭ་པ་རྒན་གཞོན་མི་བྱེད་པ་དང་། གྲལ་མགྲོགས་རིམ་མ་གཏོགས་ངེས་ཡོད་དུ་མི་བྱ་བ་དང་། ཟུར་ནས་ཆོས་ཞུ་བ་བྱུང་ན་ཡང་བཞུགས་ས་ཟུར་དུ་བྱེད་ཅིང་གང་འདོད་ཀྱི་ཆོས་དང་ཟང་ཟིང་གིས་སྐྱོང་བ་ལས་སྒར་གྱི་ཟླ་ལ་མི་འཇུད་པ་དང་། སྒར་པ་རྣམས་ཀྱང་ཅོག་བུ་རེ་དང་སྟན་ཆུང་ཆར་ཁེབས་ཆོས་གོས་རྣམས་ལས་ལྷག་པའི་སྙིག་ཆོས་སུ་འགྲོ་བའི་ཆས་གོས་གང་ཡང་དྲག་ཞན་གང་གི་ཁྲུལ་དུ་ཡང་མི་གཟུང་ཞིང་། དངོས་པོ་གང་ཡོད་སྤྱི་པར་སྟོབ་ནས་ཕྱེ་ཐུག་མཉམ་དུ་ཟ་བ་དང་། ཁྱད་པར་ཤ་ཆང་ཚོགས་སུ་འགྲིམ་ས་མེད་ཅིང་། གན་ཊི་དང་འཁར་རྔའི་ཆོས་བརྡ་གཏང་མཚམས་མ་འཚོགས་ན་དགེ་འདུན་སྤྱི་ཁྲིམས་ཀྱི་བརྒྱ་ཕྱག་བྱེད་པ་དང་། སྤྱིར་ཆོས་མདོ་རྒྱུད་མན་ངག་ཁུངས་ཐུབ་རྣམས་བཤད་སྒྲུབ་ཀྱི་ཁུར་གྱིས་ཐོས་བསམ་སྒོམ་གསུམ་ལ་འབད་པ་འདོན་པ་དང་། ཁྱད་པར་སྒྲོས་བྲལ་བདེ་ཆེན་ནང་ནས་བྱུང་བའི་ཆོས་ལུགས་རྣམས་ཉན་པ་དང་། བཤད་པ་དང་བསྒྲུབ་པའི་ལག་ལེན་དྲག་ཞན་སྐྱ་ཆེ་ཆུང་གང་གི་ཁོངས་ནས་ན་རྒན་གཞོན་གང་གིས་ཐེབས་པ་དང་། ཇོ་བོ་བཟང་བ། ཁྲིམས་སུ་གཙང་བ་སློབ་དཔོན་བླ་མར་མཐུན་གྲུབ་ཏུ་འགྱུར་རྒྱུ་ཡིན་ཅིང་། དེ་ལས་གྲྭ་པ་ནང་ནས་ཕྲག་དོག་དང་མཐོ་གནོན་བྱས་པ་བྱུང་ན་གསེར་ཞོ་རེའི་གླེ་འབུལ་དགེ་འདུན་ཚོགས་སུ་མཆོད་པ་མང་ཇ་སྦྲགས་མ་བྱས་རྒྱུ་ཡིན། སུས་ཤེད་ཁྲེར་བྱས་མ་བསྒྲུབས་ན་དུང་རྒྱབ་ནས་ཚོགས་འབུད་བྱེད་རྒྱུ་ཡིན། དེ་ལ་ཁ་འཛིན་རྒྱབ་ཕྱོགས་སུས་བྱས་ཀྱང་ཆད་ལས་ སྡུ་ནང་ལྟར་ཐམས་ཅད་ཀྱིས་གཞིར་ལ་ཐེབས་པ་མཛད་རྒྱུ་ཡིན། དགུན་དཔྱིད་བཀའ་བརྒྱུད་བཤད་སྒྲུབ་སྤྱིལ་མ་མཚམས་ཁོངས་ནས་མཛད་པ་དང་དབྱར་སོས་སྒར་ཅོག་གིས་གྲྭ་ས་བསྐོར་བ་དང་གོ་བསྟུན་འདོད་

ཆོས་གང་འདོད་སྒྲོགས་པའི་ཁྲུར་བླ་མ་སློབ་དཔོན་གྲྭ་པ་ཐམས་ཅད་ནས་གཅིག་གྲོགས་གཅིག་དང་གཅིག་དབང་གཅིག་གིས་ཐུབ་པ་མཛོད། སྲུས་མ་བྱུས་པ་བྱུང་ན་དམ་ཉམས་ཡིན་པས་དེའི་ཆོས་བརྒྱུད་ཀྱིས་ཕན་མི་ཐོགས་པས་ཆ་ཡོད་པ་གལ་ཆེ། ཆ་རྒྱུས་མེད་པའི་གྲྭ་པ་མ་བརྟགས་པར་གྲྭ་སར་མ་བསྡེན། འདོད་པ་ཆེན་པོ་མ་བྱེད། དམ་ཚིག་དང་སྡོམ་པའི་སྲུང་མཚམས་ལ་གཙོ་བོར་ཉན་བཤད་ཁ་ཏོན་ཡོད་པ་རེ་མཛོད། དབང་མ་ཐོབ་པར་རྒྱུད་མ་བསྟན། སེམས་བསྐྱེད་དང་སོ་སོ་ཐར་པ་མ་ཐོབ་པར་གསང་སྔགས་མ་བཤད། དེ་དུས་ཆོས་གཏོར་གུང་གཏོར་ཚེས་བཅུ་གཉིས། དགུ་གཏོར་རྣམས་ཆག་ཏུ་མ་འཇུག །ཁྱད་པར་བླ་མ་གསང་འདུས་དང་བཀའ་བརྒྱད་ཀྱི་ལམ་དུས་ཀྱི་དབང་མ་ཆག་པར་ལོང་། ཡི་གེ་དྲུག་མའི་བཤད་སྒྲུབ་ཆག་མེད་མཛོད། ཆོས་སྤྱོད་ཀྱང་སྤྲོས་བྲལ་བདེ་ཆེན་མ་ལ་སོགས་རྒྱ་བོད་ཀྱི་ཁྲུངས་ཐུབ་རྣམས་དང་། རང་གི་རྩ་བའི་བླ་མའི་བསྟོད་པ་དང་མདོའི་ཆོས་སྤྱོད་རྣམས་ཚོགས་སུ་གྱིས། སྔགས་ཀྱི་ཆོས་སྤྱོད་རྣམས་དབང་དང་ཚོགས་གྲལ་དུ་གྱིས། རླུང་འཁྲུལ་འཁོར་གྱི་གྲྭ་མ་ཆག་ན་སྡོམ་པ་གསུམ་ཚང་མ་ཡོད་པས་མ་ཉམས་པར་སྐྱོངས། བྲིས་ཐིག་གི་ལག་ལེན་རྒྱུན་དུ་སློབས། དབང་ཐོབ་ཅིང་སྡོམ་པ་གཙང་མ་ཡོད་ངེས་མ་གཏོགས་ཚོགས་གྲལ་དུ་མ་གཏོང་། ཐུགས་དམ་ཡུལ་བྱེས་ཀུན་ཏུ་ཐུན་བཞི་མ་ཆག་པ་གལ་ཆེ། ནུས་པ་རྣམས་ཀྱིས་ཐུན་དྲུག་ཏུ་མཛོད། དཔེ་ཆ་བྲི་དགོས་ཁག་ཅན་བྱུང་ན་ཤེས་ཚད་ཀྱིས་རུབ་རྒྱུག་གྱིས་ལ་བྲིས། གྲྭ་པ་གསར་བུ་ལ་བྲིས་ཀློག་བསླབས་ལ་ཤེས་པར་གྱིས། འདི་བཞིན་ལས་འགལ་བ་བྱེད་ན། ཡང་ན་ང་གཅིག་པུར་སྡོད་པས་ཁྱེད་ང་ལ་མ་རེ། ཡང་ན་ཚད་ལས་དག་ཐོན་པར་གཞིར་ལ་སྡེ་མ་ཞིག་པར་མཛོད། ང་རང་མ་གཏོགས་ཁྱེད་ཀྱིས་གྲུབ་མཐའི་ཁ་མ་འཛིན། ཅིའི་ཕྱིར་མི་ཤེས་པས་ཕྱོགས་སུ་ཆད་པར་འགྱུར་དུ་དོགས་པའི་ཕྱིར་ཡིན། ཀུན་ལ་དག་སྣང་སྦྱོང་བ་ཆོས་ཀྱི་རྩ་བ་ཡིན། ཆོས་ལུགས་ཀྱི་ཕྱོགས་ང་རང་གིས་ཉིན་ལན་གསུམ་མཚན་ལན་གསུམ་དུ་བརྟགས་པས་ང་རང་གི་ལུགས་ཀྱི་བཀའ་མ་དང་གཏེར་མ་འདི་མདའ་རིས་ནས་ཁམས་ཀོང་པོ་ཡན་ཆད་ཀྱི་བསྟན་པ་གཙང་མའི་མཇུག་བྱེན་ལྟབས་ཅན་གྱི་བླ་མ། གྲོལ་བ་ཅན་གྱི་ཞིག་པོ། ལ་ཤན་མཁས་པའི་པན་ཊི་ཏ་ལ་དཔྱད་དཔྱད་པ་ཞུས་ཞུས་པ་ཐུག་ཐུག་པ་ཡིན་པས་བློ་ཁེལ་བར་ཡོད་པས་གཞན་ལ་ཡིད་བརྟན་མ་བྱེད།

དེ་རྗེས་དཔལ་ལྡན་ས་སྐྱ་པ་ངོར་རྫོང་གྲྭ་གཙང་མ་ཡོད་པས་ཁུངས་བྱེད་པ་ཡིན། རྗེ་མར་པ་ནས་བརྒྱུད་པ་ལ་རྫོག་བའི་དཀྱིལ་འཁོར་དྲུག །བཀའ་ཆེན་བཞི། གསང་འདུས། བདེ་མཆོག་སྙན་བརྒྱུད། དོ་ཧ། དར་ཚ་རྣམས་ལ་བློ་གཏོད། རས་ཆུང་པའི་བདེ་མཆོག་བཅུ་གསུམ་མ་ཡབ་ཡུམ། བསྲེ་འཕོ། ཚེ་སྒྲུབ་རྒྱ་གཞུང་མ་རྣམས་ལ་བློ་ཐུབ། ཤངས་པའི་རྒྱུད་སྡེ་ལྔའི་སྤྱི་དབང་། བྱེ་བྲག་གི་དབང་ཁྲིད་རྣམས་ཁུངས་ཐུབ། དུས་འཁོར་ཐམས་ཅད་ཁུངས་ཐུབ། དམ་པ་རྒྱ་གར་གྱི་ཆོས་དང་ཨ་མ་ལབ་སྒྲོན་གྱི་སྤྱོད་གཉིས་ཕྱུགས་མཐུན་ཁུངས་ཐུབ། ཇོ་བོ་རྗེའི་ཆོས་ཐམས་ཅད་ཁུངས་ཐུབ་པས་ཉོན་ཞུས་སྐྱབས། གཞན་བླ་མ་ཤེས་འདོད་ཅན། ང་རྒྱལ་ཅན། གཏི་མུག་ཅན། ཕྲག་དོག་ཅན། ཕྱོགས་ཞེན་ཅན་མང་པོས་བྱས་པ་བརྩམ་པའི་གསར་རྙིང་བཀའ་བརྒྱུད་རྣམས་བཏང་སྙོམས་སུ་ཞོག་ཨང་། འདི་བཞིན་སྲུས་འགལ་བ་བྱེད་མི་བྱུང་ན་ཆོས་སྐྱོང་བའི་སྲུང་མ་ཚངས་པ་དང་བརྒྱ་བྱིན་ལ་སོགས་པ་དཔལ་མགོན་བདུན་ཅུ་རིགས་དང་སྡེ་དཔུང་དུ་བཅས་པ་རྣམས་ཀྱིས་ཆད་པ་ཆོད་ཚེ་འདིར་ཅི་བསམས་ཅིར་མི་འདོད་པ་ཐོང་། མ་ཧཱ་ཀཱ་ལ་ལྷམ་དྲལ་རྣམས་དབང་པོ་བཀའི་བྱ་ར་གྱིས་ཤིག །ས་མ་ཡ། ཚུལ་བཞིན་བསྒྲུབ་པ་རྣམས་ཀྱི་ཚེ་བསྲིངས། ནོར་སྤེལ། འཁོར་བསྡུས། བར་གཅོད་སོལ་ཉམས་རྟོགས་སྤྱོར། ས་མ་ཡ། ས་མ་ཡ། འདི་ནི་བུ་ཚལ་གསེར་ཁང་དུ་འབྲུག་ལོ་ཟླ་བ་གསུམ་པའི་ཉེར་བརྒྱད་ཀྱི་སྦྱོར་བ་བཟང་པོ་ལ། དགོན་མཆོག་ཆོས་སྐྱོང་དཔང་དུ་བཞག་སྟེ་རང་གི་བཀའ་ལ་གཏོགས་པ་རྣམས་ལ་ཁ་ཆེམས་སུ་བཞག་པ་དགེ་ལེགས་འཕེལ་བར་གྱུར་ཅིག། མངྒ་ལཾ། །

ཞེས་གསུངས་པ་འདི་རང་རེ་རྣམས་ཀྱི་བཅའ་ཡིག་གི་རྩ་བ་ཡིན་པས་འདིར་ཚང་བར་བྲིས་ཡོད་པ་དགོས་པ་རྒྱ་ཆེན་པོ་ཡོད་པས་འདིའི་དོན་ལ་བསམ་གཞིགས་དང་སྤང་བླང་དགོས། མངའ་རིས་པཎ་ཆེན་རིན་པོ་ཆེའི་རྣམ་སྤྲུལ་ཆོས་རྒྱལ་དབང་པོའི་སྡེས་བྱང་དུ་སྲིད་སྐྱོང་སྐབས་སྡེ་མའི་བག་ཆགས་དང་། བསྟན་པ་གསར་འཛུགས་ལྟ་བུའི་གསང་སྔགས་ཐེག་མཆོག་གླིང་བཏབ་ཅིང་གྲྭ་ཁྲལ་བསྡུས། རིག་འཛིན་མངའ་རིས་པ་ཆེན་པོས་སྨྲ་ཕུད་བཞེས་ཤིང་མིང་བཏགས་བྱང་གཏེར་བྱང་ཆུབ་སེམས་དཔའི་སྤྱོད་དབང་གི་གདན་ཁྲིམས་ལ་བརྟེན་ནས་སྡོམ་པ་ཕོག །ཕྱིས་དམ་པ་གཞན་ལས་ཚུལ་གསུམ་གྱི་འདུལ་ཁྲིམས་ནོས། རིག་འཛིན་ཡབ་སྲས་སོགས་ཡོངས་འཛིན་མང་པོས་སློན

གྲོལ་གྱི་སྒོ་ཕྱེ། དཀྱིལ་ཁང་རབ་འབྱམས་པ་སློབ་དཔོན་དུ་བསྐོ་བཞག་དང་། བྱ་གཤོངས་པ་གཞུང་བརྒྱ་སྣླ་བ་དཔལ་སྡིངས་རབ་འབྱམས་པ་ཆོས་དཔལ་བཟང་ཟུར་འཆད་དུ་བསྐོས་ཏེ་རྒྱུད་གསང་བ་སྙིང་པོའི་རྒྱུད་བཤད་གཙོ་བོར་གྱུར་བའི་མདོ་སྔགས་རིག་གནས་ཀྱི་བཤད་སྒྲུབ་སོགས་སྤྱི་འགྱུར་གྱི་བསྟན་པ་གོང་འཕེལ་གྱི་སྐབས། བདུད་དབང་གིས་བྱང་གཙང་ནས་ཐུགས་སྲུན་ཕྱུངས་ཤིང་བཀག་པོ་ཕོག་པར་བརྟེན་ཆོས་སྡེ་འཛིག་པ་དང་གྲྭ་ས་འཐོར་བ་སོགས་ཀྱི་དུས་འགྱུར་གྱིས་མདོ་ཁམས་ཕྱོགས་སུ་འགྲོ་དོན་དུས་བབས་ཀྱི་ལན་གཉིས་ཕེབས་པའི་སྔ་མ་ཁམས་སོ་སོར་སྡེ་པ་ག་ནམ་པའི་ཆོས་མཛད་མ་ཞིག་གིས། སྟོན་པ་ཞལ་བཞུགས་སྐབས་མ་ག་དྷ་བཟང་མོ་དང་རྗེས་སུ་མཐུན་པའི་དད་གུས་ཆེན་པོས་ཞབས་ཕྱིར་འབྲེངས་པའི་བྱང་གིས་དྲུང་འཁོར་འགའ་དང་ཆོས་ཞུ་བ་སྔགས་འཆང་སོགས་ཐམས་ཅད་ལ་བན་ཆས་ཚང་བ་ཕུལ་ཏེ་གྲྭ་གཙང་དུ་བསྒྱུར་བས་ད་ལྟའི་འདུས་སྡེ་འདིའི་གཞི་ཚུགས་པ་ཡིན། དེ་ཡང་མངའ་རིས་པན་ཆེན་རིན་པོ་ཆེའི་དུས་ཅིག་གྲྭར་ཨེ་ཝཾ་ལྕོག་སྒར་དུ་བཏགས་པ་བཞིན་སྟོན་གནས་རྗེས་དྲན་གྱི་ཚུལ་གྱིས་གྲྭ་གཙང་གི་མིང་དེ་གར་ཐོགས་པ་ཡིན་ཀྱང་ཚོགས་གྲུར་ལ་ཨེ་ཝཾ་ལྕོག་སྒར་ཟེར་བ་བླུན་གཏམ་ཡིན། ཞབས་དྲུང་བདག་པོ་གྲྭ་བྱམས་པ་གླིང་དུ་ཞིང་ཁམས་འཕོས་རྗེས་རིགས་སྲས་སྐུ་མཆེད་གཉིས་ཀྱང་ཅུང་ཟད་ཐུགས་ཁ་མ་མཐུན་པར་བརྟེན་ཤེལ་གྲོང་དང་འོན་སྨོན་ལྡན་དུ་རེ་ཞིག་གྲྭ་གཙང་ཁག་གཉིས་སུ་སོང་བ་མི་རིང་བར་སྐུ་མཆེད་ཞལ་ཀྲུས་ཤིང་གྲྭ་གཙང་ཁྲོན་གཅིག་ཏུ་འདྲིལ་ནས་ཞབས་དྲུང་དཔོན་རིན་པོ་ཆེ་ཞིང་དུ་ཕེབས། རྗེ་གོང་མ་དག་གི་དབང་པོ་ཡང་འགྲོ་དོན་ཁོ་ནའི་ངང་ནས་ཡུན་མི་རིང་བར་སྤྲུལ་པ་བསྡུས་ཤིང་རིག་འཛིན་ཡོལ་མོ་པས་གདན་སའི་ཁུར་བཞེས་ཏེ་དངོས་ཅག་རང་ལོ་བཞིའི་ཐོག་ངོས་འཛིན་གནང་སྟེ་པདྨ་འོད་དུ་ཞིང་ཁམས་འཕོས། ཁོ་བོས་རང་ལོ་དྲུག་གི་སྟེང་དུ་གདན་ས་འདིར་སླེབ་ནས་འདི་ལོ་རེ་བདུན་དུ་སླེབ་པའི་བར་བྱ་བ་ལས་ཀྱི་འཁོར་ལོས་གཙུག་ལག་ཁང་རྟེན་དང་བརྟེན་པར་བཅས་པ་གསར་དུ་བཞེངས། དགེ་འདུན་རྣམས་ཀྱང་སོ་ཐར་གྱི་ཚུལ་ཁྲིམས་གསུམ་དང་བྱང་སྡོམ། གསང་སྔགས་ཀྱི་དཀྱིལ་འཁོར་ཆེན་པོར་དབང་ཁྲིད་མང་དུ་བགྱིས་པ་སོགས་སྡོམ་པ་གསུམ་ལྡན་ལ་བཀོད་པས་ཀློག་པ་ཐོས་བསམ་དང་སྒྲུབ་པ་བསམ་གཏན་གྱི་འཁོར་ལོ་སྟེ་འཁོར་

ལོ་གསུམ་གྱི་བགྱི་བ་བསྒྲུབས། ཚོ་ག་ཕྱག་ལེན་སྔར་ཡོད་དར་རྒྱས་སྙེང་གསར་འཛུགས་ཀྱི་སྒྲུབ་དཀྱིལ་བྲིས་ཐིགས་ཚོག་སྟ་གོན་སོགས་སྦྱོར་དངོས་རྗེས་ཚང་དང་གསལ་བྱེད་ཀྱི་ཡིག་ཆ་མང་དུ་བྲིས། ལྷ་འབངས་གསར་ཚོད་སོགས་ལུགས་གཉིས་ཀའི་སྒོ་ནས་འཛིན་སྐྱོང་སྤེལ་གསུམ་བགྱིས་པ་སོགས་ཀུན་ལ་གསལ་བ་ལྟར་ཡིན་པས་བྱས་པ་དྲིན་དུ་གཟོ་བ་ཞིག་དགོས། འོན་ཀྱང་དུས་དབང་གིས་སྒྲིགས་རྣམ་གཞག་ལ་སྐྱེ་འབྲི་སྣ་ཚོགས་ཡོད་སྲིད་པས་དེ་དག་གི་གཉེན་པོར་བཅའ་ཡིག་ཞིག་བྲི་བར་བརྩམས་ཀྱང་རྣམ་གཡེང་སྣ་ཚོགས་ཀྱིས་རིམ་བཞིན་ལུས་པ་ད་ཆ་རང་ཡང་ན་ཚོད་མཐོ་བ་དང་བཅས་རིང་པོར་སྟོད་མི་སྲིད་པ་དང་། ཕྱིས་འབྱུང་མཁན་སློབ་དགེ་འདུན་དང་བཅས་པ་ཁ་ཆེམས་ཀྱི་ཚུལ་དུ་བྲིས་པའི་སྤྱིར་བཏང་རྣམས་གོང་དུ་སྨོས་པ་ལྟར་དང་། དོན་བསྡུར་ལག་ལེན་གྱི་སྙིང་པོར་དྲིལ་ཏེ་བཤད་ན་རྒྱུན་ཚོགས་དང་པོ་ཞོགས་ཛ་ཚོགས་མ་ཐག་ཚིག་བདུན་མ་ལན་གསུམ་དང་། ཐུབ་དབང་དང་ཕྱོན་ཆེན་པོས་ཐོག་དྲངས་པའི་བཀའ་གཏེར་གྱི་བླ་བརྒྱུད་གསོལ་འདེབས་མདོར་བསྡུས་དང་སོ་ཐར་བརྒྱུད་འདེབས། སྐྱབས་སེམས། ས་གཞི་བྱིན་རླབས་ནས་ཉེ་བར་གཟུང་སྙེ་སྨྲུན་འདྲེན་གདན་འབུལ། ཁྲུས་གསོལ་སྐུ་ཕྱི། གོས་ཟུང་མནྡལ་སོགས་ཀྱི་མཐར། ཡོན་ཏན་རྒྱ་མཚོ་མའི་ཐུབ་བསྟོད་དང་གནས་བརྟན་ཕྱག་མཆོད་གཉིས་རེ་མོས། དེ་རྗེས་རྟེན་བསྐྱེད་དང་བརྒྱུད་འདེབས་ཆེན་མོ་སྔོན་དུ་འགྲོ་བའི་ལེའུ་བདུན་མའི་གསོལ་འདེབས་འདི་ཐུགས་དམ་གྱི་གཙོ་བོ་ཡིན་པས་གཞིས་བྱེས་ལམ་གསུམ་དུ་ཆག་མེད་བྱེད། བཞེས་ཐུག་གི་གོང་དུ་དུས་འཁོར་སྣ་ཚོགས་ཡུམ་དང་རྡོ་རྗེ་ཁྲབ་རིང་གི་ཚེ་བརྟུལ་མའི་གཟུངས་སྔགས་ཅི་རིགས་འདོན། ཛ་མཆོད་དུས་གསུམ་སངས་རྒྱས་མ་དང་། ཛ་རྒྱབ་ལེའུ་བདུན་མའི་གདངས་རེ་མོས་དང་གསོལ་འདེབས་ཀྱི་རིགས་གང་འོས་བྱེད། ལྟུང་བཤགས། བརྗོད་མེད་ཀྱི་བཤགས་པ། རྡོ་རྗེའི་སྨྲ་བཤགས་སོགས་བཤགས་པའི་རིགས་དང་། བཟང་སྤྱོད། བྱམས་སྨོན། སྤྱོད་འཇུག་བསྔོ་ལེ། བདེ་བ་ཅན། ཀུན་བཟང་སྨོན་ལམ་སོགས་རེ་མོས་དང་། བརྟན་བཞུགས་ཅི་རིགས་མཐར་བྱང་གཏེར་སྨྲུན་རས་གཟིགས་ཀྱི་མངོན་རྟོགས་ཡིད་བཞིན་ནོར་བུ་དང་། ཆོས་དབང་རིན་པོ་ཆེའི་འཁོར་བ་དོང་སྤྲུག་གི་མངོན་རྟོགས་རེས་འཁོར་ཐོག་ཡི་གེ་བདུན་མ་བརྒྱ་ཙམ་བཟླས་ཏེ་དགེ་བསྔོ་བྱས་ནས་ཡིག་བདུན་འདོན་བཞིན་དུ་ཚོགས་

འགྲོལ། གུང་ཛར་ཚིག་བདུན་མ་དང་བྱང་སྡོམ་བརྒྱུད་འདེབས། འཇམ་དཔལ་རྫོགས་ཆེན་གྱི་སྐྱབས་སེམས་བདག་མདུན་བརྒྱུད་འདེབས་སོགས་སྟོན་དུ་འགྲོ་བས་འཇམ་དཔལ་མཚན་བརྗོད་རྒྱས་བསྡུས་གཉིས་མཐའ་རྒྱས་དང་བཅས་པ། གསང་སྔགས་ལམ་རིམ། རྣམ་ཐར་དྲི་མེད། བཛྲ་ཆེན་བཅོ་བརྒྱད་ཀུན་བཟང་ཐུགས་གཏེར་གྱི་བརྒྱུད་འདེབས། རྡོ་འབབས་ཉེར་ལྔ། གཏེར་བཏོན་བརྒྱ་རྩའི་གསོལ་འདེབས་སོགས་དང་། བཏན་བཞུགས། བསྔོ་སྨོན། ཛ་མཆོད་ལ་སྐྱབས་མཆོག་གསང་འདུས་མ་དང་ངོ་བོ་ཀ་དག་མ་རེ་མོས། ཛ་རྒྱབ་ལ་གོང་འཕོད་གསོལ་འདེབས་གང་རིགས་གདངས་མ་བྱེད། དགོངས་ཚོགས་ལ་སྔགས་སྡོམ་བརྒྱུད་འདེབས་དང་ཚིག་བདུན་མ་བརྒྱ་རྩ་བར་ཆད་ལམ་སེལ། དགོངས་ཐུན། ཤེས་རབ་སྙིང་པོ། འཁོར་ལོ་འབར་བ། ཡང་ཟློག་རྡོ་རྗེ་ཕ་ལམ་སོགས་བཟློག་པ་དང་། སྨོན་ལམ་རབ་འབྱམས་འཁོར་ལོ་མ་དང་འདུས་སྡེའི་བརྟན་བཞུགས་ཤཱཀྱའི་རྒྱལ་པོ་མ་སོགས་དང་བཀྲ་ཤིས་བརྗོད། ཛ་མཆོད་སྐྱུ་ལུས་བཀོད་པ་མ། ཛ་རྒྱབ་རབ་འབྱམས་འཁོར་ལོ་སོགས་གོང་གསལ་གཉིས་གང་འགབ་གཏོང་། གུང་ཛ་དང་དགོངས་ཛ་འགྲོལ་དུས་བཛྲ་གུ་རུའི་འཇབ་བཟླ་བཞིན་དུ་འགྲོལ། ཚོགས་འགྲོལ་གང་ལ་ཡང་བཞད་གད་ཀུ་ཅོ་ཧབ་ཆོད་ལག་སྒྲེལ་མཆོང་རྒྱུག་སོགས་མེད་པར་སྤྱོད་ལམ་ཞི་བས་འགྲོ་ཞིང་དགེ་སློས་ཀྱིས་འདུ་ཁང་སྒོ་ལོགས་སུ་འཕྲེངས་ཏེ་གནོན། དགོངས་ཛར་དགེ་སློས་ཀྱིས་ཕུར་མ་བགྲང་ཞིང་མདོ་བསྐུལ་བ་དང་མདོ་འདོན་པ་སོགས་ཆག་མེད་བགྱིས་པས་གསོ་སྦྱོང་གི་དུས་ཚིགས་ངེས་ཅན་དུ་ཤེས་པར་འགྱུར་བའི་དགོས་པ་ཡོད། ཚོགས་འདོན་ཡང་དགོས་པ་སྐབས་དོན་བྱུང་ན་མ་གཏོགས་གདངས་འདུར་གང་བྱེད་ཀྱང་ལུགས་མཐུན་དང་། སུ་མགྱོགས་མིན་པའི་སྒྲིགས་འདོན་ལྷར་ཆགས་དང་། ཚོགས་སུ་ལུས་གནད་དང་བཅས་ཏེ་མཐའ་དབུས་མེད་པར་འདོན་ཅིང་སྐད་པོ་ཆེས་སྐད་ངོམ་ཟུར་འདོན་བྱེད་པ་དང་། སྐབས་འགར་མི་འདོན་པ་སོགས་མེད་པར་བསམ་པ་ཕྱོགས་གཅིག་ཏུ་སྒྲིལ་ནས་འདོན། གཉིད་ལ་ཡུར་བ་དང་། འཕྲོས་གཏམ། ལག་རྩེད། མིག་འགྲོས་བྱེད་པ་སོགས་བྱུང་ཚེ་དགེ་སློས་ཀྱིས་འཕྲུལ་འཕྲུལ་ནོན་པ་བྱེད། ཚོགས་ཕྱག་ཀྱང་ཡན་ལག་ལྔ་ལྡན་སོགས་པར་འཚལ་བ་མ་གཏོགས་འབྲོག་པ་ཆར་པས་བདས་ལྟར་གཟན་ལྷུག་གྱོན་བྱས་དཔྲལ་བ་ས་ལ་མ་གཏུགས་པར་སྒུར་ཙམ་ལན་

གསུམ་བྱས་པས་གོ་མི་ཆོད་པས་ཀླུང་ཁྱེར་ངོས་ཐལ་མོ་སྦྱར་སྤྱི་བོས་རྒྱུད་ཏེ་བྱ། ཆས་སྤྱར་པ་ཕྱིར་གདེང་ནས་མི་ལེན་ཁྱེར་བ་བཟེད་པས་ཁ་བཤལ་ཏེ་ལྷག་མ་ཕྱིར་འབོ་བ་ཟླ་གམ་གྱི་ནང་ངམ་གདིང་བའི་བར་དུ་འདོར། དྲན་ཤེས་ཀྱི་རྗེན་དུ་སྦོ་ཆབ་འདོགས་ཤིང་ཆབ་ལེན་མ་མཛད་པར་བྱེད། ལྷམ་གྱོན་ཏེ་གདིང་བའི་སྟེང་དུ་མི་འགྲོ། སྤྱིན་བདག་གི་མང་ཇ་ཕྱི་ཞུས་རིགས་ལ་ཇ་མཆོད་གསར་པའི་རིགས་ དང་ ཇ་ རྒྱབ་ ཇ་ རྒྱབ་ གང་ ཡོད་ འོས་ གཞིན་ པོར་ བཤགས་ སྨོན་ སྔོན་ པོར་ མདོ་ སྒྲོལ་ ཚེ་གཟུངས་སོགས་སོ་སོའི་འདོད་བཞིན་ཚོགས་ཡུན་མི་ཐུང་བ་བློས་སྦྱར་ཏེ་བྱེད། ཚོགས་འཕྲལ་དུ་མང་ཇ་སླེབས་པ་དང་འཐུངས། འཕྲལ་དུ་ཚོགས་གྲོལ་སོགས་མི་བྱེད། ཆོས་བཅུ་ཐུན་དྲུག་དང་བཅས་པ་འདི་སྤྱི་སྙིང་མ་བ་དང་ཁྱད་པ་རང་རེ་རྣམས་ཀྱི་ཐུགས་དམ་གྱི་སྙིང་པོ་ཡིན་པས་གང་རྒྱས་གཏོང་། དེ་མཚུངས་ཉེར་ལྔ་དགུ་གཏོར་དུས་མཆོད། ལྷ་བསངས། ཆོས་བཅུ་སོགས་ཀྱི་ཚོ་གར་བྲོལ་ཐབས་མི་བྱེད་པར་གང་བརྩོན་དང་། ཚོགས་གང་གི་སྦྱོར་དངོས་རྗེས་ཚང་བཟླས་པ་སོང་བ་དང་། གྱུ་དུས་མྱུད་ པོ་ ཡང་ དུས་ ལས་ མི་ ཡོལ་ ཞིང་ བརྒྱུད་ འདེབས་ དང་ གདངས་ དབྱངས་ གང་ ཡོད་ མ་ ཆག་ པར་བྱེད། སྔ་འགྱུར་ཡིན་པས་དཀྱིལ་འཁོར་བྲིས་ཐིག །འཆམས་དབྱངས། མདོས་གཏོར། སྔགས་བྲིས་སོགས་བསླབ་པ་དང་དོན་ཀྱིས་བྱེད། དུས་རིམ་ཆེ་ཆུང་། ས་གའི་འཆི་མེད་སྒྲུབ་མཆོད། ཆོས་བཅུ་ཆེན་མོ་སོགས་ཀྱི་གཏོང་སྒོ་ཏེལ་འབྱུར་ཡོད་པར་ལྟར་གཏོང་ཞིང་། འཆམས་དབྱངས་ཀྱི་འགྲིག་དང་ཚིག་རྒྱུགས་འཆམས་དབྱངས་རྒྱུགས་སྤྲོད་སོགས་ཚུལ་ལྡན་ངེས། ས་ཚོག་ནས་དཀྱིལ་འཁོར་བསྡུ་ཚོག་བར་ལས་སླར་མ་སོང་བར་བྱེད། ལོ་གསར་ཡང་སྔ་སྲོལ་ལྟར་དང་། དབྱར་ལྡིངས་དང་ཆུ་ཞུགས་ལོ་ རེ་ མོས་ སུ་ གཏོང་ ཞིང་ ནད་ གཞི་ ཅན་ དང་ གྲུང་ སེང་ ཁྱད་ གཏོང་ སྒོ་ མེད་ ཀྱང་ རེ་ཊི་ ཤར་ནས་ཞག་གསུམ་བར་ཆུ་ཞུགས་བྱེད་འདོད་ཡོད་པ་རྣམས་བྱེད། ཡོན་ཏན་གྱི་རྩ་བ་བྲིས་ཀློག་ཡིན་པས་རྩོལ་འདོན་བྱེད། ཤེས་རབ་བློ་ཅན་རེ་གཉིས་ཀྱིས་རིག་གནས་སོགས་སློབ་བར་བཀག་ཆ་མེད་ཀྱང་། ཨོ་རྒྱན་ཆེན་པོའི་ལུང་བསྟན་ལྟར། མི་རེའི་ལག་ན་རྩིས་ཀྱི་ཤོག་ཁྲ་རེ༔ ཞེས་གསུངས་པར་ལྟར་མཐར་ཕྱིན་མེད་པའི་རྩིས་པ་མང་བ་བཀྲ་མི་ཤིས་པ་དང་རྣམ་དག་མང་བར་མི་བྱ། གཙོ་བོར་ མདོ་ སྔགས་ གསུང་ རབ་ ཀྱི་ དོན་ ཤེས་ པ་ གལ་ ཆེ་ བས་ འདུལ་ བ་ མདོ་ སྡེ་ སོགས་ གསུང་ རབ་

རྣམས་དང་། གསང་སྔགས་ཀྱི་རྒྱུད་དང་འགྲེལ་བ་ཐུབ་པའི་སྐྱེས་རབས་རྣམ་ཐར་ཐང་ཡིག་སོགས་དང་། བཀའ་གདམས་གླེགས་བམ་སོགས་ཕྱོགས་རིས་མེད་པའི་སེམས་རྒྱུད་ཐུལ་བར་ཕན་རིགས་དང་གཞན་གྱི་བླ་མ་གོང་མའི་རྣམ་ཐར་སོགས་ལ་བལྟ་རྟོག་གིས་གྲུབ་མཐའི་ཕྱོགས་འཛིན་ཀོ་ལོང་ཞི་ནས་སེམས་རྒྱུད་དུལ་བའི་དགོས་པ་ཡོད། གོང་མའི་གསུང་རབ་སེམས་ཉིད་ངལ་གསོ་གཞུང་འགྲེལ་སོགས་དང་། ཁོ་བོས་ཀྱང་བསྐྱེད་རྫོགས་དང་ལས་བཞི་བསྒྲུབ་པའི་ཡིག་ཆ་མང་དུ་བྲིས་ཡོད་པ་རྣམས་ལ་ཐོས་བསམ་བྱེད་པ་དང་། ཞན་གྲྭ་དང་ཆོས་ཉིད་ནས་བྱེད་པས་རྫོགས་ཆེན་གྱི་ཁྲིད་སོགས་ཉན་ཏེ་བསྒོམས་པས་རྒྱུད་ལ་འགྱུར་ངེས་བྱེད་ཅིང་ཡི་དམ་གྱི་སྒོམ་བཟླས་ཕྱི་གཏོར་ནང་གཏོར་སོགས་ཐུགས་དམ་ལ་འབད། བློ་ཤས་པའི་སྐད་ཁར་རས་རྐྱང་དང་མི་དབང་ཉན་པ་རླུང་འཁྲུལ་འཁོར་སློབ་པ། རྟོགས་ལྡན་གྱི་ཆ་ལུགས་བྱེད་པ་སོགས་འདུལ་བ་དང་མི་མཐུན་པས་མི་བྱེད། འདུལ་བར་དགེ་སློང་གིས་སྐྲ་རིང་པོར་བཞག་པར་མི་བྱའོ། །ཞེས་དང་། དགེ་སློང་དགོན་པ་བས་སྐྲ་སོར་གཉིས་དང་གྲོང་མཐའ་བས་དེ་ལས་ཐུང་དུར་བྱའོ། །ཞེས་དང་། སག་ལྷས། སྐྲ་ནི་ཆན་པས་མི་འབྲེག་སྟེ། །འགའ་ཞིག་གནས་སུ་རྨ་ཉེ་ན། །ཆན་པས་བཅད་དུ་རུང་བ་ཡིན། །ཞེས་གསུངས་པས་མགོ་ལ་རྨ་ཡོད་ན་མ་གཏོགས་གྲིས་མི་བཞར་བ་དང་། སྐྲ་ཚད་རྒྱལ་རིང་པོར་མི་འཛིག། གློ་གྲི་ཕོར་ཤུབས་སོགས་རྩིང་རྟུལ་གྱི་སྤྱོད་ལམ་སྤང་། མཁན་སློབ་དབུ་ཆོས་སོགས་ཀྱིས་བསྒོ་བ་དང་དུ་ལེན་ཅིང་སོ་སོའི་དགེ་རྒན་དང་རྒན་གྲྭ་ཉེར་འཛོག །རྒན་པ་ལ་བསྙེན་བཀུར་སོགས་གོ་རིམ་མ་འཛོལ་བ་དང་། རྒན་པ་རྣམས་ལ་མིང་རྐྱང་དང་མིང་ངན་ནས་རྒྱང་འབོད་སོགས་མི་བྱེད་པར་གུས་པར་བྱ་དགོས་ཏེ། ལུང་ལས་གུས་བཅས་ཞེ་སར་བཅས་པ་དག །དཀའ་ཐུབ་ཚུལ་ན་གནས་པ་ཡི། །གོང་མ་སྒྲོག་(སྲིག་)གི་ཚངས་སྤྱོད་ཀྱི། །འཇིག་རྟེན་སོ་སོར་རབ་ཏུ་བརྟག །ཅེས་གསུངས་པའི་ཕྱིར་རོ། །གྲྭ་གཙང་དང་དྲུང་འཁོར་ལ་ཕྱོགས་རིས་མི་འབྱེད། །དབུ་ཆོས་མཛོད་གཉེར་སོགས་ཀྱིས་གྲྭ་རིས་མི་སེར་ཐམས་ཅད་ལ་ཉེ་རིང་མེད་པ་ཟས་ངོ་ནོར་ངོ་ཁ་མཁས་ཀྱི་དབང་དུ་མ་སོང་བའི་དྲང་བཞག་ དཀོན་ མཆོག་ དཔང་ བཞུགས་ བྱེད་ ཅིང་ སོ་ སོས་ ཀྱང་ གོང་ དུ་ འབུར་ བའི་ ཉན་ འཛོག་ གོ་བབས་མ་ལོག་པ་བྱེད། སྤྱིར་ཀུན་ལ་དག་སྣང་སྦྱོང་བ་ཆོས་ཀྱི་རྩ་བར་གསུངས་པ་དང་། ཁྱད་པར་

རང་ཅག་གི་སྡེ་འདི་བསྟན་པ་ཡོངས་རྫོགས་ལ་ཕྱོགས་ལྷུང་དང་བྲལ་བ་ཡིན་པའི་རྒྱུ་མཚན། མངའ་རིས་པཎ་ཆེན་རིན་པོ་ཆེའི་བཅའ་ཡིག་ཏུ་གསལ་བ་ལྟར་དང་། ཁྱད་པར་དུ་ཆོས་རྒྱལ་དབང་པོའི་སྡེའི་གསུང་ལས། དཔལ་ལྡན་བསྟན་པའི་བདག་པོ་ས་སྐྱ་པ། །བྱང་སེམས་ཆེན་པོའི་བརྒྱུད་འཛིན་བཀའ་གདམས་པ། །བདག་འཛིན་ཞེན་པ་སྤྲངས་པའི་བཀའ་བརྒྱུད་པ། །འཕྲིན་ལས་བཀྲ་ཤིས་དཔལ་འབར་ཀརྨ་པ། །སྡེ་བཞི་གཙོར་བཞུགས་ཞབས་བརྟེན་ཁྲི་ཕྲུ་བ། །རྟེན་འབྲེལ་ཐབས་ལ་མཁས་པའི་ཞི་བྱེད་པ། །འགྲོ་ཀུན་དབང་སྡུད་གྲུབ་ཐོབ་ལྕགས་ཟམ་པ། །གཞན་སྟོང་བསྟན་པ་རྒྱས་མཛད་ཇོ་ནང་པ། །མཐུ་སྟོབས་ལས་བཞི་ལྷུན་གྲུབ་རྙིང་མ་བ། །དེ་རྣམས་གཙོར་བཞུགས་དམ་པ་སོ་བདུན་གྱིས། །རྗེས་སུ་གཟུང་བའི་ཨེ་ཝཾ་ལྕོག་སྒར་བ། །ཀུན་འདུས་པདྨ་འབྱུང་གནས་གདུང་གསོབ་ལགས། །

ཞེས་གསུངས་པ་ལྟར་ཕྱོགས་བྲལ་རྒྱལ་བའི་བསྟན་པ་རིན་པོ་ཆེ་ཐམས་ཅད་ལ་གུས་འདུད་ལྷུར་ལེན་པ་ཞིག་དགོས་པས་དེའི་ཕྱིར་ཕྱོགས་གཞན་ནས་བྱོན་པའི་བླ་མ་སློབ་དཔོན་དགེ་བའི་བཤེས་གཉེན་ཕྱག་དབང་ཞུ་དགོས་ཀྱི་རིགས་ལ་ཞུ་ཞིང་། དེ་རིས་མི་འོས་པ་རྣམས་ལ་ཡང་གུས་པ་དང་། གྲྭ་ས་གཞན་གྱི་གྲྭ་རིས་རྣམས་ལ་ཡང་དག་སྣང་གང་འགྱོངས་དང་། གནས་བསྐོར་བ་དང་ཡོང་སྤྲང་ཚུན་ལ་འཛུམ་པར་བྱ་ཞིང་གང་འོས་ཀྱི་ཕན་པ་བསྒྲུབ། དགོས་མེད་དུ་སྲང་ཁ་དང་རི་ཀླུངས་གང་ལ་ཡང་ཁྲི་འཁྲམས་ལྟར་མི་རྒྱུ། རྒྱལ་སྒོའི་ཕྱིར་ཀཱ་སྐྱའི་སར་ཆུ་ཤིང་ལེན་པ་དགོས་བྱེད་བལྟ་བ་སོགས་ལས་གཞན་པའི་ཞོལ་ཤར་ནུབ་ཏུ་འོ་མ་ལེན་པ་ཡང་དགེ་གཞོན་བཙུན་ཆུང་འདྲས་ལེན། ཞོལ་དུ་སྒྲོལ་འདོན་སོགས་ལ་འགྲོ་དགོས་རིགས་དགེ་སྐོས་ཀྱི་ངག་ལྟར་བྱ་ཞིང་ཞྭ་མོ་དང་མ་བྲལ་བ་བྱེད། ཕྱོགས་གར་འགྲོ་ཡང་འབར་ཞྭ་དང་ཕུ་ཐུང་ཆུ་པ་སོགས་གྱོན་པར་མི་འོས་མི་གྱོན་ཞིང་བཙུན་ཚུགས་མ་ཤོར་བ་བྱེད། ཁྱད་པར་ཆང་དང་ཐ་མ་ཁ་འཐུང་བ་སོགས་གཏན་ནས་མི་བྱེད། སྐྱིར་སོ་ཐར་བྱང་སྡོམ་སྔགས་སྡོམ། ཐམས་ཅད་འཛིག་པར་བྱེད་པ་ནི་ཆང་ཁོ་ན་ཡིན་ཏེ་གོང་དུ་སྨོས་པ་ལྟར་དགེ་སློང་ལ་ལྟུང་བྱེད་དགུ་བཅུ་པའི་བཅུ་ཚན་བརྒྱད་པ་ལས་འབྱུང་བ་ལྟར་དང་། དགེ་ཚུལ་ལ་རགས་པ་བཅུའི་ལྟ་བ་དང་། ཡོངས་རྫོགས་དགེ་བསྙེན་གྱི་བསླབ་གཞི་ལྔའི་ལྔ་པ་སོགས

ལས་ཆང་ནན་ཏན་གྱིས་བཀག་ཅིང༌། ནད་པ་ལ་ཡང་མིའི་ཤ་དང་ཆང་གིས་ནི་མ་ཡིན་ནོ། །ཞེས་མ་གནང་ཞིང༌། མེ་ཏོག་ཕྲེང་རྒྱུད་ལས། འབྲུའམ་བཅོས་མའི་ཆང་དག་ནི། །ཀུ་ཤའི་རྩེ་མོ་ཙམ་ཡང་སྤྱང༌། །འདི་དག་འཐུང་ངམ་སྟེར་ན་ཡང༌། །གཉིས་ཀ་བག་མེད་ཁང་ཆེན་ཡིན། །ཁ་ཡི་ནང་ལ་ཁྱུར་ཕྲུག་ཏུ། །ཁྲིལ་བ་ཙམ་ལ་ཉེས་པ་མེད། །སྨན་པའི་ངག་གིས་འཐུང་བར་ནི། །སྲོག་ལ་བབ་ཀྱང་འདོད་མི་བྱ། །ཞེས་སོགས་རྒྱ་ཆེར་བཤད། བྱང་སྡོམ་ཡང་ཆང་གིས་མྱོས་ཏེ་བྱང་ཆུབ་ཀྱི་སེམས་སྤོང་བ་སོགས་དང༌། གསང་སྔགས་ལ་ཡང་དུས་འཁོར་སོགས་བླ་མེད་ཀྱི་རྒྱུད་སྡེ་རྣམས་ལས་རྫས་མཆོག་གི་ཐིགས་པ་ཙམ་ཡང་བཏུང་བར་མི་བྱ་བར་བཤད་པའི་ཕྱིར་སྤང་དགོས་ཤིང༌། འོན་ཀྱང་གནས་དུས་ཀྱི་དབང་གིས་བླ་བྲང་དུ་དབང་རྫས་དང༌། མགྲོན་པོ་གལ་ཅན་བྱུང་རིས་དང་མགོན་ཁང་གི་ཕུད་ཆང༌། ཚོགས་སུ་ཚོགས་ཆང་ཁྲོ་རྒྱན་ཆུང་ངུ་རེ་དང༌། ནད་པ་ཡིན་ངེས་ལ་སྨན་ཆང་ཅུང་ཟད་དང༌། མཚམས་པ་རྣམས་ལ་དམ་རྫས་དགོས་ངེས་ཀྱི་ཅུང་ཟད་ལས་བག་མེད་དུ་སྤྱོད་པ་དང༌། དམ་ཆང་སྦྲས་ཏེ་ལན་པ་སོགས་མི་བྱ་ཞིང༌། ཕྱོགས་འགྲོ་བང་ཕྱིན་རིང༌། ང་ཤས་པ་སོགས་ཀྱིས་ཀྱང་ཁྱུང་ཆག་བྲོ་མེད་ལས་ཆང་མི་འཐུང་བ་ངེས་པར་གལ་ཆེ་ཞིང༌། གལ་སྲིད་མཐོང་ཐོས་དོགས་པའི་རིགས་ལ་དགེ་སྐོས་ཀྱིས་ནོན་པ་དགོས། མེ་ཏོག་ཕྲེང་རྒྱུད་ལས། གྲི་གུ་ལྷུགས་ཉིད་ཁོ་ནར་གསུངས། །དེ་ལ་རབ་འབྲིང་ཐ་མར་འདོད། །རབ་ཚད་སོར་ནི་བརྒྱད་ཤེས་ཏེ། །ཐ་མ་ཡང་ནི་སོར་བཞི་ཡིན། །ཞེས་དང༌། ལུང་ལས་ཆེན་པོ་སོར་དྲུག །ཆུང་ངུ་སོར་བཞི། བར་མ་འབྲིང་དུ་གསུངས་པ་ལྟར་ཟ་གྲི་སོར་བརྒྱད་དམ་དྲུག་ཆེ་ཚད་དང༌། ཐུང་བ་སོར་བཞི་ལས་ལྷག་པའི་གྲི་རིང་པོ་དང༌། གྲི་མགོ་ཚགས་མ་དང༌། ཞེང་ཆེན་པོ་དང༌། ཤུབས་སོགས་མཚར་ཆས་སུ་བྱས་པ་མི་གཟུར། ཀོ་ལྷགས་ཀྱི་གཞིའི་སྐབས་སུ་འདུལ་བ་ནས་བོད་དུ་མཆིལ་ལྷམ་ཐུ་གུ་ཅན་བཅང་བར་གསུངས་ཏེ། སག་ལྷས། ལྷགས་རླུང་ཅན་གྱི་ས་ཕྱོགས་སམ། །ཁ་བ་ཅན་དུ་ཉིན་མོ་ཡང༌། །རྐང་པའི་གནས་སྐབས་རིག་བྱ་སྟེ། །ཡུ་བ་ཅན་ཡང་རྗེས་སུ་གནང༌། །ཞེས་ལྷམ་ཡུ་ཅན་གནང་བ་ཡིན་ཀྱང་ནང་ཤ་དཀར་པོར་བྱས་པ་སོགས་དང༌། སོ་རྩུབ་དང་སྒྲོ་ཏར་སོགས་ལས་བྱས་པའི་སོག་ལྷམ་དང་ཟློན་པའི་ལྷམ་མི་གྱོན། དགེ་སློང་སོགས་ལ་ཕྱེད་ཡུ་བྱུང་ན་ལེགས། གཙུག་ལག་ཁང་གི་སྐོར་མིག་ལ་ཕན་ཕྱིར་དོམ་ལྷགས་བཏིང་

བར་གསུངས་ཏེ། ས་ག་ཟླའི་མེ་ཏོག་ཕྲེང་རྒྱུད་ལས། གཙུག་ལག་ཁང་གི་སྒོ་དྲུང་དུ། །དོམ་ལྤགས་ཉིད་ནི་རྗེས་སུ་གནང་། །གོ་ལྤགས་ཀྱི་ནི་མལ་སྟན་དག། མཐའ་འཁོབ་ཏུ་ནི་ཉེས་པ་མེད། །ཅེས་གསུངས་པའི་ཕྱིར། ཆུང་ངུན་ཤིག་འཐུ་ཚུལ་ཙམ་ལ་ཡང་མེ་ཏོག་ཕྲེང་རྒྱུད་ལས། བསླབ་པ་རྗེས་སྲུང་བརྩེ་ལྡན་གྱིས། །ཤིག་རྣམས་དལ་གྱིས་བཟུང་ནས་ནི། །བསྡུས་ནས་རྩིག་པ་ལ་སོགས་པའི། །བུ་གར་སྙིང་རྗེ་ཅན་གྱིས་གཞུག །རྩྭ་སྔོན་སྟུག་པོའི་ས་ཕྱོགས་སུ། །རྩྭ་ཤིག་དག་ཀྱང་དོར་བར་བྱ། །ལྷག་མ་གཞན་ཡང་མ་སྨད་པར། །རང་གི་སྤྱོད་ཡུལ་དག་ཏུ་དོར། །ཞེས་གསུངས་པས་ཕྲ་ཞིབ་མཐའ་དག་ལ་ནན་ཏན་དུ་བྱ། དྲག་ཞན་སུ་ལ་ཡང་འགྲོགས་མཁས་དང་། ཉེ་ཆེས་ནས་ཟས་གཅིག་གོས་གཅིག་བློ་གཅིག་ཏུ་བྱེད་པ་དང་། འཁོན་ཆེས་ནས་སྙིང་ནད་འཁོན་འཛིན་མི་བྱ་བར་བཏང་སྙོམས་དང་། དཔོན་སློབ་སྤུན་གྲོགས་ཀྱི་དམ་ཚིག་བརྩེ་གདུང་བྱ་བ་ནི་ཆོས་པའི་བྱ་བཞག་ཡིན། རང་རྒྱུད་རེངས་པ་དཀོར་ཟས་ཀྱིས་མྱོས་པའི་དབང་གིས་འཁོན་རྩོད་འདྲ་འབྱུང་སྲིད་ཀྱང་རྒན་པ་ལ་བཟོད་གསོལ་དང་མཉམ་འགྲོགས་ལ་འཁོན་སྦྱངས་པའི་ཞེ་འཛིན་དང་ངན་ལན་མི་བྱེད། དགོས་མེད་ཀྱི་ཉོ་ཚོང་དང་འབུན་སྐྱེད་སོགས་ལ་བརྟེན་པའི་གཏེ་མ་འཛིན་པ་སོགས་ཁྲིམ་པ་དང་ལོག་གི་རྒྱུར་འགྲོ་བ་སྤྱོང་། སྤྱི་རྫས་མཆོད་རྫས་སོགས་ལ་ཐམས་ཅད་ཀྱིས་གཅེས་ཆེ་བར་བྱས་ཏེ་ཆུད་ཟོས་སུ་མི་གཏོང་། སྒྲིགས་འགལ་གྱི་རིགས་ལ་ཉེས་ཆད་ཆེ་ཆུང་སོ་སོའི་བྱེད་པ་དང་བསྟུན་ནས་འགེལ་བ་རང་གི་སྒྲིབ་སྦྱོང་གི་ཕྱིར་གཡོ་ཟོལ་མེད་པར་དང་དུ་ལེན། དུས་རིམ་སྐབས་སུ་ལྷུད་མོར་ཡོངས་པ་དང་གནས་མཛལ་བ་སོགས་བླ་བྲང་དུ་བཀག་པ་མེད། གཞན་དུ་སྤྱིལ་པོ་དང་དགོན་ཁྲོད་ཤག་སྐོར་དུ་ནད་པ་ཉེན་ཅན་གྱི་ཕ་མ་ལྟ་བུ་འཕྲད་པ་དང་། གལ་ཆེན་རིགས་གནང་བ་ཞུས་ན་མ་གཏོགས་མི་ནག་གི་རིགས་མི་གཏོང་། དུས་རིམ་སྐབས་སྐྱེས་རྒྱལ་རིགས་རིབ་ཙམ་གཏོང་ཞིང་བུད་མེད་ཀྱི་རིགས་རྣམ་པ་ཀུན་ཏུ་འགྲིམ་ས་མེད། ཕྱི་ནང་ཐམས་ཅད་དུ་རྫུན་དང་གཡོ་ཁྲམ་མི་བྱེད། བཀའ་གདམས་ཞུས་ལན་ནོར་བུའི་ཕྲེང་བ་ལས། མང་པོའི་ནང་དུ་ངག་ལ་བརྟག །ཅེས་དང་།

ཀུ་རུ་པདྨས། ཀུ་རེ་ཀྱལ་ཀའི་གསེབ་ན་དོན་དམ་ཡོད༔ ཀྱ་ཚོམས་ཚིག་གིས་སྙིང་ནའི་མེ་ལོང་བྱེད༔ ཚོད་ལ་གསེར་སྲབ་ཆུག་ཅིག་རྗེ་འབངས་རྣམས༔ ཞེས་གསུངས་པ་ལྟར་དོན་མེད་ཁ་

འཆལ་མཚང་འབྲུ་བཤགས་རྒྱུག་དང་མིང་ངན་འདོགས་པ། མི་སེམས་ལ་འཕོག་པའི་ཚིག་ཟུར་གཏོང་བ། །ངན་བསླབས་བྱེད་པ་དབྱེན་དཀྲུག་ཕྲ་མ་སྦྱོར་བ། ལོང་གཏམ་སྣ་ཚོགས་ལབ་པ་སོགས་ལ་ཞེ་ཟློན་བྱེད། སྤྱིར་སྟོན་པས། ཞིང་པ་རྣམས་སེན་མོའི་སྟེང་དུ་སོ་ནམ་བྱེད་ཀྱང་ངའི་ཉན་ཐོས་རྣམས་འཚོ་བས་མི་འཕོངས། ཞེས་གསུངས་པ་དང་། ཕལ་གཏམ་ལ་ཡང་ཆོས་བཞིན་བྱས་ན་ཆར་བཞིན་འབབ། །ཅེས་པ་ལྟར་རང་ཆོས་དང་མཐུན་པར་བྱས་ན་འཚོ་བས་ཕོངས་པར་མི་འགྱུར་ཞིང་། ཁྱད་པར་དགེ་འདུན་གྱི་ཁྱུར་ཞུགས་ཕྱིན་ལྷ་གོས་ཆོས་གསུམ་དེ་ལ་བརྟེན་ནས་འབྱུང་བས་ཚེ་གང་བསྟོད་ཀྱང་ཁ་ཟས་ཀྱིས་མི་ཁྲེལ་བ་གཅིག་པོའི་དྲིན་ལ་ཡང་ཚད་མེད་པས་དྲིན་དུ་ཤེས་པ་དང་། སྤྱི་པའི་ཕོགས་ཛ་ཐུག་སྦྱིན་བདག་གི་ཞབས་ཏོག་སོགས་གང་ལ་ཡང་དད་ཟས་གཤིན་ཟས་ལྟུགས་ཀྱི་ཐོ་ལུམ་ལྟར་འཇུ་དཀའ་བར་ཤེས་པས་དཀོར་སྡོང་ལ་འབད་དགོས། འདུལ་བར། ནད་པ་ནི་བཅས་པ་མཐའ་དག་གིས་བསྐྱང་བར་བྱའོ། །ཞེས་གསུངས་པས། ན་ངེས་ནད་གཡོག་སོགས་མེད་རིགས་ལ་ནད་གཡོག་བསྐོ་བ་སོགས་ཀྱི་དོ་དམ་དགེ་སྐོས་ཀྱིས་བྱེད། ཕྲན་བུའི་ན་ཚ་ལ་ཁག་བཀལ་ཏེ་ཚོགས་མ་ནུས་པ་སོགས་ལ་ཆོས་ཁྲིམས་པས་ཡང་ཡང་བསྐོར་བའི་ཁ་ཡངས་སུ་མི་འཇུག་དུས་རྒྱུན་དང་འཚོག་གྲོལ་སོགས་ལ་མཆོང་རྒྱུག་ཀུ་ཅོ་རྒྱང་འབོད་མི་བྱ་བར་སྤྱོད་ལམ་དུལ་བར་བྱེད། འུ་ལག་པ་འདུས་པ་ལྟར་མི་ཚོགས་གང་ཆེར་འདུས་པའི་ཏབ་གད་མཆོར་འགྲོས་གོས་རས་གྱོན་ལུགས་རྩིང་རྟུལ་སོགས་མི་བྱེད། དེ་རིགས་ཆོས་ཁྲིམས་པས་འཕྲུལ་འཕྲུལ་གནོན་ཅིང་ལང་ཤོར་དུ་མི་གཏོང་། ལག་འགྲེད་བྱུང་ན་མ་གཏོགས་སྤྱི་འབུལ་སྤྱི་འགྲེད་རིགས་འགྲེད་འོས་འགྲེད་ཅིང་འཇོག་འོས་འཇོག་པ་མ་གཏོགས་ཡོལ་བ་བླ་བྲེ་སོགས་ཚལ་པར་གཏོང་བ་དང་། གཟན་ཤམ་སྣམ་པ་འབྲལ་བ་སོགས་མི་བྱེད་པར་བླ་ཡོན་དང་སྤྱི་རྫས་སུ་འཇོག་འོས་རྣམས་དམིགས་ཕྱེད་པར་བྱེད། ཞལ་ཏ་པས་རུང་ཁང་དུ་ཛ་ཐུག་གཡོ་སྐོལ་སོགས་གཙང་སྦྲ་དང་དག་ཐོན་པར་བྱེད་ཅིང་། དགེ་འདུན་གྱི་ལྷག་ལ་རེ་བ་རྣམས་དང་གནས་སྐོར་བ་ལོང་སྤྲང་གིས་ས་མཐའ་རྟེན་པར་སྟིང་ཛེའི་རྩིས་ཟིན་པར་བྱས་ཏེ་སྟེར་བ་མ་གཏོགས་སྦས་བཤུགས་དང་ཕུད་ལ་ཕྲི་བ་ལྟག་མ་ཞོལ་དུ་ཁྱེར་ནས་ངོས་མགྲོན་བྱེད་པ་སོགས་བྱས་ན་སྟེར་སློང་གཉིས་ཀ་དམྱལ་བ་དང་ཡི་དྭགས་སུ་སྐྱེ་བས་འཛེམ་

པར་བྱེད། ནད་རིམས་ཡོད་སར་དགེ་འདུན་སྤྱི་དང་གྲངས་བཅད་གདན་འདྲེན་དང་། དེའི་ས་ནས་ཡོ་བྱད་ལེན་པ་དང་གསང་སྐབས་ཀྱིས་བསྙེན་བཀུར་ཞུ་བ་སོགས་བྱུང་ཚེ་དགེ་འདུན་ལ་འབབས་བཅོག་གི་རྒྱུར་འདུག་པས་དབུ་ཆོས་མཛོད་གཉེར་ཞལ་ཏ་པ་སོགས་ཐམས་ཅད་ཀྱིས་རྟོག་འཇུག་ཞིབ་ཏུ་བྱེད། འདུལ་བར་དགེ་སློང་དགོན་པ་བ་ཁྱི་གསོ་བར་བཤད་ཅིང་། གཙུག་ལག་ཁང་དང་མཆོད་རྟེན་སོགས་ལ་བྲུན་དང་སྡེར་མོས་འབྲད་པ་སོགས་ལ་ཕྱུག་བདར་བྱེད་པར་གསུངས་པ་ལྟར་བྱ་ཞིང་། ཁྱི་ལ་རོ་སྲུང་དང་རྒྱབ་གཉེར་གྱི་འཐབ་རྩོད་མི་སློང་ཞིང་མི་ལ་རྨུག་པར་རྩོམ་པ་སོགས་ལ་སུ་འཕྲད་ཀྱིས་སྲུང་གྲོགས་བྱེད། དགོན་པའི་ནང་དང་ཁྱད་པར་གཙུག་ལག་ཁང་གི་ཉེ་འཁོར་དུ་ངན་སྐྱུགས་དང་མཆིལ་སྣབས་བཤང་གཅི་འདོར་བ་སོགས་གང་བྱུང་དུ་མི་བྱེད་ཅིང་། དེ་རིགས་ལ་ཁང་སྐྱོང་གིས་ཕྱག་བདར་ཐོན་པ་བྱེད། དགེ་འདུན་གྲོངས་ཆད་བྱུང་རིགས་ལ་མཁན་སློབ་བམ་རྒན་གྲས་ཀྱིས་འཕོ་བ་གསལ་འདེབས་དང་། དེ་མ་ཐག་དགེ་འདུན་གང་འདུས་ཀྱིས་སྨོན་ལམ་འདོན། སྟོབས་འབྱོར་དང་བསྟུན་པའི་རྒྱུན་ཆོག་དབང་བསྐུར་གསལ་འདེབས། སྲོག་སྐྱོང་སོགས་སྐབས་བསྟུན་བྱེད། གཤིན་པོའི་རྫས་ཆུད་མ་ཟོས་པར་བསྙེན་བཀུར་མང་འགྱེད་སོགས་དག་ཐོན་པ་ཉེ་གྲོགས་ཡོད་ན་དང་། དེ་མིན་བློ་གཙང་བའི་མི་བླ་བྲང་དང་དབུ་ཆོས་ནས་བསྐོས་ཏེ་བྱེད། ཁམས་བོད་ལ་མ་ལྟོས་པའི་གྲྭ་སར་མི་ཚེ་སྒྲིལ་ན་རབ། དེ་མིན་བསླབ་གཉེར་བའི་རིགས་ད་ལོ་སློབ་ནས་དོ་ཞག་འགྲོ་རན་པའི་རྟབ་ཞོགས་མི་བྱ་བར། འདོན་ཆོས་འདྲིལ་བ་བསྙེན་སྒྲུབ་ལག་ལེན་སོགས་བློ་གྲོས་དང་བསྟུན་པའི་འགྲོ་བར་འོས་པ་ལ་གནང་བ་སྟེར་ཞིང་མི་འོས་པ་མི་སྟེར། ཀུ་ཡངས་ཀྱི་བློ་ཤས་པའི་རྩ་ཁྲིལ་འདོད་རིགས་ལ་མཁན་སློབ་ཀྱིས་དབྱིབས་བལྟས་པའི་བསྟན་བཤིག་དང་ཆོས་མ་ནུས་ངེས་ལ་ཉེས་ཆད་ཆེ་ཆུང་འོས་འབབས་དང་སྦྱར་ཏེ་མིག་ལྟོས་ལ་མི་གནོད་པར་གཏོང་། སྒྲིགས་འགལ་དང་རྒྱུ་མཚན་མེད་པར་དོན་བྱུད་ཀྱི་རིགས་ལ་རྙེད་ན་ཤོག་ཐོད་གཏ་དུང་མདོ་སྒྲུབ་དང་། མ་རྙེད་ཀྱང་མདོ་བཞེས་ཀྱི་མཚམས་གཅོད་བྱེད་ཅིང་། ཁྲིམས་འགལ་ཆེ་རིགས་ལ་དཔོན་ཁུང་དུ་སྙན་ལ་བཏབ་པའི་ཕྱི་ལམ་ཁེགས་པ་བྱེད། མདོ་བཞེས་ཀྱི་མཚམས་གཅོད་བྱས་ཟིན་པའི་བཤགས་པ་མི་ལེན། མཚམས་གཅོད་མ་སོང་བའི་རིགས་འགྱོད་སེམས་ཀྱིས་བཏུད་ན་དང་དུ་ལེན།

ཕམ་པ་འཆབ་བཅས་གསོར་མི་རུང་བར་བཤད་པས་ནག་སྐྱོན་བྱུང་རིགས་བསླབ་པ་སྐྱོར་བ་དང་ཚང་འཛུད་མི་བྱེད། ཤེས་རྒྱུད་རྒྱལ་འགོང་དམ་སྲི་བདུད་ཀྱིས་བསྐུལ་བའི་ཡི་གེ་ཐེལ་བསྡུས་ཚོ་ཚན་ཕྱོགས་ལངས་ངན་བསླབས་སོགས་བསྟན་བཤིག་གི་གྲ་སྒྲིག་སུས་བྱས་ཀྱང་མཐོང་ཐོས་དོགས་གསུམ་གྱི་རིགས་ལ་སྣེ་མོ་བ་རྣམས་ཀྱིས་རྩོད་པ་ཆོས་ཕྱོགས་སུ་ཞི་བའི་ཐབས་ལ་འབད་ཅིང་། ཉན་འཛོག་མི་བྱེད་པའི་རིགས་ལ། ལུགས་གཉིས་ཀྱི་སྒོ་ནས་ནུས་གང་ཐོན་བྱེད། དགེ་འདུན་ཁྲིམས་ལྡན་ཁྲི་འབུམ་བྱུང་ཡང་ལེགས་ཤིང་། ཁྲིམས་དང་མི་ལྡན་བ་གཅིག་གཉིས་ཀྱང་མངས་སྐྱོན་དུ་འདུག་པས་བཙུན་ཁྲལ་དང་ལྷོ་གོས་ཀྱི་ཕྱིར་ཆོས་བྱས་པ་མ་ཡིན་པས། རང་ཉིད་སངས་རྒྱས་ཀྱི་གོ་འཕང་ཐོབ་འདོད་ཀྱི་སྒོ་ནས་ཆོས་རྣམ་པར་དག་པ་ལ་འབད་ན་བསྟན་པ་དང་རང་གཞན་ཐམས་ཅད་ལ་ཕན་པའི་བསམ་གཞིགས་ལེགས་པར་གཏོང་དགོས་པས་ཕལ་གཏམ་ལ་མང་ཚོགས་ཉུང་ཚོགས་ཆོས་ལ་ཚོགས། ཞེས་པ་ལྟར་ཡིན། གཙོ་བོར་དགེ་འདུན་ཐུགས་མཐུན་པ་གལ་ཆེ་སྟེ། སོ་ཐར་གྱི་མདོ་ལས། དགེ་འདུན་མཐུན་མི་ཕྱེད། ཀུན་ཏུ་དགའ་མི་རྩོད་མཆོག་གཅིག་འདོན་པ་གཅིག་ཅིང་ཆུ་དང་འོ་མ་འདྲེས་པ་ལྟ་བུར་གྱུར་པས་སྟོན་པའི་བསྟན་པ་གསལ་བར་བྱེད་ན་བདེ་བ་ལ་རེག་པར་གནས་པར་འགྱུར། ཞེས་གསུངས་པའི་ཕྱིར་སྟེ་འདིར་ཞུགས་ཕྱིན་ཐམས་ཅད་ཀྱིས་བསྟན་པ་བསམས་པ་ཞིག་གལ་ཆེ་བས་མདོར་ན་སྤྱིར་ཐུབ་བསྟན་ཡང་ཡུན་དུ་མི་གནས་པ་དང་། སྙིང་བསྟན་ཡང་གུ་རུ་པདྨའི་གསུང་ལས། མར་མེ་འཆི་ཁའི་འོད་བཞིན་དུ། །ནུབ་པའི་སྟོབས་ཀྱིས་གསལ་བར་འགྱུར། །ཞེས་གསུངས་པ་ལྟར་བསྟན་མཇུག་སྙིགས་དུས་འདིར་ཚུལ་བཞིན་འབད་ན་ཕན་ཡོན་ལྷག་པར་ཆེ་བར་གསུངས་པས། རང་ཅག་རྣམས་རྙེད་པར་དཀའ་བའི་དལ་འབྱོར་གྱི་མི་ལུས་ཐོབ་ནས་རྒྱལ་བའི་བསྟན་པ་རིན་པོ་ཆེར་ཞུགས་ཤིང་སྡོམ་པ་གསུམ་གྱི་སྐལ་བཟང་ཐོབ་དུས་འདིར་བརྩོན་པས་མདོ་སྔགས་ཀྱི་ལམ་བཟང་པོ་དང་། ཁྱད་པར་སྔ་འགྱུར་བཀའ་གཏེར་གྱི་ལམ་སྲོལ་བཟང་པོར་ཐོས་བསམ་སྒོམ་གསུམ་ལ་འབད་པ་དྲག་པོས་འཁོར་བ་ལ་ཕྱི་ཕྱག་འཚལ་ཐུབ་པ་ཞིག་ཤིན་ཏུ་གལ་ཆེ་བས་སོ་ཐར་གྱི་བཅས་པ་ལ་ཉེས་ལྟུང་བྱུང་བ་དང་བྱང་སྡོམ་གྱི་ཉེས་ལྟུང་བྱུང་བ་ལྟུང་བཤགས་ཉིན་མཚན་དུ་ལན་དྲུག་བཏོན་ན་ཉེས་པ་ཞི་བར་འགྱུར་ཏེ། སྤྱོད་འཇུག་ལས། ཉིན་

དང་མཚན་མོ་ལན་གསུམ་དུ། །ཕུང་པོ་གསུམ་པ་གདོན་བྱ་ཞིང་། །རྒྱལ་དང་བྱང་ཆུབ་སེམས་བརྟེན་པས། །ལྟུང་བའི་ལྷག་མ་དེས་ཞི་བྱ། །ཞེས་གསུངས་པའི་ཕྱིར་སྔགས་སྡོམ་ཉམས་ཆག་ལ་ཉིན་རེར་ཡི་གེ་བརྒྱ་པ་བརྒྱ་རྩ་རེ་བཟླས་ན་སྐྱོང་ཞིང་ཉི་ཤུ་རྩ་གཅིག་ཙམ་བཟླས་ལྟུང་བ་མི་འཕེལ་ཞིང་བྱིན་གྱིས་བརླབ་པར་གསུངས་པས་ལྟུང་བཤགས་ཚར་དྲུག་དང་ཡིག་བརྒྱ་དེ་ཙམ་བཟླ་བ་ལས་སླ་བས་དེ་བཞིན་འབད་དགོས། དེ་ཡང་དགེ་སློང་དགེ་ཚུལ་གྱི་སྡོམ་པ་མཁན་པོ་ལས་ཐོབ་ཅིང་། བྱང་སྡོམ་ཡང་དབུ་སེམས་གང་རུང་ཆོ་ག་ལ་བརྟེན་ནས་ནོད་པའམ་སྤྱི་ཁྱབ་ཏུ། སྤྱོད་འཇུག་ལས་བྱང་ཆུབ་སྙིང་པོར་མཆིས་ཀྱི་བར། །སངས་རྒྱས་རྣམས་ལ་སྐྱབས་སུ་མཆི། །ཞེས་སོགས་ནས། རིམ་པ་བཞིན་དུ་བསླབ་པར་བགྱི། །ཞེས་པའི་བར་གྱི་བྱང་སྡོམ་བླངས་ཤིང་། དེང་དུས་བདག་ཚེ་འབྲས་བུ་ཡོད། །ཅེས་སོགས་ཤློ་ཀ་གཅིག་གིས་རང་དགའ་བ་བསྒོམ་པ་དང་། ད་ནི་བདག་གིས་ཅི་ནས་ཀྱང་། །ཞེས་སོགས་ཤློ་ཀ་གཅིག་གིས་དམ་བཅའ་དང་། བདག་གིས་དེ་རིང་སྐྱོབ་པ་ཐམས་ཅད་ཀྱི། །ཞེས་སོགས་ཤློ་ཀ་གཅིག་གིས་གཞན་དགའ་བ་སྒོམ་དུ་འཇུག་པ་སོགས་བྱང་སྡོམ་བསྡུས་པ་དེ་ཁོ་ན་ཡིན་པ་ཚོགས་འདོན་དུ་ཡོད་པ་ལྟར་རོ། །

གསང་སྔགས་ཀྱི་དབང་བསྐུར་མཚན་ཉིད་པ་ཐོབ་པས་སྔགས་སྡོམ། ཐོབ་པ་སོགས་སྡོམ་པ་གསུམ་ལྡན་གྱི་འདུས་སྡེ་ཡིན་པས་དེ་ལྟར་སྡོམ་གསུམ་ཐོབ་ནས་བསྲུན་པ་རིན་པོ་ཆེ་ཆུད་མ་ཟོས་པར་སོ་སོ་ནས་འབད་དགོས། དེ་ལས་ལྡོག་པའི་ཚངས་སྤྱོད་ཉམས་ནས་བརྒྱ་ཐབས་སུ་གནས་པ་ཞེས་འཆབ་བཅས་ཀྱིས་གསངས་ཏེ་ཚོགས་སུ་བསྡད་པ་སོགས་ནི་སྤྲུལ་པ་རྨ་ཅན་ལྟར་དགེ་འདུན་ཐམས་ཅད་ཆུད་ཟོས་པ་དང་། ཞེ་སྡང་དྲག་པོས་བཟོད་པ་རས་སུ་བོར་ཏེ་ཁོང་ཁྲོ་ཁོ་ན་རྒྱུད་ལ་བཅངས་པ་དང་། གསང་སྔགས་ཀྱི་དམ་ཚིག་ལས་འདས་ན་འོ་མ་རུལ་བ་ཐིགས་པ་གཅིག་གིས་འོ་མ་ཐམས་ཅད་ཆུད་ཟོས་པར་འགྱུར་བ་སོགས་སྡོམ་གསུམ་ལས་ཉམས་ན་གནས་སྐབས་སུ་རང་གཞན་ཐམས་ཅད་ཆུད་ཟོས་དང་ཕྱི་མ་དམྱལ་བར་ལྟུང་བའི་རྒྱུ་མཚན་ཤེས་ནས་དེར་མ་སོང་བའི་སྤང་བླང་དང་རྒྱུ་འབྲས་ཕྲ་ཞིབ་ལ་འཛེམ་ཆ་དགོས། ཁྱིམ་པ་རྣམས་ཀྱིས་སྐྱབས་གནས་དེད་རང་ཚོར་རེ་བ་ཡིན་པས་རང་ངོས་ནས་ཚུལ་ལྡན་ཞིག་མ་བྱུང་ན་དད་ཅན་གྱི་བླུས་ཟོས་པ་ཡིན་པས

མཆོད་ཡོན་ཐམས་ཅད་ངན་སོང་དུ་སྐྱེ་བས་བསམ་གཞིགས་ལེགས་པར་གཏོང་དགོས། གནས་སྐབས་ཀྱི་ཚོང་ཁྲིན་བུར་ཡང་ཁེ་གྲུབ་ཀྱི་བརྩི་ཞག་ཞིག་ཏུ་བྱེད་པའི་ཚོད་ལྟར་ན་མཐར་ཐུག་གི་ཉེས་ལྟུང་ཁྲ་མོ་ལ་ཡང་ཞིབ་ཆའི་འཛེམ་བག་ཅི་ནས་ཀྱང་བྱ་དགོས་ཤིང་། དེ་དག་ཤེས་པར་བྱ་བའི་ཕྱིར་གོང་དུ་སྡོམ་གསུམ་གྱི་བཅས་མཚམས་རགས་པ་བྲིས་ཡོད་པ་ལྟར་ཡིན། འདིར་ཕོ་ངན་གྱི་གཏམ་ལ་ཡང་སྐྱོར་གྱི་དཔེ་ལྟར་ཏ་ཅང་མང་ཙམ་བྱུང་སོང་ཡང་མཆོག་དམན་ཐམས་ཅད་ཀྱིས་གོ་བདེ་བའི་ཕྱིར་དང་། ཁྲ་ཞིབ་རྣམས་བྲིས་ཀྱིས་མ་ལང་ཡང་མདོར་བསྡུ་ན་རང་སེམས་ལ་དྲན་ཤེས་བསྟེན་ནས་བག་ཡོད་པར་སྲུང་དགོས་ཏེ། སྤྱོད་འཇུག་ལས། བསླབ་པ་བསྲུང་བར་འདོད་པ་ཡིས། །རབ་ཏུ་བསྒྲིམས་ནས་སེམས་སྲུང་སྟེ། །སེམས་འདི་བསྲུང་བར་མ་བྱུས་ན། །བསླབ་པ་བསྲུང་བར་ཡོངས་མི་ནུས། །ཞེས་དང་། སེམས་སྲུང་བརྟུལ་ཞུགས་མ་གཏོགས་པ། །བརྟུལ་ཞུགས་མང་པོས་ཅི་ཞིག་བྱ། །ཞེས་དང་། བཤེས་སྤྲིང་ལས། ཁྱོད་ཀྱི་ཐུགས་ཐུལ་མཛོད་ཅིག་བཅོམ་ལྡན་གྱིས། །སེམས་ནི་ཆོས་ཀྱི་རྩ་བ་ལགས་པར་གསུངས། །ཞེས་གསུངས་པའི་ཕྱིར། སྤྱིར་སྟེ་འདིར་འཕགས་པའི་དགེ་འདུན་སྦས་ཚུལ་ཅན་ཡོད་སྲིད་ཀྱང་དུས་དབང་གིས་ཕལ་ཆེར་སོ་སྐྱེའི་དགེ་འདུན་དང་། མདོ་སྔགས་ལ་སྐྱེས་སྦྱངས་གང་རུང་གི་མཁས་པ་དཀོན་ཤེས་རྟོགས་སླ་བའི་ཕྱིར་རགས་པ་ཙམ་བྲིས་པ་འདི་ལ་སྤང་བླང་ནན་ཏན་དུ་མཛད་དགོས། འདི་ལ་དཀོན་མཆོག་རིན་པོ་ཆེ་རྣམ་པ་གསུམ་དང་རྩ་བརྒྱུད་བླ་མ་ཡི་དམ་ཞི་ཁྲོ་རབ་འབྱམས་བསྟན་སྲུང་རྡོ་རྗེའི་ཆོས་སྐྱོང་བ་རྣམས་དང་དཀར་ཕྱོགས་སྐྱོང་བའི་ལྷ་རྣམས་ཀྱིས་དཔང་པོ་མཛོད་ལ། ལོག་པར་བལྟ་ཞིང་འགལ་བར་བྱེད་པ་རྣམས་ལ་འདི་ཕྱིར་བཀའ་ཡི་ཆད་པ་དྲག་པོ་ཆོད། ཆོས་ལྡན་རྣམས་ཀྱིས་འགལ་རྐྱེན་སེལ་བ་དང་མཐུན་རྐྱེན་ཆོས་བཞིན་དུ་སྒྲུབས། དེའི་མཐུ་ལས་ཕྱོགས་དུས་གནས་སྐབས་ཐམས་ཅད་དུ་བསྟན་པ་རིན་པོ་ཆེ་འཕེལ་ཞིང་རྒྱས་པར་གྱུར་ཅིག །ཐུབ་དབང་བསྟན་པ་རིན་ཆེན་སྐྱེ་དགུའི་གཉེན། །ཨེ་ཝཾ་རྡོ་རྗེ་ཐེག་པའི་ཆོས་ཀྱི་མཛོད། །སྡོང་བ་ལྷུར་ལེན་ལྟོག་སྐར་འདུས་པའི་སྟེ། །ཞིང་འདིར་སྔ་འགྱུར་རིང་ལུགས་བླ་ན་མེད། །དེ་ལྟ་ན་ཡང་ལྔ་བདོའི་སྣང་ཚུལ་གྱིས། །འཁོར་ལོ་གསུམ་གྱི་བྱ་བ་ལྷུར་ལེན་པར། །སྡིག་སྤྱོད་གཞན་འཕྲུལ་བདག་པོའི་ལོག་པའི་མདས། །སྙིང་ག་ཕུབ་པའི་མ་རུངས་བྱེད་པ་འགས། །སྡོམ་

གསུམ་ལྡན་པའི་དགེ་འདུན་བཙའ་ཁྲིམས་ལས། །ཉམས་པའི་ཉེས་པའི་ཆུ་བོ་ལྡོག་ཕྱིར་དུ། །གཉེན་པོའི་ཆུ་ལོན་ཚུལ་འདི་ལེགས་བཤད་པས། །རིག་འཛིན་འདུས་ཚོགས་རྒྱས་བྱེད་ཞིང་ས་ཡིན། །ཨེ་མ་རང་ཅག་སྙིང་དཀའི་དལ་འབྱོར་ཐོབ། །རྒྱལ་བསྟན་རིན་ཆེན་མཆོག་དང་སྤྲ་འགྱུར་གྱི། །རྗེས་ཞུགས་སླིན་གྲོལ་ཆོས་ཀྱི་དགའ་སྟོན་ནོས། །འདི་འདྲའི་སྐལ་བཟང་སྟོན་བསགས་བསོད་ནམས་མཐུ། །འོན་ཏེ་སྙིང་དཀའི་དལ་འབྱོར་ཡུན་རིང་དུ། །མི་གནས་ཕྱི་མ་སྲིད་པའི་ལམ་རིང་པོར། །འཁྱམས་ཏེ་འཁོར་བའི་མཚོ་ལས་ཐར་དཀའ་བས། །ད་རེས་གདན་གྱི་འདུན་མ་བསྒྲུབ་པར་རིགས། །ཐར་པའི་ལམ་རྟེན་ཉིན་མོའི་སྐར་མ་ལྟར། །ཆེས་དཀོན་མི་ཡི་སྲིད་པ་སྙིང་དུས་འདིར། །རང་གིས་རང་ཉིད་བསླུ་བར་མ་བྱེད་པར། །ཚུལ་ལྡན་ཐོས་བསམ་སྒོམ་ལ་བརྩོན་པར་མཛོད། །བཤེས་གཉེན་དམ་པའི་མགོན་གྱིས་ཡོངས་གཟུང་ཞིང་། །མདོ་སྔགས་ཆོས་ཚུལ་རྒྱ་མཚོར་སྦྱོད་སྐབས་འདིར། །བརྩོན་པས་ཐར་པ་བསྒྲུབ་པར་མི་བྱེད་ན། །རྒྱ་མཚོའི་འགྲམ་དུ་སྐོམ་གྲིར་ཤི་དང་མཚུངས། །དེ་ཕྱིར་དད་བརྩོན་ཤེས་རབ་ལྡན་པ་དང་། །བག་ཡོད་ཚུལ་གནས་རང་རྒྱུད་ལེགས་དུལ་ཞིང་། །དམ་ཚིག་སྡོམ་པ་མིག་གི་འབྲས་བུ་ལྟར། །སྲུངས་ཞེས་དགེ་སློང་རྣན་པོས་སྙིང་ནས་གདམས། །ཚེ་འདིར་བདེ་སྐྱིད་ཕུན་སུམ་ཚོགས་པ་ཡང་། །ཚེ་རབས་གཞན་དུ་དམ་ཆོས་ལེགས་བཤད་མཐུ། །སྡུག་བསྔལ་མི་འདོད་རྐྱེན་ངན་ཐམས་ཅད་ཀྱང་། །ཚེ་རབས་སྡིག་སྒྲིབ་སྤྱོང་བའི་ཕྱུགས་ཤིང་ཡིན། །དེ་ཕྱིར་སྐྱིད་སྡུག་ཅི་བྱུང་དཀོན་མཆོག་གི། །དྲིན་དུ་ཤེས་པའི་རྒྱུ་འབྲས་འཇུག་ལྡོག་ལ། །ལེགས་སྤྱོད་སྡིག་སྤོང་དགེ་སྒྲུབ་བླང་དོར་གཅེས། །མདོར་ན་སྐྱབས་གཅིག་ཕྱོན་པདྨ་ལ། །ཁ་ཞེ་ངོ་ལྐོག་མེད་པར་བློ་གཏད་ནས། །གང་བྱུང་ཐུགས་རྗེར་ཤེས་པའི་མོས་གུས་དང་། །འབྲལ་མེད་སྙིང་ནས་གསོལ་བ་འདེབས་པ་གཅེས། །མང་དུ་སྨྲས་ཀྱང་དགོས་པ་མ་མཆིས་པས། །འདི་དང་ཕྱི་མའི་འདམ་ཁ་མ་ནོར་བར། །ཆོས་བཞིན་བསྒྲུབ་དང་དྲན་ཤེས་བག་ཡོད་ལ། །འདུས་པས་ཇི་བཞིན་ཉམས་སུ་མྱོང་བར་མཛོད། །འདི་དགེ་དུང་དང་ཟླ་འོད་ཀུནྡ་ལྟར། །གཅིག་ཏུ་དཀར་བའི་འབྲས་བུས་ཐུབ་པའི་བསྟན། །ཆོས་འཁོར་རྣམ་པར་རྒྱལ་བའི་ཆོས་གྲྭ་ཆེ། །ཕྱོགས་དུས་ཀུན་ཏུ་འཕེལ་རྒྱས་བརྟན་གྱུར་ཅིག །

དེ་ལྟར་ཐུབ་བསྟན་ཨེ་ཝཾ་ལྕོག་སྒར་གྱི་དགེ་འདུན་འདུས་པའི་སྡེའི་བླང་དོར་གྱི་རིམ་པ་གསལ་བར་སྟོན་པའི་བཅའ་ཡིག་བསླབ་པ་ཀུན་ལས་བཏུས་པ་སྡོམ་གསུམ་ལམ་གྱི་སྙིང་པོ་གསལ་བྱེད་བཻཌཱུར་དག་པའི་མེ་ལོང་ཞེས་བྱ་བ་འདི་ཡང་རིང་ནས་རྩོམ་པའི་བློ་ཡོད་ཀྱང་། རྣམ་གཡེང་མང་པོས་བཏང་སྙོམས་སུ་ལུས་པ་གལ་པོ་ཆེར་མཐོང་ནས། ཆོས་སྨྲ་བའི་བཙུན་པ་ཤཱཀྱའི་དགེ་སློང་བྱ་བྲལ་བ་ཀུན་པོ་པདྨ་འཕྲིན་ལས་སུ་འབོད་པས་རང་ལོ་རེ་བདུན་པ་མེ་ཕག་གི་ལོའི་དབྱར་ཟླ་ཐ་མ་གྲོ་བཞིན་ཅན་གྱི་དཀར་ཕྱོགས་རྒྱལ་བ་གསུམ་པའི་ཚེས་ལ། རང་གནས་ཐུབ་བསྟན་གྱི་གཙུག་ལག་ཁང་གི་ཡང་རྩེར་རྫོགས་པར་སྦྱར་བའི་ཡི་གེ་པ་ནི་དགེ་སློང་སྨན་མཆོག་གིས་བགྱིས་པའི་དགེ་དེས་རྒྱལ་བསྟན་སྤྱི་དང་བྱེ་བྲག་ཡུན་དུ་གནས་ཤིང་རྒྱས་པའི་རྒྱུར་གྱུར་ཅིག། བཀྲ་ཤིས།། །། ཤུ་བྷཾ། ཛ་ཡནྟུ།། །།

༄༅། །སྡོམ་པ་གསུམ་གྱི་རབ་ཏུ་དབྱེ་བའི་བསྟན་བཅོས་ཆེན་པོས་སྔ་འགྱུར་ཕྱོགས་ལ་
རྩོད་པ་སྤྱོང་བ་འདུས་མ་བྱས་ཀྱི་གན་མཛོད་
ཅེས་བྱ་བ་བཞུགས་སོ། །

དགེ་རྩེ་འགྱུར་མེད་ཚེ་དབང་མཆོག་གྲུབ།

སྡོམ་པ་གསུམ་གྱི་རབ་ཏུ་དབྱེ་བའི་བསྟན་བཅོས་ཆེན་པོས་སྔ་འགྱུར་ཕྱོགས་ལ་རྩོད་པ་སྤྱོང་བ་འདུས་མ་བྱས་ཀྱི་གན་མཛོད་ཅེས་བྱ་བ། དཔལ་བླ་མ་དང་སངས་རྒྱས་ལ་ཕྱག་འཚལ་ལོ། །གང་གི་རང་བཞིན་གདོད་ནས་རབ་ཞི་བས། །མཐའ་དག་བློ་ཡི་གྲུབ་མཐས་མ་རེག་པའི། །ཆོས་རྣམས་ཀུན་གྱི་ཆོས་ཉིད་གང་ཡིན་པ། །རྫོགས་པ་ཆེན་པོའི་མཚན་གྱིས་བསྟན་ལ་འདུད། །ཐེག་ཆུས་སྨོས་པའི་འཕྲོག་བྱེད་གླང་པོའི་མགོར། །ལུང་དང་རིགས་པའི་སྡེར་སེན་ངལ་བསོས་པས། །ཐུབ་བསྟན་ཀུན༷་དག༷འི་རྒྱལ༷་མཚ༷ན་གི་ལ་ཤར། །བསླངས་པའི་གྲགས་དཀར་སྲིད་པ་གསུམ་ན་འཕྲོ། །

དེ་ལ་ཆོས་ཀྱི་རྗེ་འཇམ་པའི་དབྱངས་ས་སྐྱ་པཎྜི་ཏ་ཆེན་པོས་སྡོམ་པ་གསུམ་གྱི་རབ་ཏུ་དབྱེ་བའི་བསྟན་བཅོས་འདི་མཛད་པ་ན་ལོག་པར་རྟོག་པའི་སྐྱེ་བོ་དག་གིས་སྐབས་འདིར་ཆོས་རྗེ་ས་སྐྱ་པས་རྙིང་མ་ཕྱོགས་སྨྲར་མཛད་ནས་བཀག་གོ་སྙམ་པའི་ལོག་རྟོག་རྒྱ་ཆེར་འཕེལ་ནས་ཆོས་དང་གང་ཟག་མང་པོ་དྲི་མ་ཅན་དུ་བྱས་སོ། །དེ་བས་ན་བདག་གིས་ལྷག་བསམ་རྣམ་པར་དག་པས་ཀུན་ནས་བསླངས་ཏེ་དྲི་མ་དེ་དག་སེལ་བར་བྱེད་པ་ལ་གཉིས། བསྟན་བཅོས་མཁན་པོའི་དགོངས་པ་བརྟག་པ་དང་། གཞན་གྱི་ལོག་རྟོག་རྣམ་པར་སེལ་བའོ། །དང་པོ་ནི་གངས་ཅན་ཡོངས་སུ་གྲགས་པའི་རྫོགས་པ་ཆེན་པོ་དང་། ཕྱག་རྒྱ་ཆེན་པོ་དང་། ཡིད་ལ་མི་བྱེད་པའི་ཆོས་སྐོར་རྣམས་དང་། བྱིན་རླབས་བརྒྱུད་པའི་བཀའ་སྲོལ་རྣམས་དང་། བྱིན་རླབས་འཕོ་བའི་རིམ་པ་དང་། དག་སྣང་དང་སྙན་ནས་བརྒྱུད་པའི་ཆོས་སྐོར་རྣམས་དང་། གཅིག་བརྒྱུད་ཀྱི་རིམ་པ་འདོམས་པའི་བླ་མའི་མན་ངག་

རྣམས་དང་། གསང་སྔགས་ཀྱི་ཟབ་དོན་ཐུན་མོང་མ་ཡིན་པ་རྣམས་དང་། དོན་ལ་རྟོན་པའི་བཤད་པ་འགའ་ཞིག་དང་། བསྐྱེད་པའི་རིམ་པ་སྦྱོར་མེད་དང་། མཚན་མ་མེད་པའི་རྫོགས་རིམ་ཟབ་མོ་འགའ་ཞིག་ལ་བསྟན་བཅོས་འདིའི་དངོས་བསྟན་གྱི་ཚིག་གིས་དཔྱད་གཞིར་མཛད་པ་ཤིན་ཏུ་མང་མོད་ཀྱི། སྔ་འགྱུར་ཕྱོགས་སུ་དཔྱད་གཞིར་དོགས་པ་ཉུང་ཤས་ཙམ་ལས་མེད་ལ། འོན་ཀྱང་ས་བོན་ཙམ་དེ་ལ་བརྟེན་ནས་འགའ་ཞིག་ལ་ལོག་པར་རྟོག་པ་རྒྱ་ཆེར་འཕེལ་ཞིང་། སྔར་སེམས་ཁོ་ནས་རྙིང་མ་འགོག་པའི་མིང་ཙམ་ལ་དགྱེས་པ་ལྟར་ལེན་པ་པོ་དག་གིས་བསྟན་བཅོས་མཁན་པོའི་དགོངས་པའི་མཐིལ་མ་རྟོགས་ཤིང་རབ་དབྱེའི་དངོས་བསྟན་གྱི་ཚིག་དོན་ལ་དཔྱད་པ་ཞིབ་མོ་ཙམ་ཡང་བྱ་ལོང་མེད་པར། སྐབས་འདིར་ཆོས་རྗེ་ས་སྐྱ་པས་རྙིང་མ་བཀག་གོ་སྙམ་དུ་ཡིད་ལ་བྱེད་ཅིང་ཚིག་ཟུར་གྱིས་ལྟར་སྣང་དུ་གང་གནོད་པར་ནུས་སོ་སྙམ་པ་ཐམས་ཅད་རྒྱབ་རྟེན་དུ་འཁྱེར་བ་ཞིག་བྱུང་མོད་ཀྱང་ཆུ་གཅིག་གི་མཚན་ཉིད་གཤེར་བར་ཤེས་པས་ཆུ་ཐམས་ཅད་ཀྱི་མཚན་ཉིད་ཤེས་པ་བཞིན་དུ་རྗེས་འབྲང་གི་རྩོད་པ་ཐམས་ཅད་ལྟར་སྣང་དུ་གྲུབ་པ་ཉིད་ཤེས་སླ་བར་ཟད་དོ། །

འོ་ན་ཆོས་ཀྱི་རྗེས་དེ་ལྟར་འཆད་པ་ལ་དགོས་པ་ཅི་ལྟ་བུ་ཡོད་ཅེ་ན། བཤད་པར་བྱ་སྟེ། བསྟན་པ་ཕྱི་དར་གྱི་ཐོག་མ་ཚུགས་ནས་རིང་པོར་མ་ལོན་པར་མར་མིའི་བཀའ་བརྒྱུད་རིན་པོ་ཆེ་བྱང་ཕྱོགས་འདིར་འགྲོ་བའི་བསོད་ནམས་ཀྱི་དཔལ་དུ་བྱོན་ཞིང་། དེ་ལས་དྭགས་པོ་རིན་པོ་ཆེས་མདོ་ཏིང་རྒྱལ་སོགས་ཀྱི་དགོངས་པ་ཐེག་པ་ཆེན་པོ་རྒྱུད་བླ་མའི་དངོས་བསྟན་གྱི་དགོངས་པ་ཕྱིན་ཐེག་པའི་ལམ་རིམ་མན་ངག་གིས་བཀྲལ་བའི་ཤེར་ཕྱིན་ལ་མཚན་གཞན་ཕྱག་རྒྱ་ཆེན་པོ་བཏགས་ཏེ་ཐང་བརྡལ་ནས་བསྟན་པས་ལས་དང་པོ་ལའང་རང་བཞིན་གཉུག་མ་གཞིའི་གནས་ལུགས་ཕྱག་རྒྱ་ཆེན་པོའི་རྟོགས་པ་བསྐྱུན་པར་མཛད་པ་དེ་ཉིད་བྱིན་རླབས་འཕོ་བའི་དོན་གྱི་དབང་བསྐུར་ཐོག་མར་འགྲོ་བའི་ཐབས་ལམ་ལ་བརྟེན་ནས་སྔགས་ཀྱི་ཕྱག་རྒྱ་ཆེན་པོར་བོགས་དབྱུང་ནས་སློབ་མའི་རྒྱུད་ལ་ཡེ་ཤེས་བསྐྱེད་པས་གདུལ་བྱ་ཀྱི་རིའི་སྐལ་ཐམས་ཅད་ངེས་དོན་སྒྲུབ་བརྒྱུད་ཀྱི་རྒྱལ་མཚན་འཛིན་པས་བཀང་ཞིང་གྲུབ་ཐོབ་ཀྱི་ཚང་ཆེན་པོ་རྫོལ་བ་ཡིན་ལ། དེ་དང་དུས་མཚུངས་པར་གྲུབ་ཐོབ་ཁྱུང་ཆེན་པོ་རྣལ་འབྱོར་གྱིས་ནཱ་རོའི་ལྕམ་ནི་གུ་ལ་རྡོ་རྗེ་འཆང་གིས་དངོས་སུ་བསྟན་པའི

ཟབ་མོ་ཆོས་དྲུག་བོད་དུ་བསྟན་པས་ལམ་དེ་ལས་ཀྱང་དངོས་གྲུབ་བརྙེས་པ་དུ་མ་དང་། དཔལ་ལྡན་ནཱ་རོ་པ་མེས་དབོན་གསུམ་སོགས་མདོ་དང་སྒྱུ་འཕྲུལ་གྱི་ལམ་ལ་བརྟེན་ནས་བསད་པ་གསོ་བར་ནུས་པ་སོགས་ཐུན་མོང་གི་ལས་ཆེན་པོ་རྣམས་ཐོགས་མེད་དུ་གྲུབ་ཅིང་། མཆོག་གི་དངོས་གྲུབ་དཔལ་ཧེ་རུ་ཀ་དང་དགོངས་པ་མཉམ་པས་འོག་མིན་ཚོགས་ཆེན་འདུས་པའི་དཀྱིལ་འཁོར་དུ་སྐུ་ལུས་དེ་ཉིད་ཀྱིས་གཤེགས་པ་དུ་མ་དང་། འཇིང་སྒོམ་དང་། སྦྲ་སྒོམ་སོགས་ཀློང་སྡེའི་ལམ་གྱིས་རགས་པའི་ལུས་རྡུལ་ཕྲན་དུ་དེངས་པ་དང་། ལྡང་མ་དང་ལྕེ་བཙུན་དང་འབྲུལ་ཞིག་སེང་གེ་རྒྱབ་པ་སོགས་མངོན་སུམ་སྙིང་ཐིག་གི་ལམ་ནས་ཕུང་པོ་འོད་དུ་དེངས་པའང་ཤིན་ཏུ་མང་བར་གྲོན་པས་དུས་སྐབས་དེ་དག་ཏུ་བོད་ཀྱི་གང་ཟག་བྱིངས་རྣམས་ལམ་དེ་དང་དེ་ལ་འདུན་ཞིང་ཞུགས་པ་ཧ་ཅང་མང་བས། གོང་དུ་བརྗོད་པ་དེ་དག་གི་དོན་གྱི་གནས་ལ་ནོར་བ་མི་སྲིད་ཀྱང་ཚིག་གི་སྦྱོར་པ་དང་ཕྱག་ལེན་ཙུང་ཟད་ཟོར་ཡང་དུ་མཛད་པས་མདོ་སྔགས་ཐུན་མོང་པའི་ཤིན་ཏ་ཆེན་པོའི་ལུགས་སྲོལ་ལས་བག་ཙམ་གཡེལ་བ་ལྟར་གྱུར་པ་གཟིགས་ནས་ཆོས་ཀྱི་རྗེ་དཔལ་ལྡན་ས་སྐྱ་པ་དུས་སྐབས་དེར་གངས་ཅན་གྱི་ལྗོངས་འདིར་བསྟན་པའི་བདག་པོར་མཐུན་སྣང་དུ་གྲུབ་པས་ཡོངས་སུ་གྲགས་པའི་གཞུང་ལུགས་ཆེན་པོ་རྣམས་ལ་ཐོས་བསམ་གྱིས་འཇུག་པའི་ཤིང་རྟའི་སྲོལ་མི་ཉམས་པ་ལ་དགོངས་ནས་རབ་དབྱེའི་བསྟན་བཅོས་འདི་ཉིད་བརྩམས་པ་ན། གྲུབ་མཐའ་ལ་མ་ཞུགས་པའི་བྱིས་པ་ཕྱོགས་ལྷུང་ཅན་དག་གིས་ཀྱང་རང་གི་བློ་བ་གང་ལ་བབ་བ་དེ་ཡི་དམ་དུ་བྱས་ནས་གཞན་སྐྱོན་ཅན་དུ་བསྒྲུབ་པའི་ཕྱིར་བསྟན་བཅོས་འདིའི་ཚིག་རྣམས་ཁ་ཏོན་དུ་བྱེད་པ་དང་། གྲུབ་མཐའ་པར་ཁས་འཆེ་བའི་སྨྲ་བ་པོ་དག་ཀྱང་འགའ་ཞིག་ནི་རྟོག་དཔྱོད་མ་ཞུགས་བཞིན་དུ་བྲག་ཆའི་ལད་མོ་ཟློ་བ་དང་། འགའ་ཞིག་ནི་འགའ་དང་འགའ་ལ་ཕྲག་དོག་གི་བསམ་པ་སྔོན་དུ་བཏང་ནས་བསྟན་བཅོས་མཛད་པ་པོའི་དགོངས་པ་མ་ལོན་པའམ་ལོན་ཡང་རང་ཕྱོགས་ལྷུང་གི་འོག་ནས་ལྡང་བར་མ་ནུས་པའི་རྒྱབ་རྟེན་དུ་འདིའི་དངོས་བསྟན་གྱི་ཚིག་ཁོ་ན་སྐྱོར་ཟློས་བྱས་པས་སྐལ་བ་དམན་པའི་སྐྱེ་བོ་འགའ་ཞིག་ཆོས་སྤོང་བ་ལ་སྦྱོར་བའི་ཞར་དུ་གཞུང་འདི་ཉིད་ཀྱང་དྲི་མ་ཅན་དུ་བྱས་སོ། །

གཉིས་པ་ནི། བསྟན་བཅོས་ཀྱི་ཚིག་ལ་བརྟེན་ནས་གཞན་གྱིས་དོགས་པ་བསླངས་བ་དེ་

དང་། དེ་ལུང་དང་རིགས་པས་སེལ་བས་སོ། །དང་པོ་ལ་གཉིས་ཏེ། དངོས་སུ་གསལ་བའི་དགག་སྒྲུབ་ཡོད་པར་འདོད་པ་དང་། ཟུར་གྱིས་ཕོག་པ་ཡོད་པར་འདོད་པ་སེལ་བའོ། །དང་པོ་ལའང་གསུམ་སྟེ༑ དབུ་མ་དང་གསང་སྔགས་ལྟ་བ་ཁྱད་པར་མེད་པར་འདོད་པ། ལྟ་སྒོམ་ཤན་མ་ཕྱེ་བར་འདོད་པ། རྒྱུད་སྡེ་གོང་མ་གསུམ་ཐེག་པའི་རིམ་པར་མི་འདོད་པའི་སྐྱོན་སྤོང་ངོ་། །དང་པོ་ནི། བསྟན་བཅོས་འདི་ཉིད་ལས། ཕ་རོལ་ཕྱིན་པའི་སྤྲོས་བྲལ་ལས། །ལྷག་པའི་ལྟ་བ་ཡོད་ན་ནི། །ལྟ་དེ་སྤྲོས་པ་ཅན་དུ་འགྱུར། །སྤྲོས་བྲལ་ཡིན་ན་ཁྱད་པར་མེད། །ཅེས་པས། ཆོས་ཀྱི་རྗེས་སྟོང་ཉིད་སྤྲོས་བྲལ་ཙམ་ལ་ཆོས་སྐྱིའི་ལྟ་བར་བཞག་པའི་གནས་སྐབས་གཅིག་དང་། ཉམས་མྱོང་དེ་ཁོ་ན་ཉིད་ཀྱི་ཡེ་ཤེས་ལ་གསང་སྔགས་ཐུན་མོང་མ་ཡིན་པའི་ལྟ་བར་བཞག་པའི་གནས་སྐབས་གཉིས་སོ་སོར་བཞེད་པ་མ་རྟོགས་པ་དང་། ཕྱིས་ཀྱི་རྟོག་གེ་ལ་ཆེས་གོམས་པ་དག་གིས་ལྟ་བ་ཞེས་པའི་ཚིག་འདི་ལ་བརྟེན་ནས་མདོ་སྔགས་གཉིས་ཀའི་ལྟ་བ་གཅིག་ཏུ་དཔྱད། དེས་ཉམས་མྱོང་གི་ཡེ་ཤེས་ཀྱང་མེད་དགག་གི་སྤྲོས་བྲལ་ཙམ་དུ་བསམ། ལྟ་བའི་མིང་ཙམ་ལ་བརྟེན་ནས་དབང་གི་ཡེ་ཤེས་མངོན་སུམ་ཉམས་སུ་མྱོང་བྱར་ཡོད་བཞིན་དུ་རྟོག་དཔྱོད་ཡན་ལག་ཏུ་དགོས་པར་འདོད་པས་རྡོ་རྗེ་ཐེག་པའི་ཟབ་གནད་ལ་ཅུང་ཟད་བསྒྲིབས་ཏེ་རྟོག་དཔྱོད་དེ་ལྟ་བ་རྟོགས་པའི་ཐབས་ཡིན་པ་ལ་མ་བསམས་སོ། །དེའི་རྒྱུ་མཚན་ནི༑ སྤྱིར་ལྟ་བ་ཞེས་པ་རྒྱུའི་ཐེག་པ་པའི་སྤྲོས་བྲལ་ཐོས་བསམ་གྱི་དཔྱད་དོན་ཁོ་ནར་ངོས་བཟུང་བས་ལན། དེ་ལྟ་ན་རྗེས་ཐོབ་ཏུ་བསམ་བྱུང་གིས་དཔྱད་པའི་ཚིག་ཏུ་མི་འདོད་ཀ་མེད་བྱུང་ཡང་། མཉམ་གཞག་གི་གནས་སྐབས་ནི་ཚིག་དང་སྒྲ་རྟོག་གི་ཡུལ་ཡིན་པ་ལྟ་ཞོག །ཞེན་པའི་ཡུལ་ཙམ་ཡང་མ་ཡིན་པར་བཞེད་པ་འདི་ནི་སྟོན་གྱི་ཆེན་པོ་རྣམས་ཀྱང་མགྲིན་གཅིག་ཏུ་བཤད་ན་དེའི་ཡུལ་ལ་ལྟ་བའི་གདམས་གཞི་མ་གྲུབ་སྟེ། ཁས་བླང་ཐམས་ཅད་དང་བྲལ་བར་བཞེད་པ་འདིར་དོན་གྱིས་མི་མཐུན་པ་མེད། སྤྱིར་བློའི་ཡུལ་དུ་བྱས་པའི་སྟོང་ཉིད་དེ་ཆོས་ཉིད་ལ་རྗེས་སུ་དཔག་པའི་གོ་ཡུལ་ཙམ་ལས་དངོས་པོའི་གནས་ལུགས་མ་ཡིན་པར་གསུངས་ཏེ། ཆོས་ཉིད་དོན་དམ་པའི་བདེན་པ་བསམ་གྱིས་མི་ཁྱབ་པའི་ཡེ་ཤེས་དང་། གློག་པ་ཐོས་བསམ་པ་ཕལ་ཆེར་ཞིག་གིས། ངོ་བོའི་ཆ་ལ་འདུག་ཚུལ་ཇི་ལྟ་བ་རྒྱུད་ལ་མ་མྱོང་བཞིན་དུ་ཚིག་གི་ཆ་ལ་རྟོག་དཔྱོད་ཀྱིས་སྒྲོ་བཏགས་པའི་བློའི་

ཡུལ་དུ་གྱུར་པའི་རྟོག་དཔྱོད་ཀྱི་ཤེས་རབ་གཉིས་རྫས་འགལ་བའི་ཚུལ་བཅོམ་ལྡན་འདས་ཀྱིས་ལན་ཅིག་མ་ཡིན་པར་གསུངས་ཏེ། རྡོ་རྗེ་གཅོད་པ་ལས་ཀྱང་། ཆོས་ཉིད་ཤེས་བྱ་མ་ཡིན་ཏེ། །དེ་ནི་རྣམ་པར་ཤེས་མི་ནུས། །ཞེས་དང་། དྲིན་ལན་བསབ་པའི་མདོ་ལས། དོན་ལ་གནས་ཀྱི་ཡི་གེའི་རྗེས་སུ་མི་གནས། ཡེ་ཤེས་ལ་གནས་ཀྱི་རྣམ་པར་ཤེས་པའི་རྗེས་སུ་མི་གནས། ཞེས་སོགས་རྒྱ་ཆེར་གསུངས་པ་དང་། ཞི་བ་ལྷས། དོན་དམ་བློ་ཡི་སྤྱོད་ཡུལ་མིན། །བློ་ནི་ཀུན་རྫོབ་ཡིན་པར་འདོད། །ཅེས་གསུངས་པ་འདི་ཙམ་གྱིས་ཀྱང་ཤེས་པར་ནུས་སོ། །

འོན་ཐོས་བསམ་གྱིས་རྟོགས་པར་བཤད་པ་ཅི་ཞེ་ན། རྗེས་ཐོབ་ཏུ་གཤིས་ཀྱི་བཞུགས་ཚུལ་གོ་ཡུལ་ཙམ་ལ་ངེས་པ་སྐྱེད་པའི་ཕྱིར་ཏེ་ཤེས་བྱས་སྒྲོ་འདོགས་གཅོད་པ་ན་འཇིག་རྟེན་པའི་བརྡ་དང་བསྟུན་ནས་ཡུལ་ཡུལ་ཅན་གྱི་ཆ་ནས་ལྟ་བ་ཞེས་ཐ་སྙད་དུ་བྱས་པ་ཉིད་རྒྱུའི་ཐེག་པར་གྲགས་ཆེ་དེ་ལྟ་ནའང་གསང་སྔགས་སུ་དེའི་རིགས་པས་རྒྱས་འགེབས་ཀྱིས་བདེན་པ་གཉིས་ལ་དཔྱད་ར་བྱས་པས་འབྲས་བུའི་ཐེག་པ་རྒྱུའི་རང་ས་ནས་འཕགས་པར་མ་ནུས། གང་གི་ཕྱིར་ན་ཀུན་རྫོབ་ལྷའི་དཀྱིལ་འཁོར་དུ་བསྒོམ་པ་ལ་ཚིག་ཙམ་མཐུན་ཡང་དོན་དུ་མ་མཐུན་ཏེ་དག་པ་གསུམ་གྱི་གྲུབ་མཐས་ཀུན་རྫོབ་གདོད་ནས་དག་པའི་ལྷའི་དཀྱིལ་འཁོར་དུ་ཤེས་པ་མ་ཧཱ་ཡོ་གའི་རང་སའི་གྲུབ་མཐའ་ཡིན་ཀྱང་འཁྲུལ་སྣང་གི་འཛིན་ཞེན་མ་ཐོངས་པས་གདོད་ནས་དག་པའི་ཆོས་ལ་ཡིད་མི་ཆེས་བཞིན་དུ་ལྷ་བསྒོམས་ཀྱང་རྣལ་མའི་དོན་ལ་ཧེ་ཙམ་འགྱོར་བཏགས་པར་བྱ་བ་སྟེ། རྡོ་རྗེ་འཆང་ཆེན་པོའི་གསང་བ་ལམ་གྱི་རིམ་པའི་གྲུབ་མཐའ་ཐུན་མོང་མ་ཡིན་པ་ཇི་བཞིན་སློང་བར་དཀའ། དེས་ན་ལྟ་བ་ཞེས་པའི་ཚིག་ཙམ་ལ་འཁྲུལ་ནས་གསང་སྔགས་ཀྱི་ཉམས་མྱོང་གི་ཡེ་ཤེས་ཀྱང་དཔྱད་པས་གཏན་ལ་འབེབས་དགོས་པར་སྨྲ་བ་ནི་ཅུང་ཟད་མི་ལེགས་ཏེ་མདོ་སྔགས་གཉིས་སྤྲོས་བྲལ་གྱི་དགོངས་པ་ལེན་ཚུལ་མི་མཚུངས་པའི་ཁྱད་ཀྱིས་རྡོ་རྗེ་ཐེག་པར་ཐབས་རྨད་དུ་བྱུང་བ་དུ་མའི་རྟེན་ཅིང་འབྲེལ་འབྱུང་ལས་ཡེ་ཤེས་ཚོགས་མེད་པར་ཅར་ཕོག་ཏུ་རྟོགས་པ་ལས་དཔྱད་པས་གཏན་ལ་འབེབས་དགོས་པར་ནམ་ཡང་མ་བསྟན་པའི་ཕྱིར་རྒྱུ་འབྲས་ཐེག་ཆེན་གཉིས་པོ་རང་སའི་ཤེས་རབ་རླབས་པོ་ཆེས་ཟབ་མོའི་གནས་འཇལ་བ་ལ་མ་རྨོངས་པར་བྱ་བ་ནི་ཆོས་སྤྱིའི་དོན་

འགྲེལ་ཁྱད་པར་དུ་འཕགས་པ་ཡིན་ནོ། །

འོ་ན་སྔགས་ཀྱི་བདེན་པ་གཉིས་འཛལ་ལུགས་ཁྱད་པར་ཡོད་དམ་ཞེ་ན། ཡོད་དེ་འབྲས་བུའི་ཐེག་པ་ལས། དོན་དམ་བདེན་པ་སེམས་ཉིད་གདོད་ནས་རང་བཞིན་གྱིས་རྣམ་པར་དག་པ་དབྱིངས་དང་ཡེ་ཤེས་ཟུང་དུ་འཇུག་པ་དེ་ཉིད་དོན་དམ་པའི་དེ་བཞིན་གཤེགས་པ་ཐམས་ཅད་ཀྱི་སྐུ་གསུང་ཐུགས་ཡོན་ཏན་ཕྲིན་ལས་དང་དབྱེར་མེད་པའི་ལྷུན་གྱིས་གྲུབ་པའི་ཆོས་ཉིད་ཅིག་ཏུ་འཇོག་པ་ཡིན་ལ༑ དེ་འདྲ་དེ་བཀའ་འཁོར་ལོ་ཐ་མ་ནས་བསྟན་པའི་བདེ་བར་གཤེགས་པའི་སྙིང་པོ་ཟབ་གསལ་གཉིས་མེད་དུ་གསུངས་པ་དེ་ལས་ནམ་ཡང་གཉིས་སུ་མ་ཡིན་ལ། ལུས་ཅན་ཀུན་གྱི་རྒྱུད་ལ་གདོད་ནས་བཞུགས་ཤིང་། བཞུགས་ཚུལ་ཡང་གློ་བུར་གྱི་དྲི་མས་གཡོགས་པ་སྙིང་པོའི་ཚུལ་དུ་བཞུགས་པས་གཞི་དུས་དང་འབྲས་དུས་གཉིས་བུམ་ནང་གི་མར་མེ་ལྟར་དྲི་མས་བསྒྲིབས་མ་བསྒྲིབས་ཙམ་ལས་ངོ་བོ་ལ་ཁྱད་མེད་དེ་སྙིང་པོའི་མདོ་སྡེ་རྣམས་སུ་དཔེ་དུ་མས་དོན་གཅིག་པོ་དེ་ཉིད་བསྟན་པ་དང་། རྒྱལ་ཚབ་ཆེན་པོ་བྱམས་པས་མདོའི་དགོངས་པ་འགྲེལ་པ་ན། སངས་རྒྱས་པད་ངན་སྦྲང་རྩི་སྦྲང་མ་ལ། སོགས་དཔེ་དགུ་དང་སྦྱར་བས་སྙིང་པོའི་བཞུགས་ཚུལ་རྒྱས་པར་བཀྲལ་བ་བཞིན་རྒྱུའི་ཐེག་པའི་མཐར་ཐུག་གི་ངེས་དོན་གང་ཡིན་པ་དང་སྔགས་ཀྱི་ཐེག་པ་གཅིག་ཏུ་འབབས་པའི་ཕྱིར་མཚན་ཉིད་ཀྱི་ཐེག་པའི་ངེས་དོན་མཐར་ཐུག་པ་གང་ལ་གནས་པ་སྔགས་ཀྱི་དགོངས་པས་འབྱེད་པ་ཉིད་རྒྱུ་འབྲས་ཐེག་ཆེན་གཉིས་ཀྱི་ཟབ་གསང་རྨད་དུ་བྱུང་བ་ལ་ལྟ་བའི་བློ་མིག་རྡོ་རྗེ་འཆང་ཆེན་པོའི་ལམ་གྱིས་ཕྱེ་བ་ལས་འབྱུང་བ་སྟེ་གཞན་དུ། རྣལ་འབྱོར་པ་ཡང་བློ་ཁྱད་ཀྱིས། །འོག་མར་གོང་མ་དག་གིས་གནོད། །ཅེས་གསུངས་པ་ལྟར་ལམ་འོག་མའི་ཁྱད་པར་གོང་མས་འབྱེད་པ་ལས་རང་སའི་ཤེས་རབ་ཀྱིས་རྣམ་པར་འབྱེད་མི་ནུས་ཏེ་རལ་གྲིས་རང་གི་སོ་མི་གཅོད་པའི་རིགས་པ་དང་མཚུངས་སོ། །དེ་བས་ན་ཚུལ་དེ་དག་ནི་ཟབ་པ་དང་རྒྱ་ཆེ་བའི་རྒྱུ་དང་འབྲས་བུའི་ཐེག་པ་བསམ་གྱིས་མི་ཁྱབ་པས་བསྟན་དོན། བྱང་ཆུབ་སེམས་དཔའ་རྣམས་ཀྱིས་བཀྲལ་བ་སོགས་ངེས་དོན་ལ་རྟོན་པའི་རྒྱལ་སྲས་འཕགས་པ་བགྲངས་ཀྱིས་མི་ལང་བས་རྣམ་པ་ཐམས་ཅད་ནས་ཐམས་ཅད་དུ་གསལ་ཞིང་རྒྱས་པར་མཛད་གྲུབ་པའི་ཕྱིར་འདིར་སྨོས་མ་དགོས་ཤིང་སྤྲོས་པས་ཆོག་སྟེ། རྩ་རྒྱུད་

བརྟག་པ་གཉིས་པ་ཁོ་ནར་ཡང་། །སེམས་ཅན་རྣམས་ནི་སངས་རྒྱས་ཉིད། །འོན་ཀྱང་གློ་བུར་དྲི་མས་བསྒྲིབས། །དེ་བསལ་ན་ནི་སངས་རྒྱས་ཉིད། །ཅེས་དང་། མདོ་སྡེ་རྒྱན་ལས། སྔ་མ་ཕྱི་མ་ཁྱད་མེད་ཀྱང་། །སྒྲིབ་པ་ཀུན་གྱི་དྲི་མེད་པ། །དེ་བཞིན་ཉིད་ནི་སངས་རྒྱས་འདོད། །ཅེས་པ་ལ་སོགས་ཀྱིས་རྣམ་པ་ཀུན་ཏུ་བསྟན་པའི་ཕྱིར་རོ། །དེ་ལ་བརྟེན་ནས་སྔགས་ཀྱི་ཐེག་པ་པས་གཞི་གང་དུ། ལམ་གང་གིས། དྲི་མས་གང་སྦྱོང་བའི་ཚུལ་ཇི་ལྟ་བ་བཞིན་དུ་ཤེས་པ་དང་། བཅིང་གྲོལ་གྱི་གཞིར་གྱུར་པའི་བདག་དམ་པ་དེ་ཉིད་ཤེས་པར་འགྱུར་བ་དང་། དེ་ཉིད་མུ་སྟེགས་བྱེད་ཀྱིས་ཀུན་ཏུ་བརྟགས་པའི་བདག་དང་མི་འདྲ་ཞིང་རྡོ་རྗེའི་བདག་ཏུ་གསུངས་པ་དང་། གཞི་དང་འབྲས་བུའི་རྒྱུད་དག་གིས་ངེས་པར་འབྱེད་པ་དང་། རིམ་པ་གཉིས་སྒྲུབ་པའི་གཞི་གང་ཡིན་པ་དང་། ཐེག་པ་གཉིས་ཀར་ཐུན་མོང་དུ་གྲགས་པའི་གནས་ཡོངས་སུ་གྱུར་པ་ཞེས་བྱ་བ་དེ་ཉིད་ངོ་ཤེས་པ་སོགས་ཀྱི་རྣམ་གཞག་ཟབ་མོ་ཐམས་ཅད་འབྱུང་བའི་ཕྱིར་རོ། །

འོ་ན་བཀའ་ཕྱི་མ་དང་གསང་སྔགས་སུ་སྙིང་པོའི་བཞུགས་ཚུལ་གསུངས་པ་ལས་བཀའ་བར་པར་སྙིང་པོའི་ངོས་འཛིན་མ་གསུངས་སམ་ཞེ་ན། སྙིང་པོ་ཙམ་ནི་གསུངས་མོད། ངོས་འཛིན་ཚུལ་མི་མཚུངས་ཏེ་འདི་པས་རང་བཞིན་ཤེར་ཕྱིན་དང་སྙིང་པོ་དོན་གཅིག་ཅིང་དེའི་སྤྲོས་པ་གཅོད་ཚུལ་མེད་དགག་ཁོ་ན་ལས་གཞན་མི་འཆད་པའི་རྒྱུ་མཚན་ལུས་ཅན་རྣམས་ཀྱི་བློ་ལྷན་སྐྱེས་ཀྱི་ངར་འཛིན་དང་། མུ་སྟེགས་བྱེད་རྣམས་ཀྱི་གྲུབ་མཐའ་ངན་པས་བཏགས་པའི་བདག་ལྟ་ལས་བཟློག་པའི་སྐབས་གཙོ་བོར་སྟོན་པ་ཡིན་པའི་ཕྱིར། ཀླུའི་ཞབས་ཀྱིས། རྒྱལ་བ་ཀུན་གྱིས་སྟོང་ཉིད་ནི། །ལྟ་ཀུན་ངེས་པར་འབྱིན་པར་གསུངས། །ཞེས་པ་དང་། དངོས་པོའི་འཛིན་པ་བཟློག་པའི་ཕྱིར། །སྟོང་ཉིད་བདུད་རྩི་སྟོན་པར་མཛད། །ཅེས་གསུངས་པས་ཀྱང་གསལ་ལོ། །དེ་བཞིན་དུ་ངོ་བོ་ཉིད་མེད་པའི་གཞུང་རྣམས་སུ་སྙིང་པོའི་ངོས་འཛིན་རྒྱས་པར་མི་བཞུགས་ཀྱང་ཤེས་བྱ་ཐམས་ཅད་སྟོང་པ་ཉིད་དུ་རོ་གཅིག་པ་ལ་བསམས་ནས་སེམས་ཅན་ཐམས་ཅད་སྙིང་པོ་ཅན་དུ་བཤད་པ་ཡིན་ལ། དེས་ན་སྙིང་པོའི་ངོས་འཛིན་དང་། དེ་ཉིད་རྒྱུའི་རྒྱུད་སོགས་སུ་འཇོག་པའི་རྣམ་བཞག་གོང་དུ་སྨྲས་པ་རྣམས་བྱེད་པ་དེ་སྲིད་དུ་བཀའ་འཁོར་ལོ་ཕྱི་མ་གཞིར་བཞག་ནས་རྣམ་གཞག་བྱེད་པ་ཉིད་ལེགས་ཤིང་མཐའ

ཚོད་པ་ཡིན་ནོ། །དེ་ལྟ་མིན་པར་སྦྱིར་ཐོས་བསམ་གྱིས་གཞལ་བའི་ཆོས་སྤྱིའི་སྟོང་ཉིད་དང་བྱེ་བྲག་རང་སྟོང་བ་བཞེད་པའི་དྲི་བཅས་ཀྱི་སེམས་བདེན་པས་སྟོང་པ་ལ་སྙིང་པོ་དང་། མེད་དགག་གི་སྟོང་ཉིད་ལ་ཆོས་ཀྱི་དབྱིངས་སུ་འདོད་པ་དེ་ཙམ་ཞིག་སྔགས་ཀྱི་ཐེག་པའི་སྦྱང་གཞི་རྒྱུའི་རྒྱུད་སོགས་སུ་འཛོག་པར་བྱེད་ན། དེ་དག་ལ་ཟབ་པ་དང་རྒྱ་ཆེ་བའི་མཚན་ཉིད་ཅན་གྱི་རང་བཞིན་འོད་གསལ་བ་དང་ཟུང་དུ་འཇུག་པ་དང་མི་འགྱུར་བའི་བདེ་བ་ཆེན་པོའི་ཁྱད་པར་སོགས་མི་མངའ་བའི་ཕྱིར་ཐུན་མོང་གི་མིན་པའི་སྐབས་འདིར་དོན་དམ་བདེན་པ་རྟོགས་བྱའི་ཡུལ་དུ་འཛོག་མི་ནུས་ཏེ། དུས་ཀྱི་འཁོར་ལོ་ལས། རྟོལ་ཕྲ་རབ་ཚོགས་པའི་བདག་ཉིད་ཀྱི་ཆོས་རྣམ་པར་དཔྱད་པའི་སྟོང་པ་ཆད་པའི་སྟོང་པ་ཉིད་ལས་རིང་དུ་བྱས་པ། ནང་གི་བདེ་བ་རང་རིག་པར་བྱ་བའི་ཆོས་ལ་རྗེས་སུ་ཆགས་པ། ཞེས་སོགས་གསུངས་པ་དང་། ཀྱེ་རྡོ་རྗེ་ལས་ཀྱང་། གཞན་གྱིས་བརྗོད་མིན་ལྷན་ཅིག་སྐྱེས། །གང་དུ་ཡང་ནི་རྙེད་མིན་ཏེ། །བླ་མའི་དུས་ཐབས་མན་ངག་དང་། །བདག་གི་བསོད་ནམས་ལས་ཤེས་བྱ། །ཞེས་གསུངས་པའི་ཕྱིར་ལ་དང་པོས་གང་རྟོགས་པར་བྱ་བ་བརྗོད་མེད་ལྷན་ཅིག་སྐྱེས་པའི་ཡེ་ཤེས་ཟབ་གསལ་གཉིས་མེད་བསྟན་ནས་ཕྱང་པ་གཞན་གསུམ་པོས་དེ་ཉིད་རྟོགས་བྱེད་བླ་མ་ཡེ་ཤེས་ཅན་གྱིས་སློབ་མ་སྣོད་ལྡན་གྱི་རྒྱུད་དང་འཚམས་པར་མན་ངག་གི་རྟེན་འབྲུང་མ་འཁྲུག་པ་སོགས་ལས་རྟོགས་པར་ནུས་པ་ལས་གཞན་གང་གིས་ཀྱང་མི་རྟོགས་པར་གསུངས་ཤིང་། ཅི་སྟེ་ལྟ་བ་སྦྱོར་བྲལ་ལས་ལྷག་པ་མེད་ཀྱང་རྟོགས་བྱེད་ཐབས་ཀྱི་ཁྱད་པར་ཙམ་མོ་ཞེ་ན། ལྷན་ཅིག་སྐྱེས་པའི་ཡེ་ཤེས་ལ་སྦྱོར་བྲལ་གྱི་མཚན་ཉིད་ཚང་ཡང་། སྦྱོར་བྲལ་ཙམ་ལ་དེའི་ཡོན་ཏན་མ་ཚང་ཞིང་མེད་དེ། རིགས་ཤེས་ཀྱིས་དགག་བྱ་བཀག་ཟིན་པའི་ཤུལ་དུ་སྟོང་ཉིད་རྗེས་མཐུན་པ་འགྲུབ་ཀྱང་དེས་ལྷན་སྐྱེས་ཀྱི་ཡེ་ཤེས་མཚོན་པར་མི་ནུས་པ་སོགས་ཀྱི་ཕྱིར་དང་། གལ་ཏེ་རིགས་ཤེས་ཀྱིས་དཔྱད་པའི་སྟོང་པ་ལས་གཞན་དུ་ལྷན་སྐྱེས་ཀྱི་ཡེ་ཤེས་མེད་པར་འདོད་ན། གང་དུ་ཡང་ནི་རྙེད་མིན་ཏེ། ཞེས་པའི་ཚིག་གི་དགོས་པ་སྟོར་བར་འགྱུར་ལ། མུ་སྟེགས་བྱེད་ལ་སོགས་ཀྱིས་ཀྱང་སྙིང་པོའི་དེ་ཁོ་ན་ཉིད་རྟོགས་པར་ཐལ་ཏེ། རིགས་ཤེས་ལྟར་སྣང་གིས་ཀྱང་དེ་རྟོགས་པར་ནུས་པའི་ཕྱིར། ཕྱང་པ་གསུམ་པ་དང་བཞི་པའི་དོན་ཡང་གཞན་ཏེ་བླ་མའི་མན་ངག་དང་། སྔགས་ཀྱི་ཐབས་ལམ་སོགས་ལ་

ལྟོས་མི་དགོས་པར་གྲུབ་བོ། །གཞན་ཡང་གསང་སྔགས་ཀྱི་དོན་སྟོན་པའི་བླ་མ་དེ་ཉིད་སངས་རྒྱས་ཀུན་དང་མཉམ་པའམ་ལྷག་པར་གསུངས་པ་ལྷན་སྐྱེས་ཀྱི་ཡེ་ཤེས་སྟོན་པར་མཛད་པ་ལ་དགོངས་པ་སྟེ། ཡེ་ཤེས་དེ་ཉིད་གློག་པ་པའི་དཔྱད་དོན་ཙམ་དང་གཅིག་པར་བསམས་ན། དེ་སྟོན་པའི་བླ་མ་ཡང་གློག་པའི་སློབ་དཔོན་དང་མཉམ་པར་ཐལ་བའི་བློ་སྐྱོན་འདི་རང་བཞིན་གྱིས་འཇུག་པར་འགྱུར་ལ། བོད་འདིར་ཕྱིས་སུ་དེ་ལག་ལེན་དུའང་བཀལ་ཏེ་གསང་སྔགས་ཉན་པ་ལ་རྟོག་གེ་སློབ་པའི་འདུ་ཤེས་ཙམ་ལས་མ་བྱུང་། དེས་མོས་གུས་དང་དག་སྣང་རི་བོང་གི་རྭ་ལྟར་དགོན་པའི་དངོས་པོར་གྱུར། རྒྱུ་དེས་བྱིན་རླབས་དང་དངོས་གྲུབ་ཀྱང་རྒྱང་རིང་དུ་གྱུར་ཏམ་སྙམ་མོ། །དེས་ན་ཀྱེ་རྡོ་རྗེའི་དཀའ་འགྲེལ་བླ་མ་དཔྱལ་ལོ་ཙཱ་བའི་བཤད་སྦྲོས་རྟོག་གེས་མ་བསླད་པ་ལས་འདི་ལྟར་འབྱུང་སྟེ། ལྷན་ཅིག་སྐྱེས་པའི་ཡེ་ཤེས་དེ་ཇི་ལྟར་རྟོགས་ཤེ་ན། གཞན་གྱིས་བརྗོད་མིན་ཞེས་པ་གཞན་ལ་པ་རམ་ཟེར། དེ་ལྟར་ན་མཆོག་གི་དོན་དུའང་འགྱུར་བས་མཆོག་རྡོ་རྗེ་འཆང་ཆེན་པོ་ཡིན་ལ། དེས་ཀྱང་བརྗོད་དུ་བཏུབ་པ་མིན་ནོ། །དེ་གང་ཞེ་ན་ལྷན་ཅིག་སྐྱེས་པའི་ཡེ་ཤེས་སོ། །དེ་བསམ་པའམ་བཙལ་བས་རྙེད་དམ་ཞེ་ན། མི་རྙེད་དེ་ས་བཅུའི་བྱང་ཆུབ་སེམས་དཔས་ཀྱང་ཡིད་ཀྱི་ཡུལ་གང་དུ་ཡང་ནི་མི་རྙེད་དེ་བསམ་པའི་ཡུལ་ལས་འདས་པས་སོ། །

འོ་ན་དེ་རྟོགས་པའི་ཐབས་ཡོད་དམ་ཞེ་ན་ཡོད་དེ། གཞན་གྱིས་བརྗོད་དུ་མི་བཏུབ་པ་དེ་གཞན་སྟོབས་ཀྱིས་ཀྱང་རྟོགས་ཏེ། བླ་མ་མཚན་ཉིད་དང་ལྡན་པའི་དུས་ཀྱི་ཐབས་ནི། གསུམ་པ་ཤེས་རབ་ཡེ་ཤེས་ཀྱི་དབང་བསྐྱེན་པས་རྟོགས་སོ། །

བླ་མའི་དུས་ཚིག་ཟེར་ན་དབང་བཞི་པའི་དུས་སུ་ཚིག་གིས་ངོ་སྤྲད་པའི་སྒོ་ནས་རྟོགས། དུས་ཚོགས་ཟེར་ན་རླུང་མ་ཟིན་ཟེར་ཡང་ཟིན་པར་ཡོང་སྟེ་དེས་གསུམ་པའི་དུས་སུ་རྟོགས། རླུང་མ་ཟིན་པ་གཅིག་གིས་བཞི་པའི་དུས་སུ་རྟོགས་སོ། །བླ་མ་དམ་པའི་ཞལ་ནས་འདི་ལ་གུ་རུ་པ་ར་ཀྲ་མ་ཞེས་བྱ་བ་བླ་མའི་མན་ངག་གི་རིམ་པ་འབའ་ཞིག་གིས་རྟོགས་པར་འགྱུར་གསུངས་ཀྱང་། གང་དུ་ཡང་མི་རྙེད་པ་དེ་རང་སྟོབས་ཀྱིས་ཀྱང་རྟོགས་པར་གསུངས་ཏེ། བདག་གིས་བསོད་ནམས་ཀྱི་ཚོགས་བསགས་པ་ལས་ཀྱང་རྟོགས་པར་ཤེས་པར་བྱའོ། །ཞེས་པ་ལ་སོགས་ཀྱིས་ནི་དེ་ཁོ་ན་ཉིད་ཀྱི་ཡེ་

ཤེས་གསལ་པོར་བསྟན་པ་དང་། དེ་བས་ན་བརྗོད་མེད་ལྷན་ཅིག་སྐྱེས་པ་ཟབ་ཅིང་ཕྲ་བའི་བདག་ཉིད་ཅན་གྱི་ཡེ་ཤེས་འདི་ཉིད་ཐོས་བསམ་གྱི་ཤེས་རབ་ལྟར་སྣང་གི་ཡིད་དཔྱོད་དང་། ཐ་སྙད་ཀྱི་དཔེ་དང་ཚིག་གིས་གཏན་ལ་ཇི་བཞིན་མི་ཕེབས་པར་བདག་ཅག་གི་སྟོན་པས་མདོ་རྒྱུད་ཐམས་ཅད་དུ་ཡང་བཀའ་སྩལ་ཏེ། ཕྱག་ཆེན་ཐིག་ལེའི་རྒྱུད་ལས་ཀྱང་། །ཉོན་ཅིག་ལྷ་མོ་ཕྱག་རྒྱ་ཆེ། །ཕྱག་རྒྱ་ཆེན་པོ་གསང་བ་ཆེ། །བརྗོད་མེད་མི་ཟད་མ་སྐྱེས་པ། །ཐམས་ཅད་གཟུགས་ཅན་གཟུགས་དང་བྲལ། །གཟུགས་མེད་གཟུགས་ཀྱི་དམ་པ་མཆོག །སྦྲོམ་ཕྲ་ལ་སོགས་དང་བྲལ་བ། །གཞལ་དུ་མེད་པའི་རང་བཞིན་ནོ། །ཞེས་དང་། ས་ར་ཧས། །ཁ་དོག་ཡི་གེ་ཡོན་ཏན་དཔེ་བྲལ་བ། །སྨྲ་རུ་མི་བཏུབ་དེ་ནི་བདག་གིས་ཇི་ནར་མཚོན། །གཞོན་ནུ་མ་ཡི་བདེ་བ་སྙིང་ལ་ཞུགས་པ་བཞིན། །དབང་ཕྱུག་དམ་པ་དེ་ནི་སུ་ལ་བསྟན་ནུས་སམ། །ཞེས་པ་དང་། ཐུན་མོང་གི་ཐེག་པ་ཆེན་པོ་དཀོན་མཆོག་སྤྲིན་ལས་ཀྱང་། ཆོས་འདི་ནི་ཡི་གེ་ཐམས་ཅད་ལས་ཡང་དག་པར་འདས་པ། སྒྲ་ཐམས་ཅད་ལས་ཡང་དག་པར་འདས་པ། ཚིག་གི་སྤྱོད་ཡུལ་ཐམས་ཅད་ལས་ཡང་དག་པར་འདས་པ། ངག་གི་ལམ་ཐམས་ཅད་ལས་འདས་པ། སྤྲོས་པ་ཐམས་ཅད་བྲལ་བ། བླང་བ་དང་དོར་བ་ཐམས་ཅད་དང་བྲལ་བ༑ ཕྱི་བ་དང་བཙུམ་པ་ཐམས་ཅད་དང་བྲལ་བ། རྟོག་གེ་ཐམས་ཅད་བྲལ་བ། བརྟག་པར་བྱ་བ་མ་ཡིན་པ། རྟོག་གེའི་སྤྱོད་ཡུལ་མ་ཡིན་པ། རྟོག་གེའི་སྤྱོད་ཡུལ་ལས་ཡང་དག་པར་འདས་པ། ཞེས་པ་ལ་སོགས་རྒྱུ་འབྲས་ཐེག་ཆེན་གཉིས་ཀྱི་ཡེ་ཤེས་ངོ་བོའི་བཞུགས་ཚུལ་སྒྲ་ཇི་བཞིན་པ་དྲང་ཐད་དུ་སྟོན་པའི་སྐབས་དོན་གཅིག་པ་ཉིད་ལས་འགལ་བར་མི་སྲིད་དེ། སྟོང་ཕྲག་བརྒྱ་པ་དང་། ཤེས་རབ་སྙིང་པོར་འདུས་བྱས་ཀྱི་ཆོས་ཐམས་ཅད་ངོ་བོ་ཉིད་མེད་ཅིང་སྤྱང་ཐོབ་དང་བྲལ་བར་གསུངས་པའོ། །དེ་ལ་དགོངས་ནས་ཆོས་ཀྱི་རྗེས་བསྟན་བཅོས་འདིར། དབུ་མ་ལས་ལྷག་ལྷ་ཡོད་ན། །ལྷ་དེ་སྤྲོས་པ་ཅན་དུ་འགྱུར། །ཞེས་གསུངས་པ་འདིའི་དགོངས་པ་ཇི་བཞིན་བླང་ངོ། སྔགས་ཀྱི་ལྷ་བ་བདེ་སྟོང་ལྷན་ཅིག་སྐྱེས་པའི་ཡེ་ཤེས་ཟབ་གསལ་གཉིས་མེད་དེ་ཉིད་ངོ་བོའི་ཆ་ནས་སྤྲོས་པའི་མཐའ་གང་དུའང་མ་ལྷུང་བ་ལ་དགོངས་ནས་ལྷ་བ་དེའི་མཚན་ཉིད་སྤྲོས་པ་དང་བྲལ་བ་ཡིན། དེ་ལྟར་ཡིན་པས་སྤྲོས་བྲལ་གྱི་ཆ་ནས་དབུ་མའི་སྤྲོས་བྲལ་ལས་ལྷག་པ་མེད། དེ་མེད་པས་སྤྲོས་བྲལ་གྱི་ངོས་

ནས་དབུ་མ་དང་གསང་སྔགས་ཁྱད་པར་མེད་པར་འཆད་པའི་དོན་དུ་ཤེས་དགོས་ཏེ། དེ་མ་ཐག་ཏུ། སྤྲོས་བྲལ་ཡིན་ན་ཁྱད་པར་མེད། །ཅེས་གསུངས་པའི་ཕྱིར་རོ། །སྤྲོས་བྲལ་དེ་ཡང་སྤྱིར་ཡོད་མེད་སོགས་གང་དུའང་ཁས་བླང་མེད་པའི་དོན་ཙམ་ལས། བོད་འགའ་ཞིག་གི་ཞེ་འདོད་ལྟར་མེད་དགག་གི་སྟོང་ཉིད་ཁོ་ནར་བཞེད་པ་མིན་ཞིང་། སྤྲོས་བྲལ་དེ་ལ་རྣམ་པའི་བདེ་བ་ཆེན་པོ་དང་སོ་སོ་རང་རིག་གི་རིག་པས་ཉམས་སུ་མྱོང་བྱར་གྱུར་པ་སྔགས་ཀྱི་ལྟ་བའི་ཁྱད་ཆོས་སུ་བཞེད་པ་ཡིན་ཏེ་འཆད་པར་འགྱུར་བས་ཤེས་སོ། །དེས་ན་ལྟ་བ་ཞེས་པ་སྤྲོས་བྲལ་གྱི་མིང་ཙམ་ལ་མཐུན་ནའང་སྤྲོས་བྲལ་དེའི་དགོངས་པའི་ལེན་ཚུལ་རྒྱུ་འབྲས་ཀྱི་ཐེག་པ་གཉིས་ཁྱད་པར་ཆེ་བ་ལ་རྟོག་གེའི་རིགས་པ་ལྟར་སྣང་གི་ཐོས་བསམ་གྱིས་དཔྱད་པ་དེ་མདོ་སྔགས་གཉིས་ཀར་དགོས་པར་བསམ་པ་ཕལ་ཆེར་ཞིག་ལ་ཤར་འདུག་པ་དེ་ལ་འདི་འདྲི་སྟེ། དབང་དུས་ཀྱི་ཡེ་ཤེས་དེ་ཐོས་བསམ་གྱི་ལྟ་བ་དང་མཉམ་མམ་ལྷག །དང་པོ་ལྟར་ན། ཐོས་བསམ་གྱིས་དཔྱད་པས་ཀྱང་ལྷན་ཅིག་སྐྱེས་པའི་ཡེ་ཤེས་རྟོགས་པར་ཐལ་ཏེ་དེ་ཉིད་དེའི་ལྟ་བ་དང་མཉམ་པའི་ཕྱིར། འདོད་ན་སྔགས་ཀྱི་ཐབས་ལ་ལྟོས་མི་དགོས་པར་གྲུབ་པས་དེ་དོན་མེད་པར་འགྱུར་བ་དང་།

གཉིས་པ་ལྟར་ན། དབང་དུས་སུ་ལྷག་པའི་ཡེ་ཤེས་རྟོགས་པར་བྱར་ཡོད་བཞིན་དུ་སྔོན་དུ་ཐོས་བསམ་གྱིས་དཔྱད་པ་དོན་མེད་པར་འགྱུར་ཏེ། དེས་ཉམས་མྱོང་གི་ལྟ་བར་མི་བཏུབ་པའི་ཕྱིར་རོ། །ཅི་སྟེ་ངོ་བོ་ལ་ཁྱད་པར་མེད་ཀྱང་རྟོགས་བྱེད་ཐབས་ཀྱི་བྱེ་བྲག་ཙམ་མོ། །ཞེ་ན་རྟོགས་བྱའི་ལྟ་བ་ལ་ཁྱད་པར་མ་གྲུབ་པ་བཞིན་དུ་ཐབས་དེ་དག་གང་ཡང་རུང་བས་རྟོགས་པར་ནུས་པའི་ཕྱིར་གཉིས་ཀ་བསྟན་པ་དོན་གྱིས་དབེན་པར་འགྱུར་ཞིང་། ཡང་མྱུར་བུལ་གྱིས་དབྱེ་བ་ཙམ་དུ་འདོད་ན་ཡང་ལམ་དེ་གཉིས་ཀས་བགྲོད་བྱ་སངས་རྒྱས་ཀྱི་ཡེ་ཤེས་སུ་གཅིག་ཀྱང་ཡེ་ཤེས་དེ་ལ་ཉེ་བ་དང་རིང་བའི་ཁྱད་ཤིན་ཏུ་ཆེ་ཞིང་ཟུང་འཇུག་གི་རྒྱུ་མཐུན་ལམ་དུ་བྱེད་པ་ཡོད་མེད་སོགས་རྡོ་རྗེ་འཆང་གི་ལམ་ཐུན་མོང་མ་ཡིན་པའི་ཁྱད་པར་གྱི་ཆོས་ཧེ་སྐད་ཅིག་མཆིས་པ་དེ་སྐད་ཀྱིས་མཆོག་དམན་ཡོད་དེ། བསྟན་བཅོས་འདི་ཉིད་མཛད་པ་པོས་ཀྱང་། ཐོས་བསམ་གྱིས་གཞལ་བའི་སྟོང་ཉིད་ལ་རྒྱུ་དུས་ཀྱི་ལྟ་བ་དུག་ཅན་དུ་གསུངས་ནས། དེས་ཉམས་མྱོང་གི་གོ་མ་ཆོད་པར་དབང་གི་ཡེ་ཤེས་ལ་ཉམས་སུ་

སྐྱོང་བྱའི་ལྟ་བ་སངས་རྒྱས་ཀྱི་སའི་ཡེ་ཤེས་དང་ངོ་བོ་གཅིག་པར་བཞེད་འདུག་པའི་ཕྱིར་རོ། །དེས་ན་གནས་སྐབས་སུ་མདོ་སྔགས་སོ་སོའི་རང་སའི་ཤེས་རབ་མི་ཟབ་པ་དང་ཟབ་པ་དང་ཆེས་ཟབ་པའི་ཁྱད་པར་དང་། དེ་རྟོགས་བྱེད་ཐབས་ཀྱི་ཁྱད་པར་སོགས་ཀྱི་ལྟོག་པ་མ་འདྲེས་པ་ལ་བློ་གྲོས་ཀྱི་མིག་དཀྱུས་རིང་པོ་ཐོབ་པར་བྱ་དགོས་ཏེ། དེ་ལྟར་མ་ཡིན་ན་ཕྱོགས་རེའི་བློ་གྲོས་ཀྱི་ལམ་དུ་རྒྱུ་འབྲས་ཐེག་པ་གཉིས་པོ་འགལ་བ་ལྟར་སྣང་གི་གཟུགས་བརྙན་ལས་ལྡོག་པར་དཀའ་ཞིང་དགོངས་པ་གཅིག་ཏུ་གཟིགས་པའི་མཁས་པ་ཆེན་པོ་རྣམས་ཀྱིས་གནས་སྐབས་ཀྱི་གྲུབ་མཐའི་ཞལ་བཞེས་ཙམ་མཛད་པ་ལ་ངེས་དོན་དུ་བཟུང་ན་གྲིས་པའི་བློ་གྲོས་མགོ་འཁོར་ནས་འབྲས་བུའི་ཐེག་པའི་ཁྱད་པར་གྱིས་ཆོས་རྣམས་མཚན་ཉིད་རང་ས་ནས་འཕགས་པར་མ་ནུས་པས། རྡོ་རྗེ་འཆང་གི་གསང་བ་ཐུན་མོང་མ་ཡིན་པ་དེ་དང་དེ་རྣམས་ཀྱི་དགོངས་པ་རྒྱུད་མི་གསོན་པར་ཐལ་མོ་སྦྱར་ནས་གསོལ་བ་འདེབས་སོ། །ཅི་ནས་དབྱད་པ་སྔོན་དུ་མ་སོང་བར་རྟགས་པར་མི་འགྱུར་ན་དབང་དུས་སུའང་ཐོས་བསམ་གྱི་དཔྱང་པ་ལ་བརྟེན་ནས་ལྷན་སྐྱེས་ཀྱི་ཡེ་ཤེས་སྐྱེ་དགོས་པར་ཐལ་བའི་སྐྱོན་འདི་ཡང་སྤང་དཀའ་ཞིང་། དེ་ལྟ་བུ་དེ་ནི་རྡོ་རྗེ་འཆང་གིས་ནམ་ཡང་མ་གསུངས་མི་གསུང་གསུང་བར་མི་འགྱུར་རོ༑ ༑འོན་ཀྱང་དབང་དུས་ལྟ་བ་ངོ་སྤྲོད་པའི་ཚེ་དཔྱད་པ་མི་དགོས་མོད་ཀྱི་ལྟ་དོན་དེ་ཉིད་རྗེས་སུ་སྒོམ་པ་ལ་སྦྱར་བའི་ཚེ་དཔྱད་པ་དང་བཅས་པས་བསྒོམ་པར་བྱ་དགོས་སོ་ཞེ་ན། ངོ་འཕྲོད་པའི་ལྟ་བ་དེ་སྐབས་དེར་ལྷན་སྐྱེས་ཀྱི་ཡེ་ཤེས་མཚོན་བྱ་མཚོན་བྱེད་ཀྱི་སྒོ་ནས་ངོ་བོ་རྗེན་པར་ཉམས་སུ་སྐྱོང་བ་ལ་དེ་དེར་ངོ་སྤྲོད་པ་ལས་མ་འདས་པའི་ཕྱིར་མངོན་སུམ་ཉམས་སྐྱོང་དུ་གཏན་ལ་ཕེབས་ཟིན་པའི་རྗེས་སུ་དཔྱད་པ་དོན་མེད་ཅིང་རྒྱུ་འབྲས་གོ་ལོག་གི་སྐྱོན་གནས་པ་དང་། སྒོམ་པ་ལ་སྦྱོར་བའི་ཚེ་ནའང་རྟོགས་ཤིང་ངོ་འཕྲོད་པའི་དོན་དེ་ཉིད་ལ་མཉམ་པར་བཞག་པས་དོན་འགྲུབ་པའི་ཕྱིར་ཏེ། བསྟན་བཅོས་འདིར་ཡང་། གལ་ཏེ་གསང་སྔགས་བསྒོམ་འདོད་ན། །ཞོར་བ་མེད་པའི་དབང་བཞི་ལོངས། །འཁྲུལ་པ་མེད་པའི་རིམ་གཉིས་སྒོམས། །དེ་ལས་བྱུང་བའི་ཡེ་ཤེས་ནི། །ཕྱག་རྒྱ་ཆེན་པོ་གོམས་པར་བྱ། །ཞེས་གསུངས་པས་སྔགས་ཀྱི་ཡེ་ཤེས་དེ་ལ་ཐོས་བསམ་གྱི་རྒྱུ་རྐྱེན་མེད་ཀ་མེད་ཀྱི་ཡན་ལག་ཏུ་བཞེད་པ་མ་ཡིན་ནོ། །ལྟ་བ་རྟོགས་ཟིན་པའི་རྗེས་སུ་དཔྱད་པ་མི་དགོས་པ

ནི་དབུ་མའི་མན་ངག་གི་དགོངས་པའང་ཡིན་ཏེ་ཤིང་གཉིས་དྲག་ཏུ་དྲུག་པ་ལས་མེ་འབའ་བས་དེ་དག་ཆིག་པར་གྱུར་པ་ན་མེ་ཉིད་ཀྱང་རང་ཞིར་འགྱུར་བ་བཞིན་དུ་སོ་སོར་རྟོག་པའི་ཤེས་རབ་ཀྱང་དམིགས་པ་མེད་པའི་ངང་དུ་ཞི་བར་གྱུར་པ་ན་ཤེས་རབ་ཀྱི་ཕ་རོལ་ཏུ་ཕྱིན་པ་ཉིད་རྟོགས་པར་གསུངས་པ་བཞིན་ནོ། །དེས་ན་དཔྱད་པས་གཏན་ལ་འབེབས་པར་བསྟན་པ་ཐམས་ཅད་རྒྱུའི་ཐེག་པའི་སྐབས་ཁོ་ན་དང་དེ་ཡང་ལས་དང་པོ་པས་ཐོག་མར་ཐོས་བསམ་ལ་བརྟེན་ནས་དོན་འོལ་སྤྱིའི་ཚུལ་དུ་རྟོགས་པར་འགྱུར་བ་ལ་དགོངས་པར་ཤེས་དགོས། ཐོས་བསམ་གྱིས་ཆོས་སྤྱིའི་ལྟ་བ་རྗེས་དཔག་གི་ཚུལ་དུ་རྟོགས་པ་ཞིག་སྔགས་ལ་ཞུགས་ན་དབང་དུས་སོགས་ཀྱི་ཐབས་ལ་བརྟེན་ནས་མངོན་སུམ་ཉམས་མྱོང་གི་ངང་དེ་འཛིན་སྐྱེས་པའི་ཚེ་སྔར་གྱི་གོ་ཡུལ་ས་བོན་གྱི་ཚུལ་དུ་གནས་པ་དེ་ཉིད་ཉམས་མྱོང་གི་ཡེ་ཤེས་སུ་འཕར་བ་ཞིག་ལ་འདོད་དགོས་ཤིང་། གཞན་དུ་ཐོས་བསམ་སྔོན་དུ་མ་སོང་བ་ཡང་སྔགས་ལ་ཞུགས་པའི་ཚེ་དབང་གསུམ་པ་ལྟ་བུའི་ཐབས་ཀྱིས་ལྟ་བ་མ་འཁྲུལ་པའི་ཡེ་ཤེས་མངོན་སུམ་དུ་རྟོགས་པས་གྲོལ་བར་འགྱུར་བ་རྡོ་རྗེ་འཆང་གི་མྱུར་ལམ་འདིའི་ཁྱད་པར་གྱི་ཆོས་སུ་རྩོད་པ་མེད་དེ་ཨིནྡྲ་བྷཱུ་ཏི་སོགས་འཕགས་ཡུལ་གྱི་གྲུབ་ཐོབ་རྣམས་དང་། བོད་འདིར་ཡང་རྗེ་བཙུན་མི་ལ་དང་གླིང་རས་རྗེས་འབྲངས་དང་བཅས་པའི་རྣམ་ཐར་གྱིས་ཀྱང་ཤེས་པར་ནུས་པའི་ཕྱིར། བསྟན་བཅོས་འདི་ཉིད་ཀྱི་བཤད་པའི་སྙིང་པོ་ཡང་དེར་ངེས་ཏེ། དེས་ན་གྲུབ་ཐོབ་ཐམས་ཅད་ཀྱང་། །ཕྱོགས་རེའི་ཐབས་ཀྱིས་གྲོལ་བ་མིན། །དབང་དང་རིམ་གཉིས་ལས་བྱུང་བའི། །ཡེ་ཤེས་སྐྱེས་པས་གྲོལ་བ་ཡིན། །ཞེས་གསལ་བར་བཤད་པ་དང་། གཞན་ཡང་གཞན་གྱིས་བརྗོད་མིན་སོགས་ལུང་གོང་དུ་དྲངས་ཟིན་པ་དང་། གང་གིས་མི་ཤེས་ཀྱེ་རྡོ་རྗེ། །དེ་ཡིས་ངལ་བ་དོན་མེད་ཡིན། །ཞེས་པ་ལ་སོགས་པ་དང་། སམྦུ་ཊི་ལས། ཉིན་བཞིན་བྲམ་ཟེ་གསོད་པ་དང་། །མཚམས་མེད་ལྔ་ནི་བྱེད་པ་དང་། །ཆོམ་རྐུན་ལས་ཀྱིས་ལོངས་སྤྱོད་པའང་། །འདི་ཡི་ལམ་གྱིས་གྲོལ་འགྱུར་ཏེ། །སྡིག་པས་གོས་པར་མི་འགྱུར་ཞིང་། །སྲིད་པའི་སྐྱོན་ལས་ཤིན་ཏུ་རིང་། །ཞེས་པ་ལ་སོགས་རྒྱ་ཆེར་གསུངས་པ་རྣམས་ཀྱང་སྔོན་དུ་བསྟན་པ་ལ་ཞུགས་ཤིང་སྤྱོད་པ་དེ་དང་དེས་འཚོ་བཞིན་པ་རྣམས་ཀྱང་ལམ་འདི་དང་འཕྲད་པ་ཙམ་གྱིས་གྲོལ་བར་འགྱུར་བའི་དོན་འདི་ཉིད་ལ་དགོངས་ནས

གསུངས་པར་སྣང་བའི་ཕྱིར་རོ། །རྒྱུ་མཚན་དེ་རྣམས་ཀྱི་ཕྱིར་བསྟན་བཅོས་འདིར། དེས་ན་ཐོས་པའི་ལྷ་བ་ནི། དབུ་མ་ཡན་ཆད་ཐམས་ཅད་མཐུན། །དེ་ཕྱིར་ལྟ་བའི་ལུང་སྦྱོར་ཀུན། །ཕ་རོལ་ཕྱིན་བཞིན་ཐམས་ཅད་མཛད། །དེ་རྟོགས་བྱེད་པའི་ཐབས་ལ་ནི། །ཐེག་པའི་རིམ་པ་ཡོད་པ་མིན། །ཞེས་གསུངས་པས་ཐོས་པས་གཏན་ལ་དབབ་པའི་ལྟ་བ་ཡིན་ཕྱིན་ཆད་གོ་བ་ལས་མ་འདས། དེ་ལ་དབུ་མ་དང་། གསང་སྔགས་ཁྱད་པར་མེད་པས་གཏན་ལ་འབེབས་ཚུལ་ཕ་རོལ་ཕྱིན་པ་བཞིན་དུ་ཤིང་རྟའི་རིང་ལུགས་ཆེན་པོ་རྣམས་ལས་འབྱུང་བ་བཞིན་བྱ་བ་ལས་འོས་མེད་ཅིང་དེ་ལྟ་བུ་རྟོགས་པར་བྱེད་པ་ལ་ཐེག་པའི་རིམ་པ་ཡོད་པ་མ་ཡིན་ནོ། །ཞེས་སྟོན་པ་ལས་གསང་སྔགས་ཀྱི་ཉམས་སུ་མྱོང་བའི་ཡེ་ཤེས་དེ་ཉིད་གོ་ཡུལ་གྱི་ལྟ་བ་དང་ཁྱད་པར་མེད་པར་སྟོན་པའི་ཚིག་མ་ཡིན་ཏེ། དེས་ན་ཐོས་པའི་ལྟ་བ་ནི། ཞེས་ངེས་གཟུང་མཛད་པ་དངོས་བསྟན་དང་། དེ་ལྟ་མིན་ན་གོ་བའི་ལྟ་བ་དེས་གྲོལ་དགོས་པ་ལ། ལྟ་བ་དང་ནི་བསྐྱེད་རིམ་དང་། །གཏུམ་མོ་དང་ནི་བྱིན་རླབས་སོགས། །དེ་དག་རྐྱང་པས་གྲོལ་བ་མིན། །ཞེས་གོ་ཡུལ་གྱི་ལྟ་བ་དེ་ཙམ་གྱིས་མི་གྲོལ་བར་བཤད་ནས། དབང་བསྐུར་བ་ཡི་བྱིན་རླབས་དང་། །རིམ་གཉིས་བསྒོམས་པའི་རྟེན་འབྲེལ་གྱིས། །ཡེ་ཤེས་རྟོགས་ནས་གྲོལ་བ་ཡིས། །ཞེས་པས་གསང་སྔགས་ཀྱི་ཡེ་ཤེས་ཉམས་མྱོང་ཁོ་ན་ལ་བརྟེན་ནས་གྲོལ་བར་གསུངས་པ་ལ་བསྙོན་དུ་མེད་པའི་ཕྱིར་རོ། །

གལ་ཏེ་ཐོས་བསམ་མམ་རྒྱུ་དུས་ཀྱི་ལྟ་བ་ལས་ལྷག་པ་གསང་སྔགས་སུ་མེད་པ་གཞིར་བཞག་པའི་ཚེ་ན་དེ་ལྟ་བུ་དེས་ཉམས་སུ་མྱོང་བའི་ལྟ་བའི་གོ་ཆོད་དགོས་པ་ལ་དེས་གོ་མི་ཆོད་པར་གསུང་ངག་རིན་པོ་ཆེ་འཆད་པའི་སྐབས་སུ་དེ་ལ་རྒྱུ་དུས་ཀྱི་ལྟ་བ་དུག་ཅན་དུ་མིང་བཏགས་ནས་ལྟ་བ་དང་གྲུབ་མཐའ་གཉིས་ཀྱི་ཟླས་དབྱེ་བའི་ལྟ་བ་དེ་ཉམས་མྱོང་ཧིང་ངེ་འཛིན་གྱི་ལྟ་བ་ལ་བཞག །དེ་གང་དུ་ཉམས་སུ་མྱོང་ཞེ་ན་ལམ་དུས་སུ་མྱོང་སྐྱེ་དབང་གི་ཡེ་ཤེས་ཉིད་ལས་གཞན་དུ་མི་བཞེད་པས་ཧིང་ངེ་འཛིན་གྱི་ལྟ་བ་དེར་ན་འཕོས་དང་པོའི་ཚེ་གྲུབ་མཐའ་ལ་བརྟགས་སུ་ཤར་ཏེ་ལྟ་བ་འཁོར་འདས་དབྱེར་མེད་དེ་ཙམ་ན་མངོན་སུམ་དུ་རྟོགས་སོ། །ཞེས་འཆད་པར་སྣང་བའི་ཕྱིར་དང་། དེ་དང་མཚུངས་པར་ཇོ་ཀླུ་སྒྲུབ་ཀྱིས། བསྟན་བཅོས་འདི་ཡི་དགོངས་པ་འཆད་པ་ན། །ལྟ་བ་དེ་ཡི་

ཡན་ལག་ཡིན། །ཞེས་པ་ལ། གཞན་གྱི་རྩོད་པ་སྤོང་བའི་སྐབས། ཇི་སྐད་དུ། ཁོ་བོ་ཅག་ལྟ་བ་དེ་ལ་རྟོགས་པ་ཙམ་ལ་ལྟ་བར་བཞག་པའི་ལྟ་བ་གཅིག་དང་། ཉམས་མྱོང་ཏིང་ངེ་འཛིན་ལ་ལྟ་བར་བཞག་པའི་ལྟ་བ་གཉིས་སུ་ཕྱེ་ནས་སྔ་མ་ནི་རྒྱུ་དུས་ཀྱི་ལྟ་བ་དུག་ཅན་ཞེས་བཤད་པ་དེ་ལ་དོས་འཛིན་པས། ལྟ་བ་དེ་ཡི་ཡན་ལག་ཡིན། ཞེས་པ་དེ་ཐོས་བསམ་གྱི་ལྟ་བ་དེ་ལ་ཟེར་བ་ལགས། ལྟ་བ་དང་གྲུབ་མཐའ་གཉིས་ཀྱི་ལྟ་བ་དེ་ནི་ཉམས་མྱོང་ཏིང་ངེ་འཛིན་གྱི་ལྟ་བ་དེ་ལ་འཇོག་ཅིང་། དེ་སྐབས་ཀྱི་ལྟ་བ་དེ་འཇིག་རྟེན་པའི་ལམ་མན་ཆད་ན་ཡོད་ཀྱང་སྤྱིར་ལྟ་གྲུབ་ག་ལ་འགལ་ཏེ། འདིའི་གྲུབ་མཐའ་བཞི་པོ་གང་རུང་ལ་ཉམས་མྱོང་ཏིང་ངེ་འཛིན་གྱི་ལྟ་བའི་མཆོག་མཆོན་བྱ་དོན་གྱི་ཕྱག་ཆེན་ཡིན་པས་ཁྱབ་པ་ཁས་བླངས་པའི་ཕྱིར་རོ། །

དེ་ལྟར་བདག་གིས་རང་བཟོ་མ་ཡིན་ཏེ། རྡོ་རྗེའི་ཚིག་རྐང་ལས། སྔོན་བླ་མས་རྒྱུ་དུས་ན་བསྟན་པའི་ལྟ་བ་འཁོར་འདས་དབྱེར་མེད་དེ་ཙམ་ན་རྟོགས། ཞེས་འཁོར་འདས་དབྱེར་མེད་ལྟ་ཁྲིད་ཀྱི་སྐབས་སུ་བསྟན་པའི་ལྟ་བ་དེ་ལམ་དུས་སུ་ཉམས་སུ་མྱོང་སྟེ། ཏིང་ངེ་འཛིན་གྱི་ལྟ་བ་དེར་ན་འཕོས་དང་པོའི་ཚེ་གྲུབ་མཐའ་ལ་རྟགས་སུ་ཤར་ཏེ་ལྟ་བ་འཁོར་འདས་དབྱེར་མེད་མངོན་སུམ་དུ་རྟོགས། གྲུབ་མཐའ་དང་པོ་འཁོར་འདས་དབྱེར་མེད་ཅེས་གྲགས་པ་དེར་འཕོ་བར། རྗེ་བཙུན་རིན་པོ་ཆེ་གྲགས་པའི་ཞབས་ཀྱིས། དབང་གི་ཡེ་ཤེས་ལམ་གྱི་ལྟ་བ་ནི། །ཉམས་མྱོང་སངས་རྒྱས་ས་དང་ངོ་བོ་གཅིག །རྟོགས་པའི་ཁྱད་པར་ཟླ་བའི་དཔེ་ཡིས་བསྟན། །ཞེས་གསུངས་པའང་དྲངས་ནས་གསལ་བར་བཤད་འདུག་པའི་ཕྱིར་རོ། །

དེ་བཞིན་དུ་པཎ་ཆེན་རིན་པོ་ཆེ་ཤཱཀྱ་མཆོག་ལྡན་གྱིས་ཀྱང་། ཐོས་བསམ་དུས་ཀྱི་སྟོང་པ་ཉིད། །དངོས་པོའི་གནས་ལུགས་མ་ཡིན་ཏེ། །དེ་ཡི་ཡུལ་ཅན་རྟོག་པ་ལས། །མ་འདས་ཕྱིར་ན་དེ་གོམས་པ། །དུག་ཅན་ཉིད་དུ་བཤད་ཕྱིར་རོ། །ཞེས་ཉམས་སུ་མྱོང་བྱའི་ལྟ་བ་རང་བྱུང་གི་ཡེ་ཤེས་བཟོ་བཅོས་བྲལ་བ་ཉིད་དུ་བཤད་དོ། །དེས་ན་ཐོས་བསམ་གྱིས་དཔྱད་པའི་ལྟ་བ་དེ་གོ་ཡུལ་ཙམ་ལས་གནས་ལུགས་ཇི་ལྟ་བ་མིན་པ་དང་། དབང་དུས་སུ་ཉམས་སུ་མྱོང་བའི་ལྟ་བ་དེ་གནས་ལུགས་ཇི་ལྟར་བའི་རང་བྱུང་གི་ཡེ་ཤེས་སུ་རྗེ་བཙུན་ས་སྐྱ་པ་རྗེས་འབྲངས་དང་བཅས་པའི་བཞེད་པ་མ་ནོར་བ་ཉིད་དུ་ངེས་པ་

གཙོ་བོའི་བློས་ཤེས་པར་བྱ་དགོས་པ་ནི་དེ་དག་གི་ཐུན་མོང་དང་ཐུན་མོང་མ་ཡིན་པའི་གསུངས་རབ་རྣམས་ལ་འདྲིས་པར་མཛོད་ཅིག་དང་རྟོགས་པར་འགྱུར་རོ། །དེར་མ་ཟད་དབུ་མར་རང་ལུགས་སུ་འདང་། རྒྱས་པ་ཕྱིའི་དབུ་མ་དང་ཕྲ་བ་ནང་གི་དབུ་མ་གཉིས་སུ་མཛད་པའི་སྤྱི་མ་ཕ་རོལ་དང་རྩོད་པ་དང་གཞུང་ཆེན་པོ་འཛུགས་པ་དང་། རྩོམ་པའི་དུས་སུ་བསྟན་ཞིང་། ཕྱི་མ་ནང་གི་རྣལ་འབྱོར་ཉམས་སུ་ལེན་བྱར་ཤིང་རྟ་ཆེན་པོ་པ་དག་གི་དགོངས་པར་གནས་པ་སློབ་དཔོན་ཟླ་བ་སོགས་ཀྱིས་གསལ་བར་བཤད་པས་རྟོགས་པར་ནུས་ལ། རྒྱུད་དེས་གནས་སྐབས་སུ་སྟོང་ཚུལ་གཉིས་ཀྱང་ཤིན་ཏུ་ཐ་དད་དེ། སྤྱི་མ་ལ་དགོངས་ནས། སྟོང་ཉིད་བག་ཆགས་གོམས་པ་ཡིས། །དངོས་པོའི་ཞེན་པ་སྤོང་བར་འགྱུར། །ཞེས་དངོས་ཞེན་ལས་ལྡོག་པའི་ཕྱིར་ཆོས་ཐམས་ཅད་རང་ངོ་ནས་བདེན་པ་བཀག་པའི་སྟོང་ཉིད་བསྟན་ཡང་། དངོས་ཞེན་ལྡོག་པར་གྱུར་ནས་སྟོང་འཛིན་གྱི་བློ་དང་མ་བྲལ་ན་སྟོང་པ་ཉིད་དུ་འཛིན་པའི་གདོན་ཆེན་པོར་འགྱུར་བའི་ཕྱིར་རྟག་པར་ལྟ་བ་ལས་ཀྱང་ཐ་ཆད་པར་བསྟན་ཏེ། བཅོམ་ལྡན་འདས་ཀྱིས། འོད་སྲུངས་བདག་ཏུ་འཛིན་པ་ནི་རི་རབ་ཙམ་ཡང་བླ་ཡི། བདག་མེད་པར་ལྟ་བ་ནི་དེ་ལྟ་མ་ཡིན། ཞེས་དང་། ཀླུ་ཞབས་ཀྱིས། གང་དག་སྟོང་པ་ཉིད་ལྟ་བ། །དེ་དག་བསྒྲུབ་ཏུ་མེད་པར་གསུངས། །ཞེས་པ་ལ་སོགས་པས་གསལ་ལ། ཕྱི་མ་ལ་དགོངས་ནས། ཅི་ཡང་མེད་ཅེས་གོམས་པ་ལས། །དེ་ཡང་ཕྱི་ནས་སྤོང་བར་འགྱུར། །ཞེས་ཅི་ཡང་མེད་པའི་སྟོང་པ་དེ་སྤངས་ནས་སླར་དེ་ལས་ཟབ་པའི་སྟོང་པ་ཉིད་ལ་གོམས་སུ་ཡོད་པར་གསུངས་པའི་ཕྱིར་དང་ཁྱད་པར་དུ་གསང་སྔགས་ཀྱི་ཐོག་པ་བར་ཁས་ལེན་བཞིན་དུ་ཕུང་པོ་རྣམས་དཔྱད་ཀྱི་རང་སྟོང་ཁོ་ན་ལས་ཆེས་ཟབ་པའི་སྟོང་པ་ཉིད་ཀྱི་ཚུལ་གཞན་མི་འདོད་པ་ལྟར་ན། བཅོམ་ལྡན་འདས་སྤྱན་རས་གཟིགས་ཀྱིས། གང་ཞིག་ཕུང་པོ་ལ་སོགས་སྒྲིབ་པ་རབ་བཅོམ་ཡུལ་ནི་ཕྲ་ཕབ་བརྒྱད་ལྟ་བུ། ཀུན་མཁྱེན་བདེ་སྙིར་དེ་ཉིད་གཅིག་པུ་རྡོ་རྗེ་འཛིན་པའི་ཕྱག་རྒྱ་ཆེན་མོ་སྟེ། ཞེས་པས་གཞི་འབྲས་ངོ་བོ་དབྱེར་མེད་ཀྱི་ཕྱག་རྒྱ་ཆེན་མོ་དང་། རྣམ་པ་ཐམས་ཅད་ཀྱི་མཆོག་དང་ལྡན་པའི་སྟོང་ཉིད་དང་། ཡུམ་ཤེར་ཕྱིན་ཇི་ལྟ་བ་སོགས་ཀྱི་མཚན་ཉིད་རྣམས་མེད་པར་འགྱུར་ཏེ། རང་སྟོང་ཙམ་གྱིས་དེ་རྣམས་ཀྱི་གོ་མི་ཆོད་པའི་ཕྱིར་རོ། །གཞན་ཡང་རང་སྟོང་དང་དོན་དམ་པའི་བདེན་པ་རྣམས་གྲངས་སུ་འདོད་ན།

སྒྲིབ་པ་གཉིས་ཀྱང་རང་སྟོང་ཡིན་པའི་ཕྱིར་དོན་དམ་བདེན་པར་འགྱུར་ལ། འདོད་ན། དེ་གཉེན་པོ་གང་གིས་ཀྱང་སྤང་དུ་མི་རུང་བར་འགྱུར་ཞིང་། འཕགས་པའི་ཡེ་ཤེས་དམ་པའི་རང་རིག་གི་སྤྱོད་ཡུལ་ཡང་ཡིན་པར་འགྱུར་བའི་ཕྱིར་དང་ཁྱད་པར་རྡོ་རྗེ་འཆང་ཆེན་པོས་རྒྱུད་སྡེ་རིན་པོ་ཆེ་རྣམས་སུ་གསང་བ་ཞེས་པ་དང་། གསང་ཆེན་ཞེས་པ་ལ་སོགས་པས་སྟོང་ཉིད་མཐར་ཐུག་གི་རྣམ་གྲངས་གསུངས་པ་གང་ཡིན་པ་རང་སྟོང་ལ་དགོངས་པ་ནི་མ་ཡིན་ཏེ་གལ་ཏེ་དེ་ཡིན་ན། ཕྱི་ནང་ཐུན་མོང་གི་རྟོག་གེ་དང་རིགས་པ་ལྟར་སྣང་གིས་ཀྱང་རྟོགས་པར་འགྱུར་བས་གསང་བ་ཆེན་པོར་བསྟན་པའི་དགོས་པ་ཉམས་ཤིང་། དེ་ལྟར་ན་ཉེར་ལེན་གྱི་ཕུང་པོ་ལྔ་ཡང་རང་སྟོང་ཡིན་པའི་ཕྱིར་མཐའ་ཐུག་ངེས་དོན་གྱི་གསང་བ་ཡིན་པར་འགྱུར་ལ། འདོད་ན། དེ་རྣམས་ཤེར་ཕྱིན་ཡིན་པར་ཧ་ཅང་ཐལ་བར་འགྱུར་ཏེ། ཕྱག་ན་རྡོ་རྗེའི་ཞལ་སྔ་ནས། གསང་བ་ཞེས་པ་དྲང་བའི་དོན་གྱིས་ལས་ཀྱི་ཕྱག་རྒྱའི་རྣ་གར་བརྗོད་དོ། །ངེས་པའི་དོན་ནི་ཤེས་རབ་ཀྱི་ཕ་རོལ་ཏུ་ཕྱིན་པ་སྟོང་པ་ཉིད་དོ། །ཞེས་གཞི་འབྲས་དབྱེར་མེད་ཀྱི་ཤེར་ཕྱིན་སྟོང་ཉིད་དུ་གསུངས་པའི་ཕྱིར་རོ། །ཞེས་པ་སོགས་ཀུན་མཁྱེན་ཆེན་པོ་དོལ་པོ་པས་རྒྱས་པར་བཤད་དོ། །

༄ གཉིས་པ་ནི། ཁ་ཅིག་དབུ་མའི་ལྟ་བ་ནི། །ཀུན་རྫོབ་ཇི་ལྟར་སྣང་བཞིན་ཡིན། །དོན་དམ་མཐའ་བཞི་སྤྲོས་དང་བྲལ། །བྱ་བའི་རྒྱུད་ཀྱི་ཀུན་རྫོབ་ནི། །རིགས་གསུམ་རྒྱལ་བའི་དཀྱིལ་འཁོར་ཡིན། །དོན་དམ་དབུ་མ་དང་མཚུངས་ཟེར། །སྤྱོད་པའི་རྒྱུད་ཀྱི་ཀུན་རྫོབ་དང་། །རྣལ་འབྱོར་རྒྱུད་ཀྱི་ཀུན་རྫོབ་ནི། །རིགས་ལྔའི་རྒྱལ་བར་སྣང་བ་ཡིན། །རྣལ་འབྱོར་ཆེན་པོའི་ཀུན་རྫོབ་ནི། །དམ་པ་རིགས་བརྒྱ་ཡིན་ཞེས་ཟེར། །ལྟ་སྒོམ་རྣམ་དབྱེ་མ་ཕྱེད་ཅིང་། །ཐབས་དང་ཤེས་རབ་མ་ཕྱེད་པས། །འདི་འདྲའི་རྣམ་དབྱེ་འཁྲུལ་པ་ཡིན། །ཞེས་སོ། །དེ་ལ་མཁས་པ་ཆེན་པོ་འགའ་ཞིག་གིས་ལྟ་སྒོམ་རྣམ་དབྱེ་མ་ཕྱེད་ཅེས་པ། ལྟ་བའི་ཡུལ་གནས་ལུགས་ཀྱི་དོན་དང་། ཡུལ་ཅན་དེ་རྟོགས་པའི་ཤེས་རབ་ལ་བཤད་ནས། སྣང་བ་ལྷའི་དཀྱིལ་འཁོར་དུ་ལྟ་བ་བསྒོམ་པ་ཡིན་ཞིང་ལྟ་བ་མིན་པའི་ཤེས་བྱེད་དུ། སྒོམ་པ་ནི་གནས་ལུགས་དང་མཐུན་པའི་ངེས་པ་མེད་དེ། བྱམས་སྙིང་རྗེ་བྱང་ཆུབ་ཀྱི་སེམས་སྒོམ་པ་བཞིན་ནོ། །ཞེས་འཆད་པར་མཛད་པ་དེ་ནི་ཐུན་མོང་གི་ཐེག་པ་ལྟར་གསུངས་པར་མངོན་ལ།

ཐུན་མོང་མ་ཡིན་པའི་ཐེག་པ་འདིར་དོན་གཅིག་ན་ཡང་མ་རྨོངས་ཤིང་། ཞེས་པས་བསྒྲུབ་བྱ་སངས་རྒྱས་ཀྱི་གོ་འཕང་གཅིག་ཀྱང་མ་རྨོངས་ཞེས་པ་ལྷ་བའི་ཁྱད་པར་ལ་བཤད་པ་ཡིན་ཏེ། དཔལ་འཁོར་ལོ་སྡོམ་པ་བསམ་གྱིས་མི་ཁྱབ་པའི་རྒྱུད་ལས། ཉན་ཐོས་ལ་སོགས་ཐེག་ཆུང་ལ། །མན་ངག་ཡོད་པ་མ་ཡིན་ཏེ། །ལྟ་བ་སྤྱོད་པ་སེམས་བཟུང་དང་། །རྒྱུ་དང་ལམ་དང་འབྲས་བུ་ས། །དུས་དང་རྣལ་འབྱོར་ལོངས་སྤྱོད་དང་། །བདག་གཞན་དོན་དང་དགོངས་པ་དང་། །ངལ་དུབ་མཐའ་སྤྱངས་ཚོགས་ཆུང་དང་། །ཚོགས་བསགས་པ་ཡི་ཁྱད་པར་དང་། །ཁྱད་པར་རྣམ་པ་བཅོ་ལྔ་ཡིས། །རིག་འཛིན་ཐེག་པ་ཁྱད་པར་འཕགས། །ཞེས་པ་འདིས་ལྟ་བའི་ཁྱད་པར་བཤད་ཅིང་། ཨིནྡྲ་བྷཱུ་ཏིས་ཀྱང་། བླ་མའི་ཁྱད་པར། སྣོད་ཀྱི་ཁྱད་པར། སོགས་བདུན་གྱིས་གསང་སྔགས་འཕགས་པར་བཤད་པར་ཡང་ལྟ་བའི་ཁྱད་པར་ངེས་པར་བཤད་པ་ཡིན་ནོ། །

འོ་ན་ལྟ་བ་དེ་ཁྱད་པར་ཅིས་འཕགས་པ་ཡིན་ཞེ་ན། མདོ་ཙམ་སྨྲར་ཡང་སླུས་ཟིན་ལ། ཆོས་ཐམས་ཅད་སྤྲོས་པ་ཉེ་བར་ཞི་བ་ཁས་ལེན་ཐམས་ཅད་དང་བྲལ་བ་ནི་མདོ་ལུགས་ལའང་ཡོད་མོད། ད་ལྟའི་རིག་པ་འདི་སྒྱུ་མ་བརྗེས་པར་སངས་རྒྱས་སུ་འགྲུབ་པར་འདོད་པ་ནི་ཕ་རོལ་ཏུ་ཕྱིན་པ་ལ་ག་ལ་ཡོད་དེ། གནས་དེ་ནི་གསང་སྔགས་བླ་ན་མེད་པའི་རང་སའི་ཤེས་རབ་རྨད་དུ་བྱུང་བ་ཡིན་ལ། དེ་བཞིན་དུ་ཀུན་རྫོབ་བདེན་པའི་མཚན་ཉིད་ཀྱང་རྣམ་པར་དག་པ་དང་མ་དག་པའི་ལྟ་བའི་ཡུལ་དུ་བྱེད་ཚུལ་ལ་ཁྱད་པར་ཤིན་ཏུ་ཆེ་སྟེ། རྒྱུའི་ཐེག་པར་ཀུན་རྫོབ་ཀྱི་ཆོས་ཐམས་ཅད་འཁྲུལ་སྣང་མ་དག་པའི་ལོག་ཤེས་ཡིན་པ་གཞིར་བཞག་ནས་དེ་ཉིད་བདེན་མེད་དུ་གཏན་ལ་དབབ་པ་ཙམ་ལས་གདོད་ནས་རྣམ་པར་དག་པའི་སྐུ་དང་ཞིང་ཁམས་ཀྱི་དཀྱིལ་འཁོར་གྱི་རང་བཞིན་དུ་ལྟ་བའི་ཤེས་རབ་མ་གསུངས། རྒྱུ་དེས་དོན་གཅིག་ན་ཡང་མ་རྨོངས་ཞེས་པ་འདིས་ཕར་ཕྱིན་ལ་རྨོངས་པའི་སྒྲིབ་པ་ཕྱོགས་གཅིག་ཡོད་པར་གསུངས་ཏེ། ཇི་ལྟར་རྨོངས་ཞེ་ན། ཕྱི་སྣང་བའི་བདེན་ཞེན་བཟློག་པ་ལ་སྒྱུ་མར་བསྒོམ་པ་ལ་སོགས་པས་འབྱུང་བའི་རིགས་ལ་རྨོངས། ནང་ཕུང་པོ་ལྷར་མ་ཤེས་པས་གནས་པ་དོན་ལ་རྨོངས། གསང་བ་རྟོགས་ཚོགས་དང་ཉོན་མོངས་པ་ཡེ་ཤེས་སུ་མ་ཤེས་པས་ལམ་གྱི་རྣམ་པ་ལ་རྨོངས། ཐམས་ཅད་དག་མཉམ་བདེན་པ་དབྱེར་མེད་དུ་མ་ཤེས་པས་རྟོགས་པའི་ལྟ་

བ་ལ་ རྨོངས་ པ་ ཉིད་ ཀྱིས་ ཀུན་ རྫོབ་ སྣང་ བ་ དང་ དོན་ དམ་ སྟོང་ བར་ བྱས་ པས་ གཉིས་ མེད་ དག་མཉམ་ཆེན་པོའི་དོན་ལ་བློ་མ་འཁོར། དེས་ཀུན་འབྱུང་སྣང་གཉེན་གྱི་སློ་ནས་སྡུག་བསྔལ་སྤོང་བ་ཙམ་ ལས་ མེད་ ཅིང་ སྨིན་ སོགས་ བསོད་ ནམས་ ཀྱི་ ཚོགས་ གསོག་ པའང་ ཐབས་ ལ་ མི་ མཁས་ པས་གྲངས་མེད་གསུམ་གྱི་མཐའ་ལ་འབྲས་བུ་ཐོབ་པར་བསྟན། གཟུགས་སྐུ་གཉིས་ཀྱི་རྒྱུ་མཐུན་ཡང་སྣ་ཧི་བཞིན་པ་མ་བསྟན་ཏེ། སློབ་དཔོན་སངས་རྒྱས་གསང་བའི་ལམ་རིམ་དུ། །གཉིས་མེད་མ་རྟོགས་ཐམས་ཅད་ལ། །བདེན་བཞིའི་དངོས་པོ་ཡོད་ལྟ་ཞིང་། །སྤོང་དང་མི་སྤོང་བྱེད་གྱུར་ན། །འདི་ནི་ཉན་ཐོས་ས་པ་ཡིན། །ལས་དང་ཉོན་མོངས་ཐམས་ཅད་ལ། །མཉམ་པའི་དོན་དུ་མི་ཤེས་ཤིང་། །རྟེན་འབྲེལ་རྒྱུ་འབྲས་ཡོད་འཛིན་ན། །འདི་ནི་རང་སངས་རྒྱས་ཀྱིས། །མཉམ་པའི་དོན་ཉིད་མི་ཤེས་ཤིང་། །ཀུན་རྫོབ་དོན་དམ་གཉིས་འབྱེད་ལ། །ཆོས་དང་གང་ཟག་བདག་མེད་ན། །འདི་ནི་བྱང་ཆུབ་ས་པ་ཡིས། །ཞེས་བཤད་པ་བཞིན་ནོ། །གང་དག་འབྲས་བུའི་རྣམ་པ་འདྲ་བ་ཞིག་ལྟ་བའི་ཡུལ་དུ་བྱས་ནས་དེ་ཉིད་སྒོམ་པས་ལམ་དུ་བྱེད་པ་མདོ་སྔགས་གཉིས་ཀྱི་དགོངས་པ་ཡིན་ན། གསང་སྔགས་སུ་གཟུགས་སྐུ་གཉིས་ཀྱི་འབྲས་བུ་སྒྲུབ་པའི་ཕྱིར་ཀུན་རྫོབ་ལྷའི་དཀྱིལ་འཁོར་དུ་གསུངས་ཤིང་དེ་ཉིད་ལམ་དུ་བྱེད་པའི་ལྟ་བ་དང་སྒོམ་པས་ཁྱད་པར་དུ་འཕགས་པ་སྟེ་རྒྱུའི་ཐེག་པར་གཟུགས་སྐུ་གཉིས་དང་དེའི་རྒྱུ་མཐུན་ཧི་བཞིན་པ་མ་བསྟན་པ་ནི། ཇི་སྐད་དུ་རྗེ་བཙུན་རིན་པོ་ཆེ་གྲགས་པ་རྒྱལ་མཚན་གྱིས། གང་དང་གང་དུ་འབྲས་བུ་མ་བསྟན་པ་དེ་ན་དེའི་ལམ་མེད་པ་ཉིད་ཡིན་ཏེ། དཔེར་ན་ཉན་ཐོས་ཀྱི་སྡེ་སྣོད་དུ་སྐུ་གསུམ་དང་ཡེ་ཤེས་བཞི་ལ་སོགས་པའི་སངས་རྒྱས་ཀྱི་ཆོས་མ་གྲགས་པ་དེར་ཡང་དེ་ཐོབ་པར་བྱེད་པའི་ལམ་མ་བསྟན་པར་རིག་པར་བྱའོ། །

ཡང་ཕ་རོལ་ཏུ་ཕྱིན་པའི་ཐེག་པར་ཡེ་ཤེས་ལྔ་རིགས་ལྔར་བསྟན་པ་ལ་སོགས་པ་མ་གྲགས་པ་དེར་ཡང་དེ་ལྟ་བུའི་ལམ་མེད་པར་ཤེས་པར་བྱའོ། །དེ་བཞིན་དུ་ཀྱེའི་རྡོ་རྗེ་མ་བསྟན་པ་དེར་ཡང་ཀྱེ་རྡོ་རྗེའི་ལམ་མེད་པར་ཤེས་པར་བྱའོ། །ཞེས་ཀྱེ་རྡོར་གྱི་འགྲེལ་པར་གསུངས་པ་བཞིན་ནོ། །གཞན་ཡང་སྔགས་ལམ་ལ་འཇུག་པའི་གང་ཟག་དེ་ནི་ཆོས་ཐམས་ཅད་དག་མཉམ་ཆེན་པོར་ལྟ་བའི་ཤེས་རབ་ལ་གདེང་དུ་གྱུར་པ་ཉིད་ཀྱིས་སྐལ་བ་དང་ལྡན་ཞིང་དངོས་གྲུབ་ཀྱི་སྣོད་དུ་རུང་བར་

གསུངས་པ་ལས། བདེན་གཉིས་བཟང་དན་བླང་དོར་གྱི་སྦྱི་རིས་འབྱེད་པའི་བློ་རྟོག་ནི་དངོས་གྲུབ་ཀྱི་གེགས་སུ་རྡོ་རྗེ་འཆང་གིས་རྒྱུད་སྡེ་རྣམས་སུ་ཡང་ཡང་བཀའ་སྐྱོན་ཞིང་། ཁྱད་པར་ཕྱུང་པོ་ལ་བརྟེན་པས་རྩ་བའི་ལྟུང་བ་བརྒྱད་པ་དང་དགུ་པ་རང་བཞིན་ལྷུན་གྲུབ་ཏུ་འབྱུང་བའི་དོན་ལའང་དྲན་པ་མཉམ་པར་བཞག་དགོས་སོ། །

འོ་ན་ཀུན་རྫོབ་ལྟར་ལྟ་བའི་ཚུལ་ཇི་ལྟ་བུ་ཞེ་ན། ཚུལ་དེ་ལ་མཁས་པ་ཀྱེ་རྡོ་རྗེའི་དཀའ་འགྲེལ་བླ་མ་དཔྱལ་ལོ་ཙཱ་བའི་གསུང་ལས་འདི་ལྟར་འབྱུང་སྟེ། དེ་ལ་སྦྱོར་བ་གཅོད་ལུགས་གཉིས་ཡོད་དེ་མིང་དང་དོན་གཉིས་སོ། །མིང་གི་སྦྱོར་བ་གཅོད་པ་ནི། ཆུ་ལྟ་བུ་གཅིག་ལ་བོད་པས་ཆུ་ཟེར། བལ་པོས་ལང་སུ་ཟེར། རྒྱ་གར་བ་རྣམས་ཀྱིས་ས་ཨུ་ད་ཀ་ཟེར། དེ་བཞིན་དུ་དངོས་པོ་གཅིག་ལ་ཐ་མལ་པས་གཟུགས་ཀྱི་ཕུང་པོ་ཟེར། རྣལ་འབྱོར་པས་རྡོ་རྗེ་མ་ཟེར་བ་ཡིན་ནོ། །དོན་གྱི་སྦྱོར་བ་གཅོད་ལུགས་ནི། དངོས་པོ་གཅིག་མིའི་འགྲོ་བ་ལ་ཆུ་རུ་སྣང་། ཡི་དྭགས་ལ་རྣག་ཁྲག་ཏུ་སྣང་། ལྷ་ལ་བདུད་རྩིར་སྣང་བ་བཞིན་དུ་དངོས་པོ་གཅིག་ཐ་མལ་པ་ལ་གཟུགས་ཀྱི་ཕུང་པོར་སྣང་། རྣལ་འབྱོར་པ་ལ་རྡོ་རྗེ་མར་སྣང་བ་ལ་བྱ་གསུངས་སོ། །ཞེས་བཤད་པ་ལ་འདིས་སྣང་བ་དག་མ་དག་གི་ཆ་ལ་བདེན་པར་ཡོད་པ་ཞིག་སྦྱང་གཞིར་བྱས་ནས། དེའི་མ་དག་པའི་ཆ་དེ་ཉིད་སྦྱང་བྱའི་དྲི་མ་དང་། དག་པའི་ཆ་དེ་ཉིད་སྦྱངས་འབྲས་སུ་འཐད་པ་གསང་སྔགས་ཀྱི་གྲུབ་མཐའ་འཆའ་ཚུལ་ཐུན་མོང་དང་མ་འདྲེས་པ་དེ་ཉིད་ཤེས་པར་བྱ་བའི་གནད་གལ་པོ་ཆེ་ཡིན་ལ། གལ་ཏེ་རྒྱུའི་ཐེག་པར་སྦྱང་གཞི་མ་བསྟན་པའི་ཕྱིར་རྒྱུ་འབྲས་ནང་འགལ་བར་འགྱུར་རོ་ཞེ་ན། སྐྱོན་མེད་དེ་བཀའ་དང་པོ་གཉིས་སུ་སྦྱང་གཞི་མ་བསྟན་པ་ནི་ཆོས་ཀྱི་འཁོར་ལོ་དེ་དག་གིས་ཆོས་དང་གང་ཟག་གི་བདག་སྐྱེ་མེད་དུ་གཏན་ལ་ཕབ་ནས་ཀུན་འབྱུང་གཞི་མེད་དུ་སྟོང་བ་ཡིན་པས་ན་དེ་སྤང་པའི་གཞི་བསྟན་ན་གང་ཟག་གི་བདག་སྟོང་བར་མི་འགྱུར་ཏེ། ཀུན་འབྱུང་དང་འཇིག་ཚོགས་ལ་ལྟ་བ་ཐམས་ཅད་ཀྱི་རྩ་བ་བདག་ཏུ་འཛིན་པ་ལས་བྱུང་བའི་ཕྱིར་དེའི་རྩ་བ་སྐྱེ་མེད་དུ་མ་ཆོད་ན་ཀུན་འབྱུང་སྤང་བར་མི་ནུས་པར་དགོངས་ཏེ། དགོངས་པ་ངེས་འགྲེལ་ལས། ལེན་པའི་རྣམ་པར་ཤེས་པ་ཟབ་ཅིང་ཕྲ། །ས་བོན་ཐམས་ཅད་ཆུ་བོ་བཞིན་དུ་འབབ། །བདག་ཏུ་རྟོག་པར་འགྱུར་ན་མི་རུང་བས། །ངས་འདི་བྱིས་

པ་རྣམས་ལ་མ་བསྟན་ཏོ། །ཞེས་སོ། །དེས་ན་གསང་སྔགས་སུ་ཀུན་འབྱུང་སྤང་བྱར་མི་བྱེད་ཅིང་ལམ་དུ་ཁྱེར་བའི་ཚུལ་གྱི་ཐབས་ལ་མཁས་པས་སྤྱོད་པ་དཔེར་ན་མེས་ཚིག་པ་མེ་ཉིད་ལ་བསྲོ་བས་སེལ་བ་དང་། རྣ་བར་ཆུ་ཞུགས་པ་ཆུ་ཉིད་ཀྱིས་འདོན་པ་བཞིན་དུ་འདོད་ཆགས་ཀྱི་ཉོན་མོངས་པ་འདོད་ཆགས་ཉིད་ཀྱི་ལམ་གྱིས་སྤྱོང་བར་བྱེད་པ་ལྟ་བུས་མཚོན་སྦྱང་བྱ་དང་རྣམ་པ་མཚུངས་པའི་སྦྱོང་བྱེད་ཁྱད་པར་བ་བསྒོམས་པས་སྦྱང་གཞི་མ་དག་པའི་གནས་སྐབས་སུ་གང་ཟག་གི་བདག་དང་། དག་པའི་གནས་སྐབས་སུ་གཉིས་སུ་མེད་པའི་ཡེ་ཤེས་དམ་པའི་བདག་དང་རྡོ་རྗེའི་བདག་ཅེས་ཐ་སྙད་དུ་བྱས་པ་དེ་དག་གི་མ་དག་གི་གནས་སྐབས་སུ་ཡོད་ངེས་པ་ཞིག་གཞིར་བཞག་ནས་དེའི་སྟེང་གི་མ་དག་པའི་ཆ་དེ་རྣམས་སྦྱང་བར་བྱ་རྒྱུ་དང་། གཞི་ལ་ཡོད་པའི་ཡོན་ཏན་རྣམས་མངོན་དུ་གྱུར་པའི་ཆེ་སྦྱངས་འབྲས་སུ་ཐ་སྙད་གདགས་པ་སྟེ་མདོར་ན་ཉོན་མོངས་པ་སྤྱོད་ཚུལ་མི་འདྲ་བའི་དབང་གིས་མདོ་སྔགས་སོ་སོའི་ཤེས་རབ་ཀྱི་ཁྱད་པར་ལ་གོ་བ་ལྡོངས་པ་གལ་ཆེ་ཞིང་། ཕར་ཕྱིན་རང་ལུགས་སུ་འང་བཀའ་བར་པས་ཆོས་ཐམས་ཅད་སྐྱེ་མེད་དུ་གཏན་ལ་ཕབ་ནས་ལྟ་བའི་གཞི་ཀུན་བཟློག་པ་ཡིན་ཡང་ཐ་མས་སྦྱངས་གཞི་བདེ་གཤེགས་སྙིང་པོ་སྣྲ་ཇི་བཞིན་པར་བསྟན་པས་སྔགས་ཀྱི་དགོངས་པ་དང་འགྲོར་ཞིང་རྒྱུ་འབྲས་ཀྱི་ཐེག་ཆེན་གཉིས་ཀར་གྲགས་པའི་གནས་ཡོངས་སུ་གྱུར་པ་དང་། ངོ་བོ་ལ་དག་པར་བྱ་རྒྱུའི་ཆོས་མེད་པ་དང་། ཐོབ་བྱའི་འབྲས་བུའང་སྔར་མེད་གསར་དུ་སྒྲུབ་པ་མེད་པའི་ཚུལ་རྣམས་བསྟན་པ་ནི་མདོ་སྔགས་གཉིས་ཅར་དགོངས་པ་གཅིག་པ་སྟེ། རྒྱལ་བ་བྱམས་པས། ཇི་ལྟར་སྔར་བཞིན་ཕྱིས་དེ་བཞིན། །འགྱུར་བ་མེད་པའི་ཆོས་ཉིད་དོ། །ཞེས་དང་། ཀླུ་ཞབས་ཀྱིས། ཇི་ལྟར་མར་མེ་བུམ་ནང་གནས། །ཅུང་ཞིག་སྣང་བར་མི་འགྱུར་བ། །དེ་བཞིན་ཉོན་མོངས་བུབ་ནང་གནས། །ཆོས་ཀྱི་དབྱིངས་ཀྱང་མི་མཐོང་ངོ་། །ཞེས་དང་། བརྟག་གཉིས་ལས། རང་རིག་བདག་ཉིད་དག་པ་ཉིད། །དག་པ་གཞན་གྱིས་རྣམ་གྲོལ་མིན། །ཞེས་པའི་འགྲེལ་བར་ཆོས་ཕུང་པོ་ཁམས་སྐྱེ་མཆེད་ལ་སོགས་པ་རྣམས་དངོས་པོ་ལ་གྲུབ་པར་གནས་པ་ཞིག་ལུས་ངག་ཡིད་གསུམ་གྱི་འབད་རྩོལ་གྱིས་དག་པར་བྱས་པ་མ་ཡིན། འོན་ལུས་ངག་ཡིད་གསུམ་གྱི་འབད་རྩོལ་ལ་བརྟེན་ནས་ལམ་ཉམས་སུ་བླངས་པས་ཆོས་ཉིད་ཀྱི་དོན་མཐོང་བ་དེ་འབད་རྩོལ་གྱིས་དག

པར་བྱས་པ་མ་ཡིན་ནམ་ཞེ་ན། འབད་རྩོལ་གྱིས་ཆོས་ཉིད་ཀྱི་དོན་མཐོང་བའི་ཚེ་ན་ཡང་གཞི་ལ་སྔར་མི་གནས་པ་ཞིག་མཐོང་བ་མ་ཡིན། གཞི་ལ་གནས་པའི་དོན་གསལ་བར་བྱས་པ་ཙམ་ཡིན་གྱི་དེས་ན། གཞི་ལ་སྔར་མ་དག་པ་ཞིག་དག་པར་བྱས་པ་མ་ཡིན་ཏེ། དཔེར་ན་བུམ་པའི་ནང་ན་གནས་པའི་མར་མེ་དེ་བུམ་པ་བཅག་པ་ལ་བརྟེན་ནས་གསལ་བར་བྱས་པ་ཡིན་གྱི་སྔར་མི་གནས་པ་ཞིག་གསལ་བར་བྱས་པ་མ་ཡིན་པ་བཞིན་ནོ། །དག་བྱ་གང་དག་པ་ནི་ཉོན་མོངས་ཞེས་པ་སྒྲིབ་པ་དེ་དག་གོ། །དེ་ཡང་གློ་བུར་བ་མ་ཡིན་གྱི་རང་བཞིན་ནམ་ངོ་བོ་ཉིད་ཀྱིས་རྣམ་པར་དག་གོ། །གང་གིས་དག་ན་རང་རིག་ཙམ་པ་ཆོས་ཐམས་ཅད་རང་གི་སེམས་རང་རིག་པ་བདེ་བ་རྟོག་པ་མེད་པར་གནས་པ་དེ་ཉིད་ཀྱིས་དག་པ་ཉིད་ཡིན་གྱི། ཞེས་པ་ལ་སོགས་པ་རྡོ་རྗེའི་ཚིག་འགྲེལ་རྟོག་གེས་མ་སྤྱོགས་པར་བཀྲལ་བ་བཞིན་ནོ། །

དེས་ན་སེམས་ཀྱི་ཆོས་ཉིད་གདོད་ནས་རྣམ་པར་དག་པའི་དབྱིངས་ཡེ་ཤེས་ཟུང་དུ་འཇུག་པའི་རྒྱལ་ཆོས་ཅན་ཀུན་རྫོབ་ལྟར་སྣང་བའི་ཕུང་པོ་ཁམས་དང་སྐྱེ་མཆེད་ཐམས་ཅད་ཀྱང་རྣམ་པར་དག་པའི་སྐུ་དང་ཞིང་ཁམས་གཞལ་ཡས་ཁང་གི་བཀོད་པ་ཐ་མི་དད་ཀྱི་རོལ་པ་མི་ཟད་རྒྱན་གྱི་འཁོར་ལོར་ལྷུན་གྲུབ་ཏུ་ཞུགས་པར་ཤེས་པ་སྟེ། བཞུགས་ཚུལ་ཡང་དག་པ་གསུམ་གྱི་མཚན་ཉིད་དུ་གདོད་ནས་རང་བཞིན་གྱིས་གྲུབ་པ་ཉིད་དེར་ཤེས་པར་བྱ་བ་ཙམ་ལས་གསར་དུ་སེམས་རྟོག་གློ་བུར་བས་བཟོ་འཆོས་པ་མ་ཡིན་ཏེ། དག་ཚུལ་ཡང་། ཕྱི་འབྱུང་ལ་ལྷ་ཡུམ་ལྟར་རྣམ་པར་དག །ནང་ཕུང་པོ་ལྷ་ཡབ་ལྟར་རྣམ་པར་དག །རྟོག་ཚོགས་བྱང་ཆུབ་སེམས་དཔའི་བདག་ཉིད་ཡེ་ཤེས་ལྟར་རྣམ་པར་དག་པས་འཁོར་འདས་དབྱེར་མེད་དག་མཉམ་ཆེན་པོར་གཏན་ལ་འབེབས་པ་སྟོགས་རང་སའི་ཤེས་རབ་བླ་ན་མེད་པར་གྲུབ་པར་ངེས་ཏེ། དགྱེས་པ་རྡོ་རྗེ་ལས། འདི་ཉིད་འཁོར་བ་ཞེས་བྱ་ལ། །འདི་ཉིད་མྱ་ངན་འདས་པ་ཞེས། །འཁོར་བ་སྤངས་པའི་ཕ་རོལ་ན། །མྱ་ངན་འདས་པ་ཡོང་མ་ཡིན། །ཞེས་པའི་དོན་འགྲེལ་པར་འདི་ཉིད་འཁོར་བ་ཞེས་པ་ཆོས་ཐམས་ཅད་རང་བཞིན་གྱིས་ལྷན་སྐྱེས་ཡིན་ཏེ་ངོ་མ་ཤེས་ན་འཁོར་བ་ཞེས་བྱ། ལྷན་སྐྱེས་འདི་ཉིད་ངོ་ཤེས་ན་མྱ་ངན་ལས་འདས་པ་ཉིད་ཀྱང་ཡིན་ནོ། །འོ་ན་འཁོར་བ་སྤང་ངམ་ཞེ་ན། དེ་སྤངས་ནས་གཞན་དུ་མྱ་ངན་ལས

འདས་པ་རྟོགས་པའམ་རྙེད་པར་མི་འགྱུར་རོ། །ཞེས་གསུངས་པ་འདིས་གྲུབ་མཐའ་སློང་སྟེ། སངས་རྒྱས་ཐམས་ཅད་ཀྱི་དཔལ་གསང་བ་འདུས་པ་ལས། མདོར་ན་ཕུང་པོ་ལྔ་རྣམས་ནི། །སངས་རྒྱས་ལྔར་ནི་རབ་ཏུ་བསྒྲགས། །རྡོ་རྗེ་སྐྱེ་མཆེད་ཉིད་དག་ཀྱང་། །བྱང་ཆུབ་སེམས་དཔའི་དཀྱིལ་འཁོར་མཆོག །ཅེས་དང་། ས་ནི་སྤྱན་མ་ཞེས་བྱ་ཡིན། །ཆུ་ཡི་ཁམས་ནི་མཱ་མ་ཀཱི། །དཀར་དང་སྒྲོལ་མ་ཞེས་བྱ་བ། །མེ་དང་རླུང་དང་རབ་ཏུ་གྲགས། །མཁའ་དབྱིངས་རྡོ་རྗེའི་དམ་ཚིག་ནི། །རྡོ་རྗེ་འཛིན་པ་དེ་ཉིད་ཡིན། །ཞེས་དང་། གསང་སྙིང་ལས། རྡོ་རྗེ་ཕུང་པོའི་ཡན་ལག་ནི། །རྫོགས་པའི་སངས་རྒྱས་ལྔ་རུ་གྲགས། །སྐྱེ་མཆེད་ཁམས་རྣམས་མང་པོ་ཀུན། །བྱང་ཆུབ་སེམས་དཔའི་དཀྱིལ་འཁོར་མཆོག །སྲིད་གསུམ་ཡེ་ནས་སངས་རྒྱས་ཞིང་། །སངས་རྒྱས་ཉིད་ལས་གཞན་པའི་ཆོས། །སངས་རྒྱས་ཉིད་ཀྱིས་མི་བརྙེས་སོ། །ཞེས་དང་། འཇམ་དཔལ་གྱི་རང་གི་ལྟ་བའི་འདོད་པ་རྗེ་ནཱ་རོ་པཎ་ཆེན་དང་སློབ་དཔོན་ཨ་ཙ་ལ་གཏམས་དྲངས་པར་ཡང་། གཟུགས་ཀྱི་ཚོགས་པ་མཐའ་ཡས་པ། །བདག་གི་སྤྲུལ་པའི་སྐུ་མཆོག་གོ། །སྒྲ་ཡི་ཕུང་པོ་མཐའ་ཡས་པ། །བདག་གི་ལོངས་སྤྱོད་རྫོགས་སྐུ་མཆོག །ཆོས་ཀྱི་ཕུང་པོ་མཐའ་ཡས་པ། །བདག་གི་ཆོས་སྐུར་རབ་ཏུ་བསྒྲགས། །བདེ་བའི་ཕུང་པོ་མཐའ་ཡས་པ། །བདག་གི་བདེ་སྐུ་འགྱུར་མེད་མཆོག །བསྡུས་པ་ཕུང་པོ་དེ་བཞིན་དུ། །ཡང་དག་བསགས་པར་ཡོངས་སུ་བསྒྲགས། །ཞེས་པ་ལ་སོགས་རྣམ་པ་དུ་མས་གསུངས་པའི་དག་མཉམ་ཆེན་པོའམ་གཞི་འབྲས་དབྱེར་མེད་ཀྱི་གྲུབ་པའི་མཐའ་ཆེན་པོར་གདོད་ནས་གནས་པ་ལ་ལྟ་བའི་ཤེས་རབ་འདི་ཉིད་ཡོད་པས་ཀུན་འབྱུང་ལམ་དུ་ཁྱེར་ནས་སྡུག་བསྔལ་བདེ་བར་སྒྱུར་བ་ལ་མ་ལྟོངས་པས་སྣང་བ་ལྷའི་དཀྱིལ་འཁོར། གྲགས་པ་སྔགས་ཀྱི་སྒྲ་གདངས། འདོད་ཡོན་ཚོགས་ཀྱི་འཁོར་ལོ། སྤྲུལ་སྐྱོད་ལྷའི་ཕྱག་རྒྱ་སོགས་སྤྱོད་ཡུལ་ཐམས་ཅད་གྱ་ཡངས་ཕྱམ་གདལ་ཆེན་པོར་བསོད་ནམས་ཀྱི་ཚོགས་སུ་སོང་བས་སྐལ་ཆེན་གྲངས་མེད་གསུམ་ཚེ་གཅིག་སོགས་སུ་བཟླུམས་ནས་རྡོ་རྗེ་འཆང་གི་སར་འགྲོ་བར་ཕྱིར་ཐབས་མང་བ་དང་དཀའ་བ་མེད་པས་མྱུར་ལམ་དུ་གྲུབ་པ་ཡིན་ལ། དེའི་ཕྱིར་སློབ་དཔོན་སངས་རྒྱས་གསང་བའི་ཞལ་སྔ་ནས། ཐབས་ཀྱི་ཐེག་པ་ཆེན་པོར་ནི། །རྣམ་པར་བྱང་དང་སྡུག་བསྔལ་དང་། །ཀུན་རྫོབ་ཏུ་ཡང་དབྱེར་མེད་པས། །ལྷ་བ་མཐོ་དམན་དེ་ཙམ་

མོ༔ ༔ཞེས་གསུངས་པ་ཡིན་ནོ། །

གལ་ཏེ་འོ་ན་རྒྱུད་སྡེ་འོག་མ་གསུམ་དུ་སྣང་བ་ལྷའི་དཀྱིལ་འཁོར་དུ་མ་གསུངས་པ་ཅི་ཞེ་ན་སྐབས་དེའི་གདུལ་བྱ་ལྷ་བ་མཉམ་པ་ཆེན་པོའི་དོན་ལ་བློ་མ་འབྱོར་བས་སྤྱོད་པ་བླང་དོར་མེད་པར་འཇུག་མ་ནུས། དེ་མ་ནུས་པས་སྒོམ་པ་བདག་དང་ལྷ་གཉིས་སུ་དཔོན་གཡོག་སོགས་སུ་བལྟ་བའི་མཐའ་ལ་ཞེན་པས་འབྲས་བུ་ལ་ཁྱད་ཞུགས། བློ་སྟོབས་ཀྱི་རིམ་པས་ཐེག་པ་དང་རྒྱུད་སྡེ་གོང་འོག་བྱུང་ཞིང་དེར་དག་མཉམ་ཆེན་པའི་གྲུབ་མཐའ་དངོས་སུ་མ་གསུངས་ཀྱང་ལྷ་སྒོམ་པའི་རིམ་པ་བསྟན་པས། དོན་གྱིས་དེར་འདུ་བ་ནི་ཉན་ཐོས་ཀྱི་མདོ་དང་ཐེག་པར་སྟོང་པ་ཉིད་སྒྲ་ཇི་བཞིན་པར་བསྟན་ན་བློར་མི་ཤོང་བ་ལ་དགོངས་ནས་བདག་མེད་པའི་སྒྲས་གསུངས་ནས་སྟོང་པ་ཉིད་ཀྱི་ཚུལ་རྒྱས་པར་ཐེག་ཆེན་དུ་གཏན་ལ་ཕབ་པ་དང་མཚུངས་པ་དང་། སྤྱིར་ཐེག་དམན་གྱི་སྒྲས་དོན་ཐམས་ཅད་ཐེག་ཆེན་དུ་རྒྱས་ཤིང་གསལ། རྒྱུའི་ཐེག་པའི་སྒྲས་དོན་ཐམས་ཅད་གསང་སྔགས་སུ་རྒྱས་ཤིང་གསལ། སྔགས་ཀྱི་མདོ་དང་རྒྱས་པ་ཐམས་ཅད་རྣལ་འབྱོར་བླ་མེད་ཉིད་དུ་གསལ་ཞིང་རྒྱས་པར་བསྟན་པར་ཤེས་དགོས་ཏེ། སངས་རྒྱས་གསང་བས། བླ་མེད་ཐེག་པའི་ནང་ནས་ནི། །དོན་དམ་དུ་ནི་དབྱེར་མེད་དེ། །ཀུན་རྫོབ་ཏུ་ནི་ཐམས་ཅད་ལ། །དག་དང་མ་དག་གཉིས་ཀར་འཛིན། །ཞེས་གསུངས་པ་བཞིན་ནོ། །དེ་ལྟ་བུའི་རྣལ་འབྱོར་བླ་མེད་རང་སའི་གྲུབ་མཐའི་འཆའ་ཚུལ་འདི་རྗེ་བཙུན་ས་སྐྱ་པ་བཞེད་དམ་མི་བཞེད་ཅེ་ན། ཐུན་མོང་གི་བསྟན་བཅོས་འཆད་པའི་སྐབས་འགའ་ཞིག་མ་གཏོགས་རྒྱུད་ཀྱི་དགོངས་པ་སྒྲ་ཇི་བཞིན་དུ་བཀྲལ་བ་ན་དེ་ཁོ་ན་ལྟར་བཞེད་པར་ངེས་པའི་ཚད་མ་གཉིས་ཤིག་ཡོད་དེ། དང་པོ་རྗེ་བཙུན་འབྲུལ་པའི་དྲི་མ་སྤངས་པ་གྲགས་པ་རྒྱལ་མཚན་གྱིས་རྩ་ལྟུང་རྣམ་བཤད་དུ། ཕུང་པོ་སངས་རྒྱས་ལྔ་བདག་ཉིད། །དེ་ལ་སྨོད་པ་བརྒྱད་པ་ཡིན། །ཞེས་པའི་འགྲེལ་པར། བདག་གི་ལུས་འདི་ནི་སངས་རྒྱས་ཐམས་ཅད་ཀྱི་རང་བཞིན་ཏེ། ཕུང་པོ་ལྔ་ནི་སངས་རྒྱས་ལྔའི་རང་བཞིན། ཁམས་བཞི་ནི་ལྷ་མོ་བཞིའི་རང་བཞིན། ནང་གི་སྐྱེ་མཆེད་ནི་བྱང་ཆུབ་སེམས་དཔའི་ངོ་བོ། ཕྱིའི་སྐྱེ་མཆེད་རྣམས་ནི་ལྷ་མོའི་རང་བཞིན་ཏེ། དེ་སྐད་དུ་གསང་བ་འདུས་པ་ལས། མདོར་ན་ཕུང་པོ་ལྔ་རྣམས་ནི། །སངས་རྒྱས་ལྔར་ནི་རབ་ཏུ་བཤད། །རྡོ་རྗེ་སྐྱེ་མཆེད་ཉིད་དག་ནི། །

བྱང་ཆུབ་སེམས་དཔའི་དཀྱིལ་འཁོར་མཆོག །ས་ནི་སྤྱན་ཞེས་བྱ་བ་སྟེ། །ཆུ་ཁམས་དེ་བཞིན་མཱ་མ་ཀཱི༔ ༔དྲོད་དང་རླུང་ཞེས་བྱ་བ་ནི། །དཀར་དང་སྒྲོལ་མ་ཞེས་བྱར་བརྗོད། །ཅེས་པ་དང་། ཤེས་རབ་མའི་རྒྱུད་ལས་ཀྱང་། །གཟུགས་ཕུང་རྡོ་རྗེ་མ་ཡིན་ཏེ། །ཚོར་བ་ལ་ནི་དཀར་མོར་བརྗོད། །འདུ་ཤེས་ཆུ་ཡི་རྣལ་འབྱོར་མ། །འདུ་བྱེད་རྡོ་རྗེ་མཁའ་འགྲོ་མ། །རྣམ་ཤེས་ཕུང་པོའི་རང་བཞིན་གྱིས། །བདག་མེད་རྣལ་འབྱོར་མ་གནས་སོ། །ཞེས་བྱ་བ་ལ་སོགས་པ་རྒྱས་པར་གསུངས་སོ། །ཞེས་ལུང་དེ་དག་དྲངས་ཏེ། དེས་ན་ལུས་རང་བཞིན་གྱིས་སངས་རྒྱས་ཡིན་པ་ལ་སོགས་པས་རྒྱས་པར་བཤད་ཅིང་། དེའི་འཕྲོས་རྩ་ལྟུང་དགུ་པ། རང་བཞིན་དག་པའི་ཆོས་རྣམས་ལ། །སོམ་ཉི་ཟ་བ་དགུ་པ་ཡིན། །ཞེས་པའི་སྐབས་སུ། ཆོས་ཐམས་ཅད་ངོ་བོ་ཉིད་ཀྱིས་དག་པའི་རང་བཞིན་མེད་པ་དེ་བཞིན་ཉིད་ཀྱིས་དག་པ་དང་། ཕུང་པོ་ལྔ་རྒྱལ་བ་ལྔའི་རང་བཞིན་དུ་དག་པ་ལྟ་སོ་སོའི་དག་པ་སྟེ་རང་བཞིན་གྱིས་དག་པ་གཉིས་ལ་ཡིན་ནམ་མ་ཡིན་སྙམ་པའི་ཐེ་ཚོམ་ཟོས་པའང་རྩ་བའི་ལྟུང་བར་འགྱུར་ན། རང་བཞིན་གྱིས་མ་དག་པར་འཛིན་པ་ལྟ་སྨོས་ཀྱང་ཅི་དགོས་ཞེས་པ་སོགས་ཀྱིས་རྒྱས་པར་བཀྲལ་བ་དང་། དེ་དང་མཚུངས་པ་རྒྱུའི་ཐེག་ཆེན་དུའང་འབྱུང་ཚུལ། འཕགས་པ་སྟོང་པོ་བཀོད་པ་ལས། གཟུགས་དང་ཚོར་བ་འདུ་ཤེས་དང་། །རྣམ་པར་ཤེས་དང་སེམས་པ་ནི། །གྲངས་མེད་དེ་བཞིན་གཤེགས་པ་རྣམས། །དེ་དག་ཐུབ་པ་ཆེན་པོར་འགྱུར། །ཞེས་པ་ལ་སོགས་དྲངས་ནས་བཤད་དོ། །

གཉིས་པ་ཆོས་ཀྱི་རྗེ་པཎྜི་ཏས་མཛད་པའི་བདག་མེད་བསྟོད་པའི་འགྲེལ་པ་ལས་རྒྱུད་གསུམ་རྣམ་པར་བཞག་པའི་སྐབས་སུ། དེ་ལ་ཐོག་མར་རྒྱུའི་རྒྱུད་ནི། །རང་བཞིན་དྲི་མེད་ཅེས་པ་སྟེ༔ ༔རང་གི་སེམས་ཀྱི་ཆོས་ཉིད་རང་བཞིན་གྱིས་རྟོག་པའི་དྲི་མ་ཐམས་ཅད་དང་བྲལ་བ་ཡིན་ཏེ། རྗེ་བཙུན་ལས། སངས་རྒྱས་མ་ཡིན་སེམས་ཅན་ནི། །གཅིག་ཀྱང་ཡོད་པ་མ་ཡིན་ཏེ། །ཞེས་པ་དང་། འཕགས་པ་བྱམས་པས་ཀྱང་། ཆུ་ཁམས་གསེར་དང་ནམ་མཁའ་བཞིན། །དག་པ་བཞིན་དུ་དག་པར་གནས། །ཞེས་གསུངས་པས་མཚོན་ནོ། །དེ་ལྟ་ན་འབད་པ་མེད་པར་གྲོལ་བར་འགྱུར་རོ་ཞེ་ན་མ་ཡིན་ཏེ། ཀློ་གྲོས་གློ་བུར་གྱི་དྲི་མས་བསྒྲིབས་པ། ཞེས་སྨོས་ཏེ་སེམས་ཀྱི་ཆོས་ཉིད་རང་བཞིན་གྱིས་དག་ཀྱང་སེམས་ཀྱི་མཚན་ཉིད་ལ་གློ་བུར་དྲི་མས་བསྒྲིབས་པ་ཞེས་བྱ་བའི་དོན་ཏོ། །དེ་ལྟར

ན་རང་བཞིན་གྱིས་དག་པ་ལ་གློ་བུར་དུ་དྲི་མས་གོས་ན་འབད་པ་དགོས་པ་མེད་པར་འགྱུར་རོ་ཞེ་ན་མ་ཡིན་ཏེ། གློ་བུར་གྱི་སྒྲིབ་ནི་སྤྱང་དུ་རུང་བ་ལ་བྱ་ཡི། སྤང་མེད་པ་ལས་ཕྱིས་དྲི་མ་འབྱུང་བ་ལྟ་བུ་མ་ཡིན་ཏེ། བཅོམ་ལྡན་འདས་ཀྱིས་མདོ་ལས་ཀྱང་། གང་དག་སྤྱང་དུ་རུང་བའི་ཆོས་དེ་ནི་གློ་བུར་བའོ། །ཞེས་གསུངས་པའི་ཕྱིར་རོ། །དེས་ན་གང་དག་གསེར་གྲུབ་པའི་དུས་སུ་གཡའ་གྲུབ་མོད་ཀྱང་། གཡའ་སྦྱངས་ན་དག་པར་འགྱུར་བས་ན། དེ་ལ་གློ་བུར་པ་ཞེས་གདགས་སོ། །དྲི་མས་བསྒྲིབས་པ་ཞེས་པ་ནི། ཉོན་མོངས་དང་ཤེས་བྱའི་སྒྲིབ་པས་ཐར་པའི་གོ་སྐབས་བཀག་པའོ། །རྒྱུའི་རྒྱུད་དོ། །གསལ་བར་མཛད་པ་ཞེས་པ་ནི་ཉོན་མོངས་པ་དང་ཤེས་བྱའི་སྒྲིབ་པའི་གཡའ་སྦྱངས་ཏེ་སེམས་ཀྱི་གསེར་གསལ་བར་བྱེད་པ་སྟེ། ཧེ་བཛྲ་ལས། སེམས་ཅན་རྣམས་ནི་སངས་རྒྱས་ཉིད། །འོན་ཀྱང་གློ་བུར་དྲི་མས་བསྒྲིབས། །དེ་ཉིད་བསལ་ན་སངས་རྒྱས་ཉིད། །ཅེས་གསུངས་སོ། །ཞེས་གསལ་ཞིང་རྒྱས་པར་གསུངས་ཤིང་དེའི་ཁུངས་ཀྱང་བྱམས་ཆོས་དང་རྒྱུད་སྡེ་གཉིས་ལ་མཛད་པ་ཡིན་ནོ། །དེས་ན་གཞིའི་གནས་ལུགས་ལ་དག་པར་བྱ་རྒྱུའི་ཆོས་རྡུལ་ཙམ་མེད་ཀྱང་རེ་ཞིག་དེ་ལྟར་མ་རྟོགས་པའི་སེམས་ཀྱི་འཁྲུལ་སྣང་གློ་བུར་བ་སྦྱོང་བའི་ཕྱིར། གནས་ལུགས་དེ་དང་རྣམ་པ་མཐུན་པའི་ལམ་སྒོམ་པ་ནི་དྲི་མ་སྦྱོང་བའི་གཉེར་པོར་སོང་སྟེ་སྦྱང་བྱ་རིམ་གྱིས་དག་པ་དང་། གཞི་ལ་བཞུགས་པའི་ཡོན་ཏན་རྣམས་མངོན་དུ་གྱུར་པའི་རིམ་པ་ལ་འབྲས་བུ་ཐོབ་པར་ཐ་སྙད་བཏགས་ཤིང་དེའི་ཕྱིར་བསྐྱེད་རིམ་གྱི་ལྷ་སྐུ་བསྒོམ་པ་ཡང་སྤྱངས་རྫོགས་ཀྱི་རིམ་པས་ཚོགས་ལམ་དུ་མོས་སྤྱོད་ཀྱི་ལྷ་སྐུ་སྦྱོར་ལམ་དུ་རླུང་སེམས་ཀྱི་ལྷ་སྐུ། མཐོང་ལམ་དུ་འོད་གསལ་གྱི་ལྷ་སྐུ། སྒོམ་ལམ་དུ་སློབ་པའི་ཟུང་འཇུག་གི་ལྷ་སྐུ། སངས་རྒྱས་ཀྱི་སར་མི་སློབ་པའི་ཟུང་འཇུག་གི་ལྷ་སྐུར་འགྱུར་བའི་ཕྱིར། ཀྱེ་རྡོར་ལས། སེམས་ཅན་རྣམས་ནི་སངས་རྒྱས་ཉིད། །ཅེས་པ་སོགས་གོང་དུ་དྲངས་པའི་དོན་ལ་སྦྲ་ཧེ་བཞིན་པ་འདིར་འགྲོར་བ་ཡིན་ཞིང་། དེ་ལྟར་མ་ཡིན་པར་ཤེས་བྱ་གཞིའི་སྐབས་སུ་རྒྱུའི་རྒྱུད་དང་། ལམ་གྱི་གནས་སྐབས་སུ་སྦྱང་བྱེད། འབྲས་བུའི་དུས་སུ་བྲལ་འབྲས་ཀྱི་སྐུ་དང་ཡེ་ཤེས་སོགས་རི་བོང་གི་རྭ་དང་མོ་གཤམ་གྱི་བུ་ལྟར་ཤེས་བྱ་ལ་མེད་པར་མཐའ་གཅིག་ཏུ་བཞེད་ན་དེ་དང་དེའི་རྣམ་བཞག་དང་དགོས་པ་རྣམས་སྟོང་པར་འགྱུར་ཞིང་བསྐྱེད་རིམ་སོགས་སྒོམ་པའང་

མེད་པ་ལ་ཡོད་པར་སྒྲོ་འདོགས་སུ་འགྱུར་བ་སོགས་སྐྱོན་མང་པོ་ཞིག་ཉེ་བར་འགྱུར་རོ། །

གསུམ་པ་ལ་གཉིས་ཀྱི་དང་པོ་གཞུང་གིས་སྟོན་ཚུལ་ནི། དེས་ན་གསང་སྔགས་གསར་མ་ལ། །རྣལ་འབྱོར་ཆེན་པོའི་ལྷག་ན་ནི། །དེ་བས་ལྷག་པའི་རྒྱུད་སྡེ་མེད། །སྒོམ་པའི་དམིགས་པ་ཉིད་ཀྱང་ནི། །རྣལ་འབྱོར་ཆེན་པོའི་གོང་ན་མེད། །དེ་ལས་སྐྱེས་པའི་ཡེ་ཤེས་ནི། །སྤྲོས་པ་མེད་ཅིང་བརྗོད་བྲལ་བས། །ཐེག་པའི་རིམ་པར་མི་བཞེད་དོ། །ལུགས་འདི་ལེགས་པར་ཤེས་གྱུར་ན། །ཨ་ཏི་ཡོ་གའི་ལྟ་བ་ཡང་། །ཡེ་ཤེས་ཡིན་གྱི་ཐེག་པ་མིན། །བརྗོད་བྲལ་བརྗོད་བྱར་བྱས་པ་ནི། །མཁས་པའི་དགོངས་པ་མིན་ཞེས་བྱ། །ཞེས་གསུངས་ཏེ། ཚུལ་འདིས་གསང་སྔགས་གསར་མ་པ་རྣམས་ལ་མ་ཧཱ་ཡོ་ག་ལས་ལྷག་པའམ་དེའི་གོང་དུ་རྒྱུད་སྡེ་གཞན་མེད། དེ་མེད་པས་སྒོམ་པའི་རིམ་པའང་དེ་ལས་ལྷག་པ་མེད། དེ་ལས་སྐྱེས་པའི་ཡེ་ཤེས་ནི་སྤྲོས་པས་དབེན་ཞིང་བརྗོད་པ་དང་བྲལ་བའི་ཕྱིར་ཐེག་པ་དང་རྒྱུད་སྡེའི་གོ་རིམ་དུ་མི་བཞེད་ཅེས་པ་སྟེ། སྐྱ་འགྱུར་པ་ལ་ནང་པ་བསྐྱེད་རྫོགས་གསུམ་ཞེས་ཡོངས་སུ་གྲགས་པའི་བསྐྱེད་པ་མ་ཧཱ་ཡོ་ག་དང་། རྫོགས་པ་ཨ་ནུ་ཡོ་ག་རྫོགས་པ་ཆེན་པོ་ཨ་ཏི་ཡོ་ག་གསུམ་བརྗོད་བྱ་རྗོད་བྱེད་ཀྱི་སྒོ་ནས་རྒྱུད་སྡེ་དང་ཐེག་པའི་གོ་རིམ་དུ་བཞག་པར་བྱར་ཡོད་བཞིན་དུ་དེར་བཞག་པ་དང་། འདུས་པ་སོགས་སུ་དཀྱིལ་འཁོར་རྒྱལ་མཆོག་གི་ཏིང་ངེ་འཛིན་སྒོམ་པའི་བྱེ་བྲག་ཙམ་ལ་རྣལ་འབྱོར་དང་། ཤིན་ཏུ་རྣལ་འབྱོར་དང་། རྗེས་སུ་རྣལ་འབྱོར་དང་། རྣལ་འབྱོར་ཆེན་པོ་བཞིའི་རིམ་པ་མཛད་པ་གཉིས་མིང་ཙམ་མཐུན་པ་ལ་དགོངས་ནས་དེ་དག་དོན་གཅིག་ཏུ་འཛིན་པ་ཡོད་དོགས་པས་མི་གཅིག་པའི་ཁྱད་པར་གོང་དུ་གསང་སྔགས་རྙིང་མ་པ་རྣམས་ནི་རྣལ་འབྱོར་རྣལ་འབྱོར་ཆེན་པོ་དང་། རྗེས་སུ་རྣལ་འབྱོར་ཤིན་ཏུ་ནི། །རྣལ་འབྱོར་ཞེས་བྱ་རྣམ་པ་བཞི། །ཐེག་པའི་རིམ་པ་ཡིན་ཞེས་ཟེར། །ཞེས་པ་དང་། གསང་སྔགས་ཕྱི་འགྱུར་པ་རྣམས་ནི། །རྣལ་འབྱོར་ཤིན་ཏུ་རྣལ་འབྱོར་དང་། །རྗེས་སུ་རྣལ་འབྱོར་རྣལ་འབྱོར་ཆེ། །འདི་དག་ཏིང་འཛིན་རིམ་ཡིན་གྱི། །རྒྱུད་སྡེའི་རིམ་པར་མི་བཞེད་དོ། །ཞེས་གསུངས་ཏེ་དེའི་དོན་འཆད་པ་ན་འདི་སྐད་དུ་རྣལ་འབྱོར་ཆེན་པོ་གཞིར་བྱས་ལ་རྣལ་འབྱོར་གསུམ་དུ་འབྱེད་པ་འདི་ སྤྱིར་གསང་བ་འདུས་པ་ལ་སོགས་པའི་རྒྱུད་ལས་འབྱུང་བས་རྣལ་འབྱོར་གྱི་རིམ་པར་འཐད་ཀྱང་ཐེག་པ་དང་རྒྱུད་སྡེའི་རིམ་

པར་མི་འཐད་དེ། རྣལ་འབྱོར་བཞིའི་ནང་གི་རྣལ་འབྱོར་ཆེན་པོ་དང་། རྒྱུད་སྡེ་བཞིའི་རྣལ་འབྱོར་ཆེན་པོ་དོན་མི་གཅིག་པའི་ཕྱིར། གོ་རིམ་ཡང་མི་མཐུན་ཏེ། རྣལ་འབྱོར་བཞིའི་ནང་གི་བཟང་ཤོས་རྣལ་འབྱོར་ཆེན་པོ་ཡིན་པ་ལ། ཁྱེད་ཐེག་པ་རིམ་དགུ་འདོད་པ་དག་གིས་ཤིན་ཏུ་རྣལ་འབྱོར་བཟང་བར་ཁས་བླངས་པའི་ཕྱིར་ཞེས་འཆད་པར་གསལ་ལོ། །

གཉིས་པ་སྐྱོན་དེ་སྤོང་བ་ལ། སྤྱིར་ཐེག་པ་དགུའི་གྲངས་ལ་ཀླུན་ཀ་མི་འཇུག་པ་དང་། བྱེ་བྲག་ཨ་ནུ་ཨ་ཏི་གཉིས་ཐེག་པ་དང་རྒྱུད་སྡེའི་རིམ་པར་འཐད་པ་སྒྲུབ་པའོ། །དང་པོ་ནི། ཆོས་ཀྱི་རྗེས་ཐེག་པ་གསུམ་ཡོངས་སུ་གྲགས་པའི་དབང་དུ་མཛད་པ་ཡིན་ལ། རྙིང་མ་རང་ལུགས་སུ་ཐེག་རིམ་དགུའི་རྣམ་གཞག་མཛད་པ་ལ་དོན་གྱིས་རྩོད་པ་མེད་དེ། བདེ་བར་གཤེགས་པས་གདུལ་བྱ་སོ་སོའི་བློ་དང་མཚམས་པར་ཐེག་པའི་རིམ་པ་ཧེ་སྙེད་ཅིག་གི་རྣམ་གཞག་མཛད་ནས་རེ་ཞིག་དེ་དང་དེས་འདུལ་བའི་གདུལ་བྱ་དྲང་བའི་ཐབས་སུ་བསྟན་ཡང་མཐར་ཐུག་སངས་རྒྱས་ཐམས་ཅད་ཀྱི་བགྲོད་པ་གཅིག་པའི་ཐེག་པ་མཆོག་ལ་བཀྲི་བའི་ངལ་སྟེགས་ཙམ་དུ་དགོངས་པ་སྟེ། ལམ་སྟེགས་ཀྱི་ཐེག་པ་དེ་རྣམས་ཀྱིས་རང་རང་དང་རྗེས་མཐུན་གྱི་འབྲས་བུ་རེ་ཐོབ་ཏུ་ཟིན་ཀྱང་། ད་དུང་གོང་ནས་གོང་དུ་བགྲོད་བྱའི་ལམ་དང་འབྲས་བུ་ཡོད་པའི་ཕྱིར་དམ་པའི་ཆོས་པདྨ་དཀར་པོ་ལས། དྲང་སྲོང་རྣམས་ཀྱིས་ཐེག་པ་གསུམ་བསྟན་པ། །རྣམ་འདྲེན་རྣམས་ཀྱི་ཐབས་ལ་མཁས་པ་སྟེ། །ཐེག་པ་གཅིག་སྟེ་གཉིས་སུ་ཡོད་མ་ཡིན། །བཀྲི་བའི་དོན་དུ་ཐེག་པ་གསུམ་བསྟན་ཏོ། །ཞེས་གསུངས་པའི་ཕྱིར་རོ། །དེས་ན་ཐེག་པ་ཆེན་པོ་ནི་གཅིག་ཉིད་དེ་གང་དུ་གཉིས་སམ་གསུམ་དུ་གསུངས་པ་ནི་གནས་སྐབས་སུ་ངལ་གསོ་བའི་དོན་ཙམ་ལས་ཐེག་པ་དངོས་མ་ཡིན་པར་བསྟན་པ་དང་། ཐེག་ཆེན་གཅིག་པོ་དེ་ལའང་རྒྱུ་དང་འབྲས་བུའི་ཐེག་པ་གཉིས་སུ་དབྱེ་བའི་སྐབས་འབྲས་བུའི་ཐེག་པ་བླ་ན་མེད་པ་ཉིད་མ་རྟོགས་ན་ཉན་རང་བྱང་སེམས་ཀྱི་ཡོག་གི་ཐེག་པ་སོ་སོས་རང་སའི་མི་མཐུན་ཕྱོགས་འགོར་བ་དང་མཐའ་གཉིས་ལས་ངེས་པར་འབྱུང་བའི་འབྲས་བུ་རེ་ཐོབ་ཀྱང་། བླ་ན་མེད་པའི་ཐེག་པ་གཅིག་གང་ཡིན་པ་དེར་གདོད་འཇུག་དགོས་ཏེ་ཐོབ་བྱའི་མཐར་ཐུག་རྫོགས་པའི་སངས་རྒྱས་ཀྱི་གོ་འཕང་དེ་ཉིད་ལམ་བདེན་མཐར་ཐུག་ཐེག་པ་མཆོག་ཉིད་ལས་འབྱུང་དགོས་པ

ཡིན་ན་དེ་ར་མ་ཞུགས་པས་འབྲས་བུའི་མཐར་ཐུག་པ་ཐོབ་པར་མི་ནུས་ཕྱིར། འཇམ་དཔལ་སྒྱུ་དྲྭ་ལས། ཐེག་པ་གསུམ་གྱིས་ངེས་འབྱུང་ལ། །ཐེག་པ་གཅིག་གི་འབྲས་བུར་གནས། །ཞེས་པ་ལ་སོགས་ལུང་མང་བའི་ཕྱིར་རོ། །དེ་བས་ན་ཉན་རང་བྱང་སེམས་ཀྱི་ཐེག་པ་གསུམ་དང་། ཕྱི་མ་ལ་ནང་གསེས་ཀྱི་དབྱེ་བས་རྡོ་རྗེའི་ཐེག་པ་སྟེ་བཞིར་འགྱུར་ཡང་བྱང་ཆུབ་སེམས་དཔའི་ཐེག་པར་དོན་གྱིས་གཅིག་ཏུ་བགྲངས་པ་ཡིན་ལ། དེ་བཞིན་དུ་ཐེག་པ་ལྔར་གསུངས་པའང་ཡོད་དེ། ལང་གཤེགས་ལས། ལྷ་ཡི་ཐེག་དང་ཚངས་པའི་ཐེག །དེ་བཞིན་དུ་ནི་ཉན་ཐོས་དང་། །དེ་བཞིན་གཤེགས་དང་རང་རྒྱལ་གྱི། །ཐེག་པ་ཐ་དད་ངས་བཤད་དོ། །ཞེས་ཐེག་པ་ལྔ་དང་།

འཇམ་དཔལ་སྒྱུ་དྲྭ་ལས། ཐེག་པ་སྣ་ཚོགས་ཐབས་ཚུལ་གྱིས། །འགྲོ་བའི་དོན་ལ་ཧྲོག་པ་པོ། །ཞེས་པས་སྣ་ཚོགས་ཀྱི་སྒྲ་ནི་མང་པོའི་དོན་དང་། ཡུ་ནའི་སྒྲ་ནི་ཐོབ་བྱེད་དམ། བཞོན་པ་དང་ཕྱོགས་ཀྱི་དོན་དུ་འགྱུར་བས་གང་དོན་དུ་གཉེར་བའི་འབྲས་བུ་དེ་ཉིད་ཐོབ་པའི་ཐབས་སམ་ཡན་ལག་ཏུ་གྱུར་པ་ཞིག་སྟེ་འཁོར་བ་ནས་མྱང་འདས་ཀྱི་བར་གྱི་ལམ་བདེན་ཐམས་ཅད་ལ་སྦྱོར་བཏང་ཐེག་པ་གཅིག་གི་སྒྲ་སྦྱོར་ཡང་རུང་ལ། བྱེ་བྲག་ཇི་སྙེད་པ་དེ་སྙེད་དུ་ཐེག་པའི་སྒྲ་སྦྱོར་ཡང་མི་འགལ་ཏེ་ཕྱིའི་ནམ་མཁའ་དང་ཁྱིམ་སོ་སོའི་ནམ་མཁའ་བཞིན་ནོ། །དེས་ན་ལང་གཤེགས་ལས། ཇི་སྲིད་སེམས་ནི་འཇུག་པའི་བར། །ཐེག་པའི་མཐའ་ལ་ཐུག་པ་མེད། །ཅེས་གསུངས་པའི་དོན་ཡང་འདི་ཉིད་ལ་འཇུག་གོ། །གཞན་དུ་ཐེག་པ་གསུམ་ཁོ་ནར་ངེས་གཟུང་བཀུབ་པའང་མ་ཡིན་ཏེ། འཕགས་པ་རྟོགས་ཆེན་ཕྲུག་རྒྱ་ལས། ཐེག་པ་ནི་གཅིག་ཁོ་ནར་ངེས་ཏེ་གཉིས་དང་གསུམ་དུ་མ་མཆིས་སོ། །ཞེས་དང་། ཡུམ་བར་མ་ལས་ཀྱང་། རབ་འབྱོར་ཐེག་པ་ནི་གཅིག་ཁོ་ན་སྟེ་བླ་ན་མེད་པའི་སངས་རྒྱས་ཀྱི་ཐེག་པའོ། །ཞེས་པ་ལ་སོགས་པ་གསུངས་པའི་ཕྱིར་མཐའ་གཅིག་ཏུ་ཞེ་ན་ཐེག་པ་གསུམ་དུ་སྨྲ་བ་ལའང་ཀླན་ཀ་འཇུག་པར་འགྱུར་ལ། གཞན་ཡང་ལྷའི་བུ་རབ་རྩལ་སེམས་ཀྱིས་ཞུས་པའི་མདོ་ལས། ཐེག་པ་ཆེན་པོའི་ཐེག་པ་འདི། །སངས་རྒྱས་ཐེག་པ་བསམ་མི་ཁྱབ། །སེམས་ཅན་གྱི་ནི་གོ་སྐབས་འབྱེད། །ཐེག་པ་ཆེན་པོ་བླ་ན་མེད། །ཐེག་པ་ཇི་སྙེད་ཡོད་པ་ཀུན། །འདི་ནི་དེ་ཡི་མཆོག་ཏུ་དགོངས། །དེའི་ཕྱིར་ཐེག་པ་ཆེན་པོ་ལས། །ཐེག་པ་ཐམས་ཅད་རབ་ཏུ་དབྱེ། །ཞེས་གསུངས་པས་ཇི་སྙེད་ཀྱི་སྒྲ་ནི་མང

པོའི་དོན་ཏེ་དེའི་ཕྱིར་ལམ་གྱི་ཆོས་ཐམས་ཅད་ལ་དགོངས་པ་དང་། ཐེག་པ་དེ་ཐམས་ཅད་ཀྱི་དབྱེ་གཞི་ཐེག་པ་ཆེན་པོ་གཅིག་ཁོ་ནར་བསྟན་པ་སོགས་ཐེག་པའི་གྲངས་དང་གོ་རིམ་ངེས་བཟུང་མཐའ་གཅིག་ཏུ་བྱར་མེད་པའི་དབང་པོ་འདི་ལས་གཞན་མི་དགོས་ཤིང་། རིགས་པས་ཀྱང་འགྲུབ་སྟེ། མངོན་པར་མཐོ་བ་ནས་རྣམ་པ་ཐམས་ཅད་མཁྱེན་པའི་བར་གྱི་སས་བསྡུས་པར་ལམ་གྱི་རྣམ་པའི་བགྲོད་བྱེད་སྤྱི་དང་བྱེ་བྲག་ཇི་སྙེད་པ་ཐམས་ཅད་ལ་ཐེག་པའི་སྒྲ་དོན་གྱིས་ཁྱབ་པའི་ཕྱིར་ཆོས་ཀྱི་རྗེས་གསང་སྔགས་སྔ་འགྱུར་བ་རྣམས་ཐེག་པ་རིམ་དགུའི་གྲངས་སུ་བཞེད་པ་དང་། གསར་མའི་བཞེད་པ་ན་ཡམས་སུ་བཀོད་པ་ཙམ་ལས་དེ་ཉིད་མི་འཐད་པར་བཞེད་པ་མ་ཡིན་པས་དཔྱད་པ་རྣོན་པོར་རློམ་པ་དག་གིས་གྲངས་ཀྱི་དབྱེ་བསྡུ་ཙམ་ལ་གླན་ཀ་མི་དགོས་པར་རྟོགས་སོ། །

གཉིས་པ་ནི། བསྐྱེད་པའི་རིམ་པ་གཙོ་བོར་སྟོན་པ་མ་ཧཱ་ཡོ་ག་དང་། རྫོགས་པའི་རིམ་པ་གཙོ་བོར་སྟོན་པ་ཨ་ནུ་ཡོ་ག་སྟེ། དེ་ཡང་ཨ་ནུ་མན་ཆད་ཀྱི་ཐེག་པ་འདི་རྣམས་སྒྲུབ་ཚུལ་བློས་བྱས་ལས་མ་འདས་ཤིང་བསྒྲུབ་བྱ་འདུས་བྱས་ལས་མ་ལྡོག་པས་རྣལ་མའི་ཆོས་ཉིད་དོན་དམ་པའི་བདེན་པ་མཐོང་བ་ལ་ཁྱད་པར་ཤིན་ཏུ་ཆེ་སྟེ། ཉན་རང་གིས་དོན་དམ་པའི་བདེན་པ་རྟུལ་རྗེས་སུ་འདོད་པ་དང་། བྱང་སེམས་ཀྱིས་བདེན་གཉིས་རེས་འཇོག་ཅན་ཏུ་ལྟ་བ་དང་། ཀྲི་ཡས་དག་བྱ་དག་བྱེད་ཀྱི་རྩོལ་བས་འབྲས་བུ་དོན་དུ་གཉེར་བ་དང་། ཨུ་བྷ་ས་ལྟ་བ་རྣལ་འབྱོར་སྤྱོད་པ་ཀྲི་ཡའི་ཆས་འབྲས་བུ་སྒྲུབ་པ་དང་། རྣལ་འབྱོར་གྱིས་ལྷ་དང་བདག་གཉིས་སུ་ལྟ་བ་དང་། མ་ཧཱ་ཡོ་གས་བསྐྱེད་རིམ་བློས་བྱས་ཀུན་བརྟགས་དང་། རྩ་ཐིག་རླུང་གསུམ་ལ་ལུས་ངག་ཡིད་ཀྱི་ལས་བཀོལ་བའི་རྫོགས་རིམ་དཔེའི་ཡེ་ཤེས་ཀྱིས་རྗེས་སུ་དཔག་པས་དོན་གྱི་ཡེ་ཤེས་མཚོན་པར་འདོད་པ་དང་། ཨ་ནུ་ཡོ་གས་དབྱིངས་དང་ཡེ་ཤེས་བསྐྱེད་བྱ་སྐྱེད་བྱེད་ལྷའི་དཀྱིལ་འཁོར་དུ་ལྟ་བ་རྣམས་རང་སའི་ཤེས་རབ་ཟབ་པ་ཡིན་ཡང་རྫོགས་ཆེན་པས་གཞལ་ན་སྣང་གཉེན་གྱི་མཐའ་ལ་ཞེན་པས་གཤིས་ཀྱི་བཞུགས་ཚུལ་ཇི་བཞིན་པ་མངོན་དུ་བྱེད་མི་ནུས་ཤིང་བློས་བྱས་ཀྱིས་རིག་པས་རྣལ་མའི་ཆོས་ཉིད་ལ་བསྒྲིབས་པར་གསུངས་ཏེ། ཇི་སྐད་དུ་ཀུན་བྱེད་ལས། ངེས་པ་ཐོབ་པའི་ཐེག་པ་དྲུག །རྫོགས་པ་ཆེན་པོའི་གོས་སར་བསྟན། །ཞེས་སོགས་གསུངས་པ་བཞིན་ནོ། །

རྫོགས་པ་ཆེན་པོ་ནི་བྱས་ཆོས་བློའི་གྲུབ་མཐའ་ཀུན་གྱིས་རེག་པའི་སྐབས་མེད་པ་ཐོག་མ་ཉིད་ནས་སེམས་ཀྱི་ཆོས་ཉིད་ཡེ་གྲོལ་ཆེན་པོར་གནས་པའི་གཤིས་ལ་ཡིན་ལུགས་ལྟར་བཟོ་མི་འཆོས་པར་གཏན་ལ་འབེབས་པས་ལམ་འོག་མ་དག་གིས་རྣམ་གྲངས་མང་པོས་མཚོན་དུ་བྱ་རྒྱུའི་ཆོས་ཉིད་དེ་འདིས་འབད་བྱ་རྩོལ་ལ་མ་ལྟོས་པར་མངོན་སུམ་ཅར་ཕོག་ཏུ་མཐོང་བར་འགྱུར་བའི་ཕྱིར། རྫོགས་པའི་རིམ་པ་ཐམས་ཅད་ཀྱི་མཐར་ཐུག་ཡིན་པས་ན་ཆེན་པོའི་སྒྲ་ཞུགས་པ་སྟེ་རྫོགས་རིམ་ཆེན་པོའམ། རྫོགས་པ་ཆེན་པོ་ཞེས་ཐ་སྙད་དུ་མཛད་པ་དང་། ཨ་ནུ་མན་ཆད་ཀྱི་ཐེག་པ་བརྒྱད་པོ་དེ་རྣམས་ལམ་བདེན་མཐར་ཐུག་གི་ཐེག་པ་གཅིག་པོ་འདི་ཁོ་ནར་བགྲོད་པའི་ལམ་སྟེགས་སུ་གསུངས་པ་སྟེ། སློབ་དཔོན་ཨིནྡྲ་བྷཱུ་ཏིའི་རིན་པོ་ཆེ་འཕོར་འདུས་མན་ངག་ལས། རང་བཞིན་གྱིས་ནི་འོད་གསལ་ཞིང་། །རྫོགས་པ་ཆེན་པོའི་མཐར་ཐུག་པ། །མན་ངག་ཀུན་གྱི་མཆོག་གི་མཆོག །དེ་སྒྲུབ་ཐབས་སུ་གསུངས་པར་ཟད། །ཅེས་གསུངས་པ་བཞིན་ནོ། །དེ་བས་དེ་ཐེག་པའི་རིམ་པར་ཤིན་ཏུའང་འཐད་པ་ཡིན་ལ་རྫོགས་པའི་སངས་རྒྱས་ཀྱི་གོ་འཕང་དངོས་ལ་སྦྱོར་བའི་ལམ་བདེན་ཐམས་ཅད་ཀྱི་མཐར་ཐུག་པར་གྲུབ་པ་ཡིན། འདིས་ཆོས་ཉིད་གདོད་ནས་དག་པ་ཆེན་པོའི་གཤིས་ཀྱི་བཞུགས་ཚུལ་སྒྲ་ཇི་བཞིན་པའི་མཚར་བྲུས་པར་གྱུར་པ་ལ་གཅར་ཕོག་ཏུ་སྤྲོས་པའི་འཕགས་པའི་ལམ་བདེན་འདུས་མ་བྱས་ཏེ་སྐད་ཅིག་ཉིད་ལ་བྱ་རྩོལ་བྲལ་བའི་ཆོས་ཉིད་ལ་སྦྱོར་བར་བྱེད་པ་ཡིན་ལ། དེ་ཉིད་ཀྱི་ཕྱིར་ཨ་ནུ་དང་ཨ་ཏི་གཉིས་པོ་རྣལ་འབྱོར་ཆེན་པོ་ཁོ་ནའི་བསྐྱེད་རྫོགས་ཀྱིས་ཕྱེ་བར་བཞེད་ནའང་འགལ་བ་མེད་དེ། བླ་མེད་ཉིད་གཞིར་བྱས་པ་ལ་ཟབ་པ་དང་། ཆེས་ཟབ་པ་དང་། ཤིན་ཏུ་ཟབ་པའི་གོ་རིམ་དུ་བཞག་ནའང་རུང་བའི་ཕྱིར་རོ། །དེར་མ་ཟད་ཨ་ཏི་ཡོ་ག་ཉིད་ལའང་ཟབ་པ་དང་། ཆེས་ཟབ་པ་དང་། ཤིན་ཏུ་ཟབ་པའི་གོ་རིམ་གྱིས། ཇི་སྐད་དུ། ལྟ་བ་རྣམ་པ་གཉིས་ཡིན་ཏེ། །ཆོས་ཅན་ལྟ་དང་ཆོས་ཉིད་ལྟ། །ཨ་ནུ་མན་ཆད་རང་འདོད་པས། །ཆོས་ཅན་ཉིད་ལ་ལྟ་ལྟ་ནས། །ཆོས་ཉིད་དོན་ལ་རྡུལ་རེག་མེད། །ཨ་ཏིའི་རྣམ་པ་ཁ་ཅིག་གིས། །འདི་ཉིད་ཕྱོགས་ཙམ་མཐོང་བ་མེད། །རྫོགས་པ་ཆེན་པོ་ཐིག་ལེའི་སྐོར། །ཕྱི་དང་ནང་དང་གསང་བས་ཀྱང་། །འདི་ཉིད་དོན་ལ་རེག་པ་མེད། །དེ་ཕྱིར་གསང་ཆེན་མན་ངག་གི། །ལྟ་ཉིད་ཤིན་ཏུ་གསང་བའོ། །ཞེས

གསུངས་པ་བཞིན་རྫོགས་ཆེན་ཉིད་ལའང་ནང་གསེས་ཀྱི་སྒོ་ནས་དབྱེ་བ། ཆོས་ཐམས་ཅད་སེམས་ཉིད་ལས་གྲུད་ན་མེད་པས་སྣང་བྱའི་མཐའ་ལས་གྲོལ་བ་སེམས་ཀྱི་སྡེ། ཆོས་ཅན་ཐམས་ཅད་ཆོས་ཉིད་ཀུན་ཏུ་བཟང་མོའི་ཀློང་དུ་འུབ་ཆུབ་པས་གཉེན་པོའི་མཐའ་ལས་གྲོལ་བ་བྱ་བྲལ་ཀློང་གི་སྡེ། ཡིན་ལུགས་ལྟར་གནད་ལ་འབེབས་པས་སྣང་གཉེན་གཉིས་ཀའི་མཐའ་ལས་གྲོལ་བ་ཟབ་པ་མན་ངག་གི་སྡེ་གསུམ་དུ་དབྱེ་བའི། ཕྱི་མ་ལའང་ལུས་དང་འདྲ་བ་ཕྱི་སྐོར། མིག་དང་འདྲ་བས་ནང་སྐོར། སྙིང་དང་འདྲ་བ་གསང་སྐོར། ཐམས་ཅད་རྫོགས་པའི་སྐྱེས་བུ་དང་འདྲ་བ་ཡང་གསང་བླ་ན་མེད་པའི་སྐོར་དང་བཞིར་ཕྱེ་བ་ཡོད་དེ། དེ་དག་རྣམས་ཀྱང་སྔ་མ་སྔ་མ་ལས་ཕྱི་མ་ཕྱི་མ་རིམ་གྱིས་ཟབ་ཅིང་རྒྱ་ཆེ་བའི་ཚུལ་གྱིས་གོང་མའི་ཤེས་རབ་ཀྱིས་འོག་མ་སྲུན་དབྱུང་ནས་མཐར་བསམ་གྱིས་མི་ཁྱབ་པའི་ཆོས་ཉིད་ཀྱིས་ཆོས་ཐམས་ཅད་ཟད་པའི་གྲུབ་མཐའ་གདོད་མའི་ཟད་ས་ཆེན་པོར་སྐྱོལ་སོ་བྱེད་པ་སྟེ། གསང་སྐོར་མན་གྱི་རྫོགས་ཆེན་པ་འདི་དག་གིས་ཀྱང་ཆོས་ཉིད་ཡིད་དཔྱོད་ཀྱི་ལམ་དུ་ལུས་པ་ལས་ཡང་གསང་བླ་ན་མེད་པས་ནི། དེ་ཉིད་སྒོམ་མེད་ཁྲེགས་ཆོད་ཀྱིས་གྲོལ་སའི་ཀ་དག་ཆེན་པོ་ལ་སྦྱོར་བ་དང་། སྒོམ་ཡོད་ཐོད་རྒལ་གྱིས་མངོན་སུམ་དབང་པོའི་ཡུལ་དུ་ངོ་འཕྲོད་པས་ཡིད་དཔྱོད་སྐོག་གྱུར་དུ་མ་ལུས་པས་གེགས་དང་གོལ་ས་ལས་གྲོལ་བས་ཁྱད་པར་དུ་འཕགས་ཤིང་། དེ་ཉིད་ལ་བྱར་མེད་རྩོལ་བྲལ་དུ་གནད་དུ་བསྣུན་པས་ཉམས་གོང་འཕེལ་དུ་བྱེད་ཅིང་། ཚད་ཐོག་ཏུ་ཕེབས་ནས་བློ་དང་ཆོས་སུ་བཏགས་པའི་འཁྲུལ་སྣང་གི་རྒྱལ་ཁམས་ཐམས་ཅད་ཟད་པའམ་ནུབ་ནས་ཡེ་ཤེས་ཀྱི་རྒྱལ་ཁམས་ཆེན་པོར་ལ་མ་བློས་ཀྱི་བར་དུ་རིམ་པས་བོགས་དབྱུང་ནས་མངོན་དུ་བྱ་རྒྱ་ཆེས་མང་བའི་ཕྱིར་ཐེག་པའི་ཐ་སྙད་བཏགས་ཀྱང་། གང་གི་ཚེ་མཐར་ཕྱིན་པ་ན་ཉམས་ཀྱི་འཕེལ་པའང་ཟད་ནས་གཞིའི་འོད་གསལ་ལོངས་སྐུ་ཆེན་པོའི་ནང་དབྱིངས་གཞོན་ནུ་བུམ་པ་སྐུའི་དཀྱིལ་འཁོར་དུ་ཤེལ་འོད་ནང་དུ་སྡུད་པ་ལྟར་ཟད་དང་མི་སྐྱེ་བའི་ཡེ་ཤེས་ཆེན་པོ་མངོན་དུ་བྱས་པའི་ཚེ། འདི་ལ་སྔ་འགྱུར་རྫོགས་ཆེན་པས་འཁྲུལ་བའི་ཆོས་ཀྱིས་དག་ཚུལ་ལ་བཏགས་པས་བློ་ཟད་ཆོས་ཟད་ཅེས་ཐ་སྙད་བྱེད་ཅིང་། ལང་གཤེགས་སུ། སེམས་ནི་ནམ་ཞིག་གྱུར་པ་ན། ཐེག་པ་མེད་ཅིང་བགྲོད་པའང་མེད། ཅེས་པའི་དོན་ལ་ཇི་བཞིན་པ་འགྱུར་པ་ཡིན་ལ། དེས་ན་ཨ་ཏི་ཡོ་ག་ཡེ་ཤེས་ཡིན་གྱི་ཐེག་པ་

མིན་ཞེས་གསུངས་པ་ནི་འདུས་པ་སོགས་ཀྱི་རྣལ་འབྱོར་བཞིའི་རིམ་པའི་ཨ་ཏི་ཡོ་ག་ལ་དགོངས་ནས་གསུངས་པར་སྣང་བའི་ཕྱིར་དེས་རྫོགས་པ་ཆེན་པོ་ཨ་ཏི་ཡོ་ག་ཐེག་པ་མིན་པར་གསུངས་པར་མི་འགྱུར་མོད། གལ་ཏེ་སྨྲ་བ་པོ་གཞན་གྱིས་དེ་ལ་བསམས་ནས་བརྗོད་ནའང་མིན་པར་དཀའ་སྟེ། བརྗོད་བྱར་ལྟོས་ནས་ཡེ་ཤེས་དང་། རྗོད་བྱེད་ལ་ལྟོས་ནས་ཐེག་པར་བཞག་པ་བྱར་ཡོད་དེ། བརྗོད་བྱ་རྗོད་བྱེད་ལ་མཚན་དུ་བཏགས་པ་ཤེར་ཕྱིན་སྟོན་པའི་སྡེ་སྣོད་ལ་ཤེས་རབ་ཀྱི་ཕ་རོལ་ཏུ་ཕྱིན་པ་ཞེས་སློས་པ་བཞིན་ཏེ། ཕྱོགས་ཀྱི་གླང་པོས། ཤེས་རབ་ཕ་རོལ་ཕྱིན་གཉིས་མེད། །ཡེ་ཤེས་དེ་ནི་དེ་བཞིན་གཤེགས། །བསྒྲུབ་བྱ་དོན་དེ་དང་ལྡན་པས། །གཞུང་ལམ་དག་ལ་དེ་སྒྲས་བསྟན། །ཞེས་གསུངས་པ་བཞིན་ནོ། །ཡེ་ཤེས་ཡིན་ན་དེ་ཉིད་ཐེག་པའང་ཡིན་ཏེ་ཡེ་ཤེས་རྟོགས་བྱེད་ཀྱི་ཐབས་སམ་རྒྱུར་གྱུར་པ་ལ་ཐེག་པ་ཞེས་བརྗོད་དེ་ཡེ་ཤེས་མཐོང་བ་ཉེ་རིང་ལ་ལྟོས་ནས་ཐེག་པ་ཆེ་ཆུང་རྒྱུ་འབྲས་ཀྱི་ཐེག་པ་སོ་སོར་ཕྱེ་བའི་ཕྱིར། སངས་རྒྱས་ཕལ་པོ་ཆེ་ལས། ཡེ་ཤེས་ཀྱི་ཐེག་པ་དང་། ཐེག་པ་ཆེན་པོ་ལ་གཞོལ་བའི་སེམས་ཀྱིས་དགེ་བའི་རྩ་བ་དེ་དག་ཡོངས་སུ་བསྔོའོ། །ཞེས་དང་། རབ་རྩལ་རྣམ་གནོན་གྱིས་ཞུས་པ་ལས། སངས་རྒྱས་ཀྱི་ཡེ་ཤེས་ནི་ཐེག་པ་ཆེན་པོའོ། །ཞེས་ཆེད་དུ་བཀའ་སྩལ་པའི་ཕྱིར་ཆོས་ཀྱི་རྗེའི་དྲང་དོན་དགོངས་པ་ཅན་གྱི་གསུང་ལ་བློ་དམན་གཞན་གྱིས་ངེས་དོན་དུ་འཁྲུལ་པར་མི་བྱ་བར་ཇི་ལྟར་བཀའ་སྩལ་པའི་དོན་ཉིད་ལ་མཉམ་པར་བཞག་དགོས་སོ། །རིགས་པས་ཀྱང་འགྲུབ་སྟེ། རྟ་དང་ལྡན་པའི་ཤིང་རྟ་ལ་རྟའི་ཤིང་རྟ་ཞེས་བརྗོད་པ་བཞིན་དུ་ཡེ་ཤེས་དེ་དང་ལྡན་པའི་ཐེག་པ་ལ་ཨ་ཏི་ཡོ་གའི་ཐེག་པ་ཞེས་བརྗོད་པ་ལ་ཀླན་ཀ་ཅིའི་ཕྱིར་འཛུག །དེས་ན་གསང་སྔགས་སྔ་འགྱུར་པ་ལ་ཐུན་མོང་མ་ཡིན་པར་གྲགས་པའི་ཡོ་ག་རྣམ་པ་གསུམ་གྱི་བརྗོད་བྱ་ཟབ་ལ་རྒྱ་ཆེ་བ་དུས་གསུམ་གྱི་དེ་བཞིན་གཤེགས་པ་སྲས་དང་བཅས་པའི་དགོངས་པའི་ཞེ་ཕུག་ས་རྒྱུད་སྡེ་འོག་མ་ཕྱི་རྒྱུད་སྡེ་གསུམ་དུ་མིང་ཙམ་ཡང་མ་གྲགས་པའི་མཐར་ཐུག་གི་སྙིང་པོ་གང་ཡིན་པ་དང་། རྗོད་བྱེད་ཚིག་གི་རྒྱུད་རྫོགས་ཆེན་རང་ལའང་འབུམ་ཕྲག་དྲུག་ཅུ་རྩ་བཞི་ཡོད་པར་གསུངས་པ་ལས་གངས་རིའི་ལྗོངས་འདིར་ཆོས་རྒྱལ་ལོ་པཎ་གྱི་ཐུགས་བསྐྱེད་སྨད་བྱུང་གི་སྐུ་དྲིན་དང་། དུས་དེའི་གདུལ་བྱའི་བསོད་ནམས་ཀྱི་བགོ་སྐལ་ལས་ཆ་ཤས་ཙམ་ཞིག་ལྷག་ཆོས་ཁོ་ནར་

བསྒྱུར་བ་གསང་ནས་ཉམས་སུ་བླངས་པས་དངོས་གྲུབ་མཆོག་ཐོབ་པ་མང་ཞིག་བྱུང་བའི་རྗེས་སུ་བོད་རྣམས་ཀྱིས་བསོད་ནམས་མ་ཡིན་པ་དུས་སུ་སྨིན་པ་དང་། གདུལ་བྱའི་སྣོད་ཀྱི་རྟེན་འབྲེལ་རེ་ཞིག་རྫོགས་པ་འགྲིགས་ནས་གླང་དར་མ་འུ་དུམ་བཙན་གྱིས་རྒྱལ་བསྟན་རིན་པོ་ཆེ་ལ་སྐབས་བཙལ་བ་ནས་བཟུང་རྫོགས་པ་དོན་གྱི་ཆོས་འཁོར་ཡོ་ག་རྣམ་པ་གསུམ་གྱི་བསྟན་པ་སྨྲས་པའི་ཡུལ་རྣམས་དང་། ཡུལ་ཕྲན་ཁོལ་བུ་རྣམས་སུ་མི་མངོན་པར་བཞུགས་པས་བསྟན་པ་ཕྱི་དར་གྱི་དུས་སུ་མཁས་བླུན་ཕལ་མོ་ཆེའི་མདུན་སར་མ་འགྲིམས་པའི་རྒྱུ་མཚན་དང་། རྒྱ་གར་གྱི་པཎ་གྲུབ་རྣམས་གསང་བ་ལ་ཐུགས་སྐྱམ་པས་ཡོངས་སུ་མ་གྲགས་པ་ཙམ་ལ་བརྟེན་ནས་ཕྱིས་ཀྱི་ལོ་ཙཱ་བ་འགའ་ཞིག་གིས་རྫོགས་ཆེན་རྒྱ་གར་དུ་མ་གྲགས་པར་བསམས་པའི་རྒྱུ་ཡང་དེ་དག་ལས་གྱུར་པར་སྣང་ངོ་། །དེས་ན་རྣལ་འབྱོར་བཞིའི་རིམ་པ་དང་ནང་པ་བསྐྱེད་རྫོགས་གསུམ་མིང་མཐུན་པ་ལ་དགོངས་ནས་ངོ་བོ་གཅིག་པར་བསླུབས་ནས་དེ་ལ་ཐེག་པའི་གོ་རིམ་མི་འཐད་པའི་གཏན་ཚིགས་བཀོད་ཀྱང་འགྲུབ་པར་དཀའ་སྟེ། བསྐྱེད་རྫོགས་གསུམ་གྱི་བརྗོད་དོན་རྣལ་མའི་དེ་བཞིན་ཉིད་རྟོགས་པ་ལ་ཐབས་མི་ཟབ་པ་དང་ཟབ་པ་དང་ཆེས་ཤིན་ཏུ་ཟབ་པའི་ཁྱད་པར་གོང་མ་གོང་མའི་ཤེས་རབ་ཀྱིས་འབྱེད་པས་ཐེག་པའི་གོ་རིམ་དུ་བཞག་པར་བྱུར་ཡོད་ཅིང་། རྗོད་བྱེད་སྒྲ་ཚིག་གི་རྒྱུད་སྡེའི་རྣམ་གྲངས་ཀྱང་དཔག་པར་དཀའ་བ་ཞིག་བཞུགས་པར་གསུངས་པའི་ཕྱིར་བརྗོད་བྱ་རྗོད་བྱེད་ཀྱིས་ཤིན་ཏུ་ཐ་དད་པ་ཡིན་ནོ། །

༈ གཉིས་པ་ནུར་གྱིས་ཕོག་པར་འདོད་པ་སེལ་བ་ལ་འཕང་གསུམ་སྟེ། རྫོགས་ཆེན་ལ་ཧྭ་ཤང་ཆེན་པོའི་ཆོས་ལུགས་འདྲེས་པར་འདོད་པ་དང་། འབྲས་བུའི་མཐར་ཐུག་འོད་གསལ་དུ་མི་འཐད་པར་འདོད་པ་དང་། གཏེར་ནས་བྱུང་བའི་ཆོས་ཀྱི་བརྒྱུད་པ་རྡོ་རྗེ་འཆང་ལ་སྙེག་པ་མི་འཐད་པར་འདོད་པའི་དོགས་སྤོང་ངོ་། །དང་པོ་ནི། ད་ལྟའི་ཕྱག་རྒྱ་ཆེན་པོ་དང་། །རྒྱ་ནག་ལུགས་ཀྱི་རྫོགས་ཆེན་ལ། །ཞེས་པ་ནས། ཕལ་རྒྱ་ནག་ཆོས་ལུགས་ཡིན། །ཞེས་པའི་བར་གྱིས་བསྟན། འདི་ལ་གསེར་གྱི་ཐུར་མ་ལས། རྒྱ་ནག་མཁན་པོའི་ཆོས་ལུགས་ལ་རྫོགས་ཆེན་གྱི་མིང་འདོགས་པ་ཁོང་རང་གི་ལུགས་ལ་མེད་ཀྱང་ཨ་ཧེ་པས་ཐབས་ཀྱི་ཆ་མི་དགོས་པ་དེ་ལྟར་ཁས་བླངས་ན་དེར་སོང་ཞེས་ཕུལ་

བའོ། །ཞེས་གསུངས་པ་དེ་ཡང་དགོངས་གཞི་རིམ་གྱིས་པའི་ལུགས་ཤིང་རྟ་ཆེན་པོའི་རྗེས་འབྲངས་ཚད་མར་སྒྲུབ་པའི་གསུང་ཡིན་ལ། ཅིག་ཅར་པར་གྲགས་པ་ངེས་དོན་དུ་འཁྲུལ་པ་མེད་ཀྱང་དབང་རྣོན་གྱི་ལམ་ཡིན་པའི་ཕྱིར་དབང་པོ་རྣོ་རྟུལ་ཐམས་ཅད་དེར་འཇུག་པ་དགག་པའི་ཕྱིར་དགོངས་པ་ཅན་གྱི་གསུང་དུ་ངེས་སོ། །

འོན་ཀྱང་ཕྱིས་སུ་བྱིས་པ་ཀ་ཁ་ཤེས་པ་ཡན་ཆད་ཀྱིས་ནང་ཤང་གི་ཆོས་ལོག་ཅེས་མུ་སྟེགས་དང་ཀླ་ཀློ་ཙམ་དུ་ནོར་བའི་ཁུངས་བྱེད་པ་ཞིག་འདུག་སྟེ། ཐོག་མར་རྒྱ་ནག་མཁན་པོའི་ཆོས་དེ་ནོར་བ་ཡང་དག་པ་ཡིན་མིན་ལ་དཔྱད་དགོས་པས། ཆོས་དེའི་ཁུངས་བཤད་པ་དང་། དེ་ཉིད་སྐྱོན་མེད་པར་བསྟན་པའོ། །

དང་པོ་ནི། རྒྱ་ནག་གི་ཡུལ་དུ་བསྟན་པ་ཐོག་མར་ཕེབས་པའི་དུས་ནི་ཧན་གྱི་མིང་རྫི་རྒྱལ་པོ་ཡུང་ཕིང་གི་རྨི་ལམ་དུ་དེ་བཞིན་གཤེགས་པས་བྱིན་གྱིས་བརླབས་པའི་ལྟས་བྱུང་བས་རྒྱུ་བྱས། སྔོན་གྱི་རྒྱལ་པོ་ཏེ་ཙུ་ཙུ་དབང་གི་དུས་ཀྱི་བསྟན་པ་དར་བར་འགྱུར་བའི་ལུང་བསྟན་གྱི་ཡི་གེ་རྙེད་པས་གསོལ་བཏབ་ནས་འཕགས་ཡུལ་དུ་ཆོས་འཚོལ་བའི་ཕོ་ཉ་བཏང་བ་དང་། དགྲ་བཅོམ་པ་མ་ཏངྒ་དང་། པཎྜི་ཏ་རྒྱ་ལ་ར་གཉིས་བྱོན་ནས་བསྟན་པའི་དབུ་བརྙེས་ནས་བཟུང་རིམ་གྱིས་ཐེག་པ་ཆེ་ཆུང་གི་སྡེ་སྣོད་དང་པཎྜི་ཏ་ཤིན་ཏུ་མང་བ་ཕེབས་ཤིང་བསྟན་པ་འཛིན་སྐྱོང་ནུས་པའི་ཧྭ་ཤང་མཁས་ཤིང་གྲུབ་པ་ཤིན་ཏུ་མང་བར་བྱོན། ཧྭན་ནས་རིམ་པར། ཛིང་དང་། ཡུ་གུར། ཆི་དང་། ཛིའུ་དང་། སུང་དང་། ཆི་དང་། ལི་ཡང་དང་། ཐན་དང་། སུན་དང་། ཐང་སོགས་ནས་དེ་དག་གི་བར་དུ་རྒྱལ་བསྟན་རིན་པོ་ཆེ་རྒྱུའི་ཐེག་པ་གཙོ་བོར་དར་བ་མ་ཉམས་ཤིང་ཤིན་ཏུ་འཕེལ་བའི་རྒྱུན་ལས། ཧྭ་ཤང་བྱང་ཆུབ་སེམས་དཔའ་ཆེན་པོ་མཧཱ་ཤེས་དང་ཏིང་ངེ་འཛིན་ལ་དབང་འབྱོར་བའང་བགྲངས་ཀྱིས་མི་ལང་བ་བྱོན་ནས་བསྟན་པ་བསྐྱངས་པའི་གཏམ་རྒྱས་པར་སྨྲོ་བར་ནུས་མོད་ཀྱང་ཡི་གེས་འཇིགས་པས་མི་སྤྲོའོ། །དེ་ལས་འདུལ་བའི་བསྟན་པ་ནི་འཕགས་པ་དགེ་འདུན་གོ་ཆ་དང་། རིག་འཛིན་ཀུ་མཱ་རའི་རྗེས་སུ་འཇུག་པའི་བཤད་པ་དང་ཕྱག་ལེན་རྒྱུན་ཤིན་ཏུ་གཙང་བ་དེང་སང་གི་བར་དུ་དར་ལ། གསང་སྔགས་ལ་ནི་རྒྱུད་སྡེ་འོག་མ་ཙི་རིགས་པར་ཉན་བཤད་ཀྱི་སྲོལ་བྱུང་མོད།

བླ་མེད་སྤྱི་དང་ཁྱད་པར་རྣལ་འབྱོར་མའི་རྒྱུད་ནི་གདུལ་བྱའི་བློ་ལ་མ་ཤོང་བས་རྒྱལ་པོ་རྣམས་ཀྱི་བཀས་བཅད་ནས་སྒྲོལ་ཚུགས་པར་མ་ནུས་སོ། །

ཕ་རོལ་ཕྱིན་པའི་གཞུང་ལ། རྒྱལ་ཆེན་སྤྱོད་པའི་བརྒྱུད་པ་དང་། ཟབ་མོ་ལྟ་བའི་བརྒྱུད་པ། སྒྲུབ་རྒྱུད་དོན་གྱི་བརྒྱུད་པ་སྟེ། བཀའ་སྒྲོལ་གསུམ་ཡོད་པ་ལ་སོ་སོའི་བརྒྱུད་པའང་བར་མ་ཆད་ཀྱི་ཁུངས་རྣམ་པར་དག་པ་དང་ལྡན་ཞིང་དེ་ཡང་བོད་རྣམས་བཞིན་དུ་མཁས་པ་སོ་སོའི་བློ་ལ་ཤར་ཚོད་ཀྱི་བཤད་སྒྲོལ་དང་ལག་ལེན་བྱེད་ས་མེད་པ་དང་། ཆོས་རྒྱུན་དེ་ཡང་རང་རང་སློབ་ཀྱི་བརྒྱུད་སྒྲོལ་གང་འཛིན་པ་དེ་ལས་གཞན་མང་པོ་འདྲེས་མར་མི་བྱེད་པ་སོགས་ཀྱིས་ཤིན་ཏུ་རྣམ་པར་དག་པའི་བརྒྱུད་པ་དང་ལྡན་པའོ། །

དེ་ལ་རྒྱ་ཆེན་སྤྱོད་པའི་བརྒྱུད་པ་ནི། རྒྱལ་ཚབ་མ་ཕམ་པ་དང་། ཐོགས་མེད་སྐུ་མཆེད། རྣམ་རཀྵི་ཏ། སློབ་དཔོན་དགའ་བོ། འདུལ་བཟང་སྟེ། འདི་ལས་རྒྱའི་སློབ་དཔོན་ཐང་ཟན་ཅང་གིས་ཞུས་ནས་རྒྱ་ཡུལ་དུ་མདོ་དགོངས་པ་ངེས་འགྲེལ་དང་། ལནྐ་གཤེགས་པ་དང་། བྱམས་ཆོས་ལྔ་སོགས་བཀའ་དང་བསྟན་བཅོས་ཤིན་ཏུ་མང་བ་བསྒྱུར་ཅིང་། ལྟ་སྒོམ་སྤྱོད་གསུམ་གྱི་སྒོ་ནས་བཀའ་ཐ་མའི་བསྟན་པ་རྒྱ་ཆེར་སྤེལ་ལོ། །

ཟབ་མོ་ལྟ་བའི་བརྒྱུད་པ་ནི། འཇམ་དབྱངས། ཀླུ་སྒྲུབ། ཟླ་གྲགས། ལེགས་ལྡན་འབྱེད། པྲཛྙཱ་རསྨི། རྒྱ་ཡི་སློབ་དཔོན་ཡེ་ཤེས་དཔལ། ཡེ་ཤེས་བློ་གྲོས། དེ་ལ་ས་ཧྭ་ཤང་ཆེན་པོ་ཏེ་ཞེས་དྷ་ཤི་ལ་བརྒྱུད་དེ་འདི་ནི་རྒྱ་ནག་གི་ཡུལ་དུ་ཟབ་མོ་ལྟ་བའི་ཤིང་རྟ་ཆེན་པོར་གྱུར་ཏེ་མདོན་ཤེས་དང་བྱང་ཆུབ་སེམས་ལ་དབང་འབྱོར་བས་ཕྱོགས་དེར་སངས་རྒྱས་གཉིས་པ་ལྟ་བུའི་ཕྲིན་ལས་ཅན་དུ་གྱུར་ཅིང་། གསུང་རབ་སྤྱི་ལ་དུས་ཚིགས་ལྔའི་ཁོག་འབུམས་པ་དང་། ཁྱད་པར་ཟབ་མོ་ལྟ་བའི་གནས་ལ་ཤེར་ཕྱིན་དང་མདོ་པད་དཀར་སོགས་བཀའ་དང་། དགོངས་འགྲེལ་རྩ་ཤེས་འབུམ་ཊཱི་ཀ་སོགས་ལ་འཆད་ཉན་དང་། བསྟན་བཅོས་ཀྱང་ཤིན་ཏུ་མང་བར་མཛད། ཏུན་མིན་ཧེ་ཙིག་ཙར་འཇུག་པའི་སྒོ་དང་། ཙེ་ཡན་མིན་ཧེ་རིམ་གྱིས་འཇུག་པའི་སྒོ་དང་། བྷི་མི་སྟེ་གསང་བ་ཐུན་མོང་མིན་པའི་སྒོ་དང་། མ་ངེས་པའི་སྒོ་དང་། སྤྱི་སྟོད་ཀྱི་སྒོ་དང་། རིགས་པའི་སྒོ་དང་། རྣམ་པར་

དབྱེ་བའི་སྒོ་དང་། ཡོངས་སུ་རྫོགས་པའི་སྒོ་སྟེ་འཇུག་སྒོ་བརྒྱད་ཀྱི་སྒྲོལ་ཚུགས་པར་མཛད་པ་སོགས་བསྟན་པ་ལ་མཆོག་ཏུ་བཀའ་དྲིན་ཆེའོ། །

༄ གསུམ་པ་སྒྲུབ་རྒྱུད་དོན་གྱི་བརྒྱུད་པ་འདིར་ཙུང་མིན་ཞེས་བྱ་སྟེ། བཀའི་བརྒྱུད་པར་བསྒྱུར་དུ་རུང་བ། ཉམས་ལེན་བྱིན་རླབས་བརྒྱུད་པ་དང་། རིག་སྟོང་ཕྱག་རྒྱ་ཆེན་པོར་ཡང་བོད་ཆོག་པ་སྙིང་པོ་དོན་གྱི་བསྟན་པར་གྲགས་ཏེ། རྗེ་བཙུན་ཏཱ་ར་ནཱ་ཐའི་རྒྱ་གར་ཆོས་འབྱུང་དུ། མགོན་པོ་ཀླུ་སྒྲུབ་ཀྱིས་ཨཙྪ་དེ་བ་ལ་སྙིང་པོ་དོན་གྱི་བསྟན་པ་གཏད་ནས་དཔལ་གྱི་རི་ལ་གཤེགས་སོ། །ཞེས་གསུངས་པའང་འདི་ལ་དགོངས་པ་སྟེ། དོན་གྱི་བསྟན་པ་འདི་ཤིན་ཏུ་ཟབ་ཅིང་རྒྱ་ཆེ་བ་ཉིད་ཀྱི་ཕྱིར་ཐུན་མོང་གི་སྤྱོད་ཡུལ་ལས་འདས་པས་བློ་གྲོས་ཆེན་པོ་དང་ལྡན་པ་ལ་ཚིག་བརྒྱུད་དུ་སྟོན་དགོས་པའི་ཆེད་དུ་སྟེ། ཚིག་སྤྱིའི་བསྟན་པའི་གཏད་རབས་ཙམ་ནི་མ་ཡིན་ནོ། །དེ་ལྟ་བུ་དེ་རྒྱ་ནག་གི་ཡུལ་དུ་བྱུང་བའི་ཚུལ་ནི། རྫོགས་པའི་སངས་རྒྱས་ཤཱཀྱ་ཐུབ་པ། འཕགས་པ་འོད་སྲུངས་ཆེན་པོ། འཕགས་པ་ཀུན་དགའ་བོ། དགྲ་བཅོམ་པ་ཤ་ནའི་གོས་ཅན། དགྲ་བཅོམ་པ་ཉེར་སྦས། དེ་ལས་འཕགས་པ་ཧྲི་ཧྲི་ཀ་དང་། ཉི་མ་གྲུང་པ་གཉིས་ལས། ཧྲི་ཧྲི་ཀ་ནས་དགྲ་བཅོམ་པ་ནག་པོ། དེས་འཕགས་པ་ལེགས་མཐོང་། བི་སྨྲ་གི་གཉིས་ལ། བི་ཧྲ་ག་ནས། བུདྡྷ་ནནྡི། བུདྡྷ་ནནྡི། བུདྡྷ་མི་ཏྲ། དགེ་སློང་རྩི་བས་ལོག །པུ་ཎ་ཤ་ཏ། ཧ་སྐད། མ་ཤི་བ། ཀླུ་སྒྲུབ། ཨཱཙྪ་དེ་བ། རཱ་ཧུ་ལ། སཾ་སྨྲ་ནནྡི། ཀཱ་ལ་ཤ །ཀུ་མཱ་ར་ཏ། ཤ་ཡ་ཏ། དབྱིག་བཤེས། མ་ནོ་ཏ། ཧ་ཀ་ལེ་ཀ་ཤ །དགེ་སློང་སེང་གེ། ཧྲ་ཤུ་སིདྡྷ། བི་ཤྭ་མི་ཏྲ། པྲཛྙཱ་ཏཱ་ར། དེ་ནས་བྱང་ཆུབ་ཆོས་མཆོག་སྟེ་སློབ་དཔོན་འདི་འོད་སྲུངས་ནས་བཟུང་གཏད་རབས་ཉི་ཤུ་རྩ་བརྒྱད་པ་ཡིན་ལ། ཁོང་ཉིད་ཀྱིས་འཕགས་ཡུལ་དུ་སྣ་ཚོགས་བཤེས་གཉེན་ཕྱི་མ་ལ་བསྟན་པ་གཏད་ནས་རྒྱ་ནག་ཏུ་བྱོན། གིའང་ནན་གྱི་ཡུལ་དུ་ལེའང་ཨུ་རྡི་རྒྱལ་པོ་དང་མཇལ་ནས་རྒྱལ་པོ་དང་དགེ་བཤེས་འགའ་ཞིག་གིས་ཆོས་ཞུས་པར། ཇི་སྐད་དུ་འཕགས་པ་སྟོད་པ་ལས། ཇི་ལྟར་དུག་དང་འདྲེས་པའི་ཁ་ཟས་བཟང་ཟ་བ། དཀར་པོའི་ཆོས་ལ་དམིགས་པའང་དེ་འདྲར་རྒྱལ་བས་གསུངས། ཞེས་པ་བཞིན། རྒྱལ་པོ་དེ་དད་པ་དང་གཏོང་བ་སོགས་ཀྱིས་བསོད་ནམས་གསོག་པ་ལ་སྙིང་སྟོབས་ཆེ་ཡང་། ཟབ་མོའི་དོན་ལ་མི་མོས་ཤིང་རང་གི་མཛད་པ་ལ་རློམ་སེམས་ཡོད་པ་དང་། མཆོད་གནས

ཕལ་མོ་ཆེ་ཡང་ཟབ་མོའི་དོན་ལ་ལྟ་བའི་ཤེས་རབ་བོགས་མ་ཐོན་པར་ཐོས་པའི་ཡོན་ཏན་ཙམ་གྱིས་མངོན་པར་ཁེངས་པ་མང་བས་དེ་དག་ཟབ་མོའི་ཆོས་ཉིད་ལ་བགྲོ་བའི་སླད་དུ་ཤེས་རབ་ཀྱི་ཕ་རོལ་ཏུ་ཕྱིན་པའི་གནས་ལུགས་སྙྲ་ཇི་བཞིན་པ་དྲང་ཐད་དུ་བསྟན། ཇོ་བོ་རྗེའི་ཞལ་ནས། ཉམས་ལེན་བཟང་ཤོས་རྣམས་ལ་བྱ་བ་ངན་པ་ཐོངས་ཤིག་གསུངས་པའི་དགོངས་པ་ལྟར་སྤྱོད་པའི་མཐའ་ལ་ཞེན་པས་མི་འཆིང་བའི་ཐབས་ལ་བགྲོ་བར་མཛད་པ་ན། སྟོན་དུ་ཟབ་མོའི་གནས་ལ་བློ་གྲོས་མ་ཕྱོགས་པའི་རྒྱུས་ཐམས་ཅད་ཏ་ལས། བོད་དུ་ལུགས་འདི་ཆད་ལྟར་འཁྲུལ་པའི་གཏམ་དེའང་ཐོག་མར་རྒྱ་ནག་ཏུ་བྱུང་སྟེ། མཁས་པར་རློམ་པ་རྣམས་ཀྱང་བློ་ལ་མ་ཤོང་ནས་ཆད་ལྟ་མཁན་དུ་རྟོག་ཅིང་སྨྲར་པར་གྱུར། རྒྱལ་པོ་ལ་ངོ་སོ་མ་མཛད་པས་དེ་ཉིད་མ་དགའ་བའི་རྐྱེན་གྱིས་ཀྱང་ཐམས་ཅད་ཀྱིས་བཏང་སྙོམས་སུ་བྱས། སློབ་དཔོན་གྱིས་དེར་གདུལ་བྱ་དུས་ལ་མ་བབས་པར་གཟིགས་ནས་བྱང་ཡུ་གུར་གྱི་ཡུལ་དུ་ཕེབས། གིའང་གི་གླིང་ཆེན་པོ་ལ་ཛྫ་འཕྲུལ་གྱི་བྱ་བས་བརྒྱལ་བ་དང་དམག་དཔོན་གྲུ་ལ་ཞོན་ནས་འགྲོ་བ་ཞིག་གིས་མཐོང་ནས་དད་པ་ཐོབ། གཏམ་དེ་རྒྱ་ནག་ལྗོ་པ་རྣམས་ཀྱིས་ཐོས་ནས་འགྱོད་ཀྱང་བྱི་ལ་ཤོར་བའི་སྐད་ཁྲུང་དུ་སོང་། ཏཱ་ཤང་ཏའི་ཁ་ཞེས་བྱ་བ་སྟོན་གྱི་སློན་ལམ་རྒྱ་ཆེན་པོ་སད་པར་ཉེ་བ་ཞིག་གིས་གཏམ་དེ་ཐོས་པ་ཙམ་གྱིས་དད་པའི་སྤྱུ་ལོང་གཡོ་བར་གྱུར་ནས་ཡུ་གུར་གྱི་ཕྱོགས་སུ་ཚོལ་དུ་བྱོན་པར་སློབ་དཔོན་ཞོའུ་ལིན་ཟའི་དགོན་པར་འདུག་སྐད་ཐོས་དེར་མཁས་པ་བོ་ཧྲི་རུ་ཙི་སོགས་རྒྱ་དཀར་ནག་གི་མཁས་པ་མང་པོས་ཆོས་ཀྱི་བྱ་བ་མཛད་ཅིང་འདུག་ན་སློབ་དཔོན་ཆོས་མཆོག་གི་སྟོད་དུ་རུང་བའི་སློབ་མ་བསྒྲུགས་ཅིང་ལོ་དགུའི་བར་དུ་སྦྲས་པའི་བརྟུལ་ཞུགས་ཀྱིས་གནས་པ་ཞིག་ལ་དུས་གཞན་ཞིག་ཏུ་ཏཱའི་ཁེ་དང་། ཡུ་གུར་གྱི་བརྡེ་གསུམ་བཅས་བཞི་པོས་སློབ་དཔོན་དང་འཕྲད་ནས་སྐལ་བ་མཆོག་དང་ལྡན་པ་ནི་ཏུའི་ཁེ་ཉིད་ཡིན་ལ། འོན་ཀྱང་དེ་དག་ལ་ཆོས་སྟོན་ཚུལ་ནི། དྲིད་པོ་གོ་ཡུལ་དུ་ཤོར་བའི་ཉེན་འབྱུང་བར་དགོངས་ཏེ་ཀ་ཁ་སློབ་པ་ལྟར་གང་ཡང་མི་སློབ་སྟེ། བརྡ་བསྟན་པས་དྲིས་པ་ལ་ལན་ལྡོག་པའི་ཚུལ་དུ་ཕྱག་རྒྱ་ཆེན་པོའི་མན་ངག་ཁྲིད་ནས་དོན་ལ་བསམ་དུ་བཙུག །བསམ་བྱུང་གི་ཤེས་རབ་བརྟས་པ་ན་བསྒོམ་དུ་བཙུག་པ་སོགས་བཤད་རྒྱུད་ཀྱི་གོ་ཡུལ་ཙམ་མིན་པར་ཁ་ནང་དུ་ལོག་ནས་སྒོམ་པའི་དོན་

ཁོ་ན་ལ་སྒྲོར་བར་མཛད་པའི་ལོ་རྒྱུས་འདི་ནི། ཇོ་བོ་ཆེན་པོའི་ཞལ་ནས། ཐོས་པས་མི་ཤེས་བསྒོམས་པས་ཤེས། །ཞེས་གསུངས་པ་དང་མཐུན་ལ། དེ་ཙམ་དུ་མ་ཟད་ཐེག་པ་ཆེན་པོའི་སྒོམ་བྱུང་གི་གདམས་ཐམས་ཅད་གནས་ཚུལ་དེ་ལས་མ་འདས་ཏེ། བཅོམ་ལྡན་འདས་ཀྱིས། ཆོས་འདི་ནི་ཚིག་དང་ཡི་གེ་ལས་ཤིན་ཏུ་འདས་པ། སྒྲ་དང་རྟོག་གེའི་ཡུལ་མ་ཡིན་པ། དཔེ་དང་གཏན་ཚིགས་ཀྱིས་གཏན་ལ་མི་ཕེབས་པ། ཞེས་རྣམ་པ་ཀུན་ཏུ་བསྟན་པའི་ཕྱིར་རོ། །དེས་ན་ཧུའི་ཁ་གཅིག་ཕྱུས་དེ་ཁོ་ན་ཉིད་ཀྱི་དོན་དང་མཐའ་ལ་ཞིང་གཞན་གསུམ་པོས་ཀྱང་དོན་འོལ་སྤྱིའི་ཚུལ་གྱིས་རྟོགས་སོ། །

སློབ་དཔོན་གྱིས་སྟེ་མ་དེའི་རྒྱུད་སྨིན་པར་གཟིགས་ནས་སྙིང་པོ་དོན་གྱི་བསྟན་པ་གཏད་ནས་བདག་གིས་གཙང་སྐྱུང་བཀྲལ་བའི་དུས་བརྗེས་པའི་འདམ་བུ་ལ་ལོ་མ་ལྔ་ཡོད་པའི་རྟེན་འབྲེལ་གྱིས་ཁྲིད་ལས་ཅིག་བརྒྱུད་ཀྱི་གཏད་རབས་ལྔ་པ་ནས་མང་པོར་འཕེལ། དེ་ནས་ཚུགས་ཐུབ་ཀྱི་སྡེ་པ་ལྔར་འགྱུར་ཞེས་ལུང་བསྟན་གྱི་གདམ་བཞག་ནས་དེ་ཉིད་དུ་སྐུ་འདས་སོ། །ཕྱིས་རྒྱ་གར་ནས་འོངས་པའི་འགྲུལ་པ་འགའ་ཞིག་གིས་སློབ་དཔོན་གྱིས་ལྷམ་ཡ་གཅིག་ཐོགས་ནས་ལོག་སོང་ཟེར་བ་མཆིས་པས། སློབ་མ་ཆོས་སྐྱུལ་ཤམ་ཕྱེ་ནས་བལྟས་པ་ན་མཆིས་ལྷམ་ཡ་གཅིག་ཙམ་ལས་ཅང་མི་འདུག་སྐད་དོ། །དེའང་སློབ་དཔོན་ཧུའི་ཁེ་དྭ་ཙུ་ཚན་ཤིང་། དེ་ནས་སེང་ཚན་གིའཛན་ཏྭི་ཆན་ཤིའ། དའུ་སིན་དྭ་ཨི་ཆན་ཤིའ། ཧུང་གཞིན་དྭ་མ་ན་ཆད་ཤི། ལྷུ་ཙུ་ཧུའི་ནེང་དྭ་ཀི་ལན་ཆག་ཤིའ། ནན་ཡོ་ཧུ་ཐའི་བཞད་ཆན་ཤིའ། མ་ཙུ་དྭ་འུ་ཡི་ཆན་ཤིའམ། པེ་ཊང་མི་འོའུ་ཧྲི་ཆན་ཤིའ། ཧུའང་པོའི་ཧྲི་ཡུ་ཆན་ཤིའ། ལིན་ཀྱི་ཨི་ཧྲུའན་ཆན་ཤིའ། དེ་ཉིད་ཐེ་བའི་མི་རབས་སུམ་ཅུ་རྩ་བཞི་དང་། བརྒྱད་པའི་རབས་སློབ་དཔོན་ཆོས་མཆོག་ནས། ཐེ་ཡོའུ་མེའི་མིང་ཏིང་ཆན་ཤིང་ལ་ཐུག་གི་བར་རབས་བཞི་བཅུ་ཞེ་བཞི་བྱོན་པ་རྣམས་ཐུགས་ནས་ཐུགས་སུ་བརྒྱུད་པའི་ཉམས་མྱོང་བྱིན་རླབས་ཀྱི་བཀའ་བབ་མ་ཆད་པའོ། །ཞེས་རྒྱ་ནག་ཏུ་དམ་པའི་ཆོས་བྱུང་བའི་ཚུལ་གྱི་གཏམས་ཡང་དག་པ་ཚད་མར་གྱུར་བ་ལས་ཇི་ལྟར་འབྱུང་བ་བཞིན་བཀོད་པ་སྟེ། དེའང་བོད་དུ་བསྟན་པ་དར་བ་དང་གུང་སྒྲིག་ན། དོན་བརྒྱུད་འདི་འཕགས་ཡུལ་ནས་རྒྱ་ནག་ཏུ་ཐོག་མར་ཕེབས་པའི་སྐབས་ཀྱི་རྒྱ་ནག་ལྷོ་པ་ཀིའང་ནན་གྱི་ལིའང་ཨུ་ཏྲི་རྒྱལ་པོ་དགུང་ལོ་བཞི་བཅུ་རྩ་བརྒྱད་བཞུགས་ནས་འདས། དེའི་རྒྱལ་

རབས་བཞི་པར་རྒྱལ་སྲིད་ཐེན་གྱིས་བླངས། འདིའི་རབས་ཅི་ཙམ་བྱུང་གསལ་ཀ་མི་འདུག་ནའང་། མཐར་རྒྱལ་སྲིད་ཡུ་གུར་གྱི་བློན་པོའི་རིགས་ལས་ཧེ་ལུའི་བློན་པོ་ཡང་གིའན་གྱིས་བླངས་པའི་རྒྱལ་སྲིད་ཀྱི་མིང་ལ་སུས། སུས་ཀྱི་མི་རབས་གསུམ་གྱི་ལོ་བསྐོམས་པ་ཉི་ཤུ་རྩ་དགུའི་རྗེས་སུ་ཐང་ལི་ཡུའན་གྱིས་ཐོབ་སྟེ། ལིའུ་ཡན་འདིའི་སྲས་ཆེ་བ་ཐང་ཐའི་ཙུང་རྒྱལ་པོ་བོད་རྣམས་ཀྱིས་སེང་གེ་བཙན་པོར་བོད་པ་བོད་རྒྱལ་སྲོང་བཙན་སྒམ་པོ་དང་དུས་མཚུངས་ཏེ་ཞེན་ཆིང་ཀུང་ཅུའི་ཡབ་ཡིན་ནོ། ། དེས་ན་ཐང་གི་རྒྱལ་རབས་ཐོག་མ་དང་བོད་རྒྱལ་བྱང་ཆུབ་སེམས་དཔའ་རྣམས་དུས་མཚུངས་པར་ཤེས་དགོས་ཏེ། རགས་པ་ཙམ་དུ་ཐེག་གི་དུས་དང་བོད་རྒྱལ་ཐོ་རི་སྙན་ཤལ་འཁྲིག་གམ་སྙམ་པ་ནི་བདག་གི་རྣམ་རྟོག་སྟེ་འཕྲོས་དོན་ནོ། །

༄ གཉིས་པ་ནི། བོད་ཀྱི་ལྗོངས་འདིར་བཙད་པོ་ཁྲི་སྲོང་ལྡེའུ་བཙན་གྱིས་འཕགས་པའི་ཡུལ་ནས་ཨཱ་ཙཱརྻ་བོ་དྷི་ས་ཏྭ་དང་། པདྨ་འབྱུང་གནས་སོགས་སྤྱན་དྲངས་ནས་རྒྱལ་བའི་བསྟན་པ་རིན་པོ་ཆེ་སྤེལ་བར་མཛད་པའི་སྐུ་རོལ་ཏུ་རྒྱ་ནག་གི་སློབ་དཔོན་མང་པོ་སྤྱན་དྲངས་ནས་ཐེག་པ་ཆེ་ཆུང་གི་སྡེ་སྣོད་མང་པོ་བཤད་བསྒྱུར་གྱིས་གཏན་ལ་ཕབ། ཕྱིས་ཤིག་ཏུ་མཁན་པོ་བྱང་ཆུབ་སེམས་དཔའ་སྐུ་དབང་པོའི་འོག་ཏུ་རྒྱའི་སློབ་དཔོན་ཐེག་པ་ཆེན་པོ་པར་གྲགས་ཞིག་བྱོན་པའི་ཐུགས་སུ་སངས་རྒྱས་ཕལ་པོ་ཆེའི་སྡེ་སྣོད་བཞུགས་པ་ལྷ་ཀླ་ན་ཤི་ལོ་ལོ་ཙྪ་བྱས་ཏེ་བསྒྱུར། སྐབས་འདིར་མཁན་པོའི་སློབ་མ་རྣམས་ལ་ཅི་ཡན་མེད་དང་། བསམ་གཏན་མཁན་པོ་ལ་ཧོན་མེས་ཏུ་བཏགས་པ་ནི་བོད་རྣམས་ཀྱིས་རང་བཟོར་ངེས་ཏེ་རྒྱ་ནག་ཏུ་གྲགས་པ་དང་ནི་མི་མཚུངས་སོ། །བསམ་གཏན་མཁན་པོར་གྲགས་པ་དེ་ནི་ཙུང་མིན་གྱི་བཀའ་སྲོལ་འཛིན་པ་མན་ངག་སྒོང་ལ་གཙོ་བོར་འཛིན་པ་ཞིག་སྟེ། གོང་དུ་སྨོས་པའི་ཙུང་མིན་གྱི་གཏད་རབས་ལྔ་པ་མན་ཆད་ཅིག་ཏུ་བྱུང་བར་ཤེས་ལ་རྒྱ་ནག་གི་ལོ་རྒྱུས་སུ་སློབ་དཔོན་འདིའི་གསལ་ཀ་ནི་མི་འབྱུང་མོད། གང་ལྟར་ཕ་རོལ་ཕྱིན་པའི་མན་ངག་གི་དོན་བརྒྱུད་ཀྱི་གདམས་པ་ཚིག་དང་ཡི་གེ་ལས་འདས་པའི་དོན་དྲང་ཐད་དེ་ཉིད་བོད་ཀྱི་བཙུན་པ་རྣམས་ལ་གདམས་པས་གོང་དུ་རྒྱ་ནག་གི་དུས་སྐབས་དང་མཚུངས་པར་མཁན་པོའི་སློབ་མ་སུ་ཡེ་ཤེས་དབང་པོ་དང་། དཔལ་དབྱངས་ངམ། སྦ་རཏྣ་སོགས་ཤིང་རྟ་གཉིས་ཀྱི་གཞུང་ལུགས་

གཙོ་བོར་བྱེད་པའི་མཁས་པ་རྣམས་ཀྱི་ཐུགས་སུ་མ་ཤོང་སྟེ་མི་མཐུན་པར་གྱུར་པ་ན་ཤན་འབྱེད་པར་རྒྱ་གར་ནས་མཁན་པོའི་ཆོས་ལུགས་འཛིན་པ་སློབ་དཔོན་ཀ་མ་ལ་ཤཱི་ལ་བོད་དུ་སྤྱན་དྲངས། དེའི་ཚེ་བསམ་ཡས་སུ་སློབ་དཔོན་ཧྭ་ཤང་དང་ཞལ་འཛོམ་པ་ན་ཀ་མ་ལ་ཤཱི་ལས་ཕྱག་ཤིང་ཀླད་དུ་ལན་གསུམ་བསྐོར་བའི་བརྡས་ཁམས་གསུམ་དུ་འཁོར་བའི་རྒྱུ་དྲིས་པ། ཧྭ་ཤང་ཆེན་པོས་བེར་གྱི་ཐུ་བ་གཉིས་ནས་ཕྱག་གིས་བཟུང་སྟེ་སྣྲུགས་པའི་བརྡས་གཟུང་འཛིན་གཉིས་ཡིན་པར་ལན་བཏབ་སྐད། འདི་ལ་དཔྱད་ན་སློབ་དཔོན་གཉིས་ཀ་འཕགས་པའི་སར་བཞུགས་པ་རྩོད་པ་མེད་དེ་སོ་སོ་ཡང་དག་པའི་རིག་པ་བཞི་ལ་དབང་འབྱོར་བས་སོ། །དེ་ནས་ཀ་ཤཱི་དཔོན་སློབ་དང་བསམ་གཏན་མཁན་པོ་ཤག་འགྲེད་པ་ལ་ཞུགས་པ་ན་རྒྱ་གར་པ་དཔོན་སློབ་ནི་ཐུན་མོང་དུ་ཡོངས་སུ་གྲགས་པའི་ཤིང་རྟ་ཆེན་པོ་དག་གི་རྗེས་སུ་འབྲངས་པས་ལྟ་བ་ལུང་རིགས་དང་འབྲེལ་ཞིང་། སྤྱོད་པ་དུས་ཚོད་དང་འབྲེལ་བའི་ཆོས་ལ་གཙོ་བོར་མཛད་པ། བསམ་གཏན་མཁན་པོ་བཞེད་པའི་མན་ངག་ནི་རྟོག་གེ་དང་ཚིག་གིས་མཚོན་པར་བྱ་བ་མ་ཡིན་པ་དང་། དེ་ཉིད་དགག་སྒྲུབ་ཀྱི་སྤྲོས་པ་ལ་རང་བཞིན་གྱིས་མི་འཇུག་པས་རེ་ཞིག་ཡོངས་སུ་གྲགས་པའི་བཀའ་སྲོལ་ཉིད་དབང་བཙན་པར་བྱས་ཏེ་ཧྭ་ཤང་བསམ་གཏན་མཁན་པོ་ཉིད་རང་གནས་སུ་བཞུད་དོ། །

སྐབས་འདིར་ན་བཞེད་སོགས་སུ་ལོ་རྒྱུས་མང་པོ་འདུག་པ་རང་འདོད་ཀྱིས་བཅོས་པ་མིན་ན་རུང་ལ་འོན་ཀྱང་དུས་དེར་ཀ་ཤཱི་དཔོན་སློབ་ཀྱིས་དགག་བྱའི་ངོ་བོ་ནི། མཉམ་གཞག་ཏུ་ཅི་ཡང་ཡིད་ལ་མི་བྱེད་པ་དང་། གནས་ལུགས་ཇི་ལྟ་བ་རྟོགས་པའི་ཚེ་འདུས་བྱས་ཀྱི་ཚོགས་གསོག་པ་གཙོ་བོར་མི་བྱེད་པ་ཙམ་མོ། །དེ་ལ་བློ་གཟུ་བོར་གནས་པ་དག་གིས་ལེགས་པར་བཟུང་ན། ཆོས་ཉིད་གནས་ལུགས་སྒྲ་ཇི་བཞིན་པ་རྟོགས་པའི་ཚེ་སྤྱོད་པའི་མཐའ་ལ་ཞེན་པ་རང་སའི་སྒྲིབ་པ་རྨས་པོ་ཆེར་འགྱུར་བས་དེ་དང་དེར་ཞེན་ན་འཆིང་བར་བསྟན་པ་ནི་ངེས་དོན་གྱི་སྡེ་སྣོད་དང་རྒྱུད་སྡེ་ཐམས་ཅད་ཀྱི་བསྟན་དོན་མཐར་ཐུག་ཏུ་ངེས་པར་དམིགས་པ་ཅན་གྱི་དགེ་རྩ་སྦྱིན་སོགས་ཐམས་ཅད་དེ་དང་དེའི་ཚུ་རོལ་དང་། དམིགས་པ་མེད་པའི་ཤེས་རབ་ཀྱིས་ཟིན་པའི་ཟག་པ་མེད་པའི་དགེ་རྩ་སྦྱིན་སོགས་དྲུག་གི་ཕ་རོལ་ཏུ་ཕྱིན་པར་གསུངས་ན། བདེ་བར་གཤེགས་པའི་བསྟན་པའི་ངེས་དོན་མཐར་

ཐུག་དམིགས་པ་མེད་པའི་ཆོས་ཉིད་དྲང་ཐད་དུ་སྟོན་པའི་གནས་སྐབས་ཐམས་ཅད་དུ་དོན་འདི་ལས་མ་འདས་པས་ན་བསམ་གཏན་མཁན་པོ་རྗེས་འབྲངས་དང་བཅས་པའི་རང་བཟོ་མ་ཡིན་པར་ཤེས་པར་བྱ་ཞིང་། དེས་རང་གི་རང་མི་དགེ་བའི་རྟོག་པ་གང་ཡང་རུང་བས་གནས་ལུགས་ཡང་དག་པ་མཐོང་བ་ལ་སྒྲིབ་པར་བྱེད་པ་ནི་རྩོད་པ་པོ་ཀ་མ་ལ་ཤཱི་ལ་རང་གི་དགོངས་པའང་ཕྱོགས་སྔ་མ་ཉིད་དང་རོ་གཅིག་པ་ཡིན་ཏེ། དེ་ཉིད་ཀྱི་སྣང་བའི་ཕྲེང་བ་ལས། དམ་པའི་དོན་གྱིས་རྟོག་པ་ལའང་། །མཁས་པས་དེར་ནི་གནས་མི་བྱ། །དགེ་བའམ་མི་དགེ་བ་ཡིན་ཡང་། །རྟོག་ལ་བྱེ་བྲག་ཅི་ཞིག་ཡོད། །རྟེན་གྱི་དབྱེ་བ་ལ་བརྟེན་པའི། །མེ་སྲེག་ཉིད་དུ་བྱེ་བྲག་ཉིད། །ཙནྡན་གྱི་ནི་མེ་ཡིས་ཀྱང་། །རིག་པ་ཙམ་གྱིས་སྲེག་པ་ཉིད། །རྣམ་པར་རྟོག་པ་ཆུང་དུ་ཡང་། །ཐམས་ཅད་ཉིད་དུ་སྤང་བར་བྱ། །ཞེས་འཆད་པར་སྣང་བ་འདིས་ལས་གཞན་དབང་པོ་ཅི་ཞིག་དགོས། དེས་ན་སློབ་དཔོན་གྱིས་སྐབས་དེའི་བོད་བཙུན་རྣམས་དྲང་བའི་ཕྱིར་དེ་དང་ཕྱོགས་མཐུན་ཙམ་བསྟན་པ་ལས་རང་ཉིད་ཀྱི་བཞེད་པའི་སྙིང་པོ་ངེས་པའི་དོན་དེ་ལས་རྣམ་པ་ཀུན་ཏུ་མི་འདའ་བ་ཚད་མས་གསལ་བར་བྱས་པ་ཡིན་ཞིང་། སྤྱིར་ཡང་སློབ་དཔོན་འདི་དང་བསམ་གཏན་མཁན་པོ་རྩོད་པ་བྱུང་བ་ཙམ་གྱིས་དེ་དང་དེའི་ཆོས་ལུགས་དག་དྲི་མ་ཅན་དུ་འདོད་མི་ནུས་ཏེ་དོན་ལ་གནོད་བྱེད་ཚད་མ་མེད་པའི་ཕྱིར་དང་། གལ་ཏེ་སློབ་དཔོན་བསམ་གཏན་མཁན་པོས་ཆོས་ཀྱི་དབྱིངས་འདུས་མ་བྱས་ཀྱི་བཞུགས་ཚུལ་དྲང་ཐད་དུ་སྟོན་པ་དེ་ཉིད་ལས་དང་པོ་པ་ལའང་ཐོག་མ་ཉིད་དུ་བསྟན་པས་ཅུང་ཟད་ནོངས་སོ་ཞེ་ན་དེ་ནི་གང་ཟག་གཅིག་ཙམ་དང་བླ་མ་གཅིག་ཙམ་གྱིས་ཆོས་སྟོན་ཚུལ་སློབ་མའི་རྒྱུད་ཚོད་ལ་ལྟོས་ནས་ཅུང་ཟད་ནོངས་པར་འགྱུར་སྲིད་ཀྱང་དེ་པ་དག་གི་ཆོས་དེ་རྒྱ་བ་བཅས་པ་ཐམས་ཅད་སྐྱོན་ཅན་དུ་མི་འགྱུར་ཏེ། གང་ཟག་རང་གི་བློ་སྐྱོན་ཙམ་དུ་ངེས་པའི་ཕྱིར་དང་། དེར་མ་ཟད་གདུལ་བྱ་སོ་སོའི་བློ་ཚོད་དང་མ་མཐུན་པས་ཐེག་པ་ཆེན་པོའི་ལྷ་སྒོམ་སྤྱོད་པ་ལམ་འོག་མ་པ་དག་གི་བློར་མ་ཤོང་ནས་རྩོད་པ་འབྱུང་བ་ནི་ཆོས་ཉིད་དེ། ཉན་ཐོས་རྣམས་ཀྱིས་ཐེག་ཆེན་བཀའ་མ་ཡིན་པར་འདོད་པ་ལ་དེ་ཉིད་བཀར་སྒྲུབ་པ་མདོ་སྡེ་རྒྱན་དུ་འབྱུང་བ་དང་གསང་སྔགས་བཀར་སྒྲུབ་པ་རྒྱ་གཞུང་དུ་མ་ལས་འབྱུང་བ་དང་། ཟླ་བ་གྲགས་པས་ངོ་བོ་ཉིད་མེད་པའི་དབུ་མ་དང་། ཙནྡྲ་གོ་མིས

རྣམ་རིག་དབུ་མའི་ཕྱོགས་བཟུང་ནས་ལོ་བདུན་གྱི་བར་དུ་བརྒལ་བརྟག་མཛད་པ་སོགས་ཀྱིས་གཞུང་དེ་དང་དེ་སྐྱོན་ཅན་དུ་བསྒྲུབས་ནས་འདོར་བའི་མི་རུང་བ་བཞིན་ནོ། །

སྤྱིར་ཡང་བོད་འདིར་ཅལ་སྒྲོགས་ལྟ་བུའི་ཐམས་ཅད་ལ་གྲགས་པ་ཞིག་བྱུང་ཕྱིན་གཟུ་བོའི་བློས་ཞིབ་མོར་བརྟག་དཔྱད་བྱ་བའི་སྐབས་མེད་པར། གྲགས་པ་ཁོ་ནའི་རྗེས་སུ་འབྲང་བའི་སྲོལ་ཞིག་ཐམས་ཅད་ལ་སྤྱི་ཁྱབ་ཏུ་སྡར་ནས་ཆགས་པས་མཁས་པར་གྲགས་པ་རྣམས་ལའང་དེའི་ཤན་གྱིས་གོས་པས་སམ་ཕྱིས་ཀྱི་རྟོག་གེར་གོམས་པ་རྣམས། བསམ་གཏན་མཁན་པོའི་ཆོས་ལུགས་དང་། དེ་དང་མཐུན་པའི་ཆོས་སྐད་གང་དུ་མཆིས་པ་ཐམས་ཅད་ཀྱང་ཆོས་ལོག་དྲི་མ་ཅན་དུ་བསམས་ནས་ཐོས་ནའང་རྣ་བ་འགེབས་པ་ཙམ་དུ་ལྟ་བས་དོན་དུ་ཐེག་པ་ཆེན་པོའི་ཆོས་སྤྱང་བའི་རྒྱ་ལྟུང་དྲག་པ་དང་དགུ་པ་འཁྱིད་ནས་ཁྲུར་དུ་བཞེས་མཁན་མང་པོ་ཞིག་འབྱུང་གིན་སྣང་ཡང་། མཉམ་གཞག་ཏུ་རྣམ་པར་མི་རྟོག་པ་ནི་ཐེག་ཆེན་གྱི་མདོ་དང་རྒྱུད་སྡེ་ཐམས་ཅད་ཀྱི་དགོངས་པར་རྩོད་པ་མེད་པ། མཁས་རློམས་ཀུན་ལ་གསལ་བཞིན་ཏེ། འདི་ལྟར་འཕགས་པ་སྡུད་པ་ལས། གང་ཞིག་གཟུགས་ལ་མི་གནས་ཚོར་ལ་མི་གནས་ཤིང་། །གང་ཞིག་འདུ་ཤེས་མི་གནས་སེམས་པར་མི་གནས་ལ༑ ༑རྣམ་ཤེས་གང་མི་གནས་པ་ཆོས་ཉིད་གནས་པ་སྟེ། །འདི་ནི་ཤེས་རབ་ཕ་རོལ་ཕྱིན་མཆོག་སྤྱོད་པ་ཡིན། །ཞེས་དང་། ཀྱེ་རྡོ་རྗེ་ལས། གང་ཕྱིར་ཡིད་ཀྱིས་མ་བསྒོམས་པར། །འགྲོ་བ་ཐམས་ཅད་བསྒོམ་པར་བྱ། །ཞེས་དང་། དཔལ་མདའ་བསྟན་ཞབས་ཀྱིས། སེམས་ལ་གནོད་པའི་ལས་ནི་ཐམས་ཅད་ཀྱིས་སྟོང་ཞིང་། །རྐྱེད་དང་ལེན་པའི་བྱ་བ་གང་གིས་དགོས་པ་མེད། །རྩོལ་དང་བྲལ་ཞིང་གནས་སྐབས་གློ་བུར་རྐྱེན་མེད་པར། །སྣང་བ་སྣ་ཚོགས་ཕྱག་རྒྱ་འདི་ནི་གཟིགས་མོར་ཆ། །ཞེས་དང་། ཤེར་ཕྱིན་བདུན་བརྒྱ་པ་ལས། ཆོས་གང་ལའང་བླང་བའམ། གཟུང་བའམ། དོར་བ་མཆིས་པ་དེ་ནི་ཤེས་རབ་ཀྱི་ཕ་རོལ་ཏུ་ཕྱིན་པ་སྒོམ་པ་ལགས་སོ། །གང་ཅི་ལའང་མི་གནས་པ་དེ་ཉིད་ཤེས་རབ་ཀྱི་ཕ་རོལ་ཏུ་ཕྱིན་བསྒོམ་པ་ལགས་སོ། །གང་ལའང་མི་སེམས་རྣམ་པར་མི་རིག་པ་དེ་ཤེས་རབ་ཀྱི་ཕ་རོལ་ཏུ་ཕྱིན་པ་སྒོམ་པ་ལགས་སོ། །ཞེས་དང་། བརྒྱད་སྟོང་པ་ལས། ཤེས་རབ་ཀྱི་ཕ་རོལ་ཏུ་ཕྱིན་པ་སྒོམ་པ་འདི་ནི་ཆོས་གང་ཡང་མི་སྒོམ་པ་ལགས་སོ། །ཞེས་དང་། བློ་གྲོས་རྒྱ

མཚོའི་མདོ་ལས། ཆོས་རྣམས་ཡིད་ལ་མི་བྱེད་དེ། །ལྷག་པར་བྱེད་པ་རྣམ་པར་སྤོང་། །ཆོས་རྣམས་ཐམས་ཅད་མཉམ་ཉིད་དུ། །ཡང་དག་ཉིད་དུ་ཁོང་དུ་ཆུད། །ཅེས་དང་། འཕགས་མཆོག་ཀླུའི་སྒོམ་རིམ་ལས། །ཤེས་རབ་རིག་པའི་ལྟ་བ་ལ། །སྐྱེ་བ་དང་ནི་གནས་པ་མེད། །རྟག་ཏུ་མི་རྟོག་རིག་པ་ཡིས། །སེམས་དང་སེམས་བྱུང་རྣམ་སྤངས་ནས། །བདག་ཉིད་ལྟ་བུ་ཤིན་ཏུ་གནས། །ཞེས་པ་ལ་སོགས་ཐེག་པ་ཆེན་པོའི་མདོ་རྒྱུད་དགོངས་འགྲེལ་དང་བཅས་པ་མགྲིན་གཅིག་པས་རྣམ་པར་མི་རྟོག་པའི་མཉམ་གཞག་གསུངས་ཤིང་། དེའི་ངོ་བོ་ནི་རྣམ་ཤེས་ཚོགས་བརྒྱད་ཀྱི་ཡུལ་དང་ཡུལ་ཅན་ལས་འདས་པའི་ཕུང་པོ་ལྟ་བྲལ་གྱི་ལྷག་མཐོང་སྟོང་པ་ཉིད་ཡིན་ནོ། །འོ་ན་ཐོས་པའི་ཤེས་རབ་ལ་བརྟེན་ནས་ཚུལ་བཞིན་ཡིད་བྱེད་ཀྱི་སྒོ་ནས་བསམ་བྱུང་གི་དཔྱད་པས་རྟེན་འབྱུང་གི་དེ་ཁོ་ན་ཉིད་ལ་ངེས་པ་སྐྱེ་དགོས་པར་གསུངས་ནས་ཁྱེད་ཅག་གིས་དེ་སྤངས་པས་སོ་སོར་རྟོག་པའི་ཤེས་རབ་ཀྱང་སྤང་བར་འགྱུར་རོ། །ཞེ་ན་ཆོས་ཐམས་ཅད་སྐྱེ་མེད་དུ་གཏན་ལ་དབབ་པ་ཉན་ཐོས་པས་རྟུལ་ཕྲན་གསིལ་གཏོར་དང་། ཐེག་ཆེན་གྱི་རྟེན་འབྲེལ་རིགས་པ་སོགས་ཤིང་རྟ་ཆེན་པོ་པ་དག་གིས་བཀྲལ་བའི་དགོངས་པ་ནི་རྗེས་ཐོབ་ཏུ་ལྷག་མཐོང་དེ་ཉིད་ཀྱི་ཚུལ་ལ་བློས་ངེས་པ་བསྐྱེད་པའི་ཕྱིར་དང་ལུང་རིགས་ཀྱིས་སྒྲོ་འདོགས་གཅོད་པའི་སྐབས་སུ་སྦྱོར་བར་ཤེས་དགོས་ལ། མཉམ་གཞག་གི་ཡུལ་ནི་སྨྲ་བསམ་བརྗོད་བྲལ་ཉིད་དེ། དེའི་ངོ་བོ་རྣམ་ཤེས་ཚོགས་བརྒྱད་ལས་འདས་པའི་ཕུང་པོ་ལྟ་བྲལ་གྱི་སྟོང་པ་ཉིད་ལྷག་མཐོང་མཚན་ཉིད་པ་དང་། རྟོག་དཔྱོད་བྱེད་པ་ནི་ཡིད་ཀྱི་རྣམ་ཤེས་ཏེ་ཡིད་དང་ཆོས་ཀྱིས་བསྡུས་པས་ཟག་པ་དང་བཅས་པའི་ཕུང་པོ་ལྟ་ལ་ཉེ་བར་ལེན་པ་དང་མཚུངས་ལྡན་དུ་གྱུར་པའི་ཕྱིར་དེ་གཉིས་ཤིན་ཏུ་འགལ་བ་ཅན་ཏེ། ཕྱི་མ་འདིས་སྟོང་པ་ཉིད་ཤེས་བྱའི་ཚུལ་གྱིས་གོ་བར་ནུས་ཀྱང་སྟོང་ཉིད་དེ་ལ་མཐའ་གཅིག་ཏུ་ཞེན་ན་མི་ཟད་པ་དང་སྐྱེ་བའི་འབྱུང་གནས་སུ་གྱུར་པས་ལྟ་བ་དང་ཉོན་མོངས་པ་ཐམས་ཅད་ཀྱི་རྩ་བ་གཅོད་པར་མི་ནུས་ཏེ། རྒྱན་སྟུག་པོ་བཀོད་པ་ལས། སྟོང་པ་ཉིད་ཀྱི་ལྟ་ཐོས་ཀྱང་། །ལ་ལའི་ལྟ་བ་མ་ཞིག་ན། །གསོར་མི་རུང་བའི་ལྟ་ཅན་ཏེ། །སྨན་པས་བཏང་བའི་ནད་པ་བཞིན་ཞེས་དང་། །ཡོངས་སུ་གྲུབ་པའི་རང་བཞིན་ཡང་། །རྣལ་འབྱོར་ཐུབ་ཅན་རྟག་ཏུ་མཐོང་། །ཡིད་ཀྱི་རྣམ་ཤེས་ཡུལ་ཅན་ནི། །ནུས་པ་རྣམས་ལ་འཆིང་བ་

དངོས། །ཞེས་གསུངས་པ་སྟེ། ཡིད་ཀྱི་རྣམ་པར་རིག་པས་ཆོས་ཐམས་ཅད་སྟོང་པ་ཉིད་དོ་སྙམ་ནས་དེ་ལ་འཛིན་པ་དང་བཅས་སྒོམ་པར་བྱེད་པ་ནི་སྟོང་འཛིན་བློ་དང་མ་བྲལ་ཞིང་ཕུང་པོ་ལྔའི་རྒྱུན་དང་ལྡན་པས་གཉུག་མའི་ཆོས་ཉིད་ལ་རེག་པའི་སྐབས་མེད་དེ། བཅོམ་ལྡན་འདས་ཀྱིས། འོད་སྲུངས་བདག་ཏུ་འཛིན་པ་རི་རབ་ཙམ་ནི་བླ་ཡི། བདག་མེད་པར་འཛིན་པ་ནི་དེ་ལྟ་མ་ཡིན་ནོ། །ཞེས་བཀའ་སྩལ་པ་དང་། ཀླུ་ཞབས་ཀྱིས། སྟོང་པ་ཉིད་ལ་ལྟ་ཉེས་ན། །ཤེས་རབ་ཆུང་རྣམས་ཕུང་འགྱུར་ཏེ༑ ༑ཞེས་དང་། གང་དག་སྟོང་པ་ཉིད་ལྟ་བ། །དེ་དག་སྒྲུབ་ཏུ་མེད་པར་གསུངས། །ཞེས་པ་རྣམས་ཀྱིས་གསལ་བར་བྱས་སོ། །དེས་ན་རྟོག་དཔྱོད་ལྷག་མཐོང་མ་ཡིན་ཡང་རྗེས་ཐོབ་ཏུ་དེ་ཉིད་རྟོགས་བྱེད་ཀྱི་ཡན་ལག་ཏུ་དགོངས་ནས་རྒྱུ་ལ་འབྲས་བུའི་མིང་བཏགས་ནས་རྟོག་དཔྱོད་ཀྱི་ཤེས་རབ་ལ་ལྷག་མཐོང་གི་སྒྲས་གསུངས་ཀྱང་། རྟོག་དཔྱོད་ཡིན་ཚད་ལྷག་མཐོང་དུ་བསམས་ནས་མཉམ་གཞག་ལ་རྟོག་དཔྱོད་མེད་ཀ་མེད་དུ་འདོད་པ་དང་ཞི་ལྷག་ཟུང་འཇུག་ཀྱང་སེམས་ཞི་བར་གནས་པའི་ངང་དུ་རྟོག་དཔྱོད་ཀྱང་དགོས་པར་འདོད་པ་སོགས་ནི་བརྟག་པར་བྱ་བ་སྟེ། རྒྱུ་མཚན་དེ་རྣམས་ཀྱིས་རྣམ་གྲངས་པའི་སྟོང་ཉིད་དང་། བློས་བྱས་ཀྱི་སྤྲོས་བྲལ་སོགས་ལ་མིང་སྙན་པོས་ཇི་ལྟར་བརྗོད་ཀྱང་རྣམ་པར་རྟོག་པས་བཞག་པ་ཙམ་ལས་དོན་དམ་པའི་གནས་ལུགས་དང་མཚན་ཉིད་ཇི་ལྟ་བའི་སྒོམ་དུ་མི་བཏུབ་པའི་ཕྱིར། འཕགས་པ་ཀླུས། གང་ཞིག་རང་བཞིན་རང་བཞིན་མེད། །དེ་ནི་བརྟགས་པའི་མཚན་ཉིད་ཡིན། །ཚིག་དང་སེམས་ཀྱི་སྤྱོད་ཡུལ་རྫུན། །བརྫུན་པའི་ཤེས་པས་རྣམ་བརྟགས་པའི། །མཐའ་གཉིས་སུ་ནི་སེམས་ལྟུང་བས། །ཞེས་གསུངས་པས་སོ། །ཆོས་ཉིད་ཇི་ལྟ་བ་མངོན་སུམ་དུ་མཛལ་བར་བྱེད་པ་ནི་སྒོམ་བྱུང་རྟོག་བྲལ་གྱི་ཤེས་རབ་ཉིད་ཡིན་པས་མན་ངག་རིག་པ་རྣམས་ཀྱིས་མཉམ་གཞག་ལ་དཔྱད་སྒོམ་མི་མཛད་པ་ནི་མན་ངག་གི་གནད་གསང་བླ་ན་མེད་པ་མཁྱེན་པ་ཡིན་ལ། ཁ་ཅིག་འཕགས་པའི་མཉམ་གཞག་ལའང་རྟོག་དཔྱོད་དགོས་པར་སྨྲ་བ་ནི་སངས་རྒྱས་པའི་ལུགས་ལས་གཞན་དུ་གྱུར་པ་སྟེ་ནང་པའི་གྲུབ་མཐའ་སྨྲ་བ་ཚད་ལྡན་ཐམས་ཅད་ཀྱིས་རྣམ་རྟོག་དངོས་གཞིར་དགོས་པའི་མཉམ་གཞག་མ་བཤད་པའི་ཕྱིར། རང་སའི་ཤེས་རབ་ཀྱིས་དཔྱོད་པའི་ལྷག་མཐོང་ཐམས་ཅད་རྗེས་ཐོབ་ཏུ་མཁྲིན་གཅིག་པར་སྨྲ་བའི་ཕྱིར། ཁྱད་པར་ཐེག་ཆེན་ལྟར་ན་མན་

ངག་སྙེ་མ་ལས་ཡན་ལག་འདི་རྣམས་ལམ་པ་པོ་ནའི་སྐེ། ལམ་ལ་མཉམ་པར་བཞག་པ་ལ་ནི་ཡང་དག་པའི་རྟོག་པ་དང་། ངག་དང་། ལས་ཀྱི་མཐའ་དང་། ཚོལ་བ་དང་དྲན་པ་རྣམས་མི་སྲིད་དོ། །ཞེས་འཕགས་པའི་མཉམ་གཞག་ལ་ཡང་དག་པའི་རྟོག་དཔྱོད་ཀྱང་མི་སྲིད་པར་བསྟན་པ་བཞིན་མདོ་རྒྱུད་ཐམས་ཅད་ནས་མཁྱེན་གཅིག་པར་མི་རྟོག་པའི་ཡེ་ཤེས་ཀྱི་མཉམ་པར་འཛོག་ཚུལ་པོ་ན་གསུངས་པའི་ཕྱིར་རོ། །

དེ་བས་ན་གྲུབ་ཆེན་ཨིནྡྲ་བྷུ་ཏིས། ཇི་སྲིད་ཇི་སྲིད་རྣམ་རྟོག་པ། །དེ་སྲིད་ཐམས་ཅད་ཀུན་ནས་རྫུན། །གང་ཞིག་དེ་ཉིད་མ་བརྟགས་པ། །དེ་བཞིན་ཡང་དག་དེ་བདེན་པ། །ཞེས་དང་། ས་ར་ཧས། འདི་ལྟར་དུས་གསུམ་རྣམ་པ་ཐམས་ཅད་དུ། །ཡིད་ལ་བྱར་མེད་མ་བཅོས་གཉུག་མའི་ངང་། །དེ་ཉིད་སྐྱོང་ལ་སྒོམ་ཞེས་ཐ་སྙད་གདགས། །ཞེས་པ་འདིས་ནི་བསམ་གཏན་མཁན་པོའི་དགོངས་པ་ལ་ཤིན་ཏུ་འཐུག་ཅིང་ཚད་མར་བྱེད་པའི་ཕྱིར་རོ། །གཞན་ཡང་ཕྱིས་ཀྱི་རྟོག་གེ་པ་མངོན་པའི་ང་རྒྱལ་ཅན་འགའ་ཞིག་གིས་རྫོགས་ཆེན་དང་ཕྱག་ཆེན་གྱི་མན་ངག་གི་དགོངས་པར། འདས་པའི་རྗེས་མི་བཅད། མ་འོངས་པའི་མདུན་མི་བསུ། ད་ལྟར་གྱི་ཤེས་པ་བཟོ་བཅོས་མེད་པར་རང་བབས་སུ་འཇོག །ཅེས་འབྱུང་བ་འདི་ལ་དུས་གསུམ་གྱི་ཡིད་ཀྱི་ལས་བཀག་གོ་སྙམ་པས་ཧྭ་ཤང་ཆེན་པོའི་ཕྱོགས་སུ་འཁྲུལ་པའི་རྒྱུ་ཡང་རྣམ་རྟོག་ཐུགས་ཞེན་གྱིས་མ་ཐོང་བས་ལན་ཏེ། བྱང་ཆུབ་སེམས་དཔའི་སྡེ་སྣོད་ལས། དེ་ལ་འཁོར་གསུམ་ཡོངས་སུ་དག་པ་གང་ཞེ་ན། །གང་འདས་པ་ལ་སེམས་མི་འཇུག་པ་དང་། མ་འོངས་པ་ལ་རྣམ་པར་ཤེས་པ་རྗེས་སུ་མི་འཇུག་པ་དང་། ད་ལྟར་བྱུང་བ་ལ་ཡིད་ཀྱི་བྱེད་པ་མི་འཇུག་པ་སྟེ། དེ་སེམས་དང་། ཡིད་དང་། རྣམ་པར་ཤེས་པ་ལ་མི་གནས་པས་འདས་པ་ལ་མི་རྟོག །མ་འོངས་པ་ལ་རྨོ་སེམས་སུ་མི་བྱེད། ད་ལྟར་བྱུང་བ་ལ་སྤྲོས་པར་མི་བྱེད། འདི་ནི་དུས་གསུམ་མཉམ་པ་ཉིད་འཁོར་གསུམ་ཡོངས་སུ་དག་པ་ཡིན་ན་སེམས་ཅན་རྣམས་ཀྱི་ཁོང་དུ་མ་ཆུད་པས་དེ་ཆུད་པར་བྱའོ། །ཞེས་སེམས་ཅན་རྣམས་ལ་སྙིང་རྗེ་ཆེན་པོ་འཇུག་གོ། །ཞེས་གསུངས་པས་དུས་གསུམ་གྱི་སྤྲོས་པའི་ཡིད་ལ་བྱེད་པ་ཐམས་ཅད་དང་བྲལ་བའི་དེ་པོ་ན་ཉིད་དེ་གཉུག་མའི་སེམས་ཉིད་བཟོ་བཅོས་མེད་པའི་གཤིས་སུ་མཉམ་པར་འཛོག་པའི་མན་ངག་གི་གནད་

གསང་བླ་ན་མེད་པར་བསྟན་པའི་དོན་མི་གནང་བ་ལ་སེམས་མཉམ་པར་བཞག་པ་ཉིད་ལ་བསླབ་པར་བྱ་གལ་ཆེ་ཞིང་། ཕྱིར་ཡང་ཏྲ་ཤང་བསམ་གཏན་མཁན་པོའི་འདོད་པ་ཡིན་ཟེར་ནས་སྒྲོ་འདོགས་མང་པོ་ཚིག་གི་ལམ་དུ་འདྲེན་པར་བྱེད་མོད་ཀྱང་། དེའི་གཞུང་ལུགས་ཐམས་ཅད་ཀྱི་མཐུན་སྣང་དུ་གྲུབ་པ་ཞིག་གཞིར་བཞག་ནས་སྐྱོན་རིག་པའི་སྒོ་ནས་རྒོལ་བར་འོས་པ་ལ། དེ་ནི་བསྟན་པ་སྔ་དར་གྱི་སྐབས་ནས་གཏེར་དུ་སྦས་པའི་གཏམ་ཐ་བཞེད་དུ་བཀོད་པ་ལྟར་ན་ཕྱིས་ཀྱི་སྨྲ་བ་པོ་རྣམས་ཀྱིས་ཐ་བཞེད་སོགས་སུ་དེའི་བཞེད་པ་ཡིན་རྒྱུ་པ་འགའ་ཞིག་ཕྱོགས་སྔར་བཀོད་པ་ལ་བསྒྱུར་བློས་མཛད་པ་རྣམས་ནི་གྱི་ཚོམ་ཙམ་ལས་མ་འདས་ཏེ་དགག་བྱའི་གཞུང་གང་ཡིན་པ་དངོས་སུ་མ་མཐོང་ཕྱིན་ཐ་བཞེད་སོགས་སུ་བཀོད་པ་དེ་ནི་དཔང་པོ་མེད་པའི་ཐལ་མོ་ཡ་གཅིག་ཁོ་ནར་གྱུར་པས་སོ། །དེ་ཡང་ཐ་བཞེད་ལ་ཁུངས་བྱེད་བཞིན་དུ། རྒྱ་ནག་མཁན་པོའི་གཞུང་ལུགས་ཀྱི། །ཡི་གེ་ཙམ་ལ་བརྟེན་ནས་ཀྱང་། །དེ་ཡི་མིང་འདོགས་གསང་ནས་ནི། །ཕྱག་རྒྱ་ཆེན་པོར་མིང་བསྒྱུར་ནས། །ཞེས་པ་ལ་སོགས་གསུངས་པ་འདིས་ནི་ཐ་བཞེད་ཉིད་ལའང་གནོད་པ་བཟློག་དཀའ་སྟེ་དེར་རྒྱ་ནག་མཁན་པོའི་གཞུང་ལུགས་ཐམས་ཅད་གཏེར་དུ་སྦས་ནས་མེད་ཟེར་པར་བཤད་ན་གཞུང་ལུགས་དེ་གང་དུ་བྱུང་། ཐོག་མར་སུའི་ལག་ཏུ་བྱུང་ཞེས་དྲིས་ན་སྨྲ་བཅད་དགོས་པའི་ཕྱིར་རོ། །ཞེས་ཐམས་ཅད་མཁྱེན་པ་པདྨ་དཀར་པོས་གསུངས་སོ། །

སྐབས་དེ་ཉིད་ཀྱི་རྒོལ་བ་པོ་ཀ་ཤཱི་དཔོན་སློབ་ནི་དབུ་མ་རང་རྒྱུད་པར་ངེས་པའི་ཕྱིར། དབུ་མའི་མཐར་ཐུག་པ་ཡང་དེར་མ་ངེས་ཤིང་། མཉམ་གཞག་གི་གནས་སྐབས་ཀུན་ཏུ་རྟོག་དཔྱོད་མཐའ་གཅིག་ཏུ་མི་དགོས་ཀ་མེད་དབུ་མ་པ་མི་བཞེད་དེ། འཕགས་མཆོག་ཀླུའི་དགོངས་པ་རྗེ་བོ་ཆེན་པོས་བཀྲལ་བ་ལས། དཔེར་ན་ཤིང་གཉིས་ཕན་ཚུན་དྲག་ཏུ་དྲུད་པ་ལས་མེ་བྱུང་བའི་རྐྱེན་གྱིས་ཤིང་གཉིས་པོ་ཚིག་ཅིང་མེད་པའི་རྗེས་ལ་གང་གིས་སྲེག་པར་བྱེད་པའི་མེ་དེ་ཉིད་ཀྱང་རང་ཞི་བ་དེ་བཞིན་དུ་རང་དང་སྤྱིའི་མཚན་གྱི་ཆོས་ཐམས་ཅད་མེད་པར་གྲུབ་ཙམ་ན་ཤེས་རབ་ཉིད་སྣང་བ་མེད་ཅིང་འོད་གསལ་བ་ཅིའི་ངོ་བོར་མ་གྲུབ་པས། བྱིང་བ་དང་རྒོད་པ་ལ་སོགས་པའི་སྐྱོན་དུ་གྱུར་པ་ཐམས་ཅད་བསལ་ཏེ། བར་སྐབས་དེར་ཤེས་པ་ཅིར་ཡང་མི་རྟོག །ཅིར་ཡང་མི་འཛིན་དྲན་པ་དང

ཡིད་ལ་བྱེད་པ་ཐམས་ཅད་སྤངས་ཏེ་ཞེས་པ་ལ་སོགས་པ་གསུངས་པ་དེས་སྒོམ་རིམ་ལ་གནོད་པ་སྤངས་དཀའ། གལ་ཏེ་རང་རྒྱུད་པ་ཉིད་གཞུང་འཇུགས་ཚེ། རྩོད་བཟློག་ལས། ང་ལ་ཁས་ལེན་མེད་པས་ན། །ང་ནི་སྐྱོན་མེད་ཁོ་ན་ཡིན། །ཞེས་པ་འདི་ཁ་ཙམ་གྱིས་ཁས་ལེན་བྲལ་བའི་ལྟ་བ་མ་ཡིན་པར་སེམས་ཀྱི་ངོ་བོ་བསམ་བརྗོད་དང་བྲལ་བའི་གཤིས་ཀྱི་བཞུགས་ཚུལ་ཅར་ཕོག་ཏུ་ངོ་འཕྲོད་པའི་ཚེ་ཤེས་བྱ་ཤེས་བྱེད་ཀྱི་སྤྲོས་པ་ཐམས་ཅད་ཞི་བར་གྱུར་པ་ལ་དགོངས་པ་དེས་ཀྱང་ཆོས་ཉིད་ལ་ལུང་མ་བསྟན་གྱི་གནོད་བྱེད་འཇུག་པར་འགྱུར་ལ། སྨྲ་བསམ་བརྗོད་མེད་ཤེས་རབ་ཕ་རོལ་ཕྱིན། །ཞེས་སྒྲ་གཅན་འཛིན་གྱིས་ཡུམ་ལ་བསྟོད་པར། ཆོས་ཉིད་ཡིད་ལ་བྱར་མེད་པའི་དོན་ལ་བརྗོད་བྱར་མཛད་པ་ལའང་ནོངས་པ་དེ་ཡོད་པར་འགྱུར་རོ། །དེས་ན་གནས་ལུགས་དོན་གྱི་དམ་པའི་བདེན་པ་ཆོས་ཉིད་འདུས་མ་བྱས་དགེ་སྡིག་སྤང་བླང་གི་བཅིང་གྲོལ་ལས་འདས་པ་དྲང་ཐད་དུ་སྟོན་པའི་སྐབས་བྱས་པའི་ཆོས་ཀྱིས་ཕན་མ་བཏགས་ཤིང་། སྡིག་པས་གནོད་པ་མ་བསྐྱལ་བར་གསུངས་པ་ནི། ཡུམ་ལས་ཀྱང་། སྟོང་པ་ཉིད་ལ་གཟུགས་མེད། ཚོར་བ་མེད། འདུ་ཤེས་མེད། འདུ་བྱེད་མེད། རྣམ་པར་ཤེས་པ་མེད། ཅེས་པ་འདི་ལ་སོ་སོར་རྟོག་པའི་ཤེས་རབ་ཀྱིས་སྤང་བྱ་ལ་ངོར་བ་དང་། བླང་བྱར་ངོས་བཟུང་བའི་ཆོས་གང་ཡང་མི་དམིགས་ཤིང་། དེ་བཞིན་དུ་ཚངས་པ་ཁྱད་པར་སེམས་ཀྱིས་ཞུས་པའི་མདོ་ལས། གང་ཡོངས་སུ་དག་པ་འདི་ནི་ནམ་དུ་ཡང་ཡོངས་སུ་མ་དག་པར་མི་འགྱུར་ཏེ། ཡོངས་སུ་དག་པ་གང་གིས་རང་བཞིན་གྱིས་ཡོངས་སུ་དག་པ་འདི་ནི་ཤིན་ཏུ་ཡོངས་སུ་དག་པ་སྟེ། དེའི་ཕྱིར་ཆོས་ཐམས་ཅད་རང་བཞིན་གྱིས་འོད་གསལ་ཞེས་བྱའོ། །ཆོས་ཐམས་ཅད་ཀྱི་རང་བཞིན་དེ་གང་ཞེ་ན། ཆོས་ཐམས་ཅད་ནི་སྟོང་པ་ཉིད་ཀྱི་རང་བཞིན་ཅན་ཏེ་དམིགས་པ་དང་བྲལ་བའོ། །ཆོས་ཐམས་ཅད་ནི་མཚན་མ་མེད་པའི་རང་བཞིན་ཅན་ཏེ་རྟོག་པ་དང་རྣམ་པར་རྟོག་པ་དང་བྲལ་བའོ། །ཆོས་ཐམས་ཅད་ནི་སྨོན་པ་མེད་པའི་རང་བཞིན་ཅན་ཏེ། བླང་བ་མེད་པ། དོར་བ་མེད་པ། བསམ་པ་མེད་པ། ནུས་པ་མེད་པ། ཤིན་ཏུ་ངོ་བོ་ཉིད་དང་བྲལ་བ་ཡིན་ཏེ། དེ་ནི་རང་བཞིན་གྱིས་འོད་གསལ་བའོ། །ཞེས་རྣམ་པར་ཐར་པའི་སྒོ་གསུམ་གྱི་མཚན་ཉིད་ཟབ་མོ་ཡང་ཡིད་ལ་མི་བྱེད་པའི་དོན་གྱིས་བླང་དོར་གྱི་མཐའ་ལ་ཞེན་པར་མི་བྱ་བའི་དོན་རྗེན་པར་གཏན་

ལ་དེ་ལས་ཅི་ཞིག་ཕབ། དེ་དང་གཅིག་པར་དཀོན་མཆོག་བརྩེགས་པ་ལས་ཀྱང་། དགེ་བའམ་མི་དགེ་བའི་ཆོས་ལ་མངོན་པར་ཞེན་པར་མི་བྱ་སྟེ། དགེ་བའི་ཆོས་རྣམས་ལ་མངོན་པར་ཞེན་པས། མི་དགེ་བའི་ཆོས་རྣམས་ལ་མངོན་པར་ཞེན་པར་འགྱུར་རོ། །མི་དགེ་བའི་ཆོས་རྣམས་ལ་མངོན་པར་ཞེན་པས་སྡུག་བསྔལ་དང་། ཡིད་མི་བདེ་བའི་ཆོས་རྣམས་མངོན་པར་འབྱུར་བར་འགྱུར་བ་འདི་དག་ནི་སྡུག་བསྔལ་འཕགས་པའི་བདེན་པར་བཏགས་པས་དེ་བཞིན་གཤེགས་པས་མི་དགེ་བའི་ཆོས་ཀྱི་རྣམ་གྲངས་སུ་བསྟན་ཏོ། །དགེ་བ་དང་མི་དགེ་བ་ལ་མངོན་པར་ཞེན་པ་མེད་པ་དང་། སྲིད་པ་འགོག་པ་འདི་དག་ནི་ཀུན་འབྱུང་བ་སྤང་ཞིང་འཕགས་པའི་བདེན་པ་གཉིས་པོ་རྟོགས་པར་བྱ་བའི་ཕྱིར་དེ་བཞིན་གཤེགས་པས་དགེ་བའི་ཆོས་ཀྱི་རྣམ་གྲངས་སུ་བསྟན་ཏོ། །ཞེས་པ་དང་། དེ་ལ་དགེ་བ་ཡང་སྟོང་ལ། མི་དགེ་བ་ཡང་སྟོང་། དགེ་བ་ཡང་རྣམ་པར་དབེན་ལ། མི་དགེ་བ་ཡང་རྣམ་པར་དབེན། དགེ་བ་ཡང་མི་དགེ་བ་དང་རྣམ་པར་མི་འདྲེ་ལ། མི་དགེ་བ་ཡང་དགེ་བ་དང་མི་འདྲེ་ཞིང་། དགེ་བ་དང་མི་དགེ་བར་མངོན་པར་ཞེན་པའི་རྒྱུ་དང་རྐྱེན་མེད་དོ། །ཞེས་པ་ལ་སོགས་ཤིན་ཏུ་རྒྱས་པར་གསུངས་པ་ཡིན་ནོ། །དེས་མཚོན་ཏེ་དོན་དམ་པའི་འགོག་བདེན་ཆོས་ཉིད་གཤིས་ཀྱི་བཞུགས་ཚུལ་ལམ་བདེན་འདུས་བྱས་ཀྱིས་མ་བཅོས་པ་དྲང་ཐད་དུ་སྟོན་པའི་གསུང་རབ་ཐམས་ཅད་ཚུལ་གཅིག་པའི་ཕྱིར། རྫོགས་ཆེན་ལས་ཀྱང་། སེམས་ཉིད་བྱང་ཆུབ་སེམས་ཀྱི་ངོ་བོ་ལ། །ལྟ་བ་བསྒོམ་མེད་སྤྱོད་པ་སྤྱད་དུ་མེད། །འབྲས་བུ་སྒྲུབ་མེད་ས་ལམ་བགྲོད་དུ་མེད། །དཀྱིལ་འཁོར་བསྐྱེད་མེད་བཟླས་བརྗོད་རྫོགས་རིམ་མེད། །དབང་ལ་བསྐུར་མེད་དམ་ཚིག་བསྲུང་དུ་མེད། །ཡེ་ནས་ལྷུན་གྲུབ་དག་པའི་ཆོས་ཉིད་ལ། །བློ་བུར་རིམ་རྩོལ་རྒྱུ་འབྲས་ཆོས་ལས་འདས། །ཞེས་དང་། ཡོ་ག་ཤིན་ཏུ་རྣལ་འབྱོར་རྫོགས་ཆེན་ལ། །རྒྱུ་དང་འབྲས་བུ་ཡོད་ཟེར་སྨྲ་བྱེད་ན། །དེ་ནི་རྫོགས་ཆེན་རྟོགས་པའི་དོན་མི་ལྡན། །དོན་དམ་ཀུན་རྫོབ་གཉིས་སུ་སྨྲ་བྱེད་ན། །སྒྲོ་དང་སྐུར་པ་འདེབས་པའི་ཚིག་ཡིན་ཏེ། །དེ་ཡིས་གཉིས་སུ་མེད་པ་རྟོགས་པ་མེད། །དུས་གསུམ་སངས་རྒྱས་རྣམས་ཀྱི་རྟོགས་པ་ཡང་། །གཉིས་སུ་མ་མཐོང་རྣམ་གཞག་གཅིག་ཏུ་རྟོགས། །དེ་སྐད་བསྟན་པ་འདིས་རྫོགས་ཆེན་པས་ཐབས་བསོད་ནམས་ཀྱི་ཆ་སྤངས་པས་ཧྭ་ཤང་གི་ཆོས་ལུགས་སུ་འགྱུར་རོ། །ཞེས་རྩོད་པ

ཅན་དུ་གཏོང་འདོད་པའི་ཕྱིས་ཀྱི་མཁས་རློམ་རྟོག་གེ་པ་དག་མུན་ནང་གི་མདའ་ལྟར་རློམ་ཚོད་དུ་མ་སོང་བའམ། ཕྱོགས་ཆོས་མ་གྲུབ་པས་ཐྲག་ཆའི་སྒྲ་ལ་དགག་སྒྲུབ་བྱེད་པ་དང་མཚུངས་ཏེ། དེ་ལྟར་ན་སྤྱོད་པའི་ཕྱོགས་ཡལ་བར་དོར་བའི་སྐྱོན་དེ་གཞན་འདི་ཐམས་ཅད་ལའང་འཇུག་པར་འགྱུར་ཏེ། ཀྱེ་རྡོ་རྗེ་ལས། བསྒོམ་མེད་སྒོམ་པ་པོ་ཡང་མེད། །ལྷ་མེད་སྔགས་ཀྱང་ཡོད་མ་ཡིན། །ཞེས་དང་། འཕགས་པ་འཇམ་དཔལ་གྱིས། དེ་ལ་དཀྱིལ་འཁོར་སྤྱིན་སྲེག་མེད། །གཏོར་མ་བཟླས་པ་བགྲང་ཕྲེང་དང་། །སྐྱིལ་མོ་ཀྲུང་དང་སྟངས་སྟབས་སོགས། །སྤྲོས་བྲལ་རྣམ་པར་བསྒྲུབ་པ་སྟེ། །བྱ་བ་མ་ཡིན་དགག་པའང་མིན། །ཞེས་དང་། བྱ་བ་རྣམས་ལ་རྣལ་འབྱོར་པ། །ལམ་ཆེན་དག་ཏུ་ཡོངས་འཛིན་ལ། །རི་དྭགས་སྒྲིག་རྒྱུ་སྙིག་པ་ལྟར། །རྟག་ཏུ་སྣང་ཡང་མི་ཟིན་ནོ། །ཞེས་པ་དང་། རྡོ་རྗེ་གཙུག་ཏོར་ལས། ངོ་བོ་ཉིད་ལ་མཉམ་གནས་ན། །དམ་ཚིག་མེད་ཅིང་སྔགས་སྒྲུབ་མེད། །རྡོ་རྗེ་དྲིལ་བུ་བཟུང་མི་དགོས། །དེ་ཉིད་བཅུ་བྲལ་འགྲུབ་པར་འགྱུར། །ཞེས་པ་ལ་སོགས་པ་ཐེག་པ་ཆེན་པོའི་མདོ་དང་རྒྱུད་སྡེ་དགོངས་འགྲེལ་དང་བཅས་པ་རྣམས་ནས་དེ་སྐད་བསྟན་པས་ཐམས་ཅད་སྟོང་པ་ཅན་དུ་འདོད་དགོས་པར་འགྱུར་རོ། །དེ་ལ་འདི་སྙམ་དུ། ལུང་དེ་རྣམས་ཀྱི་དགོངས་པ་ནི་ལྷ་བའི་ངོ་བོ་ལ་དགོངས་པ་ཡིན་མོད་སྤྱོད་པའི་ཕྱོགས་ཡལ་བར་དོར་བས་ཆོག་པར་བསྟན་པ་མ་ཡིན་ནོ། །ཞེ་ན་བདེན་མོད་ཀྱི། འདི་སྐད་དུ་རྡོ་རྗེ་གཙུག་ཏོར་ཆེན་པོའི་མདོ་ལས། རྨལ་སྐྱེད་ཀྱི་བསྐལ་བར་དམ་པའི་ཆོས་ཀྱི་མདོ་སྡེ་གླེག་ཅིང་ཁ་ཏོན་བྱེད་པ་བས་ཉིན་གཅིག་གམ་མཚན་གཅིག་ཟག་པ་མེད་པའི་ཤེས་རབ་བསྒོམ་ན་བསོད་ནམས་དཔག་ཏུ་མེད་པར་ཆེའོ། །དེ་ཅིའི་ཕྱིར་ཞེ་ན་སྐྱེ་ཤིང་ལས་རིང་དུ་གྱུར་པའི་ཕྱིར་རོ། །ཞེས་གསུངས་པའི་དོན་ལ་དགོངས་པས། ཧྭ་ཤང་ཆེན་པོས་ཀྱང་ཆོས་ཉིད་ཀྱི་དོན་ལ་མཉམ་གཞག་གཙོ་བོར་བྱེད་པའི་གནས་སྐབས་སུ་དེ་ཉིད་ཀྱི་གེགས་སུ་འགྱུར་བ་དང་འདུས་བྱས་བསོད་ནམས་ཀྱི་མཐའ་ལ་ཞེན་ན་འདུས་མ་བྱས་ཀྱི་ཆོས་ཉིད་ལ་དམིགས་པ་ཅན་གྱིས་སྒྲིབ་པར་འགྱུར་བ་དགོངས་ནས་དེ་ལྟར་བསྟན་པ་ལས། མཉམ་པར་བཞག་པ་མི་དགོས་ལ། སྤྱོད་པ་ཕྱོགས་ཀྱང་ཡལ་བར་དོར་བས་ཆོག་གོ། །ཞེས་མ་བསྟན་པའི་ཕྱིར་དང་། དེ་ཙམ་ཞིག་གིས་བསོད་ནམས་ཀྱི་ཚོགས་ཡལ་བར་འདོད་པར་ཡང་མི་འགྲུབ་སྟེ། དེ་མ་ཐག་ཏུ།

དེ་ཁོ་ན་ཉིད་ཀྱི་ལྟ་བའི་གནས་ལུགས་དེ་མ་མཉམ་པར་འཇོག་པ་ན་བྱང་ཆུབ་ཕྱོགས་ཀྱི་སྤྱོད་པའི་ཆོས་ཐམས་ཅད་ཀྱང་རང་བཞིན་གྱིས་ཚང་བའི་ཚུལ་བསམ་གཏན་མཁན་པོས་འདི་སྐད་དུ། འཛིན་པ་མ་མཆིས་ན་སྦྱིན་པ་སོགས་ཟག་པ་མེད་པའི་ཕ་རོལ་ཏུ་ཕྱིན་པ་དྲུག་མཉམ་པར་བཞག་པའི་རང་ངོ་ལ་སྒྲ་ཧི་བཞིན་པ་ཚང་བར་བཞེད་པའི་ཕྱིར་རོ། །

དེ་ལ་གཞན་དག་ན་རེ། བསམ་གཏན་མཁན་པོས་ཆོས་དེ་དང་དེའི་གནད་བཅོས་པར་འགྱུར་བས་མི་འཐད་དེ། དེ་ལྟར་ན་སྦྱིན་སོགས་ཕ་རོལ་ཕྱིན་པ་དྲུག་པོའང་བསྟན་པ་དོན་མེད་པར་འགྱུར་ཏེ་མཉམ་པར་བཞག་པ་ཁོ་ནས་དེ་རྣམས་ཀྱི་གོ་ཆོད་པའི་ཕྱིར་རོ། །ཞེས་སྨྲ་བ་ནི་ཉེས་པ་ཆེན་པོ་སྟེ། སྦྱིན་པ་ལ་སོགས་ཐབས་ཀྱི་ཆ་དེ་རྣམས་ཡེ་ཤེས་རྫོགས་པའི་གྲོགས་སམ་ཐབས་སུ་འགྱུར་བའི་ཕྱིར། ཡན་ལག་འདི་དག་ཐམས་ཅད་ནི། །ཐུབ་པས་ཤེས་རབ་དོན་དུ་གསུངས། །ཞེས་བཤད་ཅིང་ཤེས་རབ་ཀྱིས་མ་ཟིན་པའི་སྦྱིན་པ་ལ་སོགས་ཐབས་ཀྱི་ཚོགས་ཅི་ཙམ་རྒྱ་ཆེ་ཡང་འཇིག་རྟེན་པའམ་ཚུ་རོལ་ལས་མི་འདའ་བས་འཁོར་བའི་བདེ་འབྲས་ཙམ་དུ་འགྱུར་བའི་ཕྱིར། སྡུད་པ་ལས། དམུས་ལོང་དམིགས་བུ་མེད་པ་བྱེ་བ་ཁྲག་ཁྲིག་རྣམས། །ལམ་ཡང་མི་ཤེས་གྲོང་ཁྱེར་འཇུག་པར་ག་ལ་འགྱུར། །ཤེས་རབ་མེད་ན་མིག་མེད་ཕ་རོལ་ཕྱིན་ལྔ་འདི། །དམིགས་བུ་མེད་པས་བྱང་ཆུབ་རེག་པར་ནུས་མ་ཡིན། །ཞེས་གསུངས་པའི་ཕྱིར་སྦྱིན་པ་ལ་སོགས་བསོད་ནམས་ཀྱི་ཆ་རང་ག་བ་རྣམས་ལ་ཤེས་རབ་ཀྱིས་མ་ཟིན་པས་འདུས་མ་བྱས་ཀྱི་དགེ་རྩ་མི་གནས་ལ། དེ་མེད་པས་མྱ་ངན་ལས་འདས་པའི་རྒྱུར་མི་འགྱུར་ཞིང་། ཤེས་རབ་ལ་ནི་འདུས་མ་བྱས་ཀྱི་དགེ་བ་གདོད་ནས་ལྷུན་གྲུབ་ཏུ་ཡོད་པའི་ཕྱིར་བསོད་ནམས་ཀྱི་ཆ་སྦྱིན་པ་ལ་སོགས་པ་རྣམས་ཀྱང་རང་བཞིན་གྱིས་ཚང་བ་ཡིན་ཏེ། རྡོ་རྗེ་ཏིང་ངེ་འཛིན་གྱི་མདོ་ལས། སེམས་སྟོང་པ་ཉིད་དུ་མི་གཡོ་ན་ཕ་རོལ་ཏུ་ཕྱིན་པ་དྲུག་འདུས་སོ། །ཞེས་པ་དང་། ཚངས་པ་ཁྱད་པར་སེམས་ཀྱིས་ཞུས་པ་ཐེག་པ་ཆེན་པོའི་མདོ་སྡེ་ལས། མངོན་པར་འདུ་མི་བྱེད་པའི་ཚུལ་གྱིས་ཚུལ་ཁྲིམས་ཀྱིས་མྱ་ངན་ལས་འདས་པའོ། །སྐད་ཅིག་པའི་ཚུལ་གྱིས་བཟོད་པས་མྱ་ངན་ལས་འདས་པའོ། །བླང་བ་དང་དོར་བ་མེད་པའི་ཚུལ་གྱིས་བརྩོན་འགྲུས་ཀྱིས་མྱ་ངན་ལས་འདས་པའོ། །རྣམ་པར་མི་རྟོག་པའི་ཚུལ་གྱིས་བསམ་གཏན་གྱིས་མྱ་ངན་ལས་འདས

པའོ། །ཐོགས་པ་མེད་པའི་ཚུལ་གྱིས་ཤེས་རབ་ཀྱིས་མྱ་ངན་ལས་འདས་པའོ། །ཞེས་པ་དང་། གང་མི་འཛིན་པ་སྦྱིན་པ། མི་གནས་པ་ཚུལ་ཁྲིམས། མི་སྲུང་བ་བཟོད་པ། མི་བརྩོན་པ་བརྩོན་འགྲུས། མི་སེམས་པ་བསམ་གཏན། མི་དམིགས་པ་ཤེས་རབ་བོ། །ཞེས་པ་དང་། དེ་བཞིན་དུ་རྫོགས་ཆེན་པས་ཀྱང་གཤིས་ལ་བྱ་བ་དང་བྲལ་བའི་གནས་ལུགས་སུ་མཉམ་པར་འཇོག་པ་དེ་ལ་ལམ་བདེན་གྱི་ཆོས་ཐམས་ཅད་མ་རྩོལ་བཞིན་དུ་ཚང་བར་བཞེད་པ་སྟེ། ཀུན་བྱེད་ལས། དོན་གྱི་སྙིང་པོ་རྣལ་མ་བྱར་མེད་ལ། །རྣལ་འབྱོར་ཆེན་པོ་རྣམས་ཀྱིས་མཐོང་བ་ནི། །ཡེ་ནས་རང་རྒྱུད་དག་པའི་དཀྱིལ་འཁོར་ལ། །རྒྱུ་ལས་བདག་ཉིད་ལྷ་ཡི་དཀྱིལ་འཁོར་དེ། །བསྙེན་སྒྲུབ་ཡན་ལག་བཞི་ཡིས་རྫོགས་བྱས་ཏེ། །འགྲོ་འདུའི་བདག་ཉིད་ལྷུན་གྱིས་གྲུབ་པར་གནས། །ཞེས་དང་།

ཀྱེ་རྡོ་རྗེ་ལས། སྒོམས་པ་མེད་པའི་རང་བཞིན་ལ། །ལྷ་དང་སྔགས་ནི་རྣམ་པར་གནས། །ཞེས་པ་ལ་སོགས་པའི་ཐེག་པ་ཆེན་པོའི་མདོ་དང་རྒྱུད་སྡེ་ཐམས་ཅད་ཀྱིས་ཟབ་མོའི་དེ་ཁོ་ན་ཉིད་སྟོན་ཚུལ་གཅིག་ཏུ་ངེས་པའི་ཕྱིར་རོ། །ཡང་འདི་སྐད་དུ་གསེར་གྱི་ཐུར་མ་པས། ཀུན་བྱེད་རྒྱལ་པོ་དེ་ལྟ་བའི་ལྟོག་པ་ནས་ཡང་དག་པ་ཡིན་ཀྱང་། ཆོས་དེའི་རྒྱུད་འཛིན་རྣམས་ཀྱིས་སྤྱོད་པའི་ཕྱོགས་དང་མི་སྦྱོར་ཞིང་། སྤྱོད་པ་ཡལ་བར་དོར་བས་ཆོག་པའི་གྲུབ་མཐའ་དང་། ལག་ལེན་དུ་བྱེད་ན་རྒྱ་ནག་མཁན་པོའི་ཆོས་ལུགས་སུ་སོང་། ཞེས་པ་བསྟན་བཅོས་འདིའི་བཞེད་པ་ཉིད་དུ་ངེས་སོ། །ཞེས་གསུངས་པའང་། སྤྱིར་སྐྱོན་དེ་གཟུགས་བརྙན་སྤྱངས་པའི་གྲིབ་མར་གྱུར་ལ། བྱེ་བྲག་རྫོགས་ཆེན་དུ་ཆོས་ཉིད་གཤིས་ཀྱི་བཞུགས་ཚུལ་དྲང་ཐད་དུ་བསྟན་པ་ཙམ་གྱིས་དེར་འགྱུར་ན་གོང་དུ་དྲངས་པའི་ཐེག་པ་ཆེན་པོའི་ཟབ་དོན་སྟོན་པའི་མདོ་དང་རྒྱུད་སྡེ་ཐམས་ཅད་ཀྱང་དེ་ཉིད་དུ་འགྱུར་ཞིང་། རྫོགས་ཆེན་པས་ནི་ཀུན་བྱེད་ཀྱི་ལུང་གོང་དུ་དྲངས་མ་ཐག་པ་དེ་བཞིན་དང་། དེར་མ་ཟད་རྫོགས་པ་ཆེན་པོ་རྡོ་ལ་གསེར་ཞུན་དུ། བདེར་གཤེགས་མ་ལུས་ཡུམ་དུ་གྱུར་པས་རྒྱལ་བ་ཀུན་གྱི་ལམ་གཅིག་པུ། ཚུལ་ཁྲིམས་ལ་སོགས་ཕ་རོལ་ཕྱིན་ལམ་སྤྱོད་པ་རྒྱ་མཚོའི་གཞིར་གྱུར་པ། ཞེས་པ་ལ་སོགས་རྒྱས་པར་གསུངས་པའི་གྲུབ་མཐའི་འཆའ་ལུགས་ཆེན་པོ་འདི་ལ་ཚད་མར་བྱེད་ཅིང་ལག་ལེན་དུ་འདེབས་པའི་ཕྱིར་རོ། །

སྤྱིར་འདི་ལྟ་བུའི་འཁོར་འདས་མཉམ་པ་ཉིད་ལ་དགོངས་པའི་རྒྱུ་འབྲས་ལ་ཟློ་བའི་རྡོ་རྗེའི་གསང་ཚིག་ཟད་དུ་བྱུང་བ་རྣམས་ཀྱི་བརྗོད་བྱ་གནས་ལུགས་བླང་དོར་མེད་པའི་དོན་ལ་ཡིད་ཆེས་པ་ནི་ཕྱིར་མི་ལྡོག་པའི་སྐལ་ལྡན་གྱི་ཚད་དུ་ཟབ་མོའི་མདོ་སྡེ་རྣམས་ལས་གསུངས་ཏེ། བྱང་ཆུབ་སེམས་དཔའི་སྤྱོད་པ་བསྟན་པའི་མདོ་ལས། ཁྱེའུ་རིན་ཆེན་བྱིན་ལ། འཇམ་དཔལ་གྱིས། བྱང་ཆུབ་སེམས་དཔའ་ལས་དང་པོ་ལ་ཆོས་ཇི་ལྟར་སྟོན་དྲིས་པའི་ལན་དུ། འདོད་ཆགས་མ་སྤོངས་ཤིག །ཞེ་སྡང་མི་གཞིལ་ཅིག །གཏི་མུག་མ་སེལ་ཅིག །འཇིག་ཚོགས་ལས་གྱེན་དུ་མ་སྐྱོད་ཅིག་སོགས་ནས། སངས་རྒྱས་ཡིན་ལ་མ་བྱེད་ཅིག །ཆོས་མ་སེམས་ཤིག །དགེ་འདུན་ལ་མཆོད་པ་མ་བྱེད་ཅིག །བསླབ་པ་དག་མ་ལེན་ཅིག །སྲིད་པ་ཉེ་བར་ཞི་བ་དོན་དུ་མ་གཉེར་ཅིག །ཆུ་བོ་ལས་མ་རྒལ་ཅིག །ཅེས་གདམས་ངག་འདི་ལྟ་བུ་འདི་ལས་དང་པོ་པའི་བྱང་ཆུབ་སེམས་དཔའ་ལ་གདམས་པར་བྱ། རྗེས་སུ་བསྟན་པར་བྱའོ། །དེ་ཅིའི་ཕྱིར་ཞེ་ན། ཆོས་ཐམས་ཅད་ཀྱི་ཆོས་ཉིད་མི་གནས་པ་པོ་ན་ཡིན་པའི་ཕྱིར་རོ། །བྱིས་པ་དེ་དག་ནི་སྐྱེ་བ་དང་འགག་པའི་ཆོས་སུ་ལུང་སྟོན་པར་བྱེད་དོ། །ཆོས་ཀྱི་དབྱིངས་འདི་ནི་རྣམ་པར་མི་རྟོག་པས་ཕྱེ་བ་ཡིན་ཏེ། ཆོས་འདི་རྣམས་ཀྱི་རང་བཞིན་ལྟར་རྗེས་སུ་རྟོགས་པ་ཡང་ཡིན་པ་དེ་ནི་བྱང་ཆུབ་བོ། །ཞེས་དེ་ལྟར་གདམས་ན་གལ་ཏེ་མི་སྐྲག་མི་དངངས་ཤིང་དངངས་པར་མི་འགྱུར་ན་ཨེ་མ་བྱང་ཆུབ་སེམས་དཔའ་འདི་ནི་ཕྱིར་མི་ལྡོག་པ་སྟེ་ཕྱིར་མི་ལྡོག་པའི་སའི་སྐལ་བ་ཅན་ཡིན་ནོ་སྙམ་དུ་ཤེས་པར་བྱ་སྟེ་གདམས་ངག་འདིས་ཡང་ནས་ཡང་དུ་དགའ་བ་བསྐྱེད་པར་བྱའོ། །ཞེས་སྨྲས་པར་གསུངས་པའི་ཕྱིར་ཕྱི་མའི་དུས་སུ་ཟབ་མོའི་མཐར་ཐུག་གང་ཡིན་པ་ལ་བློ་གྲོས་མ་ཕྱོགས་ཤིང་ཚིག་གིས་ཐེག་པ་ཆེན་པོ་ལ་སྐད་དུ་བྱེད་པར་བསམ་སྦྱོར་བྱིས་པ་རྟོག་གེ་ལ་རྣམ་པར་བྱང་བ་ཙམ་གྱིས་དོན་དམ་པའི་བདེན་པ་འདུས་མ་བྱས་ཀྱི་བཞུགས་ཚུལ་འདི་ལྟ་བུ་ཐོས་ན་ཡིད་མི་ཆེས་ཤིང་རྣ་བ་འགེབས་པ་ཙམ་དུ་བྱེད་པ་ནི་ཆོས་ཉིད་དེ། དཔལ་འཛིན་གྱིས་རྫོགས་པ་ཆེན་པོའི་ཆོས་སྐད་ལ་བསམས་ནས་ཁྱད་པར་ཧྭ་ཤང་གྲུབ་མཐའ་དང་། མན་ངག་ལྟ་བའི་ཕྲེང་བ་བསྲེས། །ཞེས་པ་སོགས་སྨྲ་བ་བཞིན་ནོ་འདིས་ནི་ངེས་དོན་གྱི་མདོ་དང་རྒྱུད་སྡེ་རྣམས་ལ་ཚིག་ཀློག་ཙམ་ཡང་མ་མྱོང་བའམ། མྱོང་ཡང་ཕྱོགས་ལྷུང་གི་འོག་ནས་ལྡང་བར་མ་ནུས་པས་རྩ

ལྷུང་བྱུག་པའི་ཁྱུར་མཆྱིན་བཞིན་དུ་བཞིས་པར་སྣང་སྟེ། རྟ་ཤང་ཆེན་པོའི་ཆོས་ཀྱི་ཁུངས་གང་ཡིན་གྱི་གཏམ་ཙམ་ཡང་སྣན་གྱི་བུ་གར་ལྷུང་མ་མྱོང་བཞིན་དུ་རྫོགས་པ་ཆེན་པོ་རྩོད་པ་ཅན་དུ་གཏོང་བ་བཞེད་པ་ཁོ་ནས་ལུགས་དེ་ངན་པ་ཞིག་ཡིན་དུ་ཡོད་བསམ་པ་སྟེ་ཕྱོགས་རྒྱུག་གི་གཏམ་འདི་འདྲ་བ་ལ་ཡིད་བརྟན་གང་ཡང་མེད་ཅིང་འདི་ཙམ་གྱིས་ཀྱང་མཚང་བརྗོལ་བ་སླ་བས་ཤགས་འབྱེད་ཀྱི་ཡུལ་དུ་མ་དམིགས་སོ། །དེ་ལྟ་མོད་ཀྱི་ཆོས་ཉིད་ཟབ་མོའི་གནས་ལ་ཐེ་ཚོམ་ཙམ་སྐྱེས་པས་ཀྱང་མཐར་ཕན་ཡོན་ཆེན་པོ་ཐོབ་པ་ནི་ཡིན་ཏེ། རིན་ཆེན་ཕྲེང་བ་ལས། བསོད་ནམས་ཆུང་བས་ཆོས་འདི་ལ། །ཐེ་ཚོམ་ཙམ་ཡང་མི་སྐྱེ་སྟེ། །འདི་ལ་ཐེ་ཚོམ་སྐྱེས་པས་ཀྱང་། །སྲིད་པ་རྡུལ་བོར་བྱེད་པར་འགྱུར། །ཞེས་པ་དང་། ཁྱིའུ་རིན་ཆེན་བྱིན་གྱིས་འཇམ་དཔལ་ལ་གོང་དུ་དྲངས་པའི་བླང་དོར་མེད་པའི་དོན་སྨྲས་པའི་ཚེ་དམིགས་པ་ཅན་གྱི་དགེ་སློང་བརྒྱད་མ་མོས་པས་དེ་དག་ཁྲག་དྲོན་མོ་སྐྱུགས་ཏེ་ཤི་ནས་དམྱལ་བར་སྐྱེས་པ་ན། བཅོམ་ལྡན་འདས་ཀྱིས། དགེ་སློང་དེ་དག་གིས་ཟབ་མོའི་ཆོས་སོམ་ཉི་དང་བཅས་པས་ཐོས་པའི་མཐུས་དེ་ཁོ་ནར་དམྱལ་བ་ལས་ཐར་ཏེ་དགའ་ལྡན་གྱི་ལྷར་སྐྱེ་ཞིང་། བསྐལ་པ་དྲུག་ཅུ་རྩ་བརྒྱད་དུ་སངས་རྒྱས་ཁྲག་ཁྲིག་བཅུ་མ་ཉེས་པར་བྱས་ནས་གདོང་འཚང་རྒྱ་བར་ལུང་བསྟན་པའི་ཚུལ་འབྱུང་བ་དང་། འཇམ་དཔལ་གནས་པའི་མདོ་ལས། ཟབ་མོའི་ཆོས་ལ་མ་མོས་པའི་དགེ་སློང་བརྒྱ་དམྱལ་བར་ལྷུངས་པ་ཆོས་དེ་ཐོས་པ་ཙམ་གྱིས་མོད་ལ་དགའ་ལྡན་གྱི་ལྷར་སྐྱེས་ཤིང་ཕྱིས་ནས་བྱམས་པའི་འཁོར་དུ་དགྲ་བཅོམ་པ་ཐོབ་པར་ལུང་བསྟན་པ་སོགས་ཐེག་པ་ཆེན་པོའི་མདོ་སྡེ་རྣམས་སུ་མང་དུ་འབྱུང་བ་ལྟར་ངེས་པས་སོ། །

གཉིས་པ་ནི། ཁ་ཅིག་འབྲས་བུའི་མཐར་ཐུག་ནི། །འོད་གསལ་ཡིན་ཞེས་སྨྲ་བ་ཐོས། །ཞེས་གསུངས་པ། བླ་མེད་ཀྱི་རྒྱུད་སྡེའི་རིམ་པ་ལྔ་པ་དང་། སྦྱོར་བ་ཡན་ལག་དྲུག་པ་བ་སོགས་ཀྱིས་འོད་གསལ་ལ་མཐར་ཐུག་ཏུ་བཞེད་པ་ངེས་དགོངས་པ་ཡིན་ནོ། །

རྫོགས་ཆེན་པས་ལྷུན་གྲུབ་ཐོད་རྒལ་གྱི་ལམ་འོད་གསལ་ལ་མཐར་ཐུག་ཏུ་བཞེད་པ་ནི། འདི་ཉམས་ལེན་མཐར་ཕྱིན་པ་ཞིག་གིས། ཕྱི་འབྱུང་ཞིང་ཁམས་སུ་གྲོལ་ནས་ལོངས་སྐུའི་ཞིང་གི་ཡོན་ཏན་ད་ལྟ་མངོན་དུ་བྱེད་པ་དང་། ནང་འབྱུང་འོད་གསལ་དུ་དངས་པས་སྣང་གཟུགས་ཡོད་ལ།

རིག་གཟུགས་མེད་པས་འཁོར་བ་མ་སྟོངས་པར་རྟག་ཁྱབ་ལྷུན་གྲུབ་ཀྱི་ཕྲིན་ལས་ཀྱིས་གདུལ་བྱའི་དོན་མཛད་པ་པད་འབྱུང་དང་བི་མ་ལ་ལྟར་ཆོས་ཟད་འཕོ་བ་ཆེན་པོའི་སྐུ་བསྒྲུབ་ཏུ་ཡོད་པའི་ཕྱིར་ཟབ་པ་དང་རྒྱ་ཆེ་བའི་ཁྱད་པར་བསམ་གྱིས་མི་ཁྱབ་པའི་སྙིང་ཐིག་གི་གསང་བ་ངོ་མཚར་བ་རྣམས་སྤྲོ་བར་བྱར་ཡོད་ཀྱང་བརྗོད་པའི་སྐབས་སུ་མ་བབས་པས་ཤེས་པར་འདོད་པ་སྲིད་ན་ཀུན་མཁྱེན་ཆོས་ཀྱི་རྒྱལ་པོ་ཀློང་ཆེན་པའི་གསུངས་རབ་སྤྱི་དང་བྱེ་བྲག་རྣམས་སུ་གསལ་ལོ། །

གསུམ་པ་ནི། གཏེར་ནས་བྱུང་བའི་གླེགས་བམ་དང་། །གཞན་ནས་བརྐུས་པའི་ཆོས་ལུགས་དང་། །བརྩམས་ཆོས་དང་ནི་རྨི་ལམ་ཆོས། །བློ་བཟུང་མ་ཡི་ཆོས་ལུགས་ལ། །རྡོ་རྗེ་འཆང་ལ་བརྒྱུད་པ་སྣེག །ཅེས་གསུངས་པ་དགག་བྱ་དང་དགོས་པའི་སྐབས་མི་བྱེད་པའི་མཁས་སུ་རེ་བ་རྣམས་ཀྱིས་ཚིག་འདི་དྲང་ཐད་དུ་དཔྱད་ན་མི་ལེགས་ཏེ། ཆོས་ཀྱི་རྗེས། བསྟན་པའི་གནད་བཅོས་པའི་སོ་སྐྱེ་བླུན་པོས་དེ་ལྟར་སྨྲར་བ་ལ་དགོངས་པ་ཡིན་མཆི། མཆོག་གཟིགས་རྣམས་ལ་གསུངས་པར་ནི་རྣམ་པ་ཀུན་ཏུ་བསམ་པར་མི་བྱ་སྟེ། གྲུབ་བརྙེས་རྣམས་ལ་དག་པའི་སྣང་བར་དཀྱིལ་འཁོར་གྱི་གཙོ་བོའམ། རྡོ་རྗེ་ཕག་མོ་སོགས་ལྷག་པའི་ལྷ་དང་། རྡོ་རྗེ་འཛིན་པ་རྣམས་ཀྱིས་ཞལ་བསྟན་ཞིང་ཕལ་ཆེར་ལ་དབང་བསྐུར། རྒྱུད་བཤད། གདམས་ངག་སྩལ་པ་དང་། འགའ་ཞིག་ལ་དོན་བརྒྱུད་ཀྱི་དགོངས་པའི་བྱིན་རླབས་འཕོ་བར་མཛད། གླེགས་བམ་སོགས་ལུང་བསྟན་དང་རྗེས་སུ་གནང་བ་བྱིན་པ་ཙམ་གྱིས་ཆོས་དེ་དང་དེའི་དོན་གྱི་བརྒྱུད་པ་བཞུགས་པས་རྩོད་པ་མེད་པས་དེ་ལ་ཆོས་དང་མཐུན་པའི་གླན་ཀ་མི་འཇུག་སྟེ། སངས་རྒྱས་ཀྱི་བྱིན་རླབས་དང་རྗེས་སུ་གནང་བ་ཐོབ་པ་རྣམས་བཀའ་དངོས་དང་མཚུངས་པར་རྒྱ་བོད་གཉིས་ཀར་ཡོངས་སུ་གྲགས་པས་ཁོ་བོ་ཅག་གིས་གྲུབ་ཟིན་བསྒྲུབ་པས་ཅི་བྱ་སྟེ། འཕགས་ཡུལ་དུ། འདུས་པ་འཕགས་སྐོར་རྣམས་ཟླ་གྲགས་ལ་མགོན་པོ་ཀླུ་སྒྲུབ་ཀྱིས་གསུངས་པར་འདོད་པ་ནི་ཡེ་ཤེས་ཀྱི་སྐུ་ལས་ནོས་པར་བྱེད་དགོས། གཟུགས་སྐུ་ནི་དེ་དུས་མི་བཞུགས་ཤིང་། དེ་བཞིན་དུ་གདོལ་བའི་བུ་མ་ཏངྒི་པས་སྒྲོན་གསལ་གྱི་གླེགས་བམ་རྙེད་ནས་རྒྱུད་ཀྱི་བཀའ་སྲོལ་བྱུང་བ་དང་། རོལ་པའི་རྡོ་རྗེས་རྟོག་བདུན་ཨོ་རྒྱན་ནས་སྤྱན་དྲངས་པ་རྣམས་ཀྱང་དེ་ལྟ་བུ་ལས་མ་འདས་ཤིང་། དེ་བཞིན་དུ་ས་ར་ཧས་སངས་རྒྱས་ཐོད་པ་དང་། མ་ཏྲྀ་མུ་ཡཱའི་རྒྱུད་

རྣམས་ཨོ་རྒྱན་གྱི་ཡུལ་ནས་ཀུ་ཀུ་རི་པས་དྲངས་པ་དང་། ཞི་བྱེད་ཀྱི་རྒྱུད་རྣམས་དུར་ཁྲོད་དཔལ་གྱི་རྒྱ་སྐར་རོལ་པ་ནས་ཕ་དམ་པས་སྤྱན་དྲངས་པ་སོགས། རྒྱུད་སྡེ་སོ་སོའི་སྒྲོལ་འབྱེད་ཀྱི་གྲུབ་ཐོབ་དེ་རྣམས་ལ་ལྷག་པའི་ལྷས་སྣང་བར་མཛད་པ་ཁོ་ན་མང་བའི་ཕྱིར་དང་། གངས་ཅན་གྱི་ལྗོངས་སུ་འང་དག་སྣང་གི་ཆོས་བཀའ་རྒྱ་གར་སློབ་དཔོན་རྣམས་ནས་བརྒྱུད་པའི་རྣམ་གྲངས་མང་པོ་དང་། བོད་ཀྱི་མཁས་གྲུབ་རྣམས་ཉིད་ལའང་ཞལ་གཟིགས་དག་སྣང་དང་། སྙན་རྒྱུད་ཀྱི་ཆོས་སྐོར་ཧེ་སྙེད་ཅིག་བཞུགས་པ་རྣམས་ཀྱང་དེ་དག་དང་མཚུངས་པའི་ཕྱིར་རྩོད་མེད་དུ་གྲུབ་པ་ཁོ་ནའོ། །

དེས་ན་གཏེར་ཞེས་བྱ་བའི་གོ་བ་ནི། འཕགས་ཡུལ་དང་། ཨོ་རྒྱན་དང་། འགྲོ་ལྡིང་སོགས་ཡུལ་ཆེན་ཡུལ་ཕྲན་སོ་སོ་ནས་བྱུང་བའི་རྒྱུད་སྡེའི་གླེགས་བམ་རྣམས་གདུལ་བྱ་དུས་ལ་མ་བབས་བར་མཁའ་འགྲོའི་གསང་མཛོད་རྣམས་སུ་གཏེར་དུ་བཞུགས་པ་དུས་ལ་བབས་ནས་སྐལ་བ་དང་ལྡན་པའི་གྲུབ་ཐོབ་རྣམས་ལ་ལྷ་དང་བླ་མས་ལུང་བསྟན་ནས་རྙེད་པའམ་སྤྱན་དྲངས་ཏེ་སྣོད་ལྡན་ཉུང་ཤས་ལ་རིམ་གྱིས་སྤེལ་ནས་དངོས་གྲུབ་ཐོབ་པ་སྟེ། དེ་དང་མཚུངས་པར་སློབ་དཔོན་པདྨ་དང་། ཆོས་རྒྱལ་སྲོང་བཙན་སྒམ་པོ་སོགས་གྲུབ་ཐོབ་རྣམས་ཀྱིས་གཏེར་དུ་སྦས་པའི་ཆོས་ཀྱང་སྤྲུལ་པའི་རྗེ་འབངས་རྣམས་ལ་སྟོན་དུ་སྨོན་ལམ་གཏད་རྒྱའི་དབང་བསྐུར་ནས་ཕྱི་མའི་ཚེ་འགྲོ་དོན་དུས་ལ་བབས་ན་སྟོན་གྱི་སྨོན་ལམ་མཐའ་བཙན་པས་རྗེ་འབངས་དེ་དག་གི་སྤྲུལ་པ་རྣམས་ལ་སླར་ཡང་ཡེ་ཤེས་ཀྱི་སྐུས་དབང་བསྐུར་ལུང་བསྟན་གྱིས་རྗེས་སུ་བཟུང་ནས་རང་སྐལ་དུས་བབ་ཀྱི་གཏེར་འདོན་པར་མཛད་ནས་གདུལ་བྱའི་དོན་རླབས་པོ་ཆེ་སྒྲུབ་པ་ནི་དེ་བཞིན་གཤེགས་པའི་ཕྲིན་ལས་ཆུད་མི་གསན་པའི་ཐབས་ལ་མཁས་པའི་ཕྲིན་ལས་ཕྱོགས་གཅིག་ཡིན་ལ། ཁྱད་པར་ཡེ་ཤེས་ཀྱི་སྐུ་ནི་རྣམ་སྨིན་ལས་ཆེས་ལྷག་ཅིང་། མཚན་མའི་དཀྱིལ་འཁོར་ལས་ཡེ་ཤེས་ནུས་པ་ལྷག་པ་དང་། སྤྲོས་བཅས་ཀྱི་དབང་ལས་ཡེ་ཤེས་འཕོ་བའི་དབང་བསྐུར་ཁྱད་པར་དུ་འཕགས་པ་སྣོད་བཅུད་གཉིས་ཀའི་རྟེན་འབྲེལ་ལས་གསང་སྔགས་ཐུན་མོང་མ་ཡིན་པའི་ཟབ་གནད་དུ་ཤེས་པར་བྱ་དགོས་པ་ཉིད་དོ། །ཁྱེ་བྲག་ཕྱིར་མི་ལྡོག་པའི་བྱང་ཆུབ་སེམས་དཔའ་ལ་ཆོས་ཀྱི་གཏེར་ཆེན་པོ་འབྱུང་བ་ནི་སངས་རྒྱས་ཀྱིས་གསུངས་པའི་འདུལ་བ་ལ་སྣང་། མདོ་སྡེ་ལ་འཇུག །མངོན་པའི་ཆོས་ཉིད་དང་མི་

འགའ་ལ་ཏེ། འཕགས་པ་བསོད་ནམས་ཐམས་ཅད་སྡུད་པའི་ཏིང་ངེ་འཛིན་གྱི་མདོ་ལས། དྲི་མ་མེད་པའི་གཟི་བརྗིད་ཆོས་འདོད་པའི་བྱང་ཆུབ་སེམས་དཔའ་སེམས་དཔའ་ཆེན་པོ་བསམ་པ་ཕུན་སུམ་ཚོགས་པ་གུས་པ་དང་བཅས་པ་རྣམས་ནི་འཇིག་རྟེན་གྱི་ཁམས་གཞན་ན་འདུག་ཀྱང་སངས་རྒྱས་བཅོམ་ལྡན་འདས་རྣམས་ཞལ་སྟོན་པར་མཛད་ཅིང་ཆོས་ཀྱང་སྟོན་པར་མཛད་དོ། །དྲི་མ་མེད་པའི་གཟི་བརྗིད་ཆོས་འདོད་པའི་བྱང་ཆུབ་སེམས་དཔའ་སེམས་དཔའ་ཆེན་པོ་རྣམས་ཀྱིས་ཆོས་ཀྱི་གཏེར། རིའི་སྦུལ་དང་། ཤིང་དག་གི་ནང་དུ་བཅུག་པ་དག་ཡོད་དེ། གཟུངས་དང་ཆོས་ཀྱི་སྒོ་མཐའ་ཡས་པ་གླེགས་བམ་དུ་བྱས་པ་དག་ཀྱང་ལག་ཏུ་འོང་བར་འགྱུར་རོ། །དྲི་མ་མེད་པའི་གཟི་བརྗིད་ཆོས་འདོད་པའི་བྱང་ཆུབ་སེམས་དཔའ་སེམས་དཔའ་ཆེན་པོ་རྣམས་ལ་ནི་སྔོན་སངས་རྒྱས་མཐོང་བའི་ལྷ་རྣམས་ཀྱིས་སྤོབས་པ་སྒྲུབ་པར་བྱེད་དོ། །དྲི་མ་མེད་པའི་གཟི་བརྗིད་ཆོས་འདོད་པའི་བྱང་ཆུབ་སེམས་དཔའ་སེམས་དཔའ་ཆེན་པོ་རྣམས་ནི་ཚེ་ཟད་ནའང་སངས་རྒྱས་བཅོམ་ལྡན་འདས་རྣམས་དང་ལྷ་རྣམས་ཀྱིས་ཚེ་དང་སྤོབས་སྒྲུབ་པར་བྱེད་དོ། །སངས་རྒྱས་ཀྱི་བྱིན་རླབས་དང་། ལྷའི་བྱིན་རླབས་ཀྱིས་དེ་དག་འདོད་ན་ལོ་སྟོང་དུའང་འཚོད་དོ། །ཞེས་པ་དང་། དཔལ་མཆོག་གི་རྒྱུད་ལས་ཀྱང་། །རྒྱུད་དང་རྒྱུད་ཀྱི་རྒྱལ་པོ་གང་། །ཕྱག་ན་རྡོ་རྗེ་ཁྱོད་ཉིད་ཀྱིས། །གཏེར་ནས་གཏེར་དུ་ཕྱུང་ཞིང་སྦུལ། །ཞེས་གསུངས་ཤིང་། འཇམ་དཔལ་རྩ་བརྒྱུད་ལས། ཕྱི་མ་དེ་ཚེ་དུས་དག་ཏུ། །དགེ་སློང་དགྲ་བཅོམ་ཞེས་བྱ་བ། །ཞེས་པ་ནས། སྔོན་གྱི་ངས་ནི་གང་བཤད་པ། །ཐེག་པ་ཆེན་པོའི་མདོ་སྡེ་ཡང་། །དེ་ཡི་ཚེ་ན་བུམ་པ་ལས། །དཀར་ཐུབ་ཆེན་པོས་འདྲེན་པར་བྱེད། །གླེགས་བམ་དེ་ལ་དེ་བལྟས་ནས། །དེ་ལ་སྔགས་ནི་བླྟོས་པ་ནི། །ཞེས་ལུང་བསྟན་པ་བཞིན་དགེ་སློང་དགྲ་བཅོམ་པར་གྲགས་པས་བུམ་པ་བཟང་པོ་ཞིག་ནས་མདོ་ལ་སོགས་པའི་ཆོས་གང་འདོད་ཀྱི་གཏེར་བཏོན་ནས་ཉམས་སུ་བླངས་པའི་ལོ་རྒྱུས་འབྱུང་བ་དང་། མདོ་སྡེ་མཛངས་བླུན་དུ་ཁྱིམ་བདག་ཞིག་གི་ཁྱིམ་གྱི་ཀ་བ་ནས་བསྐྱེན་གནས་ཡན་ལག་བརྒྱད་པའི་ཚིག་ཐོན་པའི་ལོ་རྒྱུས་ཀྱང་སྣང་བའི་ཕྱིར་གཏེར་གྱི་ཚད་མ་དེ་ལས་ཅི་ཞིག་དགོས། སངས་རྒྱས་ཀྱི་ཞལ་བསྟན་ཅིང་བྱིན་གྱིས་བརླབས་པའི་ཕྱིར་བརྒྱུད་པ་དེ་ལྟར་དྲངས་བས་ཅི་སྟོ། བཀའ་བབས་དང་། བྱིན་རླབས་ཀྱི་བརྒྱུད་པ། ཉེ་བརྒྱུད་དང་རིང་

བརྒྱུད་ཀྱི་ཁྱད་པར་བཤད་པ་ཐམས་ཅད་ལ་དེ་དང་མཚུངས་པའི་ཕྱིར་རོ། །

ཡང་ཕྱིས་ཀྱི་མཁས་རློམ་འགའ་ཞིག་གིས་གཏེར་ཆོས་དང་གཏེར་སྟོན་རྙིང་མ་འབའ་ཞིག་ལས་གཞན་ལ་མ་གྲགས་སྙམ་དུ་སྣང་ཞུགས་བྱེད་པ་ནི་རང་ཉིད་ཐོས་པ་ཆུང་བའི་མངོན་རྟགས་བསྟན་པ་དང་ལྡན་ཅིག་ཆོས་སྤྱང་བ་ལ་ཞུགས་པ་སྟེ་འཕགས་ཡུལ་གྱི་གྲུབ་ཐོབ་གོང་དུ་སྨོས་པ་དེ་དག་དང་། བོད་ཀྱི་ལྗོངས་འདིའི་ཡང་། རྗེ་མར་པས་རྡོ་རྗེ་གདན་ནས་རྫོགས་རིམ་རླུང་སེམས་དབྱེར་མེད་བཏོན་པ་དང་། བླ་མ་རྡོ་རྗེ་གདན་པ་དང་བ་རི་ལོ་ཙཱ་བས་སེང་གདོང་མའི་སྒྲུབ་སྐོར་རྡོ་རྗེ་གདན་གྱི་ཤར་ཕྱོགས་ཕ་བོང་གཡག་འདྲ་བའི་འོག་ནས་བཏོན་པ་དང་། ཀུ་རུ་ཀུལླེའི་སྒྲུབ་སྐོར་འབའ་ཞིག་རྡོ་རྗེ་གདན་གྱི་བྱང་ཕྱོགས་ལྷ་མོ་དུད་སོལ་མའི་ནུ་འབུར་ན་ཡོད་པ་སྒྲོལ་མས་ལུང་བསྟན་ཏེ་བླ་མ་གཉན་ལོ་ཙཱ་ས་བཏོན་པ་དང་། ལྷ་སའི་དཀར་ཆག་ཀ་བ་བུམ་པ་ཅན་ནས་ཇོ་བོ་ཨ་ཏི་ཤས་བཏོན་པ་དང་། ཕན་གནོད་ལས་ཚོགས་ཀྱི་སྐོར་འགའ་ཞིག་ཀ་བ་ཤིང་ལོ་ཅན། སྤྱིལ་མགོ་ཅན། སེང་མགོ་ཅན་རྣམས་ན་ཡོད་པ་བླ་མ་ཞང་དང་ཇོ་གདན་དགོན་མཆོག་གྲགས་གཉིས་ཀྱིས་ཕལ་ཆེར་བཏོན་པ་དང་། རོ་སྙོམས་སྐོར་དྲུག་ཏི་ཕུ་པས་ལུང་བསྟན་བཞིན་རྗེ་བཙུན་རས་ཆུང་པས་ལྷོ་བྲག་མཁར་ཆུར་སྦས་པ་ཕྱིས་སུ་འགྲོ་མགོན་གཙང་པ་རྒྱ་རས་ཀྱིས་གཏེར་ནས་བཏོན་པ་དང་། སེམས་ཁྲིད་ཡིད་བཞིན་ནོར་བུ་རྗེ་དྭགས་པོ་རིན་པོ་ཆེ་དང་། སྐྱེས་བུ་ཡེ་ཤེས་རྡོ་རྗེ་དཔོན་སློབ་ཀྱིས་མཚོ་མཐིལ་ནག་པོ་ལ་གཏེར་དུ་སྦས་པ་འགྲོ་མགོན་དུང་མཚོ་རས་པས་གཏེར་ནས་བཏོན་པ་དང་། རྣམ་ཐོས་ཀྱི་སྒྲུབ་སྐོར་འགའ་ཞིག་བྱ་རྒོད་གཤོངས་ནས་གཉལ་བ་ཉི་མ་ཤེས་རབ་ཀྱིས་བཏོན་པ་དང་། ཕུ་ཏྲ་མིང་སྲིང་གི་སྒྲུབ་སྐོར་བསམ་ཡས་ནས་ལྷ་བཙུན་བྱང་ཆུབ་འོད་ཀྱིས་བཏོན་པ་སོགས་རྙིང་མ་ཁོ་ནར་མ་ཟད་རྒྱ་གར་དང་བོད་ཀྱི་གྲུབ་མཐའ་ཐམས་ཅད་ལ་ཡོད། མ་ཅིག་ལབ་སྒྲོན་གྱི་གདམས་པ་གཅོད་ཀྱི་སྐོར་རྣམས་མ་གཅིག་ཉིད་ཀྱིས་གཏེར་དུ་སྦས་པ་ཀུན་སྤངས་བརྩོན་འགྲུས་སེང་གེས་བཏོན་པ་དང་། དགའ་ལྡན་པ་ལའང་། སྲིད་རྒྱུད་ཀྱི་མགོན་ཁང་དུ་འདུལ་ནག་པ་དཔལ་ལྡན་བཟང་པོས་གཏེར་དུ་སྦས་པའི་ཆོས་རྒྱལ་གྱི་ལས་ཚོགས་འགའ་ཞིག་རྒྱུད་ཆེན་སངས་རྒྱས་རྒྱ་མཚོས་བཏོན་པ་དང་། འཇམ་དབྱངས་བཞད་པས་གཏེར་ལུང་ཞེས་པའི་ས་ཆ་ནས་མ་གཅིག་གི

ལུང་བསྟན་དང་དུང་དཀར་སོགས་རྫས་འགའ་རེ་བཏོན་ཞེས་ཟེར་བ་དང་། དགའ་ལྡན་ཁྲི་པ་ངག་དབང་མཆོག་ལྡན་གྱི་མནལ་ལམ་དུ། རྗེ་ཙོང་ཁ་པ་དགུང་ལོ་བཅོ་ལྔ་བཞེས་པའི་ཚོད་ཙམ་པ་བརྒྱངས་བཟང་པོའི་ན་བཟའ་གསོལ་བ་ཞིག་གིས་བྱ་ཁྱུང་དགོན་པའི་མཆོད་རྟེན་སྟེང་ན་གཏེར་འགའ་ཞིག་འདོན་རྒྱུ་ཡོད་ཚུལ་ལུང་བསྟན་ནའང་ཁྲི་པ་དེ་ཉིད་ཁམས་སུ་ཕེབས་རྒྱུ་མ་བྱུང་བས། གཏེར་འདོན་རྒྱུ་ངོ་མ་ཐོགས་པ་སོགས་གཏེར་གྱི་སྒྲོས་མང་བས་གཏེར་ཆོས་ཡིན་ཚད་རྙིང་མ་དང་གཏེར་སྟོན་ཡིན་ཚད་ཟོག་པར་ཁས་བླངས་ཕྱིན་ཆ་ཅང་ཐལ་བ་འདྲ་སྙམ་མོ། །

སླས་པ། འགྲོ་ལ་ཕན་བཞེད་རྒྱལ་བས་གདུལ་བྱ་ཡི། །ཁམས་དབང་བསམ་པ་དང་མཐུན་བསྟན་པ་ལ། །བློ་མཆོག་རྣམས་དང་དབྱེར་མེད་ཆོས་ཀྱི་རྗེས། །ཕྱི་དོར་མཛད་པ་བསྟན་ལ་རི་མོར་ཆེ༔ ༔འོན་ཀྱང་ཕྱི་དུས་ལོག་ལྟའི་རབ་རིབ་ཀྱིས། །ཆོས་མིག་ལྡོངས་པས་ངན་ཤགས་ལྷུར་ལེན་ལ། །ཞུགས་རྣམས་ཐུབ་བསྟན་དཀྲུགས་པའི་རྒྱབ་རྟེན་དུ། །འཕྱེར་བས་གཞུང་འདི་དྲི་མ་ཅན་དུ་བྱས། །དགག་དགོས་དཔྱད་པ་བློ་མིག་མ་ཉམས་པས། །ཆོས་རྗེའི་དགོངས་པ་གང་ཡིན་རྨ་མེད་དུ། །ལེགས་པར་འདོགས་པའི་གསེར་ཐུར་འདི་ཐོགས་ཕྱིན། །ཡང་དག་གནས་ལ་སྒྲིབ་བྱེད་མ་བཅད་དམ། །སྔོན་རབས་མཁས་གཞུང་རྣམས་ཀྱང་རྫུ་ལྟར་དུ། །འདོར་ན་བདག་འདྲའི་ཉི་ཚེའི་ཚིག་གིས་ཅི༔ ༔སྨྲོག་པའི་དྲི་བཞིན་ལྡན་སྐྱེས་ལོག་ལྟའི་བློ། །གཏོང་བ་མི་བྱེད་དེ་ལ་ཅི་བྱར་ཡོད། །མ་རྟོགས་ལོག་རྟོག་ཀུན་ནས་དཀྲིས་པ་ཡིས། །ཉེས་གྱུར་མ་ལུས་དབང་གྱུར་རྣམས་ཀྱི་དྲུང་། །མཐོལ་བཤགས་དགེ་བས་འགྲོ་རྣམས་སྟོན་པ་བཞིའི། །ཆོས་རབ་འབྱེད་ལ་འཕགས་རྣམས་ཉིད་ལྟར་ཤོག །ནམ་ཞིག་མངོན་དགའི་ཞིང་དུ་ཆོས་ཀྱི་རྗེ། །རྗོགས་སངས་རྒྱས་མདུན་འཕགས་པའི་འཁོར་ཚོགས་དང་། །ལྷན་ཅིག་ཐུགས་ཀྱི་གསར་བ་འཛིན་བྱེད་ཅིང་། །ཡང་དག་ལམ་དུ་འགྲོ་ཀུན་སྒྲོལ་ནུས་ཤོག །

དེ་ལྟར་ན་རི་ཁ་བ་ཅན་གྱི་ཁོངས་སུ་བདེ་བར་གཤེགས་པའི་བསྟན་པ་རིན་པོ་ཆེའི་སྣང་བྱེད་གཅིག་པུ་ལྟ་བུར་འགྱུར་པ་ཆོས་ཀྱི་རྗེ་ས་སྐྱ་པཎྜི་ཏ་ཆེན་པོས་སྡོམ་པ་གསུམ་གྱི་རབ་ཏུ་དབྱེ་བའི་བསྟན་བཅོས་ཆེན་པོར་རྒྱལ་བསྟན་ཤིང་རྟ་ཆེན་པོའི་རིང་ལུགས་རྨ་མེད་པ་ལ་དྲང་བའི་ཕྱིར་དུ་དགོངས་ནས། བཀའ་སྩལ་བའི་དངོས་བསྟན་ཚིག་ཁ་ཤས་ལ་བརྟེན་ནས་ཚིག་ལ་རྟོག་པའི་མཁས

པར་རློམ་པ་དང་། བླུན་པོ་དག་གིས་མ་རྟོགས་པའམ། རྟོགས་ཀྱང་ཕྱོགས་ལྷུང་གིས་ཀུན་ནས་དཀྲིས་པས་རང་དང་སྐལ་དམན་དུ་མ་ཆོས་སྤྱོད་པ་ལ་སྦྱོར་བ་མཐོང་བས་དེ་དག་ལ་ཕྱུང་ཟད་ཕན་དུ་རེ་ན་གཟུ་བོའི་བློས་དྭང་ཤན་འབྱེད་པའི་ཡི་གེ་འདི་ཉིད་སྨྲ་མོ་ཞིག་ནས་སྦྱར་བ་ལ། སླར་ཡང་ཚིག་དོན་གྱི་ཆ་ལ་ཞུས་དག་གིས་ཕྲི་བསྣན་ཕྱུང་ཟད་དང་བཅས་ཆོས་རྗེ་རྒྱལ་བ་ཀཿཐོག་པ་ཡབ་སྲས་ཀྱི་གདུལ་བྱའི་རྗེས་ཞུགས་སུ་རློམ་པས་རིག་པ་འཛིན་པ་ཚེ་དབང་མཆོག་གྲུབ་ངེས་དོན་བསྟན་འཕེལ་དཔལ་བཟང་པོར་སྒྲོ་བཏགས་པས་དཔལ་ཀཿཐོག་རྡོ་རྗེ་གདན་གྱི་ཀླུ་ཀྱི་ལའི་བ་གམ་དུ་བྲིས་པ་རེ་ཞིག་རྫོགས་སོ།། །།ཛ་ཡ་ཛ་ཡ་སརྦ་མངྒ་ལཾ་བྷ་ཝནྟུ།། །།

༄༅། །སྡོམ་གསུམ་གྱི་གནད་བསྡུས་པ་ཞེས་བྱ་བ་བཞུགས་སོ། །

དཔལ་སྤྲུལ་འཇིགས་མེད་ཆོས་ཀྱི་དབང་པོ།

ཐུགས་རྗེ་ཆེན་པོ་དང་ལྡན་པའི་བླ་མ་རྣམས་ལ་ཕྱག་འཚལ་ལོ། །དེ་ལ་སྤྱིར་རྒྱལ་བས་ཆོས་སྒོ་དང་ཐེག་པའི་རྣམ་གྲངས་བསམ་གྱིས་མི་ཁྱབ་པ་གསུངས་པ་ཐམས་ཅད་ཀྱང་བསྡུ་ན་ཐེག་པ་ཆེ་ཆུང་གཉིས་སུ་འདུ། ཐེག་ཆེན་ལ་མདོ་སྔགས་གཉིས་སུ་དབྱེ་བས་ཉམས་ལེན་གྱི་གནད་ཐམས་ཅད་སྡོམ་པ་གསུམ་ལ་འདུ། སྡོམ་པ་གསུམ་པོ་བསྡུ་ན་འདི་ལྟ་སྟེ། སོ་ཐར་གྱི་ངོ་བོ་ངེས་འབྱུང་ཡིན། བྱང་སེམས་ངོ་བོ་གཞན་ཕན་ཡིན། གསང་སྔགས་ངོ་བོ་དག་སྣང་ཡིན། གསུམ་པོ་རང་སེམས་འདུལ་ལ་འདུ།

འདི་ལ་བཞི། ཕྱི་སོ་ཐར། ནང་བྱང་སེམས། གསང་བ་གསང་སྔགས།སྡོམ་གསུམ་འགལ་མེད་དུ་ཉམས་སུ་ལེན་ཚུལ་ལོ། །དང་པོ་ཕྱི་སོ་ཐར་གྱི་སྡོམ་པ་ནི། སོ་ཐར་གྱི་ངོ་བོ་ངེས་འབྱུང་ཡིན། ཞེས་བྱ་སྟེ། འདི་ལ་བསྡམ་བྱ། སྡོམ་བྱེད་གཉིས། དང་པོ་བསྡམ་བྱ་ནི། ད་ལྟ་རང་རེ་རྣམས་ཀྱི་རྒྱུད་ལ་ཚེ་ཕྱི་མ་ཕན་ཆད་ཀྱི་ཐར་པ་བྱང་ཆུབ་བསྒྲུབ་པའི་ཆེད་མ་ཡིན་པར། འཇིག་རྟེན་ཚེ་འདི་ཙམ་ལ་ཞེན་ནས་བདེ་སྐྱིད་སྙན་གསུམ་མམ། ལྟོ་གོས་གཏམ་གསུམ་དོན་དུ་གཉེར་བའི་བློ་འདི་བསྡམ་བྱ་ཡིན།

འདི་དག་གི་རྩ་བ་ཚེ་འདིར་ཞེན་པ་ཡིན། དེའི་རྩ་བ་བདག་འཛིན་ཡིན། འདི་དག་ལའང་། བདེ་འདོད་དང་། སྐྱིད་འདོད་ལས། སྙན་འདོད་སྤྱངས་དཀའ། ལྟོ་གོས་ལས་གཏམ་སྤྱངས་དཀའ་བ་ཡིན། དེ་ཇི་ལྟར་ཡིན་ཞེ་ན། འཇིག་རྟེན་པ་རྣམས་གསོད་པར་ཤེས། གསོད་པ་པོས་མདུན་ན་སྤྲུག་བཞིན་དུ་གཡུལ་ངོར་ནན་གྱིས་འཇུག་པ་དེ་བདེ་སྐྱིད་སྤངས་ནས་སྙན་པ་སྒྲུབ་པ་ཡིན། རང་ཤི་ཤུལ་གྱི་གཏམ་སྙན་པོ་དེའི་ཆེད་དུ་རང་གི་སྲོག་ཀྱང་ཡལ་བར་འདོར་བ་དེ་འཕྲུལ་ཚབས་ཆེ། ཡང་ཆོས་པ

རྣམས་ལྷོ་གོས་ལ་གྲོང་བསྐྱར་ནས་དཀའ་སྤྱད་དང་སྙིང་རུས་ཀྱིས་ཆོས་བྱས་ཀྱང་། དེ་ཆོས་པ་བཟང་པོ་ཞིག་ཡིན་ཞེས་གཞན་གྱིས་གླེང་ན་དགའ་ཞིང་། དེའི་ཆེད་དུ་དགེ་སྦྱོར་གྱི་བྱས་ཡུས་འདྲེན་པ་དེ་ལྷོ་གོས་བློས་ཐོང་གཏན་བློས་མ་ཐོང་བ་ཡིན། ལུས་ཀྱི་གསོས་སུ་མེད་ཐབས་མེད་ཅིང་ངེས་པར་ལྷོ་གོས་གཉིས་བློས་བཏང་ནས་གཏམ་སྟོང་པ་ཞིང་སྒྲུབ་པ་དེ་ཡང་འཁྲུལ་ཚབས་ཆེ། དེས་ན་རང་རེ་ཐམས་ཅད་ལ་ཆོས་འཇིག་རྟེན་གང་གི་ཐད་ནས་ཀྱང་མི་མདུ་ན་ནས་ངོ་མི་ཚབ་ཞིག་བྱེད་དགོས་སྙམ་པ་དེ་གཏམ་དང་སྙན་པ་སྒྲུབ་པ་ཡིན་པས་དེ་སྤྱངས་བྱ་ཐམས་ཅད་ཀྱི་གཙོ་བོ་ཡིན། དེ་ལྟར་བདག་འཛིན་དང་ཚེ་འདིའི་ཞེན་པ་གཉིས་པོ་འདི་འཇིག་རྟེན་པའམ་འཁོར་བ་སྒྲུབ་པའི་ཀུན་སྤྱོང་ཐམས་ཅད་ཀྱི་རྩ་བ་ཡིན། ཀུན་སློང་དེ་ལ་གཞི་བྱས་ནས། ད་ག་རེ་ཆོས་དང་འཇིག་རྟེན་གང་སྒྲུབ་ཀྱང་རྒྱུ་རྫས་དང་ལོངས་སྤྱོད་ཞིག་མེད་པའི་ཐབས་མི་འདུག །ཆོས་བྱེད་ཀྱང་ལྷོ་གོས་གནས་མལ་དང་བཅས་པ་ཕུན་ཚོགས་པ་ཞིག་མེད་ན་སྒྲུབ་པར་མི་ནུས་པར་འདུག །འཇིག་རྟེན་གྱི་བྱ་བ་བདེ་སྐྱིད་སྙན་གསུམ་ཐམས་ཅད་ཀྱི་རྩ་བ་ནི་ལོངས་སྤྱོད་ཁོ་ན་ཡིན་པར་འདུག །ལོངས་སྤྱོད་དེ་ཡང་མི་ཚེ་འཁྱོངས་ངེས་ཤིག་མེད་ན་ཕྲན་ཚེག་ཙམ་རེས་ནམ་ཞུག་མི་འཁྱོང་བར་འདུག་སྙམ་པ་དེ་ཀུན་སློང་ངན་པ་གཉིས་པ་ཡིན། ང་ལོངས་སྤྱོད་དེ་འཚོལ་བའི་ཐབས་ཅི་ལྟར་བྱས་ན་དྲག་སྙམ་པའི་ཚེ། ཁ་ཅིག་གིས་བསམ་པ་ལ་གཞན་རང་དང་མཉམ་པ་འདི་དང་འདི་ལྟ་བུ་ཞིག་གིས་ཀྱང་ཚོང་དང་སོ་ནམ་འབད་རྩོལ་གྱི་སྒོ་ནས་ལོངས་སྤྱོད་སྒྲུབ་པར་འདུག །ངས་ཀྱང་འདི་ལྟ་བུ་ཞིག་བྱས་ན། ལས་ཀ་དང་འབད་རྩོལ་ཀྱི་བརྩོན་འགྲུས་ནི་ནུས། མ་ནུས་ཀྱང་ཅི་ནུས་མི་བྱེད་པའི་ཐབས་མི་འདུག །ཚོང་དང་གཡོ་སྒྱུའི་སྒོར་འགོ་ནི་ཤེས། མ་ཤེས་ཀྱང་ཅི་ཤེས་མི་བྱེད་པའི་ཐབས་མི་འདུག །དཔེར་ན་ཐབས་འདི་དག་ལ་ངེས་པར་འབད་པར་བྱའོ་སྙམ་པའམ།

ཡང་ཁ་ཅིག་གིས། གཞན་འདི་དང་འདི་ལྟ་བུ་དག མིས་བཀུར་བ། རང་སྐྱིད་པ། དཀོར་དང་རྙེད་པ་ཆེ་བ་འདི་ལྟ་བུ་འདུག །ངས་ཀྱང་འདི་འདྲ་བ་ཞིག་བྱས་ན། ང་དང་ཚུལ་ནི་བཟང་། དགེ་སྦྱོར་དང་མཚམས་སྒྲུབ་ཕྲན་བུ་རེ་ནི་ནུས། བུད་མེད་ལ་འདོད་པ་ནི་ཆུང་། དཔེར་ན་བླ་མའམ་མིན་ཀྱང་དགེ་རྒན་བཟང་པོ་ཞིག་གི་གོ་ས་འོང་ངེས་སྙམ་པ་འདི་དག་ཀུན་སློང་ངན་པ་གསུམ་པ་ཡིན། དེ་

གཉིས་ལས་སྔ་མས་ནི་ཆོས་ཀྱི་བྱ་བ་དགེ་སྦྱོར་དང་ཉམས་ལེན་ཐམས་ཅད་བློས་བཏང་། ལས་ཀ་དང་འབད་རྩོལ་གྱི་དུས་འདའ། ཚོང་རྒྱས་དང་གཡོ་སྒྱུའི་ཡོབ་ལོ་བསྒོར། དོན་མང་བ། བྱ་བ་མང་བ། འདུ་འཛི་དང་འབྲེལ་འདྲིས་མང་བ། རྒྱལ་ཁམས་ཀྱི་གཙོ་བོ་ཐམས་ཅད་ལ་ངོ་འཛིན་དང་མཐུན་འཇུག་དགོས་པ། ཇ་ཡོར་གང་ཡང་དལ་གྱིས་འཐུང་བའི་ལོངས་མེད་པ། ཉིན་དང་མཚན་དུ་དོན་མེད་པའི་རྣམ་གཡེང་དང་བསམ་མནོ་ལ་ཡེངས་ཏེ་རང་གིས་རང་སྟོར་བ། རང་སྐྱིད་དམ་མི་སྐྱིད། བྱ་བྱེད་འདི་དག་ལ་སྙིང་པོ་འདུག་གམ་མི་འདུག་སྙམ་པའི་བློ་ཙམ་ཡང་སྐྱེ་རྒྱུ་མེད། ཐ་ན་རང་གི་གོས་ལེགས་པར་བགོས་ནས་སྣ་རགས་དམ་པོར་བཅིང་བ་ལའང་བློ་མ་ཞུགས་པར་གང་བྱུང་རྫོགས་ལྡན་ལྷ་བུ་ཞིག་བྱས་ནས་གནག་ཕྱུགས་ཀྱི་སྐྱོངས་ཐབ། ཉོ་ཚོང་གི་འཕེལ་སྐྱེད། བཟའ་ཚང་གི་མགོ་འཛིན། ཉེ་འབྲེལ་གྱི་མཐུན་འཇུག །སྟེ་དཔོན་གྱི་ངོ་འཛིན་ཁོ་ནས་དུས་འདའ་ཞིང་། རང་གིས་རང་བསླུག རང་གིས་རང་ཕུང་། རང་ལ་བདེ་དུས་དང་དལ་ཁོམས་སྐྱ་དྲོ་གཅིག་ཙམ་ཡང་མེད་པ་ཞིག་རང་གིས ཁུར་དུ་བླང་བ་དེ་དག་ལོངས་སྤྱོད་ཅུང་ཟད་རེ་འགྱོར་བའམ་མ་འགྱོར་བ་གང་ལྟར་གྱུར་ཀྱང་དེའི་ཚེ་འདི་སྐམ་དུ་ད་ང་ལ་ཅི་ལྟར་བྱས་ཀྱང་གཞན་གྱི་དད་འདུན་དང་བཀུར་བཟོས་ནི་མེད། དགོར་དང་དད་ཟས་ནི་མ་ཟོས། ངས་ཅི་ལྟར་བྱས་ཀྱང་མི་ཁ་ཆུང་སྙམ་ནས། ཁྱིམ་པའི་བྱ་བ་ཐམས་ཅད་དང་དུ་བླང་མི་དགེ་བ་སྣ་གཅིག་ལའང་མི་འཛེམས་པར་ཁྱིམ་པ་གཞན་ལས་ཀྱང་ཡོད་པ་ཁྱལ་མེད་ལིང་ལ་ཤོར་བ་ཆོས་ཀྱི་སྐལ་བ་ཆད་པ། ངན་སོང་གི་གཏིང་རྫོ་བྱེད་པ་འདི་ཕྱི་གཉིས་ཀར་སྡུག་པ། སྡུག་དང་སྐྱིད་དུ་ནོར་བ་དེ་འབྱུང་། ཕྱི་མ་དེས་ལྟར་སྣང་ཆོས་པ་ལྟར་བཅོས། རང་ཉིད་རང་གིས་བཙོན་དུ་བཟུང་། སེམས་ཡན་པར་བཏང་ནས་སྤྱོད་ལམ་གྱིས་རྩུལ་འཆོས་བྱེད། འཁྲུལ་བ་རང་རྒྱུད་དུ་བཞག་ནས་ལུས་ངག་གི་དགེ་སྦྱོར་ལ་བརྩོན། ཡེ་ཤེས་ཀྱི་ལྷ་སྤྱངས་ནས་ནོར་ལྷ་དང་གཞི་བདག་སྒྲུབ། བྱམས་པ་དང་སྙིང་རྗེ་སྤྱངས་ནས་རང་འདོད་གཙོ་བོར་འཛིན། འཁྲུལ་རྟོག་ཕྱོགས་མེད་དུ་བཏང་ནས་སྒོ་དྲུང་དུ་མཚམས་ཐོ་བརྒྱགས། རང་རྒྱུད་ལ་ལུང་རྟོགས་ཀྱི་ཡོན་ཏན་སྣ་གཅིག་མེད་པར་ལོ་མཚམས་དང་ཟླ་མཚམས་ཀྱི་ཁ་གྲངས་འདྲེན། ཟས་ཁམ་གཅིག་ཙམ་ལའང་གཏོང་སེམས་མེད་པར་ཤ་ཁྲེར་ཁྲག་ཁྲེར་གྱི་ལུས་སྦྱིན་གཏོང་། ཏིང་ཤག་སིལ་སིལ་དང་ཐ་ཆུང་ཏིང་ཏིང་ལ་སྐྱབས་བཅོལ། ཟ་ཚོག་རྙེད་

རྩོལ་སྒྲུབ་པའི་དཔེ་ཆ་དང་མཆོད་ཆས་སྒྲུབ་བཞིན་འཚམས་བྱེད་པ་སྐད་ཟེར། མིའི་མཐོང་སར་བླ་མའམ་དགེ་སློང་མ་རེད་ཀྱིས་དོགས་ནས་ཚུལ་འཆོས་བྱེད། རང་ཁྱིམ་ལྐོག་ཏུ་རྣམ་གཡེང་དང་ལས་ཀས་དུས་འདའ། ལྷ་བསྙེན་ལམ་དུ་འདྲེན། འཕྲེང་བ་ཚོགས་སུ་བགྲང་། དགེ་སྦྱོར་ཐམས་ཅད་ངོམ་ཆོས་ཁོ་ན་བྱེད། དེ་འདྲ་དེ་ལོ་ཤས་སོང་ནས་བླ་མ་དགེ་རྒན་གྲལ་དུ་ཚུད། དད་ཟས་གཤིན་དཀོར་ཆར་པ་ལྟར་འབབ། ཞིམ་ཟས་དང་མངར་རྩི། བཀུར་སྟི་དང་ཞེ་ས། ཡོན་བདག་གི་དད་འདུན། གྲྭ་ཚང་གི་བཀུར་བཟོས་སོགས་བྱུང་བ་དེའི་ཚེ་རང་རྒྱུད་ལ་མི་བརྟགས་པར་དོན་མེད་པའི་ང་རྒྱལ་ཞིག་ལང་། རྫོགས་པའི་སངས་རྒྱས་བྱོན་ཀྱང་དད་པ་དང་གུས་པ་མེད། མཆེད་གྲོགས་ལ་སྐྱོན་རྟོགས་བྱེད། ཡོན་བདག་ལ་མགུ་ཁང་མང་། རང་ཟས་ཀྱིས་མི་ཚིམ། རང་ཁྱིམ་དུ་མི་ཟུང་། མི་དགོས་དགུ་དགོས་པ། འདོད་པ་དང་ཁོང་ཁྲོ་རྔ་ལྟར་གཟེངས། ཆགས་སྡང་མེ་ལྟར་འབར། ང་བསྒྱུར་དང་མཐུན་འཇུག་མང་། ཁྱིམ་པ་དང་ཡོན་བདག་གི་སེམས་བསྒྱུར། གྲྭ་བ་གྲོང་མཆེད་ཀྱི་སྙིང་བསྲེག །རྒྱུ་འབྲས་ཡལ་བར་བོར། ད་ངས་ཇི་ལྟར་བྱས་ཀྱང་ཚོག་སྙམ་ནས་གཉིད་དང་བག་མེད། ཐོ་ཅོ་དང་རྩེད་སྤྱོད། ཟོག་དང་ཚུལ་འཆོས་ཀྱི་དུས་འདའ་བ། རྒྱལ་འགོང་དང་འབྱུང་པོས་བདག་ཏུ་བཟུང་བ། རང་གིས་ལྟར་མཐོང་བ། དོན་དུ་འདྲེན་གྱུར་པ། བསྟན་པའི་ལམ་དང་འགལ་བ། ཆོས་དང་རང་རྒྱུད་འཛོལ་བ། ཤི་མ་ཐག་ཏུ་ཉི་ཚེ་བའི་དམྱལ་བར་སྐྱེ་བ་དེ་འབྱུང་། ལམ་ངན་པ་དེ་གཉིས་ཀའི་རྒྱ་བ་ཚེ་འདི་དོན་དུ་གཉེར་བའི་བློ་ཡིན་པས་དེ་ཁོ་ན་བསྟུམ་བྱ་ཡིན། འཇིག་རྟེན་ཚེ་འདིར་སྒྲུབ་པ་ཐམས་ཅད་ལམ་ངན་པ་དེ་གཉིས་ལ་འདུས་པས་དེ་གཉིས་སྤངས་བྱ་ཡིན།

གཉིས་པ་སྡོམ་བྱེད་ནི། མཐོ་སྲིད་པའི་རྩེ་མོ་མན་ཆད་དམའ་ན་རག་དམྱལ་བ་ཡན་ཆད། ཁམས་གསུམ་པོ་འདི་གང་དུ་སྐྱེས་ཀྱང་། སྡུག་བསྔལ་གྱི་རང་བཞིན་སྡུག་བསྔལ་གྱི་ཡོ་ལང་སྡུག་བསྔལ་གྱི་འཁྲུལ་འཁོར། མིའི་འོབས་ལྟ་བུ། སྲིན་མོའི་གླིང་ལྟ་བུ། སྦྲུ་གྲིའི་སོ་ལྟ་བུ། མི་གཙང་བའི་ཁང་པ་ལྟ་བུ་བདེ་བའི་གོ་སྐབས་སྐྲ་རྩེ་ཙམ་ཡང་མེད་པ། འབད་པ་ཐམས་ཅད་དོན་མེད། བྱས་པ་ཐམས་ཅད་སྡུག་བསྔལ། གང་ལའང་སྙིང་པོ་ཏིལ་འབྲུ་ཙམ་ཡང་མི་འདུག་པས་འཇིག་རྟེན་ཚེ་འདིའི་བྱ་བ་ཐམས་ཅད་གྱིས་ཅི་བྱ། ད་རེས་དལ་འབྱོར་གྱི་མི་ལུས་ཐོབ། མཚན་ལྡན་གྱི་བླ་མ་མཇལ།

དམ་པའི་ཆོས་སྒྲུབ་ཏུ་ཡོད་པའི་སྐབས་འདིར་འཁོར་བ་སྡུག་བསྔལ་གྱི་རྒྱ་མཚོ་འདི་ནས་ཐར་ཐབས་ཤིག་ཅི་ནས་ཀྱང་བྱེད་དགོས་སྙམ་པའི་བློ་གཏིང་ནས་སྐྱེས་པ་ཞིག་ཡོད་ན་འདི་ཁོ་ན་སོ་ཐར་གྱི་སྡོམ་པ་ཡིན། འདུལ་བ་ལུང་སྡེ་བཞི། ཁྲིམས་ཉིས་བརྒྱ་ལྔ་བཅུ། ཉན་ཐོས་དང་རང་སངས་རྒྱས་ཀྱི་གཞུང་ལུགས་དང་སྡེ་སྣོད་ཐམས་ཅད་ཀྱི་དོན་འདི་གཅིག་པུ་ལ་འདུས། འདི་ལམ་ཐམས་ཅད་ཀྱི་སྙིང་པོ། ཆོས་ཐམས་ཅད་ཀྱི་རྩ་བ། ཐེག་པ་ཐམས་ཅད་ཀྱི་གཞི་མ་ཡིན་པས་ཚེ་འདི་བློས་གཏོང་ནུས་པའི་ངེས་འབྱུང་གཤའ་མ་ཞིག་རྒྱུད་ལ་སྐྱེས་པའི་ཚེ་ཐར་པའི་ལམ་གྱི་སྣེ་མོ་ཟིན་པ་ཡིན་པས་འདི་རྒྱུད་ལ་ཅི་སྐྱེ་བྱ་ཞིང་། མ་སྐྱེས་ན་སྔར་འཁོར་བའི་སྡུག་བསྔལ་དང་བྱེ་བྲག་རང་གཞན་གྱི་བྱ་སྤྱོད་ཐམས་ཅད་མི་རྟག་པ་དང་སྡུག་བསྔལ་གྱི་རང་བཞིན་དུ་གྲུ་ར་བ་ལ་ཡང་དང་ཡང་དུ་བརྟགས་ནས་བརྩོན་འགྲུས་དྲག་པོ་རང་རྒྱུད་ལ་བསྐྱེད་དགོས་པ་ཡིན་ནོ། །ཐོག་མར་དགེ་བ་སོ་ཐར་གྱི་སྡོམ་པའི་སྐབས་སོ། །

གཉིས་པ་ནང་བྱང་ཆུབ་སེམས་ཀྱི་བསླབ་བྱ་ནི། བྱང་སེམས་ཀྱི་ངོ་བོ་གཞན་ཕན་ཡིན། ཞེས་བྱ་སྟེ། འདི་ལའང་བསྡམ་བྱ་དང་སྡོམ་བྱེད་གཉིས། དང་པོ་བསྡམ་བྱ་ནི། རང་དོན་ཡིད་བྱེད་ཀྱི་བློ་ཡིན། དེ་ཡང་རང་བདེ་འདོད་སྐྱིད་འདོད་སྙན་འདོད་སོགས་ཚེ་འདིའི་ཞེན་པ་སྤུར་དང་འདྲ། ངེས་ལེགས་ཐར་པའི་འབྲས་བུའང་རང་གཅིག་པུའི་ཆེད་དུ་མ་ཡིན་པར་སེམས་ཅན་ཐམས་ཅད་ཀྱི་དོན་དུ་སྙམ་པ་ཞིག་མེད་ན་ཐེག་དམན་དུ་གོལ་བས་གོང་མ་དང་མི་འདྲ་བའི་ཁྱད་པར་དེ་ཡིན། དེ་ལ་རང་འདོད་རྩ་བ་ནས་ཟད་པ་ཞིག་དགོས་ཀྱང་། དེ་ས་དང་པོ་ནས་བདག་གཞན་མཉམ་པ་ཉིད་དུ་མ་རྟོགས་པར་མི་འོང་བས་དལ་བློ་རིམ་གྱིས་སྦྱང་དགོས།། །།

དཔལ་ལྡན་བླ་མ་དམ་པ་རྣམས་ལ་ཕྱག་འཚལ་ལོ། །རྒྱལ་བའི་དབང་པོ་ཕྱག་ན་པདྨོ་ལྷ་པ་ཆེན་པོའི་ཞལ་ནས་སྡོམ་པ་གསུམ་གྱི་གནད་འགགས་བསྡུས་པའི་སློན་ཚིག་ཤོ་ལོ་ཀ་ཞིག་གསུང་བ་འདིའི་དོན་ཅུང་ཟད་འཆད་ན། སོ་ཐར་བྱང་སེམས་སྔགས་དང་གསུམ་ལས། དང་པོ་ནི། སྨད་བྱུང་རྣམ་ཐར་གཙང་མའི་ཁྲིམས་དང་ལྡན། །ཞེས་གསུངས་ཏེ། དེ་ཡང་ངོ་མཚར་སྨད་དུ་བྱུང་ཞིང་འཇིག་རྟེན་ན་རྙེད་པར་དཀའ་བའི་ཡོན་ཏན་གཞལ་དུ་མེད་པའི་བདག་ཉིད་སྟོན་པ་བཅོམ་ལྡན་འདས་དང་། དེའི་རྗེས་འཇུག་འཕགས་པ་དགྲ་བཅོམ་པ་རྣམས་ཡིན་ལ། དེ་དག་གི་རྣམ་པར་ཐར་པ་ནི་སྐུ་གསུང་ཐུགས

ཉེས་པའི་ཀུན་སྤྱོད་ཀྱིས་ཅུང་ཟད་ཀྱང་གོས་པ་མེད་པ་འཁོར་བའི་སྐྱོན་ཐམས་ཅད་ལས་རྣམ་པར་གྲོལ་བས་ཤིན་ཏུ་གཙང་བ་ཡིན་ལ་དེ་དག་གི་རྗེས་སུ་སློབ་པ་ནི་སོ་ཐར་གྱི་འདུལ་ཁྲིམས་ཉིད་ཡིན་ཏེ། སྡོམ་ཆོག་ལས་ཀྱང་། ཤཱཀྱ་སེང་གེ་ཤཱཀྱའི་རྒྱལ་པོ་གཙོ་བོ་དེ་རབ་ཏུ་བྱུང་བའི་རྗེས་སུ་སློབ་བོ། རྗེས་སུ་སྒྲུབ་བོ། །རྗེས་སུ་བགྱིད་དོ། །ཞེས་དང་།

ཇི་ལྟར་སྡོན་གྱི་དགྲ་བཅོམ་པ་རྣམས་ཀྱིས་སྲོག་གཅོད་པ་སྤངས་ཏེ་ཞེས་སོགས་སྨོས་པ་ལྟར་ཡིན་ལ། དེ་ལྟ་བུའི་འདུལ་ཁྲིམས་དེ་ལ་སྤངས་བླང་གི་གནས་དུ་མ་ཞིག་གསུངས་ཀྱང་། དོན་བསྡུ་ན་ལུས་ངག་ལས་སྐྱེས་པའི་མི་དགེ་བ་བདུན་སྤོང་བ་ལ་དོན་གྱིས་འདུ་ཞིང་། དེ་ཡང་ངེས་འབྱུང་གི་བསམ་པ་རྣམ་པར་དག་པས་མ་ཟིན་ན། འཇིགས་སྐྱོབས་དང་ལེགས་སྨོན་ཙམ་ནི་སོ་ཐར་གྱི་གཟུགས་བརྙན་ཡིན་པས་སྡོམ་པའི་ངོ་བོ་ངེས་འབྱུང་གི་བློ་འདི་གནད་ཆེའོ། །

གཉིས་པ་ནི། ཐབས་ཆེན་རྒྱལ་སྲས་སྤྱོད་པའི་སྙིང་སྟོབས་ཆེ། །ཞེས་གསུངས་ཏེ། ཉན་ཐོས་དང་རང་རྒྱལ་འཕགས་པའི་སར་བཞུགས་པ་རྣམས་ཀྱང་། གནས་སྐབས་རང་དོན་ཙམ་དོན་གཉེར་གྱི་བློ་གཙོ་བོར་མཛད་པས་མཛད་པ་ཐབས་ཆུང་བ་ཡིན་ལ། དེ་ལས་ལྡོག་སྟེ་སངས་རྒྱས་དང་བྱང་ཆུབ་སེམས་དཔའ་རྣམས་ནི་གཞན་དོན་ཁོ་ན་ལྷུར་ལེན་ཅིང་། དེ་ཡང་འཁོར་བ་ཇི་སྲིད་དུ་འགྲོ་དོན་རྒྱུན་མི་འཆད་པས་ཡུན་རིང་པ་དང་། ནམ་མཁས་ཁྱབ་ཚད་ཀྱི་སེམས་ཅན་ལ་དམིགས་པས་རྒྱ་ཆེ་བ་དང་། དེ་དག་ཀུན་ཀྱང་རྣམ་པ་ཐམས་ཅད་མཁྱེན་པའི་གོ་འཕང་ལ་འགོད་པས་དོན་ཆེ་བ་དང་། སློབ་པ་ལམ་གྱི་གནས་སྐབས་སུ་ཡང་དབུ་གཏོང་བ་ལ་སོགས་བྱ་དཀའ་བའི་གནས་ལ་སྙིང་སྟོབས་ཀྱི་གོ་ཆ་བཞེས་ནས་གཞན་ལ་ཕན་པ་ཁོ་ན་ལྷུར་ལེན་པས་ན་མཛད་པ་ཐབས་ཆེ་བ་ཡིན་ཏེ། དེ་ལྟ་བུའི་གནས་ལ་སློབ་པ་ནི་བྱང་ཆུབ་སེམས་དཔའ་འམ་རྒྱལ་བའི་སྲས་པོ་ཞེས་བྱ་སྟེ། དེ་ཡང་ཉན་ཐོས་རང་རྒྱལ་རྣམས་ཀྱང་སངས་རྒྱས་ཀྱི་གསུང་ལས་སྐྱེས་པའི་རྒྱལ་བའི་སྲས་ཙམ་ཡིན་མོད་ཀྱང་། རྒྱལ་བའི་སྲས་དངོས་ནི་བྱང་ཆུབ་སེམས་དཔའ་རྣམས་ཡིན་ཏེ་འདི་སྣ་ནི་སངས་རྒྱས་ཀྱི་གདུང་མི་གཅོད་ཅིང་དམ་པའི་ཆོས་ཀྱི་མཛོད་འཛིན་པ་དང་། འཁོར་བའི་སེམས་ཅན་ལ་ཕན་འདོགས་པ་ཉིད་ཀྱི་ཕྱིར་ན་རྒྱལ་བའི་མཛད་པའི་ཁུར་བསྣམ་པ་ཡིན་ལ། བྱང་སྡོམ་གྱི་ངོ་བོ་ནི་གཞན་ཕན་ཡིན་ཏེ།

དེ་ཡང་སྙིང་རྗེས་གཞན་དོན་དང་། ཤེས་རབ་ཀྱིས་རྫོགས་བྱང་ལ་དམིགས་པ་གཉིས་ཀ་མེད་ན་བྱང་སེམས་མཚན་ཉིད་པར་མི་འགྱུར། གནས་སྐབས་ཀྱི་སྙིང་རྗེ་དང་། རང་དོན་དུ་རྫོགས་བྱང་ལ་དམིགས་པ་ནི་ཐེག་དམན་གྱི་གཞུང་ནའང་ཡོད་པས། དེས་ན་གཞན་དོན་དུ་སངས་རྒྱས་ཐོབ་འདོད་ཀྱི་བློ་དེ་སྨོན་སེམས་དང་། དེའི་ཕྱིར་དགེ་བའི་ཚོགས་རླབས་པོ་ཆེ་སྒྲུབ་པའི་དམ་བཅའ་ནི་འཇུག་སེམས་ཡིན་པས་དབྱེ་བ་མང་པོ་དག་ཀྱང་གཉིས་པོ་འདིར་འདུས་སོ། །

གསུམ་པ་ནི། བདེ་སྟོང་མཆོག་གི་རིམ་གཉིས་རྣལ་འབྱོར་སྤྱོད། །ཅེས་གསུངས་ཏེ། དེ་ཡང་། མཆོག་ཏུ་མི་འགྱུར་བའི་བདེ་བ་ཆེན་པོ་རྣམ་ཀུན་མཆོག་ལྡན་གྱི་སྟོང་པ་ཉིད་དང་དབྱེར་མི་ཕྱེད་པ་ནི་ཟུང་འཇུག་ཨེ་ཝཾ་གྱི་སྡོམ་པ་ཞེས་བྱ་སྟེ། ཇི་སྐད་དུ། སངས་རྒྱས་ཀུན་གྱི་སྡོམ་པ་ནི། །ཨེ་ཝཾ་རྣམ་པར་རབ་ཏུ་གནས། །ཞེས་པ་ལྟར། ཨེ་དབྱིངས་སྟོང་པ་ཉིད་དང་། ཝཾ་ཡིག་བདེ་བ་ཆེན་པོའི་ཡེ་ཤེས་དབྱེར་མི་བྱེད་པ་ནི་སྔགས་སྡོམ་གྱི་ངོ་བོ་ཡང་ཡིན་ལ་ལྟ་བའང་ཡིན་པས་ལྟ་བ་དེ་ངོ་སྤྲོད་ནས། བསྒོམ་པས་ཉམས་སུ་ལེན་པའི་སྐབས་སུ། བསྐྱེད་རིམ་ལ་བརྟེན་ནས་ཐ་མལ་སྣང་ཞེན་གྱི་མཚན་རྟོག་སྡོམ་པ་དང་། རྫོགས་རིམ་ལ་བརྟེན་ནས་གྲུ་ནོམ་ལྟར་ཞེན་གྱི་མཚན་རྟོག་སྡོམ་པ་ནི་སྔགས་སྡོམ་གྱི་དངོས་གཞི་ཡིན་ཏེ། མདོར་ན་ཡིད་མཚན་རྟོག་སྡོམ་པ་འདིར་སྔགས་སྡོམ་གྱི་གནད་འདུས་ཤིང་། གནད་འདི་དང་ལྡན་ན་ལུས་ངག་གི་སྤྱོད་པ་ལ་བླང་དོར་དུ་བྱ་བ་ཅི་ཡང་མེད་དེ་གང་ལྟར་བྱས་ཀྱང་སྡོམ་པ་གསུམ་དང་འགལ་མི་སྲིད་དོ། །དེས་ན། སོ་ཐར་གྱི་ངོ་བོ་ངེས་འབྱུང་། བྱང་སྡོམ་གྱི་ངོ་བོ་གཞན་ཕན། སྔགས་སྡོམ་གྱི་ངོ་བོ་དག་སྣང་སྟེ་གནད་འདི་གསུམ་དང་ལྡན་པའི། བློ་བཟང་རྒྱལ་བའི་བསྟན་ལ་མཛལ་བར་ཤོག །ཅེས་སྨོན་པ་ཡིན་ནོ། །

༄༅། །སྡོམ་གསུམ་རྣམ་པར་ངེས་པའི་རྩ་བའི་ས་བཅད་བཞུགས་སོ། །

དཔལ་སྤྲུལ་འཇིགས་མེད་ཆོས་ཀྱི་དབང་པོ།

བླ་མ་དང་དབྱེར་མེད་པ་འཇམ་དཔལ་གཞོན་ནུ་གྱུར་པ་ལ་ཕྱག་འཚལ་ལོ། །

དེ་ལ་འདིར་སྡོམ་པ་གསུམ་རྣམ་པར་ངེས་པའི་བསྟན་བཅོས་འདི་འཆད་པར་བྱེད་པ་ལ། ཐོག་མར་དགེ་བ་གླེང་གྱི་དོན་དང་། བར་དུ་དགེ་བ་གཞུང་གི་དོན། ཐ་མར་དགེ་བ་མཇུག་གི་དོན་ཏེ་གསུམ་ལས།

དང་པོ་ལའང་མཚན་སྨོས་པ་དང་། མཆོད་པར་བརྗོད་པ། བརྩམས་པར་དམ་བཅའ་བ་སྟེ་གསུམ་གྱི་དང་པོ་ནི། རང་བཞིན་རྫོགས་པ་སོགས་ཀྱིས་བསྟན། གཉིས་པ་ལའང་གཉིས། སྤྱིར་སྡོམ་པ་གསུམ་གྱི་བཀའ་དྲིན་ནོད་པའི་བླ་མ་ལ་ཕྱག་འཚལ་བ་ནི། ན་མོ་གུ་རུ་ཝེ་ཞེས་པས་བསྟན། བྱེ་བྲག་ཏུ་ཨོ་རྒྱན་པདྨ་ལ་ཕྱག་འཚལ་བ་ནི། དཔལ་ལྡན་ཚོགས། གསུམ་པ་བརྩམས་པར་དམ་བཅའ་བ་ནི། འགྲོ་བློའི་དྲི་མ། དེ་ཡན་གྱིས་དང་པོ་ཐོག་མར་དགེ་བ་སོང་ནས།

གཉིས་པ་བར་དུ་དགེ་བ་གཞུང་གི་དོན་ལ་ལྔ་སྟེ། ལེའུ་དང་པོ་སྡོམ་གསུམ་སྤྱིའི་བཤད་གཞི་རིམ་པར་ཕྱེ་བ། ལེའུ་གཉིས་པ་འདུལ་སོ་ཐར་གྱི་རིམ་པ་ཕྱེ་བ། ལེའུ་གསུམ་པ་བྱང་ཆུབ་སེམས་དཔའི་སེམས་བསྐྱེད་ཀྱི་བསླབ་བྱ། ལེའུ་བཞི་པ་གསང་སྔགས་རིགས་འཛིན་སྡོམ་པའི་རིམ་པ་ཕྱེ་བ། ལེའུ་ལྔ་པ་དེ་གསུམ་གང་ཟག་གཅིག་གི་རྒྱུད་ལ་འགལ་མེད་དུ་ཉམས་སུ་ལེན་ཚུལ་ཏེ་ལྔ་ལས། དང་པོ་ལའང་ཐོབ་བྱ་མཐར་ཐུག་གི་འབྲས་བུ་ངོས་བཟུང་བ། ཐོབ་བྱེད་བགྲོད་པ་གཅིག་པའི་ལམ་མདོར་བསྟན། ལམ་རྫོགས་ཀྱི་ཐེག་པའི་དབྱེ་བསྡུ་བཤད། སོ་བྱང་གཉིས་སྔགས་སྡོམ་གྱི་ཡན་ལག་ཏུ་འགྱུར་ཚུལ། ལེའུ་འོག་མ་གསུམ་གྱི་སྡོམ་ཚིག་བཤད་པ་རྣམས་ལས། དང་པོ་ནི། རྫོགས་པ་ཆེན་པོ། གཉིས་པ་ནི། ཟག་རྒྱས། གསུམ་པ་ནི། ཇི་སྲིད་སེམས་ཀྱི། བཞི་བ་ལ་གསུམ་སྟེ། རིགས་ཅན་གསུམ་སྔགས་ཀྱི་ལམ་ཞུགས་ཡོད་པར་བསྒྲུབ་པ། བསམ་པའི་དབྱེ་བས་འཇུག་ཚུལ་གྱི་དབྱེ་བསྡུ་

བཤད་པ། སྐབས་འདིར་གདན་ལ་དབབ་བྱའི་དོན་ངོས་བཟུང་བསྡེ་གསུམ་ལ། དང་པོ་ནི། ཉན་རང་བྱང་སེམས། གཉིས་པ་ནི། བསམ་པའི་དབྱེབས། གསུམ་པ་ནི། འདིར་ནི་དབང་པོ། ལྔ་བ་ལེའུ་འོག་མ་གསུམ་གྱི་སྡོམ་ནི། སྡོམ་གསུམ་སོ་སོར། དེ་ཡན་གྱི་ལེའུ་དང་པོ་སོང་ནས།

ལེའུ་གཉིས་པ་ལའང་ཁོག་དབུ་བ་གླེང་གཞི། མ་ཐོབ་པར་ཐོབ་པར་བྱེད་པའི་ཚུལ། ཐོབ་པ་མི་ཉམས་པར་བསྲུང་བའི་ཐབས། ཉམས་ནག་སོ་ཚུལ་ཏེ་བཞི་ལས་དང་པོ་ལའང་། སྟོན་པས་འདུལ་བའི་དམ་ཆོས་ཇི་ལྟར་གསུངས་ཚུལ། རྗེས་འཇུག་གིས་བཀའ་བསྡུ་མཛད་ནས་བསྟན་པ་བསྐྱང་ཚུལ། ཐོབ་བྱ་སྡོམ་པའི་ངོ་བོ། དེའི་དབྱེ་བ་བཤད་པ་སྟེ་བཞི་ལས། དང་པོ་ནི། གླེང་གཞི། ཕྱེད། གཉིས་པ་ནི། འོད་སྲུང་སོགས། ཕྱེད་བ། གསུམ་པ་ནི། ངོ་བོ་ངེས་འབྱུང་། བཞི་པ་ནི། དབྱེ་བ། གཉིས་པ་ལའང་བསྟེན་བཤད་གཉིས་ལས། དང་པོ་ནི། དང་པོ་སྡོམ་པ། ཕྱེད། གཉིས་པ་ལའང་སྔོན་ཆོག་དང་ད་ཆོག་གཉིས་ལས་སྔོན་ཆོག་ནི། སྔོན་གྱི་ཆོག་སོགས། ཕྱེད་པ། ད་ཆོག་ལའང་དངོས་དང་སྡོམ་པའི་ཐོབ་མཚམས་ངོས་བཟུང་བ་སྟེ་གཉིས་ལས། དང་པོ་ནི། ད་ལྟའི་ཆོག་སོགས། ཕྱེད། གཉིས་པ་ནི། ཐོབ་མཚམས་བརྗོད་པ་སོགས། ངེས་གཉིས་པ་སོང་། གསུམ་པ་ལའང་བསྟན་བཤད་གཉིས་ལས། དང་པོ་ནི་བར་དུ་ཐོབ་པ་སོགས། གཉིས་པ་ལའང་བསྲུང་བྱའི་རྣམ་གྲངས་བཤད་པ། སྡོམ་པ་སྐྱེ་བའི་རྟེན་བཤད་པ་སྟེ་གཉིས་ལ། དང་པོ་ལའང་སྐྱབས་འགྲོའི། བསྙེན་གནས་ཀྱི། དགེ་བསྙེན་གྱི། དགེ་ཚུལ་གྱི། དགེ་སློང་གི་སྡོམ་པ་བཤད་པ་སྟེ་ལྔ་ལས། དང་པོ་ཡོན་ཏན་ཐམས་ཅད་ཀྱི་གཞི་རྟེན་སྐྱབས་འགྲོའི་བསླབ་བྱ་བཤད་པ་ལ་ཐུན་མིན་དང་ཐུན་མོངས་གཉིས་ལས། དང་པོ་ནི། བསླབ་བྱ་སྐྱབས་འགྲོ་སོགས། གཉིས་པ་ནི། སྲོག་དང་སོགས། གཉིས་པ་ནི། རྒྱ་བཞི་སྤོང་བ་སོགས། གསུམ་པ་ནི། གསོད་ཀྲུ་སོགས། བཞི་པ་ལ་དགེ་ཚུལ་གྱི་སྡོམ་པ་དངོས་དང་། ཞར་བྱུང་དུ་དགེ་སློབ་མའི་སྡོམ་པ་སྟེ་གཉིས་ལས། དང་པོ་ནི། སྲོག་གཅོད་ཀྲུ་དང་སོགས། གཉིས་པ་ནི། དགེ་སློབ་སོགས། ལྔ་པ་ལའང་སྤང་བའི་བསླབ་བྱ། སྒྲུབ་པའི་བསླབ་བྱ། རྟེན་མཐུན་བསྡུས་ཏེ་བསྟན་པ་སྟེ་གསུམ་ལས། དང་པོ་ལའང་། དགེ་སློང་དང་ཞར་བྱུང་དགེ་སློང་མའི་བསླབ་བྱ་གཉིས་ལས། དང་པོ་ལ་བསྟན་བཤད་གཉིས་ལས། དང་པོ་ནི། དགེ་སློང་སོགས།

གཉིས་པ་ལའང་ལྟུང་བ་སྡེ་ལྔ་སྟེ། ཕམ་པ། ལྷག་མ་ལྟུང་བྱེད། སོར་བཤགས། ཉེས་བྱས་ཀྱི་སྡེ་ཚན་རྣམས་ལས། དང་པོ་ནི། སྡོམ་པ་རྩ་བ་སོགས། གཉིས་པ་ནི་དགེ་འདུན་ལྷག་མ་སོགས། གསུམ་པ་ལའང་། གཉིས་ཏེ། དངོས་པོ་སྤང་ནས་བཤགས་དགོས་པ་སྤང་ལྟུང་། ཆད་ལས་ལ་མི་ལྟོས་པའི་འབའ་ཞིག་པ་དང་གཉིས་ལས། དང་པོ་ནི། སྤང་བའི་ལྟུང་བྱེད་སོགས། གཉིས་པ་ནི། ལྟུང་བྱེད་འབའ་སོགས། བཞི་བ་ནི། སོ་སོར་བཤགས་བྱའི་སོགས། ལྔ་པ་ནི། ཉེས་བྱས་བརྒྱ་སོགས། གཉིས་པ་དགེ་སློང་མའི་བསླབ་བྱ་ནི། དགེ་སློང་མ་ལ་སོགས། དེས་སྤང་བྱའི་བསླབ་བྱ་སོང་ནས། བསྒྲུབ་པའི་བསླབ་བྱ་ནི། བསྒྲུབ་པའི་བསླབ་བྱ་སོགས། རྟུང་མཐུན་བཤད་པ་ནི། མདོར་ན་ཡེ་ནས་སོགས། དེ་ཡན་གྱིས་དང་པོ་བསླབ་བྱའི་རྣམ་གྲངས་སོང་། གཉིས་པ་སྡོམ་པའི་རྟེན་བཤད་པ་ནི། སྐྱེ་བའི་རྟེན་སོགས། བཞི་བ་ཉམས་ན་གསོ་ཚུལ་ལའང་བསྟན་བཤད་གཉིས་ཀྱི་དང་པོ་ནི། ཐ་མར་ཉམས་ན་སོགས།

གཉིས་པ་རྒྱས་བཤད་ལའང་སྡོམ་པའི་གཏོང་མཚམས་བཤད་པ། ལྟུང་བ་དང་ལྟུང་མེད་ཀྱི་རྣམ་བཞག །ཕྱིར་བཅོས་དངོས། ཚུལ་ཁྲིམས་བསྲུང་བའི་ཕན་ཡོན་རྣམས་ལས། དང་པོ་ནི། གཏོང་བ་བསླབ་པ་སོགས། གཉིས་པ་ནི། དང་པོའི་ལས་ཅན་སོགས། གསུམ་པ་ནི། འཆབ་པ་མེད་ན་སོགས། བཞི་པ་ནི། ཕན་ཡོན་སོགས། དེ་ཡན་གྱིས་ལེའུ་གཉིས་པ་སོང་ནས།

ལེའུ་གསུམ་བྱང་ཆུབ་སེམས་དཔའི་སེམས་བསྐྱེད་ཀྱི་བསླབ་བྱ་བཤད་པ་ལའང་ཁོག་དབུབ་གླེང་གཞི། སྡོམ་པ་མ་ཐོབ་པ་ཐོབ་བྱེད། ཐོབ་པ་མི་ཉམས་པར་བསྲུང་ཐབས། ཐ་མ་ཉམས་ན་གསོ་ཚུལ་དེ་བཞི་ལས། དང་པོ་ལའང་སྟོན་པས་ཕ་རོལ་ཏུ་ཕྱིན་པའི་སྡེ་སྣོད་ཇི་ལྟར་གསུངས་ཚུལ། རྗེས་འཇུག་གིས་བཀའ་བསྡུ་མཛད་ནས་ཇི་ལྟར་བསྐྱང་ཚུལ། ཐོབ་བྱ་སྡོམ་པའི་ངོ་བོ། དེའི་དབྱེ་བ་སྟེ་བཞི་ལས། དང་པོ་ནི། བསྐལ་བཟང་འགྲོ་བའི་སོགས། གཉིས་པ་ནི། འཇམ་དབྱངས་བཀའ་བསྡུས་སོགས། གསུམ་པ་ནི། ངོ་བོ་བྱམས་སོགས། བཞི་པ་ལའང་དབྱེ་བསྡུས་གཉིས་ལས། དང་པོ་ལའང་གཅིག་ནས་དྲུག་ཚན་གྱི་བར་དབྱེ་བ་དང་། ས་མཚམས་ཀྱི་དབྱེ་བ་སྟེ་གཉིས་ལ། དང་པོ་ནི། དབྱེ་བ་ཀླུ་སྒྲུབ་སོགས། གཉིས་པ་ནི། ས་གསེར་ཟླ་བ་སོགས། གཉིས་པ་བསྡུ་བ་ནི། ཀུན་ཀྱང་

བསྡུ་ན་སོགས། གཉིས་པ་སྡོམ་པ་མ་ཐོབ་པ་ཐོབ་བྱེད་བཤད་པ་ལ་འདང་བསྟན་བཤད་གཉིས་ལས་དང་པོ་ནི། དང་པོ་སྡོམ་པ་སོགས།

གཉིས་པ་རྒྱས་བཤད་ལ་འདང་ཀུན་རྫོབ་སེམས་བསྐྱེད་ཆོ་ག་ལ་བརྟེན་ནས་བླང་ཚུལ་དང་། དོན་དམ་སེམས་བསྐྱེད་ཆོ་ག་ལམ་ལྟོས་པར་ཐོབ་ཚུལ་གཉིས་ལས། དང་པོ་ནི། ལེན་ཚུལ་སྡོམ་གནས་སོགས་ཕྱེད། གཉིས་པ་ནི། ཐོགས་མེད་བཞེད་པ་སོགས་བྱེད། གཉིས་པ་སྡོམ་པའི་ཐོབ་མཚམས་ངོས་བཟུང་བ་ནི། ཐོབ་མཚམས་སོགས། གཉིས་པ་དོན་དམ་སེམས་བསྐྱེད་ཆོ་གང་མ་ལྟོས་པར་བསྐྱེད་ཚུལ་ནི། དོན་དམ་སེམས་བསྐྱེད་སོགས། གསུམ་པ་ཐོབ་པ་མི་ཉམས་པ་བསྲུང་ཐབས་བཤད་པ་ལ་འདང་བསྟན་བཤད་གཉིས་ལས། དང་པོ་ནི། བར་དུ་མི་ཉམས་སོགས་ཕྱེད།

གཉིས་པ་རྒྱས་བཤད་ལ་འདང་། བསྲུང་བྱ་སྡོམ་པའི་རྣམ་གྲངས། སྲུང་བྱེད་ཀྱི་ཐབས། སྡོམ་པ་སྐྱེ་བའི་རྟེན་བཤད་པའོ། །དང་པོ་ལ་འདང་ཉེས་སྤྱོད་སྡོམ་པའི། དགེ་བ་ཆོས་སྡུད་ཀྱི། སེམས་ཅན་དོན་བྱེད་ཀྱི་ཚུལ་ཁྲིམས་དང་གསུམ་ལས། དང་པོ་ལ་འདང་ཀླུ་སྒྲུབ་ཀྱི་ལུགས་དང་། ཐོགས་མེད་ཀྱི་ལུགས་གཉིས་ཀྱི་དང་པོ་ལ་འདང་། རྩ་བའི་ལྟུང་བ་བཤད་པ། ཡན་ལག་གི་ཉེས་བྱས་གཞན་དུ་ཞལ་འཕང་བའོ། །དང་པོ་ལ་འདང་རྒྱལ་པོ་ལ། བློན་པོ་ལ། ཐལ་པ་ལ་འབྱུང་ཉེ་བ། དེ་དག་གི་དོན་བསྡུ་སྟེ་བཞི་ལས། དང་པོ་ནི། དཀོན་མཆོག་སོགས་ཕྱེད། གཉིས་པ་ནི། གྲོང་ལྡོངས་གྲོང་ཁྱེར་སོགས། གསུམ་པ་ནི། མ་སྦྱངས་སྟོང་ཉིད་སོགས། བཞི་པ་ནི། དེ་དེར་འབྱུང་ཉེ་སོགས། གཉིས་པ་ཡན་ལག་གི་ཉེས་བྱས་ནི། ཡན་ལག་ཉེས་བྱས་སོགས། གཉིས་པ་ཐོགས་མེད་ཀྱི་ལུགས་ལ་འདང་། རྩ་ལྟུང་དང་། ཡན་ལག་གི་ཉེས་བྱས་གཞན་ཏུ་ཞལ་འཕང་བ་དང་གཉིས། དང་པོ་ལ་སྨོན་སེམས་ཀྱི་བསླབ་བྱ། འཇུག་སེམས་ཀྱི་བསླབ་བྱ་བཤད་པ་གཉིས་ལས། དང་པོ་ནི། ཐོགས་མེད་ཀྱི་སོགས། གཉིས་པ་ནི། རྙེད་བཀུར་ལྷག་ཞེན་སོགས། གཉིས་པ་ནི། ཉེས་བྱས་ཕྲ་བ་སོགས།

གཉིས་པ་དགེ་བ་ཆོས་སྡུད་ཀྱི་ཚུལ་ཁྲིམས་བཤད་པ་ལ་འདང་བསྟན་བཤད་གཉིས་ལས། དང་པོ་ནི། དགེ་བ་ཆོས་སྡུད་སོགས། དེ་ལ་སྤྱིར་ཐུན་མོང་གི་རང་བཞིན། མཚན་ཉིད། སྒྲ་དོན། གྲངས་ངེས། གོ་རིམ། བསྒྲུབ་ཚུལ། ཕན་ཡོན་ཏེ་བདུན་གྱིས་སོ། །

གཉིས་པ་རྒྱས་བཤད་ལའང་ཕ་རོལ་ཏུ་ཕྱིན་པ་དྲུག་རེ་རེ་ལའང་། ངོ་བོ། སྒྲ་དོན། དབྱེ་བ། བསྒྲུབ་ཚུལ་ཏེ་བཞི་རེའི་སྒོ་ནས་བསྟན་ཏེ། དབུལ་བ་སེལ་ཕྱིར་སོགས།

གསུམ་པ་སེམས་ཅན་དོན་བྱེད་ཀྱི་ཚུལ་ཁྲིམས་བཤད་པ་ནི། སེམས་ཅན་དོན་བྱེད་སོགས། གཉིས་པ་སྡོམ་པ་སྲུང་བྱེད་ཀྱི་ཐབས་བཤད་པ་ལའང་ཡང་དག་སྤྱོད་བཞིའི་བརྩོན་འགྲུས་ཀྱི་སྒོ་ནས་བསྲུང་བ། བསླབ་པ་ཐམས་ཅད་བསྡུ་བའི་སྒོ་ནས་བསྲུང་བ་རྣམས་ལས། དང་པོ་ནི། མཐུན་ཕྱོགས་ཀུན་སློབ་སོགས། གཉིས་པ་ནི། རྟག་ཏུ་དྲན་དང་སོགས། གསུམ་པ་ནི། འགྲོ་འདུག་ཟ་ཉལ་སོགས། བཞི་བ་ལའང་མཁས་པའི་བཞེད་''བཟློས༔ རང་གི་བཞེད་པ་འགོད་པ་གཉིས་སལས། དང་པོ་ནི། མཁྱེན་རབ་དབང་ཕྱུག་སོགས། གཉིས་པ་ནི། འདིར་ནི་ཕན་དང་། བཞི་པ་སྡོམ་པ་སྐྱེ་བའི་རྟེན་བཤད་པ་ནི། སྐྱེ་བའི་རྟེན་ནི་སོགས།

བཞི་པ་ཉམས་ན་ཕྱིར་བཅོས་ཚུལ་ལའང་བསྟན་བཤད་གཉིས་ལས། དང་པོ་ནི། ཐ་མར་ཉམས་ན་སོགས། གཉིས་པ་རྒྱས་བཤད་ལའང་ལྟུང་བ་དང་ལྟུང་མིན་གྱི་རྣམ་བཞག །ཕྱིར་བཅོས་དངོས། སྡོམ་པ་ཚུལ་བཞིན་བསྲུང་བའི་ཕན་ཡོན་བཤད་པ་རྣམས་ལས། དང་པོ་ནི། གང་གིས་རིགས་དང་སོགས། གཉིས་པ་ལའང་། ཀླུ་སྒྲུབ་དང་ཐོགས་མེད་ཀྱི་སྲོལ་གཉིས་ལས། བླ་མེད་བྱང་ཆུབ་ཀྱི་གོ་འཕང་ཐོབ་པའི་ཕན་ཡོན་རྣམས་ལས། དང་པོ་ནི། འདི་འདྲའི་བྱང་ཆུབ་སོགས་ཕྱེད། གཉིས་པ་ནི། རྒྱལ་བའི་སྲས་སུ་འགྱུར། ཞེས་པས་བསྟན་ཏོ། །གསུམ་པ་ནི། གྲངས་མེད་གསུམ་བདུན་སོ་གསུམ་བྱང་ཆུབ་ཐོབ། ཅེས་པས་བསྟན་ཏེ། དེ་ཡན་གྱིས་ལེའུ་གསུམ་པ་སོང་ནས།

༄། ལེའུ་བཞི་པ་གསང་སྔགས་རིག་འཛིན་སྡོམ་པའི་རིམ་པར་ཕྱེ་བ་ལའང་ཁོག་དབུ་བ་གླེང་གཞི། སྡོམ་པ་ཐོབ་པ་ཐོབ་བྱེད། ཐོབ་པ་མི་ཉམས་པར་བསྲུང་ཚུལ། ཉམས་ནག་སོ་ཚུལ་བཤད་པ་སྙིང་ཞི་ལས། དང་པོ་ལའང་སྟོན་པས་གསང་སྔགས་ཀྱི་རྒྱུད་སྡེ་ཇི་ལྟར་གསུངས་ཚུལ། རྗེས་འཇུག་གི་བཀའ་བསྡུ་མཛད་ནས་བསྟན་པ་བསྐྱངས་ཚུལ། སྡོམ་པའི་ངོ་བོ། སྡོམ་པ་དབྱེ་བ་རྣམས་ལས་དང་པོ་ལའང་སྟོན་པ་ལོངས་སྐུའི་འོག་མིན་ཆེན་པོར། མི་མཇེད་སྤྲུལ་སྐུའི་ཞིང་དུ་མཆོག་གི་སྤྲུལ་པས་ཇི་ལྟར་གསུངས་ཚུལ་ཏེ་གཉིས་ཀྱི་དང་པོ་ནི། ཀུན་བཟང་རྡོ་རྗེ་འཆང་སོགས་གཉིས་པ་ནི།

ཕྱིས་ནས་འབྲས་སྤྱངས་སོགས། གཉིས་པ་ཕྱག་རྫོར་དང་ནི་སོགས། གསུམ་པ་ནི། ངོ་བོ་སྒོ་གསུམ་སོགས། བཞི་པ་ནི། དབྱེ་བ་བྱ་སྤྱོད་སོགས། གཉིས་པ་ཡལའང་བསྟན་བཤད་གཉིས་ལས། དང་པོ་ནི། དང་པོ་མ་ཐོབ་སོགས། གཉིས་པ་ཡལའང་དབང་བསྐུར་བ་དངོས། སྡོམ་པའི་ཐོབ་མཚམས་ངོས་བཟུང་བ། མཇུག་སྤྱང་བླང་གི་གནས་ལ་གདམས་པ་སྟེ་གསུམ་ལས། དང་པོ་ནི། རྫུལ་མཚོན་དང་ནི་སོགས། གཉིས་པ་ནི། དང་པོ་གནས་གསུམ་སོགས་ཕྱེད། གསུམ་པ་ནི། དེ་ཡི་རྗེས་སོགས།

གསུམ་པ་ཡལའང་བསྲུང་བྱའི་རྣམ་གྲངས། བསླབ་པ་ཐམས་ཅད་བསྡུས་ཏེ་བསྟན་པ། སྡོམ་པ་སྐྱེ་བའི་རྟེན་བཤད་པ་རྣམས་ལས། དང་པོ་ཡལའང་བསྟན་བཤད་གཉིས་ལས། དང་པོ་ནི། བར་དུ་མི་ཉམས་སོགས། གཉིས་པ་ཡལའང་བརྟུལ་ཞུགས་ཉེར་ལྔ། རིག་ལྔའི་སྡོམ་པ། རྒྱ་ལྟུང་བཅུ་བཞི། ཡན་ལག་སྦོམ་པོ་བརྒྱད། རྫོགས་པ་ཆེན་པོའི་ལུགས་བཤད་པ་སྟེ་ལྔ་ལས། དང་པོ་ནི། ཐོག་མའི་བརྟུལ་ཞུགས་སོགས། གཉིས་པ་ཡལའང་ཐུན་མོང་རིགས་ལྔའི། ཁྱད་པར་རིགས་ལྔའི་སྡོམ་པ་གཉིས་ཀྱི་དང་པོ་ནི། ཐུན་མོང་གྲུར་པ་སོགས། གཉིས་པ་ནི། ཁྱད་པར་སྲོག་གཅོད་སོགས།

གསུམ་པ་ཡལའང་བསྟན་བཤད་གཉིས་ཀྱི་དང་པོ་ནི། རྒྱ་བའི་ལྟུང་བ་སོགས། གཉིས་པ་ཡལའང་སློབ་དཔོན་སྨད་པའི། བདེ་གཤེགས་བཀའ་འདས་ཀྱི། མཆེད་ལ་ཁྲོ་བའི། བྱམས་པ་གཏོང་བའི། སེམས་བསྐྱེད་བཏང་བའི་གྲུབ་མཐའ་སྨོད་པའི། གསང་བ་སྒྲོག་པའི། ཕུང་པོར་སྨད་པའི། ཆོས་ལ་ཐེ་ཚོམ་པའི། ཞིང་བཅུ་མི་བསྒྲལ་བའི། ཆོས་ལ་མཚན་མས་གཞལ་བའི། སེམས་ལྡན་འཁྲིན་པའི་དམ་ཚིག་གི་རྫས་མི་བསྟེན་པའི། བུད་མེད་ལ་སྨོད་པའི་ལྟུང་བ་རྣམས་བཤད་པ་ནི། སློབ་དཔོན་རྣམ་གསུམ་སོགས།

བཞི་པ་ཡལའང་སྦོམ་པོ་བརྒྱད་བཤད་པ། འཆད་ཚུལ་གཞན་རྣམ་གྲངས་སུ་འཕྲོས་པ་གཉིས་ལས། དང་པོ་ཡལའང་བསྟན་བཤད་གཉིས་ཀྱི་དང་པོ་ནི། ད་ནི་ཡན་ལག་སོགས། གཉིས་པ་ནི། དབང་དང་དམ་ཚིག་སོགས། གཉིས་པ་འཆད་ཚུལ་གཞན་ནི་བསྟེན་སོགས། ལྔ་པ་ཡལའང་བསྟན་བཤད་གཉིས་ལས། དངཔོ་ནི། ཁྱད་པར་འགྱུར་སོགས། གཉིས་པ་ཡལའང་རྒྱ་བའི་ལྟུང་བ། ཡན་ལག་གི་དམ་ཚིག་བཤད་པ་སྟེ་གཉིས་ཀྱི་དངཔོ་ནི། རྒྱ་བ་བླ་མའི་སོགས། གཉིས་པ་ཡལའང་སྤྱད་བྱ་

སྤྱོད་པའི་དམ་ཚིག་བཅོ་ལྔ། ཞེས་བྱ་ལྷ་བའི་དམ་ཚིག་ལྔ། བསྒྲུབ་བྱ་སྒོམ་པའི་དམ་ཚིག་ལྔ་ལས། དང་པོ་ནི། ཡན་ལག་དམ་ཚིག་སོགས། གཉིས་པ་ནི། ཕུང་ལྔ་འབྱུང་ལྔ་སོགས། གསུམ་པ་ནི། དེ་བཞིན་གཤེགས་སོགས། གཉིས་པ་བསླབ་པ་ཐམས་ཅད་བསྡུས་ཏེ་བསྟན་པ་ནི། དེ་སོགས་དམ་ཚིག་སོགས། གཉིས་པ་ནི། སྐྱེ་བའི་རྟེན་ནི་སོགས། བཞི་པ་ཉམས་ན་གསོ་ཚུལ་ལའང་བསྟན་བཤད་གཉིས་ཀྱི་དང་པོ་ནི། ཐ་མར་ཉམས་ན་སོགས། གཉིས་པ་ལའང་ལྟུང་བ་ལྟུང་མེད་ཀྱི་རྣམ་བཞག །ཕྱིར་བཅོས་དངོས་བཤད་པ། ཕྱིར་མ་བཅོས་པའི་ཉེས་དམིགས། ཚུལ་བཞིན་བསྲུང་བའི་ཕན་ཡོ་བཤད་པ་རྣམས་ལས་དང་པོ་ལའང་ལྟུང་བ་འབྱུང་བའི་སྒོ་བཞིའམ་རྒྱུ་དྲུག་ཉེན་པོ་དང་བཅས་པ། ལྟུང་བའི་ཡན་ལག་བརྩི་ཚུལ། དུས་འདས་ཀྱིས་ས་མཚམས་བཤད་པ་རྣམས་ལས། དང་པོ་ནི། ལྟུང་མཚམས་མི་ཤེས་སོགས། གཉིས་པ་ནི། ཀུན་ལ་གུས་བསྐྱེད་སོགས། གསུམ་པ་ནི། དེ་ལྟར་ཉིན་མཚན་སོགས། གཉིས་པ་ལའང་དབང་བཞི་ལ་ལྟོས་པའི་ཕྱིར་བཅོས། དུས་འདས་ལ་ལྟོས་པའི་ཕྱིར་བཅོས། སྙིང་པོ་རྒྱུན་ལས་བཤད་པའི་ཕྱིར་བཅོས། ཡོག་གསུམ་གྱི་རྣལ་འབྱོར་སྤྱི་བྲུས་ཀྱི་གསོ་བ་སྟེ་བཞི་ལས་དང་པོ་ནི། དབང་བདུན་ཐོབ་ལ་སོགས། གཉིས་པ་ནི། འདལ་ན་སོགས། གསུམ་པ་ནི། སྙིང་པོ་རྒྱུན་ལས་སོགས། བཞི་པ་ནི། གླང་ཆེན་རབ་འབོག་སོགས། དེ་ཡན་གྱིས་གཉིས་པ་ཕྱིར་བཅོས་དངོས་སོགས་གསུམ་པ་ནི། མ་བཤགས་ཚེ་འདིར་སོགས། བཞི་པ་ནི། མཉམས་རིང་མཐའ་སོགས། དེ་ཡན་གྱིས་ལེའུ་བཞི་པ་གསང་སྔགས་རིག་འཛིན་སྡོམ་པའི་རིམ་པར་ཕྱེ་བ་སོང་ནས།

༄། ལེའུ་ལྔ་པ་དེ་གསུམ་གང་ཟག་གཅིག་གི་རྒྱུད་ལ་འགལ་མེད་དུ་ཉམས་སུ་ལེན་ཚུལ་ལའང་བསྟན་བཤད་བསྡུ་གསུམ་ལས། དང་པོ་སྡོམ་པའི་ཁྱད་ཆོས་དྲུག་གི་སྒོ་ནས་མདོར་བསྟན་པ་ནི། དེ་ལྟའི་སོགས། གཉིས་པ་སོ་སོའི་རང་བཞིན་རྒྱས་པར་བཤད་པ་ལའང་དྲུག་གི་དང་པོ་རང་ལྡོག་མ་འདྲེས་ནི། དེ་ཡང་སོགས། གཉིས་པ་དགག་དགོས་ཡོངས་རྫོགས་ནི། དགག་བྱ་ཉོན་མོངས་སོགས། གསུམ་པ་ངོ་བོ་གནས་འགྱུར་ནི། སོ་ཐར་ཀུན་སློང་སོགས། བཞི་པ་ཡོན་ཏན་ཡང་ལྡན་ནི། འཇིག་རྟེན་རྣལ་འབྱོར་སོགས། ལྔ་པ་གནད་ཀྱིས་མི་འགལ་བ་ནི། འདུ་ཤེས་གསུམ་གྱིས་སོགས།

དྲུག་པ་དུས་སྐབས་གང་གཙོར་སྤྱོད་པ་ནི། སྡིག་ཏོ་མི་དགེ་སོགས། གསུམ་པ་དོན་བསྡུས་ཏེ་ཉམས་སུ་ལེན་ཚུལ་གང་མ་པ་ནི། ཡོན་ཏན་གཞི་རྟེན་སོགས། དེ་ཡན་གྱིས་ལེའུ་ལྔ་པ་དེ་གསུམ་གང་ཟག་གཅིག་གི་རྒྱུད་ལ་འགལ་མེད་དུ་ཉམས་སུ་ལེན་ཚུལ་བཤད་སོང་སྟེ། དེ་ལྟར་ན་གཉིས་པ་བར་དུ་དགེ་བ་གཞུང་གི་དོན་བཤད་པ་སོང་ནས་ཐ་མར་དགེ་བ་མཇུག་གི་དོན་བཤད་པ་ལ། བསྟན་བཅོས་བརྩམ་པའི་རྒྱུ་སྙིང་རྗེ། བརྩམ་དགོས་པའི་རྒྱུ་མཚན། ཇི་ལྟར་བརྩམ་པའི་ཚུལ། དེས་ཐོབ་དགེ་བ་བསྔོ་བ། བསྟན་བཅོས་ཇི་ལྟར་བརྩམས་པའི་མཛད་བྱང་སྟེ་ལྔ་ལས་དང་པོ་ནི། དེང་སང་སོགས། གཉིས་པ་ནི། མདོ་སྔགས་སོགས། གསུམ་པ་ནི། འདི་ནི་མཁས་གྲུབ་སོགས། བཞི་པ་ནི། དགེ་འདིས་ཀུན་བཟང་གོ་འཕང་མྱུར་ཐོབ་ཤོག །ཅེས་པས་བསྟན། ལྔ་པ་བསྟན་བཅོས་ཇི་ལྟར་བརྩམས་པའི་མཛད་བྱང་ནི། ཞེས་སྡོམ་གསུམ་རྣམ་སོགས། གྱིས་བསྟན། དེ་ཡན་གྱིས་ཐ་མར་དགེ་བ་མཇུག་གི་དོན་བཤད་པ་གྲུབ་བོ། །

ༀ སླས་པ། རྒྱལ་བ་རྣམས་དང་རྒྱལ་བའི་སྲས་ཀུན་གྱི། མཁྱེན་བརྩེ་ནུས་པའི་ཡོན་ཏན་ཇི་སྙེད་དང་། འཆད་རྩོད་བརྩམས་པའི་སྤོབ་པ་མ་ལུས་པ། རྣམ་དཔྱོད་དོན་གཉེར་བློ་ལ་འཇུག་པར་ཤོག །ཅེས་སྡོམ་གསུམ་རྣམ་པར་ངེས་པའི་ས་བཅད་རྒྱ་བའི་ཚིག་ཟིན་དང་མཐུན་པར་བྱས་པ་འདི་ཡང་། རྗེ་བླ་མའི་སྐུ་གསུང་ཐུགས་ཀྱི་སྲས་མཆོག་བདེ་ཆེན་རིག་པའི་རལ་གྲིའི་ཐུགས་གསོས་སུ། དཔལ་དགེར་འབོད་པས་འཕྲལ་དུ་བྲིས་པ་དགེ་ཞིང་བཀྲ་ཤིས་པར་གྱུར་ཅིག། སརྦ་མངྒ་ལཾ།། །།

༄༅། །སྡོམ་གསུམ་ངོ་བོ་གཅིག་ཏུ་སྒྲུབ་པ་བཞུགས་སོ། །

ཀུན་མཁྱེན་མི་ཕམ་རྒྱ་མཚོ།

འདི་ན་ཁ་ཅིག་སྡོམ་གསུམ་ཐ་དད་ཡིན་ནོ་ཞེས། རང་ཕྱོགས་ལ་ཞེན་འཁྲིས་ཁོ་ནས་གོ་བའི་གནད་མ་སློང་བར་ཅ་ཅོ་མང་ཞིག་སྨྲ་སྟེ་ཁྱེད་རྙིང་ལུགས་ལ་སྡོམ་གསུམ་ངོ་བོ་གནས་འགྱུར་དུ་འདོད་པ་མི་འཐད་དེ། འཐད་ན་སོ་ཐར་སོགས་སྔགས་སུ་འགྱུར་ཚེ། འོག་མ་འོག་མ་བཏང་ནས་འགྱུར་རམ་མ་བཏང་ནས་འགྱུར། དང་པོ་ལྟར་ན་སུམ་ལྡན་རྡོ་རྗེ་འཛིན་པ་མི་འཐད་དེ། སུམ་ལྡན་རྡོ་རྗེ་འཛིན་པ་ཆོས་ཅན། གསུམ་ལྡན་མ་ཡིན་པར་ཐལ། སོ་ཐར་བཏང་ཟིན་པའི་ཕྱིར། སོ་ཐར་བཏང་ཟིན་ཏེ། བཏང་ནས་སྔགས་སུ་གནས་འགྱུར་པས་སོ་ཟེར་ཞིང་། གཉིས་པ་ལྟར་ན་སོ་ཐར་རང་གི་ངོ་བོ་མ་བཏང་བར་གནས་འགྱུར་མི་སྲིད་དེ་སོ་ཐར་སྡོམ་པ་ཆོས་ཅན། ངོ་བོ་གནས་མ་འགྱུར་བར་ཐལ། རང་གི་ངོ་བོ་མ་བཏང་བས་སོ། །རང་གི་ངོ་བོ་མ་བཏང་ན་གཞན་དུ་འགྱུར་མི་སྲིད་པས་སོ། །ཟེར་ཏེ་གཏན་ཚིགས་ཆེན་པོར་རློམས་ནས་མགྲིན་པ་གཟེངས་བསྟོད་དེ་སྨྲ་ཞིང་། ཡི་གེར་བཀོད་པ་མཇེད་ན་ཡང་།

འདིར་རང་གི་བློ་ཉམས་མྱོང་གི་གོ་བབ་དང་བསྟུན་ནས་བཤད་ན་འདི་ལྟ་སྟེ། རྒྱུ་མཚན་གསུམ་གྱིས་བཤད་པར་བྱའོ། །དེ་ལ་རང་ལུགས་བཞག་པ། ངེས་བཟུང་གི་འགལ་ཟླ་དགག་པ། མཐར་ཐུག་ཤིང་རྟ་ཆེན་པོ་དག་གི་དགོངས་པ་གཅིག་ཏུ་བསྒྲུབ་པ་དང་གསུམ་ལས། དང་པོ་ལའང་། དངོས་དང་རྩོད་སྤང་ངོ་། །དང་པོ་རིང་ལུགས་ཀུན་མཁྱེན་ངག་གི་དབང་པོ་ཡབ་སྲས་ཀྱི་བཞེད་པ་ལྟར། སྡོམ་

གསུམ་ངོ་བོ་གནས་འགྱུར། རང་ལྡོག་མ་འདྲེས་པ་འདི་འདོད་དོ། །དེ་ཡང་རྒྱལ་བའི་དགོངས་པ་ལས་རང་བཟོ་མ་ཡིན་ཏེ། འབུམ་ཕྲག་ལྔ་པ་དེ་ཁོན་ཉིད་ཡེ་ཤེས་གྲུབ་པའི་རྒྱུད་ཀྱི་ལུང་ལས། རྡོ་

ཡི་རིགས་ཀྱི་བྲེ་བྲག་ཞིག །བཞུ་བས་ལྕགས་དང་ཟངས་དངུལ་འགྱུར། །གསེར་འགྱུར་རྩི་ཡི་དངོས་པོ་ཡིས། །ཀུན་ཀྱང་གསེར་དུ་སྒྱུར་བར་བྱེད། །དེ་བཞིན་སེམས་ཀྱི་བྱེ་བྲག་གིས། །རིགས་ཅན་གསུམ་གྱི་སྡོམ་པ་ཡང་། །དཀྱིལ་འཁོར་ཆེན་པོ་འདིར་ཞུགས་ན། །རྡོ་རྗེ་འཛིན་པ་ཞེས་བྱའོ། །ཞེས་གསུངས་པས་སོ། །

གཉིས་པ་དེ་ལ་རྩོད་སྤོང་ནི། དེ་ལ་ཁྱེད་ཀྱིས་བཏང་ངམ་མ་བཏང་གི་དགག་མཚམས་འདི་རྩེ་མོ་ཤེས་ཀྱང་རྩ་བ་མ་ཤེས་པའམ། མདའ་འགོང་ཤེས་ཀྱང་འཕེན་ས་མ་ཤེས་དང་འདྲ་སྟེ། བློ་རྣོ་ཡང་རྒྱ་ཆུང་ངོ་ཞེས། རང་ཕྱོགས་ཞེན་མིན་པར་དྲང་པོའི་གོ་བབས་ལ་འདི་ལྟར་ཤར་ཏེ། སྡོམ་པ་གསུམ་ཞེས་པ་སྤྱིར་གྱིས་ཉོན་མོངས་པས་མི་འཆིང་བའི་གནད་ལ་བསྲུང་བྱའི་ངོ་བོ་མཚུངས་པ་སྟེ། རྒྱལ་བའི་བཀའ་ཐམས་ཅད་སྲིད་རྩ་གཅོད་ཅིང་། མྱང་འདས་སྒྲུབ་པར་མཐུན་ཕྱིར། བྱམས་པས། ཁམས་གསུམ་ཀུན་ནས་ཉོན་མོངས་སྤོང་བྱེད་གསུང་། །ཞེས་སོགས་གསུངས་ཤིང་དངོས་སྟོབས་རིགས་པས་ཀྱང་འགྲུབ་པ་ཡིན་ན་རང་གི་ངོ་བོ་མི་འགྱུར་བ་རྟག་བརྟན་ཐེར་ཟུག་ཏུ་མེད་པ་ཤེས་དགོས་སོ། །

དེ་ལྟར་སོར་བྱང་སྔགས་གསུམ་ནི། སྤྱོང་བསྒྱུར་ལམ་དུ་བྱེད་པ་ལས། ཉོན་མོངས་དབང་གིས་མི་འཆིང་བའི་གནད་ལ་མཐུན་ཏེ། དཔེར་ན་དུག་མ་ཟོས་པའམ། རིགས་སྔགས་ཀྱིས་ཟོས་པ་དང་། སྨན་དུ་བསྒྱུར་བ་ལྟར། དེ་གསུམ་དུག་གིས་མི་གནོད་པ་འདྲ་ཞིང་། ཕྱི་མ་གཉིས་ཀྱི་སྐབས་དུག་རང་རྒྱུད་པ་ཟོས་པ་མེད་པ་ལྟར། ཐེག་པའི་མཐོ་དམན་ལས། བསྲུང་བྱ་སྡོམ་པ་རང་གི་ངོ་བོ་ནི་སྔ་མ་ཕྱི་མའི་རྟེན་ཅན་ལས་ཐྲས་ཐ་དད་མེད་ན་བཏང་མི་བཏང་བྱ་རྒྱུ་གང་རེད། འོན་གནས་མ་འགྱུར་སྐབས་ན། སོ་ཐར་དེ་བྱང་སྡོམ་གྱི་རྟེན་ཡིན་པས་དང་། བྱང་སེམས་ཀྱིས་ཟིན་པའི་སྐབས་སུ་དེ་དང་དེའི་སྡོམ་པར་བཏགས་སོ། །དཔེར་ན་རལ་གྲི་གཅིག །མི་སྣར་མ། དཔའ་བོ། ཤིན་ཏུ་དཔའ་བོ་གསུམ་གྱིས་བདག་ཏུ་བཟུང་ཆེ། སྣར་མའི་རལ་གྲི་སོགས་སུ་བརྗོད་པ་བཞིན། སྣར་སྣར་མའི་རལ་གྲི་ཡིན་པ། ད་མིན་ཅིང་དཔའ་བོའི་རལ་གྲི་ཡིན་པ་ལྟ་བུའོ། །དེས་ན་རལ་གྲི་ལྟར། སྡོམ་པའི་ངོ་བོ་མ་འགྱུར་ཟེར་ན། འགྱུར་ཏེ་རལ་གྲི་དེའི་བྱེད་ལས། མི་འདྲ་ཞིང་ནུབས་ཆེ་བས་སོ། །ནུབས་ཆེ་ཆུང་ཡོད་ཀྱང་

འགྱུར་མེད་ན། དབུལ་པོ་ཕྱུག་པོར་གྱུར་ཀྱང་དེ་དུས་འབྱོར་པ་གང་ཡང་མེད་པ་ལྟ་བུ་དང་། མི་གཅིག་དམངས་བློན་རྒྱལ་པོར་གྱུར་ཀྱང་དེའི་བྱེད་ལས་དང་མི་ལྡན་པ་དགོས་སོ། །

དེས་ན་བླང་དོར་གྱི་ཚུལ་ཁྲིམས་གང་ཞིང་སྡོམ་པའི་ངོ་བོ་ཡིན་ལ། འདི་ལྟར་སོ་ཐར་ནི་ཁམས་གསུམ་འཁོར་བ་སྡུག་བསྔལ་དུ་མཐོང་བ་གང་ཞིག །རང་ཉིད་དེ་ལས་ངེས་པར་འབྱུང་བའི་བློས་དེའི་རྒྱུ་ཉོན་མོངས་སྤང་བ་ལས་ལམ་དུ་བྱེད་མི་ནུས་པ། དཔེར་ན་ཐ་མལ་པ་རིགས་སྔགས་མེད་པས་དུག་ཟ་མི་ནུས་པ་ལྟ་བུའོ། །བྱང་སེམས་ནི་རང་ཉིད་ཐར་བ་ཙམ་དུ་མ་ཟད། གཞན་དོན་དུ་བསམ་པ་རྣམ་པར་དག་པས་འཇུག་པ་གང་ཞིག །ཕན་པ་ཁོ་ནས་དབང་དུ་གྱུར་པས་སྤྱད་པ་སྤྱོད་པ་སྟེ། སོ་ཐར་གྱི་ལྟུང་བ་ལྟ་བུས་ཀྱང་། བསམ་པ་དག་པས་མི་སྐྱོན་པ། དཔེར་ན་དུག་སྨན་དུ་སྒྱུར་ནུས་པའི་རིགས་སྔགས་བཞིན་ནོ། །

སྔགས་ནི། དུས་མྱུར་དུ་རང་གཞན་དོན་གཉིས་བསྒྲུབ་པའི་བསམ་པ་སྟོབས་པོ་ཆེས། སྣང་སྲིད་ཀྱི་ཆོས་ཐམས་ཅད་ལྷ་སྔགས་ཆོས་ཉིད་དུ་སྡོམ་པ་གང་ཞིག །ཐབས་ཤེས་ཁྱད་པར་ཅན་གྱིས་ཟིན་པ་སྟེ། དཔེར་ན་དུག་ཟོས་པ་དེ་ལ་བརྟེན་ཏེ་དུག་མེད་པར་བྱེད་པ་བཞིན་ནོ། །དེ་ལྟ་བུའི་བསམ་པའི་དབང་ལས་སྡོམ་པ་རང་གི་ངོ་བོ་ནི་དེ་དང་དེའི་སྡོམ་པ་ཁོ་ན་ལས་གཞན་དུ་མ་གྲུབ་ལ། གལ་ཏེ་ཐ་དད་ཡིན་ན་སོ་ཐར་གྱི་སྡོམ་པ་དང་བྱང་སྡོམ་སྔགས་པ་ལ་ཡོད་མི་སྲིད་པར་འདོད་དགོས་ཏེ། དེ་གསུམ་མི་གཅིག་པས་སོ། །འོན་དེ་ལྟར་གནས་འགྱུར་ན་ཡོན་ཏན་ཡར་ལྡན་ཡིན་མོད། གསུམ་ལྡན་མ་ཡིན་ཏེ། སྔགས་སྡོམ་དེ་གསུམ་ཀ་མ་ཡིན་ཏེ། ད་ལྟ་སྔགས་ཁོ་ནར་གྱུར་པས་སོ་ཟེར་ན། ཁྱེད་ལ་འདི་འདྲི་སྟེ། ཐེག་དམན་སོ་ཐར་དེ་སེམས་བསྐྱེད་ཀྱིས་ཟིན་ན་ཐེག་ཆེན་སོ་ཐར་དུ་འགྱུར་རམ་མི་འགྱུར། མི་འགྱུར་ན་སོ་ཐར་སྡོམ་པ་ཅན་གྱི་གང་ཟག་གི་རྒྱུད་ལ་སྔགས་སྡོམ་མི་སྐྱེ་སྟེ། དེ་གཉིས་མི་འདྲ་བས་སོ། །

གནས་མི་འགྱུར་ཀྱང་ཚོགས་སོ་སོར་བླང་བས་མ་འདྲེས་པར་ཡོད་པ་ཡིན་ན། སོ་ཐར་གཉིས་ཆར་ཡོད་པའི་གང་ཟག་གི་རྒྱུད་ལ་སྔར་ཐེག་དམན་གྱི་སྡོམ་པ་ཉིས་བརྒྱ་ལྔ་བཅུ་ཕྱིས་ཐེག་ཆེན་གསར་བླང་གི་ཉིས་བརྒྱ་ལྔ་བཅུ་གཉིས་མ་འདྲེས་པར་ཡོད་པས་བསྡོམས་ན་ལྔ་བརྒྱ་པོ་གང་ཟག་གཅིག་གི་

རྒྱུད་ལ་ཡོད་ཚུལ་སློས་ཤིག །འགྱུར་ན་ཐེག་དམན་སོ་ཐར་བཏང་ནས་འགྱུར་རམ། མ་བཏང་ནས་འགྱུར། མ་བཏང་ན་ཐེག་ཆེན་དུ་མི་སྲིད་དེ། ཐེག་དམན་སོ་ཐར་རང་གི་ངོ་བོ་མ་བཏང་བས་གནས་འགྱུར་བ་མེད་པས་སོ། །བཏང་ནས་འགྱུར་ན་སྔར་གྱི་ཉེས་བརྒྱ་ལྔ་བཅུ་ཡང་བཏང་ངམ། མ་བཏང་། དང་པོ་ལྟར་ན་སྲུམ་ལྡན་མི་སྲིད་ལ།མ་བཏང་ན་གནས་འགྱུར་རེད་དམ་མ་རེད་སོམས། འོ་ན་རང་ལོག་མ་འདྲེས་པ་དང་སྲུམ་ལྡན་དུ་ཡོད་ཚུལ་ཅི་ཡིན་ཟེར་ན། དེ་ནི་ཡོད་དེ། སྔར་སོ་ཐར་སྐབས་སུ་ལས་ཆོག་ཇི་ལྟ་བར་བླང་བའི་ཁྲིམས་ཉེས་བརྒྱ་ལྔ་བཅུ་དེ་གོང་མའི་སྐབས་སུ་ཉམས་སོང་བ་མིན་ཏེ་སྔར་ལས་ཆེས་ལྷག་པའི་ཚུལ་དུ་ཡོད་ན་སྲུམ་ལྡན་ཟེར་མི་འོས་པའི་རྒྱུ་མཚན་ཅི་རེད། ཐེག་ཆེན་སོ་ཐར་སྐབས་སུ་ཐེག་དམན་སོ་ཐར་གྱི་བསྲུང་བྱ་ཉེས་བརྒྱ་ལྔ་བཅུ་དེ་ལས་ལྷག་པར་བསྲུང་རྒྱུ་ཨེ་ཡོད། མེད་ན་དེ་གཉིས་ཐ་དད་དུ་མི་འཐད་ལ།ཡོད་པས་ན་སོར་བྱང་ལ་ཉེས་བརྒྱ་ལྔ་བཅུའི་ཁོངས་སུ་མ་འདུས་པའི་བསྲུང་བྱ་གཞན་ཡོད་ཅིང་འོག་མ་གཉིས་གོང་མའི་ཆ་ལག་ཡིན་པས་སོ། །དེ་བས་ན་གོང་མས་འོག་མའི་སྡོམ་པ་མི་གཏོང་བ་གང་ཞིག ཕྱི་མའི་རྟེན་དུ་འགྱུར་བས་སོ། །

དེ་ལྟར་གཞི་བསྲུང་བྱ་གང་ཞིག །རང་གཞན་ཐབས་ཤེས་ཀྱིས་བཟུང་བའི་ཁྱད་པར་ལས། སྡོམ་པ་རང་གི་ངོ་བོ། སོ་ཐར་བྱང་སེམས་སུ་གྲུབ་ན་ཉེས་བརྒྱ་ལྔ་བཅུ་ཙམ་པོ་པ་ཁོ་རང་ཐེག་ཆེན་སོ་ཐར་རམ་ཐེག་དམན་སོ་ཐར་གང་ཡིན་དྲིའོ། །དཔེར་ན་སོ་ཐར་གྱི་ཉེས་བརྒྱ་ལྔ་བཅུ་པོ་དེ་བྱང་སེམས་ཀྱིས་བཟུང་ནས། དེའི་སྟེང་བྱང་སེམས་སྡོམ་པ་བསྣན་ནས་ཉེས་བརྒྱ་ལྔ་བཅུ་དེ་རྒྱལ་སྲས་བྱང་ཆུབ་སེམས་དཔའི་སྡོམ་པར་གྱུར་ནས་སོར་བྱང་གཉིས་པོ་དེ་ཐམས་ཅད་སྲུང་བ་པོ་ཞིག་ལ། བྱང་སེམས་ཁོ་ན་ལས་སོ་ཐར་གྱི་སྡོམ་པ་མེད་དོ་ཞེས་ཟེར་རྒྱུ་ཨེ་ཡིན་སོམས་ཤིག །

དེའི་སྟེང་སྔགས་བསྣན་པ་ཡང་དེ་ལྟར་གྱུར་པས་སོ། །འདིར་དེད་ཀྱི་བསྲུང་བྱ་སྡོམ་པའི་ངོ་བོ་ཁོ་ན་ལས། དེ་སྒྱུར་བྱེད་ཀྱི་ཐབས་སམ་སེམས་ལ་ཐ་དད་དུ་ཡོད་པ་མི་ཟེར་རོ། །དེ་བས་ན་བསྲུང་བྱ་ནི་སྔར་གྱི་སྡོམ་པའི་ངོ་བོ་དེ་ག་ལས་མེད་པས། གཅིག་ཐོག་གཅིག་བསྣན་གྱི་ཚུལ་དུ་སྔ་མ་མ་ཉམས་པར་ཡོད་པས། འདི་ལྟར་ཆོ་ག་དང་བསྲུང་བྱའི་གྲངས་སོགས་སོར་བྱང་སྔགས་གསུམ་སོ་སོར་རང་རང་གི་སྐབས་སུ་དབྱེར་ཡོད་ཅིང་། ཡོད་པ་དེ་དག་སྔགས་ཀྱང་ལྟ་བུར་མ་སོང་བར་ཚང་བར་བསྲུང་

པའི་རང་ལམ་གྱི་ངོས་ནས་ཡོངས་སུ་རྫོགས་པས། རང་རང་གི་ལྡོག་པ་མ་འདྲེས་པར། གང་ཟག་གཅིག་ལ་མཚོན་ན་འདི་བསྲུང་ན་སོ་ཐར་གྱི་ཁྲིམས་སོ། །

འདི་སྔགས་སོ་ཞེས་བགྲང་རྒྱུ་ཡོད་པ་ཡིན་མོད། དེ་བས་ན་སུམ་ལྡན་རྡོ་རྗེ་འཛིན་པའོ། །དེ་ལྟར་ཡོད་ཀྱང་འོག་མ་གཉིས་རང་རྒྱུད་པ་མིན་ཏེ་གོང་མར་འགྱུར་ཡོད་པས་སོ། །

ད་ནི་གཉིས་པ་གཞན་སྡོམ་གསུམ་ཐ་དད་དུ་སྨྲ་བ་དགོངས་གཞི་ཅན་གྱི་གསུང་མིན་པར་རང་མཚན་པར་འདོད་པ་དག་གིས་དགོངས་པ་ཅན་གྱི་གསུང་གི་དཔེ་གཉིས་ཉི་ཟླ་སྐར་མ་དང་། ཆུ་སྣོད་ནོར་བུའི་དཔེས་རྗེས་སུ་བཟློ་མོད། དེ་ནི་སྐབས་སུ་མཁས་པའི་གསུང་ཙམ་ལས། དེ་དག་གི་དགོངས་གཞི་མཐར་ཐུག་དེ་ལྟ་བུ་མིན་ཏེ་རིགས་པ་འདིས་གནོད་དོ། །དེ་ཡང་ངེས་པར་སོ་ཐར། བྱང་སེམས། སྔགས་གསུམ་འོག་མ་གོང་མར་ཡེ་མི་འགྱུར་བར་སྔར་རང་གི་དེ་ཉིད་རང་རྒྱུད་པར་གནས་ན། ཐེག་པ་ཆེ་ཆུང་གི་སོ་ཐར་གཉིས་ལྡན་པ་དག་གི་རྒྱུད་ལ་རང་དོན་ཡིད་བྱེད་ཀྱི་བསྲུང་བྱ་དང་གཞན་དོན་ཡིད་བྱེད་ཀྱི་སྡོམ་པ་གཉིས་ཆར་ཡོད་པར་འདོད་དགོས་སོ། །དེ་བཞིན་དུ་སོ་ཐར་རང་རྐང་བ་ལ་སྤྱོང་བ་ལས། སྨྱུར་དང་ལམ་བྱེད་ཀྱི་ནུས་པ་མེད་པས་རྒྱལ་བས་དེ་ལྟར་དེ་དང་དེའི་སྐབས་སུ་གསུངས་ཡོད་མོད། དེ་བས་ན་ཞིང་བཅུ་ལྟ་བུ་བསྒྲལ་བ་ན་སྒྲོལ་བྱེད་གཅིག་ལས་མེད་ན། སོ་ཐར་རང་རྐང་དུ་ཡོད་པས་སོ་ཐར་སྐབས་སུ་བསྒྲལ་བྱ་ཞིང་བཅུ་དམིགས་བསལ་དང་། སྒྲོལ་བྱེད་ཐབས་ཀྱི་ཁྱད་པར་དེ་ལྟ་བུ་བཤད་པ་ཨེ་ཡོད། སྔགས་པ་མིན་པའི་སོ་ཐར་བ་ཞིག་གིས་ཞིང་བཅུ་ཚང་བ་བསྒྲལ་ན་རྩ་ལྟུང་ཨེ་ཡོད། ཚང་དང་སྦྱོར་བ་ཨེ་ཉན། ཡང་ན་གང་ཟག་གཅིག་སུམ་ལྡན་རྡོ་རྗེ་འཛིན་པ་དེས། སྦྱོར་བ་ལྟ་བུའི་ཚེ་སོ་ཐར་བསྲུང་མཁན་དེ་འདུག་ནས། སྔགས་བསྲུང་མཁན་གྱིས་སྦྱོར་རམ། ལྷ་ཡབ་ཡུམ་སོགས་སུ་གསལ་བས་གོང་མ་གོང་མས་འོག་མ་འོག་མར་ཟིལ་གྱིས་གནོན་པ་བཤད་ཨེ་དགོས། སོ་ཐར་རང་ངོས་ནས་སྔར་ལས་བཟང་ངན་ཅིར་ཡང་མ་སོང་བས་རང་རྒྱུད་དུ་ཡོད་པས་སོ་ཐར་འདུལ་བའི་ནང་ན་ལྟར་གསལ་ནས་སྦྱོར་བ་བྱས་ཚོག་ཅེས་དམིགས་ཀྱིས་བཀར་ཨེ་ཡོད། འདི་སྔགས་ཀྱི་ཁ་སྐད་ལས་སོ་ཐར་ལ་མེད་ན་སོ་ཐར་བསྲུང་དགོས་ན་རང་གཞུང་ལྟར་ལས་སྦྱོར་སྒྲོལ་འདི་ཅི་ལ་བཤད། འོ་ན་ཁྱེད་ཀྱིས་ཀྱང་སོ་ཐར་བསྲུང་དགོས་པར་འདོད་པས་དེ་འདྲའོ་ཟེར་ན། མི་འདྲ་སྟེ།

ངེད་ཀྱིས་སྡོམ་པ་བསྲུང་བྱ་རྫོགས་ནའང་། དེ་དག་རང་མཚན་སྔ་མ་ཇི་ལྟར་བར་མི་འདོད་དེ། སྔགས་སྡོམ་སུ་གནས་འགྱུར་བར་འདོད་པས་ན་འོག་མ་བསྲུང་ན་དེ་བསྲུང་བའི་སྡོམ་པ་རྒྱུད་ལ་ཡོད་ཀྱང་། དེ་ནི་གོང་མའི་སྡོམ་པ་ཡིན་པས་དེ་དག་གི་ས་མཚམས་མར་རེ་མི་དགོས་ཏེ། དམངས་རྒྱལ་པོར་འགྱུར་བའི་དཔེ་ལྟ་བུའོ། །

དེ་ལྟར་ན་གང་ཟག་གཅིག་ལ་ཉིས་བརྒྱ་ལྔ་བཅུ་གང་ཤྲད་ལ་སྒྲོང་སེམས་བྱེད་ཅིང་། བྱང་སེམས་དང་། སྔགས་ཡང་ཡོད་དགོས་པས། ཞིང་བཅུ་ལ་དཔེར་ན། བསྒྲལ་ན་འདུལ་བའི་རྩ་ལྟུང་དང་པོ་ཕོག་པས་སོ་ཐར་གྱི་ལུགས་སུ་བྱས་ནས་སྲོག་གཅོད་པ་སྤྱོང་དགོས་ཏེ། སོ་ཐར་སྔགས་སུམ་འགྱུར་བས་རང་གི་ངོ་བོས་བསྒྲལ་མི་ནུས་སོ། །

དེ་བས་ན་དེ་ལྟ་བུའི་སུམ་ལྡན་རྡོར་འཛིན་དེ་ལ་སྔགས་ཀྱི་ཞིང་བཅུ་མ་བསྒྲལ་བའི་རྩ་ལྟུང་འབྱུང་རྒྱུ་མེད་དམ། དེ་ལྟར་ན་གང་ཟག་གཅིག་གིས་སོར་བྱང་སྔགས་གསུམ་ལ་ལྟོས་ཏེ་མི་གསོད་པ་དང་། སྙིང་རྗེས་གསོད་པ། ཐབས་ཀྱིས་གསོད་པ་གསུམ་དུས་གཅིག་ལ་བྱ་དགོས་སོ། །མ་བྱས་ན། བསྒྲལ་ན་སྔགས་ལ་ལོ་ཡང་། སོ་ཐར་ལ་རྩ་ལྟུང་འབྱུང་སྟེ། དེ་བཞིན་སྔགས་ཀྱི་དབང་དུ་བྱས་ཏེ་སྦྱོར་བ་རྫུན་མ་བྱིན་ལེན་བཞི་ལྟ་བུ་སྤྱོད་པའི་དགེ་སློང་རྡོ་རྗེ་འཛིན་པ་དེ། དེ་ཕྱིན་སོ་ཐར་སྡོམ་པ་གཏོང་བས་སུམ་ལྡན་མིན་ཏེ་ཉིས་ལྡན་នོ། །དེ་ལྟར་སོ་སོར་ཡོད་ན། ནད་ཚ་གྲང་ཅན་ལ་སྨན་ཕྲོགས་རེ་བའམ་མེ་ཆུ་ལྡན་ཅིག་པ་ཆར་བབ་པ་ལྟར་དང་། སོར་བྱང་སྔགས་རྒྱུད་གི་སྡོམ་ཅན་ལྡན་ཅིག་ཚོགས་པ་ལྟར། དེ་དག་གི་བྱ་མི་བྱ་ཐ་དད་པས་སོ། །

ཟིལ་གྱིས་མནན་ནས་དགེ་སྟོབས་ཆེ་བས་རྩ་ལྟུང་བྱུང་ཡང་ཉེས་པ་མེད་ན་ནི། སུམ་ལྡན་དུ་བསྒྲུབ་པ་མ་བྱས་ནས་སྔགས་རྒྱུད་པ་ཁོ་ན་དགའ་སྟེ། གཅིག་བྱས་ན་གཅིག་མི་ལོ་བས། དགེ་སྟོབས་ལ་འདྲ་བས་སོ། །དེ་ལྟ་བུ་མིན་ཏེ་རྒྱལ་བས་དགེ་སློང་གི་རྟེན་མཆོག་ཏུ་གསུངས་པས་སོ། །གང་ཟག་གཅིག་གི་རྒྱུད་ལ་མ་འདྲེས་མ་འགྱུར་རང་མཚན་དུ་ཡོད་ན། ཚང་སོགས་གང་སྡོམ་པ་དང་འཕྲད་ཚེ་གོང་མ་བཙན་ན། སྡོམ་པ་དང་མ་འཕྲད་ཚེ་ཅི་སྡོམ། སོར་སྡོམ་མོ་ཞེ་ན། སོར་ཐར་སྡོམ་པ་ལོགས་སུ་ཡོད་པའི་མཚན་གཞི་དེ་གང་ལ་གདགས་སེམས་ཤིག །

འོ་ན་རྙིང་མ་རིང་ལུགས་ལའང་སོ་ཐར་སྔགས་ཀྱི་སྡོམ་པའི་ངོ་བོར་འདོད་པས་སྒྲོག་བཅད་ན་ཅི་ཡིན་ཞེར་ན། ངེད་ཀྱིས་དེ་སྔགས་ཀྱི་སྡོམ་པར་འདོད་པའི་ཕྱིར་སྔགས་རང་རྒྱུ་མཚན་དུ་བྱས་ཆོག་ལ། ཁྱེད་ཀྱིས་མི་ཆོག་སྟེ་གང་ཟག་གསུམ་ལྟར་སོ་སོ་བར་འདོད་པས་སོ། །ངེད་ཀྱིས་སོར་བྱང་སྔགས་གསུམ་སྤྱོད་བསྒྱུར་ལམ་བྱེད་ཀྱི་དབང་དང་། གཙོ་ཆར་ནང་རྟོགས་ཀྱི་ཁྱད་ལས། དགྲ་བཅོམ། བྱང་སེམས། རྒྱལ་བའི་རྗེས་སུ་སློབ་པར་འདོད་དེ། སྡོམ་པའི་གྲངས་དེ་ཙམ་ནི་དེའི་མཚན་གཞིའི་མཐར་ཐུག་པར་འཛོག་སྟེ། ཁྱེད་ཀྱིས་སོ་བྱང་སྔགས་གསུམ་གྱི་སྡོམ་པའི་མཚན་གཞི་ཞོག །ཉིས་བརྒྱ་ལྔ་བཅུ་སོགས་འཛོག་ན། དེ་ནི་སྔགས་ལ་མེད་པར་ཐལ། སོ་ཐར་ཡིན་པས་སོ། །འདོད་ན་རིགས་ལྔའི་དམ་ཚིག་ཏུ་མེད་དམ། མཚན་གཞི་ཀུན་སློང་གི་ཁྱད་ལས་མེད་ཅེ་ན། དེ་ལྟར་ན་ངེད་ཀྱིས་ཞེར་བ་ལྟར་སྡོམ་པའི་ངོ་བོ་རང་མཚན་དུ་མ་གྲུབ་པར་ལྕགས་ལ་གསེར་འགྱུར་བཞིན་དུ་འགྱུར་བར་ངེད་འདོད་པས་སོ། །དེ་ལྟ་མིན་ན་གང་ཟག་གཅིག་གི་རྒྱུད་ལ་ཐེག་པ་ཆེ་ཆུང་གི་ལྟ་བ་གསུམ་ཡོད་དགོས་སོ༔ ༔

འོ་ན་ཁྱེད་ལའང་སྒྲོག་བཅད་པ་ལ་ཉེས་པ་མི་འབྱུང་ཞེར་ན། ངེད་ཀྱིས་སྔར་ནས་ཀྱང་དེ་ལྟར་ནང་རྟོགས་གཙོ་བོ་ཆེ་བ་ལས་སྡོམ་པ་རང་གི་ངོ་བོ་རང་མཚན་དུ་གྲུབ་པ་མེད་དེ། གཞི་བརྟེན་པ་བཅུད་ལྟ་བུའི་ལམ་དེ། རྟེན་དམ་ཚིག་དང་འབྲེལ་ནས་རང་རྒྱུད་ལ་ཆགས་པ་ལས་ཕྱི་ལོགས་སུ་ནང་རྟོགས་ལས་སྡོམ་པ་རང་ག་བ་མེད་དོ། །དེ་ལྟ་བས་ན་ལྟ་བ་དང་སྤྱོད་པ་འབྲེལ། སྤྱོད་པ་དང་དུས་ཚོད་འབྲེལ་ཏེ། ནམ་ཞིག་བསལ་བཞག་མེད་པ་རང་གི་འབྲས་བུ་མངོན་དུ་གྱུར་པ་སངས་རྒྱས་ཀྱི་བར་དུ་འདི་བརྟེན་པ་ཡིན་ནོ། །དེ་བས་ལྟའི་གསལ་སྣང་དང་། དགོས་པ་མི་ལྡན་པས་སྦྱོར་སྒྲོལ་ལ་སོ་ཐར་ལྟར་ཉེས་པ་ཡོད་དོ། །དེ་ལྡན་ན་ཉེས་པ་མེད་དེ་སྔགས་ཀྱི་ཐབས་ཟབ་མོས་སྡོམ་པས་དེ་དག་གི་གནས་སྐབས་སུ་ཉེས་པར་མི་འགྱུར་རོ། །

དེ་ཡང་དུས་དང་རྟོགས་པའི་གདེང་ལས་ཐམས་ཅད་བསྒྱུར་དགོས་ན། རིགས་ལྔ་ཐུན་མོང་དང་ཐུན་མོང་མིན་པའི་དམ་ཚིག་ནང་འགལ་བས་དེ་དག་རྟོགས་པའི་གདེང་ཁྱད་པར་ཅན་གྱིས་འོག་མ་མནན་པས་མི་འགལ་ལོ། །གནས་མ་འགྱུར་ན། སྒྲོག་གཅོད་ལ་སྔགས་འགེབ་མི་ལོ་སྟེ།

སོ་ཐར་ན་སྔགས་བཤད་པ་མེད་པས་སོ། །འགྱུར་ན་ལོ་སྐྱེ་ཆུང་ངུའི་ཕྱིར་ན་ཆེ་མི་གཏོང་ཞེར་བ་ལྟར། རང་རང་གི་སྡོམ་པའི་དབང་ལས་དོ་གལ་གང་ཆེ་བརྩི་བས་སོ། །སོ་ཐར་ལ་རྩ་བཞི་ལས་གལ་ཆེ་བ་མེད་པས་མི་ལོ་མོད། དོན་ཐོབ་ཀྱིས་རུང་ཞེར་ན། སོ་ཐར་ཇི་ལྟ་བ་བཞིན་ཡོད་པ་ལ། བསྲུང་ནི་མི་དགོས། རྩ་ལྟུང་ནི་མི་འབྱུང་། གཞུང་བཤད་དང་ནི་འགལ་བ་སྟེ། དེས་ན་རྩ་ལྟུང་བྱུང་བའི་དགེ་སློང་གིས་རྗེས་སུ་བསྐག་སྒྲུང་བྱས་པའམ། དེ་ལས་སྡོབས་ཆེ་བའི་སྡིག་པ་བསགས་ཀྱང་། རྩ་ལྟུང་དངོས་མི་འབྱུང་བས་སོ། །དཔེར་ན་ངོ་བོ་སྤྱར་ལས་ཅིར་ཡང་མ་འགྱུར་ན། དེའི་བྱེད་ལས་སོགས་ཅི་ལ་འགྱུར་ཏེ༑ སྐྱེས་བུ་གཅིག་གི་ལུས་ལའང་སོ་ཐར་དང་སྔགས་ཆེས་འགལ་བས་གང་བྱེད། གོང་མ་ལྟར་བྱེད་ན། འགྱུར་ཏེ་གོང་མའི་དབང་དུ་སོང་བས་སོ། །འགྱུར་བ་མེད་ན་གོང་མས་དེ་ལ་ཅི་བྱས། གཞི་གཅིག་ལ་ཡིན་པ་གཉིས་སྲིད་ན་ཅི་འདྲ་སོམས། དཔེར་ན་ཚེ་གཅིག་ལ་ཧེ་སྲིད་འཚོ་ཞེས་ཁས་བླངས་བས། ཤམ་ཐབས་དཀར་པོ་ལྟ་བུ་ནི་སྔགས་ཆས་ཏེ། དེ་ནི་ཚེ་འདི་ལ་གྱོན་མི་ལོའོ། །ངེད་ཀྱི་ལུགས་ལ་ངོ་བོ་གནས་འགྱུར་ཏེ་ནང་རྟོགས་དང་སྤྱོད་པ་གོ་བསྟུར་ཏེ། སུམ་ལྡན་ཡིན་ཡང་ལས་དང་པོ་པའི་སྐབས་སུ་སྒྲོག་མི་གཅོད་པ་ལྟ་བུ་ལའང་། དེ་བསྒྱུར་མི་ནུས་པས་སྤྱོང་བ་སོ་ཐར། དེའི་འབྲས་བུ་གཞན་ཕྱིར་སངས་རྒྱས་སུ་འདོད་པས་བྱང་སེམས། དེ་དག་མཉམ་ཆེན་པོས་ཟིན་པས་སྔགས་ཀྱི་སྡོམ་པའོ། ། དེ་ལྟར་རིམ་གྱིས་གོམས་པས་སོ་ཐར་རང་རྐྱང་དུ་མ་སོང་བས་མྱུར་ལམ་ཡོད་ཅིང་། ལྟུང་བ་མེད་ལ་གདུལ་བྱ་ཡི་རྗེས་སུ་འཇུག་པའོ། །རིམ་པས་ལམ་བྱེད་ནུས་ན་སྔགས་སྤྱོད་དུ་བྱས་ཏེ་སྤྲོར་སྒྲོལ་སོགས་ཀྱིས་རྩོལ་སྒྲུབ་སྤང་བླང་བསྲུང་མཚམས་མེད་པའི་ས་ལ་འགྲོ་བའོ། །དེའི་ཕྱིར་སུམ་ལྡན་རྡོ་རྗེ་འཛིན་པ་ཡིན་ཏེ། སློབ་དཔོན་པདྨ་སམ་བྷ་ཝས། ཕྱི་དུར་སྒྲིག་དགེ་སློང་གི་ཆ་ལུགས་འཛིན། ། ནང་གསང་སྔགས་བླ་མེད་ཀྱི་རྣལ་འབྱོར་པ། །ཞེས་གསུངས་པ་ལྟར་རོ། །

དེ་བས་ན་ལམ་འདི་དུས་གསུམ་རྒྱལ་བའི་གཤེགས་ཤུལ་ཏེ། རྒྱ་བོད་ཀྱི་མཁས་གྲུབ་ཐམས་ཅད་དེ་ལྟར་གྱུར་པར། ནག་པོ་པས་མཚོན་ཏེ་ཤེས་སོ། །དེ་ནི་སྡོམ་གསུམ་ངོ་བོ་གནས་འགྱུར་བའི་དབང་གིས་ཏེ། མ་འགྱུར་ན་རྒྱུད་ལ་དབང་མི་ཐོབ་སྟེ། ད་རུང་སྔར་གྱི་སྤྱོང་པ་ལས་བསྒྱུར་བ་དང་ལམ་བྱེད་ཀྱི་ནུས་པ་མེད་པས་སོ། །དེ་ལྟར་སྤང་དང་བླང་བ་གཉིས་དངོས་འགལ་བས་གཞི་གཅིག་ལ

ཡིན་པ་ཅི་ལ་སྲིད། དེ་བས་སོ་ཐར་རྫོར་ཁོང་དུ་ལུས་ཀྱང་སྔགས་སྡོམ་ཆོག་པ་ཅི་རེད། སོ་ཐར་གྱི་མཚན་གཞི་མེད་ན་གསུམ་ཅི་ལ་ལྡན། དེ་བས་ཉི་ཟླ་ལྟར་གྲགས་པའི་རྟེ་ལོན་རོ་ནག་པོ་པ་སོགས་ལ་སོ་ཐར་གྱི་ཕམ་པ་མི་འབྱུང་བ་དང་། དེང་སང་ཡང་དཀྱིལ་ཆོག་དང་འབྲེལ་ཆོ་ཇོ་རྗེའི་གླུ་གར་འདུལ་བའི་འགྲོ་བའི་སྤྱོད་ལམ་དང་འགལ་ཡང་མི་སྐྱོན་པ་དེའི་གནད་དེ། དེ་ཐ་དད་ན་མི་གསུམ་ཚོགས་ཀྱང་གཅིག་ཤི་བ་གཅིག་གིས་ཟིལ་གྱིས་མི་གནོན་པ་ལྟར། རང་རང་གི་གཞུང་དུ་བཤད་པ་ལས་འདས་ཏེ་སླ་མི་ནུས་སོ། །ནུས་ན་དེའི་མཚན་གཞི་ཇི་ལྟ་བ་ག་ལ་གྲུབ། གསུམ་པ་ཤིང་རྟ་ཆེན་པོ་དེ་དག་གི་དགོངས་པ་མཐར་ཐུག་ཏུ་མི་འགལ་ཏེ་འགལ་ན་གཅིག་སྐྱོན་དང་བཅས་པར་འདོད་དགོས་པས། དེ་ཡི་དགོངས་པ་གསལ་མཛད་སྐྱེས་བུ་དེ་དག་ས་ཆེན་པོ་ལ་གནས་པ་ཤ་སྟག་ཡིན་པས་སོ། །དེ་ཇི་ལྟར་མི་འགལ་ན། འདི་ལྟར་སོར་བྱང་སྔགས་གསུམ་སྡོམ་པའི་ངོ་བོ་ཐ་དད་ལ། དུས་དང་ཡུལ་རྟེན་སོ་སོ་བ་ཡིན་པས། དབྱེར་ཡོད་ལ། དེ་ལྟར་སོ་ཐར་སེམས་བསྐྱེད་ཀྱིས་ཟིན་ན་བྱང་སྡོམ་དུ་འགྱུར་ཞིང་། དེའི་སྟེང་བྱང་སྡོམ་བསྟན་པ་ལས། འོག་མ་སོ་ཐར་ཉམས་པ་གཏན་ནས་མེད་ཅིང་། སྔར་ལས་ལྷག་པ་ལས་ཞན་དུ་མ་སོང་བས་དེ་དག་གི་ངོ་བོ་ཐ་དད་དུ་ཁས་བླངས་ཀྱང་མི་འགལ་ཏེ་དེ་ལྟར་ཐ་དད་མིན་ན་འདོགས་ཀྱང་ཁྱད་མེད་པས་གཅིག་ལས་གསུམ་མ་གྲུབ་པས་སོ། །དེ་ལྟར་སྔགས་ཀྱིས་ཟིན་ན་དེ་གཉིས་ཀྱི་སྟེང་སྔགས་སྡོམ་ཡོད་ཙོག་བསྟན་པས་འོག་མ་གཉིས་མི་ཉམས་པའོ། །དོན་དུ་དེ་དག་གནས་འགྱུར་ཏེ། བསྲུང་བྱ་སྡོམ་པའི་ངོ་བོ་ནི། དཔེར་ན། རང་དོན་དུ་སྲོག་མི་གཅོད་པ་དང་། གཞན་དོན་དུ་མི་གཅོད་པ་ལྟ་བུ་ཐེག་པ་ཆེ་ཆུང་གི་སྡོམ་པ་བཞག་པ་ལས་སྡོམ་པ་ཙམ་པོ་པ་རང་གི་ངོ་བོ་ནི་དེ་གཉིས་དབྱེར་མེད་པས་སོ། །སོ་ཐར་གྱི་ཉེས་བརྒྱ་ལྔ་བཅུ་པོ་སྤྱང་ནས་སྔགས་ལ་ལོགས་སུ་ཉེས་བརྒྱ་ལྔ་བཅུ་མེད་ཀྱང་སྔར་གྱི་ཉེས་བརྒྱ་ལྔ་བཅུ་པོ་དེ། ཐབས་ཀྱིས་ཟིན་པས་སྔགས་སྡོམ་དུ་འགྱུར་བའོ། །

དེ་ལྟར་སྡོམ་པ་བསྲུང་ཚུལ་གཅིག་ནའང་། དེ་རྟིས་ཟིན་བྱེད་ཀྱི་ཐབས་ཀྱི་ཁྱད་པར་ལས། དེ་དང་དེའི་སྡོམ་པར་གནས་འགྱུར་ཏེ། དཔེར་ན་མེ་ཏོག་གཅིག་ཕལ་པ་འཕགས་པ་གཉིས་གས་ལན་གཉིས་སུ་མཆོད་ན་བྱེད་ལས་མི་འདྲ་བ་དེ་ལ་བྱང་སེམས་མཆོད་པ་དང་ཕལ་པའི་མཆོད་པ་གདགས

ཨེ་འོངས། མཆོད་རྒྱུ་མེ་ཏོག་དེ་ག་རང་གཅིག་ཡིན་པ་དེ་ལྟར་རོ། །དེ་བས་ཐ་དད་དུ་སྣང་བ་ནི་སོ་ཐར་གྱི་སྡོམ་པའི་ངོ་བོ་བཅས་པ་གང་ལགས་པ་དེ་དག་དེ་དག་གི་སྡོམ་པ་ཡིན་ལ། དེ་གོང་མའི་ཚེ་འོག་མ་སྤང་མི་དགོས་ཤིང་མཉམ་པར་ཡོད་པ་ལ་དགོངས་སོ། །

ངོ་བོ་གནས་འགྱུར་ནི་མ་སྤང་བའི་སྟེང་དུ་དེ་དག་གི་ངོ་བོ་སྐབས་དེའི་སྡོམ་པར་གྱུར་བ་ལ་དགོངས་ཏེ། དེ་གཉིས་མི་འགལ་ཞིང་དགོངས་པ་ལེན་ཤེས་ན། མི་ཤིང་ལྟར་ཕན་ཚུན་གཅིག་གིས་གཅིག་གསལ་བའི་གྲོགས་ལས་གཞན་མེད་པས། ཤིང་རྟ་ཆེན་པོ་དག་གི་དགོངས་པ་ལེན་མ་ཤེས་ནས། རང་གཞན་ཕྱོགས་ལྷུང་དུ་སྣང་བ་ནི། ཕ་གཅིག་གི་བུ་གཉིས་ཕ་སོ་སོར་འཛིན་པའི་རྣམ་རྟོག་གིས་འཁྲུགས་པ་ལྟ་བུའོ། །དེ་བས་མངའ་རིས་པཎ་ཏས། དེ་ལྟའི་སྡོམ་གསུམ་གང་ཟག་རྒྱུད་གཅིག་ལ། །རང་ལྡོག་མ་འདྲེས་དགག་དགོས་ཡོངས་སུ་རྫོགས། །ངོ་བོ་གནས་འགྱུར་ཡོན་ཏན་ཡར་ལྡན་པས། །གནད་ཀྱིས་མི་འགལ་དུས་སྐབས་གང་གཙོར་སྤྱོད། །ཅེས་གསུངས་པ་དེ་ལྟ་བུའི་དགོངས་པའི་གནད་སློང་ན། འདི་འགལ་འདུར་མི་ཚོལ་བ་ཙམ་དུ་མ་ཟད། ཞར་བྱུང་དུ་ཐེག་པ་ཐམས་ཅད་ཀུན་བགྲོད་གཅིག་གི་ལམ་དུ་འབབ་པ་རྒྱལ་གསུང་ཐམས་ཅད་གདམས་པར་ཤར་བའི་བློ་གྲོས་རྒྱ་ཆེན་པོ་ཐོབ་པ་ཡིན་ནོ། །

དེ་ལྟར་རྣམ་དཔྱོད་བློ་ཡི་རྒྱ་མཚོ་ལས། །ལེགས་བཤད་ཚིག་གི་མེ་ཏོག་འཛུམ་པ་འདིས། །སྙིང་དབུས་དྲི་མེད་རིག་པའི་ངོ་བོ་ཉིད། །འཇམ་དབྱངས་རྡོ་རྗེ་རྣོན་པོ་དགྱེས་གྱུར་ཅིག །

༄༅། །སྡོམ་པ་གསུམ་གྱི་དྲིས་ལན་ཉི་འོད་སྣང་བ་ཞེས་བྱ་བ་བཞུགས།

གླག་བླ་བསོད་ནམས་ཆོས་འགྱུར།

ལགས། དགོངས་དོན་དང་པོ་ལྟར་ན་སྤྱིར་རྒྱལ་བའི་བསྟན་པ་ནི་རྗོད་བྱེད་ལུང་དང་བརྗོད་བྱ་རྟོགས་པ་གཉིས་དང་། དེ་ལའང་རྒྱུ་ལམ་དུ་བྱེད་པ་མདོ་དང་འབྲས་བུ་ལམ་དུ་བྱེད་པ་སྔགས་ཀྱི་ཐེག་པ་གཉིས། དེའང་གནས་སྐབས་དྲང་དོན་དང་མཐར་ཐུག་ངེས་དོན་གཉིས་དང་། དེའང་ཟབ་མོ་ལྟ་བའི་ཆ་དང་རྒྱ་ཆེན་སྤྱོད་པའི་ཆ་གཉིས་རེ་དབྱེར་ཡོད་ཅིང་འཇིག་རྟེན་མཐུན་འཇུག་གི་ཚུལ་གྱི་ལྷ་མིའི་ཐེག་པ་རྣམས་དང་འཇིག་རྟེན་ལས་འདས་པའི་ཐེག་པ་རྣམས་ལ་དྲང་དོན་དགོངས་པ་ཅན་སོགས་ཀུན་ཀྱང་དངོས་དང་བརྒྱུད་པའི་སྒོ་ནས་མཐར་ཐུག་སངས་རྒྱས་འཐོབ་པའི་རྒྱུར་མི་འགྲོ་བ་མེད་པས་གནས་སྐབས་སོ་སོའི་གདུལ་བྱ་རང་རང་གི་ངོར་བདེན་ཞིང་གཙོ་ཆེ་ལ། ཁྱད་པར་དུ་བརྗོད་བྱ་རྟོགས་པའི་ཆོས་རྣམས་སྡོམ་པ་གསུམ་དུ་བསྡུས་ནས་ཉམས་སུ་ལེན་པས་བསྟན་པ་ཀུན་གྱི་གནད་བསླབ་པ་གསུམ་ལ་ཚང་དགོས་པས་སྡོམ་པ་གསུམ་པོ་ཡང་གཙོ་ཆེ་ཆུང་འདྲ་སྟེ། རྗོད་བྱེད་ཀྱི་ཐེག་པ་ལ་རྒྱུ་འབྲས་གཉིས་སུ་ངེས་པ་ལྟར། བརྗོད་བྱ་སྡོམ་པ་གསུམ་ལའང་སྔ་མ་སྔ་མ་རྒྱུ་དང་ཕྱི་མ་ཕྱི་མ་འབྲས་བུ་སྔ་མ་ཡན་ལག་དང་ཕྱི་མ་ཉིད་ལག་གམ་རྟེན་དང་བརྟེན་པ་སོགས་ཀྱི་འབྲེལ་བའི་ཕྱིར་རོ། །

བསྟན་པའི་གོ་རིམ་དང་བསྡུན་ནའང་འདུལ་བ་ནི་འཁོར་ལོ་དང་པོའི་བརྗོད་བྱ་བདེན་པ་བཞི་དང་ལྷག་པའི་ཚུལ་ཁྲིམས་ཀྱི་བསླབ་པ་ཡིན་པས་དེ་རྩ་བར་གཟུང་དགོས་ཏེ། འདུལ་བསྡོད་ལས། ཇི་ལྟར་འདི་ན་ཤིང་རྩ་གཙོ་བོ་སྟེ། །རྣམ་པར་འཕེལ་དང་ཀུན་འཛིན་གཉིས་ཀྱི་གཞི། །དེ་བཞིན་དམ་

ཆོས་ཚོགས་རྣམས་ཀུན་གྱི་ཡང་། །གཞི་དང་རྩ་བ་འདུལ་བ་ཡིན་པར་བཤད། །ཅེས་བསྟན་པ་ཀུན་གྱི་རྩ་བར་གསུངས་ཤིང་། ཨུཏྲ་ལས་ཞུས་པར། གང་ན་ལས་ཡོད་ཅིང་དེ་ལ་ནན་ཏན་བྱེད་པ་དེ་ན་བསྟན་པ་ཡོད་ཅིང་གང་ན་ལས་མེད་ཅིང་དེ་ལ་ནན་ཏན་མི་བྱེད་པ་དེ་ན་བསྟན་པ་མེད་ཅེས་གསུངས་པའི་ཕྱིར་རོ། །

བསྟན་པ་འཛིན་པའི་རྟེན་གྱི་དབང་དུ་བྱེད་ནའང་སྤྱོད་འཇུག་ལས། བསྟན་རྩ་དགེ་སློང་ཉིད་ཡིན་ན། །ཞེས་པ་དོན་དམ་པའི་དགེ་སློང་ཡང་ཡིན་མོད་སོ་སོར་ཐར་པའི་དགེ་སློང་ཡང་ཡིན་ཏེ། ཇི་སྐད་དུ། ཐུབ་བསྟན་རིན་ཆེན་སྒྲོན་མེ་མཆོག། །འབར་བའི་སྡོད་དུ་དཀའ་ཐུབ་ཅན། །ཧུར་སྒྲིམ་འཛིན་པ་ཤཱཀྱའི་སྲས། །དགེ་སློང་རྣམས་ནི་ཡིན་ཕྱིར་རོ། །ཞེས་དང་། གང་ན་འདུལ་བ་འཛིན་པ་ཡོད་པ་དེ་ན་དེ་བཞིན་གཤེགས་པའི་ཕྲིན་ལས་ཆུང་བ་ཡིན་ནོ། །ཞེས་སོགས་གསུངས་པའི་ཕྱིར།

གང་ཟག་གི་བློ་རིགས་ཀྱིས་བསྟན་པ་ལ་འཇུག་རིམ་གྱི་དབང་དུ་བྱས་ན། ལམ་མས་སྤྱངས་དང་ལས་དང་པོ་པ་རྣམས་ལ་ནི་འཁོར་ལོ་དང་པོའི་དགོངས་དོན་སྤྱོད་པ་སྡོང་བདུན་གྱི་ཚུལ་ཁྲིམས་དང་སློམ་པ་བདེན་བཞིའི་སྣང་དོར་དང་ལྟ་བ་གང་ཟག་གི་བདག་མེད་པ་ཙམ་དེ་གཙོ་ཆེ་སྟེ་བློ་དམན་འཇུག་བདེ་ཞིང་ལམ་གོང་མའི་སློའམ་དྲང་བྱེད་ཡིན་པའི་ཕྱིར། འདུལ་བ་ལས་ཀྱང་། སེམས་རྟ་ཁ་བླན་དཀའ་བ་ལ། །མཐུན་པའི་གཟེར་སྟོན་བཀྲ་བ་ཡི། །སྲབ་ནི་སོ་སོར་ཐར་འདི་ཡིན། །ཞེས་གང་ཟག་གི་རྒྱུད་འདུལ་བའི་ཐབས་དང་པོ་ཡིན་པར་གསུངས་སོ། །དེ་ལྟར་ན་སོ་ཐར་དང་དེའི་སྡོམ་པ་ནི་རྩ་བའམ་གཞི་ཡིན་ལ་བྱང་སེམས་དང་དེའི་སྡོམ་པ་ནི་གྲོགས་སམ་ཐབས་ཡིན་ལ། རྡོ་རྗེའི་ཐེག་པ་དང་དེའི་སྡོམ་པ་ནི་སྙིང་པོའམ་འབྲས་བུ་ཡིན་པས་མཐར་ཐུག་ཐེག་པ་གཅིག་པུ་རྡོ་རྗེའི་ཐེག་པའི་ལམ་འབྲས་མཐར་ཐུག་འགྲུབ་པ་ལ་ནི་དོན་གྱི་གནད་ཐམས་ཅད་དངོས་དང་བརྒྱུད་ནས་ཚང་དགོས་ལ། གནས་སྐབས་ཀྱི་ཐེག་པ་རང་རང་ལ་ལྟོས་ནས་ཉན་རང་ལྟ་བུའི་གང་ཟག་གི་རང་ལམ་གྱི་འབྲས་བུ་ཉི་ཚེ་བ་འཐོབ་པ་ལ་ནི་ལམ་གོང་མ་གཉིས་ཀྱི་བསླབ་བྱ་ཐུན་མོང་མ་ཡིན་པ་རྣམས་མི་དགོས་པར་རང་ལམ་ནོར་འཁྲུལ་མེད་པ་དེས་ཆོག །བྱང་ཆུབ་སེམས་དཔའི་འབྲས་བུ་འབྲིང་འཐོབ་པ་ལ་སྔགས་ཀྱི་ལྟ་སློམ་སྤྱོད་པ་ཐུན་མིན་དེ་མི་དགོས་པར་སེམས་བསྐྱེད་སོགས་རང་ལམ་གནད་མ

འཆུགས་པ་དེ་ཉིད་ཀྱིས་ཚོག་མོད། འོག་མ་ཉན་ཐོས་ཀྱི་སྤྱོད་པ་འདུལ་བའི་བསླབ་བྱ་རྣམས་ཀྱང་དངོས་སམ་བརྒྱུད་ནས་ཉམས་སུ་བླང་དགོས། རིག་པ་འཛིན་པའི་ལམ་འབྲས་མཐར་ཐུག་འཐོབ་པ་ལ་ནི་འོག་མ་གཉིས་ཀྱང་ཞར་ལ་ཐོབ་པའམ་སྡོམ་གསུམ་རིམ་གྱིས་ནོད་དེ་དངོས་སུ་ཚང་བར་བསྒྲུབ་དགོས་སོ། །འོན་ཀྱང་སྦྱངས་པ་སྔོན་སོང་དང་ལམ་ཐོད་རྒལ་བའི་གང་ཟག་དབང་རྣོན་ཡིན་ན་སྨིན་གྲོལ་ཟབ་མོའི་ལམ་གོང་མ་ལ་བསྙེགས་ཏེ་དེ་ཚུལ་བཞིན་ཤེས་པས་གཙོ་བོར་གཟུང་ན་འོག་མའི་སྤང་བླང་གིས་གནས་ཐམས་ཅད་ཞོར་ལ་རྫོགས་པ་ཡིན་པས་ལམ་འོག་མ་སྔོན་དུ་འགྲོ་དགོས་པར་མ་ངེས་ཏེ། དགེ་བསྙེན་དང་དགེ་ཚུལ་གྱི་སྡོམ་པ་སྔོན་དུ་མ་སོང་བར་ཐལ་བྱུང་དུ་བསྙེན་རྫོགས་བླངས་ན་ཐོབ་པར་བཤད་པ་བཞིན་ནོ། །གཞན་དྲངས་པ་སོགས་ཀྱི་དགོས་པ་ཡོད་ན་འོག་མའང་བླངས་ཏེ་ཕྱིའི་ཀུན་སྤྱོད་སོ་ཐར་ལྟར་བྱེད་དགོས་པ་སོགས་ནི་དམིགས་བསལ་ཡིན་ནོ། །

མདོར་ན་ལས་དང་པོ་པ་བློ་དམན་རྣམས་ལ་སོར་སྡོམ་གཙོ་ཆེ་སྟེ་རང་རྒྱུད་སྦྱངས་པ་འདི་དང་པོ་ཆོས་ལ་འཇུག་པའི་གཞི་ཡིན་པའི་ཕྱིར། དཔེར་ན་བྱང་སེམས་ལས་དང་པོ་པས་ཀྱང་དང་པོ་ཉེས་སྤྱོད་སྡོམ་པའི་ཚུལ་ཁྲིམས་གཙོ་བོར་སྲུང་བ་དང་། རིག་པ་འཛིན་པ་དང་པོའི་ལས་ཅན་རྣམས་ཀྱང་དང་པོ་སྤྱིའི་དམ་ཚིག་བརྟུལ་ཞུགས་ཉེར་ལྔ་སོགས་ཉེས་སྤྱོད་སྡོམ་པ་གཙོ་བོར་སྲུང་བར་བྱེད་དགོས་པ་བཞིན་སྟེ་འདུལ་སྡོམ་ཇི་བཞིན་ཐུབ་ན་བྱང་སྡོམ་སླ་ཞིང་། བྱང་སྡོམ་བསླབ་གསུམ་བསྲུངས་ན་སྔགས་ལ་འཇུག་སླ་ཞིང་དམ་ཚིག་ཐུབ་ཅིང་ཚོགས་ཆུང་དུས་ཚོགས་རྫོགས་པར་འགྱུར་རོ། །བློ་ན་འཕར་བའི་དབང་འབྲིང་གཞན་དོན་ནུས་པའི་ཐེག་ཆེན་རིགས་ཅན་རྣམས་ལ་བྱང་སྡོམ་གཙོ་ཞིང་། མདོ་ལམ་ཡུན་རིང་པས་སྒྲུབ་མི་ནུས་པའམ་སྔགས་ལ་མོས་པ་ཆེ་ཞིང་སྒྲུབ་ནུས་པའི་གང་ཟག་ཤིན་ཏུ་བློ་ཆེན་ལས་འཕྲོ་ཅན་རྣམས་ལ་སྔགས་སྡོམ་གཙོ་ཆེ་སྟེ། དབང་རྣོན་གྱིས་ཚེ་འདིར་འགྲུབ་པའི་ཉེ་ལམ་དང་དོན་གཉིས་རླབས་ཆེན་འགྲུབ་པའི་ཐབས་ཤེས་ཁྱད་པར་ཅན་གྱི་ཆོས་ཡིན་པའི་ཕྱིར་དཔེར་ན་ཨིནྡྲ་བྷུ་ཏི་བཞིན་ནོ། །རྒྱུད་ལས། གསང་སྔགས་ཚུལ་ཆེན་ཤིན་ཏུ་རྨད་བྱུང་བ། །ལམ་གྱི་ནང་ནས་ཉེ་ལམ་ཆེན་པོ་དང་། །ཐབས་ཀྱི་ནང་ནས་མ་ནོར་དམ་པ་སྟེ། །ཤེས་རབ་ནང་ནས་ཤེས་རབ་ཁྱད་པར་ཅན། །ཞེས་དང་། རྟོགས་བྱ་དེ་ཁོ་ན་ཉིད་དང་ཐོབ་བྱ་སངས་རྒྱས། འཐོབ་བྱེད་བྱང་ཆུབ་ཀྱི

སེམས་སོགས་མདོ་སྔགས་གཉིས་དོན་གཅིག་ཀྱང་། དེ་དག་རྒྱུད་ལ་མྱུར་དུ་སྐྱེ་བའི་ཐབས་མ་རྨོངས་པ་དང་ཐབས་མང་བ་དང་དཀའ་བ་མེད་པ་དང་། དབང་པོ་རྣོན་པོའི་དབང་བྱས་པས། །སྔགས་ཀྱི་ཐེག་པ་ཁྱད་པར་འཕགས། །ཞེས་འཕགས་ཆོས་བཞི་ཚུལ་གསུམ་པའི་སྒྲོན་མེ་སོགས་ལས་མང་དུ་གསུངས་སོ། །

རང་ཉིད་ལ་མཆོག་གི་ཉེ་ལམ་སྒྲུབ་པའི་ནུས་པ་ཡོད་བཞིན་དེ་དོར་ནས་དམན་ལམ་སྒྲུབ་པ་དོན་མེད་དེ་རྒྱ་ལྟུང་ཆེན་པོ་འབྱུང་བ་དང་རིགས་ཉམས་པ་དང་ཟབ་མོའི་སྐལ་བ་འཆད་པའི་ཕྱིར། ནུས་པ་མེད་ཅིང་མོས་པ་ཞན་ན་འོག་མ་ནས་སློབ་དགོས་པ་སོགས་སོ། །དེས་ན་བཀའ་ཐམས་ཅད་ཀྱང་གང་ཟག་གི་བློའི་བྱེ་བྲག་ལས་རིམ་ཐ་དད་པ་དུ་མར་གྱུར་བ་ཡིན་ཏེ། དགོངས་པ་ལུང་སྟོན་ལས། རྟོག་པ་མེད་ཅིང་འགྱུག་མེད་པ། །ཡིད་འོང་རྡོ་རྗེའི་གསུང་གཅིག་པུ། །འདུལ་བྱ་སོ་སོའི་དབང་གིས་ནི། །བྱེ་བྲག་མང་པོར་གྱུར་པ་ཡིན། །ཞེས་གསུངས་པའི་ཕྱིར། དེ་ལྟར་འཁོར་ལོ་གསུམ་པོའི་སྤྱོད་པའི་ཆ་རྣམས་ཀྱི་འཇུག་རིམ་དང་གཙོ་ཕལ་རྣམས་གདུལ་བྱའི་བློ་དང་བསྟུན་དགོས་པ་བཞིན་ལྟ་བའི་ཆ་རྣམས་ཀྱང་ལས་དང་པོ་པའི་གང་ཟག་རྣམས་ལ་འཁོར་ལོ་དང་པོའི་བསྟན་དོན་འདུས་བྱས་མི་རྟག་པ་དང་། གང་ཟག་གི་བདག་མེད་པ་དང་བདག་དེའི་ཕུང་པོ་སྟོང་པ་ཙམ་གཙོ་ཆེ་ཞིང་། དེ་ནས་བློ་རྩུང་ཟད་སྨིན་པ་ལ་ཆོས་ཐམས་ཅད་བདག་གཉིས་ཀྱིས་སྟོང་པ་ཉིད་འཁོར་ལོ་བར་པའི་བསྟན་དོན་མཐའ་བཞི་བྲལ་བའི་ལྟ་བ་དང་། དེ་ནས་བློ་ཤིན་ཏུ་སྨིན་པའི་གང་ཟག་ལ་ཐ་མའི་བསྟན་དོན་རིག་སྟོང་བདེ་བར་གཤེགས་པའི་སྙིང་པོ་དང་སྔགས་ཀྱི་དབང་བཞི་པའི་ལྟ་བ་འོད་གསལ་བའི་ཡེ་ཤེས་བདེ་སྟོང་ལྷན་ཅིག་སྐྱེས་པའི་དོན་དམ་གཙོ་ཆེ་སྟེ་ངེས་དོན་མཐར་ཐུག་ཡིན་པའི་ཕྱིར། དེ་ཡང་སྨིན་བྱེད་ཀྱི་དབང་དང་དམ་ཚིག་དང་གྲོལ་བྱེད་ཀྱི་ལམ་རིམ་པ་གཉིས་ཀྱི་ཐབས་ལ་མཁས་ན་འདིའི་ལྟ་བ་སྟོང་པ་ཉིད་དང་རང་བྱུང་གི་ཡེ་ཤེས་ཟུང་དུ་འཇུག་པ་དེ་ཉིད་ཚེ་འདིར་འགྲུབ་ནུས་ལ། སྤྲོས་པ་ཐམས་ཅད་འགོག་པ་དབུ་མའི་ལྟ་བ་ཟབ་ཅིང་བཟང་མོད་མདོ་ལམ་ཡིན་པས་ཇི་ལྟར་མྱུར་ཀྱང་གྲངས་མེད་གསུམ་དུ་ཚོགས་གཉིས་མ་བསགས་པར་ལྟ་བ་དེ་མཐར་ཕྱིན་པར་རྟོགས་མི་ནུས་ཏེ། ཇི་སྐད་དུ། ཇི་སྲིད་དགེ་བའི་རྩ་བ་དེ་ནི་མ་རྫོགས་པར། །དེ་སྲིད་སྟོང་ཉིད་དམ་པ་དེ་ནི་རྟོགས་མི་བྱེད། །ཅེས་གསུངས་པའི་

ཕྱིར། འཁོར་ལོ་དང་པོ་གཉིས་ཀྱི་བདག་མེད་དང་སྟོང་ཉིད་བཅུ་དྲུག་སོགས་ཀྱང་ཕྱི་མར་འདུ་ཞིང་རྣམ་གྲངས་པའི་དོན་དམ་དེ་དག་ཀྱང་རྣམ་གྲངས་མིན་པའི་དོན་དམ་ཐ་མའི་བརྗོད་བྱ་མཐར་ཐུག་ཁས་ལེན་ཀུན་བྲལ་འོད་གསལ་བའི་ཡེ་ཤེས་ཉིད་དུ་རོ་གཅིག་པར་འགྱུར་རོ། །

དེས་ན་འཁོར་ལོ་བར་ཐའི་སྟོང་རྒྱུད་དང་སྙིང་པོ་བསྟན་པ་གཉིས་ཀྱང་གདུལ་བྱའི་བློའི་རྟག་ཆད་བཟློག་ཅིང་དགོས་དབང་ཙམ་ལས་གཉིས་ཀ་གནད་གཅིག་ཏུ་འབབ་སྟེ། བར་བའི་དུས་སུ་ཕྱི་མའི་སྙིང་པོ་དང་ཡེ་ཤེས་སོགས་ཀྱང་གབ་ཅིང་སྟོང་པ་ཉིད་གཙོ་བོར་བསྟན། ཕྱི་མའི་དུས་སྙིང་པོ་འོད་གསལ་རྒྱལ་དུ་བཏོན་ནས་གསུངས་པས་བར་བའི་དུས་སུའང་ཡེ་ཤེས་ཀྱི་སྣང་ཆ་ཐ་སྙད་དུའང་མེད་པ་མ་ཡིན་ཞིང་། ཕྱི་མ་སྙིང་པོ་སྟོན་པ་ནའང་གཞི་སྟོང་པ་ཆེན་པོ་ལས་མ་འདས་པར་རིག་པའི་ཡེ་ཤེས་བདེན་སྟོང་ཉིད་རྒྱལ་དུ་བཏོན་ནས་བསྟན་པ་ཤེས་དགོས་པ་སོགས་བཀའ་དང་དགོངས་འགྲེལ་ཐམས་ཅད་དྲང་ངེས་སོགས་ཞིབ་པར་མ་ཕྱེས་ན་རྟག་ཆད་དུ་ལྟུང་བ་དང་སྤང་བླང་གི་ཉེས་པར་འགྱུར་བ་ཡིན་ནོ། །

ཡང་སྡོམ་པ་གསུམ་པོ་གང་ཟག་གཅིག་གི་རྒྱུད་ལ་ཇི་ལྟར་གནས་ཞེས་གསུངས་པ་ལ། སོ་སོའི་དབང་དུ་ནི་ཙཤད་མ་ཐག་པ་ལྟར་དང་། སྡོམ་པ་གསུམ་རིམ་གྱིས་ནོད་པའི་གསུམ་ལྡན་རྡོ་རྗེ་འཛིན་པའི་རྒྱུད་གཅིག་ལ་གསུམ་པོ་ཐོབ་ལ་མ་ཉམས་པར་ལྡན་ཚུལ་ལ་བཞེད་ཚུལ་མང་པོ་རྒྱ་བོད་གཉིས་ཀར་བྱུང་ཡང་རྙིང་མ་སོགས་ཕལ་ཆེ་བས་ངོ་བོ་གཅིག་ལ་ལྡོག་པ་ཐ་དད་དུ་གནས་པར་འདོད་པ་འདི་ཤེས་ན་བདེའམ་སྙམ་པས། འབུམ་ལྔའི་ལུང་ལས་རྡོ་ཡི་རིགས་ཀྱི་སོགས་ལྕགས་ཟངས་དངུལ་གསུམ་ལ་འགྱུར་རྩིས་བཏབ་པས་ཐམས་ཅད་གསེར་གྱི་ངོ་བོ་གཅིག་ཏུ་གནས་འགྱུར་ཡང་གསུམ་པོའི་རིན་ཐང་སོགས་ཀྱི་ལྡོག་པ་ཙམ་ཐ་དད་དུ་མིང་གི་དབྱེར་ཡོད་པ་ལྟར་སྡོམ་པ་གསུམ་ཡང་ངོ་བོ་ཤེས་པར་འདོད་དགོས་པས་དོན་གསུམ་པོ་དེའི་ངོ་བོ་འཛིན་པ་ནི་གཙོ་སེམས་ཡིད་ཤེས་ཁོ་ན་ཡིན་པས་ངོ་བོ་ལ་གཞི་མཐུན་ཡོད་པ་མི་འགལ་ལ། ལྡོག་པ་ལ་གཞི་མཐུན་མི་སྲིད་པས་གསུམ་པོའི་སྐབས་སོ་སོར་ལེན་ཡུལ་ཆོག་དུས་ཚོད་ཕན་ཡོན་ཉམས་ན་གསོར་ཡོད་མེད་སོགས་ཀྱི་ལྡོག་པ་ཐ་དད་དུ་ཡོད་པས་གསུམ་ལྡན་ཤི་བའི་ཚེ་དང་གཏོང་རྒྱུ་བྱུང་བའི་ཚེ་ཡང་སོར་སྡོམ་གྱི་ལྡོག་པ་དེ་གཏོང་ལ།གསུམ་

ལྡན་གྱིས་མི་བསད་པ་ལ་ཡན་ལག་བཞི་ཚང་ན་ཉམས་པའི་ཆ་ནས་གསུམ་ཀ་ཉམས་ཀྱང་གཏོང་བའི་ཆ་ནས་སྲོག་གཅོད་སྤོང་བའི་སྡོམ་པ་དེ་གཏོང་ཡང་ཐམས་ཅད་གཏོང་བ་མིན་ཏེ། ཡན་ལག་གཞན་ལ་གཏོང་རྒྱུ་མ་བྱུང་ཞིང་ལྡང་བ་གཅིག་བྱུང་བས་ཐམས་ཅད་ཅིག་ཅར་གཏོང་ན་སྡོམ་པ་གཅིག་བླངས་པས་ཐམས་ཅད་ཅིག་ཅར་ཐོབ་པར་འགྱུར་བའི་ཕྱིར་རོ། །དེས་ན་གཙོ་སེམས་ཡིད་ཤེས་གཅིག་གི་འཁོར་དུ་དོན་གསུམ་པོའི་ཁྱད་པར་འཛིན་པའི་སེམས་བྱུང་རིགས་མི་གཅིག་པའི་ལྡོག་པ་གསུམ་རིམ་ཅན་དུ་འབྱུང་བའང་མི་འགལ་ཏེ། ငེས་འབྱུང་གི་བསམ་པས་ཟིན་པའི་གཞན་གནོད་གཞི་བཅས་སྤོང་བའི་སོར་སྡོམ་གྱི་རིགས་ཅན་གྱི་སེམས་བྱུང་གཅིག་དང་། གཞན་ཕན་དོན་དུ་གཉེར་བ་བྱང་སྡོམ་གྱི་རིགས་ཅན་སེམས་བྱུང་གཅིག་དང་། སྣང་སྲིད་དག་མཉམ་ཆེན་པོ་ཐབས་ཤེས་ཁྱད་པར་ཅན་སྔགས་སྡོམ་གྱི་རིགས་ཅན་སེམས་བྱུང་གཅིག་སྟེ་གསུམ་གྱི་ལྡོག་པ་དབྱེར་རུང་བའི་ཕྱིར། དཔེར་ན་བུམ་པའི་ལྟོ་བ་ལྡིར་དང་འདུས་བྱས་ཡིན་པ་དང་། མི་རྟག་པ་ཡིན་པ་གསུམ་པོ་བུམ་པ་ཙམ་དུ་ངོ་བོར་གཅིག་ཀྱང་ལྡོག་པ་ཐ་དད་དུ་དབྱེར་ཡོད་ཅིང་། གཙོ་སེམས་ཀྱིས་བུམ་པའི་ངོ་བོ་ཙམ་འཛིན། སེམས་བྱུང་གིས་དོན་གྱི་ཁྱད་པར་རྣམས་འཛིན་པ་བཞིན་ཏེ། རྣམ་ངེས་ལས། དེ་ལ་དོན་མཐོང་རྣམ་པར་ཤེས། །དེ་ཡི་ཁྱད་པར་སེམས་ལས་བྱུང་། །ཞེས་པ་ལྟར་རོ། །

སྤྱིར་ཡང་སྡོམ་པ་གསུམ་གྱི་ངོ་བོ་ལ་ལྟོས་ནས་སྡོམ་པ་ཐོབ་པ་དང་སྐྱེ་ཚུལ་སོགས་འདི་ལྟར་ལགས་ཏེ། དཔེར་ན་དཀོན་མཆོག་གསུམ་ལ་ཡིད་ཆེས་ཀྱི་དད་པ་སྐྱེས་ན་དགེ་བསྙེན་གྱི་སྡོམ་པ་སྐྱེ་བ་ཡིན། ངན་སོང་གསུམ་ལ་སྐྲག་པས་ཡིད་འབྱུང་སྟེ་བསླབ་པ་སྲུང་ཚེ་སྡོམ་པ་གནས་པ་དང་ཆགས་པ་ཡིན། སྤྱིར་འཁོར་བ་དང་སྙོམས་གྲུ་དེ་ཇི་འདྲ་ཁྲིམས་དེ་འདྲ། ཞེས་པའི་ཁྲིམས་ལ་དུར་ཁྲོད་ཙམ་དུ་འཛིགས་ཚེ་དགེ་ཚུལ་གྱི་སྡོམ་པ་སྐྱེ་ནུས་ཡིན། ཁྲིམས་ནས་སྤྲུལ་ཤུབས་འདོན་ལྟར་བྱས་ནས་འདོད་ཡོན་ལ་ཞེན་པ་ཆུང་བ་དང་བསླབ་པ་མིག་འབྲས་བཞིན་སྲུང་ཚེ་སྡོམ་པ་གནས་ཤིང་ཆགས་པ་ཡིན་ཏེ། དེ་ལྟར་དགེ་ཚུལ་གྱུར་མ་ཐག །འདི་ལ་ཁྲིམས་པ་ཐམས་ཅད་ཀྱིས། །ཕྱག་འཚལ་སྨོན་པར་འགྱུར་བ་སྟེ། །གང་ཕྱིར་ཁྲིམས་ཀྱི་འཆིང་གྲོལ་ཕྱིར། །ཞེས་གསུངས། འཁོར་བ་མཐའ་དག་ལ་སྙིང་པོ་མེད་ཅིང་མེའི་འོབས་ལྟ་བུར་འཛིགས་ཤིང་། དགེ་ཚུལ་ལས་ཀྱང་ལྷག་པར་ཕྱི་འདོད་ཡོན་དང་ནང་སེམས་ཅན་ལ་མི་རྟག་སྡུག

བསྡུལ་སོགས་ཤེས་ནས་སྐྱུག་བྲོ་བ་བྱུང་ཚེ་དགེ་སློང་གི་སྡོམ་པ་སྐྱེ་བ་ཡིན། འདོད་པ་དང་བྲལ་ཞིང་ཐར་ལམ་ལ་འདུན་ནས་གཡག་རྔའི་རྒྱ་མོ་བཞིན་དུ་བསླབ་པ་བསྲུང་ཚེ་སྡོམ་པ་གནས་ཤིང་ཆགས་པ་ཡིན་ཏེ། འདུལ་བ་ལས། དགེ་བ་སློང་དང་ཟས་སློང་དང་། །ཉེ་བར་ཞི་དང་ཆགས་བཅོམ་དང་། །ཡིད་འོང་ཕྱིར་ན་དགེ་སློང་ཡིན། །ཞེས་གསུངས། གཞན་ལ་སྙིང་རྗེ་ལྷག་པར་སྐྱེས་ན་བྱང་སྡོམ་སྐྱེ། གཞན་དོན་དུ་རྫོགས་བྱང་དོན་དུ་གཉེར་ནས་སྨོན་འཇུག་གི་བསླབ་པ་སྲུང་ཚེ་སྡོམ་པ་གནས་པ་དང་ཆགས་པ་ཡིན། དེའང་དབང་བསྐུར་ཐོབ་ནས་ཚེ་འདིར་རྫོགས་བྱང་ཐོབ་པར་འདོད་ཚེ་སྔགས་སྡོམ་སྐྱེ། སྒོ་གསུམ་རྒྱལ་བའི་སྐུ་གསུང་ཐུགས་སུ་མོས་པ་བརྟན་ནས་དམ་ཚིག་སྲོག་ལྟར་སྲུང་ཚེ་སྔགས་སྡོམ་གནས་ཤིང་ཆགས་པ་ཡིན་ནོ། །

དེ་ལྟར་མ་ཡིན་པར་རང་རང་གི་ཚོགས་རྟགས་ལེན་པ་དང་བསྲུང་བྱ་ཁས་བླངས་ནས་ཅི་མི་སྙམ་དུ་འདུག་པ་ལ་སྡོམ་པ་མཚན་ཉིད་པ་ཡོད་པར་མ་གསུངས་སོ། །སོ་ཐར་གྱི་སྡོམ་པ་བྱེ་བྲག་སྨྲ་བ་ལྟར་རྣམ་རིག་མིན་པའི་གཟུགས་ཅན་བེམ་པོར་འདོད་ན་ནི་སྡོམ་པའི་ངོ་བོ་གནས་འགྱུར་མི་རུང་སྟེ་བེམ་པོ་ཤེས་པ་རུ་འགྱུར་མི་སྲིད་པའི་ཕྱིར་དང་། འདིའི་སྡོམ་པ་ལུས་ངག་ལས་སྐྱེ་ཞིང་འབྱུང་གྱུར་གྱི་རྫུལ་དྭངས་མ་ཞིག་རྟེན་དུ་འདོད་པས་ཤི་འཕོས་ཚེ་འབྱུང་བཞིའི་ཕུང་པོ་འདོར་བས་ཀྱང་གཏོང་བའི་རྒྱུ་མཚན་ནོ། །གནས་འགྱུར་འདོད་དགོས་ཏེ་གསུམ་པོ་བླངས་པ་བཞིན་སོ་སོར་ངོ་བོ་ཐ་དད་དུ་འདོད་ན་རྡོ་རྗེ་འཛིན་པ་ཡིན་ན་ཉན་ཐོས་ཀྱི་དགེ་སློང་ཡིན་པ་དང་། བྱང་ཆུབ་སེམས་དཔའ་ཡིན་ན་ཉན་ཐོས་ཡང་ཡིན་དགོས་པ་སོགས་ཀྱི་སྐྱོན་དུ་འགྱུར་ཞིང་བྱང་སེམས་རྒྱུད་ལྡན་གྱི་གང་ཟག་ལ་རང་དོན་དོན་གཉེར་གྱི་བློ་ཡོད་པར་ཐར་བར་འགྱུར་དགོས་པའི་ཕྱིར། དཔེར་ན་ལྕགས་ཟངས་དངུལ་གསུམ་ལ་འགྱུར་རྩིས་བཏབ་པས་གསེར་དུ་བསྒྱུར་ཡང་གསུམ་པོ་གནས་མདངར་ངོ་བོ་ཐ་དད་དུ་ཡོད་ན་གསེར་ཡིན་ན་ལྕགས་ཀྱང་ཡིན་དགོས་པ་སོགས་ཀྱི་སྐྱོན་འབབ་པ་བཞིན་ནོ། །

ཡང་ཚོགས་གསུམ་རིམ་ཅན་དུ་བླངས་པའི་དགེ་སློང་གི་རྒྱུད་ལ་དགེ་བསྙེན་དགེ་ཚུལ་གྱི་བསླབ་པའི་ལྡོག་ཆ་རྣམས་ཐོབ་ལ་མ་ཉམས་པར་ཡོད་ཀྱང་ཐམས་ཅད་སྡོང་སེམས་གཅིག་གི་ངོ་བོར་གནས་གྱུར་ཅིང་ཡོན་ཏན་ཡར་ལྡན་དུ་གྱུར་ཟིན་པའི་ཕྱིར་དགེ་སློང་ཡིན་ན་དགེ་བསྙེན་ཀྱང་ཡིན་དགོས་པ་དང་

ལྟུང་བ་གཅིག་བྱུང་ན་ཉེས་པ་གསུམ་ཅིག་ཅར་དུ་སྐྱེད་དགོས་པ་སོགས་ཀྱི་སྐྱོན་མེད་པ་བཞིན་ནོ། ། སྤང་བླང་ནང་མི་འགལ་བར་ཉམས་སུ་ལེན་ཚུལ་གསུངས་པ་ལ། སྡོམ་པ་གསུམ་གའི་སྐབས་སུའང་རང་གཞན་ལ་ཕན་པར་མི་འགྱུར་ཞིང་གནོད་པའི་ཆ་རྣམས་སྤང་དགོས་པ་ནི་གནད་གཅིག་པ་ཡིན་པས། ལས་དང་པོ་པའི་རབ་བྱུང་ཞིག་གིས་དབང་ཐོབ་པ་ཙམ་གྱིས་འོག་མ་ལྟོས་མེད་དུ་བཏང་ནས་སྔགས་སྤྱོད་གཙོ་བོར་བྱེད་པ་སོགས་ནི་རྩ་ལྟུང་འབྱུང་བའི་རྒྱུ་ཡིན་པས་མི་རུང་སྟེ་བསྒྲུབ་བྱ་རྣམས་གོང་མར་འདུ་ཞིང་ཀུན་སློང་དམན་པ་སོགས་ཀྱི་ལྡོག་པ་རེ་བཏང་ཡོན་ཏན་གྱི་ཆ་གསར་པ་རེ་ཐོབ་པ་ལ་སྤྱིར་དབང་ཐོབ་པ་ཙམ་གྱིས་གནས་འགྱུར་བཏགས་པ་བ་ཐོབ་ཅེས་བརྗོད་ཀྱང་། གནས་འགྱུར་མཚན་ཉིད་པ་ནི་དབང་ཐོབ་ཅིང་དམ་ཚིག་དང་ལྡན་པས་རིམ་གཉིས་བསྒོམ་པ་ལས་བྱུང་བའི་གོང་མའི་ལྷག་མཐོང་པ་ཆེན་པོའི་དོན་མཐོང་བ་ལ་བྱ་དགོས་པའི་ཕྱིར།

དེས་ན་གང་ཟག་རང་གི་རྒྱུད་ཚོད་དང་སྦྱར་ནས་ཉམས་སུ་ལེན་དགོས་པ་ཡིན་པས་ཚོགས་འཁོར་གྱི་དུས་ལྷ་བུར་ཆང་དང་ཕྱི་དྲོའི་ཁ་ཟས་སྤྱོད་དགོས་པ་སོགས་བྱ་བ་མི་འདྲ་བ་གཉིས་ཐོ་ཐུག་པ་བྱུང་ཚེ་བརྟགས་ནས། རྟོགས་གོམས་བརྟན་ཅིང་དོན་ཆེན་པོར་འགྱུར་བར་ཤེས་ན་སྔགས་གཙོ་བོར་བྱས་ན་འོག་མར་འགལ་བ་ལྟར་སྣང་ཡང་དོན་ལ་མི་འགལ་ཏེ། ལྟུང་བ་དངོས་གཞི་སྐྱེད་པ་ནི་བདག་འཛིན་མ་རིག་པ་ལ་རག་ལས་པའི་ཕྱིར། ཆོས་རྣམས་སྨྲི་ལམ་ལྟ་བུ་མཉམ་པ་ཉིད་རྟོགས་པ་ལ་བཅས་ལྟུང་དངོས་གཞི་མི་བསྐྱེད་པ་མདོ་ལས་ཀྱང་། སྐྱེ་བོ་ཕལ་ཆེར་མགོ་མང་བྱེ་བ་གཅོད་བྱེད་ཅིང་། །འགྲོ་ཀུན་སྲུལ་འདྲར་རབ་ཤེས་དེ་ལ་འཇིགས་པ་མེད། །ཅེས་དང་། རྨི་ལམ་ནི་མེད་པ་དང་འདྲའོ། །ལས་ནི་མ་བྱས་པ་ཉིད་དོ། །ཞེས་དང་། ཤེས་གཙོ་འོ་ཞེས་དང་། རྒྱུད་སྡེ་རྣམས་ལས་ཀྱང་མང་དུ་གསུངས། དཔེར་ན་བཅས་འགལ་བྱུང་བའི་དགྲ་བཅོམ་པ་ལ་ལྟུང་བའི་དངོས་གཞི་མི་འཇོག་པ་བཞིན་ནོ། །ཐོ་ཐུག་ཀྱང་སྲིད་པ་རང་མཚན་པ་དང་རང་རྒྱུད་ལ་སྐྱོན་གྱིས་གོས་པར་དོགས་པ་དང་བཅས་ཤིང་དོན་གཞན་མེད་པར་ཤེས་ན་ནི་འོག་མ་གཙོ་བོར་བྱ་དགོས་ཏེ་ཆོས་སྔགས་ཡིན་ཀྱང་གང་ཟག་སྔགས་སུ་མ་སོང་བའི་ཕྱིར། སྔགས་ནུས་རྒྱུད་ལྡན་ཅན་ནི་སྔགས་ཀྱི་ཐབས་ཤེས་གཉིས་ཀ་ཁྱད་པར་ཅན་ཡིན་པས། རྨ་བྱས་དུག་ཟོས་པར་ཟ་བ་ལྟ་བུའི་གནད་ལ་རྟོགས་གོམས་ཡོད་ན་འོག

མའི་སྣང་བ་ཐམས་ཅད་གོང་མའི་ལམ་དུ་ཤར་བས་མི་འཆིང་བར་མ་ཟད་ཡོན་ཏན་སྐྱེད་བྱེད་དུ་འང་འགྲོ་སྟེ་རྨ་བྱའི་མདོངས་དུག་གིས་འཕེལ་བ་བཞིན་ནོ། །དཔེར་ན་འོ་མ་ཉིད་མི་ལ་སྨན་དང་སྦྲུལ་ལ་དུག་ཏུ་འགྱུར་བ་ལྟར། རྣམ་རྟོག་གི་རྐྱེན་གྱིས་འཆིང་བའི་རྒྱུར་འགྱུར་གྱི་ཡུལ་ལ་འཆིང་བའི་ངོ་བོ་མ་གྲུབ་བོ། །བརྟག་གཉིས་ལས། དེ་ལྟར་འཁོར་བར་འདོད་པ་ཡི། །ཡོན་ཏན་ལྔ་ལྡན་རིན་ཆེན་ཉིད། །མ་དག་པས་ནི་དུག་ཏུ་འགྱུར། །དག་པས་བདུད་རྩིར་འགྱུར་བ་ཡིན། །ཞེས་དང་། སྐྱེ་བོ་མི་བཟད་པ་ཡི་ལས། །གང་དང་གང་གིས་འཆིང་འགྱུར་བ། །ཐབས་དང་བཅས་ན་དེ་ཉིད་ཀྱིས། །སྲིད་པའི་འཆིང་བ་ལས་གྲོལ་འགྱུར། །ཞེས་སོགས་གསུངས་སོ། །

དེ་ལྟར་མིན་ན་དུག་རྒྱུས་ཡོད་པའི་ཕལ་པ་སོགས་ཀྱིས་དུག་མི་སྤྱོད་པའི་ཐབས་སོགས་ཀྱིས་རང་ལ་མི་གནོད་པར་བྱེད་པ་ལྟར་ཉན་ཐོས་པས་སྣང་བྱའི་གཙོ་བོ་ཉོན་མོངས་པ་ལ་དགྲ་བཞིན་བལྟས་ཏེ་ཐབས་ཤེས་ཉི་ཚེ་བས་སྣང་བྱར་བྱས་ནའང་རང་རྒྱུད་མི་འཆིང་ཞིང་ཡོན་ཏན་ཉི་ཚེ་བ་སྐྱེད་པ་བཞིན་ཤེས་དགོས་སོ། །གཅིག་ལ་བཀག་པ་ཀུན་ལ་བཀག་པ་དང་གཅིག་ཞུགས་པའི་ལམ་ལ་དང་པོ་ནས་ཀུན་འཇུག་དགོས་པ་མིན་པས་རང་རྒྱུད་ཀྱི་ཁམས་དང་ནུས་པ་དང་གཞན་དོན་འགྱུར་མི་འགྱུར་སོགས་ཀྱི་གནད་དང་བསྟུན་དགོས་པའི་དབྱེ་བསལ་ཤེས་དགོས་སོ། །

ནང་ཐུག་པ་ལྟ་བུའི་རྐྱེན་མེད་ཅིང་གཞན་དོན་མི་འགྱུར་བ་དང་རང་རྒྱུད་མ་སྨིན་པར་ཤེས་ན་སོ་སོར་རང་ལམ་ལྟར་སྲུང་སྡོམ་དང་གུ་དོགས་བྱ་དགོས། རང་རྒྱུད་སྨིན་ཅིང་གཞན་དོན་འགྱུར་བའི་དགོས་པ་སོགས་མཐོང་ན་གོང་མའི་སྤྱོར་སྒྲོལ་གྱི་སྤྱོད་པ་བརྟུལ་པོ་རྣམས་ཀྱང་སྦྲ་རྡེ་བཞིན་སྤྱད་ན་འདོད་ཆེན་པ་ལའང་འགལ་བ་མེད་དེ། མདོ་ལས་ནའང་། ཐབས་ཆེན་རྣམས་དང་ལྡན་པ་ལ། །ཉོན་མོངས་བྱང་ཆུབ་ཡན་ལག་འགྱུར། །འཁོར་བ་ཞི་བའི་བདག་ཉིད་ལ། །དེ་ཕྱིར་རྒྱལ་སྲས་བསམ་མི་ཁྱབ། །ཅེས་དང་རྡོ་རྗེ་གུར་ལས། འདོད་ཆགས་ཀྱིས་བསྐྱེད་འཇིག་རྟེན་པ། །འདོད་ཆགས་ཉིད་ཀྱིས་རྣམ་གྲོལ་འགྱུར། །ཞེས་སོགས་དང་། བྱང་སེམས་ཀྱི་སྣང་བྱའི་གཙོ་བོ་བདེན་འཛིན་གྱི་རྣམ་རྟོག་ཡིན་པས་ལྷག་བསམ་དག་པར་ཆུད་པའི་བྱང་ཆུབ་སེམས་དཔའ་ལ་ལུས་ངག་གི་ལས་ལམ་བདུན་ཡང་གནང་བ་བཞིན་ནོ། །

ཡང་ཚིགས་གསུམ་བླངས་པའི་དགེ་སློང་གི་རྒྱུད་ལ་སྲོག་གཅོད་ཀྱི་ལྟུང་བ་གཅིག་བྱུང་ན་ལྟུང་བ་རྫས་ཐ་དད་པ་གསུམ་ཅིག་ཅར་དུ་མི་སྐྱེད་པ་བཞིན་སྡོམ་པ་གསུམ་གར་སྲོག་གཅོད་པ་སོགས་བསྲུང་བྱ་གནད་གཅིག་པས་རྫས་མི་འདྲ་བ་གསུམ་ཐ་དད་དུ་སྲུང་དགོས་པ་དང་སྲོག་གཅོད་ཀྱི་ལྟུང་བ་ཐ་དད་པ་གསུམ་ཅིག་ཅར་འབྱུང་བ་མིན་ཀྱང་སྲོག་གཅོད་པ་ལྟ་བུ་ནི་སོ་ཐར་གྱི་རྗེན་དུ་རུང་བའི་མི་བསད་པ་ཉན་ཐོས་ལ་ཕམ་པ་དང་སྲོག་ཆགས་གཞན་བསད་པ་ལྟུང་བྱེད་དང་། བྱང་སེམས་ཀྱིས་ཕ་མར་ཤེས་པ་དང་སྔགས་ཀྱི་ལྷར་ཤེས་དགོས་པས་ཉེས་དམིགས་སྡུ་མ་ལས་ཕྱི་མར་ཤིན་ཏུ་ཇེ་ཆེར་གྱུར་པ་དང་ལྗོག་ཆ་ནས་གསུམ་ག་ཉམས་པ་ཡིན་པས་སོ་སོ་ནས་བསྲུང་མཚམས་མ་འདྲེས་པར་བཞག་སྡོམ་སོགས་བྱས་ན་ལེགས་ལ། གསུམ་ལྡན་ཤི་བའི་ཚེ་ཡང་ཇི་སྲིད་འཚོ་བར་ཞེས་ཀུན་སློང་གི་འཕེན་ཚད་ཀྱིས་བླངས་པའི་སོར་སྡོམ་གྱི་ལྡོག་ཆ་རྣམས་གཏོང་ཡང་བྱང་སྔགས་ཀྱི་སྡོམ་པའི་ལྡོག་ཆ་རྣམས་ནི་བྱང་ཆུབ་བར་དུ་ཞེས་འཕང་ཚད་རིང་བའི་ཕྱིར་དང་དེའི་སྡོམ་པ་སེམས་ལས་སྐྱེ་བའི་ཕྱིར་སྲུང་སེམས་མ་ཉམས་བར་དུ་གཏོང་བ་མིན་ནོ། །དཔེར་ན་གསུམ་ལྡན་གྱིས་ཐེག་ཆེན་གསོ་སྦྱོང་གི་དུས་ཁྲིམས་གཏོང་ལེན་བཞིན་ནོ། །

དེས་ན་ངོ་བོ་གནས་འགྱུར་ཐོབ་པའི་གསུམ་ལྡན་གྱི་གང་ཟག་རྗེན་བརྗེས་པའི་ཚེ་སོར་སྡོམ་མི་གཏོང་བ་དང་ཕྱི་མར་ཡང་བཅས་རྐྱང་གི་ལྟུང་བ་འབྱུང་བ་དང་། བྱིས་པའི་དགེ་སློང་ཡོད་པར་ཁས་ལེན་དགོས་པ་སོགས་ཀྱི་སྐྱོན་མི་འོང་ངོ་། །འཐོབ་གཏོང་གི་ཚུལ་མདོ་ཙམ་ནི་དེ་ལགས། འདི་དག་ད་དུང་སྒྲོ་ན་ཞིབ་རྒྱས་སུ་ཞུ་འཚལ། སོར་སྡོམ་ཉམས་པ་གསོ་རྒྱུ་ཡོད་མེད་གསུངས་པ་ལ། སྤྱིར་ཉན་ཐོས་རང་རྐང་གི་སོར་སྡོམ་ལ་ནི་རྩ་ལྟུང་འཆབ་བཅས་བྱུང་བ་ངོ་ཚ་ཁྲེལ་མེད་ཀྱིས་ཉམས་པ་ཡིན་ན་ནི་ཚེ་འདིར་གསོ་བའི་སྐལ་པ་མེད་ལ་རང་རང་གིས་འགྱོད་བཤགས་ཆེན་པོ་བྱས་ན་རྣམ་སྨིན་སྲབ་པ་དང་མ་འོངས་པར་ཕན་པ་སོགས་ནི་ལོས་ཡོད། འཆབ་སེམས་སྐད་ཅིག་ཀྱང་མ་སྐྱེས་ན་སྡོམ་པ་ཕྲུལ་ཏེ་བསླབ་པ་སྦྱིན་པར་བཤད་ཀྱང་ཡོན་ཏན་ཁྱད་པར་ཅན་མ་ཐོབ་བར་དུ་གནས་བརྟན་གཞན་དང་སྐལ་པ་མི་མཉམ་ཞིང་མཁན་པོ་བྱེད་པ་སོགས་མཆོག་གི་སྤྱོད་པ་རྣམས་སྤོང་དགོས་པ་ཕྲུག་དར་སོགས་དམན་སྤྱོད་རྣམས་བྱེད་དགོས་སོ། །

ད་ལྟར་རང་ཅག་ལྷ་བུའི་སྡོམ་པ་ནི་སྔགས་མན་ཆད་དང་འབྲེལ་ཡོད་པས་སོར་སྡོམ་རང་མཚན་པ་ཉན་རང་གི་སྡོམ་པ་ལྟ་བུ་མ་ཡིན་ཏེ། ཆོག་འདུལ་བ་ཉན་ཐོས་ལུགས་ཀྱིས་བླངས་པའི་སྡོམ་པ་དེ་དང་པོ་ནས་སམ་རྗེས་གང་རུང་དུ་གཞན་ཕན་སེམས་བསྐྱེད་ཀྱིས་ཟིན་ཚེ་སྡོམ་པ་དེ་བྱང་སེམས་ཀྱི་ཉེས་སྤྱོད་སྡོམ་པའི་ཚུལ་ཁྲིམས་སམ་ཐེག་ཆེན་སོར་སྡོམ་དུ་འགྱུར་ཏེ། ས་པཎ་གྱིས། ཆོག་ཉན་ཐོས་ལུགས་ཡིན་ཀྱང་། །བསམ་པ་སེམས་བསྐྱེད་ཀྱིས་ཟིན་ན། །སོ་སོར་ཐར་པ་རིགས་བརྒྱད་པོ། །བྱང་སེམས་སོ་སོར་ཐར་པར་འགྱུར། །ཞེས་གསུངས་པ་དང་དབང་ཐོབ་པ་དང་སྔགས་སྡོམ་དུ་འགྱུར་བ་ཡིན་ལ། གང་ཟག་དེ་ལ་སྨོན་འཇུག་གཉིས་ཀ་ཡོད་པས་བྱང་ཆུབ་སེམས་དཔའ་དང་དབང་དོན་གྱི་ལྷ་སྤྱོད་ལ་མོས་པ་བརྟན་པོ་ཡོད་ན་རིག་པ་འཛིན་པའང་ཡིན་པས་ལྟུང་བ་ལ་འཆབ་སེམས་ཡོད་མེད་གང་ཡིན་ཡང་གསོ་རྒྱུ་ངེས་པར་ཡོད་ལ། ཐེག་པ་ཆེ་ཆུང་སེམས་བསྐྱེད་ཁྱད་ཟེར་བ་དེ་བདེན་ན་སེམས་བསྐྱེད་ཀྱིས་ཟིན་བཞིན་སྡོམ་པ་ཉན་ཐོས་སུ་ཇི་ལྟར་རུང་། དམན་སེམས་མ་བཏང་ན་བྱང་སེམས་སུའང་འགྱུར་མི་རུང་བས་གོང་མ་ཐོབ་པ་དང་ཉམས་པ་གསོར་རུང་བ་ཙམ་རེའི་ཕན་ཐོགས་གསར་དུ་འཐོབ་རྒྱུ་མེད་ན་གོང་མ་ཐོབ་པའི་དོན་ཡང་མེད་དོ། །

གཞན་ཡང་ཁྲིམ་པ་སྔགས་པ་སོགས་གསུངས་པ་ལ། སྤྱིར་ན་དགོས་པ་མེད་པར་རྟེན་ཁྲིམ་པ་ཁོ་ནས་བསྟན་འགྲོའི་དོན་བྱེད་པར་འདོད་པ་ནི་རབ་ཏུ་བྱུང་བ་ལ་དགའ་བའི་གདུལ་བྱ་ཡལ་བར་འདོར་བའི་ཕྱིར་བྱང་ཆུབ་སེམས་དཔའི་ལམ་དང་ཤིན་ཏུ་འགལ་ཞིང་ལས་དང་པོ་པའི་བྱང་སེམས་དང་སྔགས་པ་ལ་གེགས་ཆེ་སྟེ། རབ་བྱུང་དང་ཁྲིམ་པའི་ཡོན་ཏན་དང་སྐྱོན་མང་ཉུང་བཤད་པ་རྣམས་འདིར་ཡང་མི་མཚུངས་པའི་ཕྱིར། རྒྱན་ལས་ཀྱང་། དེ་ལྟའི་སྡོམ་བརྩོན་ཁྲིམ་པ་ཡི། །བྱང་སེམས་རྣམས་ལས་ཁྱད་པར་འཕགས། །ཞེས་དང་རྒྱུད་ལས། ས་ཐོབ་མ་གཏོགས་ཁྲིམ་པ་ཡིས། །རྒྱལ་པོའི་བླ་མ་མི་བྱའོ། །ཞེས་དང་། ས་མ་ཐོབ་བར་ཁྲིམ་གྱི་ཉེ་དམིགས་ལ་སྐྲག་སྟེ་བྱང་ཆུབ་སེམས་དཔའ་རྣམས་རྟེན་རབ་བྱུང་ཁོན་ལ་སྨོན་ལམ་འདེབས་པའང་དེ་ལྟ་བུ་ལ་དགོངས་པ་ཡིན་ནོ། །

སྔོན་གྱི་དུས་སུ་སངས་རྒྱས་རི་རབ་ལྟ་བུའི་གསུང་རབ་ལ་དགེ་སློང་ཆོས་སྦྱ་བ་ཆོས་ཀྱི་རྒྱལ་མཚན་ཞེས་བྱ་བ་བྱུང་། ཡང་རྒྱལ་པོ་དགེ་བའི་བཀོད་པ་ཞེས་བྱ་བ་ལ་བུ་སྟོང་ཡོད་པ་རྣམས་དགེ་

སློང་དེའི་མདུན་ནས་རབ་ཏུ་བྱུང་། རྒྱལ་བུ་ཐ་ཆུང་སྙིང་རྗེ་ཆེར་སེམས་ཞེས་བྱ་བ་རབ་ཏུ་མ་བྱུང་ཞིང་སྙིང་རྗེའི་དབང་གིས་རྒྱལ་སྲིད་ཀྱང་བཟུང་། གསོ་སྦྱོང་ཡན་ལག་བརྒྱད་པ་ཇི་སྲིད་འཚོའི་བར་བསྲུང་བར་ཁས་བླངས་པ་ལ་དགེ་སློང་གིས་ལེགས་སོ་ཞེས་གནང་། དེན་ཁྱིམ་པ་ཡིན་ཡང་ཡོན་ཏན་རབ་ཏུ་བྱུང་བ་དང་འདྲ་བར་གསུངས། རབ་བྱུང་གིས་རྒྱལ་སྲིད་གཟུང་བར་མི་འོས་བྱང་ཆུབ་སེམས་དཔས་རྒྱལ་སྲིད་བསྐྱངས་ན་དོན་ཆེ་ཡང་ཁྱིམ་གྱི་ཉེས་པ་བསྲུང་ཕྱིར་གསོ་སྦྱོང་བླངས་པ་ཡིན་ནོ། །དེའི་ཚེ་དགེ་སློང་དེ་ནི་འཇམ་དཔལ་ཡིན་ལ། རྒྱལ་བུ་དེ་ནི་བདག་ཅག་གི་སྟོན་པ་ཤཱཀྱ་ཐུབ་པའོ། །བུ་གཞན་རྣམས་ནི་བསྐལ་བཟང་འདིའི་སངས་རྒྱས་སྟོང་ཡིན་ནོ། །

དེས་ན་ཡོན་ཏན་ཀུན་གྱི་གཞི་རྟེན་ངེས་འབྱུང་གིས་ཟིན་པའི་སོ་ཐར་རིས་བདུན་ལས་གང་ཐུབ་ཙམ་བླངས་ཏེ་རང་འདོད་ཙམ་མིན་པར་སེམས་བསྐྱེད་ཀྱིས་ཟིན་ན་སྔགས་སྡོམ་གྱི་རྩ་བར་འགྲོ་བ་ཡིན་ལ་དབང་ཐོབ་པ་དང་ཐུན་མོང་གི་ལམ་གྱི་རྒྱུད་སྦྱངས་པ་སྔོན་སོང་ཡིན་པས་སྔགས་ཀྱི་ཐུན་མོང་མ་ཡིན་པའི་མན་ངག་དང་འབྲས་བུ་རྣམས་ཀྱང་རྒྱུད་ལ་སྨིན་སླ་བ་ཡིན་ཏེ་སྔགས་ཀྱིས་བཏབ་པའི་ལོ་ཏོག་ཉིན་གཅིག་ལ་འབྱུང་བ་བཞིན་ནོ། །

དེས་ན་ཕྱི་སོ་ཐར་ནང་བྱང་སེམས་གསང་བ་སྔགས་སྡོམ་སྟེ་ཕྱི་ནང་གསང་གསུམ་གྱི་ཉེས་པ་དག་ཅིང་ཡོན་ཏན་སྨིན་བྱེད་དང་རྟེན་བརྟེན་པའི་དོན་ཤིན་ཏུ་གལ་ཆེ་བ་ཡིན། དེ་ལ་དགོངས་ནས་མཁས་པ་ཁ་ཅིག་སྡོམ་པ་གསུམ་རྟེན་དང་བརྟེན་པར་བཞེད་པ་ཡིན་གྱི། རྣམ་པ་ཀུན་ཏུ་མ་ཡིན་པར་ཤེས་དགོས་སོ། །རྒྱུད་ལས། ཕྱི་རུ་ཉན་ཐོས་སྤྱོད་པས་སྐྱོངས། །ནང་དུ་འདུས་པའི་དོན་ལ་དགའ། །ཞེས་དང་ཨོ་རྒྱན་རིན་པོ་ཆེས། ཕྱི་ལྟར་ལག་ལེན་མདོ་སྡེའི་ལུགས་སུ་སྲུད། །རྒྱུ་འབྲས་སྤང་བླང་ཞིབ་པའི་དགོས་པ་ཡོད། །ནང་ལྟར་གསང་སྔགས་ཐུན་མོང་ལུགས་སུ་སྲུད། །བསྐྱེད་རྫོགས་དོན་དང་འབྲེལ་བའི་དགོས་པ་ཡོད། །གསང་བ་གསང་ཆེན་ཨ་ཏིའི་ལུགས་སུ་སྲུད། །ཚེ་གཅིག་འོད་སྐུར་གྲོལ་བའི་དགོས་པ་ཡོད། །ཅེས་དང་། ཙོང་ཁ་བ་ཆེན་པོས། ཕྱི་རུ་ཉན་ཐོས་སྤྱོད་པས་ཞི་ཞིང་དུལ། །ནང་དུ་རིམ་གཉིས་རྣལ་འབྱོར་གདེངས་དང་ལྡན། །མདོ་སྔགས་ལམ་རྣམས་འགལ་མེད་གྲོགས་སུ་འགྱུར། །ཞེས་སོགས་གསུངས་སོ། །འོན་ཀྱང་ཁྱིམ་པ་ཞིག་གིས་ཐལ་བྱུང་དུ་སྔགས་སྡོམ་བླངས་ཤིང

དེ་ རྒྱུད་ ལྡན་ ཞིག་ ཡིན་ ན་ འོག་ མ་ གཉིས་ རང་ ཚོག་ གི་ སྒོ་ ནས་ མ་ བླངས་ པ་ ཙམ་ ལས་ སྡོམ་ པའི་ གནད་རྣམས་ནི་ཞར་ལ་འཕྲོས་པ་སྟེ། སྲོག་གཅོད་སྤོང་བ་སོགས་ནི་སྔགས་ལའང་ཡོད་ཅིང་འཁོར་བ་ རང་མཚན་པ་ལས་ངེས་པར་འབྱུང་དགོས་པ་དང་། ཉོན་སྒྲིབ་རང་མཚན་པ་སྤོང་དགོས་པ་སོགས་ དང་སྔགས་རྒྱུད་ལྡན་ཡིན་ན་བྱང་ཆུབ་སེམས་དཔའ་འང་ཡིན་པས་ཁྱབ་པའི་ཕྱིར་ཏེ་ཕ་རོལ་ཏུ་ཕྱིན་ པ་དང་གསང་སྔགས་ཀྱི་ཐེག་པ་གཉིས་ཀ་ཐེག་པ་ཆེན་པོ་ཡིན་པའི་ཕྱིར་རོ། །

སོ་ཐར་གྱི་དགེ་སློང་གི་ཐ་སྙད་མ་ཚང་བ་ཙམ་ལས་དོན་གྱིས་གསུམ་ལྡན་ཡིན་ལ།སྔགས་ཀྱི་ རྟོགས་པ་ཀློང་དུ་གྱུར་པ་ན་དོན་དམ་པའི་དགེ་སློང་མཚན་ཉིད་པར་འགྱུར་བའང་ཡིན་ནོ། །འོན་ཀྱང་ རབ་བྱུང་གི་རྟགས་ཆ་ལུགས་འཆང་མི་དགོས་པ་དང་འདུལ་བའི་ལས་ཆོག་རྣམས་སུ་འདུ་མི་དགོས་ པ་ སོགས་ དམིགས་ བསལ་ ཕྲན་ བུ་ རེ་ མ་ གཏོགས་ ཆོས་ འདུལ་ བ་ ནས་ བཤད་ པའི་ ཕྱི་ དྲོའི་ ཁ་ ཟས་ ཚུན་ ཆད་ ཀུང་ནུས་རྙེད་ དང་ དགོས་ པ་ མེད་ ན་ ལས་ དང་ པོ་ པའི་ སྔགས་ པ་ ཁྲིམ་ པས་ ཀུང་ བླང་ དོར་ བྱ་ དགོས་ལ། རྒྱུད་ལས་ཀྱང་། རྒྱལ་བ་ངས་གསུངས་སོ་སོར་ཐར་བ་ཡི། །ཚུལ་ཁྲིམས་རྣམ་དག་འདུལ་ བ་མ་ལུས་ལས། །སྔགས་པ་ཁྱིམ་པས་རྟགས་དང་ཆོ་ག་སྤང་། །ལྷག་མ་རྣམས་ནི་ཉམས་སུ་ལེན་པར་ བཤད། །ཅེས་གསུངས།

གང་ལྟར་ཡང་རྟག་ཏུ་དྲན་ཤེས་དང་ལྡན་པས་རྒྱུ་མཐུན་བརྩིས་ནས་རང་རྒྱུད་ལ་ཉེས་པ་ སྐྱེད་ཅིང་གཞན་ལའང་ཕན་པར་མི་འགྱུར་བའི་ཆ་རྣམས་ནི་མ་སྤྱངས་ན་བདེ་བར་གཤེགས་པའི་བཀའ་ ལས་འདས་པའི་རྩ་ལྟུང་ངམ་སྡོམ་པོ་འབྱུང་བས་ཚུལ་འཆལ་དུ་འགྱུར་བ་ཡིན་ལ། ཞེན་པ་ཆེ་བ་ ལྟ་བའི་བར་ཆད་དང་ཡེངས་བ་ཆེ་བ་སྒོམ་པའི་བར་ཆད་དང་ཚུལ་ཁྲིམས་འཆལ་བ་ནི་སྤྱོད་པའི་བར་ ཆད་ཡིན་པར་གསུངས་པས་ལྟ་སྒོམ་ཡང་ཉམས་ཤིང་དངོས་གྲུབ་འགྲུབ་པའི་གེགས་སུ་གསུངས་ཏེ། རྩ་ རྒྱུད་ལས། ཉེས་པ་འདི་ལ་ཚུལ་ཁྲིམས་ཉམས། །དེ་ལ་གྲུབ་པ་ཐམས་ཅད་མེད། །ཚུལ་ཁྲིམས་འཆལ་ ལ་ཐུབ་དབང་གིས། །སྔགས་འགྲུབ་པ་ནི་མ་གསུངས་སོ། །ཞེས་སོགས་མང་དུ་གསུངས་པའི་ཕྱིར་རོ། ། སྐྱེ་བོ་ཕལ་པ་བརྒྱ་ཡིས་དེ་ གླུ་མིན། །ཞེས་པའི་གང་ཟག་གི་མཚན་གཞི་སྔགས་པ་ཁྲིམ་པ་སོགས་ལ་ མི་གོ་བར་ཚུལ་ཁྲིམས་ཉམས་པའི་གང་ཟག་ལ་གཙོ་བོར་གོ་དགོས་ཏེ།སངས་རྒྱས་ཀྱི་བསྟན་པ་འདི

འབྲེལ་ཚད་དོན་ལྡན་ཡིན་པས་འདི་ལ་དད་པ་ཙམ་སྐྱེས་པའམ་ཐེ་ཚོམ་ཟོས་སམ་ངེས་ཤེས་ཐོབ་བམ་འབྲེལ་བ་ཅི་བཞག་ཚད་དངོས་སམ་བརྒྱུད་ནས་ཐར་བའི་རྒྱུར་མི་འགྲོ་མི་སྲིད་པའི་ཕྱིར་ཏེ། ཕལ་པ་སྡོམ་པ་མ་ཞུས་པ་རྣམས་ནི་རང་བཞིན་གྱི་སྡིག་པ་ཁོ་ནས་དམྱལ་བར་འགྲོ་བ་ལས་ཐར་བའི་ས་བོན་སོར་བྱང་སྡུགས་དང་འབྲེལ་བ་མེད་ན་ཁྲི་ཤི་བའི་རོ་དང་འདྲ་ཞིང་། བསྟན་པ་ལ་ཞུགས་ནས་བཅས་པའི་སྡིག་པ་ཅན་ཚུལ་ཁྲིམས་འཆལ་བ་རྣམས་རེ་ཞིག་དམྱལ་བར་འགྲོ་ཡང་འཁོར་བ་མཐའ་ཅན་དུ་བྱེད་པའི་བག་ཆགས་ཡོད་ཅིང་དེ་དག་ལ་དད་པ་རྣམས་ལྷ་ཡུལ་དུ་སྐྱེ་བར་བཤད་པས་ན་ཚུལ་ཁྲིམས་འཆལ་བ་རྣམས་ནི་གླ་བ་ཤི་བའི་རོ་བཞིན་གཞན་ལ་ཕན་པའི་རྒྱུ་ཡང་ཡོད་པའི་ཕྱིར་རོ། །

ད་ལྟར་སྙིགས་མའི་དུས་ཀྱི་རབ་ཏུ་བྱུང་བ་རྣམས་རྟགས་ཙམ་དུ་གྱུར་ཀྱང་མུ་སྟེགས་པའི་དྲང་སྲོང་གི་རྒྱལ་མཚན་འཛིན་པ་རྣམས་ལས་ཀྱང་ཁྱད་པར་དུ་འཕགས་པ་ཡིན་ཏེ། ས་སྙིང་འཁོར་ལོ་བཅུ་པའི་མདོ་ལས། ཙམ་པ་ཀ་ཡི་མེ་ཏོག་རྐྱས་གྱུར་ཀྱང་། །མེ་ཏོག་གཞན་པ་རྣམས་ལས་ཤིན་ཏུ་ལྷག །དགེ་སློང་ཚུལ་ཁྲིམས་ཉམས་ཤིང་སྡིག་སྤྱོད་ཀྱང་། །མུ་སྟེགས་ཅན་དག་ཐམས་ཅད་ཀུན་བས་མཆོག །ཅེས་གསུངས་པའི་ཕྱིར། འདི་ལ་ཚ་གའི་ཚུལ་ཁྲིམས་དང་ལྡན་ཡང་སྡོམ་པའི་ཚུལ་ཁྲིམས་དང་མི་ལྡན་པ་ཞེས་དང་། བསྟན་པའི་ཆོམ་རྐུན་པར་བཤད་ཀྱང་མིང་ཙམ་དེས་ཀྱང་གཞན་ཟིལ་གྱིས་གནོན་ནུས་པ་སོགས་དཔེར་ན་སེང་གེའི་པགས་པ་དང་དྲི་ཙམ་གྱིས་ཀྱང་རི་དྭགས་རྣམས་སྐྲག་པ་བཞིན་ནོ། །

དེས་ན་རྟགས་ཙམ་བཟུང་བ་ལའང་ཕན་བདགས་ན་བདེ་བ་ཆེན་པོ་འཐོབ་པ་དང་གནོད་པ་བྱས་ན་དུས་གསུམ་གྱི་སངས་རྒྱས་སྲས་དང་བཅས་པ་ལ་གནོད་པར་བྱས་པ་དང་ཕྱོགས་འདྲ་བར་འགྱུར་བ་དང་། སེམས་བསྐྱེད་བླངས་པའི་གང་ཟག་གིས་ཚུལ་ཁྲིམས་འཆལ་བའི་དགེ་ཚུལ་སློང་ལ་བརྡུང་བཙོམ་སོགས་བྱས་ན་རྩ་ལྟུང་འབྱུང་བར་གསུངས་པ་སོགས་ལུང་མང་བའི་ཕྱིར་དགེ་བསྙེན་ལུགས་ཀྱི་རྐང་པ་ཅན་གྱིས་ཚུལ་ཁྲིམས་ཉམས་པའི་གང་ཟག་ཞིག་ལ་རྟགས་འཆང་བའི་གེགས་ཙམ་བྱས་པས་ཡི་དམ་གྱི་ཞལ་མཐོང་བའི་སྒྲིབ་པར་བཤད་པའི་ཕྱིར་རོ། །

དེར་མ་ཟད་སྡོམ་པ་མེད་ཀྱང་སྟེར་རབ་བྱུང་གི་རྟགས་བླངས་པ་དང་རྟགས་དུར་སྨྲིག་གི་ཚལ་

བུ་དེ་ལ་གུས་པ་ཙམ་ལའང་ཕན་ཡོན་ཆེ་སྟེ། སྔོན་དགེ་སློང་ཞིག་ཉལ་ཡོད་པ་གླང་ཆེན་སྐྱོན་པས་མཐོང་ནས་སྣས་བླངས་ནས་འཕེན་པར་བརྩམས་པ་ན། དེའི་མགུལ་ན་ཆོས་གོས་ཀྱི་ཚལ་བུ་ཐོགས་པ་མཐོང་བས་དད་པ་སྐྱེས་ཏེ་ཞེ་ས་དང་བཅས་དལ་བུས་བཞག་པ་སོགས་གཏམ་ལུང་དེ་འདྲ་མང་ངོ་། །ས་སྙིང་ལས། དྲང་སྲོང་ཆེན་པོའི་རྒྱལ་མཚན་ན་བཟའ་འདིར། །མཁས་པ་ཐམས་ཅད་ཤིན་ཏུ་བསྟོད་ཅིང་བསྔགས། །གང་ཞིག་འདི་ལ་མཆོད་པ་བྱེད་པ་རྣམས། །སྲིད་པའི་འཆིང་བ་ཀུན་ལས་ངེས་པར་གྲོལ། །ཞེས་སོགས་གསུངས་པའི་ཕྱིར། རབ་བྱུང་གི་རྟགས་ཆ་ལུགས་ལ་མི་གུས་པར་བརྙས་བཅོས་བྱས་ན་དམྱལ་བ་ཡང་སོས་སུ་སྐྱེས་ཏེ་མེ་འབར་བའི་ཡོ་བྱད་ལ་སྤྱོད་དགོས་པར་གསུངས་པའི་ཕྱིར། སྤྱིར་སྡོམ་པ་མེད་པའི་ཆ་ལུགས་འཆང་བ་མདོ་ལས་བཀག་ཅིང་། ཞི་བ་ལྷས། སེམས་སྲུང་བརྟུལ་ཞུགས་མ་གཏོགས་པའི། །བརྟུལ་ཞུགས་མང་པོས་ཅི་ཞིག་བྱ། །ཞེས་དང་། ཕག་མོ་མངོན་འབྱུང་གི་རྒྱུད་ལས། དེ་ཉིད་སེམས་ཀྱི་ཁྱད་པར་མཐོང་གྱུར་ན། །བརྟུལ་ཞུགས་མེད་ཀྱང་སངས་རྒྱས་ས་ལ་འགྲོ། །སེམས་ཉིད་གཉིས་ཀྱི་གནད་དང་མ་བྲལ་ན། །བརྟུལ་ཞུགས་སྤྱད་ཀྱང་སྡུག་བསྔལ་སྣ་ཚོགས་བསྐྱེད། །ཅེས་གསུངས་མོད་ཀྱི་ཙོད་དུས་སྙིགས་མ་ལ་བབ་པ་ན་རབ་བྱུང་རྣམས་བུ་སྨད་དང་བཅས་ཤིང་ཚང་ལ་སྤྱོད་པ་སེར་ཁྱིམ་པར་གྱུར་ཀྱང་དེ་དག་སངས་རྒྱས་མོས་པའི་དུས་སུ་ཐར་བ་འཐོབ་པ་སྙིང་རྗེ་པད་དཀར་གྱི་མདོ་ལས་གསུངས་པས་ད་ལྟར་རྟགས་ཙམ་ལེན་པ་ལའང་རྗེས་སུ་ཡི་རངས་བྱ་དགོས། སྔགས་དང་བྱང་སེམས་ལ་འབྲེལ་བའང་དེ་ལས་ལྷག་པར་ཤེས་པར་བྱའོ། །དཔེར་ན་ཆོས་ལྡན་གྱི་རྒྱལ་རིགས་ཤིག་ཇི་ལྟར་དམན་སར་ལྷུང་ཡང་གཞན་དང་མི་འདྲ་ཞིང་གུས་བཀུར་བྱ་དགོས་པ་བཞིན་རྗེས་འཇུག་དམན་པ་དང་ཕལ་པ་དམན་པ་གཉིས་གཏན་ནས་མི་འདྲ་ཞིང་ཚུལ་ཁྲིམས་ཉམས་པ་དང་མ་ཉམས་པའི་ཁྱད་པར་ཙམ་ཡོད་པ་ཡིན་ནོ། །

ཡང་ཉམས་སུ་མ་བླངས་པའི་ཆོས་བཤད་རུང་མི་རུང་སོགས་གསུངས་པ་ལ། སྤྱིར་ན་ཆོས་བཤད་དབང་བསྐུར་སོགས་ཀྱིས་གཞན་དོན་བྱེད་པ་ལ་རང་ལ་རང་འདོད་མེད་པ་དང་གདུལ་བྱ་ལ་མོས་པ་ཡོད་པ་ཞིག་གལ་ཆེ་བས་དེ་ལྟར་བྱུང་ཆེ་མདོ་སྡེ་རྣམས་ལྟ་བུ་དང་ལས་འབྲས་ཀྱི་ཆོས་ཐུན་མོང་བ་རྣམས་ནི་འཆད་སྤེལ་གྱི་ནུས་པ་ཡོད་པས་འཆད་ཅི་ཐུབ་བྱས་ན་དགག་བྱ་མེད་ཅིང་ཕན

ཡོན་ཤིན་ཏུ་ཆེ་སྟེ། རིན་པོ་ཆེ་སྣ་ཚོགས་ཀྱིས་རྟེན་བཞེངས་པ་དང་དེ་ལ་མཆོད་པའི་ལས་བརྩོན་པ་ནི་ཆོས་མི་ཤེས་པ་དང་ཁྱིམ་པ་རྣམས་ལ་གསུངས་ལ། རབ་ཏུ་བྱུང་བ་རྣམས་ནི་ཀློག་སློང་ལ་བརྩོན་པར་དཀོན་བརྩེགས་ལས་བཤད་ཅིང་། མདོ་གཞན་ཡང་། གང་ལ་ཕན་ཕྱིར་ང་ཡི་ཆོས། །ཚུལ་བཞིན་བསྟན་པས་མཆོད་འགྱུར་གྱི། །མེ་ཏོག་བྱུག་པ་མར་མེ་ཡིས། །རྒྱལ་བ་ཡང་དག་མཆོད་མ་ཡིན། །ཞེས་དང་། བྱམས་པ་སེང་གེ་སྒྲ་ལས། གང་གཱའི་བྱེ་སྙེད་འཇིག་རྟེན་གསེར་དག་གིས། །བཀང་སྟེ་གང་ལ་སྦྱིན་པ་བྱིན་པ་བས། །དུས་ངན་ཚེ་ན་ཚིགས་བཅད་གཅིག་བརྗོད་པ། །དེ་ཡིས་ཕན་འདོགས་ཇི་འདྲ་དེ་ལ་མེད། །ཅེས་སོགས་བཤད་སྒྲུབ་ཀྱི་ཕན་ཡོན་མཐའ་ཡས་པ་ཡོད་པའི་ཕྱིར། སྔགས་ཡིན་ཡང་དབང་དམ་རྗེས་གནང་ཐོབ་པ་ལ་སྤྱི་བཤད་ཙམ་རེ་འཆད་ན་ཉེས་པ་མེད་ཅིང་གསུང་པདྨའི་རིགས་ཀྱི་དམ་ཚིག་ཡིན་པས་སེར་སྣས་མི་སྟོན་པ་སོགས་མི་རུང་ངོ། །

ཡང་ཇི་སྐད་དུ། ཇི་བཞིན་སྒྲ་དང་དགོངས་མིན་དང་། །དྲང་བའི་དོན་དུ་གང་གྱུར་དང་། །ཡི་གེའི་དོན་དང་སྤྱི་དོན་གྱིས། །ཚོགས་པ་ལ་ནི་བཤད་པར་བརྗོད། །ཅེས་མཐའ་དྲུག་ལས་སྒྲ་ཇི་བཞིན་པ་དང་དགོངས་པ་ཅན་མིན་པ་སྟེ་དྲང་པོར་དགོངས་པ་དང་། དྲང་དོན་ཏེ་གསུམ་དང་། ཚུལ་བཞི་ལས་ཡིག་དོན་དང་སྤྱི་དོན་ཏེ་གཉིས་ཚོགས་བཤད་རུང་བར་གསུངས་པ་འང་འདི་ཙམ་ཉན་པའི་སྣོད་རུང་མང་བ་ལ་དགོངས་པ་ཡིན་གྱི། སྣོད་མིན་ལོག་ལྟ་ཅན་ཡིན་ན་འདི་ཡང་འཆད་མི་རུང་ངོ། །ཇི་བཞིན་མིན་སྒྲ་ངེས་དོན་དང་། །དེ་བཞིན་དགོངས་ཏེ་བཤད་པ་དང་། །སྦས་དང་མཐར་ཐུག་རྣམ་པ་ཡིས། །སློབ་མ་ལ་ནི་བཤད་པར་བརྗོད། །ཅེས་མཐའ་དྲུག་ལས་དང་པོ་གསུམ་དང་ཚུལ་བཞི་ལས་ཕྱི་མ་གཉིས་ནི་སྣོད་ལྡན་གྱི་སློབ་མ་ཤ་སྟག་ལ་བཤད་དགོས་པར་གསུངས་སོ། །

དེ་ཡང་སྣོད་ལྡན་ཤ་སྟག་ཡིན་ན་ཇི་ཙམ་མང་ཡང་མི་འགལ་ལོ། །མཐའ་དྲུག་ལ་ཚུལ་བཞིར་ཞུགས་པ་རྡོ་རྗེའི་ཐེག་པ་ཁོ་ན་ལ་ཡོད་ཅིང་། མ་ཞུགས་པ་ཅི་རིགས་ནི་ཐུན་མོང་གི་ཐེག་པ་ཡན་ཆད་ལའང་ཡོད་པ་ཡིན་པས་སྤྱིར་རྒྱུད་འཆད་པ་ལྟ་བུ་ལ་དེ་འདྲའི་དབྱེ་བ་དགོས་སོ། །གསང་སྔགས་བོན་དུ་གྱེར་བ་ཞེས་གསང་རྔས་གསང་སྤྱོད་སོགས་ཐ་མལ་གྱི་ཁྱིམ་དུ་སྟོན་པ་དང་འདོན་གྱེར་བྱེད་པ་ལ་བྱ། རུ་ཏྲར་སྐྱེ་བའི་རྒྱུ་ཡིན། སྔགས་ཁྱིམ་ཆོས་སུ་བཙོང་པ་ནི་གསེར་བྱེ་ཐལ་བ་དང་བརྗེ་བ་ལྟར་གསུངས།

སྐལ་མིན་གསང་སྔགས་ཀྱིས་ལྟེ་ལ་ཞིང་རྨོ་བའི་དཔྱལ་བར་སྐྱེ་བར་བཤད་དོ། །འོན་ཀྱང་ཆོས་དཀོན་པའི་ཡུལ་དང་དུས་སྙིགས་མ་བསྟན་པ་ནུབ་པ་ལ་ཉེ་བའི་དུས་སུ་ནི་བློ་མཆོག་བྱང་ཆུབ་སེམས་དཔའ་རྣམས་ཀྱིས་འཁོར་བའི་མཐའ་ལ་བསམས་ནས་དབང་བསྐུར་རྒྱུད་བཤད་སོགས་གཞན་དོན་ཅི་ཐུབ་བྱེད་པ་ཡིན་ཞིང་སློབ་མ་ཡང་གྲངས་ངེས་མེད་པར་མཛད་པ་ཡོད་དེ། དཔེར་ན་ཐབས་ལ་མཁས་པའི་རྒྱལ་པོས་མཐར་རྒྱལ་ཁམས་མང་པོ་མངའ་འོག་ཏུ་སྡུད་ཕྱིར་གནས་སྐབས་སུ་སྔོ་ཚུང་ཤས་རེ་དང་བྱ་བ་གཞན་ཉམས་ཤིང་ཤོར་བ་ལ་མི་ལྟ་བ་བཞིན་ནོ། །

ཨོ་རྒྱན་ཆེན་པོ་པདྨ་སཾ་བྷ་ཞབས། ལམ་གྱི་ལམ་མཆོག་གཞན་དོན་ཡིན། །འདི་ལ་སྙིང་ཡུགས་སུས་བྱེད་པ། །དེ་ཡི་བྱང་ཆུབ་རྒྱང་ཐག་རིང་། །ཞེས་གསུངས་སོ། །ཡང་མན་ངག་བྱིན་རླབས་ཀྱི་བརྒྱུད་པ་ཅན་ལྟ་བུ་ནི་རང་ལ་ཉམས་མྱོང་གི་རྒྱུན་མ་སྐྱེས་པར་འཆད་ན་སྒྲོན་མེ་ལག་བརྒྱུད་དང་བུམ་པ་གང་བྱོའི་དཔེ་ལྟར། གཞན་ལ་ཅུང་ཟད་ཕན་ཡང་རང་རྒྱུད་སྟོང་པར་བཤད་པ་དང་། ཕལ་པོ་ཆེ་ལས་ཀྱང་། ཇི་ལྟར་འོན་པ་རོལ་མོ་མཁན། །གཞན་དག་དེ་ཡིས་དགའ་བྱེད་ཀྱང་། །རང་ཉིད་ཀྱིས་ནི་མི་ཐོས་ལྟར། །མ་བསྒོམས་ཆོས་ཀྱང་དེ་དང་འདྲ། །ཞེས་གསུངས་སོ། །

སྤྱིར་ན་གང་ཟག་ལ་མི་རྟེན་ཅིང་ཆོས་བདེན་བཞིའི་བླང་དོར་ལ་རྟེན་པས་སྟོན་པ་སོ་སོ་སྐྱེ་བོ་ཡིན་ཀྱང་གདུལ་བྱ་སྐལ་ལྡན་རྣལ་གྲོལ་ལ་འགོད་ནུས་པའི་ལོ་རྒྱུས་མང་པོ་ཡོད་དོ། །རང་ལ་ཞལ་ནས་སྙན་དུ་བརྒྱུད་པ་དང་ཉམས་མྱོང་གི་རྟོགས་པའི་ཉེ་བརྒྱུད་དང་བཅས་པ་ཡོད་ན་ནི་གདུལ་བྱ་མང་པོ་སྨིན་གྲོལ་ལ་འགོད་ནུས་པ་དང་རང་ལའང་མི་གནོད་པ་ཅན་དན་གྱི་སྟོང་པོ་དང་འདྲའོ། །རང་ལ་ཉམས་མྱོང་ཡོད་བཞིན་གཞན་ལ་མི་སྟོན་པ་ནི་ཐེག་ཆེན་དང་འགལ་བའི་ལྟུང་བ་ཡིན། དེད་དཔོན་མཁས་པས་གཞན་མི་ཁྲིད་པ་བཞིན་ནོ། །རང་སྨིན་ནས་གཞན་སྨིན་པ་ནི་བྱང་ཆུབ་སེམས་དཔའི་ས་ལམ་སྦྱོང་བ་ཡིན། ཉན་རང་ལ་དེ་མེད་དོ། །དེས་ན་ཉེ་འབྲེལ་རྣམས་ཐོག་མར་འདུལ་བ་ནས་བཟུང་གཞན་རྒྱུད་འདུལ་བ་ཁོ་ན་གཙོ་ཆེའོ། །ཉམས་མྱོང་དང་བརྒྱུད་པའི་བྱིན་རླབས་མེད་ན་ལུང་ཁྲིད་ཙམ་ནི་གང་ཟག་མཆོག་དམན་སུ་ལས་ཐོབ་ཀྱང་དོན་འདྲ། དཔེར་ན་གསེར་བུམ་དང་ས་བུམ་གྱི་ཆུ་བཞིན་ནོ། །ཆོས་འཆད་ཉན་འདི་ཡང་རྒྱུ་འབྲས་ཡིན་པས་ཡན་ལག་བཞི་ཚང་དགོས་ཏེ། གཞི་ཆོས

སྤྱིན། བསམ་པ་བསྟན་པ་དང་གདུལ་བྱ་ལ་ཕན་སེམས་སྦྱོ་བ་དང་བཅས། སྦྱོར་བ་ཡི་གེ་རེ་རེ་ནས་མ་ཆད་པར་བགྲང་བ། མཐར་ཐུག་ཐོབ་བློ་བཅས་བཞི་ཚང་དགོས། དེའི་གཅིག་མ་ཚང་ན་ཡན་ལག་ཉམས་པའི་ལུང་དེ་གཅིག་ཏུ་དཀར་བའི་ལས་དང་ཐར་བའི་རྒྱུར་འགྲོ་གསུངས། བརྒྱད་སྟོང་པ་ལས། ཀུན་དགའ་བོ་ཤེར་ཕྱིན་འདིའི་ཡི་གེ་གཅིག་ཀྱང་མི་ནུབ་པར་ཁྱོད་ལ་གཏད་དོ། །ཞེས་དང་། བྱང་ས་ལས། ཚིག་དང་ཡི་གེ་གོ་རིམ་བཞིན་སྟོན་ཅིང་། །ཞེས་དང་། ཉན་ས་ལས། དེ་བཞིན་གཤེགས་པའམ་དེའི་ཉན་ཐོས་རྣམས་ལས་ཇི་ལྟར་མཉོས་པ་དེ་བཞིན་དུ་ཆད་ལྷག་མེད་པར་བྱས་ཤིང་གཞན་ལ་འདོམས་པར་བྱེད་པ་སྟེ། ཞེས་དང་། རྣམ་བཤད་རིག་པ་ལས་ཀྱང་གསུངས། མདོ་རྒྱ་བ་ལས། ལུང་འབོགས་པ་མཉོས་པ་ན། ཤིན་ཏུ་ལེགས་པར་བཀླག་པ་དང་ལེགས་པར་བྱང་བ་དང་ཐེ་ཚོམ་མེད་པར་བྱས་ཏེའོ། །ཞེས་གསུངས། དེ་ལྟར་མིན་ན་སྔོམ་པ་ཉི་ཤུ་པར། དམ་ཆོས་འདྲ་སྣང་སྟོན་པའོ། །ཞེས་རྒྱ་ལྟུང་དང་བསྟན་པ་འཇིག་པར་བྱེད་པ་ཡིན་ནོ། །

རང་ལ་ཉམས་རྟོགས་མེད་པར་ཀུན་སློང་དམན་པས་ཆོས་ཟབ་མོ་སྟོན་ན་ལོག་ཆོས་སུ་སོང་བས་འཁོར་བའི་རྒྱུར་འགྲོ་སྟེ། དེད་དཔོན་བླུན་པོས་བསུ་སྐྱེལ་བཞིན་ནོ། །གཞན་ཡང་བརྒྱུད་པའང་མེད། ཇི་བཞིན་འཆད་ཀྱང་མི་ཤེས་པར་ཟང་ཟིང་གི་ཕྱིར་དུ་བསྟན་པའི་ཆོས་ནི་གང་ཟག་མཆོག་ཏུ་བཅེ་བ་ཞིག་ལས་ཐོབ་ཀྱང་ཕན་པ་མེད་ཅིང་གནོད་པའང་ཡིན་ཏེ་རིན་པོ་ཆེའི་བུམ་པའི་རྒྱུ་དུག་ཏུ་འགྱུར་བ་བཞིན་དང་། རྙེད་པའི་ཕྱིར་ཆོས་འཆོང་བ་དེའི་རྙེད་པ་དེ་ལོག་འཚོ་ཡིན་པས་ཡི་དྭགས་སུ་སྐྱེ་བར་བཤད་དོ། །མདོ་ལས། བླུན་པོ་གང་ཞིག་ཆོས་སྟོན་པ། །དགེ་བའི་རྩ་བ་འཇིག་བྱེད་པས། །སྐྱེ་དགུ་དག་ནི་མང་པོ་རྙེད། །སེམས་ཅན་དམྱལ་བར་འཚེད་པར་འགྱུར། །ཞེས་སོགས་དང་། འཇམ་དཔལ་ཞིང་བཀོད་ལས། སྟོང་གསུམ་གྱི་སྟོང་ཆེན་པོའི་འཇིག་རྟེན་གྱི་ཁམས་ཀྱི་སེམས་ཅན་ཐམས་ཅད་དགྲ་བཅོམ་པ་ལ་བཀོད་པ་དེ་དག་བསད་པ་བས་ཚིགས་སུ་བཅད་པ་གཅིག་མ་དག་པར་སྟོན་ན་ཉེས་པ་དེ་བས་ཆེ་བར་གསུངས་པ་དང་། ཆོས་ཀྱི་ངོས་ནས་དུ་མ་དང་གནོད་པ་མི་སྲིད་ཀྱང་གང་ཟག་གི་ཁམས་ཀྱིས་ཆོས་ལ་སྐྱོན་ཡོན་མཆོག་དམན་དུ་མའི་རྣམ་པར་སྣང་བའི་ཕྱིར་རོ། །

བརྒྱུད་ལྡན་གྱི་ཆོས་ཚུལ་བཞིན་སྟོན་པ་ནི་གང་ཟག་ཕལ་པ་ཅི་འདྲ་ཞིག་ལས་ཐོབ་ཀྱང་གང་

ཟག་དེ་ཡང་རང་ལ་ཕན་པ་ཆེ་བས་བཀའ་དྲིན་གྱི་ངོས་ནས་སངས་རྒྱས་ལས་ལྷག་པ་དང་། ལུང་ནི་སངས་རྒྱས་ཀྱི་གསུང་གི་ཕྲིན་ལས་དང་། རྟོགས་པ་ནི་ཐུགས་ཀྱི་ཕྲིན་ལས་ཡིན་པས་ལུང་རྟོགས་ཀྱི་ཆོས་སྟོན་པའི་གང་ཟག་དེ་ཡང་སྐུ་གསུང་ཐུགས་ཀྱི་ཕྲིན་ལས་ཀྱི་རྟེན་གཟུགས་སྐུར་བལྟ་དགོས་སོ། །འདི་འང་མདོའི་ཐུན་མོང་གི་ལམ་སྟོན་པའི་བླ་མ་ཉིད་ཀྱིས་གནས་སྐབས་ལྷ་མིའི་བདེ་བ་དང་མཐར་ཐུག་མཆོག་གི་འབྲས་བུ་རིམ་གྱིས་འགྲུབ་པའི་རྒྱུ་ཙམ་སྟོན་པ་ལ་བླ་མ་སངས་རྒྱས་སུ་བལྟ་དགོས་པ་ལས་དངོས་ཡིན་པར་མ་བཤད་ལ། གསང་སྔགས་ཀྱི་དབང་བསྐུར་རྒྱུད་འཆད་པའི་བླ་མ་ནི་སངས་རྒྱས་དངོས་ཡིན་པར་གསུངས་པས་དེ་ལྟར་བལྟ་དགོས་ཏེ། ཚེ་འདི་འམ་འཆི་ཁ་བར་དོར་འཚང་རྒྱ་བའི་གདམས་ངག་རང་རྒྱུད་ལ་འཇོག་པའི་ཕྱིར་རོ། །

སློབ་དཔོན་དབྱིག་གཉེན་གྱིས། ཆོས་སྨྲ་བ་ནི་མདོར་ན་སངས་རྒྱས་ཀྱི་མཛད་པ་ཐམས་ཅད་བྱེད་པ་ཡིན་པས་དགེ་བའི་བཤེས་གཉེན་ཆེན་པོ་ཡིན་ནོ། །ཞེས་གསུངས་སོ། །

དེས་ན་བཤད་བྱའི་ཆོས་ཀྱི་ཡན་ལག་ལ་བརྒྱད་པའི་སྒོལ། གདམས་ངག་གི་ལག་ལེན། ཉམས་མྱོང་གི་བྱིན་རླབས། མཁས་པའི་ཁྲིད་ཚུལ་རྣམས་ཚང་བ་གཙོ་བོར་གཟུང་དགོས། འཆད་པ་པོ་གང་ཟག་གི་གོ་ས་མཐོ་དམན་ལ་ནི་ཅི་ཡང་རྟེན་པ་མིན་ཏེ་བཤད་མ་ཐག་པ་ལྟར་ཡིན་པའི་ཕྱིར། དོན་དེའི་ཞར་ལ་འདི་ལྟར་འོང་སྟེ་ཕལ་སྐད་ཀྱི་དཔེ།རྒྱན་དྲུག་རྟ་ལ་བཏགས་ན་ཆེ་བ་མི་ལ་ཐོབ་ཅེས་པ་ལྟར། ཆེ་བ་ཆོས་ལ་ཐོབ་དགོས་ན་རྒྱན་ལྷ་བུའི་བསྟོད་བཀུར་དང་གོས་དེ་འཆད་པ་པོ་ལ་ཐོབ་དགོས་པ་ཡིན་པའི་ཕྱིར་ན་ཆོས་ཉན་པ་པོ་དེ་འཇིག་རྟེན་འདིར་སྣང་གི་གོ་ས་མཐོན་པོར་སླེབས་པ་ཞིག་ཡིན་ཕྱིན་དེ་གཙོ་བོར་བཟུང་ནས། ཆོས་འཆད་པ་པོ་དེ་འཇིག་རྟེན་འདིར་ལུགས་ཀྱི་ཐོབ་ཙམ་དམའ་བ་ཡིན་ན་དེ་ལ་གོང་དུ་བཀུར་བ་དང་གོ་ས་བརྗེ་བ་སོགས་མི་བྱེད་པ་དང་བཞུགས་གདན་མཐོ་དམན་ཙམ་ཡང་མི་བརྗེ་བའི་གང་ཟག་དེས་ནི་བླ་མའི་དམ་ཚིག་དང་ཡང་འགལ་བར་འགྱུར་བར་ཐེ་ཚོམ་མེད་ཅིང་། ལུང་རིགས་གཉིས་ཀར་ཡང་མི་མཐུན་ཏེ། ཇི་སྐད་དུ། གང་གིས་ཚིགས་བཅད་གཅིག་མཉན་པ། །དེ་ཡང་བླ་མར་མ་བཟུང་ན། །ཁྱི་ཡི་སྐྱེ་བ་བརྒྱ་བླངས་ཏེ། །སྨྲེ་ཤ་ཅན་དུ་སྐྱེ་བར་འགྱུར། །ཞེས་དང་། རབ་ཏུ་དམན་པའི་ས་ལ་འདུག །ཅེས་སོགས་དང་། མ་གུས་པ་ལ་ཆོས་མི་འཆད། །ཅེས་

དང་ལུས་ངག་གི་གུས་པ་མེད་པ་ལ་སྡོམ་པ་མི་སྐྱེ་བར་བཤད་པ་དང་། མཐོན་པོར་འདུག་པ་ལ་དམའ་བར་འདུག་སྟེ་ཆོས་འཆད་པར་མི་བྱའོ། །ཞེས་དང་། རྒྱ་གར་བའི་རྒྱལ་རིགས་སམ་ཁྱིམ་བདག་ཕྱུག་པོ་ཇི་འདྲ་ཡིན་ཡང་ཆོས་ཉན་པའི་ཚེ་སྟན་ཆེས་དམའ་བ་ཞིག་གདང་ནས་སོགས་མང་དུ་གསུངས་པའི་ཕྱིར་དང་། འཆད་པོ་ཉན་པོ་ཐམས་ཅད་སྡོམ་ལྡན་ཡིན་ན་བཅས་འགལ་གྱི་ལྟུང་བ་འབྱུང་བའི་ཕྱིར་རོ་ཞེས་ལུང་མང་ངོ་། །

རིགས་པ་དང་ཡང་མི་མཐུན་ཏེ། འདིར་ལུགས་ཀྱི་གོ་ས་ཙམ་མཐོ་ཡང་དེ་སྡོན་གྱི་དགེ་འབྲས་དཀོན་མཆོག་གི་དྲིན་ལས་བྱུང་བ་ཞིག་ངེས་པར་ཡིན་པས་ཆོས་ཞུ་ཚེ་ཆོས་ལ་ཐོབ་དགོས། ཆོས་གང་ཟག་ལས་འབྱུང་ཕྱིར་གང་ཟག་དེ་ཡང་འདིར་སྣང་གི་གོ་ས་ཙམ་དམན་ཡང་སྐབས་དེར་རང་ལས་གོ་ས་མཐོན་པོར་འཛོག་དགོས་པའི་ཕྱིར་དང་། ལུགས་གཉིས་ཀ་ནས་ཐམས་ཅད་ཀྱི་འོག་ཏུ་མ་གྱུར་པ་ཞིག་ཡིན་ན་ཆོས་ཞུ་དགོས་པའང་མིན་ཏེ་རྫོགས་པའི་སངས་རྒྱས་བཞིན་ནོ། །

ཆོས་ཉན་པ་པོ་དེ་འཕགས་པ་དང་འཆད་པ་པོ་སོ་སོའི་སྐྱེ་བོ་ཞིག་ཡིན་ན་མ་ངེས་སྙམ་ན་གང་ཟག་དེ་འཕགས་པར་བྱེད་པ་ནི་ཆོས་ཁོ་ན་ཡིན་ཅིང་ཆོས་དེ་གང་ཟག་ལ་རག་ལས་པ་ཡིན་ན་དེའི་ཕྱིར་ཡང་གོང་ལྟར་བྱ་དགོས། དཔེར་ན་འབྲས་བུ་དང་ལྡོན་ཤིང་བཞིན་ནོ། །དེར་མ་ཟད་རྟེན་ཁྱིམ་པ་རབ་བྱུང་གི་ཁྱད་པར་ཡང་མང་ཞིང་ཡེ་ཤེས་དང་ལྡན་པ་གཙོ་བོར་འཛིན་དགོས་པར་གསུངས་པ་ནི་དོན་གཞན་དུ་མ་ལས་དགོངས་སོ། །སྤྱིར་ཡང་བསྟན་པའི་གོ་རིམ་དང་ཆོས་ཀྱི་ཆེ་བ་མི་ཉམས་པ་གཙོ་བོར་འཛིན་དགོས་སོ། །

དེས་ཉམས་མྱོང་ཡོད་མེད་དཀྱིས་ཆོས་འཆད་རུང་མི་རུང་གང་ཟག་མཆོག་དམན་ལས་ཆོས་མཆོག་དམན་དུ་འགྱུར་མི་འགྱུར་སོགས་ཀྱིས་གོ་དོན་རགས་རིམ་ཙམ་དེ་ལགས་པས་ཐུགས་ཆུབ་ཞུ། ཡང་སློགས་དུས་བསླབ་པ་ཕྲ་མོ་བསྲུངས་པའི་ཕན་ཡོན་ཆེས་ཆེ་ཚུལ་སོགས་གསུངས་པ་ལ། སློགས་མས་མ་སྣགས་པའི་ཞིང་གཞན་དང་བསྟན་པ་དར་བའི་དུས་སུ་ཚེ་རིལ་པོ་དང་བསླབ་པ་རྫོགས་པར་བསྲུངས་པ་བས་ཞིང་འདི་ལྟ་བུ་དང་བསྟན་པ་ནུབ་ཉེ་བའི་དུས་ད་ལྟ་ལྟ་བུ་ལ་ནི་ཉིན་ཞག་གཅིག་གམ་ཐུན་ཚོད་གཅིག་ལ་བསླབ་པ་སྣ་རེ་ལ་སྲུང་སེམས་ཙམ་རེ་སྐྱེས་པའི་ཕན་ཡོན་ཡང

ཆེས་ཆེ་བའི་ལུང་ནི་བྱང་ཤར་མཚམས་ཀྱི་སངས་རྒྱས་དབང་ཕྱུག་རྒྱལ་པོའི་ཞིང་དུ་བསྐལ་བའི་བར་ཚུལ་ཁྲིམས་བསྲུངས་པ་བས་ཞིང་འདིར་ཚུལ་ཁྲིམས་སྣ་རེ་ལོ་ཟླ་ཞག་དུས་བསྲུངས་བ་ཕན་ཡོན་ཆེ་བར་མདོ་ལས་གསུངས་པ་དང་། མ་སྐྱེས་དགྲའི་འགྱོད་བསལ་གྱི་མདོ་ལས། འོག་གི་ཕྱོགས་སངས་རྒྱས་ཀྱི་ཞིང་གནྡྷའི་ཀླུང་གི་བྱེ་མ་སྙེད་འདས་ནས་འཇིག་རྟེན་གྱི་ཁམས་སྣང་བ་དང་ལྡན་ཞེས་བྱ་བ་ན་སངས་རྒྱས་འོད་ཟེར་གྱི་རྒྱལ་པོ་བཞུགས་པའི་ཞིང་དེར་བསྐལ་པ་བཅུར་བསམ་གཏན་ལ་གནས་ཤིང་སྤྱོད་པ་བས། མི་མཇེད་ཀྱི་ཞིང་འདིར་སྐད་ཅིག་གཅིག་བྱམས་པ་བསྒོམ་པ་བསོད་ནམས་ཆེས་མང་དུ་འཕེལ་བ་དང་། ཞིང་འདིར་དམ་ཆོས་སྲུང་བའི་སེམས་དཔའ་ཆེན་པོ་རྣམས་ཀྱིས་ལས་དང་ཉོན་མོངས་ཐམས་ཅད་མྱུར་དུ་བྱང་བར་གསུངས་པ་དང་གཞན་ཡང་ཟླ་བ་སྒྲོན་མེ་སོགས་མང་པོར་འདུག་པ་བྲི་མི་དགོས་ལ། རིགས་པ་ནི་བསྟན་པ་རྫོགས་པར་དར་བ་ན་གང་ཟག་རྣམས་ཀྱང་ཆོས་ཀྱིས་ཚིམས་ཡོད་པ་ཡིན་པས་བཀྲུགས་པའི་དུས་སུ་ཟས་ཟོས་པ་བཞིན་ཕན་ནུས་ཆེར་མི་སྣང་བ་ལྟ་བུ་ཡིན་ལ། སྙིགས་དུས་སུ་ཆོས་ཀྱིས་ཕོངས་བ་རྣམས་ལ་ཆོས་སྣ་རེས་ཀྱང་ཕན་པ་ཆེ་བར་སྣང་བ་ནི་ལྟོགས་པའི་དུས་སུ་ཟས་ཟོས་པ་བཞིན་ནོ། །

དེའང་དཔེར་ན་མེ་ཆུང་དུ་འབར་བ་ལ་གཉེན་པོ་ཆེན་པོ་བསྟེན་མི་དགོས་ཤིང་མེ་ཆེར་འབར་བ་ལ་གཉེན་པོ་ཆེན་པོ་དང་མང་པོ་བསྟེན་དགོས་པ་ལྟར་སྤྱང་བྱ་ཆེ་ཆུང་དང་མང་ཉུང་ལས་གཉེན་པོ་ཡང་དེ་ལྟར་འགྱུར་དགོས་པར་དགོངས་པ་དང་། སྤྱང་བྱ་ཉོན་མོངས་པ་དར་དྲག་པའི་ཚེ་གཉེན་པོ་བསྲུང་བྱ་སྣ་རེ་ཡང་དཀོན་པའི་དུས་ཀྱི་ནོར་བཞིན་ཕན་པ་ཆེ་བ་དང་ལས་ཀ་ཆེ་ཆུང་དང་མང་ཉུང་ལས་ལས་བྱེད་མི་མང་ཉུང་གིས་ཕན་འདོགས་ཆེ་ཆུང་ལྟར། སྔར་བསྟན་པ་དར་བའི་ཚེ་སློབ་མཁན་མང་བས་བསླབ་བྱའི་བསླབ་པ་སྣ་རེས་ཕན་ཐོགས་ཧ་ཅང་མི་ཆེ་བ་ལྟར་ཡང་། ད་ལྟར་བསྟན་པའི་བྱ་བ་ནི་རྒྱ་ཆེ་དགོས་ཀྱང་བསྟན་པའི་ལས་བྱེད་མི་ནི་ཤིན་ཏུ་རྒྱ་ཆུང་བའི་ཚེ་བསླབ་པ་སྣ་རེ་བསྲུངས་པ་དང་ཆོས་ཚིག་རེས་ཀྱང་བསྟན་པ་ལ་ཕན་ཐོགས་ཆེ་བར་དགོངས་པ་དང་། ལུང་རྟོགས་ཀྱི་བསྟན་པ་མྱུར་དུ་ནུབ་འགྲོ་བས་དེ་ལ་བག་ཆགས་འཇོག་པ་སོགས་ལ་དགོངས་ནས་གསུངས་པ་ཡིན་པས། སྟོན་བསྟན་པ་ལ་དངོས་སུ་ཞུགས་ནས་བསྒྲུབ་པ་བས་ད་ལྟར་མོས་པ་ཙམ་

སྐྱེས་པའི་ཕན་ཡོན་ཀྱང་ཆེ་བར་ཤེས་དགོས་སོ། །

སྦྱིར་བསྟན་པའི་གནས་ཚད་ཀྱང་དུ་མར་གསུངས་པ་རྣམས་ཕལ་ཆེར་གདུལ་བྱར་སྐྱོ་བ་སྐྱེད་པའི་ཕྱིར་དྲང་དོན་ཡིན་ཡང་སྟོང་ཕྲག་ལྔར་གནས་པར་གསུངས་པ་དེ་ཡང་སྤྱིར་ཐུགས་བསྐྱེད་ཀྱིས་འཕངས་ཚད་རྫོགས་པ་དང་དེའི་ཕན་ཚད་ཉམས་སུ་ལེན་པའི་སེམས་ཅན་སྐྱིགས་མར་གྱུར་པས་བསྟན་པ་གནས་ཀྱང་སྒྲོ་སྐུར་དུ་འགྱུར་བ་ལས་དོན་མེད་པ་དང་། བསྟན་པ་འབྱུང་དཀའ་ཞིང་ནུབ་སླ་བར་ཤེས་ན་ངེས་འབྱུང་དང་ཆོས་ལ་དོན་གཉེར་སྐྱེ་བར་དགོངས་ཏེ་ཚུལ་བསྟན་པ་ཡིན་ལ་ངེས་པའི་དོན་དུ་ནི་བསྟན་པ་ནུབ་པ་མེད་དེ། མདོ་ལས། སངས་རྒྱས་མྱ་ངན་ཡོངས་མི་འདའ། །ཆོས་ཀྱང་ནུབ་པར་མི་འགྱུར་ཏེ། །སེམས་ཅན་རྣམས་ལ་ཕན་པའི་ཕྱིར། །བཀོད་པ་རྣམ་པ་སྣ་ཚོགས་སྟོན། །ཅེས་དང་། བསྐལ་པ་མུན་པར་གྱུར་པ་ནའང་ཐེག་ཆེན་འཕགས་པའི་འདུག་པ་རྒྱུན་ཆད་པ་མི་སྲིད་ཅིང་དེ་དག་གི་ཐུགས་རྒྱུད་ན་བཞུགས་པའི་ཆོས་དཀོན་མཆོག་ལས་ལྷག་པའི་བསྟན་པ་མེད་པའི་ཕྱིར། འོན་ཀྱང་འགྲོ་བ་སྤྱིའི་ལས་ཀྱི་དབང་ལས་ནི་ནུབ་པར་འཐད་པ་ཡིན་ནོ། །དེས་ན་ལྔ་བརྒྱ་པ་ཕྲག་བཅུའི་དབང་དུ་བྱས་ན་འབྲས་བུའི་བསྟན་པ་རྫོགས་ལ་ཚུལ་ཁྲིམས་ཀྱི་ལེའུ་ཡང་རྫོགས་ཟིན་པར་བཤད་ནའང་བསླབ་པ་འདུལ་བའི་ཚུལ་ཁྲིམས་ཀྱིས་མི་ཕན་ཟེར་མི་རུང་སྟེ། ད་དུང་ལུང་གི་བསྟན་པ་ལ་འདུལ་བའི་ལས་ཆོག་དངོས་སུ་བཞུགས་ཤིང་དེའི་ལག་ལེན་ཤེས་པའི་མཁན་སློབ་དངོས་སུ་བཞུགས་པའི་དུས་སུ་བསྟན་པ་ལ་ལས་འཕྲོ་འཇོག་པ་དང་སྡོམ་པ་སྣ་རེའི་ཕན་ཡོན་གང་བཤད་ལྟར་དང་། གང་ཟག་རེ་རེའི་ངོས་ནས་བཞག་ན་ད་དུང་འདུལ་བའི་ཚུལ་ལྡན་གྱི་དགེ་སློང་སོགས་ཡོད་དེ༑ ལུང་ལས་ཀྱང་། མ་འོངས་པའི་དུས་ལྔ་བརྒྱའི་ཐ་མ་ལ་དམ་པའི་ཆོས་རབ་ཏུ་རྣམ་པར་འཇིག་པར་འགྱུར་བ་ན་བྱང་ཆུབ་སེམས་དཔའ་སེམས་དཔའ་ཆེན་པོ་ཚུལ་ཁྲིམས་དང་ལྡན་པ་ཡོན་ཏན་དང་ལྡན་པ་ཤེས་རབ་དང་ལྡན་པ་དག་འབྱུང་ངོ་། །ཞེས་གསུངས་པའི་ཕྱིར། ཡང་གང་ཟག་ཆོས་ལ་གཏན་མི་མོས་ཤིང་ལས་མཐའ་ལོག་པ་རེའི་ངོར་ནི་ད་ལྟར་མ་ཟད་སྔ་ནས་ཀྱང་བསྟན་པ་ནུབ་ཚར་བ་དཔེར་ན་མིག་མེད་པ་ཉི་མའི་ངོགས་ལ་བསྡད་པ་ལྟ་བུ་དུ་མ་ཡོད་ལ། བསམ་པ་དག་པས་སྨོན་ལམ་བཏབ་པ་རྣམས་ནི་གང་དུ་སྐྱེས་ཀྱང་ཆོས་ཀྱི་སྒྲ་ཐོས་པ་མི་ནུབ་སྟེ། མཐབ་བྲལ་གྱི་ལྷ་ཡུལ་ན་དང་པའི་

རྒྱལ་པོ་དུས་བཟང་ཞེས་པས་རྟག་ཏུ་ལྷ་རྣམས་ལ་ཆོས་སྟོན་པ་ཡོད་པ་སོགས་དཔེ་ལུང་མང་པོ་ཡོད་དོ༑ ༑ནམ་ཞིག་ལུང་གི་བསྟན་པ་ལས་ཆོག་སོགས་ཀྱི་སྒྲ་མི་སྣང་བར་གྱུར་ཀྱང་སྡིག་པ་མི་བྱེད་སྙམ་པ་རེ་ཡིད་ལ་འཆར་བའི་གང་ཟག་རེ་ཡོད་ན་དེའི་ཕྱོགས་དེ་ན་ད་དུང་བསྟན་པ་ཡོད་ཅེས་སྨྲ་དགོས་གསུངས་པས་སེམས་ཅན་གྱི་རྒྱུད་ན་དགེ་སེམས་ཕྲན་བུའང་མེད་པའི་དུས་སུ་བསྟན་པ་མཐའ་དག་ནུབ་པར་འདོད་དགོས་སོ། །

དེ་ལྟར་ན་བསྟན་པའི་ལྷག་ཞབས་འདི་ལ་ཆེ་ཟིན་ཆུང་ཟིན་བྱེད་དགོས་པ་ནི། དཔེར་ན་ཉི་མ་ནུབ་ཁར་སླེབས་པ་དང་ལས་བྱེད་པ་རྣམས་བྲེལ་ཞིང་རྩོལ་བ་ཆེས་ཆེར་སྐྱེད་པ་བཞིན་ནོ། །བཅོམ་ལྡན་འདས་ཀྱིས་ཀྱང་། མར་མེ་འཆི་བའི་འོད་བཞིན་དུ། །ང་ཡི་བསྟན་པ་ནུབ་ཁར་གསལ། །ཞེས་དང་། མདོ་བསྐལ་བཟང་ལས། ཆོས་ནུབ་མཐའ་དང་དན་སོང་འཕེལ་བ་ན། །མཁས་པ་ཤིན་ཏུ་ཡིད་དབྱུང་བསྐྱེད་བྱས་ནས། །ཞེས་སོགས་དང་། འདུལ་བ་ལས། དགེ་སློང་དག་ཤེས་པ་ནི་འགྲིབ། སྲོག་ནི་འཆད། ཚེ་ཡི་འདུ་བྱེད་ནི་འདོར། སྟོན་པའི་བསྟན་པ་ཡང་ངེས་པར་འཇིག་པར་འགྱུར་ན། ཅིའི་ཕྱིར་བརྩོན་འགྲུས་དང་བརྟུལ་བ་བརྟན་པོ་སྒྲུབ་པར་མི་བྱེད། ཅེས་སོགས་མང་དུ་གསུངས་པའི་ཕྱིར་རོ། །

ད་ལྟ་འབྲས་བུ་མཐར་ཐུག་རྡོ་རྗེའི་ཐེག་པ་དང་ཡང་གསང་ཀུན་བཟང་ཐུགས་ཀྱི་བསྟན་པ་དར་བ་འདི་ལྟ་བུ་ལས་ལམ་གཞན་གྱིས་ཉོན་མོངས་པ་གདུལ་དཀའ་བར་གསུངས་པའང་གང་ཟག་གི་ངོས་ནས་འཇོག་དགོས་ཏེ། གང་ཟག་ཤེས་རབ་ཅན་ནི་ཐུན་མོང་མ་ཡིན་པའི་ལམ་སྒྲུབ་པའི་སྐལ་བ་ཅན་ཡིན་པས་ཟབ་ལམ་ལ་ཞུགས་པས་ཆོག་ཅིང་དེའི་རྒྱུད་ན་ཉོན་མོངས་པ་རགས་ཤིང་མང་བ་བཞིན་ཏུ་ཐབས་ཤེས་ཁྱད་པར་ཅན་སྔགས་ཀྱི་ལམ་ཡང་ཇི་སྙུར་ཇེ་ཟབ་ཏུ་འགྲོ་བ་ཡིན་པའི་ཕྱིར་ཏེ་སྦྲང་བུ་བུད་ཤིང་མང་ན་གཉེན་པོ་མེ་ཆེར་འབར་བའི་གྲོགས་སུ་འགྱུར་བ་བཞིན་ནོ། །ཉན་ཐོས་པ་ལ་ཐར་བའི་གེགས་སུ་གྱུར་པའི་འདོད་ཡོན་ལ་བག་མེད་དུ་སྤྱོད་པའི་སྡིག་པ་ཆེན་པོ་ཡང་བྱང་ཆུབ་ཀྱི་སེམས་དང་ཐབས་མཁས་ཟབ་མོའི་ལམ་གྱིས་ནི་སྦྲང་བུ་འདོད་པའི་ཡོན་ཏན་ལྟར་སྤྱོད་ཀྱང་དགེ་བ་ཆེན་པོར་གྱུར་བས་གཉེན་པོའི་གྲོགས་སུ་འགྱུར་བའི་ཕྱིར་རོ། །

གང་ཞིག་སྤྱང་བྱ་ཉོན་མོངས་ཆེ་ལ་མང་ཡང་སྤྱང་བར་མི་སྤྱོ་ལམ་དུ་བྱེད་པའི་གཉེན་པོ་བསྟེན་ནུས་ཤིང་བྱང་ཆུབ་འདོད་པའི་དབང་རྣོན་ལ་དགོངས་ནས་རྡོ་རྗེའི་ཐེག་པ་གསུངས་ཏེ། གསང་འདུས་ལས། སྒོ་གསུམ་དང་འདོད་ཆགས་ཞེ་སྡང་གཏི་མུག་རྣམས་རྡོ་རྗེ་ཡི་རང་བཞིན་ཡིན་པ་ལ་དགའ་ཞིང་རྣམ་པར་རྣལ་འབྱོར་དེ་ལ་གནས། དེས་ན་སངས་རྒྱས་རྣམས་ཀྱི་ཐབས་རྡོ་རྗེའི་ཐེག་པ་ཞེས་བྱའོ། །ཞེས་གསུངས་སོ། །སྤྱང་བྱ་མེད་ན་གཉེན་པོ་ལ་ཟབ་པའི་ཁྱད་ཆོས་འདོན་རྒྱུ་མེད་པ་ནི་འདུལ་བ་ལས་ཀྱང་འདོད་པ་མེད་པའི་མ་ནིང་སོགས་ལ་སྡོམ་པའི་ཁྱད་པར་བཞག་ཏུ་མེད་པར་བཤད་པ་ལྟར་རོ། །ལམ་གང་ཡིན་ཡང་སྤྱང་བྱའི་གཉེན་པོར་སོང་ན་ཟབ་ཅེས་བྱ་ལ་གཞན་དུ་ན་ཟབ་པའི་དོན་མེད་དོ། །སྤྱིར་ཡང་སྔགས་ཀྱི་ཐེག་པ་ན་སྤྱང་བྱ་ཤིན་ཏུ་ཟབ་ཅིང་ཕྲ་བ་དུག་གསུམ་ཆ་མཉམ་མམ་སྣང་གསུམ་འཕོ་བའི་བག་ཆགས་སྤྱོད་བྱེད་ཡིན་ཏེ། སྤྱང་བྱ་ཕྲ་བ་མཐར་ཐུག་སྤྱོང་བ་ལ་ལམ་མཐར་ཐུག་བརྟེན་དགོས་པ་ལུང་རིགས་གཉིས་ཀས་གྲུབ་པས་སངས་རྒྱས་ཐམས་ཅད་མཐར་ཐུག་སྔགས་ཀྱི་ཐེག་པར་མ་བརྟེན་པ་མེད་པར་གསུངས་པས། སྔགས་ཀྱི་ལམ་ཟབ་པ་ཡིན་མོད་སྒྲུབ་པ་པོ་གང་ཟག་མ་ཟབ་ན་བསྒྲུབ་བྱའི་ཆོས་ཟབ་པས་མི་འོང་སྟེ། དབང་པོ་རྣོན་པོའི་དབང་བྱས་པས། །སྔགས་ཀྱི་ཐེག་པ་ཁྱད་པར་འཕགས། །ཞེས་པའང་དེ་ཡིན་པའི་ཕྱིར། དཔེར་ན་གསེར་འགྱུར་ལྕགས་ལ་བཏབ་སྟེ་གསེར་དུ་འགྱུར་བའང་ལྕགས་ལ་གསེར་ལེན་པའི་ནུས་པ་ཡོད་པས་ཡིན་གྱི། གཞན་ཤིང་སོགས་ལ་བཏབ་པས་གསེར་མི་འབྱུང་བ་བཞིན་ནོ། །ཕྱིག་པོ་ཆེ་བཙུན་ཐབས་ཀྱིས་གྲོལ་བར་བཤད་པ་སོགས་ཀྱང་སྦྱངས་འཕྲོའི་བག་ཆགས་ཡོད་པ་དང་དབང་རབ་དད་ལྡན་ཞིག་ངེས་པར་དགོས་པ་ཡིན་ནོ། །གང་ཟག་དབང་རྟུལ་ཡིན་ན་ནི་འདུལ་བའི་རྟགས་ཙམ་ཡིན་ལ་རིམ་སློབ་བྱེད་དགོས་མ་གཏོགས་སྟོང་པོ་བཞག་ཏེ་ཡལ་གར་བསྐྱེགས་པས་ལྟུང་བ་བཞིན་ཐམས་ཅད་མེད་པར་འགྱུར་བས་སྟར་བཤད་པ་ལྟར་བྱའོ། །ཤེས་རབ་མེད་ན་ཐབས་ལམ་འབའ་ཞིག་གིས་མི་གྲོལ་བ་ནི་མདོ་ལམ་ནའང་ཡོད་ཅིང་ཐབས་མང་བ་དང་ཐབས་ལ་མཁས་པའང་ཤེས་རབ་ཆེ་བས་ཡིན་ནོ། །

དེས་ན་ཚེ་འདིར་མཆོག་གི་དངོས་གྲུབ་མ་འགྲུབ་ཀྱང་དབང་ཐོབ་པའི་དམ་ཚིག་དང་ཡི་དམ་གྱི་ལྷ་སྒྲུབ་པ་དང་དེའི་བསྙེན་པའང་ལྷག་པོར་བཟླས་ན་ཕན་ཡོན་ཆེས་ཆེ་བ་དང་། ཆོས་གཞན་

པས་ཀྱང་ཉེ་ལམ་ཟབ་མོ་སྔགས་ལ་ཞུགས་པའི་བག་ཆགས་ཁྱད་པར་ཅན་ཐོབ་པ་དང་། ཕར་ཕྱིན་ཐེག་པ་བས་བསྐལ་པ་གྲངས་མེད་བསྒོན་ཀྱང་ཐོབ་དཀའ་བའང་དབང་པོ་ཤིན་ཏུ་ཐ་མས་ཀྱང་དཀྱིལ་འཁོར་མཐོང་ཞིང་། དམ་ཚིག་དག་པ་དང་སྔགས་བཟླ་བ་ཙམ་ལས་རིམ་གཉིས་ལ་འབད་པ་མེད་ཀྱང་སྐྱེ་བ་བཅུ་དྲུག་ན་མཆོག་གི་དངོས་གྲུབ་འགྲུབ་སྟེ། དམ་ཚིག་ལྔ་པ་ལས། གལ་ཏེ་ལྟུང་བ་མེད་གྱུར་ན། །སྐྱེ་བ་བཅུ་དྲུག་དག་ན་འགྲུབ། །ཅེས་སོགས་གསུངས་པ་ནི་ངེས་པ་ཡིན་ལ། དེ་མིན་པར་འདུལ་བས་མི་ཕན་ཞེས་རྟགས་ཙམ་དེ་ཡང་དོར་ནས་སྔགས་ཁོ་ན་ལ་འབད་པ་མང་ཡང་ཚེ་འདིར་མཆོག་ཐུན་གྱི་དངོས་གྲུབ་ཐོབ་པ་འགའ་ལ་ནུང་མོད་ཐམས་ཅད་ལ་མ་ངེས་ཏེ། སྟོན་ཉན་ཐོས་ཀྱི་ལམ་ལ་བརྟེན་ནས་ཚེ་དེར་འབྲས་བུ་ཐོབ་པ་དེ་འདྲ་ད་ལྟ་སྔགས་ལ་ཞུགས་པ་དག་ལའང་དངོས་སུ་མཐོང་ཆོས་སུ་སྣང་བ་དཀོན་འདུག་པ་འདི་ལ་བལྟས་ན་འོག་མ་སྤངས་ཏེ་སྔགས་ཟབ་ཅེས་དེ་གཙོ་བོར་འཛིན་པའང་དཀའ་འོ། །

ཡང་བློ་ཆུང་གང་དག་རང་བློས་མ་ལྟོག་པའི་ལན་གྱིས་སྔགས་ཀྱིས་ཚེ་གཅིག་ལ་འཚང་རྒྱ་བ་དང་། ལུས་ངག་ཡིད་གསུམ་མ་སྤྲངས་པར་སྐུ་གསུང་ཐུགས་འགྲུབ་པའི་ཉེ་ལམ་ལ་ཐེ་ཚོམ་ཟ་ཞིང་ཁས་མི་ལེན་ལ། ཐུན་མོང་གི་ལམ་ཁོ་ནས་སངས་རྒྱས་འགྲུབ་ཅིང་དེ་ཡང་གྲངས་མེད་གསུམ་སོགས་ཀྱིས་སྦྱང་དགོས་ཞེས་འདོད་པ་དེས་ལམ་ལྔ་ས་བཅུ་གྲངས་མེད་གསུམ་སོགས་བགྲོད་ཀྱི་བར་ཙམ་དུ་སྡུག་བསྔལ་མྱོང་དགོས་པ་འཕགས་པ་ སྤྲོད་བཙན་སྨན་པོས་གསུངས་སོ། །

ལར་སྡོམ་པ་གསུམ་པོ་གཅིག་འགྲོ་གཅིག་འདུག་དགོས་རྒྱུ་ར་ཅན་དང་ལོང་ཅན་ལྟ་བུ་ཞིག་ནི་གཏན་ནས་མིན་པས་སྔར་བཤད་པ་བཞིན་མདོ་སྔགས་ཐམས་ཅད་རང་རྒྱུད་དང་སྦྱར་ནས་ཉམས་སུ་ལེན་པ་ལ་མཁས་པ་འདི་ནི་ཤིན་ཏུ་གནད་འགག་དམ་པ་ཞིག་ཡིན་ནོ། །

དེ་དག་གི་གནད་མདོར་བསྡུ་ན་འདི་ལྟར་ལགས་ཏེ། སྦྱང་གཞི་འོད་གསལ་བའི་སྙིང་པོ་ལ་སྦྱང་བྱ་སྒྲིབ་པ་གསུམ་རྟེན་སྒོ་གསུམ་ཀུན་སློང་ཉོན་མོངས་གསུམ་འབྲས་བུ་ཁམས་གསུམ་རྒྱུ་ལས་གསུམ་སྟེ་དེ་རྣམས་སྦྱོང་བྱེད་སྡོམ་པ་གསུམ་སྦྱངས་འབྲས་སྐུ་གསུམ་སོགས་སུ་འདུས་ལ། སྡོམ་པ་གསུམ་པོའི་སྐབས་ཀྱི་ཉེས་སྤྱོད་སྡོམ་པ་དང་དགེ་ཆོས་སྡུད་པ་ལ། སོ་ཐར་གྱིས་གཞན་ལ་གནོད་པ་སྤོང་བ་གཙོ་

བོར་བྱེད། བྱང་སེམས་ཀྱིས་གཞན་གནོད་སྤོང་བའི་སྙིང་ཕན་པ་སྒྲུབ་པ་གཙོ་བོར་བྱེད་པ་སྟེ་ལྟ་གས་ཟངས་དངུལ་དུ་གྱུར་པ་བཞིན་ནོ། །གསང་སྔགས་ཀྱིས་གཞན་གནོད་སྤོང་བ་དང་ཕན་བདེ་སྒྲུབ་པ་ལ་སོགས་པ་དངུལ་གསེར་དུ་གྱུར་པ་བཞིན་འོག་མ་ལས་ཟབ་ཅིང་རྒྱ་ཆེ་ལ། དེ་མིན་གསུམ་པོ་གནད་གཅིག་པ་ལས་མི་འགལ་ཞིང་། སྡིག་སྤོང་དགེ་སྒྲུབ་རྣམས་གསུམ་པོ་ལ་དོན་གྱིས་ཚང་དགོས་པ་དེ་དག་གཅིག་ཏུ་སོང་ན་ངོ་བོ་གནས་གྱུར་ཡིན། སོ་ཐར་ངེས་འབྱུང་གིས་ཟིན་པའི་སྡོམ་པ་ལུས་ངག་གཙོ་བས་ཕྱི་དང་། བྱང་སེམས་གཞན་ཕན་སྙིང་རྗེས་ཟིན་པའི་སྡོམ་པ་སེམས་གཙོ་བས་ནང་དང་། སྔགས་སུ་སེམས་ཅན་རང་བཞིན་གྱིས་དག་པའི་སངས་རྒྱས་སུ་བལྟས་ཏེ་གློ་བུར་གྱི་དྲི་མ་སྦྱོང་བའི་སེམས་བསྐྱེད་པ་སོགས་ཐབས་ཤེས་ཁྱད་པར་ཅན་དག་སྣང་གིས་ཟིན་པའི་རྡོ་རྗེ་གསུམ་གྱི་དམ་ཚིག་སོགས་འོག་མ་ར་མ་གྲགས་པས་གསང་བ་ཞེས་དབྱེ་བ་ཙམ་མོ། །

མདོ་ལས། སྡིག་པ་ཅི་ཡང་མི་བྱ་ཞིང་སོགས་གསུངས་པ། སོ་ཐར་བས་བསླབ་པ་གསུམ་ལ་སྦྱར། བྱང་སེམས་ཀྱིས་ཚུལ་ཁྲིམས་གསུམ་ལ་སྦྱར་ཏེ་བྱང་སེམས་ཀྱིས་རང་སེམས་འདུལ་བ་ནི་སེམས་ཅན་དོན་བྱེད་ཀྱི་མི་མཐུན་སོགས་རང་དོན་ཡིད་བྱེད་དེ་འདུལ་ཞིང་གཞན་སེམས་འདུལ་བའང་གཙོ་བོར་བྱེད། སྔགས་ཀྱི་བསྐྱེད་རྫོགས་ཟུང་འཇུག་གསུམ་ལ་སྦྱར་ཏེ། སྔགས་ཀྱི་སྡིག་པའི་རྩ་བ་མ་དག་མཚན་འཛིན་སོགས་ཡིན་ཞིང་དམན་ལམ་སྐབས་འཁོར་བ་སྡུག་བསྔལ་དང་མ་དག་སྣང་ཞེན་རང་དོན་ཡིད་བྱེད་སོགས་སྔགས་ཀྱི་སྤྱང་བྱ་སྟེ། དེ་ལྟར་བལྟ་བ་རྩ་ལྟུང་ཡིན་དེ་དག་གནས་འགྱུར་དགོས་སོ། །འཇམ་དཔལ་གྱིས་དམན་ལམ་སྐབས་དགེ་བ་རང་མཚན་ཅན་དུ་བལྟས་ནས་བསྒྲུབ་པ་སོགས་བཤགས་བྱར་གསུངས་པ་ལྟར་རོ། །

ཡང་སངས་རྒྱས་ཀྱི་མཚན་བཟུང་བ་སོགས་གསུངས་པ་ལ།དསྤྱིར་སྔགས་བཟླ་བའང་སངས་རྒྱས་བྱང་སེམས་ཀྱི་མཚན་བཟུང་བ་དང་ལྷ་སྒོམ་པའང་སངས་རྒྱས་རྗེས་སུ་དྲན་པ་ཡིན་པས་ཅི་མང་བཟླས་ན་ཕན་ཡོན་བསམ་གྱིས་མི་ཁྱབ་ཅིང་། ཁྱད་པར་དུ་ཚེ་འདིར་སངས་རྒྱས་པར་བྱེད་ཐབས། སྒོ་དབང་གིས་ཕྱེས། གཞི་དམ་ཚིག་གིས་བཟུང་། ཐག་ལྟ་བས་བཅད། བོགས་སྒོམ་པས་དབྱུང་། ལ་སྤྱོད་པས་དོར་བ་སྟེ། སྔགས་མཚན་ཉིད་པའི་ཡན་ལག་ཚང་བས་ལྷ་སྒོམ་སྔགས་བཟླས་སོགས་ནི་ཚེ

འདི་འམ་འཆི་ཁ་བར་དོ་འམ་རིང་པོར་མི་ཐོགས་པར་འཚང་རྒྱ་བའི་ལམ་ཡིན་པས་སྒྲ་ཇི་བཞིན་པར་གཟུང་དགོས།

གཞན་ཡང་ལུང་དང་བསྟུན་ན། སྙིགས་དུས་སུ་ཐུན་མོང་གི་ཐེག་པ་བས་འབྲས་བུ་མི་འགྲུབ་སྟེ། རྣལ་འབྱོར་མ་ཀུན་ཏུ་སྤྱོད་པ་ལས། གཞན་ཡང་ཕྱི་མའི་དུས་ཀྱི་ཚེ། །དུས་མཐར་དངོས་གྲུབ་མི་ཐོབ་སྟེ། །ཆོས་འདི་དེ་ལྟར་ཤེས་ནས་ནི། །བསམ་པ་ཐམས་ཅད་རྫོགས་བྱེད་ཡིན། །ཞེས་གསུངས་པའི་ཕྱིར། སྔགས་ཀྱི་ཐེག་པས་ནི་དུས་མཐའི་ཚེ་དེར་དངོས་གྲུབ་ཐོབ་སྟེ། ཁྲག་འཐུང་མངོན་འབྱུང་ལས། ཧེ་རུ་ཀ་དཔལ་བཟུང་བྱས་ན། །སྙིགས་མའི་དུས་སུ་འགྲུབ་པར་འགྱུར། །ཞེས་གསུངས་པའི་ཕྱིར་ད་ལྟའི་དུས་སུ་སྔགས་ལ་འཇུག་པ་ཁོ་ན་གལ་ཆེའོ། །བསྐལ་པ་རྫོགས་ལྡན་དུས་ལས་རིམ་པར་བབླས་པའི་གྲངས་གཉིས་འགྱུར་སོགས་བཟླ་བར་གསུངས་པ་ནི་སངས་རྒྱས་ཀྱི་གསུང་དང་སྔགས་ཀྱི་བྱིན་རླབས་ཉམས་པ་མི་སྲིད་ཀྱང་གདུལ་བྱའི་བློ་ཉམས་ཤིང་ཐེ་ཚོམ་དང་ལས་སྒྲིབ་ཆེ་ཞིང་ཉིང་ངེ་འཛིན་བརྟན་པོ་མེད་པ་ལ་དགོངས་སོ། །

སངས་ རྒྱས་ རེའི་ མཚན་ བསྒྲགས་ པས་ འཚང་ རྒྱ་ བར་ གསུངས་ པ་ དེ་ འདྲ་ དུས་ གཞན་ ལ་ དགོངས་ནས་བཤད་པ་སྟེ་སྐྱེ་བ་བརྒྱུད་ནས་འཚང་རྒྱ་བའི་རྒྱུར་འགྲོ་བའི་ཕྱིར་དྲང་དོན་ཡང་ཡོད། མཚན་བཟུང་བ་དང་ཐོས་པ་ཙམ་གྱི་གནས་སྐབས་ཀྱི་ཕན་ཡོན་བཤད་པ་རྣམས་ནི་ངེས་པ་སྟེ་སངས་རྒྱས་ཀྱི་མཚན་ཐོས་པས་དུད་འགྲོའི་སྐྱེ་བ་བཟློག་པ་སོགས་ལོ་རྒྱུས་མང་དུ་ཡོད་པའི་ཕྱིར་རོ། །ཡང་སངས་རྒྱས་བདུད་བཞི་བཅོམ་པ་ལ་བདུད་ཀྱིས་གླགས་ལྟ་བ་ཞེས་སོགས་གསུངས་པ་ལ། བྱམས་པའི་སྟོབས་དང་རྒྱལ་བའི་ཆེ་བ་སྟོན་པའི་ཕྱིར་དང་འཇིག་རྟེན་གྱི་ཆེ་རྒྱུ་དྲེགས་ཅན་རྣམས་ཐོག་མར་འདུལ་བའི་ཕྱིར། བདུད་བསྐུལ་བ་དང་བཅོམ་པ་སོགས་ཚུལ་བསྟན་གྱི་མཛད་པ་སོགས་སྤྱོད་ཡུལ་བསམ་གྱིས་མི་ཁྱབ་པ་ཡིན་ལ། སངས་རྒྱས་ཉིད་ལ་ནི་ཆོས་དབྱིངས་མངོན་དུ་གྱུར་པའི་ཕྱིར་བདུད་ཀྱི་མིང་ཙམ་ཡང་མི་རྒྱུ་ཞིང་གློ་བུར་གྱི་བདུད་ནི་སྤངས་ཟིན་པའི་ཕྱིར་སླར་ལྡང་བ་མི་སྲིད་དེ། དཔེར་ན་དགོས་པའི་དབང་གིས་ཞབས་ལ་སེང་ལྡེང་གི་ཚལ་བ་ཟུག་པ་སོགས་ལས་ཀྱི་རྣམ་སྨིན་སྨྱོང་བའི་ཚུལ་སྟོན་པ་བཞིན་ནོ། །

འདུལ་མདོན་ལས་སངས་རྒྱས་གང་ཟག་རང་རྒྱུད་པ་ལམ་མས་སྨྲང་གི་སངས་རྒྱས་སུ་སྟོན་པ་ནི་གདུལ་བྱའི་ངོར་དྲང་དོན་ཡིན་ལ། ཐེག་པ་ཆེན་པོ་རྣམས་སུ་བསྐལ་པ་གྲངས་མེད་སྔོན་ནས་སངས་རྒྱས་པར་བཤད་ཅིང་ཤཱཀྱ་ཐུབ་པ་སྤྲུལ་པ་ཡིན་པས་དེ་ལ་བདུད་དང་ལས་ཀྱི་རྣམ་སྨིན་སྨྱོང་བ་སོགས་མི་སྲིད་དོ། །བསྟན་པ་དང་རྗེས་འཇུག་ལ་བདུད་ཀྱི་གླགས་ལྟ་བའང་བསྟན་པ་དངོས་ནི་ཆོས་ཀྱི་སྐུ་ཡིན་པས་གླགས་ལྟ་བ་སྲིད་ཀྱང་གླགས་རྙེད་པར་མི་སྲིད་དེ་བསྟན་པ་རིན་པོ་ཆེ་ཉིད་སེང་གེ་ཤི་བའི་རོ་བཞིན་གཞན་གྱིས་འཇིག་མི་ནུས་པར་བཤད་ལ། རྗེས་འཇུག་གིས་ཉམས་སུ་ལེན་པའི་ཚེ་བདུད་དང་བདུད་ལས་འབྱུང་བ་ནི། རིན་ཆེན་ཆོས་ཀྱང་དཀོན་ལ་འཚེ་བའང་མང་ཞེས་པས་ཟབ་མོའི་ཆོས་དང་འཕྲད་པ་ལ་བར་ཆད་མང་བ་དེ་ཡང་སེམས་ཅན་རང་རང་གི་བདག་འཛིན་ལས་ཉོན་གྱིས་བསྐྱེད་པ་ཡིན་གྱི་ཕྱིའི་ཡུལ་ན་བདུད་ཅེས་པ་མེད་དེ། སྤྱོད་འཇུག་ལས། འཇིག་རྟེན་དག་ན་འཚེ་བ་གང་ཡོད་དང་། །འཇིགས་དང་སྡུག་བསྔལ་ཇི་སྙེད་ཡོད་པ་རྣམས། །དེ་ཀུན་བདག་ཏུ་འཛིན་པ་ལས་བྱུང་ན། །འདྲེ་ཆེན་དེས་ཀོ་བདག་ལ་ཅི་ཞིག་བྱ། །ཞེས་སོགས་མང་དུ་གསུངས་པའི་ཕྱིར། བདུད་ལ་སོགས་པ་རྣམས་ཕྱི་ན་ཡོད་ན་ནི་སེམས་ཅན་སུ་ལའང་བདུད་ཀྱིས་གླགས་ལྟ་བ་མི་སྲིད་དེ། སངས་རྒྱས་རེ་རེས་ཀྱང་ཁམས་གསུམ་གྱི་བདུད་མ་ལུས་པ་སྤངས་ཟིན་པའི་ཕྱིར། དེས་ན་སེམས་ཅན་རང་རང་གི་བདག་འཛིན་ལས་ཉོན་མ་ཟད་པར་བདུད་ཀྱང་མི་འཛད་དོ། །སེམས་ཅན་སྤྱི་མཐུན་གྱི་འཕྲུལ་གཞི་བདུད་དགའ་རབ་དབང་ཕྱུག་ལྟ་བུའང་རང་རང་གི་ལས་སྣང་ཡུལ་ལ་ཤར་བ་ཡིན་ནོ། །

སེམས་ཅན་རྣམས་ཀྱིས་རང་སེམས་ཐུལ་ན་བདུད་ཀྱང་ཐུལ་བ་ཡིན་ཏེ། རྒྱུད་ལས། གང་གིས་རང་གི་སེམས་འདུལ་ན། །གང་ལས་བདུད་ནི་འབྱུང་བར་འགྱུར། །བདུད་མེད་བདུད་ཀྱི་ལས་ཀྱང་མེད། །རང་གིས་སེམས་ཀྱིས་བཅིངས་པ་བཞིན། །ཞེས་གསུངས་པའི་ཕྱིར། ཡང་བཅས་འགལ་དང་སྲུང་སྡོམ་གི་ཉེས་ཕན་ཆེ་ཆུང་སོགས་གསུངས་པ་ལ། སྤྱིར་བཅས་པ་དང་འབྲེལ་ཚུན་ཆད་སྡོམ་པ་སྣ་རེ་བསྲུངས་པའི་ཕན་ཡོན་སྔར་བཤད་པ་ལྟར་ལ་ཉམས་པའི་བཅས་སྟེག་ཀྱི་ཉེས་དམིགས་ལོས་ཡོད། དཔེར་ན་ཞིང་ས་བཟང་པོ་ཡོད་པའི་སོ་ནམས་ལ་བརྩོན་དགོས་སད་སེར་གྱི་གནོད་པའང་བསྲུང་

དགོས་ཀྱང་འབྲས་བུ་ལོངས་སྤྱོད་རྒྱུན་མི་འཆད་པའི་བདེ་བ་མྱོང་རྒྱུ་ཡོད་ལ། ཞིང་མེད་པའི་སྦྱང་པོ་ལྟ་བུ་ལ་དེ་དག་མེད་དོ། །

དེ་བཞིན་དུ་བཅས་ལྡན་གྱི་རབ་ཏུ་བྱུང་བ་རྣམས་བསླབ་པ་ལ་འབད་ཅིང་ལྷུང་བ་ལས་བསྲུང་དགོས་ཀྱང་རྒྱ་སྡོམ་པའི་དགེ་བ་དང་འབྲས་བུ་འཕྲུལ་ཞུགས་ཀྱི་བདེ་བ་རྒྱུན་མི་འཆད་པ་ཡོད་ལ། བཅས་ཁྲིམས་དང་མི་ལྡན་པའི་ཁྱིམ་པ་ལྟ་བུ་ལ་བསླབ་པ་བསྲུང་བ་དང་འགལ་ཟླ་སྤོང་བའི་བརྩོན་པ་མི་དགོས་ཤིང་། ཉམས་པ་དང་བསྲུངས་པའི་ཉེས་ཕན་ཡང་མེད་དོ། །དེས་ན་སྡོམ་པའི་རྩ་བ་ནས་བསྲུང་དགོས་ཏེ། སོར་སྡོམ་གྱི་རྩ་བའི་ཕམ་པ་གཅིག་བྱུང་ན་ཉེས་བརྒྱ་ལྷ་བཅུ་པོ་ཉམས་ཤིང་སྲུང་ནུས་མེད་པར་བྱེད་པས་ཡན་ལག་གཞན་རྣམས་ཀྱང་ནུས་པ་ཆུང་བ་དང་འགལ་ནའང་ཉམས་པ་ལྟུང་བ་ལ་སྦྱོར་ན་ཉེས་བྱས་ཙམ་རེ་ལས་མི་སྐྱེད་པ་ཡིན་ཞིང་ལྟུང་བ་དེ་ལས་ཡན་ལག་ལྷག་མ་ཙམ་དེ་དག་བསྲུངས་པས་སྐྱོབ་མི་ནུས་པས་དམྱལ་བར་ངེས་པར་ལྟུང་ངོ༎ ཨེ་ལའི་འདབ་ཀྱི་ལོ་རྒྱུས་དང་སྣ་རེ་ཉམས་སྣ་རེ་བསྲུངས་པའི་ཉེས་ཕན་ལས་བདེ་སྡུག་འདྲེས་མ་མྱོང་ཚུལ་གྲོ་བཞིན་སྐྱེས་ཀྱི་གཏམ་རྒྱུད་སོགས་མང་དུ་ཡོད་པའི་ཕྱིར་རོ། །བྱང་སྡོམ་ཉམས་ནའང་དམྱལ་བར་སྐྱེ་སྟེ་བྱང་སེམས་ལ་ཕྲག་དོག་གམ་ཁྲོ་བ་ལྟ་བུ་ཤིན་ཏུ་ལྟུང་བ་ཆེན་པོ་བྱུང་ན་གཉེན་པོ་སེམས་བསྐྱེད་དང་བཅས་པ་མཐུ་མེད་པར་བྱེད་པས་ན་སྨོན་སེམས་ཙམ་རེ་ཡོད་པས་རེ་ཞིག་མི་སྐྱོབ་ཅིང་འཇུག་སེམས་བསྲུངས་པའི་དགེ་བའི་ས་བོན་ཙམ་རེ་ཡོད་ཀྱང་ལན་གྲངས་གཞན་ལ་སྨིན་པའི་ལས་སུ་འགྱུབ་པའི་ཕྱིར། བྱང་ཆུབ་ཀྱི་སེམས་བསྲུངས་བས་བྱང་སེམས་གཞན་ལ་སྐུར་འདེབས་ཀྱི་རྒྱུ་མཐུན་མྱོང་ལ་རྣམ་སྨིན་དམྱལ་བ་སོགས་མི་མྱོང་བའི་ལུང་ཡང་ཡོད་དོ། །སེམས་བསྐྱེད་ཀྱིས་མཚམས་མེད་པའི་སྡིག་པ་སོགས་ཟིལ་གྱིས་གནོན་པར་གསུངས་པ་རྣམས་ནི་རང་བཞིན་གྱི་སྡིག་པ་སྔར་ཡོད་རྣམས་རེ་ཞིག་རྣམ་སྨིན་མི་འབྱིན་ཅིང་ཉེས་པ་རིམ་གྱིས་སྲབ་པ་ལ་དགོངས་པ་ཡིན། འདི་ནི་བཅས་ལྟུང་ཡིན་ལ་བསྒོམ་པའི་སྟོབས་ལས་བྱུང་བའི་བཟོད་པ་དང་དོན་དམ་སེམས་བསྐྱེད་དང་ཟག་མེད་ཀྱི་སྡོམ་པ་མ་སྐྱེས་བར་དུ་ལས་ཀྱི་དབང་གིས་ངན་སོང་དུ་མི་སྐྱེ་བའི་ངེས་པའང་མེད་དེ། ལས་ཀྱི་རྣམ་པར་སྨིན་པ་བསམ་མི་ཁྱབ། །སྙིང་རྗེའི་བདག་ཉིད་ཅན་ཡང་དུད་འགྲོར་སྐྱེ། །ཞེས་དང་སངས་རྒྱས་ཀྱི་སྐྱེས

རབས་རྣམས་ལས་འབྱུང་བ་ལྟར་ཡིན་ནོ། །འོན་ཀྱང་སེམས་བསྐྱེད་བཏང་བའི་རྒྱ་ལྟུང་མ་བྱུང་ན་ལྟུང་བ་གཞན་གྱིས་ལན་རེར་དམྱལ་བར་འཕེན་ཡང་འཕེན་བྱེད་ཀྱིས་རྣམ་སྨིན་གཅིག་འཕངས་པ་དེ་ལ་རྫོགས་བྱེད་ཀྱིས་ཚེ་ཚད་དང་སྡུག་བསྔལ་གྱི་ཁྱད་པར་རྣམས་ཡུད་ཙམ་གྱིས་རྫོགས་ཏེ་མྱོང་ནས་སེམས་བསྐྱེད་ཀྱི་སྟོབས་ལས་མྱུར་དུ་ཐར་བར་འགྱུར་བའང་ཡོད་དོ། །སྔགས་ཀྱི་དབང་བསྐུར་ཐོབ་པའི་དམ་སྡོམ་ཚུལ་བཞིན་མ་བྱུང་བར་ཉམས་ན་ལྷ་བསྒོམ་སྔགས་བཟླས་ཀྱི་ཕན་ཡོན་མང་པོ་བཤད་པས་མི་སྐྱོབ་པར་ངེས་པར་རྡོ་རྗེའི་དམྱལ་བར་འགྲོ་སྟེ་བསྔགས་བའི་ཕན་ཡོན་ལ་ཟབ་མྱུར་གྱིས་ཁྱད་པར་ཡོད་པ་བཞིན་ཉམས་པའི་ཉེས་དམིགས་ལའང་ཁྱད་པར་ཆེས་ཡོད་པའི་ཕྱིར། ཁྱད་པར་དུ་བླ་མ་སློབ་པའི་རྩ་ལྟུང་དང་བཀའ་འདས་ཀྱི་རྩ་ལྟུང་བྱུང་ན་ནི་དེ་མ་བཅོས་ཀྱི་བར་དུ་ལམ་བསྒྲུབས་པ་ལ་འབྲས་བུ་མེད་ཅིང་ཡན་ལག་གཞན་བསྲུངས་པས་ཀྱང་ཕན་པ་མེད་དེ། དེས་ན་སྡོམ་པ་སྣ་རེ་ཙམ་ཡོད་པ་དང་བསྙེན་པ་ལ་ཞུགས་པ་ཙམ་བྱས་པའི་འབྲས་བུ་ནི་འཁོར་བའི་མཐའ་ལ་འབྱུང་གི། ཉམས་པའི་འབྲས་བུ་ནི་འཕྲལ་དུ་འབྱུང་བས་གནས་སྐབས་སུ་ནི་ཕན་ཡོན་ལས་ཉེས་དམིགས་ཆེའོ། །

ཡང་ཆོས་ལ་འབྲེལ་བའི་བག་ཆགས་ཡོད་པའི་ངན་སོང་གི་སེམས་ཅན་རྣམས་ནི་ངན་འགྲོ་གཞན་དང་ཡང་མི་འདྲ་སྟེ། ཨོ་རྒྱན་ཆེན་པོས། ལོ་རེ་བཞིན་དུ་དབང་བསྐུར་བྱིན་བརླབས་ཞུས། །ལོ་བརྒྱ་ལོན་ན་དབང་བརྒྱ་ཐོབ་པ་ཡིན། །ཕྱི་མ་དུད་འགྲོར་སྐྱེས་ཀྱང་དབང་ཆེར་སྐྱེ། །ཞེས་གསུངས་པའི་ཕྱིར་དགེ་སྡིག་གི་རྒྱུ་འབྲས་བསླུ་མེད་འདི་ཡང་ཤིན་ཏུ་ཡིད་ཆེས་པའི་གནས་སུ་བལྟ་དགོས་སོ། །ཇོ་བོ་རྗེ་ལྷ་གཅིག་གིས། གཞན་ལས་འབྲས་ལ་ཐུང་ཟད་གཡེལ་བ་གཟིགས་ནས་ལས་འབྲས་ལ་གཟོབ། ལས་འབྲས་འདི་ཕྲ། སྙིང་ཁམས་མ་ཆེ། ཚེ་ཕྱི་མ་ལ་ཇི་ལྟར་འགྱུར་ཞེས་སྤྱན་ཆབ་འབྱུལ་ལ། །དེའི་ཕྱིར་སྡོམ་པ་གསུམ་པོའི་བཅས་འགལ་ཐམས་ཅད་ཇི་མི་སྙམ་དུ་མི་འཛོག་པར་སྤྱར་བྱས་ལ་འགྱོད་སེམས་དང་ཕྱིན་ཆད་སྲོག་ལ་བབས་ཀྱང་མི་བྱེད་པའི་སྡོམ་སེམས་ཀྱིས་བཤགས་སྦྱངས་ལ་འབད་ན་ནི་རྣམ་སྨིན་མྱོང་མི་དགོས་ཀྱང་ལམ་སྔེགས་ཀྱི་ཡོན་ཏན་ཐོབ་པ་ལ་ནི་ཤིན་ཏུ་འགོར་བས་དང་པོ་ནས་མི་ཉམས་པ་ལ་འབད་དགོས། བཤགས་པ་ལ་ཁག་འགེལ་ཏེ་ལྟུང་བ་ལ་བག་མེད་དུ་སྤྱོད་པ་ནི་སྨན་ལ་ཁག་འགེལ་ཏེ་དུག་ལ་འཛེམ་མེད་དུ་སྤྱོད་པ་བཞིན་ནོ། །

མདོར་ན་བདག་ནི་འདི་ལྟར་སྙམ་སྟེ། རང་བཞིན་གྱི་དགེ་བ་བར་མ་ཙམ་རེས་མཐོ་རིས་ནས་མཐོ་རིས་སུ་སྐྱེས་པ་བས། སྡོམ་པ་གསུམ་ཞུས་ཏེ་ཉམས་པས་ངན་སོང་ནས་ངན་སོང་དུ་འགྲོ་བར་གདམས་པ་ཡིན་ལགས། དེར་མ་ཟད་ལས་དང་ལས་ཀྱི་རྣམ་པར་སྨིན་པ་ནི་བསམ་གྱིས་མི་ཁྱབ་བོ་ཞེས་གསུངས་པས་འདི་རིགས་ཀྱི་རྣམ་བཞག་མཐར་ཐུག་པ་ནི་རྣམ་མཁྱེན་མ་ཐོབ་བར་ཇི་བཞིན་དཔོག་མི་ནུས་ལ། ཕྱོགས་ཙམ་རེ་ལ་ལུང་དང་རིགས་པས་ད་དུང་ཡང་འཆད་པར་སྤྲོ། དེ་ལྟར་དམ་པ་ཁྱོད་ཀྱིས་དྲི་བ་འདི་ནི་བསྟན་པ་ཐམས་ཅད་འགལ་མེད་དུ་ཉམས་སུ་ལེན་ཅིང་མི་ལུས་དོན་ཅན་དུ་བྱེད་པ་རྣམས་ལ་གནད་འགག་ཆེན་པོ་གཅིག་ཡོད་པར་ཤེས་ཏེ། འཕྲལ་དུ་བློ་ལ་གང་དྲན་ཙམ་བྲིས་པ་དེ་ག་ལགས། སྐྲའི་ཡི་གེའི་དོན་གསུངས་པ་འདི་ཟུར་གསལ་ཞུ།

ཞེས་གངས་ཅན་གྱི་རྡོ་རྗེ་འཆང་ཆེན་པོ་འཇམ་དབྱངས་མཁྱེན་བརྩེ་དབང་པོའི་དྲུང་ཡིག་མཁས་པ་ཚེ་རིང་བཀྲ་ཤིས་ཀྱིས་དགོངས་བཞེད་དྲིས་ལན་དུ་མང་དུ་ཐོས་ཀྱང་དོན་ལ་བླུན་པོའི་མཚན་གཞི་ཅན་མཁས་པའི་སྒྲོ་བཏགས་པ་རྨེ་རི་དགེ་སློང་བསོད་ནམས་ཆོས་འགྲུབ་ཀྱིས་དཔལ་སྤུངས་ཡང་ཁྲོད་ནས་བྲིས་པ་འདི་ཀུན་གྱི་ཐུགས་ཉམས་སུ་འཐད་པར་གྱུར་ཅིག །སརྦ་མངྒ་ལཾ། །དགེའོ།། །།

༄༅། །སྡོམ་གསུམ་རྣམ་འབྱེད་གསལ་བ་ཟླ་ཞུན་འོད་ཀྱི་འཕྲི་ཤིང་བཞུགས་སོ། །

སྤགས་བཙུན་བྱཱཀྵའི་མཚན་ཅན།

འདུས་མ་བྱས་དབྱིངས་དག་པ་གཉིས་ལྡན་མཁར། །ལྷུན་གྲུབ་ངེས་པ་ལྔ་ཡི་སྤྲིན་བཀོད་པའི། །སྒྱུ་འཕྲུལ་གར་གྱི་རོལ་པ་འབྱམས་སུ་ཀླུས། །སྐུ་གསུམ་ཞིང་གི་སྟོན་པ་ཕྲུག་གི་གནས། །གང་གི་ཡེ་ཤེས་ཐུགས་རྗེའི་ཁམས་ཀུན་ཡོངས་འཁྱིལ་བའི། །མཚན་དཔེའི་ཉི་མ་ཐུབ་བསྟན་མཁའ་ལ་རབ་འབར་ཞིང་། །མཁྱེན་པའི་འོད་ཀྱིས་འགྲོ་བློའི་དྭ་བ་གཙོད་མཁས་པ། །པདྨའི་ཞལ་སྐྱིན་ཀློང་རབ་པ་དེ་གཙུག་ན་རྒྱལ། །དུས་གསུམ་རྒྱལ་བའི་མཁྱེན་གཉིས་ཆུ་གཏེར་གཏིང་མཐའ་བརྙོལ་ནས་ལེགས་འོངས་པ། །སྲིད་གསུམ་འགྲོ་བའི་དབུལ་བ་སེལ་མཛད་གྲུབ་དབང་ཡིད་བཞིན་གཙུག་གི་ཏོག །རྣམ་གསུམ་དད་པའི་གདེང་ནས་བཏེགས་ཤིང་འདབ་བརྒྱ་སྙིང་གར་ཟུམ་བྱས་ནས། །སྡོམ་གསུམ་རྣམ་ངེས་རྣམ་འབྱེད་གསལ་བ་ཟླ་ཞུན་འོད་ཀྱི་འཕྲི་ཤིང་བཤད། །ཉེ་གནས་སློབ་བུས་བསྐུལ་བའི་ཆེད། །ཐྲིགས་སྤྲང་རྣམ་པར་དཀར་ཡིད་ཀྱིས། །སྔོན་བྱོན་མཁས་པའི་ལེགས་བཤད་ལ། །བརྟེན་ནས་བཀོད་ཕྱིར་སྨད་མི་བགྱི། །

དེ་ལ་འདིར་རྣམས་གྲོལ་གྱི་བྱང་ཆུབ་ལམ་དུ་བྱེད་པ་ལ་སྡོམ་པ་ཐོབ་དགོས། སྡོམ་པས་མ་བསྡམས་པའི་དགེ་བ་ཐམས་ཅད་བར་མ་དགེ་བ་སྟེ་འཁོར་བའི་གནས་ལས་འདའ་མི་ནུས་པའི་ཕྱིར་ལམ་གྱི་རྟེན་གཞི་སྡོམ་པ་གསུམ་ལ་བསླབ་པ་གལ་ཆེ་བས། འདིར་དེའི་རང་བཞིན་བཤད་པ་ལ་གཉིས་ཏེ། སྡོམ་གསུམ་སྤྱིའི་རྣམ་བཞག་མདོར་བསྟན་པ་དང་། སོ་སོའི་རང་བཞིན་བྱེ་བྲག་ཏུ་བཤད་པའོ། །དང་པོ་ནི། ཀློང་ཆེན་པས། ཉན་ཐོས་བྱང་ཆུབ་སེམས་དང་རིག་པ་འཛིན། །སྡོམ་པ་གསུམ་པོ་དག་དང་མ་འགལ་བར། །རང་རྒྱུད་སྡོམ་ཞིང་གཞན་ཕན་ཅི་འགྲུབ་དང་། །ཅིར་སྣང་ཐར་

བའི་ལམ་དུ་འགྱུར་བར་བྱ། །ཞེས་གསུངས་པ་ལྟ་བུའི་སྡོམ་པ་གསུམ་པོ་དེ་ཡང་ཐོབ་ནས་མ་ཉམས་པར་བསྲུང་ན་སོ་ཐར་གྱི་སྡོམ་པས་ཉན་རང་གི་བྱང་ཆུབ་ཐོབ་སྟེ་འཁོར་བར་མི་འཁྱམས། བྱང་སེམས་ཀྱི་སྡོམ་པས་གྲངས་མེད་གསུམ་ན་སངས་རྒྱ། སྔགས་ཀྱི་སྡོམ་པས་ཚེ་གཅིག་ན་སངས་རྒྱའོ། །དེ་ལྟ་བུའི་སྡོམ་པ་གསུམ་པོ་དེའི་གོ་དོན་བཞག་ན། རང་རྒྱུད་ཀྱི་ཉེས་པ་སྡོམ་ཞིང་གཞན་གནོད་སྤོང་བས་སོ་ཐར། དེའི་སྟེང་དུ་གཞན་ཕན་བསྒྲུབ་པས་བྱང་སེམས། དེ་ལས་ཀྱང་སྣང་སྲིད་དག་མཉམ་དཀྱིལ་འཁོར་གཅིག་ཏུ་སྦྱོད་ཅིང་འདོད་ཡོན་ལམ་དུ་ཁྱེར་བ་སྔགས་སྡོམ་སྟེ། གང་ནས་བསྒྲུབ་ཀྱང་ཁྲིམས་འདི་གསུམ་རྟེན་དུ་གསུངས་ཏེ། ཀླུ་སྒྲུབ་ཀྱིས། ཁྲིམས་ནི་རྒྱུ་དང་མི་རྒྱུའི་ས་བཞིན་དུ། །ཡོན་ཏན་ཀུན་གྱི་གཞི་རྟེན་ལེགས་པར་གསུངས། །ཞེས་སོ། །འདི་ལྟར་ཐོག་མར་སོ་ཐར་ནས་རིམ་གྱིས་སློབ་དགོས་པ་ཡང་། མདོ་སྡེ་རྒྱན་ལས། སྡུ་མ་ལ་བརྟེན་ཕྱི་མ་སྐྱེ། །དམན་དང་མཆོག་དང་གནས་ཕྱིར་དང་། །རགས་པ་དང་ནི་ཕྲ་བའི་ཕྱིར། །དེ་དག་རིམ་པས་གནས་པ་ཡིན། །ཞེས་དང་། རིན་ཆེན་མཛོད་ཀྱི་མདོ་ལས་ཀྱང་། དེ་བཞིན་ང་ཡི་སྲས་རྣམས་ཀྱང་། །འདུལ་བ་མདོ་སྡེ་མངོན་པ་གསུམ། །རིམ་པའི་རྗེས་ལ་མན་ངག་འདི། །བསྟན་པས་བླ་མེད་བྱང་ཆུབ་འགྲུབ། །ཅེས་གསུངས་སོ། །འོན་ཀྱང་ཆོས་ཚུལ་རྒྱ་མཚོ་ལྟ་བུ་ལ་ཐེག་པའི་རྣམ་གྲངས་དང་གྲུབ་མཐའི་རྣམ་བཞག་བསམ་གྱིས་མི་ཁྱབ་ཅིང་མཐའ་ཡས་པ་ཞིག་ཡོད་པ་ལས་ཐེག་པ་དེ་དག་སོ་སོ་ལ་རང་རང་གི་ལམ་དང་རྗེས་སུ་མཐུན་པའི་འབྲས་བུ་རེ་མཆིས་ཀྱང་། མཐར་ཐུག་རྫོགས་པའི་སངས་རྒྱས་གསང་ཆེན་རྡོ་རྗེའི་ཐེག་པ་ལས་གཞན་གྱིས་མིན་ཕྱིར། འདིར་ནི་སྡོམ་པ་གསུམ་པོ་རྫོགས་པ་ཆེན་པོའི་ཆ་ལག་ཏུ་བཞག་པ་ཡིན་ལ། དེ་ནི་སྔོན་པ་ཡང་དག་རྫོགས་པའི་སངས་རྒྱས་དེ་ཉིད་ཀྱི་གདུལ་བྱ་སེམས་ཅན་མཐའ་ཡས་པ་བཞིན་དུ་གསུངས་ཐེག་པའང་མཐའ་ཡས་པར་བསྟན་པ་ནི། བློའི་འཇུག་པ་མ་ཟད་པར་ཐེག་པའི་མཐའ་མི་མངོན་ཏེ། ལང་གཤེགས་ལས། སེམས་ཅན་རྣམས་ནི་ཡོངས་དྲང་ཕྱིར། །ཐེག་པ་མཐའ་དག་ངས་བཤད་དེ། །འདི་ཞེས་དམིགས་སུ་ཡོད་མ་ཡིན། །ཞེས་སོ། །དེ་ལྟར་ཡིན་ནའང་རྩ་བའི་ཚིགས་ཀྱིས་མ་བཤད་ན་ཕྲ་ཡས་པའི་སྐྱོན་ཡོད་དེ། རྒྱུད་ཆེན་ཉི་ཟླ་ཁ་སྦྱོར་ལས། རྩ་བའི་དོན་གྱིས་མ་བཤད་ན། །ཆོས་རྣམས་རིག་པར་མི་འདུས་པས། །མཐའ་ཡས་པ་ཡི་སྐྱོན་དུ་འགྱུར། །ཞེས་གསུངས་པས་ན།

འདིར་རེ་ཞིག་རྫོགས་པ་ཆེན་པོའི་རིང་ལུགས་ལྟར་ཐེག་པ་རིམ་པ་དགུར་བསྡུ་བར་བྱ་སྟེ། དེ་ཡང་ཉན་ཐོས་རང་རྒྱལ་བྱང་སེམས་གསུམ་ལ་ནི་མཚན་ཉིད་རྒྱུའི་ཐེག་པ་གསུམ་དང་། ཀྲི་ཡ་ཨུ་པ་ཡོ་ག་གསུམ་ལ་ཕྱི་རྒྱུད་སྡེ་གསུམ་དང་། ཕ་རྒྱུད་མ་ཧཱ། མ་རྒྱུད་ཨ་ནུ། གཉིས་མེད་རྒྱུད་སྡེ་ཨ་ཏི་ཡོ་ག་གསུམ་ལ་བླ་མེད་ནང་རྒྱུད་སྡེ་གསུམ་ཞེས་གྲགས་པ་སྟེ་རིམ་པ་དགུའོ། །འོན་ཀྱང་ཐེག་པ་འོག་མ་དེ་རྣམས་གོང་མའི་ལམ་རྟེན་སྲོལ་སུ་བསྟན་པ་ཡིན་ལ། ཐེག་པ་སོ་སོའི་ངེས་འབྱུང་ལས་ཐེག་གཅིག་གསང་སྔགས་སྨིན་གྲོལ་གྱི་ལམ་དུ་མ་ཞུགས་པར་འབྲས་བུ་ཐོབ་པ་གང་ནའང་མེད་དེ། འཇམ་དཔལ་སྒྱུ་འཕྲུལ་དྲྭ་བ་ལས། ཐེག་པ་གསུམ་གྱི་ངེས་འབྱུང་ལས། །ཐེག་པ་གཅིག་གི་འབྲས་བུར་གནས། །ཞེས་སོ། །ཇི་ལྟར་འཇུག་ན་ནི། ཉན་རང་བྱང་སེམས་ཏེ་རིགས་ཅན་གསུམ་སོ་སོ་ལ་རྡོ་རྗེ་འཛིན་པའི་ལམ་ཞིག་ཡོད་པ་ཡང་། རྒྱུད་འབུམ་པ་ལས། རྡོ་ཡི་རིགས་ཀྱི་བྱེ་བྲག་ཞིག །བཞུ་བས་ལྕགས་དང་ཟངས་དངུལ་འབྱུང་། །གསེར་འགྱུར་རྩི་ཡི་དངོས་པོ་ཡིས། །ཀུན་ཀྱང་གསེར་དུ་བསྒྱུར་བར་བྱེད། །དེ་བཞིན་སེམས་ཀྱི་བྱེ་བྲག་གིས། །རིགས་ཅན་གསུམ་གྱི་སྡོམ་པ་ཡང་། །དཀྱིལ་འཁོར་ཆེན་པོ་འདིར་བཞུགས་ན། །རྡོ་རྗེ་འཛིན་པ་ཞེས་བྱའོ། །ཞེས་སོ། །འདིར་དབང་པོ་རབ་འབྲིང་ཐ་མའི་འཇུག་ཚུལ་གསུམ་ལས། ཡང་རབ་དབང་བསྐུར་ཐོབ་པས་སྡོམ་པ་གསུམ་པོ་ཅིག་ཆར་དུ་སྐྱེ་ཞིང་རྟོགས་གྲོལ་དུས་མཉམ་དུ་འགྲོ་བ་ཨིནྡྲ་བོ་དྷི་ལྟ་བུ་སྟེ། འདི་ནི་ཨོ་རྒྱན་རྒྱལ་པོ་སྟེ་སྟོན་པ་འཁོར་བཅས་གདུགས་ཚོད་ལ་སྤྱན་དྲངས་ནས་འདོད་ཡོན་མ་སྤང་བར་རང་གྲོལ་བའི་ཆོས་ཞུ་ཞེས་ཞུས་པ་ན་སྟོན་པ་མི་བསྐྱོད་པའི་དཀྱིལ་འཁོར་ལྷ་སུམ་ཅུ་རྩ་གཉིས་ཀྱི་བདག་ཉིད་དུ་བཞེངས་ནས་དབང་བསྐུར་བ་དེ་ཉིད་དུ་གྲོལ་བའོ། །འབྲིང་ཚོག་སོ་སོའི་སྒོ་ནས་རིམ་པར་འཇུག་པ་ན་གཟྭ་ན་ལྟ་བུ་སྟེ། འདིས་ཀྱང་ཐུན་མོང་གདུལ་བྱའི་ངོར། མཁན་པོ་དྲི་མ་མེད་པའི་གཟི་བརྗིད་ཅན་ལས་སོར་སྡོམ་ནོད། འཇམ་དཔལ་དབྱངས་ལས་བྱང་སྡོམ་ནོད། ས་ར་ཧ་ལས་སྔགས་སྡོམ་ནོད་པ་ཡིན་ནོ། །གཞན་ཡང་། སོ་ཐར་ས་ར་ཧ་ལ་ཞུས་ཏེ། ས་ར་ཧས་མདའ་མཁན་གྱི་བུ་མོ་ཕྱུག་རྒྱ་མར་བཞེས་ནས། ཁར་སང་ཕན་ཆད་དགེ་སློང་མིན། །དེ་རིང་ཕྱིན་ཆད་དགེ་སློང་ཡིན། །ཧེ་རུ་ཀ་དཔལ་དགེ་སློང་མཆོག །གསུང་ནས་རབ་བྱུང་གནང་ཚུལ་སོགས་ཀྱང་ཀླུ་སྒྲུབ་ཀྱི་རྣམ་ཐར་ལས་འབྱུང་། མཆན། ཐ་མ་ནི་

གསོ་སྦྱོང་སོགས་བསླབ་པའི་གནས་བཅུ། གྲུབ་པའི་མཐའ་བཞི། ཕྱི་རྒྱུད་སྡེ་གསུམ་སོགས་ཀྱི་རིམ་པ་ཤེས་ནས་གདོད་བླ་མེད་དུ་འཇུག་པར་བརྟག་གཉིས་སོགས་ལས་གསུངས་ལ། འདིར་ནི་འབྲིང་གི་ཚུལ་ལྟར་འཆད་པ་ལ། དགེ་སློང་དགེ་ཚུལ་དགེ་བསྙེན་གསུམ་ལ་རྡོ་རྗེ་འཛིན་པའི་རབ་འབྲིང་ཐ་མ་ཞེས་ཕྱུར་པའི་རྒྱུད་ནས་གསུངས་ཤིང་། དུས་འཁོར་རྩ་རྒྱུད་ལས་ཀྱང་། རྟེན་གསུམ་ལས་ནི་དགེ་སློང་མཆོག་ཅེས་གསུངས་སོ། །འོན་ཀྱང་ཡེ་ཤེས་ལྡན་པ་ཉིད་གཙོ་བོར་བཞེད་པ་ཡིན་ནོ། །སྔ་འགྱུར་རྒྱུད་སྡེ་རྩ་བ་ཀུན་འདུས་སོགས་སུ་སོ་ཐར་སེམས་བསྐྱེད་དབང་བསྐུར་དང་ལྡན་པ་ཉིད་དུ་བཞེད་ལ། སོ་སོར་བཟུང་ན་ཉན་ཐོས་བྱང་སེམས་རིག་པ་འཛིན་པ་ཞེས་སུ་མཁས་པ་རྣམས་ལ་གྲགས་སོ། །སྡོམ་གསུམ་སྤྱིའི་རྣམ་བཞག་མདོར་བསྟན་པའི་རིམ་པ་སྟེ་སྐབས་དང་པོའོ། །

གཉིས་པ་སོ་སོའི་རང་བཞིན་བྱེ་བྲག་ཏུ་བཤད་པ་ལ། ཐོག་མ་བར་དང་ཐ་མ་གསུམ་ལས། དང་པོ་ཐོག་མའི་གནས་འདུལ་བ་སོ་ཐར་གྱི་སྡོམ་པ་བཤད་པ་ལ་དགུ་སྟེ། གླེང་གཞི། སྡོམ་པའི་ངོ་བོ། རང་བཞིན་ཕྱེ་བ། མ་ཐོབ་པ་ཐོབ་ཚུལ། ཐོབ་པའི་དུས་མཚམས། མི་ཉམས་པར་བསྲུང་ཚུལ། རྟེན་གྱི་གང་ཟག །ཉམས་ན་གསོ་ཐབས། ཕན་ཡོན་བསྟན་པའོ། །དང་པོ་གླེང་བཞི་ནི། བདག་ཅག་གི་སྟོན་པ་འདི་སྟོན་ཛ་མཁན་གྱི་ཁྱེའུ་སྣང་བྱེད་དུ་གྱུར་ཚེ་ཤཱཀྱ་ཐུབ་པ་ཆེན་པོའི་མདུན་དུ་ཐུགས་བསྐྱེད་ནས་བཟུང་གྲངས་མེད་གསུམ་གྱི་དང་པོར་སངས་རྒྱས་ལྷ་ཁྲི་ལྔ་སྟོང་། གཉིས་པར་དྲུག་ཁྲི་དྲུག་སྟོང་། གསུམ་པར་བདུན་ཁྲི་བདུན་སྟོང་མཆོད་ནས་མཐར་རྡོ་རྗེ་གདན་དུ་སངས་རྒྱས་ནས་ཡུལ་ཝཱ་ར་ཎ་སིར་ལྔག་པའི་ཚུལ་ཁྲིམས་གཙོ་བོར་སྟོན་པ་བདེན་བཞིའི་ཆོས་འཁོར་ལྔ་སྡེ་སོགས་ལ་བསྐོར་བ་ཕྱིས་འོད་སྲུང་སོགས་ཀྱིས་བསྡུས་ནས། བྱེད་བྲག་བཤད་མཛོད་སོགས་འཕགས་པ་རྣམས་ཀྱིས་བརྩམས་ཤིང་སློབ་དཔོན་ཡོན་ཤཱཀ་གཉིས་ཀྱིས་སྤེལ་བ་སྟེ། ལྗོངས་འདིར་དར་བའི་སྔ་འགྱུར་གྱི་སྡོམ་རྒྱུན་ཞི་བ་འཚོ་དང་། ཕྱིས་སུ་ཤཱཀ་ཤྲཱི་ནས་ཀྱང་བརྒྱུད་ལ། དེ་གཉིས་ཀའང་གཞི་ཐམས་ཅད་ཡོད་པར་སྨྲ་བའི་ལུགས་གཅིག་པུ་སྟེ་གཞན་བོད་དུ་མ་དར་རོ། །གཉིས་པ་ངོ་བོ་ནི། ངེས་འབྱུང་གི་བསམ་པས་ཀུན་ནས་བསླང་ཞིང་། གཞན་གནོད་གཞི་བཅས་ལས་ལྡོག་པ། ལུས་ངག་ལས་སྐྱེད་ཕྱིར་གཟུགས་ཅན་དུ་འདོད་ཅིང་། སྤྱོང་སེམས་རྒྱུན་ཆགས་ས་བོན་ལ་འདོད་པ་ནི་སྡེ་བ་གོང་འོག

ཐམས་ཅད་ཀྱི་ལུགས་སོ། །

གསུམ་པ་དབྱེ་བ་ལ་བསྙེན་གནས་དང་། དགེ་བསྙེན་ཕ་མ་གཉིས་ཏེ་གསུམ་ཁྱིམ་པའི་ཕྱོགས་དང་། དགེ་ཚུལ་ཕ་མ་དང་། དགེ་སློབ་མ་དང་། དགེ་སློང་ཕ་མ་གཉིས་དང་ལྔ་རབ་བྱུང་གི་ཕྱོགས་དང་རིགས་བརྒྱད་དོ། །

བཞི་པ་སྡོམ་པ་མ་ཐོབ་པ་ཐོབ་པར་བྱེད་པ་ལ་གཉིས་ལས། དང་པོ་སྔོན་དུས་ཀྱི་ཆོ་ག་ནི། རང་བྱུང་གིས་རྫོགས་པ་དང་། ཡེ་ཤེས་ཁོང་དུ་ཆུད་པས་རྫོགས་པ་དང་། འཕྲིན་དང་སྔོན་པར་ཚུར་ཤོག་དང་དྲིན་ལན་ལྷོན་གྱི་སྒོ་ནས་རྫོགས་པ་སྟེ་ལུགས་འདི་ནི་གདུལ་བྱའང་བློ་མིག་དག་པ། མཁན་པོའང་འཕགས་པ་ཁོ་ན་ཡིན་ལ། གཉིས་པ་ད་ལྟའི་དུས་ཀྱི་ཆོ་ག་ནི། ངེས་པ་ལྔ། བར་ཆད་བཞི་དང་བྲལ་བའི་སློབ་མ་ངེས་འབྱུང་གི་བློ་ཅན་དེ་ཉིད། འདུལ་བ་རྒྱ་མཚོའི་གནས་དང་། རྒྱུ་རྩ་གཅིག་པའི་ལས་ཕྲན་སོགས་ལ་བྱང་ཆུབ་པའི་མཁན་པོར་བཅས་པས་རིམ་བཞིན་བསྙེན་པར་རྫོགས་པ་ཡིན་ནོ། །

ལྔ་པ་ཐོབ་མཚམས་ནི། བརྗོད་པ་གསུམ་གྱི་མཐའ་ལ་འདོད་པའོ། །

དྲུག་པ་མི་ཉམས་པར་བསྲུང་བའི་ཚུལ་ལ། སྤྱི་དང་བྱེ་བྲག་གཉིས་ལས། དང་པོ་ནི། སྤྱིར་སྡོམ་པ་ཀུན་གྱི་རྟེན་གཞི་དང་འཇུག་སྒོ་ནི་སྐྱབས་འགྲོའི་སྡོམ་པ་སྟེ། དེའི་དགག་བྱ་སྒྲུབ་བྱ་ཆ་མཐུན་གྱི་བསླབས་བྱ་རྣམས་ནི་གོ་སླ་བས་འདིར་མ་བཤད་དོ། །གཉིས་པ་བྱེ་བྲག་ལ་རིགས་བརྒྱད་ཡོད་པའི་བསྙེན་གནས་ཀྱི་ཁྲིམས་ལ། མི་ཚངས་སྤྱོད། སྲོག་གཅོད། མ་བྱིན་ལེན། རྫུན་དང་བཞི་སྤོང་བ་ཚུལ་ཁྲིམས་ཀྱི་ཡན་ལག །ཆང་སྤོང་བ་བག་ཡོད་ཀྱི་ཡན་ལག །མལ་སྟན་ཆེ་མཐོ་དང་། གར་ཕྲེང་གཉིས་ཕྱི་དྲོའི་ཁ་ཟས་གསུམ་སྤོང་བ་བརྟུལ་ཞུགས་ཀྱི་ཡན་ལག་སྟེ་བརྒྱད་དོ། །ཡན་ལག་འདི་བརྒྱད་རྟག་ཏུ་བསྲུང་ན་གོ་མའི་དགེ་བསྙེན་དུ་འགྲོ་ལ། དེ་ལས་གཏན་ཏུ་མིན་ཕྱིར་ཡོན་ཏན་གྱི་རྟེན་དུ་མི་འོས་པ་ན་སོ་ཐར་མཚན་ཉིད་ལྡན་པ་རིགས་བདུན་ཁོ་ནར་བཞེད་དོ། །དགེ་བསྙེན་གྱི་ཁྲིམས་ལ། གསོད་རྐུ་རྫུན་ལོག་གཡེམ་ཆང་སྤོང་བ་དང་ལྔ་ལྟེ། གང་འདོད་ཁས་བླང་པའི་གྲངས་ལྟར། སྣ་གཅིག་སྤྱོད་པ་སྲོག་གཅོད་སྤོང་བ་ལྟ་བུ། སྣ་འགའ་སྤྱོད་པ་དེའི་སྟེང་ན་མ་བྱིན་ལེན་སྤོང་བ་ལྟ་བུ། ཕལ་

ཆེར་སྤྱོད་པ་དེའི་སྟེང་ལོག་གཡེམ་སྤོང་བ་ལྔ་བོ། ལྔ་ཀ་སྤོང་བ་ནི་ཡོངས་རྫོགས་སྤྱོད་པའི་དགེ་བསྙེན་ནོ། །དེའི་སྟེང་མི་ཚངས་སྤྱོད་ཆ་དང་བཅས་པ་སྤོང་བ་ཚངས་སྤྱོད་དགེ་བསྙེན་ཏེ། འདི་དང་གོ་མའི་གཉིས་རབ་བྱུང་གི་རྟགས་མ་བླངས་བ་དང་ཁྱིམ་ཐབས་འཁྲིག་བཅས་སྤང་ཕྱིར་རབ་བྱུང་དང་ཁྱིམ་པ་གཉིས་ཀ་མིན་ཞེས་མཁས་པ་རྣམས་ཀྱིས་བཞེད་དོ། །མི་དགེའི་ལྷག་མ་དྲུག་པོ་འང་ཕྱོགས་མཐུན་གྱི་སྤང་བྱའོ། །དགེ་ཚུལ་ལ་བསླབས་པའི་གནས་བཅུ་སྟེ། རྩ་བ་བཞི། ཆང་དང་ལྔ། གར་སོགས་དང་དྲུག །ཕྲེང་སོགས་དང་བདུན། མལ་སྟན་ཆེ་མཐོ་དང་བརྒྱད། ཕྱི་དྲོའི་ཁ་ཟས་དང་དགུ། གསེར་དངུལ་ལེན་པ་སྤང་དང་བཅུ་སྟེ། ཁྲི་རྗེའི་བུ་བཞིན་བསླབས་གཞི་མང་པོ་ཐོས་པས་སྐྲག་པ་དག་ལ་ཞུམ་པ་སྤང་ནས་འཇུག་ཕྱིར་རགས་པ་བཅུར་དྲིལ་བ་ཡིན་ནོ། །གཞན་འཆང་འབྲལ་ས་ཀོ་སོགས་བྱེ་བྲག་བཤད་མཛོད་ལས་གནང་བའི་ཉེས་མེད་བཅུ་གསུམ་མ་གཏོགས་དགེ་སློང་ཇི་བཞིན་སྤང་བླང་གཅིག་པའོ། །དགེ་སློབ་མ་ལ་དགེ་ཚུལ་ཐོབ་པའི་སྟེང་དུ། གཅིག་འགྲོ། ཆུར་རྐྱལ། སྐྱེས་རེག །ལྷན་འདུག །སྨྱན་བྱ། ཉེས་འཆབ་སྟེ་རྩ་བའི་ཆོས་དྲུག །གསེར་ལེན། སྤུ་འདྲེགས། ས་ཀོ། རྩྭ་གཅོད། མ་བྱིན་པར་ཟ་བ། གསོག་འཇོག་ཟ་བ་སྟེ་རྗེས་མཐུན་དྲུག་དང་བཅུ་གཉིས་གནང་ནས་ལོ་གཉིས་ཙམ་དེའི་བསླབ་བྱ་ལ་སློབ་པས་དགེ་སློབ་མ་ཞེས་གྲགས་པའོ། །གཞན་འཆང་འབྲལ་སོགས་ཉེས་མེད་བདུན་མ་གཏོགས་དགེ་སློང་མ་དང་བསླབས་གཞི་རྣམས་ཕྱོགས་མཐུན་ནོ། །

དགེ་སློང་ལ། ཕམ་པ་བཞི། ལྷག་གི་བཅུ་གསུམ། སྤང་ལྟུང་སུམ་ཅུ། ལྟུང་བྱེད་འབའ་ཞིག་པ་དགུ་བཅུ། སོར་བཤགས་སྡེ་བཞི། ཉེས་བྱས་བརྒྱ་བཅུ་གཉིས་ཏེ་ཁྲིན་བསྡོམས་པས་ཉིས་བརྒྱ་ལྔ་བཅུ་རྩ་གསུམ་སྟེ། དང་པོ་རྩ་བ་ཕམ་པ་བཞི་ནི། མི་ཚངས་པར་སྤྱོད་པ། མ་བྱིན་པར་ལེན་པ། སྲོག་གཅོད་པ། རྫུན་སྨྲ་བའོ། །དེ་ལྟར་བཞི་པོ་དེ་དག་ཀྱང་གཞི་བསམ་སྦྱོར་བ་མཐར་ཐུག་བཞི་ཚང་བའི་སྒོ་ནས་གང་སྤྱད་པ་དེས་ཕམ་པར་འགྱུར་བའོ། །འདི་དག་གི་གླེང་གཞི་ནི། ཡུལ་སྟོང་བྱེད་དུ་དགེ་སློང་བཟང་བྱིན་གྱིས་སྔར་གྱི་ཁྱིམ་ཐབས་ལ་མི་ཚངས་པར་སྤྱད་པ་དང་། རྒྱལ་པོའི་ཁབ་ཏུ་དགེ་སློང་ནོར་ཅན་གྱིས་མ་སྦྱིན་དཔྲའི་ཤིང་བརྐུས་པ་དང་། ཡུལ་སྟོང་བྱེད་དུ་དགེ་སློང་མང་པོ་མི་སྡུག་པའི་ཏིང་ངེ་འཛིན་བསྒོམ་པས་ལུས་མི་གཙང་བས་ཡིད་དབྱུང་ནས་དགེ་སྦྱོང་སྦྱིན་གསོད་དུ་བཅུག

པ་དང་། ཡང་པ་ཅན་དུ་ཉ་བ་ལས་རབ་ཏུ་བྱུང་བའི་དགེ་སློང་ལྔ་བརྒྱས་མི་ཆོས་བླ་མའི་རྫུན་སྨྲས་པ་དག་ལ་བརྟེན་ནས་བཅས་སོ། །དགེ་འདུན་ལྷག་མ་བཅུ་གསུམ་ཞེས་པ་གསོ་བ་དགེ་འདུན་ལ་རགས་ལས་ཤིང་། སྡོམ་པ་རྣམ་དག་གི་ལྷག་ལུས་པས་ན་ལྷག་མ་ཞེས་བྱ་སྟེ་ལྷག་མའི་མིང་གིས་ཕྱིར་བཅོས་ན་དག་ཏུ་རུང་བའོ། །དེ་ཡང་རིམ་པ་བཞིན་བགྲོད་མིན་གནས་སུ་ཞུ་བ་འབྱིན་པ། བུད་མེད་ལ་རེག་པ། འཁྲིག་ཚིག་རྗེན་པར་སྨྲ་བ། བུད་མེད་ཆགས་ཕྱིར་བསྙེན་བཀུར་བསྔགས་པ། ཕོ་མོ་སྨྱན་བྱས་ནས་སྦྲད་པ་སྟེ་ནང་སེམས་ཅན་ལ་ཆགས་པ་ལྔ། ཚད་མས་ཐལ་བའི་ཁང་པ་དང་། ཁང་ཆེན་བརྩིགས་པ་སྟེ་ཕྱི་ཡོ་བྱད་ལ་ཆགས་པ་གཉིས་ཀྱིས་འདོད་པ་ལས་གྱུར་པ་བདུན། །མཐོང་ཐོས་མེད་བཞིན་སྐུར་བ་བཏབ་པ་སྐད་ཀ་བག་ཙམ་ལ་བརྟེན་ནས་སྐུར་བ་བཏབ་པ་སྟེ་གནོད་པ་ལས་གྱུར་པ་གཉིས། དགེ་འདུན་བར་ལ་དབྱེན་བཅུག་པ། དེའི་རྗེས་སུ་ཕྱོགས་པར་ཟློ་བ། སྤྱོད་ངན་གྱིས་ཁྱིམ་སུན་འབྱིན་པ། སྤྱོད་ཆེ་སྤྱོད་བྱེད་ལ་བསྒོན་པ། ལྟུང་བྱུང་བཅོས་པར་བསྐུལ་ཆེ་བཀའ་བློ་མི་བདེ་བའི་གཞིར་ཞུགས་པ་སྟེ་བ་བསྒོ་བ་ལས་གྱུར་པ་གཞི་དང་བཅུ་གསུམ་མོ། །དེ་དག་གི་དང་པོ་བཞི་འཆར་ཀ་ལ་བཅས། དེ་ནས་གསུམ་དྲུག་སྡེ་ལ་བཅས། དེ་ནས་གཉིས་མཛའ་བོ་དང་ས་ལས་སྐྱེས་གཉིས་ལ་བཅས། དེ་ནས་གཉིས་ལྷས་སྦྱིན་གྲོགས་མཆེད་ལ་བཅས། བཅུ་གཉིས་པ་ནབས་སོ་དང་། བཅུ་གསུམ་པ་བདུན་པ་ལས་བཅས་སོ། །སྤང་ལྟུང་ཞེས་པ་ལྟུང་བ་སྤང་བའི་སྒོ་ནས་ཕྱིར་བཅོས་དགོས་ཤིང་མ་བཅོས་ན་ངན་སོང་དུ་ལྟུང་བས་ན་སྤང་ལྟུང་ཞེས་བྱ་ལ། ལྟུང་བྱེད་མིང་གིས་བཅོས་ན་དག་ཏུ་རུང་བའོ། །དབྱེ་ན། གོས་སོགས་ཀྱི་སྡེ་བཅུ། སྟན་སོགས་ཀྱི་སྡེ་བཅུ། ལྷུང་བཟེད་སོགས་ཀྱི་སྡེ་བཅུ་སྟེ་སྤང་ལྟུང་སུམ་ཅུ་ཐམ་པའོ། །ལྟུང་བྱེད་འབའ་ཞིག་པ་དགུ་བཅུ་ཞེས་པ། སྤྱད་ན་ངན་སོང་དུ་ལྟུང་བར་བྱེད་ཅིང་བཤགས་པ་ལ་སྤང་བྲལ་སྔོན་དུ་འགྲོ་མི་དགོས་པས་ན་འབའ་ཞིག་པ་སྟེ། དབྱེ་ན། ཤེས་བཞིན་སོགས་ཀྱི་སྡེ་ལ་བཅུ། ས་བོན་སོགས་ཀྱི་སྡེ་ལ་བཅུ། མ་བསྒོས་སོགས་ལ་བཅུ། ཡང་ཡང་སོགས་ལ་བཅུ། ཆུ་དང་སོགས་ལ་བཅུ། ཁྱིམ་དང་སོགས་ལ་བཅུ། བསམ་བཞིན་སོགས་ལ་བཅུ། མགྲོན་མང་ཀླུན་སོགས་ལ་བཅུ། ཆོས་སྟོན་སོགས་ལ་བཅུ་སྟེ་བཅུ་ཚན་དགུའོ། །སོར་བཤགས་སྡེ་བཞི་ནི། དགེ་སློང་མ་ལས་ཟས་བསླངས་ཏེ་ཟོས་པ། བསྒོ་བ་མ་བཟློག་པར་ཟོས་པ།

རྫུང་མིན་བསླངས་ཏེ་ཟློས་པ། བགས་མ་མྱུལ་བར་དགོན་པར་བསླངས་ཏེ་ཟློས་པ་བཞིའོ། །ཉིས་བྱས་བརྒྱ་དང་བཅུ་གཉིས་ཞེས་པ་ཕྲ་མོ་ཡིན་པས་ན་ཉེས་བྱས་ཞེས་བྱ་སྟེ། དབྱེ་ན། གོས་བགོ་བའི་སྡེ་ལ་བཅུ། ཁྱིམ་འགྲོའི་སྤྱོད་ཡུལ་ཉི་ཤུ། སྟན་ལ་འདུག་པའི་སྡེ་ལ་དགུ །ཟས་བླང་བའི་སྡེ་ལ་བརྒྱད། ཟས་ཟ་བའི་སྡེ་ལ་ཉེར་གཅིག །ལྷུང་བཟེད་སྤྱོད་པའི་སྡེ་ལ་བཅུ་བཞི། ཆོས་འཆད་པའི་སྡེ་ལ་ཉེར་དྲུག །བསྒྲུབ་པའི་སྡེ་ལ་གསུམ། རྒྱུ་བའི་བསླབ་བྱ་གཅིག་གིས་སྡེ་ཚན་དགུ་སྟེ་ཉིས་བརྒྱ་དང་ལྔ་བཅུ་རྩ་གསུམ་མོ། །འདི་དག་སོ་སོར་གླིང་གཞི་དང་བཅས་ཞིབ་པར་ཁོ་བོས་ཟུར་གྱི་བཀོལ་བྱང་ཡོད་པ་ལྟར་ལ་འདིར་ཡི་གེས་འཇིགས་སོ། །དགེ་སློང་མ་ལ་རྩ་བ་ཕམ་པ་བརྒྱད། ལྷག་མ་ཉི་ཤུ། སྤང་ལྟུང་སོ་གསུམ། ལྟུང་བྱེད་བརྒྱ་དང་བརྒྱད་ཅུ། སོར་བཤགས་བཅུ་གཅིག །ཉེས་བྱས་བརྒྱ་བཅུ་གཉིས། བསྡོམས་པས་སུམ་བརྒྱ་དང་དྲུག་ཅུ་རྩ་བཞི་སྟེ་ཕ་ལས་བརྒྱ་དང་བཅུ་གཅིག་གིས་ལྷག་པའོ། །བསྒྲུབ་པའི་བསླབ་བྱ་ནི། གསོ་སྦྱོང་། དབྱར་གནས། དགག་དབྱེ། གོས་དང་གོ་ལྤགས་གནས་མལ་སོགས་གཞི་བཅུ་བདུན་གཞན་དུ་ཤེས་པར་བྱའོ། །

བདུན་པ་སྐྱེ་བའི་རྟེན་གྱི་གང་ཟག་ནི། མཚམས་མེད་ བྱས་པ། མ་ནིང་རིགས་ཚན། སྒྲ་མི་སྙན་པ་སོགས་མ་གཏོགས་གླིང་གསུམ་གྱི་སྐྱེས་པ་བུད་མེད་སྡོམ་པའི་རྟེན་དུ་འདོད་དོ། །

བརྒྱད་པ་ཉམས་ན་གསོ་ཚུལ་ནི། བསླབས་ཕུལ་ཤི་འཕོས་མཚན་འགྱུར་རྒྱུ་འབྲས་མེད་ལྟ་སོགས་རྩ་བ་ཆད་པ་སྤྱི་དང་། ཉི་ཤུ་མ་ལོན་པར་རྫོགས་པ། བརྟེན་ཕྱིར་བླང་འདས། མཚན་འདས་སོགས་ཀྱིས་རིམ་པར་དགེ་སློང་དགེ་སློབ་མ་བསྙེན་གནས་དག་གི་སྡོམ་པ་གཏོང་བ་སོ་སོའི་ཐུན་མིན་དང་། རྩ་ལྟུང་བྱུང་བ་སོགས་ཀྱིས་གཏོང་བ་ཡིན་ན། དང་པོའི་ལས་ཅན་སེམས་འཁྲུག་ཚོར་བས་གདུང་བའི་བསྒྲུབ་ངོ་མ་འཚོལ་བ་དང་མ་ནུས་པ་ལ་ཉེས་པ་མེད་ཅིང་། གཞན་གསང་སྟེ་མི་བཤད་པ་ལ་འཆབ་པ་ཞེས་བྱ་སྟེ། ཕམ་པ་འཆབ་བཅས་གསོ་མི་རུང་ཞིང་། འཆབ་པ་མེད་ན་དངོས་པོ་བརྗོད་པས་དགེ་འདུན་ལ་བཤགས་ཤིང་། སླར་ཡང་སྡོམ་པ་ནོད་པས་ལྡང་བར་བྱ་ལ། ལྷག་མ་བཅུ་གསུམ་སོགས་ཀྱང་ལྷ་ཡང་ལ་ལྟོས་ནས་བཤགས་པས་རིམ་པར་ལྡང་ངོ་། །བཤགས་པ་ནི་རྣམ་པར་སུན་འབྱིན་དང་། གཉེན་པོ་ཀུན་སྤྱོད་དང་། ཉེས་སྤྱོད་སྡོམ་པ་དང་། རྟེན་གྱི་སྟོབས

ཏེ་སྡོམ་བས་བཞིར་མ་འདུས་པའི་བཤགས་པ་མེད་པས་དེར་འབད་པར་བྱའོ། །འོན་ཀྱང་ལྟུང་བྱུང་སྡོམ་བས་ལྡན་རེས་མོས་སྤྱོད་པ་ན་ས་འཐོབ་པ་ཡུན་དུ་འགོར་བས་མིག་ལྟར་བསྲུང་ངོ་། །

དགུ་པ་ཕན་ཡོན་ཀྱང་ནད་དང་རྒྱལ་པོའི་ཆད་ཕྱིར་བླངས་པ་རྐྱེན་ཙམ་སེལ་ཡང་འཇིགས་སྐྱོབས་ཀྱི་ཚུལ་ཁྲིམས་དང་། ཕྱི་མའི་ཆེད་དུ་བླངས་པ་ལེགས་སྨོན་གྱི་ཚུལ་ཁྲིམས་ཞེས་ལྷ་མིའི་བདེ་འབྲས་ཙམ་ཐོབ་ཀྱང་ཐར་བའི་གོ་འཕང་ནི་མ་ཡིན་ལ། ངེས་པར་འབྱུང་བའི་ཚུལ་ཁྲིམས་ཀྱིས་ནི་དགྲ་བཅོམ་ཐོབ་པ་གཙུང་དགའ་བོའི་རྣམ་ཐར་བཞིན་ནོ། །དེ་ལྟར་སྐྱབས་གསུམ་འཛིན་པ་སོགས་ནས་རིམ་བཞིན་སྟེ་མ་སྟེ་མ་ཕྱི་མ་ཕྱི་མའི་ལམ་ཡིན་པ་བྱང་སྡོམ་ལའང་མཚུངས་པས་ཡོན་ཏན་ཀུན་གྱི་གཞི་རྟེན་དུ་ཤེས་པར་བྱ་བ་སྟེ། དགེ་སློང་ལ་གཅེས་པའི་མདོ་ལས། ཚུལ་ཁྲིམས་འདི་ནི་ཐར་བའི་ལམ། །ཚུལ་ཁྲིམས་འདི་ནི་ཡོན་ཏན་གཞི། །ཞེས་པ་བཞིན་ནོ། །འདུལ་བ་སོ་ཐར་གྱི་རིམ་པར་ཕྱེ་བ་སྟེ་སྐབས་གཉིས་པའོ། །

༈ གཉིས་པ་བར་མའི་གནས་བྱང་སེམས་ཀྱི་སྡོམ་པ་བཤད་པ་ལ་ཡང་དགུ་སྟེ། གླེང་གཞི། ངོ་བོ། དབྱེ་བ། ཐོབ་ཚུལ། ཐོབ་མཚམས། བསྲུང་ཚུལ། རྟེན། གསོ་ཐབས། ཕན་ཡོན་ནོ། །དང་པོ་གླེང་གཞི་ནི། བདག་ཅག་གི་སྟོན་པ་མཆོག་དེས་བྱ་རྒོད་ཕུང་པོ་སོགས་སུ་ཐེག་པ་ཆེན་པོའི་རིགས་ཅན་འབའ་ཞིག་ལ་ཤིན་ཏུ་རྒྱས་པའི་སྡེ་སྣོད་དཔག་མེད་གསུངས་པ་ཉིད་ཀྱི། བཀའི་བསྡུ་བ་པོ་འཇམ་དཔལ་དབྱངས་ཀྱིས་བགྱིས་ཤིང་། ཀླུ་སྒྲུབ་སོགས་ཀྱིས་བཀྲལ་ནས་ཞི་བ་ལྷ་སོགས་ཀྱིས་སྤེལ་བ་ལ་ཟབ་མོ་ལྟ་བའི་ལུགས་དང་། བྱམས་པས་བསྡུས་ཤིང་ཐོགས་མེད་ལྟ་བུ་མཆེད་ཀྱིས་བཀྲལ་ནས་ཇོ་བོ་རྗེ་སོགས་ཀྱིས་སྤེལ་བ་ལ་རྒྱ་ཆེན་སྤྱོད་པའི་སྲོལ་དུ་གྲགས་པ་སྟེ། རྒྱལ་སྲས་པདྨ་རྒྱལ་པོའི་རིང་ལུགས་ནི་འཕགས་པ་ཀླུ་སྒྲུབ་བཞིན་ནོ། །

གཉིས་པ་ངོ་བོ་ནི་བྱམས་སྙིང་རྗེར་ལྡན་ཞིང་གཞན་དོན་དུ་བྱང་ཆུབ་འདོད་པས་སྒོ་གསུམ་གྱི་ཉེས་པ་སྤོང་བའི་བསམ་པའོ། །

གསུམ་པ་དབྱེ་བ་ལ་གཉིས། གྲངས་དང་། ས་མཚམས་སོ། །དང་པོ་གྲངས་ཀྱི་དབྱེ་བ་ལ་གཅིག་ནས་དྲུག་བར་གྲངས་ཅན་རང་དང་མཚུངས་ལྡན་དུ་ཤིང་རྟ་ཆེན་པོ་གཉིས་ཀྱིས་བགྲང་བར་

བཞེད་དེ། དང་པོ་ནི་སྟོང་ཉིད་སྙིང་རྗེ་དབྱེར་མེད་པ་སྟེ། རིན་ཆེན་ཕྲེང་བ་ལས། སྟོང་ཉིད་སྙིང་རྗེའི་སྙིང་པོ་ཅན། །བྱང་ཆུབ་སྒྲུབ་པ་ཁ་ཅིག་ལའོ། །ཞེས་སོ། །

གཉིས་པ་ཀུན་རྫོབ་བློ་དོན་དམ་གཉིས་སམ་སྐྱེས་འཕགས་གཉིས་ལ་ལྟོས་པའི་སེམས་བསྐྱེད་གཉིས་དང་། གསུམ་པ་བསླབ་པ་གསུམ་ལ་ལྟོས་པའི་སེམས་བསྐྱེད་གསུམ་ཡང་། ཡུམ་བར་མ་ལས། གང་ཁ་ན་མ་ཐོ་བ་སྡོམ་པའི་སེམས་དང་། དགེ་བའི་ཆོས་སྡུད་པའི་སེམས་དང་། སེམས་ཅན་སྨིན་པར་བྱེད་པའི་སེམས་ཏེ་སེམས་བསྐྱེད་པ་འདི་གསུམ་ལ་ནན་ཏན་དུ་བྱའོ། །ཞེས་སོ། །བཞི་པ་ས་མཚམས་ཀྱི་དབྱེ་བས་ཀྱང་། ཚོགས་སྦྱོར་ལམ་ན་མོས་པས་སྤྱོད་པའི་སེམས་བསྐྱེད། མ་དག་ས་བདུན་ན་ལྷག་བསམ་རྣམ་དག་གི་སེམས་བསྐྱེད་དང་། དག་ས་གསུམ་ན་རྣམ་པར་སྨིན་པའི་སེམས་བསྐྱེད། སངས་རྒྱས་པ་ན་སྒྲིབ་པ་སྤྲང་བའི་སེམས་བསྐྱེད་དང་བཞིའོ། །ལྔ་པ་ལམ་ལྔའི་རྗེས་འགྲོའང་ལྔ་སྟེ། ཉི་ཁྲི་ལས། ལས་དང་པོ་པས་སེམས་བསྐྱེད་པ་དང་། ཡོངས་སུ་སྦྱང་བ་བྱས་པའི་སེམས་བསྐྱེད་པ་དང་། ཆོས་མཐོང་བའི་སེམས་བསྐྱེད་པ་དང་། རྣམ་པར་གྲོལ་བའི་སེམས་བསྐྱེད་པ་དང་། བསམ་གྱིས་མི་ཁྱབ་པའི་སེམས་བསྐྱེད་པའོ། །ཞེས་དང་། དྲུག་པ་ཕ་རོལ་ཏུ་ཕྱིན་པ་དྲུག་ལ་ལྟོས་པའང་དྲུག་ཡོད་དོ། །གཉིས་པ་ནི། བློ་གྲོས་རྒྱ་མཚོའི་མདོ་ལྟར་མངོན་རྟོགས་རྒྱན་ལས་གསུངས་པའི། ས་གསེར་ཟླ་བ་མེ་སོགས་དཔེ་ཉེར་གཉིས་བསྟན་པ་ཉིད་ས་མཚམས་ཀྱིས་ཕྱེ་ན། ས་བཅུའི་རྗེས་འགྲོ་སྟེ། འདུན་པ་ས་ལྟ་བུ། བསམ་པ་གསེར་ལྟ་བུ། ལྷག་པའི་བསམ་པ་ཟླ་བ་ཚེས་པ་ལྟ་བུ་གསུམ་ཚོགས་ལམ་དང་། སྦྱོར་བ་མེ་ལྟ་བུ་ཉིད་སྦྱོར་ལམ་དང་། སྦྱིན་པ་གཏེར་ལྟ་བུ། ཚུལ་ཁྲིམས་རིན་པོ་ཆེའི་འབྱུང་གནས་ལྟ་བུ། བཟོད་པ་མཚོ་ལྟ་བུ། བརྩོན་འགྲུས་རྡོ་རྗེ་ལྟ་བུ། བསམ་གཏན་རི་ལྟ་བུ། ཤེས་རབ་སྨན་ལྟ་བུ། ཐབས་ལ་མཁས་པ་བཤེས་གཉེན་ལྟ་བུ་བདུན་མ་དག་ས་བདུན་དང་། སྨོན་ལམ་ཡིན་བཞིན་ནོར་བུ་ལྟ་བུ། སྟོབས་ཉི་མ་ལྟ་བུ། ཡེ་ཤེས་ཀྱི་ཕ་རོལ་ཏུ་ཕྱིན་གླུ་དབྱངས་ལྟ་བུ་གསུམ་དག་ས་གསུམ་དང་། མངོན་ཤེས་རྒྱལ་པོ་ལྟ་བུ། ཚོགས་གཉིས་མཛོད་ཁང་ལྟ་བུ། བྱང་ཆུབ་ཀྱི་ཕྱོགས་དང་མཐུན་པའི་ཆོས་ལམ་པོ་ཆེ་ལྟ་བུ། སྙིང་རྗེ་ལྷག་མཐོང་གཉིས་བཞོན་པ་བཟང་པོ་ལྟ་བུ། གཟུངས་སྤོབ་གཉིས་བཀོད་མའི་ཆུ་མིག་ལྟ་བུ་དང་ལྔ་ནི་དག་ས་གསུམ་ལ་ཁྱབ་པར་

ཡོད་དོ། །ཆོས་ཀྱི་དགའ་སྟོན་སྒྲ་སྙན་ལྟ་བུ། བགྲོད་པ་གཅིག་པའི་ལམ་ཆུ་བོ་ལྟ་བུ། ཆོས་ཀྱི་སྐུ་དང་
མཚུངས་པར་ལྡན་པ་སྤྲིན་ལྟ་བུ་གསུམ་ས་བཅུའི་སྦྱོར་དངོས་རྗེས་གསུམ་ལའོ། །དེ་ཀུན་ཀྱང་བསྡུ
ན་སྨོན་འཇུག་གཉིས་ཏེ་བསམ་པས་སྨོན་པ་དང་འཇུག་པས་ཁྱབ་པ་སྟེ་འགྲོ་བར་འདོད་པ་དང་
འགྲོ་བ་དངོས་ཉིད་བཞིན་ནོ། །བཞི་པ་སྡོམ་པ་མ་ཐོབ་པ་ཐོབ་པར་བྱེད་པ་ལ་བྱང་ཆུབ་སེམས
བསྐྱེད་ཀྱི་སྡོམ་པ་དང་ལྡན་པའི་དགེ་བའི་བཤེས་གཉེན་ཉིད་ལ་ཐེག་ཆེན་གྱི་སྣོད་དུ་གྱུར་པའི་སློབ
མས་ཡན་ལག་བདུན་པ་ཕུལ་མཐར་སྨོན་འཇུག་གཉིས་སྐབས་གཅིག་ཏུ་ལེན་ཅིང་དགའ་བ་སྒོམ
པ་རྣམས་ནི་ཀླུ་སྒྲུབ་ཀྱི་ལུགས་དང་། སོ་ཐར་རིགས་བདུན་གང་རུང་གི་སྡོམ་ལྡན་ཞིག་གིས་སྨོན
འཇུག་གཉིས་ཆོ་ག་སོ་སོའི་སྒོ་ནས་ལེན་པ་ཐོགས་མེད་ཀྱིས་བཞེད་པ་ལྟར་ལ། ཚུལ་མཐུན་གྱི་བཤེས
གཉེན་མེད་ཚེ་རྒྱལ་བའི་སྐུ་རྟེན་ལའང་རུང་བར་གསོལ་གཉིས་མཐུན་ནོ། །ལྔ་པ་ཐོབ་མཚམས་ནི་བརྗོད
པ་གསུམ་གྱི་མཐའ་ལ་འདོད་པའོ། །དྲུག་པ་མི་ཉམས་པར་བསྲུང་ཚུལ་ནི། བྱང་ཆུབ་སེམས
དཔའི་ཚུལ་ཁྲིམས་གསུམ་སྟེ། ཉེས་སྤྱོད་སྡོམ་པ། དགེ་བ་ཆོས་སྡུད། སེམས་ཅན་དོན་བྱེད་དོ། །
དང་པོ་ལ་ལྟུང་བའི་རབ་དབྱེ་ཉི་ཤུ་སྟེ། རྒྱལ་པོ་ལ་ངེས་པ་ལྔ་ནི། དཀོན་མཆོག་གསུམ་གྱི་དཀོར
འཕྲོག་པ། ཚུལ་ཁྲིམས་དང་ལྡན་པའི་དགེ་སློང་ལ་ཆད་པས་གཅོད་པ། རབ་ཏུ་བྱུང་བ་བསླབ་པ
ལས་འབེབས་པ། མཚམས་མེད་པ་ལྔ་བྱེད་པ། ལོག་པར་ལྟ་བ་འཛིན་པའོ། །སོ་ཐར་སྤང་ནས
ཐེག་ཆེན་ལ་སྦྱོར་བ། ཉན་རང་གི་ཐེག་པ་འཛིན་ཞིང་འཛིན་དུ་འཇུག་པ། རྙེད་བཀུར་གྱི་ཕྱིར
བདག་ལ་བསྟོད་ཅིང་གཞན་ལ་སྨོད་པ། རང་གིས་ཟབ་མོ་བཟོད་པར་སྨྲ་བ། དཀོན་མཆོག་གསུམ
གྱི་དཀོར་སྦྱིན་ཞིང་ལེན་པ། ཞི་གནས་པའི་ནོར་ཁ་ཏོན་པ་ལ་སྦྱིན་པའོ། །ཐུན་མོང་བ་སྨོན་སེམས
བཏང་བ་དང་བཅུ་དགུ། དེའི་སྟེང་དུ་འཇུག་པའི་སེམས་སྤང་ནས་དགེ་བ་ལ་མི་བརྩོན་པ་དང
ཉི་ཤུའོ། །དེ་དག་ནི་རྩ་བའི་ལྟུང་བ་དང་། ཡན་ལག་དྲུག་ཉེས་བྱས་བརྒྱད་ཅུ་སོགས་བསླབ་བཏུས
སུ་བལྟའོ། །དེ་རྣམས་སློབ་དཔོན་ཀླུ་སྒྲུབ་ཡབ་སྲས་ཀྱི་བཞེད་ཚུལ་ལོ། །ཐོགས་མེད་ལུགས་སུ་ནི།
སེམས་ཅན་བློས་མི་བཏང་བ། ཕན་ཡོན་དྲན་པ། ཚོགས་བསགས་པ། བྱང་ཆུབ་ཀྱི་སེམས་སྦྱོང་བ
སོགས་དང་། དཀར་ནག་ཆོས་བརྒྱད་ལ་བླང་དོར་བྱེད་པ་སྟེ། ནག་པོའི་ཆོས་བཞི་ནི། བླ་མ་དང

མཆོད་འོས་བསླུ་བ། འགྲོད་མེད་གནས་ལ་འགྲོད་པ་སྐྱེས་པ། བྱང་སེམས་ལ་སྐྱོན་ནས་བརྗོད་པ། སེམས་ཅན་ལ་གཡོ་སྒྱུས་སྤྱོད་པའོ། །དེ་ལས་བཟློག་པ་དཀར་པོ་ཆོས་བཞི་སྟེ། དེ་དག་སློན་པའི་བསླབ་བྱ་ཡིན་ལ། རྙེད་བཀུར་ཆེད་དུ་བདག་ལ་བསྟོད་ཅིང་གཞན་ལ་སྨོད་པ། མགོན་མེད་པ་ལ་ཆོས་དང་ཟང་ཟིང་སེར་སྣས་མི་སྟེར་བ། བཤགས་ཀྱང་མི་ཉན་པར་ཁྲོ་བས་འཚོགས་པ། ཐེག་ཆེན་སྤང་ཞིང་ཆོས་ལྟར་བཅོས་པ་འདྲར་སྣང་སྟོན་པ་དང་བཞི་ནི་སྡོམ་པ་ཉི་ཤུ་པ་ལས་གསུངས་པའི་རྩ་བའི་ལྟུང་བ་སྟེ་འཇུག་པའི་བསླབ་བྱའོ། །ཉིས་བྱས་ཕྲ་བ་ཞེ་དྲུག་གཞན་དུ་ཤེས་ལ། ཕྲོལ་གཉིས་པོ་དེ་དབུ་མ་པ་དང་། སེམས་ཙམ་པའི་ལུགས་ཐ་དད་དུ་ཤེས་པར་བྱའོ། །

གཉིས་པ་དགེ་བ་ཆོས་སྡུད་ནི་ཕར་ཕྱིན་དྲུག་ལ་སློབ་པ་སྟེ། ཆོས་ནོར་མི་འཛིགས་ཏེ་སྦྱིན་པ་གསུམ་དང་། སྡོམ་སྡུད་བྱེད་པ་སྟེ་ཚུལ་ཁྲིམས་གསུམ་དང་། གནོད་དཀའ་ཟབ་མོ་སྟེ་བཟོད་པ་གསུམ་དང་། གོ་སྦྱོར་ཆོག་མེད་དེ་བརྩོན་འགྲུས་གསུམ་དང་། ཉེར་འབྱེད་གཤེགས་དགེའི་སྟེ་བསམ་གཏན་གསུམ་དང་། ཐོས་བསམ་སྒོམ་པ་སྟེ་ཤེས་རབ་གསུམ་ལ་ཀུན་ཏུ་སྤྱོད་པའོ། །

གསུམ་པ་སེམས་ཅན་དོན་བྱེད་ནི་བསྡུ་དངོས་བཞི་སྟེ། སྦྱིན་པས་གདུལ་བྱ་བསྡུས་ནས། སྙན་པར་སྨྲ་བའི་གཏམ་གྱིས་དྲངས་ཤིང་། རང་སྐལ་བཞིན་རིམ་དགུའི་ཐེག་པར་བགྲི་བ་དོན་སྤྱོད་པ་དང་། དེ་དག་འདྲེན་པའི་སླད་དུ་རང་ཡང་དོན་དེ་དང་མཐུན་པར་སྤྱོད་པ་སྟེ། དེ་ཡང་རྟག་ཏུ་དྲན་ཤེས་བག་ཡོད་དང་མ་ལྡན་ན་བྱང་ཆུབ་སྤྱོད་པ་ལམ་དུ་འགྲོ་དཀའ་ཕྱིར་དྲན་པ་མ་ཉམས་པ་དགོས་ཏེ། སྤྱོད་འཇུག་ལས། སེམས་འདི་བསྲུང་བར་མ་བྱས་ན། བསླབ་པ་བསྲུང་བར་ཡོངས་མི་ནུས། ཞེས་གསུངས་པ་བཞིན་སྤྱོད་ཡུལ་ཡོངས་དག་གི་མདོ་སྟེ་ལྟར་སྤྱོད་ལམ་རྣམ་བཞིར། བྱ་བ་གང་བྱེད་རིགས་མཐུན་སྨོན་ལམ་དང་བཅས་ཐབས་ཀྱིས་ཟིན་པར་བྱའོ། །ཀུན་མཁྱེན་ཀློང་ཆེན་རབ་འབྱམས་ནི༔ སྨོན་པའི་བསླབ་བྱ་ཚད་མེད་བཞི་དང་། འཇུག་པའི་བསླབ་བྱ་ཕ་རོལ་ཕྱིན་དྲུག་ཏུ་བཞེད་ཅིང་། བསྡུ་ན་དཀར་ནག་ཆོས་བརྒྱད་དུ་འདུ་ཞེས་གསུངས་སོ། །བདུན་པ་སྐྱེ་བའི་རྟེན་ནི། དབུ་མ་པ་ཀླུ་སྒྲུབ་རྗེས་འབྲང་དང་བཅས་པ་ནི་བསམ་པའི་རྟེན་གཙོ་བ་ལས་མ་ངེས་པར་གསུངས་ཤིང་། ལྷ་ཀླུ་འཕྲོགས་མ་སོགས་སྡིག་ཅན་ལ་ཡང་སྐྱེ་བར་བཞེད་དེ། ཡུམ་བར་མ་ལས། དེའི་ཚེ་ལྷ་དང་ཀླུ་དང

ལྷ་མ་ཡིན་དང་། ནམ་མཁའ་ལྡིང་དང་། མིའམ་ཅི་དང་། ལྟོ་འཕྱེ་ཆེན་པོ་བགྲང་བ་ལས་འདས་པ་དག་གིས་བླ་ན་མེད་པའི་བྱང་ཆུབ་ཏུ་སེམས་བསྐྱེད་དོ། །ཞེས་པ་བཞིན་ནོ། །དཀོན་མཆོག་ཏ་ལའི་མདོ་ལས་ཀྱང་། རྒྱལ་དང་རྒྱལ་བའི་ཆོས་ལ་དད་གྱུར་ཅིང་། །བྱང་ཆུབ་བླ་ན་མེད་ལ་དད་གྱུར་ལ། །རྒྱལ་སྲས་རྣམས་ཀྱི་སྤྱོད་ལ་དད་བྱེད་ན། །བློ་དང་ལྡན་པ་རྣམས་ཀྱི་སེམས་སྐྱེའོ། །ཞེས་སོ། །སེམས་ཙམ་པ་ཐོགས་མེད་རྗེས་འབྲང་དང་བཅས་པ་ནི་སོ་ཐར་དགོས་གསུངས་ཏེ། ལམ་སྒྲོན་ལས། སོ་སོར་ཐར་པ་རིགས་བདུན་གྱི། །རྟག་ཏུ་སྡོམ་གཞན་ལྡན་པ་ལ། །བྱང་ཆུབ་སེམས་དཔའི་སྡོམ་པ་ཡི། །སྐལ་བ་ཡོད་ཀྱི་གཞན་དུ་མིན། །ཞེས་གསུངས་པ་བཞིན་ནོ། །བརྒྱད་པ་ཉམས་ན་གསོ་ཚུལ་ནི། གང་དུ་གཞན་ལ་ཕན་སྲིད་པའི་བྱ་བ་གང་དང་གང་མི་བསྒྲུབ་པ་ཐམས་ཅད་ལྟུང་བའི་སྡེ་ཡིན་ལ། དོན་ཆེན་པོ་སྒྲུབ་པ་ལ་ཆུང་ངུ་བཏང་བ་དང་། རང་གི་ནུས་པའི་ཡུལ་དུ་མ་གྱུར་པ་དག་ལ་ལྟུང་བ་མེད་ཅིང་། མི་ནུས་བཞིན་དུ་ལུས་སོགས་མི་བཏང་བ་ཡང་། བསླབ་བཏུས་ལས། སྙིང་རྗེའི་བསམ་པ་མ་དག་པར། །ལུས་ནི་བཏང་བར་མི་བྱའོ། །ཞེས་གསུངས་སོ། །དེ་ཡང་གཞན་ཕྱིར་ཕན་ན་ལུས་ངག་གི་མི་དགེ་བདུན་གནང་བའི་སྐབས་ཡོད་དེ། བྲམ་ཟེ་ཁྱེའུ་སྐར་མ་ལ་དགའ་བས་ཚོང་དཔོན་གྱི་བུ་མོ་དང་། དེད་དཔོན་སྙིང་རྗེ་ཆེན་པོས་མི་ནག་མདུང་ཐུང་ཅན་བཞིན་རྣམ་པའི་ཉེས་པ་དོན་ལ་དགེ་བ་ཡིན་ཞིང་། ཡིད་ཀྱི་གསུམ་ནི་ནམ་ཡང་གནང་བའི་སྐབས་ཡོད་པ་མ་ཡིན་ནོ། །ཐུན་ཚོད་ལས་ཉམས་ཤོར་ན་སྐྱ་རེངས་དུས་སུ་འཕགས་པ་ནམ་སྙིང་བོས་ནས་ལྟུང་བ་འཆགས་ཤིང་། ལྷག་མ་ཕུང་པོ་གསུམ་པས་ཉིན་མཚན་ལན་གསུམ་དུ་གཞིལ་བ་འཕགས་མཆོག་ཀླུ་དབང་ལུགས་དང་། སེམས་ཅན་བློས་བཏང་བ་དང་། ནག་པོའི་ཆོས་བཞི་གང་རུང་སྤྱད་པས་སྨོན་སེམས་གཏོང་ཞིང་། གང་ཞིག་འགྲོད་སེམས་དང་སྡོམ་སེམས་དང་ཁྲེལ་དང་ངོ་ཚ་མེད་པར་སྤྱོད་ཅིང་། དེ་ལ་དགའ་ཞིང་མགུ་ནས་ཡོན་ཏན་དུ་བལྟ་བ་ནི་ཀུན་དཀྲིས་ཆེན་པོ་ཞེས་བྱ་སྟེ་ཕམ་པར་འགྱུར་རོ། །ཕས་ཕམ་བྱུང་ན་སླར་ལ་ལེན་ཅིང་། དེ་ནས་གཞན་པ་རྣམས་དངོས་པོ་བརྗོད་པས་བཤགས་ཤིང་། བཤེས་གཉེན་མེད་ཆེ་ཡིད་ཀྱིས་སྡོམས་པ་སོགས་ནི་སློབ་དཔོན་ཐོགས་མེད་ཀྱིས་བཞེད་པ་ལྟར་རོ། །དགུ་པ་ཕན་ཡོན་ནི། དེ་ལྟ་བུའི་བླང་དོར་བྱང་ཆུབ་སེམས་ཀྱི་རྩིས་ཡང་དག་ཟིན་ནས་བཟུང་སྟེ་གཉིད་སོགས་བག་མེད་

པར་གྱུར་པ་ལའང་བསོད་ནམས་རྒྱུན་ཆགས་སུ་འབྱུང་བ་ནི། སྤྱོད་འཇུག་ལས། གང་ནས་བཟུང་སྟེ་སེམས་ཅན་ཁམས། །མཐའ་ཡས་རབ་ཏུ་དགྲོལ་བའི་ཕྱིར། །མི་ལྡོག་པ་ཡི་སེམས་ཀྱིས་སུ། །སེམས་དེ་ཡང་དག་བླང་གྱུར་པ། །དེ་ནས་བཟུང་སྟེ་གཉིད་ལོག་གམ། །བག་མེད་གྱུར་ཀྱང་བསོད་ནམས་ཤུགས། །རྒྱུན་མི་ཆད་པ་དུ་མ་ཞིག །ནམ་མཁའ་མཉམ་པར་རབ་ཏུ་འབྱུང་། །ཞེས་གསུངས་སོ། །དེ་ལྟ་བུའི་རྒྱལ་སྲས་དམ་པ་དག་ནི་བློ་སྟོབས་ཆེ་འབྲིང་ཆུང་གསུམ་ལ་ལྟོས་པར་གྲངས་མེད་གསུམ་བདུན་སོ་གསུམ་སོགས་ནས་སངས་རྒྱས་པར་འགྱུར་རོ། །བྱང་སེམས་ཀྱི་བསླབ་བྱ་བཤད་པའི་སྐབས་ཏེ་གསུམ་པའོ། །

༈ གསུམ་པ་ཐ་མའི་གནས་གསང་བ་སྔགས་ཀྱི་སྒོམ་པ་བཤད་པ་ལ་དགུ་སྟེ། གླེང་གཞི། ངོ་བོ། དབྱེ་བ། ཐོབ་ཚུལ། ཐོབ་མཚམས། བསྲུང་ཚུལ། ཉེན། གསོ་ཐབས། ཕན་ཡོན་ནོ། །དང་པོ་གླེང་གཞི་ནི། སྟོན་པ་ཀུན་བཟང་རྡོ་རྗེ་འཆང་ཆེན་ཉིད་ཀྱིས། གནས་རང་སྣང་དོན་གྱི་འོག་མིན་དང་། འོག་མིན་ཆེན་པོ་ཁང་བུ་བརྩེགས་པ་རྣམས་སུ་རྒྱུད་སྡེ་བཞི་དྲུག་གི་ཆོས་ཀྱི་རྣམ་གྲངས་རྒྱ་ཆེར་གསུངས་ཤིང་། སླར་ཡང་རི་རབ་ཀྱི་ཟོམ་དང་འབྲས་སྤུང་སོགས་སུ་བཟླས་ནས་ཀྱང་བསྟན་ལ། བཀའི་བསྡུ་བ་པོ་གསང་བའི་བདག་པོ་ལག་ན་རྡོ་རྗེ་དང་། རྡོ་རྗེ་ཆོས་ལ་སོགས་ཞུ་བའི་འཁོར་གྱིས་བསྒྲིགས་ཤིང་། དྲམ་ལྷ་དང་གྲུབ་ཆེན་བརྒྱད་སོགས་རྒྱ་བོད་ཀྱི་རིག་འཛིན་མཁས་པ་རྣམས་ཀྱི་བཀྲལ་བ་སྟེ། བོད་དུ་གསར་སྙིང་ཞེས་གྲགས་པའི་སྒྱུ་འཕྲུལ་སྙིང་མའི་རིང་ལུགས་བཀའ་གཏེར་གཉིས་དང་ཕྱི་འགྱུར་གསར་མའི་བཞེད་སྲོལ་མང་ཞིག་མཆིས་ཀྱང་། འདིར་ནི་ཡོངས་གྲགས་ཀྱི་རྒྱུ་སྡེ་ཆེན་པོ་དམ་ཚིག་ལྟར་འཆད་པ་ཡིན་ནོ། །

གཉིས་པ་ངོ་བོ་ནི་སྡོམ་གསུམ་ཐབས་ཤེས་ཀྱིས་ཟིན་པར་སྡོམ་པའི་ཚུལ་ཁྲིམས་རྒྱུད་སྡེ་སོ་སོའི་རིང་ལུགས་ལྟར་ཡིན་ཞིང་། གསུམ་པ་དབྱེ་བ་ནི། བྱ་རྒྱུད་སྤྱོད་རྒྱུད་རྣལ་འབྱོར་རྒྱུད། རྣལ་འབྱོར་བླ་ན་མེད་པའི་རྒྱུད་དང་བཞི་ཡོད་པ་ལས། རྩ་ལྟུང་བཅུ་བཞི་ཡང་སོ་སོར་གྲངས་ངེས་པར་དུས་འཁོར་དང་སྤྱི་རྒྱུད་མདོར་བྱང་སོགས་སུ་བཤད་པ་ལྟར་གཞན་དུ་བལྟ་ཞིང་། འདིར་གསང་ཆེན་བླ་ན་མེད་པའི་ལུགས་སྤྱི་དང་བྱེ་བྲག་ཏུ་བཤད་པ་ལ། བླ་མེད་ཐུན་མོང་གིས་བཞེད་ཚུལ་དང་། སྒྱུ་

འགྱུར་རྫོགས་པ་ཆེན་པོའི་སྒྲོལ་གཉིས་སོ། །བཞི་པ་སྡོམ་པ་མ་ཐོབ་པ་ཐོབ་པར་བྱེད་པ་ལ། རྟུལ་ཞུགས་དང་། རྣ་ག་དང་། གསང་བ་དང་། བྱང་ཆུབ་སེམས་ཀྱི་དཀྱིལ་འཁོར་བཞི་ལ་བརྟེན་ནས། སྐུ་བཞིའི་ངོ་བོར་གྱུར་པའི་བླ་མ་བཞིའམ། ཕྱི་ནང་གསང་བའི་དེ་ཉིད་བཅུ་ལ་འདྲིས་ཤིང་རྟོགས་པས་བདག་རྒྱུད་གྲོལ་བའི་བླ་མས། བུམ་གསང་ཤེས་རབ་ཚིག་གི་དབང་དང་བཞི་པོ། མཚན་ཉིད་དང་ལྡན་པའི་སློབ་མར་རིམ་པར་བསྐུར་བས། དང་པོ་གསུམ་གྱིས་སྒོ་གསུམ་གྱི་ལས་དང་ཉོན་མོངས་པའི་སྒྲིབ་པ་བཞི། བཞི་པས་བག་ཆགས་མཐའ་དག་དང་ཤེས་བྱའི་སྒྲིབ་པ་བཅས་སྦྱངས་ཤིང་། དེ་བཞིན་དུ་བསོད་ནམས་དང་ཡེ་ཤེས་ཀྱི་ཚོགས་གཉིས་ཀྱང་རྫོགས་ལ། བསྐྱེད་རིམ་དང་གཏུམ་མོ་དཔེ་དོན་གྱི་ཡེ་ཤེས་གཉིས་སོགས་སྒོམ་པ་དང་སྐུ་བཞི་ཐོབ་པའི་ནུས་ལྡན་དུ་བྱེད་པའོ། །ལྔ་པ་ཐོབ་མཚམས་ནི། དབང་བཞི་ཡོངས་སུ་རྫོགས་ཚེ་རིག་འཛིན་གྱི་སྡོམ་པ་ཐོབ་པ་ཡིན་ནོ། །དེ་ནས་དམ་ཚིག་བསྲུང་བ་ལ་འབད་པར་མ་བྱས་ན། སྔགས་ལ་སྤྱོད་པའི་སྐྱེས་བུ་ངན་སོང་དང་། སངས་རྒྱས་གཉིས་ལས་འགྲོ་ས་གསུམ་པ་ཡོད་པར་མ་གསུངས་ཤིང་། དེ་སྐད་དུའང་སྡོམ་འབྱུང་ལས། གལ་ཏེ་དངོས་གྲུབ་མཆོག་འདོད་ན། །སྲོག་ནི་ཡོངས་སུ་གཏོང་ཡང་སླ། །འཆི་བའི་དུས་ལ་བབ་ཀྱང་སླ།། །རྟག་ཏུ་དམ་ཚིག་བསྲུང་བར་བྱ། །ཞེས་གསུང་པ་བཞིན་བསླབ་སྡོམ་ལ་འབད་པར་བྱའོ། །དྲུག་པ་མི་ཉམས་པར་བསྲུང་བའི་ཚུལ་ལ་སྤྱི་དང་བྱེ་བྲག་གཉིས་ལས། དང་པོ་བླ་མེད་སྤྱིའི་དམ་ཚིག་འཆད་པ་ལས་ཐོག་མའི་བརྟུལ་ཞུགས་དུས་འཁོར་དུ་བཤད་པ་ནི། ཇི་སྐད་དུ། གསོད་རྫུན་སྐྱུ་དང་འདོད་ལོག་ཆང་འཐུང་བ། །སྤང་བྱ་བསླབ་པའི་གཞི་ལྔ་སྤང་ཞེས་གསུངས། །ཚོ་ལོ་ཁ་ན་མ་ཐོའི་ཟས་ཟ་དང་། །ངན་ཚིག་འབྱུང་པོ་ལྷ་མིན་ཆོས་བསླབ་པ། །རྣམ་པ་ལྔ་ནི་བྱ་བ་མིན་ལྔའོ། །བ་ལང་བྱིས་པ་སྐྱེས་པ་བུད་མེད་དང་། །མཆོད་རྟེན་བསྟུན་པ་གསོད་པ་ལྔ་རུ་གྲགས། །དགེ་གྲོགས་རྡོ་རྗེ་སངས་རྒྱས་དགེ་འདུན་དང་། །བླ་མར་ཁོང་ཁྲོ་བསྒོམ་རྣམས་འཚུ་བ་ལྔ། །གཟུགས་སྒྲ་དྲི་རོ་རེག་བྱ་ཞེང་ལྔ་ལ། །མིག་དང་རྣ་བ་སྣ་ལྕེ་ལུས་དབང་ལྔ། །ཞེན་པར་མི་བྱེད་བརྟུལ་ཞུགས་ཉེར་ལྔའོ། །ཞེས་སོ། །རྒྱུད་སྡེ་སྤྱིའི་ཐུན་མོང་དུ་གྱུར་པ་རིགས་ལྔའི་སྡོམ་པ་ལྔ་ནི། སངས་རྒྱས་རྣལ་འབྱོར་དམ་ཚིག་ཏུ་སྐྱབས་འགྲོ་གཉིས་དང་ཚུལ་ཁྲིམས་གསུམ་ལ་སློབ་པ། མི་བསྐྱོད་པའི་དམ་ཚིག་ཏུ་རྡོར་དྲིལ་ཕྱག་རྒྱ་བླ

མ་གཟུང་བ། རིན་འབྱུང་ལ་ཆོས་ནོར་མི་འཇིགས་བྱམས་པ་སྦྱིན་པ། སྣང་མཐའ་ལ་ཐེག་གསུམ་འཛིན་ཅིང་དེའི་ཆོས་བཤད་པ། དོན་གྲུབ་ལ་མཆོད་གཏོར་ལས་རིམ་ཀུན་འཛིན་པའོ། །བླ་མེད་ལུགས་ཀྱི་ཁྱད་པར་བ་རིགས་ལྔའི་སྡོམ་པ་ལ། རྡོ་རྗེའི་རིགས་ཀྱི་སྲོག་གཅོད་བྱ། །ཞིང་བཅུ་དང་། རླུང་རྟོག་སྟེ། ཞིང་བཅུ་ནི་ཐབས་སྙིང་རྗེ་ཆེན་པོས་གཟུང་འཛིན་གྱི་རླུང་རྟོག་དབུ་མར་གསོད་པའོ། །རིན་ཆེན་རིགས་ལ་མ་བྱིན་ལེན་བྱ། གཟུང་མ་མཚན་ལྡན་དང་། སྐལ་མེད་ཀྱི་ནོར། ཟབ་མོའི་ཆོས་རྣམས་ཏེ་དོན་གཉིས་བསྒྲུབ་པ་ལ་དགོངས་ཕྱིར་ལེན་པའོ། །པདྨའི་རིགས་ལ་ལས་ཆོས་དམ་ཚིག་ཕྱག་རྒྱ་ཆེན་པོ་སྟེ་བུད་མེད་བསྟེན་པ་དང་། ཁས་ལ་རྫུན་ཚིག་སྨྲ་མ་ལྟ་བུར་དགོངས་ལྡེམ་གྱི་ངག་གིས་སྒྲོག་པ་དང་། འཁོར་ལོའི་རིགས་ལ་ཤ་ཆང་སོགས་འདོད་དོན་ལྔ་བསྟེན་པར་གསུངས་སོ། །རྒྱུད་སྡེ་སྤྱི་ལ་གཅེས་པའི་རྩ་ལྟུང་བཅུ་བཞི་ནི། རྡོ་རྗེ་སློབ་དཔོན་སྙིང་ནས་སྨོད་ཅིང་བརྙས་པ་ཤིན་ཏུ་ལྕི་ཕྱིར་རྩ་ལྟུང་དང་པོར་བཤད་ལ། གླང་དོར་བཀའ་ལས་འདས་པ་གཉིས་པ། རྡོ་རྗེའི་སྤུན་ལ་ཁྲོས་པ་གསུམ་པ། སེམས་ཅན་ལ་བྱམས་པ་སྤོང་བ་བཞི་པ། གནང་བའི་སྐབས་བདུན་མིན་པར་ཁུ་བ་འབྱིན་པ་དང་སེམས་བསྐྱེད་བཏང་བ་ལྔ་པ། རང་གཞན་གྱི་གྲུབ་མཐའ་སྨོད་པ་དྲུག་པ། སྣོད་མིན་ཉམས་དང་མ་སྨིན་སོགས་ལ་གསང་སྒྲོགས་བདུན་པ། ཕུང་ལྔ་སངས་རྒྱས་ལྔ་ལ་བརྙས་པ་བརྒྱད་པ། གཞི་ལམ་འབྲས་བུའི་རང་བཞིན་དག་པ་ལ་བཀྲི་བར་ཐེ་ཚོམ་ཟ་བ་དགུ་པ། བསྒྲལ་བའི་ཞིང་བཅུ་ལ་བྱམས་པར་བྱེད་པ་བཅུ་པ། མིང་སོགས་བྲལ་བ་དངོས་དང་དངོས་མེད་རྟོག་པ་འཇལ་བ་བཅུ་གཅིག་པ། སེམས་ཅན་དད་དང་ལྡན་པའི་སེམས་མི་བསྲུང་བ་བཅུ་གཉིས་པ། སྐབས་བབ་ལྟར་དམ་ཚིག་གི་རྫས་དང་ཡོ་བྱད་རྣམས་མི་བསྟེན་པ་བཅུ་གསུམ་པ། ངོས་དང་ལྡོག་ནས་བུད་མེད་ལ་སྙིང་ཚིམ་པར་སྨད་ནས་གོ་བ་བཅུ་བཞི་པའོ། །

ཡན་ལག་སྦོམ་པའི་ལྟུང་བ་བརྒྱད་ནི། དབང་གིས་མ་སྨིན་པའི་བུད་མེད་རིག་མར་བསྟེན་པ། ཚོགས་འཁོར་གྱི་ཁྲལ་དུ་རྩོད་པ། མ་གསུང་བར་རིག་མ་ལས་བདུད་རྩི་རང་སྟོབས་ཀྱིས་ལེན་པ། སྣོད་ལྡན་ལ་གསང་སྔགས་མི་སྟོན་པ། དད་ལྡན་ཆོས་དོན་འདྲི་བ་ལ་ཆོས་གཞན་སྟོན་པ། ཉན་ཐོས་ནང་དུ་ཞག་བདུན་བསྡད་པ། ཡེ་ཤེས་མི་ལྡན་བཞིན་སྔགས་པར་རློམ་པ། སྣོད་མིན་ལ་ཆོས་བཤད་

པ་རྣམས་སོ། །གཞན་མ་བསྙེན་ཚད་མ་རྫོགས་པར་དབང་དང་རབ་གནས་སྦྱིན་བསྲེག་སོགས་ལ་འཇུག་པ་དང་། སོ་བྱང་བཅས་པ་དགོས་མེད་དུ་འདའ་བ་སོགས་སྡོམ་པོའི་ལྟུང་བ་མང་དུ་ཡོད་པ་ལའང་བརྟགས་པར་བྱའོ། །

གཉིས་པ་བྱེ་བྲག་པ་རྫོགས་ཆེན་རང་ལུགས་ཀྱི་བཞེད་སྲོལ་ནི། དམ་ཚིག་རྣམ་པར་བཀོད་པ་སྡོམ་པ་ལ་འཇུག་པའི་འཁོར་ལོ་ལས་གསུངས་པ་བཞིན་རྩ་བ་དང་ཡན་ལག་ལས། རྩ་བ་བླ་མའི་སྐུ་གསུང་ཐུགས་ལ་ཕྱི་ནང་གསང་བའི་དམ་ཚིག་གི་གསུམ་ཚན་གསུམ་དུ་ཕྱེ་བས་ཉི་ཤུ་རྩ་བདུན་ཏེ། སྐུའི་གསུམ་ལ་ལུས་ཀྱི་རྣམ་གསུམ་སྤོང་བ་ཕྱི། ཕ་མ་སྤུན་སྲིང་རང་ལུས་སྐྱོད་པ་ནང་། བླ་མའི་གྲིབ་འགོང་ཡུམ་གཙོ་སྤུན་སྲིང་བརྡེགས་པ་གསང་བ། གསུང་གི་གསུམ་ལ་རྫུན་ཕྲ་མ་ཚིག་རྩུབ་སྤོང་བ་ཕྱི། ཆོས་སྨྲ་སྒྲུབ་པ་སྒོམ་པ་སྨད་པ་ནང་། རྡོ་རྗེ་སྤུན་སྲིང་བླ་མའི་ཡུམ་བླ་མ་ལ་སྐྱོད་པ་གསང་བ། ཐུགས་ཀྱི་གསུམ་ལ་ཡིད་ཀྱི་རྣམ་གསུམ་ཕྱི། སྤྱོད་པ་སྒོམ་པ་ལྟ་བ་ལོག་པ་ནང་། ལྟ་སྒོམ་སྤྱོད་པ་ཡི་དམ་གྱི་ལྷ་བླ་མ་དང་སྤུན་སྲིང་ཡིད་ལ་མ་བྱས་པ་གསང་བ་རྣམས་སོ། །

ཡན་ལག་ཉི་ཤུ་རྩ་ལྔ་ནི། ཧན་གན་མ་བྱིན་ལེན་རྫུན་ངག་འཁྱལ་ཏེ་སྤྱད་བྱ་ལྔ། འདོད་ཆགས་ཞེ་སྡང་གཏི་མུག་ང་རྒྱལ་ཕྲག་དོག་སྟེ་མི་སྤང་བ་ལྔ། དྲི་ཆེན་དྲི་ཆུ་མམ་ས་རཀྟ་ཐིལ་པ་སྟེ་དང་ལེན་ལྔ། ཕུང་ལྔ་འབྱུང་ལྔ་ཡུལ་ལྔ་དབང་ལྔ་ཁ་དོག་ལྔ་སྟེ་ལྷ་རུ་ཤེས་བྱ་ལྔ། རྡོ་རྗེ་རིན་ཆེན་པདྨ་ལས་དེ་བཞིན་རིགས་ཏེ་བསྒྲུབ་བྱ་ལྔའོ། །དེ་དག་ཀྱང་དུས་ཚོད་དང་འབྲེལ་བའི་སྤྱོད་པས་དགོངས་པ་ལེན་པར་ཤེས་པར་བྱའོ། །གཞན་ཡང་རྩ་བ་དང་ཡན་ལག་གི་རྣམ་པར་བཞག་པའི་དམ་ཚིག་གི་དབྱེ་བསྡུ་མཐའ་ཡས་པ་ཡོད་ཀྱང་འདིར་མ་འདུས་པ་མེད་ཅེས་གསུངས་སོ། །མདོར་ན་རང་ལུས་རྡོ་རྗེ་གསུམ་དུ་ཤེས་ན་སྔགས་ཀྱི་དམ་ཚིག་ས་ཡ་འབུམ་སྡེ་འདུས་པར་བཤད་དོ། །བདུན་པ་སྐྱེ་བའི་རྟེན་ནི། ཉིན་བཞིན་བྲམ་ཟེ་གསོད་པ་དང་། མཚམས་མེད་ལྔ་བྱེད་པ་སོགས་ལའང་རུང་བར་བཞེད་དོ། །བརྒྱད་པ་ཉམས་ན་གསོ་ཚུལ་ནི། ལྟུང་མཚམས་མི་ཤེས་པ། བླ་མར་མི་གུས་པ། བག་མེད་སྤྱོད་པ། ཉོན་མོངས་མང་བ་བཞི་ལྟུང་བ་འབྱུང་བའི་སྒོ་བཞིར་ཐོགས་མེད་ཀྱིས་བཞེད་ཅིང་། དེ་ལ་བརྗེད་ངེས་ཆེ་བ་དང་དྲན་པ་མི་གསལ་བ་གཉིས་བསྣན་པ་དམ་ཚིག་ཉམས་པའི་རྒྱུ་དྲུག་ཏུ་དཔལ་ལྡན་སྡོམ་པའི

རྒྱུད་ལས་གསུངས་ཕྱིར་རྟག་ཏུ་གཉེན་པོའི་དྲན་ཤེས་བསྟེན་པར་བྱའོ། །ཀུན་ལ་ཡུལ་བསམ་སྦྱོར་བ་མཐུན་པའམ། ཀུན་སློང་ཉོན་མོངས་གང་ཡིན་རང་ག་མ་དེ་ཉིད་དུ་ཤེས་པ་དང་ལུས་ངག་སྦྱོར་བའི་བྱ་བ་དེ་རང་དད་དུང་བྱེད་འདོད་མ་ལོག་པ་དང་། རང་ངོ་ལ་ལྟོས་པའི་ངོ་ཚ་དང་། གཞན་ལ་ལྟོས་པའི་ཁྲེལ་ཡོད་མེད་པ་སྟེ་ཆོས་གསུམ་ཚང་བའི་བྱ་བ་དེ་ནི་མ་འབྲུལ་བར་མཐར་གཏུགས་ཆེ་ཕམ་པར་འགྱུར་ལ། བར་ཆད་པའམ་ཅིག་ཤོས་མ་ཚང་ན་སྦོམ་པོར་འགྱུར་ཞིང་། རིམ་པས་དམན་ན་ལྟུང་བྱེད་དང་ཉེས་བྱས་སོགས་སུ་ཤེས་པར་བྱའོ། །ན་བ་དང་དབང་པོ་ཉམས་པ། བར་ཆད་ཀྱི་དབང་སོགས་ལ་ཉེས་པ་མེད་ཅེས་སྙིང་པོ་རྒྱན་ལས་གསུངས་སོ། །

དེ་ལྟར་ཉིན་མཚན་དྲུག་ཏུ་བགོས་པའི་ཆ་རེ་བཞིན་དུ་ཉེས་པ་བྱུང་དམ་མ་བྱུང་སྙམས་ཏེ་དཔྱད་པར་བྱ་ཞིང་། དྲུག་ཆ་ལས་འདས་ན་ཐུན་ཚོད་ལས་འདས་པ་དང་། ཞག་གཅིག་ཟླ་གཅིག་ལོ་གཅིག་ལོ་གཉིས་སོགས་སུ་འདས་པ་ལ། རིམ་བཞིན་འགལ་བ་ཉམས་པ་འདས་པ་རལ་བ་ཞེས་བྱ་སྟེ་གསོ་རྒྱུ་ཡོད་ཀྱང་ཕྱི་མ་ཕྱི་མ་ལྕི་ལ། ལོ་གསུམ་འདས་ན་གསོ་རུང་བ་མ་ཡིན་ནོ། །འགལ་བ་ཚོགས་འཁོར་དང་ཉམས་ན་བདོག་དགུས་བསྐང་ཞིང་། འདས་ན་བུ་དང་ཆུང་མ་ནོར་སོགས་ཀྱིས་བསྐང་བ་དང་། རལ་ན་སྲོག་གིས་གསོ་བར་རྗོ་རྗེ་ཉི་མ་རྣམ་པར་བཀོད་པའི་རྒྱུད་ལས་གསུངས་པ་བཞིན་ནོ། །དེའི་ཕྱིར་ན་བླ་མ་ལ་བརྟེན་པ་ཤོར་ན་འཕྲལ་དུ་མཉེས་བྱས་སྐོང་བ་དང་། གསུང་ལས་ཉམས་ན་སྙིང་པོའམ་ཡིག་བརྒྱ་འབུམ་ཐེར་འདོན་པས་དང་། ཐུགས་ལས་ཉམས་ན་ལོ་གསུམ་བར་མཉམ་པར་བཞག་པས་གསོ་ཞིང་། གཞན་ཡང་དབང་བཞི་བསྐུར་བ། བདག་འཇུག་ལེན་པ། བསྐྱེད་རྫོགས་དང་བཟླས་བརྗོད་ལ་བརྩོན་པ། འཕོ་མེད་ཚུལ་ཁྲིམས་དང་། ཐེག་ལེའི་རྣལ་འབྱོར་ལ་སློབ་པ། སྦྱིན་སྲེགས་དང་གཏོར་མ་གཏོང་བ། རྒྱལ་བའི་སྐུགས་རྒྱ་དང་བགྲུ་བའི་རིམ་པ། བསམ་གཏན་སྒོམ་པ་དང་གཏུམ་མོས་བསྲེགས་པ། ཕུང་པོ་གསུམ་པ་དང་ཡན་ལག་བདུན་པ། ཚོགས་སམ་རྟེན་དྲུང་དུ་ཉེས་པ་སྒྲོག་པ། སྲོག་བླུ་དང་བཀའ་གློག །ཡིག་བརྒྱ་དང་མཎྜལ་སོགས་ཀྱིས་གསོ་ཞེས་སྙིང་པོ་རྒྱན་སོགས་ལས་གསུངས་སོ། །ཁྱད་པར་ཀློང་ཆེན་རབ་འབོག་གི་རྒྱུད་ལས་གསུངས་པའི་སྤྱི་ཁྲུས་འགྲོད་ཚང་དོང་སྤྲུགས་ཀྱི་བཤགས་པས་མི་འདག་པ་གང་ཡང་མེད་ཕྱིར་དེ་

ཉིད་ཉམས་སུ་ལེན་པ་ལ་འབད་པར་བྱའོ། །མ་བཤགས་ན་ཚེ་འདིར་མི་འདོད་པས་མནར་ཞིང་། ཕྱི་མར་དོ་བླ་མེད་པའི་རྡོ་རྗེའི་དམྱལ་བར་སྐྱེས་བར་འགྱུར་རོ། །དགུ་པ་ཕན་ཡོན་ནི། མ་ཉམས་པས་རིང་མཐའ་སྐྱེ་བ་བཅུ་དྲུག་གམ། མྱུར་ན་འདིའམ་འཆི་ཁ་བར་དོར། ཐུན་མོང་གྲུབ་པ་བརྒྱད་དང་དབང་ཕྱུག་བརྒྱད་ལ་སོགས་པ་དང་། མཆོག་གི་དངོས་གྲུབ་ཁ་སྦྱོར་ཡན་ལག་བདུན་ལྡན་ཐོབ་ནས་རང་གཞན་དོན་གཉིས་ལྷུན་གྲུབ་ཏུ་འབྱུང་བར་འགྱུར་རོ། །སྔགས་སྡོམ་གྱི་རིམ་པར་དབྱེ་བའི་སྐབས་ཏེ་བཞི་པའོ། །

༄ དེ་ལྟ་བུའི་སྡོམ་པ་གསུམ་གང་ཟག་གཅིག་གི་རྒྱུད་ལ་ཇི་ལྟར་བསྟེན་ན། རང་ལྡོག་མ་འདྲེས། དགག་དགོས་ཡོངས་རྫོགས། ངོ་བོ་གནས་འགྱུར། ཡོན་ཏན་ཡར་ལྡན། གནད་ཀྱིས་མི་འགལ། དུས་སྐབས་གཙོར་སྤྱད་དང་དྲུག་གིས་ཏེ། ཐོག་མར་སྡོམ་པ་བླང་ཡུལ་དང་། བསམ་པ་ཆོ་ག་རྣམས་སོ་སོར་ངེས་ཕྱིར་རང་ལྡོག་མ་འདྲེས་དང་། དགག་བྱ་ཉོན་མོངས་པ་སྤྱི་དགོས་པ་དེས་མི་འཆང་བར་རང་ངོས་ནས་ཡོངས་སུ་རྫོགས་པ་དང་། སྣང་གྱུར་ལམ་དུ་བྱེད་པ་གསུམ་ཡང་ཉོན་མོངས་རང་མཚན་སྤྱོང་བར་མཁས་རྣམས་མཐུན་ལ། སོ་ཐར་ཀུན་སློང་སེམས་བསྐྱེད་དང་ལྡན་པ་ཉེས་སྤྱོད་སྡོམ་པའི། ཁྲིམས་ཡིན་ལ་དབང་ཐོབ་པས་རྡོ་རྗེ་འཛིན་པའི་སྡོམ་པར་འགྱུར་ཕྱིར་ངོ་བོ་གནས་འགྱུར་དང་། བློ་བརྒྱད་ཀྱི་རིམ་པས་གོང་མ་གོང་མས་ཟིལ་གྱིས་གནོན་ཕྱིར་འོག་མ་འོག་མའི་ཡོན་ཏན་ཡར་ལྡན་དུ་འགྱུར་བ་དང་། འདུ་ཤེས་གསུམ་གྱིས་སྤྱད་ཆེ་ཡུལ་བསམ་སྦྱོར་བ་མཐར་ཐུག་མ་ཚང་བས་རྨི་ལམ་བཞིན་གནད་ཀྱིས་མི་འགལ་བ་དང་། སྡིག་ཏོ་མི་དགེ་བ་དང་ཚོགས་གསེབ་ལྟ་བུར་འོག་མ་གཙོ་བོར་བྱེད་ཅིང་། འདོད་པས་དབེན་པ་དང་། སྤྱོད་པའི་དུས་དང་། དབེན་པར་སྔགས་གཙོ་ཆེར་སྤྱོད་ལ། དེ་ཡང་ལས་དང་པོ་བ་དང་། རྣལ་འབྱོར་དང་། གྲུབ་ཐོབ་དང་། ཐམས་ཅད་མཁྱེན་པའི་སྤྱོད་པ་གང་ཡིན་ཡང་དུས་སྐབས་དང་འབྲེལ་དགོས་པ་ལྟར་ཤེས་པ་དང་དྲུག་གི་བསྲུང་བར་བྱ་བ་ཁོ་ནའོ། །དེ་ལྟར་ལུང་དང་ཚིག་སྦྱོར་སོགས་ཀྱིས་རྒྱ་ཆེར་མ་སྤྲོས་པ་ནི་ལས་དང་པོ་པ་དང་བློ་གྲོས་ཆུང་བ་དག་གི་དོན་དུ་ཡི་གེ་ཉུང་བར་བྱས་པ་ཡིན་ལ། འདོད་ན་ཊཱི་ཀ་ཆེན་དག་ཏུ་བལྟའོ། །སྡོམ་གསུམ་སྦྱོར་བཤད་པའི་སྐབས་ཏེ་ལྔ་པའོ། །

འདིར་སྨྲས་པ། སྟོན་བྱོན་མཁས་པའི་ལེགས་བཤད་གྲུ་རྫིང་ལ། །བརྟེན་བཅས་གཞུང་ལུགས་རྒྱ་མཚོའི་མཐར་བརྒལ་ནས། །སྡོམ་གསུམ་རྣམ་འབྱེད་གསལ་བའི་ནོར་བུ་བླངས། །དོན་གཉེར་མགྲོན་པོ་དགའ་བའི་དཔལ་དུ་སྦྱིན། །དེ་ལས་བྱུང་བའི་དགེ་བ་དྲི་མ་མེད་གང་གི། །ཚ་ཟེར་བྱེ་བའི་འོད་ལྟར་རབ་ཏུ་འབར་བ་ཡིས། །ལུས་ཅན་སྙིང་གི་མུན་པའི་ཚང་ཚིང་བསྲེགས་བྱས་ནས། །སྐལ་བཟང་བློ་ཡིས་པདྨོ་ཀུན་ཏུ་རྒྱས་གྱུར་ཅིག །

ཅེས་པའང་རང་སློབ་ཧྲྀ་ནའི་མིང་གིས་བསྐུལ་བས་རྐྱེན་བྱས་རང་གཞན་རིགས་མཐུན་གྱི་གུས་པའི་བློ་ཅན་འགའ་ལ་ཕན་པའི་ཡིད་ཀྱིས། ༼ གྲུབ་དབང་རྫོགས་ཆེན་པ་ཀུན་བཟང་གཞན་ཕན་མཆོག་གི་ཞབས་ཀྱི་པད་མོ་ཉིད་ཡུན་རིང་པོར་བསྟེན་ཞིང་གང་གི་བཀའ་དྲིན་གྱིས་འཚོ་བའི་སྤྲུགས་བཙུན་བུདྡྷའི་མིང་གིས་མདོ་ཁམས་རོང་ཆེན་གྱི་ཡུལ་གནས་མཆོག་རྒྱལ་མོ་དམུ་རྡོའི་མདུན་ཞོལ། བཀྲ་ཤིས་རང་བྱུང་ཕུག་ཏུ་ཐུན་སྐབས་གསུམ་ལ་རྫོགས་པར་བྲིས་པ་ཀུན་ནས་ཀུན་ཏུ་དགེ་ཞིང་བཀྲ་ཤིས་པར་གྱུར་ཅིག །དགེའོ། །དགེའོ། །དགེའོ།། །།

༄༅། །རྩ་ལྟུང་བཅུ་བཞིའི་བཤགས་པ་བཞུགས་སོ། །

སློབ་དཔོན་ཨ་ཀྵ་ཡ།

རྒྱ་གར་སྐད་དུ། བཛྲ་ཡཱ་ན་མཱུ་ལ་པ་ཏི། བོད་སྐད་དུ། རྡོ་རྗེ་ཐེག་པའི་རྩ་བའི་ལྟུང་བ། འཕགས་པ་འཇམ་དཔལ་གཞོན་ནུར་གྱུར་པ་ལ་ཕྱག་འཚལ་ལོ། །ཀུན་ནས་དང་བས་བླ་མ་ཡི། །ཞབས་ཀྱི་པད་མོ་ལ་བཏུད་དེ། །རྩ་བའི་ལྟུང་བ་བཅུ་བཞི་ནི། །རྒྱུད་ནས་གསུངས་བཞིན་བཤད་པར་བྱ༑ །གང་ཕྱིར་རྡོ་རྗེ་འཛིན་པ་ཡི། །དངོས་གྲུབ་སློབ་དཔོན་རྗེས་འབྲང་གསུངས། །དེ་བས་དེ་ལ་བརྙས་པ་ནི། །རྩ་བའི་ལྟུང་བ་དང་པོར་བཤད། །དང་པོ་ཕོག་པ་མཐོལ་ལོ་བཤགས། །བདེ་གཤེགས་བཀའ་ལས་འདས་པ་ནི། །ལྟུང་བ་གཉིས་པ་ཡིན་པར་བཤད། །གཉིས་པ་ཕོག་པ་མཐོལ་ལོ་བཤགས། །རྡོ་རྗེ་སྤུན་ལ་ཁྲོས་པ་ནི། །ཉེས་པར་བརྗོད་པ་གསུམ་པ་ཡིན། །གསུམ་པ་ཕོག་པ་མཐོལ་ལོ་བཤགས། །སེམས་ཅན་རྣམས་ལ་བྱམས་པ་སྤྱངས། །བཞི་པ་ཡིན་པར་རྒྱལ་བས་གསུངས། །བཞི་པ་ཕོག་པ་མཐོལ་ལོ་བཤགས། །ཆོས་ཀྱི་རྩ་བ་བྱང་ཆུབ་སེམས། །དེ་སྤྱངས་པ་ནི་ལྔ་པ་ཡིན། །ལྔ་པ་ཕོག་པ་མཐོལ་ལོ་བཤགས། །རང་ངམ་གཞན་གྱི་གྲུབ་པའི་མཐའ། །ཆོས་ལ་སྨོད་པ་དྲུག་པ་ཡིན། །དྲུག་པ་ཕོག་པ་མཐོལ་ལོ་བཤགས། །ཡོངས་སུ་མ་སྨིན་སེམས་ཅན་ལ། །གསང་བ་སྒྲོགས་པ་བདུན་པ་ཡིན། །བདུན་པ་ཕོག་པ་མཐོལ་ལོ་བཤགས། །ཕུང་པོ་སངས་རྒྱས་ལྔའི་བདག་ཉིད། །དེ་ལ་བརྙས་བྱེད་བརྒྱད་པ་ཡིན། །བརྒྱད་པ་ཕོག་པ་མཐོལ་ལོ་བཤགས། །རང་བཞིན་དག་པའི་ཆོས་རྣམས་ལ། །སོམ་ཉི་ཟ་བ་དགུ་པ་ཡིན། །དགུ་པ་ཕོག་པ་མཐོལ་ལོ་བཤགས། །གདུག་ལ་རྟག་ཏུ་བྱམས་ལྡན་པར། །བྱེད་པ་དེ་ནི་བཅུ་པར་འདོད། །བཅུ་པ་ཕོག་པ་མཐོལ་ལོ་བཤགས། །མིང་སོགས་བྲལ་བའི་ཆོས་རྣམས་ལ། །དེར་རྟོག་པ་ནི་བཅུ་གཅིག་པ། །བཅུ་གཅིག་ཕོག་པ་མཐོལ་ལོ་

བཤགས། །སེམས་ཅན་དད་དང་ལྡན་པ་ལ། །སེམས་སྲུན་འབྱིན་པ་བཅུ་གཉིས་པ། །བཅུ་གཉིས་ཕོག་པ་མཐོལ་ལོ་བཤགས། །དམ་ཚིག་རྫས་ནི་ཇི་བཞིན་ཉིད། །མི་བསྟེན་པ་ནི་བཅུ་གསུམ་པ། །བཅུ་གསུམ་ཕོག་པ་མཐོལ་ལོ་བཤགས། །ཤེས་རབ་རང་བཞིན་བུད་མེད་ལ། །སྨོད་པར་བྱེད་པ་བཅུ་བཞི་པ། །བཅུ་བཞི་ཕོག་པ་མཐོལ་ལོ་བཤགས། །སྔགས་པས་འདི་དག་སྲུངས་ན་ནི། །དངོས་གྲུབ་ངེས་པར་ཐོབ་པར་འགྱུར། །གཞན་དུ་དམ་ཚིག་ལས་ཉམས་ན། །ཉམས་པ་བདུད་ཀྱིས་གཟུང་བར་འགྱུར། །དེ་ནས་སྡུག་བསྔལ་མྱོང་འགྱུར་ཞིང་། །ཕྱུར་དུ་བལྟས་ཏེ་དམྱལ་བར་འགྲོ། །དེ་བས་ང་རྒྱལ་བཅོམ་ནས་ནི། །བདག་ཉིད་མ་འཁྲུལ་ཤེས་པར་བྱ། །མཉམ་པར་བཞག་པའི་བླ་མ་ལ། །ཅི་འབྱོར་པ་ཡིས་མཆོད་བྱས་ནས། །གསུམ་ལ་སྐྱབས་འགྲོ་ནས་བརྩམས་ཏེ། །བྱང་ཆུབ་སེམས་སོགས་སྡོམ་པ་ནི། །གལ་ཏེ་བདག་ལ་ཕན་འདོད་ན། །སྔགས་པས་འབད་དེ་གཟུང་བར་བྱ། །ཞེས་སོ། །སློབ་དཔོན་ཨ་ཛྲ་ཡས་མཛད་པའོ།། ༎

༄༅། །ཡན་ལག་གི་དམ་ཚིག་ཅེས་བྱ་བ།

སློབ་དཔོན་ཨ་ཧྲ་ཡ།

དམ་ཚིག་དང་ནི་མི་ལྡན་པའི། །རིག་མ་བསྙེན་ལ་དགའ་བ་དང་། །ཚོགས་ཀྱི་འཁོར་ལོར་རྩོད་པ་དང་། །གསང་བའི་ཆོས་ནི་སྟོན་པ་དང་། །སེམས་ཅན་དད་དང་ལྡན་པ་ལ། །ཆོས་གཞན་དུ་ནི་སྟོན་པ་དང་། །ཉན་ཐོས་དག་ཏུ་ཀློམ་བྱེད་པ། །ནང་དུ་ཞག་བདུན་གནས་པ་དང་། །སྦྱོར་བ་ངེས་པར་མ་བྱས་པར། །སྐལ་མིན་གསང་བ་སྟོན་པ་དང་། །གང་ཞིག་ཕྱག་རྒྱ་མི་མཁས་ལ། །ལས་ཀྱི་ཕྱག་རྒྱ་སྟོན་པ་དང་། །བསྙེན་སོགས་དག་པར་མ་བྱས་པར། །དཀྱིལ་འཁོར་ལས་ལ་འཇུག་པ་དང་། །སྡོམ་པ་གཉིས་ཀྱི་བཅས་པ་ལ། །དགོས་པ་མེད་པར་འདའ་བ་རྣམས། །ཁ་ན་མ་ཐོ་བཅས་གྱུར་ཏེ། །སྔགས་པ་དེ་ཡི་དམ་ཚིག་ཟད། །བདེ་བ་འགྲུབ་པར་མི་འགྱུར་ཞིང་། །བདུད་དང་སྡུག་བསྔལ་ཤིན་ཏུ་འཕེལ། །ཉིན་དང་མཚན་མོ་ལན་གསུམ་དུ། །ཉིན་རེ་བཞིན་དུ་བཟླ་བར་བྱ། །

ཡན་ལག་གི་དམ་ཚིག་སློབ་དཔོན་ཨ་ཧྲ་ཡས་མཛད་པ་རྫོགས་སོ།། །།

༄༅། །རྩ་བའི་དམ་ཚིག་གི་རིམ་པ་བཞུགས་སོ། །

རིག་འཛིན་སྣ་ཚོགས་རང་གྲོལ།

ན་མོ་གུ་ར་ཝེ། །ཁས་ཉེན་ཚད་མེད་དངོས་གྲུབ་རྒྱ་མཚོའི་མཛོད། །བླ་མ་རྡོ་རྗེ་འཛིན་པ་ལ་བཏུད་དེ། །རྡོ་རྗེ་ཐེག་པའི་རྩ་བའི་ལྟུང་བ་ནི། །འདའ་ཀ་རྡོ་རྗེ་གསུམ་གྱི་དམ་ཚིག་ལས། །ཀྲོས་པའི་དབྱེ་བ་ཉི་ཤུ་རྩ་བདུན་ནི། །རྒྱུད་ནས་གསུངས་བཞིན་འདི་རུ་བཤད་པར་བྱ། །མ་བྱིན་ལེན་པ་མི་ཚངས་སྤྱོད་སྲོག་གཅོད། །ཕ་མ་རྡོ་རྗེའི་སྤུན་སྲིང་རང་ལུས་སྨོད། །ཆོས་དང་གང་ཟག་ལ་སྨོད་རང་ལུས་ལ། །དཀའ་ཐུབ་བརྡེག་སོགས་རྡོ་རྗེའི་སྤུན་སྲིང་གི། །ལུས་ལ་བརྡེག་གནས་རྒྱན་སྨོད་དངོས་སུ་བརྡེག །བླ་མའི་ཡུམ་གཅེས་གྲོགས་ཡུམ་སྤྱད་པ་སོགས། །སྐུ་ཡི་གྲིབ་མ་འགོང་དང་སྤྱན་སྔ་རུ །མ་གུས་བག་མེད་སྤྱོད་ལམ་མི་མཛེས་པ། །རྐང་ལག་བརྐྱང་འདུག་བབ་ཅོལ་སྨྲ་གཏོད་དང་། །གསུང་ལ་རྒོལ་དང་སྨིག་ཆོས་ལ་སོགས་པ། །སྐུ་ཡི་དམ་ཚིག་ཉམས་པ་མཐོལ་ལོ་བཤགས། །རྫུན་དང་ཕྲ་མ་ཚིག་རྩུབ་སྨྲ་བ་དང་། །ཆོས་ཚིག་སྨྲ་དང་དེ་དོན་སེམས་པ་དང་། །རྣལ་འབྱོར་བྱེད་པ་རྣམས་ལ་གཤེ་ཞིང་སྨུར། །རྡོ་རྗེའི་སྤུན་སྲིང་བླ་མའི་ཕྱག་རྒྱ་དང་། །ཉེ་འཁོར་ཚིག་བརྙས་བླ་མས་ཇི་སྐད་གསུངས། །བརྙས་ཤིང་མ་བསྒྲུབས་བཀའ་ལས་འདས་པ་སོགས། །གསུང་གི་དམ་ཚིག་ཉམས་པ་མཐོལ་ལོ་བཤགས། །གཞན་གྱི་ནོར་དང་བླ་མའི་དཀོར་ལ་བརྣབ། །སེམས་ཅན་སྤྱི་དང་རྡོ་རྗེའི་མཆེད་ལྕམ་ལ། །གནོད་སེམས་འཆང་དག་ཆོས་དང་གང་ཟག་དང་། །བླ་མ་དང་ནི་ཆོས་ལ་ལོག་པར་ལྟ། །སྤྱོད་པ་ལོག་དང་སྒོམ་དང་ལྟ་བ་ལོག །ལྟ་སྒོམ་སྤྱོད་པ་ཡི་དམ་ལྷ་དང་ནི། །བླ་མའི་རྣལ་འབྱོར་རྡོ་རྗེའི་མཆེད་ལྕམ་ལའང་། །བརྩེ་གདུང་ཡིད་ལ་མ་བསྒོམས་ཉིན་ཞག་གི། །ཐུན་ལས་འདས་སོགས་ཐུགས་ཀྱི་དམ་ཚིག་རྣམས། །ཉམས་པར་གྱུར་པ་ཐམས་ཅད་མཐོལ་ལོ་བཤགས། །གཞན་ཡང་གསང་བར་འོས་དང་གཉེར་གཏད་པ། །གསང་བར་ཁས་བླངས་བསྒྲགས་ཤིང་དམ་ལས་འདས། །འདི་དག་རྩ་

བའི་དམ་ཚིག་ཆེན་པོ་སྟེ། །འགལ་ཉམས་འདས་རལ་གྱུར་པ་མཐོལ་ལོ་བཤགས། །རྣལ་འབྱོར་བློ་རྟོགས་རིམ་པའི་གནང་བཀག་རྣམས། །དུས་དང་འབྲེལ་ཏེ་རྒྱུད་ལས་གསུངས་པའི་དོན། །ཇི་བཞིན་མ་ཤེས་བག་མེད་ལེ་ལོ་དང་། །ཉོན་མོངས་ཤུགས་དྲག་གཉེན་པོ་སྟོབས་ཞན་པས། །དངོས་གྲུབ་གཡེལ་ཞིང་མཐར་མེད་རྒྱུར་གྱུར་གང་། །མཐོལ་ལོ་བཤགས་སོ་བྱང་ཞིང་དག་པར་མཛོད། །དངོས་གྲུབ་རྣམ་གཉིས་ཚེ་འདིར་ཐོབ་པར་ཤོག །ཨོཾ་བཛྲ་ས་ཏྭ་ས་མ་ཡ་ ཞེས་སོགས་ཡི་གེ་བརྒྱ་བ་བརྗོད། དམ་ཚིག་རྣམ་གྲོལ་རྒྱ་མཚོའི་དོན་བསྡུས་རིག་འཛིན་སྣ་ཚོགས་རང་གྲོལ་གྱིས་མཛད་པའོ། །དགེའོ།། །།

༄༅། །རྡོ་རྗེ་ཐེག་པའི་ལྟུང་བའི་སྙེ་མ་ཞེས་བྱ་བ།

ཨ་བྷྱཱ་ཀ་ར་གུཔྟ།

རྒྱ་གར་སྐད་དུ། བཛྲ་ཡཱ་ན་པཏྟི་མཉྫ་རི་ནཱ་མ། བོད་སྐད་དུ། རྡོ་རྗེ་ཐེག་པའི་ལྟུང་བའི་སྙེ་མ་ཞེས་བྱ་བ། བཅོམ་ལྡན་འདས་དཔལ་རྡོ་རྗེ་སེམས་དཔའ་ལ་ཕྱག་འཚལ་ལོ། །རྡོ་རྗེ་སེམས་དཔའི་སྡོམ་པ་འཛིན་པ་ལ་ལྟུང་བའི་སྡེ་ཚན་རྣམ་པ་གཉིས་ཏེ། རྩ་བའི་ལྟུང་བ་བཤད་པ་དང་། སྦོམ་པོའི་ལྟུང་བ་བཤད་པའོ། །དེ་ལ་བླ་མ་ལ་མ་གུས་པ་དང་། བདེ་བར་གཤེགས་པའི་བཀའ་ལས་འདས་པ་དང་། ཞེ་སྡང་གིས་རྡོ་རྗེ་སྤུན་ལ་སྐྱོན་འབྲུ་བ་དང་། བྱམས་པ་གཏོང་བ་དང་། བྱང་ཆུབ་ཀྱི་སེམས་གཏོང་བ་དང་། ཐེག་པ་གསུམ་ལ་སྨོད་པ་དང་། ཡོངས་སུ་མ་སྨིན་པ་ལ་གསང་བ་སྒྲོགས་པ་དང་། དེ་བཞིན་གཤེགས་པའི་བདག་ཉིད་ཕུང་པོ་ལྔ་ལ་སྨོད་པ་དང་། ཆོས་ཐམས་ཅད་རང་བཞིན་མེད་པར་རྣམ་པར་དག་པ་ལ་ཐེ་ཚོམ་ཟ་བ་དང་། གདུག་པ་ལ་བྱམས་པ་དང་ལྡན་པ་དང་། ཐོག་མ་དང་། ཐ་མ་དང་། དབུས་ཀྱི་ཆོས་ཐམས་ཅད་སྟོང་པ་ལ་ཐོག་མ་དང་ཐ་མ་དང་དབུས་སུ་རྟོག་པ་དང་། དད་ལྡན་གྱི་སེམས་སུན་འབྱིན་པ་དང་། ཇི་ལྟར་རྙེད་པའི་དམ་ཚིག་མི་བསྟེན་པ་དང་། བུད་མེད་ལ་སྨོད་པ་སྟེ་རྩ་བའི་ལྟུང་བ་བཅུ་བཞིའོ། །དེ་ལ་སྟོབས་ཀྱིས་རྣལ་འབྱོར་མ་ལེན་པ་དང་སྟོབས་ཀྱིས་དེའི་བྱང་ཆུབ་ཀྱི་སེམས་ལེན་པ་དང་། གསང་བ་མི་སྲོད་པ་དང་། དམ་ཚིག་ལ་རྩོད་པ་དང་། དད་པ་དང་ལྡན་པ་ལ་ཕྱིན་ཅི་ལོག་གི་ཆོས་སྟོན་པ་དང་། ཉན་ཐོས་ཀྱི་ཐེག་པ་པ་དང་ལྷན་ཅིག་ཞག་བདུན་དུ་གནས་པ་དང་། རྣལ་འབྱོར་མི་ཤེས་པར་རྣལ་འབྱོར་པར་མངོན་པའི་ང་རྒྱལ་བྱེད་པ་དང་།མི་དད་པ་ལ་ཆོས་སྟོན་པ་སྟེ་སྦོམ་པོའི་ལྟུང་བ་བརྒྱད་དོ། །རྡོ་རྗེ་སེམས་དཔའི་བསླབ་པ་ལ་གནས་པས་རྣམ་པ་ཐམས་ཅད་དུ་ཡོངས་སུ་སྤང་བར་བྱའོ། །རྡོ་རྗེ་ཐེག་པའི་ལྟུང་བའི་སྙེ་མ་ཞེས་བྱ་བ་མཁས་པ་ཆེན་པོ་ཨ་བྷྱཱ་ཀ་ར་གུཔྟས་མཛད་པ་རྫོགས་སོ། །མ་ག་དྷའི་མཁས་པ་ཆེན་པོ་དེ་ཉིད་དང་། མང་དུ་ཐོས་པའི་དགེ་སློང་

བསོད་སྙོམས་པ་སངས་རྒྱས་གྲགས་པས་ནཱ་ལེནྡྲར་བསྒྱུར་ཅིང་ཞུས་ཏེ་གཏན་ལ་ཕབ་པའོ།། །།

༄༅། །རྡོ་རྗེ་ཐེག་པའི་རྩ་བའི་ལྟུང་བ་བཅུ་བཞི་པའི་འགྲེལ་པ།

སློབ་དཔོན་ཆེན་པོ་དཔལ་ལཀྵྨཱི་ཀ་ར།

རྒྱ་གར་སྐད་དུ། བཛྲ་ཡཱ་ན་མཱུ་ལ་པཏྟི་བྲིཏྟི། བོད་སྐད་དུ། རྡོ་རྗེ་ཐེག་པའི་རྩ་བའི་ལྟུང་བ་བཅུ་བཞི་པའི་འགྲེལ་པ། འཕགས་པ་འཇམ་དཔལ་གཞོན་ནུར་གྱུར་པ་ལ་ཕྱག་འཚལ་ལོ། །ཉན་ཐོས་ཀྱི་ལུས་ངག་གཙོ་བོར་གྱུར་པའི་སྤང་བྱ་བདུན་གྱི་མཚན་ཉིད་དང་། བྱང་ཆུབ་སེམས་དཔའི་སྙིང་རྗེ་གཙོ་བོར་གྱུར་པའི་སྤང་བྱ་བཅུའི་མཚན་ཉིད་དང་། གསང་སྔགས་རྣལ་འབྱོར་ཆེན་པོའི་ཐབས་དང་ཤེས་རབ་ཟུང་དུ་འཇུག་པ་གཙོ་བོར་གྱུར་པའི་སྤང་བྱ་བཅུ་བཞིའི་མཚན་ཉིད་དེ། དེ་ལ་གཉིས་ནི་གཞུང་གཞན་རྣམས་ལས་གསལ་བས་འདིར་མ་བཤད་དོ། །གསང་སྔགས་རྣལ་འབྱོར་ཆེན་པོའི་རྣམ་པར་ཐར་པ་ལ་ལྟོས་ཏེ་བསྟན་པ་ལ། སྤྱིར་ཐོབ་པར་བྱ་བ་དང་། མངོན་པར་རྟོགས་པའི་བྱེ་བྲག་དང་། བསྲུང་བའི་ཚུལ་ལོ། །དེ་ལ་གཉིས་ནི་རྩ་བའི་རྒྱུད་དང་། བཤད་པའི་རྒྱུད་དག་ལས་གསལ་བས་འདིར་ལོགས་ཤིག་ཏུ་མ་བརྗོད་དོ། །བསྲུང་བའི་ཚུལ་ལ་གཉིས་ཏེ། དམ་ཚིག་དང་། སྡོམ་པའོ། །དེ་ཉིད་ནི་དམ་བཅའ་བའི་ཡུལ་དང་། སྤོང་བའི་བྱེ་བྲག་གིས་ཏེ། འདི་སྐད་དུ། སྡོམ་པ་སངས་རྒྱས་ཐམས་ཅད་དེ། །ཨེ་ཝཾ་ལ་ནི་རབ་ཏུ་བཞུགས། །རྒྱུ་ཡིས་ཡུལ་ལས་མི་འདའ་བས། །དམ་ཚིག་ཞེས་ནི་བཤད་པ་ཡིན། །ཞེས་གསུངས་སོ། །དེ་བས་ན་དབང་བཞིའི་བྱེ་བྲག་གིས་དམ་ཚིག་ཀྱང་བཞི་སྟེ། སྦྲ་ཧི་བཞིན་པ་དང་། སྦྲ་ཧི་བཞིན་པ་མ་ཡིན་པ་དང་། དགོངས་པ་ཅན་དང་། མཐར་ཐུག་པའི་བྱེ་བྲག་གིས་སོ། །

དེ་དག་ཀྱང་མདོར་བསྡུ་ན། རིགས་ཀྱི་དམ་ཚིག་དང་། རྩ་བ་དང་། ཉེས་པ་སྦོམ་པོའོ། །

རིགས་ཀྱི་ལ་གཉིས་ཏེ། སྤྱི་དང་། ཁྱད་པར་རོ། །རྩ་བ་ལ་གསུམ་སྟེ། དབང་གསུམ་གྱི་དབྱེ་བས་སོ། ། སྡོམ་པ་ལ་གསུམ་སྟེ། ལུས་ལ་སོགས་པའི་དབྱེ་བྲག་གིས་སོ། །དེ་ལ་སྡོམ་པའི་ཚུལ་ཁྲིམས་ལ་སོགས་པའི་སྡོམ་པ་གསུམ་ལ་གནས་ན་སངས་རྒྱས་ཉིད་དམ་རྡོ་རྗེ་འཆང་ཆེན་པོ་འཐོབ་པོ་ཞེས་འབྱུང་ལ། དེ་ཡང་རྡོ་རྗེ་རྩེ་མོའི་མངོན་པར་རྟོགས་པའི་སྐབས་ནས་ཇི་སྐད་དུ། བྱང་ཆུབ་སེམས་འཛིན་གྱུར་ནས་ནི༑ ༑ལྷ་གཞན་ལ་ནི་མི་མོས་པས། །དཀོན་མཆོག་གསུམ་ལ་དད་པ་དང་། །དེ་ལ་གཞོལ་ཞིང་འབབ་པ་ཡིས། །གསོད་དང་རྐུ་དང་འཁྲིག་པ་དང་། །བརྫུན་དང་ཆང་ནི་རྣམ་པར་སྤང་། །ཁྱིམ་པའི་ཚུལ་དུ་གནས་པས་ཀྱང་། །རིག་སྔགས་རྒྱལ་པོ་རྟག་ཏུ་བསྒྲུབ། །གལ་ཏེ་དེ་ར་ནི་རབ་བྱུང་ན། །སྡོམ་པ་གསུམ་ལ་གནས་པར་འགྱུར། །སོ་སོར་ཐར་དང་བྱང་ཆུབ་སེམས། །རིག་འཛིན་རང་གི་སྡོམ་པའོ། ། ཞེས་གསུངས་པས་དེའི་དོན་ལ་འཇུག་པར་བྱ་སྟེ། འདིར་དེ་དག་དང་མི་འགལ་བ་ནི་ཡེ་ཤེས་ཀྱི་དབྱེ་བྲག་གིས་ཏེ། རང་བཞིན་པའི་ཆོས་བཞི་མི་སྤྱད་ཅིང་བཅས་པ་ལ་དེ་བཞིན་ཉིད་ཀྱི་བདག་ཉིད་ཅན་གྱིས་ཤེས་པས་སྤྱོད་ཅིང་དོན་ཆེན་པོ་ཡོད་པའི་ཕྱིར་དང་། ཤིན་ཏུ་སྤྲོས་པ་མེད་པའི་སྤྱོད་པ་ལ་ནི་དངོས་པོ་ལ་འགལ་བ་མེད་པས་ཉེས་བྱས་ལ་སོགས་པར་མི་གཞག་གོ། །དེ་ལྟར་རྩ་བའི་དམ་ཚིག་བསྟན་པ་ལ་སྤྱིར་བཏང་བ་ནི་གང་ལ་གནོད་པ་དང་། གང་གིས་བར་དུ་གཅོད་པ་དང་། གང་དྲི་མ་ཅན་དུ་བྱས་པ་སྟེ་དགེ་བའི་རྩ་བ་གསུམ་དང་། དངོས་གྲུབ་གཉིས་དང་། རང་གི་རྒྱུད་དང་གོ་རིམས་བཞིན་ནོ། །དེ་ལ་དངོས་གཞི་ནི། གཉི་གའི་བར་དུ་གཅོད་ཅིང་ངན་སོང་གསུམ་དུ་ལྟུང་བར་བྱེད་དོ། ། འདྲ་བས་ནི་གཉི་གའི་བར་དུ་གཅོད་ཅིང་ངན་སོང་གསུམ་དུ་ལྟུང་ཡང་སྡུག་བསྔལ་དྲག་པོ་ལ་སོགས་པ་མ་ཡིན་པ་དང་། འབྲིང་གིས་ནི་གཉིས་ཀའི་བར་དུ་གཅོད་ཀྱང་ངན་སོང་དུ་ལྟུང་བའི་རྒྱུ་སྟེ་ཁྱད་པར་དུ་མི་བྱེད་པ་དང་། ཆུང་ངུས་ནི་འཇིག་རྟེན་པའི་དངོས་གྲུབ་ཀྱི་བར་དུ་གཅོད་དོ། །

ཡང་སྤྱིར་འགྲོ་བ་ནི་ཉོན་མོངས་པ་དྲུག་དང་།ཉེ་བའི་ཉོན་མོངས་པ་དང་འབྲེལ་པའོ། །ཡང་གཉིས་ཏེ། ལྷན་ཅིག་སྐྱེས་པ་དང་། ཀུན་ཏུ་བརྟགས་པའོ། །ཡང་བདུན་ཏེ། སྦྱོར་བ་དང་། དངོས་གཞི་དང་། ཉེས་བྱས་དང་། ཉེས་པ་མེད་པ་དང་། ཕྱོགས་དང་མཐུན་པ་དང་། བསླབ་པར་བྱ་བ་དང་། དྲི་མ་ལས་ལྡང་བའོ། །ལྡང་བ་ལ་བདུན་ཏེ། དབང་དང་། ཚོགས་དང་། བསྙེན་སྒྲུབ་དང་། ཚོགས་

པའི་མཐུ་དང་། བཟླས་པ་དང་། སེམས་སྲུན་འབྱིན་པ་དང་། ཐ་མལ་པ་ལ་བཞུགས་པའོ། །

ད་ནི་གཞུང་ལ་འཇུག་པར་བྱ་སྟེ། སློབ་དཔོན་ལ་ནི་བརྙས་པ་དང་། །ཞེས་སྨོས་པ་ལ་གང་ལས་དབང་བསྐུར་མཆོག་ཐོབ་པ་མེད་པ་དང་། སློབ་དཔོན་གྱིས་དེ་ཉིད་བསྟན་པ་དང་། དེར་འདུ་ཤེས་པ་དང་། ཉོན་མོངས་པ་དང་འབྲེལ་པའི་སེམས་དང་། ལུས་ངག་ཡིད་ཀྱིས་སྦྱོར་བ་བྱས་པ་དང་། གོ་བའམ་ཁྱད་པར་ཅན་གྱིས་ཉོན་མོངས་པ་བསྐྱེད་པ་དང་། རང་བཞིན་དུ་གནས་པ་དང་། དབང་དང་ལྡན་པ་དང་། མི་ལམ་ཡིན་པ་དང་། ཡན་ལག་བརྒྱད་ཀྱི་ནི་དངོས་གཞི་ཡིན་ལ། སྦྱོར་བ་ནི་ཇི་སྲིད་མ་རྫོགས་པ་དེ་སྲིད་དོ། །གཞན་མ་ཚང་བ་ལ་ཡན་ལག་གཙོ་བོ་ཡོད་པ་ནི་ཉེས་པ་ཆེན་པོའོ། །འབྲིང་དང་ཆུང་དུ་ཡོད་པ་ལ་ནི་ཉེས་པ་འབྲིང་དང་ཆུང་དུའོ། །གསུམ་པོ་ལྟ་བུའི་གནས་སྐབས་སུ་ནི་ཉེས་པ་མེད་དོ། །གཉིས་དང་ཤན་འདྲ་བ་ནི་ཕྱོགས་དང་མཐུན་པའོ། །སློབ་དཔོན་ཐམས་ཅད་ལ་རྡོ་རྗེ་སེམས་དཔར་བལྟོའོ་ཞེས་པ་ནི་བསླབ་པར་བྱའོ། །རྩ་བ་ནི་དབང་གིས་ལྟུང་ངོ་། །ཚོགས་དང་བསྙེན་སྒྲུབ་མ་གཏོགས་པ་བཞིས་ནི་འདྲ་བ་ལས་ལྟུང་ངོ་། །གོང་མ་གཉིས་ཀྱིས་ནི་འབྲིང་ལས་ལྟུང་ངོ་། །ཐ་མ་གཉིས་ཀྱིས་ནི་ཆུང་དུ་ལས་ལྟུང་ངོ་། །དེ་བཞིན་དུ་གཞན་རྣམས་ལ་ཡང་ཅི་རིགས་པར་ཤེས་པར་བྱའོ། །

བདེ་གཤེགས་བཀའ་ལས་འདས་པ་དང་། །ཞེས་སྨོས་པ་ལས། འདིར་ནི་བདེ་བར་གཤེགས་པའི་བཀའ་དང་རྡོ་རྗེ་འཆང་གི་བཀའ་ཐམས་ཅད་ཀྱང་གདུལ་བྱའི་ཆེད་དུ་ཡིན་ལ།དེ་ཡང་འགྲོ་བའི་དོན་དུ་སྟེ། དེ་བས་ན་གང་ཟག་བདག་གྲོལ་བའི་དབང་དུ་བྱས་པས་ཐམས་ཅད་ཀྱང་དེར་འདུས་སོ། །རྡོ་རྗེ་འཆང་གི་བཀའ་ཡང་བཞི་སྟེ། ལས་ཀྱི་བྱེ་བྲག་ཐམས་ཅད་བདེ་བར་གཤེགས་པའི་བཀའ་དང་། བསྲུང་བར་བྱ་བ་དང་། སྒྲུབ་པའི་ཐབས་དང་། འབྲས་བུའོ། །དེ་ལས་འདས་པ་ནི་གཉིས་ཏེ། ལོག་པར་སྤྱོད་པ་དང་། ལོག་པར་སྟོན་པའོ། །དེ་དག་ཀྱང་དགག་སྒྲུབ་ཀྱི་བྱེ་བྲག་གིས་རྣམ་པ་བཞིའོ། །དེ་ལ་ཡན་ལག་ནི་ཐུན་མོང་བ་གསུམ་དང་། ཉོན་མོངས་པའི་སེམས་དང་ལྡན་པ་དང་། ཡུལ་ཁྱད་པར་ཅན་དང་། དེར་འདུ་ཤེས་པ་དང་། ལོག་པར་སྤྱོད་པའི་སྦྱོར་བ་བྱས་པ་དང་། ངེས་པ་བསྐྱེད་པ་སྟེ་བརྒྱད་ཀྱིས་དངོས་གཞིའོ། །སྟོན་པའི་ཕྱོགས་ལ་ཐ་མའི་དོན་གོ་བར་གྱུར་པ་

གཞུག་གོ། །ལྟུང་བ་ནི་ཚོགས་པའི་མཐུ་མན་ཆད་བཞིས་དངོས་གཞི་ལས་ལྟུང་ངོ་། །ཤེས་རབ་གསུམ་དང་། ཉོན་མོངས་པའི་སེམས་དང་། ཡུལ་དེ་གོང་མ་ལྔ་བུ་ཡིན་པ་དང་། དེར་འདུ་ཤེས་པ་དང་། སྦྱོར་བ་བྱས་པ་དང་། གོ་བའམ་ཉོན་མོངས་པ་ཁྲིད་པར་ཅན་བསྐྱེད་པ་དང་། དགོངས་པ་མ་ཡིན་པ་སྟེ་དགུས་དངོས་གཞིར་འགྱུར་རོ། །དེ་ནི་ཚོགས་ཀྱི་འཁོར་ལོས་ལྟུང་ངོ་། །གཞན་ནི་སྔ་མ་བཞིན་ནོ། །ཆོམ་རྐུན་གྱི་གནས་ཀྱི་གྲོགས་སྟོབས་ཅན་ལྔ་བུར་རྡོ་རྗེ་སྤྱུན་ཀུན་ལ་བལྟའོ་ཞེས་པ་ནི་བསླབ་པར་བྱ་བའོ། །

བྱམས་པ་ཆེན་པོ་སྤྱོང་བ་དང་། །ཞེས་པ་ལ་སེམས་ཅན་ཤིན་ཏུ་སྡུག་བསྔལ་དང་ལྡན་པ་ལ་བཏང་སྙོམས་དང་ལྡན་པ་དང་དེར་འདུ་ཤེས་པ་དང་། བཟློད་དུ་རུང་བ་ན་ཡོད་པར་མཐོང་བའམ་ཐོས་པ་དང་། ཉོན་མོངས་པའི་སེམས་དང་། ཐུན་མོང་བ་གསུམ་དང་། བདག་ལ་མཐུ་ཡོད་པ་དང་། དགོངས་པ་མ་ཡིན་པ་དང་། བདེ་བའི་སྦྱོར་བ་འདོར་བ་སྟེ་བཅུས་དངོས་གཞིར་འགྱུར་རོ། །ཚོགས་པའི་མཐུ་མན་ཆད་བཞིས་དེ་ལས་ལྟུང་ངོ་། །སེམས་ཅན་ཐམས་ཅད་ལ་ཕ་མ་ལ་སོགས་པ་དང་། བདག་ཉིད་ཀྱི་བར་དུ་འདུ་ཤེས་བསྐྱེད་པར་བྱའོ་ཞེས་པ་ནི་བསླབ་པར་བྱ་བའོ། །བྱང་ཆུབ་སེམས་ནི་འདོར་བ་དང་། །ཞེས་པ་ནི་དངོས་པོར་འཛིན་པ་དང་ཞེན་པ་སྟེ། སྤོང་བའི་གདམས་ངག་མི་ཚོལ་བ་དང་། གཉེན་པོ་མི་བསྟེན་པ་དང་། ཡང་དང་ཡང་དུ་འདོར་བ་དང་། དེའི་དབང་གིས་ཉེས་པ་ལ་སྦྱོར་བའོ། །ཡན་ལག་གི་གྲངས་ནི་སྔ་མ་བཞིན་ནོ། །བདེ་བའི་སྦྱོར་བ་འདོར་བ་ཞེས་པ་ནི་སྡུག་བསྔལ་དང་བྲལ་བའི་སྦྱོར་བ་འདོར་བ་ཞེས་གཞག་གོ། །ལྟུང་བ་ནི་སྔ་མ་བཞིན་ནོ། །མ་རྒྱལ་བ་བསྒྲལ་བར་བྱའོ་ཞེས་བྱ་བ་ལ་སོགས་པ་ནི་བསླབ་པར་བྱ་བའོ། །

ལྔ་ཡི་བདག་ཉིད་ཕུང་པོ་སྨོད། །ཅེས་པ་ནི། ལྷར་མི་སྒོམ་པ་དང་། འབྲལ་བར་འདོད་པ་དང་། དེ་ལས་གཞན་དུ་བསྒོམ་པའོ། །ཡན་ལག་ནི་ཐུན་མོང་བ་བཞི་དང་། ཡུལ་དེ་དང་དེ་ལྔ་བུ་ཡིན་པ་དང་། དེར་འདུ་ཤེས་པ་དང་། གོང་མ་གསུམ་གང་ཡང་རུང་བ་སྟེ་བདུན་གྱི་དངོས་གཞིའོ། །ལྟུང་བ་ནི་བསྟེན་སྒྲུབ་ཀྱིས་སོ། །ལུས་ལ་མཚོན་དང་དཔེ་བྱད་ལ་སོགས་པ་བསམ་པར་བྱའོ་ཞེས་བྱ་བ་ནི་བསླབ་པར་བྱ་བའོ། །ཐེག་པ་གསུམ་ལ་སྨོད་པ་དང་། །ཞེས་བྱ་བ་ནི་བྱ་བ་དང་གཉིས་ག་དང་། རྣལ་

འཁོར་གྱི་རྒྱུད་དང་། གསང་བའི་ཐེག་པ་གསུམ་པོ་རྣལ་འབྱོར་མ་དང་ཐབས་དང་ཟུང་དུ་འཇུག་པའོ། ། སྨོད་པ་ནི་གཞུང་བཞིན་མ་སློས་པའོ། །ཐུན་མོང་བ་བཞི་དང་། ཡུལ་ཁྱད་པར་ཅན་དང་། དེར་འདུ་ཤེས་པ་དང་། མི་མཐུན་པའི་སྦྱོར་བ་བྱས་པ་དང་། ཡང་དག་པའི་སྦྱོར་བ་ལོག་པ་སྟེ་བརྒྱད་ཀྱིས་དངོས་གཞིའོ། །ཚོགས་པའི་མཐུ་མན་ཆད་བཞིས་ལྟུང་ངོ་། །མེད་ན་མི་འབྱུང་བའི་ལམ་གསུམ་དུ་ཤེས་པར་བྱའོ་ཞེས་པ་ནི་བསླབ་པར་བྱ་བའོ། །

ཡང་དག་ཆོས་ལ་ཡིད་གཉིས་ཟ། །ཞེས་པ་ལ་སྲུང་བ་དང་། སྒྲུབ་པ་དང་། ཐོབ་པ་དོན་དམ་པའི་རང་བཞིན་ལ་ཡིད་གཉིས་ཟ་བ་སྟེ་ཐུན་མོང་བ་བཞི་དང་། དོན་དམ་པ་དག་པ་དང་འབྲེལ་པ་དང་། དེར་འདུ་ཤེས་པ་དང་། མེད་དམ་སྙམ་པའི་བློ་གཉིས་དང་། འདི་ལ་མ་དད་པ་དང་བཏང་སྙོམས་སུ་དོར་བ་སྟེ་དགུས་དངོས་གཞིའོ། །ལྟུང་བ་ནི་སྔ་མ་བཞིན་ནོ། །ཆོས་ཐམས་ཅད་ལ་རྩལ་གཅིག་ཁོ་ནས་ཤེས་པར་བྱའོ་ཞེས་བྱ་བ་ནི་བསླབ་པར་བྱ་བའོ། །ཆོས་ལ་གཉིས་སུ་འབྱེད་པ་ཞེས་བྱ་བ་ནི་ཆོས་རྣལ་འབྱོར་ཆེན་པོ་ལ་སོགས་པའི་གྲུབ་པའི་མཐའ་ལས་གྲགས་པའི་བསྐྱེད་པ་དང་རྫོགས་པའི་ཆ་ཤེད་ཏུ་ཕྲ་བ་ཕྱི་རོལ་པའི་གྲུབ་པའི་མཐར་འཆད་ཅིང་འཛིན་པའམ། སངས་རྒྱས་པའི་གྲུབ་པའི་མཐའ་ལ་བཟང་ངན་འབྱེད་པའམ་སྨོན་པ་སྟེ་ཐུན་མོང་བ་བཞི་དང་།ཡུལ་ཁྱད་པར་ཅན་དང་། དེར་འདུ་ཤེས་པ་དང་། མི་མཐུན་པའི་སྦྱོར་བ་བྱས་པ་དང་། གཞན་གྱིས་གོ་བ་དང་། དགོངས་པ་མ་ཡིན་པ་སྟེ་དགུས་དངོས་གཞིར་འགྱུར་རོ། །ཚོགས་པའི་མཐུ་མན་ཆད་བཞིས་ལྟུང་ངོ་། །ལམ་ལ་བྱེ་བྲག་མེད་པར་བསླབ་པར་བྱ་ཞིང་བདེན་པར་སྨྲ་བར་བྱའོ་ཞེས་བྱ་བ་ནི་བསླབ་པར་བྱ་བའོ། །

གདུག་ལ་བྱམས་དང་ཆགས་བྲལ་དང་། །ཞེས་པ་ལ། འདིར་སངས་རྒྱས་ཀྱི་བསྟན་པ་འཇིག་པར་བྱེད་པ་དང་། སུན་འབྱིན་པ་སྟེ། སྟོབས་དང་ལྡན་པས་བཅོམ་པའོ། །དེ་དག་ཆོས་དང་ཟང་ཟིང་གི་འབྲེལ་པ་དང་བྲལ་བར་བྱ་བ་སྟེ། དེ་ལས་གཞན་དུ་བྱེད་པ་ནི་ཉེས་པའོ། །ཐུན་མོང་བ་བཞི་དང་། ཡུལ་ཁྱད་པར་ཅན་དང་དེ་ལྟར་འདུ་ཤེས་པ་དང་།སྦྱོར་བ་བྱས་པ་དང་།དགོངས་པ་མ་ཡིན་པ་དང་། གཞན་གྱིས་གོ་བ་སྟེ་དགུས་དངོས་གཞིའོ། །ལྟུང་བ་ནི་སྔ་མ་བཞིན་ནོ། །རྡོ་རྗེ་སློབ་དཔོན་སྨོད་པ་དང་། །དཀོན་མཆོག་གསུམ་ལ་གནོད་བྱེད་པ། །འབད་པས་གསད་པར་བྱ་བ་ཡིན་ནོ་ཞེས

བསླབ་པར་བྱ་བའོ། །ཆགས་བྲལ་བ་ནི་སྙིང་རྗེ་དང་བྲལ་བའོ། །སྐལ་མིན་གསང་བ་སྟོན་པ་དང་། །ཞེས་འབྱུང་བ་ལ་ཐུན་མོང་བ་བཞི་དང་། རུང་བར་མ་བྱས་པའི་ཡུལ་དང་། དེར་འདུ་ཤེས་པ་དང་། ངག་གི་སྦྱོར་བ་བྱས་པ་དང་། དབང་དང་འབྲེལ་ཞིང་ཟབ་པ་དང་། རྒྱ་ཆེ་བ་བརྗོད་པ་དང་། དགོངས་པ་མ་ཡིན་པ་དང་། གོ་བ་སྐྱེ་བཅུས་དངོས་གཞིའོ། །ལྷུང་བ་ནི་སྤྱ་མ་བཞིན་ནོ། །འདི་ན་གསང་བའི་སྟོད་དཀོན་པར་བལྟའོ་ཞེས་པ་ནི་བསླབ་པར་བྱ་བའོ། །

དད་ལྡན་སེམས་ནི་སུན་འབྱིན་དང་། །ཞེས་འབྱུང་བ་ལ་ཐུན་མོང་བ་བཞི་དང་། ཡུལ་རུང་བར་གྱུར་པ་དང་། དེར་འདུ་ཤེས་པ་དང་། དགོངས་པ་མ་ཡིན་པ་དང་། ངག་གི་སྦྱོར་བ་བྱས་པ་དང་། གོ་བ་སྐྱེ་དགུས་དངོས་གཞིའོ། །ལྷུང་བ་ནི་སྤྱ་མ་བཞིན་ནོ། །ཆོས་ཀྱི་སྦྱིན་པས་སེམས་ཅན་ཐམས་ཅད་ཚིམ་པར་བྱའོ་ཞེས་བྱ་བ་ནི་བསླབ་པར་བྱ་བའོ། །དམ་ཚིག་ལས་ནི་ཇི་བཞིན་རྙེད་མི་བསྟེན། །ཞེས་བྱ་བ་ནི་ཐུན་མོང་བ་བཞི་དང་། རྫས་ཁྱད་པར་ཅན་དང་། དེར་འདུ་ཤེས་པ་དང་། ཚོགས་ཀྱི་འཁོར་ལོའི་དུས་དང་། དགོངས་པ་མ་ཡིན་པ་དང་། གཞན་གྱིས་གོ་བ་སྐྱེ་དགུས་དངོས་གཞིའོ། །ལྷུང་བ་ནི་ཚོགས་ཀྱི་འཁོར་ལོས་སོ། །སྤྱོད་པ་ཐམས་ཅད་དང་མཐུན་པར་བྱའོ་ཞེས་པ་ནི་བསླབ་པར་བྱ་བའོ། །

ཤེས་རབ་རང་བཞིན་ཅན་སྨོད་པ། །ཞེས་བྱ་བ་ནི་དམ་ཚིག་དུས་སུ་རུང་བ་གཟུངས་སུ་བྱས་པའམ་ཡོན་ཏན་དང་ལྡན་པའོ། །སྨོད་པ་ནི་སྐྱོན་བརྗོད་པའོ། །ཐུན་མོང་བ་བཞི་དང་། ཡུལ་ཁྱད་པར་ཅན་དང་། དེར་འདུ་ཤེས་པ་དང་། སྦྱོར་བ་བྱས་པ་དང་། གང་ཡང་རུང་བས་གོ་བར་བྱས་པ་དང་། དགོངས་པ་མ་ཡིན་པ་སྐྱེ་དགུས་དངོས་གཞིའོ། །ལྷུང་བ་ནི་བསྙེན་སྒྲུབ་ལ་སོགས་པས་སོ། །ཤེས་རབ་ཀྱི་ཕ་རོལ་ཏུ་ཕྱིན་པར་དམིགས་པར་བྱའོ་ཞེས་པ་ནི་བསླབ་པར་བྱ་བའོ། །དེ་དག་ཀུང་བསྡུ་ན་གསུམ་དུ་འདུ་སྟེ། བྱང་ཆུབ་སེམས་འདོར་བདེ་གཤེགས་བཀའ་འདས་དང་། །བྱམས་སྡོང་ཐེག་གསུམ་སྨོད་དང་ཆོས་ཡིད་གཉིས། །ཐུགས་ཀྱིའོ། །སློབ་དཔོན་བརྙས་དང་ལྷ་ཉིད་ཕུང་པོ་སྨོད། །དམ་ཚིག་མི་བསྟེན་ཤེས་རབ་སྨོད་པ་རྣམས། །སྐུའི་འོ། །མི་བསྟུགས་བརྗོད་དང་དད་ལྡན་སེམས་སུན་འབྱིན། །གདུག་ལ་ཆགས་བྲལ་ཆོས་གཉིས་གསང་བ་སྟོན། །གསུང་གིའོ། །གཞན་ཡང་རྒྱ་བའི་

དངོས་གཞིའི་ཡན་ལག་མ་ཚང་བ་ལས་སྦོམ་པོ་ལ་སོགས་པ་གསུམ་གྱི་བྲེ་བྲག་གིས་རྣམ་པ་དུ་མར་འགྱུར་བ་བསྟན་པ་ལས།འདིར་དེ་དང་མི་འདྲ་བའི་ཉེས་པ་སྦོམ་པོར་བསྟན་པར་བྱ་སྟེ།དམ་ཚིག་དང་ནི་མི་ལྡན་པའི། །རིག་མ་བསྟེན་པར་དགའ་བ་དང་། །ཞེས་འབྱུང་བ་ལ་ཐུན་མོང་བ་བཞི་དང་། ཡུལ་དམ་ཚིག་མེད་པ་དང་། དེར་འདུ་ཤེས་པ་དང་། སྦྱོར་བ་བྱས་པ་དང་། ཉམས་སུ་མྱོང་བ་སྟེ་བརྒྱད་ཀྱིས་དངོས་གཞིར་འགྱུར་རོ། །ལྟུང་བ་ནི་བསྟེན་སྒྲུབ་མན་ཆད་ཀྱིས་སོ། །མའི་འདུ་ཤེས་བསྐྱེད་པར་བྱའོ་ཞེས་པ་ནི་བསླབ་པར་བྱ་བའོ། །

ཚོགས་ཀྱི་འཁོར་ལོར་རྩོད་པ་དང་། །ཞེས་པ་ནི་ཐུན་མོང་བ་བཞི་དང་། བླ་མའམ་རྡོ་རྗེ་སློབ་ཀྱི་ཚོགས་པ་དང་། བསྒྲུབ་པའམ། དམ་ཚིག་གི་དཀྱིལ་འཁོར་གྱི་ནང་དུ་ཞུགས་པའི་དུས་དང་། དེར་འདུ་ཤེས་པ་དང་། ངག་གི་སྦྱོར་བ་བྱས་པ་དང་། དགོངས་པ་མ་ཡིན་པ་སྟེ་བཅུས་དངོས་གཞིར་འགྱུར་རོ། །ལྟུང་བ་ནི་ཚོགས་ཀྱིས་སོ། །བག་ཡོད་པར་བྱ་ཞེས་པ་ནི་བསླབ་པར་བྱ་བའོ། །སེམས་ཅན་དང་དང་ལྡན་པ་ལ། །དམ་ཆོས་གཞན་དུ་སྟོན་པ་དང་། །ཞེས་བྱ་བ་ལ་ཐུན་མོང་བ་བཞི་དང་། སེམས་ཅན་སྣོད་དུ་གྱུར་པ་དང་། དེར་འདུ་ཤེས་པ་དང་གཞན་སྟོན་པའི་ངག་གིས་སྦྱོར་བ་བྱས་པ་དང་། གོ་བ་དང་། དགོངས་པ་མ་ཡིན་པ་སྟེ་དགུས་དངོས་གཞིར་འགྱུར་རོ། །ལྟུང་བ་ནི་བཟླས་པ་ལ་སོགས་པས་སོ། །བདེན་པར་སྨྲ་བར་བྱའོ་ཞེས་པ་ནི་བསླབ་པར་བྱ་བའོ། །

ཉན་ཐོས་དག་ཏུ་རྣམ་བྱེད་པའི། །ནང་དུ་ཞག་བདུན་གནས་པ་དང་། །ཞེས་པ་ལ་འདིར་སྐྲར་པ་འདེབས་པ་དང་། མི་མོས་པ་ཡིན་པར་གཟུང་ངོ་། །ཞག་བདུན་ནམ་དྲུག་ཏུ་འགྲོ་ན་བར་དུ་གནས་ཤིང་རང་གི་སྤྱོད་པ་མི་བྱེད་པ་ན་ལྟུང་དང་ཡུལ་ཆོས་ཉིད་ཡིན་པའི་ཕྱིར་རོ། །དེ་ལས་འདས་པ་ནི་དུས་ཀྱི་སྒྲུབ་པར་ཚང་བའི་ཕྱིར་རོ། །ཁ་ཅིག་ནི་ཡོན་ཏན་བདུན་དང་ལྡན་པའི་ལྷའི་རྣལ་འབྱོར་ཅན་ཞག་གཅིག་ཀྱང་གནས་པར་མི་བྱའོ་ཞེས་འཆད་དོ། །དེ་ཡང་འདི་ལྟ་སྟེ། དཀྱིལ་འཁོར་ཚོགས་དང་སྦྱིན་སྲེག་དང་། །མཆོད་དང་གཏོར་མ་གོ་རིམས་དང་། །དེ་ཉིད་དང་ནི་བདུན་དུ་བསྟན། །ཞེས་འབྱུང་བའི་རྣལ་འབྱོར་པའོ། །འདིར་ཡང་ཐུན་མོང་བ་བཞི་དང་། ཡུལ་ཁྱད་པར་ཅན་དང་། དེར་འདུ་ཤེས་པ་དང་། ཞག་བདུན་འདས་པ་དང་། དགོངས་པ་མ་ཡིན་པ་སྟེ། བརྒྱད་ཀྱིས་དངོས་གཞིར་

འགྱུར་རོ། །ལྷུང་བ་ནི་ཚོགས་ཀྱི་འཁོར་ལོས་སོ། །གཅིག་ཕུར་གནས་པར་བྱའོ་ཞེས་པ་ནི་བསླབ་པར་བྱ་བའོ། །སྦྱོར་བ་ངེས་པར་མ་བྱས་པའི། །

སྐལ་མིན་གསང་བ་སྒྲོགས་པ་དང་། །ཞེས་པ་ནི་དམ་ཚིག་ཐོབ་ཀྱང་ཕུན་སུམ་ཚོགས་པ་མ་ཡིན་པ་དང་། དེ་དང་མི་ལྡན་པ་ལ་བྱའོ། །ཐུན་མོང་བ་བཞི་དང་། ཡུལ་ཁྱད་པར་ཅན་དང་། དེར་འདུ་ཤེས་པ་དང་། དབང་དང་འབྲེལ་པའི་གསང་བ་དང་། ངག་གི་སྦྱོར་བ་བྱས་པ་དང་། གོ་བ་དང་། དགོངས་པ་མ་ཡིན་པ་སྟེ་བཅུས་འགྱུར་རོ། །ལྷུང་བ་ནི་བརླམས་པ་ལ་སོགས་པས་སོ། །བརྒྱུད་བརྟག་པར་བྱའོ་ཞེས་པ་ནི་བསླབ་པར་བྱ་བའོ། །གང་ཞིག་ཕྱག་རྒྱ་མི་མཁས་པས། །ལུས་ཀྱི་ཕྱག་རྒྱ་སྟོན་པ་དང་། །ཞེས་པ་ལ་ཐུན་མོང་བ་བཞི་དང་། ཡུལ་ཁྱད་པར་ཅན་དང་། དེར་འདུ་ཤེས་པ་དང་། དགོངས་པ་མ་ཡིན་པ་དང་མཐོང་བ་སྟེ་བརྒྱད་ཀྱིས་དངོས་གཞིར་འགྱུར་རོ། །ལྷུང་བ་ནི་བསྙེན་སྒྲུབ་ཀྱིས་སོ། །ཤིན་ཏུ་སྦ་བར་བྱའོ་ཞེས་པ་ནི་བསླབ་པར་བྱ་བའོ། །བསྙེན་སོགས་དག་པར་མ་བྱས་པར། །དཀྱིལ་འཁོར་ལས་ལ་འཇུག་པ་དང་། །ཞེས་པ་ལ་ཐུན་མོང་བ་བཞི་དང་། དག་པར་མ་བྱས་པ་དང་། དེར་འདུ་ཤེས་པ་དང་། དགོངས་པ་མ་ཡིན་པ་དང་། སྦྱོར་བ་དང་ཞུགས་པ་སྟེ་དགུས་དངོས་གཞིར་འགྱུར་རོ། །ལྷུང་བ་ནི་བསྙེན་སྒྲུབ་ཀྱིས་སོ། །མཚན་མ་ཐོབ་ནས་འཇུག་པར་བྱའོ་ཞེས་པ་ནི་བསླབ་པར་བྱ་བའོ། །སྡོམ་པ་གཉིས་ཀྱི་བཅས་པ་ལས། །དགོས་པ་མེད་པར་འདའ་བ་དང་། །ཞེས་པ་ལ་ཐུན་མོང་བ་བཞི་དང་། ལྟུང་བའི་ཡུལ་ཡིན་པ་དང་། དེར་འདུ་ཤེས་པ་དང་། དགོངས་པ་མ་ཡིན་པ་དང་། སྦྱོར་བ་དང་། དེ་དག་ལས་འདས་པ་སྟེ་དགུས་དངོས་གཞིར་འགྱུར་རོ། །ལྷུང་བ་ནི་བརླམས་པ་ལ་སོགས་པས་སོ། །སྡོམ་པ་གསུམ་ལ་གནས་པར་བྱའོ། །བླ་མ་ལྔ་བཅུ་པའི་ཉེས་པ་ནི་ཅི་རིགས་པར་བཅུ་བཞི་པའི་ནང་དུ་འདུས་པར་རིག་པར་བྱའོ། །སློབ་དཔོན་ཆེན་པོ་དཔལ་ལཀྵྨཱི་ཀ་རའི་ཞལ་སྔ་ནས་མཛད་པ་རྩ་བའི་ལྟུང་བ་བཅུ་བཞི་པའི་འགྲེལ་པ་རྫོགས་སོ།། །།

༄༅། །རྡོ་རྗེ་ཐེག་པའི་རྩ་བའི་ལྟུང་བའི་རྒྱ་ཆེར་འགྲེལ་པ།

སློབ་དཔོན་ཆེན་པོ་སྙིང་པོ་ཞབས།

རྒྱ་གར་སྐད་དུ། བཛྲ་ཡཱ་ན་མཱུ་ལ་པཏྟི་ཊཱི་ཀཱ། བོད་སྐད་དུ། རྡོ་རྗེ་ཐེག་པའི་རྩ་བའི་ལྟུང་བའི་རྒྱ་ཆེར་འགྲེལ་པ། འཇམ་དཔལ་གཞོན་ནུར་གྱུར་པ་ལ་ཕྱག་འཚལ་ལོ། །བྱང་ཆུབ་སེམས་དཔའ་སྐུ་གསུམ་སྤྲུལ། །སྐུ་རྣམས་འདུལ་བའི་རྒྱལ་པོ་དང་། །འཕགས་དང་ཟབ་པའི་དོན་སྟོན་དང་། །རྣ་བརྒྱུད་ཐོབ་པའི་སློབ་དཔོན་ནི། །བཅུ་གཉིས་ཚོགས་ལ་བདག་ཕྱག་འཚལ། །རིན་ཆེན་ལྷ་བུའི་རྒྱུད་ཆེན་ལས། །གཞི་མོ་ལྷ་བུར་བཞག་ནས་ནི། །རྒྱུད་རྣམས་ཀུན་ལས་བཏུས་ནས་ཀྱང་། །སྒྲུབ་པའི་དོན་དུ་བཤད་པར་བྱ། །དེ་ལ། དམ་ཚིག་ཉམས་དང་མ་ཉམས་དང་། །བསྐང་བའི་ཆོ་ག་གསུམ་དུ་བསྟན། །རྡོ་རྗེ་སློབ་དཔོན་དམ་ཚིག་ནི། །ཉམས་པའི་རབ་འབྲིང་གསུམ་དང་དགུ། །ངན་སེམས་བཅས་ནས་སློབ་དཔོན་ལ། །ཚིག་རྩུབ་མཆོན་ཕྱུང་རྒྱབ་ནས་ནི། །ཡུན་རིང་མཐོལ་བཤགས་མི་བྱེད་པ༑ །ཉམས་པ་ཆེ་སྟེ་འབྲིང་གི་ནི། །མཆོན་ཕྱུང་ལ་སོགས་བརྒྱབ་ནས་སུ། །ཐུང་ཞིག་མཐོལ་བཤགས་མི་བྱེད་པ། །འབྲིང་ཡིན་ཐ་མ་ཉམས་པ་ནི། །ངན་སེམས་སྒོ་ནས་བཤགས་ནས་སུ། །མཐོལ་བཤགས་མི་བྱེད་ཟླ་བའི་བར། །ཐ་མ་ཡིན་ཏེ་གསུམ་ག་ལ། །སེམས་དང་དངོས་དང་སོགས་པ་ལ། །བཟློག་ནས་ཆེས་ཆེར་འཕྲུལ་པ་དང་། །གོ་མཉམ་པ་ནི་མཚོ་སྐྱེས་གསུངས། །ཡང་ན་དགུ་ཡི་རབ་ཀྱི་རབ། །བསམ་པ་གོང་རྫོགས་སློབ་དཔོན་བཀྲོངས། །ལོ་རུ་བཤགས་པ་མི་བྱེད་པ། །འབྲིང་ནི་གོང་བཞིན་རྫོགས་ནས་སུ། །ལོ་ཕྱེད་བཤགས་པ་མི་བྱེད་པ། །ཐ་མ་ཟླ་བར་མི་བཤགས་པའོ། །སློབ་དཔོན་མ་བཀྲོངས་གསུམ་པ་རྫོགས། །ལོ་རུ་མི་བཤགས་འབྲིང་གི་རབ། །འབྲིང་གི་ལོ་ཕྱེད་ཐ་མ་ནི། །ཟླ་བ་གཅིག་གོ་ཐ་མའི་བར། །གཉིས་པོ་རྫོགས་ནས་ལོ་དུས་སུ། །འབྲིང་ནི་ལོ་ཕྱེད་དུ་ནི

བསྟན། །ཐ་མ་ཟླ་བ་གཅིག་གནས་པའོ། །སློབ་དཔོན་གཉིས་སུ་བསྟན་པ་ལ། །རྡོ་རྗེ་སློབ་དང་སློབ་དཔོན་ཙམ། །ལུས་ངག་ཡིད་གསུམ་བྱིན་བརླབས་པའི། །རྡོ་རྗེ་སློབ་དཔོན་དེ་ལ་ནི། །ཐམས་ཅད་བསྐྱེ་བར་བྱ་བ་ཡིན། །བསྟན་བཅོས་སློབ་དཔོན་དགུ་ཡི་ནི། །ཐ་མ་ཙམ་མམ་ཡང་ན་ནི། །ཡན་ལག་མགོ་མཉམ་ཙམ་དུ་དཔྱད། །རྡོ་རྗེ་སློབ་དཔོན་གསུམ་དུ་སྟེ། །རྩ་བ་དང་ནི་ཡན་ལག་གཉིས། །དགུ་ག་བསྐྱེ་བར་བྱ་བ་ཡིན། །ཕྱག་རྒྱ་དྲུག་པ་མན་ཆད་དོ། །ལས་ཀྱི་སློབ་དཔོན་གསུམ་པ་ཡིན། །རྩ་བ་མན་ངག་གཉིས་པོ་ཡང་། །རྩ་བ་མན་ངག་བསྟན་པ་ནི། །མན་ངག་པས་ནི་རྩ་བ་ཆེ། །མན་ངག་གིས་ནི་མན་ངག་ཆེ། །རྩ་བ་ཆུང་ན་གོ་མཉམ་མོ། །མན་ངག་གིས་ནི་མན་ངག་ཤིན་ཏུ་ཆེ། །གོང་མ་དེ་ལས་བཟློག་སྟེ་བསྟན། །ལུང་སྟོན་པ་ཡི་སློབ་དཔོན་ནི། །ཕྱག་རྒྱ་ཉིད་དང་གོ་མཉམ་མོ། །སློབ་དཔོན་གྱི་རྩ་བའི་དམ་ཚིག་གོ། །སྤྱན་གྱི་དམ་ཚིག་ཉམས་པ་ལ། །རབ་འབྲིང་བསྡུས་རྒྱས་དགུ་དང་གསུམ། །རབ་ཀྱི་ཡང་རབ་ཉམས་པ་ནི། །བསམ་ངན་མཆོན་དབྱུག་བསྣུན་ནས་སུ། །ཤི་ནས་ལོ་རུ་མི་བཤགས་པ། །ཡང་རབ་ཡིན་ཏེ་རབ་ཀྱི་འབྲིང་། །ལོ་ཕྱེད་དུ་ནི་ཤེས་པར་བྱ། །རབ་ཀྱི་ཐ་མ་ཟླ་བ་གསུམ། །འབྲིང་གི་རབ་ཀྱི་དམ་ཚིག་ནི། །ཟླ་བ་གཅིག་ཏུ་ཤེས་པར་བྱ། །འབྲིང་གི་འབྲིང་ནི་ཟླ་བ་ཕྱེད། །འབྲིང་གི་ཐ་མ་ཞག་གཅིག་གོ། །ཐ་མའི་དམ་ཚིག་ཉམས་པ་ནི། །ཚིག་རྩུབ་སྨྲས་ནས་ཟླ་གཅིག་ཏུ། །མཐོལ་བཤགས་མི་བྱེད་ཐ་མའི་རབ། །འབྲིང་ནི་ཟླ་ཕྱེད་ཤེས་པར་བྱ། །ཐ་མ་ཞག་གཅིག་ཡན་ཆད་དོ། །

གསུམ་དུ་ཕྱེ་སྟེ་བསྟན་པ་ནི། །མཆོན་དབྱུག་ལ་སོགས་བརྒྱབ་ནས་སུ། །ཤི་ནས་ཟུང་ཞིག་མི་བཤགས་པ། །དེ་ནི་རབ་ཡིན་འབྲིང་གི་ནི། །མཆོན་ཕྱུང་བརྒྱབ་ནས་མ་ཤི་བར། །ཐ་མ་ཚིག་རྩུབ་སྨྲས་ནས་ནི། །ཞག་འདས་མཐོལ་བཤགས་མི་བྱེད་པ། །རྡོ་རྗེ་སྤྱན་གྱི་དམ་ཚིག་ཉམས་པའི་ཚད་དོ། །བདེ་གཤེགས་བཀའ་ལས་འདས་པ་ཡི། །དམ་ཚིག་ཉམས་པའི་ཚད་བསྟན་པ། །དམ་ཚིག་ས་ཡ་འབུམ་སྡེ་ཡང་། །བདེ་གཤེགས་བཀའ་རུ་འདུས་པ་ཡིན། །འདི་ནི་ཁྱབ་ཆེ་ཁྱད་པར་ནི། །རྡོ་རྗེ་སློབ་དཔོན་བྱེད་པས་སུ། །སློབ་དང་འགྲོ་བའི་དོན་དུ་ཡང་། །ཚོགས་ཚུལ་བཞིན་མ་བསྒྲུབ་པ། །ལོ་རུ་བྱེད་ན་རབ་ཀྱི་རབ། །ཟླ་དགུར་བྱེད་ན་འབྲིང་ཡིན་ནོ། །ཟླ་དྲུག་ཐ་མར་ཤེས་པར་བྱ། །འབྲིང་གི་རབ་ནི་ཟླ་

བ་གསུམ། །འབྲིང་གི་འབྲིང་ནི་ཟླ་གཅིག་གོ། །འབྲིང་གི་ཐ་མ་ཟླ་ཕྱེད་དོ། །ཐ་མའི་རབ་ནི་ཞག་གཅིག་གོ། །ཁྱེངས་གྲགས་འདོད་པའི་དབང་གྱུར་ནས། །ཚིག་ཐམས་ཅད་འབྲུལ་བའམ། །འབྲིང་ནི་ཚིག་ཕྱེད་འབྲུལ་པ། །ཐ་མ་ཚིག་གཅིག་འབྲུལ་པ། །དེ་རྣམས་རྒྱུ་ཡི་རིམ་པ་ཡང་། །འབྲུལ་པའི་ཚིག་རྒྱུན་བྱེད་ལ། །ཤིན་ཏུ་ཆེ་བར་གྱུར་པ་ཡིན། །བཤགས་པ་ཡུན་རིང་མི་བྱེད་པ། །བཤགས་ལ་བརྩོན་ན་དེ་ལ་སྨད། །འབྲུལ་པའི་ཚིག་རྒྱུན་དུ་ནི། །མི་བྱེད་གཅིག་གཉིས་དེ་ལ་སྨད། །ཆེ་ཆུང་ཡོད་ན་དེ་ལ་བསྟོད། །དེ་ལྟར་རབ་འབྲིང་དགུ་གསུམ་ནི། །མཁས་པས་བརྟགས་ནས་ཤེས་པར་བྱ། །ཡང་ན༑ སྒྲུབ་དང་སློབ་དཔོན་གཉིས་ཀ་ཡང་། །བདེ་གཤེགས་བཀའ་ནི་ཁྱབ་ཆེ་བས། །དོད་མོ་དབང་བསྐུར་བྱས་ནས་སུ། །དབང་དང་དམ་ཚིག་མི་ཤེས་དང་། །སྟོད་མིན་བསྟན་པར་མི་བྱ་ལ། །དབང་ལ་སོགས་པ་སྟོན་པ་དང་། །ཡི་དམ་ལྷ་ནི་བརྗེད་ནས་སུ། །སླར་ཡང་ལེན་པར་མི་བྱེད་དང་། །ཐུན་མཚམས་སྒོམ་པར་མི་བྱེད་དང་། །ཟས་དང་གཏོར་མའི་རྣལ་འབྱོར་དང་། །ཕྱི་ནང་སྦྱིན་སྲེག་རྣལ་འབྱོར་དང་། །སྙིང་པོ་སྔགས་དང་ཕྱག་རྒྱ་དང་། །མཆོད་པའི་དུས་ཀྱི་འཁོར་ལོ་སོགས། །ཡི་དམ་ལྷ་དང་སློབ་དཔོན་གྱི། །མདུན་དུ་དམ་བཅའ་བྱས་ནས་ནི། །སྤངས་དང་མ་བཤགས་བརྗེད་པ་རྣམས། །རྡོ་རྗེ་དྲིལ་བུ་ཕྲེང་བ་གསུམ། །མི་བཅང་རབ་གནས་མ་བྱས་དང་། །རྒྱུ་དང་ཚད་སོགས་འབྲུལ་པ་དང་། །འཆོང་དང་བགོ་དང་གཏེ་འཇུག་དང་། །རབ་གནས་བྱས་ལ་ཤེས་པར་བྱ། །མ་བྱས་པ་ལ་ཆུང་ངུ་འོང་། །པོ་ཏི་གླེགས་བམ་ལ་སོགས་དང་། །ཁ་ཊྭཾ་ལ་སོགས་ཕྱག་མཚན་རྣམས། །གོང་བཞིན་རབ་གནས་བྱས་པ་དང་། །མ་བྱས་པ་ནི་ཆེ་ཆུང་ངོ་། །ཁྱད་པར་སྒྲུབ་པ་པོ་ཡིས་ནི། །རྡོར་དྲིལ་ལ་སོགས་ཐམས་ཅད་ཀུན། །གཙོ་བོ་ལ་སོགས་མཆོད་བྱས་ལ། །ཆོས་མཐུན་ཡིད་འོང་གཟུང་བར་བྱ། །

སོ་སོར་ཐར་དང་བྱང་ཆུབ་སེམས། །རིག་འཛིན་ནང་གི་སྡོམ་པ་གསུམ། །གཉིས་ནི་རིག་འཛིན་རྗེན་ཡང་ཡིན། །ཡང་ན་རིག་འཛིན་ནང་དུ་འདུས། །མི་དགེ་ལ་སོགས་བཅུ་པོ་ཡང་། །གསུམ་དུ་འདུས་ཏེ་ཁྱད་པར་ནི། །སྤང་བ་དང་ནི་མི་སྤང་དང་། །དངོས་དང་བསམ་པ་དུས་དང་ནི། །གནས་སྐབས་དང་ནི་རྣལ་འབྱོར་གྱི། །བློ་ཡི་ཁྱད་པར་རིམ་པ་ཡིས། །ཤེས་པར་དེ་ནི་མ་བྱས་ན། །བྱས་ན་ཡང་ནི་ལྟུང་བར་འགྱུར། །མ་བྱས་ན་ཡང་ལྟུང་བར་འགྱུར། །དེ་བས་སློབ་དཔོན་ལ་གུས་པས། །མན་

ངག་གིས་ནི་ཤེས་པར་བྱ། །ཆོས་སྤྱོད་ལ་སོགས་བཅུ་པོ་ཡང་། །མན་ངག་བསྒོམ་པ་མ་ཤེས་ན། །མདོར་ན་བཀའ་ཡི་ཆོས་རྣམས་ཀུན། །ཐམས་ཅད་ཆོས་ཚུལ་བཞིན་ཤེས་བྱ། །དེ་ལྟར་མི་ཤེས་དམ་ཚིག་ཉམས། །སྐྲུ་དང་མེ་ཏོག་དམན་པ་དང་། །སློབ་དཔོན་ལ་སོགས་གྲིབ་མ་ལ། །འགོམ་དང་བརྫི་བར་བྱེད་པ་དང་། །དབང་དང་བརྫི་བར་མི་བྱེད་ཀྱི། །བར་གྱི་དམ་ཚིག་དེ་དག་ཀུན། །ཡོ་དྲུས་ཡོན་ལ་ཆེན་པོར་འགྱུར། །ཡོ་ཕྱེད་ཡོན་ན་འབྲིང་དུ་འགྱུར། །ཐ་མ་ཟླ་གཅིག་ཤེས་པར་བྱ། །བདེ་གཤེགས་བཀའ་ཡི་དམ་ཚིག་གོ། །སེམས་ཅན་རྣམས་ལ་བྱམས་པ་ཡི། །སེམས་སྲུངས་པས་ནི་དམ་ཚིག་ཉམས། །དེ་ཡི་རབ་འབྲིང་བསྟན་པ་ནི། །ཞིང་དག་པ་ཡི་གང་ཟག་ལ། །ཁྲོས་དང་བྱམས་སེམས་སྲུངས་ནས་ནི། །མཆོད་དབྱུག་ལ་སོགས་བསྟུན་ནས་ནི། །ལོ་རུ་བཤགས་པ་མི་བྱེད་པ། །རབ་ཀྱི་རབ་ཡིན་འབྲིང་གི་ནི། །དེ་ཕྱེད་དུ་ནི་ཤེས་པར་བྱ། །ཐ་མ་ཡི་ནི་ཟླ་གཅིག་གོ། །ཞིང་མ་དག་པའི་གང་ཟག་ལ། །གོང་བཞིན་བྱས་ནས་ལོ་རུ་ནི། །མི་བཤགས་པ་ནི་འབྲིང་གི་རབ། །འབྲིང་གི་ལོ་ཕྱེད་ཐ་མ་ནི། །ཟླ་བ་གཅིག་ཏུ་ཤེས་པར་བྱ། །སེམས་ཅན་ལ་སོགས་གཞན་པོ་ལ། །གོང་བཞིན་བྱས་ནས་ལོ་རུ་ནི། །མི་བཤགས་པ་ནི་ཐ་མའི་རབ། །འབྲིང་ནི་ལོ་ཕྱེད་ཐ་མ་གཅིག །ཞིང་དག་པ་ཡི་གང་ཟག་ལ། །ཉིན་གཅིག་མང་པོར་རྡུང་བྱེད་ལ། །རབ་ཀྱི་ཡིན་ཏེ་འབྲིང་གི་ནི། །མ་དག་པ་ཡི་གང་ཟག་ལ། །ཐ་མ་སེམས་ཅན་ཕལ་པ་ལ། །མང་པོ་རྣམས་ནི་རྡུང་བྱེད་ལ། །དེ་ལས་མང་ཉུང་འབྲུལ་པ་དང་། །སེམས་དང་དངོས་དང་སོགས་པ་རྣམས། །སློབ་དཔོན་ཞལ་ནས་ཤེས་པར་བྱ། །དག་དང་མ་དག་གང་ཟག་དང་། །སེམས་ཅན་གཞན་ལ་སོགས་པ་ལ། །ལུས་ངག་ཡིད་གསུམ་གདུངས་ནས་ནི། །འཆི་ལ་ཐུག་པའི་སེམས་ཅན་ལ། །ཉིན་དང་མཚན་ནི་དུས་དྲུག་ཏུ། །སྦྱིན་པ་རྣམ་བཞིས་མི་སྐྱོང་ན། །དམ་ཚིག་ཉམས་ཏེ་གོང་མ་བཞིན། །སློབ་དཔོན་ཞལ་ནས་ཤེས་པར་བྱ། །བྱམས་སེམས་སྲུངས་པའི་དམ་ཚིག་གོ། །

ཆོས་ཀྱི་རྩ་བ་བྱང་ཆུབ་སེམས། །དེ་སྤོང་དམ་ཚིག་ཉམས་པ་ནི། །དམ་ཚིག་རབ་འབྲིང་ཚད་བསྟན་པ། །སྔགས་ཀྱི་རྣལ་འབྱོར་སེམས་བསྐྱེད་ནས། །སླར་ལོག་ཉན་ཐོས་སེམས་བསྐྱེད་ལ། །ལྷག་ནས་ལོ་རུ་གནས་པ་ཡིན། །བཤགས་པ་མི་བྱེད་རབ་ཡིན་ནོ། །འབྲིང་གི་ལོ་ཕྱེད་ཐ་མ་ནི། །

ཟླ་བ་གཅིག་ཏུ་ཤེས་པར་བྱ། །ཟླ་ཕྱེད་ཞག་བདུན་ཞག་གཅིག་ནི། །ཐ་མ་ཡི་ནི་རབ་འབྲིང་གསུམ། །གོང་མ་དེ་ནི་འབྲིང་གི་ཡིན། །རབ་ནི་མུ་སྟེགས་སེམས་སུ་ནི། །ཞུགས་ནས་ལོ་གཅིག་ལོ་ཕྱེད་དང་། །ཟླ་གཅིག་ཐ་མའི་རབ་ཡིན་ནོ། །སེམས་སྤྱངས་པ་ཡི་དམ་ཚིག་གོ། །རང་དང་གཞན་གྱི་གྲུབ་པའི་མཐའ། །ཆོས་ལ་སྨོད་པའི་དམ་ཚིག་གི། །རབ་འབྲིང་གི་ནི་ཚད་བསྟན་པ། །ཆོས་ལ་སྨོད་ནས་ལོ་རུ་ནི། །མི་བཤགས་པ་ནི་རབ་ཡིན་ནོ། །འབྲིང་ནི་ལོ་ཕྱེད་ཐ་མ་ནི། །ཟླ་བ་གཅིག་ཏུ་ཤེས་པར་བྱ། །རྒྱུན་དུ་སྨོད་ཅིང་མི་བཤགས་པ། །ལོ་དང་ལོ་ཕྱེད་ཟླ་བ་དང་། །རབ་ཀྱི་རབ་འབྲིང་གསུམ་ཡིན་ནོ། །གོང་མ་འབྲིང་ཡིན་ཐ་མ་ནི། །ཟླ་ཕྱེད་ཞག་གཅིག་ཞག་བདུན་ནི། །ཐ་མ་ཡི་ནི་རབ་འབྲིང་གསུམ། །ཆོས་ལ་སྨོད་པའི་དམ་ཚིག་གོ། །

ཡོངས་སུ་མ་སྨིན་སེམས་ཅན་ལ། །གསང་བ་སྒྲོགས་པའི་དམ་ཚིག་ནི། །རབ་འབྲིང་གི་ནི་ཚད་བསྟན་པ། །མ་སྨིན་པ་ལ་གཉིས་ཡོད་དེ། །དབང་བསྐུར་དེ་ནི་མ་བྱས་དང་། །གླེན་པ་ལྐུགས་པར་གྱུར་པ་གཉིས། །དེ་ལྟ་བུ་ཡི་གང་ཟག་ལ། །མན་ངག་གསང་བ་བསྟན་ནས་ཀྱང་། །ལོ་ཡི་དུས་སུ་མི་བཤགས་པ། །འབྲིང་གི་རབ་ཡིན་འབྲིང་གི་ལོ། །ཕྱེད་འབྲིང་ཡིན་ཏེ་ཐ་མ་ནི། །ཟླ་བ་གཅིག་ཏུ་ཤེས་པར་བྱ། །དེ་འདྲའི་གང་ཟག་མང་པོ་ལ། །ཡང་ནས་ཡང་དུ་སྒྲོགས་པ་ནི། །ལོ་གཅིག་ལོ་ཕྱེད་ཟླ་ཕྱེད་ནི། །རབ་ཀྱི་རབ་འབྲིང་གསུམ་ཡིན་ནོ། །མི་ཟབ་ཆོས་སུ་གྱུར་པ་ཡི། །ལོ་གཅིག་ཏུ་ནི་གནས་པ་དང་། །ཐ་མའི་རབ་ཡིན་ཐ་མ་ཡི། །ལོ་ཕྱེད་ཟླ་གཅིག་གཉིས་པོ་ཡིན། །ཡང་ན་ཟབ་པའི་དོན་རྣམས་ལ༑ །ཟླ་ཕྱེད་ཞག་བདུན་ཞག་གཅིག་ནི། །ཐ་མ་ཡི་ནི་རབ་འབྲིང་གསུམ། །ཡང་ན་དེ་གསུམ་འཕྲུལ་ཀ་ཡི། །སློབ་དཔོན་མཁས་པས་ཤེས་པར་བྱ། །གསང་བ་སྒྲོགས་པའི་དམ་ཚིག་གོ། །ཕུང་པོ་སངས་རྒྱས་ལྔ་བདག་ལ། །བརྙས་པར་བྱེད་པའི་དམ་ཚིག་ནི། །རབ་འབྲིང་ཐ་མའི་ཚད་བསྟན་པ། །ཕུང་པོ་ལྔ་ཡི་ང་རྒྱལ་དུ། །མ་ཤེས་ཤེས་ནས་སྤྱངས་པ་ནི། །བཤགས་པ་མི་བྱེད་ལོར་ལོན་པ། །འབྲིང་གི་རབ་ཡིན་འབྲིང་གི་ནི། །ལོ་ཕྱེད་ཐ་མ་ཟླ་བ་གཅིག །ཟླ་ཕྱེད་ཞག་བདུན་ཞག་གཅིག་ནི། །ཐ་མའི་རབ་འབྲིང་གསུམ་ཡིན་ནོ། །མ་ཤེས་སྟེང་དུ་ཡང་ནས་ཡང་། །སྨོད་པར་བྱེད་ཅིང་གདུང་བ་ནི། །ལོ་གཅིག་ལོ་ཕྱེད་ཟླ་གཅིག་ནི། །རབ་ཀྱི་འབྲིང་ཡིན་གསུམ་ཡིན་ནོ། །ཕུང་པོ་བརྙས་བྱེད་དམ་ཚིག་གོ། །

རང་བཞིན་དག་པའི་ཆོས་རྣམས་ལ། །སོམ་ཉི་ཟ་བའི་དམ་ཚིག་ནི། །རྩ་བ་རླུང་གི་མན་ངག་ལ༎ ༎ལན་ཅིག་དཀའ་བ་ལ་སོགས་ཀྱི། །ཟབ་མོའི་དོན་ལ་ལོ་དུས་སུ། །ཐེ་ཚོམ་ཟ་ཞིང་མི་བཤགས་པ༎ ༎རབ་ཀྱི་རབ་ཡིན་འབྲིང་གི་ནི། །ཐ་མ་ཟླ་བ་ལོ་གཅིག་གོ། །ལྷན་ཅིག་བཀའ་བཅའ་མ་གཏོགས་པའི། །ལྷག་མ་རྣམས་ལ་ཐེ་ཚོམ་ནི། །ལོ་དུས་ཟླ་བ་འབྲིང་གི་རབ། །ལྷག་མ་གཉིས་པོ་གོང་བཞིན་བྱ། །སྒྱུ་མ་ལྷ་བུའི་ཏིང་འཛིན་ལས། །ལྷ་ཡི་རྣལ་འབྱོར་གཉིས་དང་ནི། །མི་ཤེས་ཕྱི་ནང་ཐུན་མོང་གསུམ། །ཡང་ན་གོང་མ་གཉིས་པོ་ཡི། །ཟླ་ཕྱེད་ཞག་བདུན་ཞག་གཅིག་ནི། །ཐ་ཡི་རབ་འབྲིང་གསུམ་ཡིན་ནོ། །སོམ་ཉི་ཟ་བའི་དམ་ཚིག་གོ། །གདུག་ལ་རྟག་ཏུ་བྱམས་ལྡན་པར། །བྱེད་པའི་དམ་ཚིག་ཉམས་པ་ནི། །གདུག་ཅེས་བྱ་བའི་སློབ་དཔོན་ནི། །རྡོ་རྗེ་སྤུན་དང་རྣལ་འབྱོར་གྱི། །དགྲར་གྱུར་བསྟན་པ་འཇིག་པ་དང་། །དེ་ལ་སོགས་པ་བྱེད་པ་རྣམས། །གདུག་པ་ཞེས་ནི་བྱ་བ་ཡིན། །དེ་ལྟ་བུ་ཡི་གདུག་པ་ནི། །མཐོལ་བཤགས་མི་བྱེད་ལོ་རུ་ནི། །གནས་པས་རབ་ཀྱི་རབ་ཡིན་ནོ། །ལྷག་མ་གཉིས་པོ་གོང་བཞིན་ནོ། །སློབ་དཔོན་མ་གཏོགས་རྡོ་རྗེ་སྤུན། །འབྲིང་གི་རབ་འབྲིང་གསུམ་ཡིན་ནོ། །གཉིས་པོ་མ་གཏོགས་ལྷག་མ་ནི། །ཐ་མའི་རབ་འབྲིང་གསུམ་ཡིན་ནོ། །ཡང་ན་དེ་རྣམས་གསུམ་ཀ་ལ། །ཞག་གྲངས་བཅུ་ན་གོང་བཞིན་ནོ། །གདུག་ལ་བྱམས་པའི་དམ་ཚིག་གོ། །མིང་སོགས་བྲལ་བའི་ཆོས་རྣམས་ལ། །རྟོག་པར་བྱེད་པའི་དམ་ཚིག་ནི། །ཆོས་རྣམས་སྤྲོས་དང་བྲལ་བ་ལ། །ལོ་གཅིག་རྟོག་པར་འཛིན་པ་དང་། །གཞན་ཡང་དེ་ལ་སྦྱོར་བྱེད་པའི། །བཤགས་པར་མི་བྱེད་པ་ཡི་མི། །ལྷག་མ་གཉིས་ནི་གོང་བཞིན་ནོ། །གཞན་ལ་མི་སྦྱོར་རང་ཙམ་ནི། །ལོ་ནས་ཟླ་བར་འབྲིང་གི་ནི། །རབ་འབྲིང་དུ་ནི་ཤེས་པར་བྱ། །དངོས་པོར་མ་བཟུང་ཚོལ་འདོད་པ། །དེ་བཞིན་ལོ་ནས་ཟླ་བའི་བར། །ཐ་མའི་རབ་འབྲིང་གསུམ་ཡིན་ནོ། །རྟོག་འཛིན་བྱེད་པའི་དམ་ཚིག་གོ། །སེམས་ཅན་དད་དང་ལྡན་པ་ཡི། །སེམས་སུན་འབྱིན་པའི་དམ་ཚིག་ནི། །དད་དང་ལྡན་པའི་གང་ཟག་རྣམས། །ཟབ་མོའི་ཆོས་ལས་བཟློག་ནས་ནི། །མུ་སྟེགས་ཆོས་ལ་སྦྱོར་བྱས་པ། །ལོ་ནས་ཟླ་བའི་བར་དུ་ནི། །རབ་ཀྱི་རབ་འབྲིང་གསུམ་ཡིན་ནོ། །ཟབ་མོའི་དོན་ལས་བཟློག་ནས་ནི། །ཉན་ཐོས་ཐེག་པར་སྦྱོར་བྱེད་པ། །འབྲིང་རབ་གསུམ་ཡིན་ནོ་བཞིན་ཚད། །ཟབ་མོའི་དོན་ལས་བཟློག་ནས་ནི། །ཕ་རོལ་ཕྱིན་པར་སྦྱོར་བྱེད་པ། །

ཐ་མའི་རབ་འབྲིང་གསུམ་ཡིན་ནོ། །

ཡང་ན། ཕ་རོལ་ཐེག་པ་བཟློག་ནས་ནི། །སྨུ་སྟེགས་ཐེག་པར་སྦྱོར་བྱེད་པ། །འབྲིང་ཡིན་ཉན་ཐོས་ཟློག་བྱེད་པ། །ཐ་མ་ཡིན་ཏེ་གསང་སྔགས་ནི། །རབ་ཡིན་ཡང་ན་མང་པོ་རྣམས། །ཟློག་བྱེད་པ་ནི་རབ་ཡིན་ཏེ། །ཉུང་དུ་འབྲིང་ཡིན་ཐ་མ་ནི། །སེམས་སྲུན་འབྱིན་པའི་དམ་ཚིག་གོ། །དམ་ཚིག་རྣམས་ལ་ཇི་བཞིན་སྙེད། །མི་བསྙེན་དམ་ཚིག་ཉམས་པའི་ཚད། །རྩ་བ་དང་ནི་ཡན་ལག་གི། །དམ་ཚིག་ཉིན་མཚན་མི་སྨོ་དང་། །སྤྱོད་པ་ལ་སོགས་ལྔ་པོ་ལྔ། །དང་དུ་བླངས་ནས་མི་བསྙེན་པ། །ལོ་ནས་ཟླ་བའི་བར་དུ་ནི། །མི་བཤགས་རབ་ཀྱི་གསུམ་ཡིན་ནོ། །རྩ་བ་དང་དུ་མི་ལེན་པར། །འཇོག་པ་འབྲིང་གི་གསུམ་ཡིན་ནོ། །ཡན་ལག་མི་ལེན་ཐ་མ་གསུམ། །ཡང་ན་ཟླ་ཕྱེད་ཞག་བདུན་དུ། །ཞག་གཅིག་པ་ནི་འབྲིང་གི་གསུམ། །ཉིན་མཚན་གཅིག་ལ་ཐ་མའི་གསུམ། །མི་བསྙེན་པ་ཡི་དམ་ཚིག་གོ། །བུད་མེད་ཤེས་རབ་རང་བཞིན་ཅན། །སྨོད་པར་བྱེད་པའི་དམ་ཚིག་ནི། །དཔེར་ན་བ་ལང་ཀོ་བ་ནས། །སྒྲས་མཚོན་བར་དུ་སློབ་པ་བཞིན། །བུད་མེད་ཤེས་རབ་སྒྱུ་མ་ཅན། །ལས་ཀྱི་ཕྱག་རྒྱ་མཚན་ལྡན་ལ། །བརྟེན་ནས་དེ་ལ་ལོབས་གྱུར་ན། །ཡིད་ཀྱི་ལྷ་མོ་ལ་བརྟེན་ནས། །དེ་ནས་གཏུམ་མོ་ཉིད་ལ་བརྟེན། །ད་ནས་ཤེས་རབ་དགའ་མ་ལ། །ལྷན་ཅིག་དགའ་བའི་བར་དུ་ནི། །བརྟེན་ནས་ཤེས་རབ་རིམ་པར་བསྐྱེད། །དེ་ནས་ཕྱག་རྒྱའི་དངོས་གྲུབ་འཐོབ། །དེ་ལྟར་བུད་མེད་ཤེས་རབ་ལ། །སྨོད་ཅིང་སྤོང་བར་བྱེད་པ་ནི། །ལོ་དུས་ལོན་ན་རབ་ཀྱི་རབ། །ཕྱེད་དང་ཟླ་གཅིག་གཉིས་སུ་བསྟན། །དེ་ལྟའི་ཤེས་རབ་རང་བཞིན་ལ། །རྣལ་འབྱོར་ལམ་པ་སྨོད་ན་ནི། །འབྲིང་གི་གསུམ་དང་བསྟན་པ་ཡིན། །མཚན་དང་མི་ལྡན་ཐམས་ཅད་ལ། །རྒྱུན་དུ་སྨོད་ཅིང་མི་བཤགས་པ། །ལོ་དུས་ལོན་ན་ཐ་མའི་རབ། །ཕྱེད་དང་ཟླ་གཅིག་གཉིས་སུ་བསྟན། །ཤེས་རབ་སྨོད་པའི་དམ་ཚིག་གོ། །རྩ་བའི་དམ་ཚིག་རབ་འབྲིང་ཉམས་པའི་ཚད་བསྟན་པའོ། །ཡན་ལག་དམ་ཚིག་བསྟན་པ་ནི། །རྣལ་འབྱོར་སྔགས་པས་སྔགས་པ་ནི། །ནན་གྱིས་ལེན་པ་གསུམ་དུ་བསྟེན། །གཞན་གྱི་བུད་མེད་ལེན་པ་དང་། །རང་གི་རྣལ་འབྱོར་མ་གཉིས་ལ། །ཆགས་པའི་དོན་དུ་འཇུག་པ་དང་། །བྱིན་གྱིས་བརླབ་པར་མི་བྱེད་པར། །ཐ་མལ་སྤྱོད་པས་འཇུག་པ་དང་། །རྟགས་དང་མི་ལྡན་འཇུག་པ་ནི། །རྣལ་འབྱོར་ཆགས་པའི་ལམ་པས་ནི། །དང

པོ་ཆགས་པ་འདུལ་བ་དང་། །ཟབ་མོའི་དོན་ལ་འཇུག་བྱའི་ཕྱིར། །ཤིན་ཏུ་ཆགས་པ་ཆེར་ལྡན་པ། །བདེ་གཤེགས་རྒྱལ་བས་བསྟན་པ་ཡིན། །

རྣལ་འབྱོར་གྲོལ་བའི་ལམ་པ་ལ། །གོང་མ་དེ་བཞིན་མ་བསྟན་ཏེ། །ལས་དང་རྣལ་འབྱོར་དུས་སུ་ནི། །ཡིད་ཀྱི་ལྷ་མོ་གཟུགས་མཛེས་མ། །ཚོགས་ཀྱི་འཁོར་ལོའམ་སྤྱོད་དུས་སུ། །མོས་པས་དེ་བསམ་དམ་ཚིག་ཡིན། །རྟགས་ལྡན་བརྟན་པ་ཐོབ་ནས་ནི། །མཆོག་གི་དངོས་གྲུབ་སྒྲུར་འདོད་པས། །རྣལ་འབྱོར་མ་ཡིས་ལུང་བསྟན་ནས། །མི་དེ་ལྷ་ལ་སོགས་པ་ཡིས། །ཞག་གཅིག་ཟླ་གཅིག་ཞག་དྲུག་ཏུ། །བསྟེན་པས་མཆོག་ནི་ཐོབ་པར་འགྱུར། །ཆགས་མེད་རྣལ་འབྱོར་མོས་པ་ཡི། །སྐད་ཅིག་ཤེས་རབ་ལ་བརྟེན་ནས། །ཕྱག་རྒྱའི་དངོས་གྲུབ་ཐོབ་པར་འགྱུར། །དེ་དོན་བྱ་བའི་རིམ་པ་ནི། །ས་ལ་གནས་པའི་མཁའ་འགྲོ་མ། །ཕོ་ཉ་ཉིད་ལ་བརྟེན་པ་ཡིན། །དེ་ལྟར་མི་ཤེས་འཁྲུལ་པར་སྤྱོད། །རྒྱུན་དུ་སྤྱོད་ཅིང་ལོ་དུས་སུ། །མི་བཤགས་དེ་ནི་རབ་ཡིན་ནོ། །དེ་བས་ཉུང་བར་གྱུར་པ་ནི། །འབྲིང་ཉིད་དུ་ནི་ཤེས་པར་བྱ། །ཐབས་ཅིག་སྤྱོད་པ་ཐ་མ་ཡིན། །ནན་གྱིས་ལེན་པའི་དམ་ཚིག་གོ། །མ་གསུངས་པ་ཡི་རིག་མ་ལ། །སྡིགས་པས་བདུད་རྩི་ཐོབ་བྱེད་ནི། །བླ་མ་རྡོ་རྗེ་སློབ་དཔོན་གྱིས། །མན་ངག་རྣ་བར་མ་བརྒྱུད་པར། །ནན་གྱིས་བརྟགས་ནས་ཚུལ་འཆོས་པ། །རྒྱུན་དུ་བྱེད་ཅིང་ལོ་དུས་སུ། །མི་བཤགས་པ་ནི་རབ་ཡིན་ནོ། །དེ་བས་ཉུང་བ་འབྲིང་ཡིན་ཏེ། །གཅིག་ཙམ་བྱེད་པ་ཐ་མ་ཡིན། །མ་ཐོབ་པ་ཡི་དམ་ཚིག་གོ། །ཚོགས་ཀྱི་འཁོར་ལོའི་དམ་ཚིག་གོ། །

བསྟན་ལ་འཐབ་མོ་རྩོད་བྱེད་པ། །དབང་བསྐུར་མན་ངག་ཟབ་མོ་དང་། །སློབ་དཔོན་གཅིག་པར་མ་གྱུར་ལ། །མི་ཟབ་ཚོགས་ལ་བཤད་པ་ཡི། །དུས་སུ་རྩོད་ནས་མཆོན་དབྱུག་ནི། །འདྲེས་ནས་ཅུང་ཞིག་མི་བཤགས་པ། །རབ་ཀྱི་ཡིན་ཏེ་འབྲིང་གི་ནི། །མཆོན་དབྱུག་འདྲེས་ནས་ཡུན་ཐུང་བ། །ཐ་མ་ཚིག་རྩུབ་ཤིན་ཏུ་ཐུབ། །ཤི་བར་གྱུར་ན་སློབ་དཔོན་གྱི། །འབྲིང་པོ་མན་ཆད་བཅོ་བར་བྱ། །ཚོགས་ཀྱི་དམ་ཚིག་ཉམས་པའོ། །གསང་ཆོས་ཡན་ལག་ཤེས་གྱུར་ཀྱང་། །གཞན་ལ་མི་སྟོན་ཤེས་ངན་ནི། །སྟོད་དུ་གྱུར་པའི་གང་ཟག་ལ། །མན་ངག་ཤེས་བཞིན་མི་སྟོན་ན། །སྟོད་གྱུར་མང་ལ་མི་སྟོན་རབ། །ཉུང་ལ་མི་སྟོན་ཐ་མ་གཅིག །ཡང་ན་དུས་ཀྱི་གསུམ་པོ་ནི། །གོང་མ་བཞིན་དུ་ཤེས་པར་བྱ། །

ལུང་མི་སྟོན་པའི་དམ་ཚིག་གོ། །དད་པའི་སེམས་ཅན་ཆོས་ཀྱི་རྒྱུ། །གཞན་གྱི་གདམ་བྱེད་བྱང་ཆུབ་སེམས། །ཐེག་ཆེན་སྣོད་དུ་གྱུར་པ་ལ། །གུས་པས་ཆོས་ནི་དྲི་བྱེད་པ། །ལན་མི་འདེབས་ཏེ་ཡི་གེའི་གདམ། །བྱེད་པ་རབ་ཡིན་འབྲིང་གི་ནི། །ལུང་མ་བསྟན་པའི་གདམ་བྱེད་ཅིང་། །ཐ་མ་ཉན་ཐོས་ཀྱི་ནི་གདམ། །དུས་གསུམ་གོང་བཞིན་ཤེས་པར་བྱ། །ལོག་པར་སྟོན་པའི་དམ་ཚིག་གོ། །ཉན་ཐོས་ནང་དུ་ཞག་བདུན་འདུག །ཐེག་པ་ཆེན་པོའི་ཆོས་ལ་ནི། །ཐོས་པར་གྱུར་ནས་སྐྱུར་པ་ཡི། །ནང་དུ་ཞག་བདུན་འདུག་ནས་ནི། །སྤྲངས་ནས་སྤྱོང་བྱེད་ལོ་དུས་སུ། །མི་བཤགས་པ་ནི་རབ་ཡིན་ནོ། །ཞག་གསུམ་དུ་ནི་གཅིག་ནི་ཐ། །དེ་གཉིས་སུ་ནི་གོང་བཞིན་ནོ། །ཡང་ན་རིགས་འདྲར་གྱུར་པ་ལ། །གཉིས་པོ་མན་ཆད་བརྩི་བར་བྱ། །ཞག་བདུན་ཉལ་བའི་དམ་ཚིག་གོ། །རྣལ་འབྱོར་ཡེ་ཤེས་མི་ཤེས་པར། །ང་ནི་སྔགས་པ་ཡིན་ཞེས་ཟེར། །རྣལ་འབྱོར་མེད་པའི་ཏིང་འཛིན་གྱིས། །ཚིག་ཙམ་འགའ་ཡི་ང་རྒྱལ་གྱིས། །སྔགས་པར་ཁས་འཆེས་ཡང་ནས་ཡང་། །ལོ་དུས་མི་བཤགས་རབ་ཡིན་ནོ། །དེ་བས་ཉུང་ལྟར་ཤིན་ཏུ་ཉུང་། །གཉིས་པོ་ཡིན་པར་ཤེས་པར་བྱ། །མི་ཤེས་པ་ཡི་དམ་ཚིག་གོ། །སྣོད་མིན་པ་ཡི་སེམས་ཅན་ལ། །ཕྱི་ཡི་ཆོས་བཤད་ཡིན་པ་ལ། །གསང་བའི་ཆོས་རྣམས་འཆད་པ་ནི། །ཕྱི་ཙམ་བསྟན་པའི་གང་ཟག་ལ། །གསང་བའི་མན་ངག་སྟོན་པ་ནི། །ཡང་ཡང་སྟོན་དང་མང་ལ་སྟོན། །ལོ་དུས་མི་བཤགས་རབ་ཡིན་ནོ། །གཉིས་པོ་གོང་བཞིན་ཤེས་པར་བྱ། །དམ་ཚིག་དེ་རྣམས་ཀུན་ལ་ཡང་། །དུས་དང་བསམ་པ་དངོས་པོ་ཀུན། །ཆེ་ཆུང་བྱུང་བར་གྱུར་པ་དང་། །མཉམ་པར་གྱུར་དང་མ་ཚང་རྣམས། །མཁས་པས་བརྟགས་ནས་ཚོ་ག་ནི། །ཆེ་ཆུང་བསྐྱོད་དང་སྨད་པར་བྱ། །དེ་ལྟར་མ་ཤེས་གསུམ་དང་དགུ། །སུམ་དེ་བཟུང་ནས་ལྷག་ཀྱང་བཟང་། །དེ་རྣམས་ནི་དམ་ཚིག་ཉམས་པའི་ཚད་བསྟན་པའོ། །མ་ཉམས་པའི་ཚད་བསྟན་པ་ནི། །གོང་མ་དེ་རྣམས་མ་བྱུང་དང་། །ཡང་ན་སློབ་དཔོན་དཀོན་མཆོག་དང་། །རྡོ་རྗེ་སྤུན་དང་སྔགས་པ་ཡི། །སེམས་ཅན་རྣམས་ཀྱི་དོན་དུ་ནི། །རབ་ཏུ་མ་གྱུར་འབྲིང་གི་ནི། །དེ་དག་མན་ཆོད་བྱུང་ན་ཡང་། །ཉམས་པར་མི་འགྱུར་བདེ་གཤེགས་གསུངས། །ལུས་ལ་ཕན་པར་གྱུར་ནས་ཀྱང་། །ཏིང་འཛིན་གྲོགས་སུ་གྱུར་པ་ནི། །ངེས་པར་མི་འགྱུར་བདེ་གཤེགས་གསུངས། །སེམས་ཅན་འདུལ་བར་གྱུར་པ་དང་། །སེམས་ཅན་དྲང་བའི་དོན་དུ་ཡང་། །ཉམས་པར

མི་འགྱུར་བདེ་གཤེགས་གསུངས། །དེ་རྣམས་ཤེས་རབ་ཟབ་མོ་དང་། །སློབ་དཔོན་ཞལ་གྱི་མན་ངག་ལ༑ ༑བརྟེན་ནས་གནང་བཀག་རིམ་པ་ནི། །མཁས་པ་རྣམས་ཀྱིས་ཤེས་པར་བྱ། །དམ་ཚིག་མ་ཉམས་པའི་ཚད་བསྟན་པའོ། །

ད་ནི་དམ་ཚིག་ཉམས་པ་བསྐང་བའི་ཆོ་ག་བསྟན་ཏེ་ཆོ་ག་ཡང་ནི་དགུ་རུ་ཤེས་པར་བྱ། རབ་ཀྱིས་ལོ་གཅིག་ལ་བསྒོམས་ལ། །ཚོགས་འཁོར་བཅུ་གཉིས་ཕྲག་བཞི་དང་། །སྦྱིན་སྲེག་བདུན་བརྒྱ་ཉི་ཤུ་དང་། །གཏོར་མ་བདུན་བརྒྱ་ཉི་ཤུ་དང་། །དེ་དུས་རྡོ་རྗེ་སློབ་དཔོན་དང་། །རྡོ་རྗེ་མཆེད་ཀྱང་སྤྱན་དྲངས་ལ། །རྡོ་རྗེ་སློབ་དཔོན་གྲངས་གྱུར་ན། །གཟུགས་བྱ་ཡང་ན་མཆིལ་ལྷམ་གོས། །དེ་རྟེན་ཡང་ན་མིང་གི་ཡི་གེས་བསྐྱེད། །འོད་ཟེར་འཕྲོས་ནས་སློབ་དཔོན་གྱིས། །རྣམ་ཤེས་བཀུག་ནས་དེ་ལ་གཟུང་། །ཡི་དམ་ལྷའམ་མི་བསྐྱོད་པའི། །གཟུགས་སུ་བལྟས་ལ་དེ་ལ་ནི། །བསྐྱེད་རིམ་ཐུན་རེ་བྱེད་པ་དང་། །བཟླས་བརྗོད་འབུམ་ཕྲག་གསུམ་གྱིས་ནི། །ཡི་གེ་འཁོར་ལོའི་འོད་ཟེར་གྱིས། །བདག་དང་སློབ་དཔོན་གཉིས་ཀ་ཡི། །ལུས་ངག་ཡིད་ཀྱི་སྒྲིབ་པ་སྦྱང་། །སྦྱིན་སྲེག་གིས་ཀྱང་དེ་བཞིན་སྦྱང་། །ཚོགས་ཀྱི་འཁོར་ལོའི་མཆོད་པ་ཡིས། །འཁོར་ལོ་འདུ་འཕྲོས་སྦྱང་བར་བྱ། །འཁོར་ལོ་འདུ་འཕྲོས་མཆོད་པའོ། །གཏོར་མ་དང་པོས་སྦྱང་མཆོད་དང་། །བར་མས་བསྐང་ཞིང་སྤྱེལ་བ་དང་། །ཐ་མས་གནོད་པ་མི་བྱེད་ཅིང་། །བཤགས་པ་རྒྱུན་བྱ་འདུས་བྱས་ཀྱི། །དགེ་རྩ་ལ་སོགས་གཞན་ཡང་བྱ། །དེ་ལྟར་བྱས་ནས་སློབ་དཔོན་ལ། །སླར་ཡང་སྡོམ་པ་གསུམ་བླངས་ལ། །དཀྱིལ་འཁོར་འཇུག་ཅིང་དབང་བསྐུར་བླང་། །སློབ་དཔོན་མེད་གྱུར་རྡོ་རྗེ་སྤྱན། །མཁས་པ་ཉིད་ལས་བླང་བར་བྱ། །དེ་མེད་ཡི་དམ་ལྷ་ལ་བླང་། །དེ་ལྟར་བྱས་ན་དག་འགྱུར་ཏེ། །དངོས་གྲུབ་ཀྱང་ནི་ཐོབ་པར་འགྱུར། །འབྲིང་དང་ཐ་མ་གཉིས་པོ་ཡང་། །ཕྱེད་ཕྱེད་འབྲིས་ཕྱེད་ཤེས་པར་བྱ། །འབྲིང་གི་རབ་ནི་ཟླ་བ་གཅིག །ལྷ་བསྒོམ་སྦྱིན་སྲེག་སུམ་ཅུ་དང་། །གཏོར་མ་སུམ་ཅུ་ཕྲག་གཉིས་དང་། །ཚོགས་འཁོར་གསུམ་དང་བཟླས་བརྗོད་ནི། །སུམ་ཁྲི་བཤགས་པ་ཐུན་མཚམས་སུ། །འབྲིང་གི་འབྲིང་ནི་ཉི་ཤུ་སྟེ ༑སྦྱིན་སྲེག་གཏོར་མ་ཉི་ཤུ་དང་། །ཚོགས་གཉིས་བཟླས་བརྗོད་ཉི་ཁྲི་བྱ། །འབྲིང་གི་ཐ་མ་བཅུ་རུ་སྦྱིན་སྲེག་བྱ། །གཏོར་མ་བཅུ་དང་བཟླས་བརྗོད་ཁྲི། །དེ་དག་ཆོ་ག་བྱེད་པ་ཡང་། །སློབ་དཔོན་ལ་སོགས་མ་ཚོགས་ཀྱང་། །

རྣལ་འབྱོར་གཉིས་ཀྱིས་བོར་ལེན་བྱ། །ཐ་མའི་རབ་འབྲིང་ཞག་བདུན་དུ། །སྦྱིན་སྲེག་གཏོར་མ་བདུན་དང་བཟླས་བརྗོད་སྟོང་། །ཚོགས་འཁོར་གཅིག་དང་བཤགས་པ་མཐུན། །ཐ་མའི་འབྲིང་ནི་ཞག་གསུམ་དུ། །སྦྱིན་སྲེག་གཏོར་མ་གསུམ་དང་མཆོད་པ་བརྩམ། །བཟླས་བརྗོད་ལྔ་བརྒྱ་བཤགས་པ་བྱ། །ཐ་མའི་ཐ་མ་ཞག་གཅིག་ཏུ། །གཏོར་མ་སྦྱིན་སྲེག་རེ་རེ་དང་། །བཟླས་བརྗོད་བརྒྱ་དང་བཤགས་པ་བྱ། །དེ་ལྟར་བྱས་པས་དག་པར་འགྱུར། །ཚོགས་ཀྱི་འཁོར་ལོ་མ་འབྱོར་བས། །སྦྱིན་སྲེག་གཅིག་ཕྱུས་བསྐང་བ་ཡིན། །རབ་ཀྱི་གསུམ་གྱི་སྦྱིན་སྲེག་ནི། །སུམ་ཁྲི་ཉི་ཁྲི་ཁྲི་རུ་བྱ། །འབྲིང་གི་གསུམ་གྱི་སྦྱིན་སྲེག་ནི། །ལྔ་སྟོང་སྟོང་དང་ལྔ་བརྒྱ་བྱ། །ཐ་མ་གསུམ་གྱི་སྦྱིན་སྲེག་ནི། །བརྒྱ་དང་ལྔ་བཅུ་ཉི་ཤུ་ལྔ། །དེ་ལྟར་བྱས་པས་དག་པར་འགྱུར། །སྦྱིན་སྲེག་མ་བྱས་རྣལ་འབྱོར་པས། །བཟླས་བརྗོད་ཀྱིས་ནི་བྱ་བར་གསུངས། །གསུམ་གྱི་རབ་འབྲིང་གསུམ་གསུམ་སྟེ། །བྱེ་བ་བདུན་འབུམ་སུམ་འབུམ་དང་། །འབུམ་དང་བདུན་ཁྲི་སུམ་ཁྲི་དང་། །ཁྲི་དང་བདུན་སྟོང་སུམ་སྟོང་དང་། །སྟོང་དང་བདུན་བརྒྱ་སུམ་བརྒྱ་དང་། །དེ་ལྟར་བྱས་པས་དག་པར་འགྱུར། །དེ་ལྟར་མི་འགྲུབ་རྣལ་འབྱོར་པས། །གཏོར་མ་ཆེན་པོའི་ཚོགས་ཀྱང་། །སྦྱིན་སྲེག་བཞིན་དུ་བསྟེན་ནས་སུ། །ཉམས་པ་དག་སྟེ་བསྐང་བར་འགྱུར། །སྦྱིན་སྲེག་བཟླས་བརྗོད་གཏོར་མ་ལས། །བྱུང་བའི་དངོས་གྲུབ་གསུམ་གྱིས་ནི། །དམ་ཚིག་ཉམས་པ་བསྐང་བར་འགྱུར། །ཐུན་མོང་དངོས་གྲུབ་གྲུབ་ནས་ཀྱང་། །བརྒྱུད་པས་མཆོག་ཀྱང་འགྲུབ་པར་གསུངས། །བསྒོམ་པ་ལས་བྱུང་དངོས་གྲུབ་ཀྱིས། །དམ་ཚིག་ཉམས་པ་བསྐངས་གྱུར་ནས། །དངོས་གྲུབ་གཉིས་ཀ་ཐོབ་པར་འགྱུར། །ལྷག་མ་རྣམས་ཀྱི་ཚིག་ནི། །སློབ་དཔོན་རབ་གསུམ་ཕར་བོར་ནས། །འབྲིང་གི་གསུམ་གྱི་རབ་ཏུ་བསྟན། །ཐ་མ་གསུམ་གྱི་འབྲིང་དུ་བསྟན། །ཐ་མ་རབ་ཀྱི་སྦྱིན་སྲེག་གཅིག །འབྲིང་གི་གཏོར་མའམ་བཟླས་བརྗོད་བྱ། །ཐ་མས་བླ་མའི་མཆོད་པ་བྱ། །བླ་མ་མཆོད་པའི་མན་ངག་ཀྱང་། །མཎྜལ་གསུམ་མམ་གཅིག་བྱས་ལ། །མཎྜལ་མཐར་ཕྱིན་མཛེས་པ་ལ༔ ༔མེ་ཏོག་མཛེས་ལྡན་མཆོད་པ་བསགས། །ལུས་ཚོགས་བགོས་པས་ཕྱུས་བཅུགས་ནས། །བདུན་དང་བཅུ་དང་བཅུ་གཉིས་དང་། །བྱ་བ་ཚིག་གཞན་དང་མཐུན། །ཁྱད་པར་བདག་གི་སྡིག་པ་ནི། །འོད་ཟེར་དྲ་བས་བསྡུས་ནས་ནི། །ཕྱུང་ནས་གདན་གྱི་པད་སྟེངས་སུ། །བླ་མ་ཡི་དམ་དཀོན་མཆོག

དང་། །བདག་གི་འོད་ཟེར་འཕྲུལ་འཁོར་གྱིས། །སྡིག་པ་སྦྱོང་ཞིང་བཤགས་པར་བྱ། །ཡང་ན་སྒྱུ་མ་ལྷ་བུའི་སེམས། །དེ་བཞིན་བྱས་པས་དག་པར་འགྱུར། །ཡན་ལག་ཚིག་བསྟན་པ་ནི། །རྩ་བའི་ཐ་མ་གསུམ་པོ་དང་། །གོ་རིམས་བཞིན་དུ་ཤེས་པར་བྱ། །ཁྱད་པར་ཚིག་བསྟན་པ་ནི། །རྡོ་རྗེ་སྤྱན་ནི་བཀུག་གྱུར་ནས། །སྒྲིབ་སྦྱང་ལྷ་རུ་བསྐྱེད་པ་ལ། །མཆོད་པ་ལ་སོགས་གོང་བཞིན་ནོ། །དེ་བཞིན་འགྱུར་ནའང་གོང་བཞིན་ནོ། །བདེ་གཤེགས་བཀའ་འདས་དུས་སུ་ནི། །གང་དུ་ཉམས་པ་དེ་ལ་ནི། །སྦྱང་བ་ལ་སོགས་བྱ་བ་དང་། །རིགས་ཀྱི་ལྷའམ་ཕྱག་མཚན་ནམ། །ཨཱ་ལི་ཀཱ་ལིའི་ཕྲེང་བ་ནི། །བསྒོམས་ནས་གོང་བཞིན་ཤེས་པར་བྱ། །སེམས་ཅན་བྱམས་སེམས་དམ་ཚིག་ལ། །གང་དུ་སྤྱངས་པ་དེ་བཀུག་ནས། །དངོས་དང་བསམ་པ་གཉིས་ཀས་སུ། །སྦྱང་བ་ལ་སོགས་གོང་བཞིན་བྱ། །བྱང་སེམས་སྤྱོང་བ་དེ་ལ་ཡང་། །ཕྱི་ནང་ཡང་ནི་གཉིས་སུ་བསྟན། །ཕྱི་ནི་གོང་བཞིན་ནང་གི་ནི། །འབབ་ར་ག་ཧ་ར་མ་ཟིན་པའོ། །དེ་ཡི་སྦྱང་བ་ལ་སོགས་ཀུན། །སྙིང་ག་གོང་འོག་ལ་བསྒོམས་ནས། །རང་གི་པོ་ཏི་ཁ་ན་ལ། །གཞན་གྱི་པོ་ཏི་འམ་དངོས་དེ་ཉིད། །བསམ་དང་དངོས་ལ་སོགས་པ་ནི། །གོང་མ་བཞིན་དུ་ཤེས་པར་བྱ། །དེ་འོག་སླར་ཡང་སླིན་པར་བྱ། །ཡང་ན་ཡི་དམ་ལྷ་སོགས་ལ། །གོང་བཞིན་ཁྱད་པར་དག་གིས་སྦྱང་། །ཕུང་པོ་ལྷ་རུ་བསམས་ནས་ནི། །ནང་མཆོད་ནང་གི་སྦྱིན་སྲེག་ནི། །བསམ་སྟེ་སྦྱང་བའི་ཚིག་བྱ། །རང་བཞིན་ཆོས་ཀྱི་གནས་དེ་རུ། །ཐེ་ཚོམ་ཟ་བའི་དེ་ཉིད་ལ། །རང་བཞིན་དེ་ཉིད་བསམས་ནས་སུ། །དེ་ཉིད་ལྷ་འམ་ཐིག་ལེ་འམ། །ཡིག་འབྲུ་གཏུམ་མོ་ལ་སོགས་ལ། །གཙང་མཆོད་ལ་སོགས་གོང་བཞིན་བྱ། །སེམས་ཅན་གདུག་པ་སྦྱང་བ་དང་། །བླ་མ་སྤྱན་ལ་མཆོད་པ་བྱ། །སྟོང་པའི་དོན་ལ་མོས་པ་དང་། །བླ་མ་ཡི་དམ་དབུ་སྙིང་དུ། །ཆོས་སྐུའི་རྟགས་དང་གཙུག་ཏོར་ལ། །ཁྱད་པར་མཆོད་པར་བྱ་བའོ། །སེམས་ཅན་དད་ལྡན་བཀུག་ནས་ནི། །སྦྱང་བ་ལ་སོགས་བྱས་ནས་ཀྱང་། །དཀྱིལ་འཁོར་བསྒྲུབ་ཅིང་དབང་བསྐུར་དང་། །མན་ངག་ཟབ་མོའི་དོན་བསྟན་པ། །ལྷར་དམིགས་མཆོད་པ་ལ་སོགས་བྱ། །དམ་ཚིག་ཐམས་ཅད་དྲན་ནས་ཀྱང་། །ཐམས་ཅད་ལྷར་དམིགས་ཁྱད་པར་ནི། །སྤྱོད་པར་བྱ་བ་ལ་སོགས་ལ། །རིགས་ལྔ་ཡབ་ཡུམ་བསམས་ནས་ནི། །མཆོད་ཅིང་སྦྱང་བར་བྱ་བ་ཡིན། །ཤེས་རབ་ཐམས་ཅད་བཀུག་ནས་ནི། །སྦྱང་བར་བྱས་ལ་ལྷ་མོར་དམིགས། །

མཆོད་པ་སྣ་ཚོགས་ཁྱད་པར་བསམ། །བདག་པོ་དང་བཅས་བཀུག་པ་ལ། །སྦྱུང་བ་ལ་སོགས་གོང་བཞིན་བྱ། །ཡང་ན་ཐ་མལ་ཞེན་པ་བཟློག །མཁའ་ལ་སོགས་པ་བྱིན་བརླབས་ལ། །ལྷ་ཡི་རྣལ་འབྱོར་བལྟས་ནས་ནི། །ཕན་ཚུན་མཆོད་པས་ཚིམ་པར་བྱ། །ཐ་མལ་ལྕེ་ནི་སྦྱངས་ནས་སུ། །རྡོ་རྗེ་ལྕེ་རུ་བྱིན་བརླབས་ལ། །གང་བཤད་ལེགས་བབ་གནས་པ་ནི། །སྦྱུང་དང་ལྷག་བསམ་ལ་སོགས་བྱ། །ཁྱད་པར་རྡོ་རྗེ་འོད་ཟེར་ལས། །བཟླས་ཤིང་མཆོད་པས་ཚིམ་པར་བྱ། །བསྟན་བྱ་ཉིད་ཀྱང་བཀུག་ནས་ནི། །གསོ་ཞིང་སྦྱུང་བའི་ཆོ་ག་བྱ། །རྣལ་འབྱོར་སྤྱན་རྣམས་བཀུག་ནས་ནི། །སྦྱུང་བ་ལ་སོགས་གོང་བཞིན་ནོ། །སྟོད་ལྡན་སེམས་ཅན་བཀུག་ནས་ནི། །སྦྱུང་བ་ལ་སོགས་བྱ་བ་དང་། །གསང་བ་དངོས་དང་བསམ་པ་ཡིས། །བསྟན་ལ་སོགས་པ་བྱ་བའོ། །དད་ལྡན་ཀུན་ལ་གོང་བཞིན་ནོ། །སྦྱུང་བ་ལ་སོགས་དངོས་དང་བསམ། །གཉིས་ཀའི་ཐབས་ཀྱིས་བསྟན་པ་ཡིན། །ཉན་ཐོས་ལ་སོགས་སྦྱུང་བ་དང་། །བདག་ཉིད་སྦྱུང་བར་བྱ་བའོ། །རྣལ་འབྱོར་ལྷ་ལ་ནན་ཏན་བྱའོ། །ང་རྒྱལ་ལ་སོགས་སྦྱུང་བའོ། །དེ་ལྟར་ཆོ་ག་བྱས་ནས་ནི། །དམ་ཚིག་ཉམས་པ་བསྐོངས་ནས་ཀྱང་། །དངོས་གྲུབ་རྣམ་གཉིས་ཐོབ་པར་གསུངས། །ལས་དང་པོ་ཡི་གང་ཟག་ལ། །རྟོག་པ་སྣ་ཚོགས་དཀྲུར་གྱུར་པས། །རིག་འཛིན་ས་ནི་མ་ཐོབ་པར། །དམ་ཚིག་ཉམས་པ་འབྱུང་འགྱུར་བས། །བསྐང་བའི་ཆོ་ག་མ་བྱས་ན། །ངན་སོང་གསུམ་དང་རྡོ་རྗེ་ཡི། །དམྱལ་བ་དག་ཏུ་ལྟུང་བར་འགྱུར། །བསྐལ་པ་གྲངས་མེད་གནས་ནས་ནི། །དེ་ནས་བསྐལ་པར་ཚ་གྲང་མྱོང་། །དེ་ནས་བྱོལ་སོང་ཡི་དྭགས་སུ། །ཡུན་རིང་གནས་ནས་བརྒྱ་ལམ་ན། །སེམས་ཅན་གླེན་ལྐུགས་ལ་སོགས་སུ། །ཡུན་རིང་གནས་ནས་ཐ་མར་ནི། །སྔོན་གྱི་དགེ་བའི་ས་བོན་གྱིས། །བདེ་གཤེགས་ཐུགས་རྗེས་ཕྲད་པ་དང་། །དེ་རུ་དམ་ཚིག་ཉམས་གྱུར་ན། །སླར་ཡང་ཐུར་ལ་ལྟུང་བར་འགྱུར། །མ་ཉམས་གྱེན་དུ་འགྲོ་བར་འགྱུར། །དེ་བས་ནན་ཏན་ཆེར་བསྐྱེད་ཅིང་། །དམ་ཚིག་ས་ཡ་འབུམ་སྡེ་ནི། །ལུང་རྒྱུད་ཀུན་ལའང་གསལ་བས་ན། །ཤེས་རབ་ཅན་གྱིས་བླང་བར་བྱའོ། །འདི་ནི་བློ་དམན་དོན་དུ་གསུངས། །ཐེག་པ་ཆེན་པོ་སྤྱོད་པ་དང་། །ཁྱད་པར་གསང་སྔགས་སྤྱོད་པ་ནི། །བསྐལ་པ་མཐའ་ཡི་བར་དུ་ཡང་། །ལྕེ་ལ་ཕུར་བུས་འདེབས་ཤིང་ཁྲོ་ཆུ་ལྡུད། །དེ་བས་གསང་སྔགས་འདི་ལ་སྨད་པར་མི་བྱའོ། །རྒྱུད་རྣམས་ཀུན་དང་མི་འགལ་ཙམ་དུ་ནི། །

དཔེར་ན་ས་གཞི་ལྷ་བུའི་དམ་ཚིག་ནི། །སློབ་དང་སློབ་དཔོན་རྣམས་ལ་བསྟེན་པས་སུ། །མུ་གུ་ལྟ་བུའི་སངས་རྒྱས་འགྲུབ་པར་ཤོག །རིན་ཆེན་ཞུག་གི་ཡང་སྙེད་དུ། །སྙིང་པོས་དམ་ཚིག་ཉམས་པ་ལ། །བསྐང་བའི་ཆོག་མི་ཤེས་པས། །མཁའ་འགྲོ་མ་ཡི་ནད་ཀྱིས་བཏབ། །དེ་ལ་སློབ་དཔོན་ཆེན་པོས་སུ། །རྡོ་རྗེ་བསྟོད་གླུས་བཞགས་པ་ཡིས། །མཁའ་འགྲོ་མ་ལ་བཞགས་ནས་ཀྱང་། །མཁའ་འགྲོ་མ་ཡི་རྒྱུད་ཀུན་དུ། །ཚིག་ཟབ་མོ་སྨྲས་པ་ལ། །ཡང་ནས་ཡང་དུ་གསོལ་བཏབ་པས། །མཁའ་འགྲོ་མ་ཡིས་ཆོས་བསྟན་ཏེ། །དེ་ནི་སློབ་དཔོན་ཆེན་པོ་ཡིས། །བདག་གི་རྣ་བར་བརྒྱུད་པ་འདི། །ཕྱི་ནས་རྣལ་འབྱོར་དོན་ཆེད་དུ། །བདག་གིས་རིམ་པར་བཀོད་པ་ཡང་། །བདེ་གཤེགས་མཁའ་འགྲོས་བཟོད་པར་བཞེས། །

སློབ་དཔོན་ཆེན་པོ་སྙིང་པོ་ཞབས་ཀྱིས་མཛད་པ་སློབ་དཔོན་ན་ཀྲ་བི་པའི་གདམས་ངག་མངོན་པར་བཀོད་པ་རྫོགས་སོ།། །།

༄༅། །ཙ་བའི་ལྟུང་བའི་རྒྱ་ཆེར་འགྲེལ་པ།

དཱི་པཾ་ཀ་ར་ཤྲཱི་ཛྙཱ་ན།

རྒྱ་གར་སྐད་དུ། མཱུ་ལ་པཏྟི་ཏཱི་ཀཱ། བོད་སྐད་དུ། ཙ་བའི་ལྟུང་བའི་རྒྱ་ཆེར་འགྲེལ་པ། འཕགས་མ་སྒྲོལ་མ་ལ་ཕྱག་འཚལ་ལོ། །ལྟུང་བ་བཅུ་བཞི་པོ་ནི་དཀྱུས་སུ་བསྡེབས་པ་བདུན་ཏེ། བདུན་པོ་དེ་དག་ལ་ལྟུང་བའི་ངོ་བོ་བདུན་དང་། རྒྱུ་བདུན་དང་། དངོས་པོ་བཅུ་བཞི་ཟུང་སྦྲེལ་ན་བཅུ་བཞི་པོ་ཚན་ཚན་གསུམ་མོ། །དེ་ལ་ལྟུང་བ་དང་པོ་དང་གཉིས་པའི་ངོ་བོ་དང་རྒྱུ་གཅིག་སྟེ། བླ་མ་ལ་བརྙས་པ་ཉིད་བདེ་བར་གཤེགས་པའི་བཀའ་ལས་འདས་པ་སྟེ། དེ་ཡང་། བླ་མ་དང་ནི་རྡོ་རྗེ་འཛིན། །ཐ་དད་པར་ནི་མི་བརྟག་གོ། །ཞེས་གསུངས་པའི་ཕྱིར་རོ། །དེས་ན་རྡོ་རྗེ་འཛིན་པ་དང་བླ་མ་ཐ་མི་དད་པའི་ཕྱིར་ལྟུང་བ་གཉིས་ངོ་བོ་དང་རྒྱུ་གཅིག །བརྙས་པའི་ཡུལ་བླ་མ་དེ་ཡང་ཐུན་མོང་གི་ལམ་འཁོར་བ་ཡིད་ལ་བྱས་པ་འདི་ལས་བློ་ལོག་པར་བྱས་པ་ཤེས་ཤིང་བྱས་པ་གཟོ་བ་ལ་བརྟེན་ནས་བྱམས་པ་དང་སྙིང་རྗེ་བརྟན་པར་བྱས་པ་དེ་གཉིས་ཀྱི་སྟོབས་ལས་བྱུང་བའི་བྱང་ཆུབ་ཀྱི་སེམས་བརྟན་པར་བྱས་འཇུག་པའི་སྡོམ་པ་དང་ལྡན་པས་མི་མཐུན་པའི་ཕྱོགས། སྙིང་རྗེ་མེད་ཅིང་ཁྲོ་ལ་གདུང་། །ཁེངས་ཤིང་ཆགས་ལ་མ་བསྡམས་དང་། །སྦྱོམས་དང་བཅས་པར་མི་བྱའོ། །ཞེས་གསུངས་པས་ཐུན་མོང་གི་ལམ་གྱི་མི་མཐུན་པ་དེ་རྣམས་ལས་ལོག་ནས།ཐུན་མོང་མ་ཡིན་པའི་མཚན་ཉིད་དབང་བཞིའི་སྒོ་ནས་ལྷ་བ་དང་། སྤྱོད་པ་དང་། སྒོམ་པ་གསུམ་གྱི་མན་ངག་དང་ལྡན་པ་དེ་ཡང་དང་ཡང་དུ། གོམས་པར་བྱས་པས་ཡོན་ཏན་དང་། །བརྟན་ཞིང་དུལ་ལ་བློ་གྲོས་ལྡན། །བཟོད་ལྡན་དྲང་ལ་གཡོ་སྒྱུ་མེད། །སྔགས་དང་རྒྱུད་ཀྱི་སྦྱོར་བ་ཤེས། །སྙིང་རྗེ་ལྡན་ཞིང་བསྟན་བཅོས་མཁས། །དེ་ཉིད་བཅུ་ནི་ཡོངས་སུ་ཤེས། །དཀྱིལ་འཁོར་འདྲི་བའི་ལས་ལ་མཁས། །སྔགས་བཤད་པ་ཡི་སྤྱོད་པ་

ཤེས། །རབ་ཏུ་ཞི་དང་དབང་པོ་དུལ། །ཞེས་བྱ་བས་དེ་ལྟར་ཡོན་བཅུ་བཞི་དང་ལྡན་པ་ལྟ་བ་རྣམ་གཉིས་གྲུབ་པར་གནས་པའི་དོན་དང་། ངེས་པར་གྲུབ་པའི་ཐབས་ལྟ་དང་། སྤྱོད་པ་རྣམ་པ་གཉིས་དང་། དབང་རྣམ་པ་བཞིའི་མན་ངག་དང་ལྡན་པའི་གྲུབ་པའི་ཚིག་གི་ཉམས་དང་ལྡན་པའི་བླ་མ་ཞེས་བྱ་བ་སྟེ། དེ་ལྟ་བུའི་བླ་མ་དམ་པ་ཉེ་བར་བསྟེན་པའི་སྒོ་ནས། སློབ་མ་དེ་རྫོགས་པའི་བྱང་ཆུབ་ཀྱི་སེམས་བརྟན་པར་བྱ་བ་དང་། འཇུག་སེམས་ཀྱི་སྡོམ་པ་དང་ལྡན་པར་བྱ་སྟེ། འོག་ནས། མཉམ་པར་བཞག་པས་བླ་མ་ལ། །ཅི་འབྱོར་པ་ཡིས་མཆོད་བྱས་ལ། །གསུམ་ལ་སྐྱབས་འགྲོ་ནས་བརྩམས་ཏེ། །བྱང་ཆུབ་སེམས་སོགས་སྡོམ་པ་ནི། །གལ་ཏེ་བདག་ལ་ཕན་འདོད་ན། །སྔགས་པས་འབད་དེ་གཟུང་བར་བྱ། །ཞེས་གསུངས་པས་བླ་མ་དེས་དང་པོ་འཁོར་བའི་ཉེས་དམིགས་ཡིད་ལ་བྱ་བ་དང་། སྐྱབས་སུ་འགྲོ་བ་དང་བྱམས་པ་དང་སྙིང་རྗེའི་སྒོ་ནས་བྱང་ཆུབ་ཏུ་སེམས་བརྟན་པར་བྱས་ནས་འཇུག་སེམས་ཀྱི་སྡོམ་པ་དང་ལྡན་པ་ལ་དབང་བཞི་སྟོད་དུ་བསྐྱུབས་ནས་ལྟ་སྤྱོད་སྒོམ་པ་གསུམ་གྱི་མན་ངག་དང་ལྡན་པར་བསྒྲུབ་པ་དེའི་ཕྱིར་རོ། །དེ་ནས་སྔགས་སོགས་སྦྱིན་པ་ཡིས། །དམ་ཚིས་སྣོད་དུ་བྱས་ནས་སོ། །ཞེས་གསུངས་པའི་ཕྱིར་རོ། །

དེ་བླ་མ་ལ་རག་ལས་པས། དངོས་གྲུབ་སློབ་དཔོན་རྗེས་འབྲངས་ཞེས། །རྡོ་རྗེ་འཛིན་པ་ཉིད་གསུངས་པར། །ཤེས་ནས་དངོས་པོ་ཐམས་ཅད་ཀྱིས། །བླ་མ་ཡོངས་སུ་མཉེས་པར་བྱ། །ཞེས་བྱ་བ་དེ་ལྟ་བུའི་བླ་མ་དེ་དུས་རྟག་ཏུ་ཕུན་སུམ་ཚོགས་པ་མཐའ་དག་གི་འབྱུང་གནས་འཁོར་བའི་རྒྱ་མཚོ་ནས་འདྲེན་བྱེད་དངོས་གྲུབ་ཐམས་ཅད་ཀྱི་རག་ལས་པ་ཡིན་པས་དེའི་ཕྱིར། གདན་བསྟབས་པ་དང་ལྡང་བ་དང་། དོན་གྱི་བྱ་བ་སོགས་བསྙེན་བཀུར་བྱེད་པ་དང་། བླ་མ་ལས་ནི་དངོས་གྲུབ་དང་། །མཐོ་རིས་དང་ནི་ཐར་པ་ཐོབ། །ཅེས་པ་ནས། མདུན་དུ་དུལ་བས་འདུག་པར་བྱ། །ཞེས་བྱ་བའི་བར་དུ་བྱ་བ་མཐའ་དག་དྲན་པ་དང་ཤེས་བཞིན་གྱིས་མ་ཡེངས་པར་བྱ་བའི་ཚུལ་གྱིས་བླ་མ་བསྟེན་པར་བྱའོ། །དེ་ལྟ་བུའི་བླ་མ་ལ་བཀྲས་ན་སངས་རྒྱས་ཐམས་ཅད་ལ་བཀྲས་པ་སྟེ། དེ་འདྲའི་མགོན་ལ་བསམ་བཅས་པས། །སློབ་མར་གྱུར་པས་བཀྲས་ན་ནི། །སངས་རྒྱས་ཐམས་ཅད་བཀྲས་པ་སྟེ། །དེས་ནི་རྟག་ཏུ་སྡུག་བསྔལ་འཐོབ། །ཅེས་པ་ནས། དེར་ནི་གནས་པ་ཡང་དག་བཤད། །ཅེས་བྱ་བའི་བར་

དང་། དེ་བས་འབད་པ་ཐམས་ཅད་ཀྱིས། །རྡོ་རྗེ་སློབ་དཔོན་བློ་གྲོས་ཆེ། །དགེ་བ་ཡོངས་སུ་མི་སྐྱོམས་པ། །ནམ་ཡང་སྨད་པར་མི་བྱའོ། །ཞེས་པ་དེ་ནི་རྩ་བའི་ལྟུང་བ་ཀུན་གྱི་ངོ་བོ་ཉིད་དོ། །སྤྱོང་བ་ལ་སོགས་པ་ནི་ཕལ་ཆེར་བླ་མ་གསེར་གླིང་པ་ལ་སོགས་པའི་བཤད་པ་ལས་ཤེས་པར་བྱའོ། །ལྟུང་བ་དེ་གཉིས་ཀྱི་རྒྱུ་ནི་བླ་མ་གྲུབ་པ་ཐོབ་པའི་ཚིག་གི་ཉམས་དང་བྲལ་བ་རྣམས་དང་ཕྲད་པའི་དབང་གིས་ལམ་གྱི་སྣོད་དུ་མ་བསྒྲུབས་པར་དབང་ལ་སོགས་པ་བྱས་ཀྱང་། རྩ་བ་མ་བརྟན་པའི་དབང་གིས་ངེས་པར་འདྲེན་མི་ནུས་ཤིང་། ངེས་པ་མེད་པའི་ཕྱིར་བླ་མ་གཙོ་བོར་མི་བྱེད་དེ། དེའི་ཕྱིར་སློབ་དཔོན་བརྙས་པ་ལ་སོགས་པ་ཐམས་ཅད་འབྱུང་སྟེ་དེ་ནི་ལོག་པར་བསྟན་ཅིང་བསྒྲུབ་པ་ཞེས་བྱ་སྟེ། སྔོན་དུ་འགྲོ་བའི་སྦྱོང་བ་གང་ཡང་མེད་པར་དབང་དང་བསྐྱེད་རྫོགས་ཀྱི་མན་ངག་བསྟན་དུ་ཟིན་ཀྱང་རྩ་བ་མེད་པའི་དབང་གིས་མྱུར་དུ་འཇིག་ལ་ངེས་པར་ཆུང་ངོ་། །དེ་བས་ན་དེ་གཉིས་ནི་བཀའ་འདས་དང་གཉིས་ཀྱི་རྒྱུ་ཡིན་པས་ན། ནཱ་ན་སིདྡྷི་ལས། རང་ཉིད་ཀྱིས་ལམ་མ་མཐོང་བས། །ཇི་ལྟ་བཞིན་དུ་གཞན་དག་འདྲེན། །ལོང་བ་གཉིས་ནི་འགྲོགས་གྱུར་ན། །གཉིས་ཀ་ལྟུང་བར་ཐེ་ཚོམ་མེད། །ཅེས་པ་དང་། ཡང་། སྡིག་པ་ཅན་གྱི་ལམ་དེ་ཡིས། །བགྲོད་པ་ཉམས་པ་ཐོབ་པར་འགྱུར། །ཞེས་པས་བླ་མ་དམ་པ་ལ་བརྟེན་པར་བྱའོ། །སྤྱུན་ལ་ཉེས་པ་བརྗོད་པ་དང་བྱམས་པ་སྤོང་བ་གཉིས་ལྟུང་བའི་ངོ་བོ་གཅིག་ལ་དེ་འབྱུང་བའི་རྒྱུ་ཡང་གཅིག་སྟེ། དེའི་རྒྱུ་ནི་སྔོན་དུ་ཐུན་མོང་གི་ལམ་བྱམས་སྙིང་རྗེ་མ་སྦྱངས་པས་སེམས་ཅན་ལ་ཕན་འདོད་པ་དང་། གཅེས་པར་འཛིན་པའི་བློ་མེད་ལ་དེའི་དབང་གིས་གནོད་ཅིང་སྨོད་པ་ལ་སོགས་པའི་རྐྱེན་ཕྲ་མོ་མི་བཟོད་དེ། དེའི་ཕྱིར་སྤྱུན་ལ་ཉེས་པ་བརྗོད་ཅིང་སེམས་ཅན་ལ་བྱམས་པ་སྤོང་བ་དེས་དེ་གཉིས་ངོ་བོ་གཅིག་སྟེ་གཞན་ལ་གནོད་པར་འདྲ་བས་སོ། །

བྱང་ཆུབ་སེམས་སྤོང་དང་གྲུབ་པའི་མཐའ་སྨོད་པ་གཉིས་རྒྱུ་དང་ངོ་བོ་གཅིག་སྟེ། རྒྱུ་ནི་བྱམས་པ་དང་སྙིང་རྗེའི་སྟོབས་ཀྱིས་བྱང་ཆུབ་ཀྱི་སེམས་བརྟན་པར་མ་བྱས་པར་བླངས་སུ་ཟིན་ཡང་མི་བརྟན་ཏེ། དེ་ཡང་། ཐམས་ཅད་ལ་ནི་ལྷག་པའི་གནས། །གང་དུ་ཐམས་ཅད་འཇིག་པ་སྟེ། །བསྐལ་པ་བྱེ་བ་སྟོང་དུ་ཡང་། །ཡང་དག་བསྐྱེད་པའི་དགེ་བ་ཆེ། །བྱང་ཆུབ་སེམས་ནི་བསྐྱེད་པ་ཡི། །བསོད་ནམས་ཚོགས་ནི་བསགས་པས་སོ། །བསྐལ་པ་བྱེ་བས་འབྱུང་བ་ནི། །སྐད་ཅིག་ཉིད་ལ་རྣམ་པར་

འཛིག །དེ་བས་དོན་དེ་བསྲུངས་པས་ནི། །དེ་བཞིན་གཤེགས་པས་རབ་ཏུ་གསུངས། །ཞེས་འབྱུང་བས་བྱང་ཆུབ་སེམས་དེ་སྤྱངས་པ་དང་། སྤྱངས་པའི་ཚད་དང་། དེའི་ཉེས་པའོ། །སྤྱངས་པ་ནི་གསུམ་སྟེ། བླ་མ་ལ་བརྟེན་ནས་དང་། སྤུན་ལ་བརྟེན་ནས་དང་། སེམས་ཅན་ལ་བརྟེན་ནས་སྤོང་བའོ། །ཚད་ནི་རྟེན་གསུམ་པོ་དེ་ལ་བརྟེན་ནས་ཉོན་མོངས་པའི་བསམ་པས་གཡོ་སྒྱུ་ལ་སོགས་པས་ཉིན་མཚན་ཆ་ཅི་རིགས་པར་འདས་པའོ། །དགེ་བའི་རྩ་བ་རྩད་ནས་འབྱིན་པ་ནི་ཉེས་པའོ། །གཞན་གྱི་བྱང་ཆུབ་ཀྱི་སེམས་ཀྱི་བར་ཆད་བྱས་ན་ཡང་ཉེས་པ་ཆེ་བར་ཤེས་པར་བྱའོ། །དེ་ལ་རང་གི་ཐེག་པ་ནི་ཐེག་པ་ཆེན་པོ་གཉིས་སོ། །གཞན་ནི་ཉན་ཐོས་ཀྱིའོ། །སྨོད་པ་ནི་གོང་མ་ལྟར་མི་སྤྱོང་ཞིང་སྨོད་པ་སྟེ། རང་མི་གནས་ཤིང་གཞན་མི་འཛུད་པའོ། །གསང་བ་སྒྲོགས་པ་དང་། ཕུང་པོ་སྨོད་པ་གཉིས་རྒྱུ་དང་ངོ་བོ་གཅིག་སྟེ། རིམ་གྱིས་མ་སྦྱངས་པའི་ཕྱིར་སྣོད་དུ་མ་གྱུར་པ་ལ་གསང་བའི་དོན་གྲུབ་པར་གནས་པའི་དོན་ལྟ་བ་རྣམ་པ་གཉིས་ལ་སོགས་པ་བསྟན་པས་ཕུང་པོ་ལྷའི་བདག་ཉིད་ལ་སོགས་པ་བསྐྱེད་པའི་གོ་རིམས་སྤྱོང་བས་རྒྱུ་དང་ངོ་བོ་གཅིག་གོ། །

དེ་ཡང་། ལྷ་ཡི་གཟུགས་ནི་བསྒོམས་པ་ལ། །སེམས་ཀྱི་བརྩོན་པ་དག་ལ་ནི། །གླེགས་བམ་ཙམ་ཡང་བསྟན་པ་ནི། །སྦྱིན་པར་མི་བྱ་ཤེས་བྱ་སྟེ། །རྡོ་རྗེ་ཡེ་ཤེས་རབ་སྤྱོང་བས། །སྨྲོངས་པ་དམྱལ་བར་འགྲོ་བར་འགྱུར། །དེ་ཡི་དམྱལ་བའི་རྒྱུར་གྱུར་པས། །མི་དེའང་དམྱལ་བར་འགྲོ་བར་འགྱུར། །དེ་དང་བདག་གཞན་ཕུང་བ་ནི། །འབྱུང་བས་ངེས་པར་བསྲུང་བར་བྱ། །ཞེས་སོ། །ཆོས་ལ་ཡིད་གཉིས་ཟ་བ་དང་། །སྡུག་ལ་བྱམས་སེམས་གཉིས་རྒྱུ་དང་ངོ་བོ་གཅིག་སྟེ། དེ་ཡང་སེམས་ཅན་ཐམས་ཅད་རང་བཞིན་དག་པ་འོད་གསལ་དང་ཟུང་འཇུག་གི་རང་བཞིན་དུ་གཅིག་པ་ལ་དེ་གཉིས་ལ་ཐེ་ཚོམ་ཟ་སྟེ། འཁོར་བ་དང་ཞི་བའི་ཕྱག་རྒྱ་ཆེན་པོ་ཟུང་དུ་མ་རྟོགས་པའི་དབང་གིས་གདུག་པ་ཅན་དེ་གནོད་ཅིང་དམོད་པ་ལ་སོགས་པ་བྱང་ཆུབ་ཀྱི་རྐྱེན་དུ་བྱུང་བ་ལ་རྡེག་པ་ལ་སོགས་པ་དྲག་ཤུལ་གྱི་སྦྱོར་བས་ཕན་པ་མ་ཡིན་པར་བསྒྲུབས་པས་རྒྱུ་དང་ངོ་བོ་གཅིག་གོ། །མིང་སོགས་བྲལ་བའི་ཆོས་ལ་དེར་རྟོག་པ་དང་། དད་ལྡན་སེམས་སུན་འབྱིན་པ་རྒྱུ་དང་ངོ་བོ་གཅིག་སྟེ། མིང་ལ་སོགས་པ་བྲལ་བ་ནི་གྲུབ་པའི་གནས་པའི་དོན་ནམ་མཁའ་ལྟ་བུའི་རང་བཞིན་འོད་གསལ་བ་ལ་དངོས་པོ་དང་མཚན་

མར་བརྟགས་པའི་རྒྱུས་དེ་ལ་དད་པའི་སེམས་ཅན་དབང་པོ་རབ་དང་ལྡན་པ་རྣམས་སྨུན་འབྱིན་ཏེ། མ་ཞུགས་པ་ལ་མི་འཇུག་ལ། ཞུགས་པ་བཟློག་ཅིང་བརྟན་པར་མི་བྱེད་པས་སོ། །དམ་ཚིག་མི་བསྟེན་པ་དང་ཤེས་རབ་སྨོད་པ་གཉིས་ཀྱང་། བདུད་རྩི་ལྔ་ལ་སོགས་པའི་དམ་ཚིག་མི་བསྟེན་པ་ནི་ཤེས་རབ་སྨོད་པའི་རྒྱུ་ཡིན་ཏེ། དེ་ལ་སྨོད་པ་ཉིད་དེ་སྤོང་བའི་རྒྱུའོ། །དེས་ན་དང་པོར་བླ་མ་གྲུབ་པ་ཐོབ་པའི་ཚིག་གི་ཉམས་དང་ལྡན་པ་བརྟགས་ལ་ལེགས་པར་བླང་གི་གཞན་དུ་ནི་མ་ཡིན་ནོ། །དེས་ན། བླ་མ་དང་ནི་སློབ་མ་དག །མཚུངས་པར་དམ་ཚིག་ཉམས་གྱུར་པས། །དཔའ་བོས་དང་པོར་སློབ་དཔོན་དང་། །སློབ་མའི་འབྲེལ་པ་བརྟག་པར་བྱ། །ཞེས་པས་སོ། །དེ་ལྟར་ལྟུང་བ་དེ་རྣམས་ལས་འདས་པ་ན་ཉེས་པ་བསྟན་པ་ནི་སློབ་དཔོན་ལ་སྨོད་པ་དེ་ཞེས་པ་ནི་མཚོན་པའི་དོན་ཏེ། ལྟུང་བ་གཞན་ལ་ཉེས་པ་འདྲ་བར་ཤེས་པར་བྱ་བའི་ལྡེ་ཡང་ནི་ཡོད་དེ། དེའི་ཉེས་པ་ནི་ཡམས་དང་ཞེས་བྱ་བའི་ཚིགས་སུ་བཅད་པ་གཅིག་གོ། །རྒྱལ་པོ་མེ་དང་ཞེས་པའི་ཚིགས་སུ་བཅད་པ་གཅིག་གོ། །དེ་ཕྱིར་ནམ་ཡང་ཚིགས་སུ་བཅད་པ་གསུམ་མོ། །གལ་ཏེ་བསམ་པའི་སྒོ་ནས་ཉམས་ན་བླ་མའི་སྤྱན་སྔར་མཆོད་ལ་སོགས་པས་མཆོད་ལ་ཉེས་པ་མིང་གིས་བཤགས་ཏེ་ཕྱིས་བསྡམ་ཞིང་བླ་མ་ལ་སངས་རྒྱས་ཀྱི་བློ་ཉིས་འགྱུར་དུ་བསླབ་སྟེ། དེའི་ཕན་ཡོན་བསྟན་པའི་ཕྱིར་བླ་མ་ལ་ནི་ཞེས་པའི་ཚིགས་སུ་བཅད་པ་གཅིག་གོ། །

དེ་བཞིན་དུ་ལྟུང་བ་ལྷག་མ་རྣམས་ཀྱང་བསམ་པའི་བྱེ་བྲག་གིས་བསྐྱང་བར་བྱའོ། །དེས་ན་དང་པོར་བླ་མ་ལེགས་པར་བརྟག་ཅིང་ལེགས་པར་བསྟེན་ལ། དེ་ནས་སྣོད་དུ་བསྒྲུབ་པར་གསོལ་བ་གདབ། དེས་ཀྱང་རྗེས་སུ་བཟུང་བའི་སྒོ་ནས་སྣོད་དུ་བསྒྲུབས་ཏེ། དང་པོ་འཁོར་བའི་ཉེས་དམིགས་དང་། ལྷ་དང་བླ་མ་ལ་བརྟེན་དུ་གཞུག་གོ། །དེ་ནས་ཐུན་མོང་པའི་སྐྱབས་འགྲོ་ལ་བརྟེན་ལ། སོ་སོར་ཐར་པའི་སྡོམ་པ་བརྟེན་དུ་གཞུག །དེ་ནས་ཁྱད་པར་གྱི་སྐྱབས་འགྲོ་ལ་བརྟེན་ནས་བྱང་ཆུབ་ཀྱི་སེམས་བརྟན་དུ་གཞུག །དེ་ནས་འཇུག་པའི་སྡོམ་པ་ལེགས་པར་བྱིན་ལ་དབང་བཞིའི་སྒོ་ནས་ལྷ་སྤྱོད་སྒོམ་གསུམ་གྱི་རྫོགས་པ་བསྒྲུབ་པོ། །དེ་ནས་རྫོགས་པ་དང་མཐུན་པའི་ལམ་ལ་སྦྱར་ཏེ། དེ་ཡང་བསྐྱེད་པའི་རིམ་པའི་དུས་སུ་བླ་མ་དང་ལྷ་ཐ་མི་དད་པ་ལ་ཚོགས་བསགས། ལྟུང་བ་དང་པོའི་རྒྱུ

སྤྱངས། གོ་རིམས་དེ་རྣམས་དབང་པོ་རབ་ཀྱིས་ཆོས་ཐམས་ཅད་ཟུང་འཇུག་ཏུ་རྟོགས་པ་སྒྲུབ་པའི་ཐབས་སུ་ཤེས་པར་བྱའོ། །འབྲིང་དང་ཐ་མས་ཐ་མལ་པའི་རྟོག་པ་ བཟློག་པའི་ཐབས་སུ་ཤེས་པར་བྱ་བའི་ཕྱིར་ཕྱིན་ཅི་མ་ལོག་པས་ལྷུང་བ་གཉིས་པ་དང་བདུན་པ་དང་བརྒྱད་པ་དང་དྲུག་པ་དང་བཅུ་གཉིས་པའི་རྒྱུ་སྤྱངས། ཐུན་མོང་གི་ལམ་བྱམས་པ་དང་སྙིང་རྗེ་བྱང་ཆུབ་ཀྱི་སེམས་དང་ལྡན་པ་དང་། ཐུན་མོང་མ་ཡིན་པའི་ལམ་རྣལ་འབྱོར་དང་བདག་དང་གནས་བསྲུང་བས་ལྷུང་བ་གསུམ་པ་དང་བཞི་པ་དང་ལྔ་པ་དང་དགུ་པ་དང་བཅུ་པའི་རྒྱུ་སྤྱངས། དེ་ནས་རྫོགས་པའི་རིམ་པ་ལ་བརྟེན་ནས་ཆོས་ཐམས་ཅད་འོད་གསལ་དུ་རྟོགས་པ་བསྒྲུབས་ནས། བདུད་རྩི་ལྔ་ལ་སོགས་པའི་དམ་ཚིག་བརྟེན་པས་བཅུ་གསུམ་པ་དང་བཅུ་བཞི་པ་དང་བཅུ་གཅིག་པའི་རྒྱུ་སྤྱངས། ཡང་ན་ལྔ་ལ་གསང་བ་དང་ཤེས་རབ་དང་བཞི་པ་བླངས་པས་བཅུ་བཞི་པ་དང་བཅུ་གསུམ་པའི་རྒྱུ་སྤྱངས། དེ་ལྟར་ན་བཅུ་བཞི་པོ་རྣམས་མཉམ་གཞག་གི་ལས་ཀྱི་རིམ་པ་ལས་འདུས་པས་རྗེས་ཀྱིས་ཀྱང་དེའི་བདག་ཉིད་དུ་བྱ་དགོས་པའི་ངེས་པ་བསྐྱེད་ཅིང་བརྟན་པར་བྱའོ། །དངོས་གཞིའི་དབང་དུ་བྱས་ནས་ལྟུང་བ་རེ་རེ་ལ་ལྟུང་བའི་ངོས་འཛིན་དང་རྐྱེན་གང་གིས་བྱུང་བ་དང་། ཉེས་པ་དང་། ཚུལ་ཇི་ལྟར་མི་འབྱིན་པའི་ཐབས་སོ། །བདེ་གཤེགས་བཀའ་ནི་འགོར་བའི་ཉེས་པ་ནས་བྱས་ཞེས་དང་། བྱས་གཟོ་དང་། བྱམས་སྙིང་རྗེ་དང་འཇུག་པའི་སྡོམ་པའི་བར་དུ་བརྟན་པར་བྱ་བ་དང་། ཁྱད་པར་ཅན་དབང་རྣམ་པ་བཞིས་སྨོད་དུ་བསྒྲུབས་ནས་ལྟ་བ་ལ་སོགས་པའི་མན་ངག་ནི་བདེ་གཤེགས་ཀྱི་བཀའོ། །འདས་པ་ནི་མ་གུས་པ་དང་། བག་མེད་པ་དང་། མི་ཤེས་པ་དང་། ཉོན་མོངས་པ་མང་བའི་དབང་གིས་སོ། །དེས་ན་བླ་མའི་སྤྱན་སྔར་དམ་བཅས་པ་བརྟན་པར་མི་བྱེད་པར་ཉིན་མཚན་གྱི་ཆ་འདས་པ་ནི་ལྟུང་བའོ། །རྐྱེན་ནི་མ་དད་པ་ལ་སོགས་པ་བཞིའོ། །ཉེས་པ་ནི་སྔར་ཡམས་དང་ཞེས་པའི་ཚིགས་སུ་བཅད་པ་བཞི་སྟེ། བླ་མའི་སྐབས་སུ་བཀའ་ལས་འདས་པ་དང་ཤེས་རབ་སྨོད་པ་ཞེས་རེ་རེ་ལ་སྦྱོར་རོ། །མི་འབྱུང་བའི་ཐབས་ནི་བླ་མས་བསྟན་པའི་ལམ་དྲན་པ་དང་ཤེས་བཞིན་གྱིས་མར་མེ་དང་ཆུའི་རྒྱུན་ལྟར་ཡིད་ལ་བྱའོ། །སྤྱིན་ནི་སྦྱོར་བ་གཅིག་པ་དང་། དེ་ལས་གཞན་པ་དང་སེམས་ཅན་མཐའ་དག་གོ། །ཉེས་པ་བརྗོད་པའི་ཡུལ་ལ་བརྡ་ཕྲད་ཅིང་ཉིན་མཚན་གྱི་སུམ་ཆ་འདས་ན་ལྟུང་བའོ། །རྐྱེན་

ནི་ཡུལ་གསུམ་པོ་གང་ཡང་རུང་བས་སེམས་དང་མཐུན་པར་མ་བྱས་པ་དང་། མི་བྱེད་པའི་དབང་གིས་ཞེ་སྡང་དང་ཕྲག་དོག་གམ་ཉོན་མོངས་པ་གང་ཡང་རུང་བ་དང་མཚུངས་པར་ཁྲོ་བའོ། །མི་འབྱིན་པའི་ཐབས་ནི་ཁྲོ་བའི་རྐྱེན་ཉེ་བར་གནས་པའི་ཚེ་བྱས་པ་ཤེས་པ་ལ་སོགས་པ་བྱམས་པ་ཡིད་ལ་བྱ་བ་དང་། ཡང་ན་ཆོས་ཐམས་ཅད་སྐྱེ་མེད་དུ་ཡིད་ལ་བྱ་བའོ། །བྱམས་པ་ནི་བྱས་པ་ཤེས་པའི་སྒོ་ནས་སེམས་ཅན་ཐམས་ཅད་ལ་ཕན་པར་འདོད་པའོ། །སྤོང་བ་ནི་ཕན་པ་མ་ཡིན་པར་བསྒྲུབས་པས་ཉེན་མཚན་གྱི་ཆ་འདས་ན་ལྟུང་བའོ། །རྐྱེན་ནི་གོང་མ་ལྟར་ཡུལ་གསུམ་ལ་བརྟེན་ནས་བདག་གི་བསམ་པ་དང་མཐུན་པར་མི་བྱེད་པ་དང་།མ་བྱས་པའི་དབང་གིས་ཕན་པ་མ་ཡིན་པ་བསྒྲུབ་ཅིང་སྤོང་བའོ། །མི་འབྱུང་བའི་ཐབས་ནི་རྐྱེན་ཉེ་བར་གནས་པའི་དུས་སུ་དེ་ལ་ཆེད་དུ་གཏད་པའི་ཚུལ་གྱིས་བྱམས་པ་ཡིད་ལ་བྱ་བའམ་ཟུང་འཇུག་ཏུ་ཤེས་པར་བྱའོ། །བྱང་ཆུབ་ཀྱི་སེམས་ནི་སེམས་ཅན་གྱི་དོན་དུ་རྡོ་རྗེ་འཆང་འདོད་པའོ། །དེ་སྤོང་བ་ནི་ཡུལ་གྱི་དབང་གིས་གསུམ་སྟེ། བླ་མ་དང་རྡོ་རྗེ་སྤུན་དང་སེམས་ཅན་ལ་གཡོ་སྒྱུ་སྤྱོད་པས་ཡོན་ཏན་ཐོབ་པར་བྱ་སྙམ་པ་དང་། དོན་དོར་བར་ཉེན་མཚན་གྱི་ཆ་འདས་པའོ། །རྐྱེན་ནི་སྔ་མ་ལྟར་རོ། །མི་འབྱིན་པའི་ཐབས་ནི་མི་མཐུན་པའི་རྐྱེན་ཉེ་བར་གནས་པའི་དུས་སུ་ཕན་ཡོན་དང་ཉེས་དམིགས་ཤེས་པས་བྱང་ཆུབ་ཀྱི་སེམས་བསྒོམ་པར་བྱའོ། །ཡང་ན་སྐྱེ་བ་མེད་པ་ཡིད་ལ་བྱའོ། །རང་གི་གྲུབ་པའི་མཐའ་ནི་ཐེག་པ་ཆེན་པོ་རྣམ་པ་གཉིས་སོ། །གཞན་གྱི་ནི་ཉན་ཐོས་དང་བསེ་རུའོ། །ཧེ་བཛྲ་འདུས་པའི་ལེའུ་ལྟར་རིམ་གྱིས་མི་སྤྱོང་བར་སྨོད་པས་ཉེན་མཚན་འདས་པའོ། །རྐྱེན་ནི་བླ་མ་དམ་ཚིག་ཉམས་པ་དང་བྲལ་བ་རྣམས་དང་ཕྲད་པས་ལམ་རིམ་གྱིས་སྦྱང་བ་རྣམས་ལ་སྨོད་ཅིང་ཁྲོ་བའོ། །མི་འབྱིན་པའི་ཐབས་ནི་བློ་རིམ་གྱིས་བསླབས་པས་ཐེག་པ་གཅིག་ཏུ་ཤེས་པར་བྱའོ། །ཡོངས་སུ་མ་སྨིན་པ་ནི་ལམ་རིམ་གྱིས་མ་སྦྱངས་པའོ། །གསང་བ་ནི་གྲུབ་པ་གནས་པའི་དོན་ནམ་མཁའ་དང་འདྲ་བར་ལྟ་བ་གཉིས་སོ། །སྒྲོགས་པ་ནི་ལུས་ངག་གི་སྦྱོར་བས་ཉེན་མཚན་འདས་ནའོ། །རྐྱེན་ནི་མ་སྦྱངས་པ་དང་ཕྲད་པའི་དབང་གིས་སོ། །མི་འབྱིན་པའི་ཐབས་ནི་ཡུལ་དེ་ལྟ་བུ་དང་ཕྲད་པ་ན་བློའི་བྱེ་བྲག་དྲིས་ནས་དེ་དང་མཐུན་པར་བྱའོ། །ཕུང་པོ་སྨོད་པ་ནི་བསྐྱེད་པའི་གོ་རིམས་མཐའ་དག་གཟུང་ངོ་། །སྨོད་པ་ནི་དེ་མ་བསྒོམས་པར་ཉེན་མཚན་འདས་ནའོ། །རྐྱེན་ནི་ཟབ་

མོ་སྟོན་པའི་ལུང་དང་ཡོངས་སུ་འཛིན་པ་ངན་པ་ལགས་སོ། །མི་འབྱིན་པའི་ཐབས་ནི་ལྟ་སྒོམ་པའོ། །རང་བཞིན་དག་པ་ནི་ལྟ་བ་གཉིས་སོ། །སོམ་ཉི་ཟ་བ་ནི་དེ་གཉིས་ཀྱི་རྟོག་པ་མ་སྐྱེས་པའོ། །དེའི་བདག་ཉིད་དུ་རྟོག་པ་མེད་པར་ཉེན་མཚན་འདས་ནའོ། །རྐྱེན་བླ་མ་དམ་པ་དང་བྲལ་བས་དངོས་པོར་ལྟ་བའི་དབང་གིས་སོ། །མི་འབྱིན་པའི་ཐབས་ནི་བླ་མ་དམ་པའི་ངག་ལ་བརྟེན་ནས་ལྟ་བ་གོམས་པར་བྱའོ། །གདུག་པ་ཅན་ནི་མི་དང་མི་མ་ཡིན་པ་རྣམས་སོ། །བདག་ལ་གནོད་པའི་དབང་གིས་ཞེ་སྡང་གིས་བསླང་ནས་ཕན་པ་མ་ཡིན་པ་དྲག་པོ་བྱེད་པ་ཉེན་མཚན་འདས་ནའོ། །རྐྱེན་ནི་ཉེས་པར་བྱས་པའི་དབང་གིས་སོ། །མི་འབྱིན་པའི་ཐབས་ནི་བཟོད་པ་བསྒོམ་པ་སྔེ་བདུད་ཕྱིར་བཟློག་པའི་ལུང་ལས་ཤེས་པར་བྱའོ། །མིང་སོགས་བྲལ་བའི་ཆོས་ནི་འོད་གསལ་བ་དང་ཟུང་དུ་འཇུག་པའོ། །དེ་རྟོགས་པ་ནི་དེ་གཉིས་ཀྱི་རང་བཞིན་དང་མི་མཐུན་པར་གཞན་དུ་རྟོགས་པས་ཉེན་མཚན་འདས་པའོ། །རྐྱེན་ནི་དགེ་བའི་བཤེས་གཉེན་དང་མ་ཕྲད་པའོ། །མི་འབྱིན་པའི་ཐབས་ནི་དེའི་གདམས་པ་ལས་སོ། །དད་ལྡན་ནི་ལམ་རིམ་གྱིས་མ་སྦྱངས་ཀྱང་གྲུབ་པར་གནས་པའི་དོན་ལ་འདོད་པའོ། །སྨིན་འབྱིན་པ་ནི་མ་བསྟན་པ་དང་ལོག་པར་བསྟན་པས་སོ། །རྐྱེན་ནི་མོས་པའི་གང་ཟག་དང་ཕྲད་པས་སོ། །མི་འབྱིན་པའི་ཐབས་ནི་རྟོག་པ་དང་སྦྱར་ཏེ་ཆོས་བསྟན་པའོ། །དམ་ཚིག་ནི་བཟའ་བའི་དམ་ཚིག་བདུད་རྩི་ལྔ་ལ་སོགས་པའོ། །མི་སྟོན་པ་ནི་མི་གཙང་བའི་བློས་དོར་ཏེ་དུས་འདས་པའོ། །རྐྱེན་ནི་རྫས་ཉེ་བར་གནས་པའོ། །མི་འབྱིན་པའི་ཐབས་ནི་མི་རྟོག་པའི་སེམས་ཀྱིས་སོ། །ཉེས་པ་འདི་རྣམས་ལྡོ་ཡང་ཡོད་ཀྱང་གནོད་པ་ནི་འདྲའོ། །ཅིའི་ཕྱིར་ཞེ་ན་ཕྲ་བའི་ལྟུང་བ་ཡིན་པས་སོ། །

སྤྱགས་པས་འདི་དག་སྤྱངས་ནས་ནི། །དངོས་གྲུབ་ངེས་པར་ཐོབ་པར་འགྱུར། །ཞེས་བྱ་བ་ནི་སྤྱང་བྱ་སྤྱངས་པའི་ཡོན་ཏན་ནོ། །གཞན་དུ་དམ་ཚིག་ལས་ཉམས་ན། །ཉམས་པས་བདུད་ཀྱིས་བཟུང་བར་འགྱུར། །དེ་ནས་སྡུག་བསྔལ་མྱོང་འགྱུར་ཞིང་། །ཐུར་དུ་བལྟས་ཏེ་དམྱལ་བར་འགྲོ། །ཞེས་བྱ་བ་ནི་ཉམས་པའི་ཉེས་པ་མདོར་བསྡུས་པའོ། །དེ་བས་ང་རྒྱལ་བཅོམ་ནས་ནི། །བདག་ཉིད་མ་འཁྲུལ་ཤེས་པར་བྱ། །ཞེས་པ་ནི་བག་བྱ་བ་ལ་བསླབ་པའོ། །དབང་བསྐུར་ནས་ལྟུང་བ་བཅུ་བཞི་པ་དང་བླ་མ་ལྔ་བཅུ་གང་འདོད་པའི་སྒྲུབ་ཐབས་དག་ནི་དོན་རྒྱས་པར་སྟོན་པ་ཡིན་པས་ངེས་པར

ནན་ཏན་གྱིས་བསླབས་ཏེ་གཞན་དུ་ན་བླ་མའི་ཉེས་པའོ། །

དེ་ལྟར་བཅུ་བཞི་པོ་བསྡུ་ན་གསུམ་སྟེ། ཐུན་མོང་གི་བྱང་ཆུབ་ཀྱི་སེམས་མི་ཉམས་པར་བྱེད་པ་དང་། ཁྱད་པར་གྱི་བྱང་ཆུབ་ཀྱི་སེམས་མི་ཉམས་པར་བྱེད་པ་དང་། དེ་གཉིས་ཀ་མི་ཉམས་པར་བྱེད་པའོ། །ལྟུང་བ་དང་པོ་དང་གཉིས་པ་ནི་གཉིས་ཀ་མི་ཉམས་པར་བྱེད་པའོ། །སྨིན་ལ་དང་། བྱམས་སྤོང་དང་། བྱང་ཆུབ་སེམས་འདོར་དང་། གྲུབ་པའི་མཐའ་སྨོད་པ་དང་། གདུག་ལ་བྱམས་པ་སྤོང་བ་སྟེ། ལྔ་པོ་དེ་དག་ནི་ཐུན་མོང་གི་སེམས་མི་ཉམས་པར་བྱེད་པ་སྟེ། དེ་བས་ན་འབད་པས་བསྲུང་ངོ་། །གསང་བ་སྒྲོགས་པ་དང་། ཕུང་པོ་སྨོད་པ་དང་། དག་པའི་ཆོས་ལ་ཡིད་གཉིས་དང་། མིང་སོགས་བྲལ་ལ་དེར་རྟོག་དང་། སེམས་སྲུན་འབྱིན་པ་དང་། དམ་ཚིག་མི་བསྟེན་པ་དང་། ཤེས་རབ་སྨོད་པ་དེ་རྣམས་སྤངས་པས་ཁྱད་པར་གྱི་བྱང་ཆུབ་ཀྱི་སེམས་མི་ཉམས་པར་བྱེད་པའོ། །ཡང་དེ་ནི་ལྟ་སྤྱོད་སྒོམ་གསུམ་གྱི་རང་བཞིན་ཡང་ཡིན་ཏེ། ཆོས་ལ་ཡིད་གཉིས་དང་། མིང་སོགས་བྲལ་ལ་དེར་རྟོག་སྤངས་པས་ལྟ་བ་རྣམ་གཉིས་རྟོགས་པའོ། །དང་པོ་དང་གཉིས་པ་དང་གསུམ་པ་དང་བཞི་པ་དང་ལྔ་པ་དང་དྲུག་པ་དང་བདུན་པ་དང་བརྒྱད་པ་དང་བཅུ་པའི་དགུ་སྤངས་པས་སྒོམ་པའི་མན་ངག་དང་། སེམས་སྲུན་འབྱིན་པ་དང་། དམ་ཚིག་མི་བསྟེན་པ་དང་། ཤེས་རབ་སྨོད་པ་གསུམ་གྱིས་དགུ་སྤངས་ཤིང་སྦྲུངས་པས་སྤྱོད་པའོ། །དེ་གསུམ་མ་སྤངས་པར་བསྒོམས་པས་བཀའ་འདའ་དང་། བླ་མ་བརྙས་པ་མ་སྤངས་པ་ཡིན་ནོ། །དེ་བས་ན་བཅུ་དང་ལྔ་བཅུ་ལ་ནན་ཏན་ཡང་དང་ཡང་དུ་བྱ་སྟེ་དངོས་གྲུབ་ཐམས་ཅད་ཀྱི་རྩ་བ་ཡིན་པའི་ཕྱིར་རོ། །ཉམས་ན་ཉེས་པ་ཐམས་ཅད་ཀྱང་འབྱུང་ངོ་། །དེ་ལྟར་མ་ཡིན་པར་སྔགས་ཚིག་ཙམ་གྱིས་མན་ངག་བསྟན་ནས། བླ་མར་ཁས་འཆེ་བ་ལྟུང་བའི་སྣོད་དུ་བསྒྲུབས་ན་མི་དགེ་བའི་རྒྱུ་བྱས་པས། མི་དགེ་བའི་བདག་པོའི་རྐྱེན་ཞེས་བྱ། སྡིག་པའི་གྲོགས་པོ་དང་། བདུད་སྡིག་ཅན་དང་། སླུ་བར་བྱེད་པ་ཞེས་བྱ་སྟེ་སྐྱོན་མང་དུ་མི་བཟོད་དོ། །དེ་ལྟ་བུའི་བླ་མ་དང་སློབ་མ་དེ་ཡང་དག་པར་རྫོགས་པའི་སངས་རྒྱས་ཀྱི་ཆོས་ཀྱི་ཕུང་པོ་རྣམས་རྙེད་པ་དང་བཀུར་སྟིའི་རྒྱུར་བསྒྲུབས་པས་ངན་སོང་སྒྲུབ་པའི་ཐབས་དང་རྐྱེན་དེས་དུག་དང་བདུད་རྩི་འདྲེས་པ་དང་འདྲའོ། །དེ་བས་ན་བླ་མ་དམ་པ་བསྟེན་པ་གཅེས་པར་རྡོ་རྗེ་འཆང་ཆེན་པོས་གསུངས་སོ། །

དམ་པའི་གྲོགས་དང་བླ་མ་དང་། །མ་ཕྲད་སྲིད་པར་འབྲུམས་པ་ལས། །ཕན་ཕྱིར་བླ་མའི་ལུང་བཞིན་དུ། །བྲིས་པས་དེ་དག་ལ་ཕན་ཤོག འདི་མཐོང་ཙམ་གྱིས་སྐྱེ་བོ་རྣམས། །ཆོས་ལ་ནན་ཏན་བྱ་བའི་རྒྱུར། །གྱུར་ནས་བླ་མ་གཙོར་བྱེད་ཅིང་། །སྒྲུབ་ལ་ནན་ཏན་བྱེད་པའི་རྒྱུར། །སྐལ་ངན་སྐྱེ་བོ་རྣམས་དང་ཕྲད་པ་ན། །རང་སྐྱོན་དབང་གིས་སྐྱོད་པར་བྱེད་མོད་ཀྱི། །དྲང་སྲོང་ཆེན་པོའི་ལུང་ནི་སུ་ཞིག་སྤྱོང་། །དེ་ཕྱིར་དེ་དག་ལ་ཡང་གནོད་མ་གྱུར། །གསང་བ་བླ་ན་མེད་པ་ཡི། །རྡོ་རྗེ་ཐེག་པའི་སྒོར་ཞུགས་པའི། །རྣལ་འབྱོར་པ་རྣམས་བསླབ་པའི་ཕྱིར། །གསལ་བྱེད་མན་ངག་བཀོད་པའོ། ། གསང་སྔགས་རྡོ་རྗེ་ཐེག་པའི་རྣལ་འབྱོར་པ་རྣམས་ཀྱི་བསླབ་པ་གསལ་བར་བྱེད་པའི་མན་ངག་ཅེས་བྱ་བ་སློབ་དཔོན་རྒྱལ་བའི་ལྷས་མཛད་པའི་རྩ་བའི་ལྟུང་བའི་འགྲེལ་པ་མཁས་པ་ཆེན་པོ་དྷི་པཾ་ཀ་ར་ཤྲཱི་ཛྙཱ་ནའི་ཞལ་སྔ་ནས་གསུངས་པ་རྫོགས་སོ།། །།པཎྜི་ཏ་དེ་ཉིད་དང་ལོ་ཙཱ་བ་དགེ་སློང་ཚུལ་ཁྲིམས་རྒྱལ་བས་བསྒྱུར་བའོ།། །།

༄༅། །རྡོ་རྗེ་ཐེག་པའི་རྩ་བའི་ལྟུང་བའི་རྒྱ་ཆེར་བཤད་པ།

སློབ་དཔོན་འཇམ་དཔལ་གྲགས་པ།

རྒྱ་གར་སྐད་དུ། བཛྲ་ཡཱ་ན་མཱུ་ལ་པཏྟི་ཊཱི་ཀཱ། བོད་སྐད་དུ། རྡོ་རྗེ་ཐེག་པའི་རྩ་བའི་ལྟུང་བའི་རྒྱ་ཆེར་བཤད་པ།འཇམ་དཔལ་གཞོན་ནུར་གྱུར་པ་ལ་ཕྱག་འཚལ་ལོ། །རྟག་གནས་དུས་གསུམ་བདེ་གཤེགས་མཉམ་ཉིད་སྐུ། །ཁ་སྦྱར་བདེ་ཆེན་ལོངས་སྤྱོད་ཡོངས་རྫོགས་དཔལ། །བདུད་བཞི་ལས་རྒྱལ་འགྲོ་ཀུན་རེ་འདོད་སྐོང་། །ཐུགས་རྗེ་བདག་ཉིད་འཇམ་མགོན་ཕྱག་འཚལ་ཏེ། །འདིར་ནི་མི་མཁས་གསང་སྔགས་དོན་ལ་མངོན་རློངས་པའི། །དབང་བསྐུར་དམ་ཚིག་མེད་དེ་ཞལ་གྱི་བདུད་རྩི་བྲལ། །བདུད་ཀྱིས་མངོན་བསླུས་རང་ཉིད་ཕུང་བ་ཁོ་ནར་ཟད། །སྙིང་རྗེ་གསོ་ཐབས་བདུད་རྩི་འདི་ནི་བཤད་པར་བྱ། །ལམ་མཆོག་རྣམས་ཀྱི་གཞིར་འགྱུར་དམ་ཚིག་འདི། །ཐེག་མཆོག་རྒྱུད་ཀུན་ལས་ནི་རབ་བསྟན་པ། །སློབ་དཔོན་གཞན་དག་གཞན་དུ་འཆད་དེ་འདི་ཡི་དོན། །བདག་གིས་བླ་མ་ལས་རྙེད་ཐེག་མཆོག་སྤྱོད་པ་ཉོན། །དེ་ལ་གསང་སྔགས་ཀྱི་ཚུལ་སྤྱོད་པ་རྣམས་ཀྱིས་སྐྱེ་བ་མེད་པའི་རྒྱུད་ཁོང་དུ་ཆུད་པར་བྱ་སྟེ། འགྲོ་བ་ཐམས་ཅད་སྙིང་རྗེས་བསྒྲལ་བའི་སེམས་སྔོན་དུ་བཏང་བ་ཐེག་པ་ཆེན་པོ་ཡོངས་སུ་རྫོགས་པར་འདོད་པས་མཚན་ཉིད་དང་ལྡན་པའི་སློབ་དཔོན་ཏིང་ངེ་འཛིན་གྱི་དཀྱིལ་འཁོར་མངོན་སུམ་དུ་སྣང་བའམ། གཞོན་ནུ་མ་ལ་ཕབ་སྟེ་དཀྱིལ་འཁོར་འབྲི་བའམ། ཡང་ན་དེ་ཉིད་བཅུ་དང་ལྡན་པས་མངོན་དུ་བྲིས་པས་བུམ་པའི་དབང་དང་། གསང་བའི་དབང་དང་། ཤེས་རབ་ཡེ་ཤེས་ཀྱི་དབང་དང་། ཡོངས་སུ་རྫོགས་པའི་ཚིག་དང་ལྡན་པའི་སློབ་མ་ལ་སློབ་དཔོན་གྱིས་རྩ་བའི་དམ་ཚིག་ཕམ་པ་དང་། ལྟུང་བ་དང་། ལྕི་བ་དང་། སྦོམ་པོ་དང་། ཡན་ལག་དང་། ཉེས་བྱས་དང་། ཕྲ་མོ་དང་། ཉེས་པ་མེད་པ་དང་། དམ་ཚིག་གི་ཚོགས་རྣམས་དབོག་པར་བྱའོ། །དེ་ནས

བསྐྱེད་པའི་རིམ་པ་དང་རྫོགས་པའི་ཚུལ་གྱིས་བསྒྲུབས་ན་ཆེ་གཅིག་ལ་སོགས་པས་མཆོག་གི་དངོས་གྲུབ་དང་། ཐུན་མོང་གི་དངོས་གྲུབ་རྣམས་ཞར་ལ་རྒྱས་པར་འགྱུར་རོ། །དེ་ནས་ལྷུན་གྱིས་གྲུབ་པའི་དོན་ཐོབ་ནས་དམིགས་པ་མེད་པའི་སྙིང་རྗེ་ཆེན་པོས་རྟོག་པ་མེད་པར་སེམས་ཅན་གྱི་དོན་བྱེད་པ་ནི་གསང་སྔགས་ཀྱི་ཚུལ་ལོ། ། །།

གཞན་དག་རྡོ་རྗེ་རྩེ་མོའི་རྒྱུད་ལ་སོགས་པ་བྱ་བ་སྤྱོད་པ་གཙོ་བོར་གྱུར་པ་ལས་ཀྱང་། གཉིས་སུ་མེད་པའི་དོན་ཁོང་དུ་ཆུད་ཅིང་དམ་ཚིག་ཅན་གྱི་སྐྱེ་བོས་བརྟགས་པའི་ལྷ་དང་ཡེ་ཤེས་ཀྱི་ལྷ་དང་དབང་པོའི་སྒོ་མཉམ་པར་སྦྱར་ནས། དཀའ་ཐུབ་དང་། དཀའ་སྤྱད་དང་ཁྲུས་ལ་སོགས་པའི་ལས་དང་བྱ་བ་གཙོར་མི་འཛིན་པར་འགྲུབ་པར་གསུངས་ཏེ། དེ་སྐད་དུ་ཡང་། ཁྲུས་དང་གཙང་སྦྲ་འདིར་མི་དགོས། །དཀའ་ཐུབ་དཀའ་སྤྱད་འདིར་མི་དགོས། །སངས་རྒྱས་རྣམས་དང་སེམས་དཔའ་ཆེ། །རྟག་ཏུ་སྦྱོར་བས་འགྲུབ་པར་འགྱུར། །ཞེས་འབྱུང་བ་དང་། གཞན་ཡང་ཐིག་ལེ་མཉམ་གནས་ཀྱི་རྒྱུད་ལས། བདེ་བ་ཆེན་པོའི་ངང་གནས་ན། །དམ་ཚིག་མེད་ཅིང་སྡོམ་པའང་མེད། །བྱ་དང་བྱེད་པ་རྩོལ་བ་མེད། །ནམ་མཁའ་ལྷ་བུར་འགྲུབ་པར་འགྱུར། །ཞེས་འབྱུང་བ་དང་།།བྱང་ཆུབ་ཀྱི་སེམས་འབྱུང་བའི་རྒྱུད་ལས། བྱང་ཆུབ་སེམས་ལ་མཉམ་གནས་ན། །དམ་ཚིག་སྡོམ་པ་ཉམས་མ་ཡིན། ། ཞེས་འབྱུང་བ་དང་། ཐུགས་གསང་བའི་རྒྱུད་ལས་ཀྱང་། སྤྲོས་མེད་ཐིག་ལེའི་ངང་གནས་ན། །བྱ་བ་མ་ཡིན་སྤྱད་ཀྱང་འགྲུབ། །ཅེས་འབྱུང་བ་དང་། རྟོག་པ་ཡོངས་སུ་ཟད་པའི་རྒྱུད་ལས་ཀྱང་། དམ་ཚིག་ལ་སོགས་བརྟགས་པས་འཆིང་། །སྒྱུ་མའི་སྦྱོར་ཤེས་སྟོང་པས་འགྲུབ། །ཅེས་འབྱུང་བ་དང་། མཁའ་འགྲོ་མ་གསང་བ་མཛོད་ལས་ཀྱང་།།འདི་ལྟར་སྣང་བའི་དངོས་པོ་རྣམས། །སྒྱུ་མ་ལྷ་དང་ལྷ་མོར་གནས། །བསྒོམ་བྱ་མེད་ཅིང་སྒོམ་བྱེད་མེད། །རྩ་དང་རླུང་དང་ཐིག་ལེ་མེད། །སྟོང་པ་ཉིད་ཀྱིས་འགྲུབ་པར་འགྱུར། །ཞེས་འབྱུང་བ་དང་། གཞན་ཡང་རྣལ་འབྱོར་དང་རྣལ་འབྱོར་མའི་རྒྱུད་ཐམས་ཅད་ལས་ཀྱང་། བདེ་བ་ཆེན་པོའི་དོན་རྟོགས་ན། །རྨུང་བར་གནས་པ་ལ་སོགས་པ། །དམན་པའི་སྤྱོད་པ་བཤད་པས་ན་ཟབ་མོའི་དོན་རྡོ་རྗེ་ཐེག་པ་རྣམས་ཀྱིས་ནི་རང་བཞིན་གྱིས་གནས་པའི་ལྷའི་སྦྱོར་བས་རྟག་པར་ཐིག་ལེ་ཆེན་པོ་མཉམ་པ་ཉིད་ལ་གནས་ན། དངོས་གྲུབ་ཀྱི་མཆོག་སྐུ་གསུམ་ཡེ་

ཤེས་ལྷ་ལ་སོགས་པ་ཐོབ་པར་འགྱུར་རོ། །གཞན་དག་བྱ་བ་དང་སྤྱོད་པའི་རྒྱུད་རྡོ་རྗེ་ཐེག་པ་མ་ཡིན་ནམ། དེ་དག་ལས་ནི་ལས་དང་བྱ་བས་འགྲུབ་པར་བཤད་ན། གཞན་ཡང་ཐེག་པ་ཆེན་པོའི་མདོ་སྡེ་རྣམས་ལས་ཀྱང་སྦྱིན་པ་ལ་སོགས་པ་བསོད་ནམས་ཀྱི་ཚོགས་ཀྱིས་ཐམས་ཅད་མཁྱེན་པ་རྒྱུའི་གཙོ་བོ་ཞེས་གསུངས་པ་དང་འགལ་ལོ་ཞེ་ན། དེ་དག་ནི་བཅོམ་ལྡན་འདས་ཀྱིས་དགོངས་ཏེ་བཤད་པ་ཡིན་ནོ། །

བུས་པ་བློ་དམན་པ་དང་། སྤྲོས་བཅས་ལ་དགའ་བ་དང་། ཤིན་ཏུ་ཟབ་མོའི་དོན་ལ་འཇིགས་པ་རྣམས་ཉེ་བར་གཟུང་བའི་ཕྱིར་གསུངས་པ་ཡིན་ནོ། །དེ་སྐད་དུ་ཡང་། གསང་སྔགས་ཀྱི་དོན་ལ་དེ་ཁོ་ན་ཉིད་ལ་འཇུག་པ་ལས། སྟོང་ཉིད་ལྟ་བས་གྲོལ་འགྱུར་ཏེ། །སྒོམ་པ་ལྷག་མ་དེ་དོན་ཡིན། །ལུས་ངག་ཡིད་ཀྱི་སྤྱོད་པ་ཀུན། །ཐེག་པ་དམན་ལ་བསྟན་པ་ཡིན། །ཞེས་འབྱུང་བ་དང་། སློབ་དཔོན་ཀླུ་སྒྲུབ་ཀྱི་ཞལ་སྔ་ནས་ཀྱང་། དེ་ཉིད་ཚོལ་ལ་ཐོག་མར་ནི། །ཐམས་ཅད་ཡོད་ཅེས་སྨྲ་བར་བྱ། །དོན་རྣམས་རྟོགས་ཤིང་ཆགས་མེད་ལ། །ཕྱིས་ནི་རྣམ་པར་དབེན་དོན་ཉིད། །ཅེས་བཤད་པས་སོ། །གཞན་དུ་འཇམ་དཔལ་སྒྲུ་འཕྲུལ་དྲ་བ་ལས་ཀྱང་། ལག་ན་རྡོ་རྗེ་ངས་སེམས་ཅན་རྣམས་ཀྱི་བློའི་ཁྱད་པར་དང་། རིགས་ཀྱི་བྱེ་བྲག་གིས་ཐེག་པའི་ཁྱད་པར་རྣམས་བསྟན་ཏེ། ལ་ལ་ལ་ཕྱི་རོལ་པའི་ཚུལ་ལོ༑ ༑ལ་ལ་ལ་ཉན་ཐོས་ཀྱི་ཐེག་པའོ། །ལ་ལ་ལ་རང་སངས་རྒྱས་ཀྱི་ཐེག་པ་དང་། གཞན་ཡང་ཕ་རོལ་ཏུ་ཕྱིན་པའི་ཐེག་པ་དང་། རིག་པ་འཛིན་པའི་རྒྱུད་དཔག་ཏུ་མེད་པ་བསྟན་ཀྱང་། ཐེག་ལེ་ཆེན་པོ་ཡི་གེ་མེད་པ་བརྗོད་དང་བྲལ་བས་གཉིས་སུ་མེད་པས་སངས་རྒྱས་པར་རིག་པར་བྱའོ་ཞེས་གསུངས་པས་གསལ་བར་བྱས་པས་རིག་པར་བྱའོ། །གཞན་ཡང་རྡོ་རྗེ་རྩེ་མོ་ལ་སོགས་པའི་ལུངས་དང་། རྡོ་རྗེ་གཙུག་ཏོར་ལས་ཀྱང་། དེ་ཁོ་ན་ལ་མཉམ་གནས་ན། །དམ་ཚིག་མེད་ཅིང་སྡོམ་སྲུང་མེད། །རྡོ་རྗེ་དྲིལ་བུ་གཟུང་མི་དགོས། །དེ་ཉིད་བཙུ་བྲལ་འགྲུབ་པར་འགྱུར། །ཞེས་འབྱུང་བ་དང་།ཤེས་རབ་ཀྱི་ཕ་རོལ་ཏུ་ཕྱིན་པ་ལས་ཀྱང་། རབ་འབྱོར་བྱང་ཆུབ་སེམས་དཔའ་རྣམས་ཀྱི་སྦྱིན་པ་ལ་སོགས་པ་རྣམས་ནི་སྤྲོས་པ་དང་བཅས་པ་སྐྱེ་མཚན་མར་རིག་པར་བྱའོ། །དོན་དམ་པ་ནི་ཆོས་ཀྱི་དབྱིངས་རྒྱལ་བ་རྣམས་ཀྱི་ཡུམ་མོ་ཞེས་བྱ་བ་ལ་སོགས་པས་བསྟན་ཏོ། །གཞན་ཡང་རྡོ་རྗེ་འཛིན་པ་ནི་དམ་ཚིག

དང་སྦྱོད་པས་ཐོབ་པ་མ་ཡིན་ཏེ། ཡང་དག་པའི་ལྟ་བ་དང་བྲལ་བས་རིག་བྱེད་གསང་ཚིག་གི་ཚོ་ག་བཞིན་ནོ། །དེའི་ཕྱིར་ན་སྟོང་པ་ཉིད་ཀྱི་དོན་རྟོགས་ན་ལུས་ངག་གི་སྤྱོད་པ་དང་དམ་ཚིག་ལ་སོགས་པ་ཐེག་པ་འོག་མའི་ཚུལ་ཡིན་ཏེ། རྣལ་འབྱོར་ཆེན་པོའི་རྒྱུད་ལས་ནི་དམ་ཚིག་དང་བྱ་སྤྱོད་ལ་སོགས་པ་མི་དགོས་ཏེ། དེ་ལྟར་རྟོགས་པ་ནི་ཟབ་མོའི་དོན་ཁོང་དུ་ཆུད་པ་ཡིན་ནོ་ཞེས་སློབ་དཔོན་གཞན་དག་ཟེར་རོ། །དེ་ཡན་ཆོད་རེས་དོན་ནོ།། །།

ཕྱོགས་གཞན་དག་ལ་ཡང་དབང་བསྐུར་བའི་ཚོ་ག་དང་། དཀྱིལ་འཁོར་གྱི་ལས་དང་། དམ་ཚིག་གི་སྲུང་བ་ལ་གནས་ན་ལྟ་བ་གཙོ་བོར་གྱུར་པ་མ་ཡིན་ཏེ། ཐུན་མོང་དང་མཆོག་གི་དངོས་གྲུབ་རྟེན་ཅིང་འབྲེལ་པའི་དངོས་པོས་ཀྱང་འབྱུང་བར་འགྱུར་རོ། །དེ་དག་ཀུང་ཅིའི་ཕྱིར་ཞེ་ན། ལུང་དང་རིག་པ་དག་སྟེ། རྡོ་རྗེ་ས་འོག་གི་རྒྱུད་ལས། དཀྱིལ་འཁོར་རྫས་ཀྱི་སྦྱོར་ལྡན་ཞིང་། །སྦྱིན་སྲེག་ལས་ཀྱི་དེ་ཉིད་ཤེས། །དམ་ཚིག་སྡོམ་པའི་རྒྱུད་ལྡན་ན། །མཚན་མར་བལྟས་ཀྱང་གྲོལ་བར་འགྱུར། །ཞེས་འབྱུང་བའི་ཕྱིར་དང་། གཞན་ཡང་སྐུ་ཁྲོས་པའི་རྒྱུད་ལས། ལས་ཀྱི་སྦྱོར་བ་རབ་ཤེས་ཤིང་། །གསང་སྔགས་སྦྱོར་བའི་ཚུལ་བདུན་ལྡན། །སྦྲོས་བཅས་སྤྱོད་པ་རབ་མཁས་ན། །སྦྲོས་པ་ཉིད་ཀྱིས་གྲོལ་བར་འགྱུར། །ཞེས་འབྱུང་བའི་ཕྱིར་དང་། གཞན་ཡང་གཅིག་ཏུ་སྦྲོས་པའི་རྒྱུད་ལས། མཉམ་ལྡན་དེ་ཉིད་བཅུ་ཤེས་ན། །དངོས་པོར་ཞེན་པས་བགེགས་མི་འགྱུར། །ཞེས་འབྱུང་བ་དང་། གཞན་ཡང་དམ་ཚིག་རྟོགས་པའི་རྒྱལ་པོའི་རྒྱུད་ལས། སྲུང་ལ་གནས་པ་ཚོ་གའི་མཆོག །གསང་སྔགས་ཚོ་ག་སྲུང་བས་འགྲུབ། །ཅེས་འབྱུང་བ་དང་། དེ་ཉིད་བསྡུས་པ་ཆེན་པོའི་རྒྱུད་ལས། གསང་སྔགས་སྤྱོད་པས་གྲོལ་འགྱུར་ཏེ། །རྡོ་རྗེ་འཛིན་པ་གསང་བའི་མཆོག །ཅེས་འབྱུང་བའི་ཕྱིར་དང་། ཐུགས་ཁྲོས་པའི་རྒྱུད་ལས། ཟུང་དུ་འབྲེལ་པ་སྤྱོད་པའི་མཆོག །སྤྱོད་པའི་གཉིས་ནི་རྡོ་རྗེ་འཛིན། །ཞེས་འབྱུང་བ་དང་། ཕྲིན་ལས་རྫོགས་པའི་རྒྱུད་ལས། རྡོ་རྗེ་བདུད་རབ་སྦྱར་ནས། །བདེ་བ་ཆེན་པོ་ཚོས་ཀྱི་སྐུ། །ཞེས་འབྱུང་བའི་ཕྱིར་རོ། །སློབ་དཔོན་ཀླུ་སྒྲུབ་ཀྱི་དོན་དེ་ཡང་དེ་ཉིད་ལས། རྣམ་པར་དབེན་དོན་མི་ཤེས་པར། །ཐོས་པ་ཙམ་ལ་འཇུག་བྱེད་ཅིང་། །གང་དག་བསོད་ནམས་མི་བྱེད་པ། །སྐྱེས་བུ་ཐ་ཤལ་དེ་དག་བརླག །འབྲས་བུར་བཅས་པའི་ལས་རྣམས་དང་། །འགྲོ་བ་དག་ཀུང་ཡང་དག་བརྗོད། །དེ་ཡི་

རང་བཞིན་ཡོངས་ཤེས་ན། །སྐྱེ་བ་མེད་པར་བསྟན་པ་ཡིན། །ཞེས་བཤད་པ་དེ་ཡང་བདག་ཏུ་ལྟ་བ་ལ་སོགས་པ་དགག་པ་ལས་ཀུན་རྫོབ་བསོད་ནམས་ཀྱི་ཚོགས་ཀྱིས་གྲུབ་པར་གསལ་བར་གསུངས་ན། གང་དག་ཁྱེད་ཀྱི་གཞུང་ལ་ནི། །བརྣག་པར་འགྱུར་བར་གསལ་བར་གསུངས་ཏེ། གཞན་ཡང་སངས་རྒྱས་ནི་ཆོས་ཅན་སྒྱུ་མའི་མཚན་ཉིད་འདུས་བྱས་ཡིན་ཏེ། རྟེན་ཅིང་འབྲེལ་པར་འབྱུང་བའི་ཕྱིར་ས་བོན་ལས་མྱུ་གུ་འབྱུང་བ་བཞིན་ནོ་ཞེས་ལྟ་བ་གཙོ་བོར་མི་འཛིན་པར་དམ་ཚིག་ལ་སོགས་པའི་སྤྱོད་པས་འགྲུབ་པོ་ཞེས་སློབ་དཔོན་ཁ་ཅིག་འདོད་དོ། །དེ་དག་གི་གཞུང་ལ་བརྗོད་པར་བྱ་སྟེ། རེ་ཞིག་ཕྱོགས་སྔ་མ་ལྟར་ན་དོན་དམ་པའི་ལྟ་བ་གཙོ་ཆེ་སྟེ། དམ་ཚིག་ལ་སོགས་པའི་སྤྱོད་པ་ཁྱད་དུ་གསོད་པའི་ཚུལ་འདི་རིགས་པ་མ་ཡིན་ཏེ། བཅོམ་ལྡན་འདས་ཀྱིས་སྔགས་ཀྱི་རྒྱུད་སྡེ་མཐའ་དག་དང་ཐེག་པ་ཆེན་པོའི་མདོ་སྡེ་རྣམས་ལས་ལྟ་བ་དང་སྤྱོད་པ་ཆ་མཉམ་པ་ལས་འགྲུབ་པར་གསུངས་ཏེ། གསང་བ་མཆོག་གི་རྒྱུད་ལས། སྤྲོས་པའི་དོན་ནི་རབ་རྫོགས་པ། །ཐེག་པ་མཆོག་ལ་མངོན་དད་ཅིང་། །སྙིང་རྗེས་གཞན་གྱི་དོན་ལ་མོས། །བདུད་རྩི་ལྔ་ནི་རབ་སྤྱོད་ཅིང་། །སྣང་སྲིད་སྒྱུ་མ་སྦྱོར་ཤེས་པས། །ལྷ་ཡི་སྦྱོར་བ་དེ་ཉིད་ཀྱིས། །བསྒྲུབ་པས་དངོས་གྲུབ་མཆོག་ཏུ་འགྱུར། །ལས་ཀྱི་དངོས་གྲུབ་སྦྱོར་ཤེས་པས། །ཞེས་འབྱུང་བའི་ཕྱིར་རོ། །གཞན་ཡང་རྡོ་རྗེ་པདྨ་སྙོམས་པར་འཇུག་པའི་རྒྱུད་ལས། གསང་བའི་བདག་པོ་གསང་སྔགས་ཀྱི་སྦྱོར་བས་གཉིས་སུ་མེད་པར་སྦྱོར་བའི་ཐབས་རྟེན་ཅིང་འབྲེལ་པར་འབྱུང་བའི་ཚོགས་དངོས་གྲུབ་བསྒྲུབས་ན་འགྲུབ་པར་འགྱུར་ཏེ། གསང་བའི་བདག་པོ་དཔེར་ན་སྐྱེས་བུའི་རྩོལ་བ་དང་། གཙུབ་ཤིང་དང་། གཙུབ་སྟན་དང་། ལག་པ་དང་། རྒྱུ་རྣམས་འདུས་པ་ལས་མེ་འབྱུང་བ་བཞིན་དུ་གསང་སྔགས་ཀྱི་སྦྱོར་བ་ཡང་སྟོང་ཉིད་ཀྱི་དོན་དང་། རྟེན་ཅིང་འབྲེལ་པར་འབྱུང་བའི་ཆེ་བ་དང་། དབང་དང་དམ་ཚིག་ཐོབ་པས་འགྲུབ་པར་འགྱུར་གྱི། གཞན་དུ་ན་ལྟུང་བར་འགྱུར་རོ་ཞེས་འབྱུང་བ་དང་། དུར་ཁྲོད་གསང་བའི་རྒྱུད་ལས་འཇམ་དཔལ་གསང་སྔགས་ལ་མངོན་པར་དད་པའི་རྣལ་འབྱོར་པས་དུར་ཁྲོད་དམ་ཆུ་འགྲམ་དུ་དོགས་པ་མེད་པའི་སེམས་ཀྱིས་བསྐྱེད་པའི་རིམ་པ་དང་། རྫོགས་པའི་རིམ་པའི་སྦྱོར་བས་གྲུབ་པ་དང་། སྒྲུབ་པ་ཆེན་པོ་ལ་གནས་ཏེ་ཟླ་བ་དྲུག་ཏུ་རིག་པའི་བརྟུལ་ཞུགས་སྤྱད་ན་རྡོ་རྗེ་འཛིན་པའི་ས་བཅུ་གསུམ་བགྲོད་པར་འགྱུར་རོ་ཞེས

བཤད་པ་དང་། དམ་ཚིག་བཀོད་པའི་རྒྱུད་ལས། རྡོ་རྗེ་འཛིན་པའི་ཚོགས་རབ་ཏུ་ཉོན་ཅིག །ཕྱི་
རབས་ཀྱི་རྣལ་འབྱོར་པས་བྱང་ཆུབ་ཀྱི་སེམས་སྙིང་རྗེ་ཆེན་པོ་དང་། ཕྱིན་ཅི་མ་ལོག་པའི་དམ་ཚིག་
ཡོངས་སུ་འཛིན་པ་དང་། དོགས་པ་མེད་ཅིང་ཐེ་ཚོམ་དང་བྲལ་བ་དང་། རང་གི་ལུས་ལ་ཆགས་པ་
མེད་ཅིང་སེམས་ཅན་གྱི་དོན་ལ་དགའ་བ་དང་། གསང་སྔགས་ཀྱི་ལས་ཀྱི་ཆོ་ག་ཤེས་པ་དང་། དེ་དག་
ཀྱང་ཆོས་དབྱིངས་ལས་མ་གཡོས་ན་སངས་རྒྱས་ཀྱི་ས་ཡོངས་སུ་འཛིན་པར་འགྱུར་རོ་ཞེས་འབྱུང་བ་
དང་། དེའི་ཕྱིར་ན་སྒྱུ་མ་མཁན་གྱིས་ཇི་ལྟར་རྫས་དང་སྔགས་ཀྱི་ཁང་བཟངས་ལ་སོགས་པ་བཞིན་དུ་
འདི་ལྟར་ཡང་ཆོག་འདུས་པས་འགྲུབ་པར་འགྱུར་ཏེ། ཇི་སྐད་དུ། དཔེར་ན་སྒྱུ་མ་མཁན་པོ་འགས། །
སྒྱུ་མ་ཐར་པར་བྱ་ཕྱིར་བརྩོན། །གང་ཕྱིར་དེ་ནི་མངོན་ཤེས་པས། །སྒྱུ་མ་ལ་ནི་དེ་མི་ཆགས། །དེ་
བཞིན་སྲིད་གསུམ་སྒྱུ་མ་ལྟར། །རྫོགས་པའི་བྱང་ཆུབ་མཁས་པས་མཁྱེན། །ཞེས་གསུངས་ཏེ། དེའི་
ཕྱིར་ཀུན་རྫོབ་དང་དོན་དམ་པ་ལ་གནས་ནས་དེ་བཞིན་གཤེགས་པ་རྣམས་ཀྱང་འགྲོ་བའི་དོན་ལ་
འཇུག་སྟེ། རྣལ་འབྱོར་པ་རྣམས་ཀྱང་ཚུལ་དེ་ལས་ཉམས་པས་འགྲུབ་པ་མ་ཡིན་ནོ། །རྡོ་རྗེ་ཐོད་པའི་
རྒྱུད་ལས་ཀྱང་། མཁའ་འགྲོ་མ་རྣམས་རབ་ཏུ་ཉོན་ཅིག །འོད་གསལ་བ་ལ་སྙོམས་པར་ཞུགས་ནས།
སྡོམ་བཅས་ཀྱི་སྤྱོད་པ་ཡོངས་སུ་རྫོགས་ན་ཞིང་ལས་སྐྱེས་པ་དང་། སྔགས་ལས་སྐྱེས་པ་ལ་སོགས་
པས་དངོས་གྲུབ་ཐམས་ཅད་བྱིན་ཅིག་ཅེས་འབྱུང་བ་དང་། རྒྱན་དམ་པའི་རྒྱུད་ལས་ཀྱང་། ཀུན་རྫོབ་
སྡོམ་བཅས་ཡོངས་རྫོགས་ཤིང་། །སྤྲོས་མེད་མཚན་མ་མེད་བལྟས་ན། །ཚེ་གཅིག་དངོས་གྲུབ་མཆོག་
ཏུ་འབྱུང་། །ཞེས་འབྱུང་བ་དང་། གཞན་ཡང་དཔལ་གསང་བ་འདུས་པ་ཆེན་པོ་ལས། སྤྲོས་བཅས་
སྤྱོད་པ་ལ་གནས་ཤིང་། །སྤྲོས་མེད་མཚན་མ་མེད་གནས་ཏེ། །རྡོ་རྗེ་གླུ་ཡིས་ཡོངས་སྐུལ་ནས། །ལྷ་
མོའི་ཚོགས་དང་མཉམ་དུ་རོལ། །ཞེས་འབྱུང་བ་དང་། ཐིག་ལེ་གཅིག་པའི་རྒྱུད་ལས། དཔའ་བོས་
རྣལ་འབྱོར་ཡོངས་བྱས་ཏེ། །བསྒྲུབས་ཀྱང་དངོས་གྲུབ་མ་ཐོབ་སྟེ། །མཚན་མ་མེད་པས་ལྷ་བསད་དེ། །
བདེན་པ་གཉིས་ཀྱིས་འགྲུབ་པར་འགྱུར། །ཞེས་འབྱུང་བ་དང་། ལས་རྒྱ་མཚོའི་རྒྱུད་ལས། སྤྲོས་
བཅས་ལ་ནི་བརྟེན་ནས་ཀྱང་། །སྤྲོས་པ་མེད་པ་རབ་ཏུ་སྐྱེ། །མཚན་མ་གཟུགས་ཀྱི་སྐུ་ཉིད་ཀྱང་། །
འགྲོ་བའི་དོན་ལ་རྟག་ཏུ་འཇུག །ཅེས་འབྱུང་བ་དང་། གཞུང་འབུམ་པ་ལས་ཀྱང་། སྙིང་རྗེས་མ་

ངན་འདས་མི་གནས། །ཤེས་རབ་ཀྱིས་ནི་འཁོར་བ་མིན། །མཐའ་གཉིས་རྣམ་པར་དོར་ནས་ཀྱང་། །
རྟོག་པ་མེད་པས་འགྲོ་དོན་སྤྱོད། །ཅེས་འབྱུང་བ་དང་། གསང་བ་ཤིན་ཏུ་མཐོ་བའི་རྒྱུད་ལས། དངོས་
པོར་ལྟ་བ་རབ་སྤངས་ཏེ། །སྒྲུ་མ་ལྟ་བུར་སྤྱོར་ཤེས་པས། ། སྔགས་པས་ཡིད་བཞིན་ནོར་བུ་ལྟར། །
སེམས་ཅན་དོན་ལ་མཉམ་མེད་བྱོས། །ཞེས་འབྱུང་བ་དང་། བཤད་པའི་རྒྱུད་རྡོ་རྗེ་ཕྲེང་བ་ལས་ཀྱང་།
གསང་སྔགས་ལྟ་ཡི་ཚུལ་གྱིས་ནི། །དངོས་གྲུབ་ཐམས་ཅད་བསྒྲུབས་པས་འགྲུབ། །ཆོས་ཀྱི་སྐུ་ལ་
རབ་གནས་ཏེ། །སྤྲུལ་སྐུ་ཕྱོགས་བཅུའི་འགྲོ་དོན་བྱེད། །དེ་ལྟར་ཕྱི་རབས་རྣལ་འབྱོར་པས། །ཚུལ་དེ་
ཉིད་ཀྱིས་འགྲུབ་པར་འགྱུར། །ཞེས་འབྱུང་བའི་ཕྱིར་རོ། །དེ་ལྟར་ན་ཕྱོགས་གཉིས་ཀ་འགོག་པར་
བྱེད་པའི་ལུང་བཅོམ་ལྡན་འདས་ཉིད་ཀྱིས་རྒྱུད་དེ་དག་དང་། གཞན་ཡང་ཐེག་པ་ཆེན་པོའི་མདོ་སྡེ་
དང་། བྱ་བ་དང་སྤྱོད་པའི་རྒྱུད་མཐའ་དག་དང་། རྣལ་འབྱོར་དང་རྣལ་འབྱོར་མའི་རྒྱུད་རྣམས་ལས
གཞུང་འདི་ཉིད་ཤིན་ཏུ་གསལ་བར་བསྟན་པའི་ཕྱིར། རེ་ཞིག་ཕྱོགས་དང་པོ་ལྟར་ན་དམ་ཚིག་ལ་
སོགས་པའི་སྤྱོད་པ་ཁྱད་དུ་བསད་དེ་ལྟ་བ་གཙོ་བོར་བྱས་ནས་རྡོ་རྗེ་འཛིན་པའི་ས་ཐོབ་པར་འགྱུར་རོ་
ཞེས་བྱ་བའི་གཞུང་འདི་ཕྱོགས་གཉིས་པའི་ལུང་དང་། གཞུང་གཞན་དག་གིས་ཀྱང་བསལ་བ་ཡིན་ཏེ།
འདི་ནི་ཧ་ཅང་ཐལ་བར་འགྱུར་བའི་ཕྱིར་རོ། །རྡོ་རྗེ་རྩེ་མོ་ལ་སོགས་པའི་ཁུངས་མ་བརྗོད་དམ་ཞེ་ན།
རྡོ་རྗེ་རྩེ་མོ་ལ་སོགས་པའི་ཁུངས་དེ་ཉིད་ལས་ཀྱང་། ལྟ་བ་དང་སྤྱོད་པ་ཆ་མཉམ་པར་སྟོན་ཏེ། སངས
རྒྱས་རྣམས་དང་སེམས་དཔའ་ཆེ། །བདག་ཏུ་ལྟ་བས་འགྲུབ་པར་འགྱུར། །ཞེས་འབྱུང་བ་ཉིད་ཀྱི་
ཕྱིར་རོ། །གཞན་ཡང་དེ་ཉིད་ལས། རང་གི་ལྟ་ཡི་སྦྱོར་བ་ཡིས། །བདག་དང་གཞན་ལ་མཆོད་པར་བྱ། །
དམ་ཚིག་སྡོམ་ལ་གནས་པ་ཡིས། །གསང་སྔགས་རྒྱལ་པོ་འགྲུབ་པར་འགྱུར། །ཞེས་འབྱུང་བའི་ཕྱིར
རོ། །ཁྲུས་དང་གཙང་སྦྲ་འདིར་མི་དགོས། །ཞེས་བྱ་བ་ནི་སེམས་བརྟན་པར་གྱུར་ནས། ཉན་ཐོས་ལ་
སོགས་པའི་ལུས་ངག་གཙོ་བོར་གྱུར་པ་དགག་པ་ཡིན་པའི་ཕྱིར་དགོངས་ཏེ་བཤད་པའོ། །གཞན་
ཡང་རྒྱུད་གཞན་དག་གི་ཁུངས་རྣམས་ཀྱང་བདེན་པ་གཉིས་ཀྱི་ཚུལ་གྱིས་ལྟ་བ་དང་སྤྱོད་པ་ཆ་མཉམ
པར་གཞུང་འདི་ཉིད་ལས་གསལ་ལ། འདིར་ནི་གཞུང་མངས་ཀྱིས་དོགས་པས་བདག་གིས་མ་སྤྲོས་སོ། །
བཅོམ་ལྡན་འདས་ཀྱིས་ནི་སེམས་ཅན་གདུལ་བའི་དོན་དུ་ཚུལ་སྣ་ཚོགས་ཀྱིས་བཤད་པས་ཕྱོགས་རེ་

ཙམ་ལ་རྟོག་པ་ནི་རྨོངས་པའོ། །དེའི་ཕྱིར་ན་ལས་དང་པོ་པ་དང་། སྦྱོར་བཅས་ལ་དགའ་བའི་ཕྱིར་སྦྱོར་བ་ཤས་ཆེར་བསྟན་ཏོ། །སེམས་བརྟན་པ་དང་མཚན་མ་མེད་པ་ལ་དགའ་བའི་དབང་དུ་བྱས་ཏེ་སྦྱོར་བ་མེད་པའི་དོན་ཤས་ཆེར་བསྟན་ཏོ། །དེའི་ཕྱིར་དགོངས་པའི་དོན་རིག་པར་བྱའོ། །ལས་དང་པོ་པས་ནི་དམ་ཚིག་ལ་སོགས་པ་གཙོར་གཟུང་ངོ་ཞེས་བྱ་བའི་གཞུང་ངོ་། །ཕྱོགས་གཉིས་པ་ལྟར་ན་ལྟ་བ་ཁྱད་དུ་བསད་ཅིང་སྤྱོད་པ་ལྷུར་ལེན་པ་ཡང་ཕྱོགས་སྔ་མའི་ལུང་དང་གཞུང་གཞན་གྱིས་བཀག་པ་སྟེ། དེ་ཉིད་ཀྱི་དབང་དུ་མཛད་ནས། སྟོང་ཉིད་ལྟ་བས་གྲོལ་འགྱུར་ཏེ། །ཞེས་བྱ་བ་ལ་སོགས་པས་སྔར་བཤད་ཟིན་ཏོ། །དེས་ན་ཕྱོགས་དེ་གཉིས་ཀའི་གཞུང་གིས་ཀྱང་ཕན་ཚུན་དགག་པར་ནུས་པ་མ་ཡིན་ཏེ། དེ་ཉིད་ལ་ལྟ་བ་དང་སྤྱོད་པ་མཉམ་པས་འགྲུབ་པར་གསལ་བར་གསུངས་ཏེ། འོན་ཀྱང་སྐྱེས་བུའི་འདོད་པས་ཞུགས་པའི་ཕྱིར་འདི་ཙམ་གྱིས་ནི་བདེན་པ་གཉིས་ལ་འཇུག་པ་དགག་པར་ག་ལ་འགྱུར་ཏེ། ཐབས་དང་ཤེས་རབ་ཀྱི་རྒྱུད་ལ་མཁས་པའི་རྣལ་འབྱོར་པ་རྣམས་དགའ་བ་བསྐྱེད་པར་ཡང་མི་འགྱུར་ཏེ། ཕྱོགས་དེ་དག་ལ་བདེན་པ་གཉིས་ལ་ཇི་ལྟར་འཇུག་པ་དང་། དེ་དག་ཕན་ཚུན་རིམ་པ་དང་རིམ་པ་མ་ཡིན་པར་སྦྱར་བ་རྒྱས་པར་ནི་བདག་གིས་མ་སྤྲོས་སོ། །དེ་ལྟར་ན་ཕྱོགས་གཉིས་ཀ་བཀག་ནས། གསང་སྔགས་ཀྱི་ཚུལ་གྱི་ནི་ལྟ་བ་དང་སྤྱོད་པ་ཆ་མཉམ་པས་འགྲུབ་བོ་ཞེས་བྱ་བ་ནི་གཞུང་ངོ་།། །།

ད་ནི་གཞུང་དབུ་མ་པ་གསལ་བར་བྱ་བའི་ཕྱིར་གཞུང་གི་དོན་ལ་འཇུག་པར་བྱ་སྟེ། རྡོ་རྗེ་ཐེག་པའི་རྒྱ་བའི་ལྟུང་བ་ཞེས་བྱ་བ་ནི་ཐབས་དང་ཤེས་རབ་ཀྱི་བདག་ཉིད་ཀྱིས་གཟུང་བ་དང་འཛིན་པའི་དངོས་པོ་ཡོངས་སུ་བཅོམ་སྟེ། ཆོས་ཀྱི་སྐྱེ་སྐྱེ་བ་མེད་པའི་ངང་དུ་ལྟ་བ་དང་སྤྱོད་པ་ཕྱིན་ཅི་མ་ལོག་པར་ཞེན་ཏེ་འགྲོ་ཞེས་བྱ་བའི་དོན་ཏོ། །རྩ་བ་ནི་བཅུ་བཞི་པ་སྟེ། དེ་ཆད་ནས་མ་གསོས་ན་རྡོ་རྗེའི་དམྱལ་བར་ལྟུང་ཞེས་བྱ་བའི་དོན་ཏོ། །ཡང་ན་རྡོ་རྗེ་ཐེག་པ་ནི་འབྲས་བུ་ལམ་དུ་ཞུགས་པའི་མཚན་ཉིད་དེ། སོ་སོའི་སྐྱེ་བོ་མཚན་ཉིད་དང་སྐལ་བ་ལྡན་པས་སྐུ་གསུང་ཐུགས་ཀྱི་ང་རྒྱལ་བྱས་ཏེ་སངས་རྒྱས་ཀྱི་མཛད་པ་མཐར་འབྱིན་པའི་ཕྱིར་དེས་འགྲོ་བས་ན་ཐེག་པ་སྟེ། ཐབས་དང་ཤེས་རབ་ཀྱི་རྩ་བ་ཡོངས་སུ་ཉམས་ན་མི་འདོད་པའི་འབྲས་བུ་ཐོབ་པ་ནི་ལྟུང་བ་ཞེས་བྱའོ། །དཔེར་ན་འཇིག་

རྟེན་ན་ཡང་རྩ་བ་ཆད་ན་ཡལ་ག་དང་མེ་ཏོག་དང་འབྲས་བུ་མེད་དོ་ཞེས་བྱ་བ་ལྟ་བུའོ། །འདི་ནི་རེ་ཞིག་བསྡུས་པའི་དོན་ཏོ། །

དེ་ནི་ཡན་ལག་གི་དོན་བརྗོད་པར་བྱ་སྟེ། དེ་ཡང་ཡ་རབས་ཀྱི་ཚུལ་དང་བསྟུན་པར་བྱ་བའི་ཕྱིར། ཀུན་ནས་དང་བས་བླ་མ་ཡི། །ཞབས་ཀྱི་པདྨར་རབ་བཏུད་དེ། །ཞེས་སྨོས་ཏེ། བསྐལ་བཅོས་རྩོམ་པ་པོས་ལུས་ངག་ཡིད་གསུམ་ཤིན་ཏུ་དང་བས་བདག་གི་བླ་མ་གསུམ་དང་རྡོ་རྗེ་འཛིན་པ་ཐ་དད་དུ་མི་རྟོག་སྟེ། གུས་པའི་ཚུལ་གྱིས་ཞབས་དང་གདན་དང་པདྨར་བཅས་པར་བཏུད་དེ་ཕྱག་འཚལ་བའི་དོན་ཏོ། །གཞུང་ཡོངས་སུ་རྫོགས་པར་བྱ་བའི་ཕྱིར། རྩ་བའི་ལྟུང་བ་བཅུ་བཞི་ནི། །རྒྱུད་ལས་འབྱུང་བ་བཤད་པར་བྱ། །ཞེས་སྨོས་ཏེ་རྩ་བ་ནི་རྒྱུའི་དོན་ཏེ། དེ་ཆད་ན་འབྲས་བུ་ལྟུང་བའི་མཚན་ཉིད་དོ། །བཅུ་བཞི་ནི་གསལ་བའི་དབྱེ་བས་ཏེ་གཞུང་གི་ཚིགས་སོ། །ཡང་ན་རྩ་བ་ནི་ཡན་ལག་བརྒྱད་དང་། ཉི་ཤུ་རྩ་བརྒྱད་དང་། གསང་བ་ཆེན་པོའི་རྒྱུད་ལས་འབུམ་སྡེ་བཞུགས་པའི་གཞིར་གྱུར་པས་ན་རྩ་བའོ། །དེ་ལས་ཉམས་ན་ནི་ལྟུང་བའོ། །དེའི་ཕྱིར་ཐབས་ལ་བརྟེན་པ་གོ་ནའོ། །རྒྱུད་ནི་རྒྱུན་ཏེ། རྒྱུའི་རྒྱུད་དང་། འབྲས་བུའི་རྒྱུད་དང་། ཐབས་ཀྱི་རྒྱུད་དོ། །དེ་ལ་རིགས་ཀྱི་དབྱེ་བས་ནི་རྒྱུའི་རྒྱུད་དོ། །དེ་ལ་རིགས་ཀྱི་དབྱེ་བ་ལས་འབྲས་བུར་གྱུར་པ་རྡོ་རྗེ་འཆང་ཆེན་པོའི་དབྱེ་བས་ནི་འབྲས་བུའི་རྒྱུད་དོ། །རྒྱུ་ལས་འབྲས་བུ་གྲུབ་པར་བྱ་བའི་ཕྱིར་སྔགས་དང་ཕྱག་རྒྱ་དང་། དཀྱིལ་འཁོར་ལ་སོགས་པའི་རྐྱེན་གྱིས་ཚོགས་པ་ནི་ཐབས་ཀྱི་རྒྱུད་དོ། །རྣལ་འབྱོར་གཙོ་བོར་གྱུར་པའི་རྒྱུད་ཡིན་པས་ན་རྣལ་འབྱོར་གྱི་རྒྱུད་དེ། དེ་སྟོན་པར་བྱེད་པ་ཡིན་པས་ཚིག་གི་གཞུང་ལ་ཡང་དེ་སྐད་ཅེས་བྱའོ། །དེ་ཡང་། ཤེས་རབ་ཐབས་ཀྱི་སྙོམས་འཇུག་པ། །རྣལ་འབྱོར་ཅེས་ནི་བྱ་བར་བཤད། །གང་ཞིག་དངོས་མེད་ཤེས་རབ་སྟེ། །ཐབས་ནི་དངོས་པོའི་མཚན་ཉིད་དོ། །རྒྱུད་ནི་རྒྱུན་ཞེས་བྱ་བར་གྲགས། །རྒྱུན་དེ་རྣམ་པ་གསུམ་འགྱུར་ཏེ། །གཞི་དང་དེ་བཞིན་རང་བཞིན་དང་། །མི་འཕྲོགས་པ་ཡི་རབ་ཕྱེ་བ། །གཞི་དང་རང་བཞིན་རྒྱུ་ཡིན་ཏེ། །དེ་བཞིན་མི་འཕྲོགས་འབྲས་བུའོ། །གཞི་ནི་ཐབས་ཞེས་བྱ་བ་སྟེ། །རང་བཞིན་རྒྱུ་ཡི་རྒྱུད་དུ་བཤད། །གསུམ་གྱི་རྒྱུད་ཀྱི་དོན་བསྡུས་སོ། །ཞེས་བཤད་པ་ཡིན་ནོ། །ལས་ནི་ཀུན་ལ་ཁྱབ་སྟེ་མང་པོའི་དོན་དུ་སྒྲུར་རོ། །དེ་ཡང་རྩ་བའི་རྒྱུད་གསང་བ་འདུས་པ་

དང་། རྙིང་པོའི་རྒྱུད་འཇམ་དཔལ་གཤིན་རྗེ་ནག་པོ་ལ་སོགས་ཏེ། རྣལ་འབྱོར་དང་རྣལ་འབྱོར་མའི་རྒྱུད་རྣམས་ལས་འབྱུང་བ་བཤད་པར་བྱ་ཞེས་དམ་བཅས་པའི་དོན་ཏོ།། །།

ད་ནི་གཞུང་གི་ཚིགས་བཅུ་བཞི་བཤད་པར་བྱ་སྟེ། དངོས་གྲུབ་ཀྱི་རྩ་བར་གྱུར་པའི་བླ་མ་ལ་སོགས་པ་དངོས་གྲུབ་ཀྱི་གཞིར་གྱུར་པས་ཐོག་མར་བརྗོད་པར་བྱ་སྟེ། དེའི་ཕྱིར། གང་ཕྱིར་རྡོ་རྗེ་འཛིན་པ་ཡིས། །དངོས་གྲུབ་སློབ་དཔོན་རྗེས་འབྲང་གསུམ། །དེ་བས་དེ་ལ་བརྟེན་པ་ནི། །རྩ་བའི་ལྟུང་བ་དང་པོར་བཤད། །ཅེས་སྨོས་ཏེ། ཐུན་མོང་དང་མཆོག་གི་དངོས་གྲུབ་སློབ་དཔོན་ལས་ཐོབ་པར་གསུངས་ཏེ། གལ་ཏེ་དེ་ལས་དམ་ཚིག་ཉམས་ན་རྩ་བའི་ལྟུང་བར་འགྱུར་རོ། །ཐུན་མོང་གི་དངོས་གྲུབ་ནི་མིག་སྨན་དང་རྐང་མགྱོགས་ལ་སོགས་ཏེ་དངོས་གྲུབ་ཆེན་པོ་རྣམས་སོ། །མཆོག་གི་དངོས་གྲུབ་ནི་སངས་རྒྱས་ཀྱི་ས་བཅུ་གསུམ་པ་ལ་སོགས་པའོ། །དེ་ཐོབ་པར་བྱེད་པ་ནི་སློབ་དཔོན་ལ་རག་ལས་ཏེ་གསལ་བའི་དབྱེ་བས་རྣམ་པ་གསུམ་སྟེ། དབང་བསྐུར་བ་དང་། མན་ངག་སྟེར་བ་དང་། རྒྱུད་བཤད་པའོ། །དབང་གི་དབྱེ་བའི་ཚུལ་གྱིས་ནི་བུམ་པ་དང་། གསང་བ་དང་། ཤེས་རབ་ཡེ་ཤེས་དང་བཞི་པའི་འབྲས་བུའི་རྟགས་དང་རྣམ་པ་བཞིའོ། །གང་གི་ཕྱིར་ན་རྡོ་རྗེ་འཛིན་པ་ཡིས། །དམ་ཚིག་བཀོད་པའི་རྒྱལ་པོའི་རྒྱུད་ལས། རྙིང་རྗེ་ལྡན་ཞིང་རབ་ཏུ་དུལ། །དཔའ་བརྟན་བརྟུལ་ཞུགས་རབ་ཏུ་ཆེ། །གཏོང་ཕོད་བླ་མ་ལ་གུས་པ། །མཚན་ཉིད་ལྡན་པའི་སློབ་མ་ལ། །སློབ་དཔོན་དེ་ཉིད་བཅུ་ཤེས་པས། །དབང་ནི་གསུམ་གྱིས་རྫོགས་བྱས་ཏེ། །མན་ངག་དམ་པའི་སྣོད་ཡིན་ནོ། །གསང་སྔགས་རྒྱུད་ཀུན་དེ་ནས་སྦྱིན། །ལས་ཀྱི་སྦྱོར་བ་སྦྱིན་པར་བྱ། །གལ་ཏེ་གཅིག་ལ་གསུམ་རྫོགས་པ། །དེ་ཉིད་ཤིན་ཏུ་ལྷེ་བ་སྟེ། །གཉིས་ལ་སོགས་ཏེ་གཅིག་མཐར་ཐུག །འདི་ནི་དམ་ཚིག་སྦྱོར་བའོ། །ཞེས་འབྱུང་བའི་ཕྱིར་མཚན་ཉིད་དང་ལྡན་པའི་སློབ་མ་ལ་སློབ་དཔོན་གཅིག་གིས་དབང་བསྐུར་བ་དང་། མན་ངག་ཕྱིན་པ་དང་། རྒྱུད་བཤད་པ་དང་། གསུམ་གང་གཅིག་ལ་ལྡན་པ་དང་། གཉིས་གཅིག་ལ་ལྡན་པ་དང་། གསུམ་ཕྱེ་བྲག་ཏུ་གནས་པའོ། །གསུམ་གཅིག་ལ་ལྡན་པ་ལ་བདུན་གྱི་སྦྱོར་བ་དང་ལྡན་པས་ལྟུང་བར་འགྱུར་ཏེ། ཉོན་མོངས་པས་ཀུན་ནས་བསླང་བའི་བསམ་པས་དེ་ལ་དེར་ཤེས་པ་དང་། ལུས་ངག་གི་སྦྱོར་བ་དང་། མཚོན་ཆ་ལ་སོགས་པས་འཚོ་བ་ཕྲོགས་པ་དང་།

ཡོངས་སུ་ཤེས་ཤིང་འགྲོད་པ་མེད་པ་དང་། རྗེས་སུ་ཡི་རང་བ་དང་བདག་ཉིད་མ་འཁྲུལ་པའོ། །ཕྱིས་ཚད་དུ་བཞགས་ན་ལྟུང་བ་འབའ་ཞིག་པར་འགྱུར་རོ། །འཚོ་བ་དང་མ་ཕྲལ་ན་ལྟུང་བར་མི་འགྱུར་ཏེ་སྦོམ་པོའོ། །དེ་ཉིད་དུས་འདས་ན་ལྟི་བའོ། །ཡན་ལག་དང་མི་ལྡན་པས་དངོས་གཞི་རྫོགས་ན་ཉེས་བྱས་སོ། །གལ་ཏེ་སྦྱོར་བ་དེ་དག་ཚང་བས་འཚོ་བ་ཕྲལ་ན་ཚད་ལས་འདས་པ་སྐྱེ་ཞམ་པའོ། །ལྟུང་བ་དང་ཞམ་པ་ལ་ཁྱད་པར་ཅི་ཡོད་ཅེ་ན། ཞམ་པ་ནི་སྦྱོར་བ་རྫོགས་ནས་མ་བཞགས་པའོ། །ལྟུང་བ་ནི་འཚོ་བ་དང་ཕྲལ་ནས་བཞགས་པའི་ཚད་འོག་ནས་འབྱུང་བ་བྱས་པའོ། །འོ་ན་ཅིའི་ཕྱིར་ལྟུང་བ་ཞེས་བྱ་ཞེ་ན། རྡོ་རྗེ་དམྱལ་བ་མ་ཡིན་པ་སྨྱོང་ཞེས་བྱ་བའི་དོན་ཏོ། །གལ་ཏེ་བསྐང་བའི་ཚད་ནི་སྦྱིན་སྲེག་འབུམ་ཕྲག་བདུན་ནོ། །རིག་པ་ནི་བྱེ་བ་ཕྲག་ལྔའོ། །དབང་བསྐུར་བའི་ཆོ་ག་རྫོགས་པས་ཀྱང་ངོ། ། གཏོར་མ་ནི་བྱེ་བ་ཕྲག་གཅིག་གོ། །དཀྱིལ་འཁོར་གྱི་ཆོ་ག་འབུམ་ཕྲག་གཉིས་སོ། །དེ་ལྟ་བུ་ཡོངས་སུ་རྫོགས་པ་ནི་བསྐང་བའི་ཆོ་གའོ། །ཡན་ལག་གི་གཙོ་བོ་བྱུང་བ་མ་བཞགས་ན་དུས་སུམ་ལྡན་དུ་འདས་ན་ལྟི་བ་སྟེ། གཉིས་ལྡན་གྱི་ཆ་བཞི་པས་བཞགས་སོ། །གལ་ཏེ་སྦྱོར་བ་ཡོངས་སུ་མ་རྫོགས་ན་ཆོ་གའི་ཁྱད་པར་ཡང་དེ་བཞིན་ནོ། །གཅིག་ལ་གཉིས་ལྡན་ན་ཆ་གཉིས་པའི་བསྐང་བའི་ཆོ་གའི་རྒྱུའོ། ། བྱེ་བྲག་ཏུ་གནས་པ་ལ་ནི་ཆ་གཅིག་པའི་བསྐང་བའི་ཚད་དོ། །བྱེ་བྲག་ཏུ་གནས་པ་གཅིག་མ་བསྐང་བར་ལོ་གསུམ་དུ་གནས་པ་ན། སུམ་ལྡན་གཅིག་གི་ཚད་ཀྱིས་བཞགས་སོ། །གཅིག་ལ་གཉིས་ལྡན་པ་ལོ་གསུམ་གྱི་བར་དུ་གནས་ན། སུམ་ལྡན་གྱི་བསྐང་ཚད་ཕྱེད་དང་གཉིས་དུས་དེ་ཉིད་དེའི་ཚེ་ན་བསྐང་བའི་ཆོ་ག་དགུ་རྒྱུའོ། །ཡན་ལག་ཕྲ་མོ་གཅིག་བཞགས་ཚད་ནི་ཆ་གཅིག་པའི་མཆོད་པ་དང་། མཎྜལ་སྟོན་དུ་འགྲོ་བའོ། །གཞན་བློས་ཞིབ་ཏུ་དབྱེ་བར་བྱའོ། །ཆོ་ག་ཞིབ་མོའི་ཚུལ་གྱིས་ནི་འགོམ་པར་བྱ་བ་དང་། བཟླ་བར་བྱ་བ་མ་ཡིན་པ་ལ་ནི་སྦྱིན་སྲེག་གཅིག་གིས་སོ། །ངག་གི་ཉེས་པ་རེ་རེ་ལ་ནི་གཏོར་མ་བཅུ་བཅུའོ། །ཡིད་ཀྱི་ཉེས་བྱས་པ་ལ་བསམ་གཏན་གྱི་སྦྱོར་བ་ལྔའོ། །གཞན་དུ་སློབ་དཔོན་ཀླུ་སྒྲུབ་ཀྱི་ཞལ་སྔ་ནས། ལུས་ངག་ཡིད་ཀྱི་ཉེས་བྱས་ལ། །ལུས་ཀྱི་དཀྱིལ་འཁོར་མཆོད་རྟེན་ལ། ། ངག་གི་ཡི་གེ་བརྒྱ་པའོ། །ཡིད་ཀྱི་སྒྱུ་མའི་དོན་ཤེས་ཤིང་། །གཞན་ལ་སྦྱིན་སྲེག་དག་ཏུ་བཤད། །ཀུན་གྱི་ཁ་བསྐང་གཏོར་མ་ཤེས། །ཞེས་བཤད་པ་དང་། གཞན་ཡང་དམ་ཚིག་བཀོད་པའི་རྒྱུད་ལས།

ཕྱག་ན་རྡོ་རྗེ་ལེགས་པར་ཉོན། །དམ་ཚིག་ལས་ཀྱི་ཆོ་ག་བཤད། །གལ་ཏེ་རྩ་བའི་སློབ་དཔོན་ལ། །དམ་ཚིག་རྫོགས་པར་ཉམས་འགྱུར་ན། །དེ་ལ་བསྐང་བའི་ཆོ་ག་བཤད། །ཡོངས་སུ་བསྐང་བའི་ཆོ་ག་བྱ༔ །རྣལ་འབྱོར་བསྐང་བ་མ་བྱས་ན། །རྡོ་རྗེ་དམྱལ་བར་གྲགས་པ་ཡི། །སྡུག་བསྔལ་མི་བཟད་མྱོང་བར་འགྱུར། །ཡན་ལག་ཉེས་པ་ལོ་ལྔའི་བར། །མ་བཤགས་དམྱལ་བ་ཆུང་ངུའི་ཚད། །དེ་ནི་ངེས་པར་འཆད་པར་འགྱུར། །གཞན་ཡང་སྡུག་བསྔལ་འདི་དག་སྟེ། །ཤིན་ཏུ་གྲང་སྒྲིབ་ཡི་དྭགས་དང་། །བྲོལ་སོང་གནས་སུ་སྐྱེ་བར་འགྱུར། །དེ་དག་བཤགས་པའི་ཆོ་ག་ནི། །གཏོར་མ་དཀྱིལ་འཁོར་སྦྱིན་སྲེག་དབང་། །རིག་པ་བསྐང་བའི་ཆོ་ག་བྱ། །ཞེས་འབྱུང་བའི་ཕྱིར་དང་། ལས་ཀྱི་སྦྱོར་བ་རྣམས་ངེས་པ་ཁོ་ནར་བྱ་ཞེས་དགོངས་སོ། །

གཞན་དུ་སྡུག་བསྔལ་ཆེན་པོ་མྱོང་བར་འགྱུར་རོ། །སྐྱེ་བ་མེད་པར་རྟོགས་པ་དང་། གཞན་ཀྱི་དོན་མཐོང་བ་དང་། བར་ཆད་དུ་འགྲོ་བ་དང་། གནང་བ་ཐོབ་པ་དང་། ན་བ་ལ་སོགས་པ་ལ་ཉེས་པ་མེད་དོ། །གཞན་དག་ཅིའི་ཕྱིར་ཉན་ཐོས་བཞིན་དུ་ཕམ་པར་བཞག །གཞན་ཡང་གསང་སྔགས་ཐབས་ཆེ་བས་བསྐང་ཐབས་ལ་མཁས་ན་ཕམ་པར་བཞག་པར་མི་རིགས་སོ་ཞེ་ན། འདིར་ལོག་སྲེད་ཅན་ཚུལ་བཞིན་དུ་ཞུགས་ནས་སྦྱོར་བ་རྫོགས་ཀྱང་བཤགས་པའི་ཚུལ་དུ་མི་བྱེད་པ་དང་། ཕྱི་རོལ་གྱི་ཆོས་ལ་ཞུགས་ནས་ཟབ་མོའི་དོན་ལ་རྒྱབ་ཀྱིས་ཕྱོགས་པའོ་ཞེས་བྱ་བས་ཀྱང་གཞུང་གི་དོན་བཤད་པ་དང་། གཞན་ཡང་སློབ་དཔོན་གཞན་དང་ཚུལ་གཞན་གྱིས་དོན་དེ་ཉིད་རྒྱས་པར་བཤད་དེ། དེ་ཡང་རྡོ་རྗེ་ཐིག་ལེ་འབྱུང་བའི་རྒྱུད་ལས། དངོས་གྲུབ་འདོད་པའི་དོན་དུ་ནི། །རྟག་ཏུ་སློབ་དཔོན་བསྟེན་པར་བྱ། །དེས་ནི་འདོད་པའི་འབྲས་བུ་སྟེར། །དེ་ལས་ཉམས་ན་སྡུག་བསྔལ་འཐོབ། །དེ་ཕྱིར་བསྐང་བའི་ཆོ་ག་ནི། །ཉམས་པའི་ཚད་དང་སྦྱར་བ་སྟེ། །ཟླ་མ་ལས་ནི་རྒྱུར་ཤེས་བྱ། །ལྟུང་བའི་མཚན་ཉིད་ཤེས་པ་སྟེ། །ལུས་ཀྱིས་མ་སྤྱད་ཆུང་བ་སྟེ། །ཟིན་དང་མ་ཟིན་འབྲིང་དུ་བཤད། །ཟིན་ཅིང་མ་བཤགས་ཆེན་པོ་ཡིན། །ངག་གི་སྦྱོར་བའི་རྣམ་པ་ཡང་། །མ་བརྟགས་འཁྲུལ་ན་ཆུང་བ་སྟེ། །བརྟགས་དཔྱད་ཉེས་པས་འབྲིང་དུ་བཤད། །ཚད་འདས་ཆེན་པོའི་སྦྱོར་བའོ། །རྣལ་འབྱོར་སེམས་ཀྱི་མཚན་ཉིད་ནི། །ཤིན་ཏུ་ལྕི་བའི་རིམ་པ་ཡིན། །གནོད་སེམས་གསུམ་གྱིས་བརྟག་པར་བྱ། །དེ་དག

བསྐྱང་བའི་རིམ་པ་འདི་དག་སྟེ། །ལུས་ལས་ཉམས་པ་ཆུང་ངུ་ལས། །ལུས་ཉིད་སྒྱུ་མའི་ཚུལ་གནས་བྱ། །གནང་བ་ཐོབ་པས་ཁྲག་ཕྱུང་ལ། །མཁས་པས་མཚལ་མདུན་བྱས་ཏེ། །བླ་མ་ཉིད་ལ་ཕུལ་ཏེ་བཤགས། །འབྲིང་དང་ཆེན་པོའི་ཚུལ་གྱིས་ནི། །ཡང་ན་སྦྱིན་སྲེག་ལྔ་ལྔས་བསྐྱེད། །གཞན་དུ་འཁོར་ལོ་བཞི་ཡི་ཚུལ། །ཆུ་ཚོད་ནས་བརྩིས་རབ་བསྒོམས་ན། །དེ་ནི་བསྐྱང་བའི་མཆོག་ཡིན་ནོ། །ངག་གི་བརྫུན་པར་ཤེས་པ་ཡིས། །སླེ་བཤགས་བཟླས་པའི་ཕྲེང་བས་ནི། །ཚད་འདས་གསུམ་པོ་མ་ལུས་སྦྱང་། །ཡིད་ཀྱིས་སྒྱུ་མ་ལྟ་བུའི་ཚུལ། །བདུད་རྩི་དབབ་ཅིང་དྲི་མ་བཀྲུ། །འདི་དག་རྡོ་རྗེ་འཛིན་པས་ཉོན། །ཞེས་བྱ་བ་ལ་སོགས་པ་རྒྱ་ཆེར་འབྱུང་བ་འདི་དག་བསྐྱང་བའི་ཚད་ཡིན་ཏེ། དབང་གི་དབྱེ་བས་ནི་བཤད་པའི་རྒྱུད་རྡོ་རྗེ་ཕྲེང་བ་ལས། བུམ་པའི་དབང་ནི་དང་པོ་ལ། །གཉིས་པ་གསང་བའི་དབང་དུ་བརྗོད། །གསུམ་པ་ཤེས་རབ་ཡེ་ཤེས་ཏེ། །བཞི་པ་དེ་བཞིན་འབྲས་བུའོ། །དེ་བསྐུར་བླ་མ་ཉམས་གྱུར་ན། །ཕྱིར་ལ་དབང་བསྐུར་ཚོག་དང་། །གནང་བ་ཐོབ་པས་དྲི་མ་འདག །ཅེས་འབྱུང་བས་བཤད་པའོ། །གཞན་ཡང་འཇམ་དཔལ་སྒྱུ་འཕྲུལ་དྲ་བའི་རྒྱུད་ལས། དབང་བསྐུར་སོགས་ཐོབ་སློབ་དཔོན་ལ། །སྨོངས་པར་གྱུར་པའི་སློབ་མ་ཡིས། །སྦྱོར་བའི་དངོས་གཞི་རབ་རྫོགས་པས། །རྩ་བ་ཡན་ལག་ཉམས་གྱུར་ན། །བློ་ངན་སློབ་མས་བཤགས་པར་བྱ། །གལ་ཏེ་མ་བཤགས་དུས་འདས་ན། །ཕྱི་ཡི་རྒྱ་མཚོ་ཆེན་པོ་ཡི། །ཆུ་དེ་སྐྲ་ཡིས་གཏོར་ནུས་པ། །དེ་ཡི་ཚད་དུ་སྡུག་བསྔལ་མྱོང་། །རྡོ་རྗེ་དམྱལ་བར་གྲགས་པ་ཡིན། །རྡོ་རྗེ་འཛིན་པ་རབ་ཏུ་ཉོན། །བསྐྱང་བའི་ཚོག་བཤད་པར་བྱ། །གཅིག་ལ་སློབ་དཔོན་གསུམ་རྫོགས་ལ། །སྦྱོར་བ་བདུན་དང་ལྡན་པས་ནི། །རྩ་བའི་ལྟུང་བ་བྱུང་གྱུར་ན། །སྡུག་བསྔལ་བསྐྱེད་པའི་རྩ་བ་ཡིན། །རང་གི་བསམ་པ་རྫོགས་བྱས་ཀྱང་། །སློབ་དཔོན་གནང་བར་མ་གྱུར་ན། །དང་པོ་སྡུག་བསྔལ་དཀའ་སྤྱད་དེ། །དེ་ནས་བདོག་པ་ཐམས་ཅད་དབུལ། །རྗེས་སུ་གནང་བ་བསྒྲུབ་པར་བྱ། །དབང་བསྐུར་ཚོག་ལན་བདུན་བྱ། །ཚོགས་ཀྱི་འཁོར་ལོ་ཉི་ཤུ་གཅིག །སྦྱིན་སྲེག་གིས་ནི་འབུམ་ཕྲག་བདུན། །གསང་སྔགས་བྱེ་བ་ལྔ་ཡིས་སོ། །མེ་ཏོག་ཚོམ་བུ་འབུམ་ཕྲག་གཉིས། །སྲོག་ཆགས་བྱེ་བ་ཚེ་བསྐྱབས་ན། །འདི་ནི་བཤགས་པ་དམ་པའོ། །འཇིག་རྟེན་ཆོས་བརྒྱད་མི་ཆགས་ཤིང་། །དྲང་སྲོང་སྤྱོད་པ་ཡང་དག་བྱ། །ཡང་ན་ལུས་ལས་ཁྲག་ཕྱུང་སྟེ། །བརྒྱ

ཙ་བརྒྱད་ཀྱི་དཀྱིལ་འཁོར་ནི། །བྱས་ཏེ་བླ་མར་དབུལ་བར་བྱ། །ཡང་ན་གནང་བ་ཐོབ་པ་ཡིས། །བསམ་གཏན་གྱིས་ནི་ཟླ་བ་བདུན། །རྡོ་རྗེ་འཛིན་པ་རབ་ཏུ་ཉོན། །གཞན་ཡང་ལས་ཀྱི་ཚོགས་ནི། །སློབ་དཔོན་བྱེ་བྲག་གནས་གྱུར་ན། །བློ་ལྡན་མཁས་པས་རབ་དཔྱད་དེ། །ཙ་བ་ཡན་ལག་དམ་ཚིག་ལས། །ཉམས་པར་གྱུར་པའི་བཤགས་ཚད་ཀྱང་། །དེ་བཞིན་གཉིས་ལྡན་སུམ་ལྡན་ཏེ། །མཁས་པས་རབ་ཏུ་བཤགས་པར་བྱ། །ཁ་ན་མ་ཐོ་ཕྲ་མོ་ལ། །ཡང་ན་སྐུ་གཟུགས་མདུན་དུ་སྟེ། །ཡིད་ཀྱི་བཤགས་པ་མཆོག་ཡིན་ནོ། །རྡོ་རྗེ་འཛིན་པ་རབ་ཏུ་ཉོན། །སློབ་དཔོན་ལ་ནི་དུས་གསུམ་དུ། །གསོང་པོས་བྱ་བ་ཐམས་ཅད་དྲི། །ལུས་ངག་སྤྱོད་པ་རབ་བསྡམས་ཏེ། །ཏ་ཙང་ཉེ་མིན་རིང་བའང་མིན། །རྟག་ཏུ་བྲལ་བ་མ་ཡིན་ནོ། །དུས་གསུམ་དུ་ནི་མེ་ཏོག་དབུལ། །བློ་ལྡན་ནང་ནུབ་ཕྱུག་བྱ་སྟེ། །ཟས་ལ་སོགས་པས་དང་པོར་མཆོད། །གལ་ཏེ་དུས་འདས་རིང་གྱུར་ན། །དེ་ལ་རྟག་ཏུ་མངོན་པར་ཕྱོགས། །དེ་སྤྱན་གྲོགས་དང་བླ་མ་ལ། །རྟག་ཏུ་དེ་དང་འདྲ་བར་མཆོད། །འདི་ཡི་རིགས་ནི་རྟག་ཏུ་གཟུང་། །ལྷམ་དང་སྟན་ནི་སྤྱི་བོར་བླང་། །ཐུགས་ཀར་ཕོ་བྲང་བཅའ་བ་སྟེ། །རྟག་ཏུ་དེ་བསམ་གཞན་དུ་མིན། །དེ་ཡི་བཀའ་ལས་འདའ་མི་བྱ། །སེམས་དཔའ་ཆེན་པོ་གཞན་ཡང་ཉོན། །གལ་ཏེ་དྲན་པ་ཉམས་གྱུར་ཅིང་། །ཆང་ལ་སོགས་པས་མྱོས་གྱུར་ཏེ། །སེམས་ནི་གཉིད་ཀྱིས་ནོན་གྱུར་ཏེ། །དེ་དག་བྱུང་ཡང་ཉམས་མི་འགྱུར། །དྲན་པ་ཉིད་དེ་བཤགས་པར་བྱ། །ཞེས་བྱ་བ་ལ་སོགས་པ་སྟེ། རྒྱུད་སྡེ་ཚོགས་ནས་བསྟན་པ་དང་། སྤྱན་རས་གཟིགས་དབང་ཕྱུག་སྙིང་གྲུར་གཅིག་པའི་རྒྱུད་ལས། པདྨའི་ཕྲེང་བས་ལེགས་དག་པའི། །གདམས་ངག་སེམས་ཀྱི་རྒྱུད་དག་པ། །སྟེར་བྱེད་སློབ་མས་མི་སྨད་དོ། །སློབ་དཔོན་ལས་ནི་དངོས་གྲུབ་ཐོབ། །གལ་ཏེ་དེ་ལ་བརྙས་བྱེད་ན། །བསྐལ་པ་བྱེ་བ་བརྒྱ་དག་ཏུ། །དམ་ཚོས་མིང་ཡང་མི་ཐོས་ན། །གསང་སྔགས་བྱང་ཆུབ་སྨོས་ཅི་དགོས། །ཞེས་འབྱུང་བའི་ཕྱིར་དང་། གཞན་ཡང་རྒྱུད་སྡེ་ཚོགས་ལས།སློབ་དཔོན་སྨད་པར་མི་བྱ་སྟེ། །འདི་ནི་སངས་རྒྱས་ཀུན་དང་འདྲ། །སངས་རྒྱས་ཚུལ་མཚུངས་བླ་མ་ཡི། །སློབ་དཔོན་ལ་ནི་གང་སྨོད་པ། །དེས་ནི་སངས་རྒྱས་ཀུན་སྨད་པས། །རྟག་ཏུ་སྡུག་བསྔལ་ཐོབ་པར་འགྱུར། །རིམས་དང་དུག་དང་དབྱིག་དུག་དང་། །མཁའ་འགྲོ་རྣམས་ཀྱིས་གཅེས་པ་དང་། །གདོན་དང་ལོག་འདྲེན་གཏུམ་པོ་ཡིས། །བསད་ནས་སེམས་ཅན་

དམྱལ་བར་ལྟུང་། །དེ་བས་ནན་ཏན་ཐམས་ཅད་ཀྱིས། །རྡོ་རྗེ་སློབ་དཔོན་བློ་གྲོས་ཆེ། །དགེ་བ་རབ་ཏུ་མི་སྨྱོམས་པ། །ནམ་ཡང་སྨད་པར་མི་བྱའོ། །བླ་མ་ལ་ནི་གུས་བཅས་ཡོན། །རྗེས་མཐུན་ཕྱོད་ཀྱིས་སྦྱིན་པར་བྱ། །དེས་ནི་རིམས་སོགས་གནོད་པ་རྣམས། །ཕྱིར་ཞིང་འབྱུང་བར་མི་འགྱུར་རོ། །རྟག་ཏུ་རང་གི་དམ་ཚིག་བསྲུང་། །རྟག་ཏུ་དེ་བཞིན་གཤེགས་པ་མཆོད། །རྟག་ཏུ་བླ་མ་ལ་ཡང་དབུལ། །འདི་ནི་སངས་རྒྱས་ཀུན་དང་འདྲ། །དེ་བྱིན་སངས་རྒྱས་ཐམས་ཅད་ལ། །རྟག་ཏུ་བྱིན་པ་ཉིད་དུ་འགྱུར། །དེ་བྱིན་བསོད་ནམས་ཚོགས་ཡིན་ཏེ། །ཚོགས་ལས་དངོས་གྲུབ་མཆོག་ཏུ་འགྱུར། །ཞེས་འབྱུང་བས་མཁས་པས་བློས་ཕྱེ་སྟེ་དམ་ཚིག་གཟུང་བར་བྱའོ། །གཞན་ཡང་དེའི་ཕྱིར་གསང་སྔགས་ཀྱི་ཆོས་ནི་ཐབས་གཙོ་བོར་གྱུར་པ་ན་ཀུན་རྫོབ་ཀྱི་བདེན་པ་ཤས་ཆེ་སྟེ། རྟེན་ཅིང་འབྲེལ་པར་འབྱུང་བའོ། །འོན་ཀྱང་འདི་ནི་ཟུང་དུ་འཇུག་པས་འགྲུབ་སྟེ།མཐའ་གཉིས་སུ་ལྟ་བ་ནི་སྤང་བར་བྱའོ། །དེ་ལྟར་ཡང་ནོར་བུ་སྙིང་པོ་གསང་བའི་རྒྱུད་ལས། སློབ་དཔོན་ལས་ནི་དངོས་གྲུབ་འཐོབ། །རིག་མ་ལས་ནི་བརྟུལ་ཞུགས་ཏེ། །བུ་མོ་སྟུག་གུ་རྒྱུན་དུ་བསྟན། །དམ་ཚིག་ལ་ནི་ཉམས་མི་བྱ། །གསང་སྔགས་སྒྲུབ་པས་འགྲུབ་པར་འགྱུར། །འོན་ཀྱང་དེ་ལ་ཆགས་མེད་ཏེ། །ཐིག་ལེ་ཆེན་པོ་དེ་ལས་མེད། །རྟག་པ་མ་ཡིན་ཆད་པ་མེད། །ཡོད་མེད་ཅེས་བརྗོད་ཡུལ་ལས་འདས། །སྤྲོས་པའི་མཚན་མ་རྣམ་སྤངས་ཤིང་། །ལུས་མེད་ཁ་དོག་དབྱིབས་མེད་ཅིང་། །བདེ་བ་ཆེན་པོའི་ངང་གནས་ན། །ནམ་མཁའ་བཞིན་དུ་རྟོག་པ་མེད། །རྩ་དང་དབུགས་དང་ཐིག་ལེ་མེད། །སྟུགས་དང་ཕྱག་རྒྱ་བྱ་བརྩལ་མེད། །མཆོག་གི་བདེ་བ་ཆེན་པོ་སྟེར། །འོན་ཀྱང་ཀུན་རྫོབ་ཚུལ་གནས་ཏེ། །བསྐྱེད་རྫོགས་གཉིས་ཀྱི་ཚུལ་གྱིས་འགྲུབ། །མཁས་པས་ཚུལ་གཉིས་སྤང་མི་བྱ། །ཤིང་རྟ་ཡི་ནི་འཁོར་ལོ་བཞིན། །ཞེས་གསུངས་པས་ན་ཚུལ་དེ་ལྟ་བུས་འགྲུབ་ཅིང་མཐའ་གཞན་དུ་ལྟ་བ་བཀག་པ་ཡིན་ནོ། །དེའི་ཕྱིར་འདིའི་དོན་ནི་སློབ་དཔོན་ལས་དབང་ཐོབ་ཅིང་། དམ་ཚིག་ཐོག་ན་གཉིས་རྫོགས་དང་སུམ་རྫོགས་ཀྱི་ཚུལ་གྱིས་མཆོག་དང་ཐུན་མོང་གི་དངོས་གྲུབ་བསྒྲུབ་པར་བྱའོ། །གལ་ཏེ་ཚུལ་དེ་ལྟ་བུ་ལ་རྩ་བ་དང་ཡན་ལག་གི་དམ་ཚིག་དངོས་གཞི་དང་སྦྱོར་བ་རྫོགས་ཏེ། ཉམས་པར་གྱུར་ཀྱང་སློབ་དཔོན་གནང་བར་གྱུར་ན་བསྐང་བའི་ཚད་དོ། །གནང་བར་མ་གྱུར་ཅིང་དུས་ལས་འདས་ན་ཚད་ལས་འདས་པའོ། །བཤགས་ཀྱང་ལྟུང་

བའི་འབྲས་བུ་མྱོང་ལ་ཕམ་པར་གྱུར་པ་ལ་ནི་ལོག་སྲེད་ཅན་མ་བཤགས་པ་སྟེ། དེའི་རྣམ་སྨིན་རྡོ་རྗེའི་དམྱལ་བ་མྱོང་བ་ཡིན་ནོ། །བྱང་ཆུབ་སེམས་དཔའ་བཅུ་དྲུག་གི་རྒྱ་ཆེར་བཤད་པ་ལས་ནི་སྙིང་རྗེ་དང་ལྡན་པའི་རྣལ་འབྱོར་པས་རྫུ་འཕྲུལ་ལ་སོགས་པས་གང་ཟག་དེ་ལྷ་བུ་ཡང་སྦྱོར་བས་བསྐྱང་བའི་ཚད་དང་ལྡན་པ་ནི་ཞེས་གསུངས་སོ། །དེ་ནས་ཡི་གེའི་དོན་བཤད་པར་བྱ་སྟེ། གང་ཞེས་བྱ་བ་ནི་བོད་པའི་ཚིག་སྟེ་དང་པོའོ། །ཕྱིར་ཞེས་བྱ་བ་ནི་ཆེད་ཀྱི་དོན་ཏོ། །རྡོ་རྗེ་ནི་ཐབས་དང་ཤེས་རབ་སྟེ། དེ་འཛིན་པས་ན་རྡོ་རྗེ་འཛིན་པའོ། །དངོས་གྲུབ་ཀྱི་དོན་ནི་བཤད་ཟིན་ཏོ། །གོང་དུ་བསྟན་པའི་དངོས་གྲུབ་དེ་བླ་མ་ལ་རག་ལས་པའི་ཕྱིར་རྗེས་སུ་འབྲང་ཞེས་བཤད་དོ། །དེ་ཡིས་དེ་ལ་བཀྲས་པས་ལྟུང་བར་འགྱུར་རོ། །ལྟུང་བ་དང་པོའི་བཤད་པའོ།། །།

ད་ནི་ལྟུང་བ་གཉིས་པའི་མཚན་ཉིད་བཤད་པར་བྱ་སྟེ། བདེ་གཤེགས་བཀའ་ལས་འདས་པ་ནི། །ལྟུང་བ་གཉིས་པ་ཡིན་པར་བཤད། །ཅེས་བྱ་བ་སློས་པ་ཡིན་ཏེ། བདེ་བར་གཤེགས་པ་ཞེས་བྱ་བ་ནི་རྡོ་རྗེ་འཆང་ཆེན་པོའོ། །དེ་ཡང་གསང་སྔགས་ཀྱི་ཚུལ་གྱིས་ནི་སྤང་སྤྱད་པ་ལ་སོགས་པ་མེད་པས་དགག་པ་མེད་པར་ལམ་དང་འཇུག་པ་བདེ་བས་འབྲས་བུ་སངས་རྒྱས་ཀྱི་སར་གཤེགས་ཞེས་བྱ་བའི་དོན་ཏོ། །དེ་ཡང་གང་ཞེ་ན་རྡོ་རྗེ་འཛིན་པ་དང་། དེའི་ཡེ་ཤེས་ཀྱི་ཚའོ། །དེ་ཡང་གསང་བ་ཡོངས་སུ་རྫོགས་པ་ཞེས་བྱ་བའི་རྒྱུད་ལས། སྡོམ་པའི་ཚུལ་ཁྲིམས་སྤང་བཤད་མེད། །ཐབས་དང་ཤེས་རབ་མཉམ་སྦྱོར་བས། །གསང་སྔགས་ཚུལ་ཉིད་བདེ་བས་འགྲུབ། །འབྲས་བུ་རྡོ་རྗེ་འཛིན་པ་སྟེ། །འདི་ནི་གཞན་དོན་ལྷུན་གྱིས་གྲུབ། །ཅེས་འབྱུང་བའི་ཕྱིར་རོ། །དེ་བས་ན་དེའི་བཀའ་ལས་འདས་པ་ནི་ལྟུང་བ་སྟེ། བདེ་བར་གཤེགས་པའི་བཀའ་ནི་དགོངས་པ་སྣ་ཚོགས་པ་སྟེ། དྲང་བའི་དོན་དང་། ངེས་པའི་དོན་དང་། དགོངས་ཏེ་བཤད་པ་དང་། དགོངས་པ་མ་ཡིན་པར་བཤད་པ་དང་། དོན་དུ་བཤད་པ་དང་། དོན་གཙུས་ཏེ་བཤད་པ་དང་། སྤྱིའི་དོན་དུ་བཤད་པ་དང་། ཡན་ལག་གི་དོན་དུ་བཤད་པ་དང་། སློབ་མ་ལ་བཤད་པ་དང་། ཚོགས་ལ་བཤད་པ་དང་། གསང་སྔགས་ཀྱི་ཚུལ་གྱིས་སྒྲ་ཇི་བཞིན་དུ་བཤད་པ་དང་། སྒྲ་ཇི་བཞིན་མ་ཡིན་པར་བཤད་པ་སྟེ། གདུལ་བྱའི་སྣོད་ཀྱི་རིམ་པས་ཀོ་ཊ་ཁྲ་ལ་སོགས་པ་བརྡའི་དོན་སྣ་ཚོགས་ཀྱིས་བཤད་པ་དང་། དེའི་ཕྱིར་ན་གསང་སྔགས་ཀྱི་ཚུལ་འདི་ཤིན་ཏུ

ཟབ་སྟེ། དེའི་ཕྱིར་སྒྲའི་དོན་ལ་འཇུག་ཅིང་ཡང་དག་པའི་དོན་ལ་རྨོངས་པས་གཞན་དང་གཞན་གྱི་
སྒྲའི་རྗེས་སུ་འབྲངས་ནས་བཀའ་ལོག་པར་སྨྲ་པས་དེའི་ཕྱིར་བཀའ་ལས་འདས་པའོ། །དེ་ལྟར་
ཡང་ཐེག་པ་བླ་ན་མེད་པའི་རྒྱུད་ལས།རྡོ་རྗེ་འཛིན་པ་རབ་ཏུ་ཉོན། །འདི་ལྟར་སངས་རྒྱས་བསྟན་པ་
ལ༑ ༑ཐེག་ཆེན་ཆོས་ལ་རབ་ཞུགས་ཀྱང་། །དེ་དོན་གསལ་བར་མི་ཤེས་པས། །སྔགས་ཀྱི་ཚུལ་ནི་
རྟོགས་དཀའ་སྟེ། །བརྡ་དང་དགོངས་པས་བཤད་པ་དང་། །ཇི་བཞིན་སྒྲ་མིན་དྲང་པོའི་དོན། །དངོས་
པོའི་དོན་ལ་མི་དཔྱོད་པར། །སྒྲ་དང་ཚིག་གི་རྗེས་སུ་འབྲང་། །ཕྱི་རོལ་བསྟན་བཅོས་ལ་དགའ་ཞིང་། །
ཚིག་གི་བདུད་རྩི་རྒྱབ་ཀྱིས་ཕྱོགས། །དེ་ལ་དངོས་གྲུབ་མི་འབྱུང་སྟེ། །རྡོ་རྗེ་འཛིན་པ་སྤྱོང་བར་འགྱུར། །
ཞེས་འབྱུང་བ་དང་། རྡོ་རྗེ་གུར་པ་རབ་ཏུ་གནས་པ་ཞེས་བྱ་བའི་རྒྱུད་ལས། ཡང་དག་དོན་ལ་མི་
ཆགས་པར། །ལོག་པའི་དོན་ལ་མངོན་དགའ་བས། །བདེ་གཤེགས་བཀའ་ལས་འདས་པ་ཡིན། །ས་
གཞི་ལྟུགས་བཞིན་མཐར་མེད་སྐྱེ། །ཞེས་པ་དང་། རྡོ་རྗེ་འཁོར་ལོའི་རྒྱུད་ལས་ཀྱང་། གང་ཞིག་གང་
ལ་མངོན་ཞེན་པ། །དེ་ལ་བདེ་བའི་དོན་མི་གནས། །དེ་ཕྱིར་གཟུགས་ལ་ཞེན་མི་བྱ། །འདོད་ཆགས་
ཞེ་སྡང་ལམ་དག་གིས། །ཚིག་གི་དོན་ལ་ཆགས་མི་བྱ། །ཆགས་ན་བདེ་གཤེགས་བཀའ་ལས་འདས། །
ཞེས་འབྱུང་བ་དང་། རྟོག་པ་ཞི་བའི་རྒྱུད་ལས། སྟོང་པ་ཉིད་དུ་མི་ལྟ་ཞིང་། །མཚན་མ་དག་ཏུ་ལྟ་མི་
བྱ༑ ༑ཟབ་པའི་སྒྲ་ལ་མི་ཞེན་ཅིང་། །རྩ་དང་དབུགས་ཀྱི་སྦྱོར་བཟློག་ཀྱང་། །དངོས་པོ་ཡིན་ཏེ་ཞེན་མི་
བྱ༑ ༑གང་ཞིག་མངོན་པར་ཞེན་པ་དང་། །བདེ་གཤེགས་བཀའ་ལས་འདས་པའོ། །ཞེས་འབྱུང་བ་
དང་། གཞན་ཡང་རིན་པོ་ཆེ་ཕུང་པོའི་མདོ་ལས། ཤཱ་རིའི་བུ་དོན་ལ་རྟོན་ལ་ཚིག་ལ་མ་རྟོན་ཅིག །ཡེ་
ཤེས་ལ་རྟོན་ལ་རྣམ་པར་ཤེས་པ་ལ་མ་རྟོན་ཅིག །ངེས་པའི་དོན་ལ་རྟོན་ལ་དྲང་བའི་དོན་ལ་མ་རྟོན་
ཅིག །ཆོས་ལ་རྟོན་ལ་གང་ཟག་ལ་མ་རྟོན་ཅིག་ཅེས་འབྱུང་བ་དང་། གཞན་ཡང་། དགེ་སློང་དག་
གམ་མཁས་རྣམས་ཀྱིས། །བསྲེགས་བཅད་བདར་བའི་གསེར་བཞིན་དུ། །ཡོངས་སུ་བརྟགས་ནས་ང
ཡི་བཀའ། །བླང་བར་བྱ་ཡིས་གུས་ཕྱིར་མིན། །ཞེས་འབྱུང་བ་དང་། གཞན་ཡང་བྱམས་མའི་བུ་གང
པོ་འཇིག་རྟེན་པ་དག་གི་སྒྲའི་དོན་ལ་མངོན་པར་ཞེན་པས་ཕལ་ཆེར་ངན་སོང་གསུམ་དུ་སྐྱེ་སྟེ་དེ་དག་
ཐམས་ཅད་ཀྱང་ཕལ་ཆེར་བདེ་བར་གཤེགས་པའི་བཀའ་ལས་བྱུང་བའི་དོན་བྱང་ཆུབ་ཏུ་སེམས

བསྐྱེད་པ་དང་། སེམས་ཅན་གྱི་དོན་བྱ་བ་དང་། བསྔོ་བའི་དངོས་པོ་བཞིས་བསྔོ་བར་བྱ་བ་དང་། སྦྱིན་
པ་ལ་སོགས་པའི་ཕ་རོལ་ཏུ་ཕྱིན་པ་རྣམ་པར་སྤྱང་བ་དང་། ས་དང་ལམ་རྣམ་པར་སྦྱོང་ཞིང་བྱང་ཆུབ་
ཀྱི་སྤྱོད་པ་བོར་ནས། ལོག་པའི་དོན་ལ་མངོན་པར་ཞེན་པ་ཡོད་དེ་དེའི་རྒྱུས་ངན་སོང་དུ་སྐྱེ་སྟེ། དེ་
བཀའ་ལས་མི་འབྱུང་བའི་ཆོས་རྣམས་སྤྱད་པའི་ཉེས་པའོ་ཞེས་འབྱུང་བའི་ཕྱིར་རོ། །བདག་ཅག་ལ་
སོགས་པ་རྣལ་འབྱོར་གྱི་ལམ་ལ་དད་པ་རྣམས་ཀྱང་ཐེག་པ་ཆེན་པོའི་དོན་ལ་རྣམ་པར་ཕྱེ་སྟེ་ཡང་དག་
པའི་དོན་ལ་འཇུག་པར་བྱའོ། །དེ་གང་ཞིག་བཀའི་དོན་ལ་རྨོངས་པས་དགོངས་ཏེ་བསྟན་པ་ལ་
མངོན་པར་འཆེལ་ནས་སྤྱད་པར་བྱ་བ་མ་ཡིན་པའི་སྤྱོད་པ་ལ་མངོན་པར་ཞེན་ན་དེ་ཉིད་ཀྱི་བཀའ་
ལས་འདས་པས་དེའི་ཕྱིར་བླ་མ་དམ་པ་ཉེ་བར་བསྟེན་ལ་རྒྱུད་ཀྱི་དོན་ཤེས་པར་བྱ་སྟེ། སྤྱད་པར་བྱ་
བ་དང་སྤྱད་པར་བྱ་བ་མ་ཡིན་པར་ཤེས་པར་བྱའོ། །འདོད་ཆགས་ཞེ་སྡང་ལམ་དུ་ཁྱེར་བ་ནི་གདུལ་བྱ་
དྲང་བའི་དོན་ཏོ། །གཞན་དུ་སྟོང་པ་ཉིད་ལ་གོམས་པས་ཉོན་མོངས་པའི་མཐའ་ཤེས་པས་དུག་
སྔགས་ཀྱིས་བཏུལ་བ་བཞིན་ནོ། །འདི་ནི་བརྟན་པ་ཐོབ་པ་རྣམས་ཀྱིའོ། །དེ་སྐད་དུ། ཐབས་ཆེན་
རྣམས་དང་ལྡན་པ་ལ། །ཉོན་མོངས་བྱང་ཆུབ་ཡན་ལག་འགྱུར། །འཁོར་བ་ཞི་བའི་བདག་ཉིད་ལ། །
སྔགས་ཀྱིས་བསད་པའི་དུག་བཞིན་ནོ། །ཞེས་བཤད་པས་སོ། །གཞན་ཡང་དོན་དེ་ཉིད་ལ་དགོངས
ནས། བདུད་རྩི་འབྱུང་བའི་རྒྱུད་ལས།ཇི་ལྟར་མར་དང་ག་ར་དང་། །སྦྲང་རྩི་འོ་མ་ལ་སོགས་པ། །
འཕྲུངས་ཏེ་ཞུན་སྨན་དུ་འགྱུར། །མ་ཞུ་དུག་ཏུ་འགྲོ་ཞེས་བྱ། །དེ་བཞིན་གསང་སྔགས་ཐེག་ཆེན་འདི། །
མཁས་པ་རྣམས་ཀྱི་སྨན་ཡིན་ཏེ། །བརྡ་དང་དོན་ལ་རབ་རྨོངས་པའི། །བྱིས་པས་འདོད་པས་སྒྲ་དོན་
འཁྲུངས། །ཚུལ་བཞིན་མ་ཡིན་ལོག་སྤྱད་པས། །དུག་གིས་འཆི་དང་ལྟུང་བར་འགྱུར། །ཁ་ཅིག་དུག་
གི་དབང་གིས་འཚོ། །ཁ་ཅིག་དུག་གི་རྐྱེན་གྱིས་འཆི། །ང་ཡི་བསྟན་པའི་སྙིགས་མ་ལ། །ཚོང་དུས་ཀྱི་
ནི་འོ་མ་བཞིན། །བསླད་ནས་ཐུར་དུ་ལྟུང་བར་བྱེད། །ཅེས་བྱ་བ་རྒྱས་པར་བཤད་དེ།དེ་བས་ན་དོན་
དེ་ལས་དགོངས་ནས། ཀུན་དུ་ཁ་སྦྱོར་གྱི་རྒྱུད་ལས་ཀྱང་བཤད་དེ། དེ་བས་ན་གང་གི་ཕྱིར་དེ་སྒྲ་ཙམ་
ལ་མངོན་པར་ཞུགས་པ་ནི་ཕལ་ཆེར་ཉོན་མོངས་པས་ཟིལ་གྱིས་ནོན་པས་ལམ་དུ་གྱུར་པ་ལྟ་ག་ལ་
ཡོད། དུས་ཤེས་པ་མེད་པར་སྟོན་པ་དེ་དག་ཕལ་ཆེར་ལྟུང་བར་འགྱུར་ཏེ། ཇི་སྐད་ལམ་དུ་འགྱུར་བ

ཡང་འོག་ནས་བསྟན་པར་བྱའོ། །སྐབས་ཁ་ཅིག་ཏུ་ནི་འདོད་ཆགས་ཅན་གཟུང་བའི་སྐབས་སུ་ཐབས་དེས་བཤད་དེ་གཞན་གྱིས་མི་འདུལ་བའི་ཕྱིར་རོ། །གཞན་ཡང་ཪོ་རྗེ་གཙོད་པ་ལས། གང་ཞིག་ང་ལ་གཟུགས་སུ་མཐོང་། །ཞེས་བྱ་བ་ལ་སོགས་པ་དང་། གཞན་དུ་རྒྱུད་ལ་སོགས་པའི་དགོངས་པ་སྣ་ཚོགས་ཀྱིས་བཤད་པ་དང་། བདེ་བར་གཤེགས་པའི་བཀའ་མཐའ་དག་གི་དོན་དགོངས་པ་རྟོགས་པར་བྱས་ལ་བྱ་བ་དང་བྱ་བ་མ་ཡིན་པ་ལ་འཇུག་པར་བྱའོ། །གཞན་དུ་སྨྲ་ཙམ་ལ་གཞོལ་བར་བྱ་བ་དང་། འདོད་པས་ཞུགས་པ་དང་། གང་ཟག་ཙམ་གྱི་རྗེས་སུ་འབྲང་བས་འཁྲུལ་པར་སྐྱུད་པས་བཀའ་ལས་འདས་པས་ལྟུང་བར་འགྱུར་ཏེ། ཕྱི་རོལ་མུ་སྟེགས་པ་བཞིན་དུ་སངས་རྒྱས་ཀྱི་བཀའ་ཡང་དག་པར་སྤངས་ཤིང་འདས་པའོ། །དེའི་ཕྱིར། བདེ་གཤེགས་ཟབ་མོའི་ཆོས་རྣམས་སྤངས། །ཕྱི་རོལ་བསྟན་བཅོས་དག་ལ་དགའ། །དམ་ཚིག་བསླབ་པ་ཁྱད་དུ་གསོད། །དེ་ཕྱིར་བཀའ་ལས་འདས་པའོ། །ཞེས་འབྱུང་བ་དང་། བཅོམ་ལྡན་འདས་ཀྱི་དགོངས་པ་སྣ་ཚོགས་ཀྱི་དོན་མ་ཤེས་ཤིང་ཕྱི་རོལ་གྱི་བསྟན་བཅོས་ལ་ཞུགས་པའམ། མ་ཞུགས་ཀྱང་དམ་ཚིག་དང་བསླབ་པ་ཁྱད་དུ་གསོད་ན་བཀའ་ལ་མ་གུས་པ་སྟེ། དམ་ཚིག་རྣམས་མི་འཛིན་པའི་ཕྱིར་བཀའ་ལས་འདས་པའོ། །རྒྱུད་གཞན་ལས། དེ་ཡི་བཀའ་ལས་འདས་པ་ནི། །ལྟུང་བ་མིག་ཏུ་བརྗོད་པ་ཡིན། །ཞེས་བསྟན་པ་ལྟར་ན་ཡང་སློབ་དཔོན་གྱི་བཀའ་ལས་མི་འདའ་བར་བཤད་པ་སྟེ། ལྟུང་བ་དང་པོའི་བཤད་པ་དང་། ཤན་འབྱེད་བ་ཕྱོགས་སུ་བསྡུའོ། །འདིའི་དགོངས་པ་ནི་སློབ་དཔོན་དང་། ཪོ་རྗེ་འཛིན་པ་ཐ་དད་དུ་མེད་པས་དྲུག་པའི་སྐྲ་གཞི་གཅིག་པར་བསྡུ་བ་ཡིན་ནོ། །འདི་ཡང་བདུན་གྱི་སྦྱོར་བ་དང་ལྡན་པས་ལྟུང་བར་གྱུར་ཏེ། བདེ་བར་གཤེགས་པ་དང་སློབ་དཔོན་གྱི་བཀའ་ལ་ཉོན་མོངས་པའི་བསམ་པ་དང་། དེ་ལ་དེར་ཤེས་པ་དང་། ལུས་ངག་གི་སྦྱོར་བ་བསྟན་པ་དང་། རང་ཉིད་སྣང་བར་མ་གྱུར་པ་དང་། ཤེས་ཤིང་འགྱོད་པ་མེད་པ་དང་། རྗེས་སུ་ཡི་རང་བ་དང་། མ་འཁྲུལ་པའོ། །འདི་ལ་ཐམ་པ་མེད་དེ་མ་བཤགས་ན་ལྟུང་བའོ། །ཡན་ལག་གི་གཙོ་བོ་ཆང་ནི་སྦོམ་པོའོ། །ཡན་ལག་དྲུག་མེད་པ་ཉེས་བྱས་སོ། །སྦྱོར་བའི་གྲོགས་ཙམ་ནི་ཕྲ་མོའོ། །བཤགས་པ་དུས་འདས་ན་ལྕི་བའོ། །ཁྱད་པར་གྱི་དགག་པ་ཡོད་པ་ན་ཉེས་མེད་དོ། །ཤན་འབྱེད་བ་ནི་ཕྱོགས་སུ་བསྡུའོ། །བཤགས་པའི་ཚད་ནི་ཡུལ་དང་། བསམ་པ

དང་། རྐྱེན་གྱིས་སོ། །ལྟུང་བ་བྱུང་སྟེ་ལོ་གསུམ་དུ་འདས་ན་དབང་རྫོགས་པས་སོ། །གཞན་དུ་ནི་དབང་གི་རིམ་པས་ན་སྨད་དོ། །ལྕི་བ་ནི་ཚོགས་ཀྱི་འཁོར་ལོས་སོ། །སྦོམ་པོ་ནི་ཚོགས་པའི་ནང་དུ་ཚོགས་ཀྱི་མཆོད་པས་སོ། །ཉེས་བྱས་ནི་མཐུལ་སྟོན་དུ་འགྲོ་བས་སོ། །ཕྲ་མོ་ནི་སླེ་བཤགས་སོ། །གཞན་ཡང་། བདེ་གཤེགས་བཀའ་ལས་འདས་པ་ལ། །ཡིད་ནི་ལྷ་ཡི་རྣལ་འབྱོར་གྱིས། །ཕྲ་མོའི་ཐིག་ལེ་བསྒོམས་པས་འདག །མི་རྟོག་པ་ཡིས་ཐམས་ཅད་སྲེག །སེམས་སྲུན་ཕྱུང་སྟེ་བསྡོམས་ལ་བསླབས། །ངག་གིས་སྔགས་བཟླས་སྒྲུ་མར་ཤེས། །ལུས་ཀྱིས་མཆོད་པའི་ཚུལ་དུ་སྒྲུར། །དེ་ལྟར་ཉེས་པའི་བྱེ་བྲག་རྣམས། །ཞིང་དང་བསམ་པའི་ཁྱད་པར་དང་། །དུས་དང་ནུས་པའི་བྱེ་བྲག་གིས། །མཁས་པས་བློ་ཡིས་ཕྱེ་ནས་ནི། །དྲི་མ་འདག་པར་བཤད་པ་ཡིན། །ཞེས་གསུངས་པ་དང་། གཞན་ཡང་། གང་དང་གང་ལ་ཁྱད་པར་དུ་དགག་པ་ཡོད་པ་ནི་ཞིང་དང་། བསམ་པ་དང་། སྦྱོར་བ་དང་། རྐྱེན་དང་། དུས་དང་། གནང་བ་དང་། དེ་དག་རྣམས་ལ་བཤགས་ཚད་དང་ལྡང་ཚད་ཀྱང་ཤེས་པར་བྱའོ། །གང་ལ་ཁྱད་པར་གྱི་དགག་པ་མེད་པ་ནི་ལྟུང་བ་འདི་ཐམས་ཅད་ཀྱང་ཕྱོགས་སུ་བསྡུ་བར་ཤེས་པར་བྱའོ། །གཞི་གཅིག་ལ་ལྟུང་བ་དུ་འབྱུང་བ་དང་ལྟུང་བ་གཅིག་ལ་གཞི་དུ་ཡོད་པ་ཤེས་པར་བྱའོ། །གང་ཡང་ཕྱོགས་ཙམ་ཅིག་བརྗོད་ན། །དམ་པ་དང་པོའི་རྒྱུད་ལས། དཔལ་ལྡན་བླ་མའི་ཐུགས་སྲུན་ཕྱུང་། །ལྟུང་བ་དེ་ནི་རི་བོང་ཅན། །དེ་ཡི་བཀའ་ལས་འདས་པ་ནི། །ལྟུང་བ་མིག་ཏུ་བརྗོད་པ་ཡིན། །བླ་མའི་དེ་ཉིད་ཤེས་རབ་མ། །ལྟུང་བ་ཡན་ལག་ལ་སོགས་ཀྱི། །དེ་ནི་ཡོན་ཏན་ཞེས་སུ་བརྗོད། །དེ་ཉིད་རྡོ་རྗེ་སྤྱན་དུ་གྱུར། །ལྟུང་བ་དེ་ནི་རིག་བྱེད་ཡིན། །དེ་ཡི་གྲུབ་པའི་མཐའ་སྨོད་པ། །ལྟུང་བ་མདའ་ཞེས་བྱ་བར་གྲགས། །ཞེས་བྱ་བ་ལ་སོགས་པ་རྒྱུད་དེ་ཉིད་ལས་ཕྱེ་བ་དང་། གཞན་ཡང་རྣལ་འབྱོར་གྱི་རྒྱུད་ལས་མང་དུ་ཕྱེ་བས་དེ་དག་བློས་ཕྱེ་སྟེ་ཤེས་པར་བྱའོ། །འདིར་ནི་མ་སྤྲོས་སོ། །ལྟུང་བ་གཉིས་པའི་དོན་བཤད་ཟིན་ཏོ།། །།

ད་ནི་ལྟུང་བ་གསུམ་པའི་མཚན་ཉིད་བཤད་པར་བྱ་སྟེ། རྡོ་རྗེ་སྤྱན་ལ་ཁྲོས་པས་ནི། །ཉེས་པ་བརྗོད་པ་གསུམ་པ་ཡིན། །ཞེས་བྱ་བས་བཤད་དེ། རྡོ་རྗེ་སྤྱན་གྱི་ནི་གསང་བ་འདུས་པ་ལ་སོགས་པའི་དཀྱིལ་འཁོར་གཅིག་གི་ནང་དུ་ཞུགས་པའོ། །རྡོ་རྗེ་ཐེག་པ་ལ་ཞུགས་པ་ཐམས་ཅད་ཀྱང་ཉེ་བའི་

སྤྱུན་ནོ། །བསྟན་པ་གཅིག་ལ་གནས་པ་ཐམས་ཅད་ཀྱང་མཛེས་པའི་སྤྱུན་ནོ། །རྣམ་པ་གསུམ་མོ། །གཞན་དུ་སེམས་ཅན་ཐམས་ཅད་ཀྱང་རྡོ་རྗེ་སེམས་དཔའི་རང་བཞིན་ཡིན་པས་རྡོ་རྗེ་སྤྱུན་ནོ། །ཐུམ་པ་དང་། གསང་བ་དང་། ཤེས་རབ་ཡེ་ཤེས་དང་མཆོན་བྱེད་བཞི་པ་སློབ་དཔོན་གཅིག་དང་རིག་མ་གཅིག་ལས་ཐོབ་པ་ནི་ཁྱད་པར་གྱི་རྡོ་རྗེ་སྤྱུན་ནོ། །བྱེ་བྲག་ཏུ་ཐོབ་པ་ནི་བྱེ་བྲག་གི་རྡོ་རྗེ་སྤྱུན་ནོ། །དེ་རྣམས་ལས་ལྷུང་བའི་ལྕི་ཡང་ཡང་དེ་བཞིན་ནོ། །དེ་ལྟར་སློབ་དཔོན་སངས་རྒྱས་ཡེ་ཤེས་ཞབས་ཀྱིས་རིམ་པ་རྣམ་པར་གཞག་པ་ལས། བསྟན་པ་གཅིག་དང་རྡོ་རྗེ་ཐེག་པ་ལ་ཞུགས་པ་ཐམས་ཅད་རྡོ་རྗེའི་སྤྱུན་དུ་བརྗོད། ཀུན་ཀྱང་ཡེ་ཤེས་ལྡན་པས་ན། །རྡོ་རྗེ་སེམས་དཔའི་རྡོ་རྗེ་སྤྱུན། །དཀྱིལ་འཁོར་གཅིག་དང་སློབ་དཔོན་གཅིག །དབང་བཞི་དག་གི་བྱེ་བྲག་གིས། །ཉེ་དང་བྱེ་བྲག་ཁྱད་པར་རོ། །ཞེས་བཤད་དོ། །དེའི་ལྟུང་ཚད་ཀྱང་ཀ་མ་ལ་ཞབས་ཀྱིས་བཤད་པ། ཐེག་མཆོག་རྡོ་རྗེ་སྤྱུན་རྣམས་ཀྱིས། །ཉེས་པ་བྱུང་ན་རྒྱུར་ཤེས་བྱ། །དེ་ལས་ལྟུང་བར་འདོད་རྣམས་ཀྱིས། །ལུས་ངག་ཡིད་གསུམ་ལ་གསུམ་སྟེ། །ལུས་ཀྱི་ཉེས་པ་དང་པོ་ཡིས། །ཚེ་གཅིག་ཏུ་ནི་སྤྱོད་པ་བྱ། །གཉིས་པ་ཉེས་པའི་ཚད་ཀྱིས་ནི། །སྤྱོད་པ་དག་ཏུ་སྤྱད་པ་ཡིན། །གསུམ་པ་མཐུལ་ཕྱག་སོགས་སོ། །གཞན་དུ་སྒོ་གསུམ་ཡིད་ཀྱིས་བསྡམ། །ངག་གི་འདུས་ལ་བཤགས་པ་དང་། །དེ་བཞིན་སྔགས་དང་ངག་གིས་བཤགས། །ཡིད་ཀྱིས་ཚོགས་དང་སྐྱེ་བ་མེད། །རིག་པའི་བརྟུལ་ཞུགས་བླ་བ་དྲུག །མ་གོ་ཉེས་ཆུང་མཐོལ་བ་སྟེ། །བར་མ་མན་ཆད་ལྐོག་གྱུར་ཡིན། །ཡང་ན་གང་ཟག་ཡུལ་དང་དུས། །རྐྱེན་གྱི་བྱེ་བྲག་ཤེས་པས་དཔྱད། །ཅེས་འབྱུང་སྟེ། འདི་ནི་དོན་གཞན་ལ་དགོངས་པ་མེད་པས་བླང་བར་བྱའོ། །ཡང་ན་ལྟུང་བ་དང་པོའི་བཤད་པའི་གསུམ་ལྡན་གྱི་ཆ་གཅིག་ནས་བརྩིས་པས་རྣམ་པར་ཕྱེ་བ་འདིའི་བསྐང་ཚད་ཡིན་ནོ། །འདི་ཡང་བདུན་དང་ལྡན་པའི་སྦྱོར་བས་ལྟུང་བར་འགྱུར་ཏེ། རྡོ་རྗེ་སྤྱུན་ཡིན་ཞིང་ཉོན་མོངས་པས་བསླང་བ་དང་། དེར་འདུ་ཤེས་པ་དང་། སྦྱོར་བ་གཉིས་པ་བསྟན་པ་དང་། རང་དུས་འདས་པ་དང་། ཡིད་ལ་མི་གཙགས་པ་དང་། ཡི་རང་བ་དང་། མ་འབྲུལ་བའོ། །འདིའི་ཕམ་པའི་ཕྱོགས་དང་མཐུན་པའོ། །དོན་འདི་སྐད་བསྟན་ཏེ། རྡོ་རྗེ་ཐེག་པ་ལ་དམ་ཚིག་གི་དབྱེ་བ་ལ་གཉིས་ཏེ། རྩ་བ་དང་ཡན་ལག་གོ། །རྣམ་པར་ཕྱེ་བ་ནི་དེའི་ཡན་ལག་གི་བྱེ་བྲག་གོ། །དེ་སྐད་དུ་ཡང་སློབ་དཔོན་

མཚོ་སྐྱེས་ཀྱིས་རྣམ་པར་བསྡུས་པ་ལས། དངོས་གྲུབ་ཐམས་ཅད་གཞིར་གྱུར་པ། །རྒྱ་བ་དང་ནི་ཡན་ལག་གོ། །རྒྱ་བ་དུས་འདས་ཕམ་པ་འདྲ། །ཚད་ལྡན་ལྟུང་བར་བཤད་པ་ཡིན། །ཡན་ལག་རྒྱ་བ་དུས་འདས་པ། །ལྟོ་བ་ཞེས་ནི་བཤད་པ་སྟེ། །སྦྱོར་བ་མ་རྫོགས་སྦོམ་པོའོ། །ཡན་ལག་ཕྲ་བ་ཉེས་བྱས་སོ། །ཕྲ་མོའི་ཕྲ་བ་དཀྱིལ་འཁོར་གཅིག །ཉེས་པ་མེད་པ་གནང་ལ་སོགས། །ཞེས་བཤད་པའི་ཕྱིར་རིགས་གཉིས་སུ་ཤེས་པར་བྱའོ། །ཡང་དེ་ཉིད་ལས་བཤགས་ཚད་བསྟན་པ། ཕམ་པ་རྫུ་འཕྲུལ་སོགས་ཀྱིས་འདུལ། །ལྟུང་བ་དབང་གི་རིམ་པས་སོ། །ལྟོ་བ་ཚོགས་ཀྱི་འཁོར་ལོ་སྟེ། །སྦོམ་པོ་ཚོགས་པའི་ནང་དུ་མཆོད། །ཡན་ལག་ཚོགས་ལ་བཤགས་པ་སྟེ། །ཉེས་བྱས་ཕྲ་མོའི་དཀྱིལ་འཁོར་སོགས། །ཉེས་པ་མེད་པ་མཁས་པས་བརྟག །ཉེས་པ་ཆུང་དུ་ཕྲ་མོ་ཡང་། །གོང་བཞིན་འདུད་པར་འཛིན་ན་ལྟོ། །གོང་བཞིན་དངོས་པོ་ལྟོ་འགྱུར་ཡང་། །མི་འཇིགས་སྙིར་ཞིང་གསོང་པོར་སླ། །དེ་སོགས་མ་གོ་བཤད་པ་ཡང་། །ཕྱིར་ཞིང་སྡོམ་པ་དགའ་བ་ནི། །ཉེས་པ་ཆེ་ཡང་ཡང་བར་བཤད། །བཤགས་ཀྱང་མདུད་པར་འཛིན་བྱེད་ན། །ཉེས་པ་ཆུང་ཡང་ལྟོ་བར་བཤད། །ཁྲད་དུ་བསད་དེ་མ་བཤགས་ན། །ཉེས་པ་ཆུང་ཡང་ལྟོ་བར་བཤད། །རྟག་ཏུ་འཛེམ་ཞིང་འཇིགས་འགྱུར་ན། །ཉོན་མོངས་ཟིལ་ནོན་ཉེས་འབྱུང་ཡང་། །ཉེས་པ་ཆེ་བར་མི་འགྱུར་རོ། །དེ་བས་གྲོགས་ལ་སོགས་པ་བརྟག །ཅེས་འབྱུང་བས་རྣམ་པར་ཕྱེ་སྟེ་བཤད་པའོ། །ཕལ་ཆེར་ལྟུང་བ་དང་པོ་ལས་ཤེས་པར་བྱའོ། །ཤན་འབྱེད་བ་ནི་ཕྱོགས་སུ་བསྡུའོ། །དམ་པ་རྣམས་ཀྱི་ཉེས་པ་མི་འབྱུང་བ་ལ་འབད་པར་བྱའོ། །བྱུང་ཡང་དུས་མ་ཡོལ་བར་ཆེད་དུ་བཤགས་པར་བྱའོ། །བྱ་བ་དང་བྱ་བ་མ་ཡིན་པ་ཡང་ཤེས་པས་བརྟག་པར་བྱའོ། །གཞན་དུ་ན་ལྟུང་བ་རྣམ་པར་གཞག་པའི་རྒྱུད་ལས། དཀྱིལ་འཁོར་ཐར་པའི་གྲོང་མཆོག་འདིར། །ཞུགས་པ་དང་ནི་དབང་བསྐུར་བས། །ཕྱིར་ལྡོག་པ་ནི་ཡོད་མ་ཡིན། །འདིར་ཞུགས་བུ་རྣམས་སྐད་ཅིག་ཀྱང་། །འབྲལ་མེད་འོག་མིན་གནས་སུ་འགྲོ། །ཉམས་ནས་འབྲལ་བར་གྱུར་པ་ན། །ཐུར་དུ་བལྟས་ནས་དམྱལ་བར་འགྲོ། །ཞེས་བཤད་པས་ཤེས་པར་བྱའོ། །དེའི་ཕྱིར། རྡོ་རྗེ་སྤྱུན་ལ་ཁྲོས་པ་ནི་སེམས་ཁོང་ནས་འཁྲུགས་ཤིང་མནར་སེམས་དགུ་དང་ལྡན་པའོ། །འདིར་ལུས་ངག་གཙོ་བོ་མ་ཡིན་པས་ཕལ་ཆེར་ལྟུང་བའི་སེམས་ལ་བཞག་པའོ། །ཉེས་པ་ནི་འདོད་པ་མ་ཡིན་པར་ལྟུང་བའོ། །ལྟུང་བ་གསུམ་པའི་བཤད་པའོ།། །།

ད་ནི་ལྟུང་བ་བཞི་པའི་མཚན་ཉིད་བཤད་པར་བྱ་སྟེ། སེམས་ཅན་རྣམས་ལ་བྱམས་སེམས་སྤོང་། །བཞི་པ་ཡིན་པར་རྒྱལ་བས་གསུངས། །ཞེས་བྱ་བས་བཤད་དེ། འདིར་སེམས་ཅན་གྱི་ཁམས་གསུམ་པ་སྟེ། རང་གི་དེ་ཉིད་མ་རྟོགས་པས་འཁྲུལ་བའི་དབང་གིས་སྡུག་བསྔལ་བའོ། །ཐེག་པ་ཆེན་པོ་པས་སྙིང་རྗེ་དང་བྱམས་པ་དང་སྐད་ཅིག་ཀྱང་བྲལ་བར་མི་བྱ་སྟེ། གཞན་གྱི་དོན་དུ་ཞུགས་པས་བུ་གཅིག་པ་ལ་སྡུག་པའི་མ་བཞིན་ནོ། །དེ་བས་ན་གཞན་གྱི་དོན་མཐོང་ན་བདག་ཉིད་ཀྱི་ལུས་དང་སྲོག་ལ་མ་ཆགས་པ་སྟེ། གཞན་དུ་ན་ཐེག་པ་ཆེན་པོ་རྣམ་པར་སྤྱངས་པའོ། །དེ་ཡང་ཡུལ་རྣམ་པ་གསུམ་ལ་ཁྱད་པར་མི་རྟོག་པར་སྒོམས་པར་རྒྱུ་སྙིང་རྗེའི་སྟོབས་ཀྱིས་དོན་ལ་འཇུག་པ་སྟེ། དེ་བས་ན་སངས་རྒྱས་ཀྱི་བྱང་ཆུབ་འདོད་པས་ཅིའི་ཕྱིར་བྱམས་པ་དང་སྙིང་རྗེ་དོན་དུ་མི་གཉེར།ཁྱོལ་སོང་གི་སྐྱེ་གནས་སུ་སྐྱེས་པའི་རི་དྭགས་ཁྲི་སྐྱན་ས་ལེ་ཡང་རྟག་ཏུ་སེམས་ཅན་ལ་བུ་གཅིག་པ་བཞིན་དུ་སེམས་པའི་སྙིང་རྗེ་དང་ལྡན་ན་ཐེག་པ་ཆེན་པོ་རྣམས་ཀྱིས་ལྟ་ཅི་སྨོས། དེའི་ཕྱིར་བཅོམ་ལྡན་འདས་ཀྱིས་གསུངས་པ། སངས་རྒྱས་བྱང་ཆུབ་འདོད་པ་ཡིས། །རྩ་བ་ཆད་པའི་ཞེ་སྡང་ནི། །སྐད་ཅིག་ཙམ་ཡང་བསྟེན་མི་བྱ། །སེམས་འཁྲུགས་པ་ལ་ཐར་ལམ་མེད། །ཅེས་བསྟན་ཏོ། །གཞན་ཡང་བྱང་ཆུབ་ཏུ་སེམས་བསྐྱེད་པ་རྣམས་ཀྱིས་ནི་འདོད་ཆགས་ཀྱི་ཕུང་པོ་རི་རབ་ཙམ་ནི་བླའི་ཞེ་སྡང་སྐད་ཅིག་ནི་དེ་ལྟ་མ་ཡིན་ནོ། །དེའི་ཕྱིར། སེམས་བསྐྱེད་པས་ནི་གཞན་དོན་ཕྱིར། །ཡང་དག་རྫོགས་པའི་བྱང་ཆུབ་འདོད། །ཅེས་བསྟེན་པ་གཞན་གྱི་དོན་ནི་བྱམས་པ་དང་སྙིང་རྗེས་རྗེས་སུ་གཟུང་གི་ཞེ་སྡང་གིས་གཞན་དོན་བྱེད་པ་མ་ཡིན་ནོ། །གཞན་ཡང་ཐེག་པ་ཆེན་པོའི་མདོ་དང་རྒྱུད་མཐའ་དག་ལས་ཞེ་སྡང་སྤངས་ཤིང་བྱམས་པ་དང་སྙིང་རྗེ་བསྟེན་པར་གསུངས་པ་ཤེས་པར་བྱའོ། །འདིར་ཡང་སྦྱོར་བ་བདུན་དང་ལྡན་པས་ཉེས་པ་ཅི་བྱུང་བའང་གོང་དུ་བསྟེན་པ་ལས་ཤེས་པར་བྱའོ། །འདིར་མནར་སེམས་དགུ་དང་ལྡན་པ་ནི་ལྟུང་བའོ། །སེམས་ཁོང་ནས་འཁྲུགས་པ་ནི་སྦྱོར་བ་པོའོ། །དུས་འདས་སུ་མདུད་པར་འཛིན་པ་ནི་ལྕི་བའོ། །སྦྱོར་བ་ཙམ་ཉེས་བྱས་སོ། །ལུས་ངག་གི་ཉེས་པ་ནི་ཕྲ་མོའོ། །གཞན་ལ་སྦྱོར་བའི་དངོས་གཞི་སྐྱེས་པ་མ་བཤགས་པར་མི་གནང་བར་གྱུར་པ་དང་། རང་ལ་དེ་ལྟ་བུ་གཞན་ཆོས་བཞིན་དུ་བཤགས་པ་ལས་རང་དང་གཞན་དྲི་མ་ལས་ལྡང་བར་མི་བྱེད་པར་སྣང་བར་མ་གྱུར་ན་ཕམ

པའི་ཕྱོགས་སུ་བསྟུས་པའོ། །བཤགས་པའི་ཚད་ནི་ཞིང་བླ་མ་དང་རྡོ་རྗེ་སྤྱན་ལ་གང་གི་ཉེས་པ་བཤགས་པའོ། །སེམས་ཅན་ཐམས་ཅད་ལ་ཡང་ཞིང་དང་བསམ་པ་དང་སྦྱོར་བའི་ཉེས་པ་དང་སྦྱོར་ཏེ་དེས་ཚངས་པ་སྤྱིན་པ་དང་། རྒྱུན་དེ་ལས་ལོག་པ་དང་། སེམས་སྲུན་ཕྱུང་བ་སྟེ། སྡོམ་པ་དང་། འཚོགས་པ་ལ་ཚོགས་དང་མཉྫལ་དང་། ངག་གི་སྦྱོར་བ་དང་། ནོར་ལ་སོགས་པས་རྗེས་སུ་དགའ་བར་བྱ་བ་དང་། ཡུལ་དེ་ཉིད་ལས་བཤགས་པ་དང་། སྲོག་ཆགས་གཞན་ཚེ་བསླུབ་པ་ལ་སོགས་པས་ཉེས་པ་ལ་འཛིགས་ཤིང་བཤགས་པར་བྱའོ། །ཕྱོགས་སུ་བསྡུ་བ་ནི་ཁམས་གསུམ་གྱི་སེམས་ཅན་ཐམས་ཅད་ལ་ཚད་མེད་བཞི་བསྒོམ་པའོ། །ཁྱད་པར་དུ་ནི་ཡུལ་ཉེ་བ་རྣམས་ལའོ། །སློབ་དཔོན་ཟླ་གྲགས་ཀྱིས་བཤད་པ། །ཐེག་པ་ཆེ་ལ་ཞུགས་པ་ཡིས། །སེམས་ཅན་རྣམས་ལ་བུ་བཞིན་བྱམས། །སྙིང་རྗེས་གཞན་དོན་རང་སྲོག་སྤྱིན། །ཉན་ཐོས་རྣམས་ཀྱང་གནོད་ལས་ལོག །སྡོད་དུ་མ་གྱུར་ལོག་སྲིད་ཅན། །ནམ་ཡང་དོར་བར་མི་བྱའོ། །ཉེས་པ་བྱུང་ན་བཤགས་པར་བྱ། །སྙིང་རྗེ་བྱམས་པས་ཞུགས་གྱུར་ན། །སྡུར་བྱས་ཉེས་པ་དེ་ཡིས་ལྡང་། །བཤགས་ཀྱང་ཕྱིར་ཞིང་མི་སྡོམ་ན། །བཤགས་པས་དྲི་མ་ལྡང་བ་མེད། །ཅེས་བྱ་བས་བཤད་པའོ། །དེ་བས་ན་དམ་པ་རྣམས་ཀྱིས་བཤགས་ཏེ་བསྡམ་པར་བྱའོ་ཞེས་བཤད་དོ། །དེ་བས་ན་སེམས་ཅན་རྣམས་ཞེས་པ་ནི་མང་བའི་ཚིག་གོ། །བྱམས་པའི་སེམས་སྦྱོང་བ་ནི་མནར་སེམས་ཀྱི་ཞེ་སྡང་ངོ་། །དེ་སེམས་ལ་སྐྱེད་པ་ནི་ལྡང་བའོ། །ཡིད་ཆེས་པར་བྱ་བའི་ཕྱིར་རྒྱལ་བས་གསུངས་པའོ། །ལྡང་བ་བཞི་པའི་བཤད་པའོ།། །།

ད་ནི་ལྡང་བ་ལྟ་བའི་མཚན་ཉིད་བཤད་པར་བྱ་སྟེ། ཆོས་ཀྱི་རྩ་བ་བྱང་ཆུབ་སེམས། །དེ་སྦྱོང་བ་ནི་ལྟ་བ་ཡིན། །ཞེས་སློས་ཏེ། འདིར་འབྲུ་མང་པོ་པར་སྦྱར་ཏེ། བི་བག་ཤ་སྟེ། སྐྱེས་པ་ལྔ་བུའི་དོན་ཏོ༔ །དེ་ལྟར་ཡང་། རང་བཞིན་གཞི་མཐུན་བྱང་ཆུབ་སེམས། །སྒྲ་གཅིག་གིས་ནི་དངོས་རྣམས་བརྗོད། །ཀུན་རྫོབ་ལ་སོགས་དབྱེ་བ་ཡིས། །སེངྒ་པ་ཡི་སྒྲ་བཞིན་ནོ། །ཞེས་འབྱུང་སྟེ། སེངྒ་པ་ཡི་གནས་སྐབས་ཀྱིས་རྟ་དང་ཆུ་དང་རལ་གྲི་དང་ལན་ཚྭའོ། །འདིར་ཡང་དོན་དམ་པ་དང་། ཀུན་རྫོབ་ཀྱི་དབྱེ་བས་སོ། །འདིར་དོན་དམ་པའི་བྱང་ཆུབ་ཀྱི་སེམས་སྦྱོང་བ་ནི་རང་བཞིན་གྱིས་སེམས་ཅན་ཐམས་ཅད་ལ་ཡེ་ཤེས་གནས་པ་མ་རྟོགས་པར་སྦྱོང་བའོ། །དེའི་ཕྱིར། རྒྱུ་དང་མི་རྒྱུའི་དངོས་པོ་ཀུན། །

ཁྱབ་བདག་རྡོ་རྗེ་སེམས་དཔའ་ཡིས། །གཟོད་གནས་དག་པའི་ཡེ་ཤེས་གནས། །ཐབས་གཞན་སངས་རྒྱས་མི་རྙེད་དོ། །ཞེས་བཤད་པ་དང་། ཇི་ལྟར་མར་ལ་མར་བཞག་བཞིན། །ཇི་ལྟར་ཆུ་ལ་ཆུ་བཞག་བཞིན། །རང་གི་ཡེ་ཤེས་དེ་རྟོགས་བྱ། །ཞེས་བྱ་བས་ཀྱང་བཤད་ལ། རང་གི་ཡེ་ཤེས་གང་ཡིན་པ། །དེ་རྟོགས་པ་ནི་འདིར་ཕྱག་ཡིན། །ཞེས་འབྱུང་བས་སེམས་ཅན་ཐམས་ཅད་ཀྱི་རྒྱུད་ལ་བྱང་ཆུབ་ཀྱི་སྙིང་པོ་སངས་རྒྱས་ཀྱི་ཡེ་ཤེས་གནས་པས་དེ་རྟོགས་ན་སེམས་ཅན་ཐམས་ཅད་མྱ་ངན་ལས་འདས་པར་འགྱུར་རོ་ཞེས་བཤད་པ་དང་། གཞན་ཡང་འདི་ནི་ཐེག་པ་ཆེན་པོའི་མདོ་སྡེ་དང་རྒྱུད་མཐའ་དག་ནས་གསལ་བར་བསྟེན་པས་དེའི་ཕྱིར་ཡུལ་སྟོང་པ་ཉིད་དང་། ཡུལ་ཅན་རང་བཞིན་གྱིས་འོད་གསལ་བ་གཉིས་ཐ་དད་པ་མེད་པ་ནི་བྱང་ཆུབ་ཀྱི་སེམས་ཏེ། དེ་ནི་སངས་རྒྱས་ཀྱི་ཡོན་ཏན་ཐམས་ཅད་ཀྱི་རྩ་བ་ཡིན་པས་དེ་ལ་མི་མོས་ཤིང་སྤོང་བ་ཆོས་ཀྱི་རྩ་བ་སྤོང་བའོ། །དེ་མ་རྟོགས་ན་ཐར་པ་དང་ཐམས་ཅད་མཁྱེན་པ་མི་ཐོབ་སྟེ། དེའི་ཕྱིར་ཉན་ཐོས་ཀྱིས་ཀྱང་ཆོས་ཀྱི་དབྱིངས་ཀྱི་ཐེ་བྲག་རྟོགས་པའོ། །དེ་སྐད་དུ་སློབ་དཔོན་ཀླུ་སྒྲུབ་ཀྱིས། སྐྱེ་མེད་རྟོགས་པས་མྱ་ངན་འདས། །ཉན་ཐོས་གང་ཟག་བདག་མེད་པས། །ཆོས་དབྱིངས་ཐེ་བྲག་རྟོགས་པས་ཐར། །མཁས་པས་རང་སེམས་དག་ལ་བརྟག །རང་སངས་རྒྱས་ཀྱི་ཐེ་བྲག་ཆ། །དངོས་ཀུན་སྐྱེ་མེད་ཐམས་ཅད་མཁྱེན། །ཞེས་བཤད་པས་ཁོང་དུ་ཆུད་པར་བྱའོ། །དེ་བས་ན་དེ་རྟོགས་པར་བྱ་སྟེ་ཐེ་བྲག་གི་རྒྱུད་ལས། བྱང་ཆུབ་ནམ་མཁའི་མཚན་ཉིད་དེ། །ཀུན་ཏུ་རྟོག་པ་ཐམས་ཅད་སྤངས། །གང་ཞིག་དེ་རྟོགས་འདོད་པ་སྟེ། །བྱང་ཆུབ་སེམས་དཔའ་ཞེས་བྱའོ། །ཞེས་བཤད་པའོ། །དེ་བས་དེ་ལ་སྨོན་པ་དང་། འབད་རྩོལ་གྱིས་འཇུག་པ་དང་། ལམ་དུ་བསྟན་པ་ལ་འབད་པར་བྱ་སྟེ། གཞན་དུ་ན་དེ་སྤོང་བའོ། །དེའི་ཕྱིར། བྱང་ཆུབ་སེམས་ལ་འཇུག་པ་དང་། །གང་ཞིག་རྟོགས་པར་འདོད་པ་སྟེ། །སྒྲིབ་པ་ཐམས་ཅད་སེལ་བྱེད་ཅིང་། །བདུད་རྣམས་ཤིན་ཏུ་སྐྲག་བྱེད་དེ། །ཇི་ལྟར་སྒྲོན་མ་སྐྱེས་མ་ཐག །མུན་པ་ལོ་སྟོང་སེལ་བ་བཞིན། །དེ་བཞིན་སེང་གེའི་ཕྲུ་གུ་ཀྱང་། །ཤིན་ཏུ་ཀྲས་པའི་གཅན་གཟན་འཇིགས། །ཞེས་བཤད་པས་དེ་ནི་ཆོས་ཐམས་ཅད་ཀྱི་རྩ་བའོ། །དེ་སྤོང་བའི་ལྟུང་བའོ། །སྔགས་ཀྱི་དོན་གྱི་ཀུན་རྫོབ་ཀུནྡ་ལྟ་བུའི་བྱང་ཆུབ་ཀྱི་སེམས་ལ་བྱ་སྟེ། དེ་ནི་བྱང་ཆུབ་ཀྱི་ཆེད་དུ་དམ་ཚིག་མ་དང་། ལག་གི་འདུ་བྱེད་ཀྱིས་དོར

བར་མི་བྱ་སྟེ། སེམས་མ་བལྟས་པས་ཀྱང་ལྟེས་བླང་བར་བྱའོ་ཞེས་བཤད་པས་སོ། །གཞན་ཡང་
གསང་བའི་དབང་གི་དུས་སུ་གོམས་པས་སངས་རྒྱས་ཀྱི་ཡེ་ཤེས་འདྲ་བ་ཕབ་སྟེ་སྦྱིན་པར་བྱའོ། །
གཞན་དུ་སྤྲངས་ན་ལྟུང་བའོ། །གཞན་དུ་ཤེས་རབ་ཡེ་ཤེས་དང་། དམ་ཚིག་མ་ལས་རྣལ་འབྱོར་
གོམས་པར་བྱེད་པས་ནི་སྤྱོད་པར་ཐབས་དང་ཤེས་རབ་ཀྱི་རྒྱུད་ལས་བསྟན་པའོ། །སྦྱོར་བ་དུས་
དངོས་གཞིར་གྱུར་པ་ཡང་ཤེས་པར་བྱའོ། །དབྱེ་བའི་གཞི་ཡང་དེ་ཉིད་དོ། །སུན་ཕྱུང་བ་ལ་རིམ་པ་
བཞིན་རྗེས་སུ་འཇུག་པ་ལ་བསླབ་པར་བྱའོ། །དབང་གི་རིམ་པ་དེ་ཉིད་ཀྱིས་བསྐང་བར་བྱའོ། །
གཞན་དུ་ཆུ་ཚོད་གསུམ་དང་། ལྔ་དང་། དགུ་དང་། བཅུ་བདུན་དང་། ཉི་ཤུ་རྩ་བརྒྱད་དང་། སུམ་ཅུ་
རྩ་ལྔ་དང་། བཞི་བཅུ་རྩ་བདུན་དང་། ལྔ་བཅུ་རྩ་ལྔ་དང་། དྲུག་ཅུ་རྩ་གཉིས་ཀྱིས་བསྐྱེད་དེ། དེ་དམ་
ཚིག་གི་རིམ་པ་ལ་སོགས་པ་ལ་བདེ་བ་ཆེན་པོ་དང་། དགའ་བ་བཞིའི་དཀྱིལ་འཁོར་པ་མཉེས་པར་
བྱས་པས་ལྡང་བའོ། །དེའི་ཕྱིར་ཨིནྡྲ་བྷུ་ཏིས་བཤད་པ། གང་ཞིག་དོན་དམ་ཀུན་རྫོབ་ཀྱི། །བྱང་ཆུབ་
སེམས་ལས་ཉམས་གྱུར་ན། །དོན་དམ་དོན་དམ་ཉིད་ཀྱིས་ཏེ། །ཀུན་རྫོབ་ལྟེས་བླང་ག་ལ་ཉམས། །
དེ་ཉིད་ལས་ནི་བསླབ་པར་བྱ། །ཤུ་ཀྲ་དོར་ན་རྩ་བ་ཉམས། །ཆུ་ཚོད་ནས་བརྩིས་དགའ་བ་བཞི། །
གོམས་པས་དྲི་མ་དེ་ལས་ལྡང་། །དེ་ཕྱིར་དམ་ཚིག་རིག་མ་དང་། །རྣལ་འབྱོར་ཚད་ལྡན་མེད་པས་ནི། །
ནམ་ཡང་འཇུག་པར་མི་བྱའོ། །གཞན་དུ་ལྟུང་བའི་རྩ་བ་སྟེ། །རྡོ་རྗེ་འཛིན་པ་སྤྲངས་ན་ལྟུང་། །ཞེས་
བཤད་པའི་ཕྱིར་རོ། །དེ་བས་ན་བརྟན་པ་ཐོབ་པས་འབད་པར་བྱའོ། །གཞན་དུ་ཡང་། སྐྱེ་བོ་འདོད་
ཆགས་ཅན་དོན་དུ། །འདི་ཡི་བྱེད་པ་རྡོ་རྗེ་འཛིན། །ཞེས་བཤད་པ་དང་།ཤེས་རབ་ཀྱི་རྒྱུད་ལས་ཀྱང་།
ཇི་ལྟར་མེ་ཡིས་ཚིག་པ་ལས། །མེ་དེ་ཉིད་ལ་བསྲོ་བར་བྱ། །དེ་བཞིན་རྣ་བར་ཆུ་སོང་བ། །ཆུ་དེ་ཉིད་
ཀྱིས་སླར་དབྱུང་བྱ། །འདོད་ཆགས་ལྡན་པའི་གང་ཟག་ཀྱང་། །འདོད་ཆགས་ཉིད་ཀྱིས་གདུལ་བར་བྱ། །
ཞེས་བཤད་པ་ཡང་བརྟན་པ་དང་ལྡན་པ་ལ་ལམ་དུ་འགྱུར་བར་ཤེས་པར་བྱའོ། །དེ་ལྟ་མ་ཡིན་པར་
འདོད་ཆགས་ཀྱི་རྗེས་སུ་འབྲངས་ཏེ་སྦྲ་ཙམ་གྱི་ཕྱོགས་སུ་གཞོལ་བ་ལ་ལྟུང་བ་དང་སྦོམ་པོ་ལ་སོགས་
པར་འགྱུར་བས་ཚོགས་པ་ལ་བཤགས་ལ་དོན་མ་ཡིན་པར་མི་འཇུག་པར་བསྡམས་ལ་རྗེས་སུ་
བསྐང་ཞིང་དོན་དུ་བསླབ་པར་བྱའོ་ཞེས་བཤད་པ་སྟེ་ལྔ་པ་ཡིན་པས་ལྔ་པ་སྟེ་ལྟུང་བ་ལྔ་པའི་བཤད་

པའོ།། །།

དེ་ནི་ལྟུང་བ་དྲུག་པའི་མཚན་ཉིད་བཤད་པར་འདོད་ནས། རང་དམ་གཞན་གྱི་གྲུབ་པའི་མཐའ། །ཚོས་ལ་སྨོད་པ་དྲུག་པ་ཡིན། །ཞེས་སྨོས་ཏེ་རང་ནི་བདག་མེད་པར་སྨྲ་བ་དང་། གཞན་ནི་ཕྱི་རོལ་པའོ། །དེ་ལ་སྨད་པར་མི་བྱའོ། །གཞན་དག་ནི་ཐེག་པ་ཆེན་པོའི་མདོ་དང་རྒྱུད་ལ་བྱ་སྟེ། མུ་སྟེགས་སྲུན་དབྱུང་བའོ་ཞེས་ཟེར་ཏེ། དེ་ཡང་གཞན་དེ་ལ་འཇུག་པ་བཟློག་པའི་ཕྱིར་བཤད་པ་སྟེ། ཉོན་མོངས་པས་ཀུན་ནས་བསླང་སྟེ་སྨད་པ་མ་ཡིན་ཏེ། བྱེ་བྲག་གི་རྒྱུད་ལས། རྣམ་པར་སྣང་མཛད་རིང་བའི་རྒྱུ། །མུ་སྟེགས་ཅན་ལ་སྨད་མི་བྱ། །ཞེས་བཤད་པ་དང་། དེ་བཞིན་དུ། གྲུབ་པའི་མཐའ་ཡིས་བློ་བསྐྱེད་ཕྱིར། །ཕྱི་རོལ་པ་ཡང་ལམ་ཚོལ་ཞུགས། །དེ་ཕྱིར་དེ་ལ་སྨད་མི་བྱ། །ལམ་ཞུགས་ཉན་ཐོས་སློས་ཅི་དགོས། །ཞེས་བཤད་པས་སོ། །དེའི་ཕྱིར། སེམས་ཅན་བསམ་པ་ཐ་དད་པས། །མུ་ངན་འདས་པར་དྲང་བའི་ཕྱིར། །བྱིན་གྱིས་བརླབས་དང་མངོན་སུམ་པས། །འདི་དང་ཕྱི་རོལ་བསྟན་པ་ཡིན། །དེ་ཕྱིར་སྨད་པར་མི་བྱ་སྟེ། །ཕལ་ཆེར་ཐར་ལམ་འདོད་པས་སོ། །ཞེས་བཤད་དེ། དེའི་ཕྱིར་ལྷ་སྦྱིན་ཡང་ཡང་དག་པས་ན་ལྷ་སྦྱིན་མ་ཡིན་ལ། མུ་སྟེགས་ཅན་གྱི་གྲུབ་པའི་མཐའ་ལ་ཡང་སྨད་པར་མི་བྱའོ་ཞེས་འབྱུང་བ་སྟེ། ཐེག་པ་ཆེན་པོ་ལ་གཟུད་པ་དང་། ལྷ་བ་ངན་པ་ལ་དད་པ་སྲུན་དབྱུང་བ་དང་། གདུལ་བྱའི་བསམ་པས་སྨད་པ་ལ་ཉེས་པ་མེད་དོ། །བསོད་ནམས་ཀྱང་མང་དུ་འཕེལ་ལོ། །དེའི་ཕྱིར་རྒྱུད་ལ་སྨད་ན་ལྟུང་བའོ། །ཐེག་པ་ཆེན་པོའི་མདོ་སྡེ་ལ་སྨད་ན་སྦོམ་པོའོ། །ཉན་ཐོས་ཀྱི་ལ་ཉེས་བྱས་སོ། །ཕྱི་རོལ་པ་ཡང་ཕྲ་མོའི་ཉེས་བྱས་སོ། །སྦྱོར་བ་དུ་དང་ལྡན་པས་དངོས་གཞིར་འགྱུར་བས་ལྟུང་བ་དང་། ན་སྨད་པས་རེ་རེ་ལ་ཡང་ཡུལ་དང་བསམ་པས་ན་སྨད་པས་བཤགས་པའི་དུས་ཡོལ་བ་ལྟི་བ་ལ་སོགས་པའི་ཉེས་བྱས་དང་ཉེས་པ་མེད་པ་ཤེས་པར་བྱའོ། །དེ་བས་ན་ལམ་ཚོལ་བ་ལ་ཞུགས་པ་དང་། ལམ་ལ་ཞུགས་པ་དང་། ལམ་ཆེན་པོ་ལ་ཞུགས་པ་དང་། ལམ་ཆེས་ཆེ་བའི་ལམ་བླ་ན་མེད་པ་ལ་ཞུགས་པའི་སྣོད་ཀྱི་རིམ་པས་ལམ་ལ་མ་ཞུགས་པ་གཞུག་པ་དང་། ཕྱི་རོལ་པ་ལ་བདག་མེད་པར་བསྟན་པ་དང་། ཉན་ཐོས་ལ་སོགས་པ་ལ་ཁྱད་པར་གྱི་ལམ་བསྟན་པའི་ཕྱིར་རོ། །ལམ་མེད་གྲུབ་པའི་མཐའ་ལ་དགོད། །ཕྱི་རོལ་པ་ལ་བདག་མེད་བསྟན། །ཉན་ཐོས་ལ་སོགས་རིམ་

པས་དྲང་། །རྣམ་པ་སྣ་ཚོགས་ཐབས་ཀྱིས་གདུལ། །ཞེས་བཤད་པ་དང་། དགྱེས་པའི་རྡོ་རྗེ་ལས་ཀྱང་། དང་པོའི་བྱེ་བྲག་སླུ་བ་སྟེ། །ཞེས་བྱ་བ་ནས།ཀུན་གྱི་ཐ་མར་ཐེག་པའི་མཆོག །ཅེས་བྱ་བར་བཤད་དོ། །དེའི་དབང་དུ་མཛད་ནས། མཚན་ཡང་དག་པར་བརྗོད་པ་ལས་བྱ་བ་གྲུབ་པའི་ཡེ་ཤེས་ལ་བསྟོད་པ་ལས། ཐེག་པ་སྣ་ཚོགས་ཐབས་ཚུལ་རིག །འགྲོ་བའི་དོན་ལ་རྟོགས་པ་པོ། །ཐེག་པ་གསུམ་གྱི་ངེས་འབྱུང་ལ། །ཐེག་པ་གཅིག་གི་འབྲས་བུར་གནས། །ཉོན་མོངས་ཁམས་རྣམས་དག་པའི་བདག །ལས་ཀྱི་ཁམས་རྣམས་ཟད་བྱེད་པ། །ཞེས་བཤད་པས། ཐབས་སྣ་ཚོགས་ཀྱིས་གདུལ་བྱ་གདུལ་བར་བྱའོ། །དེ་བས་ན་དགོངས་པ་སྣ་ཚོགས་ཤེས་པས་སྐབས་ཁ་ཅིག་ཏུ་ཐེག་པ་གསུམ་ལ་ཞུགས་པའོ། །ཞུགས་པ་ནི་འོག་མ་སྤྱོང་བཅུག་ལ་གོང་མ་ལ་དགོད་པའོ། །དེའི་དབང་དུ་མཛད་ནས། དམྱལ་བར་འགྲོ་བ་བྱང་ཆུབ་ལ། །རྟག་ཏུ་གེགས་བྱེད་མ་ཡིན་ཏེ། །རང་སངས་རྒྱས་ཀྱི་ས་རྣམས་དང་། །ཉན་ཐོས་ས་ཡིས་གེགས་བྱེད་དོ། །ཞེས་བཤད་པ་དང་། དེ་བཞིན་དུ་འཇིག་རྟེན་པའི་དབང་དུ་མཛད་ནས། བདེན་པར་སྨྲ་བྱ་ཕྲ་མི་བྱ། །སློང་ན་ཆུང་ཡང་སྦྱིན་པར་བྱ། །སྙན་པར་སྨྲ་བྱ་ཕྲ་མི་བྱ། །རྣམ་པ་འདི་གསུམ་གནས་ཀྱིས་ནི། །ལྷ་ཡི་ནང་དུ་སྐྱེ་བར་འགྱུར། །ཞེས་བྱ་བ་དང་། འཇིག་རྟེན་པ་ཡིས་ཡང་དག་ལྟ། །ཆེན་པོ་སུ་ལ་ཡོད་གྱུར་པ། །དེ་ནི་ཚེ་རབས་སྟོང་དུ་ཡང་། །ངན་འགྲོར་འགྲོ་བར་མི་འགྱུར་རོ། །ཞེས་བྱ་བས་བཤད་དོ། །དེ་བས་ན་དགོངས་པས་རིག་པར་བྱའོ། །དེའི་ཕྱིར་བསྙད་པ་ཡང་ཐལ་ཆེར་ཡུལ་དང་བསམ་པ་དང་དུས་ལ་སོགས་པ་ཤེས་པར་བྱ་སྟེ། དེ་ཉིད་ལས་བཟློག་སྟེ། དགོངས་པ་སྣ་ཚོགས་པའི་དོན་དང་། ཡང་དག་པའི་དོན་ཤེས་པ་ལ་གཞུག་ཅིང་ཕྱིས་བསྡམས་ཏེ། ཚོགས་པའི་ནང་དུ་བཤགས་པས་དྲི་མ་ལས་ལྡང་ངོ་། །གཞན་དུ་ན་ཕྱིས་སྡོམ་པ་དང་དམ་པ་གཅིག་ལ་བཤགས་པས་ལྡང་སྟེ་དེའི་ཕྱིར་བློས་ཕྱེ་བས་ཤེས་པར་བྱ་སྟེ་ལྟུང་བ་དྲུག་པའི་བཤད་པའོ།། །།

ད་ནི་ལྟུང་བ་བདུན་པའི་མཚན་ཉིད་བཤད་པར་འདོད་པས། ཡོངས་སུ་མ་སྨིན་སེམས་ཅན་ལ༑ ༑གསང་བ་སྒྲོགས་པ་བདུན་པ་ཡིན། །ཞེས་བཤད་དེ། དེ་ཡང་སྣོད་མ་སྨིན་པ་དང་། ཚོགས་སྨིན་པར་མ་བྱས་པ་དང་། ཚིག་རྗོགས་པས་སྨིན་པར་མ་བྱས་པ་དང་། ཟབ་པས་འཇིགས་པས་མ་སྨིན་པ་དང་། ཉམས་པས་མ་སྨིན་པའོ། །དེ་ལ་རང་བཞིན་གྱི་ལོག་སྲེད་ཅན་སྣོད་ཁ་སྦུབ་པ་ཐབས་སྣ་

ཚོགས་ཀྱིས་བཏུལ་ཡང་སྣོད་དུ་མ་གྱུར་པ་ཡོད་དེ། སྐུར་ཞིང་སྨོད་པར་བྱས་པས་བསྟན་པར་བྱ་བ་མ་ཡིན་པའོ། །གཞན་དུ་ན་སྣོད་དུ་མ་གྱུར་པ་མེད་དེ། འདུས་པ་ལས། རིགས་ངན་སྨེ་ཤ་ཅན་ལ་སོགས། །གསོད་པ་དོན་དུ་གཉེར་བ་རྣམས། །ཐེག་མཆོག་འདི་ལས་འགྲུབ་པར་འགྱུར། །ཞེས་བཤད་པ་དང་། གཞན་ཡང་། མཚམས་མེད་ལྔ་པོ་བྱེད་པ་དང་། །གསོད་ལ་སོགས་པའི་མི་དགེ་སོགས། །དབང་མ་བསྐུར་བའི་མི་རྣམས་ཀྱང་། །ནག་པོས་བཀའ་སྩལ་བཞིན་དུ་འགྲུབ། །ཅེས་འབྱུང་བའི་ཕྱིར་རོ། །སྦྱོར་བ་ཕུལ་དུ་གྱུར་པའི་ཚིག་གོ། །བྱང་ཆུབ་ཀྱི་སེམས་དང་ལྡན་པ་ལ་སྣོད་དུ་རུང་བར་བཤད་ཀྱི། ཐམས་ཅད་དུ་ཆོ་ག་མེད་པས་ནི་འགྲུབ་པ་མ་ཡིན་ནོ། །སློབ་དཔོན་དང་སློབ་མ་རྒྱན་མ་ཚང་བས་སྣོད་དུ་རུང་ཡང་དབང་མ་ཐོབ་པའི་གང་ཟག་ཀྱང་ངོ་། །བུམ་པའི་དབང་ཙམ་ཐོབ་པ་ལ་གསང་བ་ལ་སོགས་པ་མ་ཐོབ་པ་ཡང་ངོ་། །དབང་རྫོགས་ཀྱང་སྦྱོད་པ་དང་རིག་པའི་བརྟུལ་ཞུགས་དང་། ལམ་རྣམ་པ་བཞིའི་ཚུལ་དང་ཟབ་མོའི་དོན་ལ་འཇིགས་པ་ཡང་སྣོད་དུ་མ་གྱུར་པའོ། །ཐོབ་ཀྱང་ལྟུང་བ་ལ་སོགས་པ་འབྱུང་སྟེ། ཉམས་ཀྱང་རྒྱན་མ་ཚང་བ་དང་། མ་གུས་པས་དྲི་མ་ལས་མི་ལྡང་བ་ཡང་མ་སྨིན་པར་ཤེས་པར་བྱའོ། །དེ་ལྟ་བུ་ལ་སྔགས་མ་ལྟའི་དུས་ཀྱི་རྡོ་རྗེ་སློབ་དཔོན་གྱི་འདོད་པ་དང་འཇིག་རྟེན་གྱི་ཆོས་བརྒྱད་ཀྱིས་བསམ་པས་མི་འདུལ་ཞིང་མ་གུས་པ་ལ་སྐུར་བས་ལྟུང་བར་འགྱུར་ལ། སྨིན་པར་བྱས་ཀྱང་དྲི་མ་མ་དག་པ་ལ་སྟོན་པ་ནི་ལྟུང་བ་སྟེ། སྙིང་རྗེ་ཞུགས་ན་སྙོམ་པོའོ། །ཚུལ་མ་ཡིན་པར་བསྟན་ཏེ་ལུས་ངག་གིས་བསྡམ་པ་མ་བྱས་ན་ཉེས་བྱས་སོ། །འོག་མའི་ཆོ་ག་བྱས་པ་ལ་གོང་མ་སྟོན་ན་ལྟི་བའོ། །མ་རྫོགས་པ་ཕྲ་མོའི་ཉེས་བྱས་སོ། །ཞིང་དང་བསམ་པས་ལྕི་ཡང་དང་སྦྱོར་བ་དུས་དངོས་གཞིར་གྱུར་པ་ཡང་ཤེས་པར་བྱའོ། །ཟབ་པ་མ་ཡིན་པ་བསྟན་པའི་དུས་སུ་ཟབ་མོའི་དོན་སྟོན་པ་དང་། ཚོགས་ཀྱི་འཁོར་ལོའི་ནང་དུ་འདུས་པ་དང་། ཉེས་བྱས་བཤགས་པའི་དུས་སུ་འདུས་པ་དང་། སྒྲ་བར་བྱ་བ་བརྡ་དང་ཕྱག་རྒྱ་གཅིག་ཙམ་མཐོང་བས་བཤགས་པའི་ཚད་ཀྱང་དུས་ཡོལ་བ་དང་མ་ཡོལ་བས་དེ་ཉིད་དབང་རྣམ་པ་གསུམ་ཉིད་དང་ཚོགས་ཀྱི་འཁོར་ལོ་དང་། དཔའ་བོའི་སྟོན་མོ་དང་། ཚོགས་ཀྱི་མཆོད་པས་འདུས་པ་ལ་བཤགས་པ་དང་། ཆད་པའི་ལས་དང་། མཐུལ་སྟོན་དུ་འགྲོ་བས་དྲི་མ་ལས་ལྡང་བར་བྱའོ། །འདི་ནི་སློབ་དཔོན་གྱི་ཉེས་པའོ། །དེ་ཡང་སློབ་དཔོན་ཀུ་ཀུ་རི་པས

བཤད་པ། སྣོད་མིན་པ་ལ་གསང་མི་བསྒྲགས། །སྨིན་དང་མ་སྨིན་རིམ་པ་རྣམས། །གྲུང་མོའི་རྩེ་མོ་བཏྲ་སྦྱོར་སོགས། །མཁས་པས་རྟོགས་པར་མི་བྱེད་ན། །གལ་ཏེ་འདོད་པའི་བསམ་པས་ཞུགས། །དེ་ནི་ཤིན་ཏུ་ལྟི་བ་སྟེ། །སྙིང་རྗེ་ཅན་ལ་ཤིན་ཏུ་ཡང་། །སྒོམ་ལས་ལ་སོགས་ཉེས་པ་ཆུང་། །རྐུན་ཐབས་སློབ་མའི་ཉེས་པའོ། །དབང་བསྐུར་ཚོགས་འཁོར་ལ་སོགས་དང་། །མཚལ་དག་གི་བཤགས་པས་བསྡམ། །གཞན་དུ་སྐྱེས་བུ་ཐ་ཤལ་བརླག །ཅེས་བཤད་པས་རྒྱ་ཆེར་ཤེས་པར་བྱའོ། །ཤན་འབྱེད་ཕྱོགས་སུ་བསྡུ་བར་བྱའོ། །ཕལ་ཆེར་ཡུལ་དང་དངོས་པོ་དང་།དུས་དང་སྦྱོར་བ་དང་།བསམ་པ་དང་།གང་ཟག་དང་། གཞན་གྱི་དོན་ལ་སོགས་སྤྱད་དེ་དྲི་མ་ལས་ལྡང་བར་བྱའོ། །སློབ་དཔོན་གྱི་ཉེས་པ་ནི་ལྟུང་བ་དང་པོ་དང་སྦྱར་ཏེ་བཤགས་པར་བྱའོ། །གཞན་དུ་ན། ཡོངས་སུ་སྨིན་པར་མ་བྱས་ཤིང་། །བླ་མ་ལ་སོགས་མཆོད་མི་བྱེད། །ཟབ་མོའི་དོན་ལ་ཞུགས་གྱུར་ཀྱང་། །ཉན་ལ་སོགས་ཏེ་ཕྱག་རྒྱ་འཆིང་། །ཇི་ལྟར་ས་བོན་ཚིག་པ་ལས། །མྱུ་གུ་འབྲས་བུ་མི་འབྱུང་བཞིན། །ཞེས་བྱ་བས་གསལ་བར་བསྟན་ཏེ། དེའི་ཕྱིར་སློབ་དཔོན་དང་སློབ་མ་ཡོངས་སུ་སྨིན་ན་འབྲས་བུ་ཆེན་པོར་འགྱུར་རོ་ཞེས་བསྟན་པའོ། །དེ་བས་ན་འདོད་པ་ལ་སོགས་པས་ཟབ་མོའི་དོན་བསྟན་ན་ལྟུང་བའོ་ཞེས་བཤད་པ་སྟེ་ལྟུང་བ་བདུན་པའི་བཤད་པའོ།། །།

ད་ནི་ལྟུང་བ་བརྒྱད་པའི་མཚན་ཉིད་བརྗོད་པར་བྱ་སྟེ། ཕུང་པོ་སངས་རྒྱས་མངའ་བདག་ཉིད། །དེ་ལ་སྨོད་བྱེད་བརྒྱད་པ་ཡིན། །ཞེས་བྱ་བ་བཤད་དོ། །ཕུང་པོ་ནི་གཟུགས་ལ་སོགས་པ་ལྔའོ། །སངས་རྒྱས་ནི་དེ་དག་གི་རང་བཞིན་དང་། བྱིན་གྱིས་བརླབས་པ་སྟེ། རང་བཞིན་གྱིས་ནི་གཟོད་མ་ནས་མ་སྐྱེས་པའོ། །གཟོད་མ་ནས་རང་བཞིན་གྱིས་འོད་གསལ་བ་ནི་ཤེས་པ་དང་ཤེས་བྱ་ཐ་དད་དུ་མེད་པའི་ཕྱིར་འདི་ནི་སེམས་ཅན་ཐམས་ཅད་ཀྱི་རྒྱུད་ལ་རང་བཞིན་གྱིས་རྣམ་པར་མི་རྟོག་པའི་ཡེ་ཤེས་རྣམ་པ་ལྔ་གནས་ཏེ། གློ་བུར་གྱི་དྲི་མ་མཐོང་བས་སྤང་བར་བྱ་བ་དང་། བསྒོམ་པས་སྤང་བར་བྱ་བས་མ་ཐོབ་པ་ཐོབ་པར་བྱ་བ་ནི་མ་ཡིན་ཏེ། གཞན་དུ་ན་ཐོག་མ་མེད་པའི་དུས་ནས་མ་རིག་པའི་བག་ཆགས་ཀྱིས་ཡོངས་སུ་དཀྲུགས་པའི་ཕྱིར་ཤིན་ཏུ་བག་ཆགས་ཀྱི་མཐུ་བརྟས་པས་མ་རིག་པའི་ཐིབས་པོ་ས་ནོན་པའི་ཕྱིར་ཚེ་གཅིག་ལ་སོགས་ཏེ། བསྐལ་པ་གྲངས་མེད་པ་གསུམ་གྱིས་རྣམ་པ

ཐམས་ཅད་མཁྱེན་པར་ག་ལ་འགྱུར། དེའི་ཕྱིར་སེམས་ཅན་ཐམས་ཅད་ཀྱི་རྒྱུད་ལ་རང་བཞིན་གྱིས་འོད་གསལ་བའི་རྣམ་པར་མི་རྟོག་པའི་ཡེ་ཤེས་གནས་ཏེ། དེའི་ནུས་པའི་ཁྱད་པར་དང་། ཡོན་ཏན་གྱི་ཁྱད་པར་ལས་གཉིས་སུ་མེད་པའི་ཁྱད་པར་དང་། ཡུལ་དང་ཡུལ་ཅན་དུ་སྣང་བ་སྟེ། དེའི་ཕྱིར་དཔལ་གསང་བ་འདུས་པ་ལ་སོགས་པ་རྣལ་འབྱོར་དང་རྣལ་འབྱོར་མའི་རྒྱུད་མཐའ་དག་ལས། ལུས་ཀྱི་དཀྱིལ་འཁོར་བཀོད་པ་སྣང་བ་སྟེ་དོན་དེ་ཉིད་ལ་དགོངས་པའི་ཕྱིར་རོ། །དེ་སྐད་དུ་ཡང་། ཕུང་པོ་སངས་རྒྱས་མངའ་བདག་ཉིད། །སྤྱན་ལ་སོགས་པ་ཆེན་པོ་བཞི། །སྒྲོལ་མ་ལ་སོགས་དེ་བཞིན་ནོ། །ཡུལ་དང་ཡུལ་ཅན་རང་སྣང་བའི། །ཁམས་དང་སྐྱེ་མཆེད་མང་པོ་ནི། །ས་སྙིང་ལ་སོགས་བྱང་ཆུབ་སེམས། །གཟུགས་ཀྱི་ཕུང་པོ་བགེགས་མཐར་བྱེད། །ལུས་ཀྱི་དཀྱིལ་འཁོར་རྣམ་པར་སྣང་། །ཞེས་བཤད་དེ། གཞན་ཡང་། གཟུགས་ནི་རྣམ་པར་སྣང་མཛད་དེ། །ཚོར་བ་རིན་ཆེན་འབྱུང་ལྡན་ཡིན། །འདུ་ཤེས་སྣང་བ་མཐའ་ཡས་སོ། །འདུ་བྱེད་དོན་ཡོད་གྲུབ་པ་ཡིན། །རྣམ་པར་ཤེས་པ་མི་བསྐྱོད་པ། །ཞེས་བྱ་བ་ལ་སོགས་པ་ཐབས་དང་ཤེས་རབ་ཀྱི་རྒྱུད་མང་པོ་ལས་གསལ་བར་བསྟན་ཏེ། བདག་དང་གཞན་རྡོ་རྗེ་ཐེག་པའི་རྣལ་འབྱོར་པ་རྣམས་ལ་འདི་ནི་བསླབ་པའི་ཕྱིར་རྒྱུད་དེ་དག་གི་དགོངས་པ་བདག་གིས་འདིར་མ་སྨྲོས་སོ། །རྒྱུད་དེ་དག་ལས་ཀྱང་ལྷའི་གྲངས་ཐ་དད་པར་སྣང་སྟེ། དེ་དག་ཀྱང་གདུལ་བའི་བསམ་པ་དང་། རྟེན་ཅིང་འབྲེལ་པར་འབྱུང་བའི་ནུས་པ་དང་། དབང་པོའི་བྱེ་བྲག་གིས་གསུངས་ཀྱི། རྣམ་པར་དག་པ་ལུས་ཀྱི་དཀྱིལ་འཁོར་བཀོད་པ་ཕུང་པོ་ལས་ཐ་དད་པར་བརྗོད་པ་ནི་མ་ཡིན་ནོ། །དེའི་ཕྱིར། དེ་ཡི་རང་བཞིན་དེ་ཡིན་ཕྱིར། །དེ་ཡི་ནུས་པ་དེ་ལ་གནས། །དེ་ཕྱིར་སེམས་ཅན་སངས་རྒྱས་ཏེ། །ཐབས་ཀྱིས་འཕྲུལ་པ་བཟློག་པའི་ཕྱིར། །དེ་ཕྱིར་སངས་རྒྱས་ཐ་དད་སྣང་། །ལུས་ལ་དཀྱིལ་འཁོར་རྣམ་པར་དགོད། །ཅེས་བཤད་པའི་ཕྱིར་རོ། །བྱིན་གྱིས་བརླབས་པའི་ཚུལ་གྱིས་ཀྱང་རྣམ་པར་རྟོག་པའི་བག་ཆགས་ཟད་པར་བྱ་བའི་ཕྱིར་དང་། བསོད་ནམས་ཀྱི་ཚོགས་ཡོངས་སུ་རྫོགས་པར་བྱ་བའི་ཕྱིར་དང་། ལས་དང་པོ་པའི་གང་ཟག་རྣལ་འབྱོར་པའི་སེམས་གོམས་པར་བྱ་བའི་ཕྱིར་དབང་དང་དམ་ཚིག་སྔོན་དུ་འགྲོ་བས་ཡན་ལག་བདུན་པས་སེམས་རྒྱུད་སྦྱངས་ཏེ། སྟོང་པ་ཉིད་ལས་ལྷའི་གཟུགས་སུ་རྣམ་པར་ལྡང་ཞིང་། ཡེ་ཤེས་ཀྱི་དཀྱིལ་འཁོར་དང་། གཉིས་སུ་མེད་པས

ཐྲ་མོ་དང་ཐིག་ལེ་དང་རྩའི་འཁོར་ལོ་རྣམ་པར་བསྒོམས་ཏེ་ཚོགས་ཐམས་ཅད་རྫོགས་པར་བྱའོ། །རང་བཞིན་དུ་གནས་པའི་དོན་དང་བྱིན་གྱིས་བརླབས་པའི་ལུས་ཀྱི་དཀྱིལ་འཁོར་ལ་ཐུན་བཞིའི་རིམ་པས་ཚོགས་ཀྱི་མཆོད་པས་བསྙེན་པར་བྱེད་ཅིང་། བདག་དང་ཐ་མི་དད་པར་མཉམ་པ་ནི། ཕུང་པོ་སངས་རྒྱས་མངའ་བདག་ཉིད་དོ། །དེ་སྐད་དུ་ཡང་། རྣལ་འབྱོར་གྱི་ལམ་གྱི་རིམ་པ་ལ་འཇུག་པ་ལས། བརྟགས་པས་ལྷ་ཡི་དཀྱིལ་འཁོར་བསྒོམ། །ཐུན་བཞིའི་རིམ་པས་ཚོགས་ཀྱིས་མཆོད། །དཀའ་ཐུབ་ལ་སོགས་རྣམ་སྤངས་ཏེ། །སྐད་ཅིག་སངས་རྒྱས་བྲལ་མེད་འགྲུབ། །ཅེས་བཤད་པའི་ཕྱིར་རོ། །དེ་བས་ན་དེ་ལ་བརྟེན་པ་ནི་ལྟུང་བ་སྟེ། དེ་ཡང་གསད་པ་དང་། སྨྲུག་པ་དང་། བཅིང་བ་དང་། ཐ་སྙད་དུ་སེམས་པ་དང་། སྲུང་བར་གནས་པ་དང་། དཀའ་ཐུབ་དང་། དཀའ་སྤྱོད་དང་། སྤང་སྤྱད་དང་། ལུས་དྲན་པ་ཉེ་བར་གཞག་པས་མི་གཙང་བའི་རྫས་སུམ་ཅུ་རྩ་གཉིས་སུ་སྣུན་འབྱིན་པར་བྱེད་པ་ལ། ཡན་ལག་ལ་སོགས་པ་མ་རུང་བར་བྱེད་ཅིང་གསོབ་ཉིད་དང་། གསོག་ཉིད་དང་། སྙིང་པོ་མེད་པ་ཉིད་དང་ཞེས་རྣམ་པར་བརྟེན་ཤིང་སྤྱོད་པར་བྱེད་དེ་དེ་ནི་ལྟུང་བའོ། །དེ་ཡང་ཡན་ལག་དུས་དངོས་གཞིར་གྱུར་པ་དང་། ལྟུང་བ་དང་ཡན་ལག་གི་ཉེས་པ་ཡང་ཤེས་པར་བྱའོ། །ཚོགས་ཀྱི་འཁོར་ལོ་དང་། ཚོགས་ཀྱི་མཆོད་པ་དང་། ཚོགས་ལ་བཤགས་པ་སྟེ། རང་བཞིན་དང་བྱིན་གྱིས་བརླབས་པའི་དཀྱིལ་འཁོར་བསྒོམ་ཞིང་ཕྱིས་སྐད་ཅིག་ཀྱང་མི་འཇུག་པ་ལ་བསླབ་པར་བྱའོ། །ལྟུང་བ་བརྒྱད་པའི་བཤད་པའོ།། །།

དགུ་པ་ལྟུང་བ་དགུ་པའི་མཚན་ཉིད་བཤད་པར་འདོད་ན། རང་བཞིན་དག་པའི་ཆོས་རྣམས་ལ། །སོམ་ཉི་ཟ་བ་དགུ་པ་ཡིན། ཞེས་བཤད་དོ། །རང་བཞིན་གྱིས་དག་པ་ནི་བདག་མེད་པས་རྣམ་པར་དབེན་པའོ། །དེའི་ཕྱིར་དེ་ནི་རང་བཞིན་གྱིས་རྣམ་པར་དབེན་པའོ། །གཞན་ཕྱི་དང་དབང་ཕྱུག་དང་བྱེད་པ་པོ་དང་བདག་ཏུ་འདོད་པ་སྟེ། དེ་དག་དང་གཞན་ཡང་ཕྱི་རོལ་གྱི་དངོས་པོ་དོན་དུ་འདོད་ཅིང་བསགས་པ་དང་འདུས་པའི་དངོས་པོ་དང་། ཤེས་པ་ཡང་དུས་གསུམ་རྫས་སུ་སྨྲ་བ་དང་། གཞན་ཡང་ནང་གི་ཤེས་བྱེད་ནི་དོན་དུ་ཡོད་ལ། ཤེས་བྱ་གཉིས་མེད་པ་ལ་དོན་ལྷ་བུར་སྣང་བའོ་ཞེས་འདོད་པ་ལ་སོགས་པའི་གྲུབ་པའི་མཐའ་ལ་རྣམ་པར་རྟོག་ཅིང་། ཅི་རང་བཞིན་རྣམ་པར་དག་པའི་ཆོས་སུ

སྨྲ་བ་ནི་དེ་བཞིན་གཤེགས་པའི་བཀའ་འམ་བདུད་ཀྱི་ཚིག་ཅེས་རྟོག་སྟེ། ཡང་དག་པའི་དོན་ལ་ཐེ་ཚོམ་ཟ་ཞིང་ཕྱི་རོལ་པ་ལ་སོགས་པ་གྲུབ་པའི་མཐའ་སྣ་ཚོགས་སུ་རྟོག་ཅིང་ཐེ་ཚོམ་ཟ་བའོ། །གཞན་དག་རྗོད་བྱེད་ཀྱི་ཆོས་རྒྱུད་དང་ཤེས་རབ་ཀྱི་ཕ་རོལ་ཏུ་ཕྱིན་པའི་མདོ་རྣམས་ལ་སྨོད་པའོ། །དེ་ཡང་ཐ་དད་པར་བརྗོད་པ་མ་ཡིན་ཏེ། གཞི་གཅིག་ཏུ་བརྗོད་པའོ། །དེའི་ཕྱིར་དེ་ལ་ཐེ་ཚོམ་ཟ་བ་ནི་ལྟུང་བའོ། །སྤྱོར་བ་དུ་དང་ལྡན་པས་དངོས་གཞིར་འགྱུར་བ་ཡང་ཤེས་པར་བྱའོ། །ལྟུང་བ་དང་ཡན་ལག་གི་ཉེས་པ་ཡང་ཞིང་དང་བསམ་པ་དང་དུས་དང་སྦྱོར་བའི་བྱེ་བྲག་གིས་ཤེས་པར་བྱའོ། །དྲི་མ་ལས་ལྟུང་བ་ནི་ཚོགས་པ་ལ་བཤགས་ལ་ཕྱིས་བསྡམས་ཏེ་སྐྱེ་བ་མེད་པ་ལ་འཇུག་པར་བྱའོ། །གཞན་གདུལ་བའི་བསམ་པ་དང་། དངོས་པོ་གཏན་ལ་འབེབས་པ་དང་། བཅོམ་ལྡན་འདས་ཀྱི་དགོངས་པ་འགྲེལ་པའི་དུས་སུ་ཉེས་པ་མེད་དོ། །གཞི་མཐུན་པའི་ཕྱོགས་སུ་བསྟོའོ། །ལྟུང་བ་དགུ་པའི་བཤད་པའོ།། །།

ད་ནི་ལྟུང་བ་བཅུ་པའི་མཚན་ཉིད་བཤད་པར་འདོད་ནས། གདུག་ལ་རྟག་ཏུ་བྱམས་སེམས་ལྡན། །བྱེད་པ་དེ་ནི་བཅུ་པར་འདོད། །ཅེས་བྱ་བ་བཤད་དེ། དེ་ཡང་གདུག་པ་ནི་བདུད་དང་མུ་སྟེགས་དང་། ཕྱིར་རྒོལ་བ་དྲེགས་པ་ཅན་དང་། ལོག་སྲིད་ཅན་ལ་སོགས་པ་སྟེ། ཡང་དག་པའི་བཀས་མི་འདུལ་བ་དང་། བྱང་ཆུབ་ཀྱི་སེམས་དང་སྙིང་རྗེ་དང་བྲལ་བའི་གང་ཟག་ལ་སྙིང་རྗེས་རྫུ་འཕྲུལ་གྱིས་འདུལ་བ་དང་། ཐབས་གཞན་གྱིས་མི་འདུལ་བ་ལ་སྙིང་རྗེས་བསྒྲལ་བ་ལ་སོགས་པས་འདི་དང་ཕྱི་མའི་དོན་ཆེན་པོ་ཐོབ་པར་མི་བྱེད་པ་དང་། བླ་མ་དང་དཀོན་མཆོག་དང་སེམས་ཅན་ཕལ་པོ་ཆེ་ལ་གནོད་པའི་གང་ཟག་ལ་དགའ་བར་བྱེད་པའོ། །དེ་ལ་སྙིང་རྗེས་བསྒྲུ་བའི་དངོས་པོ་བཞི་དང་། ཐབས་མཁས་པའི་སྤྱོད་པ་སྣ་ཚོགས་ཀྱིས་འདུལ་བ་དང་། རྫུ་འཕྲུལ་དང་དྲག་ཤུལ་གྱི་སྤྱོད་པས་མི་འདུལ་ན་ལྟུང་བའོ། །དེའི་ཕྱིར་བདེ་མཆོག་འཁོར་ལོ་ལས། ཤིན་ཏུ་ཁྲོ་ཞིང་གཏུམ་པ་ལ། །ཞི་བས་ཕན་པར་མི་འགྱུར་ཏེ། །ཤེས་རབ་ཐབས་ཀྱི་སྦྱོར་བ་ཡིས། །ཁྲོ་བོར་དེ་བཞིན་གཤེགས་ཀུན་མཛད། །ཅེས་བཤད་པ་དང་། གཞན་ཡང་། སྙིང་རྗེ་ཆེན་པོའི་སྟོབས་ཀྱིས་ནི། །གདུག་པ་ཡལ་བར་མི་འདོར་ཏེ། །རྫུ་འཕྲུལ་བསྒྲལ་ལ་སོགས་པས་གདུལ། །གཞན་དུ་བླ་མ་དཀོན་མཆོག་སྤངས། །ཞེས་འབྱུང་བས་བཤད་པའོ། །སྦྱོར་བ་དུ་དང་ལྡན་པས་དངོས་གཞིར་འགྱུར་བ་ཡང་ཤེས་པར་བྱའོ། །དྲི་མ་ལས

ལྟུང་བ་དང་། ཚོགས་ལ་བཤགས་པ་སྟེ། ཕྲིན་ལས་རྣམ་པ་བཞིས་དེ་བཞིན་གཤེགས་པའི་ཕྲིན་ལས་མཛད་པའོ། །ཤན་འབྱེད་བ་ནི་ཕྱོགས་སུ་བསྡུ་བའོ། །ལྟུང་བ་བཅུ་པའི་རྣམ་པར་བཤད་པའོ།། །།

དེ་ནི་ལྟུང་བ་བཅུ་གཅིག་པའི་མཚན་ཉིད་བཤད་པར་འདོད་ནས། མིང་སོགས་བྲལ་བའི་ཆོས་རྣམས་ལ། །དེར་རྟོག་པ་ནི་བཅུ་གཅིག་པ། །ཞེས་བཤད་པ་སྟེ། མིང་སོགས་བྲལ་བའི་ཆོས་རྣམས་ནི། རྗོད་པར་བྱེད་པའི་ཐ་སྙད་ལས་འདས་པ་སྟེ། མི་རྟོག་པའི་ཡེ་ཤེས་ཀྱི་ཡུལ་ཤེས་བརྗོད་ཀྱི་ཡུལ་ལས་འདས་པའོ། །དེ་ཡང་ལུང་དང་རིགས་པས་གྲུབ་སྟེ། ལུང་ནི་ཐེག་པ་ཆེན་པོའི་རྒྱུད་དང་མདོ་མཐའ་དག་ལས་གྲུབ་པའོ། །དེ་སྐད་དུ་ཡང་། དངོས་རྣམས་བདག་དང་གཞན་ལས་མིན། །གཉིས་ཀ་ལས་ཏེ་མེད་མི་སྐྱེ། །སྐྱེ་འགག་སྤྲོས་བྲལ་རྣམ་པར་སྟོང་། །ཡོད་མེད་ཤེས་བརྗོད་ཡུལ་ལས་འདས། །གཅིག་དང་དུ་མའི་མཐའ་ཤེས་ཤིང་། །སྐད་ཅིག་ཆ་ཤས་བརྟགས་པས་དབེན། །གཟུགས་དང་སྟོང་པ་ཐ་དད་མིན། །ཀུན་ནས་ཉོན་མོངས་རྣམ་པར་བྱང་། །འདོད་ཆགས་ཉོན་མོངས་བདག་ལྟ་དང་། །སྐྱེ་མེད་ཐམས་ཅད་མཁྱེན་པ་ཡང་། །རང་བཞིན་གཅིག་སྟེ་ཐ་དད་མེད། །འདི་དག་དམ་པའི་དོན་དུའོ། །ཞེས་འབྱུང་བ་དང་། གཞན་ཡང་ཤེས་རབ་ཀྱི་ཕ་རོལ་ཏུ་ཕྱིན་པ་ལས་ཆོས་ཐམས་ཅད་རྨི་ལམ་ལྟ་བུ་སྒྱུ་མ་ལྟ་བུའོ། །མྱ་ངན་ལས་འདས་པའི་ཆོས་ཐམས་ཅད་ཀྱང་རྨི་ལམ་ལྟ་བུ་སྒྱུ་མ་ལྟ་བུ། མྱ་ངན་ལས་འདས་པ་ལས་ཆེས་ལྷག་པའི་ཆོས་ཅིག་ཡོད་ན་ཡང་རྨི་ལམ་ལྟ་བུ་སྒྱུ་མ་ལྟ་བུའོ། །རིགས་པ་ནི༔ ཕྱི་དང་ནང་གི་དངོས་པོ་ནི། །དམ་པའི་དོན་དུ་རང་བཞིན་མེད། །བདག་ལས་མ་སྐྱེས་གཞན་ལས་མིན། །གཉིས་ཀ་ལས་ཏེ་རྒྱུ་མེད་མིན། །གཟུགས་བརྙན་ལ་སོགས་བཞིན་དུ་བརྟག །བདག་ལ་སོགས་པས་རྣམ་པར་དབེན། །ནང་གི་ཤེས་པ་ཡོད་མིན་ཏེ། །རྟག་ཆད་མཐའ་དང་རྣམ་པར་བྲལ། །གཞན་དུ་ལུང་དང་རིགས་པས་གནོད། །ཅེས་བཤད་པ་དང་། སློབ་དཔོན་འཕགས་པ་ལྷས་བཤད་པ། །རྫི་སྲིད་ཡོད་པར་རྟོག་པ་ན། །དེ་ཡང་སྒྱུ་མའི་མཚན་ཉིད་མིན། །རྫི་སྲིད་མེད་པར་རྟོག་པ་ན། །དེ་ཡང་སྒྱུ་མའི་མཚན་ཉིད་མིན། །རྫི་སྲིད་དབུས་མར་རྟོག་པ་ན། །དེ་ཡང་སྒྱུ་མའི་མཚན་ཉིད་མིན། །དེ་ཀུན་རང་བཞིན་མེད་དོ་ཞེས། །ཐེག་པ་ཆེ་རྣམས་སྨྲ་བྱེད་ཀྱང་། །བདག་བྱིན་བརླབ་ལས་ཕྱི་རོལ་ཕྱོགས། །ཞེས་བཤད་པས་མིང་དང་བརྡ་ལ་སོགས་པ་དང་བྲལ་བའི་ཆོས་ལུང་དང་རིགས་པས་ཡང་དག་པར

བསླབ་སྟེ། རིགས་པ་ནི་རྒྱ་ཆེར་སློབ་དཔོན་ཀླུ་སྒྲུབ་ཀྱི་ཞལ་སྔ་ནས། དབུ་མ་རིགས་པའི་ཚོགས་ལས་རྒྱ་ཆེར་གཏན་ལ་ཕབ་པས། དེ་ཡང་འདིར་བདག་གིས་སྤྲོས་ན་དོན་མེད་པའི་ཕྱིར་མ་སྤྲོས་སོ། །དེའི་རྟག་པ་དང་ཆད་པའི་མཐར་རྟོག་ན་ནི་ལྟུང་བའོ། །ཡན་ལག་དུས་དངོས་གཞིར་འགྱུར་བ་ཡང་ཤེས་པར་བྱའོ། །ལྟུང་བ་ནི་ཚོགས་པ་ལ་བཤགས་ཏེ་དེ་ཉིད་ལས་ཡོག་སྟེ་གོམས་པར་བྱེད་པའོ། །ལྟུང་བ་བཅུ་གཅིག་པའི་བཤད་པའོ།། །།

ད་ནི་ལྟུང་བ་བཅུ་གཉིས་པའི་མཚན་ཉིད་བཤད་པར་འདོད་ནས། སེམས་ཅན་དད་དང་ལྡན་པ་ཡི། །སེམས་སུན་འབྱིན་པ་བཅུ་གཉིས་པ། །ཞེས་བཤད་དེ། ཐེག་པ་ལ་གསར་དུ་ཞུགས་པའི་ལས་དང་པོ་པ་ལ་སོགས་པ་ལ་མི་དད་ཅིང་མ་གུས་པའི་རྣལ་འབྱོར་པ་ལུས་ངག་གིས་བག་མེད་པར་སྤྱོད་ཅིང་། དེའི་རྒྱུས་གཞན་མ་དད་ཅིང་རྡོ་རྗེ་ཐེག་པ་ལ་སྨོད་ཅིང་མ་ཞུགས་པ་རྣམས་མི་འཇུག་ཅིང་། ཞུགས་པ་རྣམས་ཟློག་པར་བྱེད་ན་ལྟུང་བར་འགྱུར་ཏེ། ཡན་ལག་དུས་དངོས་གཞིར་འགྱུར་བ་ཡང་ཤེས་པར་བྱའོ། །ཡན་ལག་གི་ཉེས་བྱས་ལ་སོགས་པ་ལྷོ་ཡང་གི་བྱེ་བྲག་གིས་དྲི་མ་ལས་ལྡང་བ་ཡང་ཚོགས་པ་ལ་བཤགས་པ་དང་། མཎྜལ་སྟོན་དུ་འགྲོ་བས་དམ་པ་གཅིག་ལ་བཤགས་པ་དང་། ཐ་མ་ནི་སེམས་ཀྱིས་བསྡམས་ཏེ་དེ་ཉིད་ལ་སོགས་པ་རྗེས་སུ་གཟུང་བའོ། །ཡུལ་དང་དུས་དང་བསམ་པ་དང་། རྐྱེན་གྱི་བྱེ་བྲག་གིས་ཉེས་པ་ལྷོ་ཡང་དང་ཉེས་མེད་པ་ཡང་ཤེས་པར་བྱའོ། །ལྟུང་བ་བཅུ་གཉིས་པའི་བཤད་པའོ།། །།

ད་ནི་ལྟུང་བ་བཅུ་གསུམ་པའི་མཚན་ཉིད་བཤད་པར་འདོད་ནས། དམ་ཚིག་རྫས་ནི་ཇི་བཞིན་རྙེད། །མི་བསྟེན་པ་ནི་བཅུ་གསུམ་པ། །ཞེས་བྱ་བ་བཤད་དེ། དམ་ཚིག་ནི་འདིར་བཤད་པ་དང་འཆད་པར་འགྱུར་བ་ལ་བྱ་སྟེ། དེ་ཁྱད་དུ་གསོད་ཅིང་མ་གུས་པ་དང་། ཉོན་མོངས་པས་ཟིལ་གྱིས་ནོན་པས་ཉེས་པ་བྱུང་ཡང་དྲི་མ་ལས་ལྡང་བར་མི་བྱེད་པ་དང་། མི་ཤེས་པ་ཡང་ལྟུང་བ་འབྱུང་བའི་རྒྱུ་སྟེ། དེ་བས་ན་སྐྱེས་བུ་བླུན་པོ་སྨིན་པར་བྱས་པ་རྣམས་ཀྱང་ཕལ་ཆེར་ལྟུང་བའི་གཞི་ཡིན་པས། དེ་དག་ནི་དྲི་མ་ལས་ལྡང་བ་དཀའ་བ་སྟེ། དེ་དག་རང་གི་ལྟུང་བའི་ནུས་པ་ཆུང་བའི་ཕྱིར་ཕལ་ཆེར་གཞན་ལ་བསྟེན་པ་དང་། དཔའ་བོའི་སྟོན་མོ་ལ་སོགས་པས་ལྡང་བར་ཤེས་པར་བྱའོ། །སྐྱེས་བུ་

ཤེས་རབ་ཅན་རྣམས་ཀྱིས་དྲི་མ་ལས་ལྡང་བ་ནི་ཤིན་ཏུ་ཡང་བས་དེ་དག་ཀྱང་སྒྱུ་མ་ལྟ་བུའི་དོན་ལ་མཁས་པ་དག་གིས་འདག་པར་འགྱུར་ཏེ། དེ་ཡང་སླུས་པ། མཁས་པས་དྲི་མ་ལས་ལྡང་བ། །བཤགས་དང་བྲལ་དང་བཀྲུ་བ་དང་། །དབྱུང་དང་བསྲེག་དང་དམིགས་པས་སྦྱོང་། །དབང་དང་ཚོགས་ལ་སོགས་པ་དང་། །ཚོགས་པ་འདུས་དང་དམ་པ་གཅིག །དཀྱིལ་འཁོར་ལ་སོགས་མདུན་དུ་བྱས། །དཀྱིལ་འཁོར་སྦྱིན་སྲེག་མཆོད་རྟེན་དང་། །གཏོར་མ་ལ་སོགས་དྲི་མ་ལྡང་། །བླུན་པོས་ལྡི་བ་དྲི་མ་ལ། །འདག་པའི་ཤེས་པ་མིན་པར་རྟོག །ཅེས་བྱ་བ་ལ་སོགས་པས་བཤད་པ་དང་། གཞན་ཡང་དེ་ལྟ་བུའི་དབང་དུ་བྱས་ནས། མཁས་པས་སྐྱིག་པ་བཤགས་པ་དང་ལྡང་བ་ཡང་། མཁས་པས་སྐྱིག་པ་བྱས་པ་རྣམ་སྨིན་འཕྲལ་ལ་སྨྱུང་། །མི་མཁས་སྐྱིག་པ་བྱས་པས་དེ་ཉིད་ཐུར་དུ་འགྲོ། །ལྕགས་ཀྱི་གོང་བུ་ཆུང་ཡང་ཆུ་ཡི་གཏིང་དུ་འགྲོ། །དེ་ཉིད་སྣོད་དུ་བྱས་ན་ཆེ་ཡང་ཁ་ན་འཕྱོ། །ཞེས་བཤད་པས་ཀྱང་ཚུལ་དེ་ཉིད་བསྟན་ཏོ། །གཞན་དག་ལས། མཁས་པས་སྐྱིག་པ་བྱས་པ་རྣམས། །བཀའ་སོགས་བསླུས་ཏེ་ཤིན་ཏུ་ལྡི། །བླུན་པོས་སྐྱིག་པ་ལྡི་བ་མིན། །རང་བཞིན་བླུན་པ་ཉིད་ཀྱིས་སོ། །ཞེས་བྱ་བ་ཡང་མཁས་པས་བཀའ་བསླུས་པ་དང་། ཁྱད་དུ་བསད་པས་ལྡི་བར་ཤེས་པར་བྱའོ། །དེའི་ཕྱིར་དོན་དུ་མི་གཉེར་བ་ནི་ལྟུང་བའོ། །གཞན་ཡང་སྐུ་གསུང་ཐུགས་ཀྱི་དམ་ཚིག་ཐུན་བཞིའི་རིམ་པས་སྐུའི་དམ་ཚིག་ནི་ལྷའི་རྣམ་པར་བསྒོམ་པ་དང་། གསུང་གི་དམ་ཚིག་ནི་སྔགས་ཀྱི་གྲངས་དང་། ཐུགས་ཀྱི་དམ་ཚིག་ནི་བདེན་པ་གཉིས་ཀྱི་ཚུལ་གྱིས་མི་རྟོག་པ་དང་། གཞན་ཡང་རྩ་བའི་འཁྲུལ་འཁོར་མི་བསྒོམ་པའོ། །གཞན་ཡང་འདོད་ཆགས་ལ་སོགས་པ་ཉོན་མོངས་པ་ལྔའི་རང་བཞིན་ཤེས་པར་བྱས་ཏེ་མི་སྤང་བ་དང་། རྣམ་པར་སྣང་མཛད་དང་། དྲི་ཆུ་ལ་སོགས་པ་བདུད་རྩི་རྣམ་པ་ལྔའི་རང་བཞིན་ཤེས་པར་བྱས་ཏེ། སྤྲར་སྤྲུར་ལ་སོགས་པ་སྦྱངས་ནས་མི་བསྟེན་པར་འདོར་བ་དང་། གཞན་ཡང་བྱང་ཆུབ་ཀྱི་སེམས་ཀྱི་རྩ་སུམ་ཅུ་རྩ་གཉིས་ནས། ཆུ་སེར་ལ་སོགས་པའི་བྱང་ཆུབ་ཀྱི་སེམས་རྣམས་བསྟེན་པར་མི་བྱེད་ཅིང་འདོར་བ་དང་། གཞན་ཡང་ཡན་ལག་གི་དམ་ཚིག་མང་དུ་བཤད་པ་རྣམས་བསྟན་པར་མི་བྱེད་པ་དང་། རྟོག་པ་དང་བྲལ་ཞིང་མཉམ་པ་ཉིད་ཀྱི་དོན་རྟོགས་ཏེ། བླང་བ་དང་དོར་བ་མེད་པའི་དམ་ཚིག་ལ་མི་གནས་པའོ། །དེ་དག་ལས་འདའ་བར་བྱེད་པ་ནི་ལྟུང་བའོ། །ཡན་ལག་

དུས་དངོས་གཞིར་གྱུར་པ་ཡང་ཤེས་པར་བྱའོ། །ལྟུང་བ་ནི་བཤད་ཟིན་པ་དང་འཆད་པར་འགྱུར་བ་རྣམས་ཀྱི་དམ་ཚིག་ཉམས་པར་འགྱུར་བ་དང་། ལྟུང་བ་ཡང་དེ་ཉིད་ལས་ཤེས་པར་བྱའོ། །ཡུལ་དང་བསམ་པ་དང་དུས་དང་རྐྱེན་གྱི་བྱེ་བྲག་གིས་ཉེས་པ་དང་ཉེས་པ་མེད་པ་ཡང་ཤེས་པར་བྱའོ། །ལྟུང་བ་བཅུ་གསུམ་པའི་བཤད་པའོ།། །།

དེ་ནི་ལྟུང་བ་བཅུ་བཞི་པའི་མཚན་ཉིད་བཤད་པར་བྱ་སྟེ། ཤེས་རབ་རང་བཞིན་བུད་མེད་ལ། །སྨོད་པར་བྱེད་པ་བཅུ་བཞི་པ། །ཞེས་བྱ་བ་སྨོས་ཏེ། ཤེས་རབ་ཀྱི་རང་བཞིན་ནི་སངས་རྒྱས་ཀྱི་ཡུམ་ཤེས་རབ་ཀྱི་ཕ་རོལ་ཏུ་ཕྱིན་མ་སྟེ། དེ་ཡང་གསང་བ་དང་ཤེས་རབ་ཡེ་ཤེས་ཀྱི་དབང་གི་དུས་སུ་གཟུང་བ་དང་། རིག་པའི་བརྟུལ་ཞུགས་ཉེ་བར་བསྟེན་པ་ལ་བྱ་སྟེ། དེ་དག་ཀྱང་ཁྱད་པར་དང་བྱེ་བྲག་གི་དབྱེ་བ་ཡང་ཤེས་པར་བྱའོ། །ཡན་ལག་དུས་དངོས་གཞིར་འགྱུར་བ་དང་། ཡུལ་དང་བསམ་པ་དང་། དུས་དང་རྐྱེན་གྱི་བྱེ་བྲག་གིས་ཉེས་པ་དང་ལྟི་ཡང་དང་ཉེས་པ་མེད་པ་ལ་སོགས་པ་ཡང་ཤེས་པར་བྱའོ། །ལྟུང་བ་ནི་ཚོགས་ཀྱི་འཁོར་ལོ་ལ་སོགས་པས་སོ། །ཤན་འདྲ་བ་ནི་བུད་མེད་ཐམས་ཅད་དེ་ཕྱོགས་སུ་བསྡུ་བའོ། །བཤགས་པའི་ཚད་ཀྱང་ཡན་ལག་གི་ཉེས་པའི་ཚད་དོ། །ལྟུང་བ་བཅུ་བཞི་པའི་བཤད་པའོ།། །།

དེ་དག་ཉེ་བར་བསྡུས་ཏེ་བཤད་པ། སྡིགས་པས་དེ་དག་སྤངས་ན་ནི། །དངོས་གྲུབ་མྱུར་དུ་ཐོབ་པར་འགྱུར། །གཞན་དུ་དམ་ཚིག་ཉམས་པས་ན། །ཉམས་པས་བདུད་ཀྱིས་གཟུང་བར་འགྱུར། །དེ་ནས་སྡུག་བསྔལ་མྱོང་འགྱུར་ཞིང་། །ཐུར་དུ་བལྟས་ཏེ་དམྱལ་བར་འགྲོ། །དེ་བས་ང་རྒྱལ་བཅོམ་ནས་ནི། །བདག་ཉིད་དད་ལྡན་གུས་པ་དང་། །མ་འབྲུལ་པས་ནི་གཟུང་བར་བྱ། །གལ་ཏེ་ཉམས་ན་བླ་མ་ལ། །ཞུལ་ལ་སོགས་པས་དྲི་མ་འདག །བདག་ཉིད་གཞན་ལ་ཕན་འདོགས་པས། །བླ་མ་དཀོན་མཆོག་མཆོད་བྱས་ཤིང་། །གསུམ་ལ་སྐྱབས་འགྲོ་ནས་བརྩམས་ཏེ། །བསོད་ནམས་ཚོགས་ནི་ཉེར་བསགས་ནས། །བྱང་ཆུབ་སེམས་ལ་སོགས་པ་ཡི། །སྡོམ་པ་ཐམས་ཅད་གཟུང་བར་བྱ། །ཞེས་པ་ལ་སོགས་པས་བཤད་དེ། དེ་དག་ཀྱང་ཚིག་གཉིས་ཀྱིས་ཕན་ཡོན་བསྟན་པ་དང་། ཚིག་བཤད་གཅིག་གིས་དམ་ཚིག་ལས་ཉམས་པའི་ཉེས་དམིགས་བསྟན་པ་དང་། ཚིག་བཤད་ཕྱེད་ཀྱིས་བདག

ཉིད་གུས་པ་དང་ལྡན་པས་མ་འཁྲུལ་པས་དམ་ཚིག་གཟུང་བར་བྱའོ་ཞེས་བསྟན་པའོ། །ཚིག་རྐང་གཉིས་ཀྱིས་ནི་དྲི་མ་ལས་ལྡང་བར་བསྟན་ཏོ། །ཚིགས་སུ་བཅད་པ་ཕྱེད་དང་གཉིས་ཀྱིས་ནི་བླ་མ་དང་དཀོན་མཆོག་མཆོད་ཅིང་ཚོགས་དེ་ཉེ་བར་གཟུང་ཞིང་། དམ་ཚིག་དང་སྡོམ་པ་གཟུང་བར་བསྟན་ཏོ། །འདི་དག་ནི་བསྡུས་པའི་དོན་ཏོ། །ཡན་ལག་གི་དོན་ཡང་ཐབས་དང་ཤེས་རབ་དང་། དེ་ཁོ་ན་ཉིད་བཅུ་དང་། རྒྱུ་དང་། འབྲས་བུ་དང་། ཐབས་ཀྱི་དེ་ཁོ་ན་ཉིད་དོ། །ཚུལ་བདུན་དང་། བསྐྱེད་རྫོགས་གཉིས་དང་། བསྙེན་སྒྲུབ་ཀྱི་བྱེ་བྲག་གིས་བདག་དང་། གཞན་གྱི་དོན་བྱ་བར་འདོད་པ་ནི་སྔགས་པ་སྟེ། དེ་ལྟ་བུས་དམ་ཚིག་གི་དྲི་མ་སྦྱངས་པ་ནི་སྣོད་དུ་གྱུར་པ་སྟེ། མཆོག་དང་ཐུན་མོང་གི་དངོས་གྲུབ་ཐོབ་པར་འགྱུར་བའོ། །གཞན་དུ་དམ་ཚིག་ལས་ཉམས་ན་ནི་ཚེ་འདི་ལ་ཡང་བདུད་ཀྱིས་གཟུང་སྟེ་སྡུག་བསྔལ་མྱོང་བར་འགྱུར་ལ། ཕྱི་མ་ལ་ཡང་རྡོ་རྗེ་དམྱལ་བ་ལ་སོགས་པར་སྐྱེ་བར་འགྱུར་རོ། །དེ་དག་ལ་སོགས་པའི་ཚད་ནི་གོང་དུ་བསྟན་པས་འདིར་མ་བསྟན་ཏོ། །དེ་བས་ན་བདག་ཉིད་མ་འཁྲུལ་པར་རྟག་ཏུ་དམ་ཚིག་རྣམས་རྗེས་སུ་གཟུང་བར་བྱའོ། །གལ་ཏེ་ཉམས་ན་ཡང་བླ་མ་ལ་ཕུལ་བ་དང་བཤགས་པའི་ཚད་རྣམས་ཀྱིས་དྲི་མ་ལས་ལྡང་བར་བྱའོ། །བདག་ཉིད་ལ་ཕན་པར་འདོད་པས། དཀོན་མཆོག་གསུམ་ལ་སོགས་པ་ལ། སྐྱབས་སུ་འགྲོ་བ་ནས་བརྩམས་ཏེ་བསོད་ནམས་ཀྱི་ཚོགས་ཉེ་བར་བསག་པར་བྱའོ། །བྱང་ཆུབ་སེམས་ཀྱི་སྡོམ་པ་ལ་སོགས་ཏེ་སྡོམ་པ་ཐམས་ཅད་གཟུང་བར་བྱའོ། །རྡོ་རྗེ་ཐེག་པའི་རྩ་བའི་ལྟུང་བ་བཅུ་བཞི་པའི་རྒྱ་ཆེར་བཤད་པའི་ཉེ་བར་བསྡུས་པའི་བཤད་པའོ།། །།

ད་ནི་ཡན་ལག་གི་ཉེས་པ་བཤད་པར་འདོད་ནས། ཧེ་རུ་ཀ་དང་སློབ་དཔོན་ལ་ཕྱག་འཚལ་ལོ་ཞེས་པ་ནི་མཆོད་པར་བརྗོད་པ་སྔོན་དུ་འགྲོ་བས། རྣམ་པར་ཐར་པའི་སྒོ་གསུམ་དང་ལྡན་པའི་རྒྱུ་དང་ལམ་དང་འབྲས་བུ་རྣམ་པར་དག་པའི་ཧེ་རུ་ཀ་དང་བླ་མ་ཐ་མི་དད་ལ་ཕྱག་འཚལ་བའི་དོན་ཏོ། །རབ་ཏུ་བདེ་བ་འཕྲོག་པར་བྱེད། །ཡན་ལག་ཉེས་པ་བདག་གིས་བཤད། །ཅེས་བྱ་བ་ནི་རབ་ཏུ་བདེ་བ་འཕྲོག་པར་བྱེད་པ་ནི་གཞི་དམ་ཚིག་ལས་བདེ་བ་ཐམས་ཅད་སྐྱེད་པའོ། །ཡན་ལག་ཉེས་པ་ང་ཡིས་བཤད། །ཅེས་པ་ནི་ཡན་ལག་གི་དངོས་གཞི་མ་རྫོགས་པའོ། །ཡན་ལག་གི་གཙོ་བོ་ཙམ་ཡོད་པ

ནི་སྡོམ་པོའོ། །བཤགས་པ་དུས་འདས་པ་ནི་ལྕི་བའོ། །གཞན་དུ་ནི་ཉེས་པ་དང་ཕྲ་མོའོ། །ཉེས་པ་མེད་པ་ཡང་ཤེས་པར་བྱའོ། །དེ་དག་བྱེ་བྲག་ཏུ་ཕྱེ་བས་ན་ང་ཡིས་བཤད་པའོ། །དེ་ཉིད་བཤད་པར་འདོད་ནས། དམ་ཚིག་དང་ནི་མི་ལྡན་པའི། །རིག་མ་བསྟེན་པར་དགའ་བ་དང་། །ཞེས་བྱ་བ་སྨོས་ཏེ། དམ་ཚིག་དང་མི་ལྡན་པ་ནི་དབང་མ་ཐོབ་པ་དང་། གསང་མི་ཐུབ་པ་དང་། སྡིགས་པ་བདག་ཉིད་ལ་མ་དད་པ་དང་། སྐུ་གསུང་ཐུགས་ཀྱི་རིག་མའི་ལོ་གྲངས་དང་མཚན་ཉིད་དང་མི་ལྡན་པའོ། །ལྡན་ཡང་ཆགས་པས་ཉེ་བར་བསྟེན་ཞིང་མྱ་ངན་ལས་འདས་པ་ལ་མི་དགའ་བ་ལ་སོགས་པས་བསྟེན་པར་བྱེད་ན་ཡན་ལག་གི་ཉེས་པའོ། །དྲི་མ་ལས་ལྡང་བ་ནི་ཚོགས་ལ་བཤགས་པ་སྟེ། དམ་ཚིག་དང་ལྡན་པ་ལ་རྗེས་སུ་བསླབ་པའོ། །ཤན་འདྲ་བ་ནི་ཕྱོགས་སུ་བསྟུ་བའོ། །ཡན་ལག་གི་ཉེས་པ་དང་པོ་བཤད་པའོ།། །།

གཉིས་པ་བཤད་པར་འདོད་ནས། ཚོགས་ཀྱི་འཁོར་ལོར་རྩོད་པ་ནི། །ཡན་ལག་ཉེས་པ་གཉིས་པར་བཤད། །ཅེས་པ་ནི་ཚོགས་ཀྱི་འཁོར་ལོ་དང་། དཔའ་བོའི་སྟོན་མོ་དང་། ཚོགས་ཀྱི་ནང་དུ་རྩོད་པ་སྟེ། སྟན་དེ་ཉིད་ལ་ཞི་བ་ནི་ཡན་ལག་གི་ཉེས་པའོ། །དུས་ལས་འདས་པ་ནི་སྡོམ་པོའོ། །གཞན་དུ་ཉེས་བྱས་དང་ཕྲ་མོའོ། །ལྡང་བ་ནི་དེ་ཉིད་ལས་བཤགས་ཤིང་ཉེས་པའི་རིམ་པས་ཚོགས་ཀྱི་འཁོར་ལོ་ལ་སོགས་པས་དྲི་མ་ལས་ལྡང་ངོ་། །ཤན་འདྲ་བ་ནི་ཕྱོགས་སུ་བསྟུ་བའོ། །ཞིང་དང་བསམ་པའི་ཁྱད་པར་ལས་ཀྱང་ཤེས་པར་བྱའོ། །ཉེས་པ་མེད་པ་ཡང་ཤེས་པར་བྱའོ། །ཡན་ལག་གི་ཉེས་པ་གཉིས་པའི་བཤད་པའོ།། །།

ཡན་ལག་གི་ཉེས་པ་གསུམ་པ་བཤད་པར་འདོད་ནས། མ་གསུངས་པ་ཡི་རིག་མ་ལས། །སྡིགས་པས་བདུད་རྩི་ཐོབ་བྱེད་པ། །ཡན་ལག་ཉེས་པ་གསུམ་པ་ཡིན། །ཞེས་བྱ་བས་བཤད་དེ། མ་གསུངས་པ་ནི་སློད་པའོ། །དེ་ལས་བདུད་རྩི་ལྔ་འཐོབ་པར་བྱེད་པ་ནི་ཡན་ལག་གི་ཉེས་པའོ། །བཤགས་པ་ཚད་ལས་འདས་པ་ལྕི་བའོ། །ཉེས་པ་ཕྲ་མོ་དང་ཉེས་པ་མེད་པ་ཡང་ཤེས་པར་བྱའོ། །ལྡང་བ་ནི་ཚོགས་པ་ལ་བཤགས་ཏེ། དམ་ཚིག་དང་ལྡན་པའི་བདུད་རྩི་བསྟེན་པར་བྱའོ། །གསུངས་པའི་རྗེས་སུ་འཇུག་པར་བྱའོ། །ཡན་ལག་གི་ཉེས་པ་གསུམ་པའི་བཤད་པའོ།། །།

ད་ནི་ཡན་ལག་གི་ཉེས་པ་བཞི་པ་བཤད་པར་བྱ་སྟེ། གསང་ཆོས་ཡན་ལག་ཤེས་གྱུར་ཡང་། །གཞན་ལ་མི་སྟོན་ཤེས་རབ་ངན། །ཡན་ལག་ཉེས་པ་བཞི་པ་ཡིན། །ཞེས་བྱ་བ་སྨོས་ཏེ། འདོད་པའི་བསམ་པས་གསང་བའི་ཆོས་ཤེས་ཀྱང་གཞན་ལ་སྟོན་པར་མི་བྱེད་ན་ཡན་ལག་གི་ཉེས་པ་སྦོམ་པོའོ། །བཤགས་པ་དུས་འདས་པ་ནི་ལྕི་བའོ། །ཉེས་པ་དང་ཕྲ་མོ་དང་ཉེས་པ་མེད་པ་ཡང་ཤེས་པར་བྱའོ། །ལྷུང་བ་ནི་དམ་པ་གཅིག་ལ་བཤགས་ཏེ་གཅིག་ལ་ཕན་འདོགས་པ་ལ་བྱའོ། །ཡན་ལག་གི་ཉེས་པ་བཞི་པའི་བཤད་པའོ།། །།

ད་ནི་ཡན་ལག་གི་ཉེས་པ་ལྔ་པ་བཤད་པར་འདོད་ནས། དད་པས་སེམས་ཅན་ཆོས་ཀྱི་རྒྱུ། །གཞན་གྱི་གཏམ་བྱེད་བྱང་ཆུབ་སེམས། །ཡན་ལག་ཉེས་པ་ལྔ་པ་ཡིན། །ཞེས་བྱ་བ་སྨོས་ཏེ། དད་པ་དང་ལྡན་པའི་སེམས་ཅན་ཆོས་ཀྱི་རྒྱུ་བྱང་ཆུབ་ཀྱི་སེམས་ལ་སོགས་པའི་གཏམ་འདྲི་ན་ཆགས་པའི་དབང་གིས་བྲེ་མོའི་གཏམ་ལ་སྒྱུར་བར་བྱེད་ན་ཡན་ལག་གི་ཉེས་པ་སྦོམ་པོའོ། །བཤགས་པ་དུས་འདས་པ་ནི་ལྕི་བའོ། །ཉེས་པ་དང་ཕྲ་མོ་དང་ཉེས་པ་མེད་པ་ཡང་ཤེས་པར་བྱའོ། །ལྷུང་བ་ནི་མཆྭལ་གཅིག་སྟོན་དུ་འགྲོ་བས་དམ་པ་གཅིག་ལ་བཤགས་པར་བྱའོ། །བསྡམ་ཞིང་རྗེས་སུ་གཟུང་བར་བྱའོ། །ཡན་ལག་གི་ཉེས་པ་ལྔ་པའི་བཤད་པའོ།། །།

ད་ནི་ཡན་ལག་གི་ཉེས་པ་དྲུག་པ་བཤད་པར་འདོད་ནས། ཉན་ཐོས་ནང་དུ་ཞག་བདུན་འདས། །ཡན་ལག་ཉེས་པ་དྲུག་པ་ཡིན། །ཞེས་བྱ་བ་སྨོས་ཏེ། ཉན་ཐོས་ནི་གང་ཟག་ལ་བདག་མེད་པ་ཙམ་རྟོགས་ཤིང་། ལུས་ངག་གི་བསླབ་པ་ལ་གནས་ནས་རང་གི་དོན་གྱི་མྱ་ངན་ལས་འདས་པ་དོན་དུ་གཉེར་ཞིང་ཟབ་མོའི་དོན་གྱིས་འཇིགས་པ་ནི་ཉན་ཐོས་སོ། །དེའི་ནང་དུ་ཞག་བདུན་འདས་ཏེ་རང་གི་སྤྱོད་པ་མི་བྱེད་ན་ཡན་ལག་གི་ཉེས་པ་སྦོམ་པོའོ། །བཤགས་པ་དུས་འདས་པ་ལྕི་བའོ། །ཉེས་པ་ཕྲ་མོ་དང་ཉེས་པ་མེད་པ་ཡང་ཤེས་པར་བྱའོ། །དྲི་མ་ལས་ལྷུང་བ་ནི་ཚོགས་པ་ལ་བཤགས་ཏེ་རྗེས་སུ་བསླབ་པའོ། །ཡུལ་དང་བསམ་པ་དང་དུས་འདས་དང་ཕྲ་མོ་དང་ཉེས་བྱས་དང་། ཉེས་པ་མེད་པ་ཡང་ཤེས་པར་བྱའོ། །ཡན་ལག་གི་ཉེས་པ་དྲུག་པའི་བཤད་པའོ།། །།

ད་ནི་ཡན་ལག་གི་ཉེས་པ་བདུན་པ་བཤད་པར་འདོད་ནས། རྣལ་འབྱོར་ཡེ་ཤེས་མི་ཤེས

པར། །ང་ནི་སྔགས་པ་ཡིན་ཟེར་བ། །ཡན་ལག་ཉེས་པ་བདུན་པ་ཡིན། །ཞེས་སྨོས་ཏེ། རྣལ་འབྱོར་ཡེ་ཤེས་ནི་གསང་སྔགས་ཀྱི་དེ་ཁོ་ན་ཉིད་མི་ཤེས་པ་སྟེ། སྒྲ་ཙམ་ལ་མངོན་པར་ཞེན་པས་ནི་སྔགས་པའོ་ཞེས་མངོན་པའི་ང་རྒྱལ་གྱིས་རློམ་སེམས་པ་ནི་ཡན་ལག་གི་ཉེས་པ་སྦོམ་པོའོ། །བཤགས་པ་དུས་འདས་པ་ནི་ལྕི་བའོ། །ཉེས་པ་ཕྲ་མོ་དང་ཉེས་པ་མེད་པ་ཡང་ཤེས་པར་བྱའོ། །ལྡང་བ་ནི་མཎྜལ་གཅིག་ཙམ་སྔོན་དུ་འགྲོ་བས་དམ་པ་གཅིག་གི་མདུན་དུ་བཤགས་པར་བྱ་བ་དང་། ཕྱིས་བསྡམ་ཞིང་ཡང་དག་པའི་དོན་ལ་འཇུག་པར་བྱའོ། །ཡན་ལག་གི་ཉེས་པ་བདུན་པའི་བཤད་པའོ།། །།

ད་ནི་ཡན་ལག་གི་ཉེས་པ་བརྒྱད་པ་བཤད་པར་འདོད་ནས། སྣོད་མིན་སེམས་ཅན་ཐམས་ཅད་ལ། །ཕྱི་ཡི་ཆོས་འཆད་བྱེད་པ་ལས། །གསང་བའི་ཆོས་རྣམས་འཆད་པ་ནི། །ཡན་ལག་ཉེས་པ་བརྒྱད་པ་ཡིན། །ཞེས་བྱ་བ་སྨོས་ཏེ། འདི་ཡང་རྐྱེན་དུ་མི་འཚམ་པའི་གང་ཟག་ལ་དུས་མ་ཡིན་པར་འདོད་པའི་བསམ་པས་བཤད་ན་ཡན་ལག་གི་ཉེས་པ་སྦོམ་པོའོ། །བཤགས་པ་དུས་ལས་འདས་ན་ལྕི་བའོ། །ཉེས་པ་ཕྲ་མོ་དང་ཉེས་པ་མེད་པ་ཡང་ཤེས་པར་བྱའོ། །ཡུལ་དང་བསམ་པ་དང་དུས་དང་རྐྱེན་གྱི་དབང་ལས་ཉེས་པ་ལྕི་ཡང་དང་ཉེས་པ་མེད་པ་ཡང་ཤེས་པར་བྱའོ། །དྲི་མ་ལས་ལྡང་བ་ནི་ཚོགས་པས་ལྡང་བའོ། །འདི་དག་ཐམས་ཅད་ཤན་འབྱེད་བ་ནི་ཕྱོགས་སུ་བསྡུ་བའོ། །ཁྱད་པར་གྱི་དགག་པ་མེད་པ་ནི་ལྟུང་བ་བདུན་པའི་བཤད་པ་ལས་ཤེས་པར་བྱའོ། །འདི་རྣམས་ཡན་ལག་ཉེས་པ་སྟེ། །བསྐལ་པ་མང་པོར་དམྱལ་བར་སྐྱེ། །ཞེས་བྱ་བ་སྨོས་ཏེ། ཡན་ལག་གི་ཉེས་པ་གཅིག་ལོ་གསུམ་མ་བཤགས་པར་དུས་འདས་ན་བསྐལ་པ་མང་པོར་དམྱལ་བར་འགྲོའོ། །དེའི་ཕྱིར་འཇིགས་པ་དང་བཅས་པ་སྟེ་མི་ཉམས་པར་བྱ་ཞིང་། ཉམས་ན་ཡང་འབྱོར་པ་ཅི་ཡོད་པས་དྲི་མ་ལས་ལྡང་བར་བྱའོ། །ཡན་ལག་གི་ཉེས་པ་བརྒྱད་པའི་བཤད་པའོ། ། ། །

རྒྱུད་གཞན་ལས་ལྟུང་བའི་མཚན་ཉིད་གཞན་བཤད་པ་ཡང་བརྗོད་པར་བྱ་སྟེ། རང་ལྟ་བླང་དོར་ལྟུང་བ་མིག །དེ་ཉིད་དུས་འདས་རི་བོང་ཅན། །ལྷ་གཞན་དགའ་བ་ཡོན་ཏན་ནོ། །རིག་བྱེད་དངོས་ལ་ཞེན་པ་ཡིན། །མ་རྟོགས་རྟོགས་བྱེད་མདའ་ཡིན་ནོ། །འཇིག་རྟེན་ཆོས་ཕྱིར་དབང་པོ་སྟེ། །ཁྱད་དུ་གསོད་པ་ཡང་ནི་རི། །གོང་མིན་ཚུལ་སྟོན་བཀྲ་ཤིས་སོ། །ཕྲིན་ལས་མ་གཏོགས་གཟའ་ཞེས

གྲགས། །དོན་མེད་གནས་པ་ཕྱོགས་ཡིན་ནོ། །བརྩེ་བ་གཏོང་བ་དྲག་པོ་སྟེ། །དམན་པའི་སྤྱོད་པ་ཉི་མའོ། །ཟང་ཟིང་རྟོག་པ་ཡན་ལག་གོ། །ཡོངས་སུ་མི་འཛིན་ས་ཞེས་བྱ། །རང་སྤྱོད་དོར་བ་ཆོས་ཞེས་བྱ། །ཞེས་པ་སྨོས་ཏེ། དེ་དག་ཀྱང་ཡན་ལག་དུ་དང་ལྡན་པས་ཉེས་པར་འགྱུར་བ་ཡང་གོང་དུ་བསྟན་པ་ལས་ཤེས་པར་བྱའོ། །དེ་དག་ཀྱང་རིམ་པ་བཞིན་དུ་བཤད་པར་བྱ་སྟེ། མིག་ནི་གཉིས་སོ། །རང་ལྷ་དོར་བ་ནི་ཡི་དམ་སྤོང་བའོ། །དེ་ལ་མ་གུས་པ་ལ་སོགས་པ་གཉིས་སུ་བརྟགས་ཏེ་བླང་དོར་ནི་ལྟུང་བའོ། །ཐམས་ཅད་མཉམ་པ་ཉིད་དུ་རྟོགས་པ་དང་། ཡང་ན་རྟོག་གེ་པ་རྣམས་ཀྱིས་རང་གི་འདོད་པའི་ལྷ་ལ་དཀྱིལ་འཁོར་གྱི་བདག་པོ་ལ་སོགས་པ་གཞུག་པ་སྣང་སྟེ། གཞན་ཡང་མཁའ་འགྲོ་མ་སྒྱུ་མ་བདེ་བ་མཆོག་གི་རྒྱུད་ལ་དགོངས་ནས། དེ་བཞིན་གཤེགས་པ་ཐམས་ཅད་ལུས་ལ་བསྡུས་ནས་བྱིན་གྱིས་བརླབས་ན་ཁྱད་པར་དུ་འགྲུབ་པར་འགྱུར་ཞེས་བཤད་པས་ཕྱོགས་འདི་ལྟ་བུས་ཀྱང་འགྲུབ་པར་འགྱུར་རོ། །གཞན་ཡང་དཀྱིལ་འཁོར་གྱི་གཙོ་བོ་འཕོ་བ་ལ་སོགས་པ་ཡང་ཚུལ་དེ་ཉིད་ཀྱིས་ཤེས་པར་བྱའོ། །དབང་དང་མི་ལྡན་པ་ལ་ལྷུང་བའི་དུས་ན་མི་རྟོག་བབ་པ་དང་། བླ་མའི་རྗེས་སུ་མོས་པ་དང་། ཐབས་ཁྱད་པར་ཅན་ཐོབ་པ་དང་། ལས་གཞན་དང་འབྲེལ་པའི་དུས་རྣམས་སུ་ཉེས་པ་མེད་དོ། །ཐམས་ཅད་དུ་མཉམ་པ་ཉིད་རྟོགས་ན་ཉེས་པ་མེད་དོ། །གཞན་དུ་ཉེས་པ་དང་བཅས་པའོ། །རི་བོང་ཅན་ནི་ཟླ་བ་སྟེ་གཅིག་ཅེས་བྱའོ། །དེ་ཉིད་དུས་འདས་པ་ནི་ཉིན་དང་མཚན་མོ་འདས་པ་སྟེ། ལྷ་ལ་ལུས་དང་ངག་དང་ཡིད་ཀྱིས་མཆོད་པ་དང་ཡོན་ཏན་གཟུང་བ་ལ་སོགས་མ་བྱས་པའོ། །ལེ་ལོ་དང་བརྗེད་ངས་པ་ལ་སོགས་པས་ལན་གཉིས་ཀྱིས་བསྐྲང་བའོ། །བླ་མའི་བྱ་བ་དང་ན་བ་ལ་ཉེས་པ་མེད་དོ། །ཡོན་ཏན་ནི་གསུམ་མོ། །ལྷ་གཞན་ནི་མུ་སྟེགས་ཀྱི་ལྷ་རྟེན་པ་ལ་སོགས་པ་ལ་མཆོད་ཅིང་ཕྱག་བྱེད་པའོ། །བླ་མ་ལ་སོགས་པ་མདུན་དུ་བྱས་ནས་གཞན་འདུལ་བ་དང་། སྲོག་ལ་བབ་པ་དང་། ཆད་པ་ལ་སོགས་པ་འགལ་བར་འགྱུར་ན་ཉེས་པ་མེད་དོ། །རིག་བྱེད་ནི་བཞིའོ། །དངོས་ལ་ཞེན་པ་ནི་སྒྱུ་མ་ལྟ་བུར་མི་ཤེས་པར་དངོས་པོ་ཐེར་ཟུག་ཏུ་དཀྱིལ་འཁོར་ལ་སོགས་པ་བསྒོམ་པའོ། །དམིགས་པ་འཛིན་པ་དང་རྟས་པར་བྱེད་ལ་ལ་ཉེས་པ་མེད་དོ། །མདའ་ནི་ལྔའོ། །མ་རྫོགས་པ་ནི་བདག་སྨིན་པར་མ་བྱས་པའོ། །རྫོགས་པ་ནི་གཞན་སྨིན་པར་བྱེད་པའོ། །རང་རྫོགས་

ནས་གཞན་རྫོགས་པར་བྱེད་པ་ལ་ཉེས་པ་མེད་དོ། །དབང་པོ་ནི་དྲུག་སྟེ། འཇིག་རྟེན་ཆོས་ནི་ཚེ་འདི་ཙམ་གྱི་དོན་དུ་ཟབ་མོ་ལ་ཞུགས་ཏེ་ཕྱི་མ་ལ་སོགས་པ་གཞན་གྱི་དོན་དུ་བྱང་ཆུབ་འདོར་བའོ། །གཙོར་བྱས་པ་ལས་ཞར་ལ་རྒྱས་པ་ལ་ཉེས་པ་མེད་དོ། །རི་ནི་བདུན་ནོ། །ཁྱད་དུ་གསོད་པ་ནི་བསླབ་པ་འོག་མ་དང་ཉེས་བྱས་ལ་སོགས་པའི་དམ་ཚིག་མི་སྲུང་བའོ། །གོང་མ་དང་འགལ་བ་དང་།ཡར་ལྡན་པ་དང་། ན་བ་ལ་ཉེས་པ་མེད་དོ། །བཀྲ་ཤིས་ནི་བརྒྱད་དོ། །གོང་མིན་ཚུལ་སྟོན་པ་ནི་གཞན་དད་པར་བྱས་ནས་རྙེད་པ་ལ་སོགས་པ་དོན་དུ་གཉེར་བ་སྟེ། ཤེས་བཞིན་དུ་ཡོན་ཏན་དང་ལྡན་པར་བསྟན་པའོ། །འཁྲུལ་པ་དང་གདུལ་བྱ་མཐོང་བ་དང་མ་རྟོགས་པ་ལ་ཉེས་པ་མེད་དོ། །གཟའ་ནི་དགུའོ། །ཕྲིན་ལས་མ་རྟོགས་པ་ནི་ཞི་བ་ལ་སོགས་པ་སྔོན་དུ་བསྙེན་པ་མ་བྱས་པར་སྦྱོར་བ་བྱས་པས་ལས་གང་ཡང་མི་འགྲུབ་པས་སྐུར་པ་དང་ཐེ་ཚོམ་སྐྱེ་བ་སྟེ་ཉེས་པར་འགྱུར་རོ། །འཕྲལ་དུ་སྒྲུད་པར་འོས་པ་ལ་མཐུས་བསྟངས་པ་ལ་ཉེས་པ་མེད་དོ། །ཕྱོགས་ཞེས་པ་ནི་བཅུའོ། །དོན་མེད་གནས་པ་ནི་སྨིན་པར་བྱས་ནས་རྐྱེན་དྲག་པོ་མེད་པར་སློམ་ལས་དང་བཅས་པར་དུས་འདའ་བར་བྱེད་པས་ཉེས་པ་དང་བཅས་པའོ། །འདུལ་བ་དང་གཞན་དང་འགལ་བ་ན་ཉེས་པ་མེད་པའོ། །དྲག་པོ་ནི་བཅུ་གཅིག་པའོ། །རྩེ་བ་གཏོང་བ་ནི་དོན་མཐོང་བ་ཡལ་བར་འདོར་བ་སྟེ་ཉེས་པ་དང་བཅས་པའོ། །བདག་གིས་མི་ནུས་པ་དང་གཞན་ཡོད་པ་ལ་ཉེས་པ་མེད་དོ། །ཉི་མ་ནི་བཅུ་གཉིས་ཞེས་བྱ་བ་སྟེ། དམན་པའི་སྤྱོད་པ་ནི་རྣལ་འབྱོར་ཆེན་པོའི་དམ་ཚིག་བླངས་ནས་གོང་མ་ལ་སྐྲག་ནས་ཉན་ཐོས་ལ་སོགས་པའི་སྤྱོད་པ་བྱེད་པའོ། །གཞན་འདུལ་བ་དང་། ཁ་ན་མ་ཐོ་བ་སྤང་བའི་ཕྱིར་དང་། དུས་ཤེས་པས་སྤྱད་པ་ལ་ཉེས་པ་མེད་དོ། །ཡན་ལག་ནི་ཡིད་དེ་བཅུ་གསུམ་མོ། །ཟང་ཟིང་རྟོག་པ་ནི་འཇིག་རྟེན་ཆོས་ལ་ཆགས་ན་བཀའ་དང་འགལ་བས་གཞན་གྱི་ངོར་འཇུག་པའོ། །གདུལ་བའི་ཐབས་དང་། དོན་ཆེན་པོར་འགྱུར་ན་ཉེས་པ་མེད་དོ། །ས་ནི་བཅུ་བཞི་པའོ། །ཡོངས་སུ་མི་འཛིན་པ་ནི་སྡོམ་པ་ཞིག་པ་རྣམས་སོ། །དེ་ཡལ་བར་འདོར་བ་ནི་ཉེས་པར་འགྱུར་རོ། །རང་ཉེས་པ་ཁས་ལེན་པ་དང་། གཞན་འདུལ་བ་དང་། འདུ་ཤེས་པ་ལ་ཉེས་པ་མེད་པའོ། །ཚོས་ཞེས་བྱ་བ་ནི་བཅོ་ལྔ་པའོ། །རང་སྤྱོད་འདོར་བ་ནི་རང་གི་སྤྱོད་པ་མི་བྱེད་པའོ། །སྤྱོད་པ་དེ་ཡང་རྣམ་པ་བཞི་སྟེ་ལས་དང་པོ་པས་ཀུན་

དུ་བཟང་པོའི་སྤྱོད་པ་བྱ་བར་གསུངས་ཏེ། རྒྱུད་གཞན་ལས་ཀུན་དུ་བཟང་པོའི་སྤྱོད་པ་གནས་སྐབས་གཞན་དུ་ཡང་བསྟན་ཏེ་དགོངས་པ་གཞན་ནོ། །ཅུང་ཟད་བརྟན་པ་ཐོབ་ནས་རིག་པའི་བརྟུལ་ཞུགས་ཀྱི་སྤྱོད་པ་སྟེ། སྔགས་སྤྱོད་ཀྱིས་ཟླ་བ་དྲུག་ལ་སོགས་པར་བྱ་བར་བཤད་དོ། །བརྟན་པ་ཐོབ་པ་རྣམས་ཀྱིས་མགོན་པོ་ཀུན་དུ་སྤྱོད་པ་ལ་གནས་པར་བྱའོ་ཞེས་བཤད་པའི་རྒྱུད་ཆེན་པོ་ལས་བཤད་དོ། །

དེ་ནས་མཉམ་གཞག་གི་སྤྱོད་པ་ཆེན་པོ་རང་བཞིན་གྱི་རྟོག་པ་དང་བྲལ་བ་གཉིས་ཀྱི་རྣམ་པར་བྲལ་བ་སྟེ། དེ་ལ་ནི་བླང་བ་དང་དོར་བའི་ཤེས་པ་ལས་འདས་པའོ་ཞེས་བཤད་པ་སྟེ། སྔོད་ཀྱི་རིམ་པས་རྒྱུད་སྡེ་ཚོགས་ལ་སྤྱོད་པའི་ཚུལ་དཔག་ཏུ་མེད་པ་བསྟན་ཏེ། དེའི་ཕྱིར་ན་དེ་རྣམས་ཀྱི་དགོངས་པ་དང་། སྔོད་ཀྱི་རིམ་པས་རྡོ་རྗེ་སློབ་དཔོན་གྱིས་སྤྱོད་པའི་ཚུལ་ཡང་མཐའ་ཡས་པ་དེ་དག་གི་རིམ་པ་དང་སྦྱར་ཏེ། སྨན་དང་སྨན་པ་དང་། ནད་པ་དང་ནད་ཀྱི་བྱེ་བྲག་གི་ཚུལ་གྱིས་ཤེས་པར་བྱའོ་ཞེས་གསུངས་པས་ཤེས་པར་བྱའོ། །འདིར་རྣལ་འབྱོར་གྱི་ལམ་རྣམ་པ་གཉིས་སུ་ཤེས་པར་བྱ་སྟེ། རྣལ་འབྱོར་ལ་བརྟེན་པ་དང་། ཐབས་ཀྱི་དམ་ཚིག་ལ་བརྟེན་པའོ། །ཁ་ཅིག་དམ་ཚིག་ལ་བརྟེན་ནས་རྣལ་འབྱོར་གྱིས་གྲོལ་བ་ཡང་ཡོད། ཁ་ཅིག་རྣལ་འབྱོར་ལ་བརྟེན་ནས་དམ་ཚིག་གིས་གྲོལ་བ་ཡང་ཡོད། ཁ་ཅིག་འདི་ལ་དངོས་གྲུབ་ཐོབ་པ་ཡང་ཡོད། ཁ་ཅིག་བར་མ་དོར་ཐོབ་པ་ཡང་ཡོད། ཁ་ཅིག་སྐྱེས་ནས་ཐོབ་པ་ཡང་ཡོད། ཁ་ཅིག་ནི་ལན་གྲངས་གཞན་ལ་ཐོབ་པ་ཡང་ཡོད་དེ། དེ་དག་ཀྱང་རྣལ་འབྱོར་ཆེན་པོའི་ཚུལ་དུ་སྤྱོད་པ་རྣམས་སོ། །དེ་བས་ན་ལས་དང་པོ་པའི་རྣལ་འབྱོར་པས་ཀུན་དུ་བཟང་པོའི་སྤྱོད་པ་ཁ་ན་མ་ཐོ་བ་དང་བྲལ་བས་གནས་པར་བྱ་སྟེ། དེ་ཡང་རྣལ་འབྱོར་གྱི་རྒྱུད་ཚོག་ཞིབ་མོ་པ་རྡོ་རྗེ་རྩེ་མོ་ལ་སོགས་པ་དང་ཡང་འགལ་བར་མི་བྱེད་པ་སྟེ། བརྟན་པ་མ་ཐོབ་པ་ཉམས་པར་འགྱུར་བ་དང་། ཁ་ན་མ་ཐོ་བས་མ་དད་པར་འགྱུར་བ་དང་། མཚན་མའི་གཡེང་བ་སྣ་ཚོགས་སུ་འགྱུར་བས་སྡོམ་པ་གསུམ་ལ་གནས་པར་བྱའོ། །ཐབས་དང་ཤེས་རབ་ཀྱི་རྒྱུད་ཀྱི་རྣལ་འབྱོར་པས་སྡོམ་པ་གསུམ་ལྡན་ལ་གནས་པས་ཀྱང་རང་རང་གི་ཚིག་ལས་ཉམས་པ་ནི་ལས་དང་པོ་པས་ཀྱང་མི་བྱའོ། །གཞན་དུ་ནི་ཁྱིམ་པའི་ཚུལ་གྱིས་ཀྱང་སྡོམ་པ་རང་རང་དང་མཐུན་པ་ལ་གནས་པར་བྱའོ། །དགེ་སློང་རྡོ་རྗེ་འཛིན་པ་ནི་ཐམས་ཅད་ཀྱི་ནང་ན་མཆོག་སྟེ། དེ་སྐད་དུ་ཡང་ཚོགས་ཀྱི་འཁོར་ལོའི

དུས་སུ་ཁྲིམ་པའི་རྡོ་རྗེ་སློབ་དཔོན་མཁས་ཤིང་ནུས་པ་དང་ལྡན་ཡང་དགེ་སློང་རྡོ་རྗེ་འཛིན་པ་སློབ་དཔོན་དུ་མཆོག་གོ། །དེ་མེད་ཀྱང་དགེ་ཚུལ་གྱིས་བྱའོ། །དེ་དག་ཀྱང་མེད་ན་ཁྲིམ་པའི་རྡོ་རྗེ་སློབ་དཔོན་གྱིས་བྱའོ་ཞེས་བཤད་པའི་ཕྱིར་རོ། །

དེའི་ཕྱིར། བྱང་ཆུབ་སེམས་འཛིན་གྱུར་ནས་ནི། །ལྷ་གཞན་ལ་ནི་མི་མོས་པས། །དཀོན་མཆོག་གསུམ་ལ་དད་པ་དང་། །དེ་ལ་གསོལ་ཞིང་འབད་པ་ཡིས། །གསོད་དང་རྐུ་དང་འཁྲིག་པ་དང་། །བརྫུན་དང་ཆང་ནི་རྣམ་པར་སྤང་། །ཁྲིམ་པའི་ཚུལ་དུ་གནས་ནས་ནི། །གསང་སྔགས་རྒྱལ་པོ་རྣམ་པར་སྒྲུབ། །གལ་ཏེ་དེ་ནི་རབ་བྱུང་ན། །སྡོམ་པ་གསུམ་ལ་གནས་པར་བྱ། །སོ་སོར་ཐར་དང་བྱང་ཆུབ་སེམས། །རིག་འཛིན་རང་གི་སྡོམ་པའོ། །ཞེས་བཤད་པའོ། །གཞན་ཡང་། ཁྲིམ་པའམ་རབ་ཏུ་བྱུང་ཡང་རུང་། །བརྟན་པ་མ་ཐོབ་བར་དུ་ནི། །ཁ་ན་མ་ཐོ་རྟུལ་མེད་པར། །བདུད་རྩི་ལྔ་ལ་རྟག་ཏུ་སྤྱད། །ཁྲུས་དང་སྡོམ་པ་སྤར་སྤྱད་མེད། །དཀའ་ཐུབ་ཀྱིས་ཀྱང་མི་གདུང་བར། །འདོད་པ་ཐམས་ཅད་སྤྱད་པར་བྱ། །ཅི་བདེ་བར་ནི་གནས་ནས་བསྒྲུབ། །འཇིག་རྟེན་མ་དང་སློབ་གྱུར་ནས། །དེ་ཉིད་ཀྱིས་ནི་ཉམས་འགྱུར་བས། །བསྐལ་པ་བརྒྱར་ཡང་མི་འགྲུབ་བོ། །རང་གི་སྤྱོད་པ་མ་ཡིན་པ། །བསླབ་པ་ཀུན་དང་གྲོང་ཁྱེར་སྐད། །དེ་ལས་ཉམས་པར་མི་བྱའོ། །ཞེས་བཤད་པའི་ཕྱིར་ལས་དང་པོ་པས་རང་གི་སྤྱོད་པའི་ཚུལ་ལས་མ་ཉམས་པར་སྡོམ་པ་ཐམས་ཅད་ལ་གནས་པར་བྱའོ། །དེའི་ཕྱིར་སྡོམ་པ་གསུམ་ལ་གནས་པ་ནི་རྣལ་འབྱོར་ཆེན་པོའི་དོན་ལ་འཇུག་པ་ཐམས་ཅད་ཀྱིས་གནས་པར་བྱ་སྟེ༑ ཁྲིམ་པ་ལ་སོགས་པས་ཀྱང་རང་དང་མཐུན་པའི་སྡོམ་པ་གསུམ་ལ་གནས་པར་བྱའོ། །དེ་དག་ལས་དྲི་མ་ལས་ལྷུང་བ་ཡང་བྱེ་བྲག་ཏུ་ལྟུང་བའམ། ཚུལ་གཅིག་ལ་ལྷུང་བ་ལ་མཁས་པས་ཚུལ་གཅིག་པའི་ཚུལ་དུ་ལྷུང་བར་བྱའོ། །དེ་དག་ལས་ཕན་ཚུལ་འགལ་བ་ཡང་དུས་དང་གང་ཟག་གི་ནུས་པ་དང་བསམ་པས་མི་འགལ་བར་ཤེས་པར་བྱ་སྟེ། ཡུལ་དང་རྐྱེན་དང་གདུལ་བྱ་དག་ཤེས་པར་བྱའོ། །

དེའི་ཕྱིར། ཆགས་བཅས་ནོར་བུ་འདས་པ་དང་། །རིན་ཐང་ཚང་བ་ཐོབ་བློ་ལྡན། །ཤེས་བཞིན་མི་གཞན་བསད་པ་དང་། །མི་ཆོས་བླ་མ་རྒྱལ་བྱེད། །ཁྲུ་བ་འཁྲིན་ལ་སོགས་པ་རྣམས། །ཆོས་འདུལ་འདིར་ནི་རྩ་བ་ཆད། །བདག་བསྟོད་གཞན་ལ་སྨོད་སོགས་ཀྱི། །ཕམ་འདྲའི་ཉེས་པ་བྱུས

པ་རྣམས། །ཚུལ་བཞིན་གནས་པས་རབ་ཏུ་བསྟེན། །བླ་མ་ལ་སོགས་གནོད་བྱེད་བསད། །དགེ་མཐོང་དབང་སོགས་བརྟུལ་ཞུགས་དུས། །གཞན་གྱི་བུད་མེད་སྤྱད་པར་བྱ། །སེམས་ཅན་དོན་མཐོང་ཆོས་རྣམས་བརྫུན། །འཕགས་ནོར་སེར་སྣ་ཅན་ནོར་ཕྲོགས། །ཆོས་འདུལ་བ་ལས་རྩ་བ་ཆད། །གཞན་དུ་སེམས་དགེ་ཐབས་ཆེན་ལྡན། །བརྟན་པ་མ་ཐོབ་བར་དུ་ཡང་། །སྡོམ་གསུམ་ལྡན་པས་འཇུག་མི་བྱ། །བདེ་བ་འཛིན་ནུས་མ་ཡིན་པར། །གཞན་ཡང་འཇུག་པ་མ་ཡིན་ནོ། །དེ་སོགས་བྱེ་བྲག་ཚུལ་གནས་ཀུན། །མཁས་པས་རང་གིས་ཕྱེ་ལ་དཔྱོད། །བསྟན་ལ་གནོད་པ་འཛིག་པ་རྣམས། །དང་པོ་འཛིག་རྟེན་གནོད་སོགས་སྤང་། །ཞེས་བཤད་པ་སྟེ། དེ་བས་ན་བརྟན་པ་ཐོབ་པ་དང་། གཞན་གྱི་དོན་ཁྱད་པར་དུ་ནུས་པ་དང་། དགོན་པ་ཆེན་པོ་དང་། དུར་ཁྲོད་ལ་གནས་པ་དང་། དགོངས་པ་མཐའ་དག་གི་དོན་ཤེས་པས་དུས་ལ་མཁས་པར་བྱ་སྟེ། བག་ཡངས་སུ་གནས་པར་བྱ་བ་དང་། སྤྱོད་པ་ཁྱད་པར་ཅན་ལ་འཇུག་པར་བྱའོ། །དེའི་ཕྱིར། དང་པོ་བདུད་རྩི་བསམས་ཏེ་བཟའ། །ཡང་ན་དྲི་བསང་རིམ་གྱིས་བསླབ། །གཞན་དུ་འབར་འབུད་བདུད་རྩིར་མཐོང་། །རྟོག་དང་བྲལ་བ་མཆོག་ཡིན་ནོ། །ཐམས་ཅད་མཁས་འདྲ་བདུད་རྩི་ཡིན། །ཉོན་མོངས་རིགས་ཤེས་མཁས་པས་སོ། །བསད་དང་གསོ་བར་ནུས་པ་དང་། །འགུགས་དང་མི་སྣང་སྦེད་ཤེས་པས། །སྔགས་ཀྱི་བརྟུལ་ཞུགས་སྤྱད་པའོ། །ཞེས་བྱ་བ་ལ་སོགས་པས་སྤྱད་པར་བྱ་བའི་རིམ་པ་ཡང་ལས་དང་པོ་པས་སྡོམ་པ་གསུམ་ལ་གནས་པར་བྱའོ། །དེའི་ཕྱིར། ཚིག་ཞིབ་མོའི་ཚུལ་འདི་དག་ཀྱང་རང་གི་ཚུལ་འདི་དང་འགལ་བ་མ་ཡིན་པར་སྤྱད་པར་བྱའོ་ཞེས་གསུངས་པའི་ཕྱིར་ཅུང་ཞིག་བཤད་པར་བྱའོ། །གཞན་དག་ཕྱི་རོལ་གྱི་ཚུལ་ནི་འདིར་བརྟག་པ་མ་ཡིན་ནོ་ཞེས་སླུ་བ་དེ་དག་ལ་བཤད་ཟིན་པས་མ་སྤྲོས་སོ། །

དེའི་ཕྱིར། གཙང་ཞིང་གོས་ཀྱང་གཙང་བར་བྱ། །གཙང་མའི་གྲོགས་དང་ལྷན་ཅིག་ཏུ། །རྡོ་རྗེ་སྡོམ་པ་དམ་པ་ཡི། །བསླབ་པའི་ཚིག་ནི་ཡང་དག་བླངས། །དཀོན་མཆོག་བཞི་ཡི་སྐྱོར་བ་དང་། །ཕྱག་རྒྱ་དེ་ལ་གསོལ་བར་བྱ། །སངས་རྒྱས་ཆོས་དང་དགེ་འདུན་དང་། །སློབ་དཔོན་དང་ནི་ཕ་མའོ། །ཉིན་རེ་ཞིང་ནི་ཅི་ནུས་པར། །ཁྲུས་བཞི་རབ་ཏུ་སྦྱོར་བར་བྱ། །རྣལ་འབྱོར་ཇི་ལྟར་འགྲུབ་པ་དག །གོ་རིམས་བཞིན་དུ་བཤད་པར་བྱ། །སྡོམ་པ་གསུམ་ལ་གནས་པ་ནི། །དང་པོ་ཁྲུས་སུ་བཤད་པ་ཡིན། །

གཉིས་པ་ཡི་ནི་ཁྲུས་བཤད་པ། །བཤགས་དང་གསོལ་བ་ལ་སོགས་པའོ། །ཕྱག་རྒྱ་དགྲོལ་བ་གསུམ་པའོ། །བཞི་པ་ཆུ་སྟེ་ཐ་མའོ། །ཁྲུས་ཀྱི་ཆོག་འདི་རྣམས་ཀྱིས། །མཁས་པ་རྣམས་ཀྱིས་དེ་བཞིན་བཀྲུ། །གོས་གསུམ་དག་ཀྱང་བརྗེ་བར་བྱ། །དང་པོའི་གོས་སུ་བཤད་པ་ནི། །སྡོམ་པ་གསུམ་ལ་གནས་པ་དང་། །སྒྲུབ་པོའི་ཆོག་དག་པའོ། །གཉིས་པ་ཁྲེལ་ཡོད་ངོ་ཚ་ཤེས། །གསུམ་པ་ཐུབ་པའི་གོས་རྣམས་སོ༔ ༔གོས་གསུམ་དུ་ནི་ཡོངས་སུ་བསྒྲགས། །ཐམས་ཅད་བཟའ་དང་འདོད་པ་ནི། །ཁ་ན་མ་ཐོ་གང་མེད་པ། །ཤ་ཆང་སྒོག་པ་ལ་སོགས་པ། །མི་བཟའ་རྣམ་པར་སྤང་བར་བྱ། །དྲི་མི་ཞིམ་དང་མི་གཙང་བའི། །བཟའ་དང་བཏུང་བ་རྣམས་ཀྱང་སྤང་། །གཞན་ལ་གནོད་དང་ལྡན་པ་དག །སེམས་ཀྱིས་ཀྱང་ནི་མི་བྱའོ། །གཡེམ་པ་ཀུན་གྱི་སྦྱོར་བ་ཡང་། །མི་སྡུག་བསྒོམས་ལ་སྤང་བར་བྱ། །བསོད་ནམས་བྱེད་ལ་རྟག་ཏུ་བརྩོན། །ཐེག་པ་ཆེན་པོའི་དོན་སེམས་པ། །བྱང་ཆུབ་སེམས་དཔའི་ཚུལ་རྒྱ་ཆེ། །ཤེས་རབ་ཕ་རོལ་ཕྱིན་ལ་མཁས། །ཀློག་ཅིང་རྣམ་པར་སེམས་པ་དང་། །ཡང་དང་ཡང་དུ་གསོལ་བ་འདེབས། །དགྲ་དང་ཟླུན་དང་ཐ་མ་ལ། །སེམས་སྙོམས་མི་འཛིགས་རབ་ཏུ་སྦྱིན། །ཞེ་སྡང་འཇོམས་པ་བསྒོམ་པ་ནི༔ ༔བྱམས་ཤིང་དགའ་ལ་ངེས་པ་ཅན། །ཆོས་དང་གང་ཟག་བདག་མེད་པ། །འདུས་བྱས་རྣམས་ཀྱང་འཁྲུལ་པ་ཙམ། །མངོན་སུམ་བློ་ཅན་བརྟན་པ་ནི། །འདུས་བྱས་ཀུན་གྱིས་མི་རྨོངས་སོ། །སྲོག་ལ་འབབ་པར་གྱུར་ན་ཡང་། །བྱང་ཆུབ་སེམས་ནི་མི་གཏོང་ཞིང་། །རྡོ་རྗེ་དྲིལ་བུ་ཕྱག་རྒྱ་ཡང་། །ནམ་ཡང་གཏང་བར་མི་བྱའོ། །བྱང་ཆུབ་སེམས་གང་དེ་རྡོ་རྗེ། །ཤེས་རབ་དྲིལ་བུ་ཞེས་བཤད་དོ། །སློབ་དཔོན་སྨད་པར་མི་བྱ་སྟེ། །བླ་མ་སངས་རྒྱས་ཀུན་དང་འདྲ། །སྦྱོར་བ་ལྷོད་པར་མ་གྱུར་པས། །གོ་ཆ་རབ་ཏུ་བརྟན་པར་གྱིས། །ཕ་རོལ་ཕྱིན་དྲུག་སྤྱོད་པ་ཡང་། །རིམ་པ་བཞིན་དུ་སློབ་པར་བྱེད། །སེམས་ཅན་ཀུན་གྱི་དོན་དང་ལྡན། །བྱང་ཆུབ་སེམས་དཔའི་ཚུལ་སྤྱོད་པ། །ཁ་ན་མ་ཐོ་རྡུལ་ཙམ་ཡང་། །སྲོག་ལ་ཡང་དེ་མི་བལྟ་བར། །རབ་ཏུ་བྱུང་དང་ཁྱིམ་པ་ཡི། །འདུ་འཛི་དག་ཀྱང་རྣམ་པར་སྤང་། །བུ་དང་ཆུང་མ་དག་ལ་ཡང་། །སྲིད་པའི་བཅིང་བ་དག་ལས་གྲོལ། །བཀྲམ་དང་ཆགས་དང་གདུག་པ་མེད། །རྨོངས་པ་དང་ནི་ལེ་ལོ་མེད། །བག་ཡོད་སྤྱོད་ཅིང་བརྩོན་འགྲུས་ཆེ། །རྣལ་འབྱོར་སྒྲུབ་པ་བསྒྲུབ་པར་བྱ། །ལྟ་བ་ཀུན་ལས་རྣམ་པར་གྲོལ། །ཡང་དག་ཉིད་ཀྱི་ལམ་བསྒོམ་པ། །དགོངས་པའི་

ཆོག་ལ་རབ་ཏུ་མཁས། །དོན་ཤེས་དོན་ནི་རྟོགས་པར་འགྱུར། །ཚུལ་དང་ཚུལ་མིན་ཚིག་ཤེས། །དེ་ཉིད་རྣལ་འབྱོར་རབ་ཏུ་མཁས། །སེམས་ཅན་ཀུན་ལ་རབ་ཏུ་བྱམས། །བྱང་ཆུབ་སྤྱོད་པའི་དོན་སེམས་པ། །འདི་འདྲའི་ཚུལ་ནི་བཟང་པོ་ལ། །དེ་ལྟ་བུ་ཡི་སྒྲུབ་པ་ཡིས། །གྲོལ་བ་དང་ནི་དངོས་གྲུབ་འཐོབ། །དངོས་གྲུབ་ཐམས་ཅད་དོགས་པ་མེད། །ཕྱོགས་དང་གོས་དང་ཟས་རྣམས་ལ། །འབགས་པ་ཐམས་ཅད་རྣམ་པར་སྤང་། །ལྷ་རྣམས་སློང་པར་མི་བྱ་ཞིང་། །རྣམ་པ་ཡང་ནི་སྤང་བར་བྱ། །ཉི་མ་རེ་རེ་རབ་བསྡམས་ཤིང་། །བསྲུང་བའི་ཚིག་བྱས་པ་ལས། །བགེགས་ནི་མེད་ཀྱིས་མ་འཇིགས་ཤིག །སེམས་ནི་རབ་ཏུ་གདུལ་དཀའ་འདི། །བགེགས་ནི་ཉུང་ཟད་མེད་སྙམ་པས། །སེམས་ནི་དག་པ་ཉིད་དུ་འགྱུར། །རང་གི་སེམས་ནི་བདུད་ཅེས་གསུངས། །རང་གི་སེམས་ནི་བགེགས་ཡིན་ནོ། །རྣམ་པར་རྟོག་པ་ཐམས་ཅད་སྤངས། །རྣམ་པར་རྟོག་ལས་བགེགས་ཀུན་འབྱུང་། །གདུལ་དཀའི་སེམས་ནི་རབ་བཟུང་ནས། །འདོད་པ་ལྔ་ནི་སྤང་བར་བྱ། །སྔོན་གྱི་རྗེས་སུ་དྲན་ནས་བཙུམ། །རྡོ་རྗེ་སེམས་དཔའ་བསྒོམ་པར་བྱ། །འཇིག་རྟེན་ན་ནི་གང་ཟག་བཞི། །བསྐལ་པ་བརྒྱར་ནི་བརྩོན་བྱས་ཀྱང་། །ཚོ་ག་བཞིན་དུ་ཀུན་སྤྱད་ཀྱང་། །དེ་དག་འགྲུབ་པར་ཡོད་མི་འགྱུར། །བྱང་ཆུབ་སེམས་ནི་མ་བསྐྱེད་དང་། །ཐེ་ཚོམ་ཡོད་པ་ཉིད་དང་ནི། །གང་ཞིག་བཀའ་སྲུལ་མི་བྱེད་དང་། །མ་དད་པས་ནི་མི་གྲུབ་བོ། །ཕ་དང་མར་ནི་ཤེས་པ་དང་། །ཚངས་དང་དགེ་སྦྱོང་འབད་པ་དང་། །གཙང་ཞིང་ཞི་བ་དུལ་བ་དང་། །བསྡམས་ཤིང་ཐར་པ་ལ་སེམས་པ། །རྒྱལ་སྲིད་མཐོ་རིས་ལོངས་སྤྱོད་དང་། །འདོད་པའི་ཡོན་ཏན་བརྩོན་ཕྱིར་མིན། །གཞན་དུ་སེམས་ཅན་ཐམས་ཅད་ཕྱིར། །རྫོགས་པའི་བྱང་ཆུབ་བསྒོ་བྱས་པ། །དེ་བཞིན་ཁ་ཟས་ཚོད་ཤེས་ཤིང་། །མཚན་མོ་མི་ཉལ་བ་ལ་དགའ། །འདོད་ཆགས་ཞེ་སྡང་ལ་སོགས་འབྱུང་། །རྣམ་པར་རྟོག་པ་མི་སེམས་ཤིང་། །སེམས་ནི་རབ་ཏུ་དགའ་གྱུར་ནས། །མི་གཡོ་བར་ནི་སེམས་པར་བྱ། །ལེགས་བཤད་ཤིན་ཏུ་རྣམ་ཕྱེ་བའི། །ཆོས་ཀྱི་དོན་ལ་མངོན་པར་དགའ། །སེམས་ཅན་གནོད་ལ་སོགས་པའི་རྒྱུ། །དྲག་ཤུལ་སྤྱོད་པའི་ལས་མི་བྱེད། །སེམས་ཅན་གདུག་པ་ལ་སོགས་པའི། །ཉེས་པ་དག་ཀྱང་རབ་ཏུ་བཟོད། །རིག་སྔགས་མཆོན་དང་དེ་བཞིན་མཚན། །ལྷ་ཡི་བཅིངས་པ་རྣམས་དང་ནི། །དམན་མ་དག་དང་ལྷ་ཡི་གྲིབ། །ལྷ་ཡི་མཚན་མ་ལ་སོགས་ཀུན། །བཟའ་བ་དག

ནི་སྣ་ཚོགས་པ། །མཚན་མའི་མཚན་ཉིད་བྱས་པ་རྣམས། །མི་འགོང་ཞིང་ནི་མི་བཟའ་སྟེ། །ནམ་ཡང་བརྗི་བར་མི་བྱའོ། །དཀོན་མཆོག་གསུམ་གྱི་དཀོར་རྣམས་ལ། །ནམ་ཡང་སྤྱད་པར་མི་བྱའོ། །ཞེས་བྱ་བ་ལ་སོགས་པ་རྒྱ་ཆེར་བཤད་དོ། །

ལུས་དང་ངག་དང་སྤྱོད་པ་བསྟན་པ་ཡང་རང་གི་ཚུལ་དང་འགལ་བར་མ་གྱུར་པ་རྣམས་སྤྱད་པར་བྱའོ། །དེ་དག་ལས། དྲི་མི་ཞིམ་དང་བཅས་པ་ཡང་། །འདོད་པ་ལྟ་ནི་སྤང་བར་བྱ། །ཞེས་བྱ་བ་ལ་སོགས་པས་རང་གི་ཚུལ་ཅི་རིགས་པར་ཤེས་པར་བྱའོ། །དེ་དག་ལ་སོགས་པ་ཡང་ཚུལ་ཇི་ལྟར་སྤྱད་པ་ལ་སོགས་པ་རྡོ་རྗེ་ཕྲེང་བ་ལས་བཤད་པའི་དགོངས་པ་མཁས་པས་སྤྱད་པར་བྱའོ། །དེ་བས་ན་བརྟན་པ་མ་ཐོབ་པའི་དབང་དུ་བྱས་ནས་སློབ་དཔོན་ཡེ་ཤེས་ཞབས་ཀྱིས་གཞན་ཡང་རྒྱུད་གཞུང་འདུག་གི་རྣལ་འབྱོར་པས། རྣལ་འབྱོར་བཞི་ཡི་ཆོག་དང་། །སྣང་སྲིད་སྒྱུ་མའི་སྦྱོར་བ་ཡིས། །འགྲོ་འཆག་ཉལ་དང་འདུག་པ་རྣམས། །སྐུ་གསུང་ཐུགས་ཀྱི་མཛད་པའོ། །བྱེད་དང་སྨྲ་དང་བསྒྱོད་པ་རྣམས། །ལྷ་ག་ལས་ནི་གཡེང་མི་བྱ། །ཟས་ནི་བདུད་རྩིར་རབ་དམིགས་ལ། །ཐ་དད་མེད་པའི་དཀྱིལ་འཁོར་དུ། །ཕྱི་ཡི་སྦྱིན་སྲེག་ཚུལ་དུ་ནི། །རྟག་ཏུ་ཚོགས་ཀྱི་མཆོད་པ་བྱ། །འགྲོ་བ་རང་བཞིན་དག་པ་ཡིས། །དབང་བསྐུར་བ་ཡི་ཆོགས་ནི། །ཕྱི་ཡི་ཆུས་ཀྱང་བཀྲུ་བར་བྱ། །ཉལ་བ་ཤེས་རབ་སྙིང་རྗེས་ཉལ། །ལྡང་ན་དཔལ་ལྡན་གླུ་ཡིས་བསྐུལ། །ཐམས་ཅད་རང་བཞིན་དག་པ་ཡིས། །དག་པའི་ལྷ་དང་གནས་སུ་སྣང་། །སེམས་ཉིད་ཅིར་ཡང་སྣང་བའི་ཕྱིར། །བདེ་སྡུག་རྣམ་པར་གྲོལ་བའོ། །ཞེས་བཤད་པའི་ཚུལ་གྱིས་ན་བརྟན་པ་མ་ཐོབ་པ་ལས་དང་པོ་པའི་སྤྱོད་པ་རྣམས་ཀྱི་སྤྱད་པ་བསྟན་པས་ཤེས་པར་བྱའོ། །དེ་བས་ན་ལས་དང་པོ་པ་སྡོམ་པ་ལ་མི་གནས་ཤིང་རང་གི་སྤྱོད་པའི་ཚུལ་ཆོག་ཞིབ་མོ་འདོར་བ་དང་། གོང་མའི་སྤྱོད་པ་ཁྱད་པར་ཅན་ལ་འཇུག་པ་ནི་བྱ་དགོས་པའི་སྤྱོད་པ་མ་བྱས་པ་དང་། རེ་ཞིག་བྱ་བ་མ་ཡིན་པའི་སྤྱོད་པ་བྱས་པའི་ཕྱིར་ལྟུང་བར་འགྱུར་རོ། །སྡོམ་པ་གསུམ་ལ་གནས་ཤིང་རང་གི་སྤྱོད་པ་ཚུལ་བཞིན་དུ་བྱེད་པས་གོང་མའི་སྤྱོད་པ་ཤེས་པར་བྱ་བ་ལ་ཉེས་པ་མེད་དོ། །བསླབ་པར་བྱ་བ་ཡིན་པས་དེ་བས་ན་ཐོས་པ་བཙལ་ཞིང་བསམ་པར་བྱའོ། །

དེ་ནས་ཅུང་ཟད་བརྟན་པ་ཐོབ་ནས་གསང་སྔགས་ཀྱི་སྤྱོད་པ་ལ་འཇུག་པར་བྱ་སྟེ། རིག་མ་

མཚན་དང་ལྡན་པ་ཆ་ལྔ་དང་ལྡན་པར་བྱིན་གྱིས་བརླབས་ཏེ། ཡོངས་སུ་སྨིན་པ་དང་བདེ་བ་ཆེན་པོས་དེ་ཁོ་ན་ཉིད་བརྟེན་པར་བྱ་བ་ཟླ་བ་དྲུག་ལ་སོགས་པ་དགོན་པ་ཆེན་པོར་བདུད་རྩི་རྣམ་པ་ལྔ་ལ་སོགས་པར་སྤྱད་ཅིང་། རང་གི་དེ་ཁོ་ནས་རི་ལུ་ལ་སོགས་པ་ཁར་བཅུག་ལ་བསྒྲུབ་པར་བྱའོ། །དེ་དག་ཀུང་རྟོག་པ་དང་བྲལ་བས་སྤྱད་པར་བྱའོ། །དེའི་ཕྱིར་བདུད་རྩི་ལ་སོགས་པ་ནི་རྟོག་པ་མེད་པས་བསྒྲུབ་པར་བྱ་བ་དང་། རང་བཞིན་གྱི་ནུས་པ་དང་ལྡན་པས་གྲུབ་པའི་ཕྱིར་རྗེས་སུ་བསྟགས་པའི་ཕྱིར་རྟག་ཏུ་སྤྱད་པར་བྱའོ། །གཞན་ཡང་བསམས་ཏེ་བཟའ་བ་དང་། ཐོག་མ་ནས་བསླབ་པར་བྱའོ། །

དེའི་ཕྱིར་ན་རྟོག་གེ་པ་རྣམས་ཀྱི་རྟོག་པ་བསལ་བའི་ཕྱིར་སྒྱུ་འཕྲུལ་དྲ་བ་ལས་གསུངས་པ། བཤང་གཅི་ཁྲག་དང་གཞུར་རྣམས། །ཤ་ཆེན་དག་ཀུང་སྦྱིན་སྲེག་བྱ། །ཅི་སྟེ་ཡེ་ཤེས་སེམས་དཔའི་ཞལ། །མི་གཙང་བ་ཡིས་བཀང་ན་ཀོ། །ཇི་ལྟར་སྡིག་པ་སྐྱེ་མི་འགྱུར། །གལ་ཏེ་སྡིག་གྱུར་འབྲས་བུ་གང་། །སེམས་ཅན་མི་ཤེས་པས་རྨོངས་ནས། །ཐབས་དང་ཤེས་རབ་རྣམ་སྤངས་ཤིང་། །ཕྱི་རོལ་དངོས་ལ་མངོན་ཞེན་པ། །རྣམ་རྟོག་དྲ་བས་བླུན་བྱས་གང་། །དེ་དག་གིས་ནི་དགེ་སྡིག་གི། །ཕུང་པོ་གཉིས་སུ་རྣམ་པར་བརྟགས། །ཆོས་འདིར་རང་བཞིན་གྱིས་དག་སྟེ། །སྐྱེ་བ་མེད་ཅིང་གནས་མེད་ཀུང་། །སེམས་ཅན་གནོད་པ་སེལ་བའི་ཕྱིར། །སངས་རྒྱས་རྣམས་ཀྱིས་ཐབས་ཀྱིས་བསྟན། །དམ་པའི་དོན་དུ་དགེ་སྤངས་ན། །བསོད་ནམས་མེད་པ་ཅི་ཞིག་སློས། །དཔེར་ན་ཆུ་ཀླུང་ཆུས་གང་བ། །ཕ་རོལ་འགྲོ་བའི་སེམས་ཅན་དག །རྫ་དང་ཤིང་ལ་སོགས་བསྟེས་ཏེ། །ཆུ་ལ་རྒྱལ་བའི་གཟིངས་བྱས་ནས། །དེ་ལ་འཛུས་ཏེ་ལེགས་རྒྱལ་ནས། །ཕོར་ཏེ་བདེ་བར་འགྲོ་བ་ལྟར། །དེ་བཞིན་འཁོར་བ་ཕ་རོལ་གྱི། །ཆོས་ཀྱི་ལམ་ནི་བསྐྱེད་བྱས་ནས། །ཆོས་དང་ཆོས་མིན་རྣམ་སྤངས་ལ། །བྱང་ཆུབ་བདེ་བ་འཐོབ་པ་བཞིན། །དེ་བཞིན་རྣམ་རྟོག་དྲ་སྤོངས་ལ། །ཤིན་ཏུ་ཟབ་མོའི་ཆོས་སྤྱེལ་ཏེ། །དེ་བཞིན་གཤེགས་པས་གསུངས་ལམ་ལ། །སྔགས་རིག་རྣམ་རྟོག་མ་བྱེད་ཅིག །རྣམ་རྟོག་རྨོངས་པ་ཆེན་པོ་སྟེ། །འཁོར་བའི་རྒྱ་མཚོར་ལྟུང་བྱེད་པས། །ནམ་མཁའ་ལྟ་བུ་དྲི་མེད་པའི། །རྣམ་པར་མི་རྟོག་ཏིང་འཛིན་གནས། །དབང་པོ་གཉིས་ནི་མཉམ་སྦྱར་ཏེ། །ལུས་དང་ངག་དང་སེམས་བསྡུས་ནས། །ངོ་སྐམ་ནས་གཟི་བསྐྱེད་གཟུགས། །རྣམ་པ་ཀུན་གྱིས་རྣམ་བརྒྱན་ནས། །རྣལ་འབྱོར་ལྡན་ལ་ཚེ་འདི་ལ། །ཡེ་

ཞེས་རྫོགས་པ་ཉིད་དུ་འགྱུར། །ལས་ལས་བྱུང་བར་བསྟན་པ་ཡིས། །སྐྱེས་པ་བུད་མེད་གཟུགས་མང་ལ། །བརྟས་པ་ཉིད་དུ་མི་བྱ་ཞིང་། །རྡོ་རྗེ་ལུས་ཅན་དམ་ཚིག་ཡིན། །ངན་རྟོག་བཟང་རྟོག་དྲ་བ་ཡིས། །སེམས་ཀྱིས་སེམས་ཅན་རྣམས་ལ་ནི། །སྣ་ཚོགས་གཏུམ་པས་སུན་མི་དབྱུང་། །རྡོ་རྗེ་སེམས་ལྡན་དམ་ཚིག་ཡིན། །སྲིད་པས་སྐྱེ་རྒྱུ་ཕྲ་མ་ཡིས། །ཚིག་དག་རྣམ་པར་མི་སླ་ཞིང་། །ཉན་ན་བདེ་བར་འདོད་པ་ཡིས། །རྡོ་རྗེ་ངག་ཅན་དམ་ཚིག་ཡིན། །རྣམ་པར་སྣང་མཛད་ཆེར་འཕྲུགས་མཆོག །ཤ་ཡི་ཁམས་ལ་གནས་པ་ཡིན། །ཆང་ལ་མི་འཕྲུགས་རྒྱལ་པོ་སྟེ། །ཁྲག་ལ་རིན་ཆེན་འབྱུང་བའི་གཙོ། །སེམས་ཅན་རྣམས་ཀྱི་རུས་ཕུང་པོའི། །རུས་གོང་ལ་ནི་འོད་དཔག་མེད། །རྩ་བའི་ཚིགས་རྣམས་མ་བྲལ་བ། །ཐུབ་པའི་སྐྱེས་མཆོག་དོན་ཡོད་གྲུབ། །དམ་ཚིག་ཤེས་པ་རྣམས་ལ་ནི། །གསང་ཆེན་ང་ཡིས་བསྟན་པ་འདི། །བློ་ལྡན་རྡོ་རྗེ་སེམས་ཀྱིས་ནི། །རྟག་ཏུ་བསྟེན་ཅིང་བསྒོམ་པར་བྱ། །འདོད་ཆགས་ཞེ་སྡང་དེ་བཞིན་རྨོངས། །སྲིད་དང་འདུ་བྱེད་རྣམས་འཕེལ་བའི། །ཆོས་འདི་རྣམ་པ་ལྔ་པོ་འདི། །ཐུབ་པ་སྐྱེས་མཆོག་རྣམས་ཀྱིས་གསུངས། །བཤང་གཅི་ཁུ་བ་མཆིལ་མ་ཁྲག །འཛག་པ་འབྱུང་བ་བཞིས་བསྡུས་པ། །སྒོམ་པའི་བློ་གྲོས་རྫོགས་པ་ཡིས། །དམ་ཚིག་རྟག་པར་བྱ་བ་སྟེ། །རྟག་ཏུ་བཟའ་ཞིང་སྦྱིན་པར་བྱ། །ཞེས་བཤད་པས་འདིའི་དོན་ལ་མཁས་པས་རྟོག་པ་མེད་པས་འགྲུབ་པར་འགྱུར་རོ། །

དེ་བས་ན་གསང་སྔགས་ཀྱི་བརྟུལ་ཞུགས་ཀྱི་སྐབས་སུ་ཁྱད་པར་དུ་སྤྱད་པར་བྱའོ། །རང་གི་རིགས་ལས་བྱུང་བའི་བུ་མོ་སྨིན་པར་བྱས་ལ་སྤྱད་པར་བྱ་སྟེ། ཁ་ན་མ་ཐོ་བ་དང་བྲལ་བས་ཚོ་ག་བཟང་པོ་དང་ལྡན་པ་བསྟེན་པར་བྱ་བའི་ཕྱིར་དེ་ཉིད་ལས། དེ་ནས་བུ་མོ་མིག་ཡངས་མོ། །ལོ་ནི་བཅུ་དྲུག་ལོན་པ་ལ། །གཟུགས་དང་མདངས་དང་ལང་ཚོར་ལྡན། །གསེར་གྱི་རྣ་ཆ་གཡོ་བ་ཅན། །གཅིག་ཅིག་ལེགས་པར་བཙལ་ནས་སུ། །ལྷ་མོ་བྱི་དོར་ལེགས་བྱས་ཏེ། །རིགས་ལྔ་ཡི་ནི་མཚོན་ཆ་ཅན། །ལས་ཀྱི་རྗེས་སུ་བསྒོམས་བྱས་ནས། །བཞག་སྟེ་སྤྲད་པའི་སྦྱོར་བ་ཡིས། །པདྨ་ལ་ནི་རྡོ་རྗེ་གཞུག །སྤྲད་པ་དང་ནི་འཕྲུད་པ་ཡིས། །རྡོ་རྗེ་དང་ནི་པདྨས་བསྐུལ། །གར་གྱི་ཚུལ་དུ་བསྐྱུར་བ་དང་། །དེ་བཞིན་སྤྲོ་དང་བསྡུ་བ་ཡིས། །ཞེས་བྱ་བ་ལ་སོགས་པས་བསྟན་པ་དང་། གཞན་ཡང་ཐབས་དང་ཤེས

རབ་ཀྱི་རྒྱུད་མང་པོ་ལས་དགོངས་པ་ཅན་གྱི་ཚིག་བསྟན་པ་རྣམས། དོན་གཞན་ལ་དགོངས་པ་རྣམས་གདུལ་བྱ་ཁྱད་པར་དུ་གྱུར་པའི་ཕྱིར་བསམ་པ་ལ་དགོངས་པ་དང་། བརྟན་པ་ཐོབ་པའི་གང་ཟག་གི་དབང་དུ་མཛད་པའི་ཕྱིར་གཞན་དུ་ན་ལྟུང་བར་འགྱུར་རོ། །ལམ་འདི་ལྟ་བུ་ལ་བརྟེན་པ་དང་བརྟེན་པ་མ་ཡིན་པ་ཡང་རྣལ་འབྱོར་པའི་ནུས་པས་འགྲུབ་པ་དང་། མི་སྣང་བར་བྱེད་པ་ལ་སོགས་པས་བྱ་བར་གསུངས་ཀྱི། གཞན་དུ་སྐྲིགས་མ་ལྔའི་དུས་སུ་གང་ཟག་ངན་སོང་དུ་གཞོལ་ཞིང་འདོད་པ་དང་ལྡན་པས་ཐབས་ཤེས་རབ་ཀྱི་རྒྱུད་ལ་བརྟེན་ནས་དུས་དང་སྦྱོད་དུ་མ་གྱུར་པ་ཡང་། འདོད་ཆགས་ལ་སོགས་པའི་བསམ་པས་སྨྲ་ཇི་བཞིན་དུ་སྒྲུབ་པས་ཕལ་ཆེར་ངན་སོང་དུ་སྐྱེ་སྟེ་རྡོ་རྗེ་ཐེག་པ་སྤྱོང་བར་འགྱུར་རོ་ཞེས་གསུངས་པའི་ཕྱིར། དགོངས་པའི་དོན་ལ་མཁས་པར་བྱའོ། །

བརྟན་པ་ཆེར་ཐོབ་རྣམས་ཀྱིས་ནི། །མགོན་པོ་ཀུན་དུ་སྤྱོད་བྱ་སྟེ། །རྟོག་པ་དང་བྲལ་བརྟན་ཐོབ་པས། །ཐམས་ཅད་བཟའ་ཞིང་ཐམས་ཅད་བྱེད། །འདི་ཡིས་མི་བྱ་གང་ཡང་མེད། །ཅུང་ཟད་མི་སླ་གང་ཡང་མེད། །རྟག་ཏུ་མཉམ་པར་བཞག་པ་སྟེ། །འཛེམ་དང་འཇིགས་པ་ཡོད་པ་མིན། །དོགས་པ་མེད་པའི་སེམས་ཀྱིས་སུ། །སྟགས་པ་སེང་གེ་བཞིན་དུ་རྒྱུ། །ཁྲོག་དང་རྩོལ་བ་བསྡམས་པ་མེད། །ཉོན་མོངས་དུག་སོགས་རང་བཞིན་དག །ལམ་དང་གཉེན་པོ་སྤང་བྱ་མེད། །མགོ་སྐྱེས་གྱེན་འགྲེང་རས་དང་བྲལ། །ཐལ་བས་བྱུགས་ནས་ཐོད་པས་བརྒྱན། །ཐིག་ལེ་བཀོད་ནས་ཁ་ཊྭཱཾ་འཛིན། །ལ་ལར་སླུ་བར་མི་བྱེད་ཅིང་། །དྲག་ཏུ་རྒྱུག་ཅིང་གྲོང་ཁྱེར་རྒྱུ། །རྒྱལ་མཚན་ལྡན་མཐོང་ཚད་འགྲུབ་ཤིང་། །ཁྲག་དང་ཁུ་བ་དེ་བཞིན་ཏེ། །དགེ་སློང་ལ་སོགས་ཕྱག་མི་བྱེད། །ལྷ་རྟེན་ཕྱག་བྱས་འགགས་པར་འགྱུར། །རི་ལུ་མི་སྣང་རྒྱལ་པོའི་ཁྲིམ། །ཡུལ་གྱིས་བསྐྱོད་པ་མ་ཡིན་ཏེ། །འཇིག་རྟེན་ཆོས་ལ་ཆགས་སྡང་མེད། །སངས་རྒྱས་ལ་སོགས་ཕྱག་མི་བྱེད། །གླང་ཆེན་སྨྱོས་དང་སེང་གེ་ཞོན། །ནགས་དང་རི་ཁྲོད་བསོད་སྙོམས་འཇུག །དུར་ཁྲོད་ཚོང་ཁང་སྲང་དུ་རྒྱུ། །འབྱུང་པོ་བཞིན་དུ་གནས་པ་མཆོག །འདི་ནི་ཀུན་དུ་སྤྱོད་པའོ། །ཞེས་བྱ་བ་ལ་སོགས་པས་བཤད་དེ། དེའི་ཕྱིར་འདི་ནི་བརྟན་པ་ཐོབ་པ་རྣམས་ཀྱིའོ། །གཞན་དུ་ཐོག་མ་ནས་འཇུག་པ་དེ་དག་ཕལ་ཆེར་ཉམས་ཏེ་ལྟུང་བར་འགྱུར་རོ། །དེ་བས་ན་རིམ་པས་འཇུག་པ་རྣམས་ལྟུང་བར་མི་འགྱུར་བར་ཤེས་པར་བྱའོ། །བསྐྱེད་པའི་རིམ་པ་

དང་། རྫོགས་པའི་རིམ་པ་ལ་རིམ་པ་བཞིན་དུ་འཇུག་པའི་རྣལ་འབྱོར་པས་ཀྱང་སྤྱོད་པའི་ཚུལ་དེ་བཞིན་དུ་གནས་པར་བྱ་སྟེ། དེའི་ཕྱིར། བསྐྱེད་པའི་རིམ་ལ་ལེགས་གནས་ཏེ། །རྫོགས་པའི་རིམ་པ་འདོད་རྣམས་ལ། །ཐབས་ནི་རྫོགས་པའི་སངས་རྒྱས་ཀྱིས། །སྐས་ཀྱི་རིམ་པ་བཞིན་དུ་གསུངས། ། ཞེས་བཤད་པ་འདི་ཡང་ལེགས་པར་བཤད་པར་འགྱུར་རོ། །དེ་ནས་མཉམ་པར་བཞག་པའི་སྤྱོད་པ་ཆེན་པོ་རང་བཞིན་གྱིས་རྟོག་པ་དང་བྲལ་བ་མི་རྟོག་པའི་ཡེ་ཤེས་ལ་འཇུག་པ་ལ་གནས་པར་བྱ་སྟེ། དེའི་ཕྱིར། འདི་ཡི་སྤྱོད་པ་ལ་གནས་པས། །སྤྲོས་བཅས་མེད་ཅིང་མཉམ་གཞག་མེད། །བྱ་དང་བྱེད་དང་རྩོལ་ལས་འདས། །དག་དང་མ་དག་དངོས་པོ་རྣམས། །སྒྱུ་མ་བཞིན་དུ་དངོས་མེད་པར། ། བརྟགས་པས་དབེན་པས་བླང་དོར་མེད། །འདོད་ཆགས་ལ་སོགས་མི་སྤོང་སྟེ། །གཞན་གྱིས་སངས་རྒྱས་སྒྲུབ་མི་བྱེད། །ཡོད་མེད་རྟག་ཆད་མཐའ་ལས་འདས། །ཁ་དོག་དབྱིབས་མེད་ལུས་ངག་མེད། ། སྤྲོག་རྩོལ་རིམ་དང་ཅིག་ཅར་སྤོང་། །ཡི་གེ་མཚན་མ་ཕྱག་རྒྱ་མེད། །ཕྱོགས་བཅུ་གང་ལའང་གནས་མི་བྱེད། །གཟུང་འཛིན་རྣམ་རྟོག་ཡུལ་ལས་འདས། །དམ་ཚིག་སྡོམ་པ་དཀྱིལ་འཁོར་མེད། །དེ་ཉིད་བཅུ་ལ་རྣམ་མི་རྟོག །བསྒོམ་བྱ་སྒོམ་བྱེད་བསྒོམ་པ་མེད། །སངས་རྒྱས་སེམས་ཅན་བདག་རྩོལ་བྲལ། ། རྒྱུ་འབྲས་ལམ་ལ་སོགས་པ་སྤོང་། །རྒྱུ་དང་མི་རྒྱུའི་དངོས་རྣམས་ལ། །ནམ་མཁའ་བཞིན་དུ་རྟོག་མི་བྱེད། །མཆོད་རྟེན་གླེགས་བམ་ལ་སོགས་སྤོང་། །བདུད་དང་དངོས་གྲུབ་གཉིས་སུ་མེད། །རང་རིག་ཤེས་བརྗོད་ཡུལ་ལས་འདས། ། སྒྲ་དང་བརྡ་དང་དབང་པོ་ཡིས། །འདི་ལ་བསྟན་བྱ་རྫུལ་ཡང་མེད། ། རྟོག་གེའི་སྤྱོད་ལས་འདས་པ་སྟེ། །དམ་པའི་རྗེས་འབྲངས་རང་གིས་རིག །མཐོང་བ་མེད་པའི་དམ་པ་མཐོང་། །རྗེས་སུ་ཤེས་པ་སྒྱུ་མ་བཞིན། །རབ་མཐའི་ཤེས་པ་རྟོག་གོམས་པས། །རྟོག་མེད་གཞན་དོན་ནོར་བུ་བཞིན། །སྐུ་གསུམ་ཡེ་ཤེས་ལྔ་ལ་སོགས། །ཐུབ་པའི་ཡོན་ཏན་དཔག་བསམ་ཤིང་། ། སྟོན་དུས་སྐད་ཅིག་གིས་རྫོགས་ལྟར། །དེ་ཕྱིར་དེ་ལ་གསང་བ་འདུས། །བཞི་པའི་དབང་གིས་རབ་ཏུ་བརྒྱན། །དེ་ཉིད་དཔལ་མཆོག་དང་པོ་སྟེ། །རྡོ་རྗེ་སེམས་དཔའ་མཐར་ཕྱིན་ལམ། །ཞེས་བཤད་པའི་ཕྱིར་འདི་ནི་མཐར་ཕྱིན་པའི་སྤྱོད་པ་སྟེ། མཉམ་པར་བཞག་པའི་སྤྱོད་པ་ཆེན་པོའོ། །དུས་ཤེས་པའི་སྤྱོད་པ་ལས་འགལ་བར་སྤྱོད་པ་རྣམས་ཀྱི་ནི་བདུད་ཀྱི་ལས་སུ་རིག་པར་བྱའོ། །བླ་མའི་བཀའ་དང་

དོན་ཆེན་པོ་མཐོང་བ་དང་། གང་ཟག་ལ་སོགས་པའི་དུས་ཤེས་པ་དང་། སྲོག་གི་བར་ཆད་དུ་འགྱུར་བ་ལ་ཉེས་པ་མེད་དོ། །ལྟུང་བ་དེ་དག་ལ་ཉེས་པ་ཆེ་འབྲིང་གི་རིམ་པས་དབང་དང་ཚོགས་ལ་བཤགས་པ་དང་།དཀྱིལ་འཁོར་སྔོན་དུ་འགྲོ་བས་དམ་པ་གཅིག་ལ་བཤགས་པའོ། །ཕྱིས་བསྡམ་པར་བྱ་བ་ལ་བསླབ་པར་བྱའོ། །ལྟུང་བ་བཅོ་ལྔ་པའི་རྣམ་པར་བཤད་པའོ།། །།

ད་ནི་ཡན་ལག་གི་ཉེས་པ་བཤད་པར་བྱ་སྟེ།དེའི་ཕྱིར།དམ་པ་ཉེར་བསྟེན་ཅིག་ཤོས་མིན། །སྣོད་དང་ལྡན་པ་རྣམ་པར་བརྟག །འདོད་ཕྱིར་གཞན་ལ་གནོད་པ་སྤྱང་། །དཀོན་མཆོག་ལ་སོགས་ནོར་ལ་མིན། །གཞན་དོན་སྐད་ཅིག་ཡལ་མི་དོར། །བྱང་ཆུབ་མིན་པར་དགེ་མི་འཇུག །རྣམ་ཤེས་འཕོ་བ་དེ་ཉིད་མཁས། །གཞན་དུ་ཡན་ལག་ཉེས་པའོ། །དེ་ནས་སྡུག་བསྔལ་ཆེན་པོ་འཐོབ། །ཞེས་བཤད་པ་སྟེ། འདི་དག་གི་སྤྱིའི་མཚན་ཉིད་གོང་དུ་བསྟན་པ་ལས་ཤེས་པར་བྱའོ། །དམ་པ་ཉེ་བར་བསྟེན་པ་ནི་བླ་མ་དམ་པ་སྟེ། དེ་ཡང་སྒྱུ་འཕྲུལ་དྲ་བ་ལས། སློབ་དཔོན་མེད་པར་གྱུར་ན་ནི། །དངོས་གྲུབ་ཐོབ་པར་མི་འགྱུར་བས། །སློབ་དཔོན་མཚན་ཉིད་བཤད་པར་བྱ། །ཡེ་ཤེས་སྙིང་པོ་ཁྱད་ཉིད་ཅིག །བརྟན་ཞིང་དུལ་ལ་བློ་གྲོས་ལྡན། །བཟོད་ལྡན་དྲང་ཞིང་གཡོ་སྒྱུ་མེད། །གསང་སྔགས་རྒྱུད་ཀྱི་སྦྱོར་ཤེས་པས། །དཀྱིལ་འཁོར་བྲི་བའི་ལས་བྱའོ། །དེ་ཉིད་བཅུ་ནི་ཡོངས་ཤེས་ཤིང་། །སེམས་ཅན་ཀུན་ལ་མི་འཇིགས་སྦྱིན། །ཐེག་པ་མཆོག་ལ་རྟག་དགའ་བ། །དེ་ནི་སློབ་དཔོན་ཡིན་པར་གསུངས། །ཞེས་བཤད་པས་དམ་པ་མ་ཡིན་པ་བསྟེན་ན་ཡན་ལག་གི་ཉེས་པའོ། །ཅིག་ཤོས་མིན་པ་ནི་དམ་པ་མ་ཡིན་པ་སྟེ་དེ་ཉིད་ལས། ཕྱི་རོལ་བསྟན་བཅོས་ཡོངས་ཤེས་ཤིང་། །ཉན་ཐོས་རྣམས་ཀྱི་ལམ་བསྒྲོད་ཀྱང་། །གསང་བ་དེ་ཉིད་བསྡུ་བ་དང་། །ཐེག་པ་ཆེན་པོ་མི་ཤེས་པ། །སྙིང་རྗེ་ཡོད་པ་མ་ཡིན་དང་། །དད་མེད་བརྩོན་འགྲུས་མི་ལྡན་པ། །རྟག་ཏུ་ངན་པའི་ཚུལ་སྤྱོད་དང་། །བསྟན་བཅོས་རྣམས་ལ་སྨོད་པ་ཡིན། །ཞེས་བཤད་པས་སོ། །དེ་བས་ན་བླ་མ་གཞན་གྱི་དོན་བྱེད་པ་མཆོག་གོ། །བདག་གི་དོན་ཅན་ཉོན་མོངས་པས་ཟིལ་གྱིས་ནོན་པ་ནི་མཆོག་མ་ཡིན་པའོ་ཞེས་བཤད་པས་དེ་བསྟེན་པ་དེ་ནི་ཡན་ལག་གི་ཉེས་པའོ།། །།

སྣོད་དང་ལྡན་པ་ནི་ཡང་སློབ་མ་སྟེ། དེ་ཉིད་ལས། དགེ་བ་སྒོམ་ལ་དགའ་བ་དང་། །རྟག་ཏུ

བླ་མ་ལ་གུས་དང་། །རྒྱུན་དུ་ལྷ་རྣམས་མཆོད་བྱེད་པ། །ཡོན་ཏན་ལྡན་པ་སློབ་མ་ཡིན། །སློབ་དཔོན་ཅི་འདྲར་ལྷ་ཞེ་ན། །བླ་མ་སངས་རྒྱས་ཀུན་དང་མཉམ། །དེ་ཉིད་རྟག་ཏུ་རྡོ་རྗེ་འཆང་། །ཞེས་བྱ་བ་ལ་སོགས་པ་དེ་ཉིད་རྒྱས་པར་ཤེས་པར་བྱའོ། །དེ་བས་ན་སྟོང་མིན་བསྟེན་པ་ནི་ཡན་ལག་གི་ཉེས་པའོ། །རིན་ཆེན་ཅན་ནི་སྨིན་པར་བྱས་པའོ། །འདོད་ཕྱིར་གཞན་ལ་གནོད་པ་སྤྱང་། །ཞེས་བཤད་དེ། འདོད་པ་ནི་ཉོན་མོངས་པས་ཀུན་ནས་བསླང་བ་སྟེ། དེས་མི་བཟད་པ་དང་། ཤ་དང་པགས་པ་དང་རུས་པའི་ཕྱིར་ཡོངས་སུ་སྨིན་པར་བྱས་པས་དེ་དག་སྤྱད་ན་ཡང་ཡན་ལག་གི་ཉེས་པའོ། །མིན་ན་ནི་ལྟུང་བའི་ཕྱོགས་སུ་བསྡུ་བར་བྱའོ། །དེ་ནི་དྲི་མ་ལས་ལྷང་བ་ཡང་དེ་ཉིད་ཀྱི་ཕྱོགས་སུ་བསྡུའོ། །དཀོན་མཆོག་ལ་སོགས་ནོར་ལ་མིན། །ཞེས་བཤད་པ་སྟེ། དཀོན་མཆོག་གསུམ་དང་། གྲོགས་ཁྱད་པར་ཅན་རྡོ་རྗེ་སྤུན་ལ་སོགས་པའི་དཀོར་ལ་མ་བྱིན་པར་མཐུ་དང་འཇབ་བུས་སྤྱད་ན་ལྟུང་བ་ལ་སོགས་པར་འགྱུར་ཏེ། དེ་ཡང་ཞིང་ཁྱད་པར་ཅན་གྱི་ནོར་བདུན་རི་བ་ཕུལ་ཏེ། དེ་ནས་དཔའ་བོའི་སྟོན་མོ་བྱས་ལ། འདུས་པ་ལ་བཤགས་ཏེ་བསྡམ་པར་བྱའོ། །ཐ་ན་བདུག་སྤོས་ཀྱང་མནམ་པར་མི་བྱའོ་ཞེས་བཤད་པས་སོ། །རིམ་པས་ན་སྨད་པའོ། །ཐ་མལ་པ་དུས་ཤེས་པས་སོ། །སེར་སྣ་ཅན་ལ་མཐུ་ལ་སོགས་པས་ཕྲོགས་ཏེ་དོན་དང་བཅས་པས་སྤྱད་པར་བྱའོ་ཞེས་བཤད་པས་དེའི་ཕྱིར་རིམ་པ་ཤེས་པར་བྱའོ། །གཞན་དོན་སྙད་ཅིག་ཡལ་མི་འདོར། །ཞེས་བྱ་བ་ནི་གོང་དུ་བཤད་ཟིན་ཏོ། །བྱང་ཆུབ་མེད་པར་དགེ་མི་འཇུག །ཅེས་བཤད་པས་ནི། སྨིན་པར་བྱས་པས་ཐ་ན་ལུས་ངག་གི་དགེ་བ་ཕྲ་མོ་གཅིག་ཀྱང་དང་པོ་བྱང་ཆུབ་ཏུ་སེམས་བསྐྱེད་པ་དང་། ཐ་མར་ཡོངས་སུ་བསྔོ་བའོ། །བསྔོ་བ་ཡང་འཁོར་གསུམ་ཡོངས་སུ་དག་པའོ། །དེའི་ཕྱིར་སྒྱུ་མའི་བློ་ཅན་གྱིས་བྱ་བར་གསུངས་ཏེ། འཕགས་པ་དཀོན་མཆོག་འབྱུང་གནས་ལས། བྱང་ཆུབ་སེམས་དཔའ་བློ་གྲོས་རབ་ཏུ་ཞི་བ་བྱང་ཆུབ་ཀྱི་ཆེད་དུ་སྤྱོད་པས་ཆོས་ཐམས་ཅད་ངོ་བོ་ཉིད་མེད་པར་ཁོང་དུ་ཆུད་པར་བྱ་སྟེ། སྦྱིན་པ་ཡང་ངོ་བོ་ཉིད་མེད་པར་ཁོང་དུ་ཆུད་པར་བྱའོ། །ལེན་པ་ཡང་ངོ་བོ་ཉིད་མེད་པར་ཁོང་དུ་ཆུད་པར་བྱའོ། །ཡོན་གནས་ཀུང་ངོ་བོ་ཉིད་མེད་པར་ཁོང་དུ་ཆུད་པར་བྱའོ། །བསྔོ་བ་ཡང་ངོ་བོ་ཉིད་མེད་པར་ཁོང་དུ་ཆུད་པར་བྱའོ། །གང་ཡང་སྔོ་བར་བྱེད་པ་དེ་ཡང་ངོ་བོ་ཉིད་མེད་པར་ཁོང་དུ་ཆུད་པར་བྱའོ། །གང་དུ་སྔོ་བར་

བྱེད་པ་དེ་ཡང་ངོ་བོ་ཉིད་མེད་པར་ཁོང་དུ་ཆུད་པར་བྱའོ། །དེ་ཅིའི་ཕྱིར་ཞེ་ན། སྦྱིན་པ་ནི་སྦྱིན་པའི་ངོ་བོ་ཉིད་ཀྱིས་སྟོང་ངོ་། །དེ་བཞིན་དུ་ལེན་པ་པོ་དང་ཡོན་གནས་དང་སྦྱིན་པའི་འབྲས་བུ་དང་། ཡོངས་སུ་བསྔོ་བ་དང་། གང་བྱང་ཆུབ་ཀྱི་ངོ་བོ་ཉིད་ཀྱིས་སྟོང་པ་དང་སྦྱར་བར་བྱ་སྟེ། དེ་ལྟར་ན་སྟོང་པ་ཉིད་ལ་མོས་པ་དེ་ནི་བསམ་པ་ཚད་མེད་པའི་སྒོ་ནས་སྦྱིན་པའི་ཕ་རོལ་ཏུ་ཕྱིན་པ་ཡོངས་སུ་དག་པར་འགྱུར་ཏེ། སྦྱིན་པ་དེ་ནི་སྦྱིན་པའི་ཕ་རོལ་ཏུ་ཕྱིན་པ་ཞེས་བྱ་བའི་མིང་ཡང་འཐོབ་སྟེ་ཞེས་བྱ་བ་ལ་སོགས་པས་བཤད་དེ། དེ་ཡང་སྦྱོར་བ་སྒྱུ་མ་ལྟ་བུ་ལ་གནས་ལ། དེའི་དངོས་གཞི་མི་དམིགས་པས་རྣམ་པར་སྟོང་པ་སྟེ་སྒྱུ་མ་ལས་ཀྱང་འདས་པའོ། །རྗེས་ལ་ཐོབ་པའི་ཤེས་པས་སྨོན་ལམ་རྒྱ་ཆེན་པོ་ཚད་གཟུང་དུ་མེད་པར་བསྔོ་བར་བྱའོ་ཞེས་བཤད་པས། དད་པ་མེད་པ་ལ་དངོས་གྲུབ་འབྱུང་བར་མི་འགྱུར། དེའི་ཕྱིར་གཞན་དུ་ཉེས་པར་འགྱུར་རོ། །རྣམ་ཤེས་འཕོ་བ་ནི་རྣལ་འབྱོར་པ་འཆི་བ་ཤེས་རབ་ཀྱི་ཕ་རོལ་ཏུ་ཕྱིན་པའོ། །འཆི་བའི་ཚེ་ན་བདེན་པ་གཉིས་ཀྱི་ཚུལ་གྱིས་སྒྱུ་མའི་བློ་དང་ལྡན་པས་ཆགས་སྡང་ལ་སོགས་པ་མེད་པས་དཀྱིལ་འཁོར་གསལ་བར་བྱས་ལ་དྲི་མ་ལས་ལྡང་བ་སྔོན་དུ་འགྲོ་བས། སྲོག་འགྲོག་པའི་རིམ་པས་དཀྱིལ་འཁོར་གྱི་འཁོར་ལོ་བསྡུས་ཏེ། རང་གི་ཡེ་ཤེས་དང་མི་གཉིས་པར་བྱས་ཏེ། འོད་ཟེར་གྱིས་ཁམས་གསུམ་དག་པར་བྱས་ལ་དཀྱིལ་འཁོར་ལ་བལྟས་ཏེ། ཐབས་དང་ཤེས་རབ་ཀྱི་དབུས་སུ་རང་གི་ཡི་གེར་བསྡུས་ལ། རང་གི་དེ་ཉིད་ཀྱི་ཐུགས་ཀར་འོད་ཟེར་དང་བཅས་པས་འཇུག་པར་བྱའོ། །གཞན་དུ་ན་ཉེས་པ་དང་བཅས་པའོ། །དེ་དག་ཀྱང་ཚོགས་པ་ལ་བཤགས་ཏེ་བསྡམ་པར་བྱའོ། །གཞན་ཡང་ལྟ་བ་དང་སྤྱོད་པ་ངེས་པར་གནས་པ་ལ་ཐེ་ཚོམ་སྐྱེ་བ་དང་། ཐེག་པ་གསུམ་གྱིས་གདུལ་བྱའི་རིམ་པ་དང་སྦྱར་ནས་མི་འདུལ་བར་གཅིག་ཏུ་སྦྱོར་བ་དང་། དེ་ཁོ་ན་ཉིད་བཅུ་ལ་མི་གནས་པར་དཀྱིལ་འཁོར་དང་སློབ་མ་སྨིན་པར་བྱེད་པ་དང་། བདུད་བརྟག་པའི་ཐབས་ལ་མཁས་པར་མི་བྱེད་པ་དང་། རྩ་བ་དང་ཡན་ལག་གི་སྡོམ་པ་ཞིག་གམ་མ་ཞིག་པ་བསམ་པར་བྱ་བ་དུས་འདས་པ་དང་། ཕྲ་མོའི་ཉེས་བྱས་ཀྱང་ཁྱད་དུ་བསད་ནས་མ་བཤགས་པར་དུས་འདས་ན་དུག་ཆུང་ཡང་རྨ་ལ་མཆེད་པ་བཞིན་དུ་དུས་འདས་པས་གཞི་དེ་ཉིད་ལས་འཕེལ་བ་ཡང་ཚད་དེ་ཉིད་དུ་འཕེལ་བས། དེ་བས་དེ་དག་ཀྱང་ཡན་ལག་གི་ཉེས་པའོ། །བླ་མའི་བཀའ་དང་བྱ་བ

བྱུང་བ་དང་། ན་བ་དང་བར་ཆད་དང་བཅས་པ་དང་། དོན་ཆེན་པོ་མཐོང་བ་ལ་ཉེས་པ་མེད་དོ། །ཏྲི་མ་ལས་ལྡང་བ་ཡང་གོང་དུ་བསྟན་ཏོ། །ལྡང་བའི་རིགས་དེ་དག་ཀྱང་ཡུལ་དང་། བསམ་པ་དང་། རྐྱེན་གྱི་དབང་དང་སྦྱོར་བའི་བྱེ་བྲག་གིས་ལྕི་ཡང་ལ་སོགས་པ་བཞག་སྟེ་ཡུལ་ལས་ནི་ཡུལ་ཉེ་བར་གནས་པ་དང་།ཞིང་གི་བྱེ་བྲག་གོ། །དེས་རྟོགས་ཤིང་ཁོང་དུ་ཆུད་པ་དང་། སྐྱོ་ཞིང་མི་འདོད་པ་དང་། བདག་གིས་ཀྱང་ཤེས་པའོ། །དུས་དང་བསམ་པ་ལས་ཆེད་དུ་བསམས་པ་དང་། རང་བཞིན་དུ་གནས་པའོ། །རྐྱེན་གྱིས་ནི་ནད་དང་འཇིགས་པ་ལ་སོགས་པའི་བར་ཆད་མེད་པ་དང་། འགྲོ་བ་གཞན་ལ་སོགས་པའི་དགོས་པ་མ་མཐོང་བའོ། །སྦྱོར་བས་ནི་ལུས་ཀྱི་བྱ་བ་དང་། ངག་གི་སྦྱོར་བའོ། །དེ་དག་གིས་ནི་དངོས་གཞིར་འགྱུར་བའོ། །གཞན་དུ་ཅི་རིགས་པའི་ཉེས་པའོ། །ཉེས་པ་དེ་དག་ཀུན་གྱི་ཐུན་མོང་དུ་དབང་དང་ལྡན་པ་ཀུན་ལ་ཤེས་པར་བྱའོ། །དེ་དག་ལས་ཏྲི་མ་ལས་ལྡང་བ་ཡང་སྦྱོར་བ་ཆུང་བ་དང་། དེ་ཉིད་ཀྱིས་ཉེས་པར་འགྱུར་བ་དང་། རང་ཉིད་ཀྱིས་ལྡང་བར་ནུས་པ་དང་། རྐྱེན་མ་ཚང་བ་དང་། དུར་ཁྲོད་ལ་སོགས་པར་ནི་བདག་ཉིད་ཆོ་ག་དང་ལྡན་པས་བྱིན་གྱིས་བརླབས་ཀྱིས་ལྡང་བར་བྱ་སྟེ། དེའི་ཕྱིར་སླུས་པ། ཆོ་ག་རྫོགས་པས་རྣམ་པར་སྦྱང་། །ཡོན་ཏན་ཕྱོགས་ཀྱིས་རྣམ་པར་འཕེལ། །མིག་གིས་རྣམ་པར་བརྒྱན་བྱས་ལ། །ཐབས་ཆེན་མཚན་གྱི་ཚད་དུ་མཛེས། །དེ་དཀྱིལ་རི་བོང་བརྒྱད་པའི་གཞི། །དང་པོའི་ལྷ་པས་མཛེས་པས་འཛག །ཆོས་ལ་རི་བོང་ཅན་གྱིས་བརྒྱན། །སྒྲ་ཡིག་དེ་ཉིད་ཐིག་ལེས་མཛེས། །བཅུ་དྲུག་ཕྱེད་པ་བརྒྱད་ཀྱི་འོག །དབང་པོའི་ཕྱོགས་ཀྱིས་རྣམ་པར་འཕེལ། །རིག་བྱེད་ལྷ་པས་ཐབས་ཀྱིས་མཛེས། །ཡང་ན་སྙིང་འོག་དབང་པོ་ཡིན། །བཅུ་དྲུག་ཕྱེད་ཕྱེད་ཐིག་ལེ་དབྱེ། །ཐིག་ལེ་ལས་ཀྱང་རྣམ་པར་འདས། །ཐིག་ལེ་རྣམ་པར་རྫོགས་པར་ལྡན། །སྒྲ་ཡིག་དང་པོ་ཡོན་ཏན་ལྡན། །སྲོག་དང་རྩོལ་བ་རྣམས་བསྡམས་ནས། །རིམ་བཞིན་ཙཀྲ་ལྟེ་འབར་བས། །མཁས་པས་རིམ་བཞིན་རྣམ་པར་སྦྱང་། །ཞེས་བྱ་བ་འདི་དག་གིས་ཀྱང་ཏྲི་མ་ལས་ལྡང་བར་བཤད་པའོ། །ད་ནི་ལྡང་བ་ལ་སོགས་པ་ཐམས་ཅད་ཀྱང་ཆུ་ཚོད་ནས་བརྩིས་ནས་རིམ་པས་ཏྲི་མ་ལས་ལྡང་ངོ་། །གཞན་དུ་ན་ཡན་ལག་གི་ཉེས་པས་སྡུག་བསྔལ་འཐོབ་པོ་ཞེས་པའོ། །ཡན་ལག་གི་ཉེས་པའི་རྣམ་པར་བཤད་པའོ།། །།

དེ་ནས་དེའི་འབྲས་བུའི་ཐབས་དང་ཤེས་རབ་ཀྱི་རྒྱུད་མང་པོ་ནས་འབྱུང་བ་བཤད་པར་བྱ་སྟེ། དེའི་ཕྱིར། དད་ལྡན་ཐེ་ཚོམ་དམན་མི་མོས། །ཚུལ་བཞིན་ཚིག་ལྡན་པ་ནི། །མངོན་སུམ་རྡོ་རྗེ་སེམས་དཔའ་སྟེ། །མཆོག་དང་ཐུན་མོང་རྒྱས་པར་འགྱུར། །ཞེས་བཤད་པ་སྟེ། དད་ལྡན་ཞེས་པས་དད་པ་དང་ལྡན་པ་དངོས་གྲུབ་ཀྱི་སྣོད་དུ་བཞག་པས་ཀུན་གྱི་ཐུན་མོང་མ་ཡིན་པའི་ཕྱིར་རོ། །དད་པ་མེད་པ་ལ་དངོས་གྲུབ་འབྱུང་བར་མི་འགྱུར་ཏེ། དེའི་ཕྱིར་དད་པ་དང་ལྡན་པའི་གང་ཟག་ལ་རང་བཞིན་གྱིས་དངོས་གྲུབ་འགྲུབ། ཇི་ལྟར་དང་བའི་སྣོད་དུ་ཡང་། །རྙོག་མེད་ཟླ་བའི་གཟུགས་བརྙན་འཆར། །དད་པ་དཀར་པོའི་གཞི་རྟེན་ཡིན། །དད་པ་མེད་པའི་མི་རྣམས་ལ། །དཀར་པོའི་ལོ་ཏོག་མི་སྐྱེ་སྟེ། །ས་བོན་མེ་ཡིས་ཚིག་པ་ལ། །མྱུ་གུ་སྔོན་པོ་མི་འབྱུང་བཞིན། །ཞེས་བཤད་པས་སྙིང་རྗེ་དང་ཤེས་རབ་དང་བརྩོན་འགྲུས་ཀྱིས་གྲོགས་བྱས་པའི་གཞན་གྱི་དོན་གཉེར་བར་འདོད་པའི་རྣལ་འབྱོར་པས་བསྟེན་པར་བྱའོ་ཞེས་བཤད་པར་བྱའོ། །ཐེ་ཚོམ་ཡོད་པ་ནི་ཡིད་གཉིས་ཟ་བའོ། །དེ་ཡང་ཐབས་ཤེས་རབ་ཀྱི་རྒྱུད་མང་པོ་ལས་གྲུབ་པའི་མཐའ་སྣ་ཚོགས་སུ་བརྟགས་པ་འདི་དག་འགལ་བ་མི་སྲིད་པས་དོན་དང་བཅས་པ་དང་དོན་མེད་པར་འགྱུར་རོ་ཞེས་རྟོག་པ་དེ་དག་ཀྱང་། དོན་དེ་དག་ཁོང་དུ་ཆུད་པ་སྟེ༑ ཐབས་དང་ཤེས་རབ་ཀྱི་རྒྱུད་དེ་དག་ཇི་ལྟར་དཔག་བསམ་གྱི་ཤིང་དང་འདྲ་བས། དེས་ཀྱང་སྐྱེས་བུ་མང་པོའི་འདོད་པ་ཆ་ཤས་ཀྱི་བྱེ་བྲག་གིས་ཀྱང་བསྒྲུབ་པར་ནུས་ཏེ། དངོས་པོ་མཐའ་དག་གིས་གྲུབ་པ་ནི་མ་ཡིན་ནོ། །སྤྲོས་པ་བྲལ་བ་གཉིས་སུ་མེད་པའི་ཡེ་ཤེས་ཀྱི་ངོ་བོ་ལ་རྟོག་པ་མེད་པའི་ཚུལ་དུ་གྲུས་པ་དང་བཅས་པའི་གྲུབ་པའི་མཐའ་དེ་དག་ཀུན་གྱི་རྟོག་པ་མེད་པའི་ཚུལ་དུ་འགལ་བར་ག་ལ་འགྱུར། དེའི་ཕྱིར་རྟགས་ཀྱི་ཆའི་ནུས་པར་བྱིན་གྱིས་བརླབས་པའི་རྟེན་ཅིང་འབྲེལ་པར་འབྱུང་བ་རེ་རེ་ལ་འཇུག་པས་སླུ་བ་མེད་པའི་དོན་དང་ཡང་ཐྲད་པར་འགྱུར་རོ། །དེའི་ཕྱིར་བཤད་པའི་རྒྱུད་ཆེན་པོ་ལས། ནམ་མཁའི་སྙིང་པོ་ཁྱོད་ཉོན་ཅིག །གཉིས་མེད་ཡེ་ཤེས་དོན་ལྡན་པའི། །ང་དང་འདྲ་བའི་རྒྱུད་ཀུན་ལ། །ཡིད་བཞིན་ནོར་བུ་དཔག་བསམ་ཤིང་། །བུམ་པ་བཟང་པོ་འདྲ་བར་ནི། །གྲུས་པས་ཚུལ་བཞིན་གནས་པ་ལ། །གཅིག་ཀྱང་ཐབས་ཀྱི་བྱེ་བྲག་གིས། །ནུས་པ་བསམ་གྱིས་མི་ཁྱབ་སྟེ། །དེ་ལྟ་དེ་ལྟར་དེ་བཞིན་བསྒྲུབ། །ཚིག་ཉམས་པས་འགྲུབ་པའང་མིན། །ཞེས་བཤད་པ་འདི་ནི་ཚུལ་དེ་

དག་ལས་ཐ་དད་པའི་སྒོ་ནས་འབྲས་བུ་དང་ལྡན་པ་ཡང་མངོན་སུམ་དུ་འགྲུབ་པའི་ཕྱིར་རོ། །དེའི་ཕྱིར་སླུས་པ། ལྷ་དང་དྲང་སྲོང་བདེན་པའི་ངག །གང་ལ་སྦྱོར་བའི་ནུས་པ་ཡང་། །སླུ་བར་བྱེད་པ་མ་མཐོང་ན། །ཡེ་ཤེས་ཆགས་པ་མི་མངའ་བའི། །སློན་ལམ་སྙིང་རྗེས་གཞན་དོན་འཇུག །ཐམས་ཅད་མཁྱེན་པས་སློས་ཅི་དགོས། །ཞེས་བཤད་པས་དེ་ལ་བརྟག་པར་མི་བྱའོ། །འོན་ཀྱང་སྐྱེས་བུ་དམ་པ་ཉེ་བར་བརྟེན་པ་དང་བྲལ་བས་འདོད་པ་དང་བྲལ་བར་འདོད་པ་དང་། ཕྲག་དོག་དང་། ང་རྒྱལ་གྱིས་ནོན་པས་ཞུགས་པ་རྣམས་ནི་རྟགས་འབྲུལ་པས་དོན་དང་ཕྲད་པར་བྱེད་པ་མ་ཡིན་ནོ། །དེའི་ཕྱིར། སློབ་དཔོན་ལས་ནི་དངོས་གྲུབ་འཐོབ། །ཅེས་བྱ་བ་ལ་སོགས་པས་རྒྱ་ཆེར་བཤད་དོ། །གཞན་ཡང་དེ་ལྟ་བུའི་དབང་དུ་མཛད་ནས། །ལུང་མ་རྟོགས་པར་རྟོག་གེ་ཡི། །ཆོས་རྣམས་རྣམ་པར་གནས་མ་ཡིན། །དྲང་སྲོང་རྣམས་ཀྱི་ཤེས་པ་ཡང་། །དེ་ཡང་ལུང་ནི་སྔོན་དུ་བཏང་། །ལོང་བའི་རྐང་པས་ཆོད་དཔག་ཤིང་། །ཉམ་ངའི་གཡང་སར་རྒྱུག་བྱེད་པ། །རྗེས་སུ་དཔག་ལ་གཙོར་འཛིན་པ། །རྣམ་པར་ལྟུང་བར་དཀའ་མ་ཡིན། །ཞེས་བཤད་པས་དེ་ནི་འགལ་བར་འགྱུར་རོ། །དམན་པ་ལ་མི་མོས་པ་ནི་ཉན་ཐོས་དང་རང་སངས་རྒྱས་ལ་སློད་པ་དང་བྲལ་བའོ། །གཞན་ཡང་སྐྱེས་བུ་ཆེ་འདིའི་འབྲས་བུ་འདོད་པ་ལ་ཕྱི་མའི་ཆེ་ལ་འབྱུང་བར་མི་འགྱུར་རོ། །སྐྱེས་བུ་ཕྱི་མ་ལ་འདོད་པ་འདི་ལ་ཡང་རྒྱས་པར་འགྱུར་རོ། །མཆོག་འདོད་པ་ལ་ཐུན་མོང་ཡང་རྒྱས་པར་འགྱུར་རོ། །ཐུན་མོང་ལ་མོས་པ་ལ་མཆོག་དང་དེ་ཉིད་ཀྱང་ཐོབ་པར་མི་འགྱུར་རོ། །དངོས་གྲུབ་རབ་དང་འབྲིང་དང་ཐ་མ་ཡང་རིམ་པས་ཐོབ་པར་འགྱུར་རོ། །དེའི་ཕྱིར། དྲུག་ཅུ་པ་ཡི་སྐྱོལ་བ་ཡིས། །སྣ་ལུའི་འབྲས་དང་ཕྲད་མ་ཡིན། །དམན་ལ་མོས་པའི་སྦྱོར་བ་ཡིས། །མཆོག་རྣམས་ཐོབ་པར་ག་ལ་འགྱུར། །ཞེས་བཤད་པས་སོ། །ཚུལ་བཞིན་ཆོག་ལྡན་པ་ནི། །ཞེས་བཤད་པ་ཡང་ཚུལ་བཞིན་ཆོག་དང་ལྡན་པ་ནི་ཐབས་དང་ཤེས་རབ་ཀྱི་རྒྱུད་ལས་གང་ཡང་རུང་བའི་གྲུབ་པའི་མཐའི་ཆོག་དང་ལྡན་པའོ། །དེའི་ཕྱིར་རྒྱུད་མང་བ་དང་གྲུབ་པའི་མཐའི་ཚུལ་ཐམས་ཅད་དུ་བདག་གིས་བཤད་པ་སྟེ། ཀུན་གྱི་ཐུན་མོང་མ་ཡིན་པའི་ཕྱིར་རོ། །དེ་བས་ན་དགོངས་པའི་དོན་ལ་མཁས་པས་བརྟག་པར་མི་བྱའོ། །མངོན་སུམ་རྡོ་རྗེ་སེམས་དཔའ་དེ་ནི་དམ་ཚིག་དང་ལྡན་པ་དང་། སྤྱོད་པ་ལ་གནས་པ་རྐྱེན་གཞན་གྱིས་འགལ་བར་མི་འགྱུར་བའི་ཕྱིར་རོ། །

མཆོག་དང་ཐུན་མོང་གྲུས་པར་འགྱུར་ཞེས་བཤད་པས་འབྲས་བུ་གྲུས་པར་བསྟན་ཏེ། ཐུན་མོང་
བརྒྱད་ལ་སོགས་པ་དང་རྡོ་རྗེ་འཛིན་པའི་ས་ཐོབ་པའོ། །དེའི་ཕྱིར་བཤད་པ། རྟོག་པ་ཐམས་ཅད་
ཤེས་རབ་ཏུ་ཤེས་པས། །དངོས་པོ་སྒྱུ་འདྲ་བསྡམ་བྱ་སྡོམ་བྱེད་མེད། །རང་བཞིན་གནས་དང་གཞན་
གྱི་ནུས་པ་བསྐྱེད། །ངོ་བོ་ཉིད་དང་བསྡམ་བྱ་སྡོམ་བྱེད་དང་། །རྩ་བ་ཡན་ལག་དེ་བཞིན་ཡན་ལག་གོ། །
རྡོ་རྗེ་སེམས་སོགས་བདེ་གཤེགས་མ་ལུས་ཀྱང་། །དེ་ལ་འདའ་བར་སྤྱོད་པ་མ་ཡིན་ནོ། །མི་འདོད་
དངོས་པོ་ཐམས་ཅད་སྲེག་པར་བྱེད། །སྡུག་བསྔལ་སྣ་ཚོགས་རྣམས་ཀྱི་གཞི་རྩ་སྟེ། །བདེ་གཤེགས་
ཀུན་གྱིས་བུ་བཞིན་རབ་དགོངས་ནས། །སྐུ་གསུམ་ཡེ་ཤེས་ཆུ་ཡི་ཟླ་བ་བཞིན། །ནད་མེད་ནོར་དང་
རྐང་འགྲོ་མང་པོ་འཕེལ། །འབད་པ་མེད་པར་འདོད་པ་འགྲུབ་པར་འགྱུར། །རྒྱལ་པོ་ལ་སོགས་
གསོང་པོར་སླ་བྱེད་ཅིང་། །སྐྱེ་བོ་མང་པོས་རྟག་ཏུ་བཀུར་བར་འགྱུར། །འཁོར་དང་ལོངས་སྤྱོད་མང་
པོས་རྣམ་པར་མཛེས། །རིམས་དང་གདོན་ལ་སོགས་པའི་གནོད་པ་རྣམས། །ཀླུ་མ་མཁའ་འགྲོ་དམ་
ཚིག་རྗེས་དྲན་པས། །དེ་དག་ལས་ཀྱང་མྱུར་དུ་ཐར་བར་འགྱུར། །རིན་ཐང་མེད་པའི་རིན་ཆེན་
རྣམས་ཀྱང་འཐོབ། །གདོན་དང་མཁའ་འགྲོ་རྣམས་ཀྱིས་འབར་བར་མཐོང་། །རྡོ་རྗེ་འཆང་བ་མང་
པོས་རྗེས་སུ་འབྲང་། །བྱང་ཆུབ་སེམས་དཔའ་མང་པོས་སྲུན་བཞིན་དགོངས། །སྔགས་དང་ཞིང་ལས་
སྐྱེས་པའི་མཁའ་འགྲོས་ཀྱང་། །རྒྱང་ནས་གཟིགས་ཤིང་དངོས་གྲུབ་སྟེར་བར་བྱེད། །འཇིག་རྟེན་སྐྱོང་
བ་རྣམས་ཀྱིས་རྟག་ཏུ་སྐྱོབ། །གདུག་པ་ཅན་རྣམས་མཐོང་ནས་དགའ་བར་བྱེད། །འབད་པ་མེད་པར་
གསུངས་པའི་ལས་རྣམས་འགྲུབ། །བསྐལ་པ་མང་པོར་སྡོམ་ལ་གནས་པ་བས། །སྐད་ཅིག་གནས་
པས་འབྲས་བུ་རྫོགས་པར་བྱེད། །ལྡོག་པ་མེད་པའི་བྱང་ཆུབ་སེམས་བཟུང་ནས། །ཐབས་ཀྱིས་
བསོད་ནམས་ཚོགས་ནི་རབ་རྫོགས་བྱེད། །བདེ་བའི་ངག་ཅན་དེ་ནི་ལུང་བསྟན་ཏེ། །བརྟགས་པ་
རྣམས་ལོག་བདེན་པའི་དོན་མཐོང་ནས། །ས་ནས་སར་འཕར་མི་མཐུན་ཕྱོགས་སྤྱངས་ཏེ། །སྒྱུ་མ་ལྟ་
བུས་རྟོག་མེད་མཉམ་པར་གནས། །ཁ་སྦྱོར་བདེ་ཆེན་མཚན་གྱིས་རྣམ་བརྒྱན་པ། །སྟོབས་དང་མི་
འཇིགས་ཕྱོགས་ཀྱི་ཆོས་རྣམས་དང་། །ཕ་རོལ་ཕྱིན་པས་ས་དང་དབང་ལ་སོགས། །དག་པའི་ཞིང་དུ་
རྟག་པར་ཚོགས་ཆེན་བསྐོར། །འདུལ་བའི་དོན་དུ་སྣང་བ་འགག་པ་མེད། །ལེགས་པར་མཚན་པའི་

རྒྱན་གྱིས་གར་ཡང་གནས། །དུས་ལས་ཡོལ་མེད་དང་བའི་ཆུ་ཀླུ་བཞིན། །འབད་རྩོལ་རྟོག་མེད་ཡིད་བཞིན་ནོར་བུ་ལྟར། །སྨོན་ལམ་གྲུབ་པས་ཐུགས་རྗེ་འགག་པ་མིན། །ཡོངས་སྤྱོད་ཆེན་པོས་མཉམ་པ་ཉིད་ལ་གནས། །འདོད་པའི་ཡོན་ཏན་གྲུབ་པས་འགག་པ་མེད། །སྨོམ་ལྡན་རྣམས་ལ་མངོན་སུམ་གནས་ཞེས་བཤད། །ཅེས་བཤད་པ་ཡང་ཐབས་དང་ཤེས་རབ་ཀྱི་རྒྱུད་མང་པོ་ལས་འབྲས་བུ་མང་དུ་བཤད་པས་བདག་གིས་མདོར་བསྡུས་ཏེ་བཤད་པའོ། །བསྐལ་པ་མང་པོར་ཚོགས་བསགས་ནས། །རིན་ཆེན་སྣོད་དུ་བདུད་རྩི་འཛག །རྟག་ཏུ་བརྩོན་པར་མི་བྱེད་པར། །ཅི་ཕྱིར་འདོད་པའི་དུག་གིས་མྱོས། །ཞེས་བཤད་པས་ཀྱང་དོན་དེ་ཉིད་གྲུབ་པར་བསྟན་ཏེ། བསྐལ་པ་མང་པོ་ནས་རྒྱུད་ཤིན་ཏུ་སྦྱངས་པ་དང་། ཚོགས་བསགས་པ་དང་། སྨོན་ལམ་ལས་གྲུབ་པས་རིན་པོ་ཆེའི་སྣོད་ལྟ་བུར་གྱུར་པའི་ནང་དུ་བདུད་རྩི་འཐུང་བར་མི་བྱེད་པའི་འདོད་པའི་ཐག་པས་བཅིངས་ནས། ཉོན་མོངས་པའི་དུག་གིས་མྱོས་པར་བྱེད་ཅེས་བཤད་དོ། །དེའི་ཕྱིར་ལམ་འདི་ལྟ་བུ་ནི་ཤིན་ཏུ་ཐོབ་པར་དཀའ་བའི་ལམ་ནི་རྟག་པར་བསྟེན་པར་བྱ་བ་དང་། ཐེག་པ་ཆེན་པོ་ཤེས་རབ་ཀྱི་ཕ་རོལ་ཏུ་ཕྱིན་པ་ཐོབ་པ་རྣམས་ཀྱང་ཕྱིར་མི་ལྡོག་པར་བཤད་དོ། །དེ་ཉིད་ཀྱང་ཐོབ་པར་དཀའ་བ་ཡང་། སངས་རྒྱས་རྣམས་ལ་བཀུར་སྟི་བྱས། །དེ་ལས་དགེ་བའི་རྩ་བ་བསྐྲུན། །དགེ་བའི་བཤེས་ཀྱིས་མགོན་བྱས་པ། །འདི་མཉན་པ་ཡི་སྣོད་ཡིན་ནོ། །ཞེས་བཤད་དོ། །དེ་བས་ན་གུས་པ་དང་བཅས་པས་ཐོབ་པར་དཀའ་བའི་ལམ་འདི་རྟག་པར་བསྟན་པར་བྱའོ། །ཐབས་དང་ཤེས་རབ་ཀྱི་རྒྱུད་མང་པོ་ལས་འབྱུང་བའི་སྨོམ་པའི་འབྲས་བུ་རྣམ་པར་བཤད་པ་མདོར་བསྡུས་པའོ།། །།

དེ་བས་ན་རྩོད་པའི་དུས་ཀྱི་གང་ཟག་ཉོན་མོངས་པས་རྒྱུད་འཁྲུགས་པ་སྨོམ་པ་དང་དམ་ཚིག་ལ་གནས་པ་དཀའ་བ་སྟེ། དེའི་དུས་སུ་སྨོམ་པ་དང་དམ་ཚིག་ལ་གནས་ཏེ་མཉམ་པར་བཞག་ནས་སྐད་ཅིག་ཙམ་བསྒོམས་པས་ཀྱང་དུས་གཞན་དུ་བསྐལ་པར་གནས་པ་བས་དོན་ཆེན་པོར་འགྱུར་ཞེས་བཤད་དོ། །དེ་ཡང་རྩོད་པའི་དུས་ཀྱི་གང་ཟག་གི་མཚན་ཉིད་བཅོམ་ལྡན་འདས་ཀྱིས་དམ་པ་དང་པོའི་རྒྱུད་ལས་བཀའ་སྩལ་ཏེ། རྩོད་པའི་དུས་ཀྱི་འཛམ་བུ་གླིང་གི་མི་རྣམས་ནི་ལྷག་པར་ཡང་སྡིག་པའི་ལས་ལ་གཞོལ་ཞིང་། ཚེ་ཐུང་ཞིང་ཤེས་རབ་ཞན་ཏེ། རྡོ་རྗེ་སློབ་དཔོན་གང་ཡིན་པ་

དག་ཀྱང་དགེ་བའི་རྩ་བ་ལ་ལོག་པ་གཞོལ་བ་དང༌། དགེ་སློང་རྣམས་ཀྱང་མི་དགེ་བ་བཅུ་བྱེད་པ་ལ་གཞོལ་བ་དང༌། ཁྱིམ་པ་རྣམས་ཀྱང་དཀོན་མཆོག་གསུམ་གྱི་ཡོ་བྱད་ལ་ལོངས་སྤྱོད་པར་འགྱུར་བ་དང༌། མཁས་པ་རྣམས་ཀྱང་མ་ཐོས་པའི་རྒྱུད་འཆད་ཅིང་མངོན་པའི་ང་རྒྱལ་གྱིས་རྒྱུད་ཀྱི་འགྲེལ་པ་བྱས་ནས། དོན་ཕྱིན་ཅི་ལོག་ཏུ་བསྟན་པས་དམྱལ་བར་གཞོལ་བར་འགྱུར་བ་དང༌། གྲོང་མི་རྨོངས་པ་རྣམས་ཀྱང་ལོག་པར་དད་པས་ཐམས་ཅད་མཁྱེན་པའི་རྒྱལ་མཚན་རྣམས་སྲུན་ཕྱུང་ནས། ཁྱིམ་པ་ལ་བསྙེན་བཀུར་བྱེད་པར་འགྱུར་བ་དང༌། སློབ་མ་རྣམས་ཀྱང་ཞེ་སྡང་གི་བློས་སློབ་དཔོན་གྱི་སྐྱོན་རྟོག་པ་དང༌། ལོངས་སྤྱོད་ལ་ཆགས་ནས་སློབ་དཔོན་དམ་པ་མ་ཡིན་པ་ལ་ཡང་བསྟོད་ཅིང་མཆོད་པར་འགྱུར་ལ། བླ་མའི་བསྙེན་བཀུར་སངས་རྒྱས་ཀྱིས་གསུངས་པ་རྣམས་ནི་བྱེད་པར་མི་འགྱུར་ཞིང༌། འཆད་པ་པོ་རྣམས་ནི་མི་དགེ་བ་བཅུ་ལ་འཇུག་པར་འགྱུར་ཞིང༌། སྒྲུབ་པ་པོ་རྣམས་ཀྱང་བཟའ་བཏུང་ལ་ཆགས་པར་བྱེད་པ་དང༌། བུད་མེད་རྣམས་ཀྱང་འདོད་པ་ལ་ཤིན་ཏུ་ཆགས་སོ་ཞེས་གསུངས་སོ། །གཞན་ཡང་མངོན་པའི་བསྟན་བཅོས་ལས་བསྟན་པ་ནི་སྒྲོལ་གོང་མ་བཞིན་ཞེས་བཤད་དོ། །དེའི་ཕྱིར་རྣལ་འབྱོར་པས་འབད་པར་བྱའོ་ཞེས་རྗེས་སུ་གདམས་པའོ། །སྔ་ཚོགས་རྒྱུད་དང་ཐེག་ཆེན་མདོ། །དམ་པ་ཀུན་གྱི་དགོངས་པ་དང༌། །གཞན་སོགས་གཞུང་ལུགས་མང་པོ་ལས། །ཞལ་དང་འདྲ་བའི་བཤད་པ་འདི། །རྒྱ་ཆེར་འགྲེལ་པའི་དྲི་མ་མེད། །ལམ་གྱི་སྒྲོན་མ་ཞེས་བྱ་བའི། །བླ་མ་བརྒྱུད་དང་ལྡན་ཅིག་སྐྱེས། །དད་དང་སྙིང་རྗེ་གཙོར་བྱས་པས། །སྔ་ཚོགས་རྒྱུད་དང་སློབ་དཔོན་གྱི། །དགོངས་པ་སྔ་ཚོགས་བརྟགས་པ་ལས། །ངལ་ལས་དགེ་བ་གང་ཐོབ་དེས། །འདས་སོགས་བླ་མ་རྡོ་རྗེ་སྲུན། །དམ་ཚིག་མ་ལུས་ཉམས་པ་གང༌། །བླ་མ་འཇམ་བཅས་མདུན་བྱས་ཏེ། །བདག་སོགས་དམ་ཚིག་དག་གྱུར་ཅིག །ཐམས་ཅད་དངོས་གྲུབ་སྟོད་གྱུར་ལ། །ཐུན་མོང་མཆོག་གིས་རྣམ་བརྒྱན་ཏེ༑ ༑འགྲོ་ཀུན་རྡོ་རྗེ་འཛིན་གྱུར་ཅིག །རྡོ་རྗེ་ཐེག་པའི་རྩ་བའི་ལྟུང་བའི་རྒྱ་ཆེར་འགྲེལ་པ་ལམ་གྱི་སྒྲོན་མ་ཞེས་བྱ་བ་དེ་ལ་ཕན་པར་བྱེད་པའི་ཡན་ལག་དང་བཅས་པ་སློབ་དཔོན་འཇམ་དཔལ་གྲགས་པས་མཛད་པ་རྫོགས་སོ།། ༎

མྱང་རོ་སྟག་ཚལ་དུ་དྷི་པཾ་ཀ་ར་བོད་དུ་བྱོན་ཙམ་ན་བསྒྱུར། པུ་རི་ཤའི་གྲོང་ཁྱེར་དུ་ཨཱ་ཙཱརྻ་ཨུ

པ་དྨ་ཤྲཱི་བཛྲ་ཤྲཱི་ལ་དང་། ལོ་ཙྪ་བ་དགེ་སློང་བརྩོན་འགྲུས་སེང་གེས་ལེགས་པར་མཛོས་ཏེ་གྲུས་པར་བསྒྱུར་བའོ། །བལ་པོའི་ཁྲིམ་དུ་དུ་མའི་ལོ། །རིན་ཆེན་གྲགས་པ་བདག་གིས་འོངས། །འགྲེལ་དཔེ་རྙིང་པ་ལ་ཡང་གཏུགས། །ཤིན་ཏུ་ཡང་ནི་དག་པར་བགྱིས།། །།

༄༅། ཀློང་ཆེན་སྙིང་གི་ཐིག་ལེ་ལས༔ སྐོང་བཤགས་རྡོ་རྗེའི་ཐོལ་གླུ་བཞུགས༔

རིག་འཛིན་འཇིགས་མེད་གླིང་པ།

ཚོགས་ཀྱི་འཁོར་ལོ་ཕྱི་ནང་གི་འདོད་ཡོན་ལ་བརྟེན་པའི་དམ་ཚིག་སྐོང་བཤགས་ཆེན་མོ་ནི། རིག་འཛིན་གྱི་ཚོམ་བུ་དེ་དག་གི་ཐུགས་རྒྱུད་ཀྱི་སྤྲངས་རྟོགས་ཐིག་པ་རིམ་པ་དགུའི་དཀྱིལ་འཁོར་གྱི་ངོ་བོ་ཉིད་ཡིན་པས་རྣམ་སྤྲུལ་ཀྱང་མདུན་གྱི་ནམ་མཁའ་ལ་མགྲོན་ཐབས་ཀྱི་རྣམ་པར་སད་པར་བྱ་བ་ནི།

ན་མོཿ བདེ་གཤེགས་སྙིང་པོས་འགྲོ་བ་ཡོངས་ལ་ཁྱབ༔ སེམས་ནི་རྒྱ་ཆེན་མཆོག་ཏུ་རབ་བསྐྱེད་ཅིང་༔ འགྲོ་བ་འདི་དག་མ་ལུས་སངས་རྒྱས་རྒྱུ༔ འདི་ན་སྣོད་མིན་སེམས་ཅན་གང་ཡང་མེད༔ བཞེངས་ཤིག་བཞེངས་ཤིག་སྟོབས་བཅུ་མངའ་བའི་ལྷ༔ དུས་ལས་མི་འདའ་ཐུགས་རྗེའི་དབང་གིས་ན༔ སེམས་ཅན་དོན་ལ་དགོངས་པའི་དཀོན་མཆོག་གསུམ༔ ཡིད་ཀྱིས་སྤྲུལ་ཞིང་བཤམས་པའི་གནས་འདིར་རུ༔ རྒྱལ་བ་འཁོར་བཅས་མ་ལུས་གཤེགས་སུ་གསོལ༔ བཛྲ་ས་མཱ་ཛཿ པདྨ་ཀ་མ་ལཱ་ཡ་སྟྭཾ༔གྱིས་གདན་འབུལ༔ ཞེས་ཟླ་བ་སྒྲོན་མའི་མདོ་ལས་གསུངས་པའི་ཚིགས་རྐང་རྣམས་ཀྱིས་ཚོགས་ཞིང་སྤྱན་སྔ་སྣང་སྲིད་ཐམས་ཅད་མཆོད་པའི་ཕྱག་རྒྱར་ཟབ་གསལ་རྡོ་རྗེ་རྗེའི་ཏིང་ངེ་འཛིན་གྱིས་བརླབ་པ་ནི༔ དེ་ནས་གཏོར་ཚོགས་རྣམས་ལ་ནང་མཆོད་བྲན་ལ།

ཨོཾ༔ ཀུན་བཏགས་སྣང་བ་སྣོད་ཀྱི་གཏོར་གཞོང་དུ༔ གཞན་དབང་སྲིད་པ་བཅུད་ཀྱི་གཏོར་མར་སྦྱངས༔ ཡོངས་གྲུབ་ཆོས་དབྱིངས་ཀློང་ཆེན་དགོངས་པ་ཡིས༔ སྣང་སྲིད་གཞིར་བཞེངས་ཀུན་བཟང་མཆོད་པའི་སྤྲིན༔ འཕོ་མེད་ནམ་མཁའ་མཛོད་དུ་མངའ་དབང་བསྒྱུར༔ ཨོཾ་ཨཱཿཧཱུྃ༔ལན་བདུན་གྱིས་རོ་བོ་ཡེ་ཤེས་ཀྱི་བདུད་རྩི་དང་། ན་མཿ སརྦ་ཏ་ཐཱ་ག་ཏ་བྷྱོ་བི་ཤྭ་མུ་ཁེ་བྷྱཿ སརྦ་ཐ་ཁཾ་ཨུད་ག་ཏེ་སྥ་ར་ཎ་ཨི་མཾ་ག་ག་ན་ཁཾ་སྭཱ་ཧཱཿ ནམ་མཁའ་མཛོད་ཀྱི་སྔགས་རྒྱས་ཀུན་ཏུ་བཟང་པོའི་མཆོད་སྤྲིན་དུ་བྱིན་གྱིས་བརླབས༔

ཨཱུཿ རང་བྱུང་ལྷུན་གྲུབ་འཇའ་ཟེར་ལུས་ཀྱི་སྦུབས༔ སྒྱུ་འཕྲུལ་ཚོགས་བརྒྱད་རོལ་བ་སྤྲིན་པོའི་གྲོང༔ སྙིང་དབུས་ཟངས་མདོག་དཔལ་རིའི་ཕོ་བྲང་ནས༔ རིགས་འདུས་མ་ཧཱ་གུ་རུའི་ཐུགས་དམ་བསྐང༔ གཞི་དབྱིངས་སྟོང་གསལ་ཀུན་ཏུ་བཟང་པོ་ཡི༔ གཞི་སྣང་ལོངས་སྐུའི་རྩལ་ལས་དགོངས་པ་འཕོས༔ བརྡ་ཚིག་བློ་ལས་འདས་པའི་དཀྱིལ་འཁོར་ནས༔ དགོངས་བརྒྱུད་དག་པ་གཉིས་ལྡན་ཐུགས་དམ་བསྐང༔ ངེས་པ་ལྔ་ལྡན་ལྷུན་གྲུབ་ལོངས་སྐུའི་རྩལ༔ རིག་འཛིན་རིག་པའི་འཁོར་ལ་བརྡ་སྟོན་ཅིང༔ དགོངས་བརྡའི་དོན་བརྒྱུད་ཚིག་རྫོགས་སྤྲུལ་བའི་གར༔ སྙན་བརྒྱུད་ཐོས་གྲོལ་ཆེན་པོའི་ཐུགས་དམ་བསྐང༔ མཚོན་བྱེད་རྟགས་ཀྱི་བརྡ་ཤོག་ཆེན་པོའི་དབང༔ ལས་ཅན་སྐྱེས་བུའི་སྙིང་ལ་བསྐུར་བ་ལས༔ མཚོན་བྱ་དོན་གྱི་དགོངས་པའི་གསང་མཛོད་རྫོལ༔ གཏད་རྒྱ་སྨོན་ལམ་དབང་བརྒྱུད་ཐུགས་དམ་བསྐང༔ གདོད་ནས་ཀུན་ཏུ་བཟང་པོའི་རང་རིག་ལ༔ ཁྱབ་བརྡལ་དགོངས་པ་གྲུད་དུ་བཅད་པ་དང༔ སངས་རྒྱས་གཞན་དུ་བཙལ་བའི་ནོངས་པ་ཀུན༔ དག་ནས་བྲོ་རྩོལ་བྲལ་བའི་ས་ལ་སྨྲོལ༔ ཐེག་པ་རིམ་དགུ་སྤྱིར་སྐོང་བ༔ ཀ་དག་ཕྲོགས་ཡན་ཆེན་པོའི་དགོངས་པ་ལ༔ བགྲང་བྱའི་ཐེག་པ་ཐ་དད་མ་གྲུབ་ཀྱང༔ ཀུན་རྟོག་གདུལ་བྱའི་ཁམས་དབང་བསམ་པའི་ཕྱིར༔ ཐེག་པ་རིམ་དགུར་ཤར་བའི་ཐུགས་དམ་བསྐང༔ དེ་ལ་ནང་གསེས་ཀྱི་སྡེ་སྣོད་གསུམ་ལས༔ ཉན་ཐོས་འདུལ་བའི་དཀྱིལ་འཁོར༔ འཁོར་བ་སྡུག་བསྔལ་ཆེན་པོར་ཤེས་པ་ཡིས༔ ཀུན་རྫོབ་བདེན་བཞིའི་ལམ་ལ་རབ་ཞུགས་ནས༔ བདག་འཛིན་འཆིང་བ་གཅོད་པ་ཉན་ཐོས་ཀྱིས༔ ཚོམ་བུའི་དཀྱིལ་འཁོར་ལྷ་ཡི་ཐུགས་དམ་བསྐང༔ སོ་ཐར་འདུལ་བའི་སྡེ་སྣོད་ཆེན་པོ་ཡིས༔ བཅས་དང་རང་བཞིན་འགལ་བའི་ཉེས་པ་ཀུན༔ མི་འཆབ་མི་སྦྲེད་སྙིང་ནས་བཤགས་པར་བགྱི༔ བདག་ལ་འཕགས་པ་དགྲ་བཅོམ་བྱིན་གྱིས་རློབས༔ རང་རྒྱལ་མདོ་སྡེའི་དཀྱིལ་འཁོར༔ ལྷག་པའི་ཚུལ་ཁྲིམས་བསླབ་པས་རྒྱུད་བསྡམས་ཤིང༔ ཕུང་སོགས་རང་བཞིན་མེད་པར་རྟོགས་པ་དང༔ རྟེན་འབྲེལ་བཅུ་གཉིས་ལུགས་ལས་ལྡོག་པ་ཡིས༔ རང་རྒྱལ་དཀྱིལ་འཁོར་བཞི་ཡི་ཐུགས་དམ་བསྐང༔ རྣམ་དག་ཚུལ་ཁྲིམས་མི་གཡོ་ཏིང་འཛིན་གྱིས༔ བསླབ་པ་མདོ་སྡེའི་སྤྱང་མཚམས་ཉམས་པ་ཀུན༔ འགྱོད་པས་བཤགས་སོ་བྱང་ཞིང་དག་པ་དང༔ ཚོགས་དང་བསེ་རུའི་རང་རྒྱལ་དངོས་གྲུབ་སྩོལ༔ བྱང་སེམས་མངོན་པའི་དཀྱིལ་འཁོར༔ ཆོས་ཀུན་སྒྱུ

མ་ལྷ་བུར་ཤེས་པའི་དང༔ སྙིང་རྗེའི་གཞན་དོན་སྒྲུབ་ལ་ཆེས་དཔའ་ཞིང༔ བདེན་གཉིས་ལམ་འཁྲིར་མངོན་པའི་སྡེ་སྣོད་ཀྱིས༔ དཀྱིལ་འཁོར་ཕྱོགས་ཀྱི་གྲངས་ལྡན་ཐུགས་དམ་བསྐང༔ སོ་སོར་རྟོགས་པའི་ཤེས་རབ་ཉིད་དེ་འཛིན༔ རྟག་ཆད་མུ་བཞིའི་ལམ་དུ་གོལ་བ་དང༔ སྙིང་རྗེའི་མྱུ་གུ་སྐམས་པའི་ནོངས་པ་ཀུན༔ དག་ནས་ཀུན་ཏུ་འོད་ཀྱི་ས་ལ་སྨིན༔ གསང་སྔགས་ཕྱི་བའི་རྒྱུད་གསུམ་ལས་བྱ་སྤྱོད་གཉིས༔ དག་པ་གསུམ་དང་གཙང་སྦྲ་གསུམ་སྤྱོད་ཅིང༔ དམ་ཡེ་ཐ་དད་རྗེ་བོལ་རྣམ་པར་བསྒྲུབ༔ བལྟས་པས་བདེ་བ་ལམ་བྱེད་བྱ་རྒྱུད་ཀྱིས༔ དཀྱིལ་འཁོར་དྲུག་གི་ལྷ་ཚོགས་ཐུགས་བསྐང༔ ཀྲི་ཡའི་ཐབས་དང་ཡོ་གའི་རྣལ་འབྱོར་ལ༔ ཆ་མཉམ་སྤྱོད་པས་མ་ནིང་ཐེག་པ་སྟེ༔ མངོན་བྱང་ལྔ་ཡི་དཀྱིལ་འཁོར་རྒྱལ་མཆོག་བསྒྲུབ༔ སྤྱོད་རྒྱུད་དཀྱིལ་འཁོར་རྒྱ་མཚོའི་ཐུགས་དམ་བསྐང༔ བྱ་སྤྱོད་རྒྱུད་སྡེའི་ལྷ་སྔགས་ཉིད་འཛིན་དང༔ ཕྲ་རགས་དམ་ཚིག་ཉམས་པ་མཐོལ་ལོ་བཤགས༔ མཁའ་སྤྱོད་ལ་སོགས་གྲུབ་ཆེན་རྣམ་བརྒྱད་ཀྱིས༔ ཐུན་མོང་དངོས་གྲུབ་འཛད་མེད་ཆར་དུ་སྙིལ༔ ཡོ་ག་རྣལ་འབྱོར་རྒྱུད༔ ཕྱི་ནང་གསང་གསུམ་རྣམ་དག་བདེན་པ་ཡིས༔ ལྷ་དང་རྣལ་འབྱོར་གཉིས་མེད་ཆེན་པོར་རྟོགས༔ ཕྱག་རྒྱ་བཞི་དང་ཟབ་གསལ་ཉིད་འཛིན་བརྟེན༔ ལིང་ཚེ་དགུ་ལྡན་ཡོ་གའི་ཐུགས་དམ་བསྐང༔ བདག་དང་ལྷ་ལ་བཟང་ངན་བལྟས་པ་དང༔ བསྙེན་སྒྲུབ་མཆོད་པ་སྦྱིན་སྲེག་ཆག་པ་དང༔ དཀྱིལ་འཁོར་སྒྲུབ་པའི་ཡན་ལག་ཉམས་པ་ཀུན༔ བཟོད་པར་བཞེས་ནས་མཆོག་གི་དངོས་གྲུབ་སྩོལ༔ བླ་མེད་གསང་སྔགས་ནང་པའི་རྒྱུད་གསུམ་ལས་མ་ཧཱ་ཡོ་ག༔ བདེ་སྟོང་གློང་ཡངས་ཉིད་འཛིན་གསུམ་གྱི་སྒྲུབས༔ བསྐྱེད་རིམ་སྣོད་བཅུད་དག་པ་རབ་འབྱམས་སུ༔ ཡོངས་ཤར་སྒྱུ་འཕྲུལ་ཞི་ཁྲོ་བཀའ་བརྒྱད་སོགས༔ ཚོམ་བུའི་དཀྱིལ་འཁོར་བཅུ་གཉིས་ཐུགས་དམ་བསྐང༔ ཤེས་བྱ་ལྔ་དང་མི་སྤྱང་དང་དུ་བླང༔ བསྒྲུབ་དང་སྤྱད་བྱའི་དམ་ཚིག་ཉི་ཤུ་ལྔ༔ གསང་བཅུ་ལ་སོགས་ཉམས་ཆག་སྡིག་སྒྲིབ་ཀུན༔ བཤགས་སོ་རིག་འཛིན་རྣམ་བཞིའི་ས་ལ་སྨིན༔ ལུང་ཨ་ནུ་ཡོ་ག༔ བགོད་པ་ལུས་ཀྱི་གཞལ་མེད་ཁང་ཆེན་ནང༔ རྩ་གསུམ་འཁོར་ལོ་ལྔ་ཡི་འཇའ་ཟེར་སྒྲུབས༔ དབྱིངས་དང་ཡེ་ཤེས་མཉམ་སྦྱོར་རིག་པའི་རྩལ༔ ཨ་ནུ་ཡོ་གའི་དཀྱིལ་འཁོར་ཐུགས་དམ་བསྐང༔ རྣམ་ཤེས་ཚོགས་བརྒྱད་ཉེ་ཉོན་ཉི་ཤུ་དང༔ སེམས་བྱུང་ལྔ་བཅུ་བརྒྱད་ཁྲི་བཞི་སྟོང་གི༔ རྟོག་ཚོགས་དག་ནས་དྲན་རྗོགས་ཕྱག་རྒྱའི་སྐུ༔ ལྷན་སྐྱེས་བདེ་བ

ཆེན་པོའི་ས་ལ་སྐྱོལ༔ འོད་གསལ་རྫོགས་པ་ཆེན་པོ༔ ཤེས་རིག་ཟང་ཐལ་གཉུག་མའི་གཞལ་ཡས་སུ༔ ཡེ་གདངས་སྒྲོན་དྲུག་འཇའ་ཟེར་ཐིག་ལེའི་ཀློང་༔ རིག་པ་བཙུད་དུ་སྨིན་པ་ཨ་ཏིའི་ལྷ༔ ཞལ་ཕྱག་འཛིན་པ་དག་པའི་ཐུགས་དམ་བསྐང་༔སྒྲོན་བཞིའི་སྟེང་བར་དོའི་དུས་ཀྱི་སྒྲོན་མ་ནི་རང་སྣང་འོད་གསལ་གྱི་དཀྱིལ་འཁོར་ཤར་བ་ངོ་ཤེས་པས་གདོད་མའི་སར་སྐྱོལ་བའོ། །མཐར་ཐུག་འབྲས་བུའི་སྒྲོན་མ་ནི་ཡེ་ཤེས་དབྱིངས་སུ་འཁྱིལ་པ་ནི་གཞོན་ནུ་བུམ་པའི་སྐུའི་ཞིང་ན་བཙན་ས་ཟིན་པའོ། །རང་གྲོལ་རིག་པ་རྡོ་རྗེ་ལུ་གུ་རྒྱུད༔ བཞུགས་སྟངས་གསུམ་དང་གཟིགས་སྟངས་རྣམས་གསུམ་གྱིས༔ གཙུན་ཏེ་སྣང་བཞི་ཆོས་ཟད་གདོད་མའི་དབྱིངས༔ ལྷུན་གྲུབ་རྫོགས་པ་ཆེན་པོའི་ས་ལ་སྐྱོལ༔ རྩ་གསུམ་ནཱ་ག་དམ་ཅན་སྤྱིར་དགོས་སུ༔ མདོར་ན་རབ་འབྱམས་དཀྱིལ་འཁོར་རྒྱ་མཚོའི་ཀློང་༔ ཐ་དད་རིག་པས་བཏགས་པའི་སྲིད་ཞིའི་མགྲོན༔ རྟུལ་སྣེད་མ་ཚང་མེད་པ་ཐམས་ཅད་དང་༔ སྣང་བ་ཡབ་ཀྱི་རང་བཞིན་ནཱ་ཧུ་ལ༔ སྟོང་པ་ཡུམ་གྱི་ངོ་བོ་ཨེ་ཀ་ཙ༔ ཟུང་འཇུག་ཐུགས་རྗེ་བཛྲ་ས་ཏྭ་སོགས༔ སྙིང་ཐིག་གཉན་པོའི་བཀའ་སྲུང་ཐམས་ཅད་དང་༔ ཨོ་རྒྱན་རྒྱ་གར་བལ་ཡུལ་ཁ་ཆེའི་གླིང་༔ འ་ཞའི་ཡུལ་དང་བྲུ་ཤ་ཟངས་གླིང་ཡུལ༔ གསེར་གླིང་ཛ་ཡབ་ལངྐའི་གླིང་ཕྲན་དང་༔ རྒྱ་ནག་ལྷོ་ངོས་ཡུལ་གེ་སར་དམག་གི་གླིང་༔ ཙ་རི་ཏྲ་དང་ལྷོ་མོན་འབྲས་མོའི་གཤོངས༔ མངའ་རིས་སྐོར་གསུམ་དབུས་གཙང་རུ་བཞི་དང་༔ མདོ་ཁམས་སྒང་དྲུག་སྤྲས་གནས་གཉན་པོའི་ཡུལ༔ ལྷོ་ངོས་ལྷོ་གླིང་དྲུག་གསེར་རི་ལྷུན་པོའི་སྤོ༔ སུམ་ཙུ་རྩ་གསུམ་གནས་ཡུལ་དུར་ཁྲོད་གཉན༔ ཆོས་འཁོར་གཙུག་ལག་སྒྲུབ་གནས་དབེན་གནས་ཀྱི༔ ཁོར་ཡུག་ལྷོན་ཤིང་བྲག་རི་མཚོ་གླིང་ལ༔ གནས་པའི་དཔའ་བོ་ནཱ་ག་ཆོས་སྲུང་ཚོགས༔ ཞལ་ནས་གསུངས་དང་རྗེས་སུ་གནང་བ་དང་༔ བྱིན་བརླབས་ལུང་བསྟན་དག་སྣང་བསྟན་བཅོས་དང་༔ ཐུགས་གཏེར་དགོངས་གཏེར་ཟབ་གཏེར་རྫས་གཏེར་སོགས༔ གཏེར་རིགས་བཅོ་བརྒྱད་ཆོས་ཀྱི་བཀའ་གཏད་ཅིང་༔ དཀྱིལ་འཁོར་རྒྱ་མཚོའི་མུ་རན་ལ་གནས་པའི༔ དམ་ཅན་ནཱ་ག་བསྟན་སྲུང་རྒྱ་མཚོ་ཡི༔ ཐུགས་དང་འགལ་གྱུར་ནོངས་པ་ཅི་མཆིས་པ༔ སྙིང་ནས་བཤགས་སོ་ཚངས་པའི་ཞལ་རས་སྟོན༔ རྟག་ཆད་མཐའ་བྲལ་དབུ་མ་ཆེན་པོའི་སྐྱབས༔ འཁོར་འདས་རོ་རྒྱང་ཟུང་འཇུག་ཕྱག་རྒྱ་ཆེར༔ སྤྲུར་བས་སྣང་སེམས་ཞེན་གྲོལ་རྫོགས་པ་ཆེའི༔ ངང་འཛིན་ནམ་མཁའ་མཛོད་ཀྱི་སྤྲུ་འཕྲུལ་ལས༔ གཟུང་འཛིན་ཕར་ཀྱིས་གཏོར་བའི་རྗེས་གཞིག་ཆེར༔ བློ་

བྲལ་ཐུག་ཕྲད་ཤེས་པའི་ངོ་བོ་རུ༔ ཚོགས་བརྒྱད་ཀ་ནས་དག་པའི་བཀྲ་ཤིས་རྟགས༔ སྣང་བ་རྒྱན་དུ་ཤར་བའི་རྒྱལ་སྲིད་བདུན༔ རིག་སྟོང་རྗེན་པར་གྲོལ་བའི་འདོད་ཡོན་ལྔ༔ རྐྱེན་ངན་ལམ་དུ་ལོངས་པའི་ཕྱག་རྒྱ་གར༔ འབུལ་ལོ་མཆོག་ཐུན་དངོས་གྲུབ་རྒྱ་མཚོར་བསྐྱིལ༔ ཀློང་གསལ་གཞོན་ནུ་བུམ་སྐུའི་ཀ་པཱ་ལར༔ དུག་གསུམ་རྣམ་རྟོག་དྲེགས་པ་བཅུལ་བའི་ཁྲག༔ སྐུ་གསུམ་ཡོངས་གྲོལ་ཆེན་པོའི་བ་ལིང་ཏ༔ རེ་དོགས་ཚར་གཅོད་ཤ་ལྔ་བདུད་རྩི་ལྔ༔ ཉི་ཟླའི་དྭངས་མ་རྩ་བརྒྱད་ཡན་ལག་སྟོང་༔ རང་བྱུང་ལྷུན་གྲུབ་ནང་གི་དམ་རྫས་ཀུན༔ འབུལ་ལོ་བརྟུལ་ཞུགས་མཐར་ཕྱིན་དངོས་གྲུབ་སྩོལ༔ གདོད་མའི་སྟོང་ཆེན་དབྱིངས་ཀྱི་བྷ་གའི་ཀློང་༔ རྣམ་ཀུན་མཆོག་ལྡན་རིག་པའི་རྡོ་རྗེ་ཡིས༔ རྟེན་འབྲེལ་ལུགས་ཟློག་འཁོར་བའི་བག་ཆགས་བསྒྲལ༔ བདེ་སྟོང་དགའ་བཞིའི་ཉམས་རྩལ་རྫོགས་པའི་གར༔ སྦྱོར་སྒྲོལ་བརྟུལ་ཞུགས་མཐར་ཕྱིན་གསང་བའི་རྫས༔ འབུལ་ལོ་གཞན་སྣང་དབང་འདུས་དངོས་གྲུབ་སྩོལ༔ མཚན་མ་རྫས་དང་མཚན་མེད་ཏིང་འཛིན་གྱིས༔ ལས་བཞིའི་ཕྲིན་ལས་སྒྲུབ་པའི་ཕྱག་རྒྱ་དང་༔ ཤུགས་སྒྲོལ་དམོད་པའི་མཚོན་ཆ་ཁྱིད་ལ་འབུལ༔ སྨོན་འཇུག་སེམས་བསྐྱེད་བྲག་ཕུག་ཞྭ་ལྷར་གྱོན༔ ཆགས་མེད་འཁོར་བ་སྤངས་བའི་རྣལ་འབྱོར་ལ༔ མ་ཉེས་ཁ་ཡོག་ཅལ་སྒྲོག་ངན་སྦྱོར་གཤོམ༔ སྒྲུབ་ལ་བར་གཅོད་ཐུགས་རྒྱུད་དཀྲུགས་པ་ཡི༔ སྨོན་ལམ་ལོག་པའི་དགྲ་འདྲེའི་སྙིང་ཁྲག་འཐུངས༔ མཐོན་མཐིང་རལ་བའི་གླེགས་བམ་མན་ཆད་ནས༔ བདོག་པའི་ཉེར་སྤྱོད་ཕྲ་མོ་ཡན་ཆོད་དུ༔ མདོར་ན་རྣལ་འབྱོར་ཡིད་ལ་མཛའ་བའི་རྫས༔ རྩ་གསུམ་དམ་ཅན་ཊཀྐི་ཟླ་ཧོར་འབུལ༔ ནགས་ཁྲོད་བས་མཐའ་མཚོ་གླིང་བྲག་སྐྱིབས་སོགས༔ ངེས་མེད་གནས་སུ་བྱང་ཆུབ་བསྒྲུབ་པའི་ཕྱིར༔ སྟག་མོས་རི་སུལ་འགྲིམ་ལྟར་རྒྱུ་བའི་ཚེ༔ རྣལ་འབྱོར་ལུས་ལ་གྲིབ་མ་བཞིན་དུ་འགྲོགས༔ བརྟན་གཡོ་སྣང་སེམས་ཞེན་པས་བཅིངས་པ་ཡི༔ ཕྲ་རག་རྣམ་རྟོག་གྲུ་གྲུའི་སྒྱུ་འཕྲུལ་ཅན༔ སྲིད་ཞི་གཉིས་མེད་ཤར་གྲོལ་དུས་མཉམ་ཀློང་༔ འབུལ་ལོ་ཆོས་ཉིད་ཟད་སར་འཁྱོལ་བར་ཤོག༔ ཀུན་གཞིའི་ངང་ནས་ལས་རླུང་གཡོས་པའི་འཕྲུལ༔ བག་ཆགས་སེམས་ཉིད་མངལ་རྒྱུར་འཐུམས་པ་ལས༔ འབྱུང་བའི་ཤ་ཁྲག་དྲོད་དབུགས་ཕུང་པོའི་ཁམས༔ འབུལ་ལོ་བདག་གིས་འཛའ་ལུས་འགྲུབ་པར་ཤོག༔ འདིས་མཚོན་དུས་གསུམ་བསགས་པའི་དགེ་རྩ་ཀུན༔ དྲན་

རིག་ཟག་པ་མེད་པའི་ཡེ་ཤེས་ཀྱི༔ འཁོར་གསུམ་ཡོངས་དག་ཆེན་པོར་རྒྱས་བཏབ་ནས༔ གནས་ལུགས་རྫོགས་པ་ཆེན་པོའི་ཀློང་དུ་ཨ༔

གུ་རུ༔ བཛྲ་ཐིམ༔ གང་འདི་འོག་མིན་དཔལ་གྱི་མཆིམས་ཕུ་ཡི༔ མཁའ་འགྲོའི་ཚོགས་ཁང་མེ་ཏོག་ཕུག་པ་རུ༔ ཀླུ་སུ་ཀུ་པ་མཁྱེན་བརྩེའི་འོད་ཟེར་དེ༔ གཅིག་ཕུར་སྙིང་པོའི་སྒྲུབ་ལ་གཞོལ་བའི་སྐབས༔ གནམ་གཞོན་ལྕགས་འབྲུག་ཟླ་བ་ཤར་བའི་མགོར༔ བདག་གི་སྟོན་པ་གྲོང་ཁྱེར་སྒྲ་སྒྲོགས་ཀྱང༔ རྒྱལ་པོ་ཨུ་ཏྲ་ཡ་ནས་སྤྱན་དྲངས་ཏེ༔ མཆོད་ཅིང་བསྙེན་བསྐུར་ཞུས་པའི་དུས་ཆེན་ཉིན༔ སྒྲུབ་པ་སྙིང་པོར་བྱེད་པའི་ཆ་རྐྱེན་དུ༔ ཡུལ་གྱི་རྟེན་འབྲེལ་དག་པས་མཚམས་སྦྱར་ཏེ༔ དག་པ་ཡེ་ཤེས་རིག་འཛིན་ངོར་ཤར་བཞིན༔ ཀློང་ཆེན་དགོངས་པའི་གསང་མཛོད་ནས་ཕྱུངས་ཏེ༔ བཛྲ་ཚིག་ཡི་གེའི་ལམ་དུ་སྣང་བར་བྱས༔ བྱ་སླ་ཁྱེར་བདེ་ཟབ་མོའི་གནད་ཀུན་ཚངས༔ ཉམས་ཆག་སྡིག་སྒྲིབ་དག་ཅིང་ཐུགས་དམ་བསྐང༔ འཕྲལ་རྐྱེན་རྟེན་འབྲེལ་ངན་པ་ཟློག་པར་ནུས༔ བསམ་དོན་ཡིད་བཞིན་འགྲུབ་ཅིང་དངོས་གྲུབ་ཐོབ༔ དེ་ཕྱིར་འདི་ཉིད་ཨ་པ་དེ་ཤ་སྟེ༔ བདག་རྗེས་འབྲང་པ་རྣམས་ཀྱིས་དང་དུ་ལོངས༔ སྙིང་ཏིག་གཉན་པོའི་བཀའ་སྲུང་རྣམས་ལ་གཏད༔ སྐལ་མེད་ལོག་ལྟ་ཅན་ལ་ཨ་ཐམ་རྒྱ༔ ས་མ་ཡ༔ རྒྱ་རྒྱ་རྒྱ༔

༄༅། །ཀློང་ཆེན་སྙིང་ཐིག་གི་སྔོན་བཤགས་རྡོ་རྗེའི་ཐོལ་གླུའི་ཚིག་འགྲེལ་ཉུང་བསྡུས་ཞེས་བྱ་བ་བཞུགས་སོ། །

པདྨ་ཀུན་བཟང་རང་གྲོལ།

ཨོཾ་སྭ་སྟི། རྒྱལ་བའི་ཕྲིན་ལས་ཉིན་བྱེད་བྱེ་བ་བརྒྱ། །སྟོང་གསུམ་འཇིག་རྟེན་སྒྲོན་མེར་ཡོངས་ཤར་བའི། །རིགས་བདག་འགྱུར་མེད་མཚོ་སྐྱེས་རྡོ་རྗེ་དང་། །དབྱེར་མེད་དྲིན་ཆེན་བླ་མས་དགེ་ལེགས་སྩོལ། ༡ །གངས་རིའི་ལྗོངས་འདིར་ངེས་དོན་ཐེག་མཆོག་སྒྲས། །ལོག་སྨྲའི་ཝ་སྐྱེས་ཀླད་འགེམས་མིའི་སེང་གེ། །འཇིགས་བྲལ་དཔའ་བོ་ཀུན་མཁྱེན་ཆོས་རྗེ་སོགས། །མན་ངག་སྙིང་ཐིག་ཤིང་རྟ་རྣམས་ལ་འདུད། ༢ །མཁས་གྲུབ་ཀླུ་དབང་བྱེ་བའི་གདེངས་ཀ་ལས། །ལེགས་འབབ་དྲང་ངེས་ཆུ་ཀླུང་རྒྱ་མཚོའི་རྟལ། །རིན་ཆེན་ཀ་ཏས་བསྒྲུངས་པ་ལྷའི་བདུད་རྩི། །ཐེག་མཆོག་ཨ་ཏིའི་ལམ་བཟང་འཆི་གསོས་སྨན། ༣ །དེ་ཡིས་འཇུག་ངོགས་ཡན་ལག་ཐེག་རིམ་བརྒྱད། །ཀུན་རྟོག་བཞི་བརྒྱ་རྩ་བཞིའི་ཁྲོ་ནད་ཀྱི། །གཉེན་པོར་སྟོན་བྱེད་དྲང་སྲོང་ཆེས་གསུངས་པ། །སྔ་འགྱུར་ཐེག་པའི་ལམ་སྲོལ་ཉིད་དུ་ངེས། ༤ །དེང་དུས་ཀུན་མཁྱེན་གཉིས་པ་རང་བྱུང་རྗེས། །རྟོགས་པའི་དོ་ཧ་སྔོན་བཤགས་རྡོ་རྗེའི་ཚིག །ཡོངས་སྤྱོད་འཁོར་ལོའི་མགྲིན་ཛ་འཁྲོལ་བའི་གླུའི། །གཞུང་དོན་ཆ་ཙམ་གོ་བའི་ཟིན་བྱང་སྤེལ། ༥ །

དེ་ཡང་ཐར་ལམ་འཚོལ་བའི་གང་ཟག་རྣམས་ཀྱི་དོན་དུ་གཉེར་བྱ་མཐར་ཐུག་པ་ནི་རྣམ་མཁྱེན་སངས་རྒྱས་ཀྱི་གོ་འཕང་ཡིན་པས། དེ་ཐོབ་པའི་གེགས་སམ་འགལ་རྐྱེན་སྒྲིབ་གཉིས་བག་ཆགས་སྤྱི་དང་། ཁྱད་པར་སོ་བྱང་སྔགས་ལམ་གང་ལ་ཞུགས་ཀྱང་ཉམས་ཆགས་དང་ཉེས་ལྟུང་དབང་གིས་དངོས་གྲུབ་ཀྱི་འབྲས་བུ་དང་རིང་བ་ཡིན་ཕྱིར། སྡོམ་གསུམ་དང་འགལ་བའི་ཉེས་ལྟུང་

སྦྱོང་པའི་ཐབས་ཁྱད་པར་དུ་འཕགས་པ་མྱུར་ལམ་སྔགས་ཀྱི་ཐེག་པའི་ཁྱད་ཆོས་ཀྱི་སྒོ་ནས་ཚོགས་ཀྱི་འཁོར་ལོའི་སྐོང་བཤགས་ལ་འབད་པ་གལ་ཆེ་བས། འདིར་ཐེག་པ་ཐམས་ཅད་ཀྱི་མཐར་ཐུག་རྣལ་འབྱོར་བླ་ན་མེད་པ་གཉིས་སུ་མེད་པའི་རྒྱུད་ཀྱི་སྙིང་པོ་ངེས་གསང་རྫོགས་པ་ཆེན་པོ་ཨ་ཏི་ཡོ་གའི་ལམ་རིམ་དང་འབྲེལ་བ། རྒྱུད་ལུང་མན་ངག་ཐམས་ཅད་ཀྱི་ཡང་སྙིང་སྐོང་བཤགས་ཀྱི་ཆོ་གའི་གཞུང་འདི་ཉིད་ཀྱི་ཚིག་འགྲེལ་མདོར་བསྡུས་སུ་འཆད་པ་ལ་གསུམ་སྟེ།

ཀླད་ཀྱི་དོན་མཚན་བསྟན་པ་དང་། གཞུང་དོན་དངོས་བཤད་པ། མཇུག་ཇི་ལྟར་བྱུང་བའི་ལོ་རྒྱུས་མཛད་བྱང་སྨོས་པ་དང་གསུམ་མོ། །དེ་ལ་དང་པོ་མཚན་བཤད་པ་ནི། །ཐེག་དགུའི་རྩེ་རྒྱལ་སྡེ་གསུམ་གླིང་དགུའི་ཟབ་གསང་མན་ངག་ཐམས་ཅད་ཀྱི་སྙིང་པོ་རྒྱལ་བ་ཀུན་གྱི་དགོངས་པའི་ཀློ༵ང་ཆེ༵ན་པོ་དང་གཉིས་སུ་མེད་པ། རིག་འཛིན་ཀུན་གྱི་ཐུགས་ཏིག མཁའ་འགྲོ་སྙིང་གི་སྙིང་ཁྲག ཆོས་སྐྱོང་ཀུན་གྱི་བླ་རྡོ་ལྟ་བུ། སྙི༵ང་གི༵་ཏི་ཀའམ་ཐི༵ག་ལེ༵ར་གྱུར་པ་དེ་ལྟ༵ས། ཚེ་འདིར་ཟུང་འཇུག་རྡོ་རྗེ་འཆང་གི་གོ་འཕང་སྒྲུབ་པར་བྱེད་པ་ལ། ཚོགས་ཀྱི་འཁོར་ལོའི་སྒོ་ནས་སྐྱབས་ཡུལ་དཀྱིལ་འཁོར་ལྷ་ཚོགས་རྣམས་ཀྱི་ཐུགས་དམ་སྐོ༵ང་ཞིང་། ཉམས་ཆག་བཤ༵གས་པའི་ཐབས་ཁྱད་པར་འཕགས་པ་འདི་ནི༑ འཇམ་དཔལ་དབྱངས་དངོས་ཁྲི་སྲོང་ལྡེའུ་བཙན་དང་རྒྱལ་སྲས་ལྷ་རྗེ་སོགས་ཀྱི་ཕྲིན་ལས་གཅིག་ཏུ་འདུས་པ་སྤྲུལ་པའི་གཏེར་ཆེན། རིག་འཛིན་འཇིགས་མེད་གླིང་པ་པདྨ་དབང་ཆེན་ཡེ་ཤེས་རོལ་པའི་རྡོ་རྗེའི་སྡེས། སྲིན་པོའི་བློ་ཡིས་བཟོས་པ་རྟོག་གེའི་བསྟན་བཅོས་ལྟ་བུ་མ་ཡིན་པ་མཁྱེན་པ་ལོངས་སྤྱོད་འཁོར་ལོའི་རྩ་མདུད་གྲོལ་ནས་དགོངས་པའི་གསང་མཛོད་ཀློང་བརྡོལ་བའི་རྟོགས་པའི་འདྲ་འབག་རྡོ༵་རྗེ༵འི་གསུང་གི་བརྡ་ཚིག་ཐོ༵ལ་བྱུང་ཉམས་གླུའི་ཚུལ་དུ་གསུངས་པ་བཞུགས་སོ༵། །ཞེས་ཐོག་མའི་མཚན་སྨོས་པའོ། །

གཉིས་པ་གཞུང་དོན་དངོས་བཤད་པ་ལ་གསུམ། མཆོད་ཡུལ་ཚོགས་ཞིང་སྤྱན་འདྲེན་པ། སྣང་སྲིད་ཐམས་ཅད་མཆོད་པའི་ཕྱག་རྒྱར་བྱིན་གྱིས་རློབ་པ། ཚོགས་གཉིས་ཀྱི་འཇུག་སྒོ་མཆོད་པའི་སྐོང་བཤགས་དངོས་ཀྱི་ལས་རིམ་དང་གསུམ་མོ། །དང་པོ་ནི། ཚོ༵གས་ཀྱི༵་འཁོ༵ར་ལོ༵་ཕྱི༵་ནང་གི༵་འདོ༵ད་ཡོ༵ན་ལ༵་བརྟེ༵ན་པ༵འི་དམ་ཚི༵ག་སྐོང་བཤ༵གས་ཆེ༵ན་མོ༵་ནི༵། རི༵ག་འཛི༵ན་གྱི༵་ཚོ༵མ་བུ༵་དེ༵་ད༵ག་གི༵་

ཐུ༵གས་རྒྱུ༵ད་ཀྱི༵་སྙི༵ངས་རྫོ༵གས་ཐེག་པ༵་རི༵་མ་པ༵་དགུའི་དཀྱི༵ལ་འཁོ༵ར་གྱི༵་ངོ༵་བོ༵་ཉི༵ད་ཡི༵ན་པ༵་ས་རྣ༵མ་སྦྱུ༵ལ་ཀུ༵ང་མདུན་གྱི༵་ན༵མ་མ༵ཁའ་ལ༵་མགྲོ༵ན་ཐབ༵ས་ཀྱི༵་རྣ༵མ་པ༵ར་ས༵ད་པ༵ར་བྱུ༵་བ༵་ནི། ཞེས་མཚམས་སྦྱར་ནས། ན༵་མོ༵ཿ ཞེས་ཕྱག་བྱ་བས་སྣ་དྲངས་ཏེ། མཐར་འབྲས་དོན་དུ་གཉེར་བས་མདའ་འཕེན་སའི་འབེན་ལྟར། གཞི་རྒྱུད་བདེ་བར་གཤེགས་པའི་སྙིང་པོ་སྐུ་དང་ཡེ་ཤེས་ཡེ་ནས་རང་ཆས་སུ་ཡོད་པ་འདུས་མ་བྱས་ཀྱི་རང་བཞིན་མ་ཤེས་ན། གསར་བྱུང་འདུས་བྱས་ཀྱི་འབྲས་བུ་ཉི་ཚེ་བས་གཞུག་མའི་གཏན་སྲིད་ག་ལ་ཟིན་ཏེ། གློ་བུར་བ་ནི་འབྲལ་རུང་གི་དྲི་མ་ཡིན་པའི་ཕྱིར་རོ། །

དེས་ན་གཞིའི་གནས་ལུགས་གཏན་ལ་དབབ་ཚུལ་མདོ་ཙམ་འཆད་ན། ལུང་དང་། རིགས་པ། རྟགས་དང་གསུམ་ལས། དང་པོ་ནི། དཔལ་ཕྲེང་སེང་གེ་སྒྲས་ཞུས་པའི་མདོ་ལས། བཅོམ་ལྡན་འདས་རྫོགས་པའི་སངས་རྒྱས་ཀྱི་ཆོས་ཀྱི་སྐུ་གློ་བུར་དྲི་མའི་སྦུབས་ལས་མ་གྲོལ་བ་ལ་དེ་བཞིན་གཤེགས་པའི་སྙིང་པོ་ཞེས་བགྱིའོ། །ཞེས་དང་། སྙིང་པོ་བསྟན་པའི་མདོ་ལས། དེ་བཞིན་གཤེགས་པ་རྣམས་བྱུང་ཡང་རུང་སྟེ། སེམས་ཅན་འདི་དག་ནི་རྟག་ཏུ་དེ་བཞིན་གཤེགས་པའི་སྙིང་པོ་ཅན་ཡིན་ནོ། །ཞེས་དང་། ཕལ་པོ་ཆེ་ལས། གང་ལ་ལ་དེ་བཞིན་གཤེགས་པའི་ཡེ་ཤེས་མཐའ་དག་རྗེས་སུ་ཞུགས་པའི་སེམས་ཅན་དེ་ནི་སེམས་ཅན་གྱི་རིས་ན་འགའ་ཡང་མེད་དེ། ཞེས་དང་། མྱང་འདས་ལས། སྔོན་ཤེས་རབ་ཀྱི་ཕ་རོལ་ཏུ་ཕྱིན་པའི་མདོ་བརྗོད་པ་ལས། ངས་ཆོས་ཐམས་ཅད་སྟོང་པ་ཉིད་དུ་གང་བསྟན་པ་གང་ཡིན་པ་དེ་ནི་བྱིས་པ་རྣམས་བདག་ཏུ་ཞེན་པ་ལས་ཡོངས་སུ་གྲོལ་བའི་ཕྱིར་བཤད་ཀྱི། ཡང་དག་པར་ནི་དེ་བཞིན་གཤེགས་པའི་སྙིང་པོ་ཉག་གཅིག་དོན་དམ་པའི་བདེན་པའོ། །ཞེས་དང་། ཡང་། དཔེར་ན་འོ་མ་ལ་མར་གྱིས་ཁྱབ་པར་གནས་སོ། །དེ་བཞིན་དུ་དེ་བཞིན་གཤེགས་པའི་སྙིང་པོས་ཀྱང་སེམས་ཅན་ཐམས་ཅད་ལ་ཁྱབ་པར་གནས་སོ། །ཞེས་དང་། གཞན་ཡང་ངེས་དོན་གྱི་མདོ་སྡེ་རྣམས་ལས། སྟོང་གསུམ་དར་ཡུག་གི་དཔེ། གྱད་ཀྱི་ནོར་བུའི་དཔེ། བྱིས་པ་ལ་སྨན་གྱི་དཔེ། ནོར་བུ་སྦྱངས་པའི་དཔེ་སོགས་མང་དུ་གསུངས་ཤིང་། དགོངས་འགྲེལ་གྱི་བསྟན་བཅོས་རྣམས་ལས་ཀྱང་། ཀླུའི་དབང་པོས། གང་ཞིག་འཁོར་བའི་རྒྱུར་གྱུར་པ། །དེ་ཉིད་སྦྱང་བ་བྱས་པ་ལས། །དག་པ་དེ་ཉིད་མྱ་ངན་འདས། །ཆོས་ཀྱི་སྐུ་ཡང་དེ་བཞིན་ནོ། །ཞེས་དང་། ཇི་ལྟར་སོ་གའི

དུས་སུ་ཆུ། །དྲོ་འོ་ཞེས་ནི་བརྗོད་པར་བྱེད། །དེ་ཉིད་གྲང་བའི་དུས་སུ་ནི། །གྲང་ངོ་ཞེས་ནི་བརྗོད་པ་ཡིན། །ཉོན་མོངས་དྲྭ་བས་གཡོག་པ་ན། །སེམས་ཅན་ཞེས་ནི་བརྗོད་པར་བྱ། །དེ་ཉིད་ཉོན་མོངས་བྲལ་གྱུར་ན། །སངས་རྒྱས་ཞེས་ནི་བརྗོད་པར་བྱེད། །ཅེས་དང་། ས་ཡི་དཀྱིལ་ན་ཡོད་པའི་ཆུ། །དྲི་མ་མེད་པར་གནས་པ་ལྟར། །ཉོན་མོངས་ནང་ན་ཡེ་ཤེས་ཀྱང་། །དེ་བཞིན་དྲི་མ་མེད་པར་གནས། །ཞེས་དང་། ཆོས་དབྱིངས་བསྟོད་པར་བུམ་སྐུའི་དཔེའང་། ཇི་ལྟར་མར་མེ་བུམ་ནང་ན། །ཅུང་ཞིག་སྣང་བར་མི་འགྱུར་བ། །དེ་བཞིན་ཉོན་མོངས་བུམ་ནང་ན། །ཆོས་ཀྱི་དབྱིངས་ཀྱང་མི་མཐོང་ངོ་། །ཕྱོགས་ནི་གང་དང་གང་དག་ནས། །བུམ་པར་བུག་གཏོད་གྱུར་པའི། །དེ་དང་དེ་ཡི་ཕྱོགས་ཉིད་ནས། །འོད་ཀྱི་རང་བཞིན་འབྱུང་བར་འགྱུར། །གང་ཚེ་ཏིང་འཛིན་རྡོ་རྗེ་ཡིས། །བུམ་པ་དེ་ཉིད་བཅག་གྱུར་པ༑ ༑དེ་ཚེ་དེ་ནི་ནམ་མཁའ་ཡི། །མཐར་ཐུག་བར་དུ་སྣང་བར་བྱེད། །ཅེས་སོ། །བྱམས་མགོན་གྱིས་རྒྱུད་བླ་མ་ལས། རྣམ་དབྱེ་བཅས་པའི་མཚན་ཉིད་ཅན། །གློ་བུར་དག་གིས་ཁམས་སྟོང་གི། །རྣམ་དབྱེ་མེད་པའི་མཚན་ཉིད་ཅན། །བླ་མེད་ཆོས་ཀྱིས་སྟོང་མ་ཡིན། །ཞེས་དང་། རང་བཞིན་གནས་རིགས་སྒྲིབ་རྩོལ་གྱི་ལུང་རྒྱུད་བླ་ལས། སེམས་ཀྱི་རང་བཞིན་འོད་གསལ་གང་ཡིན་པ། །དེ་ནི་ནམ་མཁའ་བཞིན་དུ་འགྱུར་མེད་དེ། །ཡང་དག་མིན་རྟོག་ལས་བྱུང་འདོད་ཆགས་སོགས། །གློ་བུར་དྲི་མས་དེ་ཉོན་མོངས་མི་འགྱུར། །ཞེས་དང་། རྒྱས་འགྱུར་རིགས་པ་སྒྲིབ་བྱ་སྒྲིབ་བྱེད་ཀྱི་དཔེ་དགུ་ནི། སངས་རྒྱས་པད་༡ངན་སྦྲང་རྩི་སྦྲང་མ་༢ལ། །སྦུན་ལ་སྙིང་༣པོ་མི་གཙང་ནང་ན་གསེར་༤། །ས་ལ་གཏེར་དང་༥སྨྱུག་སོགས་འབྲས་ཆུང་༦དང་། །གོས་ཧྲུལ་ནང་ན་རྒྱལ་བའི་སྐུ་༧དང་ནི། །བུད་མེད་ངན་མའི་ལྟོ་ན་མི་བདག་༨དང་། །ས་ལ་རིན་ཆེན་གཟུགས་༩ཡོད་ཇི་ལྟ་བར། །གློ་བུར་ཉོན་མོངས་དྲི་མས་བསྒྲིབས་པ་ཡི། །སེམས་ཅན་རྣམས་ལ་དེ་བཞིན་ཁམས་འདི་གནས། །ཞེས་དཔེ་དགུ་པོའི་སྒྲིབ་བྱེད་རྣམས་གོ་རིམ་བཞིན། འདོད་ཆགས།༡ ཞེ་སྡང་།༢ གཏི་མུག །༣ གསུམ་ཆགས་བཅས་སོ་སྐྱེ་ཐ་མལ་པའི་སྐབས་ཀྱི་ཉོན་མོངས་དང་། ལམ་ཞུགས་སོ་སྐྱེ་༤དང་། མཐོང་སྒོམ་གཉིས་ལ་སོ་སོའི་སྤང་༥བྱ་༦གཉིས་དང་། མ་དག་ས་བདུན་༧ སྤྱི་དང་། དག་པ་གསུམ་༨དང་། མཐར་ལམ་རྡོར་ཏིང་གི་གཞོམ་༩བྱ་བཅས་བསྟན་ཏོ། །ཁྱད་པར་སྔགས་ཀྱི་རྒྱུད་སྡེ་རྣམས་ལས་མཐར་འབྲས་སྐུ་དང་ཡེ་

ཤེས་ཀྱི་བསྒྲུབ་གཞི་གཞུག་སེམས་སམ་བདེ་གཤེགས་སྙིང་པོ་བསྟན་ཚུལ། རྡོ་རྗེ་སེམས་དཔའ་སྙིང་གི་མེ་ལོང་གི་རྒྱུད་ལས། འཇིག་རྟེན་གྱི་ཁམས་ཀྱི་སེམས་ཅན་ཐམས་ཅད་ལ་དེ་བཞིན་གཤེགས་པའི་སྙིང་པོ་ཏིལ་འབྲུ་ལ་མར་གྱིས་ཁྱབ་པ་བཞིན་དུ་གནས་སོ། །ཞེས་དང་། གཉིས་མེད་རྣམ་རྒྱལ་གྱི་རྒྱུད་ལས། བདེ་བར་གཤེགས་པའི་མཚན་དང་དཔེ་བྱད་རྣམས། །སེམས་ཅན་ཀུན་གྱི་ལུས་ལ་ངེས་པར་བཞུགས། །དབྱི་བསྣན་མེད་པར་འཆར་བས་གསལ་བར་བྱེད། །དེ་ནི་སྦས་པའི་དོན་དུ་ཚུལ་འདི་བསྟན། །ཞེས་དང་། དུས་འཁོར་ཡེ་ལེ་ལས། སེམས་ཅན་རྣམས་ནི་སངས་རྒྱས་ཡིན་ཏེ་སངས་རྒྱས་ཆེན་པོ་གཞན་འདིར་འཇིག་རྟེན་ཁམས་ན་ཡོད་མ་ཡིན། །ཞེས་དང་། གསང་འདུས་རྩ་རྒྱུད་ལས། རིགས་ཀྱི་བུ་དག་སེམས་ཅན་གྱི་ཁོངས་སུ་གཏོགས་པའི་སེམས་ཅན་ཇི་སྙེད་ཡོད་པ་དེ་དག་ཐམས་ཅད་སངས་རྒྱས་ལ་གནས་པ་བྱང་ཆུབ་རྡོ་རྗེའོ། །ཞེས་དང་། གུར་ལས། རིན་ཆེན་སེམས་ལས་ཕྱིར་གྱུར་པའི། །སེམས་ཅན་མེད་ཅིང་སངས་རྒྱས་མེད། །ཅེས་དང་། བརྟག་གཉིས་ལས། སེམས་ཅན་རྣམས་ནི་སངས་རྒྱས་ཉིད། །འོན་ཀྱང་གློ་བུར་དྲི་མས་སྒྲིབ། །དྲི་མ་དེ་བསལ་སངས་རྒྱས་དངོས། །ཞེས་དང་། རྡོ་རྗེ་སྙིང་པོ་རྒྱན་གྱི་རྒྱུད་ལས། འབྱུང་དང་འབྱུང་འགྱུར་ཐམས་ཅད་ལ། །བཅོམ་ལྡན་འདས་ནི་བདེ་ཆེན་པོ། །ཀུན་ཏུ་བཟང་པོ་རྡོ་རྗེ་འཛིན། །ཀུན་ཏུ་ཁྱབ་པར་བྱས་ཏེ་གནས། །ཞེས་དང་། རྣམ་སྣང་མངོན་བྱང་ལས། ཤེས་པ་མི་ཤེས་པས་སྒྲིབ་པ། །ཚུལ་འདི་ཤེས་པར་མ་གྱུར་རྣམས། །སངས་རྒྱས་གཞན་དུ་འཚོལ་བར་བྱེད། །འདི་ན་གནས་པར་ཡོད་མ་རྟོགས། །འཇིག་རྟེན་ཁམས་གཞན་གང་ནས་ཀྱང་། །སངས་རྒྱས་རྙེད་པར་ཡོང་མི་འགྱུར། །སེམས་ཉིད་རྫོགས་པའི་སངས་རྒྱས་ཏེ། །སངས་རྒྱས་གཞན་དུ་མ་བསྟན་ཏོ། །ཞེས་དང་། གསང་སྙིང་ལས། ཕྱོགས་བཅུ་དུས་བཞི་གང་ནས་ཀྱང་། །རྫོགས་པའི་སངས་རྒྱས་རྙེད་མི་འགྱུར། །སེམས་ཉིད་རྫོགས་པའི་སངས་རྒྱས་ཏེ། །སངས་རྒྱས་གཞན་དུ་མ་འཚོལ་ཅིག །ཅེས་སོ། །གཞུག་སེམས་དེའང་སྲིད་ཞི་ཀུན་ཁྱབ་ཀྱི་ཡེ་ཤེས་མཐའ་དབུས་ཕྱོགས་ཆ་སོགས་དང་བྲལ་བ་ཡིན་མོད། ད་ལྟ་ལམ་དུས་སུ་སེམས་ཅན་གྱི་རྒྱུད་ལ་ཇི་ལྟར་གནས་པའི་དཔེ་དང་རྟེན་ལུས་དང་སྙིང་ལ་གནས་ཚུལ་ཀྱང་། སཾ་བྷུ་ཊི་ལས། དྲི་མེད་ཤེལ་དང་མཚུངས་པའི་འོད། །བྱང་ཆུབ་སེམས་ནི་འོད་གསལ་བ། །ཡེ་ཤེས་ལྷ་ཡི་དངོས་དེ་ཉིད། །ཞུངས

ཀར་སྒོམ་པའི་ཚད་ཙམ་དག །དེ་ཡི་དབུས་ན་གནས་པའི་ལྷ། །མི་གསལ་གསལ་བའི་རང་བཞིན་ཅན། །ཆ་ཕྱེད་ཤིན་ཏུ་ཕྲ་བས་ཏེ། །ཐིག་ལེའི་གཟུགས་ཅན་ཡིད་ཀྱི་དངོས། །གཟི་བརྗིད་ཆེན་པོའི་འོད་དང་ལྡན། །རྟག་ཏུ་སྙིང་གི་དབུས་ན་གསལ། །ཞེས་དང་། ཧེ་བཛྲ་ལས། ལུས་ལ་ཡེ་ཤེས་ཆེན་པོ་གནས། །རྟོག་པ་ཐམས་ཅད་ཡང་དག་སྤངས། །དངོས་པོ་ཀུན་ལ་ཁྱབ་པ་པོ། །ལུས་གནས་ལུས་ལས་མ་སྐྱེས་པའོ། །ཞེས་དང་། རིམ་ལྔ་གསང་འདུས་ལས། རྟག་ཏུ་སྙིང་ལ་གནས་པ་ཡི། །ཐིག་ལེ་གཅིག་ལ་འགྱུར་བ་མེད། །དེ་སྒོམ་བྱེད་པའི་སྐྱེས་བུ་ལ། །ངེས་པར་ཡེ་ཤེས་སྐྱེ་བར་འགྱུར། །ཞེས་དང་། ཡང་རྒྱུད་གཞན་ལས། སྙིང་ཁའི་པདྨའི་སྦུབས་མཁའ་ལ། །ཡེ་ཤེས་རྡོ་རྗེ་རྟག་ཏུ་བཞུགས། །ལུས་གནས་ལུས་ལས་མ་སྐྱེས་པའོ། །ཞེས་དང་། རིག་པ་རང་ཤར་ཆེན་པོའི་རྒྱུད་ལས། ཆོས་ཀྱི་སྐུ་ཡི་ཕོ་བྲང་འགྱུར་མེད་ནི། །རང་རང་ཙིཏྟའི་དཀྱིལ་ན་གསལ་བར་གནས། །སྟོང་པ་ཡེ་ཤེས་སྙིང་པོའོ། །གསལ་བ་འོད་ཀྱི་སྙིང་པོ་འོ། །རང་བྱུང་རིག་པའི་སྙིང་པོ་འོ། །སྙིང་པོ་གསུམ་ལྡན་ཆོས་ཀྱི་སྐུ། །ཞེས་སོགས་སྔགས་རྒྱུད་རྣམས་སུ་ལུང་མཐའ་ཡས་ཤིང་། མདའ་བསྟུན་རྗེས་ཀྱང་། མཁས་པ་ཐམས་ཅད་བསྟན་བཅོས་འཆད་པ་ན། །ལུས་ལ་ཡེ་ཤེས་ཡོད་པ་མ་རྟོགས་སོ། །ཞེས་སྔགས་ཀྱི་སྦས་དོན་དངོས་བསྟན་དུ་མ་བཀྲལ་བའི་བསྟན་བཅོས་འཆད་ཚུལ་ལ་ཟུར་ཟ་བའི་ཚུལ་དུ་འང་གསུངས་སོ། །

གཉིས་པ་སེམས་ཅན་གྱི་རྒྱུད་ལ་རིགས་ཁམས་ཡོད་པའི་རིགས་པ་ལ་གཉིས། ཐུན་མོང་བསྟན་བཅོས་རྣམས་ལས་བཤད་པ་དང་། ཞར་བྱུང་སྔགས་ལམ་གྱི་བརྗོད་བྱ་ཐུན་མོང་མིན་པ་ཡིན་པའི་སྒྲུབ་བྱེད་ཀྱིས་ཁ་འཕང་བའོ། །དང་པོ་ནི། རྒྱུད་བླ་མ་ལས། རྫོགས་སངས་སྐུ་ནི་འཕྲོ་ཕྱིར་དང་། ། དེ་བཞིན་ཉིད་དབྱེར་མེད་ཕྱིར་དང་། །རིགས་ཡོད་ཕྱིར་ན་ལུས་ཅན་ཀུན། །རྟག་ཏུ་སངས་རྒྱས་སྙིང་པོ་ཅན། །ཞེས་དང་། ཀླུ་ཡི་དབང་པོས། ཁམས་ཡོད་ན་ནི་ལས་བྱས་པས། །ས་ལེ་སྦྲམ་དག་མཐོང་བར་འགྱུར། །ཁམས་མེད་ན་ནི་ལས་བྱས་ན། །ཉོན་མོངས་འབའ་ཞིག་སྐྱེ་བར་ཟད། །ཅེས་སོ། ། གཉིས་པ་ནི། ཐུན་མོང་དུ་བཀའ་སྡེ་སྣོད་ཐམས་ཅད་ཀྱི་སྦས་དོན། ངེས་དོན་སྔགས་ཀྱི་རྒྱུད་སྡེ་ཐམས་ཅད་ཀྱི་གཏན་ལ་དབབ་བྱའི་སྙིང་པོ། གཞི་འབྲས་དབྱེར་མེད་ཀྱི་གཉུག་སེམས་འདི་ཉིད། འདུས་བྱས་བསྐྱེད་བྱ་སྐྱེད་བྱེད་ཀྱི་རྒྱུ་འབྲས་སུ་གོ་ན་སྔགས་རྡོ་རྗེ་ཐེག་པའི་ཁྱད་ཆོས་དག་མཉམ་གྱི་ལྟ་བའི་གཞི

ཟུ་སྟོང་པ་ཡིན་ཕྱིར། གཉུག་མའི་ཡེ་ཤེས་ཉི་མ་ལྟ་བུར། དྲི་མ་གློ་བུར་བ་སྤྲིན་ལྟ་བུ་དེ་ལམ་སྒོམ་སྟོབས་ཀྱིས་སྒྲིབ་གཉིས་བག་ཆགས་དང་བཅས་པ་བསལ་བས། འབྲས་བུའི་སྐུ་དང་ཡེ་ཤེས་རྟེན་བརྟེན་པ་མངོན་སུམ་དུ་གསལ་བའི་གནས་སྐབས་སོ་སོར་གཞི་ལམ་འབྲས་གསུམ་གྱི་ཐ་སྙད་བཞག་པའི་ཚུལ་དུ་གསུངས་ཏེ། རྒྱུད་བླ་མ་ལས། མ་དག་མ་དག་དག་པ་དང་། །ཤིན་ཏུ་རྣམ་དག་གོ་རིམ་བཞིན། །སེམས་ཅན་བྱང་ཆུབ་སེམས་དཔའ་དང་། །སངས་རྒྱས་ཞེས་བྱ་རབ་བརྗོད་དོ། །ཞེས་གསུངས་སོ། །དེ་ལྟར་མ་ཡིན་ན། ལམ་ལྔ་རིམ་གྱིས་བགྲོད་ནས་ས་དང་པོ་ནས་བཅུ་གཅིག་པའི་བར་དུ་རྟོགས་པ་གོང་འཕེལ་སྒྲིབ་པ་ཇེ་དག་ཏུ་འགྲོ་བའི་ཚེ། སྐུ་དང་ཡེ་ཤེས་ཀྱི་སྣང་ཆ་ཡོན་ཏན་བརྒྱ་ཕྲག་བཅུ་གཉིས་ནས།གྲངས་མེད་བསམ་ལས་འདས་པའི་བར་གོང་འཕེལ་དུ་འགྲོ་བ་འདི་དག སྔར་མེད་པའི་འཕྲུལ་སྣང་ཇི་ཆེར་སོང་བའི་སྐྱོན་༡དང་། སྟོང་རྐྱང་ཙམ་ལ་ངོས་བཟུང་ན། ཀུན་མཁྱེན་སངས་རྒྱས་ཀྱིས། བདེ་གཤེགས་སྙིང་པོས་འགྲོ་བ་ཡོངས་ལ་ཁྱབ་ཅེས་པའི་ཁྱབ་བྱ་སེམས་ཅན་ལ་ངེས་བཟུང་མཛད་པ་མི་འཐད་པའི་སྐྱོན་༢དང་། རྒྱུད་བླ་ལས། སྤང་ཕྱིར་བསླུ་བའི་ཆོས་ཅན་ཕྱིར། །མེད་ཕྱིར་འཇིག་དང་བཅས་པའི་ཕྱིར། །ཞེས་སོགས། ཆོས་ཚོགས་གཉིས་མཐར་ཐུག་གི་སྐྱབས་མ་ཡིན་པར་ཐལ་བའི་སྐྱོན་༣དང་། བཞི་བརྒྱ་པ་ལས། མི་རྟག་པ་ལ་ངེས་པར་གནོད། །གང་ལ་གནོད་ཡོད་དེ་བདེ་མིན། །ཞེས་སོགས་ཀྱི་སྐྱོན་ཀུན་མཁྱེན་སངས་རྒྱས་ལའང་ཐལ་ཆེས་པའི་སྐྱོན་༤དང་། ཕྱི་ནང་གཞན་གསུམ་གྱི་དག་པ་སྦྱོར་ནས་སྡུག་ཀུན་གཉིས་འགོག་ལམ་གྱི་བདེན་པར་ཤར་བའི་སྡུགས་ཀྱི་བཤད་ཚུལ་ཐམས་ཅད་ཀྱང་དོན་གྱི་གནད་གསང་སྟོར་བའི་བཤད་ཡམ་ཙམ་དུ་ཐལ་བའི་སྐྱོན་དང་༥། མདོ་ལས། ཞིང་གཞན་ནས་འོངས་པའི་ཚངས་པ་རལ་པ་ཅན་དང་། ཤཱ་རིའི་བུའི་མཐོང་ཚུལ་མ་མཐུན་པར་རྩོད་ཅིང་། སངས་རྒྱས་ཀྱི་གཟིགས་ངོར་མི་མཇེད་འཇིག་རྟེན་འདི་ཉིད་འོག་མིན་གྱི་ཞིང་དུ་གཟིགས་ཚུལ་དང་། རྡུལ་གཅིག་སྟེང་ན་རྡུལ་སྙེད་ཀྱི་སངས་རྒྱས་བཞུགས་ཚུལ་དང་། ས་བཅུའི་བྱང་སེམས་རྣམས་ཀྱི་ཡུལ་དུའང་མ་གྱུར་པའི་རང་སྣང་ལོངས་སྐུའི་ཞིང་གསུངས་པ་རྣམས་ཀྱང་གནས་ཚུལ་མ་ཡིན་པ་ལོག་རྟོག་ཏུ་ཐལ་བའི་སྐྱོན་༦དང་། སེམས་ཅན་གྱི་སྣང་ཚུལ་ཆུ་གཅིག་ལ་འགྲོ་དྲུག་གི་སྣང་ཚུལ་མི་འདྲ་བ་དང་། མེ་ལའང་གནས་དང་། ཟས་དང་། ཉེར་སྤྱོད། གོས་དཀར

མོའི་རང་བཞིན་སོགས་མཐོང་སྣང་སྣ་ཚོགས་དང་། གསུང་རབ་ལས་འཇིག་རྟེན་ཆགས་འཇིག་དང་རི་གླིང་གི་བཀོད་པ་སོགས་ཐུན་མོང་གི་གནས་ཚུལ་མི་མཐུན་པ་སྣ་ཚོགས་གསུངས་པ་རྣམས་ཀྱང་ཚད་མ་ཡིན་མིན་མི་སྲིད་པར་ཐལ་བའི་སྐྱོན་དང་༧། བཀའ་ཐམ་ངེས་དོན་དང་། གཞུག་སེམས་གསལ་བར་བསྟན་པའི་སྔགས་ཀྱི་རྒྱུད་སྡེ་རྣམས་སྒྲ་ཇི་བཞིན་པར་ཞལ་གྱིས་བཞེས་པའི་འཕགས་བོད་ཀྱི་པཎ་གྲུབ་སངས་རྒྱས་དང་སྐལ་བ་མཉམ་པ་རྣམས་ཀྱང་གྲུབ་པ་ཐོབ་མི་སྲིད་པར་ཐལ་བའི་སྐྱོན་༼རྣམས་ཀྱང་གནས་སོ། །

གསུམ་པ་སྙིང་པོ་སེམས་ཅན་ལ་ཡོད་པའི་རྟགས་ནི། རྒྱུད་བླ་མ་ལས། གལ་ཏེ་སངས་རྒྱས་ཁམས་མེད་ན། །སྡུག་ལ་སྐྱོ་བར་མི་འགྱུར་ཞིང་། །མྱ་ངན་འདས་ལ་འདོད་པ་དང་། །དོན་གཉེར་སྨོན་པའང་མེད་པར་འགྱུར། །སྲིད་དང་མྱ་ངན་འདས་ལ་དེའི། །སྡུག་བདེའི་སྐྱོན་ཡོན་མཐོང་བ་འདི། །རིགས་ཡོད་པས་ཡིན་གང་ཕྱིར་དེ། །རིགས་མེད་དག་ལ་མེད་ཕྱིར་རོ། །ཞེས་སོ། །འཕྲོས་དོན་དུ་སྙིང་པོ་ཡོད་པར་གཞན་ལ་བསྟན་པའི་ཕན་ཡོན། རྫོགས་པ་ཆེན་པོ་ཡོངས་སུ་རྒྱས་པ་ལས། །ང་ནི་འདས་ནས་གཤེགས་ཕྱིན་ན། །མི་ཡི་ནང་ན་ལ་ལ་ཞིག །སེམས་ཅན་རྣམ་པ་ཐམས་ཅད་ལ། །བདེ་གཤེགས་སྙིང་པོ་ཉིད་ཡོད་ཅེས། །མོས་པ་རྣམ་དག་བྱེད་ནུས་པ། །སངས་རྒྱས་བཀའ་དྲིན་འཚོབ་པ་ཡིན། །ཞེས་དང་། མདོ་གཞན་ལས་ཀྱང་། དེ་བཞིན་གཤེགས་པའི་སྙིང་པོ་སྟོན་པར་བྱེད་པ་ནི། ཉོན་མོངས་པ་དང་བཅས་པའམ། ཉོན་མོངས་པ་མེད་པ་གང་ཡང་རུང་སྟེ། དེ་ཉིད་རྫོགས་པའི་སངས་རྒྱས་ཞེས་བྱའོ། །ཞེས་གསུངས་སོ། །དེ་ཡང་སྐབས་དོན་གྱི་གཙོ་བོ་སྔ་འགྱུར་བསྟན་པའི་ཤིང་རྟ་ཆེན་པོ་རྣམས་ཀྱི་བཞེད་ཚུལ་ཡང་། ཀུན་མཁྱེན་ཀློང་ཆེན་པས་སེམས་ཉིད་ངལ་གསོ་ལས། ཐར་པ་དགེ་བའི་རྟེན་ནི་རིགས་ཡིན་ལ། །དེ་ཡང་སེམས་ཀྱི་རང་བཞིན་འོད་གསལ་བ། །དྲི་མེད་ཁམས་ཏེ་རང་བཞིན་གནས་པའི་རིགས། །དེ་ཡི་སྣང་ཆ་སྐུ་གཉིས་དཔེ་རྣམ་དག །སྙིང་རྗེའི་རང་བཞིན་ཡེ་ནས་གནས་པ་ནི། །རྒྱས་འགྱུར་རིགས་ཞེས་བདེ་བར་གཤེགས་པས་གསུངས། །རྩ་བ་རིག་པའི་ཡེ་ཤེས་འོད་གསལ་བ། །ངོ་བོ་དུག་གསུམ་མེད་པའི་དགེ་བ་ཡིན། །ཞེས་དང་། ངེས་དོན་ཤིང་རྟར། འདི་ལྟར་བཀའ་ཐམ་ལས་ཁམས་རང་བཞིན་གྱིས་དག་པ་ཡོན་ཏན་ཡེ་ལྡན་དུ་ཡོད་ལ། ལམ་ཉམས་སུ་

བླང་དུས་ཡོན་ཏན་སྐྱེ་བ་ལྟར་སྣང་བ་ཁས་ལེན་པ་དང༌། སྔགས་ལས་རང་བཞིན་གྱི་དཀྱིལ་འཁོར་འགྲོ་བ་ཀུན་ལ་གནས་པར་བཤད་པ་གཉིས་ཁྱད་མེད་གཞི་གཅིག་ལ། ལམ་ཡང་ཐབས་ཤེས་ཚོགས་གཉིས་སུ་གཅིག་ལ། འབྲས་བུ་ཡང་སྐུ་དང་ཡེ་ཤེས་སུ་གཅིག་པས་ན། སྟོན་གྱི་སློབ་དཔོན་ཆེན་པོ་པདྨ་འབྱུང་གནས་ལ་སོགས་པས་ཕྱི་ནང་དུ་བཤད་པ་མཛད་པ་བཞིན་ནོ། །ཞེས་སོ། །ཀུན་མཁྱེན་ཨ་ནྷ་ཡས་ཡོན་ཏན་མཛོད་འགྲེལ་དུ་དྲངས་པ། རིགས་བདག་ཤཀྱ་ཤྲུ་རི་པ་ཆེན་པོས་ཀྱང༌། གཟུང་བའི་ཆོས་ཀུན་ནམ་ཡང་ཡོད་མིན་ཞིང༌། །འཛིན་པའི་ཤེས་པའང་འཁྲུལ་པར་གདོན་མི་ཟ། །གཉིས་མེད་ཡེ་ཤེས་སྦྱང་གཞིར་བཞག་པ་འདི། །འཁོར་ལོ་ཐ་མའི་ལམ་གྱི་རིམ་པའོ། །ཞེས་རང་ལུགས་ཤེས་བྱེད་དུ་དྲངས་ཤིང༌། མཛོད་རྩ་བར། ཤེས་བྱ་སྣང་བས་མ་བཅིངས་སྟོང་པའི་དངོས། །སྟོང་པའི་རང་བཞིན་གསལ་བའི་སྙིང་པོ་ནི། །རིག་པར་བཞུགས་པས་སྐུ་དང་ཡེ་ཤེས་ཁམས། །འདུ་འབྲལ་མེད་པ་ཉི་མའི་སྙིང་པོ་བཞིན། །ཞེས་གསུངས་སོ། །

རྗོད་དུས་ཀྱི་མ་ཧཱ་པཎྜི་ཏ་ལོ་ཆེན་དྷརྨ་ཤྲཱི་ཀྱང༌། སྲིད་ཞི་ཀུན་ཁྱབ་ཀྱི་ཡེ་ཤེས་འགྱུར་བ་མེད་པ་ཉིད་རྒྱལ་བ་རྣམས་ཀྱི་རང་བཞིན་ནམ་གཤིས་ཚུལ་ཡིན་པས་ན་རྒྱལ་བའི་སྙིང་པོའམ་བདེ་བར་གཤེགས་པའི་སྙིང་པོ་སྟེ། དེ་ཉིད་གདོད་མ་ནས་དྲི་མ་དང་བྲལ་བ་ཡིན་ཡང༌། སྒྲིབ་གཉིས་མ་གྲོལ་བར་དུ་སངས་རྒྱས་སུ་མི་འགྱུར་བས་རང་བཞིན་གནས་རིགས་སམ་དྲི་བཅས་དེ་བཞིན་ཉིད་དེ་ཁམས་ཀྱི་དོན་དང༌། དྲི་མ་དང་འབྲེལ་ཡང་དྲི་མ་མེད་སྣང་གློ་བུར་བ་ཡིན་པས་རང་གི་ངོ་བོ་ལ་གོས་མ་མྱོང་བ་ནི་རང་བཞིན་རྣམ་དག་སྟེ་བྱང་ཆུབ་ཀྱི་དོན་དང༌། གདོད་མ་ནས་སངས་རྒྱས་ཀྱི་ཡོན་ཏན་ཐམས་ཅད་གཞི་ལ་ལྷུན་གྲུབ་ཏུ་བཞུགས་ཀྱང་དཀར་པོའི་ཆོས་ཀྱིས་སད་པར་མ་བྱས་ན་ནུས་པ་འབྱིན་མི་ནུས་པ་ཡོན་ཏན་གྱི་དོན་དང༌། སེམས་ཅན་ཐམས་ཅད་ལ་རིས་མེད་ཀུན་ཁྱབ་ཀྱིས་མགོན་དང་བཅུད་དུ་བཞུགས་པས་གནས་སྐབས་དང་མཐར་ཐུག་གི་སྡུག་བསྔལ་སེལ་ཞིང་བདེ་བ་བསྐྱེད་པའི་ཕྲིན་ལས་ལྷུན་གྱིས་གྲུབ་ཀྱང་བྱ་བྱེད་ཀྱི་རྩོལ་བ་མེད་པ་ཕྲིན་ལས་ཀྱི་དོན་ཏེ། དེ་ལ་རྟོག་གེ་པའི་བློའི་ཡུལ་ལས་འདས་པས་བསམ་གྱིས་མི་ཁྱབ་པའི་གནས་ཡིན་ཏེ། རྒྱུད་བླ་མ་ལས། སངས་རྒྱས་ཁམས་དང་སངས་རྒྱས་བྱང་ཆུབ་དང༌། །སངས་རྒྱས་ཆོས་དང་སངས་རྒྱས་ཕྲིན་ལས་ཏེ། །དག་པའི་

སེམས་ཅན་གྱིས་ཀྱང་བསམ་བྱ་མིན། །འདི་ནི་འདྲེན་པ་རྣམས་ཀྱི་སྤྱོད་ཡུལ་ཡིན། །ཞེས་གསུངས་སོ། །

དེ་ལྟར་སྤྱི་བཤད་མདོ་ཙམ་སོང་ནས། ཐེ་བྲག་ཟླ་བ་སྒྲོན་མེའི་མདོ་ལས་གསུངས་པ་ལྟར། རིགས་ཁམས་བདེ་བར་གཤེགས་པའི་སྙིང་པོས་འགྲོ་བ་ཡོངས་ལ་ཧེལ་ལ་མར་གྱིས་ཁྱབ་པ་བཞིན་ཁྱབ་ཅིང་། ཐེག་པ་འོག་མ་དག་རིགས་ཆད་པ་སོགས་འདོད་པའི་སྐྱོན་དང་བྲལ་བས། ཕ་མར་གྱུར་པའི་སེམས་ཅན་ཐམས་ཅད་སྲིད་ཞི་གཉིས་ལས་བསྒྲལ་འདོད་ཀྱི་སྙིང་རྗེ་ཆེན་པོ་སྔོན་དུ་འགྲོ་བས། ཀུན་རྫོབ་བྱང་ཆུབ་ཀྱི་སེམས་སྨོན་འཇུག་གཉིས་དང་། དོན་དམ་བྱང་ཆུབ་ཀྱི་སེམས་རིན་པོ་ཆེ་སྙེ་རྣམ་པ་གཉིས་ནི་བློ་སྟོབས་རྒྱ་ཆེན་པོས་སྐྱོན་མེད་པ་མཆོག་ཏུ་དོན་གཉེར་ཆེན་པོས་རབ་ཏུ་བསྐྱེད་ཅིང་བསླབ་བྱ་རྣམས་ལ་རིམ་པ་བཞིན་བསླབ་པར་བགྱིའོ། །ཞེས་པའི་དོན་ཏེ། རྒྱན་ལས། སེམས་བསྐྱེད་པ་ནི་གཞན་དོན་ཕྱིར། །ཡང་དག་རྫོགས་པའི་བྱང་ཆུབ་འདོད། །ཅེས་དང་། སེམས་བསྐྱེད་པའི་མདོ་ལས། ཆོས་ཐམས་ཅད་ནམ་མཁའ་ལྟར་མཚན་ཉིད་མེད་ཅིང་ཡེ་ནས་འོད་གསལ་བ་རྣམ་པར་དག་པ་དེ་ལ་ནི་བྱང་ཆུབ་ཅེས་བྱའོ། །དེ་དང་མཐུན་པར་སེམས་སྟོན་མ་སྐྱེས་པའི་སེམས་སྐྱེས་པ་ལ་ནི་བྱང་ཆུབ་ཏུ་སེམས་བསྐྱེད་པ་ཞེས་བྱའོ། །ཞེས་སོ། །རྒྱལ་བས་ཀྱང་གདུལ་དཀའ་བའི་སེམས་ཅན་མོས་པ་སྣ་ཚོགས་པ་རྣམས་བདག་ཅག་ལས་དང་པོ་པས་ག་ལ་བསྒྲལ་ནུས་སྙམ་ནས་ཞུམ་པར་མི་བྱ་སྟེ། བདེ་གཤེགས་སྙིང་པོ་རང་ལ་རང་ཆས་སུ་ཡོད་པས་འགྲོ་བ་འདི་དག་མ་ལུས་སངས་རྒྱས་ཀྱི་རྒྱུ་དང་ལྡན་ཞིང་། སྲིད་པའི་གནས་འདི་ན་གནས་སྐབས་ཐེག་གསུམ་གང་རུང་དང་། མཐར་ཐུག་ཐེག་ཆེན་ལམ་གྱི་སྣོད་དུ་གྱུར་པ་མིན་པའི་སེམས་ཅན་གང་ཡང་མེད་པས། བསྐུལ་ཞིང་གསོལ་བ་བཏབ་པའི་སྒོ་ནས་བཞེངས་ཤིག་བཞེངས་ཤིག་ཅེས་གང་ལ་བསྐུལ་ན་གཞན་རྒྱུད་དུ་གྲུབ་ཟིན་པའི་སྟོབས་བཅུ་མངའ་བའི་ལྷ་སངས་རྒྱས་རྣམས། སྟོན་ཐུགས་བསྐྱེད་ཀྱི་དམ་བཅའ་དང་མཐུན་པར་གདུལ་བྱ་འདུལ་བའི་དུས་ལས་མི་འདའ་བ་རྒྱ་མཚོའི་དུས་རླབས་ཀྱི་དཔེ་ལྟར་བརྩེ་བའི་ཐུགས་རྗེའི་དབང་གིས་ན༔ རྟག་ཏུ་སེམས་ཅན་གྱི་དོན་ཁོན་ལ་དགོངས་པའི་སྐྱབས་གནས་དཀོན་མཆོག་གསུམ་ཞེས་བོས་ནས། བདག་ཅག་འདིར་འདུས་པ་དག་གི་ཚོགས་རྫོགས་པའི་སླད་དུ་མཆོད་པའི་དངོས་པོ་དངོས་སུ་འབྱོར་པ་དང་ཡིད་ཀྱིས་སྤྲུལ་ཞིང་བཤམས་པའི་

གནས་འདི་རུ༔ རྒྱལ་བ་སངས་རྒྱས་འཁོར་སྐུ་གསུང་ཐུགས་ཀྱི་སྲས་དང་བཅས་པ་མ་ལུས་པ་གཤེགས་སུ་གསོལ༔ བཛྲ་ས་མ་ཛ༔ ཞེས་རྡོ་རྗེའི་དམ་ཚིག་དབང་གིས་བྱོན་ཅིག་ཅེས་བསྐུལ། དེ་ནས་སྤྱན་དྲངས་པའི་མགྲོན་ཐབས་ཀྱི་ལྷ་དེ་རྣམས་བར་སྣང་དུ་པདྨའི་གདན་ཁྲངས་མེད་པ་ལ་བཞུགས་པར་བསམ་ནས། པདྨ་ཀ་མ་ལ་ཡ་སྟྭཾ༔ ཀྱིས་གདན་འབུལ༔ ཞེས་བླ་བ་སྒྲོན་མེའི་མདོ་ལས་གསུངས་པའི་ཚིག་རྐང་རྣམས་ཀྱིས་ཚོགས་ཞིང་བསྒྲུབས་པའི་རྗེས་སུ།

གཉིས་པ་ནི། སྣང་སྲིད་ཐམས་ཅད་མཆོད་པའི་ཕྱག་རྒྱ་རུ་ཟབ་གསལ་རྡོ་རྗེ་ཏིང་ངེ་འཛིན་ཀྱིས་བརླབ་པ་ནི༔ དེ་ནས་གཏོར་ཚོགས་རྣམས་ལ་ནང་མཆོད་བྲན་ལ༔ ཞེས་སྣང་སྲིད་དག་མཉམ་གྱི་ལྷ་བའི་ངེས་ཤེས་དང་ལྡན་པའི་ངང་ནས། ཨོཾ་ནི་ཡེ་ཤེས་ལྔས་འགོ་འདྲེན་པའི་ཚིག་སྟེ། ཐུན་མོང་གི་སྒྲ་པའི་ལུགས་ལ། རྒྱ་དཔེ་ཨོཾ་ལ་རིང་ཆ་མེད། ཅེས་འཆད་དང་ཟླ་ཚེས་མི་འབྱུང་ཡང་། འདིར་མན་ངག་གི་ཡིག་གཟུགས་ཀྱང་ཁྱད་པར་འཕགས་པའོ། །རྣལ་འབྱོར་སྤྱོད་པའི་གཞུང་དང་། ཐེག་ཆེན་སྤྱིའི་སྐོར་དུ་ཆོས་ཐམས་ཅད་མཚན་ཉིད་གསུམ་དང་རང་བཞིན་ལྔས་བསྟན་པ་ལྟར། འདིར་སྒྲ་མཐུན་དོན་འཕགས་ཀྱི་སྒོ་ནས། དོན་དམ་པར་མེད་བཞིན་དུ་རྟོག་པས་ཀུན་ཏུ་བརྟགས་པ་ལས་ཕྱི་དོན་གྱི་རྣམ་པར་སྣང་བ་སྟོད་ཀྱི་འཇིག་རྟེན་འདི་དག་གཏོར་གཞོང་དུ་བྱས་ནས། སེམས་ཀྱི་རང་བཞིན་རྣམ་ཤེས་ཚོགས་བརྒྱད་དང་བཅས་པས་ལས་བསགས་པའི་དབང་གིས་འདུས་བྱས་སྐད་ཅིག་མའི་རང་བཞིན་ཅན་གཞན་དབང་སྲིད་པ་གསུམ་པོའི་སེམས་ཅན་ཡོད་དོ་ཅོག་བཅུད་ཀྱི་གཏོར་མའི་རང་བཞིན་དུ་སྦྱར་ནས་སྦྱངས། རྣལ་འབྱོར་པའི་ཐུགས་ཡོངས་གྲུབ་ཆོས་དབྱིངས་མངོན་དུ་གྱུར་པའི་ཀློང་ཆེན་དགོངས་པའི་ཏིང་ངེ་འཛིན་དེ་ཡིས༔ ཆོས་ཀྱི་དབྱིངས་ཀྱི་རང་གདངས་སམ་རིག་པ་ཡེ་ཤེས་ཀྱི་རོལ་རྩལ་དུ་སྣང་སྲིད་ཐམས་ཅད་གཞིར་བཞེངས་སུ་ཤར་བ། དཀོན་མཆོག་ཏ་ལའི་མདོ་ལས་གསུངས་པ་ལྟར་འཕགས་པ་ཀུན་ཏུ་བཟང་པོའི་ཏིང་ངེ་འཛིན་ལས་བྱུང་བ་ལྟར་མཆོད་པའི་དངོས་པོ་སྤྲིན་འཁྲིགས་པ་ལྟར་ཕྱོགས་ཀུན་ཁྱབ་པ། ལྷ་བའི་ངེས་ཤེས་དང་མ་བྲལ་བས་ཐེ་ཚོམ་སོགས་དམིགས་པའི་འཕོ་འགྱུར་མེད་པ་རྒྱ་ཆེ་ལ་རྒྱུན་མི་འཆད་པ་བྱང་སེམས་འཕགས་ཆེན་རྣམས་ནམ་མཁའ་མཛོད་ཀྱི་རང་བཞིན་དུ་ཏིང་ངེ་འཛིན་ལ་མངའ་དབང་བརྙེས་པ་ལྟར་མོས་པའི་

སྒོ་ནས་བསྒྱུར༔ ཨོཾ་ཨཱ༔ཧཱུྃ་གིས་སྦྱངས་སྤེལ་བསྒྱུར་བའི་སྒོ་ནས་ལན་བདུན་གྱིས་ངོ་བོ་ཡེ་ཤེས་ཀྱི་བདུད་རྩི་རུ་དང་། སྔགས་དོན། ན་མཿནི་ཕྱག་འཚལ་ལོ་སརྦ་ཏ་ཐཱ་ག་ཏ་ནི་དེ་བཞིན་གཤེགས་པ་བྷྱོ་རྣམས་ལ་བི་ཤྭ་སྣ་ཚོགས་མུ་ཁེ་སྒོ་བྷྱཿའབྱུང་ཁུངས་ཀྱི་རྣམ་དབྱེ། སརྦ་ཏ་ཏ་རྣམ་པ་ཐམས་ཅད་དུ་ཁཾ་ནམ་མཁའ་ཨུདྒ་ཏེ་འཕགས་ཏེ་འགྲོ་བ་སྥ་ར་ཎ་འགྲོ་བ་ཧི་མཾ་འདི་ག་ག་ན་ཁཾ་ནམ་མཁའི་དབྱིངས་སྭཱ་ཧཱ༔གཞི་ཚུགས་ཞེས་པའོ། །ནམ་མཁའ་མཛོད་ཀྱི་སྔགས་རྒྱས་ཀུན་ཏུ་བཟང་པོའི་མཆོད་སྤྲིན་དུ་བྱིན་གྱིས་བརླབས༔

གསུམ་པ་སྔོན་བཤགས་དངོས་ལའང་། བརྒྱུད་གསུམ་གྱི་བདེ་གཤེགས་སྤྱིའི་སྔོན་བཤགས། ཁྱེ་བྲག་ཐེག་དགུའི་སྔོན་བཤགས། མགྲོན་སོ་སོའི་སྔོན་བཤགས་དང་གསུམ་མོ། །དང་པོ་ལའང་ནང་གསེས་སུ་ལྔ་ལས། དང་པོ། དཀྱིལ་འཁོར་གྱི་གཙོ་བོ་རིགས་ཀུན་འདུས་པའི་བདག་ཉིད་དུ་ངེས་པའི་སྒོ་ནས་ཐུགས་དམ་སྐོང་བ་ནི། ཨཱ༔ ཞེས་ཆོས་ཐམས་ཅད་ཀྱི་སྒོ་སྐྱེ་བ་མེད་པའི་ཡི་གེས་འགོ་དྲངས་ནས་ཏིང་ངེ་འཛིན་གསོས་བཏབ་པ་སྟེ། ཡུམ་ལས། ཨ་ཞེས་བྱ་བ་ནི་མ་སྐྱེས་པའི་ཕྱིར་ཆོས་ཐམས་ཅད་ཀྱི་སྒོའོ། །ཞེས་པ་ལྟར་རོ། །དངོས་དོན་ལ། ཕྱི་ལྟར་ན་འཛམ་གླིང་གི་ལྷོ་ནུབ་རྔ་ཡབ་ཀྱི་གླིང་ཕྲན་ལངྐ་སྲིན་པོའི་ཡུལ་གླིང་ཆེན་པོའི་དབུས་ཤ་ཁྲག་ཟ་བྱེད་ཀྱི་གླིང་ན་མཚོ་མུ་མེན་འཕྲུལ་གྱི་མེ་ལོང་གི་དཀྱིལ་ཟངས་མདོག་དཔལ་གྱི་རི་བོ་མཆོང་དམར་སྤུངས་པ་ལྟ་བུ་ཙཱ་མ་རའི་དབྱིབས་སུ་གྲུབ་པའི་རྩེ་ར་སྐུ་གསུམ་པདྨ་འོད་ཀྱི་ཕོ་བྲང་ཆེན་པོ་སུམ་བརྩེགས་ཐོད་མཁར་ལས་གྲུབ་པ་འཛིགས་སུ་རུང་བའི་རྣམ་པར་གནས་པའི་སྟེང་ཁང་ན་ཆོས་སྐུ། བར་ཁང་ན་ལོངས་སྐུ། འོག་ཁང་ན་སློབ་དཔོན་ཆེན་པོ་པདྨ་འབྱུང་གནས་སྲིན་རྒྱལ་རཀྵ་ཐོད་ཕྲེང་གི་རྣམ་པ་འཁོར་རིག་འཛིན་འབུམ་ཕྲག་ལྔ་ལྔས་བསྐོར་ནས་བཞུགས་ཤིང་། ཕྱི་རོལ་དུ་སྲིན་པོའི་ཡུལ་གླིང་ཆེན་པོ་བརྒྱད་ཀྱི་ཚོགས་དཔོན་གུ་རུ་མཚན་བརྒྱད་ཀྱིས་མཛད་པ་དང་། ནང་ལྟར་ན། ཁམས་དྲུག་ལྡན་རང་བྱུང་ལྷུན་གྱིས་གྲུབ་པའི་ལུས་ཀྱི་ནང་ཁོངས་སུ། སྐུ་གསུམ་གྱི་ཕོ་བྲང་གི་རྟེན་རྩ་དབུ་རྐྱང་རོ་གསུམ་སུམ་གཤིབས་སུ་ཡོད་པ་ལས་གྱེས་པའི་སྙིང་ཁ་ཆོས་ཀྱི་འཁོར་ལོའི་རྩ་ཆེན་བརྒྱད་གདུགས་ཀྱི་རྩིབས་མ་ལྟར་གྱེས་པའི་ཚུལ་རྒྱས་པར་སྒྱུ་འཕྲུལ་གྱི་གཞུང་ལས་འབྱུང་བ་ལྟར་ཡོད་པའི་དབུས་ན། བརྟེན་པ་སྐུ་གསུམ

གྱི་ས་བོན་གྱི་ངོ་བོ། དབུ་མའི་ནང་སྙིང་དབུས་སུ་དྭངས་མ་ལྔ་འདུས་ཀྱི་མི་ཤིགས་པའི་ཐིག་ལེ་དང་། རོ་རྐྱང་དང་རྩ་འདབ་རྣམས་ཀྱི་ནང་དུ་འང་ཐིག་ལེ་དཀར་དམར་དང་། རླུང་འཁྲིལ་སོགས་ཀྱི་རྣམ་པར་གནས་པ་དང་། གསང་བ་ལྟར་ན། ཀུན་མཁྱེན་ལྔ་པ་རིན་པོ་ཆེས། སྙིང་དབུས་གཞོན་ནུ་བུམ་སྐུ་གདོད་མ་ནས། །བཞུགས་པའི་རང་རིག་དོན་གྱི་པདྨ་འབྱུང་། །ཞེས་གསུངས་པ་ལྟར། རྗེ་ཨོ་རྒྱན་པའི་སྒྲོན་མ་མཆོང་གུར་ཕུབ་པའམ་རིན་པོ་ཆེ་ཟུར་བརྒྱད་པའི་རྣམ་པར་གནས་པའི་དབུས་ན། ཀུན་མཁྱེན་ཆོས་ཀྱི་རྒྱལ་པོ་ཡབ་སྲས་ཀྱི་མན་ངག་གི་ཡིག་ཆ་རྣམས་སུ། གཞི་ལྷུན་གྲུབ་རིན་པོ་ཆེའི་སྦུབས། ལམ་ལྷུན་གྲུབ་རིན་པོ་ཆེའི་སྦུབས། འབྲས་བུ་ལྷུན་གྲུབ་རིན་པོ་ཆེའི་སྦུབས་ཞེས་གསུམ་གྱི་རྣམ་དབྱེ་མཛད་པའང་། ཐོག་མའི་གཞི་དབྱིངས་ཕྱི་རྒྱ་མ་རལ་བའི་ནང་གསལ་གྱི་སྐབས་དང་། འཁོར་འདས་གཉིས་ཀྱི་གྲེས་གཞི་ལྷུན་གྲུབ་སྒོ་བརྒྱད་ཀྱི་སྣང་བ་ཕྱི་གསལ་དུ་ཤར་ནས་སླར་འབྲས་བུའི་བཙན་ས་མ་ཟིན་པའི་བར་ནའང་ནང་གསལ་ལྷུན་གྲུབ་ཀྱི་ངོ་བོ་ལ་འཕོ་འགྱུར་མེད་པར་བཞུགས་པའི་སྐབས་དང་། མཐར་ཆོས་ཟད་ནང་གསལ་འབྲས་བུའི་བཙན་ས་ཟིན་པའི་གནས་སྐབས་གསུམ་ལ་ལྟོས་ནས་སོ་སོར་བཞག་པ་ཡིན་གྱི། དོན་གཞི་ལམ་འབྲས་གསུམ་གནས་སྐབས་གང་དུའང་འཕོ་འགྱུར་དང་བྲི་གང་ཡོང་ཡེ་མི་མངའ་བར་བཞུགས་པའི་འོག་མིན་ཆོས་ཀྱི་དབྱིངས་ཀྱི་གཞལ་ཡས་ཁང་ན། བརྟེན་པ་རང་རིག་དོན་གྱི་པད་འབྱུང་སྐུ་གསུམ་གྱི་བདག་ཉིད་ངོ་བོ་རང་བཞིན་ཐུགས་རྗེ་གསུམ་གྱི་རང་བཞིན་ཤེས་རབ་རང་བྱུང་གི་སྒྲོན་མར་བཞུགས་པ་སྟེ། སྒྲ་ཐལ་འགྱུར་རྩ་བའི་རྒྱུད་ལས། ཨོ་རྒྱ་རིན་ཆེན་གཞལ་ཡས་ན། །ངོ་བོ་ཀ་ནས་དག་པའི་ཀ། །སྟོང་གསལ་འདུས་པ་སྐུ་ཡི་གདངས། །ཞལ་ཕྱག་རྫོགས་པ་བུམ་སྐུའི་ཚུལ། །ལྷུན་གྲུབ་འོད་ཀྱི་གོང་བུར་གནས། །ཐུགས་རྗེ་ཁ་དོག་སོ་སོར་གསལ། །ཞེས་གསུངས་པ་ལྟར་རོ། །

གཞུང་ཚིག་གི་དོན་དངོས་ནི་ཕྱི་ནང་གསང་གསུམ་སོ་སོར་མ་ཕྱེས་པར་ཚིག་གཅིག་གིས་དོན་དུ་མ་བསྟན་པའི་དབང་དུ་མཛད་པ་ཡིན་པས་འདི་ལྟར། ར༷ང་ཟླུང་ལྷུན་གྱིས་གྲུབ་པའི་རྩ་འཁོར་གྱི་ནང་ཐིག་ལེ་འཛ༷་འ༷་ཟེར་དང་བཅས་གནས་པའི་ལུ༷ས་ཀྱི༷་སྦུབས་ན། སྨུ་མའི་མིག་འཕྲུལ་ལྟར་རྣམ་ཤེས་རྩོ༷གས་བརྒྱུད་རོ༷་ལ་ཞིང་གནས་པ༷། ང་བདག་བདེ་སྡུག་སོགས་བྱེད་པས་བདེ་བའི་གོ་སྐབས་

མེད་པ་སྲིན་པོའི་གྲོང་དང་མཚུངས་པའི་དཀྱིལ་ན། རྒྱུད་སྡེ་སྤྱིའི་འགྲོས་སུའང་ཐུགས་ལམ་མཐར་ཕྱིན་ཚེ་སྙིང་ཁ་མི་ཤིགས་པའི་ཐིག་ལེ་རང་སྣང་དོན་གྱི་འོག་མིན་དུ་སངས་རྒྱས་པའི་གནད་ཀྱིས་སྙིང་ཁའི་རྩ་འཁོར་གྲོལ་བ་ལ་ཆེད་དུ་བསྡུགས་པའི་དོན་བཞིན། རྟེན་སྙིང་མཆོང་གྱུར་སྨུག་པོའི་དབུས་གཞོན་ནུ་བུམ་སྐུའི་གཞལ་མེད་ཁང་ཟངས་མདོག་དཔལ་རིའི་ཕོ་བྲང་ནས༔ བརྟེན་པ་སྐུ་གསུམ་སོགས་རིགས་བརྒྱ་རིགས་གཅིག་ཏུ་འདུས་པ་རང་རིག་དོན་གྱི་པད་འབྱུང་མ་ཧཱ་གུ་རུའི་ཐུགས་དང་འགལ་བའི་ཉམས་ཆག་བཤགས་ཤིང་དགྱེས་པ་དམ་པ་བསྐང་ངོ། །

གཉིས་པ་རྒྱལ་བ་དགོངས་བརྒྱུད་ཐུགས་དམ་བསྐང་བ་ནི། གདོད་མའི་གཞི་དབྱིངས་སྟོང་གསལ་ཆེན་པོ་ལས་ཡེ་ཤེས་ཀྱི་རྩལ་གཡོས་པས་གཞོན་ནུ་བུམ་སྐུའི་ཕྱི་རྒྱ་རལ་ནས་ལྷུན་གྲུབ་སྒོ་བརྒྱད་ཀྱི་སྣང་བ་འཆར་བའི་ཚེ་རང་བཞིན་གྱི་དབང་པོ་རྣོ་བས་རང་ངོ་ཤེས་པའི་ཁྱད་ཆོས་དྲུག་གི་སྒོ་ནས་སངས་རྒྱས་པ་ཀུན་ཏུ་བཟང་པོ་ཡི༔ གནས་གཞི་སྣང་ལྷུན་གྲུབ་དོན་གྱི་འོད་སྣང་འོག་མིན་ཆེན་པོ་ན། སྟོན་པ་ཀུན་བཟང་རྡོ་རྗེ་འཆང་ཆེན་པོ་རང་སྣང་ལོངས་སྐུའི་རང་རྩལ་ལས་འཁོར་རང་སྣང་ཞི་ཁྲོའི་དཀྱིལ་འཁོར་ལ་སྟོན་འཁོར་དགོངས་པ་དབྱེར་མེད་ཀྱི་ཚུལ་དུ་འཕོས་པའི། དུས་ཐོག་མཐའ་བར་གསུམ་ལས་འདས་པར། ཆོས་བརྡ་ཚིག་བློ་ལས་འདས་པའི་གཞི་དབྱིངས་ཀ་དག་གི་ངོ་བོ་དཀྱིལ་གཞི་སྣང་ལྷུན་གྲུབ་འཁོར་གྱི་རྣམ་པ་ནས། ངོ་བོ་དབྱེར་མེད་དགོངས་པས་བརྒྱུད་པ་རང་བཞིན་དང་བློ་བུར་གྱི་ཆ་གཉིས་ཀྱིས་དག་པ་གཉིས་ལྡན་གྱི་སྟོན་འཁོར་དུ་སྣང་བའི་ཐུགས་དམ་བསྐང༔

གསུམ་པ་རིག་འཛིན་བརྡ་བརྒྱུད་དང་གང་ཟག་སྙན་བརྒྱུད་ཐུན་མོང་དུ་ཐུགས་དམ་བསྐང་བ་ནི། འཁོར་བའི་ཆ་ཀུན་གཞི་ཚོགས་བརྒྱད་དང་བཅས་པ་དག་པའི་དབང་གིས་བཞག་པ་ངེས་པ་ལྔ་ལྡན་ཡོངས་གྲགས་ལྟར་གནས་ངེས་པ་འོག་མིན་སྟུག་པོ་བཀོད་པ། སྟོན་པ་ངེས་པ་རིགས་ལྔའི་སངས་རྒྱས། འཁོར་ངེས་པ་ས་བཅུའི་སེམས་དཔའ། ཆོས་ངེས་པ་ཐེག་ཆེན་འབའ་ཞིག དུས་ངེས་པ་རྟག་པ་རྒྱུན་གྱི་འཁོར་ལོ་སྟེ། ངེས་པ་ལྔ་ལྡན་མ་བཅལ་ལྷུན་གྱིས་གྲུབ་པ་ལོངས་སྐུའི་རྩལ༔ རིག་འཛིན་རིག་པའི་འཁོར་ལ་ངག་གི་བརྗོད་པའི་སྒྲ་ཚིག་ལས་འདས་པ། སྨིན་མ་གཡོ་བ་དང་ཞལ་འཛུམ་པ་

སོགས་སྐུའི་བཛྲ་ཡི་སྒོ་ནས་མེ་ལོང་ལ་གཟུགས་བརྙན་ཤར་བའི་དཔེས་ཆོས་སྟོན་ཅིང༔ དེ་ནས་རྡོ་རྗེ་སེམས་དཔས་རིགས་གསུམ་སེམས་དཔའ་ལ་དང་། དེ་གསུམ་གྱིས་ལྷ་ཀླུ་གནོད་སྦྱིན་གྱི་རིག་འཛིན་ཁྱད་འཕགས་རྣམས་ལ་བརྒྱུད་པ་སོགས་དགོངས་བཛྲའི་དོན་བརྒྱུད་དེ་དག་ཚིག་གི་སྒོ་ནས་གདམས་པའི་ཟབ་གནད་ཚང་བ་ཚིག་རྫོགས་སུ་མཚན་ཉིད་དང་ལྡན་པའི་རྡོ་རྗེ་སློབ་དཔོན་གྱིས། སྣོད་ལྡན་གྱི་སློབ་མ་གང་ཟག་སྨྲ་ལ་བུའི་རོལ་གྱུར་ཅན་རྩ་བའི་བླ་མའི་བར་དུ་སྙན་བརྒྱུད་ཐོས་པ་ཙམ་གྱིས་གྲོལ་བ་ཐོབ་པའི་གདམས་ཟབ་ཆེན་མོ་སྟོན་པའི་བླ་མ་རྣམས་ཀྱི་ཐུགས་དམ་བསྐང༔

བཞི་པ་གཏེར་བརྒྱུད་ཐུགས་དམ་བསྐང་པ་ནི། བརྒྱུད་པ་སྔ་མ་གསུམ་སྙིང་མཚོན་བྱེད་རྟགས་ཀྱི་བཛྲ་ཡིག་དང་ཤོག་སེར་ཁྱད་པར་དུ་འཕགས་པ་ཆེན་པོའི་དོན་གྱི་དབང༔ སློབ་དཔོན་ཆེན་པོ་དང་རྗེ་འབངས་རྣམས་ཀྱི་དངོས་དང་ཡང་སྤྲུལ་གཏེར་སྟོན་ལུས་ཅན་སྐྱེས་བུ་རྣམས་ཀྱི་སྙིང་ལ་བསྒྱུར་བ་ལུས༔ མཚོན་བྱ་དོན་གྱི་དགོངས་པའི་གསང་མཛོད་རྫོང་ལ༔ ཞེས་མཚོན་བྱེད་བརྡའི་ཚིག་བརྒྱུད་བརྡ་རིས་ཡི་གེར་བཀོད་ནས་སྐལ་ལྡན་གཏེར་སྟོན་དེ་ལ་དབང་བར་མཛད་པ་ཤོག་སེར་ཚིག་བརྒྱུད། མཚོན་བྱ་དོན་གྱི་ཡེ་ཤེས་རྒྱས་གདབ་ཅིང་དགོངས་པའི་མཐིལ་གཏད་ནས་འབྱུང་འགྱུར་ལུང་བསྟན་པ་གཏད་རྒྱ་ལུང་བསྟན། གཏེར་ཁ་དེར་དབང་གང་ཟག་དེས་ཐོན་པར་ཤོག་ཅིག་ཅེས་སྨོན་ལམ་གྱི་དབང་གིས་འདོན་པ་སྨོན་ལམ་དབང་བསྐུར་བརྒྱུད་པ་སྟེ། གཏད་རྒྱ་སྨོན་ལམ་དབང་བསྐུར་གྱི་སྒོ་ནས་བརྒྱུད་པ་རྣམས་ཐུགས་དམ་བསྐང༔

ལྔ་པ་བཞུགས་སྨོན་ནི། ཡེ་གདོད་མ་ཉིད་ནས་དུས་གསུམ་ཀུན་ཏུ་སྐྱོན་གྱི་ཚ་ཕྲ་མོས་ཀྱང་གོས་མ་མྱོང་བ་བཟང་པོ་རང་གི་རིག་པ་ཉིད་ཡེ་ནས་འཁོར་འདས་ཀུན་ལ་ཁྱབ་བརྡལ་དུ་གནས་པའི་དགོངས་པ་འདི་ཉིད་མ་རྟོགས་པའི་བློ་ཡི་དབང་གིས་རྒྱ་ཆད་ཕྱོགས་ལྷུང་སོགས་རིས་ཆད་གྱུར་དུ་བཅད་པ་དང༔ སངས་རྒྱས་ཀྱི་དགོངས་པ་རང་ངོ་མ་ཤེས་ནས་གཞན་ཡུལ་གྱི་སྟེང་དུ་བློས་བྱས་ཁ་ཕྱིར་བལྟས་ཀྱི་སྒོ་ནས་བཙལ་བ་ལ་སོགས་པའི་ནོངས་པ་ཀུན༔ ལྷག་མེད་དུ་དག་ནས་ཀུན་བཟང་གདོད་མའི་གནས་ལུགས་བྱ་རྩོལ་བྲལ་བའི་ས་ལ་སྐྱོལ་ཅིག་ཅེས་སྨོན་པའོ། །

གཉིས་པ་བྱེ་བྲག་ཐེག་དགུའི་སྐོང་བ་ལའང་སྤྱི་བྱེ་བྲག་གཉིས་ལས། དང་པོ། ཐེག་པ་རིམ་

དགུ་སྐྱིར་སྙོང་བ་ནི། རྒྱལ་བ་རྫོགས་པའི་སངས་རྒྱས་རྣམས་ཀྱི་ཐུགས་ཀཱ་དྲཱ་ག་ཕྱོགས་ཡཱ་ན་ཏེ་ཕྱོགས་བྲལ་ཆཱེན་པཱོའི་དགཱོངས་པཱའི་ངོས་ལཱ༔ བགྲཱང་བྱཱའི་ཐཱེ་གཱ་པཱ་གཅིག་གསུམ་བཞི་ལྔ་དགུ་སོགས་ཐཱ་དཱ་ད་དུ་མཱ་སྒྲུབ་ཀྱཱང༔ གདུལ་བྱ་སེམས་ཅན་གྱི་ཀུན་རྟོག་སྣ་ཚོགས་དང་གདུལ་བྱཱའི་ཁཱ་མས་སྣ་ཚོགས་དབཱང་པོ་སྣ་ཚོགས་བསཱམ་པཱ་སྣ་ཚོགས་པ་འདུལ་པཱའི་ཕྱིར༔ སོ་སོའི་བློའི་དབང་གིས་ཐཱེ་གཱ་པཱ་རཱིམ་པ་དགུ་རུ་ཤཱ་རཱ་བ་སྟེ། ཏིང་ངེ་འཛིན་རྒྱལ་པོ་ལས། འཇིག་རྟེན་ཕན་བྱེད་ཁྲིད་ཀྱི་གསུང་གཅིག་ལས། །མོས་པ་ཐ་དད་བཞིན་དུ་སྒྲ་བྱུང་སྟེ། །རྒྱལ་བས་བདག་ལ་བསྟན་སྙམ་སོ་སོར་སེམས། །ཞེས་པ་ལྟར་ཐེག་པ་དེ་དག་སོ་སོའི་ལྷ་དང་བླཱ་མཱའི་ཚོགས་ཀྱི་ཐུགས་དྲཱ་མ་བསྒྲཱང༔ གཉིས་པ་ལའང་མཚན་ཉིད་རྒྱུའི་ཐེག་པ་དང་། འབྲས་བུ་སྔགས་ཀྱི་ཐེག་པའོ། །དང་པོ་དེ་ལཱ་ནཱང་གསཱེས་ཀྱཱི་སྟཱེ་སྡཱེ་ད་གསུམ་ལཱས༔ དང་པོ་ཉཱན་ཐཱོས་འདུལ་བཱའི་དཀྱིལ་འཁཱོར་ནི། འཁཱོར་བཱ་སྐྱིར་སྡུག་བསྔལ་གསུམ་དང་བྱེ་བྲག་རིགས་དྲུག་སོ་སོའི་སྡུག་བསྔལ་ཆཱེན་པཱོའི་རང་བཞིན་མེ་འོབས་ལྟ་བཱུར་ཤཱེས་པཱ་ཡཱི་སྐྱོ་ནཱས་ངེས་འབྱུང་གི་བསམ་པས་ཀུན་ནས་བསླངས་ཏེ། འཇུག་སྒོ་སོ་ཐར་རིགས་བདུན་གང་རུང་ལ་བརྟེན་ནས། མཛོད་ལས། གང་ལ་བཅོམ་དང་བློ་ཡིས་གཞན། །བསལ་ན་དེ་བློ་མི་འཇུག་པ། །བུམ་ཆུ་བཞིན་དུ་ཀུན་རྫོབ་ཏུ། །ཡོད་དེ་དོན་དམ་ཡོད་གཞན་ནོ། །ཞེས་པ་ལྟར་གྱི་རགས་པ་ཀུན་རྫཱོབ་ཀྱི་བློའི་དམིགས་པས་བདཱེན་བཞཱི་མི་རྟག་སོགས་བཅུ་དྲུག་གི་རྣམ་པ་སྒོམ་པཱའི་ལཱམ་གྱི་བདེན་པ་ལཱ་རཱབ་ཏུ་ཞུགས་ནཱས༔ལྟ་བ་གང་ཟག་གི་བདག་མེད་རྟོགས་པས་སྤྱང་བྱ་འཇིག་ལྟ་བདཱག་འཛཱིན་གྱིས་དྲངས་པའི་ཉོན་མོངས་པ་བདེན་བཞིའི་ལོག་ཞུགས་མཐོང་སྤང་ཁ་ནང་བལྟས་ཀུན་བརྟགས་ཀྱི་ཆ་བརྒྱད་ཅུ་རྩ་བརྒྱད། སྒོམ་སྤང་ཁ་ཕྱིར་བལྟས་ཡུལ་ལ་ལོག་ཞུགས་ལྷན་སྐྱེས་ཀྱི་ཆ་ཉིས་བརྒྱ་ལྔ་བཅུ་རྩ་གཉིས་ཀྱི་འཆཱིང་བཱ་ཐོབ་པ་ཆད་པའི་ཚུལ་གྱིས་གཅཱོད་ཅིང་། སྤྱོད་པ་དགོན་པ་པ་དང་། ཕྱག་དར་ཁྲོད་པ་དང་། བསོད་སྙོམས་པ་དང་། སྟན་གཅིག་པ་དང་། ཅོག་བུ་པ་དང་། ཟས་ཕྱིས་མི་ལེན་པ་དང་། ཆོས་གོས་གསུམ་པ་དང་། ཕྱིང་པ་བ་དང་། གཞི་ཇི་བཞིན་པ་དང་། དུར་ཁྲོད་པ་དང་། ཤིང་དྲུང་བ་དང་། བླ་གབ་མེད་པ་སྟེ་སྦྱངས་པའི་ཡོན་ཏན་བཅུ་གཉིས་ལ་གནས་ནས། འབྲས་བུ་རྒྱུན་ཞུགས་དང་། ལན་གཅིག་ཕྱིར་འོང་། ཕྱིར་མི་འོང་། དགྲ་བཅོམ་པ་དང་བཞི་ལ་ཞུགས

པ་དང་འབྲས་གནས་གཉིས་རེ་སྟེ་བརྒྱད་ཐོབ་པ་ཉན་ཐོས་ཀྱི༔ ཚོམ་བུའི་དཀྱིལ་འཁོར་ལ་སྔ་འགྱུར་ལུང་མདོའི་རྗེས་སུ་འབྲངས་ཏེ་ལྟར་མཛད་དེ། གཙོ་བོ་ཤཱཀྱའི་རྒྱལ་པོ་ལ། ནད་ཀྱི་བསྐལ་པ་ཞི་བྱེད་ཆོས་བརྒྱད་ཀྱི་ལྷ་སྨན་ལྷ། མཚོན་གྱི་བསྐལ་པ་ཞི་བྱེད་ཉའི་ལྷ་སྣང་མཐའ། མུ་གེའི་བསྐལ་པ་ཞི་བྱེད་སྟོང་གི་ལྷ་ཤཱཀ་ཐུབ་སྟེ་དུས་བཟང་གི་ལྷ་གསུམ། དུས་ཆེན་པོའི་ལྷ་མར་མེ་མཛད། ཤཱཀ་ཐུབ། མགོན་པོ་བྱམས་པ་སྟེ་དུས་གསུམ་སངས་རྒྱས་ཀྱིས་བསྐོར་བའི་དཀྱིལ་འཁོར༡། ཡང་ཐུབ་དབང་ལ་འཁོར་རྣམ་བཞིས་བསྐོར་བའི་དཀྱིལ་འཁོར། ༢ ཡང་ཐུབ་དབང་ལ། དགྲ་བཅོམ། ཕྱིར་མི་འོང་། ཕྱིར་འོང་། རྒྱུན་ཞུགས་དང་། ཉན་ཐོས་མཆོག་བརྒྱད་དང་། རང་རྒྱུད་པ་བརྒྱད་ཀྱིས་བསྐོར་བའི་དཀྱིལ་འཁོར༣། ཡང་སྟོན་པ་ལ། ཀུན་དགའ་བོ་སོགས་ཉན་ཐོས་མཆོག་བཅུ་དྲུག་གིས་བསྐོར་བའི་དཀྱིལ་འཁོར༤། ཡང་ཐུབ་དབང་ལ་གནས་བརྟན་བཅུ་དྲུག་གིས་བསྐོར་བའི་དཀྱིལ་འཁོར༥(སྟེ་ལྔའོ། །དཀྱིལ་འཁོར་ལྔ་པོ་དེ་ཡི་ནང་དུ་ཉན་ཐོས་ཀྱི་གང་ཟག་ཐམས་ཅད་ཚང་བས་དེ་དག་གི་ཐུགས་དམ་བསྐང་བའི་དོན་ནོ། །བཤགས་སྨོན་ནི། ཉན་ཐོས་ལ་འདུལ་བའི་སྡེ་སྣོད་གཙོ་བས་བརྗོད་བྱ་ཚུལ་ཁྲིམས་ཀྱི་བསླབ་པ་སྟོན་པའི་སོ་ཐར་འདུལ་བའི་སྡེ་སྣོད་ཆེན་པོ་ཡི༔ འགལ་ཟླ་ཉེས་སྤྱོད་དགེ་བསྙེན་ལ་རྩ་བཞི་ཆང་དང་ལྔ། དགེ་ཚུལ་ལ་སྤང་བཞི་འཁོར་བཅས་རགས་པ་བཅུར་དྲིལ་བའི་ནང་ཚན་དབྱེ་ན་བླང་འདས་སོ་གསུམ། དགེ་སློབ་མར་དགེ་ཚུལ་གྱི་བསླབ་བྱའི་སྟེང་དུ་རྩ་བའི་ཆོས་དྲུག་དང་། རྗེས་མཐུན་གྱི་ཆོས་དྲུག་སྟེ་བཅུ་གཉིས་སྲུང་བ། དགེ་སློང་ལ་སྡོམ་བདུན་འཁོར་བཅས་འདུལ་ཁྲིམས་ཉིས་བརྒྱ་དང་ལྔ་བཅུ་རྩ་གསུམ་སྟེ་བཅས་པའི་ཁ་ན་མ་ཐོ་དང་རང་བཞིན་གྱི་ཉེས་པ་མི་དགེ་བཅུ། མཚམས་མེད་ལྔ། དེ་དང་ཉེ་བ་ལྔ་སོགས་མདོར་ན་དུག་གསུམ་དང་མི་དགེའི་རྩ་བ་རྣམ་གཉིས་ཀྱིས་ཀུན་ནས་བསླང་བའི་སོར་སྡོམ་དང་འགལ་བའི་ཉེས་པ་ཀུན༔ མི་འཆབ་པ་ནི་མི་གསང་བ་དང་མི་སྐྱེད་པ་ནི་མི་བསྐྱུང་བར་སྙིང་ནས་བཤགས་པར་བགྱི་བས། བདག་ལ་སྲིད་པའི་འཆིང་བ་མཐའ་དག་གྲོལ་བ་འཕགས་པ་དགྲ་བཅོམ་པའི་གོ་འཕང་གི་ཡོན་ཏན་ཐོབ་པར་བྱིན་གྱིས་རློབས་ཤིག་ཅེས་སོ། །གཉིས་པ་རང་རྒྱལ་མདོ་སྡེའི་དཀྱིལ་འཁོར་ནི། འཇིག་སྐྲོ་ཉན་ཐོས་དང་མཐུན་པར་ལྷག་པའི་ཚུལ་ཁྲིམས་ཀྱི་བསླབ་པས་རྒྱུད་བསྡམས་ཤིང༔ ལྟ་བ་གང་ཟག་གི

བདག་མེད་རྫོགས་པར་རྟོགས་པའི་སྙིང་དུ་ཕྱུང་སོགས་ཆོས་གཟུང་བ་ཡུལ་དང་འཛིན་པ་རྒྱས་པ་རང་བཞིན་མེད་པར་བདག་མེད་ཕྱེད་དང་གཉིས་རྟོགས་པ་དང༌། སློམ་པ་རྟེན་འབྲེལ་བཅུ་གཉིས་ལུགས་འབྱུང་དང་ལུགས་ལྡོག་གི་རིམ་པ་དང༌། བདེན་བཞིའི་དོན་མཐར་ཕྱིན་པར་བསྒོམས་པས་སྲིད་པའི་སྐྱེ་བ་ལུགས་ལ་སླར་ལྡོག་ཅིང་གཅོད་པ་ཡི་སྒོ་ནས། སྤྱོད་པ་སྦྱངས་ཡོན་བཅུ་གཉིས་དང༌། ཚོགས་ན་སྤྱོད་པ་ནི་ཙོ་ལྷ་བུ་མང་པོ་འཁྲུར་གནས་པ་དང༌། བསེ་རུ་ལྟ་བུ་གཅིག་པུར་གནས་ཤིང༌། འབྲས་བུ་ཐོབ་པའི་དུས་སུ་སློབ་དཔོན་གཞན་ལ་མ་ལྟོས་པར་ལམ་ལྔ་སྐད་ཐོག་གཅིག་ཏུ་བགྲོད་ནས་དགྲ་བཅོམ་གྱི་གོ་འཕང་ཐོབ་པའི་རང་རྒྱལ་དཀྱིལ་འཁོར་ལ་བཞི་སྟེ། གཙོ་བོ་བཅོམ་ལྡན་འདས་ལ་འཁོར་བསེ་རུ་ལྟ་བུའི་རང་རྒྱལ་གྱིས་བསྐོར་བའི་དཀྱིལ་འཁོར༡། ནེ་ཙོ་ལྟ་བུའི་རང་རྒྱལ་གྱིས་བསྐོར་བའི་དཀྱིལ་འཁོར༢། ཚོགས་སྤྱོད་ཆེ་འབྲིང་གི་རང་རྒྱུད་པ་དང་སྤྲུལ་པས་བསྐོར་བའི་དཀྱིལ་འཁོར༣། རྟེན་འབྲེལ་བཅུ་གཉིས་ཀྱི་དཀྱིལ་འཁོར༤་ཏེ་བཞིའོ། །རྒྱལ་དབང་ལྔ་པའི་གསན་ཡིག་ཏུ། རང་རྒྱལ་བཅུ་གཉིས་ཀྱིས་བསྐོར་བའི་དཀྱིལ་འཁོར་གཅིག་ཏེ་ལྔར་གསུངས་ཀྱང༌། འདིར་ཕྱི་མ་གཉིས་གཅིག་ཏུ་མཛད་ནས་རང་རྒྱལ་གྱི་དཀྱིལ་འཁོར་བཞི་ཡི་ཕྱུགས་དམ་བསྒྲང༌༑ ཞེས་སོ། །

བཤགས་སྨོན་ནི། ངེས་འབྱུང་གི་བསམ་པས་ཀུན་ནས་བསླངས་ཏེ་མཆོག་འཛིན་གྱི་མངོན་ཞེན་མེད་པའི་རྣམ་དག་ཚུལ་ཁྲིམས་སྲུང་ཞིང་ཞི་ལྷག་གིས་བསྡུས་ཏིང་ངེ་འཛིན་བྱིང་རྒོད་སོགས་སྒྲིབ་པ་ལྷས་མི་གཡོ་བའི་ཏིང་འཛིན་གྱིས༑ རང་རྒྱལ་ལ་རྟོགས་པའི་ཏིང་འཛིན་གཙོ་བོར་སློམས་ཤིང་མདོ་སྡེའི་ནང་དུའང་དེ་གཙོར་སྟོན་པས་བསླབ་པ་མདོ་སྡེ་འི་བསྡུ་ང་མཚམས་ཉམས་པ་ཀུན༑ ཚོགས་ཞིང་རྟེན་གྱི་དྲུང་དུ་སྟར་བྱས་ཀྱིས་སྡིག་པ་ལ་འགྱོད་པ་སུན་འབྱིན་ཞིང༌། ཕྱིན་ཆད་སྡོམ་སེམས་ལུས་ངག་གི་ཀུན་སྤྱོད་དག་གཙང་ཁྲུད་པར་ཅན་གྱི་སྒོ་ནས་བཤགས་སོ། །དེས་སྡིག་ལྟུང་བྱང་ཞིང་དག་པ་དང༑ ཚོགས་སྤྱོད་དང་བསེ་རུ་ལྟ་བུའི་རང་རྒྱལ་གྱི་ཡོན་ཏན་མ་ལུས་པ་རང་རྒྱུད་ལ་ཐོབ་པའི་དངོས་གྲུབ་སྩོལ་ཅིག་ཅེས་སྨོན་པའོ། །

གསུམ་པ་བྱང་སེམས་མངོན་པའི་དཀྱིལ་འཁོར་ནི། འཇུག་སྒོ་ཀུན་རྫོབ་སེམས་བསྐྱེད་སྔོན་འཇུག་གི་བྱང་སྡོམ་ཡང་དག་པར་བླངས་ནས་སྡོམ་སྟུད་དོན་བྱེད་ཀྱི་ཚུལ་ཁྲིམས་ཀྱིས་རྒྱུད་བསྡམས

ཤིང་། ལྔ་བ་དོན་དམ་སེམས་བསྐྱེད་ཤེས་བྱའི་ཆོ༷ས་ཀུན་རང་བཞིན་གྱིས་ཡེ་ནས་མ་གྲུབ་བཞིན་དུ་སྣང་བ་སྒྱུ་མ༷་ལྟ༷་བུ༷ར་ཤེ༷ས་པ༷་འི༷་ངང་དུ། སྤྱོད་པ་དུས་བསྐལ་པ་གྲངས་མེད་གསུམ་བདུན་སོ་གསུམ་སོགས་སུ་སྟོང་ཉིད་དང་སྙིང་རྗེ༷་ཟུང་དུ་འཇུག་པས་བསྡུ་དངོས་བཞི་དང་། ཕར་ཕྱིན་དྲུག་གི་སྒོ་ནས༷་གཞ༷ན་དོ༷ན་སྒྲུབ་པ་ལ༷་སྙིང་སྟོབས་ཀྱི་གོ་ཆ་ཆེ༷ས་དཔ༷འ་ཞི༷ང༔ ཀུན་རྫོབ་དང་དོན་དམ་པའི་བདེ༷ན་པ་གཉི༷ས་ལ༷མ་དུ་ཕྱི༷ར་བས་ཆོས་ཀུན་ལྷུག་ཏུ་མ་གྱུར་པའི་ཤེས་རབ་ཟབ་མོ་ཞི་ལྷག་གི་ཏིང་ངེ་འཛིན་གྱི་སྒོ་དུ་མ་མངོན་དུ་གྱུར་པས། ཐར་པ་ལ་བར་དུ་གཅོད་པ་ཉོན་སྒྲིབ། མཐོང་སྤང་བརྒྱ་དང་བཅུ་གཉིས། སྒོམ་སྤང་བཞི་བརྒྱ་དང་བཅུ་བཞི། ཐམས་ཅད་མཁྱེན་པ་ལ་བར་དུ་གཅོད་པ་ཤེས་བྱའི་སྒྲིབ་པ་གཉིས་སྣང་གི་རྟོག་པ། ཏིང་ངེ་འཛིན་ལ་བར་དུ་གཅོད་པ་སྙོམ་འཇུག་གི་སྒྲིབ་པ་སྟེ་སྒྲིབ་གསུམ་ཐ་དག་གཉེན་པོ་བཞི་ཡིས་བཅོམ་ནས་འབྲས་བུ་ལམ་ལྔའི་ཡོན་ཏན་བྱང་ཆོས་སོ་བདུན་དང་། བྱེ་བྲག་ས་བཅུའི་ཡོན་ཏན་མཐར་ཕྱིན་ཅིང་བྲལ་སྨིན་གྱི་ཡོན་ཏན་ཟག་མེད་ཀྱི་ཆོས་རྒྱ་མཚོ་ལྔ་བུ་སྲི་ཚན་ཉེར་གཅིག་དང་ལྡན་པ་རྫོགས་པའི་སངས་རྒྱས་ཀྱི་ས་ཀུན་ཏུ་འོད་ཐོབ་པའི་བརྗོད་དོན་ཅན་ཐེག་ཆེན་མ༷ངོ༷ན་པ༷་འི་སྐྱེ༷་སྐྱོ༷ད་ཀྱི༷་རང་བཞིན་བྱང་སེམས་ཀྱི་དཀྱི༷ལ་འཁོ༷ར་ཕྱོ༷གས་ཞེས་མངོན་བརྗོད་ཀྱི༷་སྐད་དུ་བཅུ་ཡི་གྲ༷ངས་ལྡ༷ན་ཏེ། གཙོ་བོ་ཐུབ་པའི་དབང་པོ་ལ། འཁོར་ཡུམ་ཆེན་མོ། ཕྱག་ན་རྡོ་རྗེ། ཤཱ་རིའི་བུ། སྤྱན་རས་གཟིགས་བཞིས་བསྐོར་བའི་དཀྱིལ་འཁོར༡། ཡང་། ཕྱོགས་བཅུའི་སངས་རྒྱས་ཀྱིས་བསྐོར་བའི་དཀྱིལ་འཁོར༢། ཡང་ནང་གི་པད་འདབ་ལ་ལྔ་ལྔ་གོང་ལྟར་དང་། ཕྱིའི་པད་འདབ་བརྒྱད་ལ། གླང་པོ་དམ་པ། རིན་འབྱུང་། པདྨ་དམ་པ། ཏིང་འཛིན་རྒྱལ་པོ། རྡོ་རྗེ་སེམས་མ། རིན་ཆེན་སེམས་མ། ཆོས་ཀྱི་སེམས་མ། ལས་ཀྱི་སེམས་མ་རྣམས་ཀྱིས་བསྐོར་བའི་དཀྱིལ་འཁོར།༣ ཡང་ལིང་ཚེ་དགུའི་དབུས་སུ་ཐུབ་དབང་ལ་རིགས་བཞིའི་སངས་རྒྱས་དང་། འཁོར་ལོ་རྩིབས་བཅུ་ལ་ཕྱོགས་བཅུའི་སངས་རྒྱས་རེ་རེ་ལ་བྱང་སེམས་བཞི་བཞིས་བསྐོར་བ། གྲུ་ཆད་ལ་སྒེག་སོགས་བརྒྱད། ཁྲམས་ལ་སེམས་དཔའ་བཅུ་དྲུག འདོད་སྣམ་ལ་བཀྲ་ཤིས་ལྷ་མོ་བརྒྱད། སྒོ་མ་བཞི་དང་བཅས་པའི་དཀྱིལ་འཁོར་༤སོ། །དཀྱིལ་འཁོར་བཞི་པོ་འདི་ལ་གཙོ་བོ་ཐུབ་པ་དང་ཡུམ་ཆེན་མོ་གོ་འཕོས་པས་བཞི་སྟེགས་བརྒྱད་དུ་འགྱུར་རོ། །དགུ་པ་ཐུབ་དབང་ངོ་བོ་རྡོར་སེམས་སྟོན་པོའི་རྣམ་པ་

ཅན་ལ་དགའ་བའི་སྤྲིན་སོགས་བརྒྱད་ཀྱིས་བསྐོར་བ། བྱང་ཤར་གྱི་རྩིབས་དབུས་སུ་ཐུབ་པ་ལ་ཡུམ་ཆེན་མོ་ལ་སོགས་བརྒྱད། ཤར་ལྷོའི་རྩིབས་དབུས་རྣམ་སྣང་ལ་ཟླ་འོད་དཔལ་སོགས་བརྒྱད། ལྷོའི་རྩིབས་དབུས་རིན་འབྱུང་ལ་གསེར་འོད་འཕྲོ་སོགས་བརྒྱད། ལྷོ་ནུབ་ཀྱི་རྩིབས་དབུས་ཤཱཀྱ་སེང་གེ་ལ་དྲི་མ་མེད་སོགས་བརྒྱད། ནུབ་བྱང་གི་རྩིབས་དབུས་སུ་སྣང་མཐའ་ལ་ངེས་པར་ཞེས་པ་སོགས་བརྒྱད། བྱང་གི་རྩིབས་དབུས་དོན་གྲུབ་ལ་དགེ་བའི་བཤེས་གཉེན་སོགས་བརྒྱད་ཀྱིས་བསྐོར་བ། གྲྭ་བཞིར་སྙིག་སོགས་བརྒྱད། ལྷ་སྣམ་ལ་སེམས་དཔའ་བཅུ་དྲུག །སྒོ་བ་བཞི། འདོད་སྣམ་ལ་ལྷ་མོ་བརྒྱད་དང་བཅས་པའི་དཀྱིལ་འཁོར་༩། བཅུ་པ་ཡུམ་ཆེན་དང་ཐུབ་དབང་ཞལ་སྦྱོར། ཕྱོགས་མཚམས་སུ་གླང་པོ་དམ་པའི་དཔལ་སོགས་བརྒྱད། ཤར་གྱི་པདྨའི་དབུས་སུ་མྱ་ངན་མེད་པ་ལ་ཆོས་ཀྱི་རྒྱལ་མཚན་སོགས་བརྒྱད། ལྷོའི་པདྨའི་དབུས་སུ་རིན་ཆེན་དཔལ་ལ་སྣང་བའི་མཆོག་སོགས་བརྒྱད། ནུབ་ཀྱི་པདྨའི་དབུས་སུ་གདུགས་དམ་པའི་དཔལ་ལ་པདྨའི་རྒྱལ་པོ་སོགས་བརྒྱད། བྱང་གི་པདྨའི་དབུས་སུ་དབང་དུ་གྱུར་པ་ལ་རིན་ཆེན་དབང་ཕྱུག་སོགས་བརྒྱད། བྱང་ཤར་གྱི་པདྨའི་དབུས་སུ་ཤཱཀྱ་སེང་གེ་ལ་ཕྱག་ན་རྡོ་རྗེ་སོགས་བརྒྱད། ཤར་ལྷོའི་པདྨའི་དབུས་སུ་མཆོག་འོད་ལ་ཀུན་ཏུ་བཟང་པོ་སོགས་བརྒྱད། ལྷོ་ནུབ་ཀྱི་པདྨའི་དབུས་སུ་རྣམ་པར་གྲོལ་བའི་དཔལ་མོ་ལ་མཐུ་ཆེན་ཐོབ་སོགས་བརྒྱད། ནུབ་བྱང་གི་པདྨའི་དབུས་སུ་བདུད་རྩི་རྒྱལ་བ་ལ་གཞོན་ནུ་རྒྱན་སོགས་བརྒྱད། སྙིང་གི་པདྨའི་དབུས་སུ་དགའ་བའི་དཔལ་ལ་བཟང་སྐྱོང་སོགས་བརྒྱད། འོག་གི་པདྨའི་དབུས་སུ་པདྨ་དམ་པའི་དཔལ་ལ་ཡེ་ཤེས་ཏོག་སོགས་བརྒྱད། གྲྭ་བཞིར་སྙིག་སོགས་བརྒྱད། ལྷ་སྣམ་ལ་བརྒྱ་བྱིན་སོགས་ཕྱོགས་སྐྱོང་བཅུ། སྒོ་བཞིར་རྒྱལ་ཆེན་བཞི་དང་བཅས་པའི་དཀྱིལ་འཁོར་ཏེ་༡༠བཅུའོ། །དེ་ལྟར་སེམས་ཅམ་ལུགས་ལ་ཡུམ་ཆེན་མོ་གཙོ་བོར་གྱུར་བའི་དཀྱིལ་འཁོར་ལྔ་དང་། དབུ་མ་ལ་ཐུབ་དབང་གཙོར་གྱུར་དཀྱིལ་འཁོར་ལྔ་བཅས་བཅུས་བསྡུས་པའི་བྱང་སེམས་ལྷ་ཚོགས་རྣམས་ཀྱི་ཐུ༷གས་ད༷མ་བསྐང་ཿ

བཤགས་སྦྱོན་ནི། ཆོས་གང་ལ་བདག་མེད་པར་རིགས་པའི་རྣམ་གྲངས་དུ་མ་ལ་བརྟེན་ནས་སོ༷་སོ༷ར་རྟོགས་པ༷འི་ཤེ༷ས་ར༷བ་དང་ཏི༷ང་ངེ༷་འཛི༷ན་མངོན་དུ་གྱུར་པ་ལ། འགལ་ཟླ་རྟ༷ག་ཆ༷ད་བདག

མཚན་མཱུ་བཞཱི་འཱི་ལཱུ་མ་ཌྷཱུ་གཱོ་ལ་བཱ་དཱ་ང༔ ཆོས་ཡང་དག་པར་སྡུད་པའི་མདོ་ལས། སྤྱན་རས་གཟིགས་ཀྱིས་གསོལ་བ། བཅོམ་ལྡན་འདས་སངས་རྒྱས་ཐོབ་པར་འདོད་པས་ཆོས་མང་པོ་ལ་བསླབ་པར་མི་བགྱི་ཡི། ཆོས་གཅིག་ལ་བསླབ་པར་བགྱིའོ། །དེ་གང་ཞེ་ན། སྙིང་རྗེ་ཆེན་པོའོ། །བཅོམ་ལྡན་འདས་འདི་ལྟ་སྟེ། འཁོར་ལོས་སྒྱུར་བའི་རྒྱལ་པོ་དེ་འཁོར་ལོ་རིན་པོ་ཆེ་གང་དུ་མཆིས་པ་དེར་དཔུང་གི་ཚོགས་ཐམས་ཅད་མཆིའོ། །བཅོམ་ལྡན་འདས་དེ་བཞིན་དུ་བྱང་ཆུབ་སེམས་དཔའི་སྙིང་རྗེ་ཆེན་པོ་གང་དུ་མཆིས་པ་དེར་སངས་རྒྱས་ཀྱི་ཆོས་ཐམས་ཅད་མཆིས་ལགས་སོ། །ཞེས་པ་ལྟར། ཆོས་ཐམས་ཅད་ཀྱི་རྩ་བའི་སྙི་ང་རྗེ་འི་མཱུ་ལཱུ་བསྒོམས་པཱ་འཱི་ནྱོ་ངས་པཱ་ཀཱུ་ན༔ ཌཱ་གཱ་ནཱ་ས་བཱ་ཙུ་གཅཱི་ག་པ་ཀཱུ་ན་ཏཱུ་འོད་ཀྱཱི་སཱ་ལཱ་སྐྱོ་ལ༔

གཉིས་པ། དེ་ལྟར་རྒྱུའི་ཐེག་པ་ལས་ཁྱད་པར་དུ་འཕགས་པ་འབྲས་བུ་སྔགས་ཀྱི་ཐེག་པ་བཤད་པ་ལའང་གཉིས་ཏེ། དང་པོ་ཁྱད་པར་གྱི་དབྱེ་བ་བཤད་པ་དང་། གསང་སྔགས་དངོས་བཤད་པ་གཉིས་ལས། དང་པོ་ནི། ཚུལ་གསུམ་སྒྲོན་མེ་ལས། དོན་གཅིག་ན་ཡང་མ་རྨོངས་ཤིང་། །ཐབས་མང་དཀའ་བ་མེད་པ་དང་། །དབང་པོ་རྣོན་པོའི་དབང་བྱས་ནས། །སྔགས་ཀྱི་ཐེག་པ་ཁྱད་པར་འཕགས། །ཞེས་དང་། ནཱ་ལེའི་རྒྱུད་ལས་ཁྱད་པར་བཅོ་ལྔ་དང་། གཞན་ལས་ཁྱད་པར་བདུན་སོགས་མང་དུ་གསུངས་ཀྱང་། ལོ་ཆེན་རྣམ་ཤྲཱིས་མྱུར་བདེ་ཐབས་མཁས་ཀྱི་ཁྱད་པར་གསུམ་དུ་བཞེད་ཅིང་། འདིར་ཀུན་མཁྱེན་རང་གི་བཞེད་པ་ནི། དགོངས་འདུས་རྣམ་བཤད་ལས། མཚན་ཉིད་ཐེག་པས་ནི་ཀུན་རྫོབ་ལམ་དུ་བྱེད་མི་ནུས་ལ། གསང་སྔགས་ཕྱི་པས་ནི་ཀུན་རྫོབ་ལམ་དུ་བྱེད་ནུས་པས་སོ། །ཞེས་དང་། ཡང་། རྒྱུ་མཚན་ཉིད་ཀྱི་ཐེག་པ་དང་། འབྲས་བུ་གསང་སྔགས་ཀྱི་ཐེག་པའི་ཁྱད་པར་གང་གིས་འབྱེད་ཅེ་ན། སེམས་ཉིད་སངས་རྒྱས་ཀྱི་རྒྱུ་རུ་འདོད་ཅིང་དོན་དམ་བསྒྲུབ་བྱར་བྱས་ནས་ཀུན་རྫོབ་སྤང་བྱར་བྱེད་པ་ནི་མཚན་ཉིད་ཀྱི་ཐེག་པ། སེམས་ཉིད་སངས་རྒྱས་ཀྱི་འབྲས་བུར་འདོད་ཅིང་ཀུན་རྫོབ་མི་སྤང་བར་ལམ་དུ་ཁྱེར་བ་ནི་འབྲས་བུ་གསང་སྔགས་ཀྱི་ཐེག་པ་ཞེས་འདོད་དོ། །ཞེས་གསུངས་སོ། །

གཉིས་པ་ཁྱད་པར་དེ་ལྡན་གྱི་གསང་སྔགས་དངོས་བཤད་པ་ལའང་ཕྱི་ནང་གཉིས་ལས།

དང་པོ་ཕྱི་པ༷འི་རྒྱུད་གསུ༷མ་ལ༷ས་བྱ༷་སྤྱོ༷ད་གཉི༷ས་ཐུན་མོང་དུ་བཤད་པ་ལས། དང་པོ་བྱ་རྒྱུད་ནི། འདུག་སྒོ་ཆུ་དང་ཅོད་པཎ་གྱི་དབང་གིས་སྨིན་པར་བྱས་ནས། ལྟ་བ་སེམས་ཉིད་སྟོང་གསལ་ཡེ་ཤེས་སྤྲོས་བྲལ་དུ་རྟོགས་པའི་སྟོབས་ལས་ཀུན་རྫོབ་སྣང་ཆ་ལྷའི་རང་བཞིན་དུ་བསྒོམ་ན་མཐར་ཐུག་དེར་འགྱུར་བར་ལྟ་བའོ། །སྤྱོད་པ་ནི། རིག་པ་རང་ཤར་ཆེན་པོའི་རྒྱུད་ལས། ལྷ་དང་དཀྱིལ་འཁོར་དག་པ་དང་། །རྫས་དང་ལོངས་སྤྱོད་དག་པ་དང་། །སྔགས་དང་ཏིང་འཛིན་དག་པའོ། །ཞེས་པ་ལྟར་ད༷ག་པ༷་གསུ༷མ་ད༷ང་། གཙ༷ང་སྦྲ་གསུ༷མ་ནི་ཁྲུས་གསུམ་བྱ་བ། གོས་གསུམ་བརྗེ་བ། དཀར་གསུམ་མངར་གསུམ་བསྟེན་པ་རྣམས་ལས། ཁྲུས་གསུམ་ནི། སྡོམ་གསུམ་ལ་གནས་པ་ནང་གི་ཁྲུས། ཡན་ལག་བདུན་པས་སྡིག་སྒྲིབ་སྦྱོང་བ་གསང་བའི་ཁྲུས། ཕྱག་རྒྱ་བཅིངས་འགྲོལ་བ་ནི་རྣལ་འབྱོར་གྱི་ཁྲུས་དང་གསུམ་མོ། །གོས་གསུམ་བརྗེ་བ་ནི། ཡོ་ག་རྡོ་རྗེ་རྩེ་མོ་ལས། སྡོམ་པ་གསུམ་ལ་ལེགས་གནས་པ། །གོས་ནི་དང་པོ་བརྗོད་པ་དང་། །གཉིས་པ་ཚིག་བསྒྲུབ་པའོ། །གསུམ་པ་ངོ་ཚ་ཁྲེལ་ཡོད་དེ། །གཙང་མའི་གོས་ནི་གསུམ་པོ་དག ལན་གསུམ་དུ་ནི་བརྗེ་བའོ། །དཀར་གསུམ་མངར་གསུམ་བསྟེན་པ་ནི། དགོངས་འདུས་ལས། ཕྱི་ཡི་དཀར་གསུམ་མར་དང་འོ་མ་ཞོ། །དེ་བཞིན་མངར་གསུམ་སྦྲང་རྩི་ཀ་ར་དང་། །མེ་ཏོག་སྣ་ཚོགས་བུ་རམ་བཅས་པ་འོ། །ཞེས་པ་ལྟར་གསུམ་གསུམ་ལ་སྤྱོད་ཅིང་། སྒོམ་པ་དེ་ཁོ་ན་ཉིད་བཞི་ཡི་སྒོ་ནས། །བདག་ད༷མ་ཚིག་པ་དང་ལྷ་ཡེ༷་ཤེས་པ་ཐ༷་ད༷ད་རྗེ༷་ཁོ༷ལ་གྱི་རྣམ་པ༷་ར་སྒྲུབ་པས་དངོས་གྲུབ་འདོད་པ། ཐུན་མོང་གི་དངོས་གྲུབ་ལ་ཀུན་རྫོབ་མི་སྤོང་། མཆོག་གི་དངོས་གྲུབ་ལ་དོན་དམ་སེམས་ཉིད་ལས་གཞན་མི་སྒྲུབ་ཅིང་། ལྷ་མོ་རྣམས་དང་ཡན་ཚུན་བལྟ་ས་པ༷་ལ༷ས་བྱུང་བའི་བདེ༷་བ༷་ལ༷མ་དུ་བྱེད་པས་འབྲས་བུ་རིགས་གསུམ་རྡོ་རྗེ་འཛིན་པའི་ས་ཐོབ་པར་འདོད་པ་བྱ༷་རྒྱུད་ཀྱི༷་དཀྱི༷ལ་འཁོ༷ར་ལ་དྲུག་སྟེ། རིགས་གསུམ་རེ་རེ་ལ་ཤཱཀྱ་ཐུབ་པ། རྣམ་སྣང་། བདུད་རྩི་འཁྱིལ་པ། རིན་འབྱུང་། དོན་གྲུབ། ཕྱག་རྡོར་དྲུག་གིས་བསྐོར་བའི་དཀྱིལ་འཁོར་གསུམ། རིགས་གསུམ་རེ་རེ་ལ་སྒྲོལ་མ་སོགས་བཞི་བཞིས་བསྐོར་བའི་དཀྱིལ་འཁོར་གསུམ་སྟེ་དྲུག་གོ། །གཞན་ཡང་སྟེང་དུ་རྣམ་སྣང་ལྷ་ལྔ་མ། བར་དུ་འོད་དཔག་མེད་ལྷ་ལྔ། འོག་ཏུ་རྡོར་སེམས་ལྷ་ལྔ་སྟེ་ཀྲི་ཡ་ལྷ་བཅོ་ལྔའི་དཀྱིལ་འཁོར་ཡང་བཤད་དོ། །དེ་ལྟར་བྱ་རྒྱུད་ཀྱི༷་དཀྱིལ་འཁོར་ལྷ༷་ཚོ༷གས་རྣམས་ཀྱི༷་ཐུགས་དམ༷་བསྐང༷་ངོ། །

གཉིས་པ་སྤྱོད་རྒྱུད་ནི། འཇུག་སྒོ་རིག་པའི་དབང་ལྔས་སྨིན་པར་བྱས་ནས། སྤྱོད་པ་ཙ༷ཪྻ༷འི་ཐ༷བས་ཀྱི་ཆ་མཐུན་ཞིང་། ལྟ་བ་ཡོ༷་གཱ༷འི་རྣལ་འབྱོ༷ར་ལྟ༷ཿ ལྟ་སྤྱོད་གོང་འོག་ཟུང་འབྲེལ་ཆ༷་མཉ༷མ་དུ་སྦྱོ༷ར་བ༷ས་མ༷་ནི༷ང་ཐེ༷ག་པ༷་སྟེ༷ཿ སྒོམ་པ་ནི། རང་ཤར་ལས།བྱང་ཆུབ་ལྔ་པོ་འདི་ལྟ་སྟེ། །གདན་གྱི་སྒོ་ནས་བྱང་ཆུབ་དང་། །སྐུ་ཡི་སྒོ་ནས་བྱང་ཆུབ་དང་། །ཕྱག་མཚན་སྒོ་ནས་བྱང་ཆུབ་དང་། །བསྐྱེད་པའི་སྒོ་ནས་བྱང་ཆུབ་དང་། །ཡིག་འབྲུའི་སྒོ་ནས་བྱང་ཆུབ་པོ། །ཞེས་གདན་ཉི་ཟླ། སྐུ་ཡོངས་རྫོགས། ཐུགས་ཕྱག་མཚན། ཡེ་ཤེས་སེམས་དཔའ། གསུང་ཡིག་འབྲུ་དང་ལྔའོ། །དེ་ལྟར་མངོ༷ན་བྱུང་ལྔ༷་ཡི༷་སྒོ་ནས། དཀྱི༷ལ་འཁོ༷ར་རྒྱ༷ལ་མཆོ༷ག་ས་ཆོག་ནས་དབང་བསྐུར་བ་ཡན་ཆོད་ལ་བརྟེན་ནས་གང་ཟག་གཅིག་གི་ལམ་དུ་འདོད་པས་སྒྲུབ་ཅིང་། རང་དང་ལྷ་སྤུན་གྲོགས་ཀྱི་ཚུལ་དུ་བལྟ་བའི་སྒོ་ནས། འབྲས་བུ་རིགས་བཞི་རྡོ་རྗེ་འཛིན་པའི་ས་ཐོབ་པར་འདོད་པ་སྤྱོ༷ད་རྒྱུད་དཀྱི༷ལ་འཁོ༷ར་བློ་ཡི་སྤྱོད་ཡུལ་ལས་འདས་པས་གཏིང་མཐའ་བྲལ་བ་དཔེར་མཚོན་ནས་རྒྱ་མཚོ༷འི་སྦྲ་སྦྱར་ཏེ་ཐུ༷གས་དམ་བསྐྱ༷ངཿ ཞེས་སོ། །འདི་ལ་བླ་མ་སྔ་མ་ཕལ་ཆེ་བས་ཀྲི་ཡ་ཡོ་ག་གཉིས་ལས་དབང་དང་དཀྱིལ་འཁོར་ཟུར་པ་མི་བྱེད་ཀྱང་། ཟུར་ཤཱཀ་འབྱུང་སོགས་ཀྱིས་དབང་པོ་འབྲིང་གི་འབྲིང་ལ་དགོངས་ཏེ་ཕྱག་ལེན་མཛད་པ་ལྟར། ཀྲི་ཡ་གཙོ་ཆེར་བྱས་ན་རིགས་བཞི་ལ་པད་འདབ་བཞི། ཡོ་ག་གཙོ་ཆེར་བྱས་ཚེ་རིགས་ལྔའི་དཀྱིལ་འཁོར་དུའང་བཞེད་དོ། །

༈ སྔོང་བཞགས་མཆན་འགྲེལ་དུ་འཇུད་མཆན། དེ་ལ། ཨུ་པ་ཡ་སྟེ་སྤྱོད་རྒྱུད་འདིར། སྨིན་གྲོལ་ཆོག་ཁྲིགས་མདོ་དབང་རྡོ་རྗེའི་ཐེམ་སྐས་སུ།འོག་མ་བྱ་རྒྱུད་དང་། གོང་མ་ཡོ་ག་རྒྱུད་དང་ཆ་མཐུན་ཞིང་འདུ་བས་དཀྱིལ་འཁོར་ཀྱང་ལོགས་སུ་མ་བསྟན་མོད། ཟུར་ལུགས་རྩ་བ་ལྟར་གཉལ་པ་པ་བདེ་ལེགས་པའི་དབང་ཆོག་རིན་ཆེན་ཕྲེང་བའི་ལུགས་སུ་ལྷག་པོ་འབྱུང་ཞིང་དབང་རྒྱུན་ཀྱང་བཞུགས་ཤིང་རྡོར་བྲག་པད་ཕྲིན་དབང་ཆོག་དཀྱིལ་འཁོར་རྒྱ་མཚོའི་འཇུག་ངོགས་དང་རྩ་འགྲེལ་ལྟར་སྣང་ཞིང་། འདིར་དཀྱིལ་འཁོར་ལ། གཙོ་བོ་རྣམ་སྣང་ལ་རིགས་བཞིས་བསྐོར་བའི་ལྷ་ལྔ་མ༡། རིགས་ལྔའི་སྟེང་དུ་སྒྲིག་སོགས་མཆོད་ལྷ་བརྒྱད་བསྣན་པའི་ལྷ་བཅུ་གསུམ་མ༢། དེའི་སྟེང་དུ་བཀྲ་ཤིས་ཀྱི་ལྷ་མོ་བརྒྱད་བསྣན་པའི་ཉེར་གཅིག་མ༣། དེ་སྟེང་མགོན་པོ་བདུན་ཅུ་རྩ་ལྔ་བསྣན་པའི་ལྷ་གོ་དྲུག་མ་༤སྟེ།

སྤྱིར་བཞི་ཏུ་གསུངས་ཀྱང་། ཕྱག་ལེན་དུ་རྒྱས་པའི་ཁོངས་སུ་སྡོམ་རྣམས་འདུས་པས་འཐུས་པར་མཛད། ཀུན་མཁྱེན་གྱིས་རྩ་བར། ༼དཀྱིལ་འཁོར་རྒྱ་མཚོ།༽ ཞེས་གསུངས་པར་ཟིན་མཆན་སྡོམ་འགར་མང་ཚིག་ཏུ་སྦྱར་ཡང་། ཕྱིས་མཁན་ཆེན་ནུས་ལྡན་རིན་པོ་ཆེར་བཀའ་འདྲི་ཞུས་པས། སྐར་རྩིས་མིང་གྲངས་ལྟར་བཞིར་སྦྱར་ན་འཐད་ཆེ་གསུངས་པས། གོང་ལྟར་དཀྱིལ་འཁོར་བཞིར་འགྲེལ་ཆེ་སྙམ་ལགས།

༄ གཞན་ཡང་། ཞར་བྱུང་འཕྲོས་དོན། སྐོང་བཤགས་རྡོ་རྗེའི་ཐོལ་གླུའི་གཞུང་རྩ་བར། ཐེག་རིམ་དགུའི་བཤགས་སྐོང་ལས། ཡན་ལག་དཀྱིལ་འཁོར་དང་སྦྱར་བ་དངོས་སུ་མ་གསུངས་མོད། ལངྐར་གཤེགས་མདོ་ལས། ལྷ་ཡི་ཐེག་དང་ཚངས་པའི་ཐེག །དེ་བཞིན་དུ་ནི་ཉན་ཐོས་དང་། །དེ་བཞིན་གཤེགས་དང་རང་རྒྱལ་གྱི། །ཐེག་པ་ཐ་དད་པ་བཤད་དོ། །ཞེས་པ་དང་མཐུན་པར། འདུས་མདོའི་དབང་དང་སྒྲུབ་དཀྱིལ་དུ། རྩ་བ་དང་ཡན་ལག་ཐམས་ཅད་ཀྱི་སྔོན་འགྲོ་ངན་སོང་གནས་འདྲེན་དཀྱིལ་འཁོར་ལ། གཙོ་བོ་ཕྱག་རྡོར་ལ་མཆོད་ལྷ་བརྒྱད་དང་སྒོ་བཞི་བཅས་ལྷ་བཅུ་གསུམ་མའི་དཀྱིལ་འཁོར་དང་། ཡན་ལག་དངོས་ཀྱི་དང་པོ་མགོ་རིས་ལྷ་མིའི་ཐེག་པ་ཆ་གསུམ་གྱི་དཀྱིལ་འཁོར་ལའང་དབང་ཆོག་རྣམས་སུ་ལྷ་བཅུ་གཅིག་མ་དང་། ལྷ་ཉེར་ལྔ་མ་སོགས་སོ་སོར་བྱུང་། མདོ་དབང་དང་སྒྲུབ་དཀྱིལ་གཞུང་དུའང་། དཀྱིལ་འཁོར་དང་ལྷ་གྲངས་མང་ཉུང་དུ་མ་ཆོག་ཁྲིགས་སོ་སོར་རྒྱས་བསྡུས་དུ་མར་བྱུང་བ་རྣམས། བརྒྱུད་ལྡན་བླ་མས་རྒྱུད་དང་སྒྲུབ་ཕྲིན་སོ་སོ་ལ་ཁུངས་བཙལ་ནས་མང་ཉུང་ཅི་རིགས་མཛད་པས། སྤྱིར་ཐེག་པའི་རྣམ་དབྱེ་དང་། དཀྱིལ་འཁོར་ཚོམ་བུ་འགོད་ཚུལ། ལྷ་གྲངས་བསྐྱེད་རྫོགས་རྒྱས་བསྡུས་སོགས་གདུལ་བྱའི་བློ་དང་འཚམ་པ་སྟོན་ཕྱིར་རྒྱལ་བའི་ཕྲིན་ལས་ལ་སོམ་ཉི་བྱ་མི་འོས་སོ།། །།

བྱ་སྤྱོད་གཉིས་ཐུན་མོང་གི་བཤགས་སྐོང་ནི། བྱཱ་སྤྱོ་ད་གཉིས་ཀྱི་རྒྱུ་ད་སྡེའི་སྐབས་ནས་གསུངས་པའི་ལྷཱ་སྔགས་ཏིང་ངེ་འཛིན་དང་འགལ་བའི་སོ་སོའི་རྩ་ལྟུང་བཅུ་བཞི་རེར་གསང་བ་སྤྱི་རྒྱུད་དང་རྣམ་སྣང་མངོན་བྱང་ལས་གསུངས་པ་སོགས་ཀྱི་ཕྲ་རགས་དམ་ཚིག་ཉམས་པ་མཐོལ་ལོ་བཤགས་སོ། །ཀྱུར་ལས། མིག་སྨན་དང་ནི་རྐང་མགྱོགས་དང་། །རལ་གྲི་དང་ནི་ས་འོག་གྲུབ། །

རིལ་བུ་དང་ནི་མཁའ་སྤྱོད་ཉིད། །མི་སྣང་བ་དང་བཅུད་ཀྱིས་ལེན། །ཞེས་གསུངས་པ་ལྟར་མཁའ་སྤྱོད་ལ་སོགས་གྲུབ་ཆེན་རྣམ་བརྒྱད་ཀྱི༔ ཐུན་མོང་གི་དངོས་གྲུབ་འཇོད་པ་མེད་པ་ནམ་མཁའ་ལས་ཆར་བབ་པ་ལྟར་དུ་སྒྲོལ་བར་མཛད་ཅེས་བསྒྲལ་ལོ། །གསུམ་པ་ཡོ་ག་རྣལ་འབྱོར་གྱི་རྒྱུད་ནི། འཇུག་སྒོ་རིག་དབང་ལྔ་སློབ་དཔོན་གྱི་དབང་དང་དྲུག་གིས་སྨིན་པར་བྱས་ནས། ལྟ་བ་དོན་དམ་པར་ཆོས་ཐམས་ཅད་མཚན་མ་མེད་པར་རྟོགས་པའི་བྱིན་རླབས་ལས་ཀུན་རྫོབ་རྡོ་རྗེ་དབྱིངས་ཀྱི་ལྟར་ལྟ་བའི་ཚུལ། ཕྱི་ཕུང་པོ་དང་འབྱུང་བ་རྣམ་པར་དག་པ་ནང་ལས་དང་ཉོན་མོངས་རྣམ་དག་གསང་བ་ཡུལ་དང་དབང་པོ་སྟེ་དེ་གསུམ་རྣམ་པར་དག་པའི་བདེན་པ་ཡི་ས༔ ཡི་དམ་ལྷ་དང་རྣལ་འབྱོར་པ་གཉིས་རིགས་གཅིག་གིས་བསྡུས་པ་སྤྱན་གྲོགས་ལྟར་གཉིས་མེད་ཆེན་པོར་བཟང་ངན་མེད་པར་རྟོགས་པས་དངོས་གྲུབ་རང་ལས་བྱུང་བ་དང་། སྐུ་ལུས་ལྷ་སྐུར་གསལ་བར་ནུས་པས་འོག་མ་ལས་ཁྱད་པར་འཕགས།སྒོམ་པ་མངོན་བྱང་ལྔ་དང་ཆོ་འཕྲུལ་བཞི་ཡི་སྒོ་ནས་ལྷ་ཡི་རྣལ་འབྱོར་གསལ་བཀོད་བརླབས་དབང་བསྐུར་ཕྱག་མཆོད་བསྟོད་པ་བྱས་ནས་བདག་མདུན་དབྱེར་མེད་ཆུ་ལ་ཆུ་བཞག་གི་ཚུལ་དུ་བསྒོམས་ནས། ཐུགས་དམ་ཚིག་གི་ཕྱག་རྒྱ། གསུང་ཆོས་ཀྱི་ཕྱག་རྒྱ། སྐུ་ཕྱག་རྒྱ་ཆེན་པོ། ཕྲིན་ལས་ཀྱི་ཕྱག་རྒྱ་སྟེ་ཕྱག་རྒྱ་བཞིས་རྒྱས་བཏབ་པ་དང་བདེན་པ་དབྱེར་མེད་ཟབ་གསལ་གཉིས་སུ་མེད་པའི་ཏིང་ངེ་འཛིན་བརྟེན་ཤིང་། སྤྱོད་པ་ཁྲུས་དང་གཙང་སྦྲ་སོགས་གྲོགས་ཙམ་དུ་བསྟེན་ནས། འབྲས་བུ་རིགས་ལྔ་སྟུག་པོ་བཀོད་པར་འཚང་རྒྱ་བར་འདོད་པའོ། །དེའི་དཀྱིལ་འཁོར་ནི། ཡོ་ག་རྡོ་རྗེ་དབྱིངས་ཀྱི་དཀྱིལ་འཁོར་ལིང་ཚེ་དགུ་ལྡན་སྟེ། དབུས་ཀྱི་ལིང་ཚེ་ལ་གཙོ་བོ་ཀུན་རིག་རྣམ་སྣང་། ཤར་གྱི་ལིང་ཚེར་དོན་སོང་སྦྱོང་རྒྱལ་དང་རིགས་ཆུང་གི་སེམས་དཔའ་བཞི།དེ་བཞིན་དུ་ལྷོར་རྒྱལ་མཆོག་རིན་ཆེན་གཙོ་འཁོར་ལྔ། ནུབ་ཤཱཀྱའི་རིགས་དབང་གཙོ་འཁོར་ལྔ། བྱང་དུ་མི་ཏོག་ཆེར་རྒྱས་གཙོ་འཁོར་ལྔ། ཤར་ལྷོར་སྤྱན་མ་དང་སྒེག་མོ་བདུག་སྤོས་མ་གསུམ། ལྷོ་ནུབ་ཏུ་མ་ཀི་དང་ཕྲེང་བ་མེ་ཏོག་མ་གསུམ། ནུབ་བྱང་དུ་གོས་དཀར་དང་གླུ་མ་མར་མེ་མ་གསུམ། བྱང་ཤར་དུ་སྒྲོལ་མ་དང་གར་མ་དྲི་ཆབ་མ་གསུམ་མོ། །དེ་ལྟར་ཡོ་ག་འི་ལྷ་ཚོགས་རྣམས་ཀྱི་ཐུགས་དམ་བསྐང་ངོ༌། །བཤགས་སྒྲོན་ནི། རྒྱུད་འདིར་བདག་མདུན་གཉིས་ཀ་ལྟར་བསྐྱེད་ནས་ཡེ་ཤེས་པ

དགུག་བསྐྱིམ་གྱིས་ལྷ་ལ་ང་རྒྱལ་བཟུང་ཞིང་དངོས་གྲུབ་རང་ལས་འབྱུང་བར་ཤེས་པས་བདག་ལྷ་བཟང་ངན་མེད་པར་སྤུན་གྲོགས་སུ་ལྟ་བ་ཡོ་ག་ཐུན་མོང་བ་དང་། གཉིས་མེད་དུ་བལྟ་བ་ཡོ་ག་ཁྱད་པར་བ་ཡིན་པས་བདག་དང་ལྷ་ལ་བཟང་ངན་བལྟས་པའི་ནོངས་པ་དང་༔ ལས་ཐོར་བུ་བ་ནི་ཚོ་གའི་ཡན་ལག་གང་ཡང་རུང་བ་ལ་བརྟེན་ནས་བྱང་ཆུབ་འདོད་པ་དང་། ལས་རྒྱལ་མཆོག་ནི་དཀྱིལ་འཁོར་སྒྲུབ་པའི་ཡན་ལག་བསྙེན་སྒྲུབ་མཆོད་པ་སྦྱིན་སྲེག་ཆག་པ་དང་༔ དཀྱིལ་འཁོར་རྒྱལ་མཆོག་ས་ཆོག་ནས་དབང་བསྐུར་བ་བསྡུ་ཆོག་ཡན་གང་ཟག་གཅིག་གི་ལམ་དུ་བཞག་པ་དཀྱིལ་འཁོར་སྒྲུབ་པའི་ཡན་ལག་ཉམས་པ་ཀུན་དང་། དེ་ཉིད་སྣང་ཆེན་ལས་གསུངས་པ་ལྟར་ཡོ་གའི་རྩ་ལྟུང་བཅུ་བཞི་སོགས། བཟོད་པར་བཞེས་ནས་མཆོག་གི་དངོས་གྲུབ་སྩོལ༔ ཅེས་བསྐུལ་ལོ། །

གཉིས་པ་གསང་སྔགས་ནང་པ་བཤད་པ་ལ། ཕྱི་ནང་གི་འབྱེད་ཆོས་སྤྱིར་བཤད་པ་དང་། བྱེ་བྲག་དངོས་བཤད་པ་གཉིས་ལས། དང་པོ་ནི། སློབ་དཔོན་སངས་རྒྱས་གསང་བས། ཐབས་ཀྱི་ཐེག་པ་ཆེན་པོ་ནི། །རྣམ་པར་བྱང་དང་སྡུག་བསྔལ་དང་། །ཀུན་རྫོབ་ཏུ་ཡང་དབྱེར་མེད་དེ། །ལྟ་བ་མཐོ་དམན་དེ་ཙམ་མོ། །ཞེས་གསུངས་པ་ལྟར། ཐེག་པ་འོག་མ་རྣམས་ཀུན་རྫོབ་རྫས་ཡོད་དང་བཏགས་ཡོད་དུ་བཟུང་ནས་བཟང་ངན་བླང་དོར་དུ་ལྟ་བ་ལས་འཕགས་ཏེ། བླ་མེད་འདིར་ཆོས་རྣམས་ལ་མི་གཉིས་པའི་བསམ་སྦྱོར་དང་ལྡན་པས་འབྲས་བུའི་ངོ་བོ་སྣང་སྟོང་ཟུང་འཇུག་གི་ཆོས་སྐུ་རྟོགས་པར་བྱས་ནས། དེ་དང་རྗེས་མཐུན་ཏིང་ངེ་འཛིན་གྱིས་གོམས་པར་བྱེད་པའི་ཕྱིར་རོ། །དགོངས་འདུས་རྣམ་བཤད་ལས། ལྟ་སྤྱོད་ཏིང་འཛིན་གསུམ་དབྱེར་མེད་དུ་འདོད་པ་སྔགས་ནང་པ། མི་འདོད་པ་ཕྱི་པའོ། །ཞེས་དང་། ཡང་། འདི་ནི་ཤ་ལྔ་བདུད་རྩི་ལྔ་དང་རིག་མ་བསྟེན་པ་སོགས་སྤང་བླང་དང་གཙང་དམེ་མེད་པས་ཁྱད་པར་འཕགས་སོ། །ཞེས་གསུངས་སོ། །

གཉིས་པ་དངོས་བཤད་པ་བླ་མེད་གསང་སྔགས་ནང་པའི་རྒྱུད་གསུམ་ལས། དང་པོ་ཆོས་ཐམས་ཅད་ཀྱི་གཞི་རྒྱུད་བསྐྱེད་པ་མ་ཧཱ་ཡོ་ག་ནི། འདུག་སྒོ་ཕྱི་ནང་གསང་བའི་དབང་མཆོག་བཅོ་བརྒྱད་ཀྱིས་རྒྱུད་སྨིན་པར་བྱས་ནས། ལྟ་བ།ཆོས་ཉིད་ལྟ་བ། འབྲས་ཆོས་ལྔ་དང་དབྱིངས་ཡེ་གཉིས་ཏེ་དོན་དམ་དཀར་བདུན་ངོ་བོ་ཉིད་མེད་པའི་ངང་ལས། ཆོས་ཅན་ལྟ་བ། རྩལ་སྣང་གདན་གསུམ

ལྷའི་དཀྱིལ་འཁོར་ལྷུན་གྱིས་གྲུབ་ཅིང་། རང་རིག་ལྟ་བ། དེ་གཉིས་རང་བཞིན་དབྱེར་མེད་ལྷག་པའི་བདེན་པ་ཆོས་སྐུ་ཆེན་པོ་སྟེ། འདིར་རླུང་དང་བསྐྱེད་པ་གཙོ་བས་སྣང་སྲིད་གཞིར་བཞེངས་ཀྱི་དཀྱིལ་འཁོར་བདེ༷་སྟོ༷ང་དབྱེར་མེད་པའི་ཀློང་ཆེན་ཡ༷ངས་པའི་ངང་ནས། སྒོམ་པ་བསྐྱེད་རིམ་ལ་སྦྱིར་སྐྱེ་གནས་བཞིའི་བག་ཆགས་སྦྱོང་བྱེད། རྒྱས་པ་བདག་སྲས་གཞན་སྲས། འབྲིང་མཐོན་བྱང་ལྔ། བསྡུས་པ་རྡོ་རྗེའི་ཆོ་ག་གསུམ་བསྐྱེད། ཤིན་ཏུ་བསྡུས་པ་ཐོལ་བསྐྱེད་དང་བཞིར་གསུངས་ཀྱང་། འདིར་སྐྱེ་གནས་སྤྲ་མ་གཉིས་སྦྱོང་བྱེད་གཙོ་བོར་སྟོན་པས། དེ་ཏིང་། ཀུན་ཏིང་། རྒྱུ་ཏིང་སྟེ་ཏི༷ང་འཛི༷ན་གསུ༷མ་གྱི༷་སྐ༷བས་ནས་ཕྱུང་ཏེ། བསྐྱེད་རི༷མ་གསལ་བརྟན་གྱི་ཚད་བརྒྱད་དུ་གསུངས་པ་ལྟར། སྣོ༷ད་གཞལ་ཡས་ཁང་དང་། བཅུད་ལྷའི་རྣམ་པ་དག༷་པ༷་རབ༷་འབྱ༷མས་སུ༷ ༔ ཡོ༷ངས་སུ་ཤ༷ར་བའི་སྣང་ཆ་སྒྱུ་འཕྲུལ་ཞི༷་ཁྲོ༷་དང་། བཀ༷འ་བརྒྱ༷ད་སོ༷གས༔ ཚོ༷མ་བུ༷འི་དཀྱི༷ལ་འཁོ༷ར་བཅུ་གཉི༷ས་སུ་གསུངས་པ་ལ། ཀུན་མཁྱེན་ལྔ་པའི་གསན་ཡིག་ཏུ་འདི་ལྟར་གསུངས་ཏེ། སྤྱིར་མ་ཧཱ་ཡོ་ག་ལ་རྩ་བའི་དཀྱིལ་འཁོར་བདུན། ཨ་ནུ་ལ་བདུན་གསུངས་པའི་མ་ཧཱ་ལ་ཕྱི་དབང་གཙོ་ཆེ། ཨ་ནུ་ལ་སྒྲུབ་དབང་གཙོ་ཆེ་ཡང་། ཟུར་ཤཱཀ་འབྱུང་སོགས་ཨ་ནུའི་ཁོག་ནས་མ་ཧཱ་ཞོར་ལ་ཐོན་ཡོང་བར་དགོངས་ནས་ལྷ་ངོ་བོ་གཅིག་པའི་དབང་དུ་བྱས་པས་ཚོགས་ཆེན་འདུས་པའི་དཀྱིལ་འཁོར་སྒོ་སྒྲག་བཅུ་གཅིག་ཡོད་པའི་དཀྱིལ་འཁོར་དང་པོ་ཁྲག་འཐུང་ང་བརྒྱད། གཉིས་པར་སྦྱོར་མ་བརྒྱད་དང་གསང་ཡུམ་བཞི། གསུམ་པར་དབང་མོ་ཉེར་བརྒྱད། བཞི་པར་མཁའ་འགྲོ་སུམ་ཅུ་རྩ་གཉིས། ལྔ་པར་མ་བདུན་སྲིང་བཞི། དྲུག་པར་གིང་ཆེན་བཅོ་བརྒྱད། བདུན་པར་ཁྲོ་བོ་ཁྲོ་མོ་དྲུག་ཅུ། བརྒྱད་པར་ཕོ་ཉ་ཉིས་བརྒྱ་བཞི་བཅུ། དགུ་པར་མ་མོ་དྲུག་ཅུ། བཅུ་པར་བཀའ་བརྒྱད་ཐེག་དགུའི་ལྷ་ཚོགས། བཅུ་གཅིག་པ་རིག་འཛིན་རྩལ་འཆང་རྒྱ་བོད་ཀྱི་བླ་མ་རྣམས། སྙིང་ཁང་ཞི་བ་རྡོ་རྗེ་དབྱིངས་ཏེ་བཅུ་གཉིས་སོ། །ཡང་། ཟུར་དུ་སྒྲུབ་བཀའི་དཀྱིལ་འཁོར་ལྔ་ཞེས་འགྲོད་ཚངས་རྒྱལ་པོའི་དཀྱིལ་འཁོར་ལྔ་ལ། དབང་དོན་རྒྱས་པའི་ལུགས། ཀུན་འདུས་རིག་པའི་ལུགས། དགོངས་པ་འདུས་པའི་ལུགས། ཧེ་རུ་ཀ་འདུས་པའི་ལུགས། ཁྲོ་བོ་རྐྱང་པའི་དཀྱིལ་འཁོར་དང་ལྔར་མཛད་པའང་ཡོད་དོ། །ཞེས་པ་ལྟར་འབྱུང་མོད། བདག་གི་སྐྱབས་མཆོག་འཁོར་ལོའི་མགོན་པོའི་ཞལ་རྒྱུན་དང་མཐུན་པར་གཞུང་ཚིག་དངོས་བསྟན་ལྟར་ན།

སྒྱུ་འཕྲུལ་ཞི་ཁྲོའི་དཀྱིལ་འཁོར་གཉིས། འཇམ་དཔལ་སྐུ་ནས་ཕུར་པ་ཕྲིན་ལས་ཡན་འཇིག་རྟེན་ལས་འདས་པའི་དཀྱིལ་འཁོར་ལྔ། མ་མོ། མཆོད་བསྟོད། དྲག་སྔགས་ཏེ། འཇིག་རྟེན་པའི་དཀྱིལ་འཁོར་གསུམ་སྟེ་སྒྲུབ་སྡེ་བརྒྱད་དང་། འདས་མ་འདས་ཀྱི་སོ་མཚམས་སུ་རིག་འཛིན་སློབ་དཔོན་གྱི་དཀྱིལ་འཁོར་སྟོན་པས་ཆོམ་བུ་དགུ། བཀའ་སྡོད་སྲུང་མའི་དཀྱིལ་འཁོར་དང་བཅུ་གཉིས་སུ་གསུངས་པ་མ་ཧཱ་རང་རྐང་བའི་སྐབས་དོན་དངོས་ཡིན་པར་སེམས་སོ། །དེ་ལྟ་བུའི་དཀྱིལ་འཁོར་ལྷ་ཚོགས་རྣམས་ཀྱི་ཐུགས་དམ་བསྐང་ངོ༔

བཤགས་སྐོན་ནི། རྒྱ་རྒྱུད་རང་གཞུང་ནས་གསུངས་པའི་དབང་བཞི་ལ་ལྟོས་པའི་དམ་ཚིག་རྩ་བ་ལྔ། ཡན་ལག་བཅུར་གསུངས། གཞན་ཡང་། བླ་མེད་སྤྱི་ཡི་དམ་ཚིག་དུས་འཁོར་ལས་གསུངས་པ་བརྟུལ་ཞུགས་ཉེར་ལྔ་དང་། རིགས་ལྔའི་དམ་ཚིག་སྤྱི་དང་ཁྱད་པར་བ། རྩ་བའི་ལྟུང་བ་བཅུ་བཞི། ཡན་ལག་སྦོམ་པོ་བརྒྱད་དང་། ཁྱད་པར་གྱི་དམ་ཚིག་རྩ་བ་བླ་མའི་སྐུ་གསུང་ཐུགས་དང་འགལ་བའི་སྒོ་གསུམ་གྱི་དམ་ཚིག་ཉེར་བདུན། ཡན་ལག་གི་དམ་ཚིག་ལྔ་ཚན་ལྔ་ལས། ཕུང་ལྔ་ཡབ་ལྔ། འབྱུང་ལྔ་ཡུམ་ལྔ། དབང་པོ་ལྔ་དང་དབང་ཤེས་ལྔ་སེམས་དཔའ་ལྔ། ཡུལ་ལྔ་སེམས་མ་ལྔ། ཁ་དོག་ལྔ་རིགས་ལྔ་ཡེ་ཤེས་ལྔ་སོགས་རྟོག་ཚོགས་ཐམས་ཅད་སྐུ་དང་ཡེ་ཤེས་ཀྱི་དཀྱིལ་འཁོར་དུ་གསལ་བ་སྟེ་ཤེས་བྱ་ལྔ་དང་། དུག་ལྔ་ཉན་ཐོས་ལྟར་དགྲར་མི་ལྟ་བར་ཡེ་ཤེས་ལྔའི་ངོ་བོར་ལམ་དུ་བྱེད་པ་སྟེ་མི་སྤང་ལྔ། དྲི་ཆེན་དྲི་ཆུ་རཀྟ་བྱང་སེམས་ཤ་ཆེན་ཏེ་དང་དུ་བླང་བའི་དམ་ཚིག་ལྔ། ཤེས་བྱ་ལྔ་པོ་དེ་དངོས་སུ་བསྒྲུབས་པས་བསྒྲུབ་བྱ་ལྔ་དང་། གཞན་དོན་དུ་ཐབས་ལ་མཁས་པས། སྦྱོར་བ། སྒྲོལ་བ། མ་བྱིན་ལེན། རྫུན། ངག་འཁྱལ་ལྔ་སྤྱད་བྱའི་དམ་ཚིག་སྟེ་ཉི་ཤུ་རྩ་ལྔ་དང་། ལྷག་པའི་དམ་ཚིག་ཉི་ཤུ་དང་། ལྟ་བ་ཟབ་མོ། སྤྱོད་པ་རླབས་པོ། ཡི་དམ་གྱི་ལྷ། གྲུབ་པའི་རྟགས་ཏེ་སྤྱི་གསང་བཞི། སྒྲུབ་པའི་གནས། དུས། གྲོགས། རྫས་ཏེ་བར་གསང་བཞི། བླ་མའི་ཕྱོགས་ཀྱི་གསང་འོས་དང་། གཉེར་གཏད་པ་གཉིས་ཏེ་གསང་བཅུ་ལ་སོགས་མདོར་ན་སྔགས་ཀྱི་དམ་ཚིག་ས་མ་ཡ་འབུམ་སྡེའི་ཉམས་ཆག་སྡིག་སྒྲིབ་ཀུན་བཤགས་སོ། །སྤྱོད་པ། སྤྲོས་བཅས། སྤྲོས་མེད། ཤིན་ཏུ་སྤྲོས་མེད་གསུམ་གྱི་ཉེ་རྒྱུ་ལ་བརྟེན་ནས། འབྲས་བུ་ནི་ལམ་ལྔ་དང་འབྲེལ་བའི་རྣམ་སྨིན། ཚེ་དབང་། རྒྱ་ཆེན། ལྷུན་གྲུབ་

བཞི་སྟེ། རི༵ག་འཛི༵ན་རྣ༵མ་བཞི༵འི་ལམ་མཐར་ཕྱིན་ནས་ཟུང་འཇུག་རྡོ་རྗེ་འཆང་གི་སྐུ༵་ལུ༵་སྒྲོལ་ཅིག་ཅེས་པའོ། །གཉིས་པ་ཆོས་ཐམས་ཅད་ཀྱི་ལམ་ལྟ་བུ་ལུ༵ང་ཨ༵་ནུ༵་ཡོ༵་ག༵་ནི། འཇུག་སྒོ་ཕྱི་ནང་སྒྲུབ་གསང་དབང་གི་ཆུ་བོ་སྟེ་དབང་མཆོག་སུམ་ཅུ་རྩ་དྲུག་གིས་སྨིན་པར་བྱས་ནས། ལྟ་བ། དབྱིངས་སྐྱེ་མེད་སྤྲོས་བྲལ་ཀུན་ཏུ་བཟང་མོ་ཡེ་ཇི་བཞིན་པའི་དཀྱིལ་འཁོར། རང་བྱུང་གི་ཡེ་ཤེས་རང་བཞིན་ལྷུན་གྲུབ་ཀུན་ཏུ་བཟང་པོའི་དཀྱིལ་འཁོར། ངོ་བོ་དབྱེར་མེད་སྲས་བདེ་ཆེན་རྩ་བ་བྱང་ཆུབ་སེམས་ཀྱི་དཀྱིལ་འཁོར་ཏེ་འདི་ལ་ཁམས་དང་རྫོགས་རིམ་ཤེས་རབ་གཙོ་བས་ནང་སྒྱུ་མའི་བཀོ༵ད་པ༵་ལུ༵ས་ཀྱི༵་དཀྱིལ་འཁོར་གྱི་གཞ༵ལ་མེ༵ད་ཁ༵ང་ཆེ༵ན་ན༵ང༔ རྩ༵་གསུ༵མ་གཡས་རོ་མ་དཀར་པོ། གཡོན་རྐྱང་མ་དམར་མོ། དབུས་དབུ་མ་སྔོ་སྐྱ་ཀ་བའི་ཚུལ་དུ་གནས་སོ། །དེ་ལས་གྱེས་པའི་འཁོ༵ར་ལོ༵་ལྔ༵་སྤྱི་བོ་བདེ་ཆེན་གྱི་འཁོར་ལོ་རྩ་འདབ་སུམ་ཅུ་སོ་གཉིས་སམ་སུམ་བརྒྱ་དྲུག་ཅུ། མགྲིན་པ་ལོངས་སྤྱོད་ཀྱི་འཁོར་ལོ༡༦། སྙིང་ག་ཆོས་ཀྱི་འཁོར་ལོ༨། ལྟེ་བ་སྤྲུལ་པའི་འཁོར་ལོ༦༤། གསང་གནས་བདེ་སྐྱོང་གི་འཁོར་ལོ་ཉེར་བརྒྱད་དམ་བདུན་ཅུ་དོན་གཉིས་གདུགས་ཀྱི་རྩིབས་མ་བརྒྱངས་པ་ལྟར་ཡོད་པས། མདོར་ན་གནས་པ་རྩ། གཡོ་བ་རླུང་། བཀོད་པ་བྱང་ཆུབ་ཀྱི་སེམས་གསུམ་དུ་གནས་པ་ཡི༵་རྡོ་རྗེ་ཕུང་པོའི་གྲོང་ཁྱེར་ཏེ། དེའང་སྙིང་ཁ་ཆོས་ཀྱི་ཕོ་བྲང་རང་བྱུང་ཡེ་ཤེས་ཀྱི་ཐིག་ལེ་བརྟེན་པ་དོན་དམ་འོད་གསལ་བའི་ངོ་བོར་བཞུགས་པ་མངོན་དུ་གྱུར་པའི་ཐབས་སྟེང་འོག་གི་སྒོ་གཉིས་ལ་བརྟེན་ནས་ཞུ་བདེ་ལས་བྱུང་སྣང་བ་འོད་ཀྱི་ཐིག་ལེ་སོགས་འཇ༵འ་ཟེ༵ར་དུ་འཆར་བའི་སྐ༵བས་སམ་དབྱིངས་ན། སྟོང་པའི་འོད་གསལ་སེམས་ཉིད་སྤྲོས་བྲལ་གྱི་རང་བཞིན་མངོན་དུ་འཆར་རོ། །སྒོམ་པ། དབྱི༵ངས་ད༵ང་ཡེ༵་ཤེ༵ས་འདུ་འབྲལ་མེད་པ་སྤྲོས་པ་ཀུན་བྲལ་སངས་རྒྱས་ཀྱི་དགོངས་པ་ལ་མཉ༵མ་པར་སྦྱོ༵ར་བས་རྫོ༵གས་པ༵འི་རང་རྩ༵ལ་དུ་ཤར་བ་ཨ༵་ནུ༵་ཡོ༵་ག༵འི་དཀྱི༵ལ་འཁོ༵ར་ནི། འཁྲུལ་རྟོག་ཐམས་ཅད་དབྱིངས་ནས་སངས་རྒྱས་པའི་གཙོ་བོ་ནི་དཀྱིལ་དང་། རང་རིག་པའི་རྩལ་མ་འགགས་པ་ནི་འཁོར་ཀྱི་རྣམ་པ་སྟེ། དེ་ལྟར་ཤར་བའི་ལྷ་ཚོགས་རྣམས་ཀྱི་ཐུགས་ད༵མ་བསྐ༵ང༔ བཤགས་སྨོན་ནི། གྲུབ་མཐའ་འོག་མ་གཞན་དང་མི་འདྲ་བའི་རྟོག་ཚོགས་ངོས་འཛིན་ཚུལ་ཀུན་མཁྱེན་ཡབ་སྲས་ཀྱི་གསུང་རབ་ལས་བྱུང་བ་དང་མཐུན་པར། ཀུན་ཏུ་བཟང་པོ་ཡེ་ཤེས་ཀློང་རྒྱུད་ལས། ཀུན་གཞིའི་ཁམས་ནི་ཅི

ཡང་མི་སེམས་པ་སྒོ་ང་ལྟ་བུའོ༔ རྒྱལ་སྣང་དུ་མའི་འཆར་གཞིར་ལངས་པ་ནི་ཀུན་གཞིའི་རྣམ་པར་ཤེས་པ་ཉིད་དོ༔ དེ་ལས་དགེ་མི་དགེ་ཆགས་སྡངས་བར་མ་གསུམ་གྱིས་ཉེ་བར་ལེན་པའི་རླུང་གཡོས་པ་ནི་སེམས་ཀྱི་མཚན་ཉིད་དོ༔ འདི་ལྟར་དབང་པོ་དྲུག་གི་ཡུལ་ལས་སད་པའི་ལས་གཟུང་འཛིན་གྱི་ཡིད་གཡོས༔ ཉོན་མོངས་པའི་ཡིད་ང་ཡིར་འཛིན་པ་དང་འགྲོགས་ནས་རྒྱ་བའི་ཉོན་མོངས་པ་ལྔ༔ ཉེ་བའི་ཉོན་མོངས་ཉི་ཤུ༔ སེམས་བྱུང་ལྔ་བཅུ༔ རྟོག་ཚོགས་བརྒྱད་ཁྲི་བཞི་སྟོང་ལྡང་འདུག་གི་ཚུལ་དུ་བྲིད་དེ་ཁམས་གསུམ་གྱི་རྟེན་ཅིང་འབྲེལ་བར་འབྱུང་བ་མ་ལུས་ཤིང་ལུས་པ་མེད་པ་ཐམས་ཅད་རྫོགས་པར་བྱའོ༔ ཞེས་གསུངས་པ་ལྟར། རྣམ་ཤེས་ཚོགས་བརྒྱད་དང་། ཁྲོ་བ། འཁོན་འཛིན། འཆབ་པ། འཚིག་པ། ཕྲག་དོག སེར་སྣ། སྒྱུ། གཡོ། རྒྱགས་པ། རྣམ་འཚེ། ངོ་ཚ་མེད་པ། ཁྲེལ་མེད། རྨུགས་པ། རྒོད་པ། མ་དད་པ། ལེ་ལོ། བག་མེད། བརྗེད་ངས། རྣམ་གཡེང་སྟེ། ཉེ་བའི་ཉོན་མོངས་པ་ཉི་ཤུ་དང་༔ སེམས་བྱུང་ལྔ་བཅུ་རྩ་གཅིག་ནི། སྔ་མ་ཉེ་ཉོན་ཉི་ཤུའི་སྟེང་དུ། ཇི་སྐད་དུ། ཚོར་འདུ་སེམས་པ་རེག་ཡིད་བྱེད། །འདི་དག་ཀུན་འགྲོ་ལྔ་ཡིན་ནོ། །ཞེས་དང་། འདུན་མོས་དྲན་ཏིང་ཤེས་རབ་སྟེ། །འདི་དག་ཡུལ་ངེས་ལྔ་ཡིན་ནོ། །ཞེས་བཅུ་དང་། དད་པ། ངོ་ཚ་ཤེས་པ། ཁྲེལ་ཡོད། མ་ཆགས། མི་སྡང་། གཏི་མུག་མེད་པ།བརྩོན་འགྲུས། ཤིན་སྦྱངས། བག་ཡོད། བཏང་སྙོམས། རྣམ་པར་མི་འཚེ་བ་སྟེ་དགེ་བ་བཅུ་གཅིག འདོད་ཆགས། ཁོང་ཁྲོ། ང་རྒྱལ། མ་རིག་པ། ལྟ་བ། ཐེ་ཚོམ་སྟེ་རྩ་ཉོན་དྲུག གཉིད་འགྱོད་རྟོག་དཔྱོད་དེ་གཞན་འགྱུར་བཞི་བཅས་སོ། །འདོད་ཆགས། ཞེ་སྡང་། གཏི་མུག །དུག་གསུམ་ཆ་མཉམ་གྱི་ཀུན་རྟོག་ཉི་ཁྲི་ཆིག་སྟོང་རེ་སྟེ་བསྡོམས་པས་བརྒྱད་ཁྲི་བཞི་སྟོང་གི་གཉེན་པོར། སྤྱོད་པ་སྣང་སེམས་ཐམས་ཅད་བདེ་ཆེན་ཡེ་ཤེས་ཀྱི་རོལ་པར་ཤེས་པའི་སྒོ་ནས་བླང་དོར་མེད་པ་ཉེ་རྒྱུའི་སྤྱོད་པ་ལ་བརྟེན་ནས་རྟོག་ཚོགས་དག་ཅིང་བྱང་ནས། འབྲས་བུ་སྙིང་པོ་དྭན་པ་ཙམ་གྱིས་ལྷ་སྐུའི་ཞལ་ཕྱག་རྫོགས་པ་ཕྱག་རྒྱའི་སྐུ་སྟེ་སྦྱོར་ལམ་དུ་སྒྱུ་ལུས་རླུང་སེམས་ཀྱི་ལྷ་སྐུ༔ མཐོང་ལམ་དུ་འོད་གསལ་གྱི་ལྷ་སྐུ། སྒོམ་ལམ་དུ་སློབ་པའི་ཟུང་འཇུག་གི་ལྷ་སྐུ། མི་སློབ་ལམ་དུ་མཐར་ཐུག་ཟུང་འཇུག་གི་ལྷ་སྐུ་སྟེ། མདོར་ན་ལམ་ལྔའི་ངོ་བོར་གྱུར་པའི་རྣལ་འབྱོར་ལྔ་དང་། ས་བཅུ་མཐར་ཕྱིན་པ། སྣང་གསུམ་འཕོ་བའི་བག་ཆགས་ཕྲ་བ་ནས་དག་པའི་འབྲས་ཆོས་ཉེར་ལྔ་

དབྱེར་མེད་ལྷུན་གྱིས་གྲུབ་པ་ལྷན་སྐྱེས་བདེ༷་བ༷་ཆེ༷ན་པོ༷འི་ས༷་མཆོག་ལ༷་སྐྱོལ་ཅེས་པའོ། །

གསུམ་པ་ཆོས་ཐམས་ཅད་ཀྱི་འབྲས་བུ་ལྟ་བུ་མན་ངག་ཨ་ཏི་ཡོ་ག་འོ༷ད་གས༷ལ་རྫོ༷གས་པ༷་ཆེ༷ན་པོ༷་ནི། འཇུག་སྒོ་དབང་བཞི་པའི་བྱེ་བྲག་ལས་ཕྱེས་པའི་སྤྲོས་བཅས་སྤྲོས་མེད་ཤིན་ཏུ་སྤྲོས་མེད་རབ་ཏུ་སྤྲོས་མེད་བཞིས་སྨིན་པར་བྱས་ནས། ལྟ་བ་ཆོས་ཐམས་ཅད་རང་རིག་སྐུ་གསུམ་གྱི་ངོ་བོར་ཡེ་སངས་རྒྱས་ཟིན་པ་ལ་གསར་སྒྲུབ་མི་དགོས་པར་ཐག་བཅད་ནས། སྒོམ་པ་ལེ་ལོ་ཅན་འབད་མེད་དུ་གྲོལ་བ་ཀ་དག་ཁྲེགས་ཆོད་ཀྱི་ཅོག་བཞག་བཞི་དང་བརྩོན་འགྲུས་ཅན་འབད་བཅས་སུ་གྲོལ་བ་ལྷུན་གྲུབ་ཐོད་རྒལ་གྱི་གནད་དྲུག་ལ་བརྟེན་པས་དེ་བཞིན་གཤེགས་པའི་གསང་མཛོད་མངོན་སུམ་དུ་མཐོང་བ། རང་ཤེ༷ས་རི༷ག་པའི་ངོ་བོ་སྟོང་གསལ་སྤྲོས་བྲལ་ཟ༷ང་ཐ༷ལ་རྟག་ཏུ་འཕོ་འགྱུར་མེད་པ་གཞུག་མ༷འི་གཞ༷ལ་ཡ༷ས་སུ༷༔ རང་རིག་པའི་ཡེ༷་ཤེས་ཀྱི་མད༷ངས་སྒྲོན་དྲུག་འཇ༷འ་ཟེ༷ར་ཐི༷ག་ལེ༷འི་ཀློ༷ང༔ རི༷ག་པ༷་རྡོ་རྗེ་ལུ་གུ་རྒྱུད་རིམ་གྱིས་བརྟུད་ལྷ་སྐུའི་རྣམ་པ་ཅན་དུ༷་སྨིན་པ༷་མཐར་ཆོས་ཉིད་ཟད་པའི་སར་དབྱིངས་རིག་འདྲེས་པ་ཨ༷་ཏི༷འི་ལྷ༷༔ ཞ༷ལ་ཕྱ༷ག་གདོས་བཅས་ཀྱི་དངོས་པོའི་འཛི༷ན་པ༷་ད༷ག་པ༷འི་ཐུ༷གས་ད༷མ་བསྐ༷ང༔ སྒྲོན་དྲུག་ནི།རང་ཤར་ལས། ཐིག་ལེ་སྟོང་པའི་སྒྲོན་མ་དང་། །རིག་པ་དབྱིངས་ཀྱི་སྒྲོན་མ་དང་། །ཤེས་རབ་རང་བྱུང་སྒྲོན་མ་དང་། །རྒྱང་ཞགས་ཆུ་ཡི་སྒྲོན་མ་རྣམས། །སེམས་ཅན་ཀུན་ལ་གནས་པའོ། །ཞེས་པ་ལྟར། སྒྲོན་བཞི༷འི་སྙི༷ང་བ༷ར་དོ༷འི་དུ༷ས་ཀྱི༷་སྒྲོན་མ༷་ནི༷་ར༷ང་སྣ༷ང་འོ༷ད་གས༷ལ་གྱི༷་དཀྱི༷ལ་འཁོ༷ར་ཤ༷ར་བ༷་ངོ༷་ཤེ༷ས་པ༷ས་གདོ༷ད་མ༷འི་ས༷ར་སྐྱོ༷ལ་པ༷་འོ༷༔ མཐ༷ར་ཐུ༷ག་འབྲ༷ས་བུ༷འི་སྒྲོ༷ན་མ༷་ནི༷་ཡེ༷་ཤེ༷ས་དབྱི༷ངས་སུ༷་འཁྱི༷ལ་པ༷་གཞོ༷ན་ནུ༷་བུ༷མ་པ༷འི་སྐུ༷འི་ཞི༷ང་ན༷་བཙ༷ན་ས༷་ཟི༷ན་པ༷་འོ༷༔ ཞེས་པའི་གཞུང་མཚན་འདི་ནི་ཀུན་མཁྱེན་རང་གི་གསུང་ཡིན་གཤིས་འདི་ཉིད་བཀའ་བཙན་པར་བྱའོ། །གཞན་དུ་ན་འདི་ལ་ཁ་ཅིག་གིས། རྟེན་ཙིཏྟ་ཤའི་སྒྲོན་མ་སྙིང་མཆོང་གུར་སྨུག་པོའི་ཀློང་ན་བརྟེན་པ་རིག་པའི་ཡེ་ཤེས་གནས་ལུགས་གཞིའི་སྒྲོན་མ་ངོ་བོ་རང་བཞིན་ཐུགས་རྗེ་གསུམ་གྱི་རྣམ་པར་བཞུགས་པའི་སྟེང་དུ་ལམ་གྱི་སྒྲོན་མ་བཞི་བསྣན་ནས་སྒྲོན་དྲུག་ངོས་འཛིན་ཅིང་གཞུང་མཚན་ལ་ཟུར་ཟ་བའི་གཏན་ཚིགས་འབྲས་བུའི་སྒྲོན་མ་ལམ་གྱི་སྐབས་སུ་མི་འོས་པར་བཤད་ཀྱང་སྙིང་པོ་མ་མཐོང་སྟེ། འདིར་ཐེག་དགུ་ཀུན་གྱི་ལྟ་སྒོམ་སྤྱོད་འབྲས་བཞི་རེའི་སྒོ་ནས་ལམ་

མཐར་ཕྱིན་ནས་འབྲས་བུ་མངོན་དུ་གྱུར་པའི་དཀྱིལ་འཁོར་ཚོགས་ཞིང་དུ་བཤད་པའི་སྐབས་ཡིན་ཕྱིར་གཞི་ཡི་གནས་ལུགས་ཞར་བྱུང་ཙམ་མ་གཏོགས་ཆེད་གཉེར་གྱིས་གཏན་ལ་དབབ་པ་ནི་རྒྱུད་གཞུང་སྤྱི་བཤད་ཀྱི་ཁག་མན་ངག་གི་འདོན་ཚིག་དགུས་ལ་གལ་མི་ཆེའོ། །མན་ངག་སྙན་བརྒྱུད་ཀྱི་སྒྲོན་དྲུག་ངོས་འཛིན་ཚུལ་ནི་བརྒྱུད་ལྡན་བླ་མའི་སློང་ཁྲིད་ཀྱི་ཞལ་ལས་ཤེས་པས་ཉ་དང་ཉུང་མ་བསྲེ་བའི་དོ་གལ་བསྐྱུང་བར་བྱས་སོ། །

བཤགས་སྔོན་ནི། ངོ་བོ་གཤིས་ཀྱི་བཞུགས་ཚུལ་རིག་པ་རང་གི་ངོ་བོ་ཡེ་ནས་ར༵ང་སར་གྲོ༵ལ་བའི་གནད་ཀྱིས་རི༵ག་པ༵་ཉིད་གདངས་རྡོ༵་རྗེ༵་ལུ༵་གླུ༵་རྒྱུ༵ད་ཀྱི་རྣམ་པར་སྣང་བ་དེ་ཉིད་གནད་ལ་གཅུན་པ་ཐོད་རྒལ་གྱི་གནད་གལ་ཆེ་ཤོས་ཡིན་ཕྱིར། སྤྱོད་པ་ནི། ལུས་ངག་ཡིད་གསུམ་གྱི་བྱ་བ་དགུ་ཕྲུགས་བཏང་བ་སྔོན་དུ་འགྲོ་བས་སྐུ་གསུམ་གྱི་བཞུ༵གས་སྟ༵ངས་སེང་གེ་གླང་ཆེན་དྲང་སྲོང་ཙོག་པུའི་ཚུལ་གསུ༵མ་ད༵ང་། ཆོས་ཉིད་ཀྱི་སྒྲོན་གྱེན། ཡེ་ཤེས་ཀྱི་སྒྲོན་ཟུར། ཤེས་རབ་ཀྱི་སྒྲོན་ཐུར་དུ་གཟིགས་པའི་གཟི༵གས་སྟ༵ངས་རྣ༵མ་གསུ༵མ་གྱི༵་སཿདབྱིངས་རིག་གི་གནད་གཅུན་ཏེ༵་སྐུ་གསུམ་ལམ་སྣང་དུ་གྱུར་པ་དང་། ཁྲིགས་ཆོད་པས་ཅིར་སྣང་ཆོས་ཉིད་ཀྱི་རོལ་པར་ཤར་བས་དགག་སྒྲུབ་འཛིན་ཞེན་དང་བྲལ་བར་བཞག་པས། མེད་པ་དང་། ཕྱལ་བ་ཁྲིགས་ཆོད་ཀྱི་དམ་ཚིག ལྷུན་གྲུབ་དང་། གཅིག་པུ་ཐོད་རྒལ་གྱི་དམ་ཚིག་སྟེ་རྫོགས་པ་ཆེན་པོའི་ཡེ་སྲུང་རྒྱལ་པོའི་དམ་ཚིག་བཞི་དང་མི་འབྲལ་བར་ངོ་བོ་སྐྱོང་བས་འབྲས་བུ་ནི། ཐལ་འགྱུར་ལས། དེ་ལས་སྣང་བ་བཞིར་འགྱུར་ཏེ།ཆོས་ཉིད་མངོན་སུམ་སྣང་བ་ཡིས། །ཡིད་དཔྱོད་འཛིན་པའི་ཚིག་ལས་འདས། །ཉམས་སྣང་གོང་དུ་འཕེལ་བ་ཡིས། །འཁྲུལ་པའི་སྣང་བ་ནུབ་པ་དང་། །བར་དོའི་ཡེ་ཤེས་མངོན་སུམ་བྱེད། །རིག་པ་ཚད་ཕེབས་སྣང་བ་ཡིས། །སྐུ་གསུམ་རྫོག་པའི་ལམ་སྣང་འདས། །ཆོས་ཉིད་ཟད་པའི་སྣང་བ་ཡིས། །ཁམས་གསུམ་འཁོར་བའི་རྒྱུན་ཐག་གཅོད། །ཅེས་གསུངས་པ་ལྟར་སྣ༵ང་བཞི༵་མཐར་ཕྱིན་ནས་མཐར་ཐུག་ཆོ༵ས་ཉིད་ཟད༵་པའི་དུས་ན་རིག་པ་གཡོ་བྱེད་ཀྱི་རླུང་ཤིན་ཏུ་ཕྲ་བ་བཅས་ཟད་པས་གནམ་སྟོང་གི་ཟླ་བ་ལྟར་ཆོས་ཉིད་གཤིས་ཀྱི་གནས་ལུགས་མཐར་ཐུག་གི་གྲོལ་ས་ཆེན་པོ་གདོ༵ད་མ༵འི་དབྱིངས་སུ་གྲོལ་བའི་ཚེ་ཁྲིགས་ཆོད་ཀྱིས་ལུས་རྡུལ་ཕྲན་དུ་དེངས་བ་དང་། ཐོད་རྒལ་གྱིས་འོད་ལུས་སུ་གྱུར་པའི་རྣལ་

འབྱོར་པ་རབ་ཀྱི་གཤེགས་ཚུལ་བཞི་གང་རུང་གི་སྒོ་ནས། ལྷུན༷་གྲུབ༷་རྫོ༷གས་པ༷་ཆེ༷ན་པོ༷་ཀུན་ཏུ་བཟང་པོ༷འི་སའམ་བཅུ་དྲུག་པ་ཡེ་ཤེས་བླ་མའི་ས༷་མཆོག་ལ༷་སྐྱོལ་ཅིག་ཅེས་པའོ། །

གསུམ་པ་མགྲོན་སོ་སོའི་སྐོང་བཤགས་རྫུ༷་གསུ༷མ་ཊཀྐི༷་ད༷མ་ཅ༷ན་སྐྱེ༷་སྐོ༷ས་སུ༷་འབུལ་བ་ལ་གཉིས་ལས། དང་པོ་སྤྱིར་འབུལ་བ་ནི། དཀྱིལ་འཁོར་ལ་དབྱེ་ན། ཡེ་ནས་རང་བཞིན་ལྷུན་གྱིས་གྲུབ་པ་རང་བྱུང་འོད་ལྔའི་དཀྱིལ་འཁོར། མ་བསྐྱེད་ཡེ་རྫོགས་སུ་གྲུབ་པ་ཟབ་མོའི་ལུས་ཀྱི་དཀྱིལ་འཁོར། རྣལ་འབྱོར་པའི་རིག་རྩལ་གྱིས་སྒོམ་པ་ལྷག་པ་ཏིང་ངེ་འཛིན་གྱི་དཀྱིལ་འཁོར། བདེ་ཆེན་ཡེ་ཤེས་འབྱུང་གནས་སུ་ཕྱག་རྒྱ་བྷ་གའི་དཀྱིལ་འཁོར། བློས་བསླང་དང་རས་བྲིས་རྡུལ་ཚོན་ལ་སོགས་ཏེ་བཅོས་མ་གཟུགས་བརྙན་གྱི་དཀྱིལ་འཁོར་ཏེ་རྣམ་པ་ལྔ་ལས། གོང་དུ་ཐེག་པ་རིམ་དགུ་སོ་སོའི་དཀྱིལ་འཁོར་བསྟན་ཟིན་ནས། མདོ༷་ར་ན༷་རང་བཞིན་ཡེ་ཤེས་ཀྱི་དཀྱིལ་འཁོར་ལ་རྩ་གསུམ་ར༷བ་འབྱ༷མས་གྲངས་མེད་པར་ཡེ་ལྷུན་དུ་བཞུགས་པ་ལ་དཀྱི༷ལ་འཁོ༷ར་རྒྱ༷་མཚོ༷འི་སྒྲ་དོན་ཚང་བ་ཡིན་པས་དེའི་ཀློང་དུ། ངོ་བོ་ཆོས་ཉིད་ལ་ཐ་དད་བྲལ་ཡང་། རྣམ་པ་ཀུན་རྫོབ་ཙམ་དུ་སོ་སོར་དབྱེ་ན། གདུལ་བྱ་ཐ༷་དད་པའི་དབང་གིས་འདུལ་བྱེད་ཀྱང་ཐ་དད་དུ་རྣལ་འབྱོར་པའི་བློའི་རི༷གས་པ༷ས་སོ་སོར་བཏགས་པ༷འི་སྲི༷ད་པ་འཁོར་བ་ན་གནས་པའི་མགྲོན་དང་། ཞི༷་བ་མྱང་འདས་ལ་གནས་པ༷འི་མགྲོན་གཉིས་ཀྱི་ནང་དུ་མགྲོ༷ན་ཐམས་ཅད་འདུ་བ་ཡིན་པས། དཀོན་མཆོག་སྤྱི་ཞུའི་མགྲོན། མགོན་པོ་ཡོན་ཏན་གྱི་མགྲོན། རིགས་དྲུག་སྙིང་རྗེའི་མགྲོན། བགེགས་རིགས་ལན་ཆགས་ཀྱི་མགྲོན་ཏེ་འཇིག་རྟེན་གྱི་རྡུལ་གྱི་གྲངས་སྙེ༷ད་མ༷་ཚ༷ང་བ་མེ༷ད་པ༷འི་མགྲོན་སྤྱི༷་ཐ༷མས་ཅ༷ད་ད༷ང༔

གཉིས་པ་སྒོས་སུ་འབུལ་བ་ནི། སྣ༷ང་བ༷་ཐབས་སྙིང་རྗེ་ཆེན་པོའི་རང་རྩལ་ཡ༷བ་ཀྱི༷་ར༷ང་བཞི༷ན་ཆོས་སྐྱོང་ཕོ་རྒྱུད་ཐམས་ཅད་ཀྱི་ངོ་བོ་ཁྲབ་འཇུག་ཆེན་པོ་མ༷ཧཱ༷་ཀཱ༷་ལ༷༔ དབྱིངས་སྟོང་པ༷་ཤེས་རབ་ཡུ༷མ་གྱི༷་ངོ༷་བོ༷་ཆོས་སྐྱོང་མོ་རྒྱུད་ཐམས་ཅད་ཀྱི་གཙོ་མོ་སྔགས་སྲུང་ཨེ༷་ཀ༷་ཛ༷༔ དབྱིངས་རིག་ཟུ༷ང་དུ་འཇུ༷ག་པའི་ཐུགས་རྗེ༷འི་རྩལ་སྣང་ལས་རང་ཤར་བ་བྲན་ལྟར་དུ་གྱུར་པ་བ༷ཛྲ༷་ས༷་དྷུ༷འམ་རྡོ་རྗེ་ལེགས་པ་སྟེ་གསང་སྔགས་སྐྱོའི་སྲུང་མ་གཙོ་བོ་གསུམ་དང་། སོ༷གས་ཁོང་ནས་སྐྱོ༷ང་ཐི༷ག་གཉེ༷ན་པོ༷འི་བཀའ༷་སྲུང་ཡེ་ཤེས་དང་ལས་ལ་གྲུབ་པ་ཐ༷མས་ཅ༷ད་ད༷ང་།

ཀུན་མཁྱེན་འཇིགས་གླིང་གིས་བསམ་ཡས་མཆོ་སྐྱེས་རྡོ་རྗེའི་དཀར་ཆག་ལས། ལྷོ་རྒྱལ་འཛམ་བུའི་གླིང་ལ་ཡུལ་གླིང་ཆེན་པོ་ལྔ་ཡོད་པའི་ལྷོ་ཕྱོགས་རྒྱ་གར་ལ་གླིང་དགུ་ཡོད་དེ། ཤར་ན་བྷ་ལའི་གླིང་། ལྷོ་ན་ཧྲེ་ཏའི་གླིང་། ནུབ་ན་ཨོ་རྒྱན་གླིང་། བྱང་ན་ཁ་ཆེའི་གླིང་། ཤར་ལྷོ་ན་ཁང་བུའི་གླིང་།ལྷོ་ནུབ་ན་ཟངས་གླིང་། ནུབ་བྱང་ན་རླུང་གླིང་། བྱང་ཤར་ན་ཀཱ་མ་རཱུ་པའི་གླིང་། དབུས་ན་རྡོ་རྗེ་གདན་རྣམས་ལས། ནུབ་ཕྱོགས་ཨོ་རྒྱན་ཌྷཱུ་མ་ཐཱ་ལའམ། འཕུར་འགྲོའི་རྒྱལ་ཁམས་ཞེས་གསུངས་པའི་ཨཱོ་རྒྱན་མཁའ་འགྲོའི་གླིང་དང་། དབུས་མ་ག་དྷཱ་སོགས་གྲོང་ཁྱེར་ཆེན་པོ་དྲུག་གནས་པའི་སར་རྒྱཱ་གཱར་ཡུལ་སྤྱི་དང་། རྒྱ་གར་གྱི་བྱང་བཱལ་པོའི་ཡཱུལ་དང་། དེའི་ཡང་བྱང་ན་ཀཤྨཱི་ར་སྟེ་ཁཱ་ཆཱེའི་གླིང་༔ གཞན་ཡང་ཆོས་དར་བའི་ཡུལ་ཡུལ་དང་། དེའི་ཡང་བྱང་ན་ཀཤྨཱི་ར་སྟེ་ཁ་ཆེའི་གླིང་༔ གཞན་ཡང་ཆོས་དར་བའི་ཡུལ་སྟོད་མངའ་རི་དང་ཉེ་བ་འཱ་ཞཱའི་ཡཱུལ་དཱང་། བྲུ་གུའི་ཡུལ་གྱི་མིང་གི་རྣམ་གྲངས་བྲུ་ཤཱ་དང་། རྒྱ་གར་ལྷོ་ནུབ་གྱི་གླིང་ཟཱངས་གླཱིང་གི་ཡཱུལ་སྟེ་སྲིན་མོའི་གླིང་ཕྱིས་དེང་དཔོན་སེང་གེས་བཟུང་བ་དེང་སང་སིངྒ་ལའི་གླིང་དུ་གྲགས་པ་རྒྱ་མཚོས་ཆོད་པའི་གླིང་དང་། རྒྱ་གར་ལྷོ་ཕྱོགས་ན་རྒྱ་མཚོའི་བར་གྱི་ གླིང་ཕྲན་འཛམ་གླིང་ལ་གཏོགས་པ་གསེར་གླཱིང་དང་། འཛམ་གླིང་ལས་ལོགས་སུ་ལྷོ་ནུབ་མཚམས་ན་ཙཱ་ཡཱ་བ་ལཱ་དྭཱི་སྟེ་སྲིན་པཱོའི་གླཱིང་ཕྲཱན་དེ་ཡི་དཀྱིལ་ན་ཟངས་མདོག་དཔལ་རི་ཡོད་པ་དཱང་། ཀུན་མཁྱེན་གྱིས་ལྷོ་ཕྱོགས་རྒྱ་གར་གཏམ་ལས། མདོ་ཁང་བུ་བརྩེགས་པའི་ལུང་དང་སྦྱར་ནས། དེ་ལ་བྱང་གི་ཞེང་ནི་ཆེ། ལྷོ་ནི་ཤིང་རྟའི་དབྱིབས་སོ། །ཞེས་པ་ལས། རྒྱ་གར། ཁ་ཆེ། ཏ་ཟིག་གསུམ་སོག་པའི་ཡུ་བ། བོད་རྣམས་སོག་པའི་ཏེར་ཏེར་པོ། རྒྱ་ནག །འཇང་། ཧོར་རྣམས་སོག་པའི་ཁ་གདངས། སོག་པའི་ཁ་སྐོར་མཐའ་འཁོབ་སུམ་ཅུ་རྩ་དྲུག་ཡོད། ཅེས་གསུངས་པས། འཛམ་གླིང་སྤྱིའི་བྱང་། རྒྱ་གར་ལ་ལྟོས་པའི་ཤར་ན་རྒྱ་ནཱག དེའི་ལྷོ་ཕྱོགས་ཡུས་ལེན་གྱི་སར་ས་ཐཾ་འཇང་ཡུལ་ལམ་ལྷོངས་ཡཱུལ་དུ་གྲགས་པ། བོད་ཀྱི་བྱང་ཕྱོགས་ན་ཁྲིམ་གྱི་ཡུལ་ལམ་གཱུ་སཱུ་ར་དཱམ་ག་གཱི་གླིང་༔ རྒྱ་གར་དང་བོད་ཀྱི་མཚམས་པདྨ་བཀོད་ཡུལ་དང་འདབས་འབྲེལ་ཏེ་མ་ལ་ཞེས་ཙཱ་རཱི་ཏྲཱ་དཱང་༔ དེ་དང་ཉེ་བར་ལྷཱོ་མཱོན་ཁ་བཞིར་གྲགས་པ་ལྷོ་ཡུལ་རང་ལ་ལྟོས་པའི་ཤར་གདུང་བསམ་ཁ། ལྷོ་དཔག་བསམ་ཁ། ནུབ་ཧ་གླིང་ཁ། བྱང་སྟག་རྩེ་ཁ་དང་བཞིའོ། །

ཐལ་བོད་མཚམས་ན་སྦྲས་ཡུལ་འབྲ༵ས་མོ༵་འི་གཞོ༵ངས་རྣམས་དང་། བྱེ་བྲག་བྱང་ཕྱོགས་ཁ་བ་ཅན་བོད་དང་བོད་ཆེན་པོའི་ལྗོངས་འདིར། སྟོད་མང༵འ་རི༵ས་སྐོ༵ར་གསུ༵མ་རྫིང་བུ་ལྟར་ཆགས་པ། ཕུ་ཧྲང་། མང་ཡུལ། ཟངས་དཀར་དེ་སྐོར་གཅིག །ལི་དང་། བྲུ་ཤ །སྦལ་ཏི་སྐོར་གཅིག །ཞང་ཞུང་། ཁྲི་སྟེ༔ སྟོད་སྨད་གསུམ་སྐོར་གཅིག་སྟེ། སྐོར་གསུམ་མོ། བར་དབུ༵ས་གཙ༵ང་རུ༵་བཞི༵་ཡུར་བ་ལྟར་ཆགས་པ། དབུས་ན་དབུ་རུ་དང་། གཡོ་རུ་གཉིས། གཙང་ན་གཡས་རུ་དང་། རུ་ལག་གཉིས་ཏེ་བཞི་ད༵ང༔ སྨད་མདོ༵་ཁ༵མས་སྒང་དྲུག་ཞིང་ས་ལྟར་ཆགས་པ། དངུལ་ཆུ་ཟལ་མོ་སྒང་། ཚ་བ་སྒང་། སྨར་ཁམས་སྒང་། སྤོ་འབོར་སྒང་། སྨར་རྫ་སྒང་། མི་ཉག་རབ་སྒང་སྟེ་སྒང་དྲུག་དང་། སྦས་གན༵ས་གཉེ༵ན་པོ༵འི་ཡུ༵ལ་ནི་བོད་ཀྱི་རོང་ཆེན་བཞི། ཤར་རྒྱལ་མོ་ཚ་བ་རོང་། ལྷོ་མོན་ཁ་གྲོམ་ནགས་ཀྱི་རོང་། ནུབ་ལི་ཡུལ་རྫའི་རོང་། བྱང་སྐྱི་ཡུལ་གངས་ཀྱི་རོང་དང་བཞི་བཙན་པའི་མཁར་བཞི་དང་འབྲེལ་བར་ཡོད་དེ། བྱང་ཧ་སྒོ་གངས་དང་མཚོའི་མཁར་ན་སྦྲས་ཡུལ་མོན་ཕུག་འབྲས་ལྗོངས། ལྷོ་མོན་ཕུག་བྲག་དང་ནགས་ཀྱི་མཁར་ན་སྦྲས་ཡུལ་སྤ་གྲོ་གྲོ་མོ་ལྗོངས། ཤར་ཚ་བ་རྫ་དང་ཆུ་ཡི་མཁར་ན་སྦྲས་ཡུལ་ཁྲུངས་བུ་གངས་ལྗོངས། ནུབ་འབྲུགས་ཞགས་སྟག་དང་རྡོམ་གྱི་མཁར་ན་སྦྲས་ཡུལ་འབྲས་མོ་གཤོངས་ལྗོངས་དང་བཞིའོ། །རོང་ཆེན་བཞི་ངོས་འཛིན་མི་འདྲ་བ་འདི་ལྟ་སྟེ། ཤར་ཀོང་པོ་རོང་། ལྷོ་ཁྲ་མོ་སྟག་ཚང་རོང་། སྨད་ཚ་བ་རོང་། བྱང་སྨད་རྒྱལ་མོའི་རོང་དང་བཞི་བཤད་པའང་ཡོད་དོ། །གཞན་ཡང་ཡུལ་ཆེན་དང་གླིང་ཆེན་སོགས་བཤད་པ་ནི། དུས་འཁོར་ལས་ཕྱི་ནང་གཞན་གསུམ་རྟེན་འབྲེལ་གྱི་སྣང་ཆ་གནད་གཅིག་པའི་དབང་གིས། ནང་ལུས་ཀྱི་རྩ་འཁོར་ལྔའི་རྩལ་ལས། ཕྱི་རོལ་དུ་འཛམ་གླིང་ཆེན་པོ་ལས་སའི་བྱེ་བྲག་ཤར་གླིང་གི་དབུས་ཟླ་གམ་དཔག་ཚད་སྟོང་ཕྲག་བདུན་པ། ལྷོ་གླིང་གི་དབུས་གྲུ་གསུམ་སྟོང་ཕྲག་བརྒྱད་པ། ནུབ་གླིང་གི་དབུས་གྲུ་བཞི་སྟོང་ཕྲག་བཅུ་པ། བྱང་གླིང་གི་དབུས་ཟླུམ་པོ་སྟོང་ཕྲག་དགུ་པ་ཅན་ནམ། མངོན་པ་དང་། ཨ་ཏི་བཀོད་པའི་རྒྱུད་དང་ས་སྡེ་སོགས་ནས། ཤར་གླིང་ཟླ་གམ། ལྷོ་གླིང་སོག་ཁ། ནུབ་གླིང་ཟླུམ་པོ། བྱང་གླིང་གྲུ་བཞིར་བཤད་པའི་དེ་དག་རང་རང་གི་ཤར་ནུབ་ཀྱི་གླིང་ཕྲན་རྣམས་ཕྱོགས་གཏོགས་སུ་བྱས་ནས་གླིང་བཞི། རི་རབ་ཀྱི་སྟེང་དང་ལྡེ་པོ་ན། ལྷ་མོ་བཞི་རི་ཊི་བཅས་བཞུགས་པའི་ལྗོངས་ལྷ་དང་། ལོངས་སྤྱོད་ས་པའི་གླིང་དྲུག་ནི། ཟླ

བའི་གླིང་། འོད་དཀར་གླིང་། ཀུ་ཤའི་གླིང་། མིའམ་ཅིའི་གླིང་། ཁྲུང་ཁྲུང་གི་གླིང་། དྲག་པོའི་གླིང་སྟེ་ནང་གླིང་དྲུག །ཕྱིའི་ལས་ས་འཛམ་གླིང་ཆེན་པོ་དང་བདུན་ནོ། །གསེ༷་ར་རི༷་ནི་མངོན་པ་སོགས་ནས། གཉའ་ཤིང་འཛིན་རི། གཤོལ་མདའ་འཛིན། སེང་ལྡེང་ཅན། ལྟ་ན་སྡུག་རི། རྟ་རྣ། རྣམ་འདུད། མུ་ཁྱུད་འཛིན་རི་དང་བདུན་གསེར་ལས་གྲུབ་ཅིང་། ཕྱིའི་ལྕགས་རི་དང་བརྒྱད་དུ་བཞེད། དུས་འཁོར་ལས། འོད་སྔོན་དང་། མཉྫ་ར་དང་། ཏི་ཀ་ཏ་དང་། ནོར་བུའི་འོད་དང་། དྲོ་ཎ་དང་། བསིལ་རི་དང་དྲུག །ཁམས་རིན་པོ་ཆེ་དང་གསེར་ཤས་ཆེ་བ་ཙམ་དང་། ཕྱིའི་ལྕགས་རི་དང་བདུན་དུ་བཞེད་དོ། །དེ་དག་གི་བར་ན། སྦྲང་རྩི། མར། ཞོ། འོ་མ། ཆུ། ཆང་གི་མཚོ་དྲུག །ཕྱིའི་བ་ཚ་ཅན་དང་བདུན། མངོན་པ་སོགས་ཀྱིས་ཡན་ལག་བརྒྱད་ལྡན་གྱི་རོལ་མཚོ་བདུན། བ་ཚྭའི་མཚོ་དང་བརྒྱད་དོ། །དབུས་ལྷུན་པོ༷་ནི། དུས་འཁོར་ལས་ཟླུམ་པོ་མཁའ་རླུང་མེ་ཆུ་ས༷འི་རང་བཞིན། དབུས་ལྷུན། ཤར་ནག །ལྷོ་དམར། ནུབ་སེར། བྱང་དཀར། ཀུན་ཁྱབ་ཡེ་ཤེས་ཁམས་དང་དྲུག་འདུས་དང་། མངོན་པ་སོགས་ནས་དབྱིབས་གྲུ་བཞི། ཤར་ཤེལ། ལྷོ་བཻཌཱུརྱ། ནུབ་པད་རག །བྱང་གསེར་ལས་གྲུབ་པར་འདོད། སྒོ་ནི་དུས་འཁོར་ལྟར་ན་འགྲམ་སྟེགས་དང་། གཞན་ལས་བང་རིམ་ལ་བཞེད་དོ། །འདིར་རྩ་ཚིག་ཏུ་མངོན་པ་དུས་འཁོར་ཨ་ཏི་བཀོད་པ་སོགས་ཀྱི་ལུགས་བསྲེས་ཏེ་གསུངས་པ་འདི་ནི་ཡེ་ཤེས་ཀྱི་རང་རྩལ་འགགས་མེད་སྣ་ཚོགས་སུ་ཤར་བ་ལ། གདུལ་བྱའི་སྣང་ཚུལ་ངེས་པ་མེད་པའི་ཚུལ་དཔེར་ན་ཆུ་གཅིག་ལའང་མཐོང་ཚུལ་མི་འདྲ་བར་ཡོད་པ་བཞིན། བྱིས་བློས་ཨ་འཐས་ཀྱིས་ངེས་བཟུང་བྱེད་པ་ནི་ཚི་ཆད་པར་གོ་བའི་གནད་གསང་གལ་པོ་ཆེ་ཡིན་པར་ངེས་སོ། །རི་རབ་ཀྱི་སྟེང་ན་ཉེ་དབང་སོ་གཉིས་བརྒྱ་བྱིན་དང་སོ་གསུམ་གྱི་གནས་སུ༷མ་ཅུ༷་རྩ༷་གསུ༷མ་གྱི་གནས་བཀོད་པ་ཁྱད་འཕགས་ཅན་དང་། གཞན་ཡང་དཔའ་བོ་མཁའ་འགྲོ་རྣམས་དངོས་སུ་བཞུགས་པའི་གན༷ས་སུམ་ཅུ་རྩ་གཉིས་ནི། སྤྱོད་པ་བྱེད་པའི་གནས་དྲུག་ཉམས་མྱོང་སྐྱོང་བའི་གནས་བཅུ་བཞི། དམ་ཚིག་སྐྱོང་བའི་གནས་བརྒྱད། འདོད་ཅིང་འདུན་པ་སྐྱེ་བའི་གནས་བཞི་སྟེ་སོ་གཉིས་སོ། །རྒྱས་པར་རྒྱུད་གཞན་ནས་གསལ་ལོ། །

ཡུ༷ལ་ཉེར་བཞི་ནི། འདིར་མ་རྒྱུད་བདེ་མཆོག་གི་བཤད་པ་དང་མཐུན་པ་ཡུམ་བཀའི་གཞུང་

ནས་འབྱུང་བ་ལྟར་ནང་ལུས་ཁམས་རྩ་གནས་ན་དཔའ་བོ་མཁའ་འགྲོ་ཡབ་ཡུམ་ཟུང་འབྲེལ་ཐིག་ལེའི་རྣམ་པར་ཡོད་པའི་རྩལ། ཕྱི་འཛམ་གླིང་ཡུལ་སྤྱི་ལ་ཚང་བར་བཤད་པའི་རྗེས་སུ་འབྲངས་ཤིང་། དེ་རྣ་གའི་གནས་བཅུ་དང་ས་བཅུ་བཅས་སྦྱར་ནས་བཤད་ན། མཁའ་སྤྱོད་ཐུགས་ཀྱི་འཁོར་ལོའི་གནས་བརྒྱད་ནི། ནུབ་ཕྱོགས་ཨོ་ཌི་ཡ་ན་གཙོ་བོར་གྱུར་པའི། ཛཱ་ལནྡྷ་ར། པུལླི་ར་མ་ལ། ཨརྦུ་ཏ། རསྨེ་ཤྭ་ར། གོ་དཱ་ཝ་རི། དེ་ཝི་ཀོ་ཊ། མ་ལ་ཝ་སྟེ་གནས་དང་ཉེ་བའི་གནས་རྣམ་པ་བརྒྱད་ནི་རབ་དགའ་དང་དྲི་མ་མེད་པའི་ས་གཉིས། ས་སྤྱོད་གསུང་གི་འཁོར་ལོའི་གནས་བརྒྱད་ནི། ཀ་མ་རཱུ ཨོཾ་ཏེ་ཡ། ཏྲི་ཤ་ཀུ། ཀོ་ས་ལ། ཀ་ལིངྒ། ལམ་པ་ཀ་སྟེ་ཞིང་དང་ཉེ་བའི་ཞིང་རྣམ་པ་དྲུག་ནི་འོད་བྱེད་དང་འོད་འཕྲོ་གཉིས། ཀཉྩི་ཀ་དང་། ཧི་མཱ་ལ་ཡ་སྟེ་ཚནྡྷ་དང་ཉེ་བའི་ཚན་དྷོ་རྣམ་པ་གཉིས་ནི་སྦྱང་དཀའ་དང་མངོན་གྱུར་གཉིས། ས་འོག་སྤྱོད་སྐུའི་འཁོར་ལོའི་གནས་བརྒྱད་ནི། པྲེ་ཏ་པུ་རི། གྲི་ཧ་དེ་ཝ། སཽ་རཥྚ། སུ་ཝརྞ་དྭི་པ་སྟེ་འདུ་བ་དང་ཉེ་བའི་འདུ་བ་རྣམ་པ་བཞི་ནི་རིང་དུ་སོང་བ་དང་མི་གཡོ་བ། ནཱ་ག་ར། སིནྡྷུ། མ་རུ། ཀུ་ལུ་ཏཱ་སྟེ་འཐུང་སྤྱོད་དང་ཉེ་བའི་འཐུང་སྤྱོད་རྣམ་པ་བཞི་ནི་ལེགས་བློ་དང་ཆོས་སྤྲིན་གྱི་ས་སྟེ་དེ་རྣམས་ཡུལ་ཉེར་བཞིའོ། །

དུར་ཁྲོད་གཙོ་བོ་བརྒྱད་ནི། དཔལ་ཆེན་འདུས་པ་ལས་འབྱུང་བ་ལྟར། མ་གཱ་དྷཱའི་ཤར་དུ། དུར་ཁྲོད་ཆེན་པོ་བསིལ་བ་ཚལ༔ ཨོ་ཌི་ཡ་ནར་པདྨ་བརྩེགས༔ ཟ་ཧོར་ཡུལ་དུ་ལྷུ་བྲུག་གླིང་༔ སིངྒའི་ཡུལ་ན་སྐྲ་ལ་རྫོགས༔ ཁ་ཆེའི་ཡུལ་ན་ཧེ་ཆེན་རོལ༔ བལ་པོའི་ཡུལ་ན་ཡ་མ་ཁ༔ ཐོ་གར་ཡུལ་ན་གསང་ཆེན་རོལ༔ ལི་ཡུལ་འཇིག་རྟེན་མངོན་རྫོགས་ཏེ༔ དུར་ཁྲོད་ཆེན་པོ་བརྒྱད་རྣམས་ན༔ ཞེས་པ་ལྟར་རོ། །གནས་ཡུལ་དུར་ཁྲོད་འདི་དག་རྒྱུད་ཁ་ཅིག་ལས། ཚངས་པའི་འཇིག་རྟེན་ནས་འོག་གཞིའི་རླུང་དཀྱིལ་གྱི་བར་ཡོད་པར་བཤད་པ་དང་། རྒྱ་ནག་ལྔ་བུའི་གྲོང་ཁྱེར་ཆེན་པོ་རེ་རེ་ལའང་ཚང་བར་བཤད་པ་དང་། དུས་འཁོར་ལས་ཡུལ་ཉེར་བཞི་རླུང་མེ་ཆུ་སའི་དཀྱིལ་འཁོར་བཞི་ལ་ཚང་བར་བཤད་པ་དང་། བརྟག་གཉིས་ལས་གནས་སོ་གཉིས་ལྟའི་ཕྱག་མཐིལ་དུ་ཡོད་པར་བཤད་པ་སོགས་བཤད་ཚུལ་མང་མོད། མདོར་ན། རྒྱ་ཆེ་བ་རྣམ་སྣང་གང་ཆེན་མཚོའི་ཞིང་བཀོད་ཚང་བ་ལ་དང་། རྒྱ་ཆུང་བ་ཡུལ་ཁྲན་རེ་དང་། སོ་སོའི་ལུས་དཀྱིལ་ལའང་ཚང་བར་ཡོད་དེ། ཕྱི་ནང་གཞན་གསུམ་གནད་

གཅིག་པའི་རྒྱུ་མཚན་གྱིས་སོ། །ཆོ༷ས་འཁོ༷ར་གཙུག་ལ༷ག་ཁང་ནི། ཆོས་རྒྱལ་སྲོང་བཙན་གྱི་དུས། བོད་ཀྱི་ས་དཔྱད་སྲིན་མོ་གན་རྐྱལ་ལྟ་བུའི་སྙིང་ཁྲག་འོ་ཐང་མཚོ་བསུབས་པའི་སྟེང་ས་གནད་མེ་བཙའ་ལྟ་བུ་ར་ས་འཕྲུལ་སྣང་གི་གཙུག་ལག་ཁང་དང་། དེའི་ཡན་ལག་རྒྱ་བདབ་ར་མོ་ཆེ། སྲིན་མོའི་དཔུང་པ་གཡས་ན་དབུ་རུ་ཀ་ཚལ་མི་འགྱུར་བའི་ལྷ་ཁང་དེའི་ལག་ཏུ་གསེར་ཤང་གི་ཧྲིའི་ལྷ་ཁང་། གཡོན་གཡུ་རུ་ཁྲ་འབྲུག་བཀྲ་ཤིས་བྱམས་སྙོམས་ཀྱི་ལྷ་ཁང་དང་ལག་བཙན་ཐང་གི་ལྷ་ཁང་། རྐང་པ་གཡས་གཙང་འགྲམ་བྱང་ཆུབ་དགེ་གནས་ཀྱི་ལྷ་ཁང་དང་ལག་དགེ་བྱུང་གི་ལྷ་ཁང་། གཡོན་ན་གྲམ་པ་རྒྱང་དྲི་མེད་རྣམ་དག་གི་ལྷ་ཁང་དང་ལག་འཕྲེའི་ལྷ་ཁང་སྟེ་མཐའ་འདུལ་བཞི། དེས་མ་ནོན་དོགས་ནས་གྲུ་མོ་གཡས་ཤར་སྨག་གི་མགོ་སྟེང་ན་ཀོང་པོ་བུ་ཆུའི་ལྷ་ཁང་། གཡོན་ལྷོ་འབྲུག་གི་ཟེ་སྟེང་ན་ལྷོ་བྲག་མཁོ་མཐིང་གཏེར་གྱི་ལྷ་ཁང་། པུས་མོ་གཡས་ནུབ་ཕྱོགས་བྱ་དམར་སྦྲལ་སྟེང་ན་འཚལ་རིགས་ཤེས་རབ་སྒྲོན་མའི་ལྷ་ཁང་། གཡོན་བྱང་རུས་སྦལ་སྟེང་ན་བྲ་དུན་རྩེའི་ལྷ་ཁང་སྟེ་ཡང་འདུལ་བཞི། དེས་ཀྱང་མ་ནོན་ན། ལག་མཐིལ་གཡས་ལ་ཚངས་པ་རླུང་ནོན་གྱི་ལྷ་ཁང་། གཡོན་ལ་ཁམས་གླང་ཐང་སྒྲོལ་མ། རྐང་མཐིལ་གཡས་ན་མང་ཡུལ་བྱམས་སྤྲིན་ལྷ་ཁང་། གཡོན་ན་སྤ་གྲོ་སྐྱེར་ཆུའི་ལྷ་ཁང་སྟེ་རུ་གནོན་པའི་གཙུག་ལག་ཁང་བཞི་ལ་སོགས་པ་བཅུ་གཉིས་ལག་དང་བཅས་པའོ། །

ཆོས་རྒྱལ་ཁྲི་སྲོང་མཁན་སློབ་བཅས་འཛོམ་པའི་དུས། རྒྱ་གར་ཁ་ཆེ་ཨོ་ཏནྟ་པུ་རིའི་གཙུག་ལག་ཁང་ལ་དཔེ་བྱས་པའི་དཔལ་བསམ་ཡས་ཀྱི་ཆོས་འཁོར་ལུགས་གསུམ་མི་འགྱུར་ལྷུན་གྱིས་གྲུབ་པའི་གཙུག་ལག་ཁང་གླིང་བཞི་རི་རབ་ཀྱི་བཀོད་པ་དང་མཚུངས་པའི་དབུ་རྩེ་རིམ་གསུམ། གླིང་བཅུ་གཉིས། ཡཀྵ་ལྷག་འོག པེ་ཅོག །མཆོད་རྟེན་བཞི། ཕྱིའི་ལྕགས་རི། ཡན་ལག་རྗེ་མོ་གླིང་གསུམ་དང་བཅས་པ། བསྒྲུབ་གན༷ས་ནི། སྟོད་མངའ་རིས་ཕྱོགས་ཀྱི་གངས་བྲག་ཉི་ཤུ། དབུས་གཙང་གི་སྒྲུབ་གནས་ཉེར་གཅིག ཁམས་ཀྱི་གནས་ཆེན་ཉེར་ལྔ། སྟོད་སྨད་བར་གསུམ་གྱི་སྦས་གནས་གཙོ་བོ་གསུམ་སོགས་སུ་གུ་རུས་བྱིན་གྱིས་བརླབས་པའི་གནས་བསམ་གྱིས་མི་ཁྱབ་ཅིང་། ཁྱད་པར་ཡང་ད༷པེ་ན་གན༷ས་ཀྱི༷་བྲག་ཕུག་ཆེན་པོ་བརྒྱད་ནི། ཡང་ལེ་ཤོད་ཀྱི་བྲག་ཕུག ཨ་སུ་ར་ཡི་ཕུག སྟག་ཚངས་སེང་གེ་ཕུག མེ་ཆོར་གཉན་གྱི་ཕུག འདབ་བརྒྱད་དབང་གི་ཕུག ཡེར་པ་ཟླ་བའི་ཕུག

མཆིམས་ཕུ་གསང་བའི་ཕུག ཡར་ཀླུང་ཤེལ་གྱི་ཕུག་བཅས་རྒྱ་བོད་གཉིས་ཀར་བཞུགས་ཤིང་། བྲེ་བྲག་བོད་ཁོ་ནའི་ཡུལ་དུ་གོང་གི་ཕྱི་མ་ལྔའི་སྟེང་དུ། མཁར་ཆུ་དཔལ་གྱི་ཕུག ཆུ་བོ་རིའི་དཔལ་ཕུག ཤམས་པོའི་གངས་ཕུག་དང་བརྒྱད་དུ་བཤད་དོ། །གོང་དུ་བཤད་པ་དེ་དག་གི་མཐའ་ཁོར་ཡུག་ཕྱོན་ཤིང་གེལ་པ་ནགས་ཚལ་གངས་དང་བྲག་རི་ཕུག་པ་ཆུ་མིག་མཚོ་གླིང་འབབ་ཆུ་སོགས་ལ། གཉུག་མར་གནས་པའི་དཔའ་བོ་ཌཱ་ཀི་ཆོས་སྲུང་དཀར་ཕྱོགས་ཅན་མདོར་ན་སློབ་དཔོན་པདྨའི་བཀའ་དང་ཐ་ཚིག་ལ་གནས་པའི་ཚོགས་རྣམས་ལ་གཏེར་གཏད་པའི་ཆོས། མདོ་དང་སྔགས་ཀྱི་སངས་རྒྱས་རྣམ་གཉིས་ཀྱིས་ཞལ་ནས་གསུངས་པའི་བཀའ་དང་། རྗེས་སུ་གནང་བའི་བཀའ་དང་༔ བྱིན་གྱིས་བརླབས་པའི་བཀའ་དང་། མ་འོངས་པ་ན་ཆོས་དང་གང་ཟག་འབྱུང་བར་ལུང་བསྟན་པ་དང་། ས་ཆེན་པོ་ལ་བཞུགས་པའི་གང་ཟག་ཁྱད་པར་ཅན་ལ་ཟབ་མོ་དག་སྣང་དུ་བབ་པའི་ཆོས་དང་། བཀའི་དགོངས་པ་འགྲེལ་བའི་མདོ་སྔགས་ཀྱི་བསྟན་བཅོས་ཅི་རིགས་པ་སྡེ་དང་༔ བྱེ་བྲག་སངས་རྒྱས་གཉིས་པ་སློབ་དཔོན་པདྨའི་རིང་ལུགས་དམ་ཆོས་མི་ནུབ་པའི་བཅས་སུ་གཏེར་དུ་སྦས་པའི་རིགས་བཅོ་བརྒྱད་དུ་གསུངས་ཏེ། པདྨ་བཀའ་ཐང་ལས། དབྱེ་ན་གཏེར་གྱི་རིགས་བྱེད་བཅོ་བརྒྱད་དེ༔ གསང་གཏེར་ཟབ་གཏེར་ཐུགས་གཏེར་དགོངས་གཏེར་བཞི༔ རྫས་གཏེར་བླ་གཏེར་གཏེར་ཕྲན་གཏེར་སྨོན་དང་༔ རྒྱ་གཏེར་བོད་གཏེར་རྗེ་གཏེར་ཡབ་གཏེར་བཞི༔ ཡུམ་གཏེར་མ་ནིང་གཏེར་དང་ཕྱི་གཏེར་གསུམ༔ ནང་གཏེར་བར་གཏེར་གཏེར་རིགས་བཅོ་བརྒྱད་དོ༔ ཞེས་གསུངས་པ་ལྟར། ཡེ་སངས་རྒྱས་པའི་ཐུགས་གཏེར་ཆེན་པོ་ལྔ། ཐུགས་རྗེ་སྤྲུལ་པའི་དགོངས་གཏེར་གསུམ། དགོངས་པ་ལྷུན་གྱིས་གྲུབ་པའི་ཟབ་གཏེར་ཆོས་བཅུ་ལྡན། བསྟན་པ་དང་སེམས་ཅན་ས་གནད་སོགས་ལ་ཕན་ཞིང་དོན་གནད་དགོས་འབྲེལ་ཅན་གྱི་རྫས་གཏེར་སོགས༔ མདོར་ན་གཏེར་རིགས་བཅོ་བརྒྱད་པོའི་ཆོས་ཀྱི་བཀའ་གཏད་ཅིང་༔ སྦྲུལ་སྤེ་དགུ་སོགས་དཀྱིལ་འཁོར་རྒྱ་མཚོའི་གྲལ་མཐའ་འམ་མུ་རན་ལ་གནས་པའི༔ ཕུད་ལྷག་ལ་དབང་བའི་མཁའ་འགྲོ་སོ་གཉིས། གིང་ཆེན་བཅོ་བརྒྱད། ལྷ་སྟེ་སྲིན་པོ་འབུམ། ཕོ་ཉ་མོ་སུམ་བརྒྱ་དྲུག་ཅུ། མགོགས་མ་བཞི། འབར་མ་བརྒྱད། མ་མོ་བདུན། སྲིང་མོ་བཞི། ཤུགས་འགྲོ་དང་། གནས་ཟུལ་གྱི་མ་ཚོགས་དང་། དབང་ཕྱུག་ཉེར་བརྒྱད་སོགས་ཕྲ

མེན་གྱི་རིགས་སོགས། དམ་ཚིག་ཅན་གྱི་ཌཱ་ཀི་བསྟན་སྲུང་གྲངས་དང་མཐའ་ཡས་པ་རྒྱ་མཚོ་ལྷ་བུ་ཡི༔ ཐུགས་དང་འགལ་བར་གྱུར་པའི་ཆ། ལྟ་བ་མ་རྫོགས། སྤྱོད་པ་བག་མེད། མཆོད་རྫས་མ་ཚང་། བསྙེན་སྒྲུབ་གཡེལ་བ། སྒོམ་པ་མི་གསལ་ཏིང་འཛིན་བྱིངས་རྒོད་རྨུགས་ཐིབ་ཏུ་གྱུར་པ་སོགས་འགལ་འཁྲུལ་དུ་གྱུར་པའི་ཉེས་པའམ་ནོངས་པ་ཅི་མཆིས་པ་ཐམས་ཅད། སྟོབས་བཞི་ཚང་བར་སྙིང་ནས་བཤགས་སོ་ཞེས་པ་ཐམས་ཅད་དག་ཅིང་ཚངས་པའི་སྒོ་ནས་ཚོགས་ཞིང་རྣམས་དགྱེས་པའི་ཞལ་ནས་སྐྱོན་ཅིག་ཅེས་བསྐུལ་བའོ། །

ཡང་ན་ཀུན་མཁྱེན་ཆོས་རྗེས། ཚངས་པ་ཞེས་བྱ་བ་ནི་མྱ་ངན་ལས་འདས་པའོ། །དེའི་དོན་དུ་སྤྱོད་པས་ན་ཚངས་པར་སྤྱོད་པའོ། །ཞེས་གསུངས་པ་ལྟར། སྐྱོན་ཐམས་ཅད་ཚངས་ནས་བྲལ་བ་མྱང་འདས་སངས་རྒྱས་ཀྱི་ངོ་བོ་རིག་པའི་རང་ཞལ་སྟོན་ཅིག་ཅེས་ཀྱང་འགྲེལ་ལོ། །ད་ནི་ཕྱག་རྫོགས་དབུ་གསུམ་ལྟ་བ་གཅིག་ཏུ་འདུས་ཤིང་རྫོགས་ཆེན་གྱི་འཕགས་ཆོས་དང་བཅས་བསྟན་པ་ནི། ཡོད་པ་རྟག་པའི་མཐའ་དང་། མེད་པ་ཆད་པའི་མཐའ་སོགས་མཐའ་བཞི་འམ་མཐའ་བརྒྱད་ཀྱི་སྤྲོས་པ་དང་བྲལ་བ་དབུ་མ་ཆེན་པོའི་ལྟ་བའི་སྒྲུབས་སམ་དབྱིངས་ན། འཁོར་བ་དང་མྱང་འདས་གཉིས་རོ་མ་མང་པོའི་དོན་དང་། རྒྱང་མ་གཅིག་པའི་དོན་དུ་འཆད་པས་དུ་མ་གཅིག་ཏུ་འདྲེས་པ་ཟུང་འཇུག་དབུ་མའི་དབྱིངས་མཉམ་པ་ཆེན་པོར་རྫོགས་པ་ཕྱག་རྒྱ་ཆེན་པོའི་ངོ་བོར་གནས་ལུགས་གཅིག་ཏུ་འབབ་པའི་ལྟ་བ་ལྷོ་སྒྲུར་བས་ཕྱག་རྫོགས་དབུ་གསུམ་འགངས་གཅིག་ཀྱང་། སྣང་སེམས་ཞེན་པ་ཕྲ་མོས་ཀྱང་མ་གོས་པར་རང་སར་གྲོལ་བ་རྫོགས་པ་ཆེན་པོའི་ཁྱད་ཆོས་ཀྱི་སྒོ་ནས། རྣལ་འབྱོར་པའི་ཏིང་ངེ་འཛིན་སྒོ་མཐའ་ཡས་ཤིང་མུ་མེད་པ་ནམ་མཁའ་མཛོད་ཀྱི་སྤྲུལ་འཕྲུལ་དང་ལྡན་པའི་ངང་ལས་ཕྱི་མཆོད་འབུལ་བ་ནི། འཁོར་བའི་འཁྲུལ་བ་ཐམས་ཅད་ཀྱི་ངོ་བོ་གཏོར་བྱ་གཟུང་འཛིན་གཉིས་ཏེ། འདི་ལ་ཐེག་པ་ཐུན་མོང་རྣམས་ནས་གསུངས་པ་དང་ངོས་འཛིན་མི་འདྲ་བར་ཀུན་མཁྱེན་ཡབ་སྲས་ཀྱི་གསུང་རབ་དག་ལས་ཡང་ཡང་འབྱུང་བ་ལྟར་ན། སྤྱན་རས་གཟིགས་ཀྱི་བརྟུལ་ཞུགས་ལས། དེ་ལ་གཟུང་བ་ནི་ཡུལ་དུ་འཛིན་པའི་སེམས་དང་། འཛིན་པ་ནི་དེ་ལ་དཔྱོད་པའི་སེམས་ལས་བྱུང་བའོ། །ཞེས་གསུངས་པ་ལྟར། སྐད་ཅིག་དང་པོ་ལ་ཡུལ་སྣང་རི་ཡི་རྣམ་པར་ཤར་བ་དོན་གྱི་ངོ་བོ་ཙམ་འཛིན

པ་གཙོ་སེམས་ཀྱི་རྣམ་པ་དང་། དེའི་རྗེས་སུ་སྐྱེས་པའི་ཤེས་པ་རིའོ་སྙམ་པའི་དོན་གྱི་ཁྱད་པར་འཛིན་པ་སེམས་བྱུང་གི་རྣམ་པར་ཤར་བ་དེ་གཉིས་སྔ་ཕྱི་རིགས་རྒྱུན་འབྲེལ་བ་ལས་འཁྲུལ་པ་འབྱུང་བས། གཟུང་འཛིན་དེ་གཏོར་བྱེད་རང་ཤེས་རིག་པ་འགགས་མེད་ངོ་བོ་སྟོང་གསལ་སྤྲོས་བྲལ་ཡི་གེ་ཕཊ༔ ཀྱི་རྣམ་པར་ཤར་བ་སྟེ། རྗེ་མི་ལས། རྣམ་རྟོག་འཐོར་བ་སྡུད་པ་ཕྱི་ཡི་ཕཊ༔ རིག་པ་བྲིངས་པ་བསལ་བ་ནང་གི་ཕཊ༔ གནས་ལུགས་ངང་ལ་འཇོག་པ་དོན་གྱི་ཕཊ༔ ཅེས་གསུངས་པ་ལྟར། དུས་གསུམ་གྱི་རྣམ་རྟོག་ཁྲེང་ཆགས་སུ་བྱུང་བ་ལ་ཕཊ་སྒྲ་དྲག་པོ་ངག་ཏུ་བརྗོད་པས་ཡུལ་མེད་དུ་གཏོར་བའི་དེ་མ་ཐག་ཀ་དག་ཟང་ཐལ་གྱི་རྗེས་གཞིག་ཆེར༔ རྣམ་རྟོག་ཅི་སྐྱེས་ལན་ཚྭ་ཆུར་ཞུ་བའམ་སྤྲུལ་མདུད་རང་སར་གྲོལ་བ་ལྟར་དེ་ཡང་བློ་བྲལ་རིག་པའི་རང་བཞིན་ཡིན་པ་མེད་པའི་ལྟ་བ་གནས་ལུགས་དོན་གྱི་དགོངས་པ་དང་ཐུག །མིན་པ་མེད་པའི་སྒོམ་པ་གང་ཤར་ཆོས་ཉིད་ཀྱི་རོལ་པ་དང་ཕྲད། ཡིན་མིན་མེད་པའི་སྤྱོད་པ་རེ་དོགས་བླང་དོར་དང་བྲལ་བ་ཤེས་རིག་རྗེན་པའི་ངོ་བོ་རུ། རྣམ་ཤེས་ཚོགས་བརྒྱད་ཀུན་ནས་ཏེ་ཡེ་ནས་དག་པའི་བཀྲ་ཤིས་རྟགས་བརྒྱད་དེ། མིག་ཤེས་དག་པའི་སྤྱན་ལྔ་གསེར་ཉ། སྣ་ཤེས་དག་པའི་དུང་དཀར་ཐེག་གསུམ་ཆོས་སྒྲ་སྒྲོག་པ། དྲི་འཛིན་དག་པའི་བུམ་པ་སྐུ་ལྔ་ཡེ་ཤེས་ལྔའི་བདུད་རྩིས་གཏམས་པ། རོ་འཛིན་དག་པ་པདྨ་ཤེས་བྱའི་ཆོས་ལ་བློ་གྲོས་འདབ་སྟོང་རྒྱས་པ། རིག་ཤེས་དག་པ་གདུགས་མཛེས་ཉོན་མོངས་དུག་ལྔའི་ཚ་གདུང་སྐྱོབ་པ། ཡིད་ཤེས་དག་པའི་རྒྱལ་མཚན་རྟག་ཆད་མུ་བཞིའི་ཕྱོགས་ལས་རྒྱལ་བ། ཉོན་ཡིད་དག་པའི་གསེར་འཁོར་འཇིག་ལྟའི་རི་བོ་འཇོམས་པ། གཞི་ཤེས་དག་པའི་དཔལ་བེ་རྣམ་ཐར་བཞིའི་ངང་དུ་འཁྱིལ་བའོ། །ཡུལ་གྱི་སྣང་བ་ཐམས་ཅད་མཆོད་པའི་ཕྱག་རྒྱའི་རྒྱན་དུ་ཤར་བའི་རྣམ་པ་ཕྱིའི་རྒྱལ་སྲིད་བདུན་དང་། ཉེ་བའི་སྣ་བདུན། རིན་ཆེན་བདུན་སོགས་དང་། ངེས་དོན་དུ་ཚོགས་བདུན་གྱི་ཡུལ་དུ་གྱུར་པ་སྣང་སྲིད་ཐམས་ཅད་གཟུང་འཛིན་དང་བྲལ་བ་དག་མཉམ་བདེན་པ་དབྱེར་མེད་ཀྱི་རང་བཞིན་མཆོད་པའི་ངོ་བོར་མ་གྱུར་པ་ཡོང་ཡེ་མི་མངའ་བ་སྣང་སྲིད་གཞིར་བཞེངས་དེ་ཁོ་ན་ཉིད་ཀྱི་མཆོད་པའི་རང་བཞིན་དུ་ཤར་བའམ། རིག་པའི་རང་ངོ་ལ་སྣ་བདུན་རྫོགས་པའི་དབང་དུ་བྱས་ན། སྤྲོས་བྲལ་ཆོས་ཉིད་ཀྱི་ཙཀྲས་མཚན་མའི་ཆོས་རྣམས་གཞོམ་པ། རིག་པའི་ནོར་བུས་དགོས་འདོད་རེ་བ་སྐོང་བ། སྟོང་ཉིད་བཙུན་

མོས་བདེ་བ་མཆོག་ལ་སྦྱོར་བ། རོལ་རྩལ་བློན་པོས་ས་ལམ་བླང་དོར་འབྱེད་པ། རོ་སྙོམ་གླང་པོས་ངོ་བོ་ཅིས་ཀྱང་བསྒྱུར་དུ་མེད་པ། དྲན་པའི་རྟ་མཆོག་ནམ་ཡང་ངལ་དུབ་སྤྱངས་པ། བློ་བྲལ་དམག་དཔོན་གྱིས་བློས་བྱས་དཔུང་ཚོགས་འཇོམས་པའོ། །རིག་སྟོང་གཟུང་འཛིན་གྱི་རྟོག་པས་མ་འཆིང་བ་ཛེ་ན་པུ་ར་གྲོལ་བུའི་རྒྱལ་སྣང་མཐོ་རིས་ལྷ་མིའི་འདོད་ཡོན་ལྷ་ཡི་རོལ་བར་ཤར་བའམ། ངེས་དོན་ལྟར་ན་སྣང་སྟོང་གཟུགས་རྡོ་རྗེ། གྲགས་སྟོང་སྒྲ་རྡོ་རྗེ། ཚོར་སྟོང་དྲི་རྡོ་རྗེ། མྱང་སྟོང་རོ་རྡོ་རྗེ། རིག་སྟོང་རེག་རྡོ་རྗེའོ། །རོ་སྙོམ་མཐོང་དུ་གྱུར་པའི་རྣལ་འབྱོར་པས་རྐྱེན་ངན་གང་བྱུང་ཐམས་ཅད་བྱང་ཆུབ་སྒྲུབ་པའི་ལམ་དུ་ལོངས་ཤིང་སྡུག་བསྔལ་དང་གནོད་པ་གང་བྱུང་རིག་རྩལ་སོ་སོར་རྟོགས་པའི་ཡེ་ཤེས་འཕེལ་བའི་གྲོགས་སམ་དངོས་གྲུབ་ཏུ་ཤེས་པའི་སྒོ་ནས་སྒྲ་ཚིག་སྒྲུལ་སྤྱོད་འགྲོ་འདུག་ལ་སོགས་པའི་སྤྱོད་པ་ཐམས་ཅད་གདན་གསུམ་ཚང་བ་ཞིང་ཁམས་ལྷའི་ཕྱུ་ག་རྒྱ་དང་གུ་གྱི་རྣམ་པར་ཤེས་པས་མཆོད་བྱ་མཆོད་བྱེད་མཆོད་ཡུལ་དང་བྲལ་བར་འབུལ་ལོ། །འབྲས་བུ་མཆོག་དང་ཐུན་མོང་གི་དངོས་གྲུབ་ཐམས་ཅད་འབད་མེད་ལྷུན་གྱིས་གྲུབ་པ་རྒྱ་མཚོ་ལྟ་བུར་སྩོལ་ཅིག་ཅེས་བསྐུལ་ལོ། །

ནང་གི་མཆོད་པ་ནི། ཐུན་མོང་ལྟར་ན། སྣོད་ཡུམ་གྱི་མཁའ་གསང་མཚན་བྱེད་ཀ་པཱ་ལ་ཡི་ནང་དུ༔ རཀྟ་ལ་རྣམ་གྲངས་མང་ཡང་། སྙིང་པོ་འཁོར་བའི་རྒྱུ་ཆགས་སྡང་གཉིས་མཚོན་བྱེད་རཀྟ། དེ་བོད་སྐད་དུ། ངོ་བོའི་སྐབས་འདོད་ཆགས། དངོས་པོའི་སྐབས་ཁྲག་དོག་སྐབས་དམར་པོ་ལ་འཇུག་པས། དབྱེ་བ་ལ། ཀུན་རྫོབ་རྫས་ཀྱི་རཀྟ་ནི་སྔོན་ཆེ་རུ་ཏྲ་བསྒྲལ་དུས་ཁྲག་ཐིག་སར་ལྷུང་བའི་རྒྱུ་ལས་བྱུང་བ་སྒྲོག་མ་བཙད་པའི་རྫས་ཉེར་ལྔ་སྟེ། རྡོ། ཤིང་། རྩི། འབྲུ། མེ་ཏོག་གི་རཀྟ་ཏེ་ལྔ་ལྔ་ཉེར་ལྔ་རྫས་ཐོ་ལྟར་དང་། ནང་གསེས་སུ་སྟོང་ལ་སྤྱར་བའི་ཁྲག་ཆེན་རྣམས་སོ། །གུ་རུ་སྨུ་ལ་རཀྟ་ནི། རྟེན་འབྲེལ་བཅུ་གཉིས་ལུགས་འབྱུང་ཚང་བ་མི་རྒན་གྱི་སྙིང་ཁྲག་གོ། །ཡན་ལག་བརྟན་པའི་རཀྟ་ནི་ལོང་རྩའི་ཁྲག་གོ། །མཁའ་དབྱིངས་པདྨ་རཀྟ་ནི། མཚན་ལྡན་མ་མདའ་མ་ཕོག་པའི་ཁྲག་གོ། །ཉོན་མོངས་འཁོར་བའི་རཀྟ་ནི། ཞིང་བཅུ་ཚང་བའི་དགྲ་ཁྲག་གོ། །གཞན་ཡང་སྣང་བ་བརྡའི་རཀྟ་ཁ་དོག་དམར་པོར་གྱུར་ཚད། འཁོར་བ་རྒྱུའི་རཀྟ་ནི་ཁྲག་རིགས་ཐམས་ཅད། སྲིད་པ་གཞིའི་རཀྟ་ནི་ལྗེ་ཁྲག་གོ༔ །མཆོད་པའི་དགོས་ཆེད་ཆགས་པའི་རྒྱུ་རྐྱེན་ཟད་ནས་འཁོར་བ་སྟོང་ཞིང་རྒྱུན་ཆོད་པའི་ཕྱིར་རོ། །

ངེས་དོན་དུ། དུས་གསུམ་རྒྱལ་བའི་དགོངས་ཀློང་ཆེན་པོ་གཞོན་ནུ་བུམ་སྐུའི་ཀཱ་པཱ་ལཱ་ར༔ དུག་གསུམ་གྱི་རྣམ་པར་རྟོག་པ་འཁོར་བའི་རྩ་བ་མ་རུངས་པའི་དགྲ་བོ་ཐམས་ཅད་གཉིས་མེད་ཡེ་ཤེས་ཀྱི་ངང་དུ་བརྟུལ་བའི་ཁྲག་གམ་རཀྟ་མཆོད་ནས་འབུལ་བའི་དོན་ནོ། །གཏོར་མ་ལ། ཐུན་མོང་ལྟར་ན། གཏོར་མའི་རྒྱུ་དངོས་པོ་རྣམ་དག་ཕུད་མ་ཉམས་པ་རོ་བཅུད་ནུས་ལྡན་སེར་སྣ་འཛུར་གེགས་མི་གཙང་བ་བཀྲུས་འཕྱོག་གི་རྫས་མ་དག་པས་གཙང་བ། གཡོས་སྦྱོར་དངོས་ལ། བདུད་རྩིའི་ཕུར་མ་སེལ་མེད། ཚང་གི་ཉིང་ཁུ། དཀར་གསུམ་མངར་གསུམ་ལ་སོགས་ཁ་ཚར་བཏབ་པའི་དངོས་པོ་བཟང་བར་སྦྱར་སྟེ། དབྱེ་བ་ལ་ལྔ་སྟེ། དང་པོ་དོན་གྱི་གཏོར་མ་ནི། འབྲི་གུང་པའི་ཡང་ཟབ་ལས། དང་པོ་གཏོར་སྣོད་ཆོས་ཀྱི་དབྱིངས༔ དཔལ་བཤོས་དོན་ནི་སྐྱེ་བ་མེད༔ འཁོར་སྐྱུ་འགགས་མེད་ཡེ་ཤེས་རྩལ༔ ཞེས་སོ། །

གཉིས་པ་སྒྲུབ་གཏོར་ནི། དེ་ལས། གཉིས་པ་གཏོར་གཞོང་གཞལ་ཡས་ཁང་༔ དཔལ་བཤོས་རྩ་གསུམ་ཞི་ཁྲོའི་གཙོ༔ འཁོར་སྐྱུ་འཁོར་གྱི་ལྷ་ཚོགས་གསལ༔ ཞེས་པས་སྒྲུབ་དུས་དམིགས་གནད་དེ་ལྟར་དགོས་པར་གསུངས་སོ། །

གསུམ་པ་མཆོད་གཏོར་ནི། སྒྲུབ་གཏོར་མདུན་དུ་དེ་དང་ཆ་མཚུངས་ཞིག་བཞམ་པ་ལ་ཟེར་བས། སྔ་མ་ལས། གསུམ་པའི་གཏོར་སྣོད་རིན་ཆེན་སྣོད༔དཔལ་བཤོས་དཀར་མངར་བདུད་རྩི་ལྔ༔ འཁོར་སྐྱུ་འདོད་ཡོན་ལྔ་ཡི་རྫས༔ ཞེས་པ་ལྟར་དམིགས་གནད་གལ་ཆེའོ། །གཏེར་ཁ་ཕལ་ཆེར་དུ་མཆོད་གཏོར་སྒྲུབ་གཏོར་སོ་སོར་མ་བཤད་པའི་དགོངས་པ་ནི། བཀའ་བརྒྱད་ཀྱི་མན་ངག་གཅེས་ལྟེ་ལས། བ་ལིང་གཏོར་མ་ཆེན་པོ་ཉིད༔ མཆོད་པར་ཤེས་དང་ལྷར་ཤེས་དང༔ དམག་དཔུང་ཤེས་དང་ཟོར་ཤེས་བྱ༔ ཞེས་པ་ལྟར་ཏིང་ངེ་འཛིན་གྱིས་འཕྲུལ་འཕྲུལ་དུ་བསྒྱུར་བའོ། །

བཞི་པ་གློ་བུར་ལས་བཅོལ་ལམ་ཕྲིན་ལས་ཀྱི་གཏོར་མ་ནི། ཡང་ཟབ་ལས། བཞི་པའི་གཏོར་སྣོད་ཀ་པཱ་ལ༔ དཔལ་བཤོས་མ་ཧཱཾ་རུ་ཏྲའི་སྙིང་༔ འཁོར་སྐྱུ་ཤ་ཁྲག་ནང་རོལ་རྫས༔ ཞེས་གོ་སླའོ། །

ལྔ་པ་དྲག་པོའི་གཏོར་མ་ནི། དེ་ཉིད་ལས། ལྔ་པའི་གཏོར་སྣོད་དྲག་པོའི་རྫོམ༔ དཔལ་བཤོས་ནད་མཚོན་ཐོག་དང་མེ༔ འཁོར་སྐྱུ་ཤན་པ་གྲི་ཐོགས་གསལ༔ ཞེས་པའི་ཕྱི་མ་གཉིས་ནི་སྨད་ལས་གཙོར

སྔོན་གྱི་གཏོར་མ་སྤྱི་ཁྱབ་ལ་གསུང་བས་འདིར་སྔ་མ་གསུམ་ལ་གོ་དགོས་སོ། །གཏོར་མ་བྱིན་གྱིས་བརླབ་པ་ལ་འང་། བཀའ་བརྒྱད་སོགས་བསྐྱེད་རིམ་གཙོར་སྟོན་ཚོགས་རྣམས་ལ་ཧྲཀྵ་སོགས་སྣོད་ཀྱི་ནང་དུ་ཤ་ལྔ་བདུད་རྩི་ལྔ་དམིགས་པས་བྱེ་བྲག་ཕྱེ་བ་བཞུ་བཏུལ་གྱིས་བརླབ་པ་དང་། ཟབ་པ་གཙོར་སྟོན་ཨ་ནུ་སོགས་རྫོགས་རིམ་གྱི་ལྟ་བས་སྣོད་བཅུད་གཏོར་མའི་རང་བཞིན་དུ་བརླབ་པ་ཡིན་ཏེ། ཡེ་ཤེས་ཐིག་ལེ་ལས། ཧྲ་ཡི་ཡིག་འབྲུ་ཧྲ་གར་བརྗོད། །ལིང་གི་ཡིག་འབྲུ་ལིངྒ་བསྡུན། །ཞེས་པ་ལྟར། གཏོར་མ་ལ་ཧྲ་ལིང་ཞེས་པའི་དག་སྦྱོར། ཕྱི་ལྟར་དབང་པོ་གཉིས་སྦྱོར། ནང་ལྟར་བྱང་སེམས་དཀར་དམར་འདུ་འཕྲོད། གསང་བ་བདེ་སྟོང་གཉིས་མེད་ཡེ་ཤེས་ཀྱི་རྣམ་རོལ་ལས་སྣང་སྲིད་སྣོད་བཅུད་ཐམས་ཅད་གཏོར་མའི་རང་བཞིན་དུ་བརླབ་པའོ། །ངེས་དོན་དུ། རྣལ་འབྱོར་པ་ལྟ་དགོངས་ཁྱད་འཕགས་དག་གིས་ཀུན་རྫོབ་གཟུགས་བརྙན་གྱི་གཏོར་མ་ལ་ལྟོས་མི་དགོས་པར་སྣང་གྲགས་གཏོར་མར་སྒྱུར་ནུས་པ་སྟེ། ཡང་ཟབ་ལས། རྣལ་འབྱོར་ལྟ་བའི་གདེང་ལྡན་ལ༔ གཏོར་མའི་རྒྱུ་ནི་ཅི་དང་ཅི༔ གཏོར་མའི་དབྱིབས་ནི་གང་དང་གང་༔ དངོས་སམ་ཡིད་སྤྲུལ་མེད་ཀྱང་རུང་༔ ལས་རྣམས་རིག་པའི་མཐུ་ཡིས་འགྲུབ༔ཅེས་དང་། རིག་པ་སྐུ་གསུ༷མ་གྱི་ངོ་བོར་ཡེ་ནས་ཡོ༷ངས་གྲོ༷ལ་ཆེན་པོ༷འི་རང་བཞིན་དབྱིངས་ཡེ་གཉིས་མེད་མ་ཏྲ༷་བྲ༷་ལི༷ང་ཏ༷འོ། །བདུད་རྩི་ནི། ཐུན་མོང་ལྟར་ན་སྣོད་ཀ་པཱ་ལ་ཡི་ནང་དུ་ཆང་དང་སེལ་མེད་ཆོས་སྨན་སོགས་སྨན་སྦྱོ་ དསྒྱུར་བ་ལ། རྒྱུ་དྲུག་རྐྱེན་བཞི་ནི། ཕྱི་ལྟར་ཛ་གད། ཆང་གི་རྒྱུ་གྲོ་ནས་འབྲས་ཁྲུན་འབྲུ་སོགས་སོ་སོའི་རྩ་བ་སྔོང་པོ། ལོ་མ། ཡལ་ག མེ་ཏོག་གི་སྙེ་མ། འབྲས་བུ་སྙེ་དྲུག །ནང་ལྟར་ཆོས་སྨན་སྦྱོར་སྐབས། སྨན་གྱི་རྩ་བ། སྡོང་བུ་སོགས་དྲུག་གོ། །དེ་གཉིས་ལ་ཐུན་མོང་དུ་རྐྱེན་བཞི་ནི། རྒྱུའི་རྐྱེན། འབྲུ་སྨན་སོགས་གཙང་ཞིང་དག་པ། བདག་རྐྱེན་རྡོ་རྗེ་སློབ་དཔོན་དེ་ཉིད་བཅུ་ལྡན། དམིགས་རྐྱེན་བྱིན་བརླབས་སམ་སྒྲུབ་དུས་ཏིང་ངེ་འཛིན། དེ་མ་ཐག་རྐྱེན་ལག་ལེན་སྒྲུབ་ལུགས་སོགས་ཚང་བའོ། །གསང་བ་ལྟར། ཡབ་ཀྱི་རྒྱུ་གསུམ་ནི། བྱང་སེམས་དཀར་པོའི་ཕོ་བྲང་གོ་རོ་ཅན། རྒྱུ་ལམ་བརྒྱུངས་པ། གནས་རྡོ་རྗེའི་འབྲས་བུའོ། །ཡུམ་གྱི་རྒྱུ་གསུམ་ནི། བྱང་སེམས་དམར་པོའི་ཕོ་བྲང་མཆིན་པ། རྒྱུ་ལམ་མཁལ་མ། ལེན་པའི་གནས་ཧྲ་གའོ། །དེ་གཉིས་སོ་སོའི་རྐྱེན་གཉིས་ཏེ། ཡབ་ཀྱི་གཤེགས་ཤུལ་རྡོ་རྗེའི་ཆུ་བ། ཡུམ་གྱི་པདྨའི་ཟེའུ་འབྲུ། ཏ

ཏ་དང་ར་ཏྣ་ཞེས་སོ་སོའི་བཞད་སྒྲ་དང་བཅས་པའོ། །དབྱེ་བ་ལ། ཆོས་བདུད་རྩི། སྨན་བདུད་རྩི། དམ་རྫས་བདུད་རྩི། དོན་བདུད་རྩི་དང་བཞི་ལས། སྐབས་ཐོབ་བར་མ་གཉིས་སོ། །ངེས་དོན་ལྟར་ན། རྣལ་འབྱོར་བས་དགག་སྒྲུབ་གཉིས་འཛིན་སོགས་ཀྱི་རྣྃ་རྟོག་ས་ཐམས་ཅད་རང་གྲོལ་སྐྱེ་མེད་ཀྱི་དབྱིངས་སུ་རྩྭ་ར་གཙོ་ད་པའོ། །དེ་ལ་བདུད་རྩིའི་ངེས་ཚིག་ཀྱང་ཚང་སྟེ་ཉོན་མོངས་པ་དུག་ལྔའི་བདུད་དབྱིངས་སུ་བཅད་ནས། ཡེ་ཤེས་ལྔ་ཡི་རྩི་རྒྱས་པའོ། །དེ་ལ་སྨན་གཏོར་གཉིས་ཀའི་ཐུན་མོང་གི་རྫས་གླང་ཆེན་བ་གླང་ཁྱི་མི་རྟ་ཡི་ཤྭ་དང་ལྔ། དྲི་ཆེན་དྲི་ཆུ་མཾ་ས་རཀྟ་བྱང་སེམས་ཏེ་བདུད་རྩི་ལྔ་དང་། ཁྱེ་བྲག་སྨན་གྱི་རྫས་ཉི་ཟླའི་དྭངས་མ་ཁམས་དཀར་དམར་གཉིས། ཕྱི་ནང་གསང་གསུམ་གྱི་རྩ་བ་བརྒྱད་བརྒྱད་སྟེ་ཉེར་བཞི། རྩ་ལས་བྱུང་བ་བརྒྱ། རླུང་གིས་དེད་པ་བརྒྱ། རྩི་སྨན་བརྒྱ།རྡོ་སྨན་བརྒྱ། སྔོ་སྨན་བརྒྱ། ཤིང་སྨན་བརྒྱ། གཤོག་པ་ཅན་ལས་བྱུང་བ་བརྒྱ། གདོང་ཅན་བརྒྱ། སྙེར་ཅན་བརྒྱ། མཆེ་བ་ཅན་ལས་བྱུང་བ་བརྒྱ་སྟེ་ཡུ་ན་ལུ་ག་སྟོང་བཅས་སོ་སོའི་རྫས་བསྡུ་ཐབས་ལས་ཤེས་སོ། །དེ་དག་ཀྱང་ཕྱི་ནང་གསང་བ་སོ་སོའི་འབྱུང་བ་ལས་རང་བྱུང་ཞིང་ལྷུན་གྱིས་གྲུབ་པའི་ནང་གི་དམ་རྫས་ཀུན༔ འཁོར་གསུམ་ཡོངས་སུ་དག་པས་འབུལ་ལོ་ནང་གི་དམ་རྫས་ལ་སྤྱང་ལེན་མེད་པར་བརྟུལ་ཞུགས་མཐར་ཕྱིན་པའི་དངོས་གྲུབ་སྤྱོལ་ཅིག་ཅེས་སོ། །

གསང་མཆོད་ནི། ཀུན་རྫོབ་ཙམ་དུ་ཤེས་རབ་མ་ཡུམ་གྱི་མཁའ་རུ། ཐབས་ཡབ་ཀྱི་རྡོ་རྗེ་སྦྱོར་བས། དུག་གསུམ་གྱི་རྣམ་རྟོག་བསྒྲལ་ཏེ་བདེ་སྟོང་དུ་གྲོལ་བ་དང་། ངེས་དོན་དུ། གུ་རུ་དོན་དམ་གྱི་གནས་ལུགས་སྟོང་ཆེན་ཤེས་རབ་དབྱིངས་ཀྱི་བྷ་གའི་ཀློང་དུ། །ཐབས་ཆོས་ཅན་རྣམ་ཀུན་མཆོག་ལྡན་ཡེ་ཤེས་ཀྱི་རིག་པའི་རྡོ་རྗེ་དང་འདུ་འབྲལ་མེད་པར་སྦྱོར་བ་ཡིས༔ རྟེན་འབྲེལ་བཅུ་གཉིས་ལུགས་འབྱུང་དུ་ཤར་བ་འཁོར་བའི་འཁྲུལ་འཁོར་གྱི་འབྲེལ་རྒྱུན་ལུགས་ལས་ལྡོག་པའི་སྒོ་ནས་འགྲོ་བའི་རྩ་བ་མ་རིག་པའི་བག་ཆགས་དབྱིངས་སུ་བསྒྲལ་བ་སྟེ། དེ་ལྟར་ཐབས་ཤེས་ཟུང་འཇུག་གམ་དབྱིངས་རིག་འདུ་འབྲལ་མེད་པ་ལས་བྱུང་བའི་བདེ་སྟོང་གཉིས་སུ་མེད་པ། དགའ་བ། རབ་དགའ། མཆོག་དགའ། ལྷན་སྐྱེས་ཀྱི་དགའ་བ་སྟེ་དགའ་བཞིའི་སྣང་ཉམས་རྩ་ལ་རྫོགས་པའི་རོལ་གར་དུ་འཆར་བའོ། །དེ་ཡང་སྣང་བ་ཐབས་ཡབ་ཀྱི་རང་བཞིན། སྟོང་པ་ཤེས་རབ་ཡུམ་གྱི་རང་

བཞིན། དེ་གཉིས་དབྱེར་མི་ཕྱེད་པ་ནི་ཐམས་ཅད་ཡེ་སྦྱོར་ཆེན་པོའི་དོན་ཡིན་ལ། དེ་ལྟའི་གནས་ལུགས་ཉམས་སུ་མྱོང་བས་ཤེས་པའི་ཡེ་ཤེས་ཀྱིས་དཀྱིལ་འཁོར་ལྷ་ཚོགས་མཆོད་པ་སྦྱོར་མཆོད་དང་། བསྒྲལ་བྱ་བདག་ལྟ་གཟུང་འཛིན་གྱི་རྣམ་རྟོག །སྒྲོལ་བྱེད་གཉིས་མེད་ཡེ་ཤེས་ཀྱི་མཚོན་ཆས། སྐྱེ་བ་མེད་པའི་དབྱིངས་སུ་སྒྲོལ་བ་ནི་ཐམས་ཅད་ཡེ་སྒྲོལ་ཆེན་པོའི་དོན་ནོ། སྦྱོར་སྒྲོལ་གཉིས་ཀྱི་བརྟུལ་ཞུགས་མཐ༷ར་ཕྱི༷ན་པ་དོན་གྱི་མཆོད་པ་དང་། དེའི་སྣང་ཆ་ཀུན་རྫོབ་ལས་བྱུང་བ་གསུ༷ང་བ༷འི་རྫ༷ས་བྱང་སེམས་དཀར་དམར་དང་ཞིང་བཅུ་བསྒྲལ་བའི་རྫས་རྣམས་ཀྱང་འབུ༷ལ་ལོ༷་གཞ༷ན་སྣ༷ང་ཟིལ་གྱིས་གནོན་ཅིང་དབ༷ང་དུ་འདུ༷ས་པའི་དངོ༷ས་གྲུབ་དམ་པ་སྩོལ་ཅིག་ཅེས་པའོ། །དེ་ལྟར་ཕྲིན་ལས་རྣམ་པ་བཞི་སྒྲུབ་པ་ལ། མཚ༷ན་མ༷་རྫ༷ས་ལ་བརྟེན་པ་ད༷ང་མཚ༷ན་མེ༷ད་ཏི༷ང་ངེ་འཛི༷ན་གྱི༷་དམིགས་པ་ལ་བརྟེན་ན༷ས༔ ཞི་རྒྱས་དབང་དྲག་གི་ལ༷ས་རྣམ་པ་བཞི༷འི་ཕྲི༷ན་ལ༷ས་སྒྲུབ་པ༷འི་ཚེ། སོ་སོའི་ལྷ་སྒོམ་སྔགས་ཀྱི་ཕྱག་རྒྱ། བྲོ་གར་འདུ་འཕྲོའི་ཕྱག་རྒྱ། གླུ་ཚིག་སྒྲའི་ཕྱག་རྒྱ། ཨ་ལི་ཀ་ལིའི་ཕྱག་རྒྱ་སོགས་ལ་བརྟེན་པ་ད༷ང་། དེ་ཡང་ཐུགས་རྗེ་ཤུགས་ཀྱིས་སྒྲོལ་བ་ནི་སྔགས་ལམ་སྤྱིའི་སྒྲོལ་བའི་མཚན་ཉིད་ཡིན་ལ་དེའི་དམོ༷ད་པ༷འི་མཚོ༷ན་ཆ༷་ནི་ལས་གང་སྒྲུབ་ཀྱི་རྫབ་བསྙེན་སོགས་མདོར་ན་རྫས་དམིགས་ལྷ་སྔགས་ཏིང་འཛིན་ཐམས་ཅད་ཚང་བའི་སྒོ་ནས་རྒྱལ་བ་དགྱེས་པའི་མཆོད་སྤྲིན་དུ་ཕྱུ༷ང་ལ༷་འབུ༷ལ༔ ཐེག་ཆེན་སྤྱིའི་ཐུན་མོང་གི་ལམ། སྨོན་པ་དང་འཇུ༷ག་པ་བྱང་ཆུབ་ཀྱི་སེ༷མས་རིན་པོ་ཆེ་རྣམ་པ་གཉིས་བསྐྱེད་ཅིང་དེ་ཉིད་མི་ཉམས་ཤིང་གོང་དུ་འཕེལ་བའི་ཕྱིར། སྔོན་བྱོན་རྒྱལ་བ་གོང་མ་རྣམས་ཀྱིས་བྱིན་གྱིས་བརླབས་པའི་སྒྲུབ་གནས་ཁྱད་པར་འཕགས་པ་ཉིན་མོ་མི་ཡི་རྒྱུ་འགྲུལ་དང་། མཚན་མོ་ལྷ་འདྲེའི་གླག་ཅོར་མེད་པའི་བྲ༷ག་ཕུ༷ག་གི་ནང་དུ་རྟག་པར་སྡོད་ཚུགས་པ་མགོའི་ཞྭ་མོ་ལྭ་ར་གྱོན་ཅིང་བསྟེན་པས། སྲིད་པ་དང་སྲིད་པའི་ཡོ་བྱད་ལ་ཆ༷གས་པ་མེ༷ད་པར་འཁོ༷ར་བ༷འི་འདུ་འཛི་རིང་དུ་སྤ༷ངས་པ༷འི་རྣ༷ལ་འབྱོ༷ར་པ་ལ༷༔ རང་ལ་མ༷་ཉེ༷ས་པར་སྒྲོ་སྐུར་བཅད་པའི་ཁ༷་ཡོ༷ག་དང་བདེན་རྫུན་ལ་མ་དཔྱོད་པའི་བྱུང་རྒྱལ་དུ་ངན་སླས་རི་བོང་ཙ༷་ལ་སྒོག་ལྟ་བུའི་ངག་ཚིག་བརྗོད་པ་དང་། གནོད་སེམས་ཀྱི་བསམ་པ་ངན་ཅིང་སྦྱོ༷ར་བ་རྩུབ་མོའི་ལས་ཐབས་སྣ་ཚོགས་པས་གནོད་པ་གཏོ༷མ་ཞིང་། དམ་ཆོས་བྱང་ཆུབ་སྒྲུབ་པ་ལ༷་བར༷་དུ་གཅོ༷ད་ཅིང་བསམ་གཏན་སྒོམ་པའི་ཐུགས་རྒྱུད་དཀྲུགས་པ༷་

ཡི༷་གཟུགས་ཅན་མི་དང་གཟུགས་མེད་མི་མིན་གང་ཡིན་ཡང་རུང་སྟེ་དེ་དག་སྔོན་གྱི་སྨོན་ལ༷་མ་ལོ༷་ག་པ༷་འི་དབང་གིས་བྱུང་བས་དགྲ༷་འདྲེ༷་དམ་སྲི༷འི་རིགས་དེ་དག་གི་སྲོག་རྩ་ཆོད་ལ་སྙིང་ཁྲ༷ག་དམ་ཅན་རྒྱ་མཚོས་འཕྲུ༷ང་ཞེས་བསྐུལ་བའོ། །གསང་སྔགས་ཀྱི་ལམ་སྒྲུབ་པའི་གང་ཟག་མཚན་ཉིད་དང་ལྡན་པས། སྔགས་ཀྱི་བསྟན་པ་དར་བ་དང་། གཞན་སྣང་ཟིལ་གྱིས་གནོན་པའི་རྟེན་འབྲེལ་དུ། དབུ་སྒྲ་རལ་པ་ཐོར་ཅོག་ཏོ་ཀེར་དུ་བཅིངས་ཤིང་དེའི་རྒྱན་དུ་རྫོགས་པ་ཆེན་པོའི་རྒྱུད་འབུམ་ཕྲག་དྲུག་ཅུ་རྩ་བཞིའི་བསྡུས་རྒྱུད་གླེགས་བམ་གྱི་ཚུལ་དུ་བཞུགས་པ་ཀུན་མཁྱེན་འཇིགས་གླིང་རང་གི་བཞུགས་ཚུལ་དང་མཐུན་པར་གསུངས་པ། མཐོ༷ན་མཐི༷ང་གནག་སྐུམ་ཅན་ར༷་ལ་པ༷་འི་གླེགས་བུ༷་མ་མ༷་ན་ཀ༷ད་ན༷ས༔ འཆི་མཁོའི་ཡོ་བྱད་སྐྱི་དང་བདོ༷ག་པ༷་འི་རྫས་ཉེ༷ར་སྤྱད་ཕྲ༷་མོ༷་ཐན་ཁབ་དང་སྐུད་བུ་ཡན༷་ཆད༷་དུ༔ མདོ༷་ར་ན༷་རྣལ་འབྱོར་པའི་ཡི༷ད་ལ༷་མཛ༷འ་བ༷་འི་རྫ༷ས་ཅི་ཡོད་པ་ཐམས་ཅད། བྱིན་རླབས་ཀྱི་རྩ་བ་བླ་མ། དངོས་གྲུབ་ཀྱི་རྩ་བ་ཡི་དམ། ཕྲིན་ལས་ཀྱི་རྩ་བ་མཁའ་འགྲོ་སྟེ་རྩ༷་བ་གསུ༷མ་དང་ཆོས་སྲུང་དྲ༷མ་ཅ༷ན་ཌཱ་ཀི༷་འི་བླ་ཆགས་པའི་རྟེན་བླ༷་རྫོ༷ར་དམིགས་ནས་འབུ༷ལ་བས། བསམ་གཏན་དང་མཐུན་པའི་གནས་ན༷གས་ཁྲོ༷ད་དང་དུ༷ས་མཐུ༷འ་ནི། དུས་འཁོར་ལས་གསུངས་པའི་ཚད། གཞུ་འདོམ་ཉིས་སྟོང་ལ་རྒྱང་གྲགས། དེ་བཞི་ལ་དཔག་ཚད། གྲོང་ལས་རྒྱང་གྲགས་གཅིག་འཕགས་པ་ལ་དགོན་པ། དེ་ལས་ཉེ་བ་རྒྱང་གྲགས་ཕྱེད་གཅིག་ལ་བས་མཐའ་ཞེས་བྱའོ། །ཞེས་པ་ལྟར་དང་། སྔོན་གུ་རུས་བྱིན་གྱིས་བརླབས་པ་གྲགས་པའི་མཚོ་ཆེན་བཞི་ལྷ་བུ་མཚོའི་དབུས་སུ་རི་གནས་ཤིང་དེར་སྒྲུབ་གནས་ཡོད་པ་ལྷ་བུའི་མཚོ༷་གླིང་དང་འབྲེལ་བའི་བྲ༷ག་གི་ཕུ༷་སྐྱིབས་ཏེ་ཕུག་པ་སོ༷གས༔ རྫོགས་ཆེན་གྱི་རྒྱུད་རྣམས་ལས་དུས་བཞི་དང་སྦྱར་ནས་གསུངས་པས་མཚོན་རྣལ་འབྱོར་བའི་ཡིད་དང་མཐུན་ཅིང་ཉམས་དགའ་བའི་ངེ༷ས་མེ༷ད་ཀྱི་གན༷ས་རྣམས་སུ་བྱ༷ང་ཆུབ་སྙིང་པོ་སྒྲུབ་པ༷་འི་ཕྱི༷ར༔ ནགས་ཀྱི་སྟུག་མོ༷ས་ཡང་དང་བག་ཚ་བྲལ་བར་གཅིག་པུས་རི༷་སུ༷ལ་འགྲི༷མ་པ་ལྟ༷ར་སྒྲུབ་གནས་རྣམས་སུ་རྒྱུ༷་བ༷་འི་ཚེ༷༔ ཆོས་སྲུང་རྣམས་རྣལ་འབྱོར་པའི་ལུ༷ས་ལ༷་གྲི༷་བ་མ༷་འགྲོགས་པ་བཞི༷ན་དུ༷་འགྲོ༷གས་ནས་རྟག་ཏུ་བར་ཆད་སྲུང་བའི་མེལ་ཚེ་གྱིས་ཤིག་ཅེས་སྔོན་གྱི་གཡར་དམ་དྲན་པར་བསྐུལ་བའོ། །

བཞི་པ་གཞུང་གི་མཇུག་སྨོན་ལམ་དང་བསྔོ་བ་གཉིས་ལས། དང་པོ་ནི། རྣལ་འབྱོར་པ

འཁོར་བར་འཁོར་བའི་རྒྱུན། བརྟན་པ་སྣོད་ཀྱི་འཇིག་རྟེན་དང་གཡོ་བ་བཅུད་དུ་འཛིན་པའི་རྟོག་པ། སྣང་བ་ཡུལ་གྱི་རྣམ་པ་དང་འཛིན་པ་སེམས་ཀྱི་རྣམ་པར་གཟུང་འཛིན་དུ་ཞེན་པ་ས་རང་རྒྱུད་རྟག་ཏུ ཐོག་མེད་ནས་བཅིངས་པ་ཡི༔ སྦྲ་བ་གཉིས་སྣང་དང་རགས་པ་བདེན་འཛིན་གྱིས་བསྡུས་པའི་རྣམ་རྟོག་སྣ་ཚོགས་པ་ཁྲེང་ཆགས་སུ་བྱུང་བ་གྲུ་གྲུ་དྲང་པོ་མིན་པ་བསླུ་བའི་ངང་ཚུལ་གྱི་སྒྱུ་འཕྲུལ་ཅན་མཐའ་དག །རྣལ་འབྱོར་པ་སྲིད་ཞི་གཉིས་མེད་དུ་རྟོགས་པ་ལྟ་བའི་གདེང་དང་ལྡན་པས་གང་ཤར་རང་གྲོལ་ངོ་ཤེས་པ་དང་རྩལ་རྫོགས་པ་དུས་མཉམ་དུ་བྱས་པ་བསྒོམ་པའི་ཀློང་དུ་གཉིས་འཛིན་དང་བྲལ་བར་འབུལ་ལོ། །དེས་ན་བདག་གི་འཁྲུལ་པ་འཁྲུལ་རྒྱུན་ལམ་སྣང་དང་བཅས་པ་དབྱིངས་སུ་ནུབ་པ་ཆོས་ཉིད་ཟད་སར་འགྱོལ་བ་ར་གསོལ༔ ཅེས་སྨོན་པའོ། །

དེའི་ཞར་བྱུང་དུ་འཁྲུལ་ཚུལ་བཤད་པའི་སྒོ་ནས་ལུས་འབུལ་ཞིང་འཇའ་ལུས་འགྲུབ་པར་སྨོན་པ་ནི། དེ་ཡང་ཐོག་མའི་སྤྱི་གཞི་ཀ་དག་རང་ངོས་ན་འཁྲུལ་པ་མི་སྲིད་ཀྱང་ལྷུན་གྲུབ་ཀྱི་རྩལ་སྣང་ལས་བྱུང་ཚུལ། བཀྲ་ཤིས་མཛེས་ལྡན་ཆེན་པོའི་རྒྱུད་ལས། ཀྱེ་མ་ང་ལ་འཁྲུལ་པ་མེད་ཀྱང་ངའི་རྩལ་ལས་འཁྲུལ་པ་བྱུང་སྟེ། གཞི་མི་འགྱུར་བ་ལས་རང་བཞིན་མ་འགགས་པར་ཤར་ནས་ཐུགས་རྗེ་མ་ངེས་པ་ལས་མ་རིག་པ་རང་བྱུང་སྟེ། དཔེར་ན་ནམ་མཁའ་ལ་སྤྲིན་ཡང་དག་པར་ཡོད་པ་མ་ཡིན་ཏེ། གློ་བུར་དུ་སྤྲིན་བྱུང་བ་དང་འདྲ་བར། གཞི་ལ་མ་རིག་པ་ཡོད་པ་ཅང་མ་ཡིན་ཏེ། ཐུགས་རྗེ་ལྟར་ཤར་བ་ལས་མ་རིག་པ་བྱུང་སྟེ། ཞེས་གསུངས་པ་ལྟར། ཐོག་མའི་གཞི་ལས་གཞི་སྣང་མཆེད་དེ་ལྷུན་གྲུབ་སྒོ་བརྒྱད་ཀྱི་སྣང་བ་འཆར་བའི་ཚེ། ཆོས་ཉིད་ཡུལ་གྱི་འཁྲུལ་གཞི། འོད་ལྔ་སྣོད་བཅུད་ཀྱི་འཁྲུལ་གཞི། རིག་པ་སེམས་ཀྱི་འཁྲུལ་གཞིར་བྱས་ནས། གནས་ལུགས་རང་ངོ་མ་ཤེས་པ་མ་རིག་པ་གསུམ་ཇེ་རགས་སུ་གྱུར་པའི་དབང་གིས་འཁྲུལ་པ་བྱུང་བ་ཡིན་པའི་ཚུལ་རྫོགས་ཆེན་གྱི་རྒྱུད་ཆེན་པོ་རྣམས་ནས་ཇི་སྐད་གསུངས་པ་བཞིན། འདིར་ཡང་དེ་དང་ཚུལ་མཐུན་པར། ཡེ་དོན་གྱི་ཀུན་གཞིའི་དང་ནས་དག་པ་ཡེ་ཤེས་ཀྱི་རླུང་དང་མ་དག་པ་ལས་རླུང་ལྷན་ཅིག་ཏུ་གཡོས་པ་ལས་ཁྱེ་མ་ལས་རླུང་གཡོ་བའི་འཕྲུལ་ལས། བ་ག་ཆགས་སྣ་ཚོགས་པའི་སེམས་ཉིད་རིམ་གྱིས་ཇེ་རགས་སུ་གྱུར་ནས་མའི་མདལ་གྱི་རྒྱུ་ར་ཁུ་རྡུལ་རླུང་གསུམ་རོ་གཅིག་ཏུ་འདྲེས་ནས་འཁྱུམ་པ་ལྟ་བུ། ཁྱེ་ཡི་འབྱུང་ཆེན་ས

ཆུ་སོགས་ཀྱི་རྒྱུས་ནང་གི་འབྱུང་བ་འི་ཁམས། ས་ཁམས་ཤ །ཆུ་ཁམས་ཁྲག །མེ་ཁམས་དྲོད། རླུང་ཁམས་དབུགས། ནམ་མཁའི་ཁམས་ལས་རྣམ་ཤེས་ཏེ་འབྱུང་ལྔ་སོ་སོའི་ཕུང་པོ་འི་ཁམས་དྲུག་ལས་བྱུང་བའི་ལུས་སམ། ཡང་ན་དེ་ལྟར་ཤ་ཁྲག་དྲོད་དབུགས་ལས་བྱུང་བའི་ལུས་ཅན་ཕུང་པོ་ལྔ། ཁམས་བཅོ་བརྒྱད། སྐྱེ་མཆེད་བཅུ་གཉིས་ཀྱིས་བསྡུས་པ་འདི་ཉིད་ཞེན་འཛིན་དང་བྲལ་བར་ཚོགས་ཞིང་གི་ལྷ་ལ་འབུལ་ལོ། །ལུས་འབུལ་བ་དེའི་རྟེན་འབྲེལ་གྱི་དབང་ལས་བདུ་གཉིས་ཀ་དག་ལྷུན་གྲུབ་ཟུང་འཇུག་གི་གསེང་ལམ་ལ་བརྟེན་ནས་འཇའ་ལུས་འཕོ་ཆེན་གྱི་སྐུ་སྒྲོན་དཔོན་པདྨ་དང་བི་མ་ལ་ལྟ་བུ་མྱུར་དུ་འགྲུབ་པ་ར་ཤོག་ཅིག་ཅེས་སྨོན་པའོ། །དེ་ལྟར་སྒོང་བཤགས་དང་འབྲེལ་བའི་མཆོད་པ་དེ་དག་ལ་མཆོད་རྫས་ཀྱི་དངོས་པོ་མདོར་བསྟན་རྩོལ་བྱུང་དང་། ཡི་ནས་ལྷུན་གྱིས་གྲུབ་པ་གཉིས་སུ་འདུ་བས། ཐེ་མ་ནི་འབད་པས་བསྒྲུབས་པའི་མཆོད་རྫས་རྣམས་དང་། ཕྱི་མ་ནི། དགོངས་འདུས་རྣམ་བཤད་ལས། ཕྱི་མ་བཤམས་ལྷུན་གྱིས་གྲུབ་པ། གླིང་བཞི་རི་རྒྱལ་ཉི་ཟླ་སོགས་སྣོད་ཀྱི་འཇིག་རྟེན། ནང་རྩོལ་མེད་ཤུགས་ཀྱིས་གྲུབ་པ་ལྷ་དང་ལྷ་མོ། མི་དང་མི་མོ་སོགས་བཅུད་ཀྱི་སེམས་ཅན་གྱི་རྒྱན་ཆ་ལུགས། རྣམ་འགྱུར་རོལ་རྩེད། འདོད་ཡོན་ལོངས་སྤྱོད་བཅས། གསང་བ་སེམས་ཀྱི་རོལ་པ་ཚོ་འཕྲུལ་དུ་མ་ལས་བྱུང་དམིགས་པའི་མཆོད་རྫས་ཀུན་བཟང་མཆོད་སྤྲིན་ལས་ལྷག་པའོ། །ཞེས་དང་། རྒྱལ་བ་གཏོད་ཚང་པ་སྣ་ཚོགས་རང་གྲོལ་གྱིས། ཕྱི་རོལ་དུ་དམིགས་རྟེན་དངོས་སུ་བཤམས་པ་མཚན་མ་རྫས་ཀྱི་མཆོད་པ། ནང་ཤ་ཁྲག་དྲོད་དབུགས་ལ་སོགས་པ་རང་ལུས་ཁ་རྗེ་དབང་ཐང་བཅས་འབུལ་བ་ནང་རང་བྱུང་ལྷུན་གྲུབ་ཀྱི་མཆོད་པ། གསང་བར་གཤིས་སྐྱེ་མེད་ཀྱི་གདངས་འགག་མེད་རྩལ་སྣ་ཚོགས་སུ་ཤར་བ་མཐའ་དག་དོན་དམ་ཡེ་ཤེས་ཀྱི་མཆོད་པ། དེ་དག་ཐམས་ཅད་ཀྱང་དབུལ་བའི་ཡུལ། འབུལ་བྱེད་ཀྱི་གང་ཟག །དབུལ་རྒྱུའི་དངོས་པོ་སོགས་སོ་སོར་མ་གྲུབ་པ། གཅིག་ཏུ་ཡང་མ་བསྡུས། མིང་དང་མཚན་མའི་ཐ་སྙད་ལས་འདས་ཤིང་ཡིད་དཔྱོད་ཀྱི་བློའམ་རྟག་ཆད་ཀྱི་མུ་དང་བྲལ་བ་དེ་ཁོ་ན་ཉིད་ཡང་དག་དོན་གྱི་མཆོད་པའི་མཆོག་ཏུ་གྱུར་པའི་དོན་རིགས་པར་བྱ། ཞེས་གསུངས་པ་ལྟར་ཤེས་པར་བྱའོ། །

གཉིས་པ་བསྔོ་བ་ལ་ལྔ་སྟེ། དང་པོ་གང་བསྔོ་རྒྱུའི་དགེ་རྩ་ནི། ཐར་པའི་ལམ་འཚོལ་བའི་གང་

ཟག་རྣམས་ལ་ཉམས་ཆག་བསྐང་ཞིང་ཚོགས་གཉིས་སྤེལ་བའི་ཆ་རྐྱེན་མེད་དུ་མི་རུང་ཞིང་གལ་ཆེ་བའི་སྔོན་བཤགས་ཀྱི་གཞུང་གདན་ལ་ཕབ་པ་འདྲི༷ས་མཆོ༷ན་ཇེན་དུ་བྱས་ནས། རང་གཞན་སེམས་ཅན་ཀུན་གྱིས་དུས་གསུ༷མ་དུ་བས༷གས་པ༷འི་དགེ༷་བའི་རྩ༷་བ་གང་ཇི་སྙེད་ཡོད་པ་ཀུན་བློ་ཡིས་ཡོངས་སུ་བསྡོམས་ཤིང་།

གཉིས་པ་གང་ཟག་གང་གིས་ཚུལ་ཇི་ལྟར་བསྒོ་ན། རྫོགས་ཆེན་པ་རང་བྱུང་རྡོ་རྗེས་མཉམ་གཞག་ཏུ་ལྟ་བ་འཕོ་འགྱུར་དང་བྲལ་བ་རྫོགས་པའི་ལག་རྗེས་ལས། རྗེས་ཐོབ་ཏུ་མཚན་འདོགས་ནང་དོན་དུ་མཉམ་རྗེས་རིས་མེད་མཉམ་པ་ཆེན་པོའི་ངང་དུ་དྲ༷ན་རི༷ག་སོ་མ་གཟུང་འཛིན་གྱི་རྟོག་པས་མ་བསླད་པ་ཟ༷ག་པ༷་མེད༷་པ༷འི་ཡེ༷་ཤེས༷་ཀྱི༷ས། བསྒོ་བྱ་སྒོ་བྱེད་བསྒོ་ཡུལ་གསུམ་སོ་སོར་བདེན་པར་ཞེན་པའི་འཁོ༷ར་གསུ༷མ་གྱི་དམིགས་པ་ཡོ༷ངས་སུ༷་དག་པ་ཆེ༷ན་པོ༷ར་ལྟ་བས་རྒྱས་བཏབ་ན༷ས།

གསུམ་པ་འབྲས་བུ་གང་གི་ཆེད་དུ་སྔོ་ན། རང་འདོད་ཀྱི་ཀུན་སློང་དང་བྲལ་ཞིང་གཞན་ཕན་བྱང་ཆུབ་ཀྱི་སེམས་དང་ལྡན་པས་གནས་ལུགས་གཞིའི་སངས་རྒྱས་རང་ངོ་མ་ཤེས་པའི་དབང་གིས་སྲིད་ཞི་གཉིས་ཀྱི་གནས་སུ་འཁོར་བའི་སེམས་ཅན་ཡོད་དོ་ཅོག་ཐམས་ཅད། མཐར་ཐུག་གན༷ས་ལུ༷གས་རྫོ༷གས་པ༷་ཆེ༷ན་པོ༷འི་རང་ངོ་ཤེས་ཤིང་ནང་གསལ་གཞོན་ནུ་བུམ་སྐུའི་ཀློང་དུ་བཙན་ས་ཟིན་པར་ཤོག་ཅིག་ཅེས་པའོ། །ཨ༷ཿནི་སྐྱེ་བ་མེད་པའི་དབྱིངས་སུ་ཐིམ་ནས་སླར་འཁྲུལ་མི་སྲིད་པར་རྒྱས་ཐེབས་པའི་དོན་ནོ། །

བཞི་པ་མ་བསྔོས་པའི་སྐྱོན་ནི། དགེ་བ་གང་བྱེད་ཀྱང་སྦྱོར་དངོས་རྗེས་གསུམ་གྱིས་མ་ཟིན་པ་ལ་དགེ་རྩ་འཛད་པའི་རྒྱུ་བཞི་གསུངས་ཏེ། ལུང་ལས། དགེ་བའི་རྩ་བ་བསགས་ནས་ནི། །མ་བསྔོས་ཡང་ན་ལོག་པར་བསྔོས། །གཞན་ལ་བསྒྲགས་དང་འགྱོད་པ་སྐྱེས། །དེ་ནི་ཟད་པའི་རྒྱུ་བཞི་ཡིན། །ཞེས་པ་ལྟར་རོ། །

ལྔ་པ་ལེགས་པར་བསྔོས་པའི་ཕན་ཡོན་ནམ་འབྲས་བུ་ནི། བློ་གྲོས་རྒྱ་མཚོས་ཞུས་པའི་མདོ་ལས། ཇི་ལྟར་ཆུ་ཐིག་རྒྱ་མཚོ་ཆེན་ལྷུང་། །རྒྱ་མཚོ་མ་སྐམ་བར་དུ་དེ་མི་ཟད། །དེ་བཞིན་བྱང་ཆུབ་ཡོངས་བསྔོས་དགེ་བ་ཡང་། །བྱང་ཆུབ་མ་ཐོབ་བར་དུ་དེ་མི་འཛད། །ཅེས་པ་ལྟར་བསྔོས་པས། དགེ་

ཚ་ལུང་མ་བསྟན་དུ་ལུས་ཤིང་འབྲས་བུ་ཟད་པར་འགྱུར་བ་དང་། འཁོར་བའི་རྒྱུ་བྱེད་པ་སོགས་ཀྱི་སྐྱོན་དང་བྲལ་ནས། ཟག་པ་མེད་པའི་དགེ་བ་གོང་དུ་འཕེལ་ཞིང་། འབྲས་བུ་བླ་ན་མེད་པ་སངས་རྒྱས་ཀྱི་གོ་འཕང་ལ་སྦྱོར་བའི་ཡོན་ཏན་དང་ལྡན་པའོ། །ཤྲུ་ཏཱཿནི་གསང་བའི་དོན། བཛྲ་ཧྲི་མཿནི་དགོངས་པའི་ཀློང་ནས་རྩལ་སྣང་བརྡ་ཚིག་ཏུ་ཤར་བ་སླར་ཐིམ་པའོ། །གསུམ་པ་མཇུག་ཡོངས་སུ་རྫོགས་པ་ཇི་ལྟར་བྱུང་བའི་ལོ་རྒྱུས་མཛད་བྱང་སྨོས་པ་ནི། དེ་ཡང་། བླ་མ་དགོངས་འདུས་ལུང་བསྟན་བཀའ་རྒྱ་མ་ལས། ལྔ་ཕྲུགས་འོད་ཟེར་མིང་ཅན་སྤྲུལ་པའི་སྐུཿ ཟབ་དོན་སྙིང་ཐིག་ཆོས་ཀྱི་འགྲོ་བ་འདྲེནཿ འབྲེལ་ཚད་རིག་འཛིན་ཞིང་དུ་འཕེན་པ་འབྱུངཿ ཞེས་དང་། གཏེར་སྟོན་ཆོས་རྗེ་གླིང་པའམ་རིག་འཛིན་འཛམ་གླིང་རྡོ་རྗེའི་ལུང་བསྟན་ལས། དབུས་གཡོར་གཞུང་དུ་བྱང་སེམས་པདྨའི་མིངཿ བཀའ་སྙིང་བསྟན་སྐྱོང་ཐབས་མཁས་འགྲོ་བ་འདུལཿ ཞེས་དང་། རང་གཏེར་གནད་བྱང་ཐུགས་ཀྱི་སྒྲོམ་བུའི་ལུང་བྱང་ལས། དེ་དུས་ད་ལྟའི་རྗེ་འབངས་གྲོགསཿཔི་མ་རྒྱལ་སྲས་ལྷ་རྗེ་རྣམསཿ སྨོན་ལམ་ཐུགས་རྗེས་སྤྲུལ་པའི་སྲསཿ རང་བྱུང་རྡོ་རྗེ་པདྨ་དབངཿ གསང་མཚན་གར་དབང་འཇིགས་མེད་གླིངཿ རྟོགས་གྲོལ་དུས་མཉམ་ཐུགས་གཏེར་བདགཿ ཅེས་དང་། རང་གཏེར་སྟག་ཚང་ཕུར་པའི་ལུང་བྱང་ལས། བི་མའི་སྤྲུལ་པ་པདྨའི་མིང་འཛིན་ལཿ ཡེ་ཤེས་རྩལ་རྫོལ་དག་སྣང་གནས་སྒོ་འབྱེདཿ ཅེས་གསུངས་པ་ལྟར། གངས་ཅན་མགོན་པོ་སྤྱན་རས་གཟིགས་དང་། སྲོང་བཙན་སྣམ་པོ།རྫོགས་ཆེན་བསྟན་པའི་བདག་པོ་དགའ་རབ་རྡོ་རྗེ། ཤྲཱི་སིཾ་ཧ། པཎ་ཆེན་བི་མ་ལ། རྗེ་འབངས་གྲོགས་གསུམ། རྒྱལ་སྲས་ལྷ་རྗེ་སོགས་འཕགས་ཆེན་དུ་མ་ཟུང་དུ་འཇུག་པའི་རྣམ་རོལ་ཀུན་མཁྱེན་འདི་ཉིད་ལ། དུས་སྨྲ་ཕྱི་ཙི་རིགས་པར་རྒྱ་བོད་ཀྱི་གྲུབ་རིག་འཛིན་པ་རྣམས་དང་རྩ་གསུམ་ཆོས་སྲུང་དང་བཅས་པའི་ཞལ་གཟིགས་བསམ་ཡུལ་ལས་འདས་པར་བྱུང་ཞིང་བྱིན་གྱིས་བརླབས་པའི་དབང་གིས་རང་བཞིན་རྫོགས་པ་ཆེན་པོའི་གནས་ལུགས་བྱ་རྩོལ་དང་བྲལ་བའི་ཀློང་དུ་ཆོས་ཉིད་ཀྱི་བདེན་པ་མངོན་དུ་གཟིགས་ཤིང་། གཞན་ཡང་དཔལ་རི་ཐེག་མཆོག་གླིང་དུ་ལོ་གསུམ་གྱི་རིང་ཐུགས་དམ་བཅད་རྒྱ་གནང་བའི་དུས་སུ་འོད་གསལ་གྱི་སྣང་ཆ་ལ། ཨོ་རྒྱན་མཚོ་སྐྱེས་རྡོ་རྗེ་དང་གཉིས་སུ་མེད་པའི་སློབ་དཔོན་འཇམ་དཔལ་བཤེས་གཉེན་གྱི་ཞལ་མཇལ་ཞིང་བརྡ་

ཐབས་ཀྱི་ཕྱག་རྒྱས་ངེས་པ་དོན་གྱི་དབང་བསྐུར་ནས་གཉིས་མེད་དུ་ཐིམ་པའི་མོད་ལ། རྟོགས་བརྗོད་ལས། དུས་འདི་ནས་དགོངས་པའི་གསང་མཛོད་རོལ༔ གསུང་རབ་ཀུན་གྱི་དགོངས་པ་ཁྲོལ༔ ཀློང་ཆེན་རིག་པའི་རྩལ་ཆེན་རྫོགས༔ སྣང་ཡུལ་བརྡ་དང་དཔེ་ཆར་ཤར༔ མཆོག་གི་དངོས་གྲུབ་རྒྱུད་ལ་བཞག༔ ཅེས་དང་། རང་བྱུང་གི་རྟོགས་པ་བྱུང་རྒྱལ་དུ་སྐྱེས། ཉམས་ཀྱི་འཛིན་སྟངས་བུད། ལས་རླུང་དབང་དུ་འདུས། སྣང་བའི་རྫུན་ཕུག་རྡིབ། ཤེས་པ་ལ་བཏྲུལ་ཞུགས་ཀྱི་ངར་ཐོགས་ནས་ཚེ་འདིའི་སྣང་བ་ཕལ་ཆེར་བརྗེད་ནས་སྐྱེ་བ་འཕོས་པ་ལྟ་བུ་ལ་མངའ་རིས་པཎ་ཆེན་གྱི་བག་ཆགས་སད། ཅེས་གསུངས་པ་ལྟར་དང་། ཁྱད་པར་དུ་དེའི་རྗེས་སུ་རང་བྱུང་པདྨའི་སྒྲུབ་གནས་བསམ་ཡས་མཆིམས་ཕུར་ལོ་གསུམ་བསྒྲུབ་པ་ལ་ཐུགས་རྗེ་གཅིག་ཏུ་གཞོལ་བའི་སྐབས། མ་ཧྲོན་བདེ་གཤེགས་རི་རབ་མར་མེའི་རྒྱལ་མཚན་མིའི་ཟློལ་ལ་བརྟེན་པ་ཀུན་མཁྱེན་ངག་གི་དབང་པོའི་ཡེ་ཤེས་ཀྱི་སྐུས་ལན་གསུམ་དུ་ཞལ་བསྟན་པའི་དང་པོའི་སྐབས། བརྗོད་བྱ་དོན་གྱི་ཐུགས་རྒྱུད་འཕོ་བར་གྱུར་ཅིག འཕོ་བར་གྱུར་ཅིག །རྗོད་བྱེད་ཚིག་གི་བརྒྱུད་པ་རྫོགས་པར་གྱུར་ཅིག །རྫོགས་པར་གྱུར་ཅིག །ཅེས་གསུངས་ནས་སྐུ་ཡིས་རྗེས་སུ་བཟུང་ནས་བྱིན་གྱིས་བརླབས་པའི་ཚེ། ཇི་སྐད་དུ། རྒྱལ་སྲས་པདྨ་དགེ་བའི་བཤེས་གཉེན་གྱི། །རྫུ་ལ་ཞུགས་པ་ཀློང་གསལ་དྲི་མེད་ཀྱི། །ཞལ་མཐོང་ཙམ་གྱིས་བག་ཆགས་སྡིག་སྒྲིབ་ཟད། །གསུང་ཐོས་ཙམ་གྱིས་རྟོགས་པའི་ཀློང་ཆེན་རྡོལ། །ཐ་སྙད་ཚོས་ལ་སློབ་གཉེར་མ་བགྱིས་ཀྱང་། །དཔེ་མཐོང་ཙམ་གྱིས་གདམས་པའི་གནད་མཚང་རིག ཉིན་ཞག་གཅིག་ལ་སེམས་ཅན་སངས་རྒྱས་སུ། །བསྒྱུར་བའི་བཀའ་དྲིན་བསམ་ཀྱིན་བླ་མ་དྲན། །ཕྱི་ལྟར་ཧཱུྃ་ཆེན་འགྲོ་འདུལ་དྲི་མེད་རྗེ། །ནང་ལྟར་སིདྡྷའི་སློབ་དཔོན་མཉྫུ་ཤྲཱི། །གསང་བ་ཡེ་ཤེས་སྐུ་ཅན་ཀློང་ཆེན་པས། །བརྡ་ཐབས་རྟེན་འབྲེལ་དུ་མས་དོན་བརྒྱུད་བྱིན། །ཞེས་གསུངས་པ་ལྟར་དང་། ཞལ་གཟིགས་གཉིས་པའི་སྐབས་ན། དཔེ་ཆ་བམ་པོ་ཞིག་གནང་ནས། འདིས་ཤིང་རྟ་ཆེན་མོ་ན་གབ་པའི་ཚུལ་དུ་ཡོད་པ་མཐའ་དག་གསལ་བ་ཡོད། ཅེས་དང་། ཟབ་གསང་རྫོགས་པ་ཆེན་པོའི་བརྡ་འགྲོལ་གྱི་སྒོར་རྣམས་དང་། ཀུན་མཁྱེན་རང་ཉིད་ཀྱི་རྣམ་འཕྲུལ་དུ་ལུང་གིས་དབུགས་དབྱུང་ཞིང་གསུང་གིས་བྱིན་གྱིས་བརླབས་ནས་བསྟན་བཅོས་བརྩམ་པར་རྗེས་གནང་མཛད། ཞལ་གཟིགས་གསུམ་པའི་སྐབས། ཞི་

འཇུམ་གཞོན་མཛེས་པ་ཧྲི་ཏའི་ཆས་ཅན་གྱིས། རྡོ་རྗེ་ཕུང་པོའི་ལུས་དཀྱིལ་ཕྱག་སོར་ལྔུན་གྲུབ་རིགས་ལྔ་ཡབ་ཡུམ་ཟུང་དུ་འཇུག་པའི་བརྡས། འོད་གསལ་དག་པ་རབ་འབྱམས་ཀྱི་དབང་བསྐུར་ཞིང་། དག་ཆེན་ཡེ་ཤེས་ཀྱི་སྣང་ཆ་དབྱིངས་སུ་ཐིམ་ནས། དོན་བརྒྱུད་རྟོགས་པའི་བདག་པོར་མངའ་གསོལ་བའི་ཚེ། ཕྱི་ཡུལ་གྱི་སྣང་བ་གཏད་མེད་དུ་གྲོལ་ཏེ་མཉམ་གཞག་གི་དགོངས་པ་ལ་ཕྱོགས་ལྷུང་གི་རིས་མེད། ནང་འཛིན་པའི་འདུ་ཤེས་ལ་རྩིས་གདབ་ཀྱི་རིས་མེད་པས་རང་གྲོལ་ཕྱོགས་ཡན་དུ་སངས། རྗེས་ཐོབ་ཏུ་རྟོགས་པའི་རྩལ་ཤེས་རབ་ཀྱི་སྣང་བ་ཕྱོགས་མེད་དུ་རྒྱས་པ་དང་། ཡང་། གནད་བྱང་ལས། སྤྲུལ་ལོ་སྤྲུལ་ཟླའི་ཚེས་བཅུ་ལ༔ པདྨ་ང་དང་དངོས་སུ་མཇལ༔བར་ཆད་སེལ་ཞིང་བྱིན་གྱིས་རློབས༔ ཞེས་གསུངས་པ་ལྟར། དཔལ་ལྡན་པདྨ་འོད་གླིང་ཆེ་རིང་ལྡོངས་སུ་སིནྡྷུ་རྒྱ་མཚོའི་ཞིང་གི་བཀོད་པར། ཕྱི་ནང་གི་མཆོད་པ་དཔག་མེད་བསྟར་ཏེ་བསམ་པ་ལྷུན་གྲུབ་མའི་ཚེས་བཅུའི་ཚོ་ག་མཛད་པའི་སྐབས་འདྲེན་གྱི་ཚེ།དཔལ་ཨོ་རྒྱན་ཆོས་ཀྱི་རྒྱལ་པོ་མཚན་དཔེའི་ལང་ཚོ་བལྟ་བས་ཆོག་མི་ཤེས་པ་དཔའ་བོ་མཁའ་འགྲོ་ཏིལ་གོང་ལྟར་འཁྲིགས་པའི་ཀློང་ནས་རྡོ་རྗེའི་གར་སྟབས་སྒྱིད་གསུམ་ཞལ་གྱིས་གནོན་པའི་རང་བཞིན་དུ་བསྒྱུར་ཞིང་། མཆོད་པའི་མེ་ཏོག་གི་སིལ་མའི་ཆར་ཕྱོགས་ཀུན་ཏུ་འཐོར་བ་མངོན་སུམ་པའི་སྤྱན་ལམ་བསྟར་བའི་དགེ་མཚན་གྱིས། ཟབ་གཏེར་གྱི་རྟེན་འབྲེལ། སྐུ་ཚེ་མཛད་ཕྲིན། ཀློང་ཆེན་སྙིང་ཐིག་གི་ཆོས་རྒྱུན་གང་ལའང་དགེ་ཞིང་བཀྲ་ཤིས་པའི་ལེགས་ཚོགས་ཡར་ངོའི་ཟླ་བ་ལྟར་འཕེལ་བའི་ཕྲིན་ལས་ཀྱི་འཇུག་པ་ལྷོ་བྱང་ཤར་གྱི་རྒྱ་མཚོའི་མཐའ་ཡི་བར་དུ་ཁྱབ་པར་བརྟལ་བའི་འབྱུང་འགྱུར་གྱི་ངེས་པ་སྒྲིབ་མེད་དུ་གསལ་བ་ལ་དགོངས་ནས་ངེས་དོན་གྱི་དགོངས་པ་ཀློང་བརྡོལ་བའི་རྟོགས་པའི་འདྲ་འབབ། མན་ངག་གི་གནད་ལྟ་སྒོམ་གྱི་བཅུད་དྲིལ་བའི་བསྟན་བཅོས་ཆེན་པོ་སྔ་ན་མེད་པའི་རྨད་དུ་བྱུང་བ་རྣམས་ཀྱང་མཛད་པ་ཡིན་ནོ། །

དེ་ལྟ་བུའི་དུས་གསུམ་གྱི་རྒྱལ་བ་ཀུན་གྱི་གསང་བ་གསུམ་དང་དབྱེར་མེད་པ་དཀྱིལ་འཁོར་རྒྱ་མཚོའི་ཁྱབ་བདག་རྡོ་རྗེ་འཆང་ཆེན་པོ་རིག་འཛིན་འཇིགས་མེད་གླིང་པ་པདྨ་དབང་ཆེན་ཡེ་ཤེས་རོལ་པའི་རྡོ་རྗེའམ་འཇིགས་མེད་མཁྱེན་བརྩེའི་འོད་ཟེར་གྱི་དགོངས་པའི་གསང་མཛོད་ལས་ཕྱུང་བ། གང་འདི་འོག་མིན་དཔལ་གྱི་མཆིམས་ཕུ་ཡི༔ མཁའ་འགྲོའི་ཚོགས་ཁང་གསང་ཆེན་མེ་ཏོག་ཕུག

གམ་ཉང་ཕྱུག་འོག་མར་གྲགས་པ་རྩ༔ བྱ་བྲལ། བྷུ་སུ་ཀུ་འདུ་ཤེས་གསུམ་དང་ལྡན་པ་མཁྱེན་བརྩེའི་འོད་ཟེར་དེ༔ གཅིག་པུར་སྙིང་པོའི་སྒྲུབ་ལ་གཞོལ་བའི་སྐབས༔ གནམ་གནོན་ལྷུགས་འབྲུག་ལོའི་ཚེ་འཕྲུལ་གྱི་ཟླ་བཤར་བའི་མགོར༔བདག་ཅག་གི་སྟོན་པ་གྲོང་ཁྱེར་སྒྲ་སྒྲོགས་ཀྱི༔ རྒྱལ་པོ་ཨུ་ཏྲ་ཡ་ནས་སྤྱན་དྲངས་ཏེ༔མཆོད་ཅིང་བསྙེན་བསྐུར་ཞུས་ནས་ཆོ་འཕྲུལ་བསྟན་པའི་དུས་ཆེན་ཡར་ངོའི་ཚེས་གཉིས་ཉིན༔སྒྲུབ་པ་སྙིང་པོར་བྱེད་པའི་ཆ་རྐྱེན་དུ༔ ཡུལ་གྱི་རྟེན་འབྲེལ་དག་པས་མཚམས་སྦྱར་ཏེ༔དག་པ་ཡེ་ཤེས་རིག་པའི་ངོར་ཤར་བཞིན༔ ཀློང་ཆེན་དགོངས་པའི་གསང་མཛོད་ནས་ཕྱུང་སྟེ༔ བརྡ་ཚིག་ཡི་གེའི་ལམ་དུ་སྣང་བར་བྱས༔ འདི་ཉིད་ཉམས་སུ་བླང་པའི་ཕན་ཡོན་ནི། རྣལ་འབྱོར་པས། བྱ་སླ་ཁྱེར་བདེ་ཐེག་པ་རིམ་དགུའི། ཟབ་མོའི་གནད་ཀུན་ཚང༔ སོ་བྱང་སྔགས་གསུམ་གྱི། ཉམས་ཆག་སྡིག་སྒྲིབ་དག་ཅིང་རྩ་གསུམ་ཆོས་སྲུང་དང་བཅས་པའི། ཐུགས་དམ་བསྐང༔ འཕྲལ་རྐྱེན་རྟེན་འབྲེལ་ངན་པ་ནད་གདོན་བར་ཆད་སོགས། ཟློག་པར་ནུས༔གནས་སྐབས། བསམ་དོན་ཡིད་བཞིན་འགྲུབ་ཅིང་མཐར་ཐུག་མཆོག་གི་དངོས་གྲུབ་ཐོབ༔ དེ་ཕྱིར་འདི་ཉིད་ཨུ་པ་དེ་ཤ་མན་ངག་སྟེ༔ བདག་རྗེས་འབྲང་པ་རྣམས་ཀྱིས་དང་དུ་ལོངས༔བཀའ་འདི་སྙིང་ཏིག་གཉེན་པོའི་བཀའ་སྲུང་རྣམས་ལ་གཉེར་གཏད༔ པས། སྐལ་མེད་ལོག་ལྟ་ཅན་ལ་ཨ་ཐཾ་གསང་རྒྱ༔ ས་མ་ཡ༔ རྒྱ་རྒྱ་རྒྱ༔

སླར་སླུས་པ། ར༷ང་བྱུང་རིགས་བརྒྱའི་ཁྱབ་བདག་རྡོ༷་རྗེ༷་འཆང་། །མཁྱེ༷ན་བརྩེ༷འི་འོ༷ད་ཟེར༷་འབུམ་ལྡན་ཡེ་ཤེས་སྐུའི། །ངོ་མཚར་སྣང་བརྙན་གསུང་རབ་ཟེར་ཕྲན་ཅན། །ཡིད་མཁར་འཆར་འདིས་སྐལ་ངན་མུན་པ་བཅོམ།༡།གང་གི་དགོངས་མཛོད་ཞི་བསིལ་དག་པའི་མཚོ། །རྣམ་སྣང་ལོངས་སྐུའི་ཞིང་བཀོད་ལས་གཞན་པའི། །ཁྱིས་བློའི་སྣང་ཡུལ་སྨིག་རྗེས་ས་ཁྱོན་དུ། །ནམ་ཡང་ཆུད་པའི་གོ་སྐབས་དངོས་པོས་སྟོང་།༢།རང་ཚུལ་སྤྲང་ཆུང་སྟོན་བསགས་ལུས་སྟོབས་དམན། །སྨྲེས་སྤྲང་རྣམ་དཔྱོད་འདབ་གཤོག་མཐུ་ཆུང་བས། །ཀློང་ཆེན་དགོངས་མཛོད་ནམ་མཁའི་མཐའ་འཚོལ་བ། །བློ་ཆེན་བྱ་རྒྱལ་མདུན་དུ་ངོ་གནོང་ཡང་།༣།སྐྱབས་མཆོག་འཇུར་མེ༷ད་ཀུན་མཁྱེན་རྒྱལ་བའི་སྲས། །གསང་ཆེན་གནད་འགྲོལ་རྡོ༷་རྗེ༷འི་ལུགས་ལྡན་པའི། །མན་ངག་ཞལ་ཆབ་འཐོར་བའི་ཆ་ཤས་ཙམ། །སྙིང་ལ་ཐོག་པས་སྤྲོ་བརྗོལ་བསྐྱེད་ལ་རིངས།༤།ཕོ་རྒྱུས་བཟང་པོས་སྟོན་པའི་རྟགས་འཚང་ཤེད། །

ཡིད་མོའི་འདོན་བློས་ལྟོ་གོས་སྡུགས་ལ་རེ། །བསྐྱེད་རྫོགས་ལྷ་ཡི་ཚིག་དོན་གོ་འཛོལ་བའི། །བདག་འདྲའི་སྐལ་མཉམ་རྣམས་ལ་ཕན་ཕྱིར་བྲིས།༥།སུག་ལས་འདིས་མཚོན་དུས་གསུམ་དགེ་འབྲས་བཅས། །ཟག་མེད་ཡོངས་བསྔོའི་མཐུན་འགྱུར་རྒྱ་གསུམ་ལྡས། །མཁྱེན་དགོངས་གཡེལ་བ་མེད་པའི་བདེན་པའི་མཐུས། །འགྲོ་ཀུན་རྣམ་གྲོལ་མཆོག་ལ་འགོད་ནུས་ཤོག༦།བདག་ཀྱང་རྣམ་ཀུན་རང་བྱུང་པདྨ་འབྱུང་། །འགྱུར་མེད་རིགས་བདག་ཐོབ་ནས་སྣང་ཙིག་ཙམ། །འགྲལ་མེད་རྡོ་རྗེ་ཐེག་པའི་ལམ་བཟང་དུ། །སྣང་བཞི་མཐར་ཕྱིན་དོན་གཉིས་ལྷུན་གྲུབ་ཤོག༧ །

ཅེས་པའང་རང་བྱུང་གདོད་མའི་སངས་རྒྱས་ཀུན་བཟང་རྡོ་རྗེ་འཆང་ཆེན་དང་གཉིས་སུ་མེད་པ་ཀུན་མཁྱེན་འཇིགས་མེད་གླིང་པའི་དགོངས་གཏེར་སྙིང་བཞགས་རྡོ་རྗེའི་ཐོལ་གླུ་འདི་ཉིད། རྒྱལ་ཀུན་དགོངས་པའི་གསང་མཛོད་འོད་གསལ་རྫོགས་པ་ཆེན་པོ་གཅིག་ཤེས་ཀུན་གྲོལ་གྱི་ལྷ་སྒོམ་རྫོགས་གྲོལ་དུས་མཉམ་དུ་གྱུར་པའི་སྣང་ཆར་ཤར་བའི་གཤིས་ལས། བརྗོད་བྱ་དོན་ཟབ་ཅིང་བརླིང་ལ། རྗོད་བྱེད་ཚིག་ཀྱང་རྒྱུད་ཆེན་རྣམས་དང་མཚུངས་པ་མཐའ་དྲུག་ཚུལ་བཞིའི་དང་ཚུལ་ཅན། བདག་འདྲ་ཚུར་མཐོང་རྟོག་བློས་གཞལ་བྱར་མི་སྲིད་བཞིན་དུ། འོལ་སྤྱིས་མུན་པ་མདའ་འཕེན་གྱིས་འགྲེལ་ཏེ་ཀ་བྲི་བ་ནི། དཔྱོད་ལྡན་མདུན་སར་དམུས་ལོང་སྨྲེན་མོར་རྒྱུ་བའི་དཔེར་ནང་ཆ་སྟོན་བྱེད་དུ་འགྱུར་བར་རང་བློ་ཕྱོག་ཏུ་མ་གྱུར་མོད། རང་དང་སྐལ་མཉམ་སྡོམ་གསུམ་ལམ་ཞུགས་ཉེས་སྤྱོད་ཀྱི་གཡང་དུ་ལྷུང་བ་རྣམས་ལ་སྙིང་བཤགས་འདི་མགོ་གལ་ཆེ་གཤིས།འདོན་བློས་སྐབས་བསྐྱེད་རྫོགས་ལྷ་ཡི། ཚིག་དོན་བྲེང་ཙམ་ཡང་བློ་ཡུལ་ནས་བསྒྲུངས་པ་རྣམས་ལ། དོན་འགྱུར་གྱི་ཐེ་ཚོམ་ཕྲ་མོ་རེ་ཙམ་སྐྱེ་བའི་རྒྱུར་ཕན་སྲིད་དམ་སྙམ་པ་དང་། འདི་ལ་རྫོགས་ཆེན་དཔལ་སྤྲུལ་སློབ་རིགས་བན་ཤར་ཟེར་བས་བྲིས་པའི་འགྲེལ་པ་ཞིག་མཐོང་ཚེ་ལེགས་ཆ་བཏུས་པའི་རྩ་མཆན་མདོར་བསྡུས་ཞིག་རང་གིས་སྤྱར་བྲིས་ལ་གཞི་བཅོལ། ཉེ་ཆར་སྤྲུ་འགྱུར་བསྟན་པའི་སྲོག་ཤིང་ཨོ་རྒྱན་གཏེར་བདག་གླིང་པ་རིས་གསང་བསྟན་པ་སྤེལ་ཕྱིར་སླར་བྱོན་པ་༧སྐྱབས་མཆོག་འཁོར་ལོའི་མགོན་པོ་ཨ་འཛམ་རྒྱལ་སྲས་རིན་པོ་ཆེ་རིག་འཛིན་འགྱུར་མེད་རྡོ་རྗེའི་ཞལ་སྔ་ནས་དཀའ་གནད་འགར་བཀའ་འདྲི་ཞུས་པའི་ཞལ་རྒྱུན་དང་། ཀུན་མཁྱེན་རང་གི་གསུང་རབ་ལ་ལྟུང་བཅོལ་བའི་རང་བློས་གང་སྤོབས་གཞིག་འབྲེལ་བགྱིས་ནས། ༧རྒྱལ་སྲས་བླ་མའི་ཞབས་པད་གཙུག་ཏུ་བསྟེན་པའི་དགེ་སློང་དྷ་རི་དྲ་བ་པདྨ་ཀུན་བཟང་རང་གྲོལ་དུ་འབོད་པས། རབ་རྒྱལ་ཤིང་ལུག་ལོའི་ཧོར་ཟླ་བཅུ་གཅིག་པ། ཁྲིང་ཕུག་རྒྱ་ཅེས་སྙིང་ལུགས་སུ་མེ་ཕོ་སྤྲེའུ་ལོའི་འགོ་ཟིན་པའི་དམར་ཕྱོགས་རྫོགས་པ་གཉིས་པ་རྡོ་རྗེ་ཕུང་པོའི་གྲོང་ཁྱེར་དུ་དཔའ་བོ་མཁའ་འགྲོ་འདུ་བའི་དུས་ཆེན་༢༥ལ་རྫོགས་པར་བྲིས་པའི་དགེ་བས་ཚེ་རབས་ཀུན་ཏུ་རྣམ་འདྲེན་བཟླ་ཀླ་ར་དང་དབྱེར་མ་མཆིས་པ་རང་བྱུང་མཚོ་སྐྱེས་རྡོ་རྗེའི་ཞབས་དྲུང་དུ་སྐྱེས་ནས། རྒྱ་བོད་གྲུབ་རིག་འཛིན་པ་རྣམས་དང་ལྷན་ཅིག

གསང་ཆེན་ཆོས་ཀྱི་དགའ་སྟོན་ལ་རྟག་པར་མངའ་དབང་བསྒྱུར་ནས་སྟོན་འཁོར་དགོངས་པ་དབྱེར་མེད་དུ་མངོན་འཚང་རྒྱ་བའི་རྒྱུར་གྱུར་ཅིག །སརྦ་དཱ་ཀ་ལྱཱ་ཎཾ་བྷ་ཝནྟུ།